D1747767

Knorre/Demuth/Schmid
Handbuch des Transportrechts

Handbuch des Transportrechts

Herausgegeben von

Jürgen Knorre
Rechtsanwalt in Köln

Klaus Demuth
Rechtsanwalt in München

Dr. Reinhard Th. Schmid
Rechtsanwalt in Stuttgart

Bearbeitet von

Klaus Demuth, Rechtsanwalt in München,
Markus Jaegers, Rechtsanwalt in Duisburg,
Dr. Michael F. Kehl, Rechtsanwalt in Stuttgart,
Jürgen Knorre, Rechtsanwalt in Köln,
Peter Kollatz, Rechtsanwalt in München,
Dr. Jens-Berghe Riemer, Rechtsanwalt in Nürnberg,
Axel Salzmann, Rechtsanwalt in Neusäß,
Wolfgang Schenk, Rechtsanwalt in Köln,
Dr. Reinhard Th. Schmid, Rechtsanwalt in Stuttgart,
Marc Werdein, Rechtsanwalt in Köln

2. Auflage 2015

C.H.BECK

Zitiervorschlag:
Bearbeiter in: *Knorre/Demuth/Schmid,* Handbuch des Transportrechts, A Rdnr. …

www.beck.de

ISBN 978 3 406 66835 7

© 2015 Verlag C. H. Beck oHG
Wilhelmstraße 9, 80801 München
Druck und Bindung: fgb · freiburger graphische betriebe GmbH
Bebelstr. 11, 79108 Freiburg

Satz: Druckerei C. H. Beck Nördlingen
(Adresse wie Verlag)

Gedruckt auf säurefreiem, alterungsbeständigem Papier
(hergestellt aus chlorfrei gebleichtem Zellstoff)

Vorwort zur 2. Auflage

Insbesondere unter Berücksichtigung der aktuellen Rechtsprechung des BGH sowie des besonders tiefgreifenden Gesetzes zur Reform des Seehandelsrechts vom 20. April 2013 wurden die Erläuterungen zu den angesprochenen zivilrechtlichen Themen aktualisiert. Im Bereich Palettenhandling/-tausch wurden vor allem neuere Entwicklungen zur Qualität und zum Wertverlust eingearbeitet.

Neu wurde das Recht der Binnenschifffahrt behandelt.

Im gewerberechtlichen Teil wurde die neuere Gesetzgebung der Europäischen Union und ihre Auswirkungen auf das nationale Güterkraftverkehrsrecht und auf Kabotagetransporte untersucht.

Zur Erleichterung der Benutzung des Buches wurde die Systematik der Randnummern umgestellt und das Stichwortverzeichnis erweitert.

München, im Frühjahr 2015 *Herausgeber und Verlag*

Vorwort zur 1. Auflage

Dieses Handbuch ist hervorgegangen aus dem Loseblattwerk „Praxishandbuch Transportrecht" von Knorre/Temme/Müller/Schmid/Demuth.

Nachdem die Transportrechtsreform mit neu gestalteten Haftungsnormen und ein erheblich verändertes Güterkraftverkehrsgesetz jeweils zum 1. Juli 1998 in Kraft traten, gab es 1999 noch kaum Literatur und Rechtsprechung zu den neuen gesetzlichen Regelungen. In diese Lücke war das Loseblattwerk, welches primär knappe Kommentierungen der einzelnen Gebiete des Transportrechts enthalten hat, gestoßen.

Da sich dies inzwischen geändert hat, wurden die Erläuterungen zu den einzelnen Vorschriften bei der Bearbeitung dieses Handbuchs weitgehend ersetzt durch umfassende systematische Darstellungen der behandelten Rechtsgebiete, in die die Literatur und Rechtsprechung der letzten Jahre eingearbeitet wurde. Wie bisher haben die Autoren auf die Darstellung wissenschaftlicher Meinungsstreitigkeiten verzichtet und eine Übersicht über die neuere Rechtsprechung und der herrschenden Auffassung in der Literatur gegeben, um Praktikern ein Hilfsmittel zur Lösung anstehender transportrechtlicher Fragen unter Einbeziehung des gewerberechtlichen Bereichs an die Hand zu geben, und damit ihnen die tägliche Arbeit zu erleichtern. Dazu wurde auch das Stichwortverzeichnis erweitert.

Weiter wurde den Entwicklungen der letzten Jahre im Bereich der Logistik Rechnung getragen und dieses Rechtsgebiet unter Einbeziehung der Logistik-AGB, der Versicherungsthematik und mit Hinweisen zur Vertragsgestaltung umfassender behandelt.

Die für die Praxis wichtigen Themen Schäden (Teil D), Verjährung (Teil E) und Riskmanagement (Teil F) werden jetzt in eigenen Kapiteln dargestellt.

Von der Erstellung von Musterformularen wurde weiterhin bewusst Abstand genommen, da diese den Besonderheiten des Einzelfalles nicht immer gerecht werden können, und vermieden werden soll, den Benutzern das Gefühl einer nicht vorhandenen Sicherheit für die Lösung von ihren konkreten Problemen zu geben, die mit solchen Musterdarstellungen nicht gewährleistet werden kann.

Da sich gefestigte Auffassungen in Rechtsprechung und Literatur zu vielen anstehenden Fragen gebildet haben und auch flankierende Vorschriften, vor allem im gewerberechtlichen Bereich erlassen wurden, so dass Neuerungen der Gesetzes- und Rechtslage nicht mehr so häufig wie 1999 anstehen, wurde für dieses Handbuch eine gebundene Form gewählt, die zudem den Benutzern das unbeliebte Nachsortieren erspart.

München, im Sommer 2008   *Herausgeber und Verlag*

Inhaltsübersicht

	Seite
Vorwort	V
Inhaltsverzeichnis	IX
Bearbeiterverzeichnis	XVII
Abkürzungs- und Literaturverzeichnis	XIX

A. Rechtliche Grundstrukturen und Art der Tätigkeit der Verkehrsunternehmen

I. Einführung	3
II. Frachtgeschäft/Frachtführer	5
III. Speditionsgeschäft/Spediteur	9
IV. Logistikgeschäft/Logistikdienstleister	13
V. Die Haftung des Frachtführers nach geltendem Recht	14
VI. Die Haftung des Spediteurs	24
VII. Die Haftung des Logistikdienstleisters	29
VIII. Zusammenfassung und Ausblick	32

B. Rechte und Pflichten aus nationalen Frachtverträgen für Straßentransporte

I. Frachtverträge	37
II. Transportdurchführung	67
III. Sonderbereiche	123
Sonderbereich 1. Umzugsrecht	123
Sonderbereich 2. Multimodalvertrag	148
Sonderbereich 3. CMR – Besonderheiten gegenüber §§ 407 ff. HGB	158
Sonderbereich 4. Vertragsbedingungen für den Güterkraftverkehr- und Logistikunternehmer (VBGL)	168
Sonderbereich 5. Palettenhandling/-tausch	171
Sonderbereich 6. Haftung und Versicherung beim Einsatz von Autokränen	218
Sonderbereich 7. Binnenschifffahrtsrecht	229

C. Rechte und Pflichten der Beteiligten aus Speditions-, Logistik- und Lagerverträgen

I. HGB Speditionsrecht	241
II. Kommentierung der Allgemeinen Deutschen Spediteur-Bedingungen (ADSp), Stand: 1. Januar 2003	249
III. Logistik	313
IV. Lagerverträge	334
V. Umschlag	345

D. Güter-, Güterfolge- und Vermögensschäden bei Transport, Spedition, Lager und im Logistikbereich

I. Frachtvertrag	347
II. Speditionsvertrag	369
III. Lagerverträge	374
IV. Logistikverträge	377

Inhaltsübersicht

E. Die Verjährung von Ansprüchen aus Fracht-, Speditions-, Lager- und Logistikverträgen

I. Frachtverträge 379
II. Die Verjährung von Ansprüchen aus Speditionsverträgen 386
III. Verjährung von Ansprüchen aus Lagerverträgen 388
IV. Verjährung von Ansprüchen aus Logistikverträgen 390

F. Riskmanagement

I. Einführung 395
II. Vermeidung von Schäden 400
III. Beschaffung ausreichenden Versicherungsschutzes für den Fall eines Schadens 408
IV. Verhalten im Schadenfall 414
V. Beispiele für wirksames Riskmanagement 416

G. Versicherungen im Fracht-, Speditions- und Lagerrecht

I. Verkehrshaftungsversicherung 425
II. Warentransportversicherung 437
III. Versicherungen für die Tätigkeit als Logistikunternehmer 440

H. Gewerberechtliche Vorschriften für den Transport von Gütern auf der Straße

I. Einführung 443
II. Allgemeine nationale Vorschriften 447
III. Besondere nationale Transportgenehmigungen 528

I. Prozessführung in Fracht- und Speditionssachen

I. Klage und verwandte Verfahren 541
II. Selbständiges Beweisverfahren 561
III. Der einstweilige Rechtsschutz 564
IV. Der Umfang mit ausländischen Vollstreckungstiteln 570

Anhang 571

Sachverzeichnis 729

Inhaltsverzeichnis

	Seite
Vorwort	V
Inhaltsübersicht	VII
Bearbeiterverzeichnis	XVII
Abkürzungs- und Literaturverzeichnis	XIX

A. Rechtliche Grundstrukturen und Art der Tätigkeit der Verkehrsunternehmen

I. Einführung	3
1. Allgemeines	3
2. Einteilung der Verkehrsunternehmen, Gliederung des HGB	3
II. Frachtgeschäft/Frachtführer	5
1. Rechtliche Darstellung	5
2. Art der Tätigkeit/der Verkehre	5
3. Die verschiedenen Formen des Frachtführers	7
III. Speditionsgeschäft/Spediteur	9
1. Der Spediteurbegriff des HGB	9
2. Der Spediteurbegriff der ADSp	10
3. Die verschiedenen Formen des Spediteurs	12
IV. Logistikgeschäft/Logistikdienstleister	13
1. Begriff der Logistik	13
2. Rechtliche Darstellung	13
V. Die Haftung des Frachtführers nach geltendem Recht	14
1. Nationale Transporte	14
2. Grenzüberschreitende Transporte (nur Straßengüterverkehr)	19
3. Kabotageverkehre	23
VI. Die Haftung des Spediteurs	24
1. Die Haftung nach dem HGB	24
2. Haftung nach den ADSp	26
VII. Die Haftung des Logistikdienstleisters	29
1. Allgemeines	29
2. Speditionsübliche Logistik	29
3. Speditionsunübliche logistische Leistungen	29
VIII. Zusammenfassung und Ausblick	32
1. Veränderungen durch die Transportrechtsreform aus 1998, das Gesetz zur Reform des Seehandelsrechts vom 20. April 2013 und Anpassung der ADSp	32
2. Erweiterung der Tätigkeitsbereiche der Verkehrsunternehmen	33

B. Rechte und Pflichten aus nationalen Frachtverträgen für Straßentransporte

I. Frachtverträge	37
1. Einleitung	39
2. Gestaltung des Frachtrechts	40
3. Anwendungsbereich des geltenden Frachtrechts	44
4. Der Frachtvertrag	45

Inhaltsverzeichnis

II. Transportdurchführung	67
1. Einführung	69
2. Frachtpapiere	70
3. Das Gut	84
4. Das Fahrzeug	90
5. Die Verladung und Übernahme	91
6. Weisungen und Hindernisse	97
7. Zwischenlagerung	110
8. Ablieferung	111
9. Verspätung	114
10. Nachnahme	115
11. Rechte und Pflichten des Empfängers	116
12. Verhalten bei Schäden und Vertragsverletzungen	119
III. Sonderbereiche	123
Sonderbereich 1. Umzugsrecht	123
1. Einführung	125
2. Geschichtliche Entwicklung	125
3. Der Umzugsvertrag nach nationalem Recht, §§ 451 ff. HGB	126
4. Haftung des Beteiligten eines Umzugsvertrages nach dem HGB	137
5. Abweichende Vereinbarungen mit Verbrauchern (Dispositionsbefugnis) § 451h HGB	144
6. Grenzüberschreitende Umzugtransporte	146
7. Multimodale Umzugstransporte, § 452c HGB	146
Sonderbereich 2. Multimodalvertrag	148
1. Einleitung	148
2. Multimodalvertrag, § 452 HGB	149
3. Bekannter Schadensort, § 452a HGB	152
4. Schadensanzeige und Verjährung nach § 452b HGB	153
5. Abweichende Vereinbarungen, § 452d HGB	153
6. Ausgewählte Einzelprobleme	154
Sonderbereich 3. CMR – Besonderheiten gegenüber §§ 407 ff. HGB	158
1. Einleitung	158
2. Persönlicher Geltungsbereich	159
3. Vertragsschluss	159
4. Weisungsrecht	160
5. Haftung	160
6. Der aufeinander folgende Frachtführer	163
7. Anzeigeobliegenheit	163
8. Verjährung	164
9. Gerichtsstand, Schiedsgerichtsbarkeit	165
Sonderbereich 4. Vertragsbedingungen für den Güterkraftverkehr- und Logistikunternehmer 2013 (VBGL)	168
1. Allgemeines	168
2. Frachtgeschäft einschließlich Spedition im Selbsteintritt	169
3. Speditions- und Lagergeschäft	170
4. Kritik	170
Sonderbereich 5. Palettenhandling/-tausch	171
1. Einleitung	174
2. Allgemeine Grundlagen des Palettentauschs	180
3. Grundsätzliches zur Entwicklung von Lösungsvorschlägen	187
4. Der ‚Doppeltausch' oder ‚Idealtausch', rechtliche Einordnung der Abreden und Handlungen, Leistungsstörungen	189
5. Der ‚Einfache Palettentausch', rechtliche Einordnung der Abreden und Handlungen, Leistungsstörungen	192

Inhaltsverzeichnis

6. Der ‚Palettentausch mit Rückführungsverpflichtung', rechtliche Einordnung der Abreden und Handlungen, Leistungsstörungen	193
7. Der ‚Palettentausch mit Übernahme des Tauschrisikos', rechtliche Einordnung der Abreden und Handlungen, Leistungsstörungen	194
8. Sonstige AGB-Klauseln zum Palettentausch	195
9. Verwendung von Musterklauseln, die von Wirtschaftskreisen ausgearbeitet wurden	195
10. Sonstige Rechtsfragen des Palettenhandlings/-tausches	201
11. Maßnahmen zur Sicherung der Position des Verkehrsunternehmens beim Palettenhandling in der Praxis	215

Sonderbereich 6. Haftung und Versicherung beim Einsatz von Autokränen ... 218
   1. Arten von Autokranverträgen ... 218
   2. Haftung ... 220
   3. Versicherung ... 222

Sonderbereich 7. Binnenschifffahrtsrecht ... 229
   1. Einführung ... 229
   2. HGB-Transport ... 230
   3. CMNI-Transport ... 232
   4. Straßburger Übereinkommen – CLNI ... 235
   5. Havarie Grosse ... 236
   6. Verfahrensrechtliche Besonderheiten ... 237

C. Rechte und Pflichten der Beteiligten aus Speditions-, Logistik- und Lagerverträgen

I. HGB Speditionsrecht ... 241
   1. Der klassische Speditionsvertrag ... 241
   2. Sonderformen des Speditionsvertrages ... 244
   3. Zusammenfassung ... 248

II. Kommentierung der Allgemeinen Deutschen Spediteur-Bedingungen (ADSp), Stand: 1. Januar 2003 ... 249
   Präambel ... 252
   1. Interessenwahrungs- und Sorgfaltspflicht ... 254
   2. Anwendungsbereich ... 254
   3. Auftrag, Übermittlungsfehler, Inhalt, besondere Güterarten ... 259
   4. Verpackung, Gestellung von Ladehilfs-, und Packmitteln, Verwiegung und Untersuchung des Gutes ... 265
   5. Zollamtliche Abwicklung ... 266
   6. Verpackungs- und Kennzeichnungspflichten des Auftraggebers ... 267
   7. Kontrollpflichten des Spediteurs ... 270
   8. Quittung ... 272
   9. Weisungen ... 274
   10. Frachtüberweisung, Nachnahme ... 275
   11. Fristen ... 276
   12. Hindernisse ... 277
   13. Ablieferung ... 279
   14. Auskunfts- und Herausgabepflicht des Spediteurs ... 280
   15. Lagerung ... 281
   16. Angebote und Vergütung ... 283
   17. Aufwendungen des Spediteurs, Freistellungsanspruch ... 285
   18. Rechnungen, fremde Währungen ... 288
   19. Aufrechnung, Zurückbehaltung ... 288
   20. Pfand- und Zurückbehaltungsrecht ... 290
   21. Versicherung des Gutes ... 292
   22. Haftung des Spediteurs, Abtretung von Ersatzansprüchen ... 295

Inhaltsverzeichnis

23. Haftungsbegrenzungen	298
24. Haftungsbegrenzungen bei verfügter Lagerung	301
25. Beweislast	302
26. Außervertragliche Ansprüche	306
27. Qualifiziertes Verschulden	306
28. Schadenanzeige	310
29. Haftungsversicherung des Spediteurs	310
30. Erfüllungsort, Gerichtsstand, anzuwendendes Recht	311
III. Logistik	313
1. Transportdurchführung	314
2. Die sieben Todsünden bei der Gestaltung von Logistikverträgen	325
3. Logistik-AGB (Allgemeine Geschäftsbedingungen für Logistikleistungen – Logistik-AGB in der jeweils neuesten Fassung)	327
IV. Lagerverträge	334
1. Entwicklung des Lagerrechts	335
2. Internationales Lagerrecht	335
3. Zustandekommen des Lagervertrages	335
4. Beteiligte des Lagervertrages	336
5. Anwendbares Recht	337
6. Rechte und Pflichten des Einlagerers	338
7. Rechte und Pflichten des Lagerhalters	339
8. Sonderformen des Lagervertrages	341
9. Dauer des Lagervertrages und dessen Beendigung	341
10. Lagerschein	342
11. Allgemeine Geschäftsbedingungen	342
12. Verbraucher als Einlagerer	344
13. Haftung und Verjährung	344
V. Umschlag	345
1. Definition des Güterumschlags	345
2. Rechtliche Behandlung	345

D. Güter-, Güterfolge- und Vermögensschäden bei Transport, Spedition, Lagerung und im Logistikbereich

I. Frachtvertrag	347
1. Überblick: Das frachtvertragliche Haftungssystem	348
2. Güterschäden	360
3. Güterfolgeschäden	362
4. Vermögensschäden	363
5. Die Haftung des ausführenden Frachtführers	366
II. Speditionsvertrag	369
1. Haftung beim klassischen Speditionsvertrag	369
2. Frachtführerhaftung aufgrund der Fixkosten-, Sammelladungsspedition oder Selbsteintritt	372
3. Zusammenfassung	373
III. Lagerverträge	374
1. Grundlagen der Haftung des Lagerhalters	374
2. Verlust	374
3. Beschädigung	375
4. Haftung des Lagerhalters aus Nebenpflichten	376
5. Haftung des Einlagerers	376
6. Haftung bei verkehrsbedingten Vor-, Zwischen- und Nachlagerungen	376
IV. Logistikverträge	377
1. Einführung	377
2. Kontraktlogistik	377

Inhaltsverzeichnis

4. Transporte von Kernbrennstoffen und sonstigen radikalen Stoffen	535
5. Transporte von Waffen, die unter das Waffengesetz (WaffG) fallen	536
6. Transporte von Tieren	537
7. Groß- und Schwertransporte	538

I. Prozessführung in Fracht- und Speditionssachen

I. Klage und verwandte Verfahren	541
1. Allgemeines	542
2. Die Aktivklage	542
3. Die Passivklage	554
4. Die Streitverkündung	558
II. Selbständiges Beweisverfahren	561
1. Anwendungsbereich und Voraussetzungen	561
2. Zuständigkeit	561
3. Inhalt des Antrags	562
4. Die Anwendung bei den einzelnen Beweismitteln	562
5. Verwertung im Prozess	562
6. Reaktion auf ein gegnerisches selbständiges Beweisverfahren	562
III. Der einstweilige Rechtsschutz	564
1. Überblick	564
2. Der Arrest	565
3. Die Einstweilige Verfügung	567
4. Vorsorgliche Schutzschriften	568
5. Selbsthilfe	568
6. Frachtführer-, Spediteur- und Lagerhalterpfandrecht	568
IV. Der Umfang mit ausländischen Vollstreckungstiteln	570
1. Titel eines EU-Staates	570
2. Der europäische Vollstreckungstitel	570
3. Der europäische Mahnverfahren	570
4. Der europäische Verfahren für geringfügige Forderungen	570

Anhang

1. **Handelsgesetzbuch** vom 10. Mai 1897 (Auszug)	573
2. Übereinkommen über den Beförderungsvertrag im internationalen Straßengüterverkehr (**CMR**) vom 19. Mai 1956	594
3. Güterkraftverkehrsgesetz (**GüKG**) vom 22. Juni 1998	607
4. Berufszugangsverordnung für den Güterkraftverkehr (**GBZugV**) i.d.F. vom 21. Dezember 2011	626
5. Verordnung über den grenzüberschreitenden Güterkraftverkehr und den Kabotageverkehr (**GüKGrKabotageV**) i.d.F. vom 28. Dezember 2011	633
6. Verordnung (EG) Nr. 1071/2009 des Europäischen Parlaments und des Rates zur Festlegung der gemeinsamer Regeln für die Zulassung zum Beruf des Kraftverkehrsunternehmers und zur Aufhebung der Richtlinie 96/26/EG des Rates vom 21. Oktober 2009	642
7. Verordnung (EG) Nr. 1072/2009 des Europäischen Parlaments und des Rates über gemeinsame Regeln für den Zugang zum Markt des grenzüberschreitenden Güterkraftverkehrs vom 21. Oktober 2009	665
8. Allgemeine Deutsche Spediteurbedingungen (**ADSp 2003**)	684
9. **Logistik-AGB**, herausgegeben vom DSLV (Deutscher Speditions- und Logistikverband e. V.)	694

Inhaltsverzeichnis

10. Vertragsbedingungen für den Güterverkehrs-, Speditions- und Logistikunternehmer (**VBGL**) in der Fassung vom 13. Juni 2013 700
11. Allgemeine Verwaltungsvorschrift zum Güterkraftverkehrsrecht (**GüKVwV**) i. d. F. vom 29. Oktober 2012 712

Sachverzeichnis 729

Bearbeiterverzeichnis

Es haben bearbeitet:

A. I–III	Jürgen Knorre
A. IV	Peter Kollatz
A. V	Jürgen Knorre
A. VI Rdnr. 150–165	Jens-Berghe Riemer
A. VI Rdnr. 166–178	Peter Kollatz
A. VII	Peter Kollatz
A. VIII	Jürgen Knorre
B. I	Jürgen Knorre/Marc Werdein
B. II Rdnr. 201–339	Jens-Berghe Riemer
B. II Rdnr. 340–464	Markus Jaegers
B. III Sonderbereich 1	Marc Werdein
B. III Sonderbereich 2	Reinhard Theodor Schmid
B. III Sonderbereich 3	Markus Jaegers
B. III Sonderbereich 4	Reinhard Theodor Schmid
B. III Sonderbereich 5	Jürgen Knorre
B. III Sonderbereich 6	Reinhard Theodor Schmid
B. III Sonderbereich 7	Markus Jaegers
C. I	Jens-Berghe Riemer
C. II	Peter Kollatz
C. III	Reinhard Theodor Schmid
C. IV–V	Klaus Demuth
D. I	Michael F. Kehl
D. II	Jens-Berghe Riemer
D. III	Klaus Demuth
D. IV	Peter Kollatz
E. I	Michael F. Kehl
E. II	Jens-Berghe Riemer
E. III	Klaus Demuth
E. IV	Klaus Demuth
F. I Rdnr. 1–14	Axel Salzmann
F. I Rdnr. 15–31	Jürgen Knorre
F. II–IV	Jürgen Knorre
F. V	Axel Salzmann
G. I, II	Reinhard Theodor Schmid
G. III	Peter Kollatz
H. I	Jürgen Knorre/Wolfgang Schenk
H. II Rdnr. 1–302	Jürgen Knorre
H. II Rdnr. 303–487	Wolfgang Schenk
H. III	Jürgen Knorre
I. I–IV	Klaus Demuth

Abkürzungs- und Literaturverzeichnis

Abs.	Absatz
a. A.	anderer Ansicht
a. a. O.	am angegebenen Ort
ABB Luft	Allgemeine Beförderungs-Bedingungen Luft
ABl. EG/EU	Amtsblatt der Europäischen Gemeinschaft/Europäischen Union (Jahr, Buchstabe, Nummer)
abgedr.	abgedruckt
abgek.	abgekürzt
ABK	Allgemeine Bedingungen der Kühlhäuser vom 11.9.1996
abl.	ablehnend
ABMG	Allgemeine Bedingungen für die Maschinen- und Kaskoversicherung
Abschn.	Abschnitt
abw.	abweichend
abw. M.	abweichende Meinung
ADNR	Verordnung über die Beförderung gefährlicher Güter auf dem Rhein
ADR	Europäisches Übereinkommen über die internationale Beförderung gefährlicher Güter auf der Straße vom 30.9.1957 (BGBl. II 1969 S. 1491) (zuletzt BGBl. II 1987 S. 502)
ADS	Allgemeine Deutsche Seeversicherungsbedingungen
ADSp	Allgemeine Deutsche Spediteur-Bedingungen i. d. F. vom 1.1.2003
a. E.	am Ende
AETR	Europäisches Übereinkommen über die Arbeit des im internationalen Straßenverkehr beschäftigten Fahrpersonals vom 7. Juli 1970 (BGBl. II 1974 S. 1475)
a. F.	alte Fassung
AFB	Allgemeine Bedingungen für die Feuerversicherung
AG	Aktiengesellschaft oder Amtsgericht
AGB	Allgemeine Geschäftsbedingungen
AGNB	Allgemeine Beförderungsbedingungen für den gewerblichen Güternahverkehr mit Kraftfahrzeugen
AHB	Allgemeine Haftpflichtversicherungsbedingungen
AKB	Allgemeine Bedingungen für die Kraftfahrversicherung
AL	Air Law, Zeitschrift (Jahrgang, Seite)
Andresen	*Andresen,* Leitfaden zur CMR. 7. Aufl. 1991
Andresen/Valder	*Andresen/Valder,* Speditions-, Fracht- und Lagerrecht. Handbuch des Transportrechts mit Kommentaren (Loseblatt), Stand 2/2013
ALB	Allgemeine Bedingungen des Deutschen Möbeltransportrechts vom 13.2.1999
allg.	allgemein
allg. M.	allgemeine Meinung
Alt.	Alternative
Anh.	Anhang
Anm.	Anmerkung
arg e	Argument aus
Art., Artt.	Artikel
AtG	Gesetz über die friedliche Verwendung der Kernenergie und den Schutz gegen ihre Gefahren i. d. F. vom 15.7.1985 (BGBl. I S. 1565)
Aufl.	Auflage
AVB	Allgemeine Versicherungsbedingungen

Abkürzungs- und Literaturverzeichnis

BAnz.	Bundesanzeiger
Baumbach/Hopt	*Baumbach/Hopt,* Handelsgesetzbuch, 36. Aufl. 2014
Baumbach/Hefermehl	*Baumbach/Hefermehl/Casper,* Wechselgesetz, Scheckgesetz, Recht der kartengestützten Zahlungen, 23. Aufl. 2008
Baumbach/Lauterbach/ Albers/Hartmann	Zivilprozessordnung, 72. Aufl. 2014
Baumgärtel/Bearbeiter, Beweislast	*Baumgärtel/Bearbeiter,* Handbuch der Beweislast, Bd. IV (1988)
BB	Betriebs-Berater, Zeitschrift (Jahr, Seite)
BB Container	Besondere Bedingungen für die Versicherung von Containern
Beckmann/Matusche-Beckmann	*Beckmann/Matusche-Beckmann,* VersicherungsrechtsHandbuch, 2. Aufl. 2009
BefBMö	Beförderungsbedingungen für den Möbelverkehr TS Nr. 4/61 BAnz. Nr. 145/1961
belg.	belgische
BetrVG	Betriebsverfassungsgesetz vom 23.12.1988 (BGBl. I 1989 S. 1)
BGB	Bürgerliches Gesetzbuch i.d.F. vom 2.1.2002 (BGBl. I S. 42)
BGBl.	Bundesgesetzblatt
BGH	Bundesgerichtshof
BGHZ	Entscheidungen des Bundesgerichtshofs in Zivilsachen (Band, Seite)
BGL e. V.	Bundesverband Güterkraftverkehr Logistik und Entsorgung
Bischof, GüKUMT	*Bischof,* Kommentar GüKUMT, 1. Aufl. 1986
BinSchG	Gesetz betreffend die privatrechtlichen Verhältnisse der Binnenschiff-fahrt i.d.F. vom 20.5.1898 (RGBl. S. 369)
Bl.	Blatt
BLU-Code	Code für das sichere Be- und Entladen von Massengutschiffen (VKBl. 1999 S. 278)
BR-Drucks.	Bundesrats-Drucksache
BSK	Allgemeine Geschäftsbedingungen der Bundesfachgruppe Schwertransporte und Kranarbeiten
BT	Deutscher Bundestag
BT-Drucks.	Bundestags-Drucksache
BullT	Bulletin des Transports et de la Logistique, Zeitschrift (Jahr, Seite)
BVerfGE	Entscheidungen des Bundesverfassungsgerichts
BVerwGE	Entscheidungen des Bundesverwaltungsgerichts
bzgl.	bezüglich
Carnet TIR-Verfahren	Transports Internationaux Routiers (Internationaler Warentransport mit Straßenfahrzeugen)
CEMT	Europäische Verkehrsministerkonferenz vom 14.6.1974 (BGBl. II 1974 S. 298)
c.i.c.	culpa in contrahendo
CIF-Klauseln	cost, insurance and freight (Kosten, Versicherung, Fracht; benannter Bestimmungshafen)
CIM	Einheitliche Rechtsvorschriften für den Vertrag über die internationale Eisenbahnbeförderung von Gütern vom 3.6.1999 (BGBl. II 2002 S. 2221
CIM 1999	Einheitliche Rechtsvorschriften für den Vertrag über die internationale Eisenbahnbeförderung von Gütern vom 9.5.1980 (BGBl. II 1985 S. 130)
CIP-Klauseln	freight, carriage and insurance paid to (frachtfrei versichert; benannter Bestimmungsort)
CFR-Klauseln	cost and freight (Kosten und Fracht; benannter Bestimmungshafen)

Abkürzungs- und Literaturverzeichnis

CMNI	Budapester Übereinkommen über den Vertrag über Güterbeförderung in der Binnenschifffahrt (CMNI) vom 22.6.2001 (BGBl. II 2007 S. 298)
CMR	Übereinkommen vom 19.5.1956 über den Beförderungsvertrag im internationalen Straßengüterverkehr (BGBl. II 1961 S. 1119)
Corte Cass.	Corte di Cassazione (Italien)
COTIF/ER CIM	Übereinkommen über den internationalen Eisenbahnverkehr vom 9.5.1980/einheitliche Rechtsvorschriften für den Vertrag über die internationale Eisenbahnbeförderung von Gütern (CIM) (BGBl. II 1985 S. 130)
Cour Cass.	Cour de Cassation, Frankreich
CPT-Klauseln	carriage paid to (frachtfrei; benannter Bestimmungsort)
CSC	Internationales Übereinkommen über sichere Container i.d.F. vom 2.8.1985 (BGBl. II S. 1009)
DAF	delivered at frontier (gelieferte Grenze; benannter Lieferort an der Grenze)
DB	Der Betrieb, Zeitschrift (Jahr, Seite)
DDP	delivered duty paid (geliefert verzollt; benannter Bestimmungsort)
Debling	*Debling*, Das nationale Sammelladungsgeschäft des Spediteurs im Güterkraftverkehr, 1978
Der Spediteur	Der Spediteur, Zeitschrift (Jahr, Seite)
dgl.	dergleichen, desgleichen
DGV	Der Güterverkehr, Zeitschrift (Jahr, Seite)
d.h.	das heißt
diff.	differenzierend
DIHT	Deutscher Industrie- und Handelstag
DIN	Deutsches Institut für Normung e. V.
DIN ISO	Regelwerke, die allg. gültige Leitlinien und Empfehlungen zu Qualitätsmanagementsystemen geben
Diss.	Dissertation
DM	Deutsche Mark
DSLV	Deutscher Speditions- und Logistikverband e.V.
DTV-VHV	DTV-Verkehrshaftungsversicherungs-Bedingungen für Frachtführer, Speditions- und Lagerhalter 2003/2005
DVZ	Deutsche Verkehrs-Zeitung (Jahr, Heft, Seite)
DZWir	Deutsche Zeitschrift für Wirtschaftsrecht (Jahr, Seite)
E/B/J/S/*Bearbeiter*	*Ebenroth/Boujong/Joost/Strohn,* Kommentar zum HGB, Bd. 2: Transportrecht, 2. Aufl. 2009
EBIN	Europäisches Binnenschifffahrtsregime
EDV	Elektronische Datenverarbeitung
EE	Eisenbahnrechtliche und verkehrsrechtliche Entscheidungen und Abhandlungen, hrsg. v. *Eger,* Zeitschrift (Jahr, Seite)
EG	Europäische Gemeinschaft
EGBGB	Einführungsgesetz zum Bürgerlichen Gesetzbuch i.d.F. vom 21.9.1994 (BGBl. I S. 294, ber. BGBl. I 1997 S. 1061)
eingeh.	eingehend
Einl.	Einleitung
engl.	englisch(e)
ER/CIM	siehe COTIF
Erl.	Erläuterungen
Erman	*Bearbeiter* in: *Erman,* Handkommentar zum Bürgerlichen Gesetzbuch, 2. Bde., 13. Aufl. 2011

Abkürzungs- und Literaturverzeichnis

Esser/Schmidt, Schuldrecht, Bd. I/2	*Esser/Schmidt,* Schuldrecht, Band I, Allgemeiner Teil, 2. Halbband, 7. Aufl.)
etc.	et cetera = und so weiter
ETR	EUROPEAN TRANSPORT LAW = Europäisches Transportrecht, Zeitschrift (Jahr, Seite)
EU	Europäische Union
EuGH	Europäischer Gerichtshof
EuGH Slg.	Europäischer Gerichtshof, amtliche Entscheidungssammlung
EuGÜb	siehe EuGVÜ
EuGVÜ	Europäisches Übereinkommen vom 27.9.1968 über die gerichtliche Zuständigkeit und die Vollstreckung gerichtlicher Entscheidungen in Zivil- und Handelssachen (BGBl. II 1972 S. 773)
EuGVVO	Verordnung (EG) Nr. 44/2001 des Rates über die gerichtliche Zuständigkeit und die Anerkennung und Vollstreckung von Entscheidungen in Zivil- und Handelssachen vom 22. 2.2000 (ABl. Nr. L 12 S. 1)
EUR	Euro
EuZW	Europäische Zeitschrift für Wirtschaftsrecht (Jahr, Seite)
EVO	Eisenbahn-Verkehrsordnung vom 8. 9. 1938 (RGBl. II S. 663) mit Änderungen
EWG	Europäische Wirtschaftsgemeinschaft
EWiR	Entscheidungen zum Wirtschaftsrecht, Zeitschrift (Jahr, Seite)
EWR	Europäischer Wirtschaftsraum
EXW	ex works (ab Werk; benannter Ort)
Fahr/Kaulbach/ Bähr/Pohlmann	*Fahr/Kaulbach/Bähr/Pohlmann,* VAG. Versicherungsaufsichtsgesetz, 5. Aufl. 2012
f., ff.	folgende
FBL	FIATA Combined Bill of Lading
Feyock/Jacobsen/ Lemor	*Feyock/Jacobsen/Lemor,* Kraftfahrtversicherung, 3. Aufl. 2009
FIATA	Fédération Internationale des Associations de Transporteurs et Assimilés
FIATA-FCR	Forwander's Certificate of Receipt
FIATA-FCT	Forwander's Certificate of Transport
Finger, EVO	*Finger,* Eisenbahnverkehrsordnung, Kommentar (Loseblatt, Stand August 1988)
FOB	free on board (frei an Bord; benannter Verschiffungshafen)
franz.	französisch(e)
Fremuth/Thume	*Bearbeiter* in: *Fremuth/Thume,* Kommentar zum Transportrecht, 2000
FS Herber	*Bearbeiter* in: FS Herber, Seehandelsrecht und Seerecht. Festschrift für Rolf Herber zum 70. Geburtstag, 1999
GBZugV	Berufszugangsverordnung für den Güterkraftverkehr i. F. vom 21.12.2011 (BGBl. I S. 3120)
GDV	Gesamtverband der deutschen Versicherungswirtschaft e.V.
GefGutG	Gesetz über die Beförderung gefährlicher Güter vom 6. 8. 1975 (BGBl. I S. 2121)
gem.	gemäß
GFG	Gesetz über den Güterfernverkehr vom 26.6.1935 (RGBl. S. 788), aufgeh. durch G vom 19.9.2006 (BGBl. I S. 2146)
GFT	Güterfernverkehrstarif (VO TSF 3/89: BAnz. Nr. 72 vom 15.4.1989) mit Änderungen

Abkürzungs- und Literaturverzeichnis

GG	Geschäftsgrundlage
GG	Grundgesetz vom 23.5.1949 (BGBl. S. 1)
GGAV 2002	Verordnung über Ausnahmen von den Vorschriften über die Beförderung gefährlicher Güter (Gefahrgut-Ausnahmeverordnung i. d. F. vom 6.11.2002 (BGBl. I S. 4350)
GGBefG	Gesetz über die Beförderung gefährlicher Güter (Gefahrgutbeförderungsgesetz) i. d. F. vom 29.9.1998 (BGBl. I S. 3114)
GGVBinV	Verordnung über die Beförderung gefährlicher Güter auf Binnengewässern vom 21.12.1994 (BGBl. I S. 3971)
GGKontrollV	Verordnung über die Kontrollen von Gefahrguttransporten auf der Straße und in den Unternehmen i. d. F. vom 26. 10. 2005 (BGBl. I S. 3104)
GGVE	Verordnung über die innerstaatliche und grenzüberschreitende Beförderung gefährlicher Güter mit Eisenbahnen vom 21.12.1996 (BGBl. I S. 1876)
GGVS	Gefahrgutverordnung Straße vom 13.11.1990 (BGBl. I S. 2453)
GGVSE	Verordnung über die innerstaatliche und grenzüberschreitende Beförderung gefährlicher Güter auf der Straße und mit Eisenbahnen (Gefahrgutverordnung Straße und Eisenbahn) vom 24.11.2006 (BGBl. I S. 2683)
Gie/Schm	*Giemulla/Schmid,* Frankfurter Kommentar 3. Band, Warschauer Abkommen und Zusatzabkommen von Guadalajara (Loseblatt: Stand Mai 1993)
Glöckner, CMR	*Glöckner,* Leitfaden zur CMR, 8. Aufl. 2008
GmbH	Gesellschaft mit beschränkter Haftung
GNT	Güternahverkehrstarif
GoA	Geschäftsführung ohne Auftrag
Göhler	*Bearbeiter* in: *Göhler,* Gesetz über Ordnungswidrigkeiten (OWiG), 16. Aufl. 2012
Griesshaber	*Griesshaber,* Das gesetzliche Leitbild des Spediteurs und das Speditionsgewerbe; ein Beitrag zur Reform des Transportrechtes, VersR 1998, 31 ff.
GroßkommHGB/-Bearbeiter	Großkommentar HGB-*Bearbeiter* (3. Aufl.; die 4. Aufl. wird mit *Staub/* Bearbeiter zitiert)
grds.	grundsätzlich
GrünhZ	Zeitschrift für das Privat- und öffentliche Recht der Gegenwart, begr. v. *Grünhut* (1. 1874–42. 1916)
Guldimann	*Guldimann,* Internationales Lufttransportrecht (Zürich 1965)
Gundermann	*Gundermann,* Transportversicherung, Scharfer Wettbewerb und neues Recht fordern Konsequenzen, Zeitschrift für Versicherungswirtschaft 1997, 1362 ff., 1442 ff.
GüKG	Güterkraftverkehrsgesetz i. d. F. vom 22.7.1998 (BGBl. I S. 1485)
GüKGBillBG	Gesetz gegen illegale Beschäftigung im gewerblichen Güterkraftverkehr vom 8.1.2001 (BGBl. I S. 2272)
GüKGrKabotageV	Verordnung über den grenzüberschreitenden Güterkraftverkehr und den Kabotagenverkehr i. d. F. vom 28. 12. 2011 (BGBl. I 2012 S. 42)
GüKUMB	Güterkraftverkehrstarif für den Umzugsverkehr und für die Beförderung von Handelsmöbeln in besonders für die Möbelbeförderung eingerichteten Fahrzeugen im Güterfernverkehr und Güternahverkehr (BAnz. Nr. 92/1983)
GüKVwV	Allgemeine Verwaltungsvorschrift zum Güterkraftverkehrsrecht i. d. F. vom 9.11.2012

Abkürzungs- und Literaturverzeichnis

HAWB	House Airway Bill
Hald/Widmann	*Hald/Widmann.* Allgemeine Deutsche Spediteurbedingungen, 3. Aufl. 1979
Hansa	Hansa, Zeitschrift (Jahr, Seite)
Hegendorf	*Hegendorf,* Versicherungs- und haftpflichtrechtliche Fragen zu Schadensfällen aus der Überlassung von Arbeitsgeräten mit Bedienungspersonal, VersR 1972, 172 ff.
Hein/Eichhoff/ Pukall/Krien	*Hein/Eichhoff/Pukall/Krien,* Güterkraftverkehrsrecht (Loseblattwerk), Stand 1/2014
Helm	*Helm,* Gütertransport und Versicherungen, 1990, 197 ff.
Helm, Frachtrecht	*Helm,* Frachtrecht, 2. Aufl. 1994
Helm, Speditionsrecht	*Helm,* Speditionsrecht, 2. Aufl. 1986
Hentschel/König/Dauer	*Hentschel/König/Dauer,* Straßenverkehrsrecht, 42. Aufl. 2013
Herber	*Herber,* Die Vorschläge des Kommmissionsentwurfes für den multimodalen Transport, TransportR 1997, 58 ff.
Herber/Piper	*Herber/Piper,* Internationales Straßentransportrecht. Kommentar 1996
Heuer	*Heuer* in: *Helm,* Gütertransport und Versicherung, 1990, S. 31 ff.
Heymann	Bearbeiter in: *Heymann,* Handelsgesetzbuch 2. Aufl. 1995–2005
HGB	Handelsgesetzbuch vom 10. 5. 1897 (RGBl. S. 219)
Hill/Messent	*Hill/Messent,* CMR: Contracts for the international carriage of goods by road (London 1984)
h. M.	herrschende Meinung
holl.	holländisch(e)
House B/L	House Bill of Lading
hrsg.	herausgegeben
HS	Halbsatz
I	röm. I, Abs. 1 bzw. Band 1 oder Serie 1
ICC	International Chamber of Commerce, Paris
i. d. F.	in der Fassung
i. d. R	in der Regel
IHK	Industrie- und Handelskammer
INCOTERMS	International Commercial Terms
IPR	Internationales Privatrecht
IPRax	Praxis des internationalen Privat- und Verfahrensrechts, Zeitschrift (Jahr, Seite)
Isaac	*Isaac,* Das Recht des Spediteurs, 1928
i. S. d.	im Sinne des
ISGOTT	International Safety Guide for Oil Tankers & Terminals
ISO	International Organisation for Standardisation
i. V. m.	in Verbindung mit
Jauernig	*Jauernig,* Bürgerliches Gesetzbuch, 15. Aufl. 2014
Janßen/Figura	*Janßen/Figura,* Arbeitrecht und soziale Sicherung im Transportgewerbe, Reihe Navigator Transportrecht. Band 2, 2010
Janßen/Mittelhammer	*Janßen/Mittelhammer,* Rechtspraxis für Spediteure, Frachtführer und Lagerhalter, Reihe Navigator Transportrecht. Band 1, 2010
jew.	jeweils
JW	Juristische Wochenschrift (Jahr, Seite)
JZ	Juristenzeitung (Jahr, Seite)
Kfz	Kraftfahrzeug
KG	Kammergericht
kg	Kilogramm
Knorre/Hector	Bearbeiter in: *Knorre/Hector,* Paletten-Handbuch, 2. Aufl. 2000

Abkürzungs- und Literaturverzeichnis

Knorre/Temme/Müller/
  Schmid/Demuth ...... *Knorre/Temme/Müller/Schmid/Demuth,* Praxishandbuch Transportrecht (Loseblattwerk), EL 3 2003
Köper .... *Köper,* Schadensfälle im Transportgewerbe. Reihe Navigator Transportrecht, Band 3, 2010
Koller,
  Risikozurechnung .. *Koller,* Die Risikozurechnung bei Vertragsstörungen in Austauschverträgen, 1979
Koller .... Transportrecht, Kommentar, 8. Aufl. 2013
Kreuzmann .... Kreuzmann, Transportversicherung, Leitfaden für die Praxis, 1997
Krien/Glöckner .... *Krien/Glöckner,* Speditions- und Lagerrecht (Loseblatt)
Krien/Valder .... *Krien/Valder,* Fortführung von *Krien/Glöckner*
KrW-/AbfG .... Gesetz zur Förderung der Kreislaufwirtschaft und Sicherung der umweltverträglichen Beseitigung von Abfällen vom 27.9.1994 (BGBl. I S. 2705)
KSchG .... Kündigungsschutzgesetz vom 25.8.1969 (BGBl. I S. 1317)
KVO .... Kraftverkehrsordnung (= Reichskraftwagentarif, Teil 1)
KWKG .... Gesetz über die Kontrolle von Kriegswaffen vom 20.4.1961 (BGBl. I S. 444)

Lamy .... *Lamy,* Transport (Paris 1994)
Lammich/Pöttinger ..... *Lammich/Pöttinger,* Gütertransportrecht (Loseblattwerk)
Larenz, Schuldrecht I .. *Larenz,* Lehrbuch des Schuldrechts, Band I: Allgemeiner Teil 14. Aufl. 1987
Larenz/Canaris,
  Schuldrecht II/1 .... *Larenz/Canaris,* Lehrbuch des Schuldrechts Band II/1: Besonderer Teil, 1. Halbband 13. Aufl. 1986
Larenz/Canaris,
  Schuldrecht II/2 .... *Larenz/Canaris,* Lehrbuch des Schuldrechts, Band II/2: Besonderer Teil, 2. Halbband 13. Aufl. 1994
Lindenmaier/Möhring. *Lindenmaier/Möhring,* Nachschlagewerk des BGH: Kommentierte BGH-Rechtsprechung, 2000
LG .... Landgericht
lit. .... Buchstabe
LKW .... Lastkraftwagen
Lloyd's .... *Lloyd's,* Maritime and Commercial Law, Zeitschrift (Jahr, Seite)
LM .... Nachschlagewerk des Bundesgerichtshofs, hrsg. v. *Lindenmaier, Möhring* u. a. (Loseblatt)
Löwe/Graf von
  Westphalen/Trinkner *Löwe/Graf von Westphalen/Trinkner,* Großkommentar zum AGB-Gesetz, 2. Aufl. 1983
LuftVG .... Luftverkehrsgesetz v. 14.1.1981 (BGBl. I S. 61)
LugÜ/Lugano
  Übereinkommen .... Luganer Übereinkommen über die gerichtliche Zuständigkeit und die Vollstreckung gerichtlicher Entscheidungen in Zivil- und Handelssachen vom 16.9.1988 (BGBl. II 1994 S. 2658)
LZ .... Leipziger Zeitschrift für Deutsches Recht (bis 7. 1913: für Handels-, Konkurs- und Versicherungsrecht) (1.1907–27.1933)

MA .... Mannheimer Akte (offiziell: Revidierte Rheinschiffahrtsakte vom 17.10.1868 (letzte Fassung vom 20. 11. 1963)
Mankiewicz .... *Mankiewicz,* The Liability Regime of the International Air Carrier (Antwerpen/Boston/London/Frankfurt a. M. 1981)

Abkürzungs- und Literaturverzeichnis

MARPOL 73/78	International Convention for the Prevention of Pollution from Ships (Internationales Übereinkommen zur Verhütung der Meeresverschmutzung durch Schiffe)
MDR	Monatszeitschrift für Deutsches Recht (Jahr, Seite)
MT	Multimodaler Transport
Muth/Andresen/ Pollnow	*Muth/Andresen/Pollnow,* KVO, in *Hein/Eichhoff/Pukall/Krien* (siehe dort)
MüKoBGB/*Bearbeiter*	Münchener Kommentar zum BGB, 5. Aufl. 2009 ff./ 5. Aufl. 2012 ff.
MüKoHGB/*Bearbeiter*	Münchener Kommentar zum Handelsgesetzbuch Band 7: Viertes Buch. Handelsgeschäfte §§ 407–457. Transportrecht, 2. Aufl. 2009 ff./3. Aufl. 2011 ff.
MÜ	Übereinkommen vom 25.5.1999 zur Vereinheitlichung bestimmter Vorschriften über die Beförderung im Internationalen Luftverkehr (Montrealer Übereinkommen), (BGBl. II 2004, S. 458)
MV	Multimodaler Verkehr
m.w.N.	mit weiteren Nachweisen
Nachw.	Nachweise
n.F.	neue Fassung
NJW	Neue Juristische Wochenschrift (Jahr, Seite)
NJW-RR	NJW-Rechtsprechungs-Report Zivilrecht (Jahr, Seite)
Nr.	Nummer
OGH	Oberster Gerichtshof (Österreich)
oHG	offene Handelsgesellschaft
OLG	Oberlandesgericht
OLG-Rp.	OLG Report, Zeitschrift (Jahr, Seite)
OLGZ	Entscheidungen der Oberlandesgerichte in Zivilsachen
OLSchVO	VO über Orderlagerscheine vom 16.12.1931 (RGBl. I S. 763)
OWiG	Gesetz über Ordnungswidrigkeiten vom 19.2.1987 (BGBl. I S. 602)
Palandt/*Bearbeiter*	*Palandt*/Bearbeiter, Bürgerliches Gesetzbuch, Kommentar, 73. Aufl. 2014
Papp	*Papp,* Haftungsrechtliche Fragen im Zusammenhang mit den §§ 412, 413 HGB (1973)
Paschke/Furnell	*Paschke/Furnell,* Transportrecht, 2011
PflVG	Pflichtversicherungsgesetz vom 5.4.1965 (BGBl. I S. 213)
pFV	positive Forderungsverletzung
Pokrant/Gran,	Bearbeiter in: *Pokrant/Gran,* Transport- und Logistikrecht, 10. Aufl. 2013
Pottmeyer	*Pottmeyer,* Kommentar zum Kriegswaffenkontrollgesetz, 2. Aufl. 1994
Praxishandbuch Transportrecht	*Knorre/Temme/Müller/Schmid/Demuth,* Praxishandbuch Transportrecht (Loseblattwerk), EL 3 2003
Prölss/Martin	*Prölss/Martin*/Bearbeiter, VVG. Versicherungsvertragsgesetz, 28. Aufl. 2010
PTB	Physikalisch-Technische Bundesanstalt
Putzeys	*Putzeys,* Le Contrat de Transport routier de Marchandises (Brüssel 1981)
PVV	Positive Vertragsverletzung
RabelsZ	Zeitschrift für ausländisches und internationales Privatrecht, hrsg. v. Ernst Rabel (Jahr, Seite)
Ramming	*Ramming,* Hamburger Handbuch zum Binnenschifffahrtsrecht, 2009

Abkürzungs- und Literaturverzeichnis

Rdnr.	Randnummer
RdW	Österreichisches Recht der Wirtschaft, Zeitschrift (Jahr, Seite)
RFDA	Revue francaise de Droit Aérien
RG	Reichsgericht
RGBl.	Reichsgesetzblatt (Jahr, Seite)
RGRK z. BGB	Reichsgerichtsräte-Kommentar zum BGB, 12. Aufl.
RGZ	Entscheidungen des Reichsgerichts in Zivilsachen
RIW	Recht der Internationalen Wirtschaft: früher Außenwirtschaftsdienst des Betriebs-Beraters, Zeitschrift (Jahr, Seite)
Römer/Langheid	*Römer/Langheid*, VVG. Versicherungsvertragsgesetz mit VVG-Informationspflichtenverordnung, 4. Aufl. 2014
resp.	respektive
Rspr.	Rechtsprechung
RVS	Rollfuhrversicherungsschein
S.	Seite
s.	siehe
Saller/Winter	*Saller/Winter*, Haftung und Versicherung beim Autokranunfall, VersR 1997, 1191 ff., 1459 ff.
Schenk/Werdein	*Schenk/Werdein*, Güterkraftverkehr. Reihe Navigator Transportrecht. Band 4, 2010
Schlegelberger/Bearbeiter	*Schlegelberger*/Bearbeiter, Kommentar zum HGB, 5. Aufl. 1986
SchlHAnz	Schleswig-Holsteinische Anzeigen, Zeitschrift (Jahr, Seite)
SLVS-Plus	Speditions-, Logistik- und Lagerversicherungs-Schein-Plus
Schmied	*Schmied*, Die Rolle des Logistikdienstleiters beim Aufbau von Wertschöpfungsketten in Pfohl, Management der Logistikkette 1997
Soergel/*Bearbeiter*	*Soergel*/Bearbeiter, Bürgerliches Gesetzbuch, Kommentar, 13. Aufl. 2008 ff.
sog.	sogenannt
SOLAS	International Convention for the Safety of Life at Sea vom 1.11.1974 (UN-Konvention)
SpP	Speditions-Police
SpV	Speditionsversicherung
Staub/*Bearbeiter*	*Staub*/Bearbeiter, Großkommentar zum HGB, 5. Aufl. 2008 ff.
Staudinger/*Bearbeiter*	*Staudinger*/Bearbeiter, Kommentar zum Bürgerlichen Gesetzbuch mit Einführungsgesetz und Nebengesetzen, 12. Aufl. 2006/13. Aufl. 2012 ff.
StGB	Strafgesetzbuch i. d. F. vom 13.11.1998 (BGBl. I S. 3322)
Stiefel/Maier	*Stiefel/Maier*, Kraftfahrtversicherung. AKB-Kommentar, 18. Aufl. 2010
str.	streitig
Streinz	*Streinz*, Europarecht, 9. Aufl. 2012
StrSchV	Verordnung über den Schutz vor Schäden durch ionisierende Strahlen i. d. F. vom 30.6.1989 (BGBl. I S. 1321)
StVG	Straßenverkehrsgesetz i. d. F. vom 5.3.2003 (BGBl. I S. 310, ber. S. 919)
StVO	Straßenverkehrs-Ordnung vom 16.1.1970 (BGBl. I S. 1565)
StVZO	Straßenverkehrs-Zulassungs-Ordnung i. d. F. vom 28.9.1988 (BGBl. I S. 1793)
SVS/RVS	Speditionsversicherungsschein/Rollfuhrversicherungsschein
SZ	Entscheidungen des österreichischen Obersten Gerichtshofes in Zivilsachen
SZR	Sonderziehungsrecht, Rechnungseinheit des internationalen Währungsfonds
TAufhG	Tarifaufhebungsgesetz (BGBl. I 1993 S. 1489)

Abkürzungs- und Literaturverzeichnis

TBL	Through Bill of Lading
Terbille/*Bearbeiter*	*Terbille*/Bearbeiter, Münchener Anwaltshandbuch Versicherungsrecht, 3. Aufl. 2013
TgV	Verordnung zur Transportgenehmigung vom 10. 9. 1996 (BGBl. I S. 1997)
Theunis/*Bearbeiter*	*Theunis*/Bearbeiter, International Carriage of Goods by Road (CMR) London/New York/Hamburg/Hongkong 1987
TierSchG	Tierschutzgesetz in der Fassung der Bekanntmachung vom 17.2.1993 (BGBl. I S. 254)
TierSchTrV	Verordnung zum Schutz von Tieren beim Transport vom 25.2.1997 (BGBl. I S. 348)
Thume	Bearbeiter in: *Thume,* Kommentar zur CMR, 3. Aufl. 2013
Thume/de la Motte/Ehlers	Bearbeiter in: *Thume/de la Motte/Ehlers,* Transportversicherungsrecht, 2. Aufl. 2011
TranspR	Transportrecht, Zeitschrift (Jahr, Seite)
TRG	Gesetz zur Neuregelung des Fracht-, Speditions- und Lagerrechts (Transportrechtsreformgesetz vom 25.6.1998 (BGBl. I S. 1588)
uU	unter Umständen
ULC	Uniform Law Cases, Zeitschrift (Jahr, Seite)
Ulmer/Brandner/Hensen	*Ulmer/Brandner/Hensen,* AGB-Recht, Kommentar, 11. Aufl. 2011
ULR	Uniform Law Review, Zeitschrift (Jahr, Seite)
umf.	umfassend
UNCITRAL	Sitzung der Kommission der Vereinten Nationen für internationales Handelsrecht
unzutr.	unzutreffend
UTR	Jahrbuch des Umwelt- und Technikrechts (Jahr, Seite)
V	Versicherung
v.	von, vom, versus
VAG	Versicherungsaufsichtsgesetz i. d. F. der Bek. vom 17.12.1992 (BGBl. I 1993 S. 2)
VBGL	Vertragsbedingungen für den Güterkraftverkehrs-, Speditions- und Logistikunternehmer i. d. F. vom 13.6.2013
vcfp	venire contra factum proprium, widersprüchliches Verhalten
VDI	Verein Deutscher Ingenieure e.V. (Düsseldorf)
Veith/Gräfe	*Veith/Gräfe,* Der Versicherungsprozess, 2005
VersPraxis	Versicherungspraxis, Zeitschrift (Jahr, Seite)
VersR	Versicherungsrecht, Zeitschrift (Jahr, Seite)
VersW	Zeitschrift für die gesamte Versicherungswissenschaft (Jahr, Seite)
VersWirtsch	Versicherungswirtschaft, Zeitschrift (Jahr, Seite)
VG	Versicherungsgeber
vgl.	vergleiche
VKBl.	Verkehrsblatt, Zeitschrift (Jahr, Seite)
VN	Versicherungsnehmer
VO	Verordnung
Voraufl.	Vorauflage
VO TSU	Verordnungen nach § 20a GüKG
VP	Versicherungspraxis, Zeitschrift (Jahr, Seite)
VR	Versicherer
VRS	Verkehrsrecht-Sammlung, Zeitschrift (Jahr, Seite)
VVG	Gesetz über den Versicherungsvertrag (Versicherungsvertragsgesetz) i. d. F. vom 23.11.2007 (BGBl. I S. 2631)

Abkürzungs- und Literaturverzeichnis

WA	Warschauer Abkommen zur Vereinheitlichung von Regeln über die Beförderung im internationalen Luftverkehr i.d.F. v. 12.10.1929 (RGBl. II 1933, 1039) bzw. vom 28.9.1955 (BGBl. II 1958 S. 291) bzw. i.d.F. des Protokolls von Guatemala vom 8.3.1971 (ICM 10 1971 S. 613ff.)
WaffG	Waffengesetz in der Fassung der Bekanntmachung vom 8.3.1976 (BGBl. I S. 432)
Wbl.	Wirtschaftsrechtliche Blätter (Beilage zu den österr. Juristische Blätter; Jahr, Seite)
Weber	*Weber,* Zum Begriff Logistikleistung in Zeitschrift für Betriebswirtschaft 1986, 1196ff.
Wiechmann/Block	*Wiechmann/Block,* Versicherungsgesetze, 30. EL Juli 2013
Willenberg, KVO	*Willenberg,* Kraftverkehrsordnung für den Güterfernverkehr mit Kraftfahrzeugen (Beförderungsbedingungen), 4. Aufl. 1991
WM	Wertpapier-Mitteilungen, Zeitschrift (Jahr, Seite)
Wolf, ADSp	*Wolf,* ADSp, Textausgabe mit kurzen Erläuterungen, 15. Aufl. 1992
Wolf/Horn/Lindacher	*Wolf/Horn/Lindacher,* AGB-Gesetz, Kommentar, 5. Aufl. 2008
WRP	Wettbewerb in Recht und Praxis, Zeitschrift (Jahr, Seite)
Yates, CMR	Contracts for the Carriage of Goods by Land, Sea and Air (Loseblatt), Teil 3.1 (International Carriage of Goods by Road: CMR)
z.B.	zum Beispiel
ZBinnSch	Zeitschrift für Binnenschiffahrt und Wasserstraßen (Jahr, Seite)
ZEuP	Zeitschrift für Europäisches Privatrecht (Jahr, Seite)
Ziff.	Ziffer
ZfRVgl	Zeitschrift für Rechtsvergleichung (Jahr, Seite)
ZfVerkWiss	Zeitschrift für Verkehrswissenschaften (Jahr, Seite)
ZfVersWesen	Zeitschrift für Versicherungswesen (Jahr, Seite)
zGG	zulässiges Gesamtgewicht
ZIntEisenb	Zeitschrift für den internationalen Eisenbahntransport (Jahr, Seite)
ZIP	Zeitschrift für Wirtschaftsrecht (früher Insolvenzrecht – Zeitschrift für die gesamte Insolvenzpraxis; Zeitschrift für Wirtschaftsrecht und Insolvenzpraxis (Jahr, Seite)
zit.	zitiert
ZKR	Zentralkommission für die Rheinschifffahrt
ZLW	Zeitschrift für Luft- und Weltraumrecht (Jahr, Seite)
Zöller	*Zöller,* Zivilprozessordnung, 30. Aufl. 2014
ZPO	Zivilprozessordnung i.d.F. vom 5.12.2005 (BGBl. I S. 3202, ber. BGBl. I 2006 S. 431)
zust.	zustimmend
zutr.	zutreffend
zw.	zweifelnd

A. Rechtliche Grundstrukturen und Art der Tätigkeit der Verkehrsunternehmen

Übersicht

	Rdnr.
I. Einführung	
1. Allgemeines	1
2. Einteilung der Verkehrsunternehmen, Gliederung des HGB	7
II. Frachtgeschäft/Frachtführer	
1. Rechtliche Darstellung	11
2. Art der Tätigkeit/der Verkehre	16
3. Die verschiedenen Formen des Frachtführers	27
III. Speditionsgeschäft/Spediteur	
1. Der Spediteurbegriff des HGB	34
2. Der Spediteurbegriff der ADSp	47
3. Die verschiedenen Formen des Spediteurs	56
IV. Logistikgeschäft/Logistikdienstleister	
1. Begriff der Logistik	64
2. Rechtliche Darstellung	66
V. Die Haftung des Frachtführers	
1. Nationale Transporte	67
a) Gleiche Haftung für alle Beförderungen zu Lande, auf Binnengewässern und mit Luftfahrzeugen, sofern die Beförderung zum Betriebs eines gewerblichen Unternehmers gehört	67
b) Verschuldensunabhängige Haftung	69
c) Haftungsumfang, Wertersatzprinzip	74
d) Wegfall der Haftungsbefreiungen und -begrenzungen bei schwerer Schuld	86
e) Keine zwingende Haftung	95
f) Haftung des ausführenden Frachtführers	102
g) Versicherungspflicht des Frachtführers	103
2. Grenzüberschreitende Transporte (nur Straßengüterverkehr)	110
a) CMR-Geltungsbereich und Vertragsstaaten	110
b) Gewährhaftung des Frachtführers	115
c) Haftungsumfang, Wertersatzprinzip	124
d) Wegfall der Haftungsbefreiungen und -begrenzungen bei schwerer Schuld	140
e) Zwingendes Recht	143
3. Kabotageverkehre	146
VI. Die Haftung des Spediteurs	
1. Die Haftung nach dem HGB	150
a) Beschränkte Obhutshaftung für Verlust und Beschädigung	152
aa) Obhutszeitraum	153
bb) Frachtführerhaftung aufgrund Fixkostenspedition, Sammelladungsspedition oder Selbsteintritt	155
b) Unbeschränkte Verschuldenshaftung für Pflichtverletzungen	156
c) Mitverschulden des Versenders	160
d) Haftung für Leute und Erfüllungsgehilfen	161
aa) Gesetzliche Grundfälle	161
bb) Fixkostenspedition	165

	Rdnr.
2. Haftung nach den ADSp	166
a) Abdingbarkeit der Haftung des Spediteurs	166
b) Haftungsbegrenzungen nach den ADSp	167
aa) Voraussetzungen	169
bb) Speditionsbereich	171
cc) Lagerbereich	174
c) Versicherung zu marktüblichen Bedingungen	176
aa) Ausgleichsfunktion	176
bb) DTV-Musterbedingungen	177
cc) Höchstersatzleistungen	178
VII. Die Haftung des Logistikdienstleisters	
1. Allgemeines	179
2. Speditionsübliche Logistik	183
3. Speditionsunübliche logistische Leistungen	184
a) Keine Anwendbarkeit der ADSp	184
b) Anwendungsmöglichkeit der Logistik-AGB	185
VIII. Zusammenfassung und Ausblick	
1. Veränderungen durch die Transportrechtsreform aus 1998, das Gesetz zur Reform des Seehandelsrechts vom 20. April 2013 und Anpassung der ADSp	189
a) Reform 1998	189
b) Reform 2013	194
aa) Im Frachtrecht	195
bb) Im Speditionsrecht	196
cc) Im Lagerrecht	197
dd) Im Seehandelsrecht	198
2. Erweiterung der Tätigkeitsbereiche der Verkehrsunternehmen	199
a) Allgemeines	199
b) Analyse der eigenen Tätigkeit	201
c) Welche Haftungsrisiken ergeben sich aus der jeweiligen Tätigkeit, welcher Versicherungsschutz wird benötigt?	205
d) Wahl der zu verwendenden Geschäftsbedingungen, Abschluss von Individualverträgen	216

I. Einführung

1. Allgemeines

Trotz weitgehender Gewerbefreiheit in Deutschland und in der Europäischen Union ist der Transport von Gütern, von bestimmten Ausnahmen abgesehen, erlaubnispflichtig.

Es wird zwischen **gewerblichem Güterkraftverkehr** als geschäftsmäßige oder entgeltliche Beförderung von Gütern mit Kraftfahrzeugen, die einschließlich Anhänger ein höheres zGG als 3,5 Tonnen haben und **Werkverkehr** unterschieden (§ 1 Abs. 1 und 2 GüKG), wobei der gewerbliche Güterkraftverkehr erlaubnispflichtig ist (§ 3 Abs. 1 GüKG). Erlaubnisfrei sind Transporte mit Fahrzeugen bis zu 3,5 Tonnen zGG einschließlich Anhänger und solche, für die die Ausnahmen nach § 2 GüKG gelten.

Werkverkehr,[1] als Güterkraftverkehr für eigene Zwecke des Unternehmens, sofern die in § 1 Abs. 2 GüKG aufgestellten Voraussetzungen erfüllt sind, ist ebenfalls erlaubnisfrei. Gleiches gilt für die Beförderung von Gütern durch Handelsvertreter, Handelsmakler und Kommissionäre unter den Voraussetzungen des § 1 Abs. 3 GüKG.

Bestimmte Beförderungen sind jedoch von der Erlaubnispflicht befreit. Dies ist im Gemeinschaftsrecht in Art. 1 Abs. 5 der VO (EG) Nr. 1072/2009[2] geregelt.

Nach Abs. 6 dieser Bestimmung werden die Bedingungen, von denen die Mitgliedsstaaten bei ihren eigenen Staatsangehörigen den Zugang für den grenzüberschreitenden gewerblichen Güterkraftverkehr abhängig machen, nicht berührt. National sind die freigestellten Verkehre in § 2 GüKG aufgeführt.

Die rechtliche Darstellung und Abgrenzung der verschiedenen Unternehmen, die sich mit dem Transport von Gütern und/oder der Organisation von solchen Transporten, der Lagerung von Gütern sowie der Erbringung logistischer Leistungen beschäftigen, begrifflich zusammengefasst als Verkehrsunternehmen, ihre Rechtsformen, die erforderlichen Erlaubnisse und Genehmigungen sowie das mit diesen Tätigkeiten verbundene Haftungsrisiko und der erforderliche und sinnvolle Versicherungsschutz sind Gegenstand dieses ersten Kapitels.

2. Einteilung der Verkehrsunternehmen, Gliederung des HGB

Verkehrsunternehmen gibt es in den verschiedensten Erscheinungsformen, von dem selbstfahrenden Unternehmer, dem Einmann-Sofa- oder Schreibtischspediteur oder sonstigen Einzelunternehmen über OHG, Kommanditgesellschaft und GmbH bis zur Aktiengesellschaft sowie unter den unterschiedlichsten Geschäftsbezeichnungen, z.B. als Logistikunternehmen mit weitgefächerten Tätigkeitsbereichen.

Ein wesentliches Unterscheidungskriterium sowohl in tatsächlicher als auch in rechtlicher Hinsicht ist die Aufteilung in Unternehmen, die selbst Beförderungsleistungen erbringen **(Frachtführer)** und solche, die Transportleistungen organisieren **(Spediteure),** wobei Mischformen, Unternehmen, die beide Tätigkeiten ausüben, sog. Gemischtbetriebe oder Kraftwagenspeditionen, häufig vorkommen. Etwa die Hälfte der Speditionsunternehmen betreiben Fernverkehr im Selbsteintritt, Nahverkehr oder Rollfuhr.[3]

---

[1] Vgl. unten H. II Rdnr. 66 ff.
[2] Vgl. **Anhang 7.**
[3] Vgl. *de la Motte* TranspR 1997, 85 (88).

9 Die Einteilung in die Tätigkeiten des Frachtführers (§§ 407 bis 452d),[4] des Spediteurs (§§ 453 bis 466) und des Lagerhalters (§§ 467 bis 475h) gilt auch weiterhin für unser deutsches Transportrecht.

Trotz Stimmen, die der Auffassung waren, dass für den Speditionsvertrag als eigene gesetzliche Vertragsform nach der weitgehenden Anpassung der haftungsrechtlichen Vorschriften an das Frachtrecht kein Bedürfnis mehr bestehe, ist es bei der alten Einteilung in Transporte organisierende Betriebe und in transportierende Unternehmen geblieben.

10 Das durch das Gesetz vom 20.4.2013[5] neu gefasste Seehandelsrecht ist in den §§ 476 bis 618 enthalten.

---

[4] Vorschriften ohne Angaben des Gesetzes sind solche des HGB.
[5] BGBl. I 2013, 831.

II. Frachtgeschäft/Frachtführer

1. Rechtliche Darstellung

Die gesamten Vorschriften des zivilen innerdeutschen Frachtrechts – ausgenommen auf Seegewässern (§ 450) – sind nunmehr einschließlich des Umzugsverkehrs und der multimodalen Transporte einheitlich im HGB (§§ 407 bis 452d) zusammengefasst. Sonderregelungswerke, wie die KVO oder die GüKUMB, die zur Rechtszersplitterung geführt hatten, gibt es nicht mehr. 11

Die **Definition des Frachtführers** in § 407 ist sachbezogen und bringt, obwohl inhaltlich keine sachliche Änderung vorgenommen wurde, deutlicher als früher zum Ausdruck, dass der Frachtvertrag ein Konsensualvertrag ist, also ein Vertrag, der durch übereinstimmende Erläuterungen der Vertragspartner zustande kommt, ohne dass es einer realen Handlung, wie etwa der Übergabe des Gutes bedarf.[1] 12

Durch den Frachtvertrag wird der Frachtführer, wobei zum Frachtgeschäft i.S.d. §§ 407–449 HGB nunmehr auch die Beförderung auf der Schiene, auf Binnengewässern und im nationalen Luftfrachtverkehr zählen, verpflichtet, das Gut zum Bestimmungsort zu befördern und dort vollständig und unbeschädigt an den Empfänger innerhalb der vereinbarten oder einer angemessenen Frist (Lieferfrist, vgl. § 423) abzuliefern. 13

Zentrales Moment des Frachtvertrages bleibt die Übernahme einer **Beförderungspflicht,** d.h. die Verpflichtung zur Verbringung des Frachtgutes von einem Ort zum anderen, also die Überwindung einer räumlichen Distanz, wobei die Entfernung keine Rolle spielt. Daher genügen auch kürzeste Distanzen, z.B. die Verbringung von Möbeln von einem Raum in einen benachbarten.[2] Es kommt für einen Frachtvertrag i.S.d. HGB nicht darauf an, mit welchen Mitteln die Ortsveränderung des Gutes durchgeführt wird, z.B. mit einem Kfz, mit einem Schiff, mit von Menschen oder Tieren gezogenen Wagen oder Schlitten, durch Tragen, durch Anheben mit einem Kran oder gar durch das Treiben von Vieh, solange die Beförderung national zu Lande, auf einem Binnengewässer oder in der Luft erfolgt. 14

Wenn keine besondere diesbezügliche Abrede getroffen ist, braucht der Frachtführer die Beförderungsleistung nicht selbst zu erbringen. Er kann zur Ausführung der übernommenen Beförderungspflicht andere selbstständige Frachtführer auf der gesamten Strecke oder auf Teilstrecken heranziehen, ohne dass er dadurch seine Frachtführereigenschaft verliert. 15

2. Art der Tätigkeit/der Verkehre

Einmal ist zwischen nationaler und internationaler Transporttätigkeit zu unterscheiden, und zwar sowohl hinsichtlich der erforderlichen Erlaubnisse/Genehmigungen[3] als auch bezüglich der Haftung. 16

Die Unterscheidung zwischen Güternahverkehr und Güterfernverkehr gehört seit dem 1.7.1998 der Vergangenheit an. 17

Der Umzugsverkehr wird genehmigungsrechtlich ebenfalls nicht mehr als eigener Verkehr mit besonderen Bestimmungen geregelt. 18

---

[1] Vgl. unten B. I Rdnr. 56.
[2] Vgl. *Helm,* Frachtrecht, 2 Aufl., Rdnr. 74ff. zu § 425 HGB.
[3] Vgl. unten H. II Rdnr. 50ff.

19 Nach § 1 Abs. 1 und 4 GüKG ist gewerblicher Güterkraftverkehr die geschäftsmäßige oder entgeltliche Beförderung von Gütern mit Kraftfahrzeugen, die einschließlich Anhänger ein höheres zulässiges Gesamtgewicht (zGG) als 3,5 t haben,[4] soweit nicht im Einzelfall Werkverkehr vorliegt oder die Ausnahmen des § 2 GüKG greifen.

20 **Werkverkehr**[5] i.S.d. §§ 1 Abs. 2 und 10 GüKG ist die Beförderung von Gütern im Inland und grenzüberschreitend für eigene Zwecke des Unternehmens, unabhängig von der Größe des eingesetzten Fahrzeuges und der Länge der zurückgelegten Strecke, sofern bestimmte Voraussetzungen vorliegen.

21 Hier ist der **Unternehmensbegriff** eng zu verstehen. Verbundene Unternehmen, die rechtlich selbstständig sind, fallen nicht darunter; der sog. Konzernwerkverkehr bleibt verboten.

22 Die weiteren Voraussetzungen für Werkverkehr sind, dass
– die beförderten Güter im Eigentum des Unternehmers stehen oder von ihm verkauft, gekauft, vermietet, gemietet, hergestellt, erzeugt, gewonnen, bearbeitet oder instand gesetzt sein müssen;
– die Beförderung der Anlieferung zum oder der Auslieferung vom Unternehmen oder der Verbringung innerhalb oder zum Eigenverbrauch außerhalb desselben dient;
– die Fahrzeuge – nicht mehr eigene erforderlich – von eigenem Personal des Unternehmens oder solchen, das dem Unternehmen im Rahmen einer vertraglichen Verpflichtung zur Verfügung gestellt wurde, geführt werden.
– die Beförderung nur eine Hilfstätigkeit im Rahmen der Gesamttätigkeit des Unternehmens darstellt.

23 Weiterhin ist Werkverkehr auch die Beförderung von Gütern durch Handelsvertreter, Handelsmakler und Kommissionäre, wenn sich deren Tätigkeit auf diese Güter bezieht, die vorstehend aufgeführten Voraussetzungen wie für den Unternehmer selbst, ausgenommen der ersten, vorliegen und nur kleinere Fahrzeuge mit nicht mehr als 4 t Nutzlast einschließlich Anhänger verwendet werden (Absatz 3).

24 Da schon die Definition in § 1 Abs. 1 GüKG alle Fahrzeuge bis zu einem zGG von 3,5 t einschließlich Anhänger freistellt, und es keine Kontingentierung von Genehmigungen/Erlaubnissen mehr gibt, wie bis zuletzt noch für den Güterfernverkehr, wurde die Zahl der Ausnahmetatbestände in § 2 GüKG wesentlich verringert.[6]

Freigestellt sind nunmehr
– die gelegentliche, nicht gewerbsmäßige Beförderung von Gütern durch Vereine für ihre Mitglieder oder für gemeinnützige Zwecke;
– die Beförderung von Gütern durch die öffentliche Hand im Rahmen ihrer öffentlichen Aufgaben;
– die Beförderung von beschädigten oder reparaturbedürftigen Fahrzeugen unabhängig von ihrer Zahl aus Gründen der Verkehrssicherheit oder zum Zwecke der Rückführung;
– die Beförderung von Gütern durch Autobusse im Rahmen von Verkehrsdiensten, die nach dem Personenbeförderungsgesetz genehmigt sind,
– die Beförderung von Medikamenten, medizinischen Geräten und Ausrüstungen sowie anderen zur Hilfeleistung in dringenden Notfällen bestimmten Gütern;

---

[4] Vgl. unten H. II Rdnr. 54 ff.
[5] Vgl. unten H. II Rdnr. 66 ff.
[6] Vgl. unten H. II Rdnr. 82 ff.

II. Frachtgeschäft/Frachtführer

- die Beförderung von Milch- und Milcherzeugnissen durch landwirtschaftliche Unternehmen zwischen landwirtschaftlichen Betrieben, Milchsammelstellen und Molkereien;
- die Beförderung von land- und forstwirtschaftlichen Bedarfsgütern und Erzeugnissen für eigene Zwecke und für andere derartige Betriebe im Rahmen der Nachbarschaftshilfe und von Maschinenringen oder ähnlichen Zusammenschlüssen im Umkreis von 75 km mit Fahrzeugen, die von der Kfz-Steuer nach bestimmten Vorschriften befreit sind;[7]
- die Beförderung von Betriebseinrichtungen für eigene gewerbliche Zwecke;
- die Beförderung von Postsendungen im Rahmen von Universaldienstleistungen durch Postdienstleister gemäß § 1 der Post-Universaldienstleistungsverordnung.

Der **Umzugsverkehr** stellt nach geltendem Recht erlaubnismäßig keine Besonderheit mehr dar. Zu seiner Durchführung mit Fahrzeugen über 3,5 t reicht im Inland die allgemeine Erlaubnis nach § 3 GüKG oder die Gemeinschaftslizenz aus. Zivilrechtlich, insbesondere haftungsrechtlich, gelten für den Umzugsverkehr, bei dem die Vertragspartner in den meisten Fällen nicht beide Gewerbetreibende sind, neben den §§ 407 bis 450 die Sonderbestimmungen der §§ 451 bis 451h.[8]

Der **multimodale** oder **kombinierte** Transport, d. h. die Beförderung des Gutes aufgrund eines einheitlichen Vertrages mit verschiedenen Beförderungsmitteln ist speziell in den §§ 452 bis 452d geregelt. Hierbei sind häufig unterschiedliche Frachtführer auf den verschiedenen Teilstrecken tätig. Heftig umstritten war früher, welche Rechtsvorschriften zur Anwendung kamen, wenn der Schadensort unbekannt war. Nunmehr hat der Gesetzgeber in Deutschland eine gesetzliche Regelung vorgenommen.[9]

3. Die verschiedenen Formen des Frachtführers

In einer Kette von mehreren Frachtführern werden Begriffe wie Hauptfrachtführer, Unterfrachtführer, Zwischenfrachtführer, Teilfrachtführer, Samtfrachtführer, aufeinanderfolgender Frachtführer oder ausführender Frachtführer verwendet.

Vom **Hauptfrachtführer** ist die Rede, wenn der beauftragte Frachtführer einen selbstständigen Frachtführer bei der Ausführung der Beförderung im eigenen Namen einsetzt. Im Verhältnis zu dem eingesetzten Frachtführer, der dann **Unterfrachtführer** genannt wird, ist der auftraggebende Frachtführer **Hauptfrachtführer**.

Helm[10] sprach – nach altem Recht – von einem **Zwischenfrachtführer,** wenn ein Frachtführer im eigenen Namen eine nicht von ihm selbst geschuldete Frachtleistung an einen anderen Frachtführer überträgt. Der erste Frachtführer betätige sich als Spediteur, sein Absender sei dann Versender. Der erste Frachtführer haftet dann nur für Spediteurverschulden.

Wenn der erste Frachtführer eine von ihm nicht geschuldete Beförderungsleistung im Namen des Absenders an einen anderen Frachtführer überträgt – eine nicht häufig vorkommende Fallgestaltung – sind sie nach *Helm* zum alten Recht[11] beide **Teilfrachtführer.** Dieser Fall unterscheide sich haftungsrechtlich nicht von dem, dass der Absender von Anfang an mehrere Frachtführer mit der Beförderung auf Teilstrecken beauftrage. Jeder Frachtführer haftet dann nur für seine Teilstrecke.

---

[7] Vgl. unten H. II Rdnr. 109
[8] Vgl. unten B. III Sonderbereich 1.
[9] Vgl. unten B. III Sonderbereich 2.
[10] Vgl. *Helm,* Frachtrecht, 2. Aufl. Rdnr. 107 zu § 425 HGB a. F.
[11] Vgl. *Helm,* Frachtrecht, 2. Aufl. Rdnr. 107 zu § 425 HGB a. F.

31 Unter „**Samtfrachtführer**" verstand man in der älteren Literatur und Rechtsprechung die nach § 432 Abs. 2 a.F. solidarisch haftenden nachfolgenden Frachtführer, die das Gut mit dem ursprünglichen Frachtbrief annahmen und entsprechend diesem in den Frachtvertrag eintraten.

32 In der CMR (Art. 34 ff.) spricht man von **aufeinanderfolgenden Frachtführern,** wenn die Beförderung Gegenstand eines Vertrages ist, von mehreren Frachtführern ausgeführt wird, und diese durch Annahme des Gutes und des Frachtbriefes nach dessen Maßgabe Vertragspartner werden. Diese Fallgestaltung kommt in der Praxis nur selten vor.

33 Das geltende Recht hat in § 437 die Rechtsfigur des **ausführenden Frachtführers** geschaffen. Wird eine Beförderung ganz oder teilweise durch einen solchen ausführenden Frachtführer durchgeführt, hat dieser für Verlust und Beschädigung des Gutes und Überschreitung der Lieferfrist wie der sog. „vertragliche" Frachtführer, d.h. der vom Absender beauftragte Frachtführer, einzustehen. Diese Regelung erfolgte, weil die Rechtsprechung des BGH die Geltendmachung vertraglicher Ansprüche nur gegen den vertraglichen Frachtführer zuließ.

III. Speditionsgeschäft/Spediteur

1. Der Spediteurbegriff des HGB[1]

Auch der Spediteur wird im HGB sachbezogen und nicht mehr personenbezogen definiert. Durch den Speditionsvertrag wird er verpflichtet, die Versendung des Gutes zu besorgen und der Versender, die vereinbarte Vergütung zu zahlen (§ 453 Abs. 1 und 2). In den §§ 408, 409 HGB a. F. war von der Provision als Vergütung des Spediteurs die Rede, nunmehr spricht § 453 Abs. 2 von der **vereinbarten Vergütung**. Damit wurde dem Umstand Rechnung getragen, dass der Spediteur seit Jahren im Regelfall für eigene Rechnung tätig ist.

Der Spediteur kauft üblicherweise die zur Durchführung der Transporte erforderlichen Beförderungsleistungen, soweit er sie nicht selbst erbringt, nicht mehr auf fremde, sondern auf eigene Rechnung ein und berechnet sie zusammen mit seinen eigenen Leistungen zu einem Komplettpreis an seinen Auftraggeber weiter. Die Differenz zwischen dem Einkaufspreis bzw. den Selbstkosten und dem Verkaufspreis an seinen Auftraggeber ist seine Vergütung und nicht mehr nur die Provision für vermittelte Fremdleistungen. Es entspricht auch häufig dem Wunsch der Auftraggeber, einen festen Komplettpreis für die Erbringung aller erforderlichen Transportleistungen als Grundlage für die eigene Kalkulation für ihre Kunden zu bekommen.

Spediteure bieten außerdem in der Praxis seit Jahrzehnten zunehmend weitere Tätigkeiten an als diejenigen der Besorgung von Güterversendungen, wie es immer noch in § 453 definiert ist. Neben Güterbeförderung und -lagerung, Zollabfertigung, Lagerbewirtschaftung, Distribution, Kommissionierung, Verpackung und Fakturierung von Gütern gehören auch deren Bearbeitung, Einkaufslogistik und logistische Gesamtlösungen zum Angebot der Spediteure.[2]

Die vom Gesetzgeber früher als Sonderfall angesehenen Möglichkeiten

a) den Transport der Güter selbst durchzuführen, der sog. **Selbsteintritt** (§ 458),

b) die Transportleistung Dritter zusammen mit den eigenen Leistungen unabhängig von dem Einkaufspreis dem Auftraggeber zu einem bestimmten Satz zu berechnen, die **Fixkostenspedition** (§ 459) oder

c) der gemeinsamen Versendung von Gütern mehrerer Versender aufgrund eines auf Rechnung des Spediteurs für die Sammelladung abgeschlossenen Frachtvertrages, die **Sammelladungsspedition** (§ 460),

bei denen der Spediteur hinsichtlich der Beförderung die Rechte und Pflichten eines Frachtführers oder Verfrachters (Frachtführer im Schifffahrtsrecht) hat, haben im Laufe der Zeit mehr Bedeutung gewonnen, als die ursprünglich als Regelfall vorgesehene Provisionstätigkeit für Rechnung des Auftraggebers.

Dieser Tätigkeitserweiterung des Spediteurs hat der Gesetzgeber bei der Formulierung von dessen Pflichten in § 454 insoweit Rechnung getragen, als es dort heißt:

(1) Die Pflicht, die Versendung zu besorgen, umfasst die Organisation der Beförderung, insbesondere

1. die Bestimmung des Beförderungsmittels und des Beförderungsweges

---

[1] Vgl. **Anhang 1.**
[2] Vgl. unten C. III Rdnr. 360 ff.

2. die Auswahl ausführender Unternehmer, den Abschluss der für die Versendung erforderlichen Fracht-, Lager- und Speditionsverträge sowie die Erteilung von Informationen und Weisungen an die ausführenden Unternehmer und
3. die Sicherung von Schadensersatzansprüchen des Versenders.

(2) Zu den Pflichten des Spediteurs zählt ferner die Ausführung sonstiger vereinbarter auf die Beförderung bezogener Leistungen wie die Versicherung und die Verpackung des Gutes, seine Kennzeichnung und Zollbehandlung. Der Spediteur schuldet jedoch nur den Abschluss der zur Erbringung dieser Leistungen erforderlichen Verträge, wenn sich dies aus der Vereinbarung ergibt.

(3) Der Spediteur schließt die erforderlichen Verträge im eigenen Namen, oder, sofern er hierzu bevollmächtigt ist, im Namen des Versenders ab.

(4) Der Spediteur hat bei Erfüllung seiner Pflichten das Interesse des Versenders wahrzunehmen und dessen Weisungen zu befolgen.

41 Der Aufgaben- und Pflichtenbereich des Spediteurs geht somit über die reine Besorgung von Transporten hinaus.

42 Die in Absatz 1 aufgeführten **beförderungsbedingten** und die in Absatz 2 erfassten **beförderungsbezogenen** Leistungen fallen unter die gesetzlichen Regeln des Speditionsrechts, nicht aber auf den Handelsverkehr bezogene sonstige Leistungen. Solche sonstigen Leistungen, z. B. Bearbeitung des Gutes durch den Spediteur, fallen unter die Vertragstypen des BGB.

43 Der Spediteur hat nach Absatz 3 weiter die Möglichkeit, in Abstimmung mit dem Versender die einzelnen Verträge in dessen Namen und Vollmacht mit den jeweiligen Leistungsträgern abzuschließen.

44 Ausgehend davon, dass Verlader von den Spediteuren zunehmend verlangen, ihre Kalkulation offen zu legen und dann als „gläserner Spediteur" zu arbeiten, so dass die betreffenden Spediteure zwar zu festen Kosten tätig sind, aber letztlich nur eine zugebilligte Marge als Gewinnaufschlag berechnen dürfen, bietet sich den Spediteuren eine weitere Gestaltungsmöglichkeit an, nämlich in Vollmacht des Auftraggebers zu handeln. Sie bräuchten dann nicht, wie jetzt häufig der Fall, die Vergütung für den Frachtführer vorzufinanzieren und unterlägen auch nicht der strengeren Haftung als Fixkostenspediteur (§ 459) ohne – je nach Inhalt der Abrede – finanzielle Nachteile zu erleiden.

45 Das geltende Recht bietet somit dem rechtlich unterrichteten und mit Verhandlungsgeschick operierenden Spediteur neue wirtschaftlich interessante Alternativen.

46 Ein solcher in Vollmacht des Versenders Aufträge erteilender Spediteur ist nicht dem **Vollmachtspediteur,** wie er nach altem Recht definiert wurde, gleichzusetzen. Als **Vollmachtspediteur** oder **Hausspediteur** wurde der Spediteur bezeichnet, der vom Endempfänger den Auftrag hatte, das Gut entgegenzunehmen, abzuholen, (zwischen-) zu lagern und dem Endempfänger oder einem von diesem bezeichneten Dritten zuzustellen. Diese Tätigkeit wurde zu Recht nur dann als Speditionstätigkeit angesehen, wenn sie auch eine Weiterbeförderung durch Frachtführer oder im Selbsteintritt vorsah.[3]

2. Der Spediteurbegriff der ADSp[4]

47 Dazu heißt es in Ziffer 2.1 Fassung 2003:

„**Die ADSp gelten für Verkehrsverträge über alle Arten von Tätigkeiten, gleichgültig ob sie Speditions-, Fracht-, Lager- oder sonstige üblicherweise zum Speditionsgewer-**

---

[3] *Helm,* Speditionsrecht, 2. Aufl., Rdnr. 16 f. zu §§ 407 bis 409.
[4] Vgl. **Anhang 8.**

III. Speditionsgeschäft/Spediteur

be gehörende Geschäfte betreffen. Hierzu zählen auch speditionsübliche logistische Leistungen, wenn diese mit der Beförderung oder Lagerung von Gütern im Zusammenhang stehen."

und in Ziffer 2.3:

"Die ADSp gelten nicht für Geschäfte, die ausschließlich zum Gegenstand haben:
- Verpackungsarbeiten;
- die Beförderung von Umzugsgut oder dessen Lagerung;
- Kran- oder Montagearbeiten sowie Schwer- oder Großraumtransporte mit Ausnahme der Umschlagtätigkeit des Spediteurs;
- die Beförderung und Lagerung von abzuschleppenden oder zu bergenden Gütern."

Damit geht der Tätigkeitsbereich der ADSp-Spediteure weiter als derjenige des HGB-Spediteurs nach §§ 453 ff., wobei die Organisation der Beförderung durch den letzteren auch Umzugs-, Schwer- und Großraumtransporte sowie Kranarbeiten umfassen kann. Für den Einsatz von Autokränen gilt dies, wenn der Kranunternehmer über die Gestellung des Kranes hinaus auch das Anheben und Umsetzen der Last, also einen Transporterfolg schuldet.[5] 48

Im Gegensatz zur Regelung in § 454, die „logistische Leistungen" des Spediteurs nicht erwähnt, sollen speditionsübliche logistische Leistungen unter die ADSp fallen, soweit sie mit den wesentlichen Leistungen des Verkehrsgewerbes, der Beförderung und Lagerung in Zusammenhang stehen. Was speditionsübliche logistische Leistungen sind, wird nicht definiert.[6] 49

Was unter logistische Leistungen fällt und insbesondere, was speditionsübliche Leistungen sind, wird in den ADSp ebenfalls nicht definiert. Es wird lediglich festgelegt (Ziffer 2.1 Satz 2), dass die ADSp auch für speditionsübliche logistische Leistungen gelten sollen, wenn diese mit der Beförderung oder Lagerung von Gütern in Zusammenhang stehen. 50

Nach den im Jahr 2006 erarbeiteten **Logistik-AGB**[7] (Ziffer 1.1) können logistische Leistungen Tätigkeiten für den Auftraggeber oder von ihm benannte Dritte sein, wie z.B. die Auftragsannahme (Call-Center), Warenbehandlung, Warenprüfung, Warenaufbereitung, länder- und kundenspezifische Warenanpassung, Montage, Reparatur, Qualitätskontrolle, Preisauszeichnung, Regalservice, Installation oder die Inbetriebnahme von Waren und Gütern oder Tätigkeiten in Bezug auf die Planung, Realisierung, Steuerung oder Kontrolle des Bestell-, Prozess-, Vertriebs-, Retouren-, Entsorgungs-, Verwertungs- und Informationsmanagements. 51

Die Logistik-AGB sollen für alle logistischen (Zusatz-)Leistungen gelten, die nicht von einem Verkehrsvertrag nach Ziffer 2.1 der ADSp – soweit vereinbart – oder von einem Fracht-, Speditions- oder Lagervertrag erfasst werden, jedoch vom Auftragnehmer im wirtschaftlichen Zusammenhang mit einem solchen Vertrag erbracht werden. 52

Wenn ein Spediteur neben speditionellen Tätigkeiten auch logistische Zusatzleistungen erbringt, kann er auf mehrere Bedingungswerke wie die ADSp und die Logistik-AGB verweisen. Dann muss für den Partner des Spediteur aber klar und eindeutig erkennbar sein, welche Geschäftsbedingungen für welche Leistungen maßgeblich sein sollen.[8] 53

---

[5] Vgl. unten B. III Sonderbereich 6 Rdnr. 1021 ff.
[6] Vgl. Ziffer 2 ADSp **(Anhang 8)**.
[7] Herausgeber DSLV – Deutscher Speditions- und Logistikverband e. V. und ILRM – Institut für Logistikrecht und Riskmanagement Hochschule Bremerhaven **(Anhang 9)**.
[8] BGH ZIP 1981, 1220 (1221 ff.) und *Reuschle* in Ebenroth/Boujong/Joost/Strohn 2. Aufl. vor § 407 HGB Rdnr. 202.

54 Von Spediteuren erbrachte speditionsübliche logistische Leistungen, die mit der Beförderung oder Lagerung von Gütern in Zusammenhang stehen, fallen mithin haftungs- und versicherungsmäßig unter die ADSp – soweit diese gelten – und die darauf beruhenden Speditionsversicherungen.

55 Sonstige logistische Leistungen, die von Spediteuren und sonstigen Logistikdienstleistern im wirtschaftlichen Zusammenhang mit Verkehrsverträgen erbracht werden, fallen bei Vereinbarung der Logistik-AGB unter deren Haftungsregeln (Ziffer 14 und 15) und unter den **Deckungsschutz** der nach Ziffer 18 vom Auftragnehmer bindend abzuschließenden Haftungsversicherung. Werden die Logistik-AGB nicht in einen Logistikvertrag einbezogen, hat der Auftraggeber/Logistikdienstleister die Haftungsbereiche, die nicht durch seine Verkehrshaftungsversicherung abgedeckt sind, durch eine ausreichende Betriebshaftpflichtversicherung abzudecken oder sollte es jedenfalls auch in seinem eigenen Interesse tun und möglichst mit seinem Auftraggeber eine Haftungsobergrenze vereinbaren.

3. Die verschiedenen Formen des Spediteurs

56 Von **Kraftwagenspediteur** oder **Gemischtbetrieb** spricht man, wenn ein Spediteur eigene Fahrzeuge hat und damit im Selbsteintritt Güter befördert.[9]

57 Die Begriffe **Empfangsspediteur** oder **Adressspediteur** bezeichnen besondere Funktionen, die ein berufsmäßiger Spediteur beim Empfang der Güter ausüben kann. Ein solchermaßen tätiger Spediteur fungiert im Auftrag des Absenders eines Frachtvertrages – auch oft ein Spediteur – als Empfänger des transportierten Gutes. Das Rechtsverhältnis zwischen dem Empfangsspediteur und seinem Auftraggeber kann ein Speditionsvertrag sein, wenn der Empfangsspediteur die Weiterversendung besorgt, auch wenn es im Selbsteintritt geschieht.

58 Der von einem „Hauptspediteur" eingeschaltete Empfangsspediteur kann „Zwischenspediteur" oder „Unterspediteur" sein, wobei mit dieser Einschaltung auch noch weitere Aufgaben als allein die Entgegennahme und Weiterleitung des Gutes verbunden sein können, wie z. B. die Sicherung der Kaufpreiszahlung.

59 Wird der vom Hauptspediteur beauftragte weitere Spediteur im Rahmen eines speditionellen Ausführungsgeschäfts selbstständig für den Versender tätig, spricht man von **Zwischenspediteur.**

60 Überträgt der Hauptspediteur einem anderen Spediteur einen Teil seiner Tätigkeit, ist der letztere **Unterspediteur.**

61 **Abfertigungsspediteur** war der Spediteur, der bis zur Aufhebung der Tarife gemäß § 33 GüKG a. F. im Güterfernverkehr Transporte abgefertigt hatte.

62 **Grenzspediteur** ist ein Unternehmen, das üblicherweise im Auftrag des Frachtführers oder des Absenders Zoll- und sonstige Formalitäten an den Grenzübergängen, jetzt weitgehend an den Außengrenzen der Europäischen Union, erledigt.

63 Bei den im allgemeinen Sprachgebrauch als **Möbel-** bzw. **Umzugsspedition** oder **Bahnspedition** bezeichneten Betrieben handelt es sich in der Regel um Frachtführer, jedenfalls nicht um Spediteure i. S. d. HGB.

---

[9] Vgl. oben A. I Rdnr. 8.

IV. Logistikgeschäft/Logistikdienstleister

1. Begriff der Logistik

Der Begriff der Logistik ist nicht einheitlich definiert, er stammt aus dem militärischen Sprachgebrauch und beschreibt die Material- und Warenbewegungen bei einem Unternehmen, die auch als **„Supply Chain"** bezeichnet werden.[1]

Weitere Definitionen zum Begriff der Logistik sind zahlreich, zum Teil wird unterschieden zwischen Beschaffungs-, Lager-, Transport-, Produktions-, Distributions- und Entsorgungslogistik. Am prägnantesten scheint die sog. **„7 R-Definition"** zu sein, sie beschreibt sehr anschaulich, welche Tätigkeiten der Logistikdienstleister in richtiger Form zu erbringen hat. Er muss

1. die richtige Ware
2. am richtigen Ort
3. in der richtigen Menge
4. mit der richtigen Information
5. zum richtigen Zeitpunkt
6. in der richtigen Qualität
7. zu den richtigen Kosten liefern.

Was richtig ist, bestimmen die Vorgaben des Auftraggebers für den Logistikdienstleister.

2. Rechtliche Darstellung

Das **Logistikgeschäft** und der **Logistikdienstleister** sind anders als der Begriff des Frachtführers oder des Spediteurs im HGB nicht definiert. Es gibt weder eine Regelung des Logistikvertrages, noch ein einheitliches Logistikrecht. In der Praxis werden als Logistikverträge solche Verträge bezeichnet, die einem fremden Dienstleistungsunternehmen neben Transport- und Lagerleistungen auch damit verbundene weitere zusätzliche Tätigkeiten übertragen.[2] Im Rahmen dieser zusätzlichen Tätigkeiten wirkt der Logistikdienstleister entweder substantiell auf das Produkt ein (montiert, schraubt, mischt), oder er führt auf den Handel/Absatz bezogene Leistungen durch, wie z.B. Preisauszeichnungen oder Regalservice. Das bedeutet, nach deutschem Recht sind die in einem **Logistikvertrag** angebotenen Dienstleistungen immer eine Mischung aus verschiedenen Vertragstypen und deren Rechtsfolgen wie z.B. Frachtrecht (Rdnr. 7–25) Speditionsrecht (Rdnr. 26–42) Lagerrecht §§ 467–475h, Geschäftsbesorgungsvertragsrecht (§§ 675–676 BGB), Dienstvertragsrecht (§§ 611–630 BGB) oder auch Werkvertragsrecht (§§ 631–635 BGB), je nach dem, welche Tätigkeiten der Logistikdienstleister übernimmt. Bei der Gestaltung des Logistikvertrages herrscht grundsätzlich Vertragsfreiheit, wobei zu beachten ist, dass hinsichtlich des Transportrechts teilweise zwingendes Recht zu beachten ist. Das Gleiche gilt für produktbezogene Tätigkeiten des Logistikdienstleisters auch im Hinblick auf das Produkthaftungsgesetz.

---

[1] *Gran* in: Piper/Pokrant/Gran, Transport- und Logistikrecht, 8. Aufl. 2007, Rdnr. 500.
[2] *Gran* TranspR 2004, S. 1 ff.; *Rinkler* in: Ebenroth/Boujong/Joost/Strohn, Handelsgesetzbuch, 2. Aufl. 2009, Rdnr. 37.

V. Die Haftung des Frachtführers nach geltendem Recht

1. Nationale Transporte

67 *a) Gleiche Haftung für alle Beförderungen des Gutes zu Lande, auf Binnengewässern oder mit Luftfahrzeugen, sofern die Beförderung zum Betrieb eines gewerblichen Unternehmens gehört.* Auch wenn die Größe des eingesetzten Kfz genehmigungsrechtlich noch eine Bedeutung hat (§ 1 Abs. 1 GüKG),[1] wird haftungsrechtlich nicht mehr zwischen Transporten mit freigestellten Fahrzeugen und solchen, die unter das GüKG fallen (mehr als 3,5t zGG), unterschieden. Auch die Unterscheidung zwischen Fernverkehr mit zwingenden Beförderungsbedingungen (KVO) und Nahverkehr gehört der Vergangenheit an.

68 Die Haftung regelt sich für alle innerdeutschen Transporte zu Lande, auf Binnengewässern und mit Luftfahrzeugen durch ein gewerbliches Unternehmen, ungeachtet der Größe des eingesetzten Fahrzeuges und der zurückgelegten Strecke einheitlich nach den Bestimmungen der §§ 425 bis 437 und 449. Dies gilt auch für Transporte mittels Fahrrädern, Fuhren, Karren, Lasttieren oder Kränen.[2]

69 *b) Verschuldensunabhängige Haftung.* Es handelt sich dabei um eine verschuldensunabhängige, im Regelfall beschränkte Haftung für Güterschäden während der **Obhutszeit des Frachtführers** – von der Übernahme zur Beförderung bis zu Ablieferung – und für die verspätete Anlieferung des Gutes (§ 425).

70 Ebenso wie in der CMR, die Vorbild für das geltende Landfrachtrecht war, erfordert das Haftungssystem nunmehr nicht den Nachweis eines schuldhaften Verhaltens des Frachtführers. Als Korrektiv für diese strenge verschuldensunabhängige Haftung enthalten die §§ 426 und 427 **Haftungsausschlüsse** zugunsten des Frachtführers.

71 So ist einmal gemäß § 426 ein Haftungsausschluss vorgesehen für unvermeidbare und unabwendbare Schäden. Unvermeidbar sind solche Schäden, die auch ein besonders gewissenhafter Frachtführer bei Anwendung der äußersten ihm zumutbaren Sorgfalt nicht vermeiden konnte.[3]

72 Nach § 427 greift zugunsten des Frachtführers ein Haftungsausschluss ein, wenn der Schaden entweder darauf zurückzuführen ist,
- dass ein offenes Fahrzeug eingesetzt oder eine Verladung auf Deck vorgenommen wurde und der Frachtführer etwaige besondere Weisungen des Absenders im Hinblick auf die Beförderung des Gutes beachtet hat;
- dass das Gut durch den Absender ungenügend verpackt wurde;
- dass das Gut durch Absender oder Empfänger unsachgemäß behandelt, verladen oder entladen wurde oder
- von der natürlichen Beschaffenheit des Gutes wegen Neigung zu Bruch, Rost, innerem Verderb, Auslaufen, Schwund abhängt;
- auf ungenügender Kennzeichnung der Frachtstücke durch den Absender oder darauf beruht;
- dass lebende Tiere befördert wurden

sofern kein außergewöhnlicher hoher Verlust eingetreten ist.

---
[1] Vgl. oben Rdnr. 2 und 19.
[2] Vgl. *Fremuth* a. a. O. Rdnr. 8 zu § 407 HGB.
[3] Vgl. unten D. I. 1 Rdnr. 23 ff.

V. Die Haftung des Frachtführers nach geltendem Recht

Nach § 425 Abs. 2 ist es mit der möglichen Folge einer Schadenteilung zu berücksichtigen, ob und inwieweit ein Verhalten des Absenders oder des Empfängers oder ein besonderer Mangel des Gutes an der Entstehung des Schadens mitgewirkt haben.[4]

c) Haftungsumfang, Wertersatzprinzip. Bei gänzlichem oder teilweisem Verlust oder bei Beschädigung des Gutes hat der Frachtführer gemäß § 429 Abs. 1 und 2 **Wertersatz** zu leisten. Bei Verlust ist in Anlehnung an die CMR der Wert des Gutes am Ort und zur Zeit der Übernahme zu ersetzen, bei Beschädigung die Differenz zwischen dem Wert des unbeschädigten und des beschädigten Gutes, ebenfalls ausgehend vom Ort und Zeitpunkt der Übernahme. Es besteht jedoch kein Anspruch auf **Naturalrestitution** (Beschaffung gleichwertigen Ersatzes) oder auf **Ersatz des Wiederbeschaffungswerts**.

Die gesetzliche Regelung wurde im parlamentarischen Beratungsverfahren erweitert. Der Absatz 2 des § 429 wurde um einen Satz 2 erweitert, wonach vermutet wird, dass die zur Schadensminderung und Schadensbehebung aufgewendeten Kosten der zu ermittelnden Wertminderung entsprechen, um dem Geschädigten im Regelfall teure Gutachten zu ersparen. Entsprechend wurde auch der Absatz 3 dahingehend ergänzt, dass weiterhin zu vermuten ist, dass der in der Rechnung des Verkäufers ausgewiesene Kaufpreis abzüglich darin enthaltener Beförderungskosten der Marktpreis des Gutes ist, wenn das Gut unmittelbar vor der Übernahme zur Beförderung verkauft wurde.

Da es sich in beiden Fällen aber nur um Vermutungen handelt, bleibt es den Betroffenen unbenommen, die gesetzlichen Vermutungen zu widerlegen und sich darauf zu berufen, dass die eingetretene **Wertminderung** höher oder niedriger ist als die angefallenen Reparaturkosten oder der Kaufpreis in der Rechnung für den Erwerb des Gutes.[5]

§ 431 legt entsprechend der Regelung in Artt. 23, 25 CMR für Verluste und Warenschäden sowie für die Überschreitung der Lieferzeit Haftungshöchstgrenzen fest.[6]

So ist nach Absatz 1 dieser Vorschrift die Haftung für Verlust und Beschädigung des Gutes auf einen Betrag von 8,33 Rechnungseinheiten/Sonderziehungsrechte (SZR) je Kilogramm Rohgewicht beschränkt. Je nach dem jeweiligen Wert eines Sonderziehungsrechts am Tage des Urteils oder an einem von den Parteien vereinbarten Tag (Absatz 4) ergibt dies eine Entschädigungssumme von etwa 10,00 €/kg. Veröffentlicht wird der tägliche Wert eines Sonderziehungsrechtes z.B. im Bundesanzeiger oder in der DVZ.

Absatz 3 begrenzt die Haftung des Frachtführers wegen Überschreitung der Lieferfrist auf den dreifachen Betrag der Fracht, während die CMR vom einfachen Betrag der Fracht als Höchstgrenze ausgeht (Art. 23 Abs. 5).

Nach § 432 sind über den Wert des Gutes hinausgehende Schäden, insbesondere an anderen Gütern entstehende Folgeschäden und entgangene Gewinne – abgesehen von Schadensfeststellungskosten (§ 430), Fracht, öffentliche Abgaben und sonstige aus Anlass der Beförderung entstandenen Kosten – nicht zu erstatten.[7]

§ 433 begrenzt – neu in unserem Recht – die Haftung des Frachtführers für Vermögensschäden durch Schlechterfüllung von vertraglichen Pflichten, soweit diese mit der Ausführung der Beförderung des Gutes zusammenhängen und nicht durch Verlust oder Beschädigung oder Überschreitung der Lieferfrist entstanden sind, auf das Drei-

---

[4] Vgl. *Koller* a.a.O. Rdnr. 69 ff. zu § 425 HGB.
[5] Vgl. *Koller* a.a.O. Rdnr. 28 zu § 429 HGB.
[6] Vgl. unten D. I. 2 Rdnr. 4 ff.
[7] Vgl. unten D. I. 2 Rdnr. 7 ff.

fache des Betrages, der bei Verlust des Gutes zu zahlen wäre, nicht jedoch auf den dreifachen Wert des Gutes.

82 Tätigkeiten, die mit der Beförderung von Gütern nichts zu tun haben und eher zufällig ausgeführt werden, bleiben durch diese Bestimmung unberührt.[8]

83 § 434 legt, wie Artikel 28 CMR, fest, dass die in diesem Unterabschnitt des HGB und im Frachtvertrag vorgesehenen **Haftungsbegrenzungen** auch für außervertragliche Ansprüche gegen den Frachtführer wegen Verlust oder Beschädigung des Gutes oder wegen Überschreitung der Lieferfrist gelten und auch Dritten gegenüber geltend gemacht werden können. Eine Ausnahme gilt nur dann, wenn der Dritte der Beförderung nicht zugestimmt hat, und der Frachtführer die fehlende Befugnis des Absenders zur Versendung des Gutes nicht oder jedenfalls fahrlässig nicht kannte oder das Gut vor Übernahme zur Beförderung dem Berechtigten abhanden gekommen ist.[9]

84 Ein volles Nebeneinander von vertraglichen und deliktischen Ansprüchen mit unterschiedlichen **Verjährungsfristen,** das dazu führen konnte, dass nach der Rechtsprechung des BGH zum innerdeutschen Frachtrecht außervertragliche Ansprüche auch nach Ablauf der vertraglichen Verjährungsfrist und über den frachtrechtlichen Haftungsrahmen hinaus geltend gemacht werden konnten, gibt es nicht mehr.

85 Damit bleibt das Risiko des Frachtführers trotz seiner verschuldensunabhängigen Haftung noch kalkulierbar und wirtschaftlich tragbar zu versichern, wobei die gemäß § 7a GüKG bestehende Versicherungspflicht zu berücksichtigen ist.[10]

86 *d) Wegfall der Haftungsbefreiungen und -begrenzungen bei schwerer Schuld.* Die einzelnen im HGB vorgesehenen Haftungsbegrenzungen kommen jedoch nach § 435 entsprechend den Regelungen in § 607a, Art. 29 CMR oder Art. 25 Warschauer Abkommen (WA) nicht zum Tragen, wenn der Schaden auf ein besonders schweres schuldhaftes Verhalten des Frachtführers oder der in § 428 genannten Personen zurückzuführen ist. § 435 gilt auch für den Umzugsvertrag, für die Beförderung mit verschiedenartigen Beförderungsmitteln, für die Obhutshaftung des Spediteurs (§ 461 Abs. 1), nicht aber für den Lagervertrag, da der Lagerhalter aus **vermutetem Verschulden** unbeschränkt haftet.

87 Für dieses qualifizierte Verschulden wurde aufgrund einer Angleichung an internationales Recht der entsprechende Verschuldensbegriff des Warschauer Abkommens übernommen, nämlich, dass eine Handlung oder Unterlassung ursächlich ist, die vorsätzlich oder leichtfertig und in dem Bewusstsein, dass ein Schaden mit Wahrscheinlichkeit eintreten werde, begangen wurde. Diese Definition verlangt jedenfalls nach ihrem Wortlaut für ein dem Vorsatz gleichstehendes Verschulden mehr als grobe Fahrlässigkeit.

88 Die Verschuldensform der Leichtfertigkeit erfordert nach der Rechtssprechung des BGH[11] einen besonders **schweren Pflichtverstoß,** bei dem sich der Frachtführer oder seine Leute in krasser Weise über die Sicherheitsinteressen der Vertragspartner hinwegsetzen. Auch wenn der Gesetzgeber einen strengeren Haftungsmaßstab einführen wollte, bereitet eine präzise Abgrenzung zur groben Fahrlässigkeit Schwierigkeiten.[12]

89 Das hinzugekommene subjektive Erfordernis des Bewusstseins von der Wahrscheinlichkeit des Schadeneintritt ist nach Auffassung des BGH eine sich dem Han-

---

[8] Vgl. *Koller* a. a. O. Rdnr. 3 zu § 434 HGB.
[9] Vgl. unten D. I. 1 Rdnr. 27, 28.
[10] Vgl. unten H. II. 6 Rdnr. 371 ff.
[11] Vgl. z. B. TranspR 2004, 309 (310) und 399 (401).
[12] Vgl. z. B. *Koller* a. a. O. Rdnr. 6 zu § 435 HGB m. w. N. und unten B. I. Rdnr. 37 ff. sowie D. I Rdnr. 11ff.

delnden[13] aus seinem leichtfertigen Verhalten aufdrängende Erkenntnis, es werde mit Wahrscheinlichkeit ein Schaden entstehen. Eine solche Erkenntnis als innere Tatsache sei erst dann anzunehmen, wenn das leichtfertige Verhalten nach seinem Inhalt und nach den Umständen, unter denen es aufgetreten ist, diese Folgerung rechtfertige, was der Tatrichter zu würdigen habe.

Diese Rechtsprechung und die weitere Rechtsprechung des BGH zur Einlassungs- 90
obliegenheit[14] der Verkehrsunternehmen mit der Folge, dass bei nicht ausreichendem Vortrag zum Organisationsablauf des Verkehrsunternehmens von einem qualifizierten Verschulden auszugehen ist, hatten trotz der vom Gesetzgeber gewollten Verschärfung der Voraussetzungen für die Annahme eines qualifizierten Verschuldens dazu geführt, dass die Fälle, in denen deutsche Gerichte von einer unbegrenzten Haftung der Frachtführer und Spediteure ausgehen, zugenommen haben. Damit wurde in der Praxis die vom Gesetz (§ 439 HGB bzw. Art. 29 CMR) als Ausnahme vorgesehene unbegrenzte Haftung zum Regelfall.

Zunächst hat der BGH[15] versucht, beginnend mit Fällen von Paketdiensten, gegen- 91
zusteuern, indem er zugunsten des Schädigers den Einwand des Mitverschuldens, auch bei Annahme eines qualifizierten Verschuldens des Verkehrsunternehmens zulässt, vor allem, wenn der Absender/Versender keine Wertdeklaration[16] vorgenommen, bzw. nicht auf die Gefahr eines außergewöhnlich hohen Schadens[17] hingewiesen hat.[18]

Auf die dogmatischen Bedenken gegen diese Rechtsprechung wurde in der Litera- 92
tur[19] hingewiesen.

Inzwischen hat der BGH in neueren Entscheidungen[20] die Anforderungen an ein 93
qualifiziertes Verschulden des Frachtführers erhöht und verlangt z.B. konkrete Anhaltspunkte dafür, dass es dem Fahrer hätte bewusst sein müssen, dass es bei dem Abstellen eines verschlossenen Kastenaufliegers, dessen äußeres Erscheinungsbild nicht Anlass zu der Annahme bot, dass sich darin besonders wertvolle Güter befänden, in einem unbewachten Gewerbegebiet an einem Wochenende, zu einem Diebstahl des Transportguts kommen könnte.

Die Ausweitung der unbegrenzten Haftung durch die deutsche Rechtsprechung war 94
einer der Gründe dafür, dass die deutschen Transportversicherer nicht nur die früheren ADSp-Versicherungen aufgekündigt, sondern insgesamt den Versicherungsschutz für Frachtführer, Spediteure und Lagerhalter ab 2003 erheblich eingeschränkt haben.[21]

e) Keine zwingende Haftung. Anders als die Haftungsbestimmungen der aufgeho- 95
benen Beförderungsbedingungen, der KVO und der GüKUMB, sowie der CMR, des Warschauer Abkommens und des Montrealer Übereinkommens,[22] sind die Haftungsregeln des HGB nicht zwingend und unabdingbar. Nach Streichung der in das private Transportrecht einwirkenden Ordnungsvorschriften der §§ 22 und 26 GüKG a.F. und der Aufhebung der Beförderungsbedingungen entschied man sich dafür, von starren und zwingenden Regeln Abstand zu nehmen und insoweit auch von der CMR abzuweichen.

---

[13] Vgl. z.B. TranspR 2004, 309 (310) und 399 (401).
[14] Vgl. TranspR 2003, 467 (471); 2004, 460 (462).
[15] Vgl. TranspR 2006, 114 (115).
[16] Vgl. TranspR 2006, 114 (115).
[17] Vgl. TranspR 2005, 311; 2006, 212 (213).
[18] Vgl. dazu auch D. I Rdnr. 20.
[19] Z.B. *Thume* TranspR 2006, 369 ff. und *Koller* TranspR 2006, 413 (418).
[20] Z.B. TranspR 2011, 218 Rdnr. 19 und TranspR 2013, 287 Rdnr. 17 ff., vgl. dazu auch B. I Rdnr. 43 ff.
[21] Vgl. DTV-Musterbedingungen, dazu unten Rdnr. 177.
[22] Text abgedruckt bei *Koller* a.a.O. S. 1679 ff.

96 Es wurde nach heftigen Debatten in den Ausschüssen schließlich ein Kompromiss gefunden, wobei zuletzt noch Gedanken des **Verbraucherschutzes** einbezogen wurden (§§ 449, 466).

97 Von bestimmten Regelungen über Haftungsmodalitäten, die in § 449 abschließend aufgeführt sind, darf zum Nachteil von Verbrauchern, natürlichen Personen, die den Vertrag zu einem Zweck abschließen, der weder ihrer gewerblichen noch ihrer selbstständigen Tätigkeit zugerechnet werden kann (§ 13 BGB), nicht abgewichen werden. Eine Ausnahme bilden Verträge, die die Beförderung von Briefen oder briefähnlichen Sendungen zum Inhalt haben. In diesem Bereich sind **Abweichungen** von den gesetzlichen Bestimmungen zum Grund und zur Höhe der Frachtführerhaftung auch zum Nachteil von Verbrauchern nicht nur durch Individualvereinbarungen, sondern auch durch vorformulierte Vertragsbedingungen (AGB) möglich.

98 Von denselben in § 449 Abs. 1 aufgeführten Bestimmungen sind Abweichungen nur durch im Einzelnen ausgehandelte Vereinbarungen zulässig. Derartige Vereinbarungen können auch für eine Mehrzahl gleichartiger Verträge zwischen denselben Vertragsparteien getroffen werden.

99 Was die vom Frachtführer zu leistende Entschädigung bei Verlust oder Beschädigung des Gutes angeht, sind Abweichungen von der gesetzlichen Grundhaftung von 8,33 SZR gleich ca. 10,00 €/kg Rohgewicht der Sendung auch durch AGB möglich, wenn der vereinbarte Entschädigungsbetrag pro Kilogramm entweder

- zwischen zwei und vierzig SZR liegt, also zwischen ca. 2,50 und knapp 50,00 € und dieser Betrag drucktechnisch besonders hervorgehoben wird oder
- für den Verwender der AGB ungünstiger ist als die gesetzlich vorgesehene Haftung.

100 Mit dieser Entscheidung für die sog. **Korridorlösung** wollte man einen möglichen Missbrauch der Marktmacht großer Verlader einerseits bzw. großer Frachtführer und Spediteure andererseits durch einseitig aufgestellte AGB verhindern, ohne die Vertragsfreiheit kaufmännischer Vertragsparteien mehr als nötig zu beschränken.[23]

101 Ob dies vor allem wegen der Auflage in §§ 449 Abs. 2 Satz 2 Nr. 1, 466 Abs. 2 Satz 2 Nr. 1, wonach für den Vertragspartner ungünstigere Abweichungen von der Regelhaftung von 8,33 SZR/kg auch im Rahmen des Korridors in vorformulierten Vertragsbedingungen hervorgehoben werden müssen, gelungen ist, muss bezweifelt werden, auch wenn nunmehr in der neuen Fassung des § 449 aus 2013 die Voraussetzung der „drucktechnisch besonderen Gestaltung" durch die schwächere Anforderung „in geeigneter Weise" ersetzt wurde.

102 *f) Haftung des ausführenden Frachtführers.* Neu wurde die Rechtsfigur des „ausführenden Frachtführers" (§ 437) geschaffen, um dann, wenn der vertragliche Frachtführer die Ausführung des Transportes ganz oder teilweise Dritten überlässt, dem Geschädigten einen leichteren Zugriff auf den tatsächlichen Schädiger zu ermöglichen. Dieser „ausführende Frachtführer", der nicht vom Absender, sondern von einem Frachtführer beauftragt wird, tritt nicht neben diesem in den Frachtvertrag ein, haftet aber wie der Hauptfrachtführer für den von ihm ausgeführten Teil der Beförderung im Rahmen der gesetzlichen Bestimmungen. Vertraglich mit Absender oder Empfänger getroffene Vereinbarungen des Frachtführers, die seine Haftung erweitern, gelten für den ausführenden Frachtführer nach § 437 Abs. 1 Satz 2 nur dann, wenn und insoweit er ihnen schriftlich zugestimmt hat. Auf das **Schriftformerfordernis** sollte nicht verzichtet werden, auch wenn abweichende Vereinbarungen nach § 449 Abs. 1 individuell vereinbart werden können.

---

[23] Vgl. auch *Fremuth* a.a.O. Rdnr. 37 ff. zu 449 HGB.

V. Die Haftung des Frachtführers nach geltendem Recht

g) Versicherungspflicht des Frachtführers gemäß § 7a GüKG.[24] Auch nach der grundlegenden Novellierung im Jahre 2004[25] bleibt die Regelung des § 7a GüKG umstritten.

Zwar wurde in Absatz 2 eine Mindestversicherungssumme von 600.000,- € je Schadenereignis festgelegt.

Weiter erfolgte in Absatz 3 eine Beschreibung der übernommenen Gefahr durch die Aufzählung der Ansprüche, die von der Versicherung ausgeschlossen werden können. Damit wurde ein Gleichklang mit § 158c Abs. 3 VVG hergestellt, wonach der (Pflicht-)Versicherer nur im Rahmen der amtlich festgesetzten **Mindestversicherungssummen** und der übernommenen Gefahr haftet.

Aber letztlich überwiegen die Kritikpunkte.

Da die Regelung über die Pflichtversicherung der Frachtführer im GüKG verblieben ist, gilt die Versicherungspflicht nur für Transporte, bei denen Fahrzeuge mit einem zGG von mehr als 3,5 t eingesetzt werden. Da wir im geltenden Recht keine Haftungsunterschiede nach Fahrzeuggröße mehr kennen, gibt es keine Rechtfertigung dafür, dass die Versicherungspflicht für Transporte mit kleineren Fahrzeugen nicht gilt. Der gewollte Schutz für die Auftraggeber wie auch für die Frachtführer selbst, die kleinere Fahrzeuge einsetzen, wurde durchlöchert.

Die Mindestversicherungssumme von 600.000,- €, die für den Transport aller Güter ungeachtet ihres Wertes gilt, erscheint überzogen. Denn es müssen sich auch alle Unternehmer, die Ware transportieren, deren Wert innerhalb der Regelhaftung liegt oder wie bei Abfall oder Erdaushub, die keinen oder nur einen sehr geringen Wert haben, in Höhe von 600.000,- € versichern, was sich auf die Höhe der Versicherungsprämien auswirkt.

Weiterhin ist die Höhe des **Selbstbehaltes** (Absatz 2) nicht geregelt, so dass die Versicherungspflicht durch die Vereinbarung eines hohen Selbstbehaltes zum Nachteil der Auftraggeber unterlaufen werden kann.

Trotz einiger Verbesserungen gegenüber der früheren Fassung erfüllt auch die jetzige Regelung ihren Zweck nicht, so dass es besser gewesen wäre, die Versicherungspflicht insgesamt aufzuheben oder jedenfalls außerhalb des GüKG zu regeln und dann auch Transporte mit Fahrzeugen mit einem zGG bis 3,5 t einzubeziehen.

2. Grenzüberschreitende Transporte (nur Straßengüterverkehr)

a) CMR-Geltungsbereich und Vertragsstaaten.[26] Für die Haftung der Frachtführer für grenzüberschreitende Transporte gilt die CMR, das internationale Übereinkommen über den Vertrag über die entgeltliche Beförderung von Gütern auf der Straße mittels Fahrzeugen, nicht nur Kraftfahrzeugen, wenn der Ort der Übernahme des Gutes und derjenige für seine Ablieferung nach dem Vertrag in zwei verschiedenen Staaten liegen, von denen mindestens einer ein Mitgliedsstaat ist.

Verbindlich sind nur die englischen und französischen Texte des Übereinkommens, nicht die deutsche Übersetzung.

Eine Auseinandersetzung mit den einschlägigen Bestimmungen für den grenzüberschreitenden Eisenbahngüterverkehr bleibt gegebenenfalls einer Erläuterung vorbehalten.

Folgende Staaten sind Vertragsstaaten der CMR, wobei die Zahlen in Klammern das Beitrittsjahr angeben:

---

[24] Vgl. **Anhang 3**.
[25] Durch das Erste Gesetz zur Änderung des GüKG vom 2.9.2004 (BGBl. I 2004, S. 2302).
[26] Vgl. **Anhang 2**.

Belarus oder Weißrussland (1993), Belgien (1962), Bosnien-Herzegowina (1992), Bulgarien (1978), Dänemark (1965), Bundesrepublik Deutschland (1962); Estland (1993), Finnland (1973), Frankreich (1961), Gibraltar (1969), Griechenland (1977), Insel Guernsey (1972), Insel Man (1970), Iran (1998), Irland (1991), Italien (1961), Jugoslawien (ehemaliges 1961), Kasachstan (1995), Kirgisistan (1998), Kroatien (1991), Lettland (1994), Litauen (1993), Luxemburg (1964), Mazedonien (1991), Marokko (1995), Moldau Republik (1993), Niederlande (1961), Norwegen (1969), Österreich (1961), Polen (1962), Portugal (1969), Rumänien (1973), Russische Föderation (1992) unter Bezugnahme auf die Mitgliedschaft der früheren Sowjetunion (seit 1983), Schweden (1969), Schweiz (1970), Slowakei (1993), Slowenien (1991), Spanien (1974), Tadschikistan (1996), Tschechien (1993), Türkei (1995), Tunesien (1994), Turkmenistan (1996), Ungarn (1970), Usbekistan (1995) und Vereinigtes Königreich (1967).

Als Ausnahme sind Beförderungen zwischen dem Vereinigten Königreich und der Republik Irland von den Bestimmungen der CMR freigestellt worden.

114 Da Deutschland, die Mitgliedsstaaten der Europäischen Union und die wichtigsten europäischen Staaten Vertragsstaaten der CMR sind, und es ausreicht, wenn einer der Staaten des Übernahme- oder Ablieferungsortes Vertragsstaat ist, damit die CMR Anwendung findet, wird davon abgesehen, auf grenzüberschreitende Transporte außerhalb des Anwendungsbereichs der CMR einzugehen.

115 *b) Gewährhaftung des Frachtführers.* Die **Obhutshaftung** des Frachtführers nach der CMR ist eine verschuldensunabhängige, im Regelfall der Höhe nach begrenzte Haftung, die *Helm*[27] zutreffend als „Gewährhaftung" bezeichnet. Sie reicht ebenso wie bei § 425 von der Zeit der Übernahme des Gutes bis zu dessen Ablieferung.

116 Art. 17 Abs. 1 CMR regelt die Haftung für Verlust und Beschädigung des Gutes sowie für die Überschreitung der Lieferzeit.

117 Um die strenge Gewährhaftung abzumildern, enthält die CMR Haftungsausschlüsse und Beweiserleichterungen sowie Haftungsbegrenzungen.

118 Art. 17 Abs. 2 CMR enthält vier **Haftungsbefreiungstatbestände,** nämlich dann wenn

- der Schaden oder die Überschreitung der Lieferfrist durch ein Verschulden des Verfügungsberechtigten;
- durch eine nicht vom Frachtführer verschuldete Weisung des Verfügungsberechtigten;
- durch besondere Mängel des Gutes oder
- durch für den Frachtführer unvermeidbare Umstände, deren Folgen er nicht abwenden konnte, herbeigeführt wurde.

119 Für deren Vorliegen ist der Frachtführer nach Art. 18 Abs. 1 CMR beweispflichtig.

120 Verfügungsberechtigt im Sinne dieser Vorschrift sind sowohl Absender als auch Empfänger. Der Frachtführer kann sich jedem der beiden gegenüber auf ein Verschulden oder auf eine Weisung eines von ihnen berufen.

121 Art. 17 Abs. 4 CMR enthält weitere Haftungsbefreiungstatbestände, die sich allerdings nicht auf die Überschreitung der Lieferfrist beziehen. Liegen diese Voraussetzungen,

- Verwendung von offenen Fahrzeugen;
- unzureichende Verpackung;

---

[27] Vgl. *Helm,* Frachtrecht, a. a. O., Anm. 4 zu Art. 17 CMR.

V. Die Haftung des Frachtführers nach geltendem Recht

- fehlerhafte Be- und Entladung, Stauung oder sonstige Behandlung des Gutes durch andere als den Frachtführer und für ihn handelnde Dritte;
- natürliche Beschaffenheit gewisser Güter oder
- ungenügende Bezeichnung oder Nummerierung

vor, wobei ein Verschulden des Absenders oder anderer Personen nicht erforderlich ist, kann der Frachtführer im Regelfall die besonderen Beweiserleichterungen des Art. 18 Abs. 2 bis 5 CMR in Anspruch nehmen.

Auf Fahrzeugmängel, gleich von wem die Mängel zu vertreten sind und von wem das Fahrzeug stammt, kann sich der Frachtführer anders als nach dem HGB nicht berufen, wobei der Begriff des Fahrzeugmangels weit auszulegen ist (Art. 17 Abs. 3 CMR). **122**

Eine Schadenteilung kommt nach Art. 17 Abs. 5 CMR in Betracht, wenn zu dem Schaden auch Umstände beigetragen haben, für die der Frachtführer nicht haftet. **123**

c) Haftungsumfang, Wertersatzprinzip. Nach Artt. 23, 25 CMR hat der Frachtführer bei Verlust oder Beschädigung des Gutes **Ersatz in Geld** zu leisten. Zu ersetzen ist bei Verlust der Wert des Gutes, bei Beschädigung die Differenz zwischen dem Wert des Gutes in unbeschädigtem und in beschädigtem Zustand, jeweils ausgehend vom Ort und Zeitpunkt der Übernahme des Gutes zur Beförderung. **124**

Es besteht aber kein Anspruch auf Naturalrestitution (Ersatz durch gleichwertiges Gut) oder auf Erstattung von Reparaturkosten oder eines Wiederbeschaffungswertes und auch nicht auf Ersatz von Folgeschäden, insbesondere von Vermögensschäden (Art. 23 Abs. 4 CMR). **125**

Weiter sind **Fracht, Zölle** und sonstige aus Anlass der Beförderung entstandene Kosten (Art. 23 Abs. 4 CMR) zu erstatten und Verspätungsschäden bis zur Höhe der Fracht (Art. 23 Abs. 5 CMR). **126**

Zu den aus Anlass der Beförderung entstandenen Kosten gehören nach der allerdings umstrittenen Auffassung des BGH[28] nicht die Schadensfeststellungskosten, deren Erstattungspflicht in § 430 besonders geregelt ist. **127**

Bei **Verlust oder Beschädigung** des Gutes darf die Entschädigung für jedes fehlende bzw. beschädigte Kilogramm des Rohgewichts den Wert von 8,33 Rechnungseinheiten/Sonderziehungsrechten (SZR) nicht überschreiten (Artt. 23 Abs. 3, 25 CMR), wobei die Berechnung der Entschädigung bei Teilverlusten und -beschädigungen teilweise unterschiedlich vorgenommen wird. **128**

Die **Entschädigungssumme** berechnet sich nach dem jeweiligen Wert eines Sonderziehungsrechtes, der laufend im Bundesanzeiger und in der DVZ veröffentlicht wird, derzeit mit etwa 10,00 € pro Kilogramm. **129**

Die CMR räumt dem Absender die Möglichkeit ein, gegen Zahlung eines zu vereinbarenden Zuschlages zur Fracht einen höheren Wert des Gutes zu deklarieren, der dann für den Wertersatz maßgeblich ist (Artt. 24 und 26 CMR). **130**

Eine solche Vereinbarung, die in der Praxis nicht häufig vorkommt, bedarf zu ihrer Wirksamkeit der Eintragung im Frachtbrief. **131**

Obwohl dies dem Wortlaut des alleinverbindlichen englischen oder französischen Textes widerspricht, ist es nach einer in Deutschland weitverbreiteten Auffassung[29] jedenfalls zu Art. 24 CMR nicht erforderlich, dass der Frachtzuschlag tatsächlich vereinbart und gezahlt wird. **132**

---

[28] Vgl. Übersicht bei *Koller* a.a.O. Rdnr. 10 zu Art. 23 CMR.
[29] Vgl. *Koller* a.a.O. Rdnr. 2 zu Art. 24 CMR.

133 Art. 23 Abs. 5 CMR begrenzt die Haftung für **Verspätungsschäden** auf die Höhe der Fracht, § 431 dagegen auf den dreifachen Betrag der Fracht.

134 Für Handlungen oder Unterlassungen seiner Bediensteten oder aller anderen Personen, deren er sich zur Ausführung der Beförderung bedient, haftet der Frachtführer wie für eigenes Handeln oder Unterlassen, soweit die Bediensteten oder sonstigen Dritten in Ausübung ihrer Verrichtung handeln (Art. 3 CMR).

135 Anders als nunmehr das HGB in § 433 kennt die CMR keine Begrenzung der Haftung des Frachtführers für andere als die dort geregelten Fälle des Verlustes und der Beschädigung des Gutes und der Überschreitung der Lieferfrist. Dabei ist zu berücksichtigen, dass die CMR bewusst lückenhaft konzipiert ist.

136 Soweit die CMR nicht gewollte Lücken aufweist, sind diese nach Rechtsprechung[30] und herrschender Auffassung in der Literatur aus der CMR selbst zu schließen und nicht durch unvereinheitlichtes nationales Recht.

137 Dort, wo die CMR bewusst keine eigene Regelung enthält, ist das nationale Recht ergänzend anzuwenden, z.B. bei Be- und Entlade- oder Verpackungspflichten, bei Aufrechnung sowie Zurückbehaltungs- oder Pfandrechten. Werden daraus resultierende in der CMR nicht geregelte Pflichten verletzt, kommen nationale Regeln mit möglicherweise unbeschränkter Haftung zum Tragen. Wenn das nationale Recht nicht zwingend ist, wie das neue HGB, können die Vertragsparteien auch durch Einbeziehung von AGB Abweichendes vereinbaren, insbesondere hinsichtlich der Höhe einer etwaigen Haftung.

138 Art. 28 Abs. 1 CMR regelt, insoweit als Vorbild für § 434, dass sich der Frachtführer bezüglich außervertraglicher, insbesondere deliktischer Ansprüche wegen Verlust oder Beschädigung des Gutes oder Überschreitung der Lieferfrist auf die Haftungsbeschränkungen der CMR berufen kann. Dabei spielt es keine Rolle, ob diese Ansprüche von Absender oder Empfänger oder von am Vertrag nicht beteiligten Dritten erhoben werden.

139 Die gleichen Verteidigungsmöglichkeiten räumt Absatz 2 auch den Personen ein, für die der Frachtführer nach Art. 3 CMR haftet, wenn sie derart in Anspruch genommen werden.

140 *d) Wegfall der Haftungsbefreiungen und -begrenzungen bei schwerer Schuld.* Nach Art. 29 CMR können sich der Frachtführer bzw. seine Bediensteten oder sonstige Personen, deren er sich bei der Ausführung der Beförderung bedient, nicht auf Bestimmungen des vierten Kapitels der CMR (Artt. 17 bis 29) berufen, die die Haftung verringern oder ausschließen, wenn der Schaden von ihnen vorsätzlich oder durch ein ihnen zur Last fallendes sonstiges Verschulden verursacht wurde, das nach dem Recht des angerufenen Gerichts dem **Vorsatz** gleichsteht.

141 Konnten wir nach bisherigem Recht nach der Rechtsprechung des BGH davon ausgehen, dass bei uns ein dem Vorsatz gleichstehendes Verschulden grobe Fahrlässigkeit ist, gilt seit dem 1.7.1998 § 435 als Maßstab, da die CMR insoweit gezielt auf nationales Recht verweist.

142 Es muss also um eine Handlung oder Unterlassung gehen, die leichtfertig und in dem Bewusstsein, dass ein Schaden mit Wahrscheinlichkeit eintreten wird, begangen wurde. Damit werden an die Erfüllung des qualifizierten Verschuldens nach Art. 29 CMR die gleichen Ansprüche gestellt wie bisher nach Art. 25 WA und nunmehr nach § 435. Neben einem objektiv **grob fahrlässigen Verhalten** ist weiterhin das Bewusstsein des Handelnden erforderlich, dass mit Wahrscheinlichkeit ein Schaden eintreten werde.[31]

---

[30] BGH NJW 1975, 1597.
[31] Vgl. unten D. I. 1 Rdnr. 10 ff.

e) Zwingendes Recht. Der bedeutendste Unterschied zwischen den Haftungsregeln der CMR und des HGB besteht darin, dass die Bestimmungen der CMR nach Art. 41 zwingend und unabdingbar sind. Abweichende Vereinbarungen, gleich welcher Art nach oben oder unten sind nichtig. 143

Die Nichtigkeit solcher Vereinbarungen führt aber nicht zur Nichtigkeit der übrigen Vertragsvereinbarungen. 144

Hinsichtlich näherer Einzelheiten zur CMR wird auf die einschlägigen Kommentare, z.B. *Thume,* Kommentar zur CMR 2. Aufl., und *Koller,* Transportrecht verwiesen. 145

3. Kabotageverkehre

Bei Kabotage, gemäß der **Legaldefinition** in § 23 Abs. 3 GüKG a.F. innerstaatlicher Güterkraftverkehr durch Unternehmer, die in einem anderen Staat niedergelassen sind, gelten innerhalb der Europäischen Union nach Art. 9 VO (EG) Nr. 1072/2009 die Rechts- und Verwaltungsvorschriften des jeweiligen Aufnahmestaates für **die Bedingungen des Beförderungsvertrages, also dessen nationales Transportrecht.**[32] 146

Das Gleiche gilt nach den Regeln des internationalen Privatrechts grundsätzlich auch für Kabotage in Staaten außerhalb des Europäischen Wirtschaftsraums (EWR). 147

Das jeweilige nationale Recht entscheidet auch darüber, ob die Haftungsregeln zwingend oder unabdingbar sind. 148

Soweit in Deutschland eine Versicherungspflicht des Frachtführers für Binnentransporte besteht, gilt diese ebenfalls für **Kabotageverkehre,** und zwar hat der Umfang des Versicherungsschutzes § 7a Abs. 2 GüKG zu entsprechen. Auch Unternehmer, die aus einem anderen Staat der Europäischen Union kommen, haben dafür zu sorgen, dass während der inländischen Beförderung ein gültiger Versicherungsnachweis mitgeführt wird. 149

---

[32] Vgl. unten H. II Rdnr. 151 ff.

VI. Die Haftung des Spediteurs

1. Die Haftung nach dem HGB

150 Den Spediteur treffen nach dem HGB weitergehende Pflichten als den Frachtführer, nachdem der Spediteur als „Lenker der Warenströme" nicht nur Transporte von A nach B durchführt, sondern die gesamte Organisation der Warenströme besorgt. Zu den typischen Spediteurspflichten gehört daher nicht nur die Bestimmung des Beförderungsmittels und des Beförderungsweges, der Einkauf bzw. die Selbsterbringung der zur Ausführung erforderlichen Transport- und Lagerleistungen, sondern auch die Eindeckung von Versicherungsschutz, die Kennzeichnung und Verpackung des Beförderungsgutes sowie die Erbringung von Zolldienstleistungen, § 454.

151 Der Spediteur haftet daher entsprechend der Vielfalt seines Tätigwerdens differenzierter als der Frachtführer, nämlich einerseits verschuldensunabhängig, aber der Höhe nach begrenzt, andererseits der Höhe nach unbegrenzt allerdings verschuldensabhängig.

152 *a) Beschränkte Obhutshaftung für Verlust und Beschädigung.* Wegen Verlust oder Beschädigung von Gut, das sich zum Zweck der Beförderung[1] in seiner Obhut befindet, haftet der Spediteur wie ein Frachtführer, nämlich verschuldensunabhängig, aber der Höhe nach begrenzt auf 8,33 SZR pro kg Rohgewicht des Gutes wie der Verweis des § 461 Abs. 1 Satz 2 auf die Haftungsvorschriften des Frachtführers zeigt. Diese Haftung ist AGB-fest ausgestaltet, der Spediteur kann seine Haftung der Höhe nach nach der sog. **Korridorlösung** zwischen 2 und 40 SZR durch AGB ausweiten bzw. beschränken, soweit er nicht mit Verbrauchern kontrahiert, § 466. Gemäß § 435 kann die beschränkte Haftung durchbrochen werden bei schadenskausaler leichtfertiger Pflichtverletzung des Spediteurs in dem Bewusstsein, dass ein Schaden mit Wahrscheinlichkeit eintreten werde. Es gilt insoweit hinsichtlich des Nachweises der Leichtfertigkeit und Entlastenmüssens des Spediteurs dasselbe wie bei der Frachtführerhaftung.[2]

153 *aa) Obhutszeitraum.* Beim Frachtführer ist der Obhutszeitraum bestimmt durch Übernahme des Gutes zur Beförderung bis zur Ablieferung. Dies ist beim Spediteur zunächst nicht anders, denn die Obhut beginnt mit Erhalt, also mit Begründung des Gewahrsams über das Gut, und endet in dem Moment, wo der Spediteur das Gut wieder aus den Händen gibt, es also entweder abliefert oder etwa einem Frachtführer zur Beförderung übergibt. Die Obhut kann daher auf einer Strecke mehrfach begründet und unterbrochen werden, etwa wenn der Spediteur das Gut aus einer verfügten Lagerung zum Zwecke der Beförderung verlädt oder den Vorlauf selbst durchführt, es dann einem Frachtführer für die Hauptstrecke übergibt, und dann wiederum selbst den Nachlauf durchführt. Die jeweilige Dauer der Obhut, zu der auch alle beförderungsbedingten Vor-, Zwischen- und Nachlagerungen zählen, ebenso wie der Umschlag, richten sich nach dem jeweiligen Einzelfall. Der Spediteur hingegen muss nicht einmal zwingend Obhut über das Gut erlangen, etwa wenn er als bloßer „Sofa-Spediteur" überhaupt nicht in Berührung mit dem Transportgut kommt, sondern le-

---

[1] Vgl. *Thume* in: Fremuth/Thume, Rdnr. 9 zu § 461 HGB Rdnr. 9. Güter, die der Spediteur aus anderen Gründen in seiner Obhut hat, unterliegen der Haftung nach dem auf die Tätigkeit entsprechend anwendbaren Haftungsregime. Bei verfügter Lagerung haftet der Spediteur daher beispielsweise nach Lagerrecht, § 474 HGB.

[2] Vgl. oben Rdnr. 67 ff.

VI. Die Haftung des Spediteurs

diglich die von ihm mit der Transportdurchführung beauftragten Frachtführer. Dementsprechend wäre dann auch eine **Obhutshaftung** gemäß § 461 ausgeschlossen.[3]

Entscheidend für die Haftung des Spediteurs nach § 461 in zeitlicher Hinsicht ist die Tatsache, dass der Schaden in der speditionellen Obhut entstanden sein muss, also während das Gut unter der Verantwortung und direkten Einflussmöglichkeit des Spediteurs stand. Nicht entscheidend ist, wann sich der Schaden ausgewirkt hat oder sein Umfang letztlich bekannt wurde. In der Praxis führt allerdings die Frage der „Entstehung" des Schadens insbesondere zu Beweisproblemen. 154

bb) Frachtführerhaftung aufgrund Fixkosten-/Sammelladungsspedition oder Selbsteintritt. Überlagert wird die o.g. Obhutshaftung des Spediteurs nach § 461 in den allermeisten Fällen freilich durch die in der Praxis nahezu ausschließlich vereinbarte Fixkostenspedition, sowie in Fällen der verfügten Sammelladung oder des Selbsteintritts. In allen diesen Fällen haftet der Spediteur gemäß der allgemeinen Verweisung der §§ 458, 459, 460 auf das Frachtrecht wie ein Frachtführer. Insoweit darf auf die Ausführungen bei der Frachtführerhaftung verwiesen werden.[4] Im Ergebnis bestehen daher in der täglichen Praxis hinsichtlich der Haftung für Verlust, Beschädigung und Überschreitung der Lieferfrist faktisch keine Unterschiede in der Haftung von Spediteur und Frachtführer. 155

b) unbeschränkte Verschuldenshaftung für Pflichtverletzungen. Für die Verletzung seiner speditionsvertraglichen Pflichten, insbesondere seiner Organisations- und Interessenwahrnehmungspflichten gemäß § 454 Abs. 1 und Abs. 4 haftet der Spediteur hingegen nur, wenn der Schaden nicht mit der Sorgfalt eines ordentlichen Spediteurs abgewandt werden konnte, also verschuldensabhängig und der Höhe nach grundsätzlich unbegrenzt. Die **Verschuldenshaftung** ist jedoch durch AGB abänderbar, wovon beispielsweise in den ADSp Gebrauch gemacht wird. 156

Der Spediteur muss, wenn er in Anspruch genommen wird, darlegen und beweisen, dass der Schaden auch mit Anwendung der Sorgfalt eines ordentlichen Spediteurs nicht abgewandt werden konnte. Die Verschuldenshaftung des Spediteurs in § 461 Abs. 2 gilt für alle Schäden, die nicht Güter- oder Güterfolgeschäden und nicht in der Obhut des Spediteurs entstanden sind. 157

Voraussetzung für die Verschuldenshaftung ist jedoch, dass der Spediteur eine Pflicht verletzt hat. Vornehmlich kommen die verschiedenen Pflichten im Rahmen des § 454 in Betracht, also z.B. Organisationsfehler hinsichtlich Weg oder Transportmittel (§ 454 Abs. 1 Nr. 1), Auswahlverschulden hinsichtlich der mit der Ausführung der einzelnen Transporte, Verpackungsleistungen oder Zollangelegenheiten betrauten Unternehmer § 454 Abs. 1 Nr. 2), Nichtabschluss einer gewünschten Transportversicherung (§ 454 Abs. 2), schuldhafte Nichtbefolgung von Weisungen, bzw. Verstöße gegen die Interessenwahrnehmungspflicht, z.B. durch Beratungsfehler, Nichtbeachtung des Interessenvorrangs des Auftraggebers. 158

Nach dem Gesetzeswortlaut soll jedoch eine Verletzung einer Pflicht aus einem Werk- oder Dienstleistungsvertrag, der neben dem Speditionsvertrag abgeschlossen wurde, nicht zur Anwendung des § 461 Abs. 2 führen. 159

c) Mitverschulden des Versenders. Mitverschulden oder Mitverursachung des Versenders oder ein besonderer Mangel des Gutes führt gemäß § 461 Abs. 3 zur **Haftungsquotelung,** wobei sich der Grad der Quotelung dann nach den Umständen des 160

---

[3] Wohl aber begründet sich gleichwohl eine frachtführergleiche Haftung in aller Regel über die nahezu ausschließlich vereinbarte Fixkostenspedition, § 459 HGB, vgl. unten Rdnr. 165.
[4] Vgl. oben Rdnr. 67 ff.

Einzelfalles richtet. Im Gegensatz zum Frachtrecht kommt es beim Spediteur aber nicht auf das Verhalten eines Verfügungsberechtigten an, sondern nur auf das Verhalten des Versenders als Vertragspartner. Dem Versender sind aber wiederum dessen Erfüllungsgehilfen zuzurechnen, wie dies z. B. der Verlader sein kann.

161 *d) Haftung für Leute und Erfüllungsgehilfen. aa) Gesetzliche Grundfälle.* Das Verhalten seiner Leute und Dritter, deren sich der Spediteur zur Erfüllung seiner Pflichten bedient, muss sich der Spediteur wie eigenes zurechnen lassen, § 462.

162 Unter „Leute" versteht man das betriebszugehörige Personal des Spediteurs. Im Gegensatz zu Art. 3 CMR ist gerade vom Gesetzgeber nicht der Begriff des Bediensteten gewählt worden. Denn auf ein Dienst- oder Arbeitsverhältnis soll es gerade nicht ankommen. „Leute" sind damit z. B. auch mitarbeitende Familienangehörige. Notwendig für die Zurechnung des Verhaltens seiner Leute ist für die Haftung des Spediteurs, dass die Leute in Ausübung ihrer Verrichtung gehandelt haben. Darunter versteht man ein Handeln im Rahmen des übertragenen Aufgabenkreises.

163 Erfüllungsgehilfen sind alle eingeschalteten Unternehmer wie etwa Unterspediteure oder Zwischenspediteure, die die Pflichten des Hauptspediteurs (auch teilweise) übernehmen und für diesen ausführen, wie etwa die Organisation oder (soweit selbst geschuldet) die Verpackung oder Zollbehandlung.

164 Der Frachtführer, den der Spediteur nach § 454 Abs. 1 zur Ausführung der Beförderung ausgewählt und den Frachtvertrag geschlossen hat, ist jedoch **nicht** Erfüllungsgehilfe, denn er führt keine Pflicht des Spediteurs aus, es sei denn, es ist ein Selbsteintritt nach § 460 geschuldet. Der Spediteur schuldet nur die sorgfältige Auswahl des Frachtführers. Ebenso gilt dies für Verpackungsunternehmen und Zollspediteure, soweit der Spediteur nach der Vereinbarung nur die Einschaltung dieser Unternehmen schuldet, § 454 Abs. 2 Satz 2. Der Spediteur haftet hinsichtlich der von ihm eingeschalteten ausführenden Unternehmen nach klassischem Speditionsrecht nur für Auswahlverschulden, wenn denn mit Anwendung der erforderlichen Sorgfalt eines ordentlichen Spediteurs der Subunternehmer erst gar nicht hätte beauftragt werden dürfen.

165 *bb) Fixkostenspedition.* Allerdings wird die vorgenannte Differenzierung in der Haftung für Leute, Erfüllungsgehilfen des Spediteurs und den ausführenden Frachtunternehmern durch die Fixkostenspedition (sowie in geringerem Maße durch die **Sammelladungsspedition** und den **Selbsteintritt**) und damit einhergehende Verweisung auf das allgemeine Frachtrecht wiederum weitestgehend überlagert. Soweit eine Fixkostenspedition vereinbart ist, haftet der Spediteur hinsichtlich der Beförderung wie ein Frachtführer, so dass alle Unternehmen, die er zur Ausführung der Beförderung einschaltet, Erfüllungsgehilfen des Spediteurs sind, deren Handeln sich der Spediteur wie eigenes zurechnen lassen muss.

2. Haftung nach den ADSp[5]

166 *a) Abdingbarkeit der Haftung des Spediteurs.* Die Haftung des Spediteurs teilt sich auf in Obhuts- und Verschuldenshaftung. Für Schäden an Gütern, die er in seiner Obhut hat, haftet der Spediteur wie ein Frachtführer nach den Grundsätzen der Gefährdungshaftung, ohne dass es auf ein Verschulden ankommt. Verletzt der Spediteur seine sonstigen speditionsvertraglichen Pflichten, wie z. B. Organisations- und Interessenwahrnehmungspflichten, haftet der Spediteur nur dann, wenn der Schaden durch sein Verschulden eingetreten ist (§ 461 Abs. 2 Satz 2 …, „wenn der Schaden durch die

---

[5] Vgl. **Anhang 8.**

VI. Die Haftung des Spediteurs

Sorgfalt eines ordentlichen Kaufmanns nicht abgewendet werden konnte".). Die **Gefährdungshaftung** des Spediteurs ist dem Grunde nach nicht durch Allgemeine Geschäftsbedingungen (AGB) abdingbar, d.h., sie ist „**AGB-fest**", das ergibt sich aus § 466 Abs. 1 HGB. Im Gegensatz dazu ist die **Verschuldenshaftung** der Höhe nach durch AGB veränderbar, also „**nicht AGB-fest**".

b) Haftungsbegrenzungen nach den ADSp.[6] Von dieser Möglichkeit machen die Allgemeinen Deutschen Spediteur-Bedingungen (ADSp) und die Vertragsbedingungen für den Güterkraftverkehrs-, Speditions- und Logistikunternehmer (VBGL) Gebrauch und begrenzen die Haftung. 167

Wegen ihrer weiten Verbreitung im Markt (über 90% aller deutschen Speditionsunternehmen arbeiten nach den ADSp)[7] ist die Regelung der Haftung nach den ADSp von überragender Bedeutung für die Praxis. Insbesondere Ziffer 23 ADSp nutzt die Spielräume, die sich aus den §§ 449 Abs. 2 Satz 1 und 466 Abs. 2 Satz 1 HGB ergeben und auch die weiteren Möglichkeiten, vom uneingeschränkten dispositiven Recht abzuweichen.[8] 168

aa) Voraussetzungen. Voraussetzung dafür, dass die ADSp wirksam die Haftung des Spediteurs begrenzen, ist, dass sie als Allgemeine Geschäftsbedingungen (AGB) wirksam in den Speditionsvertrag mit einbezogen worden sind und ihr Anwendungsbereich (Ziffer 2 ADSp) eröffnet ist. 169

Ziffer 22 ADSp knüpft die **Haftung** des Spediteurs an den Umfang seiner **Tätigkeit** im Sinne der Ziffer 2.1 ADSp, wobei auch dort deutlich darauf hingewiesen wird, dass zwingende oder AGB-feste Rechtsvorschriften vorgehen. Das Anknüpfen an den Umfang der Tätigkeiten für die Haftung des Spediteurs entspricht auch der Intension des Gesetzgebers im Rahmen des § 454 Abs. 2 HGB. Beim Einsatz Dritter haftet der Spediteur nur für die sorgfältige Auswahl der von ihm beauftragten Dritten gemäß Ziffer 22.2 ADSp, vgl. § 454 Abs. 2 HGB. 170

bb) Speditionsbereich. Die Haftung für **Verlust und Beschädigung der Güter (Güterschäden)** im **Speditionsbereich** begrenzt allgemein Ziffer 23.1.1 ADSp der Höhe nach mit 5,– € je Kilogramm des Rohgewichts der Sendung. Ausgenommen ist die verfügte Lagerung, für die Ziffer 24 ADSp gilt. Mit dieser Begrenzung hat die **Schnittstellenkontrolle** besondere wirtschaftliche Bedeutung, denn tritt der Schaden in speditioneller Obhut ein, ist die Haftung mit 5,– € je Kilogramm begrenzt, tritt der Schaden in der Obhut des Frachtführers ein, ist der Schaden mit 8,33 SZR (= rund 10,– €) je Kilogramm des Rohgewichts der Sendung begrenzt. Ziffer 23 ADSp greift bei allen Arten von Speditionsgeschäften im Sinne der Ziffer 2.1 ADSp mit Ausnahme der verfügten Lagerung, die in Ziffer 24 ADSp geregelt ist. Dort, wo zwingendes Recht vorgeht, z.B. CMR, CIM oder WA, MÜ oder CMNI, tritt die Klausel der Ziffer 23 ADSp gemäß Ziffer 2.5 ADSp zurück. 171

Für **andere Schäden** als Verlust und Beschädigung des Gutes, also für alle Schäden, die nicht Güterschäden sind, ist die Haftung des Spediteurs gemäß Ziffer 23.3 ADSp auf das Dreifache des Betrages begrenzt, der bei Verlust des Gutes zu zahlen wäre, höchstens jedoch auf einen Betrag von 100.000,– € je Schadenfall. Ausgenommen sind Personen- und Sachschäden an Drittgut. Bei Ansprüchen wegen Lieferfristüberschreibung, z.B. § 425 Abs. 1 HGB, Art. 17 CMR, 19 MÜ oder 23 CIM, kommt 172

---

[6] Vgl. **Anhang 8**.
[7] Quelle Umfrage DIHT vom 2.9.1999.
[8] *Koller* a.a.O. Rdnr. 1 Ziffer 23 ADSp.

Ziffer 23.3 nicht zum Tragen, denn bei diesen Vorschriften handelt es sich um zwingendes Recht, hinter das die ADSp gemäß Ziffer 2.5 ADSp zurücktreten.

173 Dies ist unabhängig davon, ob der Spediteur im Sinne der ADSp als Frachtführer haftet oder gemäß den §§ 458 ff. HGB bei Selbsteintritt, Spedition zu festen Kosten, Sammelladung hinsichtlich der Beförderung wie ein Frachtführer haftet.

174 *cc) Lagerbereich.* Für die **Lagerung** gilt nach dem Gesetz unbegrenzte Verschuldenshaftung mit umgekehrter Beweislast und keine Obhutshaftung. Ziffer 24 ADSp begrenzt die Haftung des Spediteurs für **Güterschäden** bei Lagerung in Ziffer 24.1.1 ADSp ebenfalls auf 5,– € für jedes Kilogramm des Rohgewichts der Sendung, höchstens jedoch auf 10.000,– € je Schadenfall.

175 Im **Lagerbereich** ist die Haftung für **andere als Güterschäden** gemäß Ziffer 24.3 begrenzt mit 5.000,– € je Schadenfall. Dies gilt nicht für Personen- und Sachschäden an Drittgut.

176 *c) Versicherung zu marktüblichen Bedingungen. aa) Ausgleichsfunktion.* Nach Ziffer 29 ADSp hat der Spediteur seine Haftung nach marktüblichen Bedingungen zu versichern. Er muss seine verkehrsvertragliche Haftung nach den ADSp und nach dem Gesetz im Umfang der Regelhaftungssummen (insbesondere § 7a GüKG) versichern. Die **Haftungsversicherung** stellt einen Ausgleich für den Auftraggeber des Spediteurs dar. Einerseits ist die Haftung nach ADSp begrenzt, andererseits muss hinter dieser begrenzten Haftung ein Versicherer stehen. Das Insolvenzrisiko des Spediteurs wird auf diese Weise reduziert.

177 *bb) DTV-Musterbedingungen.* Anhaltspunkte dafür, wie der Umfang einer marktüblichen Versicherung auszusehen hat, geben die Musterbedingungen des Gesamtverband der Deutschen Versicherungswirtschaft (GDV) e.V., bezeichnet als DTV-Verkehrshaftungsversicherungs-Bedingungen für Frachtführer, Spedition und Lagerhalter 2003/2005 (DTV-VHV 2003/2005), Fassung Januar 2005.

178 *cc) Höchstersatzleistungen.* Ziffer 29.2 ADSp lässt ausdrücklich die Vereinbarung einer Höchstersatzleistung je Schadenfall und Schadenereignis sowie auf das Jahr begrenzt zu, ebenso die individuelle Vereinbarung einer Schadenbeteiligung des Spediteurs. Da die Musterbedingungen des GDV nichts zur **Höhe** der Ersatzleistung je Schadenfall oder Ereignis aussagen, ebenso wenig zur Schadenbeteiligung, stellt sich die Frage nach der marktüblichen Höhe der Versicherungssummen. In der Praxis sind Versicherungssummen von 1,0 Mio. € je Schadenfall und 2,0 Mio. € je Schadenereignis begrenzt auf 5,0 Mio. € je Jahr, als üblich zu bezeichnen. Ebenso sind Schadenbeteiligungen bis zu 10.000,– € je Schadenfall, je nach Liquidität und Größe des Speditionsunternehmens, durchaus üblich.

VII. Die Haftung des Logistikdienstleisters

1. Allgemeines

Grundlage für die logistische Tätigkeit ist immer der gemeinsame Wille von Auftraggeber und Logistikdienstleister, dass der Logistikdienstleister neben Transport und Lagerung noch zusätzliche entweder produktbezogene oder auf den Handel bezogene Tätigkeiten übernimmt. Der Spediteur wird so im Rahmen des Outsourcing, motiviert durch Kostenoptimierung und Konzentration auf die Kernkompetenzen, zur „verlängerten Werkbank" seines Auftraggebers. Die **übereinstimmenden Willenserklärungen** zwischen Auftraggeber und Logistikdienstleister, dass vielschichtige Tätigkeiten neben Transport und Lagerung übertragen werden, bilden die Grundlage für den Logistikvertrag. 179

Der Logistikvertrag kann in mündlicher oder schriftlicher Form geschlossen werden. Eine beachtlich hohe Anzahl von Vereinbarungen über logistische Dienstleistungen wird in der Praxis nicht über einen präzise schriftlich ausformulierten Logistikvertrag geschlossen. Vieles wird mündlich oder durch kurze Bestätigung per Fax oder Email zusätzlich vom Logistikdienstleister übernommen.[1] 180

Als Bedingungen für logistische **Zusatzleistungen** werden in der überwiegenden Zahl die ADSp zugrunde gelegt. Eher selten bilden die VBGL oder andere Bedingungen die Vertragsgrundlage, falls keine Einzelverträge geschlossen werden. Die Art und Weise, wie ein Logistikvertrag zustande kommt, beeinflusst die Haftungssituation maßgeblich.[2] 181

Grundsätzlich ist zwischen speditionsüblicher und speditionsunüblicher logistischer Zusatzleistung zu unterscheiden. 182

2. Speditionsübliche Logistik

Mit dem Begriff speditionsübliche Logistik wird auf Ziffer 2.1 Satz 2 ADSp abgestellt und zum Ausdruck gebracht, dass der Anwendungsbereich der ADSp auch für speditionsübliche logistische Leistungen eröffnet ist, wenn diese mit der Beförderung oder Lagerung von Gütern im Zusammenhang stehen. Das bedeutet, sofern kein Einzelvertrag ausgehandelt wird und die ADSp wirksam in das Vertragsverhältnis zwischen Auftraggeber und Logistikdienstleister einbezogen worden sind, gelten die Haftungsvorschriften und -begrenzungen der ADSp auch für logistische Dienstleistungen. Dies gilt nicht, wenn zwingendes Recht (z.B. Produkthaftungsgesetz) etwas anderes bestimmt. Der Begriff „speditionsübliche logistische Leistungen" ist ein unbestimmter Rechtsbegriff und wird nicht durch die ADSp definiert. Üblicherweise zum Speditionsgeschäft gehörende Geschäfte sind z.B.: Warenumschlag, Warenkontrolle und Distribution, Verzollung, Exportabfertigung, etc.[3] Ist die Frage, was speditionsüblich ist, streitig, wird sie im Einzelfall durch Sachverständigengutachten geklärt. 183

3. Speditionsunübliche logistische Leistungen

a) Keine Anwendbarkeit der ADSp. Für speditionsunübliche logistische Leistungen gelten die ADSp nicht. Wird für diese Leistungen keine individuelle Einzelvereinba- 184

---

[1] Zur Form der in der Logistik abgeschlossenen Verträge siehe *Wieske* VersR 2006, S. 336 ff., „AGB für die Logistik?"

[2] *Wieske* a. a. O.

[3] *Koller* a. a. O. Rdnr. 2 ADSp Rdnr. 5 m.w. N.

rung getroffen, gelten die gesetzlichen Vorschriften des BGB mit dem Risiko einer unbegrenzten Haftung für den Logistikdienstleister. Darüber, dass der Logistikdienstleister in unbegrenzter Höhe nach den gesetzlichen Vorschriften haften kann, sind sich oft weder der Logistikdienstleister noch sein Auftraggeber dieser Situation bewusst. Wird ein Einzelvertrag geschlossen, wird in der Praxis zwischen Logistikdienstleister und seinem Auftraggeber detailliert über Haftungsfragen gesprochen. In der Regel werden sinnvolle Haftungsbegrenzungen individuell festgelegt. Dabei ist im Hintergrund oft von Bedeutung, zu welchen Kosten auch Versicherungsschutz für die vereinbarte Haftung eingekauft werden kann.

185 *b) Anwendungsmöglichkeit der Logistik-AGB.*[4] Um die hier in der Praxis auftretende Lücke insbesondere bei mündlich abgeschlossenen Vereinbarungen, dem sog. **„Zurufgeschäft"** zu schließen, sind vom Deutschen Speditions- und Logistikverband (DSLV) e.V. in Zusammenarbeit mit dem Institut für Logistikrecht und Risk Management ILRM, Bremerhaven und der SCHUNCK Group, die Logistik-AGB in der Fassung vom 30. März 2006 entwickelt worden. Ihr Anwendungsbereich ist gemäß Ziffer 1.1 Logistik-AGB für alle logistischen (Zusatz-) Leistungen eröffnet, die nicht von einem Verkehrsvertrag nach Ziffer 2.1 der Allgemeinen Deutschen Spediteur-Bedingungen (ADSp) – oder von einem Fracht-, Speditions- oder Lagervertrag erfasst werden, jedoch vom Auftragnehmer im wirtschaftlichen Zusammenhang mit einem solchen Vertrag erbracht werden.

186 Die Logistik-AGB gelten für Zurufgeschäfte. Unter Zurufgeschäfte sind alle Rechtsgeschäfte zu verstehen, die nicht auf individuell ausgehandelten Logistikverträgen basieren und nicht von den ADSp erfasst werden. Die Logistik-AGB haben praktische Bedeutung auch dort, wo die ADSp keine Anwendung mehr finden, aber noch kein ausgehandelter Individualvertrag vorliegt.[5] Oft wird mit der logistischen Tätigkeit schon begonnen, obwohl die Verhandlungen über den Einzelvertrag noch nicht abgeschlossen sind. In diesem Zeitraum ist die Haftung des Logistikdienstleisters nicht geklärt und unter Umständen unbegrenzt, wenn die gesetzlichen Vorschriften greifen. Gerade auch in diesen Fällen sind die Logistik-AGB eine wertvolle Hilfe zur Überbrückung der „vertragslosen" Zeit. Die Logistik-AGB[6] begrenzen die Haftung des Logistikdienstleisters als Auftragnehmer in Ziffer 14. Die Höchstgrenze beträgt gemäß Ziffer 14.1.1 20.000,- € je Schadenfall und bei mehr als vier Schadenfällen aus der gleichen Ursache an den gleichen Gütern (**Serienschaden**), 100.000,- €. Alle Schadenfälle innerhalb eines Jahres sind gemäß Ziffer 14.1.3 Logistik-AGB mit 500.000,- € begrenzt. Diese Begrenzungen gelten nicht für Personenschäden oder, soweit gesetzliche Haftungsbestimmungen, wie z.B. das Produkthaftungsgesetz, zwingend anzuwenden sind, siehe Ziffer 14.3 Logistik-AGB.

187 Die Logistik-AGB können die Haftung des Logistikdienstleisters nur dann begrenzen, wenn sie wirksam in das Vertragsverhältnis zwischen Logistikdienstleister und seinem Auftraggeber einbezogen worden sind.

188 Das kann, wie bei den ADSp, durch Hinweis auf dem Geschäftspapier erfolgen, etwa mit der Formulierung:

„Wir arbeiten ausschließlich nach den Allgemeinen Deutschen Spediteur-Bedingungen (ADSp) und – soweit diese für die Erbringung logistischer Leistungen nicht gelten – nach den Logistik-AGB, jeweils neueste Fassung. **Ziffer 23 ADSp beschränkt**

---

[4] Vgl. **Anhang 9**.
[5] *Wieske* a.a.O.
[6] Vgl. **Anhang 9**.

die gesetzliche Haftung für Güterschäden nach § 431 HGB für Schäden in speditionellem Gewahrsam auf 5,– €/kg; bei multimodalen Transporten unter Einschluss einer Seebeförderung auf 2 SZR/kg sowie darüber hinaus je Schadenfall bzw. -ereignis auf 1,0 Mio. € bzw. 2,0 Mio. € oder 2 SZR/kg, je nachdem, welcher Betrag höher ist."

VIII. Zusammenfassung und Ausblick

1. Veränderungen durch die Transportrechtsreform aus 1998, das Gesetz zur Reform des Seehandelsrechts vom 20. April 2013[1] und Anpassung der ADSp

189   *a) Reform 1998.* Mit der Reform des zivilen Transportrechts im Jahre 1998, durch das Transportrechtsreformgesetz[2] (TRG), die mit einer grundlegenden Neugestaltung der gewerberechtlichen Vorschriften, insbesondere des **Güterkraftverkehrsgesetzes**[3] verbunden war, ist es gelungen für die Verkehre auf der Straße, Schiene, in der Luft und auf Binnengewässern einheitliche Rechtsgrundlagen zu schaffen. Auch der Umzugsverkehr und der multimodale Transport wurden im neuen Transportrecht geregelt.

190   Haftungsrechtliche Einwirkungen des GüKG und vor allem der ersatzlos aufgehobenen KVO gibt es nicht mehr. Die Länge der Transportstrecke und die Größe des eingesetzten Fahrzeuges spielen für die Haftung keine Rolle mehr.

191   Wegen der Vereinheitlichung der Haftung des Frachtführers einerseits und des Spediteurs, der im **Selbsteintritt** (§ 458) die Beförderung durchführt, bzw. zu festen Kosten oder als Sammelladungsspediteur tätig wird, andererseits, hat die Abgrenzung von Fracht- und Speditionsvertrag ihre Bedeutung weitgehend verloren, jedenfalls soweit es die Beförderung betrifft.

192   Weiterhin hat die Speditionsversicherung zunächst 1998 durch die Abkehr von der Ersetzung der Haftung durch Versicherung und später durch die Beschränkungen des **Deckungsschutzes** im Zusammenhang mit der Änderung der ADSp (Stand 2003)[4] an Bedeutung eingebüßt.

193   Während in den vorstehenden Abschnitten die einzelnen Formen der Verkehrsunternehmen und ihre Tätigkeit sowie die Grundlagen ihrer Haftung unter Einbeziehung des Logistikgeschäfts summarisch dargestellt wurden, sollen im Weiteren die Folgen der tatsächlichen, rechtlichen und versicherungsmäßigen Entwicklungen für die Verkehrs- und Logistikunternehmen aufgezeigt werden.

194   *b) Reform 2013.* Durch das Gesetz zur Reform des Seehandelsrechts wurde 2013 nicht nur das Fünfte Buch des HGB, §§ 476 ff., neu gefasst, sondern es erfolgten auch einige Änderungen und Anpassungen im Bereich der §§ 407 bis 475h.

Von Bedeutung erscheinen insbesondere folgende Änderungen:

195   *aa) Im Frachtrecht:*
- In § 408 Abs. 3 Satz 1 wird nunmehr eine elektronische Aufzeichnung, die die Funktionen eines Frachtbriefs erfüllt, unter den dort genannten Kriterien einem Papierfrachtbrief gleichgestellt. Weiter wurde eine Ermächtigung für das Bundesjustizministerium im Einvernehmen mit dem Bundesinnenministerium durch Rechtsverordnung, die nicht der Zustimmung des Bundesrates bedarf, Einzelheiten zum ‚elektronischen Frachtbrief' zu regeln, eingeführt;
- in § 414 erfolgte eine Aufhebung der Beschränkung der Absenderhaftung auf 8,33 SZR;

---

[1] BGBl. I 2013, S. 831.
[2] BGBl. I 1998, S. 1588.
[3] BGBl. I 1998, S. 1485 (**Anhang 3**).
[4] Vgl. **Anhang 8.**

VIII. Zusammenfassung und Ausblick

- nach § 420 Abs. 3 behält der Frachtführer seinen Anspruch auf Fracht, wenn die Beförderung aus Gründen unmöglich wird, die dem Risikobereich des Absenders zuzurechnen sind;
- die neuen Vorschriften über den Ladeschein, §§ 443–448, orientieren sich am neuen Seehandelsrecht und sollen den Ladeschein an die Bestimmungen über Konnossemente heranführen;[5]
- In § 449 wurde die Systematik umgestellt. In Absatz 1 wird der Unternehmer in den Vordergrund gestellt, während die für die Praxis weniger bedeutsame Verbraucherschutzregelung in Absatz 3 rückt. Weiter wurde das Erfordernis der drucktechnisch deutlichen Gestaltung von Haftungsklauseln in AGB, die zu Gunsten von Verwendern von der Regelhaftung abweichen, durch Hinweise auf solche Abweichungen in geeigneter Weise ersetzt.[6]

bb) Im Speditionsrecht

- § 466, die entsprechende Regelung über abweichende Haftungsvereinbarungen im Speditionsrecht, wurde in gleicher Weise angepasst.

cc) Im Lagerrecht

- In § 475b Abs. 1 wird dem Lagerhalter für konnexe Forderungen, also solche aus dem Lagervertrag selbst, auch ein Pfandrecht am Gut eines Dritten eingeräumt, der der Lagerung zugestimmt hat;
- § 475c Abs. 4 stellt entsprechend der Regelung in § 408 Abs. 3 eine elektronische Aufzeichnung, die dieselbe Funktion wie der Lagerschein erfüllt, unter den genannten Voraussetzungen einem Papierlagerschein gleich. Weiter enthält die Neufassung ebenfalls eine Ermächtigung zum Erlass einer Rechtsverordnung zur Regelung von Einzelheiten des elektronischen Lagerscheins.[7]
- Die Neufassung des § 475d lehnt sich ebenso wie der inhaltlich neu gestaltete § 444 an das neue Seehandelsrecht an.[8]
- Entsprechendes gilt für § 475e n. F., der sich an dem § 445 n. F. orientiert.

dd) Im Seehandelsrecht. Die Änderungen des Seehandelsrechts, das weitgehend neu gefasst wurde, werden in dieser Auflage nicht behandelt.

2. Erweiterung der Tätigkeitsbereiche der Verkehrsunternehmen

a) Allgemeines. Nicht zuletzt die Globalisierung führt dazu, dass im Welthandel Maßnahmen zunehmen, die im netzwerkartigen Zusammenwirken mehrerer Beteiligter ausgeführt werden. In diesen Netzwerken werden zunehmend Verkehrsunternehmen eingebunden, die nicht nur ihre angestammten Speditions- oder Transporttätigkeiten für ihre Auftraggeber in immer weiteren Ländern ausüben, sondern häufig auch zusätzliche Tätigkeiten übernehmen.

Dabei handelt es sich nicht selten um Werk- oder auch Dienstleistungen, die nicht mehr unter den **Deckungsschutz** der Speditionsversicherung fallen.

b) Analyse der eigenen Tätigkeit. Früher betraf die Frage: „Was tue ich, was will ich sein?" im Wesentlichen nur die Abgrenzung Spediteur/Frachtführer. Heute geht es

---

[5] *Koller* a.a.O. § 444 HGB Rdnr. 1, BR-Drs. 310/12 S. 104, abgedruckt in TranspR 2012, 165 (203).
[6] Vgl. dazu die Ausführungen unter B. I Rdnr. 26 ff.
[7] Vgl. oben Rdnr. 195.
[8] Vgl. *Koller* a.a.O. § 475d HGB Rdnr. 1.

weit mehr darum, welche zusätzlichen (logistischen) Leistungen ein Verkehrsunternehmen über die Organisation des Transports, den Transport oder die Einlagerung von Gütern hinaus für seine Auftraggeber übernehmen will.

202 Der Ausweitung der Verdienstmöglichkeiten durch die Übernahme neuer zusätzlicher Tätigkeiten, stehen damit verbundene zusätzliche Haftungsrisiken und sonstige Verpflichtungen gegenüber, die sich aus den Anforderungen der Auftraggeber ergeben.

203 Es sind nicht nur die Anforderungen der Ausschreibung des Auftrags sorgfältig durchzuarbeiten, sondern es ist weiter zu prüfen, ob das zusätzliche Entgelt den Aufwand für die Erbringung der zusätzlichen Tätigkeiten, insbesondere Kosten für Personal, Anschaffung von Geräten, EDV-Maßnahmen etc sowie das übernommene weitere **Haftungsrisiko** einschließlich der Kosten für die gegebenenfalls erforderliche Erweiterung des Versicherungsschutzes hinreichend vergütet und, ob ausreichendes, qualifiziertes Personal zur Erfüllung der weiteren Aufgaben zur Verfügung steht.

204 Nicht selten versuchen Auftraggeber Tätigkeiten, die nicht in ihren Kernbereich gehören, auch deshalb an Dritte zu vergeben, damit diese das Risiko einer Schlechterfüllung voll übernehmen, während sie selbst etwaige Schadenersatzansprüche bei Fehlern eigener Mitarbeiter gegen diese allenfalls im begrenzten Umfang durchsetzen könnten.

205 *c) Welche Haftungsrisiken ergeben sich aus der jeweiligen Tätigkeit, welcher Versicherungsschutz wird benötigt?* Der frühere Fernverkehrsunternehmer brauchte bis 1998 nur seine vorgeschriebene Versicherung einzudecken, die die feststehende Haftung nach der KVO abdeckte und konnte dann im Wesentlichen ruhig schlafen.

206 Heute geht es häufig nicht nur darum, eine Haftpflichtversicherung als Spediteur und/oder Frachtführer einschließlich einer Deckung für grenzüberschreitende Transporte abzuschließen.

207 Es ist einmal zu beachten, dass die Rechtsprechung in Deutschland öfter als in anderen Ländern bei Verlust oder Beschädigung von Gütern im Gewahrsam von Frachtführern und Spediteuren zu deren unbegrenzter Haftung kommt.

208 Als Folge dieser Rechtsprechung haben die deutschen Transportversicherer nicht nur die regelmäßige Schadenversicherung, die ohne besonderen Antrag gewährt wurde (Ziffer 19 ASpV i.V.m. Ziffer 29.1.2 ADSp 1999), abgeschafft. Der Spediteur hat nur bei einem Auftrag des Versenders für das Gut eine Transport- oder Lagerversicherung abzuschließen (Ziffer 21.1 ADSp 2003), deren Deckungsumfang und Bedingungen jeweils mit dem Versicherer zu vereinbaren sind.

209 Darüber hinaus enthalten die Haftpflichtversicherungen für Frachtführer, Spediteure und Lagerhalter regelmäßig einmal Ausschlüsse oder Begrenzungen des Deckungsschutzes für wertvolle und diebstahlgefährdete Güter (vgl. auch die korrespondierenden Regelungen in Ziffer 3.3 und 3.6 ADSp 2003) und zum anderen Beschränkungen der Deckungssummen, insbesondere bei **qualifiziertem Verschulden**.[9]

210 Die Verkehrsunternehmen müssen daher nicht nur beim Abschluss der Versicherungen, sondern auch laufend prüfen, ob sie für das zu befördernde Gut – unabhängig von der Frage, welcher Deckungsschutz sich aus einer der Regelung des § 7a GüKG entsprechenden Pflichtversicherung für innerdeutsche Transporte ergibt – überhaupt Deckungsschutz haben und ob ihre Deckung, insbesondere für den Fall eines qualifi-

---

[9] Vgl. DTV Musterbedingungen, dazu oben Rdnr. 177.

VIII. Zusammenfassung und Ausblick

zierten Verschuldens (§ 435 HGB bzw. Art. 29 CMR) jeweils noch ausreichend ist oder ob **Deckungsschutz** nachgekauft werden muss.[10]

Erbringt das Verkehrsunternehmen, das dann häufig als „**Logistikdienstleister**" 211 bezeichnet wird, zusätzliche logistische Leistungen, gelten zumeist die Haftungsbestimmungen des BGB, die im Regelfall anders als im Transportrecht von einer verschuldensabhängigen, der Höhe nach unbegrenzten aber abdingbaren Haftung ausgehen. Dabei ist zu berücksichtigen, dass die Bezeichnung „Logistikdienstleister" nicht bedeutet, dass diese Unternehmer nur Dienstleistungen i. S. d. § 611 BGB erbringen, also nur Dienste = Arbeitsleistungen und nicht Erfolge wie bei einem **Werkvertrag**, z.B. eine Beförderungsleistung von A nach B schulden. Diese Haftung ist versicherungstechnisch üblicherweise über die Betriebshaftpflichtversicherung, häufig erweitert um eine Deckung für Erfüllungsschäden, abzusichern, soweit die Risiken im Einzelfall überhaupt zu bezahlbaren Prämien versicherbar sind. Teilweise sind auch Lager- und/oder Vertrauensschadenversicherungen abzuschließen, um den Haftungsanforderungen der Auftraggeber gerecht zu werden.

Da die Versicherer grundsätzlich nur ihnen gemeldete Risiken abdecken, die häufig 212 in Betriebsbeschreibungen festgelegt sind, ist es jedem Verkehrsunternehmen dringend zu raten, alle Erweiterungen seines Geschäftsbetriebes, z. B. durch zusätzliche, möglicherweise nicht durch die Grunddeckung erfasste wertvolle Güter, zusätzliche Betriebsstätten oder Tätigkeitsländer umgehend zu melden.

Dies gilt erst recht, wenn zusätzliche logistische Tätigkeiten erbracht werden, die 213 nicht durch die üblichen Verkehrshaftungsversicherungen abgedeckt werden.

Verträge, die derartige Leistungen beinhalten oder Haftungsanforderungen, die 214 über das Gesetz hinausgehen, wie z.B. Vertragsstrafen bei Nichteinhaltung von Lieferfristen, sollten erst nach Prüfung durch den eigenen Versicherer oder Versicherungsmakler und Erteilung von dessen Deckungszusage abgeschlossen werden, um Risiken zu vermeiden, die im „worst case" zum Ruin führen können.

Weiterhin sollten erforderliche Verkehrshaftungs- und Betriebshaftpflichtversiche- 215 rungen möglichst bei demselben Versicherer abgeschlossen werden, da sonst gefährliche Deckungslücken entstehen können.

d) Wahl der zu verwendenden Geschäftsbedingungen, Abschluss von Individual- 216 *verträgen.* Da ADSp und VBGL[11] grundsätzlich nur Leistungen aus Verkehrsverträgen regeln, bzw. nur im engen Rahmen für speditionsübliche logistische Leistungen[12] gelten, empfiehlt es sich bei der Erbringung von logistischen Leistungen zusätzlich die Logistik-AGB[13] oder gegebenenfalls durch einen Fachmann erstellte eigene AGB zu verwenden, wenn kein Individualvertrag bezüglich der logistischen Leistungen abgeschlossen wird.

Wenn es um umfangreiche logistische Tätigkeiten geht, ist ein Individualvertrag mit 217 sorgfältig erstellten Pflichtenverzeichnissen und Haftungsregelungen zu empfehlen.

Hierbei sollten die Auftraggeber im eigenen Interesse beachten, dass Haftungsrege- 218 lungen, für die der Auftragnehmer keine ausreichende Versicherungsdeckung hat, im Falle eines größeren Schadens im Regelfall beiden Parteien nichts bringen.

Da die üblichen Verbandsbedingungen das Palettenhandling nicht oder nicht aus- 219 reichend regeln und gerade in diesem Bereich häufig Differenzen über die beiderseitigen Pflichten bestehen, empfiehlt es sich dann, wenn dem Palettenhandling innerhalb

---

[10] Vgl. dazu auch Teil F, Riskmanagement Rdnr. 18.
[11] Vgl. unten B. III Sonderbereich 4.
[12] Vgl. oben Rdnr. 183.
[13] Vgl. oben Rdnr. 185 ff.

der Rechtsbeziehungen der Parteien **Bedeutung zukommen kann, zusätzlich die Musterbedingungen "Kölner Palettentausch"** oder **"Bonner Palettentausch"** bzw. wenn sie verabschiedet und veröffentlicht sind, die neuen **GS 1-Palettenterms**, einzubeziehen. In diesen Bedingungswerken[14] sind die Rechte und Pflichten der am Palettentausch Beteiligten je nach vereinbarter Tauschform im Einzelnen aufgeführt und ausgewogen verteilt. Die Verwender sprechen dann die „gleiche Sprache" und meinen dasselbe, wenn sie von Palettentausch sprechen, was bisher in der Praxis leider häufig nicht der Fall ist.

---

[14] Vgl. unten B. III Sonderbereich 5 Rdnr. 869 ff., 878 ff., 889..

B. Rechte und Pflichten aus nationalen Frachtverträgen für Straßentransporte

I. Frachtverträge

Übersicht

	Rdnr.
1. Einleitung	1
a) Rechtsvereinheitlichung	1
b) Systematik des geltenden HGB	7
c) Sonstiges	11
2. Gestaltung des Frachtrechts	12
a) Gestaltung des früheren HGB	12
b) Gestaltung der CMR	13
c) Gestaltung des geltenden Frachtrechts	14
d) Haftungskonzept, qualifiziertes Umschulden, Fortfall der Haftungsbegrenzungen	35
3. Anwendungsbereich des geltenden Frachtrechts	48
a) Sachlicher Anwendungsbereich	48
b) Örtlicher Anwendungsbereich	52
4. Der Frachtvertrag	56
a) Zustandekommen	56
b) Vertragspartner und sonstige Beteiligte	57
aa) Vertragspartner	57
bb) Absender	58
cc) Frachtführer	59
dd) Empfänger	61
ee) Eigentümer	63
c) Pflichten des Frachtführers aus dem Frachtvertrag	67
aa) Beförderungspflicht	67
(1) Ortsveränderung	68
(2) Durchführung der Beförderung	69
(3) Transportmittel	70
(4) Transportgut	73
bb) Übernahme der Obhut	78
d) Pflichten des Absenders und des Empfängers / korrespondierende Rechte des Frachtführers	79
aa) Vergütungspflicht für die Transportleistung (Fracht)	79
(1) Vereinbarte Fracht	80
(2) Fehlen einer Vereinbarung über die Frachthöhe	82
bb) Abgeltungsbereich des Frachtentgelts	90
(1) Transport des Gutes	90
(2) Gestellung, Tausch und Rückführung von Ladehilfs- und Beförderungsmitteln	93
cc) Anspruch auf zusätzliche Vergütung für Be- und Entladetätigkeiten	96
(1) Bei der Beförderung von Gut, das kein Umzugsgut ist	96
(2) Bei der Beförderung von Umzugsgut, § 451 HGB	99
dd) Standgeldanspruch gegen den Absender	102
(1) Allgemeines	102
(2) Standgeld aufgrund einer Vereinbarung	104
(3) Standgeld ohne vertragliche Vereinbarung	105
(4) Höhe des Standgeldanspruchs	112

	Rdnr.
(5) Abdingbarkeit des Standgeldanspruchs	114
(6) Beweislast	115
ee) Standgeldansprüche gegen den Empfänger	116
(1) Allgemeines	116
(2) Aktivlegitimation	120
(3) Sonstige Voraussetzungen	121
(4) Höhe des Standgeldanspruchs	122
(5) Abdingbarkeit des Standgeldanspruchs	123
ff) Vergütung für Verzögerungen nach Beginn der Beförderung und vor Ankunft an der Ablieferungsstelle, § 420 Abs. 4 HGB	124
(1) Erheblichkeit der Verzögerung	125
(2) Risikobereich des Absenders	126
(3) Analoge Anwendung des § 420 Abs. 4 HGB	129
gg) Anwendbarkeit der §§ 412 Abs. 2 und 3, 421 Abs. 4 HGB bei grenzüberschreitenden Transporten	130
hh) Gesetzlich geregelte Fälle zusätzlich zu zahlenden Entgelts/Aufwendungsersatzes	132
(1) Nach dem HGB	132
(2) Exkurs: Vergleich mit Beförderung unter Anwendung der CMR	135
ii) Sonstige Ansprüche des Frachtführers auf zusätzliche Vergütung/Kostenerstattung	137
jj) Fälligkeit der Fracht	139
kk) Ansprüche des Frachtführers bei Kündigung, sonstiger Beendigung oder Beschränkung des Frachtvertrages	146
(1) Kündigung durch den Absender	146
(2) Kündigung durch den Frachtführer	155
(3) Verladung nur eines Teils der vereinbarten Ladung	162
(4) Bei Weisungen, § 418 HGB	163
(5) Bei Beförderungs- und/oder Ablieferungshindernissen, § 420 Abs. 2 S. 2, Abs. 3 HGB	164
(6) Verlust oder Beschädigung des Gutes	169
(7) Verspätung, Nichteinhaltung der Art des Transportes	171
(8) Unmöglichkeit des Transports, § 420n Abs. 2 S. 1, Abs. 3 HGB	173
e) Nebenpflichten	174
aa) Gesetzliche Nebenpflichten	175
(1) Des Frachtführers	175
(2) Des Absenders	176
bb) Vertragliche Nebenpflichten	177
(1) Des Frachtführers	177
(2) Des Absenders	178
cc) Rechtsfolgen einer Verletzung von Nebenpflichten	179
(1) Verlust und Beschädigung des Gutes sowie Überschreitung der Lieferfrist	179
(2) Sonstige Vermögensschäden	183
f) Abgrenzung des Frachtvertrages von anderen Vertragstypen	186
aa) Speditionsvertrag	186
bb) Schlepp- und Rangiervertrag	189
cc) Lohnfuhrvertrag, Miet- und Dienstverschaffungsvertrag	191
dd) Logistikvertrag	195
ee) Kurier-, Express- und Paketdienstvertrag	196
g) Beendigung des Frachtvertrages	198
aa) Erfüllung	198
bb) Sonstige Beendigungsgründe	199
h) Abdingbarkeit	200

I. Frachtverträge

1. Einleitung

a) Rechtsvereinheitlichung. Durch das Transportrechtsreformgesetz[1] (TRG) wurde das deutsche Transportrecht mit Wirkung zum 1.7.1998 vereinheitlicht und die frühere Zersplitterung aufgehoben. Im 4. bis 6. Abschnitt des Vierten Buches des geltenden HGB sind nunmehr die wichtigsten Bestimmungen des deutschen Fracht-, Speditions- und Lagerrechts in den §§ 407–475h enthalten. Eine Vielzahl von Sondervorschriften für spezielle Verkehrsträger bzw. für bestimmte Strecken und Güter oder für das Lagergeschäft (KVO, GüKUMB, EVO, LuftVG, Lagerschein-VO) sind entfallen. Darin enthaltene Bestimmungen sind im Interesse eines einheitlichen Frachtrechts für innerdeutsche Transporte auf dem Lande, auf der Schiene, auf Binnengewässern und in der Luft zusammengefasst worden. 1

Im Bereich der Binnenschifffahrt ist allerdings noch in dem eng begrenzten Rahmen des § 412 Abs. 4 die Möglichkeit vorgesehen, ergänzende Regelungen durch Rechtsverordnungen zu treffen. 2

Dabei wurden die veränderten Verhältnisse der Wirtschaft unserer Zeit ebenso berücksichtigt wie die Rechtsentwicklung durch internationale Übereinkommen, insbesondere die CMR und durch das gemeinsame Recht der Staaten der Europäischen Union und die Liberalisierungs- und Deregulierungsmaßnahmen im Transportordnungsrecht, z.B. durch das Tarifaufhebungsgesetz und das Eisenbahnneuordnungsgesetz. 3

Durch die freie Kabotage im gesamten EWR – ausgenommen Unternehmer aus Kroatien für zunächst zwei Jahre seit Beitritt am 1.7.2013 (§ 5 Satz 2 GüKG), nunmehr geregelt in den Art. 8 bis 10 VO (EG) 1072/2009,[2] musste die früher für den innerdeutschen Verkehr traditionelle Unterscheidung zwischen Fernverkehr und Nahverkehr aufgegeben werden. **Kabotage** ist nach der Legaldefinition im Art. 1 der EG-Verordnung Nr. 3118/93, die inzwischen aufgehoben wurde,[3] die Zulassung zum zeitweiligen gewerblichen Güterkraftverkehr in einem anderen Mitgliedstaat. 4

Im Rahmen der Deregulierung wurden u.a. auch ordnungsrechtliche Bestimmungen des GüKG aufgehoben, nach denen Beförderungsbedingungen die Haftung zwingend regelten und damit in das zivile Transportrecht eingriffen. 5

Die Haftung für die innerdeutschen Transporte auf der Straße, in der Luft und auf Binnengewässern, abgesehen von Ausnahmen in den §§ 4ff. BinSchG, ist einheitlich geregelt. Das deutsche Transportrecht ist dadurch wesentlich übersichtlicher und auch ‚schlanker' geworden. 6

b) Systematik des geltenden HGB. Die Einteilung in Frachtgeschäft, Speditionsgeschäft und Lagergeschäft ist, wenn auch mit neuen Schwerpunkten, erhalten geblieben. 7

Das Frachtgeschäft, das sich weitgehend an die CMR anlehnt und den Bezugspunkt für die übrigen transportrechtlichen Geschäfte bildet, ist dementsprechend an Stelle des Speditionsrechts an erster Stelle geregelt und enthält nunmehr spezielle Regelungen für den **Umzugsverkehr** (§§ 451ff.) und erstmalig auch für die Beförderung mit verschiedenartigen Beförderungsmitteln, den **multimodalen Verkehr** (§§ 452ff.). Dann folgen das Speditionsgeschäft und das Lagergeschäft. 8

Das Speditionsrecht ist mit dem Frachtrecht enger verzahnt. Es besteht ein Gleichlauf der Haftung des Spediteurs mit der des Frachtführers im Bereich der durch die Beförderung verursachten Güterschäden. 9

---

[1] BGBl. I 1998, S. 1588.
[2] Vgl. **Anhang 7**.
[3] Vgl. unten H. I Rdnr. 14.

10 Das Lagerrecht enthält sachlich die geringsten Veränderungen.
Es gilt weiterhin eine vermutete Verschuldenshaftung. Das Lagerrecht bleibt im Wesentlichen dispositiv.
Einzelne Regelungen der aufgehobenen Verordnung über Orderlagerscheine wurden in die HGB-Bestimmungen integriert.

11 **c) Sonstiges.** Auch nach der Transportrechtsreform enthält das HGB keine Bestimmungen über Kran- und Schwerlasttransporte, zum Umschlag und über den Einsatz von Containern, Wechselbrücken und Paletten.

2. Gestaltung des Frachtrechts

12 *a) Gestaltung des früheren HGB.* Das Frachtrecht des HGB war als abdingbares Recht konzipiert worden. Zwingend wurden Teile des früheren Frachtrechts erst als Ausfluss des Ordnungs- und Tarifrechts (§§ 22 und 26 GüKG a.F.)., im Rahmen der KVO, der GüKUMB oder der EVO und durch internationale Übereinkommen, wie CMR und COTIF/CIM.

13 *b) Gestaltung der CMR.* Vorbildfunktion hatte die CMR, die aber bei uns, anders als z.B. in Österreich, nicht insgesamt als nationales Recht eingeführt wurde. In das Frachtrecht wurden auch Rechtsgedanken aus dem alten HGB, der KVO und anderen Vorschriften einbezogen

14 *c) Gestaltung des geltenden Frachtrechts.* Die geltenden Frachtrechtsbestimmungen der §§ 407 bis 450 HGB finden Anwendung auf alle Transporte zu Lande, auf Binnengewässern und mit Luftfahrzeugen.

15 Die **Bezeichnungen ‚Frachtvertrag' und ‚Fracht'** wurden beibehalten und nicht die CMR-Begriffe ‚Beförderer', ‚Beförderungsvertrag' und ‚Beförderungsentgelt' eingeführt.
Die **Definition des Frachtvertrages** ist in § 407 sachbezogen erfolgt: ‚Durch den Frachtvertrag wird der Frachtführer verpflichtet', während sie nach altem Recht personenbezogen war, § 425 HGB a.F.: ‚Frachtführer ist, wer …'.

16 Das geltende Frachtrecht enthält anders als CMR, KVO oder GüKUMB grundsätzlich keine zwingenden Haftungsregeln. Im kaufmännischen Bereich sind nahezu alle Bestimmungen abdingbar, und zwar unabhängig davon, über welche Strecke und mit welchem Fahrzeug das Gut transportiert wird.

17 Allerdings kann von bestimmten **Haftungsgrundsätzen** nur durch im Einzelnen ausgehandelte Vereinbarungen und nicht durch vorformulierte Klauseln/Allgemeine Geschäftsbedingungen (AGB) abgewichen werden.

18 Hierzu wurde das Modell der **AGB-Festigkeit** gewählt. AGB-fest sind Bestimmungen, von denen nicht durch AGB abgewichen werden kann.

19 Die Schlüsselvorschriften sind insoweit § 449 für den allgemeinen Teil des Frachtrechts und die §§ 451h für das Umzugsrecht bzw. 452d für den multimodalen Verkehr.

20 § 449 wurde durch das Gesetz vom 20.4.2013[4] im Rahmen der Seerechtsreform ebenso wie § 451h neu gefasst, wobei die Änderungen in § 451h, der Vorschrift zum Umzugsrecht weitgehend redaktioneller Natur sind.

21 In der Neufassung des § 449 wurde die Systematik der Vorschrift geändert und der Unternehmer in den Vordergrund gestellt.[5]

---

[4] BGBl. I 2013, S. 831.

I. Frachtverträge

In Absatz 1 Satz 1 ist geregelt, dass von den dort aufgeführten Bestimmungen   22
- Haftung des Frachtführers im Zusammenhang mit ihm übergebenen Urkunden (§ 413 Abs. 2);
- Haftung des Frachtführer bei Ausführung von Weisungen ohne Vorlage der Absenderausfertigung des Frachtbriefs (§ 418 Abs. 6);
- Haftung des Frachtführers bei Nichteinziehung einer vereinbarten Nachnahme (§ 422 Abs. 3)
- Haftung des Frachtführers bei Güter- und Vermögensschäden (§§ 425 bis 438);
- Haftung des Frachtführers bei Befolgung von Weisungen ohne Vorlage des Ladescheins(§ 446 Abs. 2),

sofern es nicht um die Beförderung von Briefen oder briefähnlichen Sendungen geht, nur durch solche Vereinbarungen abgewichen werden kann, die im Einzelnen ausgehandelt worden sind, wobei derartige Vereinbarungen auch für eine Mehrzahl gleichartiger Verträge zwischen denselben Vertragspartnern getroffen werden können.

Ergänzend bestimmt Absatz 1 Satz 2 jedoch, dass sich der Frachtführer auf eine Bestimmung im Ladeschein, die von den in Absatz 1 genannten Vorschriften zu Lasten des aus dem Ladeschein Berechtigten abweicht, gegenüber einem im Ladeschein benannten Empfänger, dem der Ladeschein begeben wurde oder gegenüber einem Dritten, dem der Ladeschein übertragen wurde, nicht berufen kann. Dies dient der Umlauffähigkeit des Ladescheins.[6]   23

Absatz 2 Satz 1 bestimmt, dass demgegenüber von den Bestimmungen zur Höhe der Haftung des Frachtführers bei Verlust oder Beschädigung des Gutes (§ 431 Abs. 1 und 2) unter den genannten Voraussetzungen auch durch vorformulierte Vertragsbedingungen (AGB) abgewichen werden kann.   24

Dies gilt nach der 1. Alternative, wenn der abweichende Haftungsbetrag zwischen zwei und vierzig SZR (vgl. § 431 Abs. 4) liegt, was je nach Wert eines SZR einer Größenordnung von etwa 2,50 bis 50 € entspricht. Weiter hat der Verwender der AGB seinen Vertragspartner in geeigneter Weise darauf hinzuweisen, dass diese einen von der gesetzlichen Regelung abweichenden Haftungsbetrag vorsehen.   25

In welchem Umfang sich die Anforderungen an den AGB-Verwender dadurch verringern, dass statt einer drucktechnischen Hervorhebung nur noch ein geeigneter Hinweis erforderlich ist, bleibt letztlich durch die Rechtsprechung zu klären. Aus der Begründung des Regierungsentwurfs[7] ergeben sich keine eindeutigen Kriterien für den neuen unklaren Rechtsbegriff ‚in geeigneter Weise'. Es wird dort nur auf die Probleme beim Umgang mit der drucktechnisch deutlichen Gestaltung und das Erfordernis der Warnfunktion hingewiesen, das beibehalten werden soll, wenn in AGB von den gesetzlichen Haftungshöchstgrenzen abgewichen wird.   26

Nach *Koller*[8] sind daher die allgemeinen Grundsätze über Aufklärungs- und Warnpflichten heranzuziehen. Diese stellen insbesondere auf das Informationsdefizit der Vertragspartner ab, bei denen es sich außer im Bereich des Umzugsrecht, für das § 451h HGB gilt, jedoch in der Regel um Kaufleute i.S.d. § 2 HGB handelt.   27

Eine drucktechnische Hervorhebung in überreichten AGB reicht auch nach der neuen Fassung immer aus. Der erteilte Hinweis muss aber nicht im AGB-Text selbst   28

---
[5] Vgl. BR-Drucks. 310/12, S. 107 ff. = TranspR 2012, 165 (204).
[6] BR-Drucks. 310/12, S. 107 = TranspR 2012, 165 (204).
[7] Vgl. TranspR 2012, 165 (205).
[8] A.a.O. § 449 HGB Rdnr. 54 ff.

enthalten sein.[9] Ein deutlicher mündlicher Hinweis kann, wenn in den Klauseln nicht auf ausländisches Recht verwiesen wird (vgl. § 449 Abs. 6) ausreichend sein,[10] wobei allerdings Beweisprobleme auftreten können. Hinweise im allgemeinen Schriftverkehr, auch bei Abschlüssen im Internet oder deutlich sichtbare Aushänge bei Abschlüssen unter Anwesenden reichen aus, wenn darin auf vom Gesetz abweichende Haftungshöchstgrenzen in den AGB des Verwenders hingewiesen wird.

29 Bei laufenden Geschäftsbeziehungen braucht bei unveränderten AGB-Klauseln nicht jedes Mal wieder auf die veränderten Haftungshöchstbeträge hingewiesen zu werden.

30 Ausgehandelte Abweichungen von den in § 449 Abs. 1 HGB aufgeführten Bestimmungen und von den Verjährungsregeln in § 439 HGB stehen nur gesetzliche Verbote (§ 134 BGB), Sittenwidrigkeit (§ 138 BGB) und die Grundsätze von Treu und Glauben (§ 242 BGB) entgegen.

31 Ausgehandelte oder Individualabreden liegen nur vor, wenn die Parteien ihre Vorstellungen ernsthaft zur Diskussion gestellt und dem Verhandlungspartner die reale Möglichkeit eingeräumt haben, den Inhalt der Vereinbarung zu beeinflussen.[11] Kollektiv ausgehandelte Abweichungen gelten jedoch nicht als im Einzelnen ausgehandelt.[12]

32 Da § 435 anders als Art. 29 CMR kein zwingendes Recht enthält, gehen auch insoweit abweichend ausgehandelte Vereinbarungen vor. So können für innerdeutsche Transporte z.B. Vereinbarungen auch über Schnittstellen- und sonstige Kontrollen den Einsatz eines zweiten Fahrers oder über die Bewachung beladener Fahrzeuge wirksam ausgehandelt werden.

33 § 449 Abs. 2 Satz 2 gestattet es, nunmehr auch durch AGB-Klauseln die vom Absender nach § 414 zu leistende Entschädigung der Höhe nach zu beschränken, da es insoweit keinen Haftungshöchstbetrag mehr gibt.

34 Im Absatz 3 befindet sich die Regelung zum Schutz der Verbraucher, die bisher in Absatz 1 enthalten war. Diese Umstellung erfolgte, da Vertragsabschlüsse mit Verbrauchern im Bereich des allgemeinen Frachtrechts nur eine Ausnahme darstellen.

35 *d) Haftungskonzept, qualifiziertes Verschulden, Fortfall der Haftungsbegrenzungen.* Zusammengefasst ergibt sich aus dem Haftungskonzept des HGB, was auch durch die Neufassung des § 449 bestärkt wird, dass anders als in der CMR, dem Vertragspartner die Möglichkeit gegeben werden soll, maßgeschneiderte Haftungsregelungen für bestimmte Fallkonstellationen zu schaffen, insbesondere den unterschiedlichen Wert des transportierten Güter auch in vorformulierten Haftungsvereinbarungen bei Einschaltung der formellen Voraussetzungen besser berücksichtigen zu können.

36 Dabei ging man davon aus, dass die starre Haftungshöhe von 8,33 SZR für alle Güter bei Verlust und Beschädigung, wie sie die CMR vorsieht, vielfach nicht ausreicht und gegenüber den Verladern in Deutschland angesichts des Haftungsumfangs nach der KVO mit 80,00 Deutsche Mark/kg bzw. der EVO mit 100,00 Deutsche Mark/kg nicht durchsetzbar war. Es wurde entsprechend der CMR eine Regelhaftung von 8,33 SZR/kg eingeführt (§ 431 Abs. 1 und 2) mit einem Haftungsausschluss nach § 426 für Schäden, die der Frachtführer mit größter Sorgfalt nicht abwenden konnte (vgl.

---

[9] *Koller*, a.a.O. § 449 HGB Rdnr. 54.
[10] *Koller*, a.a.O. § 449 HGB Rdnr. 57.
[11] Vgl. z.B. BGH NJW 1991, 1678.
[12] BT-Drucks. 13/8443, S. 87, *Koller*, a.a.O. § 449 HGB Rdnr. 41.

I. Frachtverträge   B. I

Art. 17 Abs. 2 CMR) und dem Fortfall der Haftungsbefreiungen und -begrenzungen bei qualifiziertem Verschulden nach § 435 (vgl. Art. 29 CMR).

Für einen Fortfall der Haftungsbegrenzung reicht nach dem Willen des Gesetzgebers grobe Fahrlässigkeit nicht mehr aus, sondern es ist erforderlich, dass der Schaden auf eine Handlung oder Unterlassung zurückzuführen ist, die der Frachtführer, seine Leute oder eine Person, der er sich zur Ausführung bedient, vorsätzlich oder leichtfertig und in dem Bewusstsein, dass ein Schaden mit Wahrscheinlichkeit eintreten werde,[13] begangen hat. **37**

Wie bereits oben[14] ausgeführt, haben sich Rechtsprechung und Literatur schwer getan mit einer griffigen Abgrenzung der Leichtfertigkeit[15] von der groben Fahrlässigkeit. Verlangt wird ein besonders schwerer Pflichtverstoß bei dem sich der Frachtführer oder seine Leute in krasser Weise über die Sicherheitsinteressen der Vertragspartner hinwegsetzen.[16] Ein solcher Verstoß liegt nach dem BGH[17] vor, wenn elementare Schutzvorkehrungen unterlassen werden. Die Formulierung ist, worauf Koller[18] zu Recht hinweist, auch nur wenig anschaulich. Der Frachtführer hat jedenfalls Sicherungsvorkehrungen, insbesondere Schnittstellenkontrollen, die zuverlässig ineinandergreifen, zu organisieren, so dass sie ein in sich geschlossenes Sicherheitssystem darstellen.[19] **38**

Dieses System ist im erforderlichen Umfang zu kontrollieren,[20] wobei Stichproben ausreichen können, wenn dadurch die benötigte Kontrolldichte erreicht werden kann, um den Eintritt des Schadens und den Schadensbereich in zeitlicher, räumlicher und personeller Hinsicht möglichst frühzeitig einzugrenzen.[21] **39**

Nach dem OLG München[22] in einem Fall zum Warschauer Abkommen 1955, das den gleichen **Verschuldensbegriff** in Art. 25 WA verwendet, soll alleine die Tatsache, dass die Sendung in einem desolaten Zustand angekommen und ein katastrophaler Schaden eingetreten ist, nicht die Annahme der Leichtfertigkeit rechtfertigen. **40**

Weiter ist zur Bejahung des haftungsdurchbrechenden Verschuldens das Bewusstsein des Schadeneintritts erforderlich, d.h. die Vorstellung von einem Schaden. Das Bewusstsein muss sich nicht auf einen bestimmten Schadenverlauf beziehen und die Wahrscheinlichkeit eines Schadens muss nach der Vorstellung des Schädigers auch nicht bei mehr als 50 % liegen. Es ist ausreichend, dass der Schädiger die Art des Schadens und die generelle Richtung eines möglichen Schadenverlaufes zum Nachteil des Ersatzberechtigten erkannt hat.[23] **41**

Nach der Rechtsprechung schließt die Kenntnis eines grob mangelhaften Betriebsablaufs das Bewusstsein der Wahrscheinlichkeit eines Schadeneintritts ein. **42**

Insoweit hat der BGH seine Rechtsprechung allerdings dahingehend differenziert, dass eine solche Erkenntnis als innere Tatsache erst dann anzunehmen sei, wenn das leichtfertige Verhalten nach seinem Inhalt und nach den Umständen, unter denen es aufgetreten sei, eine solche Folgerung rechtfertige.[24] **43**

---

[13] Vgl. BGH TranspR 2003, 467 (470, 471).
[14] Vgl. oben A. V Rdnr. 88.
[15] Vgl. zur Leichtfertigkeit die Übersicht bei Koller, a.a.O. § 435 Rdnr. 7 ff.
[16] Vgl. z.B. BGH TranspR 2004, 339 (401) und Koller, a.a.O. § 435 HGB Rdnr. 6 m.w.N.
[17] TranspR 2006, 348 ff.
[18] A.a.O. § 435 HGB Rdnr. 6.
[19] Vgl. OLG Düsseldorf TranspR 2005, 468 (470) und OLG München TranspR 2002, 161 (162).
[20] BGH TranspR 2013, 111 (113).
[21] BGH TranspR 2006, 348 (349).
[22] TranspR 1995, 300 (302).
[23] Koller, a.a.O. § 435 HGB Rdnr. 14 m.w.N.
[24] Vgl. z.B. BGH TranspR 2011, 218, Rdnr. 19 m.w.N. und TranspR 2013, 287 Rdnr. 17 ff.

44 Es reiche nicht aus, wenn der Vorwurf eines qualifizierten Verschuldens i.S.d. § 435 HGB alleine darauf gestützt werde, dass der Fahrer des ausführenden Frachtführers das mit Sammelgut beladene Transportfahrzeug über ein Wochenende in einem unbewachten Gewerbegebiet von Chemnitz abgestellt habe und dem beauftragten ersten Verkehrsunternehmen bekannt war, dass sich unter dem Sammelgut auch eine Palette mit Tabakwaren befand.

45 Das Berufungsgericht habe konkrete Anhaltspunkte dafür, dass dem Fahrer hätte bewusst sein müssen, dass es zu einem Diebstahl des Transportgutes kommen könnte, nicht festgestellt, wozu die Klägerin auch nichts vorgetragen habe. So sei nichts dafür ersichtlich, dass es in diesem Gewerbegebiet bereits zu Diebstählen gekommen sei. Dem Auftraggeber des ersten Verkehrsunternehmens seien keine konkreten Weisungen für die Durchführung des Transports erteilt worden. Das Gut habe sich in einem verschlossenen Kastenauflieger befunden, dessen äußeres Erscheinungsbild nicht zu der Annahme Anlass bot, dass sich darin besonders wertvolle Güter befänden. Schließlich habe die Anspruchstellerin auch nicht dargelegt, dass es dem ausführenden Frachtführer möglich und zumutbar gewesen sei, das beladene Transportfahrzeug über das Wochenende auf einem bewachten Parkplatz oder einem zumindest sichereren Platz, z.B. auf einem umzäunten und abgeschlossenen Gelände abzustellen.

46 Daher brauchte daher ausführende Frachtführer nicht das Bewusstsein zu haben, es werde mit Wahrscheinlichkeit zu einem Diebstahl des im Kastenauflieger befindlichen Transportgutes kommen.[25]

47 Noch vor einigen Jahren hätte die Rechtsprechung in derartigen Fällen ein qualifiziertes Verschulden des Frachtführers angenommen und Argumente wie fehlende Weisungen für besondere Sicherheitsmaßnahmen oder fehlenden Vortrag des Anspruchstellers, dass ein Abstellen des Transportfahrzeugs auf einem sicheren Gelände zumutbar gewesen sei, nicht berücksichtigt.

3. Anwendungsbereich des geltenden Frachtrechts

48 *a) Sachlicher Anwendungsbereich.* Die §§ 407 bis 449 kommen zur Anwendung, wenn es um eine Beförderung, d.h. eine vom Frachtführer geschuldete Ortsveränderung vom Übernahmeort zur Ablieferungsstelle geht, die zu Lande, auf Binnengewässern oder mit Luftfahrzeugen ausgeführt wird. Maßgeblich sind nach § 407 Abs. 3 Nr. 1 die Verkehrsarten.

49 Dies gilt für alle Beförderungen mit Kraftfahrzeugen, Eisenbahnen, Binnenschiffen und Luftfahrzeugen, aber auch mit Fuhrwerken, Karren, Handwagen, Fahrrädern, Lasttieren, durch menschliche Körperkraft (Träger), durch den Einsatz von Kränen, beim Transport von Fahrzeugen auf eigener Achse[26] oder für das Treiben von Vieh.[27]

50 Weiterhin ist für die Anwendung der §§ 407 ff. erforderlich, dass die Beförderung gemäß § 407 Abs. 3 Nr. 2 zum Betrieb des gewerblichen Unternehmens des Ausführenden gehört. Das Unternehmen erfordert nach Art und Umfang keinen kaufmännisch eingerichteten Gewerbebetrieb. Ausreichend ist jede selbstständige, nach außen gerichtete, planmäßige, auf die Vielzahl von Geschäften gerichtete Tätigkeit mit Gewinnerzielungsabsicht, auch bei einem Kleingewerbetreibenden oder einem Gelegenheitsfrachtführer. Es ist auch nicht erforderlich, dass dem Frachtführer die zur Durchführung der Beförderung erforderliche öffentlich-rechtliche Berechtigung erteilt ist.[28]

---

[25] BGH TranspR 2013, 286 (287) Rdnr. 20.
[26] Vgl. LG Düsseldorf TranspR 1991, 233, (235).
[27] Vgl. *Fremuth,* a.a.O. Rdnr. 46 zu § 407 HGB.
[28] Vgl. *Koller,* a.a.O. Rdnr. 29, 30 zu § 407 HGB.

I. Frachtverträge   B. I

Bei **Umzugstransporten** gehen die §§ 451 bis 451h, soweit sie dazu besondere Regelungen enthalten, den allgemeinen Bestimmungen der §§ 407 bis 449 vor. Entsprechendes gilt für Beförderungen mit verschiedenartigen Beförderungsmitteln (§§ 452–452d) mit folgender Besonderheit: Soweit im Anwendungsbereich des § 407 Abs. 3 im Rahmen eines einheitlichen Beförderungsvertrages das Gut auf Teilstrecken mit unterschiedlichen Beförderungsmitteln – Kfz/Eisenbahn/Binnenschiff/ Luftfahrzeuge – transportiert wird, liegt kein multimodaler Transport vor, denn im Rahmen desselben Frachtregimes wird nur die Beförderungsart geändert.[29] 51

b) Örtlicher Anwendungsbereich. Die §§ 407–450 gelten aber nur für innerdeutsche Transporte, wobei entscheidend ist (§ 449 Abs. 3), dass der Ort der Übernahme und der Ablieferung im Inland liegen. 52

Für Kabotagetransporte in Deutschland, zulässig für Unternehmer aus der EU nach der VO (EG) 1072/2009, gilt somit deutsches Recht, für derartige Transporte in den anderen Ländern des EWR das Recht des jeweiligen Aufnahmestaats. 53

Bei grenzüberschreitenden Transporten gehen internationales Einheitsrecht und internationale Übereinkommen vor, bei Straßentransporten die CMR, bei Lufttransporten das Warschauer Abkommen[30] bzw. das Montrealer Übereinkommen,[31] bei Eisenbahntransporten vielfach die COTIF/CIM[32] und bei internationalen Postsendungen das Paketpostübereinkommen[33] und bei Binnenschiffbeförderungen die CMNI.[34] 54

Jedoch können auch bei grenzüberschreitenden Transporte die Bestimmungen der §§ 407ff HGB zur Anwendung kommen, soweit nicht vorrangige internationale Übereinkommen gelten. Dies kommt in Frage bei einer entsprechenden wirksamen Rechtswahl durch die Parteien (Art. 3 Rom I-Verordnung)[35] oder bei einer Bestimmung des maßgeblichen nationalen Rechts gemäß Art. 5 Rom I-Verordnung[36] 55

4. Der Frachtvertrag

a) Zustandekommen. Der Frachtvertrag kommt wie bisher und auch in der CMR geregelt als Konsensualvertrag[37] durch übereinstimmende Erklärungen der Vertragspartner, des Frachtführers und des Absenders, formfrei zustande. Es ist nicht erforderlich, dass das Gut dem Frachtführer übergeben oder ein **Frachtbrief** ausgestellt wird. Der **Frachtvertrag** ist eine Unterart des **Werkvertrags,** enthält Elemente der Geschäftsbesorgung und ist zumeist ein Vertrag zugunsten Dritter, nämlich wenn Absender und Empfänger nicht die gleiche Person sind. 56

b) Vertragspartner und sonstige Beteiligte. aa) Vertragspartner. Vertragspartner des Frachtvertrages sind der Absender und der Frachtführer. 57

bb) Absender. Absender ist der Auftraggeber des Frachtführers, also derjenige, der den Frachtführer im eigenen Namen und für eigene oder fremde Rechnung mit der Güterbeförderung beauftragt und sich verpflichtet hat, die vereinbarte Fracht zu zah- 58

---
[29] Vgl. *Fremuth,* a.a.O. Rdnr. 9 zu § 407 HGB.
[30] Haager Protokoll BGBl. II 1958, S. 291, Zusatzabkommen von Guadalajara, BGBl. II 1958, S. 1159.
[31] Montrealer Übereinkommen 1999 BGBl. II 2004, S. 458.
[32] BGBl. I 1992, S. 1182 und BGBl. II 2002, S. 2140.
[33] S. Gesetz zu den Verträgen vom 14.9.1994 des Weltpostvereins BGBl. II 1998, S. 2082.
[34] Budapester Übereinkommen über den Vertrag über die Güterbeförderung in der Binnenschifffahrt vom 17.3.2007 BGBl. II 2007, S. 298.
[35] VO (EG) 593/08 vom 17.6.2008 ABl. (EU) Nr. 177/6.
[36] Vgl. *Koller,* a.a.O. § 407 HGB Rdnr. 117 m.w.N.
[37] Vgl. *Andresen,* a.a.O. Rdnr. 35 zu § 407 HGB und OLG Hamburg VersR 1984, 691.

len (§ 407 Abs. 2) und dem gegenüber der Frachtführer verpflichtet ist, das Gut zu transportieren. Absender kann der (Ur-) Versender (Lieferant oder Produzent), bzw. ein Spediteur oder ein Frachtführer gegenüber einem nachfolgenden Frachtführer sein.

59 cc) *Frachtführer.* (Vertraglicher oder Haupt-) Frachtführer ist derjenige, der sich aufgrund eines Frachtvertrages verpflichtet hat, das Gut zum Bestimmungsort zu transportieren und dort an den Empfänger abzuliefern. Er braucht die Beförderung nicht selbst auszuführen, sondern kann damit einen Dritten, einen Unterfrachtführer, beauftragen, der wiederum einen Frachtvertrag mit einem weiteren Dritten schließen kann. Derjenige Frachtführer, der die Beförderung vornimmt, wird als ausführender Frachtführer bezeichnet (§ 437 Abs. 1 Satz 1 HGB). Der ausführende Frachtführer haftet gemäß § 437 Abs. 1, 3 HGB quasi-vertraglich gesamtschuldnerisch mit dem vertraglichen Frachtführer (§ 437 Abs. 3 HGB) für die von ihm durchgeführte Beförderungsstrecke.

60 Nach der neueren Rechtsprechung des BGH[38] kommt für vom vertraglichen Frachtführer eingesetzte Unterfrachtführer neben der Haftung aus § 437 HGB gegenüber dem Empfänger eine Haftung aus dem Unterfrachtvertrag in Betracht, den der BGH als einen den Empfänger begünstigenden Vertrag zu Gunsten Dritter ansieht. Von der Literatur wird diese ‚Rechtskonstruktion' teilweise[39] abgelehnt, weil sie der gesetzlichen Regelung des § 437 HGB widerspräche.[40]

61 dd) *Empfänger.* Empfänger ist gemäß § 407 Abs. 1 HGB diejenige Person, an die das Gut nach dem Frachtvertrag oder nach späteren Weisungen des Verfügungsberechtigten (§ 418 HGB) als begünstigten Dritten i. S. d. § 328 BGB abzuliefern ist. Er ist nicht Vertragspartner, sofern er nicht zugleich Auftraggeber sein sollte, auch wenn er nach Ankunft an der Ablieferungsstelle gemäß § 421 HGB Rechte und Pflichten aus dem Frachtvertrag erwirbt. Empfänger kann auch ein Spediteur oder ein anderer Transportunternehmer sein. Der Name des Empfängers muss erst zum Zeitpunkt der Ablieferung feststehen.[41]

62 Kein Empfänger ist der sogenannte ‚Zufallsempfänger',[42] dem das Gut irrtümlich ausgehändigt wurde, die in der Meldeadresse genannte Person[43] (‚notify') oder die Person, an die das Gut im Einvernehmen mit dem Empfänger[44] abgeliefert wird.

63 ee) *Eigentümer.* Der Eigentümer des Gutes, der nicht immer mit dem Absender identisch ist, wird im Frachtvertrag nicht erwähnt. Mit seinen deliktischen Ansprüchen wegen Verlust oder Beschädigung des Gutes unterliegt der Eigentümer den **Haftungsbeschränkungen** des § 434 HGB, wenn er weiß oder wissen muss, dass sein Gut befördert wird.[45] Dies gilt jedoch nicht unter folgenden Voraussetzungen:

64 Die Einwendung wird auf eine Vereinbarung gestützt, die von den in § 449 Abs. 1 Satz 1 HGB genannten Vorschriften zu Lasten des Absenders abweicht, auch wenn diese im Einzelnen ausgehandelt wurde und die vom Frachtführer zu leistende Ent-

---

[38] BGH TranspR 2007, 425 (Rdnr. 30) und TranspR 2009, 130 (Rdnr. 29).
[39] *Herber* TranspR 2008, 239; *Koller* a. a. O. § 425 HGB Rdnr. 65.
[40] Vgl. auch unten D. I Rdnr. 59 ff.
[41] Vgl. *Koller,* a. a. O. Rdnr. 9 zu § 407 HGB.
[42] Vgl. OLG Düsseldorf BB 1973, 819.
[43] Vgl. OLG Karlsruhe TranspR 1999, 349 (350).
[44] Vgl. OLG Düsseldorf TranspR 1989, 423.
[45] *Koller,* a. a. O. § 435 HGB Rdnr. 14.

schädigung für Verlust oder Beschädigung des Gutes unterschreitet einen Betrag von zwei Rechnungseinheiten je Kilogramm Gewicht des Gutes.

Der Eigentümer hat der Beförderung nicht zugestimmt und der Frachtführer kannte die fehlende Befugnis des Absenders, das Gut zu versenden, oder es lag bei ihm bezüglich der Unkenntnis grobe Fahrlässigkeit vor. Der Frachtführer braucht sich insoweit nur zu erkundigen, wenn deutliche Anzeichen dafür bestehen, dass der Eigentümer mit der Beförderung nicht einverstanden ist.[46] 65

Das Gut darf dem Eigentümer oder dessen Besitzmittler nicht vor Übernahme zum Transport abhanden gekommen sein (vgl. § 935 BGB). 66

c) Pflichten des Frachtführers aus dem Frachtvertrag. aa) Beförderungspflicht. Hauptpflicht[47] des Frachtführers aus dem Frachtvertrag ist die Beförderungspflicht mit dem geschuldeten Erfolg, das Gut vollständig und unbeschädigt beim Empfänger abzuliefern, und zwar innerhalb der vereinbarten Frist oder mangels Vereinbarung innerhalb der Frist, die einem sorgfältigen Frachtführer zuzubilligen ist (§ 423 HGB, Lieferfrist). 67

Der Frachtführer schuldet gemäß § 427 HGB die größtmögliche Sorgfalt zur Vermeidung von Schäden an dem Gut.

(1) Ortsveränderung. Zur Beförderungspflicht gehört, dass der Frachtführer sich zur Verbringung des Gutes vom Übernahmeort zur Ablieferstelle und zu dessen Übernahme in seine Obhut verpflichtet.[48] 68

Ist die geschuldete Ortsveränderung kein Hauptzweck, sondern nur eine Nebenleistung, z.B. zu einer Einlagerung oder zur Erbringung von Montage- oder ähnlichen Leistungen, liegt kein Frachtvertrag vor.[49]

(2) Durchführung der Beförderung. Die Übernahme der Beförderungspflicht verlangt nicht, dass der Frachtführer die Beförderung mit eigenen Fahrzeugen selbst im eigenen Betrieb durchführen muss. Er kann sie durch einen anderen Frachtführer ausführen lassen (vgl. § 437 HGB) oder auch mit Transportmitteln des Absenders, wenn er für die Beförderung verantwortlich bleibt. 69

(3) Transportmittel. Der Frachtführer hat das vertraglich geschuldete Transportmittel, das für die Beförderung geeignet sein und über ausreichende Kapazität verfügen muss, einzusetzen. Ist die Art des Transportmittels nicht vertraglich geregelt, kann er dieses nach billigem Ermessen auswählen.[50] 70

Der Einsatz eines anderen als des vertraglich vereinbarten Transportmittels ist vertragswidrig, es sei denn, es ist aus der Interessenlage oder aus der Vertragsauslegung gerechtfertigt.[51] 71

Im Schadenfall haftet der Frachtführer nach den Rechtsnormen, die für das vertragliche Transportmittel gelten. Gelten für das eingesetzte Beförderungsmittel zwingende Bestimmungen, finden diese Anwendung. Dies gilt jedoch nur für grenzüberschreitende Beförderungen, da die §§ 407 ff. HGB für alle nationalen Transporte gelten. 72

(4) Transportgut. Transportgut sind Sachen, nicht jedoch Personen und Nachrichten, die im Auftrag des Absenders zu transportieren sind. 73

---

[46] Vgl. *Koller*, a.a.O. § 435 Rdnr. 14.
[47] Vgl. zu den Pflichten des Frachtführers B. I Rdnr. 45 ff.
[48] Vgl. *Fremuth*, a.a.O. Rdnr. 35 zu § 407 HGB.
[49] Vgl. *Fremuth*, a.a.O. Rdnr. 46 zu § 407 HGB.
[50] H.M., vgl. z.B. OLG Hamburg TranspR 1997, 267 (269) und *Koller*, a.a.O. Rdnr. 47 zu § 407 HGB.
[51] Vgl. *Fremuth*, a.a.O. Rdnr. 41 zu § 407 HGB.

74 Kein Gut sind die Sachen, die der Frachtführer zur Durchführung des Transports einsetzt, z.B. Fahrzeuge oder Container, die er im eigenen Interesse zur Erleichterung seiner Tätigkeit einsetzt.

75 Demgegenüber ist Frachtgut auch alles, was der Frachtführer zusätzlich befördern muss, damit das Gut transportfähig ist, wie Kartons und Kisten, Paletten und absenderseitig gestellte Container.

76 Es kommt weder auf die Art des Gutes, seinen Aggregatzustand (fest, flüssig, gasförmig) noch auf die Eigentumsverhältnisse an.

77 Allerdings gelten für verschiedene Güter bei gewissen Beförderungen Sonderbestimmungen, für Umzugsgut die §§ 451 ff., für Reisegepäck die §§ 25 ff. EVO und § 44 Abs. 2 LuftVG.

78 *bb) Übernahme der Obhut.* Die Übernahme der Obhut für das Gut ist nach herrschender Auffassung[52] ein ungeschriebenes Begriffsmerkmal des Frachtvertrages und bedeutet **,Fürsorge für fremdes Gut'**. Fehlt die Obhut, wie bei einem Schleppvertrag, d.h. wenn ein Fahrzeug mit Besatzung und deren Ladung geschleppt wird, liegt ein Werkvertrag und kein Frachtvertrag vor. Entsprechendes gilt für das bloße Rangieren eines Anhängers oder das einfache Versetzen eines Gegenstands beim Auftraggeber mittels eines Gabelstaplers.[53]

79 *d) Pflichten des Absenders und des Empfängers/korrespondierende Rechte des Frachtführers. aa) Vergütungspflicht für die Transportleistung (Fracht).* Die Verpflichtung zur Zahlung der für die Durchführung der Beförderung vereinbarten Vergütung, die sog. Fracht, ist die Hauptpflicht des Absenders und ergibt sich aus § 407 Abs. 2 HGB.

80 *(1) Vereinbarte Fracht.* Die Höhe der geschuldeten Fracht ergibt sich primär aus den Vereinbarungen der Parteien, wie Absatz 2 klarstellt. Zu zahlen ist die „vereinbarte" Fracht. Wenn eine Fracht vereinbart ist, wird sie in der Regel mit einem bestimmten Geldbetrag, ggfls. je eingesetztem Beförderungsmittel von den Parteien beziffert sein.

81 Möglich ist aber auch, dass Absender und Frachtführer eine Fracht vereinbaren, die sich nach Zahl, Gewicht oder anders angegebener Menge des Gutes richtet. Für diesen Fall wird für die Berechnung der Fracht gemäß § 420 Abs. 5 HGB (§ 420 Abs. 4 HGB a.F.) widerleglich vermutet, dass die Angaben im Frachtbrief (nur bei gültigem Frachtbrief i.S.d. § 408 HGB) und Ladeschein zutreffend sind. Diese Vermutungswirkung kann nur ein begründeter Vorbehalt i.S.d. § 409 Abs. 2 S. 2 HGB verhindern,[54] allgemeine Vorbehalte auf dem Frachtbrief reichen nicht. Ausdrücklich nicht ausreichend ist nach § 420 Abs. 5 HGB ein eingetragener Vorbehalt gegen die Richtigkeit der Angaben mit der Begründung, dass diese nicht überprüft werden konnten.

82 *(2) Fehlen einer Vereinbarung über die Frachthöhe.* Was geschieht, wenn keine oder keine wirksame Frachtvereinbarung getroffen wurde, regelt § 407 Abs. 2 HGB nicht.

83 Da aber die Beförderung von Gut nur gegen eine Vergütung erwartet werden kann, gilt sie mangels ausdrücklicher Vereinbarung jedenfalls als stillschweigend vereinbart. Sie ergibt sich dann aus §§ 354 HGB, 632 Abs. 2 BGB.

84 Haben sich die Parteien danach nicht über die Höhe der Vergütung geeinigt, steht dem Frachtführer die übliche Vergütung gemäß § 632 Abs. 2 BGB zu, da eine Taxe,

---

[52] Vgl. *Koller*, a.a.O. Rdnr. 15 zu § 407 HGB.
[53] Vgl. z.B. *Fremuth*, a.a.O. Rdnr. 45 zu § 407 HGB.
[54] Vgl. MüKoHGB/*Czerwenka*, a.a.O. § 421 Rdnr. 26.

I. Frachtverträge   B. I

das heißt eine nach Bundes- oder Landesrecht zugelassene oder festgestellte Gebühr nach Aufhebung der Tarife[55] nicht besteht.

Was die übliche Vergütung ist, kann durch einen Handelsbrauch bestimmt werden, 85 sofern ein solcher besteht. Ansonsten ist sie durch ein Sachverständigengutachten zu ermitteln, das auf der Grundlage von Auskünften der Berufsverbände, Handelskammern sowie ortsüblichen Preisvergleichen u. ä. zu erstellen ist.

Lässt sich eine übliche Vergütung nicht feststellen, steht dem Frachtführer jedenfalls 86 eine angemessene Vergütung zu.[56] Dies ergibt sich aus § 421 Abs. 2 Satz 2, 2. Halbsatz HGB, auch wenn sich diese Bestimmung nur auf die Zahlungspflicht des Empfängers bezieht. Es handelt sich hierbei um eine handelsrechtliche Ausformung der Regelungen der §§ 315ff. BGB über die Bestimmungen der Leistungen durch eine Partei, die nicht nur im Verhältnis zum Empfänger gilt, sondern allgemein für den Frachtvertrag, also auch gegenüber dem Absender.

Die Beweislast für die Vereinbarung und ihre Höhe trägt derjenige, der sich darauf 87 beruft.

Wird mangels entsprechender Vereinbarungen die angemessene Vergütung verlangt 88 oder angeboten, ist derjenige beweisbelastet, der sich auf die Angemessenheit der Vergütung beruft.

Da die CMR Vergütungsfragen nicht regelt, gilt Gleiches für internationale Trans- 89 porte auf der Straße, wenn ergänzend deutsches Recht auf den CMR-Frachtvertrag Anwendung findet.

bb) Abgeltungsbereich des Frachtentgelts. (1) Transport des Gutes. Durch die vorste- 90 hend beschriebene, vereinbarte, übliche oder angemessene Fracht wird zunächst die Erbringung der Hauptleistungspflicht des Frachtführers, nämlich die Beförderung von Gut vergütet und abgegolten. Sofern nichts Anderes vereinbart ist, sind hiervon umfasst sämtliche vorhersehbaren und normalen Leistungen des Frachtführers bei der Beförderung.[57] Sie beinhaltet daher auch Aufwendungen des Frachtführers für die Straßenbenutzung, Kosten für Fähren, etwa bei Transporten nach England oder nach Griechenland über Italien oder auch Konvoi-Gebühren zB auf Fahrten durch die GUS-Staaten, soweit sie zu den bei normalem Verlauf des Transportes anfallenden Kosten gehören und nicht durch zusätzliche Weisungen des dazu Berechtigten oder dem Absender oder Empfänger zurechenbares Verhalten entstanden sind.

Die hin und wieder in Frachtverträgen zu findende AGB-Klausel „all in" bedeutet 91 lediglich eine Klarstellung dahin, dass sämtliche vorhersehbaren üblicherweise anfallenden Kosten mit der vereinbarten Fracht ausgeglichen sind. Sie berechtigen den Absender jedoch nicht dazu, etwa wegen außergewöhnlicher Umstände, nachträglicher Weisungen uä angefallene Kosten zurückzuweisen.

In der Fracht gemäß § 407 Abs. 2 HGB sind grundsätzlich auch die Mehraufwen- 92 dungen des Frachtführers für besondere Ausstattung eingesetzter Fahrzeuge, wie Isolier- und Kühleinrichtungen, Ladebordwand, Kran, Rampe, Schläuche und Gebläse bei Tank- und Silofahrzeugen sowie die Gestellung von Gurten, Ketten, Keile, Decken und Planen für die Durchführung des Transportes enthalten.[58]

(2) Gestellung, Tausch und Rückführung von Ladehilfs- und Beförderungsmitteln. 93 Anderes gilt jedoch für Gestellung, Tausch und Rückführung („Handling") von Palet-

---

[55] Tarife, national RKT und GNT, international bilaterale Tarife wie etwa der des deutsch-belgischen Straßengütertarifs (DBST) aufgehoben durch das Tarifaufhebungsgesetz, BGBl. I 1993, S.1489.
[56] Vgl. *Koller*, a.a.O. § 407 Rdnr. 107 m.w.N.
[57] Vgl. *Fremuth*, a.a.O. § 407 Rdnr. 60 m.w.N.
[58] Vgl. *Fremuth*, a.a.O. § 407 Rdnr. 60.

ten, Gitterboxen und ähnlichen Ladehilfs- und Beförderungsmitteln. Deren Benutzung liegt zwar im Interesse sämtlicher am Transportauftrag Beteiligten. Dennoch handelt es sich bei ihrem Handling um zusätzliche Leistungen (vgl. z.B. Ziff. 4.1.3 ADSp und § 38 VBGL) für deren Erbringung dem Frachtführer grundsätzlich ein zusätzliches Entgelt zusteht, das nur bei entsprechender Vereinbarung in der Fracht enthalten ist.[59]

94 Entsprechendes gilt vor allem bei der Gestellung und dem Tausch von Containern, Wechselbrücken und sonstigen teuren Beförderungs- und Lademitteln, für deren Einsatz daher dringend eine besondere Vergütungsvereinbarung zu empfehlen ist.

95 Regelungen über Gestellung, Tausch und Rückführungen von Ladehilfs- und Beförderungsmitteln ohne Berechnung von Kosten sind nicht selten in Allgemeinen Geschäftsbedingungen, vor allem in Klauseln zu Transportaufträgen enthalten. Insbesondere, wenn darin die kostenlose Rückführung von der Entladestelle an einen anderen Ort verlangt wird, können derartige Bestimmungen häufig wegen einer unangemessenen Benachteiligung des Frachtführers (§§ 310, 307 BGB) unwirksam sein.[60]

96 *cc) Anspruch auf zusätzliche Vergütung für Be- und Entladetätigkeiten. (1) Bei Beförderung von Gut, das kein Umzugsgut ist.* Übernimmt der Frachtführer zur eigentlichen Beförderungsleistung auch noch das Be- und/oder Entladen, kann er hierfür grundsätzlich eine gesonderte Vergütung verlangen, da diese Tätigkeiten nach § 412 Abs. 1 HGB an sich dem Absender obliegen, soweit sich aus den Umständen oder der Verkehrssitte nichts Anderes ergibt.

97 Jedoch können Frachtführer und Absender eine Vereinbarung treffen, dass die Kosten für die Be- und Entladetätigkeiten in der Fracht inbegriffen sind. Eine solche Vereinbarung ist auch durch AGB möglich, da § 412 HGB nicht zu den in § 449 Abs. 1 und 2 HGB aufgeführten AGB-festen Vorschriften gehört und daher auch durch AGB abdingbar ist.

98 Bei Auslieferungsfahrten im Bereich des früheren Güternahverkehrs bestand ferner die Verkehrssitte, dass es zu den Pflichten des Fahrers gehört, selbst auch die Beladung und insbesondere die Ablieferung des Gutes an den Empfänger vorzunehmen, wozu die Entladung gehört. Es ist davon auszugehen, dass diese Verkehrssitte auch nach dem Inkrafttreten des geltenden HGB am 1. Juli 1998 für derartige Verkehre weiter gilt.

99 *(2) Bei der Beförderung von Umzugsgut.* Eine Besonderheit gilt bei der Beförderung von Umzugsgut. Hier gehört gemäß § 451a Abs. 1 HGB auch das Ab- und Aufbauen der Möbel sowie das Be- und Entladen des Umzugsgutes zu den Pflichten des Frachtführers. Diese Tätigkeiten sind also nach der gesetzlichen Regel mit der Fracht abgegolten. Der Umzugsfrachtführer hat dies bei seiner Kalkulation vorher zu berücksichtigen.

100 Soweit es sich bei den Vertragspartnern des Umzugsunternehmers wie zumeist um Verbraucher i.S.d. § 13 BGB handelt, d.h. um natürliche Personen, die den Umzugsvertrag zu einem Zweck abschließen, der weder ihrer gewerblichen noch selbstständigen beruflichen Tätigkeit zugerechnet werden kann, hat der Gesetzgeber unter Verbraucherschutzgesichtspunkten den Pflichtenkreis des Umzugsfrachtführers in § 451a Abs. 2 HGB erweitert. So fallen auch sonstige auf den Umzug bezogene Leistungen des Frachtführers wie Verpackung und Kennzeichnung des Gutes unter die durch die Fracht grundsätzlich abgegoltenen Leistungen.[61]

---

[59] Vgl. dazu unten B. III Anhang 5 Paletten Rdnr. 801.
[60] Vgl. unten B. III Anhang 5 Paletten Rdnr. 696 ff.
[61] Vgl. hierzu B.III Rdnr. 848 ff.

Wünschen die Parteien des Umzugsvertrages die Ausführung dieser Tätigkeiten 101
durch den Frachtführer nicht, etwa weil der Absender Möbel selber ab- und aufbauen
will und/oder der Verbraucher-Absender selber Verpacken möchte, um Kosten zu
sparen, können Sie Abweichendes vereinbaren. Möglich ist dies auch durch AGB, da
es sich auch hier nicht um AGB-feste Vorschriften handelt.[62]

dd) Standgeldanspruch gegen den Absender. (1) Allgemeines. § 412 Abs. 3 HGB ge- 102
währt dem Frachtführer eine besondere Vergütung dafür, dass er das Transportmittel
über die angemessene Be- oder Entladezeit hinaus bereitstellt.

Voraussetzung für den Anspruch ist, dass der Frachtführer aufgrund einer Vereinbarung oder aus Gründen, die nicht seinem Risikobereich zuzuordnen sind, bei Be- oder Entladung länger als für die reine Be- oder Entladung nötig warten muss.

Standgeld ist eine besondere Art der Vergütung, also weder Schadenersatz noch 103
Vertragsstrafe und setzt kein Verschulden und keinen Annahmeverzug des Absenders
und daher auch keinen Schaden des Frachtführers voraus.[63] Der Gesetzgeber hat sich
mithin für einen zusätzlichen Vergütungsanspruch entschieden und schneidet damit
im Regelfall für die Nachteile, die dem Frachtführer infolge des Wartens bei der Beladung entstehen, Schadenersatzansprüche ab, und zwar auch bei Verschulden von Absender oder Empfänger.[64]

Da Standgeld ein Vergütungsanspruch ist, fällt darauf im Gegensatz zu einem Schadenersatzanspruch bei vorsteuerabzugsberechtigten Geschädigten Umsatzsteuer an.

Nach Koller[65] sollen für Verzögerungen bei der Entladung ausnahmsweise dem
Frachtführer Schadenersatzansprüche zugestanden werden, wenn solche bei anderen
Ablieferungshindernissen geltend gemacht werden können.

(2) Standgeld aufgrund einer Vereinbarung. Eine Vergütung für das Warten über die 104
angemessene Be- oder Entladezeit hinaus kann ausdrücklich vereinbart werden, was
vor allem bei Auslandstransporten teilweise geschieht, zumeist zur Begrenzung der
Standgeldhöhe.

(3) Standgeld ohne vertragliche Vereinbarung. Das Gesetz räumt nach der 2. Alter- 105
native des § 412 Abs. 3 HGB dem Frachtführer einen Standgeldanspruch ungeachtet
einer Vereinbarung für den Fall ein, dass die Gründe für die Verzögerung nicht seiner
Risikosphäre zuzurechnen sind.

Was aber in den Risikobereich des Frachtführers fallen und ihm danach zuzurech- 106
nen sein soll, bestimmt das Gesetz nicht. Einzelheiten werden auch in der Literatur
nicht einheitlich bewertet,[66] wobei weitestgehend Einigkeit darin besteht, dass dem
Risikobereich der Partei eine Störung zuzurechnen ist, die diese verschuldet. Fraglich
ist meist, wie mit Störungen umzugehen ist, die weder dem einen noch dem anderen
auf die eine oder andere Weise zugerechnet werden können.

Der BGH[67] hatte zu solchen „neutralen" Störungsursachen bislang lediglich im 107
Rahmen des § 420 Abs. 3 a. F. HGB (§ 420 Abs. 4 HGB n. F.) zu entscheiden und geht
bei der Anwendung dieser Vorschrift davon aus, dass ein Anspruch des Frachtführers
ausgeschlossen ist, wenn ein von außen wirkendes, für die Parteien des Frachtvertra-

---

[62] § 451h HGB auf diese Leistungspflichten nicht anwendbar, vgl. B. III Rdnr. 571 f.
[63] Vgl. *Fremuth*, a. a. O. § 412 HGB Rdnr. 17 m. w. N.
[64] Vgl. *Koller*, a. a. O. § 412 HGB Rdnr. 60; *Fremuth*, a. a. O., § 412 HGB Rdnr. 23.
[65] *Koller*, a. a. O. § 412 HGB Rdnr. 60.
[66] Die Darstellung des gesamten Streitstandes würde den vertretbaren Umfang dieser Abhandlung überschreiten, weshalb nur auf einige Auffassungen eingegangen werden soll. Eine umfangreiche Streitdarstellung findet sich aber bei *Koller*, VersR 2012, 949 ff.
[67] BGH Urteil vom 22.6.2011, VersR 2012, 125 (126 f.).

ges unvorhersehbares und nicht beherrschbares Ereignis die Verzögerung der Transportdurchführung verursacht hat.

108 Nach *Koller*[68] sollen zunächst Störungen, die im Organisationsbereich des Frachtführers liegen, diesem zuzurechnen sein, da sie von ihm besser aufgefangen bzw. beherrscht werden können als vom Absender. Bei von außen kommenden Störungen sei nach Koller im Einzelfall zu prüfen, ob der Absender oder Frachtführer bessere Möglichkeiten habe, das Risiko aufzufangen und zu beherrschen.

109 *Fremuth*[69] weist das Risiko des Transports einschließlich des Verkehrs- und Wetterrisikos, den Ausfall von Betriebs- und Hilfsstoffen (Strom, Heizung, Maschinen) und die Einsatztauglichkeit der verwendeten Fahrzeuge, Brand, Explosionen sowie behördliche Verbote, zB bei Smogalarm, dem Frachtführer zu, während der Absender die Risiken im Zusammenhang mit der Be- und Entladung, soweit diese nicht dem Frachtführer übertragen seien, der Beschaffung der Begleitpapiere, der ordnungsgemäßen Zollbehandlung bei vollständigen und richtigen Begleitpapieren, trage.

110 *Czerwenka*[70] stellt zunächst grundsätzlich ebenfalls darauf ab, aus wessen Organisationsbereich die Umstände, auf denen die Störung beruht, entspringen. Soweit die Umstände nicht aus dem Organisationsbereich einer der Parteien herrührten, seien diese dem Frachtführer zuzuordnen, wenn sie unmittelbare Auswirkung auf die Nutzung des Beförderungsmittels hätten und dem Absender, wenn sie unmittelbare Auswirkungen auf die Nutzung der Belade- oder Entladestelle hätten.

111 Aus Sicht des Verfassers gehen sämtliche neutralen Störungen, also solche, die weder der Frachtführer noch der Empfänger verursacht haben, in deren Organisationsbereich fallen oder beherrschbar sind, im Rahmen des § 412 Abs. 3 HGB zu Lasten des Absenders mit der Folge, dass ein Standgeldanspruch bei Vorliegen der weiteren Voraussetzungen besteht. Dies steht auch in Einklang mit der zuvor erwähnten Auffassung des BGH zu § 420 Abs. 4 HGB, auch wenn Koller diesen Schluss als „zweifelhaft" bezeichnet.[71] Schon nach dem Wortlaut des § 412 Abs. 3 HGB sollen alle Störungsursachen, die „nicht seinem Risikobereich zuzurechnen sind" dazu führen, dass ein Standgeldanspruch des Frachtführers angenommen werden kann. Hiervon erfasst sind damit – sprachlich – ohne weiteres auch alle neutralen. Es besteht keine Notwendigkeit dafür, zunächst die Existenz neutraler Störungsursachen als solche, die nicht in den einen oder anderen Risikobereich fallen, herauszuarbeiten um sie dann doch wieder mit aufgestellten Zurechnungskriterien dem einen oder dem anderen zuzurechnen. Spätestens nach der Seehandelsrechtsreform, von der auch das „allgemeine" Frachtrecht betroffen war, kann im Übrigen nicht mehr ohne weiteres ins Feld geführt werden, der Gesetzgeber hätte die Existenz neutraler Störungsursachen übersehen und daher nicht geregelt. Wäre dem so, wäre es wohl im Rahmen der Seehandelsrechtsreform in Ansehung des Meinungsstreits zu einer Änderung gekommen.

112 *(4) Höhe des Standgeldanspruchs.* Haben die Parteien keine Regelung über die Höhe des Standgelds getroffen, steht dem Frachtführer eine angemessene Vergütung zu. Die Angemessenheit der Vergütung ist objektiv zu bestimmen. Die Vergütung ist angemessen, wenn sie dem entspricht, was redliche Parteien, die das Risiko des Wartens hätten regeln wollen, bei Vertragsschluss vereinbart hätten.[72] Maßgeblich ist insoweit, welche Einnahmen der Frachtführer hätte erzielen können, wenn er gefahren wäre und welche variablen Kosten er eingespart hätte.

---

[68] *Koller,* a.a.O. § 412 Rdnr. 56 ff.
[69] *Fremuth,* a.a.O. § 412 Rdnr. 16.
[70] MüKoHGB/*Czerwenka,* a.a.O. § 412 Rdnr. 40 ff.
[71] Vgl. *Koller,* a.a.O., § 412 Rdnr. 53.
[72] So auch *Koller,* a.a.O. § 412 Rdnr. 58; a. A. *Fremuth,* a.a.O. § 412 Rdn. 19.

Im Streitfall ist die angemessene Höhe durch Auskunft der zuständigen IHK oder durch Einholung eines Sachverständigengutachtens unter Berücksichtigung der Art des eingesetzten Fahrzeuges zu ermitteln.

Dabei sind vor allem die nicht betriebsabhängigen Kosten des Fahrzeuges zu berücksichtigen, die auch der Kalkulation der Frachtpreise zugrunde liegen. Zu den Lohnkosten für die Fahrer gehören auch die Spesen und Auslösungen, soweit sie während der Standzeit anfallen.

Das Gesetz äußert sich konkret nicht darüber, für welchen Zeitraum Standgeld verlangt werden kann. Dies ist im Einzelfall unter Zugrundelegung des Sinns und Zwecks der Regelung zu ermitteln. Vergütet werden soll die Zeit des „Wartens" auf die Be- oder Entladung. Danach wartet der Frachtführer grundsätzlich nicht, wenn er das Fahrzeug ohnehin nicht bewegen könnte, etwa wegen bestehender Fahrverbote an Sonn- und Feiertagen oder auch, wenn der Fahrer die gesetzliche Lenk- und Ruhezeit einzuhalten hat.[73] Dies gilt aber nicht uneingeschränkt. Fallen etwa bei einem solchen „Warten" an Be- und Entladestelle, bei dem das Fahrzeug ohnehin nicht bewegt werden könnte Kosten für Fahrer und sonstige Kosten nur deshalb an, weil mit Be- oder Entladung nicht zu einer Zeit begonnen wurde, zu der das Fahrzeug noch hätte bewegt und diese weiteren Kosten vermieden werden können (so zum Beispiel, wenn bei rechtzeitiger Entladung Fahrer und Fahrzeug noch die vorgesehene Strecke zurückgelegt und den Arbeitstag hätten beenden können, nun aber wegen des Fahrverbots Sonntags an der Be- oder Entladestelle zu warten haben), hätten redliche Parteien eine Vergütung für diesen Fall vereinbart. 113

(5) Abdingbarkeit des Standgeldanspruchs. Standgeldvereinbarungen können auch formlos und mittels AGB getroffen werden, da § 412 HGB nicht in § 449 Abs. 1 und 2 HGB aufgeführt ist.[74] 114

Häufig werden AGB-Klauseln aber nicht zur Vereinbarung eines bestimmten Standgeldes verwendet, sondern von Absendern um etwaige Standgeldansprüche des Frachtführers bei nicht seinem Risikobereich zuzurechnenden Wartezeiten zu beschränken. Wie alle AGB-Klauseln unterliegen auch diese Standgeldklauseln einer Inhaltskontrolle nach den §§ 305 ff. BGB. Es handelt sich insbesondere nicht um eine kontrollfreie Preisvereinbarung.[75] Unwirksam ist eine Klausel, nach der Standgeld überhaupt nicht geschuldet ist.[76] Wie weit eine Einschränkung des dem Frachtführer grundsätzlich nach § 412 Abs. 3 HGB zustehenden Standgeldanspruchs möglich ist, bzw. ab wann eine unangemessene Benachteiligung i.S.d. § 307 Abs. 1 S. 1 BGB angenommen werden muss, hängt maßgeblich auch davon ab, was bei vergleichbaren Transporten üblicherweise an Standzeit anfällt und wie die Relation von ausbedungener „vergütungsfreier" Zeit und Fracht ist. Bei Transporten, bei denen regelmäßig mit langen Wartezeiten zu rechnen ist und hohen Frachtraten können längere ausbedungene standgeldfreie Zeiten sich noch als ausgewogen darstellen, die bei „einfachen" Transporte längst eine unangemessene Benachteiligung darstellen würden. Als ausgewogen wurde zum Beispiel eine Klausel angesehen, die bei einem einfachen Transport eine standgeldfreie Zeit von bis zu vier Stunden je Be- und Entladestelle als mit der Fracht abgegolten ansieht.[77] Nicht mehr angemessen ist hingegen eine

---

[73] So auch noch *Knorre* in Knorre/Demuth/Schmid, 2. Aufl., Teil B. I Rdnr. 85.
[74] *Fremuth*, a.a.O. § 412 HGB, Rdn 20 ff, 31; *Koller*, a.a.O. § 412 HGB Rdnr. 62.
[75] BGH Urteil vom 12.5.2010, TranspR 2010, 432 (432).
[76] BGH Urteil vom 12.5.2010, TranspR 2010, 432 (432), *Koller*, a.a.O. § 412 Rdnr. 62.
[77] AG Leverkusen Urteil vom 5.10.2010 – 24 C 115/10; AG Olpe Urteil vom 4.10.2010 – C 351/10.

Klausel bei einem entsprechenden Transport und 24[78] oder 12[79] Stunden standgeldfreier Zeit.

115 (6) *Beweislast*. Der Absender, der sich auf die Wartepflicht des Frachtführers beruft, hat Beginn und Ende der Be- und Entladezeit sowie die Angemessenheit der von ihm ausgesetzten Zeiten zu beweisen.[80]

Der Frachtführer muss die Dauer der Überschreitung der Be- bzw. Entladezeit, den Zeitpunkt seiner Bereitschaft zum Be- oder Entladen, eine etwaige Vereinbarung über das Warten sowie die Umstände dafür, dass die Verzögerung ihm nicht zuzurechnen ist und die Angemessenheit seiner Forderung beweisen.

116 *ee) Standgeldansprüche gegen den Empfänger. (1) Allgemeines.* Obwohl der Empfänger, soweit er nicht im Einzelfall auch Auftraggeber ist, kein Vertragspartner des Frachtvertrages ist, billigt der Gesetzgeber dem Frachtführer einen gesetzlichen Anspruch auf Zahlung von Standgeld gegen den Empfänger zu, wenn dieser nach Ankunft des Gutes an der Ablieferungsstelle die Ablieferung verlangt (§ 421 Abs. 3, 1. Alternative HGB).

117 Der Frachtvertrag ist ein Vertrag zu Gunsten und nicht zu Lasten Dritter. Aus diesem Grund hängt die Begründung einer Verpflichtung des Empfängers (Dritten) aus dem Frachtvertrag auch von dessen rechtsgeschäftlichen Handlung ab, die als Willenserklärung i. S. d. §§ 116 f. BGB zu qualifizieren ist.[81]

118 Der Anspruch des Frachtführers gegen den die Ablieferung verlangenden Empfänger hängt dann, wenn es um ein Standgeld wegen Überschreitung der Beladezeit oder wegen Verzögerungen beim Transport geht davon ab, dass diesem der geschuldete Betrag bei Ablieferung des Gutes mitgeteilt worden ist. Demgegenüber trifft die Zahlungspflicht den Empfänger bei einem Standgeld, entstanden bei einem Entladevorgang, auch dann, wenn ihm die konkrete Höhe bei Ablieferung nicht bekannt war.[82] Der Empfänger soll nicht durch das reine Ablieferungsverlangen sich einer Verbindlichkeit ausgesetzt sehen, deren Anfall und Höhe er nicht kennt und auch nicht beeinflussen konnte (Beladung und Transportweg). Bei der Entladung weiß der Empfänger um die Wartezeit und kann sich auf die Verbindlichkeit einrichten.

119 Solange der Empfänger, der den Ablieferungsanspruch geltend macht, die Fracht und etwaiges Standgeld nicht bezahlt hat, steht dem Frachtführer ein Leistungsverweigerungsrecht zu, da er nur gegen Erfüllung der Ansprüche aus dem Frachtvertrag zur Ablieferung verpflichtet ist.

120 *(2) Aktivlegitimation.* Ein eigener Anspruch auf Zahlung von Standgeld gegen den Empfänger kann nicht ausschließlich nur dem vom Absender beauftragten Frachtführer, sondern grundsätzlich auch einem von diesem beauftragten Unterfrachtführer zustehen,[83] jedenfalls wenn man mit dem BGH dem Empfänger als Drittbegünstigtem des Unterfrachtvertrages Schadenersatzansprüche gegen den Unterfrachtführer ebenfalls aus § 421 HGB zugesteht.[84]

---

[78] AG Diepholz Urteil vom 21.3.2012 – 2 C 38/12 (I); AG Mannheim RdTW 2014, 215.
[79] AG Bergheim Urteil vom 4.8.2011 – 28 C 378/10.
[80] *Koller*, a. a. O. § 412 Rdnr. 61.
[81] So wohl auch *Koller*, a. a. O. § 421 Rdnr. 23.
[82] Vgl. *Fremuth*, a. a. O. § 421 Rdnr. 26.
[83] A. A. noch *Knorre* in Knorre/Demuth/Schmid, a. a. O. B. I Rdnr. 95 mit zutreffendem Verweis auf BGH, TranspR 2006, 29, 30.
[84] So wohl auch MüKoHGB/*Czerwenka*, a. a. O. § 421 Rdnr. 41, die sich – zu Recht – für eine Abkehr der Charakterisierung des Unterfrachtvertrages als Vertrag zugunsten Dritter ausspricht; *Koller*, a. a. O. § 421 Rdnr. 25

I. Frachtverträge

(3) Sonstige Voraussetzungen. Es müssen auch die sonstigen Voraussetzungen eines Standgeldanspruchs gegen den Absender (vgl. oben Rdnr. 102 ff.) erfüllt sein. 121

(4) Höhe des Standgeldanspruchs. Zur Höhe des Standgeldanspruchs gegen den Empfänger gelten ebenfalls die Ausführungen unter ee) für Ansprüche gegen den Absender entsprechend. 122

(5) Abdingbarkeit des Standgeldanspruchs. Auch § 421 Abs. 3 HGB ist dispositiv. Es können sowohl zur Anspruchsberechtigung nach § 421 Abs. 1 als auch zu den Zahlungsansprüchen bzw. -pflichten abweichende Vereinbarungen getroffen werden 123

ff) Vergütung für Verzögerungen nach Beginn der Beförderung und vor Ankunft an der Ablieferungsstelle, § 420 Abs. 4 HGB. Ebenfalls einen zusätzlichen, dem Standgeld ähnlichen, Vergütungsanspruch gewährt das Gesetz (§ 420 Abs. 4 HGB n. F., identisch mit § 420 Abs. 3 a. F.) dem Frachtführer bei einem zeitweiligen Beförderungshindernis, also einer Verzögerung nach Beginn der Beförderung und vor Ankunft an der Ablieferungsstelle. 124

(1) Erheblichkeit der Verzögerung. Das Beförderungshindernis muss zunächst von gewisser Erheblichkeit sein.[85] Ob dies der Fall ist, ist aus der Sicht eines ordentlichen Frachtführers zu beurteilen.[86] 125

(2) Risikobereich des Absenders. Diese „Störung" des „normalen" Transportverlaufs muss dem Risikobereich des Absenders zuzurechnen sein, was jedenfalls immer angenommen werden kann, wenn der Absender die Störung verschuldet hat.[87] 126

Was bei „neutralen" Störungen gelten soll, ist im Einzelnen streitig.[88] 127

Der BGH geht hier davon aus, dass ein Anspruch des Frachtführers jedenfalls dann ausgeschlossen ist, wenn ein von außen wirkendes, für die Parteien des Frachtvertrages unvorhersehbares und nicht beherrschbares Ereignis die Verzögerung der Transportdurchführung verursacht hat.[89] 128

(3) Analoge Anwendung des § 420 Abs. 4 HGB. Die Vorschrift ist analog anwendbar, falls das Fahrzeug nach der Entladung die Ablieferungsstelle nicht verlassen kann oder wenn der Frachtführer sein Zurückbehaltungsrecht ausübt und vor oder nach Beladung wartet, weil der Absender seine Mitwirkungsobliegenheiten nicht erfüllt hat. 129

gg) Anwendbarkeit der §§ 412 Abs. 2 und 3, 421 Abs. 4 HGB bei grenzüberschreitenden Transporten. Die CMR enthält keine konkreten Bestimmungen über Standgeld. Sie regelt jedoch Ansprüche des Frachtführers, die auf fehlerhafte Papiere oder Auskünfte zum Gut (Art. 11 CMR) oder darauf zurückzuführen sind, dass bei Beförderungs- oder Ablieferungshindernissen (Art. 14 und 15 CMR) Weisungen eingehalten werden. Da die Höhe der Kosten und Aufwendungsersatzansprüche in Art. 16 CMR nicht abschließend geregelt sind, nimmt die vorzugswürdige Auffassung[90] an, dass die Parteien nach ergänzend anwendbarem nationalen Recht weitergehende Standgeldvereinbarungen treffen können, auch wenn ein Ereignis i.S.d. Artt. 11, 14, 15 CMR vorliegt. Die andere Auffassung[91] geht in diesen Fällen von einem Verbot des Rückgriffs auf das nationale Recht aus. 130

---

[85] Vgl. BT-Drucks. 13/8445, S. 5 (Begründung zum Regierungsentwurf des TRG).
[86] *Koller*, a.a.O. § 420 Rdnr. 33.
[87] Vgl. *Koller*, a.a.O. § 420 Rdnr. 34.
[88] Vgl. hierzu Ausführungen zu § 412 Abs. 3 HGB:
[89] Vgl. BGH VersR 2012, 125 ff.
[90] *Thume/Temme*, Art. 16 CMR Rdnr. 12; *Thume* CMR Rdnr. 5 zu Art. CMR; *Staub/Helm*, Art. 16 Rdnr. 9; *Herber/Piper*, a.a.O. Art. 16 Rdnr. 17.
[91] *Koller*, a.a.O. Rdnr. 4 zu Art. 16 CMR.

131 Sind die Standzeiten nicht Auswirkungen eines Ereignisses i.S.d. Artt. 11, 14, 15 CMR und findet nationales Recht ergänzend Anwendung, gelten übereinstimmend die vorstehenden Ausführungen zu innerdeutschen Transporten entsprechend.

132 *hh) Gesetzlich geregelte Fälle zusätzlich zu zahlenden Entgelts/Aufwendungsersatzes. (1) Nach dem HGB.* Nach den Bestimmungen des geltenden nationalen Frachtrechts steht dem Frachtführer ein zusätzlich zur Fracht zu zahlendes Entgelt zu als

- Ersatz seiner Aufwendungen nach § 409 Abs. 3 HGB, wenn er im Auftrag des Absenders Gewicht, Menge und/oder Inhalt des Frachtguts überprüft;
- Ersatz der erforderlichen Aufwendungen für den Fall, dass er sich der Güter entledigt hat, deren Gefährlichkeit ihm bei der Übernahme nicht bekannt war oder nicht mitgeteilt wurde (§ 410 Abs. 2 Nr. 2 HGB), ggf. nebst anteiliger Fracht in entsprechender Anwendung des § 420 Abs. 2 Satz 2 HGB;
- Ersatz für Aufwendungen, die durch ungenügende Verpackung oder Kennzeichnung, Unrichtigkeit oder Unvollständigkeit der in dem Frachtbrief aufgenommenen Angaben, Unterlassung von Mitteilungen über die Gefährlichkeit des Gutes oder Fehlen, Unvollständigkeit oder Unrichtigkeit der in § 413 Abs. 1 HGB genannten Urkunden oder Auskünfte entstanden sind (§ 414 Abs. 1 HGB);

Diese Ansprüche können gegen den Absender geltend gemacht werden; ist dieser Verbraucher i.S.d. § 13 BGB, haftet er jedoch nur bei Verschulden (§ 414 Abs. 3 HGB);

- Ersatz seiner Aufwendungen und als eine angemessene Vergütung nach § 419 Abs. 4 HGB, sofern er eine der nach Abs. 3 dieser Vorschrift möglichen Maßnahmen ergriffen und das Gut ausgeladen, verwahrt, einem Dritten zur Verwahrung anvertraut, zurückbefördert oder bei Unverwertbarkeit vernichtet, respektive bei Verderblichkeit hat verkaufen lassen, es sei denn, dass das Hindernis seinem Risikobereich zuzurechnen ist.

133 Ein weiterer Anspruch des Frachtführers auf Ersatz von getätigten besonderen Aufwendungen für das Gut kann sich aus § 420 Abs. 1 Satz 2 HGB ergeben. Voraussetzung dafür ist zum Einen, dass sie güterbezogen sind, z.B. bei Binnenschifffahrtstransporten das Ufer-, Kran- und Wiegegeld.[92] Nicht alle Zusatzaufwendungen infolge eines unregelmäßigen Transportverlaufs sind Aufwendungen i.S.d. § 420 Abs. 1 Satz 2 HGB, sondern nur freiwillige Vermögensopfer, die der Frachtführer wie ein Geschäftsbesorger im Hinblick auf die Individualität des konkreten Gutes gemacht hat.[93]

134 Dazu zählen u.a. Zölle und Abgaben, die nach Art des Gutes erhoben werden, Kosten einer Beschlagnahme des Gutes, der Ausbesserung der Verpackung und für sonstige Maßnahmen der Ladungsfürsorge wie Umlagern, Umstauen oder Belüften des Gutes, nicht aber Aufwendungen zum Schutz des Gutes (§ 427 Abs. 4, 5 HGB) und auch keine Kosten für Be- und Entladung.[94] Diese sind, soweit sie der Frachtführer und nicht der Absender zu erbringen hat, mit der Fracht abgegolten.

135 *(2) Exkurs: Vergleich mit Beförderung unter Anwendung der CMR.* Bei Geltung der CMR stehen dem Frachtführer Ansprüche zu auf

- Erstattung aller Kosten, die dadurch entstehen, dass Angaben gemäß Art. 6 CMR im Frachtbrief nicht enthalten sind (Art. 7 CMR) und er Weisungen für die Ausstel-

---

[92] Vgl. *Fremuth*, a.a.O. § 420 HGB Rdnr. 8.
[93] *Koller*, a.a.O. § 420 Rdnr. 13.
[94] *Koller*, a.a.O. § 420 Rdnr. 13.

lung des Frachtbriefes oder die Eintragung der Angaben darin einholen muss (vgl. § 414 Abs. 1 Nr. 2 HGB);
- Erstattung von Kosten für Überprüfungen gemäß Art. 8 Abs. 3 Satz 3 CMR, sofern der Frachtführer auf Anforderung des Absenders das Rohgewicht oder anders angegebene Mengen des Gutes oder den Inhalt der Frachtstücke überprüft hat (vgl. § 409 Abs. 3 Satz 2 letzter Halbsatz HGB);
- Erstattung der durch mangelhafte Verpackung verursachten Schäden und Kosten (Art. 10 CMR), es sei denn, dass der Mangel offensichtlich oder dem Frachtführer bekannt war und er diesbezüglich keine Vorbehalte gemacht hat (vgl. § 414 Abs. 1 Nr. 1 HGB);
- Ersatz der Schäden, die aus unvollständigen oder fehlerhaften Papieren und Angaben zum Gut entstanden sind (Art. 11 Abs. 2 Satz 2 CMR, vgl. § 414 Abs. 1 Nr. 4 HGB);
- Erstattung der Kosten gemäß Art. 16 Abs. 1 CMR für Weisungen, die er gemäß Artt. 14 und 15 CMR eingeholt oder ausgeführt hat, sofern er diese Kosten nicht selbst verschuldet hat (vgl. auch § 419 Abs. 4 HGB);
- Erstattung aller Kosten und Schäden gemäß Art. 22 Abs. 2, 2. Halbsatz CMR für den Transport und die Entladung von Gütern, auf deren Gefährlichkeit der Absender den Frachtführer nicht aufmerksam gemacht hat, bzw. die ihm nicht bekannt waren, wobei die Haftung des Absenders verschuldensunabhängig und unbegrenzt ist (vgl. § 410 Abs. 2 Nr. 2 HGB).

Zu den zu erstattenden Kosten gehören auch die Aufwendungen für ärztliche Behandlung eines Kraftfahrers aufgrund der Auswirkungen des Gutes, Sachschäden für die Reparatur am Fahrzeug, soweit es durch das Gut beschädigt wurde, Kosten eines Feuerwehreinsatzes zur Beseitigung von Verunreinigungen sowie Kosten der Weiterbeförderung. 136

ii) Sonstige Ansprüche des Frachtführers auf zusätzliche Vergütung/ Kostenerstattung. Wurde dem Frachtführer bei Abschluss des Frachtvertrages ein zu niedriges Gewicht des Gutes angegeben oder befördert er mehr Güter als vereinbart, hat er insoweit „ohne Rechtsgrund" geleistet (befördert) und kann Zahlung nur nach den §§ 812ff. BGB verlangen.[95] 137

Grundsätzlich möglich ist auch eine Vereinbarung über die Übernahme von Zoll- oder Geldstrafen durch den Absender. Stets zu beachten ist aber, dass eine entsprechende Vereinbarung zu messen ist an §§ 138, 242 BGB. Bezüglich etwaiger Bestechungsgelder dürften jedoch Zweifel bestehen, da ihre Zahlung von der Rechtsordnung missbilligt und nicht als erstattungsfähiger Schaden angesehen wird.[96] 138

jj) Fälligkeit der Fracht. Gemäß § 420 Abs. 1 HGB, ist die Fracht bei Ablieferung des Gutes zu zahlen und zwar ohne Rücksicht auf irgendwelche Abnahmehandlungen des Empfängers.[97] 139

Die Beweislast für die Fälligkeit der Fracht obliegt dem Frachtführer, der damit die Ablieferung nachzuweisen hat. 140

Die gesetzliche Fälligkeitsregel ist auch durch AGB abdingbar, da § 420 HGB in § 449 Abs. 1 und 2 HGB nicht genannt und daher nicht AGB-fest ist. 141

In der Praxis wird die Fälligkeitsregelung häufig abbedungen, vor allem in Auftragsbedingungen. Regelmäßig vereinbaren Absender und Frachtführer für die Zah- 142

---

[95] So auch *Koller*, a.a.O. § 420 HGB Rdnr. 2.
[96] Vgl. AG Göppingen Urteil vom 7.9.1998 – 2 C 1501/98.
[97] Vgl. *Koller*, a.a.O. § 420 HGB Rdnr. 3 m.w.N.

lung der Fracht ein bestimmtes Zahlungsziel, welches nach dem Kalender zu berechnen ist. Der Beginn dieses Zahlungsziels wird häufig geknüpft nicht an den gesetzlichen Grundgedanken (Ablieferung des Gutes), sondern meist an den Eingang der Frachtrechnung des Frachtführers beim Absender, sowie in aller Regel den Ablieferbelegen wie Frachtbrief, Lieferschein, Palettenschein, etc., häufig „im Original".

143 Gegen eine solche Vereinbarung, auch durch AGB bestehen keine grundsätzlichen Bedenken, vor allem dann nicht, wenn es sich beim Absender selbst um einen Spediteur oder Frachtführer handelt, der seinerseits mit den Ablieferbelegen die Ablieferung seinem eigenen Auftraggeber gegenüber nachzuweisen hat, damit er selbst seine Fracht erhält.[98]

144 Allerdings erscheint es treuwidrig, wenn der Auftraggeber wegen des Fehlens der Originalablieferungsnachweise die Bezahlung der Fracht verweigert, obwohl sein Auftraggeber trotz der fehlenden Originalpapiere den Kaufpreis und/oder die Fracht bereits erhalten hat,[99] wenn ihm also keine eigenen – erheblichen – Nachteile mehr durch den Nichterhalt der Originale drohen.

145 Wenn der Absender gekündigt (§ 415 HGB) oder der Verfügungsberechtigte die Entladung des Gutes nach § 418 HGB angeordnet hat und die Entladung erfolgt ist oder der Frachtführer Maßnahmen nach § 419 Abs. 3 HGB ergriffen hat und das Gut entladen wurde, tritt Fälligkeit der Fracht analog § 420 Abs. 1 Satz 2 HGB im Moment der Beendigung des Transports aus einem der aufgeführten Gründen ein.[100]

146 *kk) Ansprüche bei Kündigung, sonstiger Beendigung oder Beschränkung des Frachtvertrages. (1) Kündigung durch den Absender, § 415 HGB.* Nach § 415 Abs. 1 HGB ist der Absender berechtigt, den Frachtvertrag jederzeit zu kündigen und zwar auch ohne Vorliegen eines Grundes oder Angabe von Gründen. Bei der Kündigung handelt es sich um eine einseitige empfangsbedürftige Willenserklärung iSd § 130 BGB und sie ist als Gestaltungsrecht bedingungsfeindlich.

147 Kündigt der Absender, so steht dem Frachtführer hinsichtlich seines Frachtanspruchs ein Wahlrecht gemäß § 415 Abs. 2 HGB zu.

148 Er kann entweder die volle vereinbarte Fracht, etwaiges Standgeld und Aufwendungsersatz nach § 415 Abs. 2 Nr. 1 HGB verlangen, wobei er sich tatsächlich ersparte Aufwendungen oder die Fracht für einen Ersatztransport, den er durchführt anstelle des gekündigten Transportes anrechnen lassen muss. Anrechnen lassen muss er sich auch die etwaige nicht ausgenutzte Möglichkeit, einen Ersatztransport durchzuführen, wenn er böswillig gehandelt hat. Die ersparten Aufwendungen bzw. anderweitigen Einkünfte, hat der Frachtführer konkret darzulegen und abzuziehen.[101]

149 Möchte oder kann er dies nicht, kann er alternativ dazu gemäß § 415 Abs. 2 Nr. 2 HGB die Fautfracht, d.h. eine pauschale Entschädigung in Höhe von einem Drittel der vereinbarten Fracht ohne Umsatzsteuer, für den nicht durchgeführten Teil der Beförderung verlangen. Ihrem Wesen nach handelt es sich bei der Fautfracht um eine gesetzlich festgelegte „Kündigungsentschädigung", die weder eine Vergütung für die noch nicht erbrachte Transportleistung darstellt noch als Vertragsstrafe i.S.d. §§ 339 ff. BGB konzipiert oder als Schadenersatzleistung qualifiziert werden kann. Sämtliche Einwendungen, die nach den entsprechenden Bestimmungen möglich wären, sind daher nicht gegeben.

---

[98] So im Ergebnis auch LG Wuppertal, Urteil vom 15.3.2012 – 6 S 63/11.
[99] LG Wuppertal Urteil vom 15.3.2012 – 6 S 63/11; LG Wuppertal Urteil vom 12.12.2012, TranspR 2013, S. 158 ff.
[100] Vgl. *Koller*, a.a.O. § 420 HGB Rdnr. 16.
[101] *Koller*, a.a.O. § 415 HGB Rdnr. 14.

I. Frachtverträge

Daher ist der Transportunternehmer nicht verpflichtet, einen Schaden darzulegen oder sich einen anderweitigen Erlös anrechnen zu lassen und es können auch keine Einwendungen gemäß § 343 BGB wegen angeblich unverhältnismäßiger Höhe der Fautfracht erhoben werden. 150

Gesonderte Standgeld- oder Aufwendungsersatzansprüche werden in diesem Fall nicht berücksichtigt und gehen unter. 151

Beruht die Kündigung jedoch auf Gründen, die im Risikobereich des Frachtführers liegen, z.B. wenn der Frachtführer das zugesagte Transportmittel nicht rechtzeitig stellt, entfällt der Anspruch auf Fautfracht und auch der Anspruch nach Absatz 2 Nr. 1, soweit eine etwaig schon begonnene Beförderung für den Absender nicht mehr von Interesse ist. 152

Das Kündigungsrecht des Absenders und die daraus resultierenden Ansprüche des Frachtführers bestehen unabhängig davon, ob der Transport bereits begonnen hatte oder ob der Frachtführer sich an der Beladestelle bereits Beladebereit gemeldet hat oder überhaupt schon Aufwendungen gemacht hat. Angeknüpft wird nur an die Frage, ob ein Frachtvertrag zwischen den Parteien abgeschlossen worden war. 153

Gilt die CMR, entfallen sämtliche im HGB vorgesehenen Gründe für die Beendigung des Vertragsverhältnisses etwa durch Kündigung. Der Absender kann lediglich von seinem Weisungsrecht gemäß Art. 12 CMR Gebrauch machen. 154

(2) Kündigung durch den Frachtführer. Unter den in § 417 HGB normierten Umständen steht auch dem Frachtführer ein Kündigungsrecht zu. 155

Voraussetzung ist zunächst, dass der Absender das Gut nicht innerhalb der Ladezeit verlädt oder zur Verladung bereitstellt. 156

Ist entsprechendes innerhalb der Ladezeit nicht geschehen, kann der Frachtführer dem Absender (danach) eine angemessene Frist setzen, innerhalb derer der Absender das Gut zu verladen oder zur Verfügung zu stellen hat. Es handelt sich um eine Parallelvorschrift zur Regelung im allgemeinen Schuldrecht (§§ 281 Abs. 1, 323 Abs. 1 BGB). Auch hier ist eine Ablehnungsandrohung in der Form einer ausdrücklichen Erklärung, dass der Frachtführer nicht mehr länger wartet, falls das Gut nicht bis zum Ablauf der gesetzten Frist verladen oder zur Verladung zur Verfügung gestellt wird, nicht nötig.[102] Ausnahmsweise kann die Nachfristsetzung entbehrlich sein, nämlich dann, wenn sich der Absender ernsthaft und endgültig weigert, das Gut zu verladen oder zur Verfügung zu stellen; § 417 Abs. 4 S. 1 HGB. 157

Die Frist muss ansonsten angemessen sein und dem Absender die reale (letzte) Möglichkeit geben, die Beladung doch noch zu realisieren. Eine zu kurz bemessene Frist ist nicht wirkungslos sondern setzt eine angemessene Nachfrist in Lauf.[103] 158

Nach Ablauf der angemessenen Nachfrist oder dann, wenn „offensichtlich" ist, dass innerhalb der gesetzten Frist das Gut nicht verladen oder zur Verfügung gestellt wird (§ 417 Abs. 2 HGB) kann der Frachtführer den Frachtvertrag durch einseitige empfangsbedürftige Willenserklärung kündigen. 159

In diesen Fällen steht dem Frachtführer ebenfalls eines der zu wählenden Rechte gemäß § 415 Abs. 2 HGB zu, wie vorstehend ausgeführt, es sei denn, die Nichteinhaltung der Ladezeit beruht auf Gründen, die in den Risikobereich des Frachtführers fallen (§ 417 Abs. 5 HGB), was als Einwendung vom Absender zu beweisen ist.[104] 160

Kündigt der Frachtführer den Frachtvertrag, ohne dass ein Fall des § 417 Abs. 1 HGB vorliegt, verliert er seinen Anspruch auf Zahlung von Fracht, Standgeld oder 161

---

[102] Anders noch die Vorauflage.
[103] *Koller*, a.a.O. § 417 Rdnr. 6.
[104] Vgl. *Koller*, a.a.O. § 417 Rdnr. 8.

Aufwendungen aus dem Frachtvertrag und kann sich darüber hinaus schadenersatzpflichtig machen. Etwas anderes gilt nur, wenn gemäß § 417 Abs. 4 S. 2 HGB besondere Umstände vorliegen, die ihm unter Abwägung seiner Interessen mit denen des Absenders die Fortsetzung des Vertragsverhältnisses unzumutbar machen. Auch diese neu eingeführte Vorschrift ist angelehnt an die Regelungen des allgemeinen Schuldrechts (§§ 281 Abs. 2, 323 Abs. 2 Nr. 3, 324 BGB). Wann ein Festhalten am Vertrag danach als unzumutbar anzusehen ist, ist Einzelfallentscheidung.

162 *(3) Verladung nur eines Teils der vereinbarten Ladung.* Wird dem Frachtführer innerhalb der von ihm gemäß § 417 Abs. 1 HGB gesetzten Frist nur ein Teil der Ladung verladen oder zur Verladung bereitgestellt, kann er mit der Beförderung der unvollständigen Ladung beginnen. Gemäß § 416 S. 2 HGB steht ihm dennoch der Anspruch auf volle Fracht, etwaiges Standgeld sowie Ersatz von Aufwendungen zu, die ihm infolge der Unvollständigkeit der Ladung entstehen. Befördert der Frachtführer anstelle des nicht vorhandenen Gutes eine Ersatzladung, muss er sich das dafür erzielte Frachtentgelt anrechnen lassen.

163 *(4) Bei Weisungen, § 418 HGB.* Da § 418 HGB nur die Vergütung für Aktivitäten aufgrund von Weisungen betrifft, ist ein vollständiges oder teilweises Unterbleiben der Beförderung infolge erteilter Weisungen vergütungsrechtlich wie eine (Teil-)-Kündigung des Frachtvertrages zu werten. Die Berechnung der Fracht hat dann nach Maßgabe von § 415 Abs. 2 und 3 HGB zu erfolgen.[105]

164 *(5) Bei Beförderungs- und/oder Ablieferungshindernissen, § 420 Abs. 2 S. 2, Abs. 3 HGB.* Kommt es infolge von Beförderungs- oder Ablieferungshindernissen zu einer vorzeitigen Beendigung des Transportes, ist die Fracht anzupassen. § 420 Abs. 2 S. 2, Abs. 3 HGB stellt keine eigene Anspruchsgrundlage, sondern eine Leistungsstörungsregel dar.[106]

165 Voraussetzung für eine Anpassung der Fracht nach dieser Vorschrift ist zunächst, dass ein Beförderungs- oder Ablieferungshindernis nach Beginn der Beförderung eingetreten ist, also die Beförderung nicht mehr vertragsgerecht durchgeführt werden kann und daher beendet wird. Soweit die nicht vollendete Beförderung für den Absender von Interesse ist, also z.B. wenn der Absender aus der Teilbeförderung Vorteile ziehen kann, gebührt dem Frachtführer die anteilige Fracht.

166 Keine Regel enthält das Gesetz dazu, nach welchem Maßstab der Anteil zu berechnen ist. *Koller*[107] schließt aus der Begründung des Regierungsentwurfs zum TRG, wonach sich § 420 Abs. 2 HGB a.F. an § 69 BinSchG a.F. anlehnt, dass nicht alleine das Verhältnis der bereits zurückgelegten Strecke, sondern auch das Verhältnis des Aufwands an Kosten, Zeit und Mühe zu berücksichtigen sei. Da § 420 Abs. 2 S. 2 HGB von Beförderung spreche, sei jedoch nur der Aufwand für den Teil des Transportes maßgeblich, bei dem das Gut befördert wurde, nicht aber der für den Absender unkalkulierbare Aufwand für vorbereitende Leerfahrten (str.).

167 Der Frachtführer behält ausnahmsweise den Anspruch auf die volle Fracht, wenn Beförderungs- oder Ablieferungshindernis aus Gründen eingetreten ist, die dem Risikobereich des Absenders zuzurechnen sind oder wenn sie zu einer Zeit eintreten, in der der Absender mit der Annahme im Verzug ist, § 420 Abs. 3 S. 1 HGB. Zur Frage des Risikobereichs vgl. oben.[108] Anrechnen lassen muss sich der Frachtführer in die-

---

[105] Vgl. *Fremuth,* a.a.O. § 418 Rdnr. 20.
[106] *Koller,* a.a.O. § 420 Rdnr. 19.
[107] *Koller,* a.a.O. § 420 Rdnr. 20 m.w.N.
[108] Vgl. Rdnr. 126 ff.

sem Fall lediglich ersparte Aufwendungen oder durch etwaige Ersatztransporte stattdessen verdiente Fracht oder böswillig nicht verdiente. Die Vorschrift gilt auch für Beförderungs- und Ablieferungshindernisse im Sinne des § 420 Abs. 2 S. 2 HGB und nicht nur bei Unmöglichkeit i.S.d. § 420 Abs. 2 S. 1 HGB, auch wenn der Wortlaut anderes vermuten ließe.

Wird für das Ausland bestimmtes Gut an der Grenze vom ausländischen Zoll zurückgewiesen, schuldet nach einer älteren Entscheidung des OLG Köln[109] der Absender die Fracht nur dann, wenn er das Scheitern des Transportes verursacht und verschuldet hat. **168**

(6) Verlust oder Beschädigung des Gutes. Bei vollständigem Verlust des Gutes, den er zu vertreten hat, erfüllt der Frachtführer seine Hauptpflicht aus dem Frachtvertrag nicht und daher steht ihm die vereinbarte Vergütung nicht zu. Dementsprechend regelt § 432 HGB, dass bereits geleistete Fracht zu erstatten ist. **169**

Bei Beschädigung des Gutes und bei Teilverlust ist der Erstattungsanspruch entsprechend dem Wertverhältnis nach § 429 Abs. 2 HGB zu kürzen, was bedeutet, Fracht und sonstige Kosten für die Sendung insgesamt sind entsprechend dem Anteil der verlorenen oder beschädigten Sendungsteile zu kürzen.[110] **170**

(7) Verspätung, Nichteinhaltung der Art des Transportes. Bei Verzögerung steht dem Absender in der Regel nicht das Recht zu, die Fracht zu mindern, sofern kein Schaden eingetreten ist. Etwas Anderes gilt allenfalls, wenn die Durchführung des Frachtvertrages für den Absender nicht mehr von Interesse ist, zB dann, wenn bei einem mit dem Empfänger abgeschlossenen Fixgeschäft bereits eine Ersatzlieferung erfolgt ist. Vergeblich aufgewendete Fracht ist vom Frachtführer zu erstatten. **171**

Umstritten ist die Rechtsfolge, wenn bei einer nicht den vertraglichen Vereinbarungen entsprechenden Ausführung des Transports kein Schaden eintritt. Unter Rückgriff auf § 634 Nr. 3 BGB nehmen das OLG Düsseldorf[111] und Koller[112] ein Recht zur Minderung an, der Letztere, insbesondere bei Zahlung einer hohen Fracht für einen Spezialtransport. Demgegenüber hat der Oberste Gerichtshof in Wien ein Minderungsrecht des Frachtschuldners verneint,[113] ebenso wie das OLG Köln.[114] **172**

(8) bei Unmöglichkeit des Transports, § 420 Abs. 2 S. 1, Abs. 3 HGB. Ist die Beförderung von Anfang an oder später unmöglich entfällt grundsätzlich der Anspruch auf die Fracht, es sei denn, die Unmöglichkeit beruht auf Umständen, die dem Risikobereich des Absenders zuzurechnen sind. Insoweit gelten die vorstehenden Ausführungen zu den Beförderungs- und Ablieferungshindernissen entsprechend. **173**

e) Nebenpflichten. Bei den Nebenpflichten der Vertragspartner ist zwischen gesetzlichen und vertraglichen zu unterscheiden. **174**

aa) Gesetzliche Nebenpflichten. (1) Des Frachtführers. Dazu zählen nach dem Frachtvertrag, soweit die Parteien nicht anderes vereinbart haben: **175**

- Erledigung von Zollangelegenheiten (§ 408 Abs. 1 Nr. 11 HGB);
- Unterzeichnung des Frachtbriefs auf Verlangen (§ 408 Abs. 2 S. 2 HGB);

---

[109] OLG Köln, TranspR 1995, 68 (69).
[110] Wie hier: MüKoHGB/*Herber*, a.a.O. § 432 Rdnr. 10; E/B/J/S/*Gass*, 1. Aufl., § 432 Rdnr. 11; teilw. a.A.: *Koller*, a.a.O. § 432 Rdnr. 10; E/B/J/S/*Schaffert*, 2. Aufl., § 432 Rdnr. 9
[111] OLG Düsseldorf TranspR 1997, 198.
[112] *Koller*, a.a.O. § 407 Rdnr. 7.
[113] OGH TranspR 1993, 237 (238).
[114] Urteil vom 28.5.2013 – 3 U 189/12.

- Überprüfung von Gewicht, Menge und Inhalt des Gutes, wenn es der Absender verlangt (§ 409 Abs. 3 S. 2 HGB);
- Vornahme der betriebssicheren Verladung (§ 412 Abs. 1 S. 2 HGB) sowie der beförderungssicheren Verladung, Stauung und Verzurrung auf dem Beförderungsmittel, sofern eine entsprechende Verkehrssitte besteht oder es vereinbart wurde (vertragliche Nebenpflicht);
- Richtige Verwendung und Schutz der übergebenen Frachtpapiere vor Verlust oder Beschädigung (§ 413 Abs. 2 HGB);
- Befolgen der Weisungen von Absendern und/oder Empfängern (§ 418 HGB);
- Ergreifen von Maßnahmen im Interesse des Verfügungsberechtigten, wie z.B. Einlagerung des Gutes bei Beförderungs- und Ablieferungshindernissen (§ 419 HGB);
- Ablieferung des Gutes nur gegen Einziehung von Geld oder anderen Gegenständen, wenn die Parteien dies vereinbart haben (§ 422 HGB);
- Einhaltung der Lieferfrist (§ 423 HGB), wobei das Gesetz für die Verletzung dieser Pflicht in den §§ 425, 431 Abs. 3 HGB abschließende Regelungen enthält, von denen nicht durch AGB abgewichen werden kann (§ 449 Abs. 1 und 2 HGB);
- Beim Umzugsvertrag auch das Ab- und Aufbauen der Möbel sowie das Verladen und Entladen des Umzugsgutes (§ 451a Abs. 1 HGB) sowie
- die Ausführung sonstiger auf den Umzug bezogener Leistungen wie die Verpackung und Kennzeichnung des Umzugsgutes, wenn der Absender ein Verbraucher ist (§ 451a Abs. 2 HGB).

176 *(2) Des Absenders.* Dazu gehören:
- Ausstellen eines Frachtbriefes auf Verlangen (§ 408 Abs. 1 HGB);
- Unterrichtung über die Art der Gefahr und Vorsichtsmaßnahmen bei Gefahrgut (§ 410);
- Verpackung und Kennzeichnung des Gutes (§ 411);
- Verladen, Entladen und Befestigen des Gutes, soweit nichts anderes vereinbart wurde (§ 412 Abs 1);
- Bereitstellung von Urkunden und Erteilung von Auskünften z.B. für die Zollabfertigung (§ 413). Zu den Besonderheiten beim Umzugstransport vgl. dort.[115]

177 *bb) Vertragliche Nebenpflichten. (1) Des Frachtführers.* Darunter fallen alle etwaigen vereinbarten Mitwirkungs-, Schutz- und Ablieferungspflichten, soweit sie nicht bereits in den gesetzlichen Bestimmungen geregelt sind. In Betracht kommen insbesondere
- die Pflicht zur Erhaltung von Mängelrügen des Auftraggebers bei erkannten Mängeln des Gutes durch Abschreibungen auf den Frachtpapieren oder sonstigen geeigneten Reklamationen;
- Ablieferung des Gutes einschließlich Ladehilfsmitteln und Einholung von Ablieferungsquittungen[116] für das Gut und/oder die Ladehilfsmittel;
- vorzeitige Ablieferung des Gutes im Widerspruch zum Frachtvertrag;[117]
- Prüfung der Vorkühlung des Gutes und der Funktion der Kühlaggregate während des Transportes bei Kühlgut/temperaturgeführtem Gut;
- Sicherung des Gutes auf den Transportfahrzeugen durch Anbringung von Diebstahlsicherungen und Abstellen nur auf sicheren Parkplätzen während der Nacht- und sonstigen Ruhezeiten sowie an Wochenenden und Feiertagen;

---

[115] Vgl. B. III Rdnr. 487 ff
[116] Vgl. 8.2 ADSp und § 18 Abs 2 VBGL.
[117] OLG Hamm NJW 1976, 2077 (2078).

I. Frachtverträge B. I

- Vermeidung von Arbeitsfehlern des Fahrers bei Mitwirkungspflicht nach erfolgter Ablieferung;[118]
- Aufbringung von Rettungskosten für die Freigabe eines wegen Alkoholschmuggels in arabischen Ländern beschlagnahmten Lkw;[119]
- Erteilung von richtigen Angaben über den Transportverlauf und dem voraussichtlichen Ankunftszeitpunkt auf Rückfrage;[120]
- beförderungsbedingte vorübergehende Zwischenlagerung bzw. Nachlagerungen nach Absprache;[121]
- Abschluss einer Transportversicherung bei entsprechendem Auftrag.[122]

Demgegenüber sind Gestellung und Tausch von Paletten, Gitterboxen und anderen Ladehilfsmitteln keine Nebenpflichten aus dem Frachtvertrag und auch nicht kraft Handelsbrauch geschuldet, sondern nur bei einer zusätzlichen Vereinbarung zum Frachtvertrag als gesonderte Geschäftsbesorgungsleistung zu erbringen.[123]

(2) Des Absenders. Auch für den Absender können vertragliche Nebenpflichten gelten, wie insbesondere 178

- Ankündigung der Ankunftszeit an der Entladestelle, damit Wartezeiten bei der Entladung vermieden werden, insbesondere ob Kräne oder sonstige Hilfsmittel benötigt werden;
- Koordination von Folgeaufträgen, wenn der Frachtführer fest für einen Auftraggeber fährt, um Wartezeiten und Leerfahrten zu vermeiden;
- Erteilung von Informationen über Umstände, die den Transportablauf beeinflussen können wie Verzögerungen an der Beladestelle, Transport- und Ablieferungshindernisse.

cc) Rechtsfolgen einer Verletzung von Nebenpflichten. (1) Verlust und Beschädigung des Gutes sowie Überschreitung der Lieferfrist. Für Substanz- und Verspätungsschäden, auch soweit sie auf einer Verletzung von Nebenpflichten durch den Frachtführer beruhen, gelten die Bestimmungen der §§ 425ff. HGB als den sonstigen Rechtsvorschriften vorgehende Spezialvorschriften. 179

Bei Verlust oder Beschädigung des Gutes hat der Frachtführer nach § 432 HGB über den Substanzschaden hinaus nur die Fracht, öffentliche Abgaben, soweit sie nicht erst am Bestimmungsort fällig werden und sonstige transportbedingte Aufwendungen sowie nach § 430 HGB etwaige Kosten der Feststellung des Schadens zu ersetzen. 180

Die Haftungsbefreiungen und -beschränkungen der §§ 407 bis 450 HGB und des Frachtvertrages gelten nach § 434 Abs. 1 HGB auch bei außervertraglichen Ansprüchen des Absenders und des Empfängers, soweit es um Verlust oder Beschädigung des Gutes bzw. um die Überschreitung der Lieferfrist geht. Mittelbare Vermögensschäden werden nicht erfasst, z. B. Schäden nach § 433 HGB oder allgemeinen Vertragsverletzungen (§ 280 BGB)[124] sowie Ansprüche aus Garantieversprechen.[125] Folgeschäden werden als weitere Schäden i.S.d. § 432 S. 2 HGB nur ersetzt, wenn ein qualifiziertes Verschulden i.S.d. § 435 HGB gegeben ist.[126] 181

---

[118] OLG Düsseldorf TranspR 1986, 426.
[119] OGH TranspR 1986, 426.
[120] BGH TranspR 1993, 426 (429).
[121] Vgl. *Fremuth*, a.a.O., § 407 HGB Rdnr. 54.
[122] BGH VersR 1975, 610 (611).
[123] Vgl. auch Ziff 4.1.3 ADSp und § 38 VBGL.
[124] Vgl. *Fremuth*, a.a.O., § 439 HGB Rdnr. 5.
[125] Vgl. *Koller*, a.a.O. § 434 HGB Rdnr. 4.
[126] Vgl. BGH TranspR 2006, 454 (455).

182 Ansprüche Dritter werden nicht eingeschränkt, wenn sie der Beförderung nicht zugestimmt haben und der Frachtführer die fehlende Berechtigung des Absenders das Gut zu versenden kannte oder jedenfalls fahrlässig nicht kannte bzw. das Gut vor Übernahme zur Beförderung dem Dritten oder einer Person, die ihr Recht zum Besitz von diesem ableitet, abhanden gekommen ist (§ 434 Abs. 2 HGB). Dritte sind alle natürlichen und juristischen Personen, die nicht am Frachtvertrag unmittelbar oder kraft Vertrags (§ 328 BGB) oder Gesetzes, z. B. als Empfänger nach § 421 Abs. 1 S. 2 HGB oder über §§ 437, 447 HGB beteiligt sind.[127]

183 *(2) Sonstige Vermögensschäden.* Es gibt zum einen gesetzlich geregelte Fälle, z. B. § 413 Abs. 2 HGB, wonach der Frachtführer für Schäden durch Verlust oder Beschädigung bzw. unrichtige Verwendung ihm übergebener Urkunden begrenzt auf den Betrag, der bei Verlust des Gutes zu zahlen wäre, haftet oder für Nachnahmeschäden auch ohne Verschulden gemäß § 422 Abs. 3 HGB bis zur Höhe des Betrages der Nachnahme.

184 Der Absender, der kein Verbraucher ist, haftet nach § 414 HGB bei
- ungenügender Verpackung oder Kennzeichnung;
- Unrichtigkeit oder Unvollständigkeit der Angaben im Frachtbrief;
- Unterlassung der Mitteilung über die Gefährlichkeit des Gutes oder
- Fehlen, Unvollständigkeit oder Unrichtigkeit der in § 413 Abs. 1 HGB genannten Urkunden oder Auskünfte sogar verschuldensunabhängig, und seit Aufhebung des § 414 Abs. 1 S. 2 HGB a. F. im Zuge des Seerechtsmodernisierungsgesetzes der Höhe nach unbegrenzt.

185 Handelt es sich bei Schäden nicht um Sach- oder Personenschäden, wozu auch sonstige Rechte i. S. d. § 823 Abs. 1 BGB zählen[128] und handelt es sich nicht um branchenfremde Tätigkeiten, worunter auch Tätigkeiten aus Logistikverträgen, wie Etikettieren oder Kommissionierung fallen können, ist die Haftung des Frachtführers auf das Dreifache des Betrages beschränkt, der bei Verlust des Gutes zu zahlen wäre, § 433 HGB.

186 *f) Abgrenzung des Frachtvertrages von anderen Vertragstypen. aa) Speditionsvertrag.* Im Gegensatz zum Frachtführer hat der Spediteur das Gut nicht zu befördern, sondern die Beförderung zu besorgen (§ 453 Abs. 1 HGB), wobei in der Praxis diese Abgrenzung häufig nicht berücksichtigt wird, teilweise auch deshalb, weil die Begriffe den Beteiligten nicht klar sind oder ungeeignete Abgrenzungskriterien verwendet werden.

187 Zur Besorgung oder Organisation des Transportes gehören nach der Legaldefinition des § 453 Abs. 1 HGB die Bestimmung des Beförderungsmittels und des Beförderungsweges, die Auswahl des Frachtführers, der Abschluss der für die Versendung erforderlichen Fracht-, Lager- und Speditionsverträge, die Erteilung von Informationen und Weisungen an die ausführenden Unternehmen und die Sicherung von Schadensersatzansprüchen des Versenders. Zu den Pflichten des Spediteurs gehören nach § 453 Abs. 2 HGB weiter beförderungsbezogene Leistungen, wie Versicherung und Verpackung des Gutes, seine Kennzeichnung und die Zollbehandlung, wobei es sich nicht um eine abschließende Aufzählung handelt.

188 Die Rechte und Pflichten des Spediteurs, der im Selbsteintritt das Gut selbst befördert (§ 458 HGB), zu festen Kosten tätig wird (§ 459 HGB) die Beförderung des Gutes als Sammelgut besorgt (§ 460 HGB) richten sich nach den entsprechenden Vorschrif-

---

[127] Vgl. *Koller,* § 434 HGB Rdnr. 12.
[128] Vgl. *Koller,* a. a. O., § 433 HGB Rdnr. 5.

ten dann zwar nach Frachtrecht; der Speditionsvertrag bleibt gleichwohl ein solcher, was vor allem Auswirkungen auf etwaige (weitere) Nebenpflichten haben kann.

bb) Schlepp- und Rangiervertrag. Kein Frachtvertrag, sondern „nur" ein Werkvertrag i.S.d. BGB liegt vor, wenn zwar eine Ortsveränderung vom Gut zur Tätigkeit des Unternehmers gehört, diese aber nur eine Nebenpflicht darstellt und/oder das Gut nicht von dem Unternehmer in seine Obhut genommen[129] wurde. 189

Das OLG Hamburg[130] und *Koller*[131] sehen den Umschlag zu Recht als Fracht- und nicht als Werkleistung an, wenn er isoliert in Auftrag gegeben wurde, denn dann ist die Beförderung Hauptpflicht (str.). 190

cc) Lohnfuhrvertrag, Miet- und Dienstverschaffungsvertrag. Wird lediglich entgeltlich ein Fahrzeug zur Verfügung gestellt, mit dem der Auftraggeber dann selbst, bzw. mit eigenem Personal Transporte durchführt, liegt ein Mietvertrag über das Fahrzeug vor, ohne dass die Abgrenzung zum Frachtvertrag Schwierigkeiten bereitet. 191

Hinzu tritt aber häufig mit der Vermietung des Fahrzeugs die Überlassung des „Bedienpersonals", also zum Beispiel des LKW-Fahrers, der dann vollends den Weisungen des Auftraggebers untersteht oder in dessen Unternehmen für die vereinbarte Zeit voll integriert wird. Tritt ein solcher Dienstverschaffungsvertrag mit einem Mietvertrag über ein Beförderungsmittel zusammen, spricht man von Lohnfuhr. Um einen Frachtvertrag handelt es sich hierbei nicht. 192

Problematisch und umstritten ist die Frage der Haftung eines solchen Lohnfuhrunternehmers. Während Koller[132] meint, der Lohnfuhrunternehmer hafte grundsätzlich für Güterschäden und Lieferfristüberschreitungen je nach Konstellation entweder direkt oder aber analog §§ 425ff. HGB, geht *Temme*[133] davon aus, dass beim „reinen Lohnfuhrvertrag" eine Haftung mangels Obhutswillen des Unternehmers nicht aus §§ 425ff. HGB, sondern aus allgemeinem Schuldrecht folgt. 193

Zu beachten ist, dass je nach vertraglicher Vereinbarung und tatsächlicher Handhabung kein „reiner" Lohnfuhrvertrag vorliegt. Es muss also immer im Einzelfall genau herausgearbeitet werden, welche Rechte und Pflichten die Parteien vereinbart haben. 194

dd) Logistikvertrag. Logistikverträge, bei denen neben Beförderungsleistungen weitere logistische Dienstleistungen verschiedenster Art geschuldet werden, die nicht speditionsüblich i.S.d. Ziff. 2.1. ADSp sind, z.B. Montage und Veränderung von Sachen, Preisauszeichnungen, Aufbügeln von Konfektion, sind gemischte Verträge, auf die im Regelfall Bestimmungen des BGB für Werk-, Dienst- oder Geschäftsbesorgungsverträge je nach Schwerpunkt der Tätigkeit angewendet werden. 195

ee) Kurier-, Express- und Paketdienstvertrag. Je nach Ausgestaltung der Verträge kann ein Frachtvertrag oder ein Speditionsvertrag vorliegen. Wenn z.B. eine eilige Beförderung von Haus zu Haus geschuldet wird oder die Paketbeförderung vertragscharakteristisch ist, liegt ein Frachtvertrag vor.[134] Wenn eine reibungslose und schnelle Transportorganisation, insbesondere speditionelle Abfertigung und Behandlung gewollt sind, gilt Speditionsrecht.[135] 196

---

[129] *Fremuth*, a.a.O., § 407 HGB Rdnr. 79.
[130] OLG Hamburg TranspR 2003, 72 (73).
[131] *Koller*, a.a.O. § 407 Rdnr. 10a, m.w.N.
[132] Vgl. *Koller*, a.a.O. § 407 Rdnr. 18.
[133] *Temme*, TranspR 2012, 419,
[134] Vgl. z.B. OLG Karlsruhe TranspR 1994, 237 und OLG Hamburg TranspR 1989, 55.
[135] Vgl. z.B. OLG Düsseldorf TranspR 1997, 443 und BGH TranspR 1991, 114 und *Fremuth*, § 407 HGB Rdnr. 77, 78.

197 In der Praxis gestalten die privaten Paketdienste ihre Geschäftsbedingungen überwiegend als Speditionsverträge.

198 *g) Beendigung des Frachtvertrages. aa) Erfüllung.* Regelmäßig endet der Frachtvertrag mit der vollständigen Ausführung der Beförderung.

199 *bb) Sonstige Beendigungsgründe sind:*
- Ein Aufhebungsvertrag zwischen Absender und Frachtführer
- Einseitige Maßnahmen des Absenders:
  - Kündigung nach § 415 HGB und Anordnung der Rückgabe des Gutes (§§ 418 Abs 1, 419 HGB);
  - Kündigung aus wichtigem Grund, insbesondere bei vereinbartem Fixgeschäft gemäß § 323 Abs. 2 Nr. 2 BGB.[136]
- Einseitige Maßnahmen durch den Frachtführer:
  - Kündigung nach § 417 Abs. 2 HGB;
  - Kündigung aus wichtigem Grund.
- Insolvenz einer der Vertragspartner. Bei Insolvenz des Absenders endet der Vertrag nach §§ 115, 116 InsO, bei Insolvenz des Frachtführers hat der Insolvenzverwalter ein Wahlrecht gemäß § 103 InsO.

200 *h) Abdingbarkeit.* Da § 407 in § 449 Abs. 1 HGB nicht erwähnt ist, sind abweichende Vereinbarungen zum Vertragstypus und bezüglich der beiderseitigen Leistungspflichten, so z. B. zur Fracht auch durch AGB zulässig.[137]

---

[136] Vgl. Palandt/*Grüneberg* § 323 BGB Rdnr. 19.
[137] Vgl. *Fremuth*, a. a. O. § 407 HGB Rdnr. 107 ff.

II. Transportdurchführung

Übersicht

	Rdnr.
1. Einführung	201
2. Frachtpapiere	203
a) Definition des Frachtbriefs	207
b) Abgrenzung von anderen Frachtdokumenten	210
aa) Ladeschein	210
bb) Speditionelle Papiere	213
c) Papierloser Transport/Scannertechnik	221
d) Form des Frachtbriefs	222
aa) Form	222
bb) Haftung bei unrichtiger Ausstellung	224
cc) Unterschriften	226
dd) Haftung bei Verweigerung	229
e) Inhalt des Frachtbriefs	231
aa) Mindestvoraussetzungen	231
bb) Zu den einzelnen Angaben	232
(1) Nr. 1–3	232
(2) Nr. 4 und 5	233
(3) Nr. 6	237
(4) Nr. 7	240
(5) Nr. 8	242
(6) Nr. 9	243
(7) Nr. 10	246
(8) Nr. 11	247
(9) Nr. 12	248
f) Funktionen des Frachtbriefs	250
aa) Besondere Beweisfunktion	250
bb) Reichweite der Vermutung	255
(1) Abschluss und Inhalt	255
(2) Übernahme des Gutes	257
(3) Äußerlicher Zustand des Gutes	267
(4) Eintragung eines Vermerks	272
cc) Sperrfunktion	275
3. Das Gut	278
a) Beförderungsfähigkeit	279
b) Transportsichere Verpackung	282
c) Zusammenfassung	289
d) Gefahrgut	290
e) Transportbegleitende Papiere	292
f) Transportfördernde Auskünfte	299
4. Das Fahrzeug	301
a) Betriebssicherheit	302
b) Eignung	306
5. Die Verladung und Übernahme	309
a) Begriff und Bedeutung	310
b) Betriebssichere Verladung	315
c) Beförderungssichere Verladung	319
aa) Keine Frachtführerverladepflicht für Stückgüter	323
bb) Verladung der Güter durch den Frachtführer und seine Leute	327
(1) Zeitpunkt der Übernahme	329

		Rdnr.
(2) Maschinen und PKW		332
(3) Schüttbare, gasförmige oder flüssige Güter		334
(4) Kühlgüter		335
(a) Begriff		335
(b) Verladepflicht		336
(5) Umzugsgut.		338
d) Zusammenfassung		339
6. Weisungen und Hindernisse		340
a) Verfügungsrechte von Absender und Empfänger		341
aa) Allgemeines		342
bb) Weisungen und deren Form		343
cc) Berechtigung und deren Übergang		354
dd) Umfang des Verfügungsrechtes		359
ee) Benachrichtigungspflicht und Haftung des Frachtführers		364
(1) Benachrichtigungspflicht		364
(2) Haftung für Ausführungen von Weisungen ohne Vorlage einer existierenden Frachtbriefausfertigung		366
(3) Haftung für die Nichtausführung von Weisungen		368
(4) Haftung bei Vorlage des Frachtbriefs durch Nichtberechtigten		370
ff) Rechte des Frachtführers und Haftung des Absenders		371
gg) Umfang der Haftung		374
hh) Beweisfragen		375
b) Beförderungshindernisse		378
aa) Begriff		378
bb) Unbehebbare Beförderungshindernisse		386
cc) Behebbare Beförderungshindernisse		389
c) Ablieferungshindernisse		390
aa) Begriff und Voraussetzungen		390
bb) Rechte und Pflichten des Frachtführers		392
cc) Beweislast		403
7. Zwischenlagerung		409
a) Transportbedingte Zwischenlagerung		410
b) Besondere Formen der Zwischenlagerung		411
8. Ablieferung		414
a) Begriff und Voraussetzungen		415
aa) Einigung		417
bb) Verschaffung der Möglichkeit der Gewahrsamsübernahme		418
b) Sonderfälle zur Ablieferung		420
9. Verspätung		425
a) Allgemeines		426
b) Vereinbarte Lieferfrist		429
10. Nachnahme		431
a) Allgemeines		431
b) Vereinbarung		432
c) Erfüllung		433
d) Verstoß		434
e) Sonstiges		435
11. Rechte und Pflichten des Empfängers		436
a) Allgemeines		436
b) Rechte des Empfängers		437
aa) Verfügungsrecht		438
bb) Auslieferungsanspruch		439
cc) Schadensersatzansprüche		440
c) Pflichten des Empfängers		441
aa) Fracht, Transportvergütung		441
bb) Empfangsquittung		443

	Rdnr.
cc) Entladung	444
(1) Beteiligung des Frachtführers am Entladen	445
(2) Aufgrund Vereinbarung	446
(3) Auf eigene Faust	447
(4) Frachtführer überlässt Leute	448
dd) Schäden am Fahrzeug beim Entladen	449
(1) Frachtführer muss Entladen	450
(2) Empfänger muss Entladen	451
12. Verhalten bei Schäden und Vertragsverletzungen	**452**
a) Allgemeines	452
b) Frachtführer	453
aa) bei Ladungsübernahme	454
bb) bei Ablieferung	456
cc) des Unter- und des ausführenden Frachtführers	457
c) Absender	458
d) Empfänger	459
aa) Offensichtliche Schäden	460
bb) Verdeckte Schäden	462
e) Regress	463

1. Einführung

Der Frachtvertrag ist eine spezielle Ausprägung des im BGB geregelten Werkvertrages. Hauptpflicht des Frachtführers ist es, das Beförderungsgut pünktlich und insbesondere schadensfrei beim Empfänger abzuliefern. Diese Pflicht schuldet der Frachtführer als Erfolg entsprechend dem Werkvertragsrecht. Die Darstellung der Transportdurchführung erfolgt in den Schritten, die ein typischer innerdeutscher Stückguttransport auf der Straße vollzieht. Dabei soll im Zusammenhang mit der Transportdurchführung im Einzelnen erläutert werden, was sich rechtlich bei der Verladung, beim Transport und bei Abladung ereignet und was bei Verlust, Beschädigung und Lieferfristüberschreitung beachtet werden muss. Das HGB-Frachtrecht unterscheidet nicht mehr zwischen den einzelnen Verkehrsträgern und gilt nicht nur für den innerstaatlichen Güterstraßentransport, sondern auch für Binnentransporte per Flugzeug, Binnenschiff oder der Eisenbahn. Wenn daher auch in der Darstellung ein Hauptschwerpunkt auf den Güterstraßentransport gelegt wird, soll nicht außer Betracht bleiben, dass die nachfolgend beschriebenen Rechte und Pflichten ebenso für die übrigen Verkehrsträger gelten, sofern sie nicht durch die jeweiligen verkehrsträgertypischen Beförderungsbedingungen abgeändert werden oder die jeweiligen Eigenarten des Transportmittels und der mit ihnen beförderten Güter Besonderheiten aufweisen, die eine andere Regelung rechtfertigen. **201**

Angesichts der Vielzahl der beteiligten Personen ist es zunächst wichtig, sich über die Bezeichnung der Beteiligten zu einigen. Der Auftraggeber des Frachtführers wird im Frachtrecht grundsätzlich als Absender bezeichnet. Als Empfänger wird derjenige bezeichnet, an den das Gut abgeliefert werden soll. Der Absender ist im Hinblick auf die Beförderung immer der Vertragspartner des Frachtführers, während mit dem Empfänger grundsätzlich keine vertraglichen Beziehungen bestehen, wenn der nicht ausnahmsweise mit dem Absender identisch ist. Der Absender muss jedoch nicht Verlader der Güter sein. Verlader ist diejenige Person, die dem Frachtführer das Gut übergibt oder auf sein Fahrzeug lädt. Beauftragt der Absender den Frachtführer, das Gut bei einem Dritten abzuholen, so ist dieser Dritte, der dem Frachtführer das Gut **202** übergibt, Verlader. Erteilt der Auftraggeber des Frachtführers den Auftrag, das Gut vom Verlader zu sich selbst zu befördern, so ist der Absender auch gleichzeitig der Empfänger.[1] Nicht selten beauftragt der Frachtführer seinerseits wiederum einen Unterfrachtführer mit der Durchführung der Beförderung oder zumindest eines Teils der Beförderung. Dann gilt der Frachtführer im Verhältnis zum Unterfrachtführer wiederum als der Absender des Frachtgutes, denn in diesem Verhältnis ist er der auftraggebende Vertragspartner, während er im Verhältnis zu seinem Auftraggeber weiterhin Frachtführer bleibt.

2. Frachtpapiere

203 Nach dem insoweit für den Vertragsschluss maßgeblichen BGB besteht grundsätzlich keine Pflicht, Frachtverträge schriftlich abzuschließen, auch der mündliche Vertrag genießt Rechtswirksamkeit.[2] Eine schriftliche Fixierung der Verträge ist jedoch für die spätere Nachweisbarkeit dessen, welcher Vertrag mit welchen Regelungen zwischen welchen Parteien abgeschlossen wurde, sicherlich ratsam.

204 Das HGB-Frachtrecht bietet jedoch den Transportbeteiligten grundsätzlich auch eine andere Möglichkeit, zu einem schriftlichen Nachweis der für die Durchführung des Vertrages wesentlichen Vereinbarungen des Frachtvertrages zu kommen, indem es gemäß § 408 Abs. 1 dem Frachtführer das Recht einräumt, vom *Absender* die Ausstellung eines Frachtbriefs in dreifacher Ausfertigung verlangen zu können.[3] Eine Ausfertigung soll gemäß § 408 Abs. 2 das Frachtgut begleiten und den Empfänger erreichen, die anderen beiden Ausfertigungen sind für den Absender und den Frachtführer bestimmt. Einen Frachtbriefzwang sieht das geltende Recht jedoch nicht mehr vor, um den Parteien die größtmögliche Gestaltungsfreiheit bei der Vertragsabwicklung einzuräumen.[4]

205 Allerdings hat der Frachtführer in ordnungsrechtlicher Hinsicht gemäß § 7 Abs. 3 GüKG ein Begleitpapier oder einen sonstigen Nachweis mit Angaben über das beförderte Gut, die Be- und Entladeort und den Absender bei sich zu führen, ansonsten begeht er eine bußgeldbewehrte Ordnungswidrigkeit. Dies führt dazu, dass trotz der nachfolgend unterschiedlichen Gestaltungsmöglichkeiten bei den Frachtpapieren die Ausstellung eines Frachtbriefes allein schon aus ordnungsrechtlichen Gesichtspunkten überwiegt.

206 Verlangt der Frachtführer vom Absender keine Ausstellung eines Frachtbriefs, ist der Absender, dem seinerseits an der Ausstellung eines Frachtbriefes gelegen ist, nicht gehindert, aus eigener Veranlassung einen Frachtbrief auszustellen.[5] Der Frachtführer ist auf Verlangen des Absenders verpflichtet, ebenfalls die Ausfertigungen des Frachtbriefes zu unterzeichnen, § 408 Abs. 2 Satz 2. Insofern können beide Vertragsparteien zur Ausstellung eines Frachtbriefs kommen, dem bei beidseitiger Unterschrift der Vertragspartner besondere Beweiswirkungen zukommen.

207 *a) Definition des Frachtbriefs.* § 408 Abs. 1 enthält zwar bestimmte Soll-Vorgaben hinsichtlich Inhalt und Form, jedoch keine eigene Definition des Frachtbriefs, ebenso wenig wie die internationalen Transportübereinkommen für Straßen-, Schienen- und

---

[1] B. I. 4 Rdnr. 61 ff.
[2] Vgl. Palandt/*Heinrichs*, BGB, 65. Aufl. 2006, § 125 Rdnr. 1.
[3] Eine Ausnahme von dieser Verpflichtung gilt nur beim Umzugsvertrag, bei dem der Absender Verbraucher ist, § 451b HGB.
[4] Vgl. *Andresen/Valder*, a. a. O., Rdnr. 1 zu § 408 HGB.
[5] Vgl. *Koller*, a. a. O., Rdnr. 19 zu § 408 HGB.

Lufttransporte (CMR, WA, MA, CIM), an denen sich das das geltende HGB-Frachtrecht weitestgehend orientiert hat.[6] Nach der Gesetzesvorgabe ist der Frachtbrief zunächst ein vom Absender zur Information des Frachtführers und des Empfängers ausgestelltes warenbegleitendes Instruktionspapier.[7] Der Frachtbrief dokumentiert auf schriftliche Weise Abschluss und wesentlichen Inhalt des häufig fernmündlich getroffenen Frachtvertrages. Er enthält die zur ordnungsgemäßen Transportdurchführung wichtigsten Informationen über Zeit und Ort des durchzuführenden Transportes, über die Person des Empfängers, über das zu befördernde Gut, sowie gegebenenfalls weitere transportbezogene Weisungen und vertragliche Nebenabreden und richtet sich damit zunächst an den Frachtführer. Aber auch dem Empfänger dient der Frachtbrief zur Information über die Einzelheiten der durchgeführten Beförderung.

Der vom Frachtführer unterschriebene Frachtbrief dient darüber hinaus sowohl dem Absender als auch dem Empfänger als (widerleglicher) Beweis für die Übernahme des Gutes durch den Frachtführer und erhält insoweit eine wichtige Quittungsfunktion. In der Praxis quittiert auch der Empfänger in der Regel die ordnungsgemäße Ablieferung des Gutes auf dem Frachtbrief. Insoweit dient der Frachtbrief wiederum dem Frachtführer als Beleg für eine ordnungsgemäße schadensfreie Ablieferung des Gutes beim Empfänger. 208

Frachtbriefe werden häufig im Stückgutdirektversand ausgestellt, immer seltener allerdings heute überwiegenden speditionellen Sammelladungsverkehr von HUB zu HUB innerhalb der Spediteursverbünde. Dort, ebenso wie im Binnenschiffsverkehr werden andere Transportdokumente in der Praxis verwendet, die teilweise über Inhalt und Funktionen des Frachtbriefs hinausgehen, teilweise dahinter zurückbleiben und von denen der Frachtbrief folglich abzugrenzen ist.[8] 209

b) Abgrenzung von anderen Frachtdokumenten. aa) Ladeschein. Abzugrenzen ist der Frachtbrief zunächst von dem in den §§ 444–448 geregelten Ladeschein, der in seinen Funktionen dem Konnossement gemäß §§ 642 ff. entspricht und – häufig sogar Konnossement bezeichnet – hauptsächlich in der Binnenschifffahrt verwendet wird, während er im Land- und Luftfrachtrecht keine eigenständige Bedeutung genießt. Der Ladeschein soll inhaltlich die gleichen Angaben enthalten wie der Frachtbrief.[9] Ebenso wie der Frachtbrief dokumentiert der Ladeschein die maßgeblichen frachtvertraglichen Vereinbarungen zwischen Frachtführer und Absender und ist insoweit für deren Rechtsverhältnis maßgebend, § 444 Abs. 3. 210

In formeller Hinsicht wird der Ladeschein jedoch nicht vom Absender, sondern vom *Frachtführer* ausgestellt und unterschrieben, wobei ebenfalls die Nachbildung der Unterschrift in formeller Hinsicht ausreicht, § 444 Abs. 1. Aus seinen nachfolgend beschriebenen Funktionen und der fehlenden Regelung über die Anzahl der Ausfertigungen ergibt sich im Gegensatz zum Frachtbrief, dass der Ladeschein grundsätzlich nur in einer Ausfertigung ausgestellt werden sollte, weil eine mehrfache Ausfertigung dem Zweck des Ladescheins als Wertpapier zuwiderlaufen würde. Würden sich mehrere Personen im Besitz einer Ausfertigung befinden, wäre eine eindeutige Zuordnung der sich aus der Innehabung des Ladescheins ergebenden Berechtigungen nicht mehr möglich. 211

---

[6] Insbesondere die CMR stand Vorbild für das seit 1998 für alle Verkehrsträger geltende HGB-Frachtrecht der §§ 407 ff. HGB.
[7] Vgl. *Fremuth/Thume*, a. a. O., Rdnr. 2 zu § 408 HGB.
[8] Vgl. zum Folgenden näher: *Fremuth/Thume*, a. a. O., Rdnr. 9 ff. zu § 408 HGB.
[9] Vgl. § 444 Abs. 1 HGB, der auf § 408 Abs. 1 HGB verweist.

212 Der Ladeschein enthält zum einen eine vom Frachtführer durch seine Unterschrift bestätigte Übernahmequittung hinsichtlich der in ihm genannten Frachtgüter. Zum andern verbrieft der Ladeschein die Verpflichtung des Frachtführers, die Güter nur gegen Rückgabe des Ladescheins abzuliefern, entweder an den Inhaber des Ladescheins oder an denjenigen, an dessen Order der Ladeschein ausgestellt ist, § 445. Der Ladeschein ist daher anders als der Frachtbrief ein *Wertpapier*, weil der Auslieferungsanspruch von der Innehabung des Ladescheins abhängt.[10] Gleichzeitig ist der Ladeschein ein *Traditionspapier*, denn die Übergabe des Ladescheins an den Berechtigten hat sachenrechtlich dieselben Rechtswirkungen wie die Übergabe des Gutes selbst, § 448. Wer daher den Ladeschein berechtigterweise je nach Ausgestaltung in den Händen hält, hat Eigentum an dem betreffenden Gut. Schließlich ist der Ladeschein in Bezug auf Weisungen zur anderweitigen Ablieferung bzw. Rückgabe des Gutes an einen anderen als den im Ladeschein bestimmten Empfänger immer *Sperrpapier*. Gemäß § 446 Abs. 2 Satz 3 ist der Frachtführer zur Ausführung einer die Änderung des Empfängers betreffenden Weisung nur gegen Rückgabe des Ladeschein verpflichtet, so dass verhindert wird, dass die Ablieferung des Gutes an den berechtigten Empfänger noch durch eine spätere Weisung beispielsweise des Absenders verhindert werden kann, wenn der Ladeschein bereits in anderen Händen ist. Der Ladeschein eignet sich daher aufgrund seines Wertpapiercharakters und seiner Traditions- und Sperrfunktion insbesondere für Akkreditivgeschäfte.

213 *bb) Speditionelle Papiere.* Die üblichen speditionellen Papiere, die zwischen den Spediteuren bzw. zwischen Spediteur und Absender gebräuchlich sind,[11] erfüllen in der Regel nur einen Teil der Aufgaben eines Frachtbriefes oder übernehmen teilweise bestimmte Funktionen des Ladescheins.

214 Das **Bordero** ist eine Ladeliste, die das Gut begleitet. Ihr fehlen Form und die wesentlichen Inhaltsangaben eines Frachtbriefs. Häufig wird auf ihr der ordnungsgemäße Empfang der Sendung(en) durch Unterschrift quittiert, so dass dem Bordero insofern eine Quittungsfunktion zukommen kann.

215 Bei der **Rollkarte** verhält es sich ähnlich. Diese ist ein zumeist für die Auslieferung von Gütern ab einem Lager verwendetes Papier, in dem die einzelnen Sendungen aufgeführt sind und auf dem der Empfänger den Erhalt bestätigt.

216 Der **Speditionsübergabeschein** bestätigt den Speditionsauftrag und die Übernahme des Gutes.

217 Das **FIATA-FCR** (Forwarder's Certificate of Receipt) ist eine Empfangsquittung, die Angaben über den Aussteller, den Einlieferer und das übernommene Gut enthält mit einer Sperrfunktion dahingehend, dass der Einlieferer nachträglich nicht mehr über das Gut verfügen darf und der Spediteur sich als Treuhänder unwiderruflich verpflichtet, das Gut entsprechend der Weisung zu behandeln.

218 Das **FIATA-FCT** (Forwarder's Certificate of Transport) enthält neben der Empfangsquittung des Spediteurs dessen Verpflichtung, das Gut unwiderruflich an den Inhaber des FCT durch einen vom Spediteur ausgewählten Empfangsspediteur auszuliefern. Das FCT ist damit ein Orderpapier, stellt aber grundsätzlich kein Konnossement dar.[12]

219 **Durchkonnossement.** Das Durchkonnossement im multimodalen Verkehr (FIATA Bill of Lading, FBL), das neben dem Empfangsbekenntnis des Beförderers ein Beförderungsversprechen und die Verpflichtung enthält, an den durch das FBL Legitimier-

---

[10] Vgl. *Fremuth/Thume*, a.a.O., Rdnr. 3 zu § 408 m.w.N.
[11] Zur Abgrenzung von Fracht- und Speditionsverträgen vgl. *Koller*, a.a.O., Rdnr. 16 zu § 453 HGB.
[12] Vgl. *Koller*, a.a.O., Rdnr. 25 zu § 454 HGB.

ten auch auszuliefern, ist ebenfalls anders als der Frachtbrief ein akkreditivfähiges Wertpapier und übernimmt damit die gleichen Funktionen wie der Ladeschein.

Versandliste im sog. Feeder- bzw. EDI-Verfahren. Im sogenannten EDI-Verfahren 220 zwischen Paketdiensten und Großkunden erstellt der Versender mittels einer vereinbarten Software eine Versandliste, bei der jedem Paket eine individualisierende Nummer zugeordnet wird, mit der auch das jeweilige Paket versehen wird. Die Versandliste mit den Paketnummern wird elektronisch an den Paketdienstleister versand und dort ausgedruckt. Die gekennzeichneten Pakete kommen beim Kunden in ein Transportbehältnis, einen sog. „Feeder", der im Beisein des Fahrers verplombt und befördert wird. Bestätigt wird lediglich bei Übernahme der Pakete ohne nähere Kontrolle eine bestimmte Anzahl gemäß den vergebenen Nummern zu einem bestimmten Zeitpunkt. Der Versandliste kommt jedoch die Wirkung einer Empfangsbestätigung der gekennzeichneten Pakete in dem Moment zu, wenn der Paketdienst den verplombten Feeder öffnet und nicht unverzüglich beanstandet, dass der Inhalt des Feeders von der Versandliste abweicht, sobald er die Möglichkeit zur Überprüfung hat.[13]

c) Papierloser Transport/Scannertechnik. Schließlich sei noch an dieser Stelle der 221 immer häufiger anzutreffende papierlos durchgeführte Transport zu nennen, in dem mittels Scannertechnik die einzelnen Pakete/Packstücke an den einzelnen Schnittstellen erfasst werden. Die heutigen mobilen Scanner im KEP- und Speditionsbereich sind mit mobiler Datenübertragung (GPRS) ausgestattet und übertragen per Knopfdruck die jeweiligen gescannten Daten der Packstücklabel an eine zentrale EDV-Stelle mit jeweiligen Zeitstempel versehen, wo diese dann abgerufen und ausgedruckt werden, so dass eine relativ sichere Sendungsverfolgung stattfinden kann. Ebenso kann der Empfänger auf dem Scanner mit einem EDV-Stift den Empfang der Sendung quittieren, wobei diese Daten ebenso mobil übertragen werden bzw. der Scannerspeicher auch selbst ausgelesen werden kann. Diese so generierten Empfangsdaten sind keineswegs fälschungsanfälliger als der klassische Frachtbrief.

d) Form des Frachtbriefs. aa) Form. Häufig werden im nationalen Güterkraft- 222 verkehr Formulare im DIN A 4 Format verwendet, die sich in der Aufmachung inhaltlich an dem von der International Road Transport Union entwickelten Formular für CMR-Transporte[14] orientieren, das sich internationalen Straßentransportverkehr durchgesetzt hat. Die Verwendung solcher Formulare ist im Interesse einer auch international leichten Lesbarkeit sinnvoll und empfehlenswert, jedoch nicht vorgeschrieben.[15]

Gemäß § 408 Abs. 1 wird der Frachtbrief auf Verlangen des Frachtführers in drei 223 Originalausfertigungen vom Absender ausgestellt und unterschrieben, von denen jedes eine eigenständige Urkunde darstellt. Im Idealfall behält eine Ausfertigung der Absender, eine Ausfertigung erhält der Frachtführer und eine Ausfertigung begleitet den Transport, § 408 Abs. 2. Anders als etwa in der CMR, wo nach dem obigen IRU-Formular die 1. Ausfertigung (rosa) beim Absender, die 2. Ausfertigung (blau) das Gut begleitet und die 3. Ausfertigung (grün) für den Frachtführer bestimmt ist,[16] sieht das HGB-Frachtrecht die Ausfertigung von drei Originalfrachtbriefen vor, bei denen es nicht darauf ankommt, wer der Beteiligten welche Ausfertigung erhält. Soweit al-

---

[13] Vgl. BGH TranspR 2005, 403; OLG München Urteil vom 17.5.2006 – 7 U 5560/05.
[14] Abgedruckt bei *Thume*, a. a. O., Anhang I, S. 1233.
[15] Vgl. *Koller*, a. a. O., Rdnr. 2 zu Art. 4 CMR.
[16] Vgl. Art. 5 Nr. 1 CMR.

lerdings das Gesetz die „Absenderausfertigung"[17] erwähnt, kommt es auch auf diese dem Absender übergebene Ausfertigung an.[18]

224 bb) *Haftung für unrichtige Ausstellung.* Der Absender haftet dem Frachtführer verschuldensunabhängig für die Unrichtigkeit oder Unvollständigkeit der im Frachtbrief gemachten Angaben, § 414 Abs. 1 Nr. 2. Der Schadensersatz ist allerdings auf 8,33 SZR pro kg Rohgewicht beschränkt, während der Absender für Aufwendungen des Frachtführers auch in diesem Fall unbegrenzt eintrittspflichtig ist.[19] Wie alle übrigen haftungsbegründenden Normen des HGB-Frachtrechts ist auch § 414 AGB-fest ausgestaltet und kann nur im Rahmen des 449 Abs. 1 u. Abs. 2 abbedungen oder geändert werden.[20]

225 Grundsätzlich kommt es auch vor, dass nicht der Absender, sondern der Frachtführer die Ausstellung des Frachtbriefes übernimmt. Die Verpflichtung zur Ausstellung verbleibt jedoch auch in diesem Fall beim Absender. Der Frachtführer fungiert in diesem Fall lediglich als Erfüllungsgehilfe des Absenders. Für inhaltliche Fehler, die zurechenbar dem Frachtführer bei der Ausstellung unterlaufen, muss der Frachtführer allerdings dann selbst einstehen, ggf. kommt eine Schadensteilung entsprechend den Verursachungsbeiträgen in Betracht, § 414 Abs. 2.

226 cc) *Unterschriften.* Der Absender ist gemäß § 408 Abs. 3 verpflichtet, auf Verlangen des Frachtführers alle drei Ausfertigungen zu unterzeichnen, wobei eine Nachbildung der Unterschrift beispielsweise durch Stempel genügt. Es muss sich jedoch um die Nachbildung der Unterschrift handeln, um ein Mindestmaß an Fälschungssicherheit zu gewährleisten. Ein bloßer Firmenstempel reicht dazu nicht aus. Eine Stellvertretung bei Abschluss und Unterschriftsleistung durch andere Personen als den Absender ist wie bei allen anderen Rechtsgeschäften des Handelsrecht, bei denen dies nicht ausdrücklich ausgeschlossen ist, zulässig.

227 Dieselben Formanforderungen werden an die Unterschriftsverpflichtung des Frachtführers gestellt, der auf Verlangen des Absenders ebenfalls zu unterschreiben hat. Ob statt dem Frachtführer dessen Fahrer berechtigt ist, einen Frachtbrief zu unterzeichnen, bemisst danach, ob der Fahrer dazu vertretungsberechtigt ist, was nicht zuletzt von den Umständen des Einzelfalls abhängig ist. In der Regel wird der beim Frachtführer angestellte eigene Fahrer im Interesse einer praktischen Abwicklung des Frachtauftrages dazu ermächtigt sein.[21] Anders könnte dies bei Unterschriftsleistung des Fahrers eines vom Frachtführer eingeschalteten Unterfrachtführers zu bewerten sein, der außerhalb der Betriebes und damit nicht mehr in direkter vertraglicher Beziehung zum Frachtführer steht. Dieser wird regelmäßig nicht stillschweigend als bevollmächtigt anzusehen sein, rechtsverbindliche Erklärungen zu Lasten des (Haupt-) Frachtführers abzugeben. Derjenige, der sich auf die Rechtswirksamkeit der jeweiligen Unterschrift beruft, hat ggf. zu beweisen, dass es sich um die Unterschrift der jeweils maßgeblichen Person (Absender, Frachtführer) handelt, bzw. eine wirksame Stellvertretung vorliegt.

228 Andererseits wird die Wirksamkeit des Frachtbriefes nicht durch die fehlende Unterzeichnung durch den Frachtführer berührt. Das Gesetz sieht eine Verpflichtung des

---

[17] Vgl. § 418 Abs. 4 HGB.
[18] Ist der Frachtbrief als Sperrpapier ausgestaltet, muss der Absender, der wirksam Verfügungen treffen möchte, dem Frachtführer seine Ausfertigung des Frachtbriefs vorlegen, § 418 Abs. 4 HGB. Vgl. auch unten Rdnr. 275 ff.
[19] Vgl. *Fremuth/Thume*, a. a. O., Rdnr. 32 zu § 408 HGB.
[20] Vgl. § 449 Abs. 1 HGB.
[21] Vgl. *Andresen/Valder*, a. a. O., Rdnr. 21 zu § 408 HGB.

II. Transportdurchführung   B. II

Frachtführers zur Unterschrift nur bei ausdrücklichem Verlangen des Absenders vor. Die fehlende Unterschrift des Frachtführers verhindert jedoch die verstärkte Beweisfunktionen des § 409.[22]

dd) Haftung bei Verweigerung. Weigert sich der Absender, auf Verlangen des Fracht- **229** führers einen Frachtbrief auszustellen oder diesen zu unterschreiben, kommt nicht nur eine verschuldensunabhängige Haftung für Schäden des Frachtführers beschränkt auf 8,33 SZR pro kg Rohgewicht gemäß §§ 414 Abs. 1 Satz 2 in Betracht, sondern es wird angesichts vorsätzlichen Verhaltens des Absenders in aller Regel § 435 anzunehmen sein, so dass der Absender dem Frachtführer unbeschränkt für alle daraus resultierenden Schäden haftet, §§ 414 Abs. 1 Satz 2, 435.

Eine Weigerung des Frachtführers zur Unterschrift bzw. Rückgabe der für den Ab- **230** sender bestimmten Ausfertigung führt ebenfalls zur Schadensersatzpflicht und der Frachtführer riskiert eine Kündigung des Absenders gemäß § 415 Abs. 1, 3 HGB, ohne seinen Anspruch auf Aufwendungs- und Frachtersatz im Falle einer nicht schuldhaft verursachten Kündigung zu behalten. Im Übrigen sind die Regelungen des § 408 HGB dispositiv, so dass die Parteien sowohl von der Anzahl der auszustellenden Frachtbriefexemplare wie auch von den übrigen Regelungen inhaltlich Abweichendes vereinbaren können.

e) Inhalt des Frachtbriefs. aa) Mindestvoraussetzungen. § 408 Abs. 1 enthält eine **231** exemplarische Aufzählung der im Normalfall zu erwartenden Angaben des Frachtbriefs, die sich inhaltlich an Art. 6 Abs. 1 CMR orientiert hat. Um überhaupt inhaltlich von einem gültigen Frachtbrief sprechen zu können, wird gefordert, dass mindestens Angaben gemäß Nr. 1 bis Nr. 8 des § 408 Abs. 1 enthalten sind.[23] Zweifelhaft erscheint hieran, ob zu den Mindestvoraussetzungen eines Frachtbriefs auch gehört, das Ort und Tag der Ausstellung eingetragen sind.[24] Nach *Fremuth*[25] ist es hingegen nur erforderlich, dass der Absender eine Urkunde ausgestellt hat, in der dem Frachtführer der Auftrag erteilt wurde, ein bestimmtes Gut von einem bestimmten Abgangsort zu einem bestimmten Zielort zu befördern, also Angaben zu Nr. 2, 3, 4 und 6 des § 408 Abs. 1 zu machen. Ein Frachtbrief, indem einzelne Angaben gemäß der Aufzählung in § 408 Abs. 1 fehlen oder unrichtig sind, ist damit rechtlich nicht wirkungslos, vielmehr ist der Beweiswert seiner Angaben frei zu würdigen. Dies gilt selbst dann, wenn mangels Unterschrift des Absenders oder Nichterfüllung der Mindestvoraussetzungen kein Frachtbrief als solcher vorliegt.[26] Es ist jedoch sowohl für die Transportabwicklung als auch im Hinblick auf spätere Meinungsverschiedenheiten sinnvoll, nicht nur die enumerativ aufgeführten Angaben gemäß § Nr. 1–12 des § 408 Abs. 1 in den Frachtbrief einzutragen, sondern gegebenenfalls weitere vertragliche Abreden, die die Parteien für regelungswürdig gehalten haben und die an der Beweiswirkung des Frachtbriefs mit teilhaben sollen. Dies kann etwa Weisungen wie ein Umladeverbot, einen Sperrvermerk[27] oder eine vereinbarte Lieferfrist betreffen, deren Aufnahme in den Frachtbrief anders als in Art. 6 CMR bei Inlandstransporten nicht vorgeschrieben sind.[28]

---

[22] Vgl. unten Rdnr. 250 ff.
[23] Vgl. *Andresen/Valder*, a.a.O., Rdnr. 3 zu § 408 HGB.
[24] BR-Drucks. 368/97, S. 34.
[25] Vgl. *Fremuth/Thume*, a.a.O., Rdnr. 13 und 15 zu § 408 HGB.
[26] Vgl. *Fremuth/Thume*, a.a.O., Rdnr. 14 zu § 408 HGB.
[27] Vgl. zum Frachtbrief als Sperrpapier unten Rdnr. 275 ff.
[28] Vgl. *Andresen/Valder*, a.a.O., Rdnr. 4 zu § 408 HGB.

bb) Zu den einzelnen Angaben. (1) Nr. 1–3. Die Angaben zu den Vertragsparteien, zum Ort und zum Datum der Ausstellung des Frachtbriefs entsprechen Art. 6 Abs. 1 Buchstabe a – c CMR. Ort und Datum der Ausstellung des Frachtbriefs müssen nicht mit dem Ort und Datum der Übernahme übereinstimmen.[29] Auf Ort und Zeit des abgeschlossenen Frachtvertrages, der spätestens mit Ausstellung des Frachtbriefs konkludent abgeschlossen ist, kommt es hingegen nicht an.

232 Nach Nr. 2 und 3 sind der Name und die Anschrift des Absenders und des Frachtführers einzutragen, also der Vertragsparteien des Frachtvertrages. Auf eventuelle weitere Transportbeteiligte wie den Unterfrachtführer oder den Verlader kommt es nicht an.[30] Die Angaben müssen soweit erfolgen, dass sie eine ausreichende Identifizierung ermöglichen, im Zweifel sollten die Angaben vollständig erfolgen.

233 *(2) Nr. 4 und 5.* Die Regelung in Nr. 4 erfordert die genaue geografische Angabe des Ortes der Übernahme und insbesondere der Ablieferungsstelle des Guts nach politischer Gemeinde, Straße und Hausnummer, wenn die letztere bereits festgelegt ist.[31]

234 Die genaue Angabe der Ablieferungsstelle ist insbesondere wegen des Übergangs der Verfügungsrechte über das Gut auf den Empfänger (§ 418 Abs. 2) entscheidend, die bereits bei Ankunft des Gutes an der Empfangsstelle entstehen und nicht erst nach Ablieferung. Ebenfalls kann der Empfänger mit Ankunft des Gutes am Ablieferungsort gemäß § 421 Abs. 1 vom Frachtführer die Ablieferung verlangen und im eigenen Namen alle Rechte des Absenders wegen Verlust, Beschädigung und Verspätung ausüben.[32]

235 Mit Datum der Übernahme gemäß Nr. 5 ist die tatsächliche Übernahme des Gutes, nicht die vertraglich vorausgesehene gemeint, was etwa Bedeutung für die exakte Berechnung der Lieferfrist hat.

236 Nr. 5 erweitert die Möglichkeiten einer flexiblen Abwicklung gegenüber der Regelung in Art. 6 Abs. 1 Buchstabe e CMR durch die zusätzliche Angabe einer Meldeadresse (sog. notify-address), unter der der Frachtführer seine Entladebereitschaft anzeigen bzw. weitere Anweisungen einholen kann. Die Regelung dieser Meldeadresse wurde aus dem See- und Binnenschifffahrtsrecht ins HGB-Frachtrecht übernommen. Sie genießt insbesondere für die Binnenschifffahrt Bedeutung, weil bei diesem Verkehrträger bei Ausstellung des Frachtbriefs und Zielangabe eines Hafens oftmals noch keine endgültigen Angaben übe Liegeplatz und Empfangsmodalitäten gemacht werden können.[33] Durch Aufnahme in das HGB lässt sich diese flexiblere Möglichkeit aber auch für die anderen Verkehrsträger nutzbar machen.

237 *(3) Nr. 6.* § 408 Abs. 1 Nr. 6 verlangt die Bezeichnung des Gutes sowie seiner Verpackung der Gattung nach mit allgemeinen gebräuchlichen Begriffen.[34] Sind mehrere Bezeichnungen möglich, so soll die umgangssprachliche Bezeichnung Vorzug genießen. Allgemein verständliche Abkürzungen dürfen verwendet werden.

238 Nach Koller[35] reicht die Bezeichnung als „Sammelgut" im Spediteursammelverkehr nur aus, wenn das Gut nicht besonders gefährdet ist und von ihm keine besonderen Gefahren ausgehen.

---

[29] Vgl. *Andresen/Valder*, a.a.O., Rdnr. 5 zu § 408 HGB.
[30] Vgl. *Koller*, a.a.O., Rdnr. 5 zu § 408 HGB, sowie zu den möglichen Beteiligten oben Rdnr. 6ff.
[31] Vgl. *Koller*, a.a.O., Rdnr. 7 zu § 408 HGB.
[32] Vgl. *Fremuth/Thume*, a.a.O., Rdnr. 16 zu § 408 HGB.
[33] Vgl. *Andresen/Valder*, a.a.O., Rdnr. 6 zu § 408 HGB.
[34] Vgl. OLG Düsseldorf TranspR 1992, 218 (219).
[35] Vgl. *Koller*, a.a.O., Rdnr. 9 zu § 408 HGB.

II. Transportdurchführung

239 Nach dem Gefahrgutbeförderungsgesetz[36] sind bei der Beförderung von gefährlichen Gütern die nach den einschlägigen Vorschriften[37] vorgesehene Bezeichnung, ansonsten die allgemein anerkannten Bezeichnungen zu verwenden.

240 *(4) Nr. 7.* Zur Identifizierung der abzuliefernden Frachtstücke sind die Frachtstücke im Frachtbrief nach ihrer Anzahl – und soweit sie gekennzeichnet sind – nach Zeichen und Nummern anzugeben. Als Frachtstücke sind alle Sendungsteile anzusehen, die im Frachtbrief als solche aufgeführt sind, z.B. Container, Gitterboxen, Paletten oder Pakete. Eine Kennzeichnungspflicht der Frachtgüter ergibt sich nicht aus § 408 Abs. 1 Nr. 7, wohl aber gegebenenfalls aus § 411, soweit ihre vertragsgemäße Behandlung dies erfordert.

241 Unterlässt der Absender die Kennzeichnung der Frachtstücke, braucht er auch keine entsprechenden Angaben in den Frachtbrief einzutragen. Er trägt dann allerdings gemäß § 427 Abs. 1 Nr. 5 das Risiko des Verlustes seiner Ersatzansprüche wegen darauf beruhender Güter- oder Verspätungsschäden bzw. sieht sich einer verschuldensunabhängigen Haftung gemäß § 414 Abs. 1 für darauf beruhende Schäden des Frachtführers ausgesetzt.[38]

242 *(5) Nr. 8.* Im Frachtbrief ist ferner das Rohgewicht der Sendung anzugeben, das sich aus dem Nettogewicht des Gutes ohne Verpackung, sowie dem Gewicht der Verpackung einschließlich der verwendeten Lademittel wie Paletten, Gitterboxen oder Container zusammensetzt.[39] Die Gewichtsangaben dienen dem Frachtführer zur Vermeidung einer Überladung seines verwendeten Ladungsträgers, sowie zur Berechnung der Haftungssumme und gegebenenfalls seines Frachtanspruchs, soweit dieser sich nach dem Gewicht bemisst (§ 420 Abs. 4). Ausnahmen können beim Transport von Flüssigkeiten und Gasen gelten, die üblicherweise nach Rauminhalt bemessen werden.

243 *(6) Nr. 9.* Fracht ist nach der Legaldefinition (§ 407 Abs. 2) die gesamte dem Frachtführer zu zahlende Vergütung, wie Beförderungsentgelt, Wiegegelder, Ladevergütung etc. Nicht zur Fracht gehören die zu ersetzenden Aufwendungen, die sich gesondert aus dem HGB ergeben (Umkehrschluss aus § 420 Abs. 1). Zu den gesondert zu ersetzenden Aufwendungen gehörten etwa solche, die entstanden sind wegen

- Überprüfung von Gewicht, Menge und Inhalt des Gutes (§ 409 Abs. 3)
- Ausladen, Einlagern, Zurückbefördern oder Unschädlichmachen von Gefahrgut bei Gefahr oder mangels Gefahrenmitteilung (§ 410 Abs. 2 Nr. 2)
- kausalen Verpackungsmängeln, Verstößen des Absenders gegen Mitteilungs- und Informationspflichten (§ 414 Abs. 1)
- der Ausführung von nachträglichen Weisungen (§ 418 Abs. 1 und 2)
- ergriffener Maßnahmen aufgrund von Beförderungs- und Ablieferungshindernissen (§ 419 Abs. 4).[40]

244 Es reicht aus, wenn sich aus den Frachtbriefangaben der Umfang der Zahlungspflicht entnehmen lässt.[41]

---

[36] BGBl. I 1999, 3114, 3115.
[37] Gefahrgutverordnung Straße (GGVS), Gefahrgutverordnung Eisenbahn (GGVE), Gefahrgutverordnung Binnenschifffahrt (GGV BinSch) und Europäisches Übereinkommen über die internationale Beförderung gefährlicher Güter auf der Straße (ADR).
[38] Vgl. *Koller*, a.a.O., Rdnr. 10 zu § 408 HGB.
[39] Vgl. *Koller*, a.a.O., Rdnr. 11 zu § 408 HGB.
[40] Vgl. auch B. I 4d Rdnr. 133 ff.
[41] Vgl. *Fremuth/Thume*, a.a.O., Rdnr. 23 zu § 408 HGB.

Vielfach unterbleibt eine Angabe zur Fracht, um nicht dem nachfolgenden Unterfrachtführer über die Frachtvereinbarung mit dem Absender zu informieren. Die Angabe der genauen Fracht kann jedoch für den Spediteur wegen der Bestimmung des § 459 über die Fixkostenspedition und die sich daraus ergebende Rechtsstellung als Frachtführer wichtig sein.

245 Durch die vorgesehenen Vermerke über die Frachtzahlung soll der Bedeutung von Frankaturvermerken für die Praxis hinsichtlich der Zahlungsverpflichtung Rechnung getragen werden. Eine besondere Bedeutung kommt den „frei-" oder „unfrei-"Vermerken zu.[42] Der Freivermerk betrifft die Beträge, die der Absender selbst tragen will. Der „unfrei-"Vermerk weist dem Empfänger die Transportkostentragung zu. Will der Absender, dass das Gut nur gegen Einziehung der Frachtkosten abgeliefert werden soll, reicht ein Frankaturvermerk nicht aus, sondern es muss ausdrücklich eine Frachtnachnahme (§ 422 Abs. 1) angegeben werden.[43] Ein „unfrei-"Vermerk im Frachtbrief begründet selbst *keine* unmittelbare Zahlungspflicht des Empfängers, sondern dokumentiert nur die Vereinbarung zwischen Absender und Frachtführer.[44] Faktisch entsteht jedoch ein Zwang zur Zahlung der Fracht über § 421 Abs. 2, denn der Frachtführer kann die Ablieferung der Güter gegenüber dem Empfänger verweigern, bis ihm dieser die aus dem Frachtbrief ersichtliche Fracht, soweit diese noch offen ist, sowie etwaige Standgelder gemäß Abs. 3 gezahlt hat. Der Frachtführer hat sich bei einem „unfrei-," Vermerk um das Inkasso zu bemühen. Im übrigen bleibt der Absender zur Erfüllung der Frachtzahlung und zum Aufwendungsersatz neben dem Empfänger verpflichtet. Absender und Empfänger sind hinsichtlich des von § 421 erfassten Fracht- und Aufwendungsersatzes Gesamtschuldner.

246 *(7) Nr. 10.* Die Nachnahmeklausel entspricht Art. 6 Abs. 2 Buchstabe c CMR, wobei sich Einzelheiten aus § 422 ergeben. Es sind die Nachnahmeüberweisung und der Nachnahmebetrag im Frachtbrief anzugeben. Eine Nachnahmevereinbarung ist nicht deshalb unwirksam, weil sie nicht im Frachtbrief eingetragen ist.[45]

247 *(8) Nr. 11.* Die Eintragung von Weisungen über die Zoll- und sonstige amtliche Behandlung des Gutes entspricht Art. 6 Abs. 1 Buchstabe j CMR. Die wichtigste Form der amtlichen Behandlung, die Zollbehandlung, genießt für die vom Gesetz erfassten Binnentransporte insoweit Bedeutung, als es sich um Transporte von und nach Zolllagern und Freihäfen handelt, bei denen eine zollamtliche Behandlung zu beachten ist.

248 *(9) Nr. 12.* Die Eintragung über die Beförderungen in offenen Fahrzeugen oder auf Deck, die ohne Vorbild in der CMR oder im bisherigen Recht eingeführt wurde, dient dem Informations- und Beweissicherungsbedarf von Absender und Empfänger wegen der mit diesen Beförderungsarten verbundenen besonderen Gefahren für das Gut durch äußere Einflüsse, die auch Grundlage für den gleichlautenden besonderen Haftungsausschluss gemäß § 427 Abs. 1 Nr. 1 sind. Vor allem bei Beförderungen per Eisenbahn und per Binnenschiff ist eine Beförderung in offenen Wagen oder auf Deck häufig. Die Regelung soll die haftungsrechtlichen Vorschriften ergänzen und die Beweisbarkeit etwaiger haftungsrechtlicher relevanter Abreden erleichtern.[46]

---

[42] Vgl. zu den verschiedenen Frankaturvermerken: *Fremuth/Thume*, a. a. O., Rdnr. 25 ff. zu § 408 HGB.
[43] Vgl. *Andresen/Valder*, a. a. O., Rdnr. 10 zu § 407 HGB.
[44] Vgl. *Fremuth/Thume*, a. a. O., Rdnr. 25 zu § 408 HGB.
[45] Vgl. BGH TranspR 1982, 74.
[46] Vgl. BR-Drucks. 368/97, S. 35 und 36.

II. Transportdurchführung   B. II

Im Übrigen sind die Parteien frei darin, in den Frachtbrief weitere vertragliche Ab- 249
reden einzutragen, die an der nachfolgend beschriebenen besonderen Beweisfunktion
des beidseitig unterschriebenen Frachtbriefs teilhaben sollen.

f) Funktionen des Frachtbriefs. aa) Besondere Beweisfunktion. Gemäß § 409 Abs. 1 250
kommt dem von beiden Vertragsparteien unterschriebenen formgültigen Frachtbrief
eine vom Gesetz angeordnete besondere Beweisfunktion hinsichtlich

- Abschluss und Inhalt des Frachtvertrages
- Übernahme von Gut und Verpackung in äußerlich guten Zustand
- Richtigkeit der eingetragenen Anzahl der Frachtstücke und ihrer Bezeichnung zu.

Diese Regelung entspricht im Wesentlichen derjenigen des Art. 9 CMR. Vorausset- 251
zung ist ein formgültig ausgestellter Frachtbrief mit den notwendigen Mindestangaben,[47] der nicht nur vom Absender, sondern auch vom Frachtführer unterschrieben
worden ist. Enthält etwa ein vom Absender und Frachtführer unterschriebener Lieferschein oder eine Warenrechnung die og. Mindestangaben eines Frachtbriefes, so ist
von einem ausgestellten Frachtbrief auszugehen,[48] der an der besonderen Beweiswirkung des § 409 Abs. 1 teil haben kann, denn der Absender hat durch Unterschrift
unter die Angaben und Übergabe des Papiers an den Frachtführer dieses insoweit in
einen Frachtbrief umgewidmet.

Nach § 416 Abs. 1 ZPO liegt bereits mit dem nur vom Absender unterschriebenen 252
Frachtbrief eine Urkunde vor, die eines der klassischen Beweismittel des Zivilprozes-
ses ist (Urkundsbeweis) und mit deren Vorlage der Beweis geführt werden kann, dass
der Aussteller die Erklärungen in der Urkunde abgegeben hat. Hinsichtlich der Richtigkeit des Erklärungsinhalts hilft nur der Erfahrungssatz, dass jemand, der etwas
schriftlich bestätigt, dies in der Regel auch zutreffend bestätigt.[49] Solche Erfahrungssätze können jedoch durch plausiblen anders lautenden Vortrag vereinfacht erschüttert werden und kommen dann nicht mehr zur Anwendung.

§ 409 Abs. 1 weist jedoch dem beidseitig vom Absender und Frachtführer unter- 253
schriebenen Frachtbrief einen widerleglichen Beweiswert zur *Richtigkeit des Inhalts*
zu, der nur durch den voll zu führenden Beweis des Gegenteils entkräftet werden
kann.[50] Die Vermutungswirkung des Frachtbriefes ist daher erst widerlegt, wenn sich
das Gericht eine solche Gewissheit der Unrichtigkeit der Eintragung(en) verschafft
hat, dass diesbezüglich jeglichen Zweifeln Schweigen geboten ist.[51] Für ein solches
Verständnis spricht bereits der Wortlaut, sowie der Sinn und Zweck der Vorschrift,
hinsichtlich der aus dem Frachtbrief ersichtlichen Vereinbarungen, die immer wieder
Gegenstand von Streitigkeiten sind, für Rechtssicherheit zu sorgen. Es ist daher bei
der Ausstellung und Bestätigung der inhaltlichen Angaben im Frachtbrief höchste
Aufmerksamkeit insbesondere von Seiten des Frachtführers geboten.

Der die Beweiskraft des Frachtbriefes widerlegende Gegenbeweis kann durch alle 254
nach der ZPO zulässigen Beweismittel (insbesondere Zeugen- Urkunden- und Sachverständigenbeweis) erbracht werden.[52] Auch der Anscheinbeweis ist zulässig, soweit

---

[47] Vgl. oben Rdnr. 222 ff.
[48] Vgl. *Fremuth/Thume*, a.a.O., Rdnr. 1 zu § 408 HGB; *Koller*, a.a.O., Rdnr. 2 zu § 409 HGB unter Verweis auf Rdnr. 3 zu § 408 HGB.
[49] Vgl. *Koller*, a.a.O., Rdnr. 3 zu § 409 HGB.
[50] Vgl. *Fremuth/Thume*, a.a.O., Rdnr. 3 zu § 409; *Koller*, a.a.O.; a.A. *Lammich/Pöttinger*, Transport-
rechtskommentar, Rdnr. 20 zu § 409 HGB.
[51] Vgl. *Koller*, a.a.O., Rdnr. 3 zu § 409 HGB unter Verweis auf BGH NJW-RR 1994, 567(568).
[52] Vgl. BGH VersR 1964, 479 (480).

es sich um nach der Lebenserfahrung typische Geschehensabläufe handelt, die dem Anscheinsbeweis zugänglich sind.[53] Im Übrigen kann der Vermutungswirkung im Einzelfall bei Vorliegen einer der von der Rechtsprechung entwickelten Fallgruppen eines Verstoßes gegen Treu und Glauben entgegen gehalten werden, § 242 BGB. So dürfte etwa der Einwand der unzulässigen Rechtsausübung anzuwenden sein, wenn eine Partei über die Reichweite der Vermutungswirkung wissentlich getäuscht oder unter erheblichen Druck gezwungen wird, den Frachtbrief blind zu unterschreiben.[54] In allen anderen Fällen müssen die Parteien, denen der Gegenbeweis nicht gelingt, den unterschriebenen Inhalt des Frachtbriefes in seiner Richtigkeit im Zweifel gegen sich gelten lassen.

255 *bb) Reichweite der Vermutung. (1) Abschluss und Inhalt.* Die Vermutung bezieht sich zunächst auf Abschluss und Inhalt des Frachtvertrages, soweit sich dieser in seinen Einzelheiten aus dem Frachtbrief ergibt. Eine negative Vermutung etwa in Bezug auf das Fehlen von Willensmängeln oder Fehlen bestimmter Angaben ist jedoch mangels positiver Dokumentation ausgeschlossen, selbst wenn für bestimmte Eintragungen vorgesehene Felder in einem Formular nicht ausgefüllt werden.[55] Es lässt sich daher nicht aus dem Fehlen von Angaben über die Höhe der Fracht, einer Nachnahmeklausel, oder der Nichteintragung der Beförderung in offenen Wagen vermuten, dass darüber keine Vereinbarung außerhalb des Frachtbriefes getroffen wurde.

256 Der bestätigte Inhalt des Frachtbriefes lässt auch nicht die Vermutung zu, dass der Inhalt des Frachtvertrages vollständig wiedergegeben wurde, denn § 408 Abs. 1 Satz 2 lässt den Parteien eine Auswahlfreiheit, welche vertraglichen Abreden sie für eintragungswürdig halten ohne Anspruch auf Vollständigkeit. Die Vermutung erstreckt sich jedoch auf die Person des Absenders,[56] des Frachtführers[57] und des Empfängers sowie aller sonstigen gemäß § 408 Abs. 1 eingetragenen Angaben.

257 *(2) Übernahme des Gutes.* Die Vermutungswirkung des beidseitig unterschriebenen Frachtbriefes bestätigt ferner die Übernahme des Gutes und seiner Verpackung in äußerlich gutem Zustand, § 409 Abs. 2.

258 Sind im Frachtbrief die Anzahl der Frachtstücke sowie ihre Zeichen und Nummern genannt, so bezieht sich die Vermutung auch auf die Richtigkeit dieser Angaben in Bezug auf das übernomme Gut. Als Frachtstücke gelten alle vom Absender hergestellten Einheiten oder genannten Einzelstücke, die als solche im Frachtbrief aufgeführt sind.[58] Ist lediglich eine Anzahl von Paletten oder Gitterboxen angegeben, stellt die einzelne Palette oder Gitterbox ein Frachtstück dar, auf die sich die Vermutung bezieht, nicht die Menge der auf den Paletten verpackten Ware.[59] Ist nur die Anzahl der Kartons oder sonstigen Teilen vermerkt, gelten diese als einzelne Frachtstücke.[60]

259 Sind die Güter aufgeführt, die auf Paletten gepackt sind, aber nicht palettenweise an bestimmte Empfänger gehen, so gelten die einzelnen Güter als Frachtstücke. Entsprechendes gilt für Zeichen und Nummern.

---

53 Vgl. BGH NJW 1996, 1828.
54 Vgl. *Koller*, a.a.O., Rdnr. 3 zu § 409 HGB.
55 Vgl. *Koller*, a.a.O., Rdnr. 4 zu § 409 HGB.
56 Vgl. OLG München VersR 1982, 264 ff.
57 Vgl. OLG Hamburg VersR 1982, 556.
58 Vgl. MüKoHGB/*Dubischar*, Rdnr. 3 zu § 409 HGB.
59 Vgl. *Andresen/Valder*, a.a.O., Rdnr. 8 zu § 409 HGB., *Fremuth/Thume*, a.a.O., Rdnr. 9 zu § 409 HGB.
60 Vgl. *Koller*, a.a.O., Rdnr. 14 zu § 409 HGB.

II. Transportdurchführung B. II

Im HGB-Frachtrecht ist anders als im Art. 8 CMR für internationale Straßentransporte keine ausdrückliche Überprüfungspflicht des Frachtführers hinsichtlich des äußeren Zustandes des Gutes sowie der Anzahl, Nummern und Zeichen der Frachtstücke normiert. Das Gesetz setzt im Hinblick auf die Vermutung der Richtigkeit der Frachtbriefangaben hinsichtlich Anzahl der Frachtstücke vielmehr voraus, dass es dem Frachtführer *bei Frachtstücken* zuzumuten ist, einen Blick auf diese zu werfen, ob diese vollständig und äußerlich unversehrt sind, sofern dies ohne großen Aufwand zu überschauen ist. Dies dürfte regelmäßig bei einer geringen Anzahl von Packstücken auf einem LKW- Transport ohne weiteres möglich sein, so dass diesbezügliche Angaben im Frachtbrief ohne weiteres an der Vermutungswirkung teilnehmen. 260

Anders ist dies bei unübersehbar großen Ladungen, etwa bei einer großen Schiffsladung von 10.000 Paketen auf 862 Paletten oder bei Frachtgut, dass nicht aus Frachtstücken besteht wie etwa flüssiges oder schüttbares Gut, bei der eine diesbezügliche Überprüfung mit einem erheblichen zeitlichen und personellen Aufwand verbunden wäre. Solche nicht mehr ohne großen Aufwand zu überprüfenden Angaben zum Gut im Frachtbrief nehmen daher nicht von sich aus an der Vermutungswirkung des § 409 Abs. 2 teil, sondern nur noch bei ausdrücklicher Überprüfungspflicht gemäß § 409 Abs. 3. Zur Klarstellung empfiehlt sich in solchen Fällen zusätzlich die Eintragung eines Unbekannt-Vermerks hinsichtlich der im Frachtbrief angegebenen Anzahl, Menge bzw. Gewicht des Gutes, wie dies etwa im Seerecht üblich ist. 261

Der Absender kann jedoch in diesen Fällen, insbesondere hinsichtlich der Angabe des *Rohgewichts*, der anders *angegebenen Menge des Gutes* oder des *Inhalts der Frachtstücke* vom Frachtführer eine gesonderte Überprüfung verlangen, § 409 Abs. 3. Nach Überprüfung dieser Angaben durch den Frachtführer und Eintragung des Ergebnisses in den Frachtbrief nehmen diese wiederum an der Vermutungswirkung der inhaltlichen Angaben im Frachtbrief teil. 262

Bedeutung hat die Richtigkeit der Rohgewichtsangabe insbesondere für die Höhe der Haftung, die sich nach dem Rohgewicht richtet, § 431 Abs. 1. Die Verifizierung der Mengenangabe hat Bedeutung insbesondere bei flüssigen oder schüttbaren Gütern, bei denen es sich nicht um Packstücke gemäß § 409 Abs. 2 handelt und deren Menge auch nicht auf einen Blick überprüfbar ist. 263

Die Überprüfung des Inhalts der Frachtstücke kann insbesondere bei Tiefkühlware oder oder sonstigen Fällen empfindlichen Inhalts Bedeutung haben, bei der es dem Absender auf den Beweis des guten inhaltlichen Zustandes des Gutes bei Übernahme ankommt. 264

Dem Weisungsverlangen des Absenders nach Überprüfung und Eintragung des Ergebnisses der Überprüfung in den Frachtbrief kann sich der Frachtführer nur verweigern, wenn ihm keine angemessenen Mittel zu Überprüfung zur Verfügung stehen. 265

Andererseits hat der Frachtführer, der dem Verlangen nach Überprüfung nachkommt, einen Anspruch auf Aufwendungsersatz gegen den Absender, § 409 Abs. 3. 266

Der Anspruch ist nicht auf die Selbstkosten beschränkt.[61] Der Frachtführer kann übliche Vergütung verlangen, die ein Dritter beanspruchen könnte, auch die Kosten für zugezogene Experten, soweit er dies gemäß § 670 BGB für erforderlich halten durfte.[62]

(3) Äußerlicher Zustand des Gutes. Die Vermutung bei Frachtstücken betrifft ohne verlangte Überprüfung des Inhalts nach § 409 Abs. 3 nur den *äußeren* Zustand des 267

---

[61] Vgl. *Andresen/Valder*, a. a. O., Rdnr. 17 zu § 409 HGB.
[62] Vgl. *Koller*, a. a. O., Rdnr. 22 zu § 409 HGB.

Gutes und seiner Verpackung, nicht auch den „inneren" Zustand der verpackten Frachtstücke, der von außen nicht erkennbar ist. Äußerlich ist demgemäß der Zustand, der an der Oberfläche des Gutes oder der Verpackung durch Inaugenscheinnahme, Betasten, Hören und Riechen von wahrgenommen werden kann, ohne eine etwaig bestehende Verpackung oder das unverpackte Frachtstück selbst öffnen zu müssen. An der Vermutung des äußerlich guten Zustandes nimmt alles teil, was von einem sorgfältigen Frachtführer mit angemessenen Mitteln bei Übernahme äußerlich erkennbar ist. Vom Frachtführer als Nichtwarenfachmann können diesbezüglich allerdings keine besonderen Warenkenntnisse verlangt werden.[63] Die Unversehrtheit der Verpackung spricht nur für den äußerlichen Zustand, nicht aber für denjenigen des Inhalts. Verpackungen können auch verschlossene Container, Wechselbrücken und/oder Trailer sein.

268 Streitig ist insbesondere wegen der besonderen Schadensanfälligkeit von Kühl- und Gefriergut aufgrund mangelhafter Vorkühlung, wie weit die Überprüfungsobliegenheiten des Frachtführers *ohne besondere Vereinbarung* im Hinblick auf die Vermutung des äußerlich guten Zustands des Gutes gehen. Bei einem Kühlcontainer mit außen angebrachter Kühlscheibe kann der Frachtführer ohne großen Aufwand bei Übernahme die ordnungsgemäße Vorkühlung von außen ablesen.[64] Dieser Fall lässt sich noch mit obiger Definition erfassen.

269 Die wohl herrschende Meinung ist jedoch bei den übrigen Kühltransporten der Auffassung, dass der Frachtführer mittels eines vorzuhaltenden Messgerätes die Temperatur sowohl an der Oberfläche des Gutes zu überprüfen hat als auch mit wenigen Stichproben die Kerntemperatur, sofern dies einfach zu bewerkstelligen ist.[65]

270 Nach *Thume*[66] folgt dies bereits daraus, dass er die Vorkühlung nicht als (dauerhaften) Zustand des Gutes begreift, sondern als Schutzmaßnahme für das unbeschadete Überstehen des Transportes, das damit dieselbe Funktion übernimmt wie eine Verpackung des Gutes. Die Vorkühlung ist nach dieser Ansicht daher der Verpackung zuzuordnen, mit der Folge, dass den Frachtführer eine Überprüfungsobliegenheit der Vorkühlung trifft, genauso wie er die Verpackung des Gutes von außen zu überprüfen hat.

271 Eine solche über die Systematik des § 409 Abs. 2 hinausgehende Überprüfungsobliegenheit innerer Zustände des Gutes ohne gesonderte Vereinbarung ist vereinzelt, jedoch mit Recht kritisiert worden.[67] Die Oberflächentemperatur sowie die Kerntemperatur können eben in vielen Fällen nicht mehr ohne gesonderte Überprüfung von außen festgestellt werden und es handelt sich um eine *inhaltliche* Überprüfung, die folglich systematisch nicht mehr von § 409 Abs. 2, sondern von § 409 Abs. 3 erfasst wird. Außerhalb von Kühltransporten wird auch eine Überprüfungsobliegenheit des Frachtführers abgelehnt, etwa unter der Oberfläche des Gutes dessen Qualität,[68] oder die Beförderungstauglichkeit der Verpackung zu ermitteln,[69] obwohl dies bei tatsächlicher Betrachtung oftmals einfach zu bewerkstelligen und damit als zumutbar angesehen werden könnte. Es besteht daher auch bei Kühltransporten kein Anlass, von der Gesetzessystematik abzuweichen. Zu bedenken ist dabei insbesondere, dass es dem

---

[63] Vgl. *Koller*, a.a.O., Rdnr. 16 zu § 409 HGB.
[64] Vgl. OLG Hamburg TranspR 1996, 29 (30); *Koller*, a.a.O., Rdnr. 16 zu § 409 HGB.
[65] Vgl. *Koller*, a.a.O., Rdnr. 16 zu § 409 HGB; zur Parallelproblematik in der CMR vgl. *Thume*, Kommentar zur CMR, 3. Aufl., Rdnr. 194 zu Art. 17 CMR m.w.N.
[66] Vgl. *Thume*, a.a.O., Rdnr. 194 zu Art. 17 CMR m.w.N.
[67] Vgl. *Temme* in: Praxishandbuch Transportrecht 1. Aufl. B. III. 72.
[68] Vgl. *Koller*, a.a.O., Rdnr. 16 zu § 409 HGB.
[69] Vgl. *Koller*, a.a.O., Rdnr. 18 zu § 409 HGB.

II. Transportdurchführung B. II

Absender freigestellt ist, sowohl mittels vorheriger Vereinbarung als auch mittels Weisung eine inhaltliche Überprüfung des Kühlgutes gemäß § 409 Abs. 3 zu verlangen und das Ergebnis in den Frachtbrief eintragen zu lassen, um die ordnungsgemäße Vorkühlung an der Vermutungswirkung des beidseitig unterschriebenen Frachtbriefs teilhaben zu lassen. Unterbleibt ein solches Überprüfungsverlangen des Absenders jedoch, kann sich der Absender nicht auf die in diesem Fall für den Frachtführer in tatsächlicher Hinsicht kaum zu widerlegende Vermutung einer ordnungsgemäßen Übernahme aufgrund mangelfreier Vorkühlung berufen. Dies erscheint auch interessengerecht, nachdem es in den wenigsten Fällen möglich ist, im Nachhinein eine mangelhafte Vorkühlung voll beweisen zu können.

(4) Eintragung eines Vermerks. Die Vermutungswirkung des Frachtbriefs kann durch die Eintragung eines begründeten Vermerks gemäß § 409 Abs. 2 Satz 2 auch bezüglich der in Absatz 1 genannten Folgen beseitigt werden, sogar wenn diese objektiv falsch sind.[70] Es gilt dann insoweit wieder die übliche Beweislastverteilung. 272

Begründet ist ein Vorbehalt, der so konkretisiert, ist, das ihn Außenstehende nachvollziehen können.[71] Alleine der Vermerk „unter Vorbehalt" reicht nach allgemeiner Auffassung nicht aus. Es ist jeweils eine kurze verständliche Begründung des Vorbehalts im Frachtbrief einzutragen. Bei Verlust oder Beschädigungen ist die konkrete Fehlmenge anzugeben (z.B. 1 Palette fehlt) oder das betroffene Gut ist so genau wie möglich zu beschreiben und die Art der Beschädigung, insbesondere wenn es aus mehreren Einzelheiten besteht (z.B. Verpackung des Frachtstücks „X" oben eingerissen oder durchnässt). 273

Wenn der Frachtführer Anzahl und Zustand der Frachtstücke nicht prüfen konnte, z.B. weil Container oder andere Behältnisse verschlossen sind oder sich auf Paletten verstaute einzelne Kartons bzw. sonstige Packstücke wegen Undurchsichtigkeit der verschweißten oder umwickelten Folie oder wegen ihrer Stückung nicht gezählt werden konnten, sollte ein entsprechender Unbekannt-Vermerk nebst Begründung eingetragen werden

Hat sich der Frachtführer jedoch bereits vertraglich zur Überprüfung bestimmter Angaben verpflichtet, kann er diese Verpflichtung anders als bei einer nachvertraglichen Weisung nicht mehr unter Hinweis auf fehlende Möglichkeit zur Ausführung berufen. Vielmehr hätte er die vertragliche Vereinbarung ablehnen müssen.[72] 274

Begründete Vorbehalte entfalten ihre Wirkung auch dann, wenn sie nicht anerkannt werden, ebenso nicht ausreichend konkretisierte Vorbehalte, wenn sie vom Absender akzeptiert werden.[73]

cc) Sperrfunktion. Anders als etwa der Ladeschein ist der übliche Frachtbrief nach den in § 408 vorgesehenen Angaben kein Sperrpapier.[74] Es kann jedoch gemäß § 418 Abs. 4 in den Frachtbrief ein Sperrvermerk aufgenommen werden, wonach der Absender nachträgliche Weisungen im Sinne des § 418, etwa das Gut nicht weiter zu befördern oder an einen anderen als den frachtbriefmäßigen Empfänger auszuliefern, nur dann ausüben kann, wenn er dem Frachtführer die Absenderausfertigung vorlegt („Weisungen nur gegen Vorlage der Absenderausfertigung"). Ist der Absender nicht mehr im Besitz der Absenderausfertigung, sondern ein Dritter, beispielsweise der 275

---

[70] Vgl. LG Köln TranspR 2002, 155 (156), *Koller,* a.a.O., Rdnr. 20 zu § 409 HGB.
[71] Vgl. OLG Düsseldorf TranspR 1993, 54 (55), *Koller,* a.a.O., Rdnr. 9 zu § 409 HGB.
[72] Vgl. *Koller,* a.a.O., Rdnr. 22 zu § 409 HGB.
[73] Vgl. *Koller,* a.a.O., Rdnr. 9 zu § 409 HGB.
[74] Näher zum Begriff: *Koller,* a.a.O., Rdnr. 36 zu § 418 HGB, *ders., TranspR* 1994, 181f.

Empfänger oder eine Bank, führt der Sperrvermerk faktisch dazu, dass die Auslieferung an einen bestimmten Empfänger vom Absender nicht mehr aufgehalten werden kann. Ein Frachtbrief mit Sperrvermerk eignet sich daher im Rahmen der Zahlungssicherung durch Dokumentenakkreditiv.[75]

276 Nach *Koller* zählt ein Sperrpapier wie der mit Sperrvermerk ausgestaltete Frachtbrief auch zur Kategorie der Wertpapiere in Form eines Rektapapiers.[76] Anders als beim Ladeschein folgt jedoch weder aus der Inhaberschaft des Frachtbriefs allein eine Legitimations- oder Verfügungsberechtigung, weil der Verfügungsberechtigte nicht der Inhaber der Absenderausfertigung, sondern nur der Absender sein kann. Der Frachtbrief hat auch keinerlei Auswirkungen auf die Eigentumslage an den beförderten Gütern oder das sachenrechtliche Übereignungsgeschäft und kann nicht an Order lauten.[77] Seine Übergabe ersetzt nicht die Übergabe des Gutes zur Übertragung des Eigentums.[78] Daher wird der Wertpapiercharakter des Frachtbriefs von der wohl herrschenden Meinung auch verneint.[79]

277 Formelle Voraussetzung für einen wirksamen Sperrvermerk ist gemäß § 418 Abs. 4, dass der Frachtbrief beidseitig unterschrieben ist. Inhaltlich muss nicht der Gesetzeswortlaut wiederholt werden, es muss aber nach der Verkehrsauffassung deutlich aus dem Vermerk hervorgehen, dass Weisungen ausschließlich nur unter Vorlage der Absenderausfertigung erteilt werden können, damit dieser als wirksam angesehen werden kann.[80]

Mit der Absenderausfertigung ist diejenige Ausfertigung des Originalfrachtbriefs gemeint, die der Absender erhält. Für eine wirksame Weisung muß immer die Originalausfertigung dem Frachtführer vorgelegt werden, praktischerweise dort, wo sich der Frachtführer oder sein weisungsberechtigter Vertreter aufhält, also üblicherweise am Sitz oder der vertragsführenden Niederlassung.[81] Auf den Fahrer des Frachtführers, der mit dem Gut bereits unterwegs ist, kommt es im Hinblick auf die Erteilung der Weisung daher üblicherweise nicht an, abgesehen von den tatsächlichen Schwierigkeiten, diesem während der Fahrt eine schriftliche Weisung unter Vorlage einer Originalurkunde zugehen zu lassen.

3. Das Gut

278 Vor dem Transport müssen der Auftraggeber, im Rechtssinne der Absender, und der Frachtführer prüfen, ob das Gut überhaupt mit dem vereinbarten Transportmittel, etwa dem gewählten LKW, sicher transportiert werden kann. Es ist also die Beförderungsfähigkeit zu prüfen, die in Relation zur Eignung des einzusetzenden Fahrzeugs und zur Verpackung des Gutes steht. Offensichtlich wird dies beim Beispiel von Flüssigkeiten. Flüssigkeiten können ohne Verpackung nur in Tankfahrzeugen transportiert werden. Füllt man Flüssigkeiten jedoch in Fässer, können diese Fässer durchaus in einem Planen-LKW transportiert werden.

279 *a) Beförderungsfähigkeit.* Gemäß § 22 StVO muss die Ladung sowie Spannketten, Geräte und sonstige Ladeeinrichtungen verkehrssicher verstaut und gegen Herabfallen und unvermeidbares Lärmen besonders gesichert werden.

---

[75] *Fremuth/Thume*, a.a.O., Rdnr. . 6 zu § 408 HGB.
[76] *Koller,* a.a.O., Rdnr. 36 zu § 418 HGB; *ders.,* TransportR 1994, 181 ff.
[77] *Fremuth*, a.a.O., Rdnr. 3 zu § 408 HGB m.w.N.
[78] Vgl. BGH NJW 1976, 1746 (1747).
[79] Vgl. *Zöllner*, Wertpapierrecht, (14. Aufl.) S. 157; *Fremuth,* a.a.O., Rdnr. 3 zu § 408 HGB.
[80] *Koller,* a.a.O., Rdnr. 38 zu § 418 HGB.
[81] *Koller,* a.a.O., Rdnr. 39 zu § 418 HGB.

II. Transportdurchführung   B. II

280 Beförderungsfähigkeit des Gutes liegt also nur dann vor, wenn es selbst überhaupt gesichert werden kann. Dies ist keine Selbstverständlichkeit. Manche Maschinen sind derart empfindlich konstruiert, dass nicht ohne weiteres Zurrgurte angelegt werden können, ohne das die Gefahr besteht, dass die Maschine durch die Zurrgurte beschädigt wird. Hier fehlt bereits augenscheinlich die Beförderungsfähigkeit des Gutes. Derartige Maschinen bedürfen einer Verpackung in Form einer stabilen Holzkiste. Styroporplatten auf einem offenen LKW sind ebenfalls nicht beförderungsfähig, da bereits durch den Fahrtwind die Gefahr besteht, dass diese Styroporplatten von der Ladefläche geweht werden. Aufgabe des Absenders als auch des Frachtführers ist es daher, zu prüfen, ob das Gut überhaupt beförderungsfähig ist. Der Frachtführer ist zu dieser Prüfung verpflichtet, weil eventuell die Betriebssicherheit des Fahrzeugs durch die mangelnde Beförderungsfähigkeit des Gutes beeinträchtigt wird. Verliert in dem oben genannten Beispiel der LKW Styroporplatten und fallen diese auf die Windschutzscheibe eines nachfolgenden Fahrzeuges, tritt dort zwar kein Sachschaden ein, aber die nachfolgenden Verkehrsteilnehmer sind natürlich in der Sicht behindert und dadurch gefährdet. Dies ist einerseits durch Verpackung zu verhindern und andererseits auch gemäß § 30 StVZO durch den bauartlichen Zustand des Fahrzeugs, dass so beschaffen sein muss, dass durch seinen verkehrsüblichen Betrieb kein Verkehrsteilnehmer geschädigt wird.

281 Die Ladung darf auch gewisse Abmessungen nicht überschreiten. Nach § 22 Abs. 2 StVO dürfen Fahrzeug und Ladung nicht höher als 4 Meter und nicht breiter als 2,55 Meter sein. Auch hier zeigt sich, dass für die Frage der Beförderungsfähigkeit die Relation Ladung und Fahrzeug zu beachten ist. Für den Einsatz von besonders hohen Gütern müssen spezielle Fahrzeuge, insbesondere Tieflader eingesetzt werden, deren Ladefläche gegenüber herkömmlichen Fahrzeugen deutlich niedriger ist und ggf. hydraulisch abgesenkt werden kann. Die Beförderungsfähigkeit für sperrige Güter wird also bereits kraft Gesetzes eingeschränkt. Güter, die die vorgenannten Abmessungen auf dem Fahrzeug überschreiten, dürfen nur transportiert werden, wenn die Straßenverkehrsbehörden für den Transport eine Ausnahmegenehmigung erteilen. Vor Erteilung einer Ausnahmegenehmigung ist im Einzelnen sowohl das Gut mit seinen Abmessungen als auch das Fahrzeug mit seinen Abmessungen zu bezeichnen, sowie eine Fahrtroute auszukundschaften. Die Ausnahmegenehmigung wird dann nur für diese Fahrtroute erteilt. Den Straßenverkehrsbehörden sind die Traglasten von Brücken und die Höhen von Unterführungen in einzelnen bekannt und für die spezielle Fahrtroute überprüft worden.

b) Transportsichere Verpackung. Güter müssen transportsicher verpackt werden, 282 wenn Schäden und Haftung vermieden werden sollen. Diese scheinbar schlichte Auffassung spricht aber nicht in erster Linie den Frachtführer an, sondern vor allem den Absender, unabhängig davon, ob er auch Verlader ist. § 411 i.V.m. § 414 normiert eine verschuldensunabhängige Haftung des Absenders für Schäden, die dem Frachtführer aufgrund eines Verpackungsfehlers entstehen. Die Haftung ist analog der verschuldensunabhängigen Haftung des Frachtführers für Güterschäden ebenfalls beschränkt auf 8,33 SZR/kg des Gutes, das der Absender dem Frachtführer aufgegeben hat.

283 Der Grad der Verpackung, um ihn als transportsicher qualifizieren zu können, ist jedoch relativ. Die Relation besteht im Zusammenspiel einzelner Faktoren, wie dem Gut selbst, der Art der Beförderung (zB Sammelgutverkehr), der Häufigkeit des Umschlags, dem Fahrzeug, der Strecke, der Witterung, der Jahreszeit und der Transportdauer. Nicht entscheidend und unerheblich ist die Frage, ob Güter in handelsüblicher

Art und Weise verpackt wurden. Die handelsübliche Verpackung kann ausreichen, muss jedoch nicht den Anforderungen an eine transportsichere Verpackung entsprechen. Dies gilt etwa für spärlich, aber handelsüblich verpackte sogenannte weiße Ware, die im Sammelladungsverkehr mit mehrfachem Umschlag befördert wird. Das Erfordernis der transportsicheren Verpackung ist ausschließlich nach objektiven Gesichtspunkten zu prüfen und zu entscheiden.[82] Bei der Frage nach dem Umfang der transportsicheren Verpackung sind aber nicht nur der eigentliche Transportablauf, sondern auch denkbare Beförderung- und Ablieferungshindernisse mit einzukalkulieren. Einprägsam ist die Differenzierung von Willenberg,[83] der folgende Verpackungserfordernisse aufgestellt hat:

Beförderungsgut bedarf regelmäßig dann einer Verpackung wenn es
- entweder nur im verpackten Zustand befördert werden kann oder
- seine Beschaffenheit im unverpackten Zustand bei der Durchführung des Transportes Beschädigungen ausgesetzt ist oder
- infolge seiner Beschaffenheit bei der Beförderung im unverpackten Zustand andere beigeladene Güter, Personen oder Betriebsmittel gefährdet.

284 Es stellt sich nun die Frage, wer die Güter zu verpacken hat. Dies ist durch § 411 klargestellt. Bedürfen die Güter einerseits ihrer Beschaffenheit nach und andererseits im Hinblick auf die gewählte Transportart einer Verpackung, so trifft den Absender dort, wo die mangelhafte Verpackung Schäden an anderen Gütern verursachen kann eine echte *Pflicht*, transportgerecht zu verpacken. In allen anderen Fällen, in der lediglich das Gut selbst Schaden nehmen kann, verletzt der Absender lediglich eine Obliegenheit, die die Haftung des Frachtführers wegen Güterschäden (vollständig oder anteilig) ausschließt,[84] § 427. Art und Umfang der sicheren Verpackung richten sich dabei nicht etwa nach Verkehrs- und Handelsüblichkeit, sondern allein nach den Erfordernissen der vereinbarten Beförderung.[85] Der Absender hat dabei die typischen Erschütterungen, Fliehkräfte in engen Kurven, Notbremsungen, Hitze und Kälte zu berücksichtigen, die bei einem Transport entstehen können.

285 Die Relativität zwischen Verpackung und Fahrzeug wird aber dann deutlich, wenn der Absender eine Spezialfahrzeug bestellt hat. Dann kann der Frachtführer sich auch nicht auf mangelnde Verpackung berufen, wenn das Spezialfahrzeug eine Verpackung ganz oder teilweise überflüssig macht.[86]

286 Die Verpackung kann als sicher bezeichnet werden, wenn sie vor den natürlichen Einwirkungen des Straßengüterverkehrs hinreichenden Schutz bietet, also z.B. vor den Erschütterungen infolge schlechter Straßenverhältnisse,[87] gegen die Folgen besonderer harter Bremsstöße, die im heutigen Straßenverkehr nicht vermeidbar sind, sowie gegen die Auswirkungen der Fliehkraft auf das Frachtgut beim Durchfahren von Kurven.[88] Besonders druckempfindliche Güter hat der Absender so zu verpacken, daß diese auch schlechte Wegstrecken ohne Beschädigungen überstehen können.

287 Der Absender kann nicht verlangen, dass der Unternehmer mit Rücksicht auf die übermäßige Empfindlichkeit des Gutes besonders vorsichtig oder langsam fährt, oder

---

[82] BGHZ 31, 183 = NJW 1960, 337; BGH VersR 1971, 1056 = NJW 1971, 1363.
[83] § 18 KVO Rdnr. 3.
[84] Vgl. *Koller*, a.a.O., Rdnr. 11 zu § 411 HGB.
[85] BGH VersR 1971, 1056 = NJW 1971, 1363; Kammergericht VersR 1980, 948; *Willenberg*, § 18 KVO Rdnr. 10.
[86] BGH NJW 1955, 625 (628); *Koller*, a.a.O., Rdnr. 37 zu Art. 17 CMR.
[87] *Bischof*, Anmerkung zum OLG Hamburg VersR 1981, 593.
[88] OLG Celle VersR 1977, 911; *Willenberg*, Rdnr. 11 zu § 18 KVO.

II. Transportdurchführung   B. II

besonders schlechte Straßen meidet, es sei denn, dies ist ausdrücklich vereinbart.[89] Schließlich muß der Absender, wenn nach der beabsichtigten Beförderung mehrfache Umladung des Gutes erforderlich wird, diesen Umstand auch bei der Verpackung berücksichtigen.[90]

Zu einer ordnungsgemäßen Verpackung gehört aber auch die Sicherung und Befestigung von Einzelpackstücken auf der Palette und im Container. Der Container ist sowohl Verpackungs- oder Packmittel als auch Beförderungsgut. Weist der Container selbst Mängel auf, kommt es darauf an, ob er vom Absender gestellt wird oder vom Frachtführer.[91] Werden Güter im Container nicht genügend befestigt, so dass sie gegeneinander stoßen, so liegt eine mangelhafte Verpackung der Güter vor.[92] **288**

c) Zusammenfassung. Will der Absender eine verschuldensunabhängige Haftung aus § 411 i.V.m. § 414 vermeiden, sollte er also folgendes beachten: Als Mindestanforderung wird man allgemein verlangen können, dass Güter derart verpackt sind, dass die Güter auch bei ungewöhnlichen Lade-, Fahrt-, Umlade- und Abladevorgängen, die im Zusammenhang mit Straßenfahrzeugen stehen, aber auch bei ungewöhnlichen Wartezeiten in keiner Weise durch die Verpackung hindurch austreten oder sonstwie nach außen wirken können. Anders formuliert, die Verpackung muss sämtliche Emissionen des Gutes, seien sie physikalischer, chemischer, oder biologischer Art, auch bei ungewöhnlichen Umständen, die beim Transport durch Straßenfahrzeuge auftreten können, verhindern. Unter ungewöhnlichen Vorgängen, Wartezeiten oder Umständen sind Belastungen auf das Gut zu verstehen, die über das normale Maß der Belastung eines grenzüberschreitenden Straßengütertransport hinaus gehen, also überdurchschnittlich sind. Die Verpackung braucht jedoch, vorbehaltlich spezieller Verpackungsvorschriften (wie die des Gefahrgutrechtes), keinen umfassenden Schutz bei Lade-, Fahrt-, Umlade- oder Abladeunfällen gewähren. Zur Abgrenzung kann auf die Definition des Unfalls als ein plötzliches, von außen einwirkendes Ereignis, zurückgegriffen werden. Hierunter fallen im wesentlichen die Transportmittelunfälle oder die Unfälle im Betrieb des Frachtführers. **289**

d) Gefahrgut. Die Verpackung und der Transport von Gefahrgut richtet sich nach den speziellen Vorschriften des Gefahrgutrechtes. § 410 i.V.m. § 414 regelt im nationalen Verkehr die Haftung des Absender für Schäden, die sich aufgrund gefährlicher Güter ergeben kann. Die Haftung des Absenders greift nur ein, wenn der Absender den Frachtführer über die Gefährlichkeit des Gutes nicht vollständig informiert. Selbst ordnungsgemäß gekennzeichnete gefährliche Güter können aber trotzdem mangelhaft verpackt sein. Im grenzüberschreitenden Verkehr gilt das „Europäische Übereinkommen über die internationale Beförderung gefährlicher Güter auf der Straße (ADR) vom 30. September 1957" (seit dem 29. Juli 1968 in Kraft) und von der Bundesrepublik Deutschland ratifiziert.[93] Zusätzlich haben deutsche Frachtführer für Transporte, die in Deutschland durchgeführt werden, das Gefahrgutgesetz (GGBefG)[94] sowie die europäische Gefahrgutverordnung (GGVSB)[95] zu beachten. **290**

---

[89] *Willenberg*, a.a.O.; a.A. OLG Düsseldorf VersR 1980, 276.
[90] OLG Düsseldorf TranspR 1984, 109; *Willenberg*, a.a.O., Rdnr. 12; *Koller*, a.a.O., Rdnr. 37 zu Art. 17 CMR.
[91] *Thume,* Haftungsprobleme bei Containerverkehr, TranspR 1991, 41 (46).
[92] BGH NJW 1971, 1363.
[93] BGBl. 1969 II, S. 1489 mit den Anlagen A und B.
[94] BGBl. I, S.1774.

291 Der Absender haftet aber auch, wenn die Güter von Dritten, insbesondere von Verladern oder Importeuren für ihn verpackt werden. Auch in diesen Fällen kommt es auf ein Verschulden des Absenders oder des Dritten nicht an. Die Haftung aus § 410 HGB ist reine Gewährhaftung.[95] Gem. § 414 HGB ist die Haftung des Absenders beim nationalen Transport auf 8,33 SZR/kg des Gewichts des Gutes des Absenders begrenzt.

292 *e) Transportbegleitende Papiere.* Für eine reibungslose Transportdurchführung ist weiterhin erforderlich, dass dem Frachtführer die für den Transport des Gutes notwendigen Urkunden und Auskünfte zur Verfügung stehen, die für eine amtliche Behandlung des Gutes erforderlich sind. Dies gilt insbesondere für alle Arten von Genehmigungen zur Beförderung des Gutes, die die Behörden während des Transportes vom Frachtführer vorgelegt verlangen können.

293 Die in § 413 beispielhaft aufgeführten Papiere zur Zollabfertigung dürften im nationalen Güterverkehr keine besondere Rolle spielen. § 413 legt – sofern zwischen den Parteien keine abweichend vertragliche Regelung getroffen wurde – dem Absender auf, dem Frachtführer die erforderlichen transportbegleitenden Papiere mitzugeben. Es handelt sich jedoch nicht um eine echte Pflicht, auf deren Erfüllung der Frachtführer einen einklagbaren Anspruch hätte.[97] Ebensowenig wie der Frachtführer letztendlich einen Anspruch darauf hat, dass ihm der Absender das Gut zur Beförderung übergibt, statuiert § 413 eine Pflicht des Absenders zur Übergabe der notwendigen Transportdokumente. Es handelt sich vielmehr um eine Obliegenheit des Absenders, deren Verletzung allerdings eine verschuldensunabhängige, der Höhe nach auf die frachtrechtliche Regelhaftung von 8,33 SZR/kg Rohgewicht der Sendung begrenzte Schadensersatzpflicht des Absenders auslöst, sofern der Frachtführer hieraus einen Schaden erleidet, § 414 Abs. 1 Nr. 4. Bei einem groben Verschulden des Absenders kommt darüberhinaus die unbeschränkte Verschuldenshaftung gemäß § 435 in Betracht.

294 Die Notwendigkeit der beizufügenden Papiere ist zu beurteilen aus dem beabsichtigen Transportablauf. Es ist im Lichte des vertragsgemäßen wie geplant ablaufenden Transportes zu ermitteln, welche Urkunden für die amtliche Behandlung erforderlich sind, grundsätzlich auch unübliche Dokumente.[98] Hierzu gehören nicht nur Verzollungspapiere, sondern zB beim Transport von Frischfleisch auch die Genußtauglichkeitsbescheinigung des amtlichen Veterinärs,[99] bei Transport von Gefahrgut die erforderlichen Genehmigungen zum Transport.

295 Urkunden, die eine Behörde rechtswidrig verlangt, brauchen allerdings nicht zur Verfügung gestellt zu werden.[100] Erforderlich sind nur die Urkunden, die voraussichtlich während des Transportes zur Vorlage benötigt werden und bei Nichtvorlage mit Hindernissen zu rechnen ist.[101] Es ist daher eine Prognose zur Erforderlichkeit anzustellen. Ist die Urkunde nach der Prognose nicht erforderlich, sondern lediglich nützlich, ist sie nicht zwingend vom Absender gemäß § 413 mitzugeben.

296 Kommt es *unvorhersehbar* zu einem Beförderungs- oder Ablieferungshindernis aufgrund bislang nicht erforderlichen Urkunde, die nunmehr vorgelegt werden muss, wird diese erst dann im Sinne des § 413 erforderlich, wenn der Frachtführer Weisun-

---

[95] BGBl. I, S. 110.
[96] *Koller*, a. a. O., Rdnr. 21 zu § 410 HGB.
[97] Vgl. *Koller*, a. a. O., Rdnr. 7 zu § 413 HGB.
[98] Vgl. *Koller*, a. a. O., Rdnr. 2 zu § 413 HGB.
[99] Vgl. OLG Schleswig VersR 1979, 141 (142).
[100] Vgl. BGH TranspR 1998, 153 (154); *Koller*, a. a. O., Rdnr. 2 zu § 413 HGB.
[101] Vgl. *Koller*, a. a. O., Rdnr. 7 zu § 413 HGB.

gen beim Absender eingeholt hat.[102] Bis dahin ist von einer lediglich nützlichen Urkunde auszugehen. Bis zum Eintreffen des entsprechenden Dokuments beim Frachtführer trägt der Absender das Risiko des infolgedessen entstandenen Ablieferungshindernisses.[103]

Nach dem Wortlaut des § 413 fällt die Mitgabe der Papiere in den Verantwortungsbereich des Absenders. Anderes kann zwischen den Parteien vereinbart werden, etwa dass der Frachtführer für eine Bereitstellung und Besorgung der notwendigen Papiere zu sorgen hat. Ohne eine solche Vereinbarung ist der Frachtführer jedoch nicht verpflichtet, von sich aus die fehlenden notwendige Papiere zu beschaffen. Hilft der Frachtführer dem Absender hingegen bei der Erledigung der Zollpapiere ohne ausdrücklich für die Erledigung beauftragt zu sein, bleibt es trotzdem bei der Verantwortung des Absenders für die Richtigkeit der mitgegebenen Papiere.[104]

Den Frachtführer trifft jedoch eine Aufklärungspflicht insbesondere gegenüber dem erkennbar unzureichend über die Erforderlichkeit der Mitgabe von diesbezüglichen Urkunden informierten Absender, soweit dem Frachtführer erkennbar ist, dass Papiere notwendig sind und der Absender dies offensichtlich nicht weiß.[105] Kennt der Frachtführer diese Besonderheiten und informiert er den Absender trotzdem nicht, so kann sich der Frachtführer nicht auf § 413 berufen. Er hat sich in diesem Fall ein Mitverschulden gemäß § 414 Abs. 2 vom haftenden Absender entgegenhalten zu lassen. Den Frachtführer trifft allerdings keine allgemeine Überprüfungspflicht hinsichtlich der Richtigkeit und Vollständigkeit der Begleitpapiere.[106]

f) Transportfördernde Auskünfte. § 413 statuiert darüber hinaus eine Informationspflicht des Absenders gegenüber dem Frachtführer. Der Frachtführer hat also Anspruch auf Erteilung sämtlicher, für den Transport erforderlicher Informationen, die das Gut betreffen. Wie bereits bei der Mitgabe der erforderlichen Urkunden besteht diesbezüglich kein einklagbarer Anspruch des Frachtführers, es handelt sich vielmehr um eine vom Absender zu erfüllende Obliegenheit.

Die Frage der Erforderlichkeit ist im gleichen Maße zu beurteilen wie bei den transportbegleitenden Papieren und Urkunden zuvor. So kann der Frachtführer Informationen über den Inhalt verpackter Sendungen verlangen, um Informationen über Unverträglichkeiten einzelner Ladungsgüter zu erhalten, wenn er z.B. eine Sammelladung zusammenstellt, oder bei grenzüberschreitenden Transporten durchaus auch die Gefahr besteht, Konterbande über die Grenze zu befördern. Ebenso kann der Frachtführer verlangen, über die Frische der von ihm zu befördernden verderblichen Gütern informiert zu werden, um seine Vorsorgemaßnahmen darauf abstimmen zu können.[107] Die Auskünfte müssen so rechtzeitig dem Frachtführer erteilt werden, dass der Frachtführer diese Informationen im amtlichen Verfahren noch nutzen kann.[108] Ebenso wie bei den Begleitpapieren besteht keine allgemeine Pflicht des Frachtführers, die Richtigkeit oder Vollständigkeit der erteilten Auskünfte zu überprüfen. Er hat allerdings bei entsprechend erkennbaren Wissensvorsprung den erkennbar unwissenden Absender auf etwaige fehlende erforderliche Auskünfte hinzuweisen. Es gilt insoweit das bereits zu den erforderlichen Urkunden Gesagte.

---

[102] Vgl. *Koller,* a.a.O., Rdnr. 2 zu § 413 HGB.
[103] Vgl. *Koller,* a.a.O., Rdnr. 2 zu § 413 HGB.
[104] OLG Koblenz TranspR 1985, 127 (128).
[105] Vgl. *Koller,* a.a.O., Rdnr. 4 zu § 413 HGB.
[106] Vgl. *Koller,* a.a.O., Rdnr. 5 zu § 413 HGB.
[107] Vgl. *Thume/Temme,* CMR-Kommentar, 3. Aufl. Rdnr. 11 zu Art. 11 CMR.
[108] Vgl. *Koller,* a.a.O., Rdnr. 9 zu § 413 HGB.

4. Das Fahrzeug

301 Für die Durchführung des Transports benötigt der Frachtführer ein Transportmittel. Dies kann entsprechend dem für alle Transportwege und Transportmittel geltenden HGB ein Binnenschiff, ein Flugzeug, ein Schienenfahrzeug oder ein Kraftfahrzeug sein. Im Nachfolgenden soll wegen der Dominanz des Straßentransportes im innerdeutschen Frachtverkehr exemplarisch der Fall der Beförderung mit Kraftfahrzeugen dargestellt und untersucht werden. Im übertragenen Sinne gelten die nachfolgenden Grundsätze natürlich ebenso für Transportmittel der Luft, des Wassers und der Schiene. Das für den Transport vom Frachtführer eingesetzte (Kraft-)fahrzeug muss zunächst betriebssicher und für den Transport geeignet sein.

302 *a) Betriebssicherheit.* Ein Kraftfahrzeug muss betriebssicher sein. Dies folgt nicht aus dem Transportrecht, sondern aus den öffentlich-rechtlichen Vorschriften, insbesondere dem Straßenverkehrsgesetz sowie der aufgrund des Straßenverkehrsgesetz erlassenen Straßenverkehrsordnung und der Straßenverkehrszulassungsordnung. Auf § 22 StVO, der Anforderungen an die Ladung stellt, ist im nachfolgenden Gliederungspunkt[109] einzugehen. Zunächst einmal geht es um das Kraftfahrzeug selbst.

303 Gemäß § 16 StVZO muss ein Straßenverkehrsfahrzeug für den Verkehr auf öffentlichen Straßen zugelassen sein. Das Zulassungsverfahren ist in den §§ 17 ff. StVZO im einzelnen geregelt. In der Regel bestehen für serienmäßige Kraftfahrzeuge allgemeine Betriebserlaubnisse für Typen im Sinne des § 20 StVZO. Veränderungen am Fahrzeug sind grundsätzlich genehmigungsbedürftig (§§ 22 ff. StVZO).

304 Des weiteren ist für den Betrieb eines Kraftfahrzeuges der Abschluss einer Kraftfahrzeughaftpflichtversicherung (§§ 29 ff. StVZO) notwendig. Die Kfz-Haftpflichtversicherung deckt die Schäden ab, die durch den Betrieb eines Kraftfahrzeuges bei Dritten eintreten.

305 Gemäß § 30 StVZO müssen Fahrzeuge so gebaut und ausgerüstet sein, dass ihr verkehrsüblicher Betrieb niemanden schädigt oder mehr als unvermeidbar gefährdet, behindert oder belästigt. Mit dieser Generalklausel wird der Begriff der Betriebssicherheit weit umschrieben. Unmittelbar einleuchtend ist, dass ein Fahrzeug dann nicht betriebssicher ist, wenn es das auf der Ladefläche befindliche Gut beim Durchfahren einer Kurve nicht daran hindern kann, von der Ladefläche zu stürzen, weil z.B. die Bracken zu schwach dimensioniert sind. Silofahrzeuge sind nicht betriebssicher, wenn die Ladung beim Transport auslaufen kann. Fahrzeuge müssen auch so ausgerüstet sein, dass sie mit der Ladung den verkehrsüblichen Beanspruchungen standhalten, also die Bremskräfte auch bei einer Notbremsung sicher auffangen und die Fliehkräfte bei einem verkehrsüblichen Betrieb aushalten.

306 *b) Eignung.* Das Fahrzeug muss zum Transport *des jeweiligen Gutes* geeignet sein. Unmittelbar einleuchtend ist dies bei Flüssigkeiten, die nur in einem Tankfahrzeug befördert werden können. Temperaturgefährdete Güter können nur in Fahrzeugen transportiert werden, die gegen die Einwirkung von Kälte oder Wärme speziell isoliert sind und über besondere technische Einrichtungen, in der Regel einem Kühlaggregat, verfügen, das in der Lage ist, auch im Fall starker Hitze und Sonneneinstrahlung das Gut vor Temperaturveränderungen zu schützen.

307 Aber auch bei „normalen" Gütern ist immer zu beachten, ob das Fahrzeug zum Transport dieser Güter überhaupt geeignet ist. Beispielsweise Stahlrollen (Coils) haben ein großes Gewicht. Die Verladung von Coils auf einer ebenen Ladefläche, auch

---

[109] Vgl. unten B. II Rdnr. 315 f.

II. Transportdurchführung   B. II

wenn die Coils mit normalen Gurten verzurrt werden, ist im Zweifel nicht geeignet. Für den Transport von Coils sind speziell Fahrzeuge entwickelt worden, die über Mulden in der Ladefläche verfügen, die in der Lage sind, die Bremskräfte des Fahrzeugs wirksam auf das Ladungsgut zu übertragen.

Wird beispielsweise Umzugsgut ohne weitere Verpackung auf einen Planen-LKW verladen, so fehlt dem Planen-LKW die Eignung zum sicheren Transport des Umzugsgutes. Zum Transport von Umzugsgütern geeignet sind daher grundsätzlich nur Fahrzeuge, die über einen Kofferaufbau verfügen, dessen Innenwände speziell gepolstert sind. Zu berücksichtigen ist nämlich, dass aufgrund der transportbedingten Erschütterungen, z.B. durch Schlaglöcher oder Straßenbahnschienen, der Aufbau eines LKW rasch hin und her schwankt. Das verladene Gut wird ebenso bewegt. Zum Transport von unverpackten Gütern ist daher ein Fahrzeug nicht geeignet, bei dem sich das unverpackte Gut an den Außenwänden des Fahrzeugs reiben kann. Dieses Beispiel zeigt jedoch, dass die Frage der Geeignetheit des Fahrzeugs immer in einer Relation zum Ladungsgut steht. Ein Planen-LKW, der zum Transport von Sammelgut geeignet ist, kann unter Umständen nicht zum Transport von Umzugsgut geeignet sein. 308

5. Die Verladung und Übernahme

Zur Durchführung des Transports müssen die Güter auf das Fahrzeug verladen werden. So simpel das klingt, so beruhen gerade die meisten Schäden auf Fehlern bei der Verladung. 309

a) Begriffe und Bedeutung. § 427 Abs. 1 Nr. 3 befreit den Frachtführer von seiner Haftung für Verlust, Beschädigung oder die Überschreitung der Lieferfrist, wenn dies (allein)[110] auf die Verladung des Gutes durch den Absender zurückzuführen ist. Es ist hinsichtlich der Bestimmung des Zeitpunktes, ab wann der Frachtführer für die Unversehrtheit des Gutes verschuldensunabhängig haftet von großer Bedeutung ist, wer zur Verladung verpflichtet ist, denn nur derjenige, der zur Verladung verpflichtet ist, sollte diese durchführen. Dies bestimmt nicht nur, wer wie für Schäden des Gutes während der Verladephase haftet, sondern vor allem auch, wann der Frachtführer das Gut übernimmt. Die Parteien des Frachtvertrages, also Absender und Frachtführer, können aber auch etwas anderes vereinbaren. Nach dem Gesetzeswortlaut des § 412 Abs. 1 bedeutet Verladen: laden, stauen und befestigen. 310

Der Frachtführer haftet nach Übernahme des Gutes gemäß § 425 Abs. 1 grundsätzlich für Verlust oder Beschädigung des Gutes verschuldensunabhängig aber haftungsbeschränkt (Obhutshaftung).[111] Nur wenn bei der Entstehung des Schadens ein Verhalten des Absenders bei der Übernahme bzw. des Empfängers bei der Ablieferung oder ein besonderer Mangel des Gutes mitgewirkt hat, vermindert sich seine Haftung entsprechend (§ 425 Abs. 2). 311

---

[110] Die jüngste OLG-Rechtsprechung konstruiert in den Fällen, in denen Verlade- oder Verpackungsfehler sich erst *während des Transportes* zu Schäden führen, häufig eine Mithaftung des Frachtführers aufgrund unterlassener Hinweise auf erkennbare Verlade- oder Verpackungsfehler bzw. wegen eigener untauglicher Versuche, den Verlademangel selbst zu beheben vgl. OLG Stuttgart vom 9.2.2011, TranspR 2012, 459 (462); OLG München Urteil vom 18.4.2007 – 7 U 5108/06; OLG Bremen Urteil vom 8.2.2007 – 2 U 89/2004.

[111] Im Falle der eigenmächtigen Verladung eines Gutes durch den Frachtführer, währenddessen das Gut zu Schaden kam, hat der BGH erst jüngst den Beginn des Obhutszeitraums verneint mit der Folge, dass sich der Frachtführer **nicht** auf die frachtrechtliche Haftungsbeschränkung berufen konnte und vielmehr dem Geschädigten unbeschränkt aufgrund fahrlässigen Verschuldens haftete, vgl. BGH Urteil vom 22.11.2013 – I ZR 144/12 TranspR 2014, 23.

312 Die bisher für die „Annahme" in § 429 Abs. 1 HGB a. F. verwendeten Kriterien[112] sind ebenso bei der „Übernahme" im Sinne des § 425 Abs. 1 heranzuziehen. Der Übernahmebegriff vermeidet gegenüber der Annahme Fehlinterpretationen im Sinne eines erforderlichen Rechtsgeschäfts. Die Qualifikation der Übernahme als Realakt ist klargestellt und bedeutet tatsächliche Erlangung der Herrschaftsgewalt über das Gut (Erwerb des unmittelbaren oder mittelbaren Besitzes).[113]

313 Auch bei der Verladung sind wie bei der Verpackung sowohl die Verhältnisse zum Gut als auch zum Fahrzeug zu beachten. Je nach Beschaffenheit von Gut und Fahrzeug sind an die Verladung unterschiedliche Anforderungen zu stellen. Die Verladung muss so erfolgen, dass Betriebs- und Beförderungssicherheit gegeben sind.[114] Auch wenn sich, wie im folgenden gezeigt wird, beide Sicherheiten begrifflich und systematisch abgrenzen lassen, so ist diese Abgrenzung für die Praxis wenig hilfreich, da eine schadensverursachende, nicht betriebssichere Verladung auch immer nicht beförderungssicher ist.[115] Der Bundesgesetzgeber hält aber an den aus den straßenverkehrsrechtlichen Vorschriften und der KVO übernommenen Begriffen fest und auferlegt dem Frachtführer in § 412 Abs. 1 die Sorge zur betriebssicheren und dem Absender grundsätzlich die Pflicht zur beförderungssicheren Verladung; letztere dem Absender aber nur, soweit sich aus den Umständen des Einzelfalles oder der Verkehrssitte nicht etwas anderes ergibt.

314 Eine Zuweisung der Verladepflicht ist deshalb zuerst anhand der Unterscheidung in betriebs- und beförderungssicherer Verladung und im letzteren Fall, weiter nach den Umständen oder der Verkehrssitte, d. h. nach der Beschaffenheit des Gutes und des Fahrzeugs vorzunehmen. Relativ einfach ist die Verladung bei Stückgütern. Komplizierter wird die Verladung von Ladungsgütern, wie Maschinen, Schütt-, Kühl- oder Schwergütern.

315 **b) Betriebssichere Verladung.** Betriebssicher ist ein Gut dann verladen, wenn der sichere Betrieb des Fahrzeugs durch das Gut nicht beeinträchtigt ist, niemand gefährdet, behindert oder belästigt wird (§§ 1, 22, 23 StVO, § 30 StVZO). Betriebssicherheit bezieht sich auf Auswirkungen der Ladung **auf den Zustand und das Verhalten des Fahrzeuges** während dessen Betriebes. Die geladenen Güter dürfen weder die Stabilität, noch die Bremsfähigkeit des Fahrzeugs unzulässig beeinträchtigen. Das Gut muss so verladen werden, dass das Fahrzeug mit der Ladung jeder Verkehrslage gewachsen ist, mit der auf dem in Aussicht genommenem Weg zu rechnen ist.[116]

316 Für die betriebssichere Verladung hat nach § 412 Abs. 1 immer der Frachtführer zu sorgen. Hierauf weist auch § 5 Abs. 1 VBGL[117] hin, wonach der Frachtführer nur verpflichtet ist, die Betriebssicherheit der Verladung sicherzustellen. Ansonsten weist § 5 VBGL die Verladeverpflichtung dem Absender zu.

317 Wie bereits erwähnt, hängen in der Praxis betriebs- und beförderungssichere Verladung eng zusammen und lassen sich nur schwerlich trennen. Eine ordnungsgemäße beförderungssichere Verladung ist oftmals schon betriebssicher.

318 Eine nicht betriebssichere Verladung ist in der Regel auch nicht beförderungssicher. Es gibt aber auch viele Fälle, in denen es nur an der Beförderungssicherheit fehlt, ohne dass die Betriebssicherheit gefährdet gewesen wäre. Die gesetzliche Verpflichtung des

---

[112] *Koller*, a. a. O. Rdnr. 17 zu § 425 HGB.
[113] Ebenda, Rdnr. 17.
[114] Vgl. unten B. II Rdnr. 315 und Rdnr. 319 ff.
[115] So zurecht *Heuer* in TranspR 1998, 45 (47).
[116] BGH VersR 1970, 459; *Koller*, a. a. O., Rdnr. 5 zu § 412 HGB.
[117] AGB für den Güterkraftverkehr des Bundesverbands Güterkraftverkehr und Logistik (BGL) e. V.

II. Transportdurchführung   B. II

Frachtführers zur betriebssicheren Verladung ist deshalb am Wortlaut praxisgerecht dahingehend auszulegen, dass er „nur" für die betriebssichere Ladung Sorge zu tragen hat und der Fahrer deshalb nicht in jedem Falle zur aktiven Mitwirkung bei der Verladung an sich verpflichtet ist. Wenn er weder selbst verlädt, noch zusätzlich zur beförderungssicheren Verladung[118] verpflichtet ist, muss er lediglich z. B. durch entsprechende Weisungen oder Hinweise dafür sorgen, dass der Absender so lädt, staut und befestigt, dass die Betriebssicherheit gewährleistet ist. Weigert sich der Absender, für eine betriebs- und beförderungssichere Verladung zu sorgen, darf der Fahrer die Fahrt nicht antreten, da der Frachtführer im Falle eines durch die Betriebsunsicherheit verursachten Unfalls, für die Schäden Dritter und an der Ladung zumindest mitverantwortlich ist.[119] Gleiches gilt auch, wenn es der Fahrer unterlässt, die Betriebssicherheit vor Fahrtantritt zu überprüfen.[120] Erkennt der Fahrer, dass die Befestigung unzureichend ist, hat er darauf hinzuweisen und zusätzliche Befestigungsmaßnahmen zu veranlassen, ansonsten trifft ihn im Schadensfall eine grundsätzliche Mithaftung.[121]

c) Beförderungssichere Verladung. Die Beförderungssicherheit betrifft dagegen die Einwirkungen des Fahrzeugs und der durch den Betrieb verursachten Kräfte auf das Transportgut. Eine beförderungssichere Verladung verlangt daher einen Schutz des Gutes vor Verlust oder Beschädigung aufgrund der normalen, bei einem ordnungsgemäßen Transport üblicherweise auftretenden äußeren Einwirkungen, wie z. B. Fliehkräfte während Kurvendurchfahrten, aber auch negative Beschleunigungskräfte bei plötzlichen Bremsstößen und Ausweichmanövern sowie Vertikalkräfte aufgrund schlechter Straßenverhältnisse. Auch ein Schütteln, Stoßen, Scheuern, Reiben und Drücken des Gutes soll durch die beförderungssichere Verladung verhindert werden.[122]   319

Die Verladung erfordert deshalb nicht nur ein Verbringen und Absetzen des Gutes auf der Ladefläche des Fahrzeugs, sondern auch seine Stapelung und Befestigung mittels Zurrgurten, Keilen oder anderer geeigneter Hilfsmittel auf der Ladefläche in der Art, dass das Gut im Rahmen einer normal zu verlaufenden Beförderung gegen Umfallen, Verschieben und Herabfallen vom Fahrzeug geschützt ist.[123]   320

Der Absender darf hierbei nicht von einer besonders vorsichtigen Fahrweise des Unternehmers oder von durchgehend guten Straßenverhältnissen ausgehen. Allerdings müssen und können außergewöhnliche Gefahren und Kräfte, die bei einem Unfall auftreten, nicht berücksichtigt werden. Der Frachtführer hat jedoch sein Fahrverhalten in zumutbaren Grenzen nach der Art der Verladung einzurichten.[124]   321

Während der Frachtführer für die betriebssichere Verladung immer zu sorgen hat, ist er zusätzlich für die beförderungssichere (= transportsichere) Verladung gem. § 412 Abs. 1 nur verpflichtet, sofern sich dies aus den Umständen oder der Verkehrssitte ergibt. Die gesetzlichen Vorschriften nach Wegfall der KVO sehen keine Unterteilung in Stück- und Ladungsgütern mehr vor. Dementsprechend wendet die ganz herrschende Ansicht § 412 und dessen Anordnung einer grundsätzlichen Verladepflicht durch den Absender auf alle Güter an, ohne zwischen Stückgütern und Ladungsgütern zu unterscheiden.   322

---

[118] Vgl. unten B. II Rdnr. 319 ff.
[119] BGH VersR 1988, 244.
[120] Vgl. zum Ganzen: *Thonfeld* TranspR 1998, 21.
[121] BGH VersR 1970, 459 u. 1972, 1138; *Willenberg*, § 17 KVO, Rdnr. 40.
[122] OGH Wien TranspR 1986, 372; vgl. *Thume*, CMR, 1. Aufl. 1995, Rdnr. 34 zu Art. 17 CMR.
[123] BGH NJW 1960, 1201; *Willenberg*, § 17 KVO, Rdnr. 2.
[124] Vgl. *Thume*, CMR 3. Aufl. Rdnr. 34 zu Art. 17.

323 *aa) Keine gesonderte Verladepflicht des Frachtführers für Stückgüter.* Unter Stückgut ist in der Vergangenheit Gut verstanden worden, das ein Gewicht von bis zu 2 Tonnen hatte. Grund hierfür war die Differenzierung in § 4 KVO und der zum 1.1.1994 aufgehobenen Güterfernverkehrstarif. In diesem Tarif ergaben sich ab einem frachtpflichtigen Gewicht von 2000 kg andere Preise, weil der Tarifgeber bei höheren Ladungsgewichten davon ausging, dass eine ökonomischere Auslastung des LKWs erreicht werde. Nach Wegfall des GFT und insbesondere nach Wegfall der KVO im Jahre 1998 durch die Transportrechtsreform fiel das Unterscheidungskriterium in Form des Tarifes ebenfalls weg.

324 In der ersten Auflage wurde von *Temme*[125] vertreten, dass sich auch nach Neufassung der Verladepflichten im jetzigen § 412 aus den unbestimmten Rechtsbegriffen *Verkehrssitte* und *Umstände* weiterhin eine Verladepflicht des Frachtführers für Stückgüter herleiten lasse. Unter Stückgut sollte alles fallen, was kleineren Umfangs und Gewichts ist und nicht die gesamte oder nahezu gesamte Transportfläche einnimmt, also ohne besondere Ladehilfsmittel dem Frachtführer übergeben werden könnte und was der Frachtführer mittels Sackkarre oder mechanischen Hubwagens noch bewegen könnte.

325 Nach nunmehr fast 15 Jahren nach der Transportrechtsreform ist jedoch festzustellen, dass sich eine solche Verkehrssitte im Transportgewerbe nicht entwickelt hat. Auch aus den *Umständen* ergibt keine solche generelle Pflicht des Frachtführers zur Verladung und Stauung von kleineren Gütern, auch wenn vielfach vom *Fahrer* des Frachtführers vor Ort von Seiten der Absender die Verladung und Stauung von Stückgütern ohne vorherige Vereinbarung erwartet wird. Der Fahrer ist aber nicht ohne weiteres berechtigt, vor Ort zu lasten des Frachtführers eine Verladepflicht und die daraus folgende vorverlagerte Haftung mit den Absendern zu vereinbaren. Vielmehr ist vor einem eigenmächtigen Verladen oder Handanlegen des Fahrers im Pflichtenkreis des Absenders nur zu warnen. Damit begründet der Fahrer ungefragt zu Lasten des Frachtführers vielmehr eine Mit- bzw. im Falle der eigenmächtigen Verladung womöglich eine unbeschränkte Haftung für in diesem Zusammenhang entstandene Güterschäden.[126]

326 Es bleibt daher folglich – soweit *zuvor* nichts anderes mit dem Frachtführer vereinbart ist – bei der grundsätzlichen Verladepflicht des Absenders für alle Arten von Gütern, außer es hat sich eine besondere Verkehrssitte für bestimmte Transportbranchen und Güter durch allgemeine Übung herausgebildet, wie dies etwa für Transporte von PKW festzustellen ist.[127]

327 *bb) Verladung von Gütern durch den Frachtführer und seine Leute.* Verladen der Frachtführer oder dessen Leute Güter, obwohl diese hierzu nicht verpflichtet sind, so ist zu unterscheiden, ob sie aus eigenem Entschluss und aus eigenen Interessen handeln oder, ob sie unter der Leitung des Absenders bzw. dessen Leute tätig werden. Im ersten Fall übernimmt der Frachtführer die Verladepflicht und deshalb muss sich der Frachtführer das Verschulden seiner Hilfspersonen zurechnen lassen.[128] In diesem Fall ist das Gut bereits mit Übernahme zur Verladung vor Beginn der Ladetätigkeit und Verschließens des Fahrzeugs übernommen,[129] nämlich mit Übernahme der Herrschaftsgewalt über das Gut im Einverständnis mit dem Absender.

---

[125] Vgl. *Temme* in der Vorauflage, Rdnr. 45 ff.
[126] Vgl. oben FN 111.
[127] Vgl. *Koller*, a.a.O., Rdnr. 8 zu § 412 HGB.
[128] *Koller*, a.a.O., Rdnr. 32 zu § 412 HGB.
[129] OLG Celle NJW 1974, 1974; *Willenberg* Rdnr. 19 zu § 15 KVO.

II. Transportdurchführung

Stellt der Frachtführer aber im zweiten Fall dem Absender seinem Fahrer bzw. seine Leute unter dessen Leitung zur Verfügung, so liegt die Verladepflicht und die Verantwortung für während der Verladung entstehende Schäden weiterhin beim Absender. Die Leute des Frachtführers sind nicht als dessen Erfüllungsgehilfen, sondern als Ladegehilfen des Absenders anzusehen.[130] Der Frachtführer haftet dann für ein Fehlverhalten seiner Leute nur, wenn ihm ein Auswahlverschulden vorzuwerfen ist. Gleiches gilt auch, wenn die Leute des Frachtführers auf Bitten des Absenders oder aus eigenem spontanem Entschluss unter der Leitung des Absenders bei der Verladung mithelfen. 328

(1) Zeitpunkt der Übernahme. Im Übrigen liegt bei Verladepflicht des Absenders eine Übernahme erst vor, wenn der Fahrer mit den Tätigkeiten zur Betriebssicherung und Verschließung des Laderaums beginnt. Verschließung und Bewegung des Fahrzeugs gehören zum Verantwortungsbereich des Frachtführers und der Absender kann diese Vorgänge nicht in dem Maße fachgerecht beeinflussen wie der Fahrer. Deshalb ist nur auf die Ladetätigkeit bis zur beförderungssicheren Verladung abzustellen. 329

Eine Erklärung des Fahrers des Frachtführers, die Verladung sei nicht ordnungsgemäß dh beförderungssicher vorgenommen, steht einer Übernahme nicht entgegen. Führt der Fahrer den Transport nach Erkennen gravierender Verladefehler und vergeblichem Versuch, die Gehilfen des Absenders zu veranlassen, den Ladefehler zu beheben, trotzdem aus, handelt er grob fahrlässig und haftet unbeschränkt.[131] Werden Motorwagen und Anhänger beladen, so ist das Gut jeweils dann übernommen, wenn die Teilbeladungen von Motorwagen und Anhänger jede für sich abgeschlossen ist.[132] 330

Grundsätzlich ist demnach der Absender zur beförderungssicheren Verladung von Ladungsgut verpflichtet. Bei besonderen Gütern und erforderlichen Spezialfahrzeugen für den Transport sind aber deren Besonderheiten zu beachten. 331

(2) Maschinen und PKW. Maschinen oder einzelne Maschinenanlagen von erheblichem Gewicht oder Volumen waren in der Vergangenheit als Ladungsgüter anzusehen,[133] zu deren beförderungssicheren Verladung der Absender verpflichtet war. Heute folgt dies auch ohne Unterscheidung zwischen Ladungs- und Stückgütern unmittelbar aus § 412. Eine Übernahme durch den Frachtführer ist bei einer Verladung durch den Absender erst gegeben, wenn die Maschine verladen ist. 332

Pkw-Transporter auf die die zu befördernden PKW selbständig aufgefahren werden müssen, besitzen *keine* spezielle Ladevorrichtung, zu deren Bedienung der Absender zumutbar nicht in der Lage ist.[134] Bedingt durch die besonderen technischen Einrichtungen ist der Frachtführer aber zur umfangreichen Mitwirkung verpflichtet,[135] und muss zumindest die Hydraulik des Doppelstockwagens bedienen, die Fahrzeuge aber nicht selbst auffahren. Von einer Übernahme ist bei einer Verladung durch den Absender erst auszugehen, wenn die Pkws auf dem Transporter transportfertig abgestellt und gesichert sind. In der Praxis werden allerdings die Fahrzeuge inzwischen fast ausnahmslos durch die Fahrer auf die PKW-Transporter gefahren, meist selbstständig und ohne Anwesenheit des Absenders von ihren jeweiligen Parkplätzen auf dem Abholplatz. Insoweit ist daher in Abkehr der grundsätzlichen Verladepflicht des Absen- 333

---

[130] BGH NJW 1971, 1229; VersR 1972, 934 (935); 1978, 522.
[131] OLG München, ETR 1971, 115.
[132] *Willenberg,* § 15 KVO, Rdnr. 19.
[133] BGH NJW 1962, 1059, VersR 1971, 755.
[134] OLG Düsseldorf VersR 1979, 862; *Thume,* CMR, Rdnr. 52 zu Art. 17 CMR; *Fremuth,* a.a.O., Rdnr. 26 zu § 412 HGB, a. A. *Koller,* a.a.O., Rdnr. 9 zu § 412 HGB.
[135] *Thume,* CMR 3. Aufl. Rdnr. 52 zu Art. 17 CMR.

ders gem. § 412 von einer sich inzwischen gebildeten Verkehrssitte auszugehen, nach der der Frachtführer die PKW zu verladen hat.

334 *(3) Schüttbare, gasförmige oder flüssige Güter.* Schwieriger ist der Verladevorgang und die Übernahme bei schüttbaren, gasförmigen oder flüssigen Gütern, da sie alle nur mittels speziell dafür vorgesehener Fahrzeuge befördert werden können, bei denen der Ladevorgang mittels besonderer Ladevorrichtungen (Kipp- und Schüttvorrichtungen, Kran-, Leitungs-, Einfüll- oder Auffangvorrichtungen) erfolgt. Sind für die Verladung und den Transport Fahrzeuge erforderlich, die mit speziellen Ladevorrichtungen ausgestattet sind, so ist bei der Auftragserteilung in der Regel stillschweigend vereinbart, dass der Frachtführer die Ladetätigkeiten übernimmt, weil nur dieser die entsprechenden Vorrichtungen am Fahrzeug ordnungsgemäß bedienen kann.[136] Grundsätzlich ist bei dieser Art Gütern jede Seite dazu verpflichtet, ihre Ladevorrichtungen zu bedienen, um einen ordnungsgemäßen Ladevorgang zu ermöglichen. Verbindungsschläuche hat derjenige anzuschließen, zu dessen Ladevorrichtung sie zu rechnen sind. Gleiches gilt für die Bedienung von Ventilen, Schiebern oder Pumpen.[137] Derjenige, der sich seines Ladehilfsmittels bedient, hat dessen Funktionsfähigkeit und Kompatibilität mit den Geräten (Schläuchen und Leitungen) des anderen zu überprüfen.[138] Eine Übernahme ist erst gegeben, wenn die Beladung beendet ist, d.h. das Ladungsgut auf oder im Transportfahrzeug ist und die Ladevorrichtungen abgenommen werden kann. Hat der Frachtführer den Tank des Transportfahrzeugs unzureichend gesäubert, handelt er grob fahrlässig und haftet unbeschränkt.[139] Nicht dagegen der Frachtführer, wenn ein Dritter die Reinigung vorgenommen, die sachgemäße Durchführung bescheinigt und der Frachtführer trotz nochmaliger Kontrolle Tankrückstände übersehen hat.[140]

335 *(4) Kühlgüter. (a) Begriff.* Unter Kühlgut sind alle temperaturempfindlichen Waren zu verstehen, zu deren Schutz vor innerem Verderb ein bestimmter Temperaturbereich, bzw. Höchsttemperatur, eingehalten werden muss, wie z.B. frisches Obst und Gemüse, Frischfleisch und Fisch, Tiefkühlkost und Speiseeis. Der Transport dieser Güter erfolgt entweder mit Isotherm-Fahrzeugen, deren Kofferaufbau mit isolierten Außenwänden ausgerüstet ist, und die Kühlung mittels Öffnungsklappen unter Ausnutzung des Fahrtwindes oder durch Trockeneis erreicht wird oder mit Tiefkühlfahrzeugen, die über ein eigenes Kühlaggregat verfügen und in einem bestimmten Bereich jede gewünschte Temperatur erzeugen und beibehalten können.[141]

336 *(b) Verladepflicht.* In der Praxis befindet sich das Kühlgut in der Regel vor der Verladung beim Absender in entsprechenden Kühlräumen. Zum Schutz des Kühlguts ist es erforderlich, die Verladung möglichst schnell in einem ununterbrochenen Vorgang, d.h. direkt aus dem gekühlten Lagerraum des Absenders in den Kühlraum des Fahrzeugs vorzunehmen, ohne dass das Gut an der Rampe abgestellt oder zwischengelagert wird. Der Fahrer weiß regelmäßig nicht, wo sich der Kühlraum bzw. das darin gelagerte Kühlgut befindet. Zudem besteht die Besonderheit der Kühlfahrzeuge nicht in Ladevorrichtungen, wie bei anderen Spezialfahrzeugen, sondern in den Kühleinrichtungen, so dass die grundsätzliche Verladepflicht des Absenders hierdurch nicht

---

[136] Vgl. BGH BB 1975, 1221; TranspR 1985, 329 (331).
[137] *Thume,* CMR 3. Aufl. Rdnr. 52 zu Art. 17 CMR.
[138] OLG Düsseldorf TranspR 1989, 10; *Thume,* CMR 3. Aufl. Rdnr. 54 zu Art. 17 CMR.
[139] BGH VersR 1969, 228.
[140] *Willenberg,* Rdnr. 20 zu 39 KVO.
[141] *Thume* TranspR 1992, 1.

berührt wird.¹⁴² Deshalb bleibt es bei der grundsätzlichen Pflicht des Absenders zur beförderungssicheren Verladung, unabhängig von Größe, Gewicht, Anzahl der Kühlgüter und Transportbehälter. Besondere Umstände oder Verkehrssitten im Sinne des § 412 I sind nicht gegeben.

Der Absender hat den Frachtführer über die erforderliche Transporttemperatur zu informieren, damit dieser ein geeignetes Fahrzeug auswählen kann, dessen Kühlanlage ausreichend dimensioniert ist und die Einhaltung der Temperatur ermöglicht.¹⁴³ Bestellt der Absender ein aus seiner Sicht ausreichendes Isotherm-Fahrzeug und tritt infolge hoher Außentemperaturen oder voraussehbarer langer Fahrtdauer ein Schaden am Gut auf, so hat hierfür der Absender einzustehen.¹⁴⁴ Im Falle eines Tiefkühlfahrzeugs muss die für das Transportgut erforderliche Temperatur zum Zeitpunkt der Beladung bereits bestehen, d.h. der Kühlraum des Fahrzeugs muss vorgekühlt sein. Der Absender muss seinerseits dafür sorgen, dass das Gut bereits vorgekühlt ist. 337

(5) Umzugsgut. Möbel hat der Frachtführer ab- und wieder aufzubauen, zu verladen und zu entladen. Ist der Absender ein Verbraucher, so ist der Frachtführer ferner zur Ausführung sonstiger auf den Umzug bezogener Leistungen, wie die Verpackung und Kennzeichnung des Umzugsgutes verpflichtet, § 451a. Ein Verbraucher ist eine natürliche Person, die den Vertrag zu einem Zweck abschließt, der weder ihrer gewerblichen noch ihrer selbständigen beruflichen Tätigkeit zugerechnet werden kann, § 414 Abs. 4. 338

d) Zusammenfassung. Danach lässt sich festhalten, dass nach den entsprechenden Vorschriften des HGB der Frachtführer immer für die betriebssichere Verladung zu sorgen hat. Grundsätzlich ist die beförderungssichere Verladung (laden, stauen und befestigen) Pflicht des Absenders. Nach der Art des Ladungsguts und des speziellen Ladevorganges, bzw. der Ladevorrichtung, ist der Fahrer aber zur Mitwirkung verpflichtet. 339

6. Weisungen und Hindernisse

Ist das Gut verladen, kann der eigentliche Transport durchgeführt werden. Während des Transportes können Umstände eintreten, die dazu führen, dass der Absender den Transport stoppen möchte, weil z.B. der Käufer des Gutes den Kaufpreis noch nicht bezahlt hat. Auf dem Transport können aber auch Beförderungshindernisse eintreten oder sich Ablieferungshindernisse herausstellen. In allen diesen Fällen kann bzw. muss der Absender, wenn er vom Frachtführer im Falle eines Hindernisses informiert und befragt wird, wie es weiter gehen soll, eine Weisung erteilen. 340

a) Verfügungsrechte von Absender und Empfänger. Absender und in seiner Nachfolge Empfänger haben das Recht auch nach Abschluss des Frachtvertrags über das Gut in bestimmten Grenzen einseitig zu verfügen, d.h. den Frachtvertrag einseitig zu ändern. 341

aa) Allgemeines. Die Weisung bedarf grundsätzlich keiner Zustimmung des Frachtführers. Dem Frachtführer stehen aber seinerseits Rechte auf Ersatz der zusätzlichen Aufwendungen und Schäden zu, die durch die Ausführung der Weisung entstehen. Ebenso kann er die Ausführung der Weisung von einem Vorschuss abhängig machen. 342

---

¹⁴² Vgl. OLG Düsseldorf VersR 1980, 286; *Thume* TranspR 1992, 1, 4.
¹⁴³ OLG Hamburg VersR 1989, 719.
¹⁴⁴ BGH VersR 1968, 289; *Thume* TranspR 1992, 2.

Drohen dem Frachtführer bei Befolgung der Weisung Nachteile oder gar Schäden, kann er deren Befolgung ablehnen (§ 418 Abs. 1 Satz 3). Das Verfügungsrecht steht zunächst dem Absender zu, kann aber während des Transports auf den Empfänger übergehen. Ist der Empfänger Auftraggeber, so ist er zugleich Absender und hat damit von Anfang an die Verfügungsbefugnis. Nach Ankunft des Gutes hat regelmäßig der Empfänger die Verfügungsbefugnis.[145] Das Weisungsrecht ist im Einzelnen sehr kompliziert. Die Handhabung ist von vielen unterschiedlichen Sachverhaltsumständen abhängig. Im Folgenden soll für den Praktiker ein Überblick gegeben werden.

343   *bb) Weisungen und deren Form.* Absender oder Empfänger machen von ihrem Verfügungsrecht durch Weisungen Gebrauch. Weisungen sind einseitige, empfangsbedürftige Willenserklärungen, die erst mit ihrem Zugang beim Frachtführer oder bei seinen mit der Ausführung der Beförderung beauftragten Leute wirksam werden. Die Weisung erfordert für ihre Wirksamkeit danach nur Zugang und kein Einverständnis des Empfängers. Für die Weisungen ist beim **HGB-Frachtvertrag** keine besondere Form erforderlich, so dass mündlich erteilte Weisungen ausreichen. Zu beachten ist, dass die Gefahr der unvollständigen oder fehlerhaften Übermittlung an den Frachtführer und die Folgen unklarer Fassungen stets zu Lasten desjenigen gehen, der die Weisung erteilt.

344   Anders als beim **CMR-Frachtvertrag** ist beim HGB-Frachtvertrag die Vorlage eines Frachtbriefs[146] für die Wirksamkeit der Weisung grundsätzlich nicht erforderlich.[147] Im HGB-Frachtbrief kann jedoch bestimmt werden, dass das Verfügungsrecht nur gegen Vorlage des Frachtbriefs ausgeübt werden kann (§ 418 Abs. 4).[148] Führt der Frachtführer in diesem Fall eine Weisung aus, ohne sich die Absenderausfertigung[149] des Frachtbriefs vorlegen zu lassen, haftet er dem Berechtigten für den daraus entstandenen Schaden beim HGB-Frachtvertrag beschränkt, maximal auf den Betrag der bei Sendungsverlust zu erstatten wäre (§ 418 Abs. 6),[150] beim CMR-Frachtvertrag (Art. 12 Abs. 7 CMR) unbeschränkt.

345   Beim CMR-Frachtvertrag ist die Ausstellung eines Frachtbriefes nicht Voraussetzung des Weisungsrechts (Art. 12 Abs. 1 CMR), falls keiner ausgestellt ist. In diesem Fall, kann eine Weisung auch formlos erteilt werden, da dann ein Übergang der Verfügungsbefugnis mittels Übergabe einer Frachtbriefausfertigung nicht zu befürchten ist.[151] Auch können die Vertragsparteien formfrei vereinbaren, dass dem Absender das Weisungsrecht auch ohne Vorlage des Frachtbriefs zusteht.[152] In der Praxis werden Weisungen regelmäßig telefonisch, per E-mail oder Telefax erteilt, weshalb der Frachtführer bzw. sein Personal nur darauf vertrauen, dass der Absender noch im Besitz der ersten Ausfertigung des Frachtbriefs ist[153] und die erste Ausfertigung des Frachtbriefs so gut wie nie vorgelegt wird. Dadurch läuft der Frachtführer beim **CMR-Frachtvertrag** immer Gefahr, verschuldensunabhängig für den Vermögensschaden unbeschränkt zu haften,[154] der daraus entsteht, dass ein Unberechtigter eine Weisung ohne Vorlage einer Ausfertigung des Frachtbriefs erteilt hat und deswegen ein Schaden entstanden ist (Art. 12 Abs. 7 CMR).

---

[145] *Temme*, a.a.O. Art. 12 Rdnr. 1.
[146] Ausführlich zum Frachtbrief oben B. II. 1 Rdnr. 207 ff.
[147] BGH NJW 1982, 1944; vgl. auch unten B III Anhang 3 CMR 4 Rdnr. 7 ff.
[148] Vgl. zur Sperrfunktion oben B. II. 2 Rdnr. 275 ff.
[149] Siehe oben B. II. 2 Rdnr. 277.
[150] Bis zum Inkrafttreten des SHRRG (25.4.2013) unbeschränkte Haftung.
[151] *Koller*, a.a.O. Art. 12 CMR Rdnr. 6; BGH NJW-RR 2002, 1608 ff.
[152] BGH TranspR 2002, 399 ff.
[153] *Temme*, a.a.O. Art. 12 Rdnr. 10.
[154] *Temme*, a.a.O. Art. 12 Rdnr. 64; *Koller*, a.a.O. Art. 12 CMR Rdnr. 10.

II. Transportdurchführung   B. II

Auch beim HGB-Frachtvertrag haftet der Frachtführer, aber seit Inkrafttreten des SHRRG nurmehr beschränkt, wenn er eine Weisung ausführt, ohne sich die Absenderausfertigung des Frachtbriefs vorlegen zu lassen, wenn die Ausübung des Verfügungsrechts von der Vorlage des Frachtbriefs abhängig gemacht worden ist (§ 418 Abs. 6). Für den nationalen Transport hat der Gesetzgeber dem Frachtbrief die Legitimationswirkung genommen. Die Parteien eines nationalen Transportes können jedoch die Legitimationswirkung, wie sie dem CMR-Frachtbrief kraft Gesetzes zusteht, vertraglich vereinbaren, was § 418 Abs. 4, letzte Alternative zulässt.

Wurde beim CMR-Frachtvertrag kein Frachtbrief ausgestellt, und führt der Frachtführer eine Weisung des berechtigten Absenders mangels Vorlage der ersten Ausfertigung des Frachtbriefs nicht aus, so haftet der Frachtführer dennoch für den daraus entstandenen Schaden, da er mit der unterlassenen Ausstellung des Frachtbriefes auch auf dessen Schutzwirkung verzichtet.[155]   346

In der Praxis sind folgende Konstellationen denkbar, die bei Nichtbefolgen von Weisungen unterschiedliche haftungsrechtliche Konsequenzen mit sich bringen:[156]   347

Es wird *kein* Frachtbrief ausgestellt und eine Weisung des *Absenders* erteilt: Diese Weisung gilt nur zwischen Absender und Frachtführer (relative Wirksamkeit). Der Empfänger kann sich jedoch auch auf die Wirksamkeit der Weisung berufen, wenn er die Weisung beweisen kann. Da der Frachtführer auf die Ausstellung eines Frachtbriefes verzichtet hat, kommt ihm auch nicht der Schutz des Art. 12 Abs. 5 CMR zugute.   348

Es wird *kein* Frachtbrief ausgestellt, aber eine Weisung des *Empfängers* erteilt: Zwar verzichtet der Frachtführer auch hier auf den Schutz des Art. 12 Abs. 5 CMR, der Empfänger wird aber mangels **Übertragbarkeit des Weisungsrechts**[157] beim HGB-Frachtvertrag erst mit Ankunft des Gutes weisungsberechtigt. Beim CMR-Frachtvertrag erlangt er auch dann noch kein Weisungsrecht.[158] Dennoch kann der Empfänger mit Ankunft Zug um Zug gegen Zahlung von Fracht, Auslagen, Nachnahme oder Gestellung einer Sicherheit hierfür Herausgabe des Gutes verlangen.[159] Freilich kann der Absender dem Empfänger wie auch einem **Dritten Vollmacht** erteilen, das **Weisungsrecht** an seiner Stelle auszuüben, so dass die Regelungen über das Vertreterhandeln Anwendung finden.   349

Es wird ein Frachtbrief ausgestellt, die vom Absender erteilte Weisung aber nicht eingetragen, nicht beachtet und die erste Ausfertigung des Frachtbriefes ohne eingetragene Weisung wird vom Absender *nicht* weitergegeben: Die Weisung ist nur zwischen dem Absender und Frachtführer wirksam. Der Absender kann Ansprüche wegen nicht eingehaltener Weisung geltend machen.   350

Es wird ein Frachtbrief ausgestellt, die vom Absender erteilte Weisung aber nicht eingetragen, nicht beachtet und die erste Ausfertigung des Frachtbriefes ohne eingetragene Weisung wird an den Empfänger weitergegeben: Die Weisung ist wieder nur zwischen dem Absender und Frachtführer wirksam. Der Empfänger kann die Weisung nicht zum Anlass für Schadenersatzansprüche machen, da sie im Verhältnis zwischen ihm und dem Frachtführer keine Wirkung hat.   351

Weisungen i.S.d. § 418 und Art. 12 CMR können nur nachvertraglich, d.h. nach Abschluss des Frachtvertrages erteilt werden. Eine Weisung vor Vertragsschluss, ist keine Weisung sondern ein Angebot auf Abschluss eines Frachtvertrags mit dem   352

---

[155] BGH NJW 1982, 1944.
[156] *Temme*, a.a.O. Art. 12 Rdnr. 13–18.
[157] *Koller*, a.a.O. § 418 HGB Rdnr. 3.
[158] BGH VersR 1999, 646f.; OLG Hamm TranspR 2000, 122f.
[159] *Koller*, a.a.O. Art. 13 CMR Rdnr. 11.

Inhalt der Weisung, das der Frachtführer zur Wirksamkeit erst noch annehmen muss.[160]

353 Ist ein Frachtvertrag über grenzüberschreitende Beförderung mit Straßenfahrzeugen abgeschlossen (**CMR-Frachtvertrag**) und wird der Transport vor Grenzüberschreitung durch Weisung gestoppt, so ändert sich dadurch nichts an der Geltung der CMR.[161] Wird der ursprünglich als grenzüberschreitend geplante Transport hingegen nicht durch Weisung sondern durch einvernehmliche Absprache zu einem innerdeutschen, liegt eine Vertragsänderung vor, die zur Anwendung der zwingenden Regelungen des HGB führt (§ 449 Abs. 4). Gleiches gilt umgekehrt, falls ein ursprünglich vereinbarter innerstaatlicher Transport grenzüberschreitend werden soll. Liegt dem eine Weisung zugrunde, bleibt es beim Regime der §§ 407 ff., bei Absprache überlagert der neue Vertrag den alten, so dass die Regelungen der CMR greifen.[162]

354 *cc) Berechtigung und deren Übergang.* Grundsätzlich ist der Absender berechtigt, über das Gut zu verfügen (§ 418 Abs. 1, Art. 12 Abs. 1 CMR).

355 Beim HGB-Frachtvertrag erlischt dieses **Verfügungsrecht** mit Ankunft des Gutes an der Ablieferungsstelle (§ 418 Abs. 1). Ablieferungsstelle ist der Ort, an dem die Ablieferung stattfindet oder stattfinden kann, also der Ort, an dem der Frachtführer den Gewahrsam an dem beförderten Gut im Einvernehmen mit dem Empfänger aufgibt bzw. aufgeben kann und diesem ermöglicht, die tatsächliche Gewalt über das Gut auszuüben.[163] Ablieferung ist erst dann anzunehmen, wenn der Empfänger sich an der Ablieferungsstelle befindet. Die bloße Ankunft an dem im Frachtbrief genannten Ablieferungsort, stellt noch keine Ankunft an der Ablieferungsstelle dar. Ab dem Zeitpunkt der Ankunft an der Ablieferungsstelle steht das **Verfügungsrecht** dem Empfänger zu (§ 418 Abs. 2).

356 Beim CMR-Frachtvertrag erwirbt der Empfänger das Verfügungsrecht mit der Übergabe der zweiten Ausfertigung des Frachtbriefs an ihn oder sein Verlangen danach (Art. 12 Abs. 2, 13 Abs. 1 CMR). Vor Aushändigung des Frachtbriefes steht das Verfügungsrecht dem Empfänger nur zu, wenn der Absender dies durch entsprechenden Vermerk im Frachtbrief eingetragen hat (Art. 12 Abs. 3 CMR). Existiert kein Frachtbrief, geht das Verfügungsrecht nur beim HGB-Frachtvertrag mit Ankunft des Gutes an der Ablieferungsstelle über. Der Empfänger eines CMR-Transportes kann allerdings die Auslieferung des Gutes gegen Zahlung von Fracht, Auslagen und ggf. Nachnahme oder gegen Stellung angemessener Sicherheit hierfür verlangen.[164] Verweigert der Empfänger die Annahme des Gutes, so bleibt der Absender berechtigt, über das Gut zu verfügen, ohne die erste Ausfertigung des Frachtbriefes vorweisen zu müssen (Art. 15 Abs. 1 Satz 2 CMR). Geht das Verfügungsrecht auf den Empfänger über, so behält der Absender das Recht, die Ablieferung an den Empfänger bzw. nach dessen Weisung zu verlangen.[165]

357 Das Verfügungsrecht steht also entweder dem Absender oder dem Empfänger zu. Dritte können lediglich zur Ausübung des **Verfügungsrechts** bevollmächtigt werden. Der Frachtführer kann sich allerdings verpflichten, **Weisungen Dritter** zu beachten.[166] Hat der Empfänger in Ausübung seines Verfügungsrechts die Ablieferung des Gutes

---

[160] *Koller*, a.a.O. § 418 HGB Rdnr. 4.
[161] *Koller*, a.a.O. Art. 1 CMR Rdnr. 6; *de la Motte/Temme*, a.a.O. Art. 1 Rdnr. 21.
[162] MüKoHGB/*Jesser-Huß* Art. 1 CMR Rdnr. 34; a. A. *Koller*, a.a.O. Art. 1 CMR Rdnr. 6.
[163] BGH NJW 1982, 1284; BGH TranspR 2009, 410 ff., *Thume*, a.a.O. Art. 17 Rdnr. 21.
[164] *Koller*, a.a.O. Art. 13 CMR Rdnr. 11.
[165] *Koller*, a.a.O. Art. 12 CMR Rdnr. 6.
[166] BGH NJW 1960, 39 (40); MüKoHGB/*Jesser-Huß* Art. 12 CMR Rdnr. 12.

II. Transportdurchführung B. II

an einen Dritten angeordnet, so ist der Dritte nicht berechtigt, seinerseits einen weiteren anderen Empfänger zu bestimmen (§ 418 Abs. 3, Art. 12 Abs. 4 CMR).

Erhält der Frachtführer mehrere Weisungen des Absenders und/oder Empfängers, so muss er grundsätzlich die Weisungen in der zeitlichen Reihenfolge ihres Eingangs beachten. Verweigert der Empfänger die Annahme des Gutes, kann er dennoch weiterhin vom Frachtführer die Ablieferung verlangen, solange der Frachtführer vom Absender keine anderen Weisungen erhält (**Reuefrist** Art. 15 Abs. 2 CMR). Der Absender ist in diesem Falle berechtigt, über das Gut zu verfügen, ohne Vorlage der ersten Ausfertigung des Frachtbriefes (Art. 15 Abs. 1 und 2 CMR). Liegen dem Frachtführer im vorgenannten Fall je eine wirksame Weisung des Empfängers und des Absenders vor, so hat letztere Vorrang.[167] 358

dd) Umfang des Verfügungsrechts. Das Verfügungsrecht umfasst nur nachträgliche Weisungen, welche die Beförderung oder Ablieferung des vertraglich vereinbarten Gutes mit Kraftfahrzeugen und die damit verbundenen Maßnahmen wie Verzollung, Nachnahme betreffen.[168] Der Umfang der Verfügungsberechtigung in § 418 Abs. 1 Satz 1 und 2 und Art. 12 Abs. 1 Satz 1 und 2 CMR ist insoweit gleich auszulegen. Die Vorschriften führen eine Reihe von besonderen Beispielen auf, die aber nicht abschließend sind. Weitere mögliche Verfügungen sind beispielsweise die Weisung, Nachnahme einzuziehen, das Gut zu versichern oder zu verzollen.[169] 359

Der Weisung muss der Frachtführer nur Folge leisten, wenn ihre Ausführung zu dem Zeitpunkt, in dem sie die Person erreicht, die sie ausführen soll, möglich ist und weder den gewöhnlichen Betrieb des Unternehmens des Frachtführers hemmt, noch die Absender oder Empfänger anderer Sendungen schädigt.[170] 360

Dem Frachtführer ist es grundsätzlich nicht zuzumuten, durch **Dritte** die Weisungen ausführen zu lassen, da diese regelmäßig nicht unentgeltlich tätig werden. Auch wenn er die Kosten hierfür erstattet verlangen kann, hätte dies zur Folge, dass der Frachtführer für das Handeln der Dritten haften müsste. Dadurch würde dem Frachtführer eine **unzumutbare Risikolage** aufgezwungen.[171] 361

Eine Hemmung des gewöhnlichen Betriebs bzw. drohende Nachteile für das Unternehmen des Frachtführers durch die Befolgung von Weisungen bedeutet ein überdurchschnittlicher Eingriff von besonderer zeitlicher Ausdehnung, der die Ausführung anderer Aufträge des Frachtführers stark behindert oder gefährdet. Der Frachtführer muss grundsätzlich mit Weisungen des Auftraggebers rechnen. Weisungen die angesichts der vereinbarten Fracht betriebswirtschaftlich noch hinnehmbar sind, stellen keine relevanten Hemmungen und Nachteile für den Frachtbetrieb dar. Der Frachtführer muss seinen Betrieb so organisieren, dass die Ausführung üblicher Weisungen seinen Frachtbetrieb nicht übermäßig hemmt. Die Schwelle, ab der ein Nachteil zur **Ablehnung der Weisung** berechtigt, ist bei einem HGB-Transport etwas niedriger als bei einem CMR-Transport, wobei die vom Gesetzgeber gezogene Grenze unscharf ist.[172] Als besondere Belastung führt Art. 12 CMR ausdrücklich die Teilung der Sendung auf, die aber ebenso als Nachteil im Sinne des § 418 Abs. 1 anzusehen ist und deshalb nicht durchgeführt werden muss. Unter Sendung im Sinne des Art. 12 Abs. 5c) CMR ist die unter einem Frachtbrief reisende Par- 362

---

[167] BGH VersR 1987, 678, 679; *Koller,* a. a. O. Art. 15 CMR Rdnr. 4.
[168] *Koller,* a. a. O. Art. 12 CMR Rdnr. 2.
[169] *Temme,* a. a. O. Art. 12 Rdnr. 20.
[170] *Koller,* a. a. O. § 418 HGB Rdnr. 11; Art. 12 CMR Rdnr. 4.
[171] *Temme,* a. a. O. Art. 12 Rdnr. 22; a. A. *Koller,* a. a. O. § 418 Rdnr. 11.
[172] *Koller,* a. a. O. § 418 HGB Rdnr. 11; MüKoHGB/*Czerwenka,* § 418 HGB Rdnr. 29.

tie zu verstehen.¹⁷³ Will sich der Absender die Möglichkeit offenhalten, für verschiedene Teile einer wirtschaftlich einheitlichen Sendung während des Transportablaufs noch unterschiedlich zu verfügen, empfiehlt es sich, mehrere Frachtbriefe über jeweils einen Teil der Sendung auszustellen.

363 Die Weisung muss vom Frachtführer ferner nicht ausgeführt werden, wenn Absendern oder Empfängern anderer Sendungen durch die Ausführung der Weisung Schäden, z. B. durch Beiladung, oder Lieferverzögerungen, entstehen können.

364 *ee) Benachrichtigungspflicht und Haftung des Frachtführers. (1) Benachrichtigungspflicht.* Beabsichtigt der HGB- oder CMR-Frachtführer, eine ihm erteilte Weisung nicht zu befolgen, so hat er unabhängig vom Grund denjenigen, der die Weisung gegeben hat, unverzüglich unter Angabe des Grundes zu benachrichtigen (§ 418 Abs. 5, Art. 12 Abs. 6 CMR). Auch wenn Art. 12 Abs. 6 CMR nach dem Wortlaut eine Benachrichtigungspflicht nur für die Fälle der Hemmung des Unternehmens des Frachtführers und Schädigung von Absender oder Empfänger anderer Sendungen vorsieht, ist der Frachtführer im Rahmen seiner vertraglichen Schutzpflichten generell zur Benachrichtigung verpflichtet, wenn er eine Weisung nicht durchführen will oder kann.

365 Der Frachtführer haftet für Schäden infolge **Nichtbenachrichtigung** über die beabsichtige Nichtausführung der Weisung gemäß § 425, wenn Güterschäden oder Verspätungsschäden die Folge sind, ansonsten gemäß § 280 BGB.¹⁷⁴

366 *(2) Haftung für Ausführungen von Weisungen ohne Vorlage einer existenten Frachtbriefausfertigung.* Ist ein von beiden Parteien unterzeichneter Frachtbrief ausgestellt worden, und führt der Frachtführer danach eine Weisung aus, ohne sich die Absenderausfertigung des Frachtbriefs vorlegen zu lassen, so haftet er dem Berechtigten für den daraus entstandenen Schaden beim CMR-Frachtvertrag (Art. 12 Abs. 7 CMR) unbeschränkt und ohne Entlastungsmöglichkeit auch für etwaig hierdurch entstandene Verspätungs- und Güterschäden,¹⁷⁵ beim HGB-Frachtvertrag aber nur, wenn die Vorlage des Frachtbriefes ausdrücklich vereinbart wurde (§ 418 Abs. 6). Zudem ist beim HGB-Frachtvertrag seit Inkrafttreten des SHRRG die Haftung auf den Betrag begrenzt, der bei Verlust des Gutes zu zahlen wäre. Diese Haftung (beim HGB-Vertrag im Fall der Vereinbarung) besteht auch dann, wenn der Frachtführer sich die Ausfertigung zwar zeigen lässt, aber nicht überprüft, ob die Weisung auch eingetragen ist.

367 Trotz Übergang des Verfügungsrechts (z. B. durch Ablieferung oder Übergabe der Absenderausfertigung des Frachtbriefes), verliert der ehemals Berechtigte nicht seinen Schadensersatzanspruch. Durfte der Empfänger wirksam verfügen, hat er aber später wegen **Annahmeverweigerung** sein Verfügungsrecht verloren, so steht dem Absender der **Schadensersatzanspruch** zu, wenn der Frachtführer gegen die Weisung des Empfängers verstoßen hat.¹⁷⁶

368 *(3) Haftung für die Nichtausführung von Weisungen.* Voraussetzung für eine Haftung des Frachtführers für einen Schaden wegen Nichtausführung einer Weisung ist, dass ihm eine wirksame Weisung zugegangen ist. Es gelten die allgemeinen Vorschriften über den Zugang von Willenserklärungen (§§ 116 ff. BGB). Wenn der Frachtführer die Weisung trotz Anwendung größter Sorgfalt (§ 426) nicht an seine Leute, insbesondere den Fahrer weitergeben kann, muss er den Weisungsgeber unverzüglich

---

¹⁷³ BGH NJW 1981, 1902.
¹⁷⁴ *Koller*, a. a. O. § 418 HGB Rdnr. 22.
¹⁷⁵ *Koller*, a. a. O. CMR Art. 12 Rdnr. 9; a. A. *Temme*, a. a. O. Art. 12 Rdnr. 55 f.
¹⁷⁶ *Temme* a. a. O. Art. 12 Rdnr. 53.

II. Transportdurchführung **B. II**

benachrichtigen, anderenfalls er sich schadensersatzpflichtig macht. In Fällen, die keinen Aufschub dulden, ist im Zweifel der Fahrer empfangsbevollmächtigt.[177]

Eine wirksame und zugegangene Weisung führt zu einer wirksamen Änderung des Vertragsinhalts. Kommt der Frachtführer dieser Weisung nicht nach, so haftet er nach den allgemeinen Vorschriften, wegen Nicht- oder Schlechterfüllung bzw. Vertragsverletzung. **369**

(4) Haftung bei Vorlage des Frachtbriefs durch Nichtberechtigten. Legt beispielsweise der noch-nicht-berechtigte Empfänger dem Frachtführer eine andere als die erste (= Absender-)Ausfertigung des Frachtbriefes vor Ankunft des Transportgutes am Empfangsort vor und verfügt den Transport weiter an einen **Dritten,**[178] so darf der Frachtführer davon ausgehen, dass der Absender zu diesem Zeitpunkt noch verfügungsbefugt ist und kann die Weisung des Empfängers unbeachtet lassen, ohne eine Haftung fürchten zu müssen. Führt der Frachtführer jedoch nach Vorlage der ersten – richtigen – Ausfertigung des Frachtbriefs die Weisung eines Nichtberechtigten aus, so kann er auch deshalb nicht in Anspruch genommen werden, da er zum Zeitpunkt der Vorlage von der Berechtigung des Anweisenden ausgehen durfte.[179] **370**

ff) Rechte des Frachtführers und Haftung des Absenders. Entstehen dem Frachtführer infolge Ausführung der Weisung zusätzliche Kosten, so kann er diese Aufwendungen (Art. 12 Abs. 5a) CMR) sowie eine angemessene Vergütung verlangen (§ 418 Abs. 1 Satz 4). Unter Kosten sind die Aufwendungen des Frachtführers zu verstehen, die er zur Ausführung der Verfügung zusätzlich selbst aufwenden oder Dritten erstatten muss. Seine eigenen gewerblichen Leistungen darf und muss der Frachtführer als erhöhte Selbstkosten, d.h. einschließlich angemessenen Gewinns, ansetzen und belegen.[180] Kosten für Fremdleistungen sind als solche auszuweisen. **371**

Nach Art. 12 Abs. 5a) CMR haftet der Absender zusätzlich auf Ersatz der durch die Ausführung der Weisung entstandenen Schäden.[181] Entgeht dem Frachtführer ein ohne die Ausführung erzielbarer Gewinn, so kann er diesen als Schaden, nicht aber als Kosten geltend machen. **372**

Gemäß § 418 Abs. 1 aE kann der Frachtführer die Befolgung der Weisung von einem Vorschuss abhängig machen. Bis zur Bezahlung steht ihm ein Zurückbehaltungsrecht bzw. Pfandrecht zu.[182] Dies gilt auch für CMR-Frachtverträge, sofern deutsches Recht ergänzend heranzuziehen ist. In Art. 12 Abs. 5a) CMR ist die Frage der Fälligkeit der Kosten nämlich nicht geregelt.[183] **373**

gg) Umfang der Haftung. Der **Kostenerstattungs- und Schadensersatzanspruch** des Frachtführers nach § 418 Abs. 1 a.E. und Art. 12 Abs. 5a) CMR und die Ansprüche des Berechtigten gegen den Frachtführer nach § 418 Abs. 6 und Art. 12 Abs. 7 CMR sind ausschließlich Vermögensschäden und unabhängig von Verschulden und Vorhersehbarkeit zu ersetzen.[184] Der Anspruch nach Art. 12 Abs. 7 CMR ist unbeschränkt, während der Anspruch nach § 418 Abs. 6 HGB seit Inkrafttreten des SHRRG auf den Betrag begrenzt ist, der bei Sendungsverlust maximal zu erstatten wäre. **374**

---

[177] *Koller,* a.a.O. § 418 HGB Rdnr. 20.
[178] Beispiel nach *Heuer,* Haftung S. 158.
[179] *Temme,* a.a.O. Art. 12 Rdnr. 62.
[180] *Koller,* a.a.O. § 418 HGB Rdnr. 26; Art. 12 CMR Rdnr. 3.
[181] *Koller,* a.a.O. § 418 HGB Rdnr. 24f.; *Temme,* a.a.O. Art. 12 Rdnr. 51.
[182] *Koller,* a.a.O. § 418 HGB Rdnr. 27.
[183] *Koller,* a.a.O. Art. 12 CMR Rdnr. 3.
[184] A. A. *Koller,* a.a.O., § 418 Rdnr. 44, der auf den HGB-Frachtvertrag § 426 analog anwenden will.

375 *hh) Beweisfragen.* Für die Entstehung des Verfügungsrechts ist der Empfänger darlegungs- und beweisbelastet. Derjenige, der die Unwirksamkeit einer Weisung behauptet, muss sie darlegen und beweisen. Nimmt der Frachtführer den Verfügungsberechtigten für Kosten und Schäden infolge der Ausführung der Weisung in Anspruch, so muss er Weisung und Kosten bzw. Schaden und Ursächlichkeit der Weisung dafür beweisen. Umgekehrt ist die Beweislast, wenn der Absender den Frachtführer wegen Nichtbeachtung einer Weisung in Anspruch nehmen will.[185]

376 Will der Absender den Frachtführer in Anspruch nehmen, weil dieser eine unberechtigte Weisung ausgeführt hat, ohne sich den Frachtbrief vorlegen zu lassen, die zu einem Schaden führte, so muss der Absender seine Berechtigung, den Schaden, die Kausalität zwischen Nichtvorlage des Frachtbriefs und Schaden sowie dessen Höhe beweisen. Die **Nichtvorlage des Frachtbriefs** braucht er jedoch nur schlüssig behaupten, der Frachtführer hat dann zu beweisen, dass ihm der Frachtbrief vorlag.[186]

377 Wird die Weisung an den Frachtführer unter Vorlage der Absenderausfertigung des Frachtbriefs erteilt, darf der Frachtführer die Absenderausfertigung nicht als Beweisstück einbehalten, sondern lediglich im Prozess Vorlage des Frachtbriefs verlangen.[187] Konnte der Frachtführer die Weisung wegen Unausführ- oder Unzumutbarkeit nicht befolgen, so hat er den Verfügungsberechtigten zu benachrichtigen. Im Falle einer Inanspruchnahme hat er die Unausführ- bzw. Unzumutbarkeit sowie die Benachrichtigung darzulegen und zu beweisen.[188]

378 *b) Beförderungshindernisse. aa) Begriff.* Beförderungshindernisse sind Umstände, die während der Beförderung, also noch **vor Ankunft** am Bestimmungsort auftreten und verhindern, dass die Beförderung nicht vertragsgemäß durchgeführt werden kann (§ 419 Abs. 1 Satz 1).

379 Trifft der Fahrer während der Beförderung auf Hindernisse, hat er den Verfügungsberechtigten zu benachrichtigen und Weisungen einzuholen (§ 419 Abs. 1, Art. 14 Abs. 1 CMR). Die Pflicht zur Benachrichtigung besteht auch dann, wenn absehbar ist, dass die Ausführung einer Weisung nicht möglich ist.[189] Ist die Erlangung einer Weisung innerhalb angemessener Zeit nicht möglich[190] oder erlangt der Frachtführer keine Weisungen innerhalb angemessener Zeit, obwohl dies möglich wäre, muss er Maßnahmen ergreifen, die im Interesse des Verfügungsberechtigten am besten zu sein scheinen (§ 419 Abs. 3, Art. 14 Abs. 2 CMR).

380 Wurde dem Frachtführer eine wirksame Weisung erteilt und ist das Hindernis nicht seinem Risikobereich zuzurechnen ist, kann er vom Berechtigten Ersatz seiner, durch die Ausführung der hinderungsbedingten Weisung entstandenen Aufwendungen (Art. 16 Abs. 1 CMR) sowie eine angemessenen Vergütung und einen Vorschuss verlangen (§ 419 Abs. 1 S. 3 i. V. m. § 418 Abs. 1 S. 4).

381 Die CMR unterteilt in Art. 14 die **Beförderungshindernisse** in Umstände, die die Erfüllung des Vertrags ganz unmöglich machen **(unbehebbare)**, und solche, die nur eine von dem Vertrag abweichende Ausführung der Beförderung gestatten **(behebbare)**.

382 § 419 unterteilt nicht in behebbare und unbehebbare Beförderungshindernisse. Bei (behebbaren und unbehebbaren) Beförderungshindernissen muss der HGB-Fracht-

---

[185] *Baumgärtel/Giemulla,* Art. 12 CMR Rdnr. 3–7.
[186] *Baumgärtel/Giemulla,* Art. 12 CMR Rdnr. 10.
[187] § 440 ZPO, § 810 BGB; BGH NJW 1982, 1944; *Temme,* a. a. O. Art. 12 Rdnr. 67.
[188] *Koller,* a. a. O. Art. 12 CMR Rdnr. 9.
[189] OLG Hamburg TranspR 2000, 253 f.
[190] *Koller,* a. a. O. Art. 14 CMR Rdnr. 6.

II. Transportdurchführung B. II

führer immer versuchen, eine Weisung einzuholen und nur, wenn diese in angemessener Zeit nicht erteilt wird, darf er nach eigenem Ermessen im Interesse des Verfügungsberechtigten handeln (§ 419 Abs. 3 a. E.).

Der CMR-Frachtführer kann nach dem Wortlaut von Art. 16 Abs. 2 CMR bei *unbehebbaren* Hindernissen sofort Maßnahmen wie Verladung, Verwahrung und Verkauf ergreifen, ohne eine Weisung des Berechtigten vorher einzuholen.[191] Ebenso wenn er versucht, eine Weisung einzuholen, die aber in angemessener Zeit nicht erteilt wird. Bei *behebbaren* Hindernissen muss er dagegen wie der HGB-Frachtführer immer versuchen, eine Weisung einzuholen und nur, wenn diese in angemessener Zeit nicht erteilt wird, ist er berechtigt nach eigenem Ermessen im Interesse des Verfügungsberechtigten zu handeln und nicht eingeschränkt auf die Maßnahmen wie bei unbehebbaren Hindernissen.[192] 383

Wegen der **Abgrenzungsschwierigkeiten** ist dem Frachtführer beim Auftreten eines Beförderungshindernisses grundsätzlich zu empfehlen, immer zu versuchen, eine Weisung des Berechtigten einzuholen, zumal bei unterlassener Einholung einer Weisung über einen längeren Zeitraum selbst bei unbehebbaren Beförderungshindernissen die Nichtablieferung/-rücklieferung der Sendung in die Einflusssphäre des Frachtführers rücken kann.[193] 384

Obgleich der Wortlaut von Art. 14 CMR einen Frachtbrief voraussetzt, kann diese Vorschrift auch bei dessen Fehlen entsprechend angewandt und auf den Frachtvertrag zurückgegriffen werden, da weder HGB noch CMR einen Frachtbrief zwingend vorschreiben.[194] 385

bb) Unbehebbare Beförderungshindernisse. Unbehebbar sind solche Hindernisse, aufgrund derer die Erfüllung des Vertrags unmöglich ist oder unmöglich wird. Erforderlich ist, dass die Beförderung aus tatsächlichen oder rechtlichen Gründen objektiv, d. h. jedem Frachtführer, unmöglich ist bzw. wird, d. h. selbst bei größten Anstrengungen nicht durchführbar ist. Das Hindernis muss bereits gegenwärtig sein oder kurz bevorstehen[195] und den Transport innerhalb der vertragsgemäßen Transportzeit unmöglich machen.[196] Eine zeitweise Unmöglichkeit genügt, wenn die **vereinbarte Lieferfrist** hierdurch überschritten wird. Ist keine Lieferfrist vereinbart, so ist auf die Lieferfrist abzustellen, die ein sorgfältiger Frachtführer einzuhalten hat.[197] 386

Unbehebbare Beförderungshindernisse sind z. B. Motorpannen, wenn der Absender eine Umladung ausgeschlossen hat, da der Weitertransport mit diesem LKW objektiv unmöglich ist. In diesem Fall muss der Verfügungsberechtigte entscheiden, ob das Gut bis zur Reparatur auf dem LKW verbleiben soll oder entgegen der Bedingung im Frachtbrief umgeladen werden soll. Weitere Beispiele sind Lieferverzögerungen aufgrund von Witterungseinflüssen, oder Reiserouten, die wegen hoheitlicher Maßnahmen oder Streiks nicht befahren werden können. Erhält der Frachtführer nicht die nötigen Zollpapiere, liegt ebenso objektive Unmöglichkeit vor.[198] 387

Keine Unmöglichkeit liegt vor, wenn die einzuhaltende Lieferzeit durch Umwege oder Umladung oder sonstige Anstrengungen, z. B. Einsatz eines zweiten Fahrers, er- 388

---

[191] Siehe aber oben Rdnr. 73 ff.
[192] Zu den weiteren Rechtsfolgen der Beförderungs- und Ablieferungshindernisse siehe oben Rdnr. 278 ff.
[193] OLG München RdTW 2014, 28 ff.
[194] E/B/J/S/*Boesche* Art. 14 CMR Rdnr. 3.
[195] OLG München TranspR 1990, 280 (285).
[196] *Koller,* a. a. O. Art. 14 CMR Rdnr. 3.
[197] *Temme,* a. a. O. Art. 14 Rdnr. 6.
[198] *Temme,* a. a. O. Art. 14 Rdnr. 8.

füllt werden kann. Hat im obigen Fall der Motorpanne der Absender die Umladung nicht verboten, liegt lediglich subjektive Unmöglichkeit (Unvermögen) vor, d.h. ein anderer Lkw des Frachtführers oder ein anderer Frachtführer könnte das Gut zum Empfänger transportieren.[199] Dies müsste der Frachtführer dann auf eigene Kosten veranlassen.

389 cc) *Behebbare Beförderungshindernisse.* Art. 14 Abs. 2 CMR betrifft Beförderungshindernisse, die nach den Umständen behebbar sind. Auch in diesem Fall muss der CMR- und HGB-Frachtführer zunächst Weisungen des Verfügungsberechtigten einholen. Neben der Rechtsfolge des Art. 16 Abs. 2 CMR besteht der Unterschied zu unbehebbaren Beförderungshindernissen darin, dass der CMR-Frachtführer wie der HGB-Frachtführer, für den Fall, dass er innerhalb angemessener Zeit keine Weisung erhält, berechtigt ist, nach eigenem Ermessen im Interesse des Verfügungsberechtigten zu handeln. Ist beispielsweise die Fahrtroute nicht vorgeschrieben, die **kürzeste Route** jedoch blockiert, darf der Frachtführer, falls er nicht innerhalb angemessener Zeit eine andersartige Weisung erlangen kann, den Transport über einen Umweg zum Bestimmungsort fortsetzen. Der Frachtführer muss also bei Beförderungshindernissen immer versuchen, eine Weisung zu erlangen und eine angemessene Zeit bis zur Erteilung abwarten. Die Angemessenheit ist aus dem Verhältnis von Hindernis und Maßnahme zu ermitteln. Bei kleinen Umleitungen von einer Stunde zusätzlicher Fahrtzeit wird man ungefähr eine maximale Wartezeit von einer Viertelstunde angemessen halten. Ist ein Alpenpass blockiert, und erfordert die Umfahrung einen weiteren Tag, so ist auch eine mehrstündige Wartezeit noch angemessen. Der Frachtführer muss bei der Bemessung der Wartezeit berücksichtigen, ob sein Absender seinerseits wiederum Rücksprache halten muss.[200]

390 *c) Ablieferungshindernisse. aa) Begriff und Voraussetzungen.* Das HGB regelt das Ablieferungshindernis ebenso wie Beförderungshindernis als Alternativen in § 419 Abs. 1 Satz 1. Die CMR behandelt Ablieferungshindernisse in Art. 15, der wie auch Art. 14 durch Art. 16 ergänzt wird. Ein Ablieferungshindernis ist ein Umstand, der die Aushändigung des Transportgutes an den Empfänger aus irgendwelchen Gründen **nach** der Ankunft des Gutes am Bestimmungsort zum bestimmten Zeitpunkt objektiv unmöglich macht. Die Gründe können in der Person des Frachtführers, des Empfängers oder aus einem von außen kommenden Grund liegen.[201] Es genügt **teilweise Unmöglichkeit,** wenn z.B. Entladeeinrichtungen am Empfangsort für einen längeren Zeitraum nicht nutzbar sind. Ein Ablieferungshindernis ist auch dann gegeben, wenn der Empfänger am Ablieferungsort nicht ermittelt werden kann. Voraussetzung ist aber, dass das Gut an dem im Frachtbrief oder mangels Brief im Frachtvertrag oder durch Weisung bestimmten Ablieferungsort angekommen ist. Nicht erforderlich ist, dass die sich abzeichnende Verzögerung der Ablieferung gravierend ist.[202]

391 Sowohl Art. 15 CMR als auch § 419 heben als besondere Variante die Annahmeverweigerung bei der Ablieferung des Gutes hervor. Das Ablieferungshindernis tritt ein, wenn die Verweigerung dem Frachtführer zugeht. Weigert sich der Empfänger, die Fracht zu zahlen, stellt dies kein Ablieferungshindernis dar, sofern keine Nachnahme vereinbart wurde. Der Frachtführer bleibt grundsätzlich verpflichtet, den Frachtvertrag durch Ablieferung zu erfüllen. Beim CMR-Frachtvertrag bleibt ihm

---

[199] MüKoHGB/*Jesser-Huß* Art. 14 CMR Rdnr. 7.
[200] *Temme,* a.a.O. Art. 14 Rdnr. 14.
[201] OLG Düsseldorf TranspR 1984, 38 (40).
[202] BGH TranspR 1987, 180 (182).

II. Transportdurchführung   B. II

die Möglichkeit, eine **Sicherheitsleistung** geltend zu machen (Art. 13 Abs. 2 CMR). Erst nach Verweigerung der Sicherheitsleistung in Höhe der Fracht ist ein Ablieferungshindernis anzunehmen. Wurde Nachnahme vereinbart, und verweigert der Empfänger die Zahlung, kann der Frachtführer den Frachtvertrag nicht erfüllen. Der Empfänger verhindert die Ablieferung.[203] Beim HGB-Frachtvertrag fällt mit der ernsthaften Annahmeverweigerung das **Weisungsrecht** zurück an den Absender, den der Frachtführer benachrichtigen und von dem er Weisungen einholen muss. Der Frachtführer kann die Befolgung der Weisung von einem Vorschuss abhängig machen.

bb) Rechte und Pflichten des Frachtführers. Liegt ein Ablieferungshindernis vor, 392 so ist der Frachtführer verpflichtet, Weisungen des Absenders (CMR) bzw. des Verfügungsberechtigten (HGB) einzuholen. Der CMR-Frachtführer muss sich daher grundsätzlich an den Absender wenden. Bei einigen Ablieferungshindernissen ist dies aber nicht praxisgerecht, da diese der Empfänger leichter und schneller beseitigen kann. So z. B., wenn der Empfänger seinen Betriebssitz verlegt hat, und dies sich nicht aus dem Frachtbrief ergibt, könnte der Frachtführer durch einen Anruf beim Empfänger das Hindernis beseitigen. Deshalb hat der Frachtführer die Obliegenheit, sich zunächst einen Überblick zu verschaffen, ob ein **Ablieferungshindernis** überhaupt vorliegt.[204] Ist der Empfänger am vorgesehenen Bestimmungsort nicht aufzufinden, liegt erst dann ein Ablieferungshindernis vor, wenn der Frachtführer mit verfügbaren Mitteln die neue Adresse nicht ermitteln kann. Im Beispielsfall sollte sich der Frachtführer zumindest mit Hilfe des Telefonbuchs bzw. der telefonischen **Auskunft**, ja sogar eines Fernschreibens,[205] nach der neuen Adresse erkundigen.

Kommt der Frachtführer zum Ergebnis, dass ein Ablieferungshindernis vorliegt, 393 muss der CMR-Frachtführer immer die **Weisung des Absenders** einholen; der HGB-Frachtführer die des Verfügungsberechtigten. Vor Ankunft des Gutes an der Ablieferungsstelle, ist dies der Absender, danach der Empfänger. Bei Annahmeverweigerung fällt jedoch das Weisungsrecht zurück an den Absender.

Erteilt der Absender bei ausgestelltem Frachtbrief eine Weisung, so muss er dem 394 CMR-Frachtführer grundsätzlich die erste (= Absender-)Ausfertigung des Frachtbriefs vorlegen, dem HGB-Frachtführer dagegen nur, wenn dies im Frachtbrief vorgeschrieben ist. Da sich die erste Ausfertigung des Frachtbriefs in der Praxis bei Ankunft des Transports am Bestimmungsort noch beim Absender befindet, muss es ausreichend sein, dass der Absender dem Frachtführer an dessen Firmensitz und nicht am wartenden Fahrzeug vorlegt und der Frachtführer die Weisung an den Fahrer weiterleitet.[206] Einer Vorlage der Absenderausfertigung bedarf es für eine Weisung des Absenders nicht, wenn der Empfänger die Annahme des Gutes verweigert (Art. 15 Abs. 1 Satz 2 CMR, § 419 Abs. 1 Satz 2 HGB).

Dem CMR-Frachtführer gibt der Wortlaut des Art. 16 Abs. 2 und 3 CMR bei **unbe-** 395 **hebbaren Hindernissen** die Möglichkeit, anstatt eine Weisung des Absenders einzuholen, das Gut sofort auf Kosten des Verfügungsberechtigten auszuladen und zu verwahren oder verderbliche oder ähnliche Ware zu verkaufen. Aber auch in diesem Falle muss der Frachtführer grundsätzlich vorher eine Entscheidung des verfügungsberechtigten Empfängers einholen, soweit diese erlangt werden kann. Aufgrund seiner all-

---

[203] *Temme*, a. a. O. Art. 15 Rdnr. 3–6.
[204] AGB-Klausel über Berechtigung zur Ablieferung beim Nachbarn ist aber unwirksam, vgl. OLG Düsseldorf TranspR 2007, 193.
[205] OLG Hamburg TranspR 1988, 277 (278) (bei einer Adresse in Teheran).
[206] *Temme*, a. a. O. Art. 15 Rdnr. 8.

gemeinen Sorgfaltspflicht muss der Frachtführer mit Hilfe des Empfängers klären, ob überhaupt ein ernstes Ablieferungshindernis besteht. Erteilt der Empfänger auf Nachfrage eine Weisung, die das Hindernis beseitigt, muss der Frachtführer dieser Weisung folgen, bevor er auslädt, verwahrt oder sogar verkauft. Stellt sich nach Aufklärung der Situation und nach Befolgung der ggf. erteilten Weisung heraus, dass ein unbehebbares Hindernis vorliegt, so kann der Frachtführer nun seine Rechte aus Art. 16 Abs. 2 und 3 CMR geltend machen.

396 Der HGB-Frachtführer kann seine entsprechenden Rechte nach § 419 Abs. 3 nur dann geltend machen, wenn er vorher versucht hat, Weisungen zu erlangen und diese innerhalb angemessener Zeit nicht erlangt hat.

397 Mit dem **Ausladen** (= **Entladen**) ist die Beförderung beendet[207] und die Beförderungspflicht erfüllt, der Haftungszeitraum aber nicht beendet. Von besonderer Bedeutung ist, dass der Frachtführer bis zum Ende des Ausladevorgangs haftet, wenn er die Ausladung selbst veranlasst. Fällt ein Hindernis nach Entladung weg, so muss der Frachtführer das Gut nicht wiederaufladen und weiterbefördern.

398 Befördert der Frachtführer das Gut wieder zurück (§ 419 Abs. 3 S. 2) ist die Beförderung nicht beendet, denn die Rückbeförderung ist Teil der modifizierten Beförderungspflicht. Liegt keine Weisung zugrunde, muss sie im mutmaßlichen Interesse des Absenders liegen.

399 Nach dem Entladen hat der Frachtführer das Gut für den Verfügungsberechtigten zu verwahren. Die Obhutshaftung dauert bis zur vollständigen Entladung an.[208] Fehler beim Entladen gehen selbst dann zu Lasten des Frachtführers, wenn das Entladen nicht zu seinen vertraglichen Pflichten gehört.[209] Mit dessen Abschluss sind die spezifisch frachtrechtlichen Pflichten erloschen und der Haftungszeitraum der § 425, Art. 17 CMR beendet.[210] Übernimmt er selbst die Verwahrung, bestimmt sich sein Rechtsverhältnis zum Verfügungsberechtigten nach den Regeln eines Verwahrvertrages §§ 688 ff. BGB.[211] Vertraut er das Gut einem Dritten an, haftet er nur für die sorgfältige Auswahl des Dritten. In jedem Fall muss er das Gut aber beaufsichtigen oder beaufsichtigen lassen.[212]

400 Der Frachtführer kann das Gut verkaufen oder verkaufen lassen, ohne Weisungen des Verfügungsberechtigten abzuwarten, wenn es sich um verderbliche Ware handelt, oder der Zustand des Gutes eine entsprechende Maßnahme rechtfertigt oder wenn die Kosten der **Verwahrung** oder sonst entstehenden Kosten in keinem angemessenen Verhältnis zum Wert des Gutes stehen. Zusätzlich darf er nach der CMR jedes Gut verkaufen, wenn er innerhalb einer angemessenen Frist keine gegenteilige Weisung des Verfügungsberechtigten, deren Ausführung dem Frachtführer billigerweise zugemutet werden kann, erhält. Der HGB-Frachtführer hat dieses Recht nur dann, wenn dies im Interesse des Verfügungsberechtigten die beste Maßnahme zu sein scheint. Unverwertbares Gut darf der Frachtführer vernichten.

401 Der Frachtführer hat einen Anspruch auf Erstattung der Kosten gegebenenfalls in Höhe angemessener Vergütung, die ihm durch die Einholung und Ausführungen der Weisung entstehen und die er nicht selbst verschuldet hat. Dem Frachtführer steht dieser Anspruch nur zu, wenn das Hindernis von ihm nicht verschuldet und nicht

---

[207] OLG München TranspR 1992, 298 (299).
[208] BGH TranspR 2001, 447 ff.
[209] *Koller*, a. a. O. Art. 16 CMR Rdnr. 6.
[210] BGH VersR 1987, 678 f.
[211] E/B/J/S/*Boesche* Art. 16 CMR Rdnr. 10; a. A. *Koller*, a. a. O. § 419 Rdnr. 44, der Lagerrecht § 467 ff. anwenden will.
[212] MüKoHGB/*Jesser-Huß*, Art. 16 CMR Rdnr. 10.

seinem Risikobereich zuzurechnen ist. Umstritten ist, ob der CMR-Frachtführer einen Gewinnzuschlag berechnen darf.[213] **Schadensersatz** bei **Verschulden** des Absenders kann der CMR-Frachtführer analog Art. 12 Abs. 5a),[214] der HGB-Frachtführer nach § 280 BGB[215] verlangen.

Beispiele für aufgewandte Kosten sind: Telekommunikationskosten für die Einholung der Weisung, Kosten von Grenz- und Empfangsspediteuren, die zur Beseitigung der Beförderungs- und Ablieferungshindernisse erforderlich sind, Kosten für erforderliche Ladehilfsmittel, die der Empfänger nicht zur Verfügung stellt sowie Kosten für die Wartezeit der eigenen Leute und des Fahrzeugs und für Umwege.[216] 402

cc) Beweislast. Der Frachtführer hat zur Geltendmachung seines Anspruchs auf Kosten- und Aufwendungsersatz zu beweisen, dass er Weisungen eingeholt und/oder ausgeführt hat sowie die Ursächlichkeit zwischen Weisung, Ausführung und Kosten bzw. Aufwendungen. Wendet der Absender ein, dass die Kosten vom Frachtführer verschuldet wurden, so hat der Absender die Verletzung der im Verkehr erforderlichen Sorgfalt zu beweisen.[217] 403

Verlangt der Frachtführer die Kosten für das Ausladen und/oder Verwahren, hat er das Vorliegen eines Beförderungs- und/oder Ablieferungshindernisses zu beweisen. Hat der Frachtführer aufgrund Weisung des Absenders weiterbefördert, ist er für den Anfall von Umschlagskosten beweispflichtig und auch dafür, dass dies aufgrund eines Beförderungs- und/oder Ablieferungshindernisses geschah, bevor ein Verfügungsberechtigter eine Weisung erteilt hatte.[218] 404

Macht der Verfügungsberechtigte Ansprüche wegen Schäden gegen den Frachtführer geltend, die im **Gewahrsam eines Dritten** entstanden sind, so muss der Absender beweisen, dass der Frachtführer den Dritten nicht sorgfältig ausgewählt hat. Da der Verfügungsberechtigte den Dritten nicht kennt, ist es jedoch gerechtfertigt, dem Verfügungsberechtigten die Beweisführung mit Hilfe des Anscheinsbeweises zu erleichtern, d.h. der geschädigte Anspruchsteller kann sich dann mit der Darlegung und dem Beweis einer Tatsachenlage begnügen, die nach gewöhnlichem Verlauf der Dinge die Schlussfolgerung rechtfertigt, dass der Frachtführer schuldhaft seine Auswahlpflicht verletzt hat.[219] 405

Die Umstände, die zur Beendigung des Frachtvertrages geführt haben, sind vom Frachtführer zu beweisen. Er hat deshalb auch die Voraussetzungen für den Notverkauf zu beweisen. Macht der Frachtführer allerdings geltend, dass es sich um verderbliche Ware handelte, kann er sich auf die Beweisvermutung des Frachtbriefs berufen. Ist das Gut darin nicht genau bezeichnet worden, so muss er die Verderblichkeit beweisen.[220] 406

Verkauft der Frachtführer das Gut, weil die Kosten der Verwahrung in keinem angemessenen Verhältnis zum Wert des Gutes stehen, so muss er sämtliche Tatsachen beweisen, die den Schluss auf die **Unverhältnismäßigkeit** zulassen.[221] 407

---

[213] Volle Vergütung: OLG Köln NJW-RR 1995, 671 ff.; E/B/J/S/*Boesche*, Art. 16 CMR Rdnr. 3; a. A. OLG München VersR 1992, 724; *Koller*, a. a. O. Art. 16 CMR Rdnr. 2.
[214] *Koller*, a. a. O. Art. 16 CMR Rdnr. 3.
[215] *Koller*, a. a. O. § 419 HGB Rdnr. 51.
[216] *Temme*, a. a. O. Art. 16 Rdnr. 5.
[217] *Baumgärtel/Giemulla*, Art. 16 CMR Rdnr. 2 ff.
[218] OLG Hamburg TranspR 1988, 277 (278).
[219] *Baumgärtel/Giemulla*, Art. 16 CMR Rdnr. 5 ff.
[220] *Baumgärtel/Giemulla*, Art. 16 CMR Rdnr. 6.
[221] *Baumgärtel/Giemulla*, Art. 16 CMR Rdnr. 9.

408 Hat er das Gut verkauft, weil er in angemessener Frist keine Weisung erhalten hat, so muss er die Einholung, die Umstände der Unangemessenheit beweisen und soweit möglich darlegen, dass er keine zumutbare Weisung erhalten hat.[222]

7. Die Zwischenlagerung

409 Das Gut ist dem Frachtführer ab Übernahme und bis zur Ablieferung anvertraut und befindet sich regelmäßig in dessen Obhut, weshalb er grundsätzlich auch für Schäden am Gut durch Verlust oder Beschädigung in diesem Zeitraum haftet (**Obhutshaftung**).

410 *a) Transportbedingte Zwischenlagerung.* Eine transportbedingte Zwischenlagerung ist kein Lagergeschäft im Sinne der §§ 467 ff. HGB. Die zum Zwecke der Beförderung erforderliche Einlagerung nach Übernahme und vor Ablieferung des Sendungsgutes wird von der Obhutshaftung umfasst. Deshalb ist auch eine Vorlagerung vor dem eigentlichen Transport, die aber der Vorbereitung der Beförderung dient, eine transportbedingte Zwischenlagerung und fällt in den Obhutszeitraum. Wird das Gut aber zunächst nur zur vorübergehenden oder auch längeren Einlagerung übergeben und ist ein Weitertransport noch nicht vorgesehen, ist also insbesondere kein Frachtvertrag geschlossen, scheidet eine Obhutshaftung nach Art. 17 CMR und § 425 Abs. 1 aus[223] und es finden die Regeln des Lagergeschäfts (§§ 467 ff.) Anwendung.[224] Wird Nachlagerung nach Beendigung des Transports erforderlich, weil der frachtbriefmäßige Empfänger das Gut nicht annimmt, so fällt die Lagerung ebenfalls in den **Obhutszeitraum**. Anders ist es, wenn der Frachtführer mit dem Verfügungsberechtigten vereinbart hat, dass dieser oder ein Dritter das Gut am Ende der Reise zunächst auf Lager nimmt. In diesem Fall endet mit der Einlagerung die Obhutshaftung des Frachtführers, und es beginnt dessen oder des Dritten Lagerhaftung.[225] Gleiches gilt wenn der Frachtführer das Gut wegen eines Ablieferungshindernisses ablädt.[226]

411 *b) Besondere Formen der Zwischenlagerung.* Bei Zwischenlagerungen ist zu unterscheiden, ob sie im Zuge der Beförderung erfolgen, d.h. verkehrsbedingt sind, oder nicht. Wird beispielsweise eine Zwischenlagerung oder Umladung während des Transportes durch Pannen oder verkehrsbedingte Ursachen nachträglich erforderlich, so bleibt das Gut in der Obhut des Frachtführers und unterliegt daher der Obhutshaftung.[227] Gleiches gilt für die die Zusammenstellung einer Sammelladung erforderliche Zwischenlagerung.

412 Erteilt der Absender aber während des Transportes dem Frachtführer die Weisung, er solle die Beförderung abbrechen und das Gut bis auf weiteres zwischenlagern, dann endet die ursprünglich vereinbarte Beförderung mit dem Ausladen zum Zwecke der Einlagerung. Ab diesem Zeitpunkt befindet sich das Gut nicht mehr in der Obhutshaftung des Frachtführers. Er hat das Gut jedoch mit der Sorgfalt eines ordentlichen Lagerhalters aufzubewahren.

413 Liegen Ablieferungshindernisse vor, dann endet der Obhutszeitraum mit der Entladung. Bei Zwischenlagerungen infolge Beförderungshindernissen hängt es vom Ein-

---

[222] *Baumgärtel/Giemulla*, Art. 16 CMR Rdnr. 8.
[223] BGH TranspR 1985, 182 (184); *Thume*, a.a.O. Art. 17 Rdnr. 19, 57.
[224] BGH VersR 1995, 320 f.; BGH TranspR 2006, 38 ff.; LG Wuppertal Urteil vom 4.1.2012 – 13 O 62/10 – juris.
[225] *Heuer*, Haftung S. 66; MüKoHGB/*Jesser-Huß*, CMR Art. 17 Rdnr. 26.
[226] S.o. Rdnr. 390 ff.
[227] Vgl. OLG Düsseldorf TranspR 1991, 59; LG Wuppertal a.a.O.

II. Transportdurchführung   B. II

zelfall ab. Zwischenlagerungen von kurzer Dauer können jedenfalls in den Haftungszeitraum einbezogen werden.[228]

8. Die Ablieferung

Der Obhuts- und damit **Haftungszeitraum** des § 425 Abs. 1 und Art. 17 Abs. 1 CMR endet mit der Ablieferung des Gutes. Wird der Transport multimodal ausgeführt, endet die Obhutszeit mit Beginn der Übernahme des Gutes zum Anschlusstransport.[229] 414

a) Begriff und Voraussetzungen. Der Ablieferungsbegriff wird übereinstimmend definiert als der Vorgang durch den der Frachtführer den Gewahrsam an dem beförderten Gut im Einvernehmen mit dem Empfänger aufgibt und diesen in den Stand setzt, die tatsächliche Gewalt über das Gut auszuüben.[230] Die Ablieferung besteht danach aus zwei Voraussetzungen. Zum einen müssen sich Frachtführer und berechtigter Empfänger über den Gewahrsamsübergang geeinigt haben und zum anderen muss der Frachtführer dem berechtigten Empfänger tatsächlich die Möglichkeit verschafft haben, Gewahrsam über das Gut auszuüben. 415

Abzuliefern ist stets an den rechtmäßigen Empfänger des Gutes. Das ist der im Frachtbrief eingetragene oder nachträglich durch Weisung des Berechtigten bestimmte Empfänger. Die Auslieferung des Gutes an den wirtschaftlichen Endempfänger, der nicht diese Voraussetzungen erfüllt, ist daher unzureichend,[231] ebenso die Auslieferung an einen Dritten vor dem Geschäftslokal des Empfängers.[232] Dagegen ist die Auslieferung an einen bevollmächtigten oder ermächtigten Dritten wirksam,[233] wobei **Anscheins- und Duldungsvollmacht** ausreichen. Die Regelung in Ziffer 13 ADSp, wonach mit befreiender Wirkung auch an jede im Geschäft oder Haushalt des Empfängers anwesende Person abgeliefert werden kann, es sei denn es bestehen begründete Zweifel an deren Empfangsberechtigung, steht den Regelungen in Art. 17 Abs. 1 CMR und § 425 Abs. 1 nicht entgegen und kann wirksam vereinbart werden.[234] Die Möglichkeit zur Ablieferung an den Nachbarn des Empfängers kann allerdings nicht durch AGB des Frachtführers eingeräumt werden.[235] Bei Unsicherheit über die Person des Empfängers werden vom Frachtführer größte Anstrengungen zur Klärung der Legitimation erwartet.[236] Im Zweifelsfall hat er Weisungen des Absenders einzuholen.[237] Ansonsten erfordert die Ablieferung, dass mit dem Willen des berechtigten Empfängers übergeben wird. Erlangt der Pförtner oder Hausmeister gegen den Willen des Empfängers Gewahrsam, liegt keine wirksame Ablieferung vor.[238] Übernimmt dagegen der Empfänger das Gut an einem anderen als dem vorgesehenen Ort, steht dies einer Ablieferung nicht entgegen.[239] 416

aa) Einigung. Einigung über die Gewahrsamsübergabe setzt den Willen des Frachtführers voraus, die Verfügungsgewalt über die Sendung aufgeben und den des Emp- 417

---

[228] Vgl. zum Ganzen *Koller,* a.a.O. § 407 HGB Rdnr. 73.
[229] BGH TranspR 2007, 472 ff.
[230] BGH NJW 1982, 1284; umfassend: *Widmann* TranspR 2001, 72 ff.
[231] BGH TranspR 1982, 105.
[232] OLG Düsseldorf 2003, 343 ff.
[233] OLG München TranspR 1991, 138.
[234] E/B/J/S/*Bahnsen,* ADSp Ziff. 13.
[235] OLG Düsseldorf TranspR 2007, 193 ff.; OLG Düsseldorf RdTW 2013, 276 ff.
[236] *Drescher* TranspR 2007, 303 ff.
[237] OLG Stuttgart TranspR 2001, 127 ff.
[238] BGH NJW 1982, 1284.
[239] OLG Frankfurt TranspR 1988, 150.

fängers, die Verfügungsgewalt des Gutes auch tatsächlich übernehmen zu wollen, wobei letzterer auch stillschweigend bzw. durch sonstiges Verhalten zum Ausdruck kommen kann.[240] Hat z. B. der Frachtführer nach Ankunft des Gutes am Bestimmungsort den Empfänger lediglich benachrichtigt, wo er es abgestellt hat, ihm den Frachtbrief übergeben und ihn aufgefordert, das Gut abzuholen, so liegt mangels Einigung über den **Gewahrsamsübergang** noch keine Ablieferung vor.[241] Gleichwohl können Regelungen über die Ablieferung von Sendungen während der Abwesenheit des Empfängers durch AGB und auch im Voraus getroffen werden.[242]

418 *bb) Verschaffung der Möglichkeit zur Gewahrsamsübernahme.* Neben der Einigung muss der Frachtführer dem berechtigten Empfänger die Möglichkeit zur Gewahrsamsübernahme verschaffen. Das Gut muss für den Empfänger so bereitgestellt sein, dass dieser ohne weitere Hindernisse die Sachherrschaft ergreifen kann. Stellt der Frachtführer beispielsweise den verschlossenen Sattelauflieger in der Nähe des Eingangstores ab und übergibt er die Ladepapiere, so hat der Empfänger noch keine Möglichkeit, über das Gut Gewahrsam auszuüben.[243] Unabhängig vom Gut ist es mindestens erforderlich, dass der Frachtführer das Fahrzeug auf das Grundstück des Empfängers so an die angewiesene oder übliche Abladestelle fährt, dass das Fahrzeug zum Entladen nicht mehr bewegt werden muss.[244] Ferner muss der Frachtführer das Fahrzeug, falls erforderlich, so absichern, dass das Gut ohne Gefahr entladen werden kann,[245] und wenn möglich, die Ladefläche absenken.[246] Der Frachtführer muss das Fahrzeug (nicht aber Containertüren, wenn der Container Transportgut ist) öffnen, um dem Empfänger den Zugang zum Gut zu ermöglichen. Hat der Empfänger das Gut auszuladen, so hat der Frachtführer damit dem Empfänger ermöglicht, den Gewahrsam zu übernehmen. Nicht erforderlich ist, dass der Empfänger das Gut körperlich tatsächlich ergriffen hat.[247] Muss der Frachtführer dagegen das Gut entladen, so ist die Ablieferung erst mit der vertragsgemäßen Entladung bewirkt.[248]

419 Die **Pflicht zur Entladung** trifft grundsätzlich den Absender, für den der Empfänger diese Pflicht zu erfüllen hat, es sei denn kraft Vereinbarung oder aus den Umständen ergibt sich anderes.[249] Wurde z. B. ein Transportfahrzeug mit Ladehilfsmittel geordert, hat der Frachtführer diese zu bedienen. Auch bei **Bulkware** hat der Frachtführer die Ladevorrichtungen des Fahrzeugs selbständig einzusetzen, um eine ordnungsgemäße Beladung zu gewährleisten.[250] Zu beachten ist ferner, dass der Empfänger den Frachtführer gemäß § 418 zur Entladung anweisen kann, wenn der Frachtführer die Entladung schuldet.[251] Entlädt der Frachtführer jedoch eigenmächtig, ohne vertragliche Verpflichtung oder Einverständnis von Absender oder Empfänger, kann er sich nicht auf die frachtrechtlichen Haftungsbeschränkungen berufen.[252]

---

[240] BGH NJW 1980, 833; OLG Stuttgart TranspR 2003, 104 f.
[241] OLG Hamburg TranspR 1997, 101 ff.
[242] E/B/J/S /*Schaffert*, § 425 Rdnr. 32.
[243] OLG Nürnberg TranspR 1991, 99.
[244] LG Hamburg TranspR 2001, 303 f.
[245] BGH NJW 1973, 511; OLG Stuttgart TranspR 2003, 104 ff.
[246] OLG Nürnberg TranspR 2002, 22.
[247] BGH NJW 1980, 833; 1963, 1830 f; *Widmann* TranspR 2001, 72 ff.
[248] BGH NJW 1980, 445, 446; OLG Frankfurt TranspR 1996, 112 ff.
[249] *Koller*, a. a. O. § 412 Rdnr. 25; vgl. auch oben B. II Rdnr. 324.
[250] Vgl. auch oben B. II. Rdnr. 334.
[251] *Koller*, a. a. O. § 425 HGB Rdnr. 27.
[252] BGH TranspR 2014, 23 ff.

II. Transportdurchführung

b) Sonderfälle zur Ablieferung. Hat der Frachtführer einzelne Teile einer Sendung an verschiedenen Abladestellen abzuliefern, so richtet sich der Obhuts- und Haftungszeitraum für jedes einzelne Teil der Sendung nach dem jeweiligen Ablieferungsort, wobei die jeweilige Mitwirkung des Empfängers (Einigung) erforderlich ist.[253]

420

Ist eine Ablieferung ohne Anwesenheit des Empfängers, z.B. bei Nacht oder am Wochenende, im Voraus vereinbart und liefert der Frachtführer das Gut an der vereinbarten Stelle und zur vereinbarten Zeit ab, so ist die Ablieferung vollzogen und der Obhutszeitraum beendet.[254] Ohne Vereinbarung oder Einwilligung ist aber ein bloßes Abstellen selbst dann keine Ablieferung, wenn die Ladepapiere abgegeben werden.[255]

421

Ist der vom Absender selbst beladene und verschlossene Container samt Inhalt Gegenstand des Frachtvertrages, so ist das Gut bereits dann abgeliefert, wenn sich der Frachtführer nach der Ankunft an der Ablieferungsstelle beim Empfänger meldet und die Ankunft anzeigt. Öffnet der Frachtführer auf Weisung des Empfängers die Containertüren und fallen dabei Güter heraus, so fällt der Schaden nicht mehr unter die frachtvertragliche Obhutshaftung.[256] Gleichwohl bestimmt sich die Verjährung frachtrechtlich.[257]

422

Bei der Entladung von schüttbaren, gasförmigen oder flüssigen Gütern von **Spezialfahrzeugen,** Silo- oder Tanklastzügen ist die Ablieferung bewirkt, wenn die Güter in die Leitungen des Empfängers fließen.[258] Umstritten ist bei diesen Entladevorgängen, wann die Entladung abgeschlossen und damit die Ablieferung eingetreten ist.[259] Wie auch bei der Beladung hat der Frachtführer die Pflicht, die Lade- und Entladevorrichtungen an den Spezialfahrzeugen zu bedienen, wenn nur er diese **ordnungsgemäß** bedienen kann.[260] Unabhängig davon, ob der Frachtführer seine Verbindungsschläuche beim Empfänger angeschlossen, oder der Empfänger seine am Fahrzeug des Frachtführers, oder das Gut durch die Schwerkraft oder eine zusätzliche Kompressoranlage vom Fahrzeug in das Lagerbehältnis beim Empfänger geleitet wird, ist die Ablieferung erst beendet, wenn das Gut vollständig im Behältnis des Empfänger angekommen ist. Bei dieser Art Güter, die einen **speziellen Abladevorgang** erfordern, ist nicht auf die Be- und Entladepflichten, sondern auf die Beendigung des Be- und Entladevorgangs abzustellen, da die Tätigkeiten von Absender bzw. Empfänger und Frachtführer hier je nach Ladevorrichtung ineinander greifen und sich nur schwerlich trennen lassen.

423

Ansonsten richten sich Übernahme- und Ablieferungszeitraum praxisgerecht danach, wann das Gut vollständig im Fahrzeug bei der Beladung bzw. im Lagerbehälter beim Empfänger bei der Entladung angekommen ist. Solange der Entladevorgang noch nicht abgeschlossen ist, befindet das Gut sich noch in der Obhut des Frachtführers. Kommt es während des Entladevorgangs zu einem Schaden, so ist eine Obhutshaftung des Frachtführers grundsätzlich eröffnet. Allerdings ist bei mehrstündigen Entladevorgängen von einer teilweisen, sukzessiven Ablieferung bezüglich der Teile des Gutes, die den Verbindungsschlauch passiert haben, auszugehen.[261] Jedenfalls en-

424

---

[253] OLG München TranspR 2004, 324 ff.
[254] OLG Bremen TranspR 2001, 259; OLG Düsseldorf Urteil vom 29.11.2006 – I 18 U 73/06 – juris.
[255] OLG Nürnberg TranspR 1991, 99; OLG Düsseldorf Urteil vom 23.2.2011 – I 18 U 65/10 – juris.
[256] OLG Hamburg VersR 1981, 12.
[257] BGH TranspR 2008, 84 ff.
[258] BGH LM § 606 HGB Rdnr. 7.
[259] *Thume,* a.a.O. Art. 17 Rdnr. 53.
[260] BGH BB 1985, 1221; OLG München, TranspR 1983, 150; OLG Dresden RdTW 2013, 286 ff.
[261] Streitig: vgl. *Koller,* a.a.O. § 425 HGB Rdnr. 27; OLG Düsseldorf VersR 1965, 34 ff.

det die Obhutshaftung für abtrennbare Ladungsteile in dem Moment, in dem diese im Bereich des Empfängers anlangen, bei flüssigen Ladungen mithin in dem Moment, in dem die Ladung den Tankflansch des Lieferfahrzeugs zur Empfängerseite passiert.[262] Der Frachtführer kann sich auch von der Haftung befreien, wenn der Schaden infolge eines mangelhaften Entladehilfsmittels des Empfängers verursacht wurde.

9. Verspätung

425 Neben der Obhutshaftung für Schäden durch Verlust oder Beschädigung des Gutes haftet der Frachtführer auch für Schäden, die durch Überschreiten der vereinbarten Lieferfrist entstehen (§ 425 Abs. 1 bzw. Art. 17 Abs. 1 CMR).

426 *a) Allgemeines.* Diese Verspätungshaftung wird durch jede, auch unerhebliche Überschreitung der Lieferfrist begründet. Eine Haftung kann aber nur in Höhe der tatsächlich durch die Lieferzeitüberschreitung verursachten Schäden bestehen. Fehlt z.B. der Verursachungszusammenhang zwischen einer geringen Verspätung und dem Schadenseintritt, weil der Absender den Schaden durch grob fahrlässiges Organisationsverschulden verursacht hat, so bleibt der Frachtführer haftungsfrei.[263] Ebenso, wenn der Schaden infolge Fristüberschreitung nicht nachgewiesen werden kann.[264]

427 Von der **Lieferfristüberschreitung** ist die **Ladefristüberschreitung** zu differenzieren. Eine Ladefristüberschreitung liegt vor, wenn die Frist zur Gestellung eines Fahrzeuges zur Beladung vom Frachtführer nicht eingehalten wird. Im grenzüberschreitenden Verkehr und nach neuem Transportrecht stellt die Ladefristüberschreitung den **klassischen Fall einer Pflichtverletzung** (§ 280 BGB) des Frachtvertrages dar. Nach der CMR trifft den Frachtführer grundsätzlich eine unbegrenzte Haftung, die sich nach dem national anwendbaren Recht richtet, aber durch AGB in der Höhe nach grundsätzlich beschränkbar ist. Nach § 433 ist die Haftung auf den dreifachen Betrag begrenzt, der bei Verlust des Gutes zu zahlen wäre, also auf maximal 24,99 SZR/kg des Gutes, bei einem Güterwert von unter 8,33 SZR/kg entsprechend weniger.[265] Führt die Ladefristüberschreitung zu einer verspäteten Ablieferung, sind Schäden, die durch die Lieferfristüberschreitung entstehen, nach § 425 zu behandeln, die übrigen nach § 280 BGB.[266] Ohnehin ist der Schadensersatz wegen Lieferfristüberschreitung auf Vermögensschäden gerichtet. Kommt durch die Verspätung das Ladegut selbst zu schaden, z.B. beim Transport verderblicher Güter, liegt kein Verspätungs- sondern ein den § 431 Abs. 1, 2 und Art. 23 Abs. 1–4 unterliegender Güterschaden vor.[267]

428 Im Rahmen der Haftung für Lieferfristüberschreitung gelten für den HGB-Frachtführer die Haftungsausschlussgründe der §§ 426, 427 Abs. 1 wie auch bei der Obhutshaftung.

429 *b) Vereinbarte Lieferfrist.* Eine Lieferfrist ist z.B. vereinbart, wenn der Absender den Frachtführer beauftragt, die Sendung an einem bestimmten Kalendertag und/oder zu einer bestimmten Uhrzeit beim Empfänger abzuliefern. Voraussetzung für die Vereinbarung ist darüber hinaus, dass der Frachtführer nicht nur den Transportauftrag, sondern auch das Angebot auf Abschluss einer Lieferfristvereinbarung annimmt.[268] Das Schweigen eines Frachtführers auf ein Telefax des Absenders allein

---

[262] *Thume*, a.a.O. Art. 17 CMR Rdnr. 55.
[263] OLG Zweibrücken TranspR 1985, 397.
[264] OLG Düsseldorf TranspR 1986, 429.
[265] E/B/J/*Schaffert*, § 433, Rdnr. 12.
[266] *Koller*, a.a.O. § 425 HGB Rdnr. 39; *Ramming* TranspR 2003, 419 (421).
[267] *Thume*, a.a.O. Art. 17 Rdnr. 213; BGH NJW 1993, 1269 ff.
[268] Ausführlich *Koller* a.a.O. § 423 HGB Rdnr. 4 ff.

II. Transportdurchführung   B. II

reicht hierfür nicht aus. Die Grundsätze des kaufmännischen Bestätigungsschreibens wirken nur, wenn vor Absendung des kaufmännischen Bestätigungsschreibens der Absender mit dem Disponenten des Frachtführers telefoniert hatte und eine mündliche Einigung über die Lieferfristvereinbarung zustande gekommen ist. Denn das kaufmännische Bestätigungsschreiben soll keinen Vertrag schließen, sondern nur den Inhalt eines Vertrages in schriftlicher Form festhalten.[269]

Anders ist dies, wenn einem Spediteur ein Auftrag von einem ständigen Geschäftspartner zugeht. Gemäß § 362 ist der Spediteur zum Widerspruch verpflichtet, wenn er mit dem Inhalt des Antrags auf Vereinbarung der Lieferfrist nicht einverstanden ist.[270] Ist darüber hinaus in dem Antrag eine feste Fracht genannt, so wird der Spediteur gemäß § 459 als Fixkostenspediteur dem Frachtrecht unterstellt; die Lieferfrist könnte auf diese Art vereinbart werden. 430

10. Nachnahme

a) Allgemeines. Die Vertragsparteien des Frachtvertrages können vereinbaren, dass das Gut dem Empfänger nur Zug um Zug gegen Zahlung des Nachnahmebetrages in bar oder in Form eines gleichwertigen Zahlungsmittels angeliefert werden darf (§ 421, Art. 21 CMR), unabhängig davon, ob es sich um Wert- oder Frachtnachnahmen handelt. Erstere zielt darauf, den Gegenwert, regelmäßig den Kaufpreis des Gutes, zu erheben, letztere auf den Einzug der Transportkosten. Der Absender will mit dem **Nachnahmeauftrag** sicherstellen, dass das Gut erst dann dem Empfänger ausgehändigt wird, wenn der Nachnahmebetrag gezahlt ist. Seiner Natur nach handelt es sich beim Nachnahmeauftrag um einen Treuhandauftrag, zum Einzug zweckgebundenen Fremdgeldes. Deswegen ist eine Aufrechnung beschränkt auf Gegenforderungen, die ihren Grund unmittelbar in dem Auftrag und den damit verbundenen Aufwendungen haben.[271] Bei Nachnahmeaufträgen, die in einer Kette von Frachtführern weitergegeben werden, sind die eingezogenen Beträge jeweils von Auftragnehmer zu Auftraggeber abzuführen. 431

b) Vereinbarung. Die Vereinbarung kann formfrei geschlossen werden. In der Praxis üblich sind Nachnahmevermerke im Frachtbrief,[272] so dass der Nachnahmeauftrag mit Unterzeichnung des Frachtbriefs als angenommen gilt. Der Vermerk „unfrei" hingegen gilt nicht als Nachnahmeauftrag sondern als Weisung gemäß § 421 Abs. 2, die Frachtforderung einzuziehen.[273] Will der Absender die Nachnahmevereinbarung nachträglich schließen, hat der Frachtführer seinen etwaig entgegenstehenden Willen unverzüglich mitzuteilen, damit keine vollendeten Tatsachen geschaffen werden. Im Zweifel wird ein nachträglicher Auftrag zur Einziehung der Nachnahme eine Weisung i.S.d. § 418 darstellen, so dass eine Äußerungspflicht des Frachtführers jedenfalls gemäß § 418 Abs. 5 besteht. 432

c) Erfüllung. Die Annahme von Bargeld ist in der Eurozone unproblematisch. Im internationalen Verkehr außerhalb können jedoch devisenrechtliche Bestimmungen zum Tragen kommen. Als gleichwertiges Zahlungsmittel gilt electronic cash, nicht jedoch Scheck oder Wechsel, weil die mit diesen Papieren verbunden Risiken erheb- 433

---

[269] *Hopt* in Baumbach/Hopt HGB 36. Aufl. § 346 Rdnr. 17.
[270] *Hopt* a.a.O. § 362 Rdnr. 1, 5.
[271] BGH NJW-RR 1999, 1192 f.
[272] Vgl. oben B. II Rdnr. 246.
[273] *Koller*, a.a.O. § 422 Rdnr. 11.

lich höher sind als bei der Einziehung von Bargeld.[274] Scheck,[275] Wechsel o. ä. dürfen daher nur mit Einverständnis des Absenders akzeptiert werden. Durch AGB kann der Frachtführer sich nicht die Möglichkeit einräumen, gegen Scheckzahlung an Stelle von Bargeld auszuliefern.[276]

434 **d) Verstoß.** Liefert der Frachtführer das Gut ohne Einziehung der Nachnahme im Vertrauen auf die Zahlungsfähigkeit und Zahlungsbereitschaft des Empfängers ab, stundet er vertragswidrig den Nachnahmebetrag und macht sich schadensersatzpflichtig. Gleiches gilt, falls der Frachtführer einen Scheck oder Wechsel akzeptiert hat, der sich als nicht gedeckt oder gesperrt erweist. Zwar ist der Absender im Rahmen der ihm obliegenden **Schadensminderungspflicht** gehalten, den **Nachnahmebetrag** beim Empfänger, der regelmäßig sein Vertragspartner ist, einzufordern, eine Pflicht zur Vorausklage gegen den Empfänger besteht jedoch nicht. Der Schaden ist konkret nachzuweisen und die Schadensersatzpflicht ist begrenzt bis maximal zur Höhe des Nachnahmebetrages (§ 422 Abs. 3), auch im grenzüberschreitenden Verkehr.[277] Der Frachtführer, der Schadensersatz gemäß § 422 Abs. 3 leistet, kann im Gegenzug vom Absender Abtretung seiner Rechte gegen den Empfänger verlangen (§ 255 BGB analog).

435 **e) Sonstiges.** Den Parteien des Frachtvertrages steht es frei, nachnahmeähnliche Vereinbarungen zu treffen und für diese die Anwendbarkeit von § 422 zu vereinbaren. Als nachnahmeähnlich gelten Vereinbarungen, mit denen es der Frachtführer übernimmt, andere Gegenstände als Geld oder gleichwertige Zahlungsmittel (z. B. Warennachnahme) einzuziehen. Die bloße Nachnahmeähnlichkeit führt jedoch noch nicht zur Anwendung von § 422. Vielmehr ist der Parteiwille bei fehlender ausdrücklicher Regelung im Wege der Auslegung zu ermitteln. Scheidet § 422 danach aus, gelten im Fall von Pflichtverletzungen die §§ 280 ff. BGB i. V. m. § 433,[278] bei CMR-Frachtverträgen das ergänzend anzuwendende nationale Recht, weil die CMR insoweit eine Regelungslücke aufweist.[279] Zwar kommt es zu einem Wertungswiderspruch, indem die Ablieferung unter Verletzung der nachnahmeähnlichen Pflicht die um das dreifache höhere Haftung als im Fall des Sendungsverlusts auslöst (§§ 433/431 Abs. 1),[280] anders als im Falle von Güterverlust setzt die Haftung des Frachtführers jedoch Verschulden voraus.

11. Rechte und Pflichten des Empfängers

436 **a) Allgemeines.** Der Frachtvertrag nach HGB wie auch nach CMR ist mit Drittwirkung zugunsten und zu lasten des Empfängers ausgestaltet, auch wenn kein Fall der Identität von Absender und Empfänger vorliegt. Letzteres ist der Fall, wenn der Empfänger selbst den Transportauftrag, z. B. einen Abholauftrag, erteilt. Empfänger ist derjenige, an den nach dem zwischen Absender und Frachtführer vereinbarten Beförderungsvertrag das Gut abgeliefert werden soll. Es muss also zwischen Soll- und Ist-Empfänger unterschieden werden, falls das Gut tatsächlich einem anderen zugestellt

---

[274] *Koller*, a. a. O. § 422 HGB Rdnr. 6; MüKoHGB/*Jesser-Huß*, Art. 21 CMR Rdnr. 5.
[275] BGH NJW-RR 1996, 353 f.
[276] OLG Düsseldorf TranspR 2007, 25.
[277] BGH NJW 1992, 621 f.
[278] *Koller*, a. a. O. § 422 HGB Rdnr. 26; a. A. OLG Nürnberg TranspR 2001, 262 f.
[279] MüKoHGB/*Jesser-Huß*, Art. 21 CMR Rdnr. 8.
[280] Aus diesem Grund für Haftungsbeschränkung nach §§ 429 ff. OLG Nürnberg TranspR 2001, 262 ff.

II. Transportdurchführung   B. II

wird, wobei letzterer in den frachtvertraglichen Bestimmungen nicht erwähnt wird und somit auch keine Rechte aus dem Frachtgeschäft ableiten kann.

b) Rechte des Empfängers. Während des Transportes hat der Empfänger außer in den seltenen Fällen, in denen ein Ladeschein (§ 446) ausgestellt ist, keine Rechte aus dem Frachtgeschäft. Diese entstehen erst mit Ankunft des Gutes am Ort der Ablieferung, wenn er ausdrücklich oder stillschweigend Bereitschaft zu Empfangnahme zeigt.[281]   437

aa) Verfügungsrecht. Mit Anlieferung des Gutes durch den Frachtführer und Übernahmebereitschaft des Empfängers erlischt das Verfügungsrecht des Absenders (§ 418 Abs. 2 Satz 1), es sei denn der Empfänger ist nicht zu ermitteln oder verweigert die Annahme. Dann bleibt es beim Absender. Macht der Empfänger von seinem **Verfügungs- oder Weisungsrecht** Gebrauch, z.B. durch Weiterleitung an einen weiteren Empfänger, hat er die hiermit verbundenen Mehraufwendungen zu tragen und eine angemessene Vergütung zu zahlen. Hinsichtlich des Transportes zu dem Zweitempfänger nimmt der Erstempfänger dann gegenüber dem Frachtführer die Stellung des Absenders ein (§ 419 Abs. 2). Dieser Zweitempfänger kann aber nicht seinerseits einen Dritten als Empfänger bestimmen (§ 418 Abs. 3, Art. 12 Abs. 4 CMR).   438

bb) Auslieferungsanspruch. Regelmäßig wird der Empfänger nach Ankunft des Gutes aber weder dessen Weiterleitung anweisen noch die Annahme verweigern sondern vom Frachtführer verlangen, ihm das Gut auszuhändigen, was ihm gegen Erfüllung der sich aus dem Frachtvertrag ergebenden Verpflichtungen zusteht (§ 421 Abs. 1 HGB).   439

cc) Schadensersatzansprüche. Wird das Gut beschädigt oder verspätet angeliefert, kann der Empfänger die Ansprüche aus dem Frachtvertrag im eigenen Namen gegen den Frachtführer geltend machen. Er hat also insoweit nach Ankunft die gleichen Rechte wie der Absender. Dies gilt auch für den teilweisen oder vollständigen Verlust, da hier das Gut niemals an der Ablieferungsstelle eintrifft.[282] Eine **Annahmeverweigerung** steht der Geltendmachung der Empfängerrechte nicht entgegen.[283] Der Absender bleibt jedoch gleichfalls anspruchsberechtigt (sog. **Doppellegitimation**). Verlangt der Absender die Schadensersatzleistung an sich, geht der Ersatzanspruch des Empfängers unter (§ 418 Abs. 1 analog).[284] Nach neuer Rechtsprechung des BGH stehen dem Empfänger diese Rechte nicht nur gegen den Hauptfrachtführer sondern auch gegen den Unterfrachtführer zu.[285]   440

c) Pflichten des Empfängers. aa) Fracht, Transportvergütung. Wenn der Empfänger Ablieferung verlangt muss er die Fracht zahlen (§ 421 Abs. 1 Satz 1). Trägt der Frachtbrief einen **Freivermerk** wie „frei", „frachtfrei" oder „franko", entfällt die Pflicht des Empfängers zur Zahlung der Fracht aufgrund dieser Vereinbarung mit dem Absender.[286] Anderenfalls hat der Empfänger die sich aus dem Frachtbrief ergebende Fracht, mangels Frachtbrief oder dessen Vorlage oder mangels Frachtangabe auf dem Frachtbrief die mit dem Absender vereinbarte Fracht, soweit nicht ungemessen hoch, zu zahlen. Dies gilt gleichermaßen für Standgelder oder Vergütungen nach § 420 Abs. 4,   441

---

[281] OLG Düsseldorf TranspR 2005, 209 ff.
[282] *Koller*, a.a.O. § 425 HGB Rdnr. 54.
[283] BGH NJW 1999, 1110 ff.
[284] BGH NJW 1974, 1614 ff.
[285] BGH TranspR 2007, 425; vgl. auch *Thume* TranspR 2007, 427; damit Aufgabe der bisherigen Rspr. z.B. BGH VersR 1988, 244; 1988, 828; 1992, 640.
[286] *Koller*, a.a.O. § 421 HGB Rdnr. 11.

Jaegers

wenn ihm die geschuldeten Beträge bei Ablieferung mitgeteilt werden. Allerdings steht der Anspruch auf Einziehung dieser Forderungen nur dem Hauptfrachtführer zu, da der Empfänger insoweit nur in die Rolle des Absenders tritt, welcher seinerseits vertragliche Beziehungen nur zum Hauptfrachtführer, nicht jedoch zum Unterfrachtführer hat.[287]

442 Neben dem Empfänger bleibt auch der Absender zur Zahlung der Fracht und der sonstigen Vergütungen und Standgelder verpflichtet. Beide sind insoweit Gesamtschuldner mit der Folge, dass der Empfänger gegen den Absender gemäß § 426 Abs. 2 BGB nach Maßgabe des dem Beförderungsgeschäft zugrundeliegenden Grundgeschäfts Regress nehmen kann. Keine Rückgriffsforderung besteht somit, wenn **Kauf „ab Werk"** oder **Incoterms** wie etwa FOB oder FAS vereinbart ist.

443 *bb) Empfangsquittung.* Mit Übernahme des Gutes ist der Empfänger auch zur Erteilung einer Empfangsquittung verpflichtet (§ 368 BGB) insbesondere zur Gegenzeichnung des Frachtbriefs.

444 *cc) Entladung.* Mit Ausnahme von Umzugstransporten trifft die Pflicht zur Entladung grundsätzlich den Absender (§ 412 Abs. 1 a. E.). Der Empfänger ist insoweit sein Erfüllungsgehilfe[288] und hat die das Transportgut mit eigenen Leuten und eigenen Vorrichtungen von der Ladefläche zu nehmen. Der Frachtführer und seine Leute haften daher nicht für Entladefehler des Empfängers, zumal der Obhutszeitraum mit Bereitstellung des Fahrzeugs zur Entladung beendet ist.

445 *(1) Beteiligung des Frachtführers am Entladen.* Probleme treten nicht selten auf, wenn der Frachtführer oder seine Leute bei der Entladung tätig sind und es hierbei zu Schäden kommt.

446 *(2) Aufgrund Vereinbarung.* Wird der Frachtführer aufgrund Vereinbarung tätig, hat er das Gut vom Fahrzeug abzusetzen bzw. aus dem Beförderungsmittel herauszuschaffen und dem Empfänger zu übergeben. Eine solche Vereinbarung gilt auch als stillschweigend geschlossen, wenn das Fahrzeug besondere bordeigene Vorrichtungen aufweist, die zur Entladung besonders geeignet sind.[289] Seine Obhutszeit endet dann erst mit dem Ende der Entladung, so dass er gemäß § 425 haftet, selbst falls Leute des Empfängers dem Frachtführer helfen.

447 *(3) Auf eigene Faust.* Gleiches gilt, falls der Frachtführer auf eigene Faust entlädt.[290] Wird der Frachtführer lediglich aus Gefälligkeit tätig, endet die Obhutszeit bereits mit Bereitstellung zur Entladung an den übernahmebereiten Empfänger.[291] Für Fehler in der Entladephase kommt eine Haftung aus Schutzpflichtverletzung (§§ 311 Abs. 3, 280 BGB)[292] und Deliktsrecht (§§ 823, 831 BGB) in Betracht. Die frachtrechtlichen Haftungsbeschränkungen kommen ihm nicht mehr zugute und auch das eigenmächtige Handeln seiner Leute wird ihm zugerechnet.[293]

448 *(4) Frachtführer überlässt Leute.* Überlässt der Frachtführer dem Empfänger Leute, die dann auf dessen Weisung entladen, haftet der Frachtführer allenfalls für ein Auswahlverschulden.

---

[287] BGH TranspR 2006, 29 f.
[288] *Koller,* a.a.O. § 412 Rdnr. 25; *Fremuth* TranspR 1997, 48 ff.
[289] BGH VersR 1985, 1035 f.; LG Köln TranspR 2003, 396 ff.; a. A. bei Hebebühne BezG Graz TranspR 2001, 403.
[290] LG Hamburg TranspR 2001, 303 f.
[291] OLG Köln TranspR 1995, 440 f.
[292] OLG Stuttgart TranspR 2003, 104 ff.
[293] BGH TranspR 2014, 23 ff.

II. Transportdurchführung   B. II

dd) Schäden am Fahrzeug beim Entladen. Wird das Fahrzeug beim Entladen beschädigt, kommt es zunächst darauf an, wessen Pflicht das Entladen war und wer gehandelt hat. **449**

(1) Frachtführer muss Entladen. War es Sache des Frachtführers zu Entladen, kommt eine Haftung des Empfängers wegen Schäden am Transportmittel beim Entladen nur in Betracht, wenn sich dessen Leute am Umschlag beteiligt haben und der Schaden gerade auf deren Handeln zurückzuführen ist. Haben die Leute auf Weisung des Empfängers gehandelt, kommen deliktsrechtliche (§§ 823, 831 BGB) und Ansprüche aus Schutzpflichtverletzung (§§ 280, 311 Abs. 3 BGB) in Betracht. Haben die Leute ohne Weisung des Empfängers gehandelt, kommt allenfalls Auswahlverschulden in Betracht. **450**

(2) Empfänger muss Entladen. War das Entladen Sache des Empfängers, und kommt es durch seine Leute zum Schaden am Fahrzeug, hat der Frachtführer einen direkten vertraglichen Anspruch auf Schadensersatz gegen den Absender, da der Empfänger beim Entladen sein Erfüllungsgehilfe ist. Das Vertragsverhältnis des Absenders zum Empfänger kann aber zudem Schutzwirkung zugunsten des Frachtführers entfalten, so dass der Empfänger aus diesem Gesichtspunkt dem Frachtführer auch selbst für eigenes Verschulden haftet.[294] Daneben kommen deliktische Ansprüche in Betracht. **451**

12. Verhalten bei Schäden und Vertragsverletzungen

a) Allgemeines. Hauptpflicht des Frachtführers ist es, das Sendungsgut zu befördern und es so wie er es übernommen hat rechtzeitig abzuliefern. Das Sendungsgut sollte den Empfänger vollzählig und unversehrt erreichen. Der Absender sollte es dem Frachtführer aber auch vollzählig und unversehrt und transportsicher verpackt zusammen mit erforderlichen Begleitpapieren und Informationen übergeben. Leider kommt es in der Praxis immer wieder zu Problemen. Zur Vermeidung späterer **Beweisschwierigkeiten** sollten Unzulänglichkeiten in allen Fällen möglichst umgehend dokumentiert und quittiert werden. Die Formulierung einer Abschreibung muss die getroffene Feststellung für Dritte nachvollziehbar beschreiben. Sie muss hinreichend präzis und individuell sein und für den später genau festgestellten Schaden plausibel sein.[295] Ein bloßer Vorbehalt ohne Angabe des Grundes ist nichtssagend und bleibt rechtlich ohne Bedeutung.[296] Auch unscharfe Angaben wie „Schaden", „schlechter Zustand" oder „verunreinigt" sind ohne weitere Angaben inhaltsleer und damit ohne Bedeutung. **452**

b) Frachtführer. Schäden und Verluste während der Obhutszeit sind häufigster Anlass transportrechtlicher Auseinandersetzungen. Nicht selten ist streitig, ob das Gut dem Frachtführer überhaupt übergeben war, in welchem Zustand es war oder ob die Verpackung den Anforderungen des Transports genügte. Der Frachtführer muss sich davor schützen, dass ihm unvollständige oder bereits beschädigte Sendungen übergeben werden. **453**

aa) Ladungsübernahme. Der Frachtführer hat daher bei Übernahme einer Sendung den äußeren Zustand und insbesondere die Vollzähligkeit anhand der ihm übergebenen Papiere zu kontrollieren.[297] Kann er dies nicht, weil er z.B. einen unter Zollver- **454**

---

[294] Im LandfrachtR ausnahmsweise vgl. z.B. OLG Hamm NJW-RR 1999, 1123; im BinSchR st. RSpr. vgl. z.B. OLG Köln TranspR Urteil vom 22.6.2004 – 3 U 23/04 BSch.
[295] *de la Motte* VersR 1982, 1037.
[296] *Koller*, a.a.O. § 409 HGB Rdnr. 9.
[297] Umfassend zur Prüfpflicht oben B. I Rdnr. 79 ff.

schluss stehenden Container übernehmen soll, sollte er kenntlich machen, dass er den Inhalt nicht hat prüfen können, wenn im Frachtbrief nicht lediglich der Container als Frachtstück sondern auch dessen Inhalt aufgeführt ist. Dies geschieht durch einen **"unbekannt-Vermerk"** (z.B. "Inhalt unbekannt", "said to contain") in Verbindung mit dem Vermerk "Inhalt nicht prüfbar" anderenfalls die Vermutungswirkung[298] der § 409 Abs. 1, Art. 9 Abs. 1 CMR trotz objektiv fehlender Kontrollmöglichkeit greifen kann.[299] Der BGH hat in jüngerer Rechtsprechung jedoch zu erkennen gegeben, dass dies bei der Übernahme bereits beladener und verplombter Container nicht ohne weiteres gelten soll und es zur Feststellung des Containerinhalts auf die Gesamtschau der Beweismittel ankommt.[300]

455 Erkennbare Fehlmengen und Beschädigungen, auch der Verpackung, sind stets abzuschreiben. Bei temperaturgeführten Transporten sollte der Frachtführer auch die ausreichende Vorkühlung der Sendung kontrollieren, da die Frage der Beweislast nach wie vor streitig ist,[301] und bei Anlass eine Abschreibung auf den Frachtbrief oder die Übernahmequittung setzen. Auch eine verspätete Übergabe des Sendungsgutes sollte der Frachtführer auf den Transportpapieren festhalten.

456 *bb) Ablieferung.* Stellt der Empfänger bei Ablieferung Unstimmigkeiten fest, die der Frachtführer nicht akzeptiert oder nicht seinem Verantwortungsbereich zuordnet, sollte der Frachtführer Abschreibungen des Empfängers nicht ohne weiteres hinnehmen. Der Frachtführer sollte seinerseits Protest erklären. Bei **Annahmeverweigerung** hat er den Absender umgehend zu informieren.[302] Die Annahmeverweigerung stellt gegenüber dem Frachtführer eine Vertragsverletzung des Absenders dar, welcher sich das Verhalten des Empfängers, der insoweit sein Erfüllungsgehilfe ist, zuzurechnen hat.

457 *cc) Unter- und des ausführenden Frachtführers.* Es gilt das Vorgesagte entsprechend, da in der Frachtführerkette jeder auftraggebende Frachtführer gegenüber dem nächsten als Absender gilt. Von Bedeutung sind in diesem Zusammenhang Fälle, in denen dem Frachtführer eine andere Ladung als avisiert oder eine ersichtlich diebstahlgefährdete Ladung, was bei Auftragserteilung nicht erkennbar war, angedient wird. Da mit Übernahme des Transportgutes grundsätzlich auch die **uneingeschränkte Ladungsverantwortung** übernommen wird und die Pflicht besteht, die Ladung vor jeglichen Risiken zu schützen, muss der Frachtführer zunächst prüfen, ob das von ihm eingesetzte Fahrzeug überhaupt geeignet ist und ob der Transport wie vorgesehen ausgeführt werden kann. Gegebenenfalls muss er die Ausführung des Transportes verweigern, von Auflagen oder von der ausdrücklichen Zustimmung des Absenders abhängig machen, um das erkannte Risiko auf den Absender zu verlagern.

458 *c) Absender.* Dem Absender ist daran gelegen, vom Frachtführer eine Quittung über die vollständige und vorbehaltlose Übernahme des Sendungsgutes zu erhalten. Stellt er bereits bei Ladungsübergabe Unstimmigkeiten fest, hat er hierauf gleichfalls zu reagieren, will er sich nicht dem Vorwurf des Mitverschuldens aussetzen. Stellt er z.B. fest, dass der Frachtführer ein ungeeignetes Fahrzeug gestellt hat, darf und muss er möglicherweise die Übergabe des Transportgutes von besonderen Auflagen abhän-

---

[298] Vgl. oben B. II Rdnr. 1 ff.
[299] Siehe auch oben B. II Rdnr. 272 ff. sowie unten B. III Sonderbereich 3 Rdnr. 651.
[300] BGH TranspR 2013, 192 ff.; BGH TranspR 2013, 433 ff.
[301] Ausführlich unten B. II Rdnr. 268 ff.; für Prüfpflicht des Frachtführers: *Koller*, a.a.O. § 425 HGB Rdnr. 121; *Thume*, a.a.O. Art. 17 Rdnr. 193; OLG München TranspR 2013, 31 ff.; OLG Köln TranspR 2010, 147.
[302] Siehe auch oben B. II Rdnr. 1 ff.

II. Transportdurchführung   B. II

gig machen oder verweigern. Auch eine Ladefristüberschreitung ist auf dem Frachtbrief zumindest aber in Textform festzuhalten.

d) Empfänger. Die sicherlich größte Bedeutung haben Anzeigen des Empfängers, **459** der bei Ablieferung Fehlmengen und Schäden des Sendungsgutes feststellt. Auch hier haben Abschreibungen auf dem Frachtbrief den Zweck, dessen Beweiswirkung und die Vermutung ordnungsgemäßer Ablieferung zu beseitigen (§ 438 HGB).[303] Diese Anzeigeobliegenheit ist fristgebunden, wobei äußerlich erkennbare (offensichtliche) Schäden sofort bei Ablieferung zu reklamieren sind, äußerlich nicht erkennbare (verdeckte) Schäden binnen 7 Tagen nach Ablieferung entweder gegenüber dem abliefernden Frachtführer oder gegenüber dem Hauptfrachtführer. Folge einer unzulänglichen oder unterbliebenen Anzeige ist die widerlegliche Vermutung ordnungsgemäßer Ablieferung.[304] Probleme in der Praxis bereitet die Unterscheidung von offensichtlichen und verdeckten Schäden.

aa) offensichtliche Schäden sind alle bei Anlieferung optisch, akustisch aber auch **460** durch Geruch oder Betasten ohne Öffnung der Verpackung wahrnehmbaren Schäden, d.h. Substanzverletzungen.[305] Ein Öffnen der Verpackung ist nur dann geboten, wenn die Verpackung selbst beschädigt ist und eine Beschädigung des Inhalts vermuten lässt.[306] Zu berücksichtigen sind auch die konkreten Umstände und Usancen. Hat der Empfänger z.B. keine Wiegemöglichkeit, kann ein Gewichtsmanko auch noch nach der Ablieferung gerügt werden. Andererseits ist ein gewerblicher Empfänger tiefgekühlter Produkte gehalten, die Temperatur bei Anlieferung zu prüfen, um die Einhaltung einer geschlossenen Kühlkette zu gewährleisten.[307]

Verluste von Teilen der Sendung sind im Hinblick auf mangelnde Vollzähligkeit **461** immer äußerlich erkennbar, wenn die Vollzähligkeit zumutbar geprüft werden konnte. Dies ist z.B. über die bloße Anzahl der Paletten hinaus zu verneinen, wenn das Gut auf Paletten gestapelt und mit Folie umschrumpft ist.

bb) bei verdeckten Schäden kann die Beweiswirkung der reinen Quittung durch Anzeige binnen 7 Tagen nach Ablieferung beseitigt werden. Der Empfänger ist somit **462** gehalten, das Transportgut binnen 7 Tagen genau zu untersuchen. Entdeckt er Schäden oder Verlust ist er gehalten beim Frachtführer in Textform zu reklamieren anderenfalls die Vermutung ordnungsgemäßer Ablieferung greift.

e) Regress. Im Regressverhältnis zwischen Hauptfrachtführer und Unterfrachtführern ist die Frage der Reklamation nicht geregelt. Das bedeutet aber nicht, dass im **463** Regressverhältnis Reklamationen nicht erforderlich seien, denn in der Frachtführerkette haften alle Beteiligten ihren jeweiligen Auftraggebern und haben deshalb das gleiche Interesse an der Klärung eines Schadensfalles. Der abliefernde Unterfrachtführer, dem gegenüber der Empfänger reklamiert hat, muss seinen Auftraggeber und dieser den seinen unverzüglich informieren. Umgekehrt hat der Hauptfrachtführer eine ihm gegenüber geäußerte Beanstandung unverzüglich an den Unterfrachtführer und dieser an den seinigen weiterzugeben. Wird gegen die Pflicht zur Weitergabe der Reklamation vom Hauptfrachtführer in Richtung auf die Unterfrachtführer verstoßen, so ergibt sich die Sanktion aus § 438 HGB. Wird gegen die Pflicht seitens eines Unterfrachtführers verstoßen, so hat er allen Vormännern den daraus resultierenden Scha-

---
[303] Vgl. auch oben B. II Rdnr. 414 ff.
[304] E/B/J/S/*Schaffert*, § 438 Rdnr. 13.
[305] *Koller* a.a.O. § 438 HGB Rdnr. 4.
[306] OLG Düsseldorf TranspR 1993, 287; LG Memmingen NJW-RR 2002, 458.
[307] E/B/J/S/*Schaffert*, § 438 Rdnr. 8.

den zu ersetzen (§ 280 BGB). Der Vertrag des Unterfrachtführers mit seinem Auftraggeber entfaltet insoweit Schutzwirkung zugunsten aller Vormänner.[308]

464 In der Praxis üblich, zur Hemmung der Verjährung auch erforderlich und geeignet, sind außer Reklamationen sogenannte **Haftbarhaltungen** (§ 439 Abs. 3, Art. 32 Abs. 2 CMR), für die seit Inkrafttreten des SHRRG[309] auch für HGB-Transporte die Textform, mithin E-Mail oder Telefax, ausreicht, während nach alter Rechtslage Schriftform erforderlich war.[310] Sie sind allerdings nicht ausreichend, um den jeweiligen Adressaten in Verzug zu setzen. Eigene Rechtsverteidigungskosten sind jedoch allein unter transportrechtlichen Gesichtspunkten nicht erstattungsfähig.[311] Es empfiehlt sich daher, mit der Haftbarhaltung oder bei Ausbleiben einer angemessenen Reaktion alsbald danach eine fristgebundene Aufforderung zur Erstattung des Schadens, Anerkenntnis dem Grunde nach oder zumindest zur Freihaltungserklärung zu kommen zu lassen, um den Regressgegner in Verzug zu setzen. Nach Verzugseintritt entstehende Rechtsverfolgungskosten sind erstattungsfähig.[312]

---

[308] *Koller*, a.a.O. § 438 HGB Rdnr. 9.
[309] D.h. für alle nach dem 25.4.2013 geschlossenen Transportverträge.
[310] BGH RdTW 2013, 139 ff.
[311] BGH VersR 2001, 397 ff.; *Koller*, a.a.O. Art. 23 Rdnr. 10 „nicht nach CMR zu ersetzen".
[312] *Koller*, a.a.O. CMR Art. 27 Rdnr. 6.

III. Sonderbereiche

Sonderbereich 1. Umzugsrecht

Übersicht

	Rdnr.
1. Einführung	465
2. Geschichtliche Entwicklung	466
3. Der Umzugsvertrag nach nationalem Recht, §§ 451 ff. HGB	467
a) Anwendungsbereich	467
b) Zustandekommen des Umzugsvertrages	471
c) Beteiligte des Umzugsvertrages	473
aa) Absender	473
bb) Frachtführer	474
cc) Empfänger	478
dd) Eigentümer des Umzugsgutes u. a. dinglich Berechtigte	479
d) Das Umzugsgut	480
e) Rechte und Pflichten des Absenders	486
aa) Rechte des Absenders	486
bb) Pflichten des Absenders	487
(1) Vergütungspflicht	487
(2) Zur Verpackungs- und Kennzeichnungspflicht	488
(3) Allgemeine Hinweispflicht bei Gefahrgut	489
(4) Keine Pflicht zum Ausstellen eines Frachtbriefes	492
(5) Auskünfte und Begleitpapiere	493
(6) Keine Pflicht zur Ver- und Entladung	494
f) Rechte und Pflichten des Frachtführers	495
aa) Rechte des Frachtführers	495
bb) Pflichten des Frachtführers	496
(1) Allgemeine Frachtführerpflichten	496
(2) Ver- und Entladepflicht, § 451a Abs. 1 HGB	497
(3) Ab- und Aufbaupflicht, § 451a Abs. 1 HGB	498
(4) Verpackungspflicht, § 451a Abs. 2 HGB	500
(5) Kennzeichnungspflicht, § 451a Abs. 2 HGB	501
(6) Pflicht zur Ausführung sonstiger auf dem Umzug bezogener Leistungen	502
(7) Besondere Belehrungspflichten gegenüber Verbrauchern bei Abschluss des Umzugsvertrages	504
(8) Belehrungspflicht hinsichtlich der Schadenanzeige	516
(9) Belehrungspflicht hinsichtlich der Gefahrangaben des Absenders, § 451b Abs. 2 letzter Hs. HGB	525
(10) Belehrungspflicht hinsichtlich der zu beachtenden Zoll- und sonstigen Verwaltungsvorschriften, § 451b Abs. 3 HGB	526
4. Haftung der Beteiligten eines Umzugsvertrages nach dem HGB	527
a) Haftung des Frachtführers für Güterschäden und Lieferfristüberschreitung	527
aa) Frachtvertragliche Haftung dem Grunde nach	527
(1) für Verlust oder Beschädigung von Umzugsgut	528
(2) für Lieferfristüberschreitung	529
bb) Haftungshöchstbeträge (Regelhaftung)	530
(1) bei Verlust oder Beschädigung von Umzugsgut	530
(2) bei Lieferfristüberschreitung	531
(3) allgemeine frachtrechtlichen Regelungen	532

	Rdnr.
cc) Spezielle Haftungsausschlussgründe bei Güterschäden, § 451d HGB	533
(1) Beförderung von Edelmetallen, Juwelen, Edelsteinen etc., § 451d Abs. 1 Nr. 1 HGB	534
(2) Ungenügende Verpackung oder Kennzeichnung des Gutes durch den Absender, § 451d Abs. 1 Nr. 2 HGB	535
(3) Behandeln, Verladen und Entladen durch den Absender, § 451d Abs. 1 Nr. 3	537
(4) Beförderung von nicht vom Frachtführer verpacktem Gut in Behältern, § 451d Abs. 1 Nr. 4 HGB	538
(5) Laden und Entladen von Gut, dessen Größe oder Gewicht nicht den Raumverhältnissen entspricht, § 451d Abs. 1 Nr. 5 HGB	539
(6) Beförderung lebender Tiere oder Pflanzen	541
(7) Natürliche oder mangelhafte Beschaffenheit des Gutes, demzufolge dieses besonders leicht Schäden erleidet, § 451d Abs. 1 Nr. 7 HGB	542
(8) Kausalität/Vermutung, § 451d Abs. 2 HGB	543
(9) Nach den Umständen dem Frachtführer obliegende Maßnahmen und Befolgung besonderer Weisungen	544
dd) Erlöschen des Anspruchs nach § 451f HGB	545
(1) Anwendungsbereich	546
(2) Allgemeine Anzeigevoraussetzungen	548
(3) Äußerlich erkennbare Güterschäden, § 451f Nr. 1 HGB	551
(4) Äußerlich nicht erkennbare Güterschäden, § 451f Nr. 2 HGB	556
(5) Empfänger der Schadenanzeige	558
ee) (Allgemeiner) Wegfall der Haftungsbefreiungen und -begrenzungen nach § 435 HGB	559
ff) Wegfall der Haftungsbefreiungen und -begrenzungen gegenüber Verbrauchern	560
gg) Konkurrierende außervertragliche Ansprüche	561
b) Haftung des Frachtführers für sonstige Schäden	562
c) Haftung des Absenders	564
aa) Der Absender ist kein Verbraucher	565
bb) Der Absender ist ein Verbraucher	566
cc) Mitverschulden, § 414 Abs. 2 HGB	567
dd) Keine Haftungsbegrenzung der Höhe nach	568
5. Abweichende Vereinbarungen (Dispositionsbefugnis), § 451h HGB	569
a) Abweichende Vereinbarungen bei Verbrauchern, § 451h Abs. 1 HGB	570
b) Abweichende Vereinbarungen bei Geltung ausländischen Rechts § 451h Abs. 2 HGB	574
c) Abweichende Vereinbarungen bei sonstigen Absendern, § 451h Abs. 3 HGB	576
6. Grenzüberschreitende Umzugstransporte	577
a) Allgemeines	577
b) Straßengütertransport	578
c) Schienentransport	579
d) Lufttransport	580
e) Binnenschifffahrtstransport	581
f) Seetransport	582
7. Multimodale Umzugstransporte; § 452c HGB	583

III. Sonderbereich 1. Umzugsrecht B. III

1. Einführung

Bei einem Umzugsvertrag handelt es sich nach der Legaldefinition des § 451 HGB **465** um einen Frachtvertrag, der die Beförderung von Umzugsgut zum Gegenstand hat. Die Vorschriften über den Umzugsvertrag (§§ 451–451h HGB) finden sich im zweiten Unterabschnitt des „Frachtgeschäfts", unmittelbar nach den Allgemeinen Vorschriften, was bereits die gesetzgeberische Einordnung des Umzugsvertrages als Sonderfrachtvertrag[1] zeigt. Auch wenn umgangssprachlich vom Umzugs*spediteur* und in der Regel nicht, wie dogmatisch richtig, vom Umzugs*frachtführer* gesprochen wird, schuldet der Umzugsunternehmer die Beförderung von Umzugsgut selbst und nicht die Besorgung der Beförderung.

Das Leitbild des Umzugsvertrages ist dabei ein etwas Anderes als das eines allgemeinen Frachtvertrages, da beim Umzugsvertrag nach dem vom Gesetz vorgesehenen Regelfall, anders als beim allgemeinen Frachtvertrag, dem Frachtführer grundsätzlich auch das Be- und Entladen des Gutes ebenso obliegt wie das Ab- und Aufbauen der Möbel.[2] Hinzu kommen bei Verbrauchern besondere, auf den Umzug bezogene Leistungen, wie die Verpackung, die Besorgung von Versicherungen, Verzollung etc., § 451a HGB.

Sonderregeln für die Beförderung von Umzugsgut sind einerseits notwendig aufgrund der Eigenart des zu befördernden Gutes und andererseits vor allem aus dem Gesichtspunkt des Verbraucherschutzes heraus. Denn gerade beim Umzugsvertrag steht dem Umzugsunternehmer regelmäßig, wenn auch nicht zwingend, ein Verbraucher als Absender und Auftraggeber gegenüber. Da der Frachtvertrag, also auch der Umzugs-(fracht)vertrag für den Frachtführer regelmäßig ein Handelsgeschäft im Sinne des HGB ist oder aber zumindest die Vorschriften des ersten Abschnitts des vierten Buches des HGB ergänzend anzuwenden sind,[3] kommen nach § 345 HGB die Vorschriften über die Handelsgeschäfte einschließlich des Frachtvertrages für beide Teile, d.h. auch für einen auftraggebenden Verbraucher gleichermaßen zur Anwendung.

Der durch die Vorschriften des Umzugsvertrages insbesondere beabsichtigte Verbraucherschutz zeigt sich in gesteigerten Belehrungs- und Informationspflichten des Umzugsunternehmers, bei deren Verletzung regelmäßig die allgemeinen frachtvertraglichen Haftungsbegrenzungen und -beschränkungen ebenso wenig vom Unternehmer in Anspruch genommen werden können, wie die dem Umzugsrecht eigenen besonderen Haftungsausschluss- und -begrenzungsgründe.

Nicht übersehen werden sollte aber, dass im Umzugsrecht trotz des Bestrebens eines möglichst effektiven Verbraucherschutzes teilweise gerade bei Beschädigung oder Verlust von Umzugsgut der Umzugsfrachtführer erheblich besser gestellt sein kann, als der „Allgemein"-Frachtführer. Die Sonderregelungen über den Umzugsvertrag dürfen daher nicht dahingehend missverstanden werden, dass sie ausschließlich dem Absender zugutekommen.

2. Geschichtliche Entwicklung

Bis 30.6.1998 galten für die Beförderung von Umzugsgut die so genannten „Beför- **466** derungsbedingungen für den Umzugsverkehr und für die Beförderung von Handelsmöbeln in besonders für die Möbelbeförderung eingerichteten Fahrzeugen im Güter-

---

[1] Begründung zum Regierungsentwurf des Transportrechtsmodernisierungsgesetzes, BT-Drucks. 13/8445, S. 89.
[2] MüKoHGB/*Andresen*, § 451 Rdnr. 7.
[3] Vgl. § 407 Abs. 3 S. 2.

fernverkehr und Güternahverkehr" (GüKUMB). Diese Beförderungsbedingungen stellten einen Teilbereich des vor dem Transportrechtsreformgesetz vom 1.7.1998 geltenden Güterkraftverkehrstarifs für das Güterkraftverkehrsgewerbe dar. Sie enthielten zu diesem Zeitpunkt bereits besondere Regelungen zum Schutz des Verbrauchers.

Mit dem Transportrechtsreformgesetz vom 25.6.1998 wurden die besonderen Regeln für den Transport von Umzugsgütern, vollständig in das HGB aufgenommen. Dabei sind die Regelungsgehalte der GüKUMB teilweise zwar übernommen worden, jedoch nicht die Regelungssystematik. So befinden sich in den §§ 451–451h HGB teilweise zu den GüKUMB fast unveränderte Regelungsgehalte, teilweise sind diese „vor der Klammer" im Allgemeinen Frachtrecht der §§ 407ff. HGB zu finden. Einige Regelungen der GüKUMB wurden insgesamt aufgegeben; teilweise muss und kann heute auf allgemeine zivilrechtliche Regelungen des BGB zurückgegriffen werden.

Seit Inkrafttreten des Transportrechtsreformgesetzes haben sich die speziellen Vorschriften des Umzugsrechts nicht weiter geändert, mit Ausnahme der durch die Euroumstellung notwendigen Währungsanpassung.

3. Der Umzugsvertrag nach nationalem Recht, §§ 451 ff. HGB

467   a) *Anwendungsbereich.* Die Vorschriften des HGB über die Beförderung von Umzugsgut, §§ 451 ff. HGB, gelten uneingeschränkt bei innerdeutschen Transporten, also solchen, bei denen Übername und Ablieferungsort in Deutschland liegen,[4] insgesamt jedenfalls, soweit deutsches Recht für den Umzugsvertrag gilt.

468   Gilt für einen Transport mit Übernahme- und Ablieferungsort in Deutschland ausnahmsweise nicht auch deutsches Recht, etwa weil Absender und Frachtführer nach Art. 3 der Rom-I-VO[5] die Anwendung des Rechtes eines anderen Staates ausdrücklich vereinbart haben[6] oder solches nach Art. 5 der Rom-I-VO bei einer rein nationalen innerdeutschen Beförderung ausnahmsweise gilt, sind einzelne zwingende Vorschriften des deutschen Umzugsrechts gleichwohl anzuwenden, vgl. §§ 449 Abs. 4, 451, 451h Abs. 3 HGB.

469   Da das deutsche nationale Frachtrecht für die Anwendbarkeit der frachtrechtlichen Vorschriften nicht nach Beförderungsmitteln unterscheidet, es also unerheblich ist, ob die Beförderung auf der Straße, auf der Schiene, auf Binnengewässer oder in der Luft erfolgt, gilt dies auch für den Umzugsvertrag, auch wenn Umzüge mittels Binnenschiff in der Praxis wohl nicht vorkommen dürften. Die Vorschriften sind selbst dann anwendbar, wenn es sich um sog. Trageumzüge handelt.[7]

470   Nach § 451 HGB finden auf den Umzugsvertrag dann, wenn internationale Abkommen nicht bestehen und vorgehen, zunächst die zwingenden Normen des Umzugsrechts selbst (§ 451–451h HGB) Anwendung, sodann die zwingenden Regelungen des allgemeinen Frachtrechts (§ 407ff. HGB), nachfolgend die vertraglichen Vereinbarungen des Umzugsvertrages selbst, dann die dispositiven Vorschriften des Umzugsrechts und letztlich die dispositiven Normen des allgemeinen Frachtrechts Anwendung.[8]

---

[4] *Koller,* a.a.O., vor § 451 HGB Rdnr. 3.
[5] Verordnung (EG) Nr. 593/2008 des Europäischen Parlaments und des Rates vom 17.6.2008 über darauf vertragliche Schuldverhältnisse anzuwendende Recht (ROM I), im Folgenden nur Rom-I-VO.
[6] Art. 3 Abs. 1.
[7] *Koller,* a.a.O., § 451 HGB Rdnr. 2; E/B/J/S/*Häublein,* § 451 HGB Rdnr. 2.
[8] Vgl. E/B/J/S/*Häublein,* § 451 HGB Rdnr. 6

III. Sonderbereich 1. Umzugsrecht

b) Zustandekommen des Umzugsvertrages. Der Umzugsvertrag kommt als Konsensualvertrag, wie jeder Frachtvertrag, durch zwei übereinstimmende, mit Bezug aufeinander abgegebene Willenserklärungen des Absenders und des Frachtführers zustande.[9] Auch für das Zustandekommen des Umzugsvertrages ist daher nicht notwendig, dass das Umzugsgut dem Frachtführer übergeben oder aber ein Frachtbrief ausgestellt wird. 471

Der Umzugsvertrag unterliegt wie der allgemeine Frachtvertrag keinem besonderen Formerfordernis. Auch wenn der Umzugsvertrag danach formfrei zustande kommen kann, sind bei einem Umzugsvertrag mit Verbrauchern die besonderen Belehrungspflichten des Frachtführers nicht nur inhaltlicher, sondern auch gestalterischer Art zu beachten,[10] wenn der Frachtführer nicht die ihm zugutekommenden Haftungsprivilegierungen verlieren möchte. 472

c) Beteiligte des Umzugsvertrages. aa) Der Absender. Der Absender des Umzugsvertrages ist der Auftraggeber des Frachtführers und unterscheidet sich nicht vom Absender eines allgemeinen Frachtvertrages. Wie beim allgemeinen Frachtvertrag muss er insbesondere nicht Eigentümer des Umzugsgutes sein und ebenso wenig zwingend auch gleichzeitig der Empfänger. 473

Möglich ist daher auch, dass der Absender des Umzugsvertrages einen Vertrag mit Schutzwirkung zu Gunsten Dritter schließt, z. B. wenn ein Unternehmen einen Frachtführer mit dem Umzug für einen eigenen Mitarbeiter beauftragt und diesem die gesamte Abwicklung des Umzugs überlässt und lediglich die vereinbarte Fracht zahlt.[11]

bb) Frachtführer. Der Umzugsfrachtführer unterscheidet sich ebenfalls nicht vom allgemeinen Frachtführer. Gemeint ist auch in Bezug auf den Umzugsvertrag der Frachtführer des § 407 Abs. 1 und 3 HGB. 474

Ebenso wie im allgemeinen Frachtrecht kommt es auch bei Umzugstransporten vor, dass der vom (Ur-)absender beauftragte Frachtführer seinerseits Unterfrachtführer beauftragt. Ob zwischen dem (Umzugs-)hauptfrachtführer und dem Unterfrachtführer dann ebenfalls ein Umzugsfrachtvertrag im Anwendungsbereich der §§ 451 ff. HGB oder ein allgemeiner Frachtvertrag zustande kommt, richtet sich nach den ausdrücklichen oder konkludenten Vereinbarungen zwischen den Parteien dieses Unterfrachtvertrages, also Hauptfrachtführer und Unterfrachtführer.[12] Dies gilt auch bei Umzugsverträgen mit Verbrauchern. Teilweise wird allerdings angenommen, dass dann, wenn bei einem Umzugstransport ein besonderes Vertrauen in den Betrieb des konkreten Frachtführers eine Rolle spielen soll, mangels abweichender Abreden über § 157 BGB die Beauftragung von Unterfrachtführern als abbedungen angesehen werden müsse.[13] Dem ist allerdings nicht zu folgen.[14] Für eine solche Beschränkung des Einsatzes von Unterfrachtführern über eine dahingehende „besondere" Vertragsauslegung in Abweichung zum Transport von sonstigem Umzugsgut gibt es weder Grund- 475

---

[9] Vgl. B. I Rdnr. 56
[10] Vgl. insbesondere § 451g HGB.
[11] Vgl. OLG Hamburg Urteil vom 19.12.1996, TranspR 1997 270ff. (noch zum GüKUMT ergangen, aber ohne Weiteres übertragbar); die besonderen Belehrungspflichten soll der Frachtführer hiernach auch gegenüber dem Mitarbeiter erfüllen müssen.
[12] *Koller*, a.a.O., § 451 Rdnr. 3; *Demuth* in Knorre/Demuth/Schmid, Handbuch des Transportrechts, 2. Aufl., B. III Rdnr. 18.
[13] *Koller*, a.a.O., § 451a Rdnr. 4, besonderes Vertrauen in den Betrieb des konkreten Frachtführers zum Beispiel dann, wenn dieser mit seinem besonders geschulten Personal oder seinen besonders ausgestatteten Transportmitteln werbe.
[14] Grds. so wie hier MüKoHGB/*Andresen*, § 451 Rdnr. 17; *Demuth* in Knorre/Demuth/Schmid, Handbuch des Transportrechts, 2. Aufl., B. III Rdnr. 18.

lage noch Notwendigkeit. Es besteht keine gesetzliche Sonderregel. Der Absender behält auch beim Einsatz eines Unterfrachtführers alle Ansprüche gegenüber seinem Hauptfrachtführer und erwirbt gegen den Unterfrachtführer zusätzlich die Ansprüche gemäß § 437 HGB. Darüber hinaus besteht kein Anlass etwa davon auszugehen, dass Absender von Umzugsgut grundsätzlich ein stärkeres Interesse daran haben sollen, dass ihr Gut nicht beschädigt wird, als Absender von sonstigem Gut.

476 Kommt danach zwischen Haupt- und Unterfrachtführer allgemeines Frachtrecht zur Anwendung, haftet der Unterfrachtführer dem Hauptfrachtführer nur nach den §§ 407–450 HGB.[15] In diesem Fall kann sich dann der Unterfrachtführer aber auch nicht auf weitergehende Haftungsprivilegierungen, z.B. § 451f HGB, dem Hauptfrachtführer gegenüber berufen. Zwischen dem Unterfrachtführer und dem (Ur-)absender, also dem Auftraggeber des Hauptfrachtführers, bestehen keine vertraglichen Rechtsbeziehungen. Bei Beschädigung oder Verlust im Obhutszeitraum des Unterfrachtführers kann der Absender seine Rechte nach § 437 HGB unmittelbar gegen diesen geltend machen.

Der Hauptfrachtführer bleibt daneben dem Absender aus dem Frachtvertrag verpflichtet und hat sich etwaiges Verhalten des von ihm eingesetzten Unterfrachtführers ebenso wie das seiner Erfüllungsgehilfen, wie Fahrer, Lagerarbeiter etc. gemäß § 428 HGB zurechnen zu lassen.

477 Im Übrigen finden auch die §§ 458 und 459 HGB Anwendung. Beauftragt also ein Absender einen Spediteur mit der Besorgung der Versendung von Umzugsgut zu festen Kosten (§ 459 HGB) oder führt dieser Spediteur den Transport des Umzugsguts später im Wege des Selbsteintritts selbst aus (§ 458 HGB), so richten sich die Rechte und Pflichten des Spediteurs nach Frachtrecht, einschließlich des Sonderfrachtrechts über den Umzugstransport.

478 *cc) Empfänger.* Der Empfänger ist beim Umzugsvertrag häufig, aber nicht zwingend auch der Absender. Besonderheiten des Empfängers von Umzugsgut zu dem Empfänger von sonstigem Transportgut bestehen nicht. Insbesondere hat auch der Empfänger von Umzugsgut die Rechte des § 421 HGB.

479 *dd) Eigentümer des Umzugsgutes und andere dinglich Berechtigte.* Eigentümer oder sonst dinglich Berechtigte am Umzugsgut sind nicht Partei sind des Umzugsvertrages, können aber mit diesem z.B. in Berührung kommen, wenn der Frachtführer ein ihm etwaig zustehendes Pfandrecht am Gut erwirbt (§ 440 HGB).

480 **d) Das Umzugsgut.** Das Abgrenzungskriterium des Umzugsvertrages vom allgemeinen Frachtvertrag ist das Umzugsgut. Definiert wird „Umzugsgut" vom Gesetz aber nicht.

481 Allgemein werden unter Umzugsgut alle beweglichen Einrichtungsgegenstände, die sowohl aus Wohn- als auch aus Geschäftsräumen stammen können, verstanden, also die gesamte Wohnungseinrichtung aus Privathaushalten ebenso wie Einrichtungsgegenstände aus Bürokomplexen, Schulen, sonstigen Unternehmen, Kliniken, Betrieben, Heimen und Museen.[16] Darüber hinaus ist nach allgemeiner Auffassung notwendig, dass diese Güter nicht nur vorübergehend, sondern weiterhin zu einem bestimmten Zweck am Ablieferungsort dienen sollen, wie zuvor in den vorherigen Räumen.[17] Die Sachgesamtheit „Umzugsgut" muss also am Bestimmungsort ganz oder teilweise einem einheitlichen, dauernden Zweck gedient haben und weiterhin diesem Zweck zu

---

[15] *Koller*, a.a.O., § 451 Rdnr. 3.
[16] E/B/J/S/*Häublein*, § 451 HGB Rdnr. 52; Fremuth/Thume/*Eckardt*, § 451 HGB Rdnr. 2.
[17] MüKoHGB/*Andresen*, § 451 HGB Rdnr. 11.

dienen bestimmt sein.[18] Dabei müssen nicht sämtliche Güter am neuen Ort dem konkret gleichen Zweck dienen wie am vorherigen. Entscheidend ist, dass sich die Güter insgesamt als Sachgesamtheit darstellen und als solche Sachgesamtheit insgesamt einem entsprechenden Zweck in den neuen und alten Räumen dienen sollen. Unschädlich ist daher für die Einordnung als Umzugsgut, wenn einzelne Einrichtungsgegenstände etwa in der neuen Wohnung nicht mehr als solche Verwendung finden.

Unschädlich für die Qualifikation als Umzugsgut ist auch, wenn nur einige wenige Möbelstücke transportiert werden. Die am Beladeort bestehende Sachgesamtheit aller Umzugsmöbel muss nicht vollständig am Bestimmungsort wiederhergestellt werden. Häufig genanntes Beispiel für die Beförderung nur einiger Möbel aus dieser Sachgesamtheit heraus ist der Umzug in ein Altenheim.[19]

Wird Umzugsgut zunächst bestimmungsgemäß eingelagert und soll erst nach einer Einlagerungszeit wieder dem ursprünglichen Zweck zugeführt werden, verliert es durch die Einlagerung nicht die Qualifikation als Umzugsgut.[20] **482**

Ob danach Umzugsgut vorliegt, richtet sich nicht nach objektiven Kriterien. Zu fragen ist, ob aus der Sicht des Frachtführers dieser die Funktion des Transportgutes als Umzugsgut erkennen konnte.[21] Maßgeblicher Zeitpunkt für die Erkennbarkeit ist der Vertragsschluss.[22] Beauftragt allerdings ein Verbraucher einen Frachtführer zum Transport von Möbeln, hat der Frachtführer im Zweifel von Umzugsgut und damit von einem Umzugstransport auszugehen und sich anderenfalls beim Absender zu erkundigen.[23] **483**

Kein Umzugsgut sind sog. Handelsmöbel, also solche, die lediglich zum Zwecke des Verkaufs oder Weiterverkaufs transportiert werden,[24] auch wenn sie bestimmungsgemäß beim Empfänger, sei er auch Verbraucher, aufgebaut werden sollen. **484**

Auch erfasst werden hingegen Umzüge von Heirats- und/oder Erbgut sowie Büro- und Betriebsumzüge.[25] **485**

e) Rechte und Pflichten des Absenders. aa) Rechte des Absenders. Dem Absender von Umzugsgut stehen zunächst die gleichen frachtvertraglichen Rechte zu, wie dem Absender von sonstigem Gut. Er hat demnach das Recht, **486**

- gemäß § 415 Abs. 1 HGB den Frachtvertrag jederzeit zu kündigen,
- gemäß § 416 S. 1 HGB vom Frachtführer jederzeit verlangen zu können, dass er mit der Beförderung auch nur einer unvollständigen Ladung beginnt,
- nach § 418 HGB Weisungen zu erteilen.

bb) Pflichten des Absenders. (1) Der Absender von Umzugsgut hat, wie der Absender von sonstigen Gütern, mangels Spezialvorschrift im Umzugsrecht gemäß § 407 Abs. 2 HGB die zwischen den Parteien vereinbarte Fracht zu zahlen. Gibt es ausnahmsweise keine vertraglichen ausdrücklichen Vereinbarungen über die Fracht, ist **487**

---

[18] Vgl. *Koller*, § 451 HGB Rdnr. 3; BT-Drucks. 13/8445, S. 90.
[19] *Mittelhammer*, TranspR 2011, 39; *Koller*, § 451 HGB Rdnr. 3.
[20] OLG Schleswig Urteil vom 5.6.2008, NJW-RR 2008, 1361 (1362); *Koller* a.a.O., § 451 HGB Rdnr. 3; MüKoHGB/*Andresen*, § 451 HGB Rdnr. 13.
[21] E/B/J/S/*Häublein*, § 451 HGB Rdnr. 3; *Koller*, § 451 HGB Rdnr. 3.
[22] *Koller*, § 451 HGB Rdnr. 3.
[23] *Koller*, § 451 HGB Rdnr. 3.
[24] E/B/J/S/*Häublein*, § 451 HGB Rdnr. 4; häufig wird hier nur unterschieden zwischen neuen und gebrauchten Möbeln, so z. B. *Koller*, a.a.O., § 451 HGB Rdnr. 3; MüKoHGB/*Andresen*, § 451 HGB Rdnr. 14, wobei die Qualifikation „als Handelsmöbel" genauer erscheint, da es keine Rolle spielt, ob die Möbel neu oder gebraucht sind, da es für die Ausnahme vom Umzugsvertragsrecht keine Rolle spielt.
[25] BT-Drucks. 13/8445, S. 90.

das am Sitz des Frachtführers übliche Entgelt (§§ 632 BGB, 354 HGB), wenn dieses nicht ermittelt werden kann, ein angemessenes Entgelt geschuldet.[26]

488 (2) Ist der Absender kein Verbraucher, hat er entsprechend der allgemeinen Regeln das Gut zu kennzeichnen und beförderungssicher zu verpacken, soweit keine anderweitige Vereinbarung getroffen wurde.
Handelt es sich beim Absender um einen Verbraucher, so fällt die grundsätzliche Pflicht zur Verpackung und Kennzeichnung des Umzugsgutes dem Frachtführer zu, § 451a Abs. 2 HGB.[27]

489 (3) Während beim allgemeinen Frachtvertrag der Frachtführer nach § 410 Abs. 1 HGB bei der Beförderung von gefährlichem Gut rechtzeitig in Textform die genaue Art der Gefahr und, soweit erforderlich, zu ergreifende Vorsichtsmaßnahmen mitzuteilen hat, erleichtert § 451b Abs. 2 HGB zugunsten eines Verbrauchers diese Aufklärungspflicht. Bei der Beförderung von Umzugsgut hat der Verbraucher-Absender den Frachtführer lediglich allgemein über die von dem Gut ausgehende Gefahr zu unterrichten.
Hiermit soll dem Umstand Rechnung getragen werden, dass der private Absender von Umzugsgut in der Regel nicht gefahrguttechnisch geschult ist und ganz allgemein im Rahmen des Umzugs von Privatpersonen präventive Vorsichtsmaßnahmen „gänzlich der Sphäre des Frachtführers zugeordnet"[28] werden sollen. Zur Erfüllung der allgemeinen Informationspflichten nach § 451b Abs. 2 HGB reicht es daher aus, wenn der Verbraucher-Absender den Frachtführer darauf hinweist, welche Güter des Umzugsgutes seiner Auffassung nach potentiell gefährlich sind (etwa Benzin, Öl, Flaschen unter Druck, ätzende Flüssigkeit ohne Bekanntgabe ihrer genauen chemischen Zusammensetzung etc.), und hierzu dann grob, auch nur laienhaft angibt, welche mögliche Gefahr hiervon ausgehen kann, etwa „leicht entflammbar, explosives Gas, ätzende Flüssigkeit etc.".[29] Eine genaue Spezifizierung der Gefahr, z. B. anhand der Gefahrgutvorschriften, ist entbehrlich. Warum der Verbraucher-Absender von Umzugsgut damit bessergestellt wird, als der Verbraucher-Absender von sonstigem Gut, ist der Gesetzesbegründung zum TRG nicht zu entnehmen. Da sich aber im allgemeinen Frachtrecht auch an anderer Stelle gesonderte Verbraucherschutzvorschriften befinden (vgl. etwa § 414 Abs. 3 HGB), dürfte es an einer für eine analoge Anwendung auch auf sonstige Frachtverträge notwendigen, planwidrigen Regelungslücke aber fehlen.

490 Die Unterrichtung kann, anders als beim allgemeinen Frachtvertrag, auch mündlich erfolgen; Textform ist in Abweichung zu § 410 HGB nicht erforderlich.

491 Ganz befreit ist der Verbraucher-Absender von der Pflicht, den Umzugsunternehmer auf die hinsichtlich des Gefahrguts zu ergreifenden Vorsichtsmaßnahmen hinzuweisen. Dies folgt aus der vorgenannten Absicht, bei Umzugsverträgen mit Privatpersonen alle präventiven Vorsichtsmaßnahmen dem Frachtführer aufzuerlegen, da davon ausgegangen wird, dass dieser besser als der Verbraucher-Absender die notwendigen Vorsichtsmaßnahmen ermitteln und durchführen kann.
Zu den Folgen des Verstoßes des Frachtführers gegen die Pflicht zur Unterrichtung des Verbraucher-Absenders über dessen Warnpflicht vgl. Rdnr. 525.

---

[26] BGHZ 94, S. 98 und 104; vgl. *Koller*, § 407 HGB Rdnr. 107.
[27] Zu den Folgen, wenn der Verbraucher-Absender tatsächlich verpackt oder kennzeichnet vgl. Rdnr. 535 ff.
[28] BT-Drucks. 13/8445, S. 92.
[29] BT-Drucks. 13/8445, S. 92; *Koller*, a.a.O., § 451b HGB Rdnr. 4; E/B/J/S/*Häublein*, § 451b HGB Rdnr. 5.

(4) Abweichend zum allgemeinen Frachtvertrag ist der Absender beim Umzugs- **492** frachtvertrag gemäß § 451b Abs. 1 HGB nicht verpflichtet, auf Verlangen des Frachtführers einen Frachtbrief auszustellen.

(5) Nach § 413 Abs. 1 HGB hat der Absender dem Frachtführer die notwendigen **493** Auskünfte und Begleitpapiere zur Verfügung zu stellen. Dies gilt im Grundsatz uneingeschränkt auch für den Absender von Umzugsgut, wobei der Frachtführer dann, wenn der Absender Verbraucher ist, eine korrespondierende Hinweispflicht gemäß § 451b Abs. 3 HGB trifft.

(6) Während der Absender von sonstigem Gut gemäß § 412 Abs. 1 HGB grund- **494** sätzlich verpflichtet ist, dieses beförderungssicher zu ver- und entladen, ist er bei Beförderung von Umzugsgut hiervon befreit, da § 451a Abs. 1 HGB den Frachtführer insoweit verpflichtet.[30] Unter Verladung versteht § 412 Abs. 1 HGB das beförderungssichere Laden, Stauen und Befestigen. Die Befreiung von dieser Pflicht des Absenders gilt für Unternehmer ebenso wie für Verbraucher.

f) Rechte und Pflichten des Frachtführers. aa) Rechte des Frachtführers. Die Rechte **495** des Umzugs-Frachtführers entsprechen denjenigen eines Frachtführers im Allgemeinen, also denen eines Frachtführers bei einem Vertrag über Beförderung von sonstigem Gut, vor allem natürlich das zur entsprechenden Verpflichtung des Absenders korrelierende Recht, für die Beförderung des Umzugsgutes Fracht zu erhalten.
Auch wenn hinsichtlich der Frachtführerrechte daher vollumfänglich auf die Ausführungen zum allgemeinen Frachtrecht verwiesen werden kann,[31] erscheint an dieser Stelle zumindest erwähnenswert, dass das Pfandrecht gemäß § 440 HGB, welches dem Frachtführer auch am Umzugsgut mangels abweichender Regelungen gemäß § 451 HGB zusteht. Gegenüber Unternehmern ebenso wie gegenüber Verbrauchern kann damit der Frachtführer für alle Forderungen auch aus einem Umzugsfrachtvertrag unter Maßgabe des § 440 HGB sein Pfandrecht ausüben und mangels anderer Fälligkeitsvereinbarung mit dem Umzugs-Absender die Herausgabe des Umzugsgutes bis zur Befriedigung des Frachtanspruches verweigern.

bb) Pflichten des Frachtführers. (1) Soweit nicht die §§ 451 ff. HGB Abweichendes **496** regeln, bestimmen sich die allgemeinen Frachtführerpflichten nach den §§ 407 ff. HGB. Der Umzugsfrachtführer hat insbesondere gemäß § 407 Abs. 1 HGB das (Umzugs-)gut zum Bestimmungsort zu befördern.

(2) Anders als im allgemeinen Frachtrecht, hat der Umzugsfrachtführer einem Ver- **497** braucher ebenso wie einem Unternehmer gegenüber die Verpflichtung zur Ver- und Entladung des Gutes, § 451a Abs. 1 HGB. Unter Verladung ist nach § 412 HGB das beförderungssichere Laden, Stauen und Befestigen des Umzugsgutes zu verstehen. Umfasst hiervon ist auch die Verbringung des Gutes aus dem Gebäude zum Fahrzeug an der Beladestelle und vom Fahrzeug in das Gebäude an der Entladestelle.[32] Für die betriebssichere Verladung ist der Frachtführer auch bei Beförderung von sonstigem Gut nach § 412 Abs. 1 S. 2 HGB verpflichtet.

(3) Entsprechendes gilt für die Ab- und Aufbaupflicht des Unterfrachtführers, so- **498** weit nichts Abweichendes vereinbart wird.
Nach dem Sinn und Zweck der Regelung trifft den Frachtführer zum Abbau der Möbel nur insoweit die Pflicht, wie ein entsprechender Ab- und Aufbau für einen

---

[30] Vgl. Rdnr. 497.
[31] Vgl. Rdnr. 79 ff.
[32] BT-Drucks. 13/8445, S. 91.

sachgerechten Transport, was grundsätzlich im Ermessensspielraum des Frachtführers liegt, erforderlich ist.[33] Kann also der Frachtführer ein Möbelstück sachgerecht im unzerlegten Zustand befördern, kann der Absender eine Zerlegung auch nicht verlangen.[34]

499 Nicht geschuldet ist vom Umzugsunternehmer auch die Anpassung der Möbel an die (neuen) örtlichen Verhältnisse.[35] Geschuldet ist die Wiederherstellung des Umzugsgutes in dem Zustand, wie es an der Beladestelle bestand und nur zum Zwecke des Transportes zerlegt werden musste. Da ausdrücklich der Ab- und Aufbau von Möbeln in § 451a Abs. 1 HGB genannt ist, hat der Frachtführer anderes Umzugsgut als Möbel weder ab- noch aufzubauen.[36]

500 (4) Bei Verbraucher-Absendern hat der Umzugsfrachtführer in Abweichung zum allgemeinen Frachtrecht das Gut grundsätzlich auch zu verpacken, § 451a Abs. 2 letzter Hs. HGB. Soweit nichts Weiteres vereinbart ist, hat der Umzugsfrachtführer daher, soweit dies für einen schadenfreien Transport notwendig ist, nicht nur einzelne Möbel zu verpacken, sondern auch einzelne Umzugsgüter, wie Geschirr, Wäsche, Bekleidung, Bücher usw. einzupacken und auch Bilder, Lampen, Spiegel und sonstige empfindliche Güter zum Schutz vor Beschädigung beim Transport zu verpacken.[37]

Anders als bei der Pflicht zum Ab- und Aufbau von Möbeln obliegt dem Umzugsfrachtführer lediglich die Pflicht zum Ein-, nicht aber auch zum Auspacken.

501 (5) Absender von sonstigem Umzugsgut haben nach § 411 S. 3 HGB das Gut, soweit dessen vertragsgemäße Behandlung dies erfordert, zu kennzeichnen. Während dies für den Unternehmer-Absender von Umzugsgut gleichermaßen gilt, trifft diese Pflicht zur Kennzeichnung des Umzugsgutes beim Verbraucher-Absender den Frachtführer, § 451a Abs. 2 HGB.

502 (6) Gemäß § 451a Abs. 2 HGB hat der Frachtführer dem Verbraucher-Absender gegenüber die Pflicht zur Ausführung sonstiger auf den Umzug bezogener Leistungen. Die vorgenannten Pflichten zur Verpackung und Kennzeichnung des Umzugsgutes stellen nach dem Gesetz hierfür nur Beispiele dar und sind daher nicht abschließend. Die Parteien können auch hier Abweichendes voneinander vereinbaren. Nicht selten werden Absender schon aus Kostengründen – die Verpackung des Umzugsguts hat ebenso wie sonstige zusätzliche Pflichten natürlich nicht unentgeltlich zu erfolgen – die Verpackung selbst übernehmen.[38]

503 Erfasst werden sollen hiervon nur unmittelbar auf den Umzug bezogene Pflichten, wie das Abhängen von Lampen, der Ausbau von Installationen, das Aufhängen von Wandschränken etc..[39] Uneinigkeit besteht darüber, wie weit der Pflichtenkreis des Umzugsfrachtführers einem Verbraucher gegenüber hiermit gezogen werden soll. Vorzugswürdig erscheint eine enge Auslegung des Pflichtenkreises.[40] Nur durch eine

---

[33] Vgl. *Koller,* a.a.O.; § 451a HGB Rdnr. 5; E/B/J/S/*Häublein,* § 451a HGB Rdnr. 6; MüKoHGB/ *Andresen,* § 451a HGB Rdnr. 6.
[34] Von Bedeutung ist dies vor allem dann, wenn Absender Umzugsgut nicht mehr in Gänze am Bestimmungsort nutzen wollen, sondern etwa später einlagern oder entsorgen wollen.
[35] Vgl. *Koller,* § 451a HGB Rdnr. 7; LG Memmingen VersR 1999, S. 1565 f.
[36] Vgl. *Koller,* § 451a HGB Rdnr. 7; LG Memmingen VersR 1999, S. 1565 f.
[37] MüKoHGB/*Andresen,* § 451a HGB Rdnr. 12.
[38] Zu den sich hieraus ergebenden Haftungsfragen vgl. Rdnr. 535.
[39] BT-Drucks. 13/8445, S. 91.
[40] So auch *Koller,* § 451a HGB Rdnr. 24; grundsätzlich für enge Auslegung auch E/B/J/S/*Häublein,* § 451a HGB Rdnr. 9, der ebenso wie MüKoHGB/*Andresen,* § 451a HGB Rdnr. 11 aber auch den Anschluss der Waschmaschine in der neuen Wohnung noch als miterfasst ansieht.

enge Auslegung des Pflichtenkreises auf solche, die mit dem Umzugs**transport** selbst in Verbindung stehen, kann gewährleistet werden, dass nicht mangels ausdrücklicher Vereinbarung der Parteien über etwaig zu erbringende weitere Werk-, Geschäftsbesorgungs- oder Dienstverträge der eigentlich geschuldete Umzugstransport selbst in den Hintergrund tritt und der Schwerpunkt des Gesamtvertrages sich von der Beförderungspflicht verschiebt auf mit der Beförderung an sich gar nicht mehr im Zusammenhang stehende Leistungen.

(7) Den Umzugsfrachtführer treffen darüber hinaus bei einem Umzugsvertrag mit einem Verbraucher eine Reihe von zeitlich gestaffelten Belehrungspflichten, deren Verletzung einen Wegfall der sonst für den Frachtführer geltenden Haftungsbefreiungen und -begrenzungen zur Folge haben kann.[41] **504**

Die Belehrungspflichten müssen erfüllt werden vom Frachtführer selbst oder, wie § 451g S. 1 HGB ausdrücklich klarstellt, von einer in § 428 HGB genannten Personen, also der „Leute" des Frachtführers, die in Ausübung ihrer Verrichtung handeln, und „anderer Person", deren sich der Umzugsunternehmer bei Ausführung der Beförderung bedient.

(a) Nach § 451g S. 1 Nr. 1 HGB hat der Frachtführer den Verbraucher-Absender bei Abschluss des Vertrages über die *Haftungsbestimmungen* zu unterrichten. Was genau unter diesen Haftungsbestimmungen gemeint ist und welchen konkreten Inhalt eine Unterrichtung haben muss, bestimmt das Gesetz nicht. Berücksichtigt man, dass der Gesetzgeber mit der Vorschrift einen effektiven Verbraucherschutz schaffen wollte und die Belehrungspflichten insbesondere über den bis zum Inkrafttreten des TRG geltenden § 10 Abs. 2 Anlage GüKUMB gehen sollten,[42] reicht ein nur allgemeiner Hinweis auf die nach dem Gesetz beschränkte Haftung durch den Frachtführer nicht. Gefordert ist vielmehr, dass der Umzugsfrachtführer einen Verbraucher über sämtliche für diesen haftungsrelevanten Vorschriften des allgemeinen Frachtrechts und des Umzugsrechts aufklärt und auch über die jeweiligen konkreten Rechtsfolgen informiert. Da ausdrücklich von Haftungsbestimmungen und nicht lediglich nur von Haftungsbefreiungen und -begrenzungen die Rede ist, hat der Frachtführer auch über etwaige für den Absender günstige Haftungsbestimmungen zu informieren, insbesondere auch über den Wegfall sämtlicher Haftungsbefreiungen und -begrenzungen bei Vorliegen von qualifiziertem Verschulden (§ 435 HGB). **505**

Konkret muss also der Frachtführer einen Verbraucher-Absender über Voraussetzung und Rechtsfolge folgender Vorschriften unterrichten: **506**

- § 422 Abs. 3 HGB (Haftung bei Nachnahmefehler),
- § 424 HGB (Verlustvermutung),
- § 425 HGB (Allgemeine Vorschrift für Haftung für Güter- und Verspätungsschäden),
- § 426 HGB (Allgemeiner Haftungsausschluss),
- § 451d HGB (Besondere Haftungsausschlussgründe, Spezialregelung zu § 427 HGB, der insoweit hinter diese spezielle Regelung zurücktritt),
- § 428 HGB (Zurechnung von Handlungen und Unterlassungen der „Leute" oder anderer Personen, deren sich der Frachtführer bei Ausführung der Beförderung bedient),
- § 429 HGB (Wertersatz),

---

[41] Vgl. hierzu Rdnr. 505 ff.
[42] BT-Drucks. 13/8445, S. 96.

- § 430 HGB (Schadenfeststellungskosten),
- § 451e HGB (Haftungshöchstbetrag, abweichende Spezialregelung zu § 431 Abs. 1 und 2 HGB, der hier nicht gilt),
- § 431 Abs. 3 HGB (Haftungsbegrenzung bei Lieferfristüberschreitung),
- § 431 HGB (Begrenzung der im Haftungsfall zu ersetzenden sonstigen Kosten),
- § 433 HGB (Haftungshöchstbetrag bei sonstigen Vermögensschäden),
- § 434 HGB (Anwendung der frachtrechtlichen Haftungsbegrenzungen und Befreiung auch auf konkurrierender außervertragliche Ansprüche des Absenders),
- § 435 HGB (Wegfall der Haftungsbefreiung- und -begrenzung bei qualifiziertem Verschulden)
- § 436 HGB (Anwendbarkeit der Haftungsregulierung und -befreiungen auch zugunsten der „Leute" des Frachtführers),
- § 437 HGB (unmittelbare Haftung des ausführenden Frachtführers),
- § 438 Abs. 1 S. 2 HGB (hinreichend deutliche Schadenbezeichnung) und
- § 439 HGB (Verjährung).[43]

507 Soweit in zulässiger Weise (vgl. § 449 Abs. 1, § 451h Abs. 1 HGB) von den vorgenannten gesetzlichen Haftungsbestimmungen zugunsten eines Verbrauchers vertraglich abgewichen worden ist, hat der Frachtführer auch über die Haftung nach dem Vertrag zu informieren.[44]

508 *(b)* Ferner hat der Frachtführer den Verbraucher-Absender nach § 451g S. 1 Nr. 1 HGB auf die Möglichkeit hinzuweisen, eine weitergehende Haftung mit ihm zu vereinbaren. Die Erfüllung dieser Verpflichtung setzt voraus, dass der Frachtführer einen Verbraucher darüber informiert, dass die rechtlich zulässige Möglichkeit besteht, entgegen der gesetzlichen Haftungsbestimmungen zugunsten des Verbrauchers eine weitergehende Haftung des Frachtführers zu vereinbaren. Möchte der Absender nach dieser Information eine weitergehende Haftung des Frachtführers vereinbaren, steht es diesem frei, sich hierauf einzulassen oder nicht. Einen über die reine Information der zulässigen Möglichkeit einer vom Gesetz abweichenden Haftungsvereinbarung hinaus gehenden Kontrahierungszwang enthält § 451g S. 1 Nr. 1 HGB nicht, auch nicht für den Absender. Der Frachtführer hat den Absender lediglich über die grundsätzliche Möglichkeit zu informieren. Können die Parteien sich danach nicht einigen, steht es ihnen frei, keinen Vertrag über die Beförderung von Umzugsgut zu schließen, sondern sich zum Beispiel anderweitig umzusehen. Die Belehrungsvorschrift soll den vom Gesetzgeber angenommenen Wissensvorsprung eines gewerblichen Umzugsunternehmers gegenüber dem privaten Absender, der Umzugsverträge nicht regelmäßig schließt, ausgleichen und in die dann weiterhin gegebene grundsätzliche Privatautonomie nicht weiter eingreifen.

509 *(c)* Der Frachtführer muss den Verbraucher-Absender ferner auf die Möglichkeit hinweisen, das Gut zu versichern, § 451g S. 1 Nr. 1 HGB.

510 Infrage kommt hier eine Sachversicherung in Form der Transportversicherung.[45]

---

[43] Vgl. auch *Koller*, § 451g HGB Rdnr. 2; *Demuth* in Knorre/Demuth/Schmid, Handbuch des Transportrechts, B. III., Rdnr. 70.

[44] So auch *Koller*, § 451g HGB Rdnr. 2.

[45] Diese wird in der Praxis (auch von Umzugsunternehmen) häufig verwechselt mit der Verkehrshaftungsversicherung des Frachtführers. Mit letztgenannter versichert der Frachtführer ein eigenes Interesse, nämlich die eigene Haftung bei Verlust oder Beschädigung von Gut oder Lieferfristüberschreitung. Aus diesem Grund und da eine entsprechende Verpflichtung zum Abschluss einer solchen Versicherung für den Frachtführer regelmäßig aufgrund § 7a GüKG ohnehin besteht, ist eine solche Versicherung nicht vom Absender abzuschließen und zu zahlen.

Entgegen der herrschenden Auffassung hat der Frachtführer den Absender „lediglich" auf die Möglichkeit hinzuweisen, das Gut zu versichern,⁴⁶ und nicht auch eine entsprechende Transportversicherung anzubieten, zu vermitteln oder eine Abschlussmöglichkeit nachzuweisen. Die vorherrschende Auffassung leitet diese Pflicht aus dem Wort „oder" im § 451g S. 1 Nr. 1 HGB her und meint, dass der Frachtführer, da er nicht gezwungen werden kann, einen Vertrag mit einer für ihn ungünstigen erweiterten Haftung zu vereinbaren, alternativ hierzu eine Versicherung des Gutes anzubieten habe. Dabei wird verkannt, dass es sich bei der Pflicht, auf die Möglichkeiten hinzuweisen, eine weitergehende Haftung zu vereinbaren oder das Gut zu versichern, nicht um **Belehrungs**alternativen handelt, sondern um Alternativen für den Absender, eine etwaig bestehende Differenz zwischen gesetzlich beschränkter Haftung des Frachtführers zum vollen Schadenersatz zu schließen. Der Frachtführer hat den Verbraucher-Absender nur darüber zu informieren, wie dies erreicht werden kann, um den bestehenden Wissensvorsprung auszugleichen. Er hat danach nicht die Möglichkeit, auf eine weitergehende Haftungsvereinbarung nur hinzuweisen, wenn er eine solche vornehmen würde, oder ansonsten auf die Möglichkeit, das Gut zu versichern. Der Frachtführer hat nach § 451g S. 1 Nr. 1 HGB den Verbraucher-Absender vielmehr über beide für diesen bestehenden Möglichkeiten zu belehren, um danach den Fortgang der Vertragsgestaltung wieder der Privatautonomie dann gleichermaßen informierter Parteien zu überlassen. Dass der Frachtführer über beide Möglichkeiten zu belehren hat und nicht eine Alternative wählen kann, zeigt im Übrigen auch der Wortlaut, der eben von „Möglichkeit**en**", also vom Plural spricht.

511

(d) Die vorgenannten Belehrungspflichten nach § 451g S. 1 Nr. 1 HGB müssen „bei Abschluss" des Vertrages erteilt werden. Gemeint sein kann hiermit nur *vor* Vertragsschluss. Die Belehrungen müssen so rechtzeitig erfolgen, dass ein durchschnittlicher Verbraucher objektiv betrachtet die Möglichkeit hat, die gegebenen Informationen in die Vertragsverhandlungen und den Vertragsabschluss mit einzubeziehen.⁴⁷

512

(e) In welcher Form die Unterrichtungen nach § 451g S. 1 Nr. 1 HGB erfolgen müssen, bestimmt § 451g S. 2 HGB. Erforderlich ist danach eine in drucktechnisch deutlicher Gestaltung besondere Hervorhebung.

513

Gefordert wird, dass die entsprechenden schriftlichen Hinweise sich von den übrigen Allgemeinen Geschäftsbedingungen abheben und nicht im allgemeinen Katalog der sonstigen Klauseln untergehen. Diese drucktechnische Hervorhebung soll dabei auf verschiedene Arten möglich sein, etwa durch Fettdruck, größere Schrifttypen, Unterstreichungen, besondere Hinweise oder Herausnahme aus dem Katalog der übrigen Geschäftsbedingungen.⁴⁸ Nicht ausreichend ist, dass lediglich auf den Gesetzestext hingewiesen wird.⁴⁹ Der Frachtführer muss einen Verbraucher selbst über die Haftungsregelungen unterrichten und die Hinweise erteilen. Auf der anderen Seite tut er gut daran, sich nah am Gesetz zu halten, um unsaubere oder unrichtige Belehrungen zu verhindern, die zur Unwirksamkeit der Belehrung und damit zur ungünstigen Rechtsfolge für den Frachtführer führen.⁵⁰

514

Es kann ausreichen, wenn die Belehrungen im Katalog der sonstigen Allgemeinen Geschäftsbedingungen des Frachtführers drucktechnisch derart hervorgehoben wer-

515

---

⁴⁶ So aber *Koller*, § 451g HGB Rdnr. 4, MüKoHGB/*Andresen*, § 451g HGB Rdnr. 5; *Valder* in Andresen/Valder, Speditions-, Fracht- und Lagerrecht, § 451g HGB Rdnr. 5.
⁴⁷ So im Ergebnis auch *Koller*, § 451g HGB Rdnr. 6.
⁴⁸ S. BT-Drucks. 13/8445, S. 97.
⁴⁹ Vgl. *Valder* in Andresen/Valder, Speditions-, Fracht- und Lagerrecht, § 451g HGB Rdnr. 8.
⁵⁰ Vgl. *Valder* in Andresen/Valder, Speditions-, Fracht- und Lagerrecht, § 451g HGB Rdnr. 8.

den, dass sie einem objektiven Leser sofort auffallen,[51] da bereits nach der Gesetzesbegründung zum TRG die Herausnahme der Hinweise aus dem Katalog der übrigen Geschäftsbedingungen nur eine der aufgelisteten Arten der drucktechnisch deutlichen Gestaltung und Hervorhebung darstellt.[52] Ebenso kann es ausreichen, wenn die Belehrungen drucktechnisch deutlich gestaltet mittels eines Beiblatts übergeben werden, wenn dieses Beiblatt hinreichend auffällig ist.[53] Die Gegenansicht berücksichtigt nicht, dass der Umzugsvertrag nicht formbedürftig ist und daher ein mit der Vertragsurkunde übergebenes Beiblatt im Zweifel Teil der Vereinbarung und damit des Vertrages ist,[54] sowie dass es sich bei den Belehrungen überhaupt nicht um Vertragsbestandteile handelt, sondern um eine von dem Frachtführer Verbrauchern gegenüber vor Vertragsschluss zu erfüllende Obliegenheit.

516 *(8)* Spätestens bei Ablieferung des Gutes hat der Umzugsfrachtführer den Empfänger über die Form und Frist der Schadenanzeige sowie die Rechtsfolge bei Unterlassen der Schadenanzeige zu unterrichten. Verletzt der Frachtführer diese ihm obliegende Belehrungspflicht, verliert er die für ihn günstigste Haftungsbefreiung bei fehlender, formwidriger oder verfristeter Schadenanzeige des Empfängers im Sinne des § 451f HGB.

517 Der Frachtführer muss einen Verbraucher darüber unterrichten, dass eine Schadenanzeige gemäß § 451f i.V.m. § 438 Abs. 1 S. 1 HGB bei Ablieferung des Gutes formlos und für den Fall, dass eine Schadenanzeige nach Ablieferung des Gutes erfolgt, in Textform (vgl. § 438 Abs. 4 S. 1 HGB) abzugeben ist. Darüber hinaus muss der Frachtführer den Verbraucher informieren, dass eine Schadenanzeige nach Ablieferung des Umzugsgutes dann, wenn der Verlust oder die Beschädigung des Gutes äußerlich erkennbar war, spätestens am Tag nach der Ablieferung (§ 451f Nr. 1 HGB), und wenn Verlust oder Beschädigung äußerlich nicht erkennbar war, spätestens innerhalb von 14 Tagen nach der Ablieferung (§ 45f Nr. 2 HGB) zu erfolgen hat. In diesem Zusammenhang hat er einen Verbraucher auch darüber zu informieren, dass zur Wahrung der Frist die rechtzeitige Absendung der Schadenanzeige genügt (§ 438 Abs. 4 S. 2 HGB).

518 Darauf, dass gemäß § 438 Abs. 1 S. 2 HGB die Schadenanzeige den Schaden hinreichend deutlich kennzeichnen muss, hat der Frachtführer den Verbraucher grundsätzlich bereits nach § 451g S. 1 Nr. 1 HGB im Rahmen der Belehrung über die Haftungsbestimmungen hinzuweisen. Fehlt ein solcher Hinweis und wird er nicht wenigstens gleichzeitig mit dem Hinweis nach § 451g S. 1 Nr. 2 HGB spätestens bei Ablieferung erteilt, führt auch dies zu einer nicht ordnungsgemäßen Belehrung.

519 Der Frachtführer darf einem Verbraucher gegenüber bei der Belehrung nicht höhere Anforderungen stellen, als vom Gesetz vorgesehen. Häufig vorkommender Fehler in der Praxis ist hier z.B. die Angabe, dass eine Schadenanzeige nach Ablieferung nur „schriftlich" erfolgen kann, während das Gesetz ein milderes Formerfordernis, nämlich Textform (§ 126b BGB) verlangt.

520 Des Weiteren muss die Aufklärung die Rechtsfolgen des § 451f HGB, also das Erlöschen eines Schadenersatzanspruches wegen Verlust oder Beschädigung des Gutes, bei

---

[51] A.A. *Koller,* § 451g HGB Rdnr. 5.
[52] Vgl. BT-Drucks. 13/8445, S. 97.
[53] So wie hier *Koller,* § 451g HGB Rdnr. 5; *Valder* in Andresen/Valder, Speditions-, Fracht- und Lagerrecht, § 451g HGB Rdnr. 8; MüKoHGB/*Andresen,* § 451g HGB Rdnr. 8; OLG Saarbrücken, TranspR 2007, S. 66; *Tschiltschke,* TranspR 2008, 458; a.A. AG Köln, TranspR 2002, 354; E/B/J/S/*Häublein,* § 451g HGB Rdnr. 3.
[54] *Koller,* § 451g HGB Rdnr. 5.

III. Sonderbereich 1. Umzugsrecht   B. III

unwirksamer oder verfristeter Schadenanzeige auch im Hinblick auf etwaige außervertragliche Ansprüche umfassen.⁵⁵

Für die Belehrung nach § 451g S. 1 Nr. 2 HGB selbst ist keine Form vom Gesetz vorgeschrieben. Insbesondere ist eine drucktechnisch deutliche Gestaltung oder Hervorhebung für diese Belehrung nicht vorgesehen. Sie kann grundsätzlich daher auch mündlich erfolgen.⁵⁶ Gleichwohl hat die Information an einen Verbraucher so gestaltet zu sein, dass sie für einen durchschnittlichen Verbraucher objektiv verständlich ist.⁵⁷ 521

Die Belehrung muss an den Empfänger gerichtet sein, der mit dem Absender identisch sein kann, aber nicht muss. 522

Die Belehrung muss spätestens bei der Ablieferung des Gutes erfolgen. Die Ablieferung darf daher noch nicht abgeschlossen sein. Abgeschlossen ist der Umzug und zu dem Zeitpunkt, in dem die beförderten Güter an den vom Absender zugewiesenen Aufstellungsort verbracht wurden und der Absender bereit war, die Sachherrschaft zu übernehmen.⁵⁸ Wenn Möbel aufzubauen sind, ist die Ablieferung beendet nach Aufbau der Möbel.⁵⁹ 523

Fraglich ist, ab wann die Belehrung frühestens erfolgen darf. Auch wenn eine – zusätzliche - Belehrung bei Ablieferung des Gutes, etwa auf einem zu unterzeichnenden Arbeitsschein, sicherlich sinnvoll erscheint, kann die Belehrung auch bereits mit dem Vertragsschluss erfolgen und ist dann nicht zu früh.⁶⁰ 524

(9) Ist der Absender Verbraucher, hat der Frachtführer diesen gemäß § 451b Abs. 2 S. 2 HGB darüber zu unterrichten, dass dieser wiederum den Frachtführer über seine ohnehin reduzierte Gefahraufklärungspflicht bei Beförderung von gefährlichem Umzugsgut im Sinne des § 451b Abs. 2 S. 1 HGB unterrichten muss. Ein Verstoß gegen diese Belehrungspflicht kann Schadenersatzansprüche des Verbraucher-Absenders gegen den Frachtführer nach § 280 BGB in den Grenzen des § 433 HGB auslösen⁶¹ und hat Auswirkungen auf eine etwaige Haftung des Absenders nach § 414 HGB. 525

(10) Der Frachtführer hat gemäß § 451b Abs. 3 HGB einen Verbraucher-Absender über die beim Transport gegebenenfalls zu beachtenden Zoll- und sonstigen Verwaltungsvorschriften zu unterrichten. Verletzt der Frachtführer diese Hinweispflicht und entsteht hierdurch ein Güterschaden oder eine Lieferfristüberschreitung, so haftet er dem Absender hierfür gemäß §§ 425 ff. HGB; für sonstige hierdurch kausal entstandene Schäden nach § 280 BGB.⁶² Die Beweislast für die erfolgte Unterrichtung liegt beim Frachtführer.⁶³ 526

3. Haftung der Beteiligten eines Umzugsvertrages nach dem HGB

a) Haftung des Frachtführers für Güterschäden und Lieferfristüberschreitung. 527
aa) Frachtvertragliche Haftung dem Grunde nach. Der Umzugsfrachtführer haftet dem

---

⁵⁵ Vgl. *Koller*, § 451g HGB Rdnr. 8 m. w. N.
⁵⁶ Vgl. *Koller*, § 451g HGB Rdnr. 8; MüKoHGB/*Andresen*, § 451g HGB Rdnr. 11.
⁵⁷ Vgl. *Valder* in Andresen/Valder, Speditions-, Fracht- und Lagerrecht, § 451g HGB Rdnr. 14; MüKoHGB/*Andresen*, § 451g HGB; Rdnr. 11.
⁵⁸ Vgl. *Koller*, § 451a HGB Rdnr. 5 und § 451f HGB Rdnr. 5; E/B/J/S/*Häublein*, § 451f HGB Rdnr. 9.
⁵⁹ Vgl. *Koller*, § 451f HGB Rdnr. 5.
⁶⁰ So auch *Valder* in Andresen/Valder, Speditions-, Fracht- und Lagerrecht, § 451g HGB Rdnr. 14; MüKoHGB/*Andresen*, § 451g HGB; Rdnr. 12; LG Kiel, TranspR 2000, S. 309; OLG Saarbrücken, TranspR 2007, S. 66; a. A. Koller, § 451g HGB Rdnr. 6.
⁶¹ BT-Drucks. 13/8445, S. 92; *Koller*, § 451b HGB Rdnr. 6.
⁶² Vgl. *Koller*, a. a. O. § 451b Rdnr. 8; E/B/J/S/*Heublein*, a. a. O. § 451b Rdnr. 17.
⁶³ *Eckardt* in Fremuth/Thume, a. a. O. § 451b Rdnr. 6.

Grunde nach für Verlust und Beschädigung des Umzugsgutes sowie für Lieferfristüberschreitung entsprechend dem Frachtführer von sonstigem Gut, d.h. nach den allgemeinen Regeln.

528 (1) Für Verlust und Beschädigung des Gutes haftet der Frachtführer daher gemäß §§ 451, 425 Abs. 1 1. Fall HGB verschuldensunabhängig in der Zeit von der Übernahme zur Beförderung bis zu dessen Ablieferung (Obhutszeitraum). Übernahme bedeutet den Erwerb des unmittelbaren oder mittelbaren Besitzes des Umzugsgutes durch den Frachtführer,[64] wobei bei einem notwendigen Abbau von Möbeln zum sachgerechten Transport (§ 451a HGB)[65] dieser Abbau bereits in den Obhutszeitraum des Umzugs-Frachtführers fällt, selbst dann, wenn das Gut nicht sogleich abtransportiert wird.[66] Der Haftungszeitraum (Obhutszeitraum) endet mit der vollständigen Ablieferung des Gutes, was der Fall ist, wenn das Umzugsgut am Bestimmungsort am vom Empfänger zugewiesenen Platz ist und dieser die Sachherrschaft über das Gut ausüben kann, gegebenenfalls nach entsprechendem Aufbau.

529 (2) Für die Überschreitung der Lieferfrist haftet der Umzugsfrachtführer ebenso nach allgemeinen Regeln, d.h. § 425 Abs. 1 3. Fall HGB.

530 bb) *Haftungshöchstbeträge (Regelhaftung).* (1) Die Haftung auch des Umzugsfrachtführers ist der Höhe nach begrenzt. Während sich der Regelhaftungshöchstbetrag des Frachtführers von sonstigem Gut nach dessen Gewicht richtet, sieht § 451e HGB für den Umzugsfrachtführer das Volumen als Bezugsgröße vor. In Abweichung von § 425 Abs. 1 HGB ist danach die Haftung des Frachtführers wegen Verlust oder Beschädigung von Umzugsgut auf einen Betrag von 620,00 € je Kubikmeter des Laderaums begrenzt, welcher zur Erfüllung des Vertrages benötigt wird. Abzustellen ist hierbei primär nicht auf den Laderaum, der tatsächlich benötigt worden ist, da der Frachtführer es ansonsten in der Hand hätte, die eigene Haftungshöchstgrenze durch besonders enge und schadenträchtige Verladeweise herabzusenken,[67] sondern vielmehr auf den Laderaum, den ein verantwortungsbewusster und ordentlicher Frachtführer für den Transport des Gutes einsetzen würde.[68] Als Anhaltspunkte und Indizien für den so zu bestimmenden benötigten Laderaum können dann das vertraglich vereinbarte Volumen sowie das tatsächlich gebrauchte sein.

531 (2) Für die Lieferfristüberschreitung enthält das Umzugsrecht keine dem allgemeinen Frachtrecht vorgehende spezielle Regelung, weshalb die zu leistende Entschädigung wegen Überschreitung der Lieferfrist gemäß §§ 451, 431 Abs. 3 HGB beschränkt ist auf den dreifachen Betrag der vereinbarten Fracht.

532 (3) Darüber hinaus gelten in Bezug auf den Schadenfall die allgemeinen frachtrechtlichen Bestimmungen, insbesondere § 429 HGB (Wertersatz) und § 432 S. 2 HGB. Nach letztgenannter Vorschrift hat der Frachtführer über den nach §§ 429–431 HGB bei Verlust oder Beschädigung von Gut zu leistenden Wertersatz hinaus lediglich die Fracht, öffentliche Abgaben und sonstige Kosten aus Anlass der Beförderung des Gutes zu erstatten und weiteren Schaden nicht. Aus diesem Grund hat auch der Umzugsfrachtführer grundsätzlich Kosten eines vom Absender beauftragten Rechtsanwaltes nur unter der weiteren Voraussetzung des Verzuges (§§ 280, 286 BGB) zu ersetzen.

---

[64] Vgl. BGH, TranspR 2012, 107 (108); *Koller*, § 425 HGB Rdnr. 17.
[65] Vgl. Rdnr. 498.
[66] Vgl. *Koller*, § 451a HGB Rdnr. 7.
[67] Vgl. *Koller*, § 451e HGB Rdnr. 2; E/B/J/S/*Häublein*, § 451e HGB Rdnr. 2.
[68] Vgl. *Koller*, § 451e HGB Rdnr. 2.

III. Sonderbereich 1. Umzugsrecht B. III

cc) *Spezielle Haftungsausschlussgründe bei Güterschäden, § 451d HGB.* Neben dem allgemeinen Haftungsausschlussgrund nach § 426 HGB hält das Umzugsrecht einen Katalog von speziellen Haftungsausschlussgründen in § 451d HGB bereit, welcher lex specialis zu § 427 HGB ist und diesen daher vollständig verdrängt.[69] Mit der Spezialvorschrift sollen die spezifischen Gefahren, denen das Transportgut im Rahmen eines Umzugs ausgesetzt ist, berücksichtigt werden und damit dem Frachtführer von Umzugsgut besonders zu Gute kommen.[70] Zu beachten ist stets, dass Ansprüche grundsätzlich nicht schon deshalb ausgeschlossen sind, weil die Tatbestände der nachfolgenden Haftungsausschlussgründe erfüllt sind. Vielmehr muss die Beschädigung auf eine **Gefahr** zurückzuführen sein, die aus den in den einzelnen Haftungsausschlussgründen festgehaltenen Lebenssachverhalten herrührt. Zur Vermutung des § 451d Abs. 2 HGB, vgl. dort.[71] 533

Im Einzelnen zu den besonderen Haftungsausschlussgründen:

(1) Nach Abs. 1 Nr. 1 ist der Frachtführer von seiner Haftung befreit, soweit Verlust oder Beschädigung auf die Beförderung von Edelmetallen, Juwelen, Edelsteinen, Geld, Briefmarken, Münzen, Wertpapieren oder Urkunden zurückzuführen ist. Sonstige Wertsachen, insbesondere Kunstgegenstände und Antiquitäten, sind nicht erfasst.[72] Durch die Regelung soll der Absender dazu angehalten werden, die in Nr. 1 genannten besonders wertvollen Güter, von denen im Normalfall nur kleine Mengen vorhanden sind,[73] im Rahmen des Umzugs selbst an sich zu nehmen und nicht vom Frachtführer befördern zu lassen. 534

(2) Nach Abs. 1 Nr. 2 haftet der Frachtführer nicht für ungenügende Verpackung oder Kennzeichnung des Gutes durch den Absender. Die Vorschrift ist angelehnt an die allgemeinen Haftungsausschlussgründe nach § 427 Abs. 1 Nr. 2 und Nr. 5 HGB. 535

Zu berücksichtigen ist, dass dem Verbraucher gegenüber der Frachtführer nach § 451a Abs. 2 HGB selbst zur Verpackung und zur Kennzeichnung des Gutes verpflichtet ist. Die Verpackungs- und Kennzeichnungspflicht dem Verbraucher gegenüber kann durch vertragliche Vereinbarung diesem übertragen werden. Für den Haftungsausschlussgrund nach Abs. 1 Nr. 2 ist entscheidend nicht die vertragliche Vereinbarung, sondern wer tatsächlich verpackt oder gekennzeichnet hat.[74] 536

(3) Behandelt, verlädt oder entlädt der Absender das Gut selbst, wozu er nach der gesetzlichen, abdingbaren Grundregel des § 451a Abs. 1 HGB nicht verpflichtet wäre, haftet der Frachtführer für einen hierdurch entstehenden Schaden nach Abs. 1 Nr. 3 ebenfalls nicht. Ob eine vertragliche Verpflichtung des Absenders zur Behandlung, Verladung oder Entladung vereinbart wurde, spielt auch für diesen Haftungsausschluss grundsätzlich keine Rolle; es kommt lediglich auf die tatsächliche Handlung an.[75] „Behandeln" des Gutes wird regelmäßig der Ab- und Aufbau von Möbeln sein.[76] 537

---

[69] Vgl. *Koller,* § 451d HGB Rdnr. 1; *Eckardt* in Fremuth/Thume, § 451d, Rdnr. 1, *Valder* in Andresen/Valder, Spedition-, Fracht- und Lagerrecht, § 451d HGB Rdnr. 1; E/B/J/S/*Häublein,* § 451e HGB Rdnr. 1.
[70] Vgl. BT-Drucks. 13/8445, S. 91.
[71] Siehe Rdnr. 543.
[72] Vgl. *Koller,* § 451d HGB Rdnr. 6; E/B/J/S/*Häublein,* § 451d HGB Rdnr. 4.
[73] So die Begründung zum TRG, BT-Drucks.13/8445, S. 93.
[74] Vgl. MüKoHGB/*Andresen,* § 451d HGB Rdnr. 7; *Valder* in Andresen/Valder, Spedition-, Fracht- und Lagerrecht, § 451d HGB Rdnr. 6; ähnlich E/B/J/S/*Häublein,* § 451d HGB Rdnr. 5, der ein tatsächliches Verpacken oder Kennzeichnen des Verbraucher-Absenders aufgrund vertraglicher Vereinbarung voraussetzt.
[75] Vgl. MüKoHGB/*Andresen,* § 451d HGB Rdnr. 8; *Koller,* § 451d HGB Rdnr. 5; E/B/J/S/*Häublein,* § 451d HGB Rdnr. 6, der entsprechend zu Abs. 1 Nr. 2 eine vom Gesetz abweichende vertragliche Vereinbarung voraussetzt.

Werdein

538 (4) Nach Abs. 1 Nr. 4 besteht ein Haftungsausschlussgrund für nicht vom Frachtführer verpacktem Gut in Behältern, womit Behälter aller Art, insbesondere auch Umzugskartons, auch wenn sie vom Frachtführer zur Verfügung gestellt wurden, gemeint sind.[77] Auch hier kommt es nicht darauf an, ob der Frachtführer tatsächlich die Pflicht zur Verpackung des Gutes in Behältern hatte.

539 (5) Nach Abs. 1 Nr. 5 ist der Frachtführer von der Haftung befreit, wenn es um die Verladung oder Entladung von Gut geht, dessen Größe oder Gewicht den Raumverhältnissen an der Lade- oder Entladestelle nicht entspricht, sofern er den Absender auf die Gefahr einer Beschädigung vorher hingewiesen, dieser aber auf der Durchführung des Transports bestanden hat.

Da zum Ver- und Entladen beim Umzugsvertrag auch gehört, dass das Umzugsgut aus der Wohnung zum Umzugstransportfahrzeug transportiert wird und an der Entladestelle in die entsprechenden Räume zurück, kann es vorkommen, dass Umzugsgüter auch nach einem etwaig geschuldeten Abbau (§ 451a Abs. 1 HGB) aufgrund ihrer Größe oder ihres Gewichts nicht sicher durch z. B. ein enges Treppenhaus befördern werden können, ohne dass die Gefahr besteht, dass das Gut hierbei Schaden nimmt.

In diesem Fall hat der Frachtführer den Absender auf die durch einen dennoch durchgeführten Transport bestehenden Gefahren hinzuweisen. Der Hinweis bedarf grundsätzlich keiner Form, muss aber geeignet sein, dem Absender das erhöhte Risiko samt der konkreten Ursache deutlich werden zu lassen.[78]

Auch das Verlangen des Absenders, den Transport gleichwohl durchzuführen, ist formfrei. Im eigenen Interesse sollte der Frachtführer aber für eine Erklärung zumindest in Textform sorgen, dass er den Absender informiert hat und dass dieser dennoch auf der Durchführung der Leistung besteht.

540 Wie jeder Haftungsausschlussgrund des § 451d Abs. 1 HGB bezieht sich aus der nach Nr. 5 ausschließlich auf Schäden am Umzugsgut. Wird keine weitergehende Haftungsfreistellung, etwa für eine Beschädigung des Treppenhauses, vereinbart, haftet der Frachtführer trotz des Hinweises nach § 451d Abs. 1 Nr. 5 HGB,[79] nach den allgemeinen Vorschriften.

541 (6) Der Frachtführer haftet gemäß Abs. 1 Nr. 6 nicht für Verlust oder „Beschädigung" von lebenden Tieren oder Pflanzen, die ihm als Umzugs-„gut" übergeben werden.

542 (7) Letztlich besteht zu Gunsten des Frachtführers ein Haftungsausschluss, wenn Verlust oder Beschädigung auf die natürliche oder mangelhafte Beschaffenheit eines Gutes zurückzuführen ist, demzufolge dieses besonders leicht Schäden, insbesondere Bruch, Funktionsstörungen, Rost, inneren Verderb oder Auslaufen erleidet, Abs. 1 Nr. 7. Der Ausschlussgrund nach Abs. 1 Nr. 7 erweitert den nach § 427 Abs. 1 Nr. 4 HGB auch für den allgemeinen Frachtvertrag geltenden Haftungsausschlussgrund um den Begriff „Funktionsstörungen". Gemeint sind Funktionsstörungen an besonders empfindlichen Geräten, wie vor allem Computern, Fernsehern, Rundfunkgeräten etc.[80]

---

[76] Vgl. MüKoHGB/*Andresen*, § 451d HGB Rdnr. 8; *Valder* in Andresen/Valder, Spedition-, Fracht- und Lagerrecht, § 451d HGB Rdnr. 7.
[77] Vgl. *Koller*, § 451d HGB Rdnr. 6; MüKoHGB/*Andresen*, § 451d HGB Rdnr. 9; E/B/J/S/*Häublein*, § 451d HGB Rdnr. 7.
[78] Vgl. *Koller*, § 451d HGB Rdnr. 7.
[79] MüKoHGB/*Andresen*, § 451d HGB Rdnr. 13.
[80] Vgl. *Koller*, § 451d HGB Rdnr. 9.

III. Sonderbereich 1. Umzugsrecht   B. III

(8) Die vorgenannten besonderen Gefahren müssen für den tatsächlich eingetrete- 543
nen Schaden kausal geworden sein. Der Frachtführer muss darlegen, dass der Schaden
aus einer der in § 451d Abs. 1 HGB genannten Gefahren entstehen konnte. Sodann
wird widerleglich vermutet, dass der Schaden aus dieser Gefahr tatsächlich auch entstanden ist. Wenn z. B. der Absender einen Umzugskarton selbst gepackt hat und dieser gänzlich in Verlust gerät, konnte der Haftungsausschlussgrund des Abs. 1 Nr. 2
ersichtlich nicht kausal sein für den Verlust, da die besondere in Abs. 1 Nr. 2 normierte Gefahr in der ungenügenden Verpackung durch den Absender selbst und hierdurch
etwaig verursachte Beschädigungen liegt.[81]

(9) Der Frachtführer soll sich gemäß § 451d Abs. 3 HGB auf die besonderen Haf- 544
tungsausschlussgründe nach § 451d Abs. 1 HGB (nicht damit auch auf den allgemeinen Haftungsausschlussgrund nach § 426 HGB) nur berufen können, wenn er alle
ihm nach den Umständen obliegenden Maßnahmen getroffen und besondere Weisungen des Absenders beachtet hat. Gemeint ist hiermit der Tatbestand des Verschuldens im Sinne des § 347 HGB.[82]
Zu den dem Frachtführer hiernach obliegenden Maßnahmen gehört, dass er dann,
wenn beim Umzug Behälter nicht von ihm, sondern vom Absender gepackt und z. B.
gar nicht gekennzeichnet wurden, er diese sorgfältig behandelt und nicht mit schweren Gegenständen belastet.[83] Gleiches gilt, wenn sich der Frachtführer über besondere
Weisungen des Absenders hinwegsetzt und sich dann eine der genannten Gefahren
verwirklicht.

dd) Erlöschen des Anspruchs nach § 451f HGB. Etwaige Ansprüche des Absenders auf 545
Schadenersatz wegen Güterschäden erlöschen nach § 451f HGB bei nicht fristgemäßer
oder nur unzulänglicher Schadenanzeige. Die Vorschrift modifiziert damit die ansonsten über § 451 HGB auch hier insoweit weiter geltende Vorschrift des § 438 HGB.
Während eine nicht frist- oder formgerechte Schadenanzeige im allgemeinen
Frachtrecht nach § 438 Abs. 1 S. 1 HGB eine widerlegliche Vermutung dafür begründet, dass das Gut schadenfrei abgeliefert wurde, erlöschen im Anwendungsbereich des
§ 451f HGB die Ansprüche aus Verlust oder Beschädigung des Gutes in diesem Fall.
Durch die kurzen Fristen und die verhältnismäßig scharfe Rechtsfolge soll der „An-
reiz zu Missbräuchen", der „eine Quelle für eine Vielzahl von Rechtsstreitigkeiten bilden kann", genommen werden.[84] Des Weiteren soll dies einer raschen und endgültigen
Klärung der Verhältnisse im Interesse beider Parteien dienen.

(1) Sachlich anwendbar ist die Vorschrift ausschließlich auf Güterschäden, also An- 546
sprüche wegen Verlust oder Beschädigung des Umzugsgutes selbst. Nicht nach § 451f
HGB können daher etwaige Ansprüche bei Personenschäden oder Schäden an nicht
zum Umzugstransport übernommenen Sachen erlöschen.[85] Häufig erst später rekla-
mierte Beschädigungen am z. B. Treppenhaus oder dem Fußboden einer Wohnung
erlöschen daher nicht nach § 451f HGB.
Die Vorschrift des § 451f HGB gilt sowohl für Verbraucher-Absender als auch für 547
Unternehmer-Absender. Gerade bei Verbrauchern führt aber die Vorschrift in der
Praxis häufig eher zu einer Rechtsstreitigkeit, die sie eigentlich soll verhindern helfen.
Darüber hinaus neigen die Gerichte teilweise dazu, die eindeutige strikte Form- und

---

[81] Vgl. Koller, § 451d HGB Rdnr. 10.
[82] Vgl. BT-Drucks. 13/8445, S. 95.
[83] Vgl. MüKoHGB/*Andresen*, § 451d HGB Rdnr. 18.
[84] Vgl. BT-Drucks. 13/8445, S. 93 f.
[85] Vgl. E/B/J/S/*Häublein*, § 451f HGB Rdnr. 1; *Koller*, § 451f HGB Rdnr. 1

Werdein

Fristenregelung unter „Billigkeits- und Verbraucherschutzgründen" aufzuweichen.[86] Gerechtfertigt ist ein entsprechendes Vorgehen aufgrund der klaren gesetzlichen Regelung und der Motive des Gesetzgebers, wie sie sich in der BT-Drucksache 13/8445 (S. 93 f.) wiederfinden, nicht.

548 (2) § 451f HGB modifiziert die gemäß § 451 HGB auch im Umzugsrecht geltende Vorschrift des § 438 HGB lediglich hinsichtlich dessen Absätzen 1 und 2 und nur insoweit, wie § 451 f HGB abweichende Vorschriften enthält. Ansonsten gilt § 438 HGB über § 451 HGB fort.

549 Eine Schadenanzeige eines Umzugs-Absenders muss daher gemäß § 438 Abs. 1 S. 2 HGB den Verlust oder die Beschädigung hinreichend deutlich kennzeichnen. Nur allgemeine Formulierungen, wie „Gut beschädigt" oder „Schaden an der Küche" reichen nicht. Die Rüge muss so präzise sein, dass später der konkret angezeigte Schaden eindeutig wieder identifiziert werden kann.

550 Nach § 438 Abs. 4 S. 1 HGB ist eine Schadenanzeige nach Ablieferung in Textform zu erstatten; eine bei Ablieferung kann auch mündlich erfolgen.

551 (3) Ist ein Verlust oder eine Beschädigung des Gutes äußerlich erkennbar, muss dieses dem Frachtführer spätestens am Tag nach der Ablieferung angezeigt werden, da der Anspruch ansonsten erlischt.

552 Abgrenzungskriterium ist die äußerliche Erkennbarkeit eines Verlustes oder einer Beschädigung. Äußerlich erkennbar soll ein Güterschaden danach sein, wenn er bei zumutbarer Untersuchung durch Besichtigung, Hören, Riechen, Betasten von außen ohne Öffnung der Verpackung erkannt werden kann.[87] Ob ein konkreter Schaden erkannt worden ist oder nicht, ist hierfür unerheblich. Wenn die Untersuchung des Umzugsgutes auf äußerlich erkennbare Schäden zumutbar ist und bei einer solchen Untersuchung hätte erkannt werden können, handelt es sich um einen äußerlich erkennbaren Schaden.[88]

553 Die Frist beginnt mit der Ablieferung, also wenn der Frachtführer Möbel aufzubauen hat (vgl. § 451a HGB) oder weitere auf den Umzug bezogene Leistungen, wie Auspacken des Gutes, Aufhängen von Lampen etc., schuldet, erst mit Abschluss dieser Arbeiten. Kommt es zu einem Totalverlust, also liefert der Umzugsunternehmer gar nichts ab, findet § 451f Nr. 1 HGB keine Anwendung, da die Frist erst „nach der Ablieferung" zu laufen beginnt.[89]

554 Die Frist endet um 24.00 Uhr an dem der Ablieferung folgenden Tag (vgl. § 188 Abs. 1 BGB). Fällt dieser Tag auf einen Samstag, Sonntag oder einen gesetzlichen Feiertag, tritt an die Stelle des Tages der nächste Werktag gemäß § 193 BGB analog.[90]

555 Wie im allgemeinen Frachtrecht reicht zur Wahrung der Fristen des § 451f HGB nach § 438 Abs. 4 S. 2 HGB die rechtzeitige Absendung.

556 (4) Sind Güterschäden äußerlich nicht erkennbar, also immer dann, wenn sie bei zumutbarer Überprüfung nicht auffallen müssten, beträgt die Frist zur Schadenanzeige nach § 451f Nr. 2 HGB 14 Tage nach Ablieferung des Gutes.

---

[86] So schon *Demuth* in Knorre/Demuth/Schmid, B. III Rdnr. 63 mit Verweis auf die Rechtsprechungsübersicht bei *Scheel*, TranspR 2005, S. 234 [245].
[87] Vgl. *Koller*, § 451f HGB Rdnr. 2
[88] Vgl. E/B/J/S/*Häublein*, § 451f HGB Rdnr. 2; *Koller*, § 451f HGB Rdnr. 2.
[89] Vgl. *Eckart* in Fremuth/Thume, § 451f HGB Rdnr. 7; *Koller*, § 45f HGB Rdnr. 2.
[90] Vgl. *Koller*, § 451f HGB Rdnr. 6, *Demuth* in Knorre/Demuth/Schmid, 2. Aufl. B. III Rdnr. 62; E/B/J/S/*Häublein*, § 451f HGB Rdnr. 10; *Valder* in Andresen/Valder, Spedition-, Fracht- und Lagerrecht, § 451f HGB Rdnr. 12; MüKoHGB/*Andresen*, § 451f HGB Rdnr. 11; a. A. *Scheel* in GemK § 451f HGB Rdnr. 4.

III. Sonderbereich 1. Umzugsrecht B. III

Hinsichtlich der Berechnung der Frist gilt das zu § 451f Nr. 1 HGB Gesagte. 557

(5) Nach §§ 451, 438 Abs. 4 HGB kann die Schadenanzeige dann, wenn sie bei Ablieferung des Gutes erfolgt, auch gegenüber demjenigen angezeigt werden, der das Gut abliefert. Der Umzugsunternehmer kann sich in diesem Fall also nicht darauf berufen, dass etwaiges von ihm eingesetztes Personal oder Subunternehmer zur Entgegennahme der Schadenanzeige nicht befugt war. 558

ee) (Allgemeiner) Wegfall der Haftungsbefreiungen und –begrenzungen nach § 435 HGB. Sämtliche Haftungsbefreiungs- und Haftungsbeschränkungsvorschriften zugunsten des Frachtführers entfallen, also die Begrenzung der Haftung der Höhe nach, die allgemeinen Haftungsausschlussgründe ebenso wie auf die speziellen Haftungsausschlussgründe des Umzugsrechts, wenn Verlust oder Beschädigung auf eine Handlung oder Unterlassung des Frachtführers oder dessen Leute (§ 428 HGB) zurückzuführen ist, die vorsätzlich oder leichtfertig und in dem Bewusstsein begangen wurde, dass ein Schaden mit Wahrscheinlichkeit eintreten wird (sog. qualifiziertes Verschulden), § 435 HGB.[91] 559

ff) Wegfall der Haftungsbefreiung und -begrenzung gegenüber Verbrauchern. Grundsätzlich gelten sämtliche vorgenannten Haftungsbefreiungen und -begrenzungen auch gegenüber Verbrauchern. Allerdings kann sich der Umzugsunternehmer Verbrauchern gegenüber hierauf nicht berufen, wenn diese nicht ordnungsgemäß belehrt worden sind.[92] 560

Die Haftungsbefreiungen und -begrenzungen fallen bei einem Verstoß nur insoweit weg, wie der Frachtführer nicht hierüber unterrichtet hat, wobei der Sinnzusammenhang der Haftungsbestimmung, über die nicht unterrichtet wurde, zu berücksichtigen ist.[93]

gg) Konkurrierende außervertragliche Ansprüche. Auf etwaige konkurrierende außervertragliche Ansprüche des Absenders, z.B. § 280 BGB, § 823 BGB sind die frachtvertraglichen Haftungsbefreiungen und -begrenzungen gleichermaßen gemäß § 434 Abs. 1 HGB anzuwenden. Grundsätzlich kann der Frachtführer die Haftungsbefreiungen und -begrenzungen nach § 434 Abs. 2 HGB unter den dort genannten Voraussetzungen auch Dritten gegenüber geltend machen. Dies kann der Fall sein, wenn Umzugsgut dem Frachtführer übergeben wird, welches nicht im Eigentum des Absenders steht. 561

b) Haftung des Frachtführers für sonstige Schäden. Andere als Güterschäden und Schäden wegen Überschreitung der Lieferfrist sind vom Umzugsfrachtrecht nicht geregelt. Diese können daher daneben bestehen. 562

Häufig wird es sich beim Umzugsfrachtvertrag hierbei um Beschädigungen an der neuen oder alten Wohnung handeln. Für diese haftet der Frachtführer nach allgemeinen Vorschriften, also insbesondere nicht verschuldensunabhängig.

Für sonstige Vermögensschäden ist im Übrigen noch § 433 HGB zu beachten. Verletzt der Frachtführer hiernach eine vertragliche Pflicht, die mit der Ausführung der Beförderung des Gutes zusammenhängt, haftet er dann, wenn es sich um andere Schäden als Sach- oder Personenschäden handelt, der Höhe nach begrenzt auf das Dreifache des Betrages, den der Frachtführer bei Verlust des Gutes zu zahlen hätte (vgl. hierzu auch § 451e HGB). 563

---

[91] Zu den Voraussetzungen vgl. das allgemeine Frachtrecht.
[92] Vgl. hierzu Rdnr. 504 ff.
[93] *Eckardt* in Fremuth/Thume, § 451g HGB Rdnr. 6.

564 **c) Haftung des Absenders.** Die Haftung des Absenders richtet sich grundsätzlich nach den allgemeinen frachtrechtlichen Vorschriften, § 414 HGB. Diese wird bei Verbrauchern nur leicht durch § 451b HGB modifiziert.

565 *(aa)* Ist der Absender kein Verbraucher, so hat er dem Frachtführer gemäß § 414 Abs. 1 HGB verschuldensunabhängig für sämtliche Schäden und Aufwendungen aufzukommen, die durch einen der unter den Nummern 1 bis 4 genannten Umstände eingetreten sind.

566 *(bb)* Handelt es sich bei dem Absender von Umzugsgut um einen Verbraucher, hat er dem Frachtführer für die in § 414 Abs. 1 HGB genannten Tatbestände nur dann zu haften, wenn ihn ein Verschulden trifft, vgl. § 414 Abs. 3 HGB. Hinsichtlich § 414 Abs. 1 Nr. 3 HGB (Unterlassen der Mitteilung über die Gefährlichkeit des Gutes) ist weiter zu berücksichtigen, dass die Informationspflicht des Absenders gemäß § 451b Abs. 2 S. 1 HGB weiter abgemildert ist.[94] Zusätzlich hierzu hat der Frachtführer den Absender gemäß § 451b Abs. 2 S. 2 HGB über dessen Mitteilungsverpflichtung zu unterrichten. Kommt der Frachtführer dem nicht nach, ist gleichwohl zunächst zu prüfen, ob der dann uninformierte Verbraucher schuldhaft gehandelt hat, § 414 Abs. 3 HGB.[95] Ist ein Verschulden des Verbrauchers danach nicht festzustellen, etwa weil sich die Gefährlichkeit des Gutes weder aufdrängen musste noch ihm bekannt war, dass er den Frachtführer darüber zu informieren hat, haftet er dem Frachtführer nicht. Wenn der Verbraucher gleichwohl verschuldet gehandelt hat, ist die Informationspflichtverletzung des Frachtführers im Rahmen des § 414 Abs. 2 HGB zu berücksichtigen.[96]

567 *(cc)* Nach § 414 Abs. 2 HGB ist auch ein etwaiges Verhalten des Frachtführers, welches an der Entstehung des Schadens mitgewirkt hat zu berücksichtigen. Die Vorschrift ist angelehnt an die allgemeine Mitverschuldensvorschrift nach § 254 BGB.

568 *(dd)* Die Haftung des Absenders dem Frachtführer gegenüber ist seit der Reform des Seehandelsrechts im Jahr 2013 schon im allgemeinen Frachtrecht der Höhe nach unbeschränkt. Dementsprechend wurde der bis dahin geltende § 451c HGB, welcher die Haftung des Absenders parallel zu der für den Frachtführer geltenden Haftungsbegrenzung (620,00 € je cbm Laderaum) aufgehoben. Auch der Absender von Umzugsgut haftet daher nunmehr der Höhe nach unbeschränkt.

5. Abweichende Vereinbarungen mit Verbrauchern (Dispositionsbefugnis), § 451h HGB

569 Nach § 451h HGB unterliegen diverse Bestimmungen des Frachtrechts nicht der Dispositionsbefugnis der Parteien, insbesondere dann nicht, wenn es sich beim Absender um einen Verbraucher im Sinne des § 13 BGB handelt.

570 *a) Abweichende Vereinbarungen bei Verbrauchern, § 451h Abs. 1 HGB.* § 451h Abs. 1 HGB ist Ausdruck des besonderen Verbraucherschutzes im Umzugsrecht. Hiernach sollen die besonderen umzugsrechtlichen Haftungsbestimmungen ebenso wie die auf den Umzugsvertrag anwendbaren allgemeinen Haftungsregelungen zu Gunsten eines Verbraucher-Absenders nicht nur AGB-fest sein, sondern der Privatautonomie der Parteien insgesamt einseitig entzogen werden. Zum Nachteil eines Verbrauchers darf also weder durch AGB noch durch Individualvereinbarung von den ihn begünstigenden Haftungsregelungen, wie sie beim Umzugsvertrag insgesamt gel-

---

[94] Vgl. hierzu Rdnr. 489, 525.
[95] Vgl. *Koller*, § 451b HGB Rdnr. 6.
[96] Vgl. *Koller*, § 451b HGB Rdnr. 6.

ten, abgewichen werden. Zugunsten des Verbraucher-Absenders darf hingegen stets abgewichen werden.

Erfasst sind nur die Haftungsregelungen, d.h. die besonderen umzugsrechtlichen (§§ 451d bis 451g, § 451b Abs. 2 S. 2 und Abs. 3 S. 1 HGB) und die gemäß § 451 HGB auch auf den Umzugsvertrag anzuwendenden allgemeinen Haftungsbestimmungen (§§ 413 Abs. 2, 422 Abs. 3, 425, 426, 428 bis 430, 431 Abs. 3, 432 bis 438 Abs. 3 und 438 Abs. 3 bis 5).[97] 571

Nicht erfasst und damit grundsätzlich auch zum Nachteil eines Verbrauchers abdingbar sind die Vorschriften des Umzugsrechts, welche im wesentlichen die gegenseitigen Pflichten und Leistungen regeln, wie zum Beispiel der Auf- und Abbau von Möbeln, die Verpackung und Kennzeichnung, etc.. Auch dem Verbraucher-Absender soll die Möglichkeit erhalten bleiben, insbesondere aus Kostengründen aus dem gesetzlich vorgesehenen Leistungspaket des Umzugsunternehmers einzelne zu vergütende Leistungen herauszunehmen und selbst zu erbringen. 572

Die Rechtsfolge eines Verstoßes gegen § 451h Abs. 1 HGB ist zunächst die Nichtigkeit der betreffenden Klausel, die von der Haftung des Umzugsunternehmers zum Nachteil des Verbrauchers abweicht. Ob der Vertrag im Ganzen durch einen Verstoß nichtig ist, richtet sich nach § 139 BGB und ist Tat- und Einzelfrage. 573

b) Abweichende Vereinbarungen bei sonstigen Absendern, § 451h Abs. 2 HGB. Ist der Absender kein Verbraucher gilt § 451h Abs. 2 HGB, der die Dispositionsbefugnis weniger stark einschränkt. 574

Von den für den Umzugsvertrag insgesamt geltenden Haftungsregelungen darf durch Vereinbarung abgewichen werden, wenn sie im Einzelnen ausgehandelt worden ist, auch wenn sie für eine Mehrzahl von gleichartigen Verträgen zwischen den denselben Vertragspartnern getroffen wurde. Gemeint sind hier vor allem Rahmenverträge zwischen zwei Unternehmern.

Ausdrücklich erlaubt sein soll nach der Vorschrift eine Abweichung von dem in § 451e HGB vorgesehenen Haftungshöchstbetrag auch durch AGB. Anders als bei § 449 HGB ist eine abweichender Haftungshöchstbetrag frei vereinbar; eine der sog. „Korridorlösung" entsprechende Beschränkung gibt es bei § 451h Abs. 2 HGB nicht. Zu messen ist eine entsprechende Vereinbarung damit nur an §§ 138, 242, 307ff. BGB. Voraussetzung ist aber, dass der Klauselverwender seinen Vertragspartner in „geeigneter Weise" darauf hinweist. An dem Erfordernis einer „drucktechnisch deutlichen Gestaltung" wurde hier nicht festgehalten. Ob der Vertragspartner des Verwenders der Klausel in geeigneter Weise hingewiesen worden ist, ist Einzelfrage.

Die den Unternehmer-Absender treffende Haftung gemäß § 414 HGB kann ebenfalls in gleichem Maße auch durch AGB der Höhe nach beschränkt werden, § 451h Abs. 2 S. 3 HGB.[98] 575

c) Abweichende Vereinbarungen bei Geltung ausländischen Rechts, § 451h Abs. 3 HGB. Sofern der Ort der Übernahme der Umzugsbeförderung und der Ort der Ablieferung in Deutschland liegen, gelten die Beschränkungen der Vertragsfreiheit nach § 451h Abs. 1 und 2 HGB auch dann, wenn der Vertrag ansonsten ausländischen Rechts unterliegt. § 451h Abs. 3 HGB ist die Parallelvorschrift zu § 449 Abs. 4 HGB. Bei beiden handelt es sich um Fälle des Art. 9 Rom-I-VO.[99] 576

---

[97] Vgl. BT-Drucks. 13/8445, S. 98; E/B/J/S/*Heublein*, a.a.O. § 451h Rdnr. 2, teilw. a.A. *Koller*, a.a.O. § 451h Rdnr. 2, der § 451b HGB für insgesamt abdingbar hält.
[98] Vgl. *Koller*, a.a.O. § 451h Rdnr. 6.
[99] Vgl. *Koller*, a.a.O. § 449 Rdnr. 77.

6. Grenzüberschreitende Umzugstransporte

577 *a) Allgemeines.* § 451 HGB bestimmt, dass mögliche internationale Übereinkommen über die Beförderung von Gütern den Vorschriften des HGB vorgehen. Verschiedene internationale Übereinkommen bestehen für grenzüberschreitende Beförderungen je nach gewähltem Verkehrsmittel.

578 *b) Gütertransport auf der Straße.* Die CMR nimmt die Beförderung von Umzugsgut gemäß Art. 1 Abs. 4 c) CMR vom Geltungsbereich ausdrücklich aus. Ob bei einem solchen Transport deutsches nationales Frachtrecht und damit die §§ 451 ff. HGB beim Umzugsvertrag Anwendung finden, richtet sich nach den geltendem Kollisionsnormen, das bedeutet, wenn nach Art. 3 Rom-I-VO keine Rechtswahl getroffen wurde, vor allem nach Art. 5 Rom-I-VO.

Dies gilt auch dann, wenn Absender ein Verbraucher ist. Die speziellere Vorschrift des Art. 6 Abs. 1 und 2 Rom-I-VO gelten bei Verträgen von Verbrauchern über die Beförderung von Gütern gemäß Art. 6 Abs. 4b Rom-I-VO gerade nicht.

579 *c) Grenzüberschreitender Schienentransport.* Handelt es sich um eine Beförderung von Umzugsgut auf der Schiene im Anwendungsbereich der CIM,[100] genießt diese Vorrang und ist anwendbar, da sie, anders als etwa die CMR, keinen Ausschluss der Anwendung hinsichtlich Umzugsbeförderungen kennt.

580 *d) Grenzüberschreitender Lufttransport.* Weder das WA 1955 noch das MÜ enthalten für die Beförderung von Umzugsgut für grenzüberschreitenden Luftverkehr normierte Ausnahmen, so dass sie uneingeschränkt anwendbar sind.[101]

581 *e) Grenzüberschreitender Binnenschifffahrtstransport.* Auch die seit dem 1.11.2007 in Kraft getretene CMNI enthält für den Fall, dass Umzugsgut per Binnenschiff grenzüberschreitend befördert wird, keine Ausnahme und ist daher ebenfalls uneingeschränkt anwendbar.[102]

582 *f) Grenzüberschreitender Seetransport.* Weder die Haager Regeln[103] noch die Visby-Regeln enthalten Ausnahmeregeln für Umzugsverträge, so dass auch diese in der jeweils geltenden Form Anwendung finden.

7. Multimodale Umzugstransporte, § 452c HGB

583 § 452c HGB regelt den Umzugsvertrag mittels Beförderung mit verschiedenartigen Beförderungsmitteln. Anders als bei multimodaler Beförderung sonstiger Güter verzichtet der Gesetzgeber beim Umzugsvertrag auf die Teilstreckenlösung zugunsten einer „Einheitslösung"[104] und erklärt unabhängig vom Schadenort die Vorschriften des zweiten Unterabschnitts für anwendbar.

584 Eine Ausnahme hiervon gilt nach § 452c S. 2 HGB nur dann, wenn ein Schaden auf einer bekannten Teilstrecke eingetreten ist und für diese ein internationales Übereinkommen gilt, welches auch für die Bundesrepublik Deutschland gilt und natürlich nur soweit ein solches Übereinkommen verbindliche Regelungen für den Umzugstrans-

---

[100] E/B/J/S/*Häublein*, § 451 HGB Rdnr. 9; Koller, a.a.O., vor § 451 HGB Rdnr. 3; MüKoHGB/*Andresen*, § 451 HGB Rdnr. 22; BT-Drucks. 13/8445, S. 90.
[101] BT-Drucks. 13/8445, S. 90; E/B/J/S/*Häublein*, § 451 HGB Rdnr. 10.
[102] E/B/J/S/*Häublein*, § 451 HGB Rdnr. 11; Koller, a.a.O., vor § 451 HGB Rdnr. 3.
[103] RGBl. 1939 II, S. 1049.
[104] *Demuth* in Knorre/Demuth/Schmid, 2. Aufl. B. III, Sonderbereich 1 Rdnr. 82.

port enthält, bzw. diesen nicht ausdrücklich von der eigenen Anwendung ausnimmt, wie zum Beispiel die CMR.

Im Fall einer multimodalen Umzugsbeförderung sind daher vom Schadenort unabhängig in folgender Reihenfolge zu prüfen die (einseitig) zwingenden Vorschriften der §§ 451a bis 451h HGB, dann die (einseitig) zwingenden Regelungen der §§ 407 bis 450 HGB, sodann die etwaigen (wirksamen) Parteivereinbarungen, soweit keine oder keine wirksamen vorhanden sind die nicht zwingenden Vorschriften der §§ 451a bis 451h HGB und letztlich die nicht zwingenden Vorschriften der §§ 407 bis 450 HGB.[105]

585

---

[105] Vgl. *Koller,* a.a.O. § 452d Rdnr. 3.

Sonderbereich 2. Multimodalvertrag

Übersicht

	Rdnr.
1. Einleitung	586
2. Multimodalvertrag, § 452 HGB	594
a) Einheitlicher Frachtvertrag	594
b) Verschiedenartige Beförderungsmittel	598
c) Unterschiedliche Teilstreckenrechte	600
d) Rechtsfolgen	603
3. Bekannter Schadensort, § 452a HGB	607
a) Güterschaden	610
b) Lieferfristüberschreitung	612
c) Beweislast	614
d) Dispositivität	615
4. Schadensanzeige und Verjährung nach § 452b HGB	619
a) Schadensanzeige	620
b) Verjährung	621
5. Abweichende Vereinbarungen, § 452d HGB	622
a) Grenzen vertraglicher Gestaltungsmöglichkeiten	624
b) Grenzen der Rechtswahl	629
6. Ausgewählte Einzelprobleme	630
a) Rechtswahl und Vertragsstatut beim multimodalen Transport	630
b) Teilstrecke: Güterumschlag!?	635
c) Luftfrachtvertrag (MÜ) als multimodaler Vertrag	641
d) Die Anwendbarkeit der §§ 435, 437 HGB im Multimodaltransportvertrag	642
aa) Anwendbarkeit des § 435 HGB	642
bb) Anwendbarkeit des § 437 HGB	645
cc) Abdingbarkeit, § 452 I i. V. m. §§ 449, 512 II HGB	646

1. Einleitung

586   Der Multimodalvertrag ist – neben den Regelungen über den Frachtvertrag, Speditionsvertrag etc. – ein **selbstständiger Vertragstypus.** Die §§ 452 ff. HGB regeln – mit Verweisungscharakter auf das allgemeine Frachtrecht – den Lebenssachverhalt dieser speziellen Art der Transportdurchführung. Multimodaler Transport ist der Transport von Gütern mit verschiedenartigen Beförderungsmitteln, welche unterschiedlichen Frachtrechtsordnungen unterliegen, aufgrund eines einheitlichen Beförderungsvertrages (Durchfrachtvertrages) zur Erreichung eines einheitlichen Beförderungserfolges.

587   Der Vertragstypus „**Multimodaltransport**" regelt, dass beim Transport mit verschiedenartigen Beförderungsmitteln wegen der damit verbundenen unterschiedlichen Risiken und historischen Zufälligkeiten der Bezug zu mehreren Transportrechtsregimen gegeben ist, gleichzeitig aber der Bezug zu ihnen gelockert ist, weil ein einheitlicher Frachtvertrag geschlossen wurde.[1]

588   Typisch für den multimodalen Transport ist, dass der **Multimodal-Transport-Operator (MTO)** die Durchführung der gesamten multimodalen Beförderung im eigenen Namen übernimmt und sich hierbei die Auswahl der Transportmittel, des Transportweges und der – regelmäßig als Subunternehmer einzusetzenden – Frachtführer vorbehält, wobei die Letzteren wie Erfüllungs- und Verrichtungsgehilfen in die Haftung des Multimodal-Transport-Operators einbezogen werden.

---

[1] *Koller*, Transportrecht 2013, § 452 Rdnr. 1.

III. Sonderbereich 2. Multimodalvertrag B. III

Vor allem der moderne Containerverkehr ist typisches Beispiel für den multimodalen Transport. 589

Der multimodale Transportvertrag bzw. die multimodale Beförderung ist von anderen Verkehren abzugrenzen: 590
- wenn im Rahmen eines Transportes innerhalb des Anwendungsbereichs des § 407 Abs. 3 HGB im Rahmen eines einheitlichen Frachtvertrages das Beförderungsmittel gewechselt wird. In diesem Fall ändert sich nur die Beförderungsart, nicht aber das einheitliche Frachtregime;
- der kombinierte Verkehr wird als verkehrstechnischer Begriff verstanden, der multimodale Verkehr als verkehrsrechtlicher Begriff. Regelmäßig handelt es sich um gleiche Lebenssachverhalte;
- beim gebrochenen Verkehr werden für bestimmte Beförderungsabschnitte die Transportmittel gewechselt und das Gut umgeladen; der jeweilige Teilstreckenfrachtführer übernimmt nur die Beförderung auf seiner Teilstrecke als einzige Verpflichtung ohne einheitlichen Vertrag;
- beim Huckepackverkehr bzw. Rollon-Rolloff-Verkehr wird regelmäßig nur das Transportmittel (beispielsweise der Lkw) auf einem Schiff/Fähre transportiert. Dies wird jedoch nicht dem Regime der „Teilstrecke" unterworfen.

Im Rahmen der Pflichten aus dem Speditionsvertrag ist der Spediteur, falls nichts 591 anderes vereinbart worden ist, frei, das oder die Transportmittel zu bestimmen (§ 454 Abs. 1 Nr. 1 HGB).[2]

Vom Vertragstyp her ist – wie jeder Frachtvertrag – der Multimodalvertrag ein 592 **Werkvertrag** i.S.d. §§ 631 ff. BGB: Der Erfolg wird geschuldet und nicht nur das sachgerechte Bemühen. Die Organisation des Transportes, der Abschluss der einzelnen Beförderungsverträge, die Koordination der Tätigkeiten gegenüber den einzelnen Streckenfrachtführern etc. sind Teile der Gesamterfüllungshandlung zur Erbringung des Werkvertrages. Der Multimodalbeförderer kann ein Frachtführer oder ein Spediteurfrachtführer nach §§ 448 HGB sein, wobei der Hauptanwendungsfall der der Fixkostenspedition nach § 459 HGB ist.[3]

Historisch gesehen ist die Gesetzeslage der §§ 452 ff. HGB aus dem **Networksystem** 593 der früheren Rechtsprechung des BGH daraus entwickelt.[4]

Durch das Gesetz zur Reform des Seehandelsrechtes (BGBl 2013 I 831) ist § 452 HGB redaktionell geändert worden, jedoch ohne die Voraussetzungen und Rechtsfolgen abzuändern.

2. Multimodalvertrag, § 452 HGB

a) Einheitlicher Frachtvertrag. Die Beförderung vom Abgangsort bis zum Zielort 594 muss aufgrund eines einheitlichen sog. **Durchfrachtvertrages** erfolgen. Dieser ist Frachtvertrag i.S.d. § 407 HGB.

Entscheidend ist: Die Erfüllung des multimodalen Transportvertrages geschieht 595 durch Übernahme am Übernahmeort und Ablieferung am Ablieferungsort. Der Frachtvertrag bezieht sich deshalb auf die gesamte Beförderung. Es genügt nicht, wenn die beim Selbsteintritt nach § 458 HGB der Selbsteintritt nur einzelne Beförderungsphasen erfasst. In diesem Fall liegt ebenso wenig ein einheitlicher Transportver-

---

[2] *Pokrant/Gran,* Transport- und Logistikrecht 2013, Rdnr. 83.
[3] BGHZ 101, 72; *Fremuth,* a.a.O. Rdnr. 78, 95, vor § 452 HGB; *Koller,* Transportrecht 2013, § 452 HGB Rdnr. 3 ff.
[4] BGH TranspR 1987, 447 ff.; *Drews,* Der multimodale Transport im historischen Zusammenhang, TranspR 2006, 177 ff.

Schmid 149

trag vor, wie wenn der Frachtführer sich nur zur Beförderung über eine Teilstrecke verpflichtet und gleichzeitig vereinbart für die darauf folgende Teilstrecke einen weiteren Frachtführer im Namen des Absenders oder in eigenem Namen auf Rechnung des Absenders zu beauftragen. Die Singularität der Vertragsbeziehungen für einzelne Teilstrecken – vom Absender oder Frachtführer/Spediteur veranlasst – schließt denkgesetzlich einen multimodalen Beförderungsvertrag aus. Dem gesamten Transport muss ein einheitlicher Frachtvertrag zugrunde liegen.

596 In dem Falle, dass der Frachtführer vertragswidrig keinen Multimodaltransport durchführt oder aber einen Unimodaltransport vertragswidrig multimodal durchführt, dann haftet der Frachtführer nach den Regeln des vertragswidrigen Transportes, also sowohl nach den Regeln der §§ 452 ff. HGB und nach dem Recht des vertragsgemäßen Transportmittels. Im **Haftungsregime des HGB** ist es von den Rechtsfolgen gleichgültig. Bei anderen Haftungsordnungen für die unterschiedlichen Beförderungsmittel kommt es zwangsläufig zu gänzlich unvorhersehbaren Haftungsordnungen und Rechtsfolgen. Bei einer vorsätzlichen positiven Vertragsverletzung nach §§ 280 ff. BGB führt es zur unbeschränkten Haftung des Frachtführers mit der Folge, dass neben den Güterschäden auch alle anderen kausalen Vermögensschäden zu ersetzen sind.

597 Vereinbaren die Parteien die Beförderung des Gutes jeweils gesondert auf mehreren Teilstrecken und wird zugleich verabredet, dass der Umschlag vom Vertragspartner lediglich organisiert werden soll (§ 453 HGB), so handelt es sich um keinen einheitlichen Frachtvertrag, sondern um eine gebrochene bzw. segmentierte Beförderung.[5]

598 *b) Verschiedenartige Beförderungsmittel.* Multimodal ist der Transport nur dann, wenn verschiedenartige Beförderungsmittel eingesetzt werden, also nicht hintereinander mehrere Lkw's, sondern Lkw, Binnenschiff, Seeschiff, Flugzeug, Eisenbahn etc. Gerade dies ist der Grundcharakter des multimodalen Transportes. Es kommt auf die Verschiedenartigkeit der für unmittelbar aufeinander folgenden Teilstrecken eingesetzte Beförderungsmittel an, wobei selbst untergeordnete selbstständige Teilstrecken unschädlich sind.

599 Zwingend bei der Beförderung mit verschiedenartigen Beförderungsmitteln ist deshalb die Umladung vom einen zum anderen Beförderungsmittel. Der Transport auf einem Binnenschiff zum Seehafen und dortigen Weitertransport per Schiff ist multimodaler Transport nach § 452 HGB und nicht Frachtrecht i. S. d. § 450 HGB.

600 *c) Unterschiedliche Teilstreckenrechte.* Die dritte Voraussetzung für das Vorliegen eines multimodalen Vertrages ist, dass für die Teilstreckenabschnitte mindestens zwei dieser Teilstrecken unterschiedlichen Frachtrechtsregimen unterliegen.

Die Merkmalsvoraussetzung „unterschiedliches Teilstreckenrecht" soll sicherstellen, dass nur dann die Sonderregelungen über den multimodalen Verkehr anzuwenden sind, wenn auch unter rechtlichen Gesichtspunkten eine andere Situation besteht, wie bei der unimodalen Beförderung. Zwei unterschiedliche Teilstreckenrechte im Rahmen des Gesamttransportes sind ausreichend, was sich aus dem Wortlaut des § 452 Satz 1 HGB ergibt. Gleiche Haftungsregime gleicher Beförderungsmittel hintereinander geschaltet sind nur unimodaler Transport, nicht multimodal, selbst wenn umgeladen wird.

Hervorzuheben ein vom BGH[6] entschiedener Fall:

601 Wenn in dem Verbringen des Transportgutes nach dem Ausladen aus dem Schiff innerhalb des Hafens zu dem Lkw, mit dem der Weitertransport erfolgen soll, **keine**

---

[5] *Koller,* Transportrecht 2013, § 452 Rdnr. 10 m. w. N.
[6] TranspR 2007, 472.

III. Sonderbereich 2. Multimodalvertrag   B. III

eigenständige Landteilstrecke zu sehen ist, so stellt sich die Frage, wann diese beginnt. Ist das Transportgut bei einer Verladung auf den Lkw, mit dem es weiterbefördert werden soll, beschädigt worden, finden auf die Haftung des Frachtführers die Vorschriften des Landfrachtführers Anwendung, denn der Verladevorgang ist nicht mehr der Seestrecke, sondern schon der sich daran anschließenden Landstrecke zuzuordnen. Kurzum: Wird das Gut nicht erst beim Hochziehen auf den Lkw, sondern schon zuvor beim Rangieren, das der Erleichterung des Verladevorgangs gedient hat, beschädigt, steht dies nicht ohne Weiteres der Annahme entgegen, dass der Schaden erst beim Verladen auf den Lkw eingetreten ist. **Entscheidend** ist in diesem Zusammenhang, dass sich in dem Schaden das mit dem Verladevorgang verbundene Schadensrisiko realisiert hat. Das Rangieren steht dann in einem unmittelbaren Zusammenhang mit dem Verladevorgang.[7]

Das hypothetisch anwendbare Recht ist jenes, welches anzuwenden wäre, wenn die 602 Parteien – wie beim gebrochenen Verkehr – für jede Teilstrecke einen gesonderten Vertrag am Ort der Übernahme des Gutes eben über die Teilstrecke abgeschlossen hätten. Damit können nationale und internationale Teilstreckenrechte zur Anwendung kommen. Es wird also nach dem hypothetischen Parteiwillen für jede Teilstrecke ein fiktiver, unimodaler Frachtvertrag zwischen Absender und Multimodalbeförderer gefordert.

d) Rechtsfolgen. § 452 Satz 1 HGB verweist hinsichtlich der Rechtsfolgen auf die 603 allgemeinen Vorschriften des Frachtrechtes, gem. §§ 407 ff. HGB. Damit geltend

- Vorschriften über die speziellen gegenseitigen Leistungspflichten nach §§ 407 ff. HGB;
- Bestimmungen für die Kündigung, § 415 HGB, Erteilung von Weisungen, § 418 HGB, etc.,
- Bestimmungen über die Haftung des Frachtführers, insbesondere auch §§ 435, 437 HGB.

Es gilt aufgrund der Generalverweisung auch die Bestimmung des § 449 HGB, in 604 Ergänzung zu § 452d HGB zur Zulässigkeit abweichender Vereinbarungen kraft Individualregelung oder kraft Allgemeinen Geschäftsbedingungen.

Internationale Abkommen sind vorrangig und gehen den Multimodalvertrag Spe- 605 zialregeln vor, wobei die UN-Konvention zum multimodalen Verkehr noch nicht in Kraft getreten ist und auch wohl nicht in Kraft treten wird, so dass nur vorrangige internationale Abkommen über unimodale Beförderung in Betracht kommen, wie Art. 2 CMR, Art. 2, 3 COTIF und insbesondere die Regeln des Warschauer und Montrealer Übereinkommens für den Luftfrachttransport. Hier geht es vor allem um sog. Zubringerdienste, d.h. für Beförderungen zum Zwecke der Verladung, der Ablieferung und Umladung (Art. 18 Abs. 4 Satz 2 MÜ).

Es gelten deshalb grundsätzlich die §§ 407 ff. HGB, selbst wenn die Beförderung 606 Seestrecken umfasst.[8] Dies gilt in jedem Fall, wenn Schadensort unbekannt ist, gemäß den Haftungsregeln der §§ 407 ff. HGB.

---

[7] Zu allem *Pokrant/Gran,* Transport- und Logistikrecht 2013, Rdnr. 302 f.
[8] *Koller,* a.a.O. zu § 452 HGB Rdnr. 20; a.A. *Ramming,* Durchbrechung der Einheitslösung (§ 452 Satz 1 HGB) im Hinblick auf besondere Durchführungsvorschriften des Rechts der (See-)Teilstrecke, TranspR 2004, 201 ff.

Schmid

3. Bekannter Schadensort § 452a HGB

607 § 452a HGB beinhaltet in Satz 1 eine Haftungsregelung und in Satz 2 eine Beweislastregelung. Sie folgt dem – zwischenzeitlich historisch gewordenen – **„Networksystem".**[9]

608 Es ist signifikant – ohne dass es hierfür eine statistische Grundlage gibt –, dass der Großteil der Fälle, die den veröffentlichten Entscheidungen zugrunde liegen, sowie derjenige Sachverhalt der nicht bekannt geworden ist, stets an einem „bekannten Schadensort" eintraten. Die schädigende Vorgänge lassen sich meist lokalisieren. Der „unbekannte Schadensort" ist die rechtstatsächliche Ausnahme.

609 Rechtsdogmatisch bzw. Rechtssystematisch sind die Regelungsbereiche der §§ 452 und 452a HGB ineinander verknüpft, denn sie bedingen sich – überschneidend wechselseitig.

610 *a) Güterschäden.* Die Regelung des § 452 Satz 1a HGB setzt voraus, dass „der Schadensort bereits bekannt ist", also wenn feststeht, dass das schadensursächliche Ereignis auf einer bestimmten Teilstrecke eingetreten ist. Diese Formulierung unterscheidet sich von der in §§ 425 Abs. 1, 437 Abs. 1 Satz 1 HGB, wo von einer „Entstehung des Schadens" gesprochen wird und nicht von einem „Schadenseintritt". Verlustvermutungen (vgl. z.B. § 424 HGB) sind unanwendbar. Das Feststehen des Schadens, also der Zeitpunkt, in dem die Schadensursache gesetzt wurde, muss feststehen.

611 Bei mehreren Schadensursachen (einmal auf einer Teilstrecke Beschädigung durch fehlerhafte Verzurrung, auf weiterer Teilstrecke Nässeschaden), ist hinsichtlich des Zeitpunktes des Entstehens des Schadens jeweils auf die einzelne Teilstrecke zu rekurrieren, an deren Stelle das schädigende Ereignis lag. Es kann nur die **Schadensursache,** nicht aber die Höhe des Wertverlustes auf einer Teilstrecke lokalisiert werden, so hindert dies nicht die Anwendung des § 452a HGB, denn dieser knüpft lediglich an den Verlust und an die Beschädigung als solche, nicht an die **Höhe des Schadens** an.[10] Lässt sich letztendlich die Höhe des Schadens nicht lokalisieren, gilt nach den vom BGH entwickelten Grundsätzen, dass für den Geschädigten günstigste Teilstreckenrecht, für den Fall, an dem der Ort des Verlustes bzw. der Beschädigung bekannt ist.

612 *b) Lieferfristüberschreitung.* Lieferfristüberschreitungen, die ihren Grund in der fehlerhaften Planung bzw. Organisation des Transportes haben (Unterfrachtspediteur beauftragt, keine Weisung erteilt etc.), regelt sich die Haftung – mangels Zuordnung auf eine Teilstrecke – nach §§ 425, 452 HGB. Dasselbe gilt für die Zuordnung einer Verspätung auf einer Teilstrecke.

613 Für Lieferfristüberschreitungen, die einer bestimmten Teilstrecke zugeordnet werden können, wird nach Maßgabe des **hypothetischen Teilstreckenrechtes** gehaftet. Im Übrigen gelten die allgemeinen frachtrechtlichen Bestimmungen, also auch §§ 435, 437 HGB.

614 *c) Beweislast.* Die in § 452a Satz 2 HGB getroffene Beweislastregel will größtmöglichste Einfachheit und Praktikabilität bei der Rechtsanwendung bieten. Die Beweislast trägt **(spezielle Beweislastregel)** die Partei, die sich auf das nach §§ 452, 452a HGB anzuwendende Sonderfrachtrecht beruft. Die gesetzliche Beweislastregelung ermöglicht es den Parteien, auch bei an sich bekanntem Schadensereignis innerhalb

---

[9] *Koller,* a.a.O. § 452 HGB Rdnr. 20; a.A. *Ramming,* Durchbrechung der Einheitslösung (§ 452 Satz 1 HGB) im Hinblick auf besondere Durchführungsvorschriften des Rechts der (See-)Teilstrecke, TranspR 2004, 201 ff.

[10] *Koller,* a.a.O. § 452a HGB Rdnr. 4.

einer Teilstrecke die frachtrechtlichen Haftrechtregeln ohne Weiteres zur Anwendung zu bringen. Dabei genügt es, dass keine der Parteien diese Tatsache für sich in Anspruch nimmt. Es bleibt dann bei der Einheitshaftung nach allgemeinem Frachtrecht.

d) Dispositivität. In Allgemeinen Geschäftsbedingungen können Teilstreckenrechte einem Haftungsregime unterworfen werden, sofern das Teilstreckenrecht uneingeschränkt dispositiv ist (§ 452d Abs. 1 HGB i. V. m. § 449 HGB). 615

Im Übrigen kann durch Individualvereinbarung – also ausgehandelt – auch von AGB-festen Vorschriften abgewichen werden (vgl. § 452d Abs. 1 Satz 2 HGB). 616

Hinzu kommt, dass im Rahmen des § 452d Abs. 2 HGB auch zwingendes Teilstreckenrecht abbedungen werden kann. 617

Damit gibt es für die Kautelarjurisprudenz im Bereich des „Multimodalvertrages" Verhandlungs- und Gestaltungsspielraum. 618

4. Schadensanzeige und Verjährung nach § 452b HGB

Das nacheinander verschiedener unimodaler Teilstreckenrechte kann zu Unklarheiten führen, wenn Schadensanzeige und Verjährungsbeginn in den einzelnen Teilstreckenrechten unterschiedlich geregelt sind und deshalb die maßgebliche Rechtsordnung aus der Sicht des Absenders/Empfängers nicht sofort und eindeutig ermittelt werden kann. § 452b HGB ist deshalb Ausfluss des Wunsches auf Praktikabilität und einfachster Rechtsklarheit. Zudem wird dem Umstand Rechnung getragen, dass der Schadensort mit seinem Teilstreckenrecht erst nach Ablieferung an den Empfänger bekannt wird. 619

a) Schadensanzeige. In jedem Falle genügt eine Schadensanzeige die den Voraussetzungen des § 438 HGB entspricht. Gleiches gilt für die **Rüge**. Die Rüge des Empfängers nach § 438 HGB spielt der Ort der Schadensentstehung, dessen Bekanntheit oder Unbekanntheit, keine Rolle. 620

Da der Empfänger das letzte Teilstreckenrecht kennt, genügt auch eine Schadensanzeige bzw. Rüge, die dem Recht der letzten Teilstrecke entspricht.

b) Verjährung. § 452b Abs. 2 HGB enthält eine **Sonderregelung** für die Verjährung von Ersatzansprüchen bei einer multimodalen Beförderung. Dabei wird an dem Regelungsgefüge der §§ 452 ff. HGB festgehalten. Nicht bei Beendigung der einzelnen Teilstrecke beginnt die Verjährung etc., sondern erst zum Zeitpunkt der Ablieferung. Etwas anderes macht im multimodalen Verkehr auch keinen Sinn. Ist z.B. die CMR das einschlägige Teilstreckenrecht, bestimmt jedoch nicht die letzte Teilstrecke, so wird Art. 32 Abs. 1 Satz 3 lit. a. CMR dahingehend verstanden, dass es nicht auf das Ende der CMR-Phase, sondern auf die Schlussablieferung ankommt. Letztlich gilt deshalb bei bekanntem und unbekanntem Schadensort dasselbe: Für den Beginn der Verjährung des Anspruches kommt es auf den **Ablieferungszeitpunkt** an, auch bei bekanntem Schadensort. Denn dort gilt „frühestens" die Verjährungsvorschrift des § 439 HGB, nicht jedoch die „spätere" des § 452d Abs. 2 HGB. 621

5. Abweichende Vereinbarungen, § 452d HGB

§ 453d HGB bestimmt die Grenzen vertraglicher Gestaltungsmöglichkeiten beim Multimodaltransport. Dabei sollen die – hinsichtlich disponibler, nichtdisponibler Vorschriften, AGB beeinflussbaren oder durch Individualvereinbarung gestaltbarer – Sachverhalte die sich aus dem in § 449 HGB entwickelten Konzept ergeben, gelten: 622

- völlige Dispositionsfreiheit bei der Begründung Aus-/Gestaltung vertraglicher Pflichten;
- Abweichung von Haftungsgrundsätzen nur durch Individualabreden;
- Abweichung vom Haftungsumfang durch Formularbedingungen im Rahmen einer Korridorlösung.

623 Soweit möglich wird also dieses Konzept des § 449 HGB erstreckt auf die Regelung des § 452d HGB.

624 *a) Grenzen vertraglicher Gestaltungsmöglichkeiten. aa)* § 452d Abs. 1 Satz 1 HGB bestimmt, dass der in § 452b Abs. 2 Satz 1 HGB geregelte Verjährungsbeginn für Schadenersatzansprüche aus Güter- und Lieferfristschäden nur durch einzeln ausgehandelte Individualvereinbarungen abgeändert werden kann (**Individualabrede**). § 452d Abs. 1 Satz 2 HGB verweist dann weiter auf die übrigen Bestimmungen und bestimmt, dass diese nur insoweit abdingbar sind, als dies bei den Vorschriften zulässig ist auf die sowohl in § 452 HGB verwiesen, also auch in § 452c HGB zum multimodalen Umzugsvertrag Bezug genommen wird.

625 Damit gilt für den multimodalen Beförderungsvertrag: §§ 439 Abs. 4, 449, 451h HGB sind zwingend; ebenso die Regelungen über den unbekannten Schadensort unter Bezugnahme auf § 452 Satz 1 HGB, § 452c Satz 1 HGB und §§ 451ff. HGB. Dies gilt auch für die Sonderregelungen der **Schadensanzeige** und der **Mindestverjährungsfrist** nach § 452b HGB. Im Rahmen dieser Grenzen gibt es keine vertraglichen Gestaltungsmöglichkeiten.

626 *bb)* § 452d Abs. 2 HGB enthält eine Ausnahmeregelung zu § 452d Abs. 1 Satz 2 HGB: Durch AGB kann abweichend zu § 452a HGB (der bei bekanntem Schadensort das maßgebliche Teilstreckenfrachtrecht für anwendbar erklärt) vereinbart werden, dass das allgemeine Frachtrecht §§ 407ff. HGB gilt, wenn dies für sämtliche Teilstrecken vereinbart ist oder das allgemeine Frachtrecht nur für bestimmte Teilstreckenabschnitte gelten soll, sofern auf einem von diesen ein Schaden eintreten wird.

627 Damit wird der Anwendungsbereich des allgemeinen Frachtrechtes erweitert, indem durch zulässige Allgemeine Geschäftsbedingungen eine möglichst einheitliche Haftungsregelung geschaffen wird.

628 *cc)* § 452d Abs. 3 HGB erklärt die Unwirksamkeit jeglicher Individual- wie Formularabreden, die gegen eine zwingende geltende Bestimmung eines für die Bundesrepublik Deutschland verbindlichen internationalen Übereinkommens verstößt.

629 *b) Grenzen der Rechtswahl.* Die Rechtswahl der Parteien für den Multimodaltransport ist auch die Anknüpfung für das Teilstreckenrecht.[11] Damit ist das hypothetische Teilstreckenrecht regelmäßig nach deutschem Recht zu beurteilen, wenn dies für den Multimodalvertrag – mit oder ohne Rechtswahl – der Fall ist.[12]

6. Ausgewählte Einzelprobleme

630 *a) Rechtswahl und Vertragsstatut beim multimodalen Transport.* Der BGH[13] hat für die nicht mehr geltende Fassung Art. 28 Abs. 4 EGBGB a.F. entschieden, dass für Multimodalverträge § 452 HGB gilt. Es ist allgemeine Meinung, dass auf die An-

---

[11] Wohl h. M., *Ramming* TranspR 1999, 325; *Basedow* in: FS Herber, S. 15, 42; *Fremuth,* a.a.O. Rdnr. 11 zu § 452a HGB; nicht entschieden in BGH I ZR 138/04 Urt. vom 18.10.2007.
[12] *Herber* TranspR 2006, 435 (437).
[13] BGH TranspR 2006, 466 f.

III. Sonderbereich 2. Multimodalvertrag   **B. III**

knüpfung des Teilstreckenvertrages Art. 28 Abs. 1 und 4 EGBGB a.F. anzuwenden ist.[14] In diesem Zusammenhang können die Parteien des Multimodalvertrages in Bezug auf die Gestaltung des Teilstreckenrechtes eine Rechtswahl vornehmen. Insoweit ist stets das für die Teilstrecke geltende zwingende, wie auch das dispositive Recht heranzuziehen. Soweit das Teilstreckenrecht dispositiv ist, kann eine Rechtswahl der Parteien für das Teilstreckenrecht vorgenommen werden.[15]

Haben die Parteien für den **Hauptfrachtvertrag** – anders ausgedrückt: Den **Durchfrachtvertrag** – deutsches Recht vereinbart, wird es in der Regel ihrem mutmaßlichen Willen entsprechen, auch die Beurteilung des Teilstreckenrechtes nach diesem Recht vorzunehmen, auch dann, wenn der Schaden auf ausländischem, nicht zwingendem Teilstreckenrecht unterliegenden Streckenabschnitt eintritt. Die Rechtswahl für den Hauptfrachtvertrag bestimmt deshalb – mangels entgegenstehender Regelungen – das Teilstreckenrecht. 631

Haben die Parteien keine Rechtswahl – auch nicht für die Teilstrecke – getroffen, so ist das maßgebliche Recht nach den IPR Anknüpfungskriterien zu ermitteln, 632

- ob und inwieweit der multimodale Beförderungsvertrag aufgrund Art. 5 Rom I-Verordnung dieser oder sonstigen Kollisionsnormen zuzuordnen ist;
- ob bei deutschem Vertragsstatut Schlussfolgerungen für die Einbeziehung des Teilstreckenrechts gezogen werden können.

Die „engsten Verbindungen" führen regelmäßig zur Anwendung deutschen Rechtes.[16] 633

Eine Rechtswahl für die Teilstrecke gem. Art. 5 Rom I-Verordnung ist unzulässig, weil es auf das hypothetische Teilstreckenrecht ankommt.[17] 634

b) Teilstrecke: Güterumschlag!? Die Einordnung und Zuordnung des Güterumschlages im Rahmen der Teilstreckenrechte ist umstritten.[18] Vor allem die Um- bzw. Beladung vom oder zum Schiff sind problematische Sachverhalte. 635

Als Teilstrecke i.S.d. § 452 HGB ist die Beförderung mit einem – gegenüber dem vorangegangenen Beförderungsmittel verschiedenartigen – Beförderungsmittel legal definiert. Damit kann die konkrete Tätigkeit des Umschlages, die im Rahmen des Unimodalvertrages zur Beurteilung heranzuziehen ist, als Beförderung qualifiziert werden können. 636

Der BGH hat vormals[19] ausgeführt, dass auch die Übernahme und Beförderung auf nur kürzester Distanz, wie Kranarbeiten oder Transport von Möbeln von einem Zimmer in ein anderes einen Frachtvertrag darstellen. Maßgabe für die haftungsrechtliche Zuordnung ist, ob die Risiken des Umschlages mit dem vorausgehenden oder dem nachfolgenden Teilstreckenfrachtführer zuzuordnen sind oder ob und inwieweit sie als eigenständiger Teilstreckenabschnitt mit spezieller vertraglicher Haftung zu bewerten sind. In der amtlichen Begründung des Regierungsentwurfes zum Transportrechtsreformgesetzes wird das Kriterium der die Umschlagsleistungen als eigenständiger oder nicht eigenständiger Vertrag so bezeichnet: „Ob die Zusatzleistung 637

---

[14] BGH TranspR 2006, 3536; *Koller,* Transportrecht 2013, § 452a, Rdnr. 5.
[15] OLG Düsseldorf, TranspR 2002, 33 (34 f.); OLG Hamburg, TranspR 2003, 72; 2004, 402 f.; *Fremuth,* a.a.O. Rdnr. 11 zu § 452a.
[16] OLG Hamburg TranspR 2004, 204.
[17] *Koller,* Transportrecht 2013, § 452a, Rdnr. 9, a.A. OLG Hamburg, TranspR 2004, 402.
[18] *Koller,* Transportrecht 2013, § 452, Rdnr. 15 m.w.N.; *Herber,* Neue Entwicklungen im Recht des Multimodaltransportes, TranspR 2006, 435 (437); *Ramming,* Teilstrecken einer multimodalen Beförderung und ihre Abgrenzung, TranspR 2007, 89 ff.
[19] BGH NJW-RR 1995, 415/Abgrenzung TranspR 2007, 89 ff.

nach dem hypothetischen Parteiwillen Gegenstand eines selbstständigen Vertrages sein sollen."[20]

638   Bei einem anschlusslosen Übergang der einzelnen Beförderungsabschnitte (direktes Abladen mit dem Kran des Schiffes auf den weiter transportierenden Lkw oder umgekehrt) bestehen keine Abgrenzungsprobleme: Das **Entladen** ist dem vorangegangenen Haftungsregime zuzuordnen und das **Beladen** der Teilstrecke des nachfolgenden Beförderungsmittels. Dies ist vergleichbar mit einem gebrochenen Verkehr, in dem der vorhergehende Frachtführer zum Entladen und der nachfolgende Frachtführer zum Beladen verpflichtet ist.

639   Die höchstrichterliche Rechtsprechung hatte bisher zwei Fälle zu beurteilen.[21] Im ersten Fall war das Gut über See zum Hafen Genua gekommen und dort am übernächsten Tag, also nach kurzer Zwischenlagerung auf einen Lkw umgeladen worden. Dabei war unstreitig, dass das Gut bereits beschädigt war, als es auf den Lkw gelangte, der Schaden konnte also nur auf See oder im Hafenbereich entstanden sein. Der BGH[22] wertete den Umschlag nicht als eigenständige Beförderung, sondern als Teil des Entladens vom Schiff, so dass er die Seestrecke als Schadensort ansah und Seerecht anwendete. Im zweiten Fall wurde eine Maschine beim Transport über See und Land von Bremen nach USA beim Umladen in den USA auf einen sog. **Mafi-Trailer** beschädigt. Der BGH[23] hat entschieden, dass bei diesem Transport unter Einschluss der Seestrecke diese spätestens mit dem Beginn der Verladung des Gutes auf das Beförderungsmittel endet, mit dem der nachfolgende Landtransport durchgeführt wurde. In dem Verbringen des Transportgutes nach dem Ausladen aus dem Schiff innerhalb des Hafens auf den Lkw ist nach Auffassung des BGH keine eigenständige Teilstrecke zu sehen. Vielmehr ist der Schaden nicht vor sondern bei seiner Verladung auf den Lkw eingetreten. Der Verladevorgang ist nicht mehr der Seestrecke, sondern schon der sich daran anschließenden Landstrecke zuzuordnen. Der Schaden ist in diesem Falle nicht erst beim Hochziehen auf den Lkw, sondern bereits beim Rangieren des Trailers zu Boden gestürzt. Die Trailerbewegung stand im Zusammenhang mit dem Verladevorgang, deshalb ist sie dem späteren Teilstreckenrecht zuzuordnen.

640   Trotz dieser BGH-Entscheidungen ist immer noch nicht über diejenigen Fälle entschieden, in denen die Umschlagsphasen wegen ihres besonderen Aufwands eigenes Gewicht besitzen und nicht mehr als Annex der Teilstrecke betrachtet werden können. Dies gilt insbesondere bei Einlagerung von bestimmter Dauer, Transport und Umlagerung am Hafenkai, die nicht mit der Um- oder Beladung in Zusammenhang stehen oder mit der Zusammenstellung von Containern für einen **„Sammeltransport"** zusammenhängen. Hinzu kommt, wenn für die Teilstrecke besondere Haftungsregime gelten. Herber[24] hat darauf hingewiesen, dass die Hamburger Hafenbetriebe in diesen Fällen der Einfachheit halber eine dem Landtransport entsprechende Schadenshaftung vereinbaren. Bei unterschiedlichen Haftungsregimen der Hafenterminals kann im Einzelfall jedoch das Teilstreckenrecht eine weitergehende Haftung beinhalten. Das Gleiche gilt, wenn die Beschädigung des Containers im Hafenterminal nicht im Zusammenhang mit Be- und Entladetätigkeiten erfolgt. Nur der reine Vorgang des Be- und Entladens kann zum jeweiligen Teiltransport gerechnet werden.[25]

---

[20] Amtl. Begr. BR-Drs. 398/97, S. 100 f., zu E § 451a HGB.
[21] BGH TranspR 2006, 35 f.
[22] BGH TranspR a. a. O.
[23] BGH Urt. v. 18.10.2007 – I ZR 138/04.
[24] *Herber,* Neuere Entwicklungen im Recht des multimodal Transportes, TranspR 2006, 435 ff.
[25] Vgl. auch oben Rdnr. 467.

c) *Luftfrachtvertrag (MÜ) als multimodaler Vertrag.* Das deutsche Multimodal- 641
recht verweist in § 452 HGB beim unbekannten Schadensort auf § 435 HGB und eröffnet damit den Weg zur unbegrenzten Haftung des Frachtführers. Unproblematisch
ist nach § 452a HGB die Beurteilung bei bekanntem Schadensort: Liegt der Schadensort im Haftungsbereich des Montrealer Übereinkommens, so gilt die Haftungsbeschränkung des Art. 23 MÜ unter Ausschluss des § 435 HGB wegen vorrangiger internationaler Vereinbarungen.[26] *Kirchhof*[27] ist zuzustimmen in seiner Beurteilung,
dass die meisten Luftbeförderungsverträge, insbesondere auch solche mit Integratoren
wie UPS und FedEx Multimodalverträge sind und dies auch für die Zubringerdienste
gilt. Dies führt bei einem unbekannten Schadensort dazu, dass mangels ausreichender
Schnittstellenkontrolle beim Übergang von einem auf das andere Beförderungsmittel
auszugehen ist und das Fehlen derselben ein grobes Verschulden in den Verlustfällen
nach § 435 HGB indiziert. Damit gilt für Multimodalverträge mit einer Teilstrecke
nach dem MÜ die Sonderregeln des § 452b HGB: Das Montrealer Übereinkommen
mit seinen Haftungsbegrenzungen wird verdrängt.

d) *Die Anwendbarkeit der §§ 435, 437 HGB im Multimodaltransportvertrag.* 642
aa) Anwendbarkeit des § 435 HGB. Gilt als Teilstreckenrecht deutsches Frachtrecht
nach §§ 407 ff. HGB, so ist auch § 435 HGB anwendbar.

§ 435 HGB ist für die Teilstreckenrechte bei **deutschem Haftungsstatut** unproble- 643
matisch anwendbar, wenn dessen Voraussetzungen für eine Haftungsdurchbrechung
bei grobem Verschulden vorliegen.

Für die Einbeziehung der Verantwortung (**Mitverschulden**) des Absenders oder des 644
Empfängers i.S.d. § 425 Abs. 2 HGB kommt es nach § 452a HGB nicht auf das Verhalten des tatsächlichen Auftraggebers bzw. Empfängers der Teilstrecke an, sondern des
Absenders und Empfängers des einheitlichen Frachtvertrages. Das Verhalten des Teil-
streckenfrachtführers ist nach dem einschlägigen Teilstreckenrecht dem Auftragnehmer des Hauptvertrages (Frachtführers/Spediteurs) zuzurechnen. Die Regeln über die
Bemessung des Schadens und der Haftungshöchstsumme sind dem Teilstreckenrecht
zu entnehmen; bei der Haftungsdurchbrechung haben sie keine Gültigkeit.

bb) Anwendbarkeit des § 437 HGB. Der Teilstreckenfrachtführer kann vom Auftrag- 645
geber nach den Regeln der Drittschadensliquidation direkt in Anspruch genommen
werden. Liegt der Schadensort auf einer Teilstrecke, ist der Teilstreckenführer passivlegitimiert.[28]

cc) Abdingbarkeit, § 452 I i.V.m. §§ 449, 512 II HGB. Soweit die Teilstreckenrechte 646
uneingeschränkt dispositive Regelungen enthalten, können die Parteien des Multimo-
dalfrachtvertrages bei bekanntem Schadensort durch AGB Parteivereinbarungen treffen, insbesondere kann von diesen Vorschriften abgewichen werden, wenn es sich um
Individualvereinbarungen handelt, die im Einzelnen ausgehandelt sind.[29] In jedem
Fall kann im Rahmen des § 452d II HGB zwingendes Teilstreckenrecht abbedungen
werden, soweit die auf den Multimodaltransport bezogenen Vorschriften nicht zwingend eingreifen. Diese Regelung fördert privatautonomes Handeln.

---

[26] Mit diesem Gesamtkomplex befasst sich *Kirchhof,* Der Luftfrachtvertrag als multimodaler Vertrag im Rahmen des Montrealer Übereinkommens, TranspR 2007, 133 ff.
[27] *Kirchhof,* a.a.O.
[28] *Koller,* Transportrecht 2013, § 452a HGB Rdnr. 8.
[29] *Koller,* Transportrecht 2013, § 452a HGB Rdnr. 21.

Sonderbereich 3. CMR
– Besonderheiten gegenüber §§ 407 ff. HGB –

Übersicht

	Rdnr.
1. Einleitung	647
2. Persönlicher Geltungsbereich	650
3. Vertragsschluss	651
4. Weisungsrecht	655
5. Haftung	657
a) Gewichtsbezogene Haftungsbegrenzung	658
b) Schadensfeststellungskosten, sonstige Kosten	659
c) Verspätungsschäden	661
d) Mitverschulden	663
e) Der ausführende Frachtführer	664
6. Der aufeinanderfolgende Frachtführer	666
7. Anzeigeobliegenheit	669
8. Verjährung	670
9. Gerichtsstand, Schiedsgerichtsbarkeit	674
a) Gerichtsstand	674
b) Schiedsverfahren	676

1. Einleitung

647 Die vorab vorgestellten Regelungen des HGB finden quasi zwingend Anwendung auf innerdeutsche Landtransporte (§ 449 Abs. 1,4).[1] Das Frachtgeschäft über grenzüberschreitende Transporte wird dagegen ganz überwiegend[2] durch völkerrechtliche Verträge geregelt, welche die Vertragsstaaten durch Gesetzgebungsakt in das jeweilige Landesrecht umgesetzt haben.

648 Für den grenzüberschreitenden Straßengütertransport ist die CMR einschlägig, deren Regelungen zwingend (Art. 41 Abs. 1)[3] anzuwenden sind. Unter grenzüberschreitendem Transport im Sinne der CMR versteht man einen Gütertransport über die Straße, bei dem Übernahmeort und Ablieferungsort des zu transportierenden Gutes in unterschiedlichen Staaten liegt.[4] Die CMR greift, sofern einer dieser Staaten die CMR ratifiziert hat (sogenannter Vertragsstaat). Da der CMR seit ihrer völkerrechtlichen Unterzeichnung im Jahr 1956 zwischenzeitlich über 50 Staaten, darunter die wichtigsten Handelspartner Deutschlands, beigetreten sind,[5] ist ihr Geltungsbereich und entsprechend ihre Bedeutung der CMR sehr groß.

649 Die CMR findet auch gegen den erklärten Willen der Vertragsparteien Anwendung. Die Vereinbarung des Rechts eines Nichtvertragsstaates müsste als unzulässiger Umgehungsversuch gewertet werden. Allerdings sind Gerichte von Nichtvertragsstaaten nicht an die CMR gebunden. Diese Gerichte haben nach dem für sie geltenden Kollisionsrecht über die Frage zu befinden, welches Sachrecht anzuwenden ist. Kommt

---
[1] Abweichungen überwiegend nur durch Individualabrede möglich, in der Praxis sehr selten.
[2] Z. B. CIM für Bahn-, MÜ für Luft- und CMNI für Binnenschifftransport.
[3] Artikel-Angaben in diesem Anhang sind solche der CMR.
[4] Ausgenommen hiervon sind Leichentransporte, Umzugsgut, Transporte nach int. Postübereinkommen.
[5] Überblick z. B. auf der Webseite des Schweizer Außenministeriums, www.eda.admin.ch.

2. Persönlicher Geltungsbereich

Der CMR unterliegt der Beförderungsvertrag (Art. 1), dessen Parteien der Frachtführer und sein Auftraggeber, der Absender, sind. Der Speditionsvertrag im Sinne des § 453 fällt nicht unter Art. 1. Allerdings betrachtet die deutsche Rechtsprechung seit langem den **Fixkosten-Spediteur** (§ 459) als Frachtführer, wenn er es übernommen hat, einen Transport zu besorgen, der seinerseits der CMR unterfällt.[6] Diese **Rechtsprechung der „autonomen Auslegung"** trifft die Parteien des Speditionsvertrages unabhängig davon, wie die Rechtsfigur des Fixkostenspediteurs in ihrem Heimatland und nach dem zugrunde liegenden ergänzend anwendbaren Recht beurteilt wird.[7] Dies kann für ausländische (Fixkosten-) Spediteure dazu führen, dass sie sich einer nicht erwarteten und vor allem nicht durch Versicherung gedeckten Haftung ausgesetzt wieder finden. Der **Sammelladungsspediteur** (§ 460) wird von der deutschen Rechtsprechung ebenso behandelt.[8]

650

3. Vertragsschluss

Der CMR-Frachtvertrag ist ein **Konsensualvertrag.** Die CMR gilt, wenn zwischen den Parteien ein Transportvertrag über einen grenzüberschreitenden Straßengüterverkehr geschlossen wird. Die Ausstellung eines Frachtbriefes ist keine Voraussetzung aber üblich. Findet deutsches Recht ergänzend Anwendung, kann der Frachtführer die Ausstellung eines Frachtbriefes verlangen. Verweigert dies der Absender, steht dem Frachtführer ein Zurückbehaltungsrecht zu. Der **Frachtbrief** dient als **Beweisurkunde,** wobei die gesetzliche Vermutung[9] für dessen Richtigkeit besteht (Art. 9). Weist der Frachtbrief keinen bestimmten Vorbehalt auf, erstreckt sich die gesetzliche Vermutung auch auf die Richtigkeit von Anzahl und Bemessung der Frachtstücke und darauf, dass die Verpackung zumindest äußerlich in Ordnung war (Art. 9 Abs. 2). Andere, nicht im Frachtbrief eingetragene Frachtführer, z. B. Unterfrachtführer, betrifft die Vermutungswirkung allerdings nicht. Gleiches gilt gegenüber dem im Frachtbrief nicht aufgeführten Hauptfrachtführer. Eine Zurechnung namens des Unterfrachtführers gezeichneten Frachtbriefes gegen den Hauptfrachtführer z. B. über Art. 3 kommt nicht in Betracht.[10]

651

Umstritten ist, ob sich die Vermutung des Art. 9 auf Sendungsgut erstrecken kann, dessen Vollständigkeit der Frachtführer, z. B. wegen Zollverschluss des zu übernehmenden Containers oder der Umschrumpfung einer Palette mit undurchsichtiger Folie, nicht prüfen kann.[11]

652

Der Frachtführer sollte in einem solchen Fall einen „unbekannt Vermerk" auf dem Frachtbrief eintragen.[12] Dies sei die Konsequenz aus Art. 8 Abs. 2, der formalisierte Vorbehalte vorschreibe.[13]

653

---

[6] BGH TranspR 2005, 311; umfass. Nachw. *Ramming* TranspR 2006, 95.
[7] BGH TranspR 2008, 323 ff.
[8] BGH NJW 1982, 1946.
[9] Gegenbeweis ist möglich.
[10] OLG Düsseldorf Urt. v. 16.8.2006 – I 18 U 8/06 (unveröffentlicht).
[11] Insofern widersprüchlich *Koller*, a.a.O. Art. 8 Rdnr. 2, wonach bei Angabe eines Containers im Zweifel der Container das Frachtstück sein soll, aber andererseits *Koller*, a.a.O. Art. 9 Rdnr. 3 die gesetzliche Vermutung bei Fehlen des Vorbehaltes greifen soll.
[12] MüKoHGB/*Jesser-Huß*, a.a.O. Art. 8 Rdnr. 15, Art. 9 Rdnr. 9; *Koller*, a.a.O. Art. 9 Rdnr. 3.

654   Diese Auffassung geht an der Realität des modernen Massenverkehrs vorbei. Ein Vermerk, der lediglich besagt, dass man den Inhalt des Frachtstückes nicht habe prüfen können, ist eine Leerformel, sofern offensichtlich, unstreitig oder erwiesen ist, dass man nicht prüfen konnte. Im Übrigen ist nicht zu verkennen, dass viele Fahrer derartige Vorbehalte unterlassen, um keine Probleme bei der Abfertigung zu bekommen. Zur Entkräftung der **Vermutungswirkung** sollte daher der Nachweis genügen, dass die Prüfung der im Frachtbrief bezeichneten Menge oder Güter nicht möglich war.[14] Es ist dann Sache des Anspruchstellers, nachzuweisen, dass das Frachtstück den behaupteten Inhalt hatte. Dabei mögen Beweiserleichterungen zum Tragen kommen, wenn übereinstimmende Handelsrechnungen und Packlisten vorliegen,[15] wobei die Anforderungen an größere Verpackungseinheiten wie Container höher sind als an einzelne Colli.[16]

4. Weisungsrecht

655   Die Handhabung des Weisungsrechtes (Art. 12) ist stärker formalisiert als im HGB-Bereich.[17] Ist ein **Frachtbrief** ausgestellt, muss sich der Absender durch Vorlage des Frachtbriefes legitimieren (Abs. 5). Bei Nichtbeachtung kann sich der Frachtführer schadensersatzpflichtig machen (Abs. 8). Übersendung eines Telefaxes oder mündliche Anweisung genügen nicht. Im HGB-Bereich gilt dies nur, falls der Frachtbrief als Sperrpapier ausgestaltet ist, also mit dem Vermerk, dass er zur Ausübung des Weisungsrechtes vorzulegen ist (§ 418 Abs. 4).

656   War kein Frachtbrief ausgestellt, kann die **Weisung** formlos erteilt[18] und mit jedem zulässigen Beweismittel belegt werden.[19] Gleiches gilt, falls die Vertragsparteien auf die Vorlage des Frachtbriefes verzichten.[20]

5. Haftung

657   Die Haftung des Frachtführers auf Grundlage der CMR entspricht den gleichen Prinzipien, wie die Haftung nach HGB: **Obhutshaftung,** auf 8, 33 SZR begrenzter Schadensersatz bei Verlust oder Beschädigung und Wegfall der Beschränkungen bei qualifiziertem Verschulden. Einige Besonderheiten gibt es dennoch:

658   *a) Gewichtsbezogene Haftungsbegrenzung.* Anders als im Geltungsbereich des HGB, wo gewichtsbezogene Güterhaftung mittels AGB innerhalb eines Korridors von 2 SZR bis 40 SZR und durch **Individualvereinbarung** frei verändert werden kann, ist die gewichtsbezogene Haftungsbegrenzung der CMR (Art. 23 Abs. 2) einer Veränderung durch AGB nicht zugänglich. Lediglich unter den Voraussetzungen des Art. 24 kann ein anderer Höchstbetrag vereinbart werden. Voraussetzung ist danach, dass der gewollte Höchstbetrag durch Angabe des Wertes des Sendungsgutes im Frachtbrief vereinbart wird. Wegen der **Waren- und Schutzfunktion** hat die Eintragung im Frachtbrief **konstitutive Wirkung**. Mündliche Vereinbarungen oder auch schriftliche

---

[13] Koller, a.a.O. Art. 9 Rdnr. 3.
[14] BGH RdTW 2013, 201 ff.; im Ergebnis auch LG Bochum TranspR 1996, 336 ff., das allerdings die ununterbrochene Überwachung des Transports fordert.
[15] BGH VersR 2004, 118 ff; BGH TranspR 2007, 418 ff.
[16] BGH RdTW 2013, 201 ff.
[17] Vgl. zum HGB oben B. II Rdnr. 344.
[18] Vgl. oben B. II Rdnr. 345.
[19] BGH NJW-RR 2002, 1608.
[20] BGH TranspR 2002, 399.

außerhalb des Frachtbriefes sind unwirksam.[21] Selbst die Eintragung eines bestimmten Wertes im Frachtbrief in der für Verzollungszwecke vorgesehenen Spalte genügt nicht den Anforderungen von Art. 24.[22] Anders als der Wortlaut des Art. 24 vermuten lässt, ist hingegen die Vereinbarung eines Frachtzuschlages nicht Wirksamkeitsvoraussetzung.[23] Da der Frachtführer in der Kalkulation der Fracht und des Zuschlages frei ist, geht man davon aus, dass er das mit der Wertangabe verbundene höhere Risiko bereits mit der vereinbarten Fracht berücksichtigt hat. Wesentlich ist allein, dass sich die Parteien über die Wertangabe einigen. Geht damit keine Einigung über die Fracht einher, steht dem Frachtführer ein angemessener Zuschlag zu.[24]

b) Schadensfeststellungskosten, sonstige Kosten. Nach Art. 23 Abs. 4 schuldet der Schädiger zusätzlich zum Wertersatz „Fracht, Zölle und sonstige aus Anlass der Beförderung entstandene Kosten" und zwar bei Totalverlust in voller Höhe und bei Teilverlust anteilig. Diese Regelung gilt bei teilweiser Beförderung gleichermaßen (Art. 25 Abs. 1). Nach herrschender Meinung sind nach dieser Regelung nur solche Kosten erstattungsfähig, die bei vertragsgemäßer Beförderung gleichermaßen entstanden wären und zum Wert des Gutes am Bestimmungsort beigetragen hätten. Kosten, die auf den vertragswidrigen Ablauf zurückzuführen sind, sind nur bei Wegfall der Haftungsbeschränkung wegen qualifizierten Verschuldens erstattungspflichtig. **659**

Welche Kosten, Zölle, Frachten dies im Einzelnen sind, ist umstritten.[25] Einigkeit besteht jedoch, dass anders als in §§ 430, 432 Sachverständigenkosten, Untersuchungs- und Besichtigungskosten, Abgaben, die allein aufgrund des Güterschadens anfallen, ebenso wenig zu erstatten sind, wie schadensmindernde Fürsorgemaßnahmen, Lagerkosten, Rechtsverfolgungskosten etc.[26] **660**

c) Verspätungsschäden. Auch hier gibt es Besonderheiten. Die verspätete **Übernahme** des Sendungsgutes durch den Frachtführer ist weder in den §§ 407 ff. noch in der CMR geregelt, so dass man auch im Bereich der CMR zu der Anwendung der §§ 275, 280 ff. BGB gelangt,[27] sofern deutsches Recht ergänzend Anwendung findet. Entsprechend greift auch weder die **Haftungsbeschränkung** des § 431 noch die des Art. 23 sondern nur die des § 433. **661**

Die verspätete Ablieferung berechtigt den Absender im Bereich der CMR nur zu einer **Schadensersatzforderung** in Höhe der einfachen Fracht (Art. 23 Abs. 4),[28] sofern kein schweres Verschulden im Sinne des Art. 29 vorliegt. Die Haftungsbegrenzung erfasst auch alle Fälle von Folgeschäden wegen der verspäteten Ablieferung. Anders verhält es sich in Fällen, in denen der Güterschaden durch die Verzögerung entstanden ist. Hier bestimmt sich die Erstattungspflicht für den entstandenen Substanzschaden nach Art. 23 Abs. 1 bis Abs. 4. Der Güter- und der Verspätungsschaden können kumulativ geltend gemacht werden.[29] Neben dem Substanzschaden kann somit Schadensersatz z.B. für den Produktionsausfall, die verkürzte Vermarktungsdauer oder den Preisverfall verlangt werden. **662**

---

[21] BGH NJW 1993, 2808 ff.; LG Darmstadt VersR 1982, 1107.
[22] OGH Wien Urt. v. 26.4.2001 – 2 Ob 40/00x – juris.
[23] Koller, a.a.O. Art. 24 Rdnr. 2; a.A. *Thume*, a.a.O. Art. 24 Rdnr. 6 ff. unter Berufung auf den Wortlaut.
[24] MüKoHGB/*Jesser-Huß*, a.a.O. Art. 24 Rdnr. 9.
[25] MüKoHGB/*Jesser-Huß*, a.a.O. Art. 23 Rdnr. 39; Koller, a.a.O. Art. 23 Rdnr. 10.
[26] MüKoHGB/*Jesser-Huß*, a.a.O. Art. 23 Rdnr. 41; Koller, a.a.O. Art. 23 Rdnr. 10.
[27] *Koller,* a.a.O. Art. 17 Rdnr. 56.
[28] Dagegen dreifache Fracht gem. § 431 Abs 3.
[29] *Koller,* a.a.O. Art. 23 Rdnr. 17.

663 **d) Mitverschulden.** Obgleich die CMR mit der Regelung Art. 17 Abs. 5 eine spezielle Norm zum Mitverschulden jedenfalls für den Fall mehrerer Schadensursachen vorsieht, hat der BGH seine Rechtsprechung zum Mitverschulden[30] auch auf CMR-Verkehre[31] ausgeweitet und wendet die im Rahmen der HGB-Rechtsprechung entwickelten Grundsätze zum Mitverschulden gleichermaßen auf CMR-Verkehre, insbesondere auch auf Fälle qualifizierten Frachtführerverschuldens an. Es gilt somit gleichermaßen bei CMR-Verkehren darauf zu achten, ob der Absender erforderliche Wertangaben unterlassen hat, auf bestimmte Qualitätsmerkmale verzichtet hat, z.B. Sammelladung statt Direktverkehr, Planenauflieger statt Kofferaufbau, ein statt zwei Fahrer. Derartiges kann dem Absender im Schadensfall entgegen gehalten werden. Erstaunlich an der Rechtsprechung des BGH zum Mitverschulden ist ungeachtet aller sonstigen dogmatischen Bedenken,[32] dass bereits ein geringes **Mitverschulden** zu einer **Schadensminderung** führen kann ungeachtet der Schwere des Verschuldens des Frachtführers. Der Grundsatz, wonach ein schweres Verschulden, ein solches muss zur Durchbrechung der Haftung nach Art. 29/§ 435 vorliegen, ein einfaches oder gar leichtes Mitverschulden überlagert, wird offenbar für den Bereich des Transportrechts aufgegeben.

664 **e) Der ausführende Frachtführer.** Anders als das HGB (§ 437) kennt die CMR einen unmittelbaren Zugriff des Absenders auf den ausführenden Frachtführer nur unter der Voraussetzung, dass der ausführende ein aufeinanderfolgender Frachtführer im Sinne der Art. 34ff. ist. Im Rahmen der CMR wird ausschließlich eine vertragliche Haftung geregelt. § 437 hingegen bestimmt eine „gesetzliche Schuld mit Übernahme",[33] so dass eine Anwendung dieser Norm ergänzend, d.h. zur Lückenfüllung, nicht möglich ist. Den ausführenden Frachtführer im grenzüberschreitenden Straßengüterverkehr kann jedoch unabhängig von den Bestimmungen der CMR die Haftung des § 437 treffen, wenn er nämlich auf Grundlage deutschen Rechts arbeitet, also wenn Art. 5 Rom I VO auf deutsches Recht verweist. Ohne Rechtswahl ist dies der Fall, wenn der Beförderer seinen Sitz in Deutschland hat und Übernahme- oder Ablieferungsort oder der Sitz des Absenders in Deutschland liegen.[34] Sind diese Voraussetzungen nicht erfüllt, findet das Recht des Staates Anwendung, in dem der Ablieferungsort liegt. Daneben kann der Ladungseigentümer nach **Deliktsrecht** auf den ausführenden Frachtführer zugreifen, sofern dieser **schuldhaft** Verlust oder Beschädigung der Güter verursacht.[35] Zudem kann der Empfänger die Rechte aus Art. 13 gegen den ausführenden, wie gegen andere Unterfrachtführer geltend machen.[36]

665 Der Unterfrachtführer wird jedoch grundsätzlich nicht in eine entsprechende Vereinbarung, die Hauptfrachtführer und Absender miteinander treffen, einbezogen, auch falls der Unterfrachtführer den Frachtbrief für den Hauptfrachtführer zeichnet und die Ladungsgüter übernimmt. Der Frachtbrief dokumentiert nur das Rechtsverhältnis der dort ausgewiesenen Parteien. Der Unterfrachtführer wird somit nur gleichermaßen gebunden, falls er nachfolgender Frachtführer im Sinne der

---

[30] Siehe auch oben A. VI Rdnr. 116 sowie unten D. I Rdnr. 2.
[31] *Harms* in Thume, a.a.O. Art. 29 Rdnr. 74ff.
[32] *Thume* TranspR 2006, 369ff.; *Koller* TranspR 2006, 413ff.
[33] Begründung zum Regierungsentwurf des TRG, BR-Drucks. 13/8445 S. 74; *Koller* spricht von „vertragsähnlicher Einstandspflicht (a.a.O. § 437 HGB Rdnr. 9).
[34] A.A. *Koller*, a.a.O. § 437 Rdnr. 43, Art. 12 Rom II analog.
[35] BGH NJW-RR 1996, 1121.
[36] BGH TranspR 2007, 425; *Thume* TranspR 2007, 427.

Art. 34 ff. ist.³⁷ Zur Vermeidung einer abweichenden Haftungsgrenze muss der Hauptfrachtführer ggf. mit dem Unterfrachtführer seinerseits eine Vereinbarung über die Veränderung des Wertes treffen und einen Frachtbrief mit Wertdeklaration ausstellen.

6. Der aufeinanderfolgende Frachtführer

In den Art. 34 ff. ist bestimmt, dass der aufeinander folgende Frachtführer vom Absender neben dem Hauptfrachtführer in Anspruch genommen werden kann. Zudem wird die Verjährung des **Rückgriffsanspruchs** zwischen den Frachtführern dahingehend geregelt, dass die **Verjährung** erst mit Rechtskraft eines Urteils beginnt (Art. 39 Abs. 4). Obgleich diese Ansätze begrüßenswert sind, geltend die Art. 34 ff. wegen ihren geringen Bedeutung als verfehlt.³⁸ **666**

Aufeinander folgende Frachtführer im Sinne der Art. 34 sind nach deutscher Rechtsauffassung nicht schon eine Kette von Unterfrachtführern, die mit dem Absender des Hauptfrachtvertrages in Vertragsbeziehung stehen. Voraussetzung ist vielmehr eine Beförderung, die Gegenstand eines einzigen Vertrages ist und Annahme des Gutes und des Frachtbriefes. Ohne Frachtbrief greift Art. 34 nicht. In dem „durchgehenden" Frachtbrief müssen nach deutscher Rechtsauffassung die **Konditionen des Hauptfrachtvertrages,** insbesondere auch die Höhe der Fracht offen gelegt werden. Hierzu sind die **beteiligten Verkehrskreise** regelmäßig nicht bereit.³⁹ **667**

Allerdings kommt es immer wieder vor, dass in anderen CMR Vertragsstaaten die Regelungen der Art. 34 ff teilweise offenbar ohne nähere Prüfung angewandt werden.⁴⁰ Auch deutsche Unterfrachtführer müssen sich daher der Möglichkeit einer Inanspruchnahme im Ausland als nachfolgender Frachtführer bewusst sein, selbst falls nach hiesiger Auffassung die Art. 34 ff. nicht greifen. Die nachfolgenden Frachtführer werden neben dem Hauptfrachtführer gegenüber dem Absender und gegebenenfalls gegenüber dem Empfänger (Art. 13) Gesamtschuldner und Gesamtgläubiger. Gemäß Art. 36 haftet nach außen aber nur der erste Frachtführer, der letzte Frachtführer und der Frachtführer, in dessen Obhut der Schaden eingetreten ist. Im Innenverhältnis zwischen den aufeinander folgenden Frachtführern kann sich der Schadensausgleich auf alle Beteiligten erstrecken. Für den einzelnen aufeinander folgenden Frachtführer nachteilig sind die **668**

- grundsätzliche Haftung für alle Beförderungsabschnitte (Art. 34 CMR)
- Ausfallhaftung bei unbekanntem Schadensort (Art. 37c CMR)
- Ausfallhaftung bei Insolvenz eines Frachtführers (Art. 38 CMR).

7. Anzeigeobliegenheit

Die Anzeigeobliegenheiten bei Güterschäden sind im Bereich der CMR deckungsgleich zu denen im HGB-Bereich. Anders verhält sich dies indes hinsichtlich der Anzeigeobliegenheit bei Schäden wegen Lieferfristüberschreitung, die im Bereich des HGB einseitig dem Empfänger aufgegeben sind (§ 438 Abs. 3), weil Verzögerungen allein vom Empfänger feststellbar seien.⁴¹ Im Gegensatz hierzu bestimmt Art. 30 **669**

---

³⁷ Kommt in der deutsch-rechtlichen Praxis höchst selten vor, da nach herrschender Meinung ein durchgehender Frachtbrief mit Angabe der Fracht ausgestellt sein muss.
³⁸ *Koller,* a. a. O. Art. 34 CMR Rdnr. 3; E/B/J/S/*Huther* Art. 34 Rdnr. 3.
³⁹ Ausführlich *Neumann* TranspR 2006, 384 ff.; die FIATA hat bereits 1984 die Streichung der Art. 34 ff. vorgeschlagen.
⁴⁰ MüKoHGB/*Jesser-Huß* CMR Art. 34 Rdnr. 10; Länderberichte in *Thume;* z. B. für Dänemark TranspR 2001, 81.
⁴¹ Regierungsbegründung zum TRG BR-Drucks. 368/97, S. 75.

Abs. 3 keine Person des Erklärungsberechtigten, so dass jeder, der Ansprüche wegen Lieferfristüberschreitung geltend machen kann, zu dem Vorbehalt berechtigt ist. Folglich kann im Bereich der CMR der Vorbehalt sowohl vom Absender als auch vom Empfänger erhoben werden, ohne Hilfskonstruktion über das Vertretungsrecht.[42] Für die Anzeigeobliegenheit bedarf es daher im Bereich der CMR auch keiner Differenzierung nach der Frage, ob der Schaden durch eine Lieferfrist- oder eine Ladefristüberschreitung entstanden ist.

8. Verjährung

670   Auch die Verjährungsregelung des Art. 32 hatte Vorbildfunktion für die deutschrechtliche Regelung des § 439, so dass grundsätzlich auf die dortigen Ausführungen verwiesen werden kann.[43] Die **Anspruchsverjährung** beläuft sich grundsätzlich auf 1 Jahr, bei **qualifiziertem Verschulden** im Sinne des Art. 29, § 435 auf drei Jahre. Die Verjährungsregelung Art. 32 betrifft nicht nur die in der CMR geregelten Ansprüche, sondern auch solche, die sich auf ergänzend anwendbares nationales Rechts stützen und sogar außervertragliche, solange sie nur irgendwie mit der CMR-Beförderung sachlich zusammen hängen.[44] Neben Frachtforderungen und Güterschadens- oder Verspätungsforderungen sind z. B. auch Standgelder, Zollauslagen, Beschädigungen des Fahrzeuges beim Umschlag oder durch die Ladung, Ansprüche aus ungerechtfertigter Bereicherung, deliktische und Regressforderungen erfasst.[45]

671   Für Ansprüche wegen Teilverlust, Beschädigung und **Lieferfristüberschreitungen** beginnt die Verjährung mit dem Tag der Ablieferung (Art. 32 Abs. 1a). Bei **Totalverlust** abweichend von § 435 jedoch erst mit Ablauf von 30 Tagen nach Ablauf der Lieferfrist oder, falls keine vereinbart wurde, mit dem 60. Tag nach Übernahme des Gutes durch den Frachtführer (Art. 32 Abs. 1b), in allen anderen Fällen mit Ablauf einer Frist von drei Monaten nach Abschluss des CMR-Beförderungsvertrages (Art. 32 Abs. 1c). Der Tag, auf den das verjährungsauslösende Ereignis fällt, zählt bei der Berechnung nicht mit.[46] Die einmal in Gang gesetzte Verjährungsfrist läuft für alle Ansprüche, auch solche, die erst noch entstehen.[47] Hierzu wird darauf verwiesen, dass der Gläubiger solche Ansprüche voraussehen könne und Klage auf künftige Leistungen, Feststellung oder Freihaltung erheben könne.[48]

672   Die **Hemmung der Verjährung** durch Reklamation und Ende der Hemmung wegen Zurückweisung (Art. 32 Abs. 2) ist, nachdem mit dem SHRRG für den HGB-Transport das Erfordernis der Schriftform in Textform geändert wurde, deckungsgleich mit der HGB Regelung (§ 439 Abs. 3) so dass auch diesbezüglich auf die dortigen Ausführungen[49] verwiesen wird.

673   Von erheblicher Bedeutung ist jedoch die vom HGB abweichende Regelung des **Einwendungsausschlusses** gemäß Art. 32 Abs. 4. Einmal verjährte Ansprüche sollen endgültig ab- bzw. ausgeschlossen ein. Sie können weder im Weg der Widerklage noch der Einrede geltend gemacht werden. Art. 32 Abs. 4 schaltet solche nationale Regelungen aus, die eine Aufrechnung auch noch nach Eintritt der Verjährung erlauben. Verjährte Ansprüche können daher entgegen § 215 BGB, der nur verlangt, dass

---

[42] E/B/J/S/*Schaffert* § 438 Rdnr. 17; *Koller*, a.a.O. § 438 Rdnr. 29.
[43] Vgl. unten E. I Rdnr. 6 ff.
[44] BGH VersR 1991, 238 ff.
[45] Ausführliche Aufzählung bei *Koller*, a.a.O. Art. 32 CMR Rdnr. 1.
[46] MüKoHGB/*Jesser-Huß* Art. 32 Rdnr. 25.
[47] MüKoHGB/*Jesser-Huß* Art. 32 Rdnr. 20; *Schmid/Kehl* TranspR 1995, 435 ff.
[48] *Koller*, a.a.O. Art. 32 Rdnr. 6; a. A. OGH Wien, TranspR 2011, 377 ff.
[49] Siehe unten E. I Rdnr. 11 ff.

III. Sonderbereich 3. CMR

sich die gegenläufigen Ansprüche in unverjährter Zeit einmal gegenüber gestanden haben, nicht aufgerechnet werden oder ein Zurückbehaltungsrecht oder Pfandrecht begründen. Hiervon sollen nur die Ablade- und Verwahrungskosten im Sinne des Art. 16 Abs. 2 CMR ausgenommen sein, weil diese Kosten nicht selbständig eingeklagt werden können.[50]

9. Gerichtsstand, Schiedsgerichtsbarkeit

a) Gerichtsstand. Für rechtliche Auseinandersetzungen ist das Gericht des Übernahmeortes, das des Ablieferungsortes (Art. 1a, 31 Abs. 1a) und die Gerichte des Landes, in dem der Beklagte entweder seinen Hauptsitz, einen Zweitsitz oder die Geschäftsstelle (Agentur) hat, durch die der Beförderungsvertrag geschlossen wurde. Für den deutschen Rechtsraum bestimmt sich die genaue Zuständigkeit dieser Sitzgerichte insbesondere nach Art. 1a und § 30 ZPO. Es ist regelmäßig das Gericht zuständig, in dessen Sprengel der Übernahme- oder Ablieferungsort liegt oder der Beklagte seinen Haupt-, Zweitsitz oder seine Agentur hat. Ein Konflikt kann sich ergeben, wenn auf den Beförderungsvertrag die ADSp anzuwenden sind, da gem. Ziffer 30.2. Halbsatz 2 ADSp für Klagen gegen den Spediteur dessen Sitzgericht ausschließlich zuständig ist. Diese Regelung steht in Widerspruch zu der zwingenden Regelung des Art. 31 Abs. 1b und ist deswegen im Bereich der CMR nichtig.[51] Die zwingende Wirkung von Art. 31 gemäß Art. 41 ist dann auch ein wesentlicher Unterschied zu § 30 ZPO, der dispositives Recht darstellt und innerhalb der Schranken des § 38 Abs. 3 ZPO auch durch AGB abbedungen werden kann.

674

Ist über einen Anspruch aus dem Beförderungsvertrag bei einem zuständigen Gericht ein Streit anhängig (**Rechtshängigkeitseinrede**) oder liegt bereits eine Sachentscheidung vor (**Rechtskrafteinrede**) kann wegen derselben Sache nicht Klage zu einem anderen Gericht erhoben werden (Art. 31 Abs. 2). Diese Regelung soll verhindern, dass über dieselbe Sache mehrfach, möglicher Weise mit unterschiedlichem Ergebnis entschieden wird. Der Rechtsstreit muss zwischen denselben Parteien in einem CMR-Vertragsstaat anhängig sein. Dies ist nicht der Fall, wenn z. B. der Frachtführer in einem Vertragsstaat vom Absender und in dem anderen vom Empfänger verklagt wird, oder wenn eine Partei lediglich als Streithelfer an einem anderen Verfahren beteiligt ist. Nach früherer überwiegender Auffassung genügte für die Rechtshängigkeitseinrede, dass in einem international zuständigen Staat eine **negative Feststellungsklage** erhoben worden war.[52] Mit seinen bedeutenden Entscheidungen vom 20. November 2003[53] hat der BGH diese Frage für den deutschen Rechtsraum entgegengesetzt entschieden und erklärt, dass der inländischen Leistungsklage eine zuvor im Ausland erhobene, noch nicht abschließend entschiedene negative Feststellungsklage nicht entgegen steht. Der BGH sieht in Art. 31 Abs. 1 eine spezialgesetzliche Regelung, denjenigen des Lugano Übereinkommens und der EuGVVO vorgehend, die den mutmaßlichen Gläubiger schütze, weswegen das Spannungsverhältnis zwischen negativer Feststellungs- und Leistungsklage zugunsten eines Vorrangs der Leistungsklage zu lösen sei. Im deutschen Rechtsraum wird diese Rechtsprechung insbesondere in der Literatur[54] angegriffen, da sie auf rechtsdogmatische Bedenken stößt und sich insbesondere in Widerspruch zur Rechtsprechung

675

---

[50] *Koller,* a. a. O. Art. 32 Rdnr. 21.
[51] E/B/J/S/*Bahnsen* Ziff. 30 ADSp Rdnr. 6.
[52] *Koller,* a. a. O. Art 31 CMR Rdnr. 8, der den Diskussionsstand wiedergibt.
[53] BGH TranspR 2004, 74 = VersR 2004, 1024; BGH TranspR 2004, 77 ff. = NJW-RR 2004, 397.
[54] Z. B. *Otte* TranspR 2004, 347. EuGH-Rspr ist zu Art. 21 EuGVVÜ ergangen; EuGH v. 8.12.1987, NJW 1989, 663; *Gubisch/Palumbo;* EuGH v. 6.12.1994, IPRax 1996, 108 – *Tatry/Maciej Rataj.*

des EuGH zu den dem Art. 31 entsprechenden Regelungen der Art. 27 EuGVVO und Art. 21 LugÜ setzt.⁵⁵ Die Auffassung des BGH wird auch im Ausland, insbesondere in den Niederlanden und Belgien nicht akzeptiert, weswegen dort nach wie vor negative Feststellungsklagen erhoben werden. Angesichts der Entscheidung des EuGH vom 19.12.2013⁵⁶ in einer CMR-Sache, die eindeutig gegen die BGH-Rechtsprechung der Leistungsklage keinen Vorrang einräumt, ist damit zu rechnen, dass auch in Deutschland der Einwand anderweitiger Rechtshängigkeit durch eine ausländische negative Feststellungsklage wieder erhoben und auch durch die Justiz die bisherige Rechtsprechung neuerlich hinterfragt werden wird. Der BGH wird steuerlich an seiner Auffassung festhalten können. Ohnehin muss man damit rechnen, dass die frühere Rechtshängigkeit einer ausländischen negativen Feststellungsklage dem Versuch der **Vollstreckung im Ausland** dem im Inland erwirkten Leistungstitel entgegen gehalten wird.⁵⁷

676 *b) Schiedsverfahren.* Anstatt eines gerichtlichen Verfahrens können die Parteien des Beförderungsvertrages eine Streitigkeit auch vor einem Schiedsgericht austragen (Art. 33). Eine Schiedsklausel auch in AGB ist grundsätzlich wirksam. Voraussetzung ist lediglich, dass die Schiedsklausel Bindung des Schiedsgerichts an die CMR vorsieht.⁵⁸ Umstritten ist allerdings, ob die Schiedsklausel den Rechtsweg zu den ordentlichen Gerichten ausschließen darf. Sowohl in Literatur als auch Justiz werden unterschiedliche Auffassungen vertreten. Einerseits soll es möglich sein, durch eine Schiedsklausel die Zuständigkeit der ordentlichen Gerichte i. S. d. Art. 31 auszuschließen,⁵⁹ da der Parteiwille Vorrang habe und anderenfalls eine Schiedsklausel leer laufe. Dementgegen wird argumentiert, dass eine die Gerichtsstände nach Art. 31 Abs. 1 ausschließende Schiedsklausel wegen der zwingenden Wirkung von Art. 41 unwirksam sei.⁶⁰ Der den Ausschluss der ordentlichen Gerichtsbarkeit vertretenden Auffassung ist zuzugestehen, dass es regelmäßig Sinn und Zweck einer Schiedsklausel ist, Streitigkeiten vor ordentlichen Gerichten zu vermeiden. Folgte man ihr jedoch, entstünde ein innerer Widerspruch in der Anwendung der CMR. Art. 31 ist gemäß Art. 41 zwingendes Recht und steht den Parteien gerade nicht zur Disposition. Überließe man es den Parteien durch Vereinbarung einer Schiedsklausel den Rechtsweg zu den ordentlichen Gerichten im Sinne des Art. 31 zu verschließen, wäre es den Parteien eröffnet, diese zwingenden Regelungen zu unterlaufen. Zwar gehe nach Auffassung der Befürworter der Ausschlusswirkung aus dem Text der CMR nicht hervor, dass die Zuständigkeit staatlicher Gerichte selbst dann nicht ausgeschlossen werden könne, wenn der Ausschluss der staatlichen Gerichtsbarkeit in der nach Art. 33 zulässigen Schiedsklausel ausdrücklich vorgesehen ist. Dieser Widerspruch ist aber wohl eher den Meinungsverschiedenheiten bei Formulierung der CMR geschuldet und es ist entgegen zu halten, dass Art. 33 CMR nicht von einer, den Weg zu den ordentlichen Gerichten ausschließenden Schiedsklausel spricht, sondern allgemein von einer **Schiedsklausel**. Auch Art. 31 Abs. 1 HS 1 ermöglicht den Parteien eine Gerichts-

---

⁵⁵ EuGH-Rspr ist zu Art. 21 EuGVVÜ ergangen; 8.12.1987, NJW 1989, 663 – *Gubisch/Palumbo*; Urt. v. 6.12.1994, IPRax 1996, 108 – *Tatry/Maciej Rataj*.
⁵⁶ EuGH RdTW 2014, 13 ff.
⁵⁷ EuGH TranspR 2010, 236 ff.; *Koller*, a. a. O. Art. 31 Rdnr. 8.
⁵⁸ OGH Wien TranspR 2007, 326; wegen Verstoß hiergegen wurde die Schiedsklausel der FENEX-Expeditievorwaarden (1999) abgelehnt (OLG Hamm TranspR 1999, 201; OLG Köln TranspR 2005, 472); die nachgebesserten FENEX 2004 halten der Prüfung stand (vgl. OLG Köln a. a. O.).
⁵⁹ OLG Koblenz TranspR 2007, 249; ebenso LG Gießen TranspR 2008, 317; F/K/M/O/S/S/*Otte* Art. 33 Rdnr. 6.
⁶⁰ OGH Wien TranspR 2010, 383 ff.; *Demuth*/Thume Art. 33 Rdnr. 4a; E/B/J/S/*Bahnsen* Art. 33 Rdnr. 6.

standsvereinbarung, allerdings nur zusätzlich[61] zu den dort aufgeführten gesetzlichen Gerichtsständen. Art. 33 steht dem gleich und eröffnet lediglich die Möglichkeit zusätzlich eine **Schiedsabrede** zu treffen. Dem OLG Koblenz ist daher nicht zu folgen. Eine in sich schlüssige Auslegung der CMR ist nur möglich, wenn die Zuständigkeit der Gerichte im Sinne der Art. 31 nicht ausgeschlossen werden kann. § 1032 Abs. 1 ZPO steht wegen des Vorranges des international vereinheitlichten Rechts nicht entgegen.

Schiedsklauseln treffen zudem aus einem anderen Gesichtspunkt auf praktische Bedenken und sind nicht zu empfehlen. An der Transportabwicklung sind regelmäßig mehrere Parteien beteiligt. Schiedsklauseln binden jedoch nur die Parteien des Vertrages, die die Schiedsabrede getroffen haben. Eine Einbeziehung einer Dritten Partei gegen deren Willen in ein Schiedsverfahren, wie dies z.B. in einem ordentlichen Gerichtsverfahren die Streitverkündung einräumt, ist nicht möglich. Die Klärung eines Streitfalles in einem Prozess gegenüber mehreren Beteiligten ist in einem Schiedsverfahren daher nur bei – selten vorliegender – freiwilliger Teilnahme gegeben. **677**

---
[61] *Koller*, a.a.O. Art. 31 Rdnr. 5.

Sonderbereich 4. Vertragsbedingungen für den Güterkraftverkehrs- und Logistikunternehmer 2013 (VBGL)

Übersicht

	Rdnr.
1. Allgemeines	678
2. Frachtgeschäft einschließlich Spedition im Selbsteintritt	682
3. Speditions- und Lagergeschäft	692
4. Kritik	695

1. Allgemeines

678 Der Bundesverband Güterkraftverkehr Logistik und Entsorgung (BGL) e.V. hat in den vergangenen Jahren mehrfach die von ihm herausgegebene Konditionsempfehlung „Vertragsbedingungen für den Güterkraftverkehrs-, Speditions- und Logistikunternehmer – VBGL" überarbeitet. Die aktuelle Empfehlung liegt in der Fassung vom 13.6.2013 vor, berücksichtigt die Reform des Seehandelsrechtes,[1] mit dem auch Bestimmungen des Allgemeinen Frachtrechtes geändert wurden. Dies machte eine Überarbeitung der VBGL zwingend notwendig. Neben der Anpassung an die neue Gesetzeslage wurden die VBGL einer generellen AGB-rechtlichen Überprüfung unter Berücksichtigung der neuen höchstrichterlichen Rechtsprechung unterzogen. Die VBGL sollen damit ein modernes, auf der Höhe der Zeit sich befindliches Werk darstellen.[2]

679 Das „neue deutsche Seehandelsrecht" im 5. Buch des HGB hat die gesetzliche Regelung des sog. **„nautischen Verschuldens"** (Ausschluss der Haftung bzw. Haftungsbefreiung durch die Führung oder sonstige Bedienung des Schiffes, sowie Schäden durch Feuer an Bord) neu definiert, selbst wenn sich offenkundig der Gesetzgeber mit der Abgrenzung, was eigentlich **„nautisches Verschulden"** schwer tat. Die gesetzliche Haftungsbefreiung wurde als nicht mehr zeitgemäß beurteilt, auf der anderen Seite wollte sich der Gesetzgeber vom international gebräuchlichen Standard nicht isolieren.[3] Der Gesetzgeber hat unter Berücksichtigung der Regelungen nach § 449 Abs. 1 bis 4 HGB auf Art. 25 Abs. 2a CMNI sich bezogen und eine Lösung in § 512 Abs. 2 Nr. 1 HGB getroffen, dass in vorformulierten Vertragsbedingungen ein solcher Haftungsausschluss vorgesehen werden kann.[4]

680 Der Bundesverband Güterkraftverkehr Logistik und Entsorgung e.V. will damit für den mittelständischen Frachtführer und Kraftwagenspediteur, der einen eigenen Fuhrpark hält, eine Alternative zu den ADSp bieten.

681 Die VBGL haben sich in der Praxis wenig durchgesetzt. Im Folgenden wird auf einzelne Bestimmungen kursorisch eingegangen.

Die VBGL 2013 sind in fünf Teile gegliedert:
I. Frachtgeschäft einschließlich Spedition im Selbsteintritt
II. Speditions-, Logistik- und Lagergeschäft

---

[1] BGBl. I 2013, 31.
[2] MüKoHGB/*Andresen*, Vorbem. VBGL, 3. Aufl., *Schindler* TranspR 2014, 57.
[3] Sog. Rotterdam Rules.
[4] Vgl. hierzu BT-Drucks. 17/10309, S. 80; *Herber* TranspR 2012, 269 ff.; *Schindler* TranspR 2014, 57.

III. Sonderbereich 4. VBGL

III. Haftung
IV. Versicherung
V. Sonstige Bestimmungen.

2. Frachtgeschäft einschließlich Spedition im Selbsteintritt

a) In § 2 Abs. 1 und 2 VBGL werden Informationspflichten des Auftraggebers statuiert; der Verstoß gegen die Informationspflicht ist im allgemeinen Zivil- und Handelsrecht geregelt, wie ein mögliches Zurückbehaltungsrecht nach § 273 BGB, der Rücktritt vom Vertrag nach § 323 BGB bzw. die Rechtsfolgen der Nichterfüllung der Informationspflicht im Rahmen des § 425 Abs. 2 HGB. 682

Diese Bestimmung konkretisiert damit die allgemein anerkannte Aufgabe aller am Frachtvertrag Beteiligten sich gegenseitig umfassend zu informieren und ihren Vertragswillen klar und eindeutig kund zu tun. 683

b) Nach § 3 Abs. 1 und 2 VBGL kann der Frachtführer die Beförderung durchführen, trotz Nichtvorliegens des Beförderungsgutes in beförderungsfähigem Zustands. In diesem Falle ist der Absender zum Ersatz aller Schäden verpflichtet, die dem Frachtführer durch diesen Mangel, beispielsweise die Nichtverpackung des Gutes, entstanden sind. Diese Klausel ist nicht AGB fest, weil sie weder § 414 Abs. 2 noch § 414 Abs. 1 Satz 2 HGB Rechnung trägt und den Absender für „alle Schäden" ohne Rücksicht auf weitere Zurechnungskriterien haften lässt. Dies ist ein Verstoß gegen § 449 Abs. 2 HGB. Selbst wenn die Verpackungsmängel evident sind, der Absender darauf hinwies und ein Vorbehalt im Frachtbrief eingetragen wurde, ergibt sich nicht zwangsläufig, dass der Absender stets vorsätzlich oder qualifiziert fahrlässig handelte, denn nicht immer steht fest, was eine „ordnungsgemäße Verpackung", die zum speziellen Transport geeignet ist, umfasst. 684

c) Gemäß § 4 VBGL wird die Ausfertigung eines beidseitig unterschriebenen Frachtbriefes verlangt. Nach § 4 Abs. 3 VBGL wird auch ein elektronischer Frachtbrief anerkannt.[5] 685

d) Die Rechte des Frachtführers bei Nichteinhaltung der Be- oder Entladezeit, sowie die Rechtsfragen bei der Gestellung des Fahrzeuges werden in § 6 bzw. 6a VBGL geregelt. Mit der Bestimmung der Standzeit von jeweils zwei Stunden bei der Be- und Entladung bei Komplettladungen in einem 40t Lastzug wird in § 5 Abs. 2 VBGL die angemessene Frist in § 412 Abs. 2 HGB, für die keine zusätzliche Vergütung verlangt werden kann, konkretisiert. 686

e) In § 9 VBGL wird die Regelung für den Lohnfuhrvertrag aus dem Bedingungswerk VBGL 2003 übernommen: es gelten nach Verweisung die frachtrechtlichen Bestimmungen, mit der Maßgabe, dass der Unternehmer nicht für Schäden haftet, die durch den Auftraggeber verursacht worden sind.[6] 687

f) Die Haftung nach § 27 Abs. 1 VBGL im Frachtgeschäft ist auf 8,33 SZR je Kilogramm begrenzt und dies entspricht der Regelung des § 431 HGB. 688

Die Haftungsbegrenzung bzw. der Haftungsausschluss für **„nautisches Verschulden und Feuer an Bord"** ist nunmehr in § 29 Abs. 1 S. 3 VBGL geregelt. Der Aus- 689

---

[5] *Schindler* TranspR 2014, 57 (58), weist zu Recht darauf hin, dass die tatsächlich Anwendung eines elektronischen Frachtbriefes auf sich warten lässt, da die Einzelheiten erst noch in einer Rechtsverordnung nach § 408 Abs. 3 HGB geregelt werden müssen. Derzeit sei ungewiss, wann diese Rechtsverordnung erlassen wird.

[6] Vgl. hierzu auch *Schindler* TranspR 2014, 57 (58).

schluss bezieht sich auf das „Verhalten bei der Führung und der sonstigen Bedienung des Schiffes". Der gesetzliche Haftungsausschluss betrifft das Verschulden der Leute des Verfrachters und die Schiffsbesatzung. Damit wird der AGB-rechtlichen Lösung in den VBGL Rechnung getragen (§ 512 Abs. 2 HGB). Der gesetzliche Haftungsausschluss betrifft das Verschulden der Leute des Verfrachters und die Schiffsbesatzung.

690 *g)* In § 28a VBGL ist die Haftung des Auftraggebers im Rahmen des § 414 HGB auf eine Haftungssumme von mindestens 1 Mio. € statuiert. Dies soll dem Schadenspotential im gewerblichen Güterstraßenverkehr gerecht werden: die Schadenspotentiale sind beachtlich und dies soll durch die genannte Regelung berücksichtigt werden.

691 *h)* Neu ist **§ 32a VBGL**. Dort wird klargestellt, dass die gesetzliche Haftung durch die VBGL weder bei der Haftungshöhe noch bei Verschuldensmaßstab zugunsten des Absenders erweitert werden soll. Richtig ist in diesem Zusammenhang die Regelung in **§ 6a Abs. 3 VBGL**, dass die Haftung begrenzt ist auf den dreifachen Wert der Fracht. Eine unbegrenzte Haftung (§§ 280, 281 BGB) des Frachtführers ist gesetzesuntypisch.

3. Speditions- und Lagergeschäft

692 Die Verfasser der VBGL haben darauf Wert gelegt, Abgrenzungen von anderen Detailregelungen für den Unternehmer vorzunehmen. So erfassen die VBGL in ihrem Geltungsbereich auch Leistungen, die mit der Beförderung oder Lagerung von Gütern in Zusammenhang stehen, aber nicht speditionsüblich sind, da sie im Leitbild der speditionstypischen Leistungspalette des § 454 Abs. 2 HGB nicht erwähnt sind. Dem Grunde nach sind VBGL-Leistungen dem Werk-, Dienstleistungs- und Geschäftsbesorgungsvertrag unterworfen:[7] die Leistungen der VBGL-Unternehmer haben grundsätzlich Werkvertragscharakter, da sie beförderungsbezogen, also erfolgsabhängig sind. Dies wird nunmehr in **§ 31 VBGL** explizit geregelt.

693 Die Vertragsklauseln für das Speditions-, Logistik- und Lagergeschäft entsprechen – im Wesentlichen – wörtlich den Regelungen der ADSp.

694 Die Haftungsbeschränkung wird nicht mehr von dem Bestehen einer Schadensversicherung abhängig gemacht, es wird differenziert nach Güter- und Vermögensschäden. Der Grund liegt an der reduzierten Deckungsmöglichkeit für Vermögensschäden in den Verkehrshaftungspolicen.

4. Kritik

695 Die Verwendung der VBGL durch mittelständische Unternehmer und deren verstärkte Einbeziehung in die Verkehrsverträge ist eine sinnvolle Alternative zu den ADSp; die Verfasser der VBGL 2013 haben insbesondere die AGB-Festigkeit zahlreicher Klauseln überdacht und zutreffend neu gefasst. Damit wird die AGB-Festigkeit der VBGL-Klauseln insgesamt gestärkt. *Schindler*,[8] lobt das Bedingungswerk als die derzeit modernsten AGB für einen Transport-, Spedition- und Logistikunternehmer.

---

[7] BGHZ 173, S. 344, 349.
[8] TranspR 2014, 57 ff.

Sonderbereich 5. Palettenhandling/-tausch

Übersicht

	Rdnr.
1. Einleitung	696
a) Definition, Einsatz, Qualität und Art der Paletten	698
aa) Definition	698
bb) Einsatz von Paletten	699
cc) Qualität der Paletten	702
dd) Arten der Paletten	715
b) Neutrale und System-Paletten, Palettenpools, Tauschfähigkeit- und Entsorgung	717
aa) Abgrenzung zwischen neutralen und Systempaletten	717
bb) Palettenpools	720
cc) Tauschfähigkeitskriterien	722
(1) Markenrechtliche Kriterien, Einstellung des Marktes	722
(2) Sicherheitskriterien, Annahmeverweigerungsrecht	728
dd) Bedeutung öffentlich-rechtlicher Vorschriften für Palettenhandling/-tausch	731
(1) Verpackungsverordnung	731
(2) Öffentlich-rechtliche Sicherheitsvorschriften	732
ee) Entsorgung von genormten Paletten	733
c) Hauptformen des Palettentausches	734
aa) ‚Doppeltausch‘ oder ‚Idealtausch‘	735
bb) ‚Einfacher Palettentausch‘	737
cc) ‚Palettentausch mit Rückführungsverpflichtung‘	738
dd) ‚Palettentausch mit Übernahme des Tauschrisikos‘	739
2. Allgemeine Grundlagen des Palettentausches	740
a) Grundsätzliches	741
aa) Ein kostengünstiger und schneller Ausgleich der eingesetzten Paletten	741
bb) Eigentumswechsel bezüglich der eingesetzten Paletten	742
cc) Wertung dieser Handhabung	746
dd) Interessenlage der Absender/Versender	753
ee) Interessenlage der Verkehrsunternehmen	755
ff) Interessenlage der Empfänger	757
b) Situation in der Praxis	759
aa) Keine gesetzlichen Regelungen	759
bb) Kein Handelsbrauch, keine Regelung in den ADSp oder VBGL	762
cc) Verpflichtung zum Palettentausch nur bei entsprechenden Vereinbarungen der Parteien	765
dd) grafische Darstellung der Rechtsbeziehungen der Parteien	770
ee) Inhalt der Vereinbarungen zwischen den Beteiligten der Transportkette	771
(1) Grundvoraussetzungen	771
(2) Individualabreden, AGB-Klauseln, fehlende Leitbilder für den Palettentausch	772
(3) Leitbilder des Palettentauschs	779
ff) mangelnde Rechtskenntnisse der Beteiligten	782
gg) Weiteres zu Vereinbarungen auf der Lieferebene	783
(1) Art der Rückgabe	783
(2) Qualitätsregelung für Rückgabe	784
(3) Mitwirkungspflichten der Erfüllungsgehilfen des Auftraggebers bei der Dokumentation von Palettenvorgängen	785
hh) Weiteres zu Vereinbarungen auf der Transportebene	786
(1) Eindeutige Festlegung auf eine bestimmte Tauschform	786

	Rdnr.
(2) Vereinbarungen von Dokumentations- und Prüfpflichten an der Beladestelle, Pflichten an der Beladestelle	787
(3) Pflichten an der Entladestelle	789
c) Zwischenresummee	795
3. Grundsätzliches zur Entwicklung von Lösungsvorschlägen	796
a) Ausgangsposition	796
b) Zwischenergebnis	805
c) Differenzierung und Wertung der Pflichten der Beteiligten	806
4. Der ‚Doppeltausch' oder ‚Idealtausch', rechtliche Einordnung der Abreden und Handlungen, Leistungsstörungen	810
a) Pflichten des Verkehrsunternehmers	810
aa) An der Beladestelle	810
bb) An der Entladestelle	811
b) Leistungsstörungen	813
aa) Leistungsstörungen auf der Auftraggeberseite	813
bb) Leistungsstörungen auf der Empfängerseite	814
cc) Leistungsstörungen auf Seiten des Verkehrsunternehmens	825
c) Pflichten des Auftraggebers	828
aa) Bezüglich der Rückgabe von Paletten durch den Empfänger	828
bb) Bezüglich Mitwirkungspflichten bei der Dokumentation an Be- und Entladestelle	829
d) Wertung der Doppeltauschabreden	830
5. Der ‚Einfache Palettentausch', rechtliche Einordnung der Abreden und Handlungen, Leistungsstörungen	834
a) Pflichten des Verkehrsunternehmens	834
aa) An der Beladestelle	834
bb) An der Entladestelle	835
b) Pflichten des Auftraggebers des Verkehrsunternehmens	839
aa) An der Beladestelle	839
bb) An der Entladestelle	840
cc) Abholpflicht des Auftraggebers	841
c) Leistungsstörungen	842
d) Wertung der Abreden des ‚Einfachen Palettentausches'	846
6. Der ‚Palettentausch mit Rückführungsverpflichtung', rechtliche Einordnung der Abreden und Handlungen, Leistungsstörungen	847
a) Rückführungspflicht des Verkehrsunternehmen	847
aa) Umfang dieser Pflicht	848
bb) Bringschuld des Verkehrsunternehmens	850
b) sonstige Pflichten, Leistungsstörungen	851
c) Wertung der Abreden des Palettentausches mit Rückführungsverpflichtung	852
7. Der ‚Palettentausch mit Übernahme des Tauschrisikos', rechtliche Einordnung der Abreden und Handlungen, Leistungsstörungen	856
a) Inhalt der Abrede	856
b) Pflichten des Auftraggebers	858
c) Leistungsstörungen	859
aa) Nichtbestehen eines Anspruchs des Auftraggebers gegen den Empfänger	859
bb) Nichtherausgabe von Paletten durch den Empfänger	861
d) Wertung der Abreden des ‚Palettentausches mit Übernahme des Tauschrisikos'	863
8. Sonstige AGB-Klauseln zum Palettentausch	864

III. Sonderbereich 5. Palettenhandling/-tausch   B. III

	Rdnr.
9. Verwendung von Musterklauseln, die von Wirtschaftskreisen ausgearbeitet wurden	967
a) Situation in der Praxis	867
b) ‚Kölner Palettentausch'	869
aa) Text ‚Kölner Palettentausch'	869
bb) Inhalt des Klauselwerks	870
(1) Definition und Grundlagen	870
(2) Pflichten der Beteiligten	872
c) ‚Bonner Palettentausch'	878
aa) Text ‚Bonner Palettentausch'	878
bb) Inhalt des Klauselwerks	879
(1) Definition und Grundlagen	879
(2) Pflichten der Beteiligten	883
d) Situation in der Praxis und weitere Verwendungsmöglichkeiten der Musterklauseln ‚Kölner Palettentausch' und ‚Bonner Palettentausch'	887
aa) Eingeschränkte Anwendung dieser Musterklauseln	887
bb) Weitere Verwendungsmöglichkeiten	888
10. Sonstige Rechtsfragen des Palettenhandlings/-tausches	890
a) Qualitätsfragen und -abreden	890
aa) Ausgangssituation	890
bb) Stetiger Qualitäts- und Wertverlust beim Einsatz von Europaletten auch bei bestimmungsgerechtem Handling	902
(1) Neupaletten	902
(2) Gebrauchte Paletten	904
cc) Wie können diese Wertverluste erfasst werden, wer hat sie jeweils zu tragen?	907
(1) Lösungsansatz über Qualität, Lebensdauer und Marktpreise der Europaletten	907
(2) Zu wessen Lasten geht der Wertverlust im Verhältnis der Beteiligten untereinander?	917
(3) Bei einem Palettendarlehen des Verkehrsunternehmens an seinen Auftraggeber (Doppeltausch)	923
dd) Anwendungsmöglichkeiten dieses als ‚Kölner Abschreibungsschlüssel' bezeichneten Berechnungsmodells	928
(1) Wertberechnungsmöglichkeiten ohne unangemessenen Kontrollaufwand	928
(2) Berechnungs- und Ausgleichsbeispiele, Wertberechnung der Paletten einer Sendung	929
b) Dokumentation und Herausgabpflicht ohne Tauschabrede	933
aa) Dokumentationspflicht	933
bb) Pflicht zur Herausgabe erhaltener Paletten	938
c) Entschädigungsabreden, Ersatzansprüche	940
aa) Bei Nichtrückgabe von Paletten	940
bb) Bei verspäteter Rückgabe von Paletten	944
d) Abschluss von Palettenvereinbarungen durch den Fahrer	950
aa) Durch Individualvereinbarungen	950
bb) Durch Unterzeichnung von Palettenpapieren	951
e) Besonderheiten bei der Einschaltung von Dienstleistern	953
aa) Allgemeines	953
bb) Rechtliche Stellung der Dienstleister	956
(1) Tätigkeit auf der Absender-/Verladerseite	957
(2) Tätigkeit für Verkehrsunternehmen	962
(3) Tätigkeit für Empfänger	966
f) Palettenkonten/-kontokorrent	972
aa) Palettenkonten	972
bb) Palettenkontokorrent	977

	Rdnr.
g) Palettenscheine	980
aa) Allgemeines	980
bb) Gestaltung der Palettenscheine i. S. der vorstehenden Definition	984
(1) Nachweisfunktion	984
(2) Keine geborenen Wertpapiere	985
cc) Palettenscheine als Wertpapiere	986
dd) Weitere Mindestvoraussetzungen bei einem sog. Paletten(gut-)schein nach dem GS 1-Entwurf	989
ee) Sonstiges zu Palettenscheinen ohne Gestaltung als Wertpapier, Gültigkeitsangaben af einem Palettenschein, z. B. sechs Monate	992
h) Paletten-/Lademittelbegleitpapiere	994
aa) Grundsätzliches	994
bb) Musterpapier ‚Kölner Lademittelbegleitschein'	996
i) Zurückbehaltungsrecht	998
k) Verjährung von Ansprüchen aus Palettenverträgen	1000
aa) Aus Verträgen auf der Lieferebene	1001
bb) Aus Verträgen auf der Transportebene	1002
(1) Regelfälle	1002
(2) Ausnahmen Palettenkonten	1004
l) Ansatz von Umsatzsteuer bei der Berechnung nicht zurückgegebener Paletten	1006
11. Maßnahmen zur Sicherung der Position des Verkehrsunternehmens beim Palettenhandling in der Praxis	1009
a) Analyse des Ist-Zustandes im Betrieb	1010
aa) Überprüfung der tatsächlichen Verhältnisse	1010
bb) Überprüfung der Rechtskenntnisse der Mitarbeiter sowie der Anwendung dieser Rechtskenntnisse im täglichen Ablauf	1011
b) Maßnahmen nach Durchführung der Analyse	1012
aa) Klärung der Frage, in welcher Form weiter Palettenabreden getroffen werden sollen	1012
bb) Verbesserung der Betriebsabläufe	1013
cc) Laufende Kontrolle der Durchführung der eingeleiteten Maßnahmen	1015

1. Einleitung

696 Nach wie vor fehlt es an gesetzlichen Regelungen zum Handling und Tausch von genormten Lademitteln, zumeist aber nicht ausschließlich Paletten (vgl. unten Rdnr. 717) – wobei im Folgenden zur Vereinfachung für alle Lademittel die Begriffe ‚Paletten' und ‚Palettentausch' verwendet werden.

697 Da sich auch Regelwerke, wie ‚Kölner Palettentausch' und ‚Bonner Palettentausch' nicht durchgesetzt haben, sind immer noch viele Fragen auf diesem Gebiet offen. Es ist zu hoffen, dass es insoweit einfacher wird, wenn die GS 1-Palettenterms als neuer Versuch der einschlägigen Wirtschaftskreise unter der Mitwirkung der Standardisierungs-Organisation GS 1 verabschiedet werden und sich auf dem Markt durchsetzen sollten[1]

698 *a) Definition, Einsatz, Qualität und Art der Paletten zum Transport und zur Lagerung von Gütern. aa) Definition.* Diese Paletten sind tragfähige Plattformen ohne oder mit Aufbau (aus Holz, Metall oder Kunststoff), die dazu dienen, Güter zusammenzufassen, um Ladungseinheiten zum Befördern, Lagern und Stapeln mit Flurförderfahrzeugen oder anderen mechanischen Einrichtungen zu bilden.[2]

---

[1] Vgl. unten Rdnr. 704.
[2] Definition in 10.1. Abs. 2 der VDI-Richtlinie 2700 ‚Ladungssicherheit auf Straßenfahrzeugen', Oktober 1975.

bb) Einsatz von Paletten. Beim Einsatz von Paletten sind die einzelnen Packstücke 699
besser geschützt, können risikoloser transportiert und besser gestapelt werden. Durch
die Verwendung genormter Paletten wurde einmal auch eine bessere Auslastung der
Transport- und Lagerfläche erreicht, wobei der Rationalisierungseffekt durch den Einsatz tauschfähiger Mehrwegpaletten noch erhöht wurde.

Zum anderen ergeben sich erhebliche Vorteile daraus, dass genormte Paletten glei- 700
cher Bauart und entsprechender Qualität ähnlich wie Pfandflaschen ‚getauscht' werden können, so dass ein Ausgleich der Paletten erfolgen kann, ohne dass **dieselben**
Paletten körperlich zurückgegeben werden müssen.

Wenn bei entsprechender Organisation gleichartige **Tauschpaletten** zur Verfügung 701
stehen, kann ein Palettenaustausch unmittelbar erfolgen, sofern keine vereinbarten
Qualitätsanforderungen zu beachten sind. Es sind keine Leerfahrten zum Abholen
und Rücktransport der Paletten erforderlich, und es braucht auch nicht bei der Entladung gewartet zu werden, bis das Gut abgeladen ist, um Paletten wieder mitnehmen
zu können.

cc) Qualität der Paletten. In der Praxis treten oft Probleme auf, wenn in erheblichen 702
Mengen wesentlich schlechtere Palettenqualitäten zurückgeliefert werden als sie der
jeweilige Verwender zum Versand seiner Produkte eingesetzt hat.

Dies liegt häufig daran, dass die Absender/Versender von Gütern, die auf Paletten 703
angeliefert werden
- keine klaren Vereinbarungen über die Qualität der zurückzugebenden Paletten mit
  dem Empfänger getroffen haben,
- nicht selten davon ausgehen, dass sie dem eingesetzten Spediteur/Frachtführer ohne
  besondere Vergütung aufgeben könnten, ihnen Paletten in der Qualität, die beim
  Einsatz vorhanden war, zurückzuliefern,[3]
- bei ihren Überlegungen nicht beachten, dass insbesondere Holzpaletten bei jedem
  Einsatz, und zwar auch bei sachgerechter Behandlung permanent einen Qualitätsverlust erleiden, denn sie sind Verschleißteile, die beim Empfänger immer in einem
  abgenutzteren Zustand als bei ihrer Be- und Verladung ankommen[4]
- oder nicht berücksichtigen, dass ebenfalls nicht selten in der Kette der am Tausch
  Beteiligten gute Qualitäten aussortiert und dadurch nur niedrigere Qualitäten zurückgeliefert werden.

Zur Vermeidung von Streitigkeiten über die Qualität von Europaletten hat die 704
Gütegemeinschaft Paletten e.V. in Zusammenarbeit mit einem Arbeitskreis des Standardisierungsunternehmens GS 1-Germany, dem Vertreter der beteiligten Wirtschaftskreise angehören, Grundlagen zur Qualitäts-Klassifizierung und eine Anwendungsempfehlung herausgegeben.

Dabei wird von folgenden Qualitätsstufen ausgegangen: 705

  ‚neu'
  ‚A'   neuwertig   MFH-tauglich[5]
  ‚B'   MFH-tauglich   Holznachdunklung
  ‚C'   gebrauchsfähig und
  ‚nicht gebrauchsfähig'.

Diese Kriterien, vor allem bezüglich der Qualitätsklasse ‚C' wurden Ende 2013
überarbeitet.[6]

---

[3] Vgl. unten Rdnr. 895 ff.
[4] Vgl. unten Rdnr. 902 ff.
[5] Maschinengängig, fördertechniktauglich (Roll- und Kettenförderer) und hochregallagerfähig.

706 Eine neue Europalette darf keine Gebrauchsspuren aufweisen und muss kammergetrocknet sein.

707 Eine Palette der Klasse ‚A' ist gebraucht. Sie muss maschinengängig, fördertechniktauglich und hochregallagerfähig (MFH-tauglich) sein. Zudem muss sie im Unterschied zu Klasse ‚B' hell sein. Außerdem dürfen weder Klötze verdreht sein noch Splitter durch Gebrauch abstehen.
Markenzeichen und Herstellerkennung müssen komplett lesbar sein.

708 Auch eine Palette der Qualitätsklasse ‚B' muss MFH-tauglich sein. Sie braucht jedoch nicht hell zu sein. Im Übrigen gelten die gleichen Anforderungen wie bei der Klasse ‚A'.

709 Zur Qualitätsklasse ‚C' gehören die Paletten, die zwar die besonderen Anforderungen der Kategorien ‚A' und ‚B' nicht mehr erfüllen, aber noch gebrauchsfähig i.S.d. Produkt-Sicherheitsgesetzes (§§ 3 ff.) sind. Hier werden erstmals gesetzliche Voraussetzungen zugrunde gelegt und nicht nur technische Normen, wie die durch die Bahnen aufgestellte UIC-Norm 435-2. Dies führte dazu, dass der Begriff ‚tauschfähig' durch ‚gebrauchsfähig' mit einem gesetzlich definierten Hintergrund ersetzt wurde.

710 Auch diese Paletten müssen schimmelfrei und nicht durchnässt sein, wobei eine durch Gebrauch entstandene Oberflächenfeuchtigkeit unbedenklich ist.

711 Mindestens je ein Markenzeichen sowie die Herstellerkennung müssen lesbar sein. Das Nagelbild inklusive der Kopfkennzeichnung für die Nägel muss den Vorgaben entsprechen, und es darf maximal ein Verbindungselement (Nagelschaft) pro Bauteil sichtbar sein, jedoch insgesamt an einer Palette höchstens zwei Verbindungselemente. Die Palette muss geruchsneutral sein. Sie darf Anhaftungen oder Verunreinigungen aufweisen, die sich jedoch nicht auf die Ladungsgüter auswirken dürfen.

712 Es dürfen keine Bauteile fehlen und die Klötze um nicht mehr als 1 cm verdreht sein.

713 ‚Nicht gebrauchsfähig' sind Paletten mit Schäden, z.B. quer an- oder durchgebrochenen Brettern, mehr als zwei sichtbaren Nagelschäften bzw. einem oder mehreren frei- bzw. hervorstehenden Nagelschäften durch Absplitterungen und Holzspreizungen sowie verdrehten Klötzen mit mehr als 1 cm über Breite oder Länge.

714 Weiter enthält die Klassifizierungsempfehlung noch Angaben darüber, welche Reparaturen die Verwender selbst durchführen dürfen und wann die Tätigkeit eines lizenzierten Reparateurs erforderlich ist.

715 *dd) Arten der Paletten.* Es sind genormte Mehrwegpaletten aus Holz ohne Aufbau in den Größen

        800 × 1200 mm, ‚allgemein' als Europaletten,
        600 × 800 mm als Düsseldorfer Paletten oder Halbpaletten oder
        400 × 600 mm als Viertelpalette

bezeichnet, im Einsatz.

Weiter gibt es genormte Eurogitterboxpaletten, stapelfähig mit Aufbau und einer Grundfläche von 800 × 1200 mm wie die Europalette.

Für Europaletten gelten die UIC-Norm 435–2 bzw. die DIN 13698-1, für die Halbpalette die DIN 15146 Blatt 4. Für die Eurogitterboxpaletten sind die UIC-Norm 435–3 bzw. die DIN EN 13626 (nach Aufhebung der DIN 15155) maßgeblich.

716 Im Laufe der Zeit sind vor allem noch die Flachpaletten Euro-2 (Vierwege-Flachpalette aus Holz, 1000 × 1200 mm), die Flachpalette Euro-6 (Vierwege-Flachpalette

---

[6] Die Neufassung und ein Poster werden demnächst über die Gütegemeinschaft Paletten e.V. zugänglich sein.

aus Holz, 800 × 600 mm sowie Chemiepaletten, mit neun verschiedenen Abmessungen (CP 1 bis 9) und diverse Kunststoffpaletten sowie z.B. genormte Kisten und Haken, vor allem für die Fleischindustrie, hinzugekommen.

b) Neutrale und System-Paletten, Palettenpools, Tauschfähigkeit, Sicherheit und Entsorgung. aa) Abgrenzung zwischen neutralen und Systempaletten. Es wird unterschieden zwischen holzfarbenen, sog. weißen, oder neutralen Paletten, wie z.B. Europaletten, und zwar sowohl Euro-(flach)paletten, wie auch Euro-Gitterboxen, die keine Eigentümerkennzeichen aufweisen und anderen, insbesondere von Systemanbietern verwendeten Paletten, die als deren Eigentum gekennzeichnet sind. 717

An diesen ‚neutralen' Europaletten, wie sie im sog. ‚Europäischen Palettenpool' verwendet werden, kann und soll – da die Weitergabe üblicherweise im Rahmen eines Sachdarlehens i.S. der §§ 607ff. BGB oder zum Ausgleich eines solchen erfolgt[7] – jeder der sie ‚leer' erhält, Eigentum erwerben. Dies ist nach den Vorstellungen für den Palettentausch so gewollt, da nicht dieselben, sondern Paletten gleicher Art und Güte[8] zurückgegeben werden sollen und die am Palettentausch Beteiligten grundsätzlich nicht bereit sind, eigene Paletten herauszugeben, wenn sie nicht dafür das Eigentum an den ihnen (teilweise beladen) übergebenen Paletten erhalten. 718

Demgegenüber erfolgt kein Eigentumserwerb an den als solche gekennzeichneten Systempaletten, z.B. den ‚Blauen' der Firma Chep. Die Paletten bleiben Eigentum des jeweiligen Systemanbieters und können innerhalb von dessen System gegen andere Systempaletten ‚getauscht' werden. 719

bb) Palettenpools. Nicht selten wird der Begriff (freier) Palettenpool oder ‚Europäischer Palettenpool' verwendet, ohne dass dabei geklärt wurde, was ein ‚Palettenpool' in rechtlicher Hinsicht darstellt. 720

Abgesehen von den Eisenbahnunternehmen, die den sog. Europäischen Paletten-Pool (EPP) für Güter auf Paletten, die mit den Eisenbahnen transportiert werden, gegründet haben, gibt es keinen ‚Betreiber' des sog. Europäischen oder Europaletten-Pools, insbesondere keinen, der Regeln für den Tausch und die Rückgabe der Europaletten aufstellt und hinsichtlich des Tausches rechtliche Vorgaben machen kann. 721

Ein Pool, der rechtlich nicht definiert ist, ist laut Duden ein Zusammenschluss oder eine Vereinigung. Der sog. Europalettentauschpool ist letztlich nichts anderes als die Gemeinschaft der Nutzer von Europaletten, die mangels gesetzlicher Bestimmungen oder sonstiger allgemein anerkannter Regelwerke selbst untereinander vereinbaren müssen, wie das Handling und der Tausch dieser Paletten rechtlich durchgeführt werden soll. Es ist insoweit aber immer erforderlich, dass die eingesetzten Paletten gebrauchsfähig sind, damit sie getauscht werden können.[9]

cc) Tauschfähigkeitskriterien. (1) Markenrechtliche Kriterien, Einstellung des Marktes. Lizenzen für die Herstellung und Reparatur von Europaletten, die nach den Kriterien der UIC-Norm 435-2 gebaut wurden, hat namens des Inhabers des Zeichens ⓔⓤⓡ, der Österreichischen Bundesbahnen, die EPAL, die European Pallet Association e.V., Münster, vergeben. Nur nach diesen Kriterien gebaute und mit den Brandzeichen ⓔⓤⓡ und/oder ⓔⓟⓐⓛ versehene Paletten wurden als ‚echte' Europaletten und damit als tauschfähig angesehen. 722

---

[7] Vgl. unten Rdnr. 742 ff.
[8] Vgl. unten Rdnr. 917 ff.
[9] Vgl. unten Rdnr. 730.

723 In den letzten Jahren kam es zu Differenzen zwischen dem Verband der Europäischen Bahnen UIC und der EPAL aufgetreten. Seit 2013 vergeben sowohl die EPAL als auch die UIC Lizenzen zur Herstellung von ‚Europaletten', wobei für die Herstellung der Paletten mit EPAL-Lizenz als technische Regel die DIN EN 13698-1 maßgeblich ist.

724 Obwohl die nach den neuen Lizenzen hergestellten Paletten – abgesehen von den darauf angebrachten Brandzeichen (Marken) – im Wesentlichen baugleich sind, haben die Bahnen die Tauschfähigkeit der mit EPAL-Lizenzen gebauten Paletten als Europaletten in Frage gestellt.

725 Die Streitfrage wurde inzwischen von den beiden Organisationen geklärt. Man erkennt die mit den Einbränden EPAL/EPAL oder UIC/EUR gekennzeichneten Holzflachpaletten als miteinander unbeschränkt tauschfähig an.

726 Die führenden deutschen Wirtschaftsverbände hatten sich bereits zuvor für eine solche uneingeschränkte Tauschfähigkeit von Paletten mit diesen Kennzeichnungen EPAL/EPAL oder UIC/EUR ausgesprochen.

727 Es ist davon auszugehen, dass nunmehr auch im Europäischen Palettenpool (EPP) der mitwirkenden Eisenbahnverkehrsunternehmen EPAL-Paletten getauscht werden können.

728 *(2) Sicherheitskriterien, Annahmeverweigerungsrecht.* Europaletten sind Produkte und technische Arbeitsmittel i.S. der Produktsicherheitsbestimmungen Dies sind u.a. die VO (EG)Nr. 765/2008[10] des Europäischen Parlaments und des Rates vom 9.7.2008, das Produktsicherheitsgesetz (ProdSG) vom 8.11.2011,[11] welche das Geräte- und Produktsicherheitsgesetz (GPSG) aus 2004 ablöst, und die Betriebssicherheitsverordnung (BetrSichV) in der Fassung vom 8.11.2011.[12] Nach § 3 Abs. 1 Nr. 2 Abs. 2 ProdSG darf ein Produkt insbesondere die Sicherheit und Gesundheit von Personen bei bestimmungsgemäßer oder vorhersehbarer Verwendung nicht gefährden. Bei der Prüfung, ob ein Produkt diesen Anforderungen entspricht, können nach § 5 ProdSG Normen und andere technische Spezifikationen zugrundegelegt werden. Dies sind die DIN EN 13698-1[13] und die UIC-Norm 435-2 für die Herstellung der Paletten und für die Beurteilung als Arbeitsmittel die berufsgenossenschaftliche Regeln für Sicherheit und Gesundheit bei der Arbeit BGR 234[14] ‚Lagereinrichtungen und -geräte'. Ungeachtet der markenrechtlichen Fragen müssen tauschfähige Europaletten den Anforderungen dieser technischen Normen entsprechen.

729 Wann Euroflachpaletten so beschädigt sind, dass sie nicht mehr gebrauchsfähig und tauschfähig sind, ergibt sich aus den vorstehend erwähnten Klassifizierungskriterien.[15]

730 Nichtgebrauchsfähige, also nicht sichere Paletten dürfen mithin von den Beteiligten der Palettentauschkette nicht mehr zum weiteren Gebrauch z.B. vom Empfänger herausgegeben noch zu diesem Zweck angenommen werden, sondern nur noch zur Reparatur oder zur Entsorgung.[16] Daraus folgt, dass Beteiligte, insbesondere Verkehrsunternehmen, nicht mit Kosten belastet werden dürfen, wenn sie die Annahme nicht gebrauchsfähiger Paletten verweigern.

---

[10] ABl. EU 2008 L 218/30.
[11] BGBl. I 2011 S. 2179.
[12] BGBl. I 2011 S. 2178.
[13] Herausgegeben vom Europäischen Komitee für Normung CEN, Brüssel.
[14] Bezugsquelle: Berufsgenossenschaften oder Carl Heymanns Verlag KG, Köln.
[15] Vgl. oben Rdnr. 704 ff.
[16] Vgl. unten Rdnr. 733.

III. Sonderbereich 5. Palettenhandling/-tausch   B. III

dd) Bedeutung öffentlich-rechtlicher Vorschriften für Palettenhandling/-tausch. 731
(1) Verpackungsverordnung.[17] Auch wenn Paletten Verpackungs- oder Packmittel[18] und damit Transportverpackungen sind, gibt es jedenfalls bei genormten Paletten, anders als häufig bei anderen Packmitteln, solange sie noch gebrauchsfähig sind, wegen ihres Wertes üblicherweise keine Probleme wegen ihrer Rücknahme. Problematisch ist in aller Regel entgegen einer teilweise von Praktikern vertretenen Mindermeinung nicht die öffentlich-rechtliche Rücknahmepflicht des Herstellers/Vertreibers (§ 4 VerpackV), sondern die zivilrechtliche Rückgabepflicht des Empfängers. Anders kann dies bei Einwegpaletten sein, für die oft keine weitere Nutzungsmöglichkeit mehr besteht. Solche Paletten sind nicht Gegenstand dieser Untersuchung.

(2) Öffentlich-rechtliche Sicherheitsvorschriften. Im Rahmen ihrer Aufgabenstellung 732
kontrollieren die Marktüberwachungsbehörden nach § 26 ProdSG, früher § 8 GPSG, ob in den Verkehr gebrachte Paletten den Anforderungen des § 3 ProdSG entsprechen. Werden von den Behörden angeordnete Maßnahmen nicht beachtet, können gemäß § 39 dieses Gesetzes Bußgelder bis 100.000 € verhängt werden.

ee) Entsorgung von genormten Paletten. Sind genormte Paletten nicht mehr ge- 733
brauchsfähig und auch nicht mehr reparaturwürdig, sind sie wie anderer Abfall zu behandeln und unterliegen in ihrer weiteren Behandlung den Bestimmungen des Kreislaufwirtschaftsgesetzes[19]

c) Hauptformen des Palettentausches. Nachdem die Zurverfügungstellung von 734
Leerpaletten (durch Verkehrsunternehmen) vor Übernahme des Transportgutes in der Praxis wohl keine Rolle mehr spielt,[20] kann derzeit von vier Hauptformen[21] des Palettentausches ausgegangen werden.

aa) ‚Doppeltausch' oder ‚Idealtausch'. Bei dieser Abrede übernimmt das Verkehrsun- 735
ternehmen palettiertes Gut an der Beladestelle und hat dem Verlader, d.h. demjenigen, von dem es das palettierte Gut übernimmt, aus seinem Bestand die gleiche Anzahl Paletten gleicher Art und Güte zu übergeben. Es soll dafür an der Entladestelle vom Empfänger Zug um Zug gegen Übergabe des palettierten Gutes entsprechende ‚Tauschpaletten' zurückerhalten. Erfolgt dies so, sind die Palettenkonten aller Beteiligten ausgeglichen und es sind keine Fahrten zur Rückführung der Paletten erforderlich. Daher wird diese Tauschform auch ‚**Idealtausch**' genannt.

Gelten die VBGL, bedarf die Vereinbarung des Palettentausches sowie anderer Leis- 736
tungen in Bezug auf Paletten nach § 38 Abs. 2 der Schriftform.

bb) ‚Einfacher Palettentausch'. Bei dieser Form besteht nur die Verpflichtung des 737
Verkehrsunternehmens, den Empfänger von palettiertem Gut aufzufordern, die entsprechende Anzahl ‚Tauschpaletten' gleicher Art und entsprechender Güte Zug um Zug bei der Ablieferung herauszugeben. Dann hat das Verkehrsunternehmen diese Paletten bei sich oder an einer vereinbarten Abholstelle zur Abholung nach Absprache bereit zu halten (**Holschuld** des Auftraggebers). Diese Form liegt häufig dann vor, wenn die Parteien zwar einen Palettentausch gewollt, aber nicht weitere Einzelheiten vereinbart haben.

---

[17] Verordnung vom 21.8.1998 (BGBl. I 1998 S. 237)9, geändert durch Art. 5 Abs. 19 des Gesetzes vom 24.2.2012 (BGBl. I 2012 S. 212).
[18] BGH TranspR 1987, 178 ff., *Thume* CMR 1. Aufl. Anhang IV Rdnr. 8.
[19] Gesetz vom 24.2.2012 (BGBl. I 2012 S. 212), geändert durch das Gesetz vom 8.4.2013 (BGBl. I 2013 S. 734).
[20] Anders noch *Willenberg* TranspR 1984, 259 ff.
[21] Vgl. *Knorre/Hector*, Paletten-Handbuch, 2. Aufl., S. 34, 35.

738 cc) ‚*Palettentausch mit Rückführungsverpflichtung*'. Diese wohl häufigste Form einer Palettenabrede, die keinen Einsatz eigener Paletten des Verkehrsunternehmens erfordert, unterscheidet sich vom ‚Einfachen Palettentausch' dadurch, dass das Verkehrsunternehmen die vom Empfänger entgegengenommenen Paletten an eine mit seinem Auftraggeber vereinbarte Abgabestelle, z. B. an der Ladestelle oder beim Auftraggeber abzuliefern hat (**Bringschuld** des Verkehrsunternehmens).

739 dd) ‚*Palettentausch mit Übernahme des Tauschrisikos*'. Bei dieser Abrede wird von dem Verkehrsunternehmen verlangt, Paletten innerhalb einer vom Auftraggeber vorgegebenen Frist an einer bestimmten Abgabestelle, unabhängig davon, ob es vom Empfänger entsprechende Paletten erhalten hat, abzuliefern. Solche Anforderungen werden an Verkehrsunternehmer nicht nur in den Fällen gestellt, in denen sie keine eigenen Paletten einzusetzen haben (vorstehende Alternativen bb) und cc)), sondern auch dann, wenn das Verkehrsunternehmen eigene Paletten an der Beladestelle abzugeben hat (Alternative aa).

2. Allgemeine Grundlagen des Palettentauschs

740 Zunächst sollen Rechtsfragen und sonstige Punkte behandelt werden, die für alle Tauschformen und –abreden gelten:

741 *a) Grundsätzliches. aa) Ein kostengünstiger und schneller Ausgleich der eingesetzten Paletten.* Üblicherweise wollen diejenigen, die Paletten aus ihrem Bestand zum Versand des Gutes oder im Rahmen einer Tauschvereinbarung zur Verfügung gestellt haben, **möglichst schnell** und **kostengünstig** wieder über den gleichen Bestand an entsprechenden Paletten verfügen, damit sie diese möglichst schnell anderweitig wieder einsetzen können. Dies beruht darauf, dass die Paletten im Regelfall nicht mit dem Gut zusammen den Empfängern verkauft werden, sondern von diesen körperlich zurückzugeben oder in sonstiger Form ausgeglichen werden müssen.

742 *bb) Eigentumswechsel bezüglich der eingesetzten Paletten.* Dabei sind die Beteiligten im Regelfall jedenfalls stillschweigend damit einverstanden, dass sie nicht dieselben Paletten, die sie eingesetzt haben, wiederbekommen, sondern andere Paletten gleicher Art und Güte.[22] Dementsprechend haben die Verlader und andere Beteiligte grundsätzlich auch nichts dagegen, dass der Empfänger der Paletten jeweils Eigentum daran erwirbt, wenn auch sie Eigentümer der wieder an sie zurückgegebenen Paletten werden, soweit sie sich über die Eigentumsverhältnisse überhaupt konkret Gedanken machen. Dass sie nicht jeweils ihre eigenen Paletten wieder bekommen, wissen sie, denn nur so kann sofort bei Anlieferung palettierten Gutes ein Palettentausch erfolgen und es können die ansonsten mit dem Abpacken verbundenen **Wartezeiten** vermieden werden.

743 Dies gilt gleichermaßen für Produzenten oder Verlader von Gütern als auch für Verkehrsunternehmen, die bei entsprechenden Abreden an der Beladestelle eigene Paletten abgeben gegen die Zusage, im Regelfall entsprechende Paletten vom Empfänger **Zug um Zug** bei Ablieferung palettierten Gutes zurückzubekommen oder für eingeschaltete Dienstleister, die ihre Auftraggeber mit Paletten aus ihrem Bestand versorgen und später – je nach Vertragsgestaltung - von ihren Vertragspartnern oder Dritten Paletten zurückerhalten sollen.

---

[22] Vgl. unten Rdnr. 896, 922.

III. Sonderbereich 5. Palettenhandling/-tausch   B. III

Gewünscht wird von allen Beteiligten, die eigene Paletten einsetzen, dass sie gleich- 744
artige Paletten in einer möglichst guten Qualität zurückerhalten, die von ihnen sofort
wieder ohne Reparaturen oder ‚Qualitätsupgrade', d.h. ohne Aufpreis für den Eintausch gegen eine bessere Qualität, eingesetzt werden können.

Problematisch kann es werden, wenn z.B. ein Verlader, der nur neuwertige hochre- 745
galfähige Europaletten einsetzt, solche Qualitäten von den eingeschalteten Verkehrsunternehmen oder Dienstleistern zurückverlangt, obwohl die Empfänger nicht entsprechende Paletten zurückgeben.

cc) Wertung dieser Handhabung. Soweit der jeweilige Übernehmer der Paletten der 746
Eigentümer wird und statt der erhaltenen Paletten auch andere gleicher Art und entsprechender Güte zurückgeben darf, geht die vorherrschende Meinung[23] wohl zu
Recht davon aus, dass diese Handhabung rechtlich ein (Sach-)Darlehen i.S.d.
§§ 607ff. BGB und keinen Tausch (§ 480 BGB) darstellt. Wenn die Gegenleistung für
die zur Verfügung gestellten Paletten erst später, und zwar häufig durch einen Dritten
erfolgt, entspricht dies nicht mehr dem, was man sich im Regelfall unter einem Tausch
vorstellt, einen zeitgleichen Ersatz eines bestimmtes Wertes gegen einen anderen.

Für die beim ‚Palettentausch' zu entscheidenden Fragen kommt es auf den für die 747
Praxis letztlich unbedeutsamen dogmatischen Streit nicht an. *Koller*[24] stellt darauf ab,
dass eine Verpflichtung des Frachtführers unabhängig von der Rückgabe von Paletten
durch den Empfänger dem Auftraggeber Leerpaletten herauszugeben, oder das Interesse des Frachtführers, dass ihm Güter auf Paletten zur Verfügung gestellt werden,
mehr für ein **Sachdarlehen** spreche. Habe der Frachtführer nicht das Risiko zu tragen,
dass der Empfänger Paletten zurückgebe, spräche das für einen Tausch. Diese Abgrenzung, die der Praxis nicht gerecht wird, überzeugt nicht, zumal die Vereinbarungen,
wonach dem Verkehrsunternehmen das Risiko des Palettentausches auferlegt werden
soll, zumeist unwirksam[25] sind.

Wichtig ist jedenfalls, dass der jeweilige Empfänger der Paletten diese zu Eigentum 748
erhält. Nur dann, wenn er Eigentümer dieser erhaltenen Paletten wird und nicht
weiter Rückgabeansprüchen seines Lieferanten ausgesetzt bleibt, ist er bereit, seinerseits bei der Anlieferung palettierten Gutes dem Verkehrsunternehmen entsprechende
Paletten aus seinem Bestand auszuhändigen.

Der Empfänger palettierten Gutes erhält mit dessen Übergabe an ihn regelmäßig 749
Besitz und Eigentum an den Paletten, ob er auch Eigentümer des Gutes wird, hängt
von den Liefervereinbarungen ab. So kann die Lieferung unter **Eigentumsvorbehalt**
erfolgt sein oder es ist überhaupt kein Eigentumserwerb des Empfängers hinsichtlich
des Gutes vorgesehen.

Das Verkehrsunternehmen, das palettiertes Gut übernimmt, erhält grundsätzlich 750
Ladungseinheiten, wobei das Gut auf Paletten verpackt und dann häufig mit Folie
umwickelt oder verschweißt bzw. mit Bändern umwickelt ist. Diese Ladungseinheiten
sind dann als Ganzes beim Empfänger abzuliefern und dürfen vom Verkehrsunternehmen nicht auseinander gerissen werden. Die Paletten werden zusammen mit dem
Gut dem Empfänger übergeben.[26]

---

[23] **Für** *Darlehen* z.B. OLG Frankfurt TranspR 1984, 245 und TranspR 2006, 82 (83); OLG Hamm TranspR
2000, 229 (230) *Thume*, a.a.O. Anhang IV Rdnr. 22 m.w.N.; *Knorre* TranspR 1990, 99 ff. und TranspR 2001, 1 ff.;
Gass a.a.O. Rdnr. 54 zu § 407; **für** *Tausch Thunn* TranspR 1992, 263 ff.; offen lassend OLG Frankfurt 1993, 145,
146; OLG Celle TranspR 1994, 247 (249); **differenzierend** *Koller*, a.a.O. Rdnr. 57 ff.
[24] A.a.O. Rdnr. 57, 58 zu § 407 HGB.
[25] Vgl. OLG Celle TranspR 2001, 97 (98) und 2003, 450 (452, 453); OLG Bremen OLG Report Bremen
2007, 774 ff.; *Knorre* TranspR 2001, 1, 7; *Gass*, a.a.O. Rdnr. 52 zu § 407.
[26] Vgl. z.B. OLG Düsseldorf TranspR 1984, 251 (253).

751 Ein Darlehensvertrag, aus dem sich ein Anspruch auf Rückgabe einer gleichen Anzahl von Paletten gegen das Verkehrsunternehmen ergeben könnte, wird mit diesem vom Absender/Versender nicht abgeschlossen. Das Verkehrsunternehmen nimmt nur rein faktisch die Paletten an, um dem Versender den Transport des Gutes auf Paletten zu ermöglichen und tritt auch nicht in das Rechtsverhältnis zwischen Versender und Empfänger ein.[27]

752 Das Verkehrsunternehmen ist daher aufgrund der beladen übernommenen Paletten nicht zur Rückgabe von Paletten in entsprechender Anzahl und Art an seinen Auftraggeber verpflichtet. An diesen hat es vielmehr nur die Paletten zurückzugeben, die es an der Entladestelle vom Empfänger erhält.

753 *dd) Interessenlage der Absender/Versender.* Noch häufig versuchen die Hersteller und Händler von Gütern, vor allem in den Fällen, in denen sie keine klaren Vereinbarungen mit ihren Kunden über die Rückgabe der Paletten, insbesondere hinsichtlich Zeitpunkt und Qualität getroffen haben, den Verkehrsunternehmern, die ihre Güter transportieren, auch die Rückführung oder den sonstigen Ausgleich der Paletten aufzugeben. Sie treffen mit den Verkehrsunternehmen neben den Fracht- oder Speditionsverträgen noch zusätzliche Abreden über den Palettentausch/-ausgleich in den verschiedensten Formen, da sie ihre Paletten von den Empfängern wieder zurück haben wollen. Denn im Regelfall werden die Paletten, auf oder in denen das Gut verpackt ist, nicht an den Empfänger mitverkauft.

754 Versuche des Speditionsgewerbes, zu erreichen, dass die Paletten – auch tauschfähige Mehrwegpaletten – vom Verkäufer gestellt und dem Käufer mit dem Gut zusammen zur freien Verfügung verkauft werden sollen, hatten keinen Erfolg.

755 *ee)Interessenlage der Verkehrsunternehmen.* Soweit sich die Verkehrsunternehmen in Zusatzvereinbarungen zu Fracht- oder Speditionsaufträgen zum Palettentausch verpflichten, möchten sie den damit verbundenen Aufwand, insbesondere ihre Kosten, so gering wie möglich halten, da sie zumeist – wenn letztlich überhaupt – nur eine geringe Vergütung für ihre zusätzliche Tätigkeit erhalten.

756 Insbesondere wollen sie jedenfalls nicht das Risiko übernehmen, Paletten zurückgeben zu müssen, wenn der Empfänger ihnen keine ‚**Tauschpaletten**' oder solche in nicht angemessener Güte aushändigt und sie wollen möglichst nicht mehrfach beim Empfänger vorbeifahren, bis sie ‚Tauschpaletten' erhalten oder große Umwege zurücklegen, um die Paletten zurückzugeben.

757 *ff) Interessenlage der Empfänger.* Oftmals fehlt es im Verhältnis Lieferant zum Empfänger an konkreten Vereinbarungen darüber, wie die Paletten, die mit dem Gut angeliefert werden, zurückzugeben sind, insbesondere auf wessen Kosten die Rückgabe zu erfolgen hat, wenn dem anliefernden Verkehrsunternehmen nicht sofort entsprechende Tauschpaletten gleicher Menge, Art und Güte übergeben werden.

758 Teilweise möchten die Empfänger die angelieferten Paletten auch länger behalten. Im Wesentlichen geht es ihnen jedoch darum, Kosten für die Rücklieferung der Paletten zu vermeiden.

759 **b) Situation in der Praxis.** *aa) Keine gesetzlichen Regelungen.* Wie bereits ausgeführt, gibt es weder in unserem nationalen Recht noch in der CMR Bestimmungen über den Palettentausch.

760 Aus Fracht- und Speditionsverträgen ergibt sich keine unmittelbare Verpflichtung des Frachtführers/Spediteurs zum Tausch oder zur Rückführung von Paletten, auch nicht als Nebenpflicht.[28]

---

[27] OLG Celle TranspR 1994, 247 (248, 249).
[28] Vgl. für die h. A. *Koller*, a.a.O. § 407 HGB Rdnr. 55 jeweils m.w.N., MüKoHGB/*Thume* § 407 Rdnr. 70.

III. Sonderbereich 5. Palettenhandling/-tausch   B. III

Solche Pflichten ergeben sich auch nicht aus der bloßen Tatsache des Rücktransports ohne entsprechende Tauschabrede der Vertragsparteien, des Absenders/Versenders mit dem Frachtführer/Spediteur.[29] Ein Verkehrsunternehmen hat zwar dann, wenn es vom Empfänger Leerpaletten entgegennimmt, diese nach § 667 BGB seinem Auftraggeber herauszugeben, da es sich bei seiner Tätigkeit auch um eine entgeltliche Geschäftsbesorgung handelt, auf die das Auftragsrecht des BGB Anwendung findet.[30] Eine weitergehende Verpflichtung erwächst dem Verkehrsunternehmen weder aus der **bloßen** Entgegennahme von Paletten vom Empfänger noch aus deren bloßem Rücktransport ohne entsprechende Abrede. 761

bb) Kein Handelsbrauch, keine Regelung in den ADSp oder VBGL. Es wurde teilweise in der Literatur verlangt, dass geprüft werden müsse, ob ein Handelsbrauch der Rückführung von Paletten durch Verkehrsunternehmer bestehe.[31] Unabhängig davon, dass auch in älteren Entscheidungen das Bestehen eines solchen Handelsbrauches jedenfalls flächendeckend verneint wurde,[32] kann seit der Transportrechtsreform von 1998 nicht mehr von einem etwaigen Handelsbrauch ausgegangen werden. 762

Die Spediteure haben in Ziff. 4.1.3 und 4.2. ADSp und die Frachtführer in § 32 VBGL im Wesentlichen übereinstimmend zum Ausdruck gebracht, dass die den Spediteuren und Frachtführern erteilten Aufträge mangels besonderer Vereinbarung nicht die Gestellung und den Tausch von Paletten umfassen. Dies seien besondere Dienstleistungen, die gesondert zu vereinbaren und zu vergüten seien. Bei einer solchen Aussage der wichtigsten Verbände der Verkehrsunternehmen kann nicht von deren Verpflichtung zum Palettentausch kraft **Handelsbrauch** die Rede sein. 763

Im Übrigen enthalten weder die ADSp noch die VBGL Bestimmungen darüber, wie ein vereinbarter Palettentausch durchzuführen ist und welche Pflichten die Beteiligten haben. 764

cc) Verpflichtung zum Palettentausch nur bei entsprechenden Vereinbarungen der Parteien. Da es auch sonst keine allgemein anerkannten Regelwerke gibt, aus denen eine Verpflichtung zum Palettentausch ohne Absprache hergeleitet werden kann, kommt es also auf die Absprache der Parteien an, die nachfolgend näher untersucht werden sollen. 765

Damit der Palettentausch reibungslos funktionieren kann, müssen alle Beteiligten möglichst einvernehmlich mitwirken. 766

Dazu sind von den Absendern/Versendern einmal Vereinbarungen mit den Verkehrsunternehmen (Frachtführern/Spediteuren) über den Palettentausch – gleich welcher Art – verbunden mit etwaigen Rückführungen oder sonstigen Ausgleichsformen auf der Transportebene zu treffen. Dies sind regelmäßig flankierende Maßnahmen zu Fracht- oder Speditionsverträgen zur Regelung des Transports der Güter, die auf vom Empfänger zurückzugebenden Paletten verpackt sind. 767

Weiter muss geregelt werden, dass die Verkehrsunternehmen von den Empfängern, die nur dann ausnahmsweise deren Vertragspartner sind, wenn sie auch als Auftraggeber fungieren (sog. Beschaffungslogistik), Paletten zurückerhalten, um etwaige ‚Tauschabreden' erfüllen zu können. Dazu haben die Verlader auf der Lieferebene mit ihren Vertragspartnern, den Empfängern, Absprachen über die Rückgabe der Palet- 768

---

[29] OLG Hamm TranspR 2000, 332, OLG Frankfurt TranspR 1984, 248, *Koller*, a.a.O. § 407 HGB Rdnr. 55, *Knorre* TranspR 2001, 1 (2).
[30] Vgl. MüKoBGB/*Berger*, 6. Auflage § 607 Rdnr. 15.
[31] Vgl. *Koller*, a.a.O. § 407 HGB Rdnr. 56 m.w.N.
[32] Vgl. *Fremuth*, a.a.O. § 407 HGB Rdnr. 91 m.w.N.

ten, also den Ausgleich des Paletten(sach)darlehens[33] zu treffen als Zusatzabsprachen zu den Lieferabreden, zumeist Kaufverträgen.

769 Denn dann, wenn der Absender/Versender Vertragspartner der Verkehrsunternehmen ist, haben diese keine eigenen Ansprüche gegen den Empfänger auf Rückgabe von Tauschpaletten zum Ausgleich der mit der Ware angelieferten Paletten.

Dementsprechend sind die Verkehrsunternehmen keine Vertragspartner von Absendern/Versendern und Empfängern auf der Lieferebene.

770 *dd) Grafische Darstellung der Rechtsbeziehungen der Beteiligten*

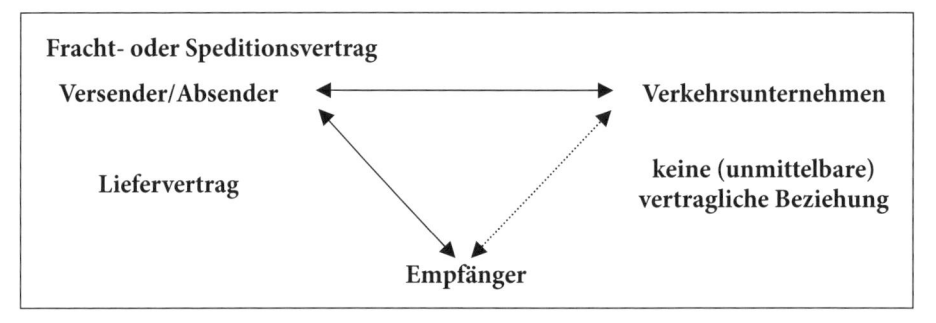

```
Fracht- oder Speditionsvertrag
Versender/Absender  ◄──────────►  Verkehrsunternehmen

Liefervertrag                     keine (unmittelbare)
                                  vertragliche Beziehung

            Empfänger
```

771 *ee) Inhalt der Vereinbarungen zwischen den Beteiligten der Palettentauschkette. (1) Grundvoraussetzungen.* Die Absprachen auf der Lieferebene und auf der Transportebene müssen korrespondieren, damit die Empfänger die Paletten herausgeben, die die Verkehrsunternehmen benötigen, um ihre vertraglichen Verpflichtungen gegenüber ihren Auftraggebern erfüllen zu können.[34] Dies gilt vor allem für die Modalitäten der Palettenrückgabe an der Entladestelle.

772 *(2) Individualabreden, AGB-Klauseln, fehlende Leitbilder für den Palettentausch.* Insbesondere dann, wenn für vertragliche Beziehungen keine gesetzlichen oder sonstige verbindlichen Bestimmungen bestehen und Vertragsfreiheit gilt, kommt es darauf an, dass die getroffenen Vereinbarungen klar und eindeutig sind. Dies gilt sowohl für individuelle Vereinbarungen als auch für AGB-Klauseln.

773 Individualabreden liegen vor, wenn über die geregelten Punkte gesprochen wurde und die Parteien dann Einigkeit erzielt haben. Ist es streitig, ob einer AGB-Klausel vorgehende Individualabrede vorliegt, ist derjenige, der sich darauf beruft, dass die Abrede ausgehandelt wurde, dafür beweispflichtig. Dies kann eine Abrede für einen Einzelfall sein, aber auch für eine Mehrzahl von gleichartigen Verträgen zwischen denselben Vertragsparteien.

774 Individualabreden finden ihre Grenzen in den Grundsätzen von **Treu und Glauben** und in gesetzlichen Verboten, insbesondere (§§ 134 und 138 BGB). Ansonsten können auch weitreichende vertragliche Pflichten vereinbart werden. Unwirksam sind vor allem **Knebelungsverträge,** bei denen die wirtschaftliche Situation der anderen Partei oder ihre Unerfahrenheit in besonders krasser Weise ausgenutzt werden.

775 Als AGB gelten **vorformulierte Klauseln,** die vom Verwender zum mehrfachen Gebrauch erstellt werden, wobei es nicht darauf ankommt, dass sie als solche bezeichnet sind. AGB können somit auch vom Verwender in Auftragsschreiben verwendete Formulierungen sein, wenn sie mehrfach verwendet werden, wie z.B. die Klausel ‚Tausch und Rückführung der Paletten erfolgen auf Ihr Risiko'.

---

[33] Vgl. unten Rdnr. 829.
[34] Vgl. dazu unten beim ‚Kölner Palettentausch' Rdnr. 869.

III. Sonderbereich 5. Palettenhandling/-tausch　　　　　　　　　　　　　　**B. III**

Gerade wenn es sich um Klauseln in Auftragsschreiben pp. handelt, sollte man sich 776
nicht darauf verlassen, dass keine wirksame AGB-Klausel vorliegt, sondern vorsorglich einer solchen Klausel sofort schriftlich widersprechen, und zwar **bevor** der Vertrag mit dieser Klausel zustande gekommen ist.

Soweit es darum geht, zu prüfen, ob eine AGB-Klausel wirksam ist, wenn keine 777
spezielle gesetzliche Regelung vorliegt, ist zunächst auf die Bestimmungen der §§ 305, 305a BGB zurückzugreifen, die die Einbeziehung von AGB in Verträge betreffen.

Danach werden BGB-Bestimmungen über den **Vorrang der Individualabreden** (§ 305b BGB), über **überraschende und unklare Klauseln** (§ 305c BGB) und im kaufmännischen Bereich die **Generalklauseln** des § 307 BGB herangezogen.

Ausgenommen Umzüge (§§ 451ff. HGB) werden die meisten Verträge über den 778
Transport von Gütern, insbesondere verpackt auf oder in Paletten, von Gewerbetreibenden i.S.d. § 1 HGB abgeschlossen.

(3) Leitbilder des Palettentausches. Bestimmungen in AGB sind unwirksam, wenn 779
sie den Vertragspartner des Verwenders unangemessen benachteiligen (§ 307 Abs. 1 BGB), wobei eine solche unangemessene Benachteiligung im Zweifel anzunehmen ist, wenn die Bestimmung mit wesentlichen Grundgedanken der gesetzlichen Regelung, von der abgewichen wird, nicht vereinbar sind.

Bisher fehlt es an gesetzlichen Bestimmungen und auch an allgemein anerkannten 780
Leitbildern für Palettentauschverträge, die als Maßstab für die Praxis herangezogen werden könnten, obwohl erste Ansätze entwickelt wurden.[35]

Wenn verlässliche Leitlinien für die Prüfung der Wirksamkeit von Palettenklauseln 781
aufgestellt werden sollen, ist es erforderlich, zunächst durch Rechtsprechung, juristische Literatur und/oder Zusammenarbeit der beteiligten Wirtschaftsverbände dafür Grundlagen zu schaffen, was inzwischen jedenfalls in Ansätzen auch geschehen ist.[36]

ff) Mangelnde Rechtskenntnisse der Beteiligten. Neben dem Fehlen verbindlicher 782
Normen (vgl. oben Rdnr. 759) sind vor allem fehlende Rechtskenntnisse und teilweise auch mangelndes Interesse **der Beteiligten** der **Transport- und Palettentauschkette**, Versender/Absender – Spediteur/Frachtführer – Empfangsspediteur – Empfänger an den rechtlichen Grundlagen des Palettentausches sowie an **klaren Absprachen** die Ursache dafür, dass es so häufig Probleme und Streitigkeiten beim Palettenhandling/-tausch in der Praxis gibt.

gg) Weiteres zu Vereinbarungen auf der Lieferebene. (1) Art der Rückgabe. Es sollte 783
geregelt werden, wann und wo die Paletten vom Empfänger zurückzugeben sind, ob Zug um Zug bei Anlieferung, später in gleicher Menge oder gebündelt für mehrere Anlieferungen, über Palettenscheine oder über die Einschaltung eines Dienstleisters, damit die Verkehrsunternehmen, die auf der Transportebene gegebenenfalls übernommenen Verpflichtungen gegenüber ihren Auftraggebern auch erfüllen können.

(2) Qualitätsregelungen für Rückgabe. Insbesondere wenn der Lieferant Paletten hö- 784
herer Qualität als ‚C' einsetzt, sollte auch geregelt werden, welche Palettenqualitäten der Empfänger zurückzugeben hat.

(3) Mitwirkungspflichten der Erfüllungsgehilfen des Auftraggebers bei der Dokumen- 785
tation von Palettenvorgängen. Schließlich sollte geregelt werden, dass mit dem Auftraggeber nicht identische Verlader an der Beladestelle ebenso wie die Empfänger an der Entladestelle, die insoweit jeweils als Erfüllungsgehilfen des Absenders/Versenders

---

[35] Vgl. *Knorre* TranspR 2001, 1 (7).
[36] Vgl. unten Rdnr. 795, 869ff. und 878ff.

hinsichtlich der Paletten tätig sind, bei der Dokumentation der Palettenvorgänge mitwirken. Dabei geht es insbesondere darum, dass Palettenbegleitpapiere[37] oder sonstige, die Ware begleitenden Papiere, die der Fahrer hinsichtlich der Palettenvorgänge vorlegt, auch dann gegengezeichnet werden, gegebenenfalls mit einem eigenen Vermerk, wenn damit Fakten bestätigt werden sollen, die nicht zum Vorteil des Verladers bzw. Empfängers sind.

786   *hh) Weiteres zu Vereinbarungen auf der Transportebene. (1) Eindeutige Festlegung auf eine bestimmte Tauschform.* Es sollte eindeutig geklärt werden, ob das eingesetzte Verkehrsunternehmen eigene Paletten zuzusetzen hat (so beim ‚Doppeltausch') oder nur erhaltene Paletten herausgeben (so beim ‚Einfachen Palettentausch') bzw. diese zu einer Abgabestelle transportieren (Palettentausch mit Rückführungsverpflichtung) oder gar das Tauschrisiko übernehmen soll (Palettentausch mit Übernahme des Tauschrisikos).

787   *(2) Vereinbarungen von Dokumentations- und Prüfpflichten an der Beladestelle, Pflichten an der Beladestelle.* Was die Dokumentation der Vorgänge an der Beladestelle angeht, ist es schon im eigenen Interesse des eingesetzten Verkehrsunternehmens sich Anzahl und den gebrauchsfähigen Zustand bzw. die Qualitätsklasse etwaiger von ihm abgegebenen Paletten und etwaige erkennbare Mängel der beladen übernommen Paletten bestätigen zu lassen.

Weiter kann eine bestimmte Form der Dokumentation, z.B. durch Verwendung eines Lademittelbegleitscheins und die Information des Auftraggebers beim Auftreten von Unregelmäßigkeiten vereinbart werden.

788   Teilweise wird verlangt, dass das eingesetzte Verkehrsunternehmen für an der Entladestelle festgestellte Mängel der beladen übernommen Paletten einstehen soll, wenn an der Beladestelle keine Abschreibung vorgenommen wurde. Dabei ist zu berücksichtigen, dass der Fahrer zu einer Prüfung der beladen übernommen Paletten im Regelfall, selbst wenn er bei der Beladung anwesend ist, allenfalls beschränkt in der Lage ist. Verlangt werden kann, z.B. die Prüfung, ob die Paletten nach Größe und Farbe tauschfähig sind.

789   *(3) Pflichten an der Entladestelle.* Es ist ebenfalls im eigenen Interesse des eingesetzten Verkehrsunternehmens, dass es mit Gegenzeichnung durch das Personal des Empfängers nicht nur festhält, wenn der Empfänger keine oder nicht genügende vertragsgerechte Tauschpaletten anbietet, sondern auch darauf achtet, dass die Gründe für den Nichttausch oder nicht vollständigen Tausch vermerkt werden.

790   Es kann nicht verlangt werden, dass der Fahrer die Qualität der angebotenen Tauschpaletten nach den Grundsätzen des Qualitätsmerkblatts[38] oder nach anderen Kriterien prüft.

791   Wenn nur bestimmte Palettenqualitäten als Tauschpaletten angenommen werden dürfen, wobei zu berücksichtigen ist, dass der Fahrer allenfalls eine Sichtprüfung auf eindeutige Abweichungen vornehmen kann, sollte festgelegt werden, wie der Fahrer sich zu verhalten soll, wenn bei ihm Zweifel bestehen, ob die angebotenen Tauschpaletten die vorgegebenen Kriterien erfüllen.

792   Für den Fall, dass der Empfänger entgegen der Vereinbarung eines Zug-um-Zug-Tausches zwischen Verkehrsunternehmen und Auftraggeber einen solchen nicht durchführt, sollte vereinbart werden, ob das Verkehrsunternehmen gegebenenfalls bei einem Dritten, z.B. einem Dienstleister, die Paletten unter bestimmten Bedingungen abholen soll.

---

[37] Vgl. unten Rdnr. 994 ff.
[38] Vgl. oben Rdnr. 705.

Palettenscheine des Empfängers dürfen vom eingesetzten Verkehrsunternehmen grundsätzlich angenommen werden, wenn nichts Anderes vereinbart wurde. Diese sind dann vom Verkehrsunternehmen mangels anderer Vereinbarung unverzüglich an seinen Auftraggeber im Original herauszugeben. 793

Erfolgte der Nichttausch nicht aus Gründen, die dem Verkehrsunternehmen zuzurechnen sind, hat es mit Herausgabe der Palettenscheine an seinen Auftraggeber seine Pflichten aus der Tauschabrede erfüllt.[39] 794

c) Zwischenresummee. Wegen des Fehlens gesetzlicher Bestimmungen oder sonst allgemein anerkannter Regelwerke sowie der Unterschiede der einzelnen Palettenabreden, aber auch wegen der teilweise immer noch sehr unterschiedlichen Auffassungen der Beteiligten über die Rechte und Pflichten aus den getätigten Abreden, gibt es noch kein „geschlossenes rechtliches System für den Palettentausch insgesamt", aber entgegen der Bewertung von *Reuschle*[40] doch schon überwiegend anerkannten Regeln für einzelne Tauschabreden, wie den ‚Doppeltausch' und den ‚Tausch mit Übernahme des Tauschrisikos'. Dazu haben vor allem auch wichtige Entscheidungen des OLG Celle[41] und des OLG Frankfurt[42] beigetragen. Dem steht nicht entgegen, dass dem OLG Celle nicht zuzustimmen ist, wenn es zu dem Ergebnis kommt, dass ein Darlehensvertrag hinsichtlich der Paletten zwischen Versender und Fuhrunternehmer regelmäßig nicht geschlossen wird.[43] Dabei wurde vor allem nicht zwischen den verschiedenen Bestandteilen der Abreden auf Palettentausch differenziert. Die Analyse der einzelnen Vereinbarungen wird zeigen, dass in einer Vielzahl von Fällen auch Sachdarlehensverträge abgeschlossen werden. 795

3. Grundsätzliches zur Entwicklung von Lösungsvorschlägen

a) Ausgangsposition. Die hier behandelten vier Hauptformen des Palettentauschs sind flankierende Maßnahmen zu Fracht- und Speditionsverträgen, wobei die gesamte Abrede dann als gemischter Vertrag anzusehen ist.[44] 796

Zunächst soll ermittelt werden, welche Gemeinsamkeiten ‚Doppeltausch', ‚Einfacher Palettentausch', ‚Palettentausch mit Rückführungsverpflichtung' und ‚Palettentausch mit Übernahme des Tauschrisikos' haben. 797

Es geht jeweils um die Vereinbarung zusätzlicher Leistungen des Verkehrsunternehmens zu Fracht- und Speditionsverträgen auf der Verkehrsebene. Diese haben immer eine entgeltliche Geschäftsbesorgung[45] zum Inhalt, wenn man von dem Grundsatz des § 354 HGB ausgeht, dass ein Kaufmann nichts umsonst tut. Soweit sich die Verkehrsunternehmen in allen Fallalternativen verpflichten, den Empfänger zur Herausgabe von ‚Tauschpaletten' Zug um Zug bei Anlieferung des palettierten Gutes aufzufordern, stellt dies eine dienstvertragliche Leistung dar, mit der kein besonderer Aufwand verbunden ist. 798

Der Abtransport der vom Empfänger entgegengenommenen Paletten selbst ist eine werkvertragliche Leistung. Hier schulden die Verkehrsunternehmen den Erfolg der Ortsveränderung.[46] 799

---

[39] Vgl. unten Rdnr. 815 ff.
[40] In E/B/J/S, HGB, 2. Aufl. § 407 Rdnr. 54 ff.
[41] TranspR 2001, 97 ff. und 2003, 450 ff.
[42] TranspR 2005, 82 ff.
[43] TranspR 2003, 450 ff.
[44] OLG Köln TranspR 1985, 429; *Koller*, a. a. O. § 407 HGB Rdnr. 56.
[45] Vgl. MüKoBGB/*Berger*, 6. Aufl. § 607 Rdnr. 15, *Knorre* TranspR 2001 1 (6).
[46] Vgl. oben B. I Rdnr. 68.

800 Der Umfang der Belastung der Verkehrsunternehmen hängt davon ab, ob sie die leeren Tauschpaletten nur zu ihrem Betriebssitz oder zu einer anderen Stelle mitnehmen und dort zur Abholung durch den Auftraggeber bereit halten[47] oder zur Beladestelle oder einer anderen vorgegebenen Abgabestelle transportieren[48] sollen.

801 Dabei ist auch die den Verkehrsunternehmen für ihre Tätigkeiten zustehende Vergütung zu berücksichtigen[49]

802 Bei allen Fallalternativen ist es weiter erforderlich, dass auf der **Lieferebene** zwischen dem Versender und dem Empfänger vereinbart wird, dass der Empfänger Zug um Zug bei Anlieferung palettierten Gutes den anliefernden Verkehrsunternehmen entsprechende Tauschpaletten zurückgibt. Denn, wie bereits dargestellt, haben die Verkehrsunternehmen keine eigenen Ansprüche gegen den Empfänger auf Rückgabe von Paletten.

803 Alle Beteiligten haben bestimmte Pflichten zu erfüllen, die aus erforderlichen Abreden sowohl auf der **Transportebene** als auch auf der **Lieferebene** herrühren.

804 Dafür haben alle Beteiligten den Vorteil der besseren Handlingsmöglichkeit von Gut, das auf oder in Paletten verpackt ist. Dies gilt sowohl beim Be- und Entladen als auch beim Transport selbst und bei der Lagerung.

805 *b) Zwischenergebnis*

- Von Verkehrsunternehmen kann jedenfalls verlangt werden, dass sie den Empfänger von palettiertem Gut zur Rückgabe von Tauschpaletten auffordern, angebotene Paletten anzunehmen, diese zu sich zu nehmen, zur Abholung bereitzuhalten und auch zu einer Abgabestelle zu transportieren, wenn damit kein besonderer Aufwand verbunden ist, worauf nachfolgend (Rdnr. 848, 849) noch näher eingegangen wird.
- Den Verkehrsunternehmen steht für die Tätigkeiten grundsätzlich ein Entgelt zu.
- Die Absender/Versender, die mit einem Verkehrsunternehmen eine der Grundformen des Palettentausches vereinbaren, haben als Vertragspartner der Empfänger mit diesen auf der Lieferebene zu regeln, dass bei Anlieferung von palettiertem Gut entsprechende Paletten gleicher Art und Güte den Verkehrsunternehmen zu übergeben sind.

806 *c) Differenzierung und Wertung der Pflichten der Beteiligten.* Weiter kommt es entscheidend darauf an, welche Pflichten sich für die Beteiligten, insbesondere die Verkehrsunternehmen, aus der jeweiligen Abrede ergeben.

807 Dabei ist zu berücksichtigen, dass in der Praxis häufig keine Einigkeit zwischen Auftraggebern und Verkehrsunternehmen über die Pflichten der letzteren und deren Anspruch auf ein Entgelt für die Erbringung der Zusatzleistungen beim Palettentausch, insbesondere bei der Gestellung eigener Paletten durch die Verkehrsunternehmen besteht.

808 Wie in anderen Rechtsgebieten sehen auch für den Palettentausch Rechtsprechung[50] und Literatur[51] AGB-Klauseln als unwirksam an, wenn sie die andere Seite, hier die Verkehrsunternehmen, unangemessen benachteiligen. Dabei besteht die Schwierigkeit, dass es an einem gesetzlichen Leitbild für den Palettentausch (vgl. die Regelung zur Inhaltskontrolle in § 307 BGB) fehlt.

---

[47] Vgl. oben ‚Einfacher Palettentausch' Rdnr. 838.
[48] Vgl. ‚Palettentausch mit Rückführungsverpflichtung' oben Rdnr. 847 ff.
[49] Vgl. oben Rdnr. 762, 798, B. I Rdnr. 93 und unten Rdnr. 811.
[50] OLG Celle TranspR 2001, 97 (98) und 2003, 450 (452, 453); OLG Bremen TranspR 2008, 167 (169).
[51] Vgl. dazu *Koller*, a.a.O. § 407 HGB Rdnr. 59a, *Knorre* TranspR 2001, 1 (5 ff.).

Anhaltspunkte für eine Angemessenheit der jeweiligen Pflicht sind aus der Natur 809
der jeweiligen Abrede herzuleiten, insbesondere dahingehend, was dem Vertragspartner des Verwenders von AGB-Klauseln zugemutet werden kann (vgl. oben Rdnr. 805). Insoweit ist auch die gewährte Vergütung zu berücksichtigen.

Weiteres soll bei der Behandlung der einzelnen Tauschformen untersucht werden.

4. Der ‚Doppeltausch' oder ‚Idealtausch', rechtliche Einordnung der Abreden und Handlungen, Leistungsstörungen

a) Pflichten des Verkehrsunternehmens. aa) An der Beladestelle. Das Verkehrsunternehmen übergibt dem Verlader die vereinbarte Anzahl bestimmter Paletten vor 810
Übernahme des palettierten Gutes. Dies stellt, da es die gleiche Anzahl Paletten gleicher Art und Güte später zurückerhalten soll, ein **Sachdarlehen** i.S.d. § 607 BGB dar, und zwar an seinen Auftraggeber. Dies gilt auch dann, wenn der Verlader mit dem Auftraggeber des Verkehrsunternehmens nicht identisch ist, denn in diesen Fällen besteht keine eigene rechtliche Beziehung des Verkehrsunternehmens zum Verlader. Dieser wird als Empfangsstation des Auftraggebers tätig.

bb) An der Entladestelle. An der Entladestelle hat das Verkehrsunternehmen den 811
Empfänger, gegen den es keine eigenen Ansprüche auf Herausgabe von Paletten hat, aufzufordern, leere Paletten in Anzahl, Art und Güte der beladen **übergebenen** Paletten herauszugeben.

Auch wenn das Verkehrsunternehmen bei dieser Tauschform die vom Empfänger erhaltenen Paletten zum Ausgleich seiner Darlehensforderung gegen seinen Auftraggeber behalten darf, stellt diese Tätigkeit eine Geschäftsbesorgung für diesen als weiteren Bestandteil der getroffenen Doppeltauschabrede dar. Alle Leistungen im Zusammenhang mit dem Palettentausch sind grundsätzlich vergütungspflichtige zusätzliche Tätigkeiten, wobei die geschuldete Vergütung in dem vereinbarten Entgelt für die gesamte Tätigkeit enthalten sein kann.[52]

Wenn das Verkehrsunternehmen vom Empfänger Paletten übernimmt, transportiert es seine eigenen Paletten, die es zum Ausgleich des gewährten Darlehens erhalten 812
hat. Es übernimmt mit diesem Transport keine Pflichten gegenüber Dritten.

b) Leistungsstörungen. aa) Leistungsstörungen auf der Auftraggeberseite. Wie bereits 813
oben[53] dargestellt, soll das Verkehrsunternehmen als Gegenleistung für das gewährte Sachdarlehen nicht die Paletten, auf denen das zu transportierende Gut verpackt ist, erhalten. Die bepackten Paletten sind vielmehr mit dem Gut als Einheit dem Empfänger auszuhändigen. Vereinbart ist, dass die Rückgewähr des Palettendarlehens dadurch erfolgen soll, dass der Empfänger seinerseits dem Verkehrsunternehmen Zug um Zug gegen Anlieferung des palettierten Gutes die entsprechenden Tauschpaletten herausgibt. Dies ist eine **korrespondierende Vereinbarung,** die der Auftraggeber des Verkehrsunternehmens auf der Lieferebene mit dem Empfänger zu treffen hat, wenn vom Verkehrsunternehmen die Abgabe eigener Paletten an der Beladestelle verlangt wird,[54] sonst liegt eine Pflichtverletzung des Auftraggebers vor.

bb) Leistungsstörungen auf der Empfängerseite. Nicht selten ist der Empfänger jedoch bezüglich der Paletten, die er mit dem Gut erhält, nicht tauschwillig oder -fähig, 814
was daran liegen kann, dass entweder auf der Lieferebene keine klaren Vereinbarun-

---

[52] Vgl. OLG Frankfurt TranspR 2006, 82 (83).
[53] Vgl. oben Rdnr. 750 ff.
[54] Vgl. OLG Frankfurt TranspR 2006, 82 (83).

gen mit dem Lieferanten getroffen wurden oder dass er keine Leerpaletten zur Verfügung hat oder solche nicht herausgeben will.

815 Wenn der Empfänger aus Gründen, die nicht dem Verkehrsunternehmen zuzurechnen sind, Paletten nicht oder nicht vertragsgemäß tauscht, braucht das Verkehrsunternehmen, das ihn vorher zur Rückgabe von Tauschpaletten aufgefordert hatte, grundsätzlich nichts mehr zu tun.

816 Wenn das Verkehrsunternehmen, so der Regelfall, keine weiteren Pflichten übernehmen wollte, ist es nicht verpflichtet, auf dem Rechtswege selbst gegen den Empfänger vorzugehen. Etwas Anderes würde nur gelten, wenn der Auftraggeber, was in der Praxis nicht üblich ist, dem Verkehrsunternehmen seine Ansprüche gegen den Empfänger aus der Lieferabrede abgetreten und das Verkehrsunternehmen diese Abtretung auch angenommen haben sollte. Selbst wenn eine solche Abtretung im Einzelfall erfolgt sein sollte, handelte es sich grundsätzlich um eine Abtretung erfüllungshalber und nicht an Erfüllungs statt.

817 Der Unterschied besteht darin, dass bei der Letzteren der Anspruch des Gläubigers gegenüber dem Abtretenden erlischt, unabhängig davon, ob der Gläubiger die Leistung von dem Dritten erhält.

818 Eine Abtretung an Erfüllungs statt würde zur Übertragung des Risikos, dass der abgetretene Anspruch nicht durchsetzbar ist, auf das Verkehrsunternehmen führen, was üblicherweise nicht in dessen Interesse läge.

819 Das Verkehrsunternehmen braucht auch nicht mehrfach beim Empfänger vorbeizufahren, und diesen zur Herausgabe von Paletten aufzufordern. Es reicht aus, wenn es seinem Auftraggeber durch eine Bestätigung auf den Frachtpapieren oder in sonstiger Form nachweist, dass der Empfänger keine ‚Tauschpaletten' herausgegeben hat, um weiterhin seine Ansprüche gegenüber seinem Vertragspartner geltend machen zu können.

820 Etwas Anderes kann sich jedoch z.B. dann ergeben, wenn das Verkehrsunternehmen für denselben Auftraggeber laufend einen Empfänger anfährt, wie etwa im Rahmen eines **Liniendienstes.** Dann wird ihm in der Regel zuzumuten sein, den Empfänger später noch etwa zwei- bis dreimal zur Rückgabe entsprechender Paletten aufzufordern und von ihm nachträglich angebotene Paletten anzunehmen, soweit ihm dies ohne unzumutbare Beeinträchtigung, z.B. Platzmangel, wenn der Lkw nicht über Palettenkästen verfügt, möglich ist.

821 Nachdem die Paletten an der Entladestelle durch den Empfänger mit Wirkung für den Auftraggeber des Verkehrsunternehmens an dieses zurückzugeben waren, besteht für die Rückgabe der Paletten eine **Bringschuld** des Auftraggebers.

822 Dabei ist zu beachten, dass die Nichtherausgabe von Paletten durch den Empfänger eine ‚**Vertragsstörung**' darstellt, von der das Verkehrsunternehmen seinen Auftraggeber unterrichten sollte, insbesondere wenn es sofort für seine weitere Tätigkeit ‚**Tauschpaletten**' benötigt. Kann der benachrichtigte Auftraggeber nicht doch noch eine Herausgabe der Paletten durch den Empfänger erreichen oder hat er keine andere Möglichkeit, kurzfristig Ersatzpaletten zu besorgen bzw. lehnt er die kurzfristige Stellung von Paletten vor Ort ab, ist das Verkehrsunternehmen berechtigt, sich unterwegs selbst Ersatzpaletten zu besorgen, und zwar auf Kosten des Auftraggebers. Dabei hat es jedoch die **Grundsätze der Schadenminderungspflicht** zu beachten.

823 Kosten, die dem Auftraggeber durch derartige Maßnahmen des Verkehrsunternehmens entstehen, kann er im Regresswege gegen den Empfänger wegen Verletzung von dessen Tauschverpflichtung als Schadenersatz geltend machen, wenn er mit dem Letzteren einen Zug-um-Zug-Tausch vereinbart hatte. Ist der Empfänger nicht sein Vertragspartner, bestehen die Ansprüche gegenüber seinem Auftraggeber, der sich

dann gegebenenfalls seinerseits an den nächsten in der Kette halten kann bis zum Urversender.

Jedoch sind solche Ansprüche, auch wenn sie zu Recht bestehen, in der Praxis kaum durchsetzbar, zumindest nicht, ohne befürchten zu müssen, dann vom Auftraggeber nicht mehr beauftragt zu werden. 824

cc) Leistungsstörungen auf Seiten des Verkehrsunternehmens. Nimmt das Verkehrsunternehmen, obwohl es sich im Rahmen der Tauschabrede dazu verpflichtet hat, keine Paletten vom Empfänger mit, muss es z.B. beim Doppeltausch ihm selbst zum Ausgleich seiner Darlehensforderung zustehende Paletten später auf eigene Kosten beim Empfänger abholen. Bei anderen Tauschformen hat es die Paletten zur Bereitstellung bei sich oder zur Rücklieferung an eine Abgabestelle abzuholen. 825

Ausnahmen sind dann möglich, wenn das Verkehrsunternehmen, das den **Folgeauftrag** vom selben Auftraggeber erhalten hat, wegen der Ausführung dieses Folgeauftrags nicht in der Lage ist, Paletten vom Empfänger des Vorauftrags Paletten mitzunehmen, z.B. aus Platzmangel. In einem solchen Fall hat sich der Auftraggeber die Nichtentgegennahme von Paletten durch das Verkehrsunternehmen zurechnen zu lassen und kann auch nicht verlangen, dass das Verkehrsunternehmen nochmals auf seine Kosten zum Empfänger fährt, um dort die Tauschpaletten abzuholen. 826

Teilweise kommt es vor, dass das Verkehrsunternehmen abredewidrig an der Beladestelle keine Paletten abgibt und dann auch keine Tauschpaletten vom tauschbereiten Empfänger annimmt. In einem solchen Fall kann nur ausnahmsweise davon ausgegangen werden, dass sich die Pflichtverstöße des Verkehrsunternehmens nicht auswirken, nämlich dann, wenn der Auftraggeber mit dem Empfänger die von diesem nicht getauschten Paletten in anderer Weise ohne zusätzlichen Aufwand ausgleichen kann. Ansonsten kann von dem pflichtwidrig handelnden Verkehrsunternehmen verlangt werden, die übernommenen Pflichten nachträglich noch zu erfüllen. 827

c) Pflichten des Auftraggebers des Verkehrsunternehmens. aa) Bezüglich der Rückgabe von Paletten durch den Empfänger. Bei der Doppeltauschabrede besteht insbesondere aufgrund der Gewährung eines Palettendarlehens als Vorleistung des Verkehrsunternehmens die korrespondierende Pflicht des Auftraggebers, durch entsprechende Abreden auf der Lieferebene die reibungslose Durchführung, insbesondere die Rückgewähr des Darlehens an der Entladestelle durch geeignete eigene Abreden mit dem Empfänger sicherzustellen.[55] 828

bb) Bezüglich Mitwirkungspflichten bei der Dokumentation an Be- und Entladestelle. Damit die Palettenvorgänge an Be- und Entladestelle ordnungsgemäß festgehalten werden können, hat der Auftraggeber die Mitwirkung des Beladepersonals und des Empfängers mit seinen Vertragspartnern auf der Lieferebene zu vereinbaren.[56] 829

d) Wertung der Doppeltauschabreden. Die Verkehrsunternehmen behalten bei dieser Abrede, wenn sie so, wie dargestellt und üblicherweise gewollt, getroffen wurde, den Anspruch gegen ihren Vertragspartner auf Rückführung des diesen zuvor gewährten Palettendarlehens, wenn der Empfänger nicht wie mit dem Auftraggeber vereinbart, entsprechend Tauschpaletten herausgibt.[57] Es besteht dann eine Bringschuld des Auftraggebers. 830

---

[55] Vgl. oben Rdnr. 768.
[56] Vgl. oben Rdnr. 785.
[57] Vgl. oben Rdnr. 821.

831 Nicht richtig ist in diesem Zusammenhang die Annahme des OLG Celle,[58] dass bei dieser Tauschform das Tauschrisiko auf die Verkehrsunternehmen überbürdet wird, denn gerade das ist eben nicht der Fall.

832 Unter diesen Voraussetzungen stellt die Verpflichtung, eigene Paletten an der Beladestelle einzusetzen, auch wenn mit dem Einsatz ein gewisser Wertverlust verbunden sein kann,[59] keine einseitige und unangemessene Benachteiligung der Verkehrsunternehmen dar.

833 Daher kann der Doppeltausch auch mittels AGB-Klauseln wirksam vereinbart werden.

5. Der ‚Einfache Palettentausch', rechtliche Einordnung der Abreden und Handlungen, Leistungsstörungen

834 *a) Pflichten des Verkehrsunternehmens. aa) An der Beladestelle.* Ist nur Palettentausch ohne Einsatz eigener Paletten oder Rückführung vereinbart, hat das Verkehrsunternehmen bei der Übernahme der bepackten Paletten grundsätzlich keine weiteren Pflichten. Im eigenen Interesse sollte es jedoch darauf achten, ob die zu befördernden Paletten augenscheinliche Schäden aufweisen oder erkennbar von der Größe oder Farbe (z.B. blau) tauschfähig sind.

835 *bb) An der Entladestelle.* Bezüglich der Aufforderung an den Empfänger, Tauschpaletten herauszugeben, ändert sich nichts gegenüber dem Doppeltausch (vgl. oben Rdnr. 811).

836 Im Gegensatz zum Doppeltausch erhält das Verkehrsunternehmen die Paletten jedoch nicht zum Ausgleich eines vorher dem Auftraggeber gewährten Sachdarlehens, sondern im Rahmen des übernommenen Palettentausches, einer Geschäftsbesorgung für den Auftraggeber.

837 Das Verkehrsunternehmen hat nach dem Zweck des Einsatzes von genormten Paletten, soweit nicht konkret etwas Anderes vereinbart wurde, nicht die vom Empfänger erhaltenen Paletten, sondern Paletten gleicher Art und Güte dem Auftraggeber oder dessen Erfüllungsgehilfen herauszugeben.

838 Eine Verpflichtung des Verkehrsunternehmens, die Paletten zu einer bestimmten Abgabestelle zu transportieren, besteht mangels entsprechender Vereinbarung nicht. Das Verkehrsunternehmen hat lediglich die angenommenen Paletten zu seinem Lager oder an einen anderen zumutbaren Ort zu transportieren und dort für den Auftraggeber zur Abholung bereit zu halten. Es besteht insbesondere **keine Bringschuld** des Verkehrsunternehmens bezüglich dieser Paletten.

839 *b) Pflichten des Auftraggebers. aa) An der Beladestelle.* An der Beladestelle bestehen keine besonderen Pflichten des Auftraggebers.

840 *bb) An der Entladestelle.* Insoweit hat der Auftraggeber ebenfalls die Pflicht, den Empfänger zum vertragsgerechten Palettentausch und zur Mitwirkung bei der Dokumentation der Palettenvorgänge, insbesondere etwaiger Unregelmäßigkeiten zu verpflichten.

841 *cc) Abholpflicht des Auftraggebers.* Da keine Rückführung zu einer bestimmen Abgabestelle vereinbart ist, hat der Auftraggeber die vom Verkehrsunternehmen entgegengenommenen Paletten bei diesem nach Absprache abzuholen oder abholen zu lassen **(Holschuld)**.

---

[58] TranspR 2001, 97 (98).
[59] Vgl. unten Rdnr. 902, 917 ff.

c) Leistungsstörungen. Bei dieser Tauschform sind in der Regel nur Leistungsstörungen an der Entladestelle oder beim Abholen vom Verkehrsunternehmen von Bedeutung.

Gibt der Empfänger keine oder nicht genügend vertragsgemäße Tauschpaletten an das Verkehrsunternehmen heraus, empfiehlt es sich für das Verkehrsunternehmen, sich dies vom Empfänger bestätigen zu lassen. Sollte der Empfänger statt Herausgabe der Paletten dem Verkehrsunternehmen einen Palettenschein übergeben, hat das Verkehrsunternehmen diesen unverzüglich seinem Auftraggeber im Original herauszugeben.

Die Verkehrsunternehmen werden bei Nichttausch aus Gründen, die ihnen nicht zugerechnet werden können bzw. nach Weitergabe von Palettenscheinen im Original, von ihren Pflichten aus der getroffenen Abrede frei.

Im Übrigen gelten für nicht behandelte Fragen die Ausführungen zum Doppeltausch entsprechend.

d) Wertung der Abreden des Einfachen Palettentausches. Da die Verkehrsunternehmen bei dieser Tauschform keine besonderen Pflichten übernehmen, können sie durch AGB-Klauseln wirksam vereinbart werden.

6. Der ‚Palettentausch mit Rückführungsverpflichtung', rechtliche Einordnung der Abreden und Handlungen, Leistungsstörungen

a) Rückführungspflicht des Verkehrsunternehmens. Bei dieser Tauschform besteht nach dem Inhalt der Abrede die zusätzliche Verpflichtung, die vom Empfänger erhaltenen Paletten an einer vorgegebenen Ablieferstelle abzugeben.

aa) Umfang dieser Pflicht. Ob die Rückführung dem Verkehrsunternehmen zuzumuten ist, muss im Einzelfall geklärt werden. Es ist zu differenzieren, ob die Rückführung der vom Empfänger erhaltenen Paletten an einer Abgabestelle erfolgen soll, die in der Nähe des Betriebssitzes des eingesetzten Verkehrsunternehmens bzw. auf der Strecke liegt oder ob die Rücklieferung mit einem Umweg oder sogar mit einer Sonderfahrt verbunden ist.

In Anlehnung an die bezahlte Transportstrecke geht der Verfasser als Faustregel davon aus, dass ein Umweg bis etwa 15% dieser ‚bezahlten' Strecke auf der Fahrt zur Abgabestelle noch zumutbar erscheint. Ein größerer Umweg zur Abgabestelle wäre nur dann zumutbar, wenn dies besonders vergütet würde. Die üblichen Aufträge an die Verkehrsunternehmen sehen eine nach der Zusatzstrecke für die Rücklieferung zu berechnende zusätzliche Vergütung jedoch nicht vor.

bb) Bringschuld des Verkehrsunternehmens. Ist die Rückführungsverpflichtung wirksam, besteht insoweit eine **Bringschuld** des eingesetzten Verkehrsunternehmens.

b) Sonstige Pflichten, Leistungsstörungen. Für sonstige Pflichten der Beteiligten und für Leistungsstörungen, die bereits bei den vorstehend aufgeführten Tauschformen behandelt wurden, gelten die dortigen Ausführungen entsprechend.

c) Wertung der Abreden des Palettentausches mit Rückführungsverpflichtung. Aus den vorstehenden Ausführungen über die Zumutbarkeit der Rückführungspflichten (vgl. Rdnr. 849) ergibt sich, dass AGB-Klauseln, die **generell** eine Rückführung der Paletten zu einer empfängerseitig vorgegebenen Ablieferstelle unabhängig von den damit für die Verkehrsunternehmen verbundenen Umwegen für die Verkehrsunternehmen verlangen, unwirksam sind.

853 Demgegenüber kann der Auffassung von Koller[60] nicht gefolgt werden, dass transparente AGB, wenn sie eine Verpflichtung zur Rücklieferung begründen, die erhebliche Kosten verursacht, die nicht besonders vergütet werden, nicht allein deshalb unwirksam seien. Dabei wird der Gesichtspunkt der Ausgewogenheit nicht genügend berücksichtigt.

854 Dementsprechend kann das Regelwerk ‚Bonner Palettentausch',[61] das eine Rückführung der Paletten zur Beladestelle verlangt, **wirksam** nur im regionalen Wirtschaftsverkehr (Umkreis 75 km), bei dessen Durchführung seltener längere Umwegstrecken zur Palettenrückführung anfallen (vgl. oben Rdnr. 849) oder für linienartige Verkehre vereinbart werden.

855 Die wirksame Vereinbarung dieser Tauschform durch AGB-Klauseln erfordert es, dass die Klauseln eindeutig klarstellen, welche Rückführungsstrecken im Verhältnis zur bezahlten Beförderungsstrecke geschuldet sind und dass keine unangemessenen Leistungen der Verkehrsunternehmen verlangt werden.

7. Der ‚Palettentausch mit Übernahme des Tauschrisikos', rechtliche Einordnung der Abreden und Handlungen, Leistungsstörungen

856 *a) Inhalt der Abrede.* Die Übernahme des Tauschrisikos durch das Verkehrsunternehmen kommt sowohl beim Doppeltausch mit Gewährung eines Palettendarlehens an den Auftraggeber an der Beladestelle durch das Verkehrsunternehmen als auch bei den anderen Tauschformen, bei denen das Verkehrsunternehmen Paletten vom Empfänger ohne Einsatz eigener Paletten an der Beladestelle erhalten soll, infrage.

857 Bei der ersten Fallalternative verzichtet das Verkehrsunternehmen bei Wirksamkeit der Abrede auf Erfüllung der Palettenschuld des Auftraggebers, dem es ein (Sach-)Darlehen gewährt hat. Hier wird man auch ohne entsprechende ausdrückliche Vereinbarung von einer jedenfalls stillschweigenden Abtretung der Ansprüche des Absenders/Versenders gegen den Empfänger oder gegen seinen Auftraggeber an das Verkehrsunternehmen ausgehen können.

858 *b) Pflichten des Auftraggebers.* Auftraggeberseitig besteht bei beiden Fallalternativen die Verpflichtung, nicht nur mit dem Empfänger, wie auch bei den sonstigen Tauschformen, die Rückgabe der Paletten an das Verkehrsunternehmen zu vereinbaren, sondern vor allem, das eingesetzte Verkehrsunternehmen vor Vertragsabschluss zu informieren, wenn keine oder nur beschränkte eigene vertragliche Ansprüche gegen den Empfänger auf Rückgabe entsprechender Tauschpaletten bestehen sollten.

859 *c) Leistungsstörungen. aa) Nichtbestehen eines Anspruchs des Auftraggebers gegen den Empfänger.* Stellt es sich später heraus, dass dem Auftraggeber entgegen dessen Darstellung bei den Vertragsverhandlungen nicht die zu erwartenden eigenen Ansprüche gegen den Empfänger zustehen, braucht das Verkehrsunternehmen im Fall der Nichtherausgabe von Paletten durch den Empfänger, keine Paletten an seinen Auftraggeber herauszugeben.

860 Beim Einsatz eigener Paletten (Doppeltausch) hat das Verkehrsunternehmen einen Anspruch gegen seinen Auftraggeber aus dem gewährten Palettendarlehen auf Rückgabe entsprechender Paletten und gegebenenfalls auf Ersatz seiner etwaigen Aufwendungen für den Versuch, beim Empfänger Tauschpaletten abzuholen.

861 *bb) Nichtherausgabe von Paletten durch den Empfänger.* Bei dieser Tauschabrede befreit ansonsten die Nichtherausgabe von ‚Tauschpaletten' durch den Empfänger das

---

[60] A. a. O. § 407 HGB Rdnr. 59a.
[61] Vgl. unten Rdnr. 878.

Verkehrsunternehmen nicht von der übernommenen Rücklieferungsverpflichtung in Form einer **Bringschuld,** denn es hat insoweit eine ‚Garantie' für die Rücklieferung der Paletten übernommen.

Das Verkehrsunternehmen kann und muss dann selbst versuchen, die Paletten vom Empfänger aus abgetretenem Recht herauszuverlangen, gegebenenfalls auf dem Rechtsweg, um einen Ausgleich seiner Palettenforderung zu erreichen.

d) Wertung der Abreden des Palettentauschs mit Übernahme des Tauschrisikos. Die Übernahme des Tauschrisikos kann grundsätzlich[62] nicht durch AGB auferlegt werden. Eine derartige Verpflichtung kann nur durch eine Individualvereinbarung nach der das Verkehrsunternehmen ein seinem Risiko angemessenes Entgelt erhält, wirksam begründet werden.

8. Sonstige AGB-Klauseln zum Palettentausch

Prüfung sonstiger Abreden. Sonstige Palettenklauseln, die den Verkehrsunternehmen keine weiteren Pflichten auferlegen, für die sie keine Vergütung erhalten, können als solche angesehen werden, die noch der Interessenlage der Parteien entsprechen, wenn sichergestellt ist, dass bei einer vorgesehenen Tauschverpflichtung an der Beladestelle oder bereits zuvor das Verkehrsunternehmen an der Entladestelle Zug um Zug Tauschpaletten erhält oder seinen Herausgabeanspruch gegen seinen Auftraggeber behält.

Weiter muss der Grundsatz erfüllt sein, dass die Verkehrsunternehmen ein angemessenes Entgelt für ihre Gesamtleistung – Transport- oder Speditionsleistung und Palettentausch – erhalten. Das Entgelt kann bereits in der vereinbarten Fracht enthalten sein.

Dann empfiehlt es sich, dies klar und nachvollziehbar in den Abreden/Klauseln zum Ausdruck zu bringen, um Auseinandersetzungen über Nachforderungen oder die Unwirksamkeit der entsprechenden Vereinbarungen zu vermeiden.

9. Verwendung von Musterklauseln, die von Wirtschaftskreisen ausgearbeitet wurden

a) Situation in der Praxis. Wegen fehlender gesetzlicher Regelungen[63] bzw. Fehlens eines allgemein anerkannten Systems für den Palettentausch[64] haben die Spitzenverbände der verladenden Wirtschaft, der Spedition und des Güterkraftverkehrs 2005 gemeinsam Musterklauseln für den Palettentausch entwickelt und vor allem im Bereich der Verkehrsunternehmen zur Anwendung empfohlen, während der Handel zurückhaltend blieb.

Die entwickelten Bedingungen ‚Kölner Palettentausch' und ‚Bonner Palettentausch' sind für den Einsatz und Tausch von genormten Mehrwegpaletten aller Art, also nicht nur für Europaletten,[65] die nach den Regeln der UIC, des Verbandes der Europäischen Eisenbahnen oder der EPAL gebaut, verwendet und insbesondere kontrolliert werden, vorgesehen. Unter Berücksichtigung der damaligen Erkenntnisse aus Rechtsprechung und Literatur, die zumindest weitgehend auch heute noch gelten, wurden Regeln für

---

[62] Vgl. OLG Celle TranspR 2003, 450 (451); OLG Bremen TranspR 2008, 167 (169); *Knorre* TranspR 2001, 1 (6).
[63] Vgl. oben Rdnr. 759.
[64] Vgl. oben Rdnr. 795.
[65] Vgl. oben Rdnr. 722.

den Palettentausch mit Rechten und Pflichten der Beteiligten definiert. Dabei wurde die Interessenlage der Beteiligten berücksichtigt und auf Ausgewogenheit geachtet. Diese Klauseln berücksichtigen nicht nur die Verkehrsunternehmen und ihre Auftraggeber, sondern alle Vertragsebenen, auch die Lieferebene zwischen Lieferant und Empfänger. Alle Beteiligten wie Lieferanten/Absender/Versender aber auch die Verkehrsunternehmen und die Empfänger können mit der Verwendung dieser Bedingungen jeweils eine einheitliche Vertragsgrundlage benutzen.

869 *b) ‚Kölner Palettentausch'. aa) Text ‚Kölner Palettentausch'*

Regeln für den Doppeltausch von Paletten bei dem Transport von Gütern auf genormten, tauschfähigen Mehrweg(pool)paletten.

Kölner Palettentausch bedeutet:

Einsatz eigener tauschfähiger Paletten des Verkehrsunternehmens (Frachtführer/Spediteur) und Zusage des Auftraggebers (Absender/Versender), dass das Verkehrsunternehmen an der Entladestelle vom Empfänger entsprechende Paletten zurückerhält, verbunden mit der Einbindung des Empfängers bezüglich der Rückgabe von Paletten gleicher Anzahl, Art und Güte Zug um Zug bei der Ablieferung des palettierten Gutes.

I. Ziel

Der kostengünstige Erhalt des eigenen Bestandes an Paletten liegt im Interesse aller Beteiligten von Transportketten, da derartige Ladehilfsmittel in der Regel nicht mit der Ware an den Empfänger verkauft, sondern von diesem gegenüber seinen Lieferanten zurückzuliefern oder in sonstiger Form auszugleichen sind. Daher werden beliebig tauschbare, genormte Paletten eingesetzt, die durch andere Paletten gleicher Art und Güte ausgeglichen werden sollen.

II. Allgemeine Bestimmungen

1. Damit der Kölner Palettentausch erfolgen kann, hat der Auftraggeber auf der Lieferebene (Verhältnis Lieferant/Urversender zum Empfänger) den Empfänger in den Palettentausch einzubinden, soweit er nicht Vertragspartner des Fracht- oder Speditionsvertrages ist.
2. Der Auftraggeber kann die Durchführung des Palettentausches dem Verkehrsunternehmen nur aufgeben, wenn der Empfänger verpflichtet wurde, bei Anlieferung palettierter Ware die gleiche Anzahl tauschfähiger Paletten gleicher Art und Güte zurückzugeben. Für die Tauschfähigkeit galt damals allein die UIC-Norm 435–4 des internationalen Eisenbahnverbandes.
3. Die übergebenen Paletten gehen bestimmungsgemäß in das Eigentum des Empfängers über. Sie sind durch andere Paletten gleicher Art und Güte auszugleichen.
4. Verlader im Sinne dieser Palettenklauseln ist das Unternehmen, das die palettierten Güter verlädt oder als unmittelbarer Besitzer dem Verkehrsunternehmen zur Beförderung übergibt. Der Verlader muss nicht mit dem Auftraggeber des Verkehrsunternehmens identisch sein.
5. Soweit in diesen Bedingungen Schriftlichkeit verlangt wird, reicht Textform im Sinne des § 126b BGB aus.
6. Eine Vereinbarung über die Vergütung des Palettentausches bleibt den Parteien vorbehalten.

III. Pflichten der Beteiligten

1. Pflichten an der Beladestelle

Das **Verkehrsunternehmen** hat

- die vereinbarte Anzahl tauschfähiger Paletten abzugeben und sich die Anzahl und Art der abgegebenen Paletten quittieren zu lassen,
- einen etwaigen Nichttausch zu bestätigen,
- die Anzahl und Art der übernommenen beladenen Paletten zu quittieren sowie Vorbehalte hinsichtlich der Güte schriftlich festzuhalten.

Der **Verlader** hat

- für den Auftraggeber den Empfang der erhaltenen Paletten zu quittieren und Vorbehalte hinsichtlich der Güte schriftlich festzuhalten,
- bei Nichttausch, wenn keine oder nicht genügend Paletten gleicher Art und Güte übergeben werden oder die Annahme als nicht tauschfähig abgelehnt wird, sich dies bestätigen zu lassen,
- sich für den Auftraggeber Anzahl und Art der beladenen Paletten quittieren zu lassen.

2. Pflichten an der Entladestelle

Das **Verkehrsunternehmen** hat

- das palettierte Gut abzuliefern und sich die Ablieferung der Paletten nach Anzahl und Art quittieren zu lassen,
- sich einen etwaigen Nichttausch bestätigen zu lassen.

Der **Empfänger** hat

- für den Auftraggeber die Anzahl und die Art der beladenen Paletten zu quittieren und Vorbehalte hinsichtlich der Güte schriftlich festzuhalten,
- bei Nichttausch, wenn keine oder nicht genügend Paletten gleicher Art und Güte übergeben werden oder die Annahme als nicht tauschfähig abgelehnt wird, dies zu bestätigen

3. Sonstige Pflichten

a) Übergibt das Verkehrsunternehmen entgegen der Vereinbarung keine oder nicht genügend leere Paletten an der Beladestelle, hat es den Auftraggeber zu informieren und bleibt zur Anlieferung der fehlenden tauschfähigen Paletten an der Beladestelle verpflichtet.

b) Übergibt der Empfänger entgegen der Zusage des Auftraggebers keine oder nicht genügend tauschfähige leere Paletten, ist der Auftraggeber zur Rücklieferung an das Verkehrsunternehmen verpflichtet.

c) Die Pflichten aus a) und b) sind vom Verpflichteten jeweils innerhalb eines Monats ab Ablieferung zu erfüllen (Bringschuld).

bb) Inhalt des Klauselwerks. (1) Definitionen und Grundlagen. Zu Beginn wird definiert, dass es sich bei dem ‚Kölner Palettentausch' um einen ‚Doppeltausch' handelt, der den Einsatz eigener Paletten der Verkehrsunternehmen an der Beladestelle und die Einbindung des Empfängers durch den Auftraggeber bezüglich der Rückgabe von entsprechenden Paletten Zug um Zug bei Anlieferung palettierten Gutes erforderlich macht.

Weiter ist unter I. das Ziel, ein schneller und kostengünstiger Palettentausch, festgelegt, wobei die Abnutzung der Paletten bei jedem Einsatz damals noch nicht berücksichtigt wurde.

Unter II. ist einmal geregelt, dass der Auftraggeber auf der Lieferebene einzubinden ist, womit dessen Mitwirkung gesichert werden soll. Weiter werden die Eigentumsverhältnisse klargestellt, nämlich dass jeweils der Empfänger Eigentümer der ihm übergebenen Paletten wird und es wird die Rechtsstellung des mit dem Auftraggeber nicht identischen Verladers definiert. Schließlich enthalten die Allgemeinen Bestimmungen Regelungen über die Schriftform und stellen klar, dass die Vereinbarung über die Vergütung der Verkehrsunternehmen gesondert zu treffen ist.

872 *(2) Pflichten der Beteiligten.* Der folgende Teil befasst sich mit den Pflichten der Beteiligten an der Be- und Entladestelle und ist aufgegliedert wie die Incoterms, d. h. die einzelnen Tätigkeitsschritte werden unter Einbeziehung von Verlader und Empfänger gegenübergestellt.

873 Wenn ein Beteiligter Paletten ab- oder herauszugeben hat, hat der andere dies zu dokumentieren und vor allem festzuhalten, wenn die Pflichten[66] nicht wie vorgesehen erfüllt werden. Dazu ist von dem anderen Beteiligten jeweils eine Gegenbestätigung vorgesehen. So hat das Verkehrsunternehmen einen Nichttausch schriftlich festzuhalten, der Verlader sich dies oder die Abgabe nicht vertragsgerechter Paletten bestätigen zu lassen und es sind Vorbehalte zu erfassen.

874 Insbesondere ist zu dokumentieren, wenn an der Beladestelle und an der Entladestelle nicht jeweils die gleiche Anzahl Paletten ab- oder zurückgegeben werden. Die Differenzen in der Anzahl lassen nach Koller darlehensartige Verpflichtungen entstehen.

875 Entsprechendes gilt an der Entladestelle im Verhältnis Verkehrsunternehmen zum Empfänger, der insoweit Erfüllungsgehilfe des Auftraggebers ist.

876 In Ziffer 3 ist geregelt, dass jeweils innerhalb eines Monats nach Ablieferung des Gutes **nur** bei Nichtabgabe von Paletten an der Beladestelle das Verkehrsunternehmen die fehlenden Paletten dort anzuliefern hat und bei Nichttausch durch den Empfänger der Auftraggeber ebenfalls in Form einer Bringschuld zum Ausgleich des Palettendarlehens gegenüber dem Verkehrsunternehmen verpflichtet ist.

877 Koller berücksichtigt in seiner Kommentierung[67] nicht, dass das Verkehrsunternehmen bei vertragsgerechtem Verhalten bereits eigene Paletten an der Beladestelle abgegeben hat und daher die an der Entladestelle erhaltenen Paletten behalten darf, so die Abrede beim Doppeltausch.[68] Eine Rückgabepflicht der an der Beladestelle erhaltenen Paletten besteht daher nur dann, wenn das Verkehrsunternehmen entgegen der getroffenen Abrede keine eigenen Paletten an der Beladestelle abgegeben hat. Daher spielt insoweit entgegen der Auffassung von Koller für die Anwendbarkeit dieses Bedingungswerkes auch keine Rolle, ob das Verkehrsunternehmen an wechselnden Einsatzorten tätig ist.

878 *c) ‚Bonner Palettentausch'. aa) Text ‚Bonner Palettentausch'*

Regeln für den Palettentausch mit Rücklieferungspflicht bei dem Transport von Gütern auf genormten, tauschfähigen Mehrweg(pool)paletten.

Bonner Palettentausch bedeutet:

Kein Einsatz eigener Paletten des Verkehrsunternehmens (Frachtführer/Spediteur) und Zusage des Auftraggebers (Absender/Versender), dass an der Entladestelle leere Paletten gleicher Anzahl, Art und Güte bei Ablieferung palettierten Gutes Zug um Zug übergeben werden und Rücklieferung der übernommenen Paletten durch das Verkehrsunternehmen.

---

[66] *Koller,* a. a. O. § 407 HGB Rdnr. 59b.
[67] A. a. O. § 407 HGB Rdnr. 59a und b.
[68] Vgl. zum Doppeltausch Rdnr. 811.

III. Sonderbereich 5. Palettenhandling/-tausch

I. Ziel

Der kostengünstige Erhalt des eigenen Bestandes an Paletten liegt im Interesse aller Beteiligten von Transportketten, da derartige Ladehilfsmittel in der Regel nicht mit der Ware an den Empfänger verkauft, sondern von diesem gegenüber seinen Lieferanten zurückzuliefern oder in sonstiger Form auszugleichen sind. Daher werden beliebig tauschbare, genormte Paletten eingesetzt, die durch andere Paletten gleicher Art und Güte ausgeglichen werden sollen, wobei die Abnutzung der Paletten bei jedem Einsatz damals noch nicht berücksichtigt wurde.

II. Allgemeine Bestimmungen

1. Damit der Bonner Palettentausch erfolgen kann, hat der Auftraggeber auf der Lieferebene (Verhältnis Lieferant/Urversender zum Empfänger) den Empfänger in den Palettentausch einzubinden, soweit er nicht Vertragspartner des Fracht- oder Speditionsvertrages ist.
2. Der Auftraggeber kann die Durchführung des Palettentausches dem Verkehrsunternehmen nur aufgeben, wenn der Empfänger verpflichtet wurde, bei Anlieferung palettierter Ware die gleiche Anzahl tauschfähiger Paletten gleicher Art und Güte zurückzugeben. Für die Tauschfähigkeit gilt die UIC-Norm 435–4 des internationalen Eisenbahnverbandes.
3. Die übergebenen Paletten gehen bestimmungsgemäß in das Eigentum des Empfängers über. Sie sind durch andere Paletten gleicher Art und angemessener Güte auszugleichen.
4. Verlader im Sinne dieser Palettenklauseln ist das Unternehmen, das die palettierten Güter verlädt oder als unmittelbarer Besitzer dem Verkehrsunternehmen zur Beförderung übergibt. Der Verlader muss nicht mit dem Auftraggeber des Verkehrsunternehmens identisch sein.
5. Soweit in diesen Regeln Schriftlichkeit verlangt wird, reicht Textform im Sinne des § 126b BGB aus.
6. Eine Vereinbarung über die Vergütung des Palettentausches bleibt den Parteien vorbehalten.

1. Pflichten an der Beladestelle

Das **Verkehrsunternehmen** hat die Anzahl und Art der übernommenen beladenen Paletten zu quittieren und Vorbehalte hinsichtlich der Güte schriftlich festzuhalten.	Der **Verlader** hat sich für den Auftraggeber Anzahl und Art der beladenen Paletten quittieren zu lassen.

2. Pflichten an der Entladestelle

Das **Verkehrsunternehmen** hat	Der **Empfänger** hat
– das palettierte Gut abzuliefern und sich die Ablieferung der Paletten nach Anzahl und Art quittieren zu lassen,	– für den Auftraggeber Anzahl und Art der beladenen Paletten zu quittieren und Vorbehalte hinsichtlich der Güte schriftlich festzuhalten,
– die angebotenen leeren Paletten auf ihre äußerlich erkennbare Tauschfähigkeit zu prüfen, Anzahl und Art der übernommenen Paletten zu quittieren und Vorbehalte hinsichtlich der Güte schriftlich festzuhalten,	– dem Verkehrsunternehmen leere Paletten gleicher Anzahl und Art in tauschfähigem Zustand zu übergeben, sich die Übergabe quittieren zu lassen und Vorbehalte hinsichtlich der Güte schriftlich festzuhalten,

| sich einen etwaigen Nichttausch bestätigen zu lassen. | – bei Nichttausch, wenn keine oder nicht genügend Paletten gleicher Art und Güte übergeben werden oder die Annahme als nicht tauschfähig abgelehnt wird, dies zu bestätigen. |

3. Sonstige Pflichten

a) Das Verkehrsunternehmen hat übernommene leere Paletten in der entsprechenden Anzahl binnen eines Monats nach Annahme an der **Beladestelle** abzuliefern, es sei denn die Parteien haben etwas anderes vereinbart.

b) Das Verkehrsunternehmen hat den Auftraggeber, wenn der Empfänger nicht oder nur teilweise getauscht hat, innerhalb eines Monats ab Ablieferung zu informieren und dieser Information die Bestätigung über die nicht getauschten Paletten beizufügen.

c) Gibt das Verkehrsunternehmen, wenn der Empfänger nicht oder nur teilweise getauscht hat, eine entsprechende Bestätigung über den Nichttausch binnen eines Monats ab Ablieferung an seinen Auftraggeber heraus, ist es insoweit von der Rückgabe- und Rücklieferungspflicht befreit.

879 *bb) Inhalt des Klauselwerks. (1) Definitionen und Grundlagen.* Der Aufbau dieses Bedingungswerkes entspricht dem des 'Kölner Palettentausches'. Es handelt sich um einen 'Palettentausch mit Rückführungsverpflichtung' ohne Einsatz eigener Paletten des Verkehrsunternehmens und verlangt die Rückführung der an der Entladestelle übernommenen Paletten an die Beladestelle, und zwar innerhalb eines Monats.

880 Auch insoweit fehlt es bei Koller[69] an einer Klarstellung, dass dieses Bedingungswerk also nur für Tauschformen gelten soll, bei denen das Verkehrsunternehmen anders als beim Doppeltausch keine eigenen Paletten einzusetzen hat.

881 Dieses Regelwerk ist nur für den regionalen Wirtschaftsverkehr im Umkreis von 75 km und für linienartige Verkehre geeignet, wenn regelmäßig dieselben Beladestellen angefahren werden. Bei weitergehender Anwendung würden diese Bedingungen die Verkehrsunternehmen häufig benachteiligen und wären dann unwirksam, während sie im vorgesehenen Rahmen ausgewogen sind.

882 Im Ziel und in den Allgemeinen Bestimmungen unterscheiden sich die beiden Bedingungswerke nicht.

883 *(2) Pflichten der Beteiligten.* Bezüglich der Pflichten an der Entladestelle entsprechen sich die beiden Bedingungswerke ebenfalls.

884 Ein Unterschied gilt für die sonstigen Pflichten. Gibt der Empfänger – insoweit vertragswidrig auf der Lieferebene – keine oder nicht genügend bzw. nicht tauschfähige Paletten zurück, ist er verpflichtet, den Nichttausch oder die Abweichung zu bestätigen und das Verkehrsunternehmen hat sich dies bestätigen zu lassen. Das Verkehrsunternehmen hat dann die entsprechende Bestätigung über den Nichttausch binnen eines Monats ab Ablieferung seinem Auftraggeber zu übergeben. Erfüllt es diese Pflichten, ist es von seiner Rücklieferungspflicht befreit.

885 Angaben über die Anzahl der Paletten in der Bestätigung haben nach *Koller* nur die Wirkung einer Quittung. Weist die Dokumentation über den Nichttausch eine zu hohe Anzahl von Paletten aus, bleibt die Rückgabepflicht hinsichtlich der tatsächlich getauschten Paletten bestehen, da das Verkehrsunternehmen alles, was es in Erledigung seines Auftrags erhalten hat, nach § 667 BGB an den Auftraggeber herauszugeben hat.

---

[69] A. a. O. § 407 HGB Rdnr. 59a und 59b.

Das Verkehrsunternehmen macht sich schadenersatzpflichtig, wenn es auf einer nicht wahrheitsgemäßen Bestätigung des Empfängers besteht.[70]

d) Situation in der Praxis und weitere Verwendungsmöglichkeit der Musterklauseln ‚Kölner Palettentausch' und ‚Bonner Palettentausch'. aa) Eingeschränkte Anwendung dieser Musterklauseln. In der Praxis werden diese beiden Bedingungswerke trotz ihrer Ausgewogenheit und ihrer Geeignetheit für alle Beteiligten des Palettentausches bisher nur in geringem Umfang eingesetzt, was nicht selten daran liegt, dass der Handel als Empfänger die darin enthaltenen Regelungen nicht akzeptieren will.

bb) Weitere Verwendungsmöglichkeiten. Da die beiden Bedingungswerke für die für ihren Gebrauch vorgesehenen Tauschformen eine umfassende Übersicht über die wichtigsten Pflichten der Beteiligten geben, eignen sie sich auch als Checkliste für die Erstellung eigener Palettentauschbedingungen. Bei Abweichungen von den Pflichten muss dann jedoch sorgfältig darauf geachtet werden, dass das Gebot der Ausgewogenheit nicht verletzt wird,[71] was zur Unwirksamkeit führen könnte.

Zur Zeit sind – wie bereits vorstehend[72] erwähnt – die einschlägigen Wirtschaftskreise unter Mitwirkung von GS 1-Germany dabei, neue Palettentauschklauseln zu erarbeiten. Soweit bisher erkennbar ist, baut dieses Bedingungswerk ebenfalls auf den rechtlichen Erkenntnissen auf, die bereits Grundlage der Musterbedingungen ‚Kölner Palettentausch' und ‚Bonner Palettentausch' waren.

10. Sonstige Rechtsfragen des Palettenhandlings/-tausches

a) Qualitätsfragen und –abreden. aa) Ausgangssituation. Es entspricht dem Wunsch der Verwender von genormten Paletten, möglichst solche gleicher Art und Qualität auch wieder zurückzuerhalten.

Vor allem Großverlader, aber auch der Handel und das Transportgewerbe lagern immer häufiger ihre Produkte in Hochregallagern oder verwenden Maschinen zum Umschlag, die hohe Palettenqualitäten zum Handling erfordern.

Hersteller hochwertiger oder hygienisch anspruchsvoller Produkte, z.B. im Lebensmittelbereich verwenden immer mehr neue oder neuwertige, vor allem aber saubere Paletten der Qualitätsstufen ‚neu' oder ‚A' des Qualitätsmerkblattes.[73]

Demgegenüber geben Empfänger, die nicht selten mit Waren, verpackt auf Paletten verschiedener Qualitätsstufen, beliefert werden, häufig Paletten unsortiert und in niedrigerer Qualität zurück. Dies gilt vor allem im Bereich des Handels. Dieser schaltet teilweise auch Dienstleister[74] ein, die die Paletten nach dem Abpacken des Gutes übernehmen und die Rückgabe, sei es über Palettenscheine oder in sonstiger Art durchführen sollen.

Dies führt dazu, dass in der Praxis viele Verlader darüber klagen, dass immer schlechtere Paletten zurückgegeben würden und dass ihnen dadurch höhere Aufwendungen für den Ausgleich des Qualitätsverlustes entstünden.

Teilweise verlangen die Verlader von dem von ihnen eingesetzten Verkehrsunternehmen, dass dieses Paletten der Qualität zurückzuliefern habe, die derjenigen beim Versand entspricht. In anderen Fällen werden Dienstleister eingesetzt, die die Verlader mit entsprechenden Palettenqualitäten ungeachtet der Qualität der vom Empfänger oder seinem Dienstleister zurückgegebenen Paletten versorgen sollen. Dabei wird

---

[70] *Koller*, a.a.O. § 407 HGB Rdnr. 59b .
[71] Vgl. oben Rdnr. 808 ff.
[72] Vgl. oben Rdnr. 704.
[73] Vgl. oben Rdnr. 704 ff.
[74] Vgl. unten Rdnr. 953 ff.

gegenüber solchen Dienstleistern nicht selten eine Vergütung für die Qualitätsaufwertung eher akzeptiert als gegenüber den Verkehrsunternehmen.

896 Verkehrsunternehmen, die sich nicht wirksam zur Rücklieferung bestimmter Qualitätsstufen unabhängig von der Qualität der Rückgaben durch die Empfänger verpflichtet haben, was Individualabreden mit einer angemessenen Vergütung erfordert, sind nur für die Paletten und damit auch die Palettenqualitäten verantwortlich, die sie empfängerseitig erhalten haben.

897 Den Verkehrsunternehmen kann jedenfalls nicht durch AGB wirksam das Tauschrisiko auferlegt werden.[75] Entsprechendes gilt auch für das Qualitätsrisiko, da insoweit eine zumindest ähnliche Interessenlage vorliegt.

898 Hier kommt in der Praxis noch das Problem hinzu, dass nachträglich kaum noch bewiesen werden kann, welche Qualität die vom Empfänger zurückgegebenen bzw. zum ‚Tausch' angebotenen Paletten tatsächlich hatten, wenn keine Dokumentation an der Entladestelle erfolgt. Einmal sollten die Verkehrsunternehmen schon im eigenen Interesse wegen der Beweissituation nicht gebrauchsfähige oder aus sonstigen Gründen nicht tauschfähige Paletten, z. B. wegen anderer Maße oder weil es sich erkennbar um Systempaletten handelt, zurückweisen. In diesen Fällen ist es wichtig, dies zu dokumentieren.[76]

899 Weiter sollte eine Dokumentation auch dann erfolgen, wenn an der Entladestelle oder bei einem Dienstleister erkennbar qualitativ schlechtere Paletten als die beladen übergebenen als ‚Tauschpaletten' herausgegeben werden. Erfolgt dies nicht, muss das Verkehrsunternehmen nämlich befürchten, wenn es seinem Auftraggeber die zurückerhaltenen Paletten oder solche in gleicher Qualität zurückgibt oder zurückgeben will mit der Minderqualität belastet zu werden, ohne sich entlasten zu können

900 Ungeachtet dessen hat ein Versender von Paletten im Regelfall keinen Anspruch auf Rückgabe von Paletten der Qualität wie er sie beim Bepacken seines Gutes verwendet hat.

901 Weiter ist zu klären, welche Palettenqualität das Verkehrsunterunternehmen zurückverlangen kann, wenn es seinem Auftraggeber an der Beladestelle ein Palettendarlehen, z. B. in ‚A'-Qualität gewährt hat.

902 *bb) Stetiger Qualitäts- und Wertverlust beim Einsatz von Europaletten auch bei bestimmungsgerechtem Handling. (1) Neupaletten.* Insbesondere Holzpaletten, und um solche handelt es sich bei Euroflachpaletten, sind Verschleißteile, wie z. B. die Bremsen im Auto. Sie unterliegen bei **jedem** Einsatz einer natürlichen Abnutzung. Die Auswirkungen dieses Verschleißes sollen im Folgenden näher untersucht werden.

903 Eine Europalette ist nur vor dem ersten Einsatz ‚neu'. Sie ist bereits gebraucht, wenn sie auf dem Lkw zum Transport verladen wird und erst recht, wenn sie beim Empfänger ankommt und hat dort nur noch die Qualitätsstufe ‚A'.

Auf den besonderen Fall, dass eine Europalette beim Transport, z. B. durch unsachgemäßes Handling beschädigt wurde, soll nicht näher eingegangen werden.

904 *(2) Gebrauchte Paletten.* Ein entsprechender Qualitätsverlust tritt auch bei gebrauchten Europaletten der Qualitätsstufen ‚A', ‚B' und ‚C' bei jedem Einsatz auf. Als ‚Einsatz' soll jeweils die Verwendung von beladenen Paletten einschließlich der Rückführung zu demjenigen, der sie eingesetzt hat, zugrundegelegt werden. Nach einigen Einsätzen erfolgt bei gebrauchten Paletten ein ‚Absturz' in die nächst tiefere Qualitätsklasse bis sie ‚gebrauchsunfähig' werden.

---

[75] Vgl. oben Rdnr. 863.
[76] Vgl. oben Rdnr. 787 ff.

III. Sonderbereich 5. Palettenhandling/-tausch B. III

So geht im Laufe der Zeit die MFH-Tauglichkeit (Verwendbarkeit für Maschinen, 905
Fördertechnik und Hochregallager) verloren und die Paletten fallen in die Klasse ‚C'
mit der Voraussetzung Gebrauchsfähigkeit nach dem neuen Merkblatt.[77]

Dem steht nicht entgegen, dass die Behebung kleinerer Mängel zur Qualitätserhal- 906
tung auch durch Verwender ohne Reparaturlizenz erlaubt ist.[78]

cc) Wie können diese Wertverluste erfasst werden, wer hat sie jeweils zu tragen? 907
(1) Lösungsansatz über Qualität, Lebensdauer und Marktpreise der Europaletten.
Grundlage für das nachstehende Berechnungsmodell ist das Ergebnis der Auswertung
von Anfragen an verschiedene Palettendienstleister in verschiedenen Regionen
Deutschlands, Stand Anfang August 2013.

Für die Praxis ist zu berücksichtigen, dass die Holzpreise und ihnen folgend die 908
Marktpreise für Europaletten aller Qualitäten ständigen Schwankungen unterliegen,
so dass es sich empfiehlt, gegebenenfalls von Zeit zu Zeit die Preisansätze zu überprüfen und eine neue Berechnung vorzunehmen.

Weiter darf nicht außer Acht bleiben, dass jeweils von Durchschnittswerten ausge- 909
gangen werden soll, da innerhalb der einzelnen Qualitätskategorien Unterschiede im
Erhaltungsstand der Paletten vorhanden sind, was darauf zurückzuführen ist, dass mit
solchen Paletten jeweils mehrere Einsätze in der gleichen Qualitätsklasse durchgeführt
werden können, bis sie in die nächsttiefere Klasse fallen.

Lebensdauer von Europaletten. Unter Berücksichtigung der Umfrageergebnisse 910
kann von folgender Anzahl von Einsatzmöglichkeiten ausgegangen werden, wobei es
sich jeweils um Durchschnittswerte handelt:

1 Einsatz als	‚neu'
3 Einsätze als	‚A'
3 Einsätze als	‚B' und noch
5 Einsätze als	‚C'

bis dann die Gebrauchsfähigkeit verlorengegangen ist.

Ermittelte durchschnittliche Marktpreise für Europaletten, Stand Anfang August 2013: 911

‚neu'	7,80 €
‚A' (neuwertig)	7,00 €
‚B' (maschinentauglich)	6,20 €
‚C' (gebrauchsfähig)	5,30 €
Restwert defekte Europaletten (noch reparaturwürdig)	1,75 €

Modellberechnung des Wertverlustes. Dabei ist vom Marktpreis der jeweiligen Quali- 912
tätsklasse als Ausgangswert von der ermittelten Einsatzzahl in dieser Qualitätsklasse
ausgegangen worden:

Ausgangswert				
‚Neu'	7,80 €	Differenz ‚neu'/ ‚A'	0,80 €	
		Wertverlust 1 Umlauf	0,80 €	= ca. 10 %
‚A'	7,00 €	Differenz ‚A'/ ‚B'	0,80 €	
		Wertverlust je Umlauf	0,27 €	= ca. 4 %
‚B'	6,20 €	Differenz ‚B'/ ‚C'	0,90 €	
		Wertverlust pro Umlauf	0,30 €	= ca. 5 %

---

[77] Vgl. oben Rdnr. 705.
[78] Vgl. oben Rdnr. 714.

| ‚C' | 5,30 € | Differenz ‚C'/ ‚defekt' | 3,55 € | |
| | | Wertverlust pro Umlauf | 0,71 € | = ca. 13 % |

913 Anhand dieser Berechnungsmodells lässt sich der durchschnittliche Wertverlust einer Europalette pro Einsatz in der jeweiligen Qualitätsklasse als Betrag und im Verhältnis zum Marktpreis in dieser Klasse ermitteln, in diesem Beispiel auf der Basis der Preise Stand Anfang August 2013.

914 Da jede Europalette bei jedem Einsatz einem Verschleiß unterliegt, ist auch von einem durchschnittlichen Wertverlust in der ermittelten Höhe auszugehen.

915 Die Ermittlung des Wertverlustes von Europaletten pro Einsatz kann auch in anderer Weise erfolgen. So ist die Verwendung anderer Parameter und die Berücksichtigung von besonderen Konstellationen möglich, um angemessene und möglichst dem gemeinsamen Willen der Beteiligten entsprechende Ergebnisse zu erzielen.

916 Erforderlich ist für derartige Vereinbarungen, dass sie den anderen Teil nicht unangemessen benachteiligten und dass sie klar und eindeutig formuliert sind, damit sie einer AGB-Kontrolle standhalten.

917 *(2) Zu wessen Lasten geht der Wertverlust im Verhältnis der Beteiligten untereinander?* Die Versender von Gut im Güterkraftverkehr verwenden zumeist Paletten oder andere Lademittel zur Vereinfachung des Handlings, insbesondere bei der Be- und Entladung und auch zum Schutz des Gutes. Dies erleichtert im Regelfall auch die Tätigkeit der Verkehrsunternehmen. Ungeachtet dessen ist mangels einer wirksamen anderslautenden Rückgabevereinbarung für die Rückgabeverpflichtung der Zustand der Paletten maßgeblich, in dem sie beim Empfänger angekommen sind, d.h. der Zustand bei der Verladung abzüglich üblicher Abnutzung bei einem sachgerecht durchgeführten Transport.

918 Daher haben die Versender von Gut im Regelfall nur einen Anspruch auf Rückgabe von Paletten, die einmal mehr eingesetzt wurden als bei der Beladung, also an Qualität und Wert verloren haben.

919 Anderweitige Vereinbarungen auf der Lieferebene, also mit dem Empfänger, sind in der Praxis kaum vorstellbar.

920 Auf der Transportebene wäre eine Individualvereinbarung mit dem Verkehrsunternehmen erforderlich mit einer entsprechenden Vergütung für die Übernahme des Qualitätsrisikos.

921 Hier ist die Situation vergleichbar mit der Überbürdung des Tauschrisikos auf das Verkehrsunternehmen. Vor allem haben die Versender von Gütern keinen Anspruch darauf, durch die Vereinbarung eines Palettentausches mit dem Verkehrsunternehmen besser gestellt zu werden, indem sie von diesem bessere Paletten verlangen könnten als von dem Empfänger selbst, ihrem vertraglichen Palettenschuldner.

922 Dies erfordert ein Umdenken dahingehend, dass Verwender von Paletten grundsätzlich nicht die Rückgabe von Paletten **gleicher** Art und **Güte** wie bei der Beladung verlangen können. Das ändert jedoch nichts an einem Sachdarlehen, bei dem der Darlehensnehmer nach § 607 Abs. 1 S. 2 BGB verpflichtet ist, Sachen gleicher Art, Güte und Menge zurückzuerstatten, denn maßgeblich ist der Zustand der Sachen beim Empfang durch den Darlehensnehmer.

923 *(3) Bei einem Palettendarlehen des Verkehrsunternehmens an seinen Auftraggeber (Doppeltausch).* Es ist zu prüfen, ob dies auch für ein Verkehrsunternehmen gilt, das beim Doppeltausch seinem Auftraggeber ein Palettendarlehen gewährt, das durch Rückgabe von **entsprechenden** Paletten durch den Empfänger an der Entladestelle ausgeglichen werden soll.

Konkrete Vereinbarungen dahingehend, dass das Verkehrsunternehmen Paletten 924
der Qualität zurückerhalten soll, die derjenigen bei Abgabe an der Beladestelle entsprechen, sind durch AGB von Auftraggebern wirksam möglich, da sie das Verkehrsunternehmen nicht belasten, auch wenn sie in der Praxis kaum vorkommen. Auch insoweit ist eine sorgfältige Dokumentation zu empfehlen, um entsprechende Nachweise zu erbringen.

In der Regel wird keine Abrede zur Qualität auf der Transportebene beim Doppeltausch getroffen. Zunächst ist davon auszugehen, dass die Verkehrsunternehmen wissen oder wissen müssen, dass jedenfalls Holzpaletten bei jedem Einsatz einen stetigen Wertverlust erleiden und in einem Zustand beim Empfänger ankommen, der schlechter als bei der Beladung ist. Verkehrsunternehmen muss auch bekannt sein, dass der Versender vom Empfänger keine besseren Paletten verlangen kann als bei ihm angeliefert wurden. Die Abrede des Doppeltausches geht davon aus, dass ihre Palettendarlehen durch die Rückgabe durch den Empfänger ausgeglichen werden sollen. 925

Gibt das Verkehrsunternehmen Paletten in Qualität ‚C' an der Beladestelle ab, kann sein Palettendarlehen durch die Rückgabe gebrauchsfähiger Paletten durch den Empfänger ausgeglichen werden, denn es sind Paletten gleicher Güte.

Entsprechendes gilt bei Abgabe von Paletten der Qualitäten ‚A' oder ‚B', wenn der Empfänger gleiche Qualitäten zurückgibt.

Fraglich ist jedoch, ob es das Verkehrsunternehmen, das z. B. ‚A'-Qualitäten an der 926
Beladestelle abgibt, hinnehmen muss, dass sein Darlehen durch Rückgabe von Paletten in ‚B'-Qualität ausgeglichen werden kann, wenn der Empfänger mit der Begründung, die Paletten seien als ‚B'-Qualität bei ihm angekommen, Paletten in dieser schlechteren Qualität zurückgibt, unabhängig von auftretenden Beweisfragen. Da dann ein nicht unerheblicher Wertverlust zu Lasten des Verkehrsunternehmens ginge, eine solche Regelung durch eine AGB-Klausel unwirksam. Denn sie würde zu einer unangemessenen Überbürdung des Qualitätsrisikos auf das Verkehrsunternehmen[79] führen.

Versender, die höhere Palettenqualitäten einsetzen und von den Verkehrsunternehmen die Abgabe von ‚A'- oder ‚B'-Qualitäten an der Beladestelle verlangen, sollten daher mit dem Verkehrsunternehmen abklären, welche Palettenqualitäten diese von ihm zurückverlangen können und welcher Anspruch den Verkehrsunternehmen bei Rückgabe schlechterer Qualitäten durch den Empfänger zustehen soll. 927

dd) Anwendungsmöglichkeiten dieses als ‚Kölner Abschreibungsschlüssel' bezeichneten 928
Berechnungsmodells. (1) Wertberechnungsmöglichkeiten ohne unangemessenen Kontrollaufwand. Ziel ist es, den Wert und den Wertverlust der eingesetzten Paletten ohne unangemessenen Aufwand (bis zur Kontrolle jeder Palette) zu erfassen, wobei das Ergebnis für die Beteiligten unter Berücksichtigung eines redlichen Verhaltens als ausgewogen anzusehen sein muss. Dadurch, dass jeweils Durchschnittswerte für Marktpreis und Einsatzmöglichkeiten einerseits und für den Wert der jeweiligen Paletten der Mittelwert der jeweiligen Qualitätsklasse unter Berücksichtigung der durchschnittlichen Einsätze andererseits angesetzt werden, gleichen sich unterschiedliche Erhaltungszustände der Paletten, die auch in den einzelnen Qualitätsklassen vorhanden sind, im Regelfall in etwa aus, so dass keine Seite benachteiligt ist.

(2) Berechnungs- und Ausgleichsbeispiele, Wertberechnung der Paletten einer Sendung 929
z. B.   Lieferung auf 30 Europaletten ‚B',
        Mittelwert 2. Umlauf, 5,90 € pro Stück

---

[79] Vgl. oben Rdnr. 897.

Ausgleich durch Rückgabe von Europaletten im Gegenwert von 30 Stück, die noch die Qualitätsstufe ‚B' erfüllen müssen, also mindestens einen Wert von 5,60 € pro Stück haben, in Natur oder buchmäßigem Ausgleich des Wertes.

930 *Abzug bestimmter Stückzahlen.* Bei Rückgabe in der Qualität wie bei der Beladung kann die Stückzahl entsprechend dem Wertverlust verringert werden, insbesondere bei der Verwendung von Paletten der Qualität ‚C'.

931 *Rückgabe schlechterer Qualitäten.* Werden z.B. bei Lieferung von Paletten der Qualität ‚B' ‚C'-Paletten zurückgegeben, ist dann die Menge gegebenenfalls nach oben anzupassen, um den Wertausgleich zu erreichen.

932 *Vorteile des ‚Kölner Abschreibungsschlüssels'.* Auch wenn bei Anwendung dieses Modells Streitigkeiten, insbesondere hinsichtlich der jeweiligen Qualität nicht ausgeschlossen werden können, bietet es die Möglichkeit einer pauschalen Berücksichtigung des Wertverlustes von Paletten bei jedem Einsatz ohne unangemessenen Kontrollaufwand und kann Streitigkeiten darüber, in welcher Qualität Paletten zurückzuliefern sind und wer den Qualitäts- und Wertverlust zu tragen hat, vermeiden helfen. Es bleibt abzuwarten, ob dieses Modell in der Praxis angewandt wird.

933 **b) Dokumentations- und Herausgabepflicht ohne Tauschabrede.**[80] *aa) Dokumentationspflicht.* Eine generelle Verpflichtung der Verkehrsunternehmen, eine Quittung des Empfängers über die Ablieferung des Gutes beizubringen, besteht nicht.

§ 368 Satz 1 BGB bestimmt nur das Recht des Schuldners, für seine Leistung eine Quittung des Gläubigers zu verlangen, legt dem Schuldner aber diesbezüglich keine Verpflichtung auf. Auch aus § 454 HGB, der bestimmt, dass der Spediteur die Interessen seines Auftraggebers wahrzunehmen hat, folgt nicht, dass dazu die Einholung einer **Ablieferungsquittung** des Empfängers des Gutes gehört.

934 Was ohne Vereinbarung für das Gut nicht gilt, ist auch für Paletten nicht erforderlich.

935 Ungeachtet dessen muss es jedem Verkehrsunternehmen dringendst angeraten werden, sich jede Ablieferung von Gut und Paletten quittieren zu lassen.

936 Wenn aufgrund einer Vereinbarung mit dem Auftraggeber jedoch für die Ablieferung des Gutes eine Quittung vorzulegen ist und sich aus den Frachtpapieren nicht eindeutig ergibt, dass das Gut auf Paletten angeliefert wurde, ist eine Verpflichtung des Verkehrsunternehmens anzunehmen, auch die Ablieferung der Paletten und ihren Tausch oder Nichttausch dokumentieren zu lassen, nicht zuletzt wegen des Wertes genormter Tauschpaletten.

937 Erhält das Verkehrsunternehmen einen Palettenschein oder eine sonstige Quittung über den Verbleib der Paletten, so hat es diese Quittung ebenso wie den Ablieferungsnachweis für das Gut seinem Auftraggeber herauszugeben. Diese Verpflichtung ergibt sich sowohl für Fracht- als auch für Speditionsverträge, die beide auch sog. **entgeltliche Geschäftsbesorgungsverträge** sind,[81] aus § 667 BGB, wonach der Beauftragte alles, was er in Ausführung des Auftrages erhält, nach dessen Beendigung an den Auftraggeber herauszugeben hat.

938 *bb) Pflicht zur Herausgabe erhaltener Paletten.* Ebenfalls nach § 667 BGB hat ein Verkehrsunternehmen, das Tauschpaletten im Rahmen seiner Tätigkeit vom Empfänger erhält, jedoch ausgenommen die Fälle, in denen es vorher an der Beladestelle be-

---

[80] Vgl. oben Rdnr. 765 ff.
[81] Vgl. *Helm*, Speditionsrecht 2. Aufl., § 407 Rdnr. 6 und *Fremuth*, a.a.O. § 407 HGB Rdnr. 22.

III. Sonderbereich 5. Palettenhandling/-tausch　　　　　　　　　　　B. III

reits eigene Paletten abgegeben hat, diese an seinen Auftraggeber herauszugeben,[82] auch wenn keine Palettentauschvereinbarung getroffen wurde. Hier besteht jedoch keine Rücklieferungspflicht. Die Herausgabeverpflichtung ist vom Verkehrsunternehmen gemäß § 269 Abs. 2 BGB am Ort seiner Niederlassung zu erfüllen und beschränkt sich auf die Benachrichtigung des Auftraggebers und Bereitstellung der Paletten nach Absprache.[83]

Soweit das Landgericht Ravensburg[84] davon ausgeht, dass keine Verantwortung des Verkehrsunternehmens für Paletten besteht, die ein Fahrer unterwegs ohne Vollmacht und Kenntnis seines Arbeitgebers entgegennimmt, geht dies zu weit. Wenn die Entgegennahme der Paletten nicht gegen den Willen des Verkehrsunternehmens oder an diesem vorbei erfolgt, hat das Verkehrsunternehmen nach allgemeinen Grundsätzen auch in diesen Fällen für Paletten, die sein Fahrer im Rahmen seiner Tätigkeit übernimmt, einzustehen. 939

c) Entschädigungsabreden, Ersatzansprüche. aa) Bei Nichtrückgabe von Paletten. Nicht selten ist in AGB-Klauseln von Aufträgen, Auftragsbestätigungen oder Palettenpapieren die Regelung enthalten, dass bei Nichtrückgabe von Paletten ein bestimmter Betrag, z. B. 12,00 € pro Europalette zu zahlen ist. 940

Unabhängig von der Frage, ob die entsprechende Klausel wirksam in den Vertrag einbezogen wurde (§§ 305 und 305a BGB), ist zu berücksichtigen, dass die Verpflichtung zur Rückgabe von Paletten in einem Palettentauschvertrag als so genannte Hauptpflicht angesehen wird. Nach geltendem Recht ist es ausreichend, dass dem Schuldner eine angemessene Frist zur Erfüllung eines Anspruchs auf Rückgabe von Paletten gesetzt wird, bevor Schadenersatz geltend gemacht werden kann (§ 281 BGB). 941

Auch im Verkehr zwischen Unternehmern, und um diese geht es im Regelfall, ist eine Klausel, mit der Schadensersatzansprüche pauschaliert werden, bedenklich, wenn mehr als der tatsächliche Schaden verlangt wird und für die andere Seite nicht die Möglichkeit besteht, nachzuweisen, dass nur ein geringerer Schaden entstanden ist (§ 305 Abs. 1 Nr. 5 BGB). Dabei ist es aber nicht erforderlich, wie in § 305 Nr. 5b gegenüber Nichtkaufleuten geregelt, dass auf die Möglichkeit des Nachweises eines geringeren Schadens ausdrücklich in der Klausel hingewiesen wird.[85] Es reicht aus, wenn der Gegenbeweis nicht ausgeschlossen wird. Nach dem BGH darf dies auch nicht konkludent nach dem erkennbaren Sinn der Klausel geschehen. Da beim Ansatz von Pauschalbeträgen je nach Formulierung ein solcher Eindruck entstehen könnte, erscheint es der sicherere Weg, vom Ansatz von Pauschalbeträgen, die höher als der übliche Marktpreis der Paletten sind, abzusehen. 942

Auch wenn die Preise für Paletten je nach Holzpreis und Marktlage schwanken, sollte für gebrauchte Europaletten mittlerer Art und Güte als Ersatzwert höchstens ein Betrag von 8.00 € angesetzt werden. 943

bb) Bei verspäteter Rückgabe von Paletten. Paletten sind grundsätzlich umgehend zurückzugeben, wobei in der Praxis drei bis vier Wochen üblich sind. 944

Die Berechnung einer Vergütung, die häufig als Miete (zu Unrecht, da eine solche nicht vorliegt),[86] Verzögerungsgebühr oder Nutzungsentgelt bezeichnet wird, wird mit 945

---

[82] Vgl. OLG Frankfurt TranspR 1986, 354 (356).
[83] Vgl. *Thume,* a. a. O. Rdnr. 41.
[84] TranspR 1984, 259 ff.
[85] BGH NJW-RR 2003, 1056 (1059), Palandt/*Grüneberg,* a. a. O. § 309 BGB Rdnr. 32
[86] Vgl. LG Offenburg TranspR 1985, 194 (195).

unterschiedlichen Begründungen, aber vor allem mit Beschränkungen der Höhe nach überwiegend anerkannt.[87]

946 Zu Recht werden aber derartige Klauseln als unwirksam angesehen, nach denen der Ersatzberechtigte bei verspäteter Rückgabe von Paletten ein Mehrfaches des Wertes der Paletten geltend machen kann.[88]

947 Bei gebrauchten Europaletten mit einem Wert, der zumeist unter 7,50 € pro Stück liegt, erscheint ein Tagessatz von 0,75 € und bei gebrauchten Gitterboxen mit einem Wert von etwa 80,00 € pro Stück ein solcher von 8,00 € jeweils pro Stück als durch AGB vereinbarter pauschaler Verzugsschaden für höchstens 14 Tage als Obergrenze gerade noch vertretbar, Verzug vorausgesetzt.

948 Der Gläubiger kann nach Ablauf dieses Zeitraums die Rücknahme der Paletten ablehnen und deren tatsächlichen Gegenwert neben der bis dahin angefallenen ‚Nutzungsentschädigung' in Rechnung stellen.

949 Höhere Beträge pro Tag bzw. für einen längeren Zeitraum, die auf ein Vielfaches des tatsächlichen Wertes der jeweiligen Paletten hinauslaufen würden, können jedenfalls wirksam nicht durch AGB vereinbart werden.

950 *d) Abschluss von Palettenvereinbarungen durch den Fahrer. aa) Durch Individualvereinbarungen.* Entgegen der von *Dubischar*[89] und *Willenberg*[90] vertretenen Auffassung sind Fahrer als gewerbliche Arbeitnehmer, so dass § 54 HGB als Vorschrift für kaufmännische Angestellte hier nicht gilt, grundsätzlich nicht zum Abschluss von Vereinbarungen über das Palettenhandling befugt. Eine Ausnahme mag dann, wenn der Arbeitgeber dem Fahrer den Abschluss von Frachtvereinbarungen überlässt, nach Grundsätzen des Anscheins- oder Duldungsvollmacht gelten, was im Einzelfall zu überprüfen ist.[91]

951 *bb) Durch Unterzeichnung von Palettenpapieren.* Die Unterzeichnung derartiger Papiere stellt ebenso wie die Unterzeichnung von Frachtbriefen/Lieferscheinen pp lediglich eine Quittung über die Anzahl der übernommenen bzw. getauschten/nicht übernommenen oder nicht getauschten Paletten dar.

952 Weitere Verpflichtungen können durch Palettenpapiere, die erstmalig dem Fahrer vorgelegt werden und die nicht bereits vorher in den Palettentauschvertrag einbezogen waren, grundsätzlich nicht begründet werden. Etwas anderes kann nur dann ausnahmsweise gelten, wenn die Fahrer für ihren Arbeitgeber vertretungsberechtigt sein sollten. Insoweit gelten die vorstehenden Ausführungen zu **Individualabreden** entsprechend.

953 *e) Besonderheiten bei der Einschaltung von Dienstleistern. aa) Allgemeines.* Es werden immer häufiger Dienstleister in das Palettenhandling eingeschaltet, und zwar überwiegend auf Seiten der Auftraggeber der Verkehrsunternehmen und der Empfänger, gelegentlich auch von Verkehrsunternehmen selbst.

954 Sie versorgen Verlader mit geeigneten Paletten, z.B. wenn besondere Qualitäten für den Lebensmittelversand oder für Hochregallager erforderlich sind oder übernehmen Zustands- und Qualitätskontrollen bei der Abgabe von Paletten an der Beladestelle oder bei Rücknahme an der vorgegebenen Abgabestelle.

---

[87] Vgl. z.B. OLG Karlsruhe TranspR 1985, 301 (302); LG Offenburg a.a.O.; LG Wuppertal TranspR 1985, 74 (75); LG Bonn TranspR 1989, 74 (75); *Thume*, a.a.O. Rdnr. 45 ff. m.w.N.
[88] Vgl. LG Offenburg TranspR 1985, 194 (195).
[89] MüKoHGB 1. Aufl., § 425 Rdnr. 89.
[90] TranspR 1985, 161 ff.
[91] Vgl. z.B. *Koller*, a.a.O. Rdnr. 55 zu § 407 HGB.

III. Sonderbereich 5. Palettenhandling/-tausch **B. III**

Andere Dienstleister bieten an, den körperlichen Tausch und die Rückführung von 955
Paletten durch andere Gestaltungen, z. B. mit Hilfe von Palettenscheinen zu ersetzen
und bei Bedarf auch bestimmte Palettenqualitäten gegen eine entsprechende Vergütung an vereinbarten Orten zur Verfügung zu stellen.

bb) Rechtliche Stellung der Dienstleister. Die Dienstleister stehen nur in vertraglicher 956
Beziehung zu dem Beteiligten in der Palettentauschkette, der sie eingeschaltet hat.

(1) Tätigkeit auf der Absender-/Verladerseite. Versorgt der Dienstleister lediglich den 957
Versender mit Paletten, die dieser zum Versand seiner Güter benötigt, ändert sich gegenüber den erforderlichen Abreden auf der Liefer- und Verkehrsebene nichts.

Unterschiede ergeben sich dann, wenn die Paletten vom Verkehrsunternehmen nicht 958
an der Beladestelle selbst, sondern bei einem Dienstleister abgegeben werden sollen.

Sollten damit ein größerer Umweg oder zeitliche Verzögerungen verbunden sein, 959
brauchen sich die Verkehrsunternehmen darauf nur einzulassen, wenn dies bei der
Auftragserteilung mit ihnen vereinbart wurde. Ansprüche auf eine zusätzliche Vergütung für diesen Mehraufwand lassen sich in der Praxis kaum durchsetzen.

Soweit Verkehrsunternehmen beim Doppeltausch statt beim Verlader bei einem 960
Dienstleister ihre Paletten abgeben, bleibt es dabei, dass es sich um ein **Palettendarlehen**[92] an ihren Auftraggeber handelt.

Soweit sich im Einzelfall der Dienstleiser verpflichtet hat, auch den Palettentausch 961
mit dem Empfänger vorzunehmen, entfällt die Einschaltung des Verkehrsunternehmens in den Palettentausch. Dann hat es grundsätzlich auch keine eigenen Paletten an
der Beladestelle abzugeben, denn es geht nicht mehr um einen Doppeltausch. Wirksame AGB-Abreden erscheinen insoweit grundsätzlich nicht möglich, sondern nur
individuelle Sondervereinbarungen, die von den üblichen Tauschabreden abweichen.

(2) Tätigkeit für Verkehrsunternehmen. Es mag vorkommen, dass sich auch Ver- 962
kehrsunternehmen eines Palettendienstleisters bedienen, und zwar sowohl bezüglich
der Abgabe von eigenen Paletten an der Beladestelle als auch bezüglich der Entgegennahme von Tauschpaletten beim Empfänger.

Im letzteren Fall kommen statt einer körperlichen Rückführung der Paletten durch 963
den Dienstleister an die vorgesehene Abgabestelle auch andere Formen des Ausgleichs
des Herausgabeanspruchs des Auftraggebers, z. B. buchtechnisch infrage.

Da auch in diesem Fall der Dienstleister nicht Vertragspartner des Auftraggebers 964
des Verkehrsunternehmens ist, bedarf es dazu einer entsprechenden Vereinbarung des
Verkehrsunternehmens mit seinem Auftraggeber. Das Verhalten des Dienstleisters,
seines Erfüllungsgehilfen, hat sich das Verkehrsunternehmen im Verhältnis zu seinem
Auftraggeber zurechnen zu lassen.

Wie auch das Verkehrsunternehmen selbst kann der Dienstleister gegenüber dem 965
Empfänger einen Anspruch auf Rückgabe von Paletten nicht durchsetzen, denn er hat
nicht mehr Rechte als das Verkehrsunternehmen selbst.

(3) Tätigkeit für Empfänger. Es kommt zunehmend häufiger vor, dass vor allem grö- 966
ßere Empfänger Dienstleister einschalten, die für sie die Rückgabe der Tauschpaletten
und gegebenenfalls auch eine Eingangskontrolle der beladenen Paletten auf ihre
Tauschfähigkeit vornehmen.

Der Dienstleister ist dann **Erfüllungsgehilfe** des Empfängers auf der Lieferebene. 967
Die Einschaltung eines Dienstleisters kann dazu führen, dass die Verkehrsunternehmen nach Entladung des palettierten Gutes eine weitere Stelle anfahren sollen, um
dort Tauschpaletten entgegenzunehmen

---

[92] Vgl. oben Rdnr. 810.

968 Wenn dies nicht bereits Gegenstand ihres Vertrags mit dem Auftraggeber ist, brauchen sich die Verkehrsunternehmen darauf jedenfalls dann nicht einzulassen, wenn damit längere **Abwicklungszeiten** und Umwege verbunden sind. Dies ist im Regelfall anzunehmen, wenn sich damit die Abwicklungszeit für Entladung und Übernahme von Tauschpaletten um mehr als eine halbe Stunde auf insgesamt mehr als zwei Stunden verlängert oder die Umwegstrecke mehr als fünf Kilometer beträgt.

969 Die empfängerseitig eingeschalteten Dienstleister haben kein Recht, von den Verkehrsunternehmen oder sonstigen Dritten Sortierkosten oder ähnlich bezeichnete Vergütungen für die Herausgabe **besserer** Palettenqualitäten zu verlangen oder besondere Rückgabebedingungen bezüglich Menge oder Ort aufzustellen, selbst wenn sie entsprechende Vereinbarungen mit ihren Auftraggebern, den Empfängern, getroffen haben sollten. Vereinbarungen auf der Lieferebene mit dem **Versender** können vom Empfänger nicht einseitig zulasten des Ersteren abgeändert werden.

970 Mithin brauchen sich die Verkehrsunternehmen auf ein derartiges Ansinnen von Dienstleistern der Empfängerseite, das immer häufiger gestellt wird, nicht einzulassen, denn für sie gilt nur das, was sie auf der Transportebene mit ihren Auftraggebern vereinbart haben.

971 In solchen Situationen können die Verkehrsunternehmen ohne rechtliche Nachteile – in der Praxis sieht es tatsächlich aber häufig anders aus – den Palettentausch verweigern. Sie sollten dabei aus Beweisgründen darauf achten, dass sie einseitige Anforderungen der Dienstleister auch nachweisen können.

972 *f) Palettenkonten/-kontokorrent. aa) Palettenkonten.* Teilweise wird zwischen Parteien von Palettenverträgen, vor allem wenn sie in laufenden wechselseitigen Geschäftsbeziehungen zueinander stehen, zur Vermeidung von häufigen Abholmaßnahmen, insbesondere von zusätzlichen Fahrten vereinbart, die gegenseitigen Palettenforderungen zu saldieren. Unabhängig davon, ob eine wirksame Kontokorrentabrede getroffen wird, führt dies kontokorrent dazu, dass bis zur Erstellung der vereinbarten Kontoauszüge die Verjährung unterbrochen wird.[93]

973 Trotz einer solchen Vereinbarung können saldierte Palettenforderungen verjähren, wenn die Partei, zu deren Gunsten ein Guthaben besteht, innerhalb der nach Saldenmitteilung neu laufenden **Verjährungsfrist** keine verjährungsunterbrechende oder -hemmenden Maßnahmen ergreift, wie z.B. die gerichtliche Geltendmachung durch Klage oder Mahnbescheid. Solche Maßnahmen kommen allerdings erst infrage, wenn sich der Herausgabeanspruch in einen Schadenersatzanspruch umgewandelt hat (vgl. oben Rdnr. 941). Daneben kommen vor allem noch ein Anerkenntnis oder ein Verzicht auf die Einrede der Verjährung zur Vermeidung des Eintritts der Verjährung infrage.

Mahnungen unterbrechen oder hemmen die Verjährung nicht.

974 Eine einfache Saldierung von Palettenforderungen verändert die Rechtslage nur unerheblich und kann daher durch AGB vereinbart werden.

975 Auch wenn Schweigen im Rechtssinne grundsätzlich keine Zustimmung darstellt, sollte Kontoauszügen, auch oder gerade, wenn man sie für fehlerhaft hält, unverzüglich, und zwar aus Beweisgründen schriftlich widersprochen werden, möglichst unter Beifügung eigener Unterlagen.

976 Wenn ein kaufmännischer Geschäftspartner Kontoauszüge widerspruchslos hinnimmt, kann dies dazu führen, dass später ein einfaches Bestreiten nicht ausreicht.

---

[93] Vgl. LG Hamburg VersR 1992, 1373; *Thume*, a.a.O. Rdnr. 59.

III. Sonderbereich 5. Palettenhandling/-tausch   **B. III**

bb) Palettenkontokorrent. Eine Kontokorrentabrede i. S. d. § 355 HGB liegt nur dann 977
vor, wenn die Parteien übereingekommen sind, die sich aus der Geschäftsverbindung
ergebenden Ansprüche einander in Rechnung zu stellen und in regelmäßigen Zeitabschnitten nur den jeweils sich ergebenden Überschuss für einen von ihnen auszugleichen.[94]

Durch den anerkannten Saldo entsteht eine selbstständige Forderung, die unabhängig 978
von dem zugrunde liegenden Vertrag und der dafür geltenden Verjährung nach
§ 195 BGB in drei Jahren verjährt.[95]

Kontokorrentabreden bedürfen wegen dieser Rechtsfolge zu ihrer Wirksamkeit einer 979
Individualabrede.

g) Palettenscheine. aa) Allgemeines. Viele Empfänger, insbesondere aus dem Bereich 980
des Handels, arbeiten mit Palettenscheinen, z. B. wenn keine (geeigneten)
Tauschpaletten zur Verfügung stehen oder sie aus anderen Gründen nicht selbst Zug
um Zug Tauschpaletten herausgeben wollen oder können. Dies hat vor allem mit der
Einschaltung von Dienstleistern zugenommen.

Teilweise werden auch Papiere, die den Frachtpapieren beigefügt sind und Pflichten 981
für das Verkehrsunternehmen begründen sollen, als Palettenscheine bezeichnet.[96]

Im Folgenden sollen als ‚**Palettenscheine**' die Papiere behandelt werden, auf denen 982
Empfänger nach Ablieferung des Gutes bestätigen, dass eine bestimmte Anzahl von
Paletten nicht getauscht wurde sowie teilweise auch zusagen, dass derjenige, der dieses
Papier vorlegt, und zwar grundsätzlich im Original, von ihnen oder einem Dienstleister die darauf vermerkte Anzahl von Paletten erhält.

Nicht als Palettenscheine werden die Begleitpapiere angesehen, die teilweise an be- 983
ladenen Paletten/Gitterboxen befestigt sind und zu deren Identifizierung bzw. Verfolgung des Gutes verschiedene Angaben enthalten oder mit denen zusätzliche Pflichten
des Verkehrsunternehmens begründet werden sollen. Gesondert behandelt werden
nachfolgend [97] auch die Begleitpapiere, auf denen zu Beweiszwecken die Palettenvorgänge an der Be- und Entladestelle dokumentiert werden sollen.

bb) Gestaltung der Palettenscheine i. S. der vorstehenden Definition. (1) Nachweis- 984
funktion. Soweit es die in den Palettenscheinen vermerkte Anzahl und manchmal
auch die Qualität von nicht zurückgegebenen Paletten betrifft, sind diese Papiere
Quittungen, die dazu geeignet und bestimmt sind, nachzuweisen, dass der Empfänger
seiner Rückgabeverpflichtung aus der Lieferabrede gegenüber seinem Vertragspartner,
denn nur dieser hat einen Herausgabeanspruch,[98] nicht nachgekommen ist.

(2) Keine geborenen Wertpapiere. Palettenscheine sind von Natur aus keine Wertpa- 985
piere, so dass das Recht an den vermerkten Lademitteln nicht dem Recht an dem Papier folgt. D. h. derjenige, der im Besitz des Palettenscheins ist, verdrängt damit nicht
das Recht des Rückgabeberechtigten aus der Rückgabeabrede auf der Lieferebene.
Dem steht nicht entgegen, dass Empfänger, die bei Anlieferung des Gutes statt Paletten dem Verkehrsunternehmen Palettenscheine ausgehändigt haben, grundsätzlich
die Vorlage des Originals des Palettenscheins verlangen können. bevor sie Paletten

---

[94] *Koller*, a. a. O. § 407 HGB Rdnr. 58.
[95] Vgl. OLG Frankfurt TranspR 1984, 245 (247), wobei nach der damaligen Rechtslage die allgemeine
Verjährungsfrist noch 30 Jahre betrug.
[96] Unklar insoweit *Koller*, der die Terminologie vermischt, a. a. O. § 407 Rdnr. 55.
[97] S. unten Rdnr. 994.
[98] Vgl. oben Rdnr. 770, 815 ff.

herausgeben, es sei denn, nach der Vereinbarung auf der Lieferebene wurde die Ausgabe von Palettenscheinen statt körperlicher Rückgabe von Paletten ausgeschlossen.

986 *cc) Palettenscheine als Wertpapiere.* Jedoch können Palettenscheine aufgrund von Parteivereinbarungen, und zwar jedenfalls durch Individualvereinbarungen einen Wertpapiercharakter erhalten.

987 So ist es z.B. im Entwurf der GS 1-Palettenterms vorgesehen, dass die nach dem vorgeschlagenen Muster erstellten ‚**Paletten(gut-)scheine**' einen wertpapierähnlichen Charakter haben sollen.

988 Es spricht zwar Einiges dafür, dass auch eine entsprechende Klausel in einem solchen, von den Verkehrskreisen entwickelten Regelwerk ausreichen könnte, wenn es sich, wie im Regelfall um Kaufleute handelt. Wer den sicheren Weg gehen will, sollte eine entsprechende Individualvereinbarung treffen. Weiter ist dann eindeutig festzulegen, dass der Empfänger durch die Übergabe des Palettenscheins mit befreiender Wirkung seine Rückgabepflicht gegen den Empfänger erfüllt und die Berechtigung aus dem Papiere anstelle des Rückgabeanspruchs des Lieferanten treten soll.

989 *dd) Weitere Mindestvoraussetzungen bei einem sog. Paletten(gut-)schein nach dem GS 1-Enwurf*
- Eine Einlösungsfrist von einem Jahr,
- der Aussteller hat die für eine Terminabstimmung erforderlichen Kontaktdaten anzugeben,
- der Aussteller hat die Paletten innerhalb einer Frist von einer Woche nach Geltendmachung der Rechte aus dem Papier herauszugeben,
- Teilauslieferungen des Guthabens aus einem Palettenschein sind nicht gestattet.

990 Der Palettenschein darf keine Bedingungen enthalten, die
- das Sammeln und die gebündelte Einreichung mehrerer Palettengutscheine ausschließen und/oder
- dem Gutscheininhaber Kosten auferlegen, die mit der **Bereitstellung** und **Verladung** der Paletten beim Aussteller oder einem Dritten als dessen Erfüllungsgehilfen verbunden sind.

991 Sind die vorstehenden Voraussetzungen erfüllt, kann der vorgesehene Palettengutschein die Erfordernisse der Praxis erfüllen und als ein begebbares ‚Wertpapier' verwendet werden.

992 *ee) Sonstiges zu Palettenscheinen ohne Gestaltung als Wertpapier, Gültigkeitsangaben auf einem Palettenschein, z.B. sechs Monate.* Nach Ablauf dieses Zeitraums braucht der Aussteller dem Überbringer des Palettenscheins zwar keine Paletten mehr herauszugeben. Der Verfall des Palettenscheins hat jedoch keine Auswirkung auf die Rückgabepflicht des Ausstellers gegenüber seinem Lieferanten, sofern nicht ausnahmsweise auf der Lieferebene etwas Anderes vereinbart wurde.

993 Ein solcher Palettenschein ist nach Fristablauf jedoch nicht wertlos, sondern bleibt eine Quittung dafür, dass bei Anlieferung des Gutes keine Paletten getauscht wurden und dient als Indiz dafür, dass der Aussteller auch später seine Rückgabeverpflichtung nicht erfüllt hat.

994 *h) Paletten-/Lademittelbegleitpapiere. aa) Grundsätzliches.* Dies sind teilweise von Versendern oder von Verkehrsunternehmen verwendete Papiere, auf denen die Palettenvorgänge an Be- und Entladestelle dokumentiert werden sollen.[99] Dabei sollte nicht

---
[99] Vgl. oben Rdnr. 785.

III. Sonderbereich 5. Palettenhandling/-tausch   B. III

nur festgehalten werden, ob und in welchem Umfang Paletten dem Verlader übergeben bzw. vom Empfänger herausgegeben wurden, wann kein Tausch stattfand, sondern auch warum dies jeweils der Fall war. In der Praxis herrscht nachträglich oft Streit darüber, ob der Empfänger tatsächlich vertragsgerechte Tauschpaletten angeboten hat oder ob der Fahrer die Annahme solcher aus Gründen, die in seiner Sphäre liegen, abgelehnt hat.

Werden diese Vorgänge dokumentiert, d. h. an der Beladestelle vom Beladepersonal   995
und vom Fahrer und an der Entladestelle vom Empfängerpersonal und ebenfalls vom Fahrer abgezeichnet, können manche Streitigkeiten über Gründe eines nicht vertragsgemäßen Tausches, die häufig nachträglich nicht mehr geklärt werden können, vermieden werden.

bb) Musterpapier ‚Kölner Lademittelbegleitschein'. Es empfiehlt sich, möglichst ein   996
Papier zu verwenden, auf dem die Vorkommnisse an Be- und Entladestelle zusammen festgehalten werden, wie z. B. dem ‚Kölner Lademittelbegleitschein', s. nächste Seite.

Sind bereits Dokumentationen zu den Vorgängen an der Beladestelle in dem Papier   997
enthalten, hat es ein Empfänger z. B. schwerer, zu behaupten, die verwendeten Paletten seien nicht tauschfähig oder es fällt gegebenenfalls leichter, Feststellungen zu einem möglichen Transportschaden zu treffen.

i) Zurückbehaltungsrecht. Nach *Koller*[100] ist ein Zurückbehaltungsrecht nur ausge-   998
schlossen, wenn der Ausschluss einer Verkehrssitte entspricht. Die von ihm erwähnte weitere Möglichkeit eines **Handelsbrauches** besteht jedenfalls seit der Transportrechtsreform von 1998 nicht.[101] Das OLG Frankfurt[102] geht davon aus, dass im Regelfall kein **Zurückbehaltungsrecht** an zurückzugebenden Mehrwegpaletten besteht, da die Rückgabeverpflichtung wegen ihrer Bedeutung für den modernen Warenumschlag nach Treu und Glauben einem Zurückbehaltungsrecht nach §§ 373 und 320 BGB grundsätzlich vorgehe.

Die Auffassung des OLG Frankfurt vermag trotz der Bedeutung der Paletten für   999
den modernen Warentausch nicht zu überzeugen. Es ist nicht zu erkennen, warum ein fälliger Gegenanspruch auf der Liefer- oder Transportebene geringwertiger als ein Anspruch auf Rückgabe genormter Paletten/Lademittel, in der Regel Massenprodukte, sein soll.

k) Verjährung von Ansprüchen aus Palettenverträgen. Zunächst ist auch insoweit   1000
zwischen Verträgen auf der Lieferebenen und der Transportebene zu unterscheiden.

aa) Aus Verträgen auf der Lieferebene. Für Ansprüche, die auf ergänzenden Verein-   1001
barungen zumeist zu Kaufverträgen beruhen, gilt die dreijährige Regelverjährung gemäß § 195 BGB. § 439 findet auf derartige Ansprüche keine Anwendung.

bb) Aus Verträgen auf der Transportebene. (1) Regelfälle. Wegen der engen Verzah-   1002
nung von Palettenabreden mit den dazugehörenden Fracht- oder Speditionsverträgen wendet die wohl noch herrschende Auffassung[103] die für derartige Verträge geltenden Verjährungsregelungen, national §§ 439 und 463 HGB, international Art. 32 CMR mit einer Verjährungsfrist von einem Jahr auch auf Palettenansprüche an.

---

[100] A. a. O. § 407 HGB Rdnr. 59.
[101] Vgl. oben Rdnr. 762.
[102] TranspR 1986, 354 (356).
[103] Vgl. OLG Frankfurt TranspR 1986, 354 (356), *Andresen*, a. a. O. § 439 HGB Rdnr. 9; *Fremuth*, a. a. O. § 407 HGB Rdnr. 98 ff.

B. III   Rechte und Pflichten aus nationalen Frachtverträgen

KÖLNER LADEMITTELBEGLEITSCHEIN

Transportdatum _____
Auftrag-Nr. _____
Frachtführer/Spediteur _____

BELADESTELLE _____

	Europaletten (Stück)	Düsseldorfer Paletten (Stück)	Eurogitterboxen (Stück)	sonst. tauschfähige Paletten (Stück)	EW (Stück)
Verlader erhält in tauschfähigem Zustand:					
Übernommen mit Ware:					
davon defekt oder nicht tauschfähig:					

Tausch unterblieb, weil:
(Zutreffendes ankreuzen)

☐ – keine Tauschpaletten mitgeführt wurden
☐ – Tauschpaletten wegen Mängeln zurückgewiesen wurden
☐ – der Verlader keine Tauschpaletten angenommen hat
☐ Sonstiges _____

_____
Ort, Datum

_____   _____
Verlader   Fahrer des Frachtführers/Spediteurs
(Unterschrift Stempel)   *(Unterschrift Stempel)*

ENTLADESTELLE _____

	Europaletten (Stück)	Düsseldorfer Paletten (Stück)	Eurogitterboxen (Stück)	sonst. tauschfähige Paletten (Stück)	EW (Stück)
Bei Anlieferung als nicht tauschfähig abgeschrieben:					
zurückgegeben:					
davon defekt:					

Tausch unterblieb, weil:
(Zutreffendes ankreuzen)

☐ – keine Tauschpaletten mitgeführt wurden
☐ – Tauschpaletten wegen Mängeln zurückgewiesen wurden
☐ – der Anlieferer keine Tauschpaletten angenommen hat
☐ Sonstiges _____

_____
Ort, Datum

_____   _____
Empfänger   Fahrer des Frachtführers/Spediteurs
(Unterschrift Stempel)   *(Unterschrift Stempel)*

Demgegenüber geht eine neuere Auffassung[104] bei eigenständigen vertraglichen Abreden, die selbstständig neben einem Fracht- oder Speditionsvertrag stehen, wie die Palettentauschabreden, von der dreijährigen Regelverjährungsfrist des § 195 BGB aus. Da der BGH, wenn auch noch nicht zu Palettenabreden, diese Differenzierung vorgenommen hat, spricht Einiges dafür, dass die Rechtsprechung künftig auch bei Ansprüchen aus Palettenabreden auf der Transportebene zur Anwendung der dreijährigen Verjährungsfrist kommen wird. 1003

(2) Ausnahmen: Palettenkonten. Bei Vereinbarung der Führung eines Palettenkontos ist die Verjährung bis zur Erstellung des ersten der Entstehung des Anspruchs folgenden Kontoauszugs unterbrochen (vgl. oben Rdnr. 972). 1004

Palettenkontokorrent. Eine anerkannte Kontokorrentforderung verjährt gemäß § 195 BGB erst in drei Jahren (vgl. oben Rdnr. 978). 1005

l) Ansatz von Umsatzsteuer bei der Berechnung nicht zurückgegebener Paletten. Lange war es nicht geklärt, ob bei der Berechnung des Entgelts für nicht zurückgegebene Paletten eine steuerbare Leistung des geschädigten Sachdarlehensgebers oder ein echter Schadenersatz vorliegt, auf den keine Umsatzsteuer zu berechnen ist. 1006

Während die Zivilrechtsprechung[105] überwiegend von einem echten Schadenersatzanspruch ausging, vertraten verschiedene Finanzämter bei Anträgen auf Erteilung einer verbindlichen Auskunft die Auffassung, dass ein Leistungsaustausch vorliege, so dass die Rechnung mit Ausweis der Umsatzsteuer zu erstellen sei. 1007

Nunmehr hat das Bundesministerium mit Schreiben vom 5.11.2013 – DOK 2013/0961371 klargestellt, dass ein echter Schadenersatz vorliege mit der Folge, dass keine Umsatzsteuer zu berechnen sei. Damit wurde Klarheit in dieser Rechtsfrage geschaffen. 1008

11. Maßnahmen zur Sicherung der Position des Verkehrsunternehmen beim Palettenhandling in der Praxis

Ein erfolgreiches und kostensparendes Palettenmanagement hängt von der Organisation des eigenen Betriebs ab und beginnt mit der Auftragsannahme. 1009

a) Analyse des Ist-Zustandes im eigenen Betrieb. aa) Überprüfung der tatsächlichen Verhältnisse. Zunächst sollte abgeklärt werden, wie der Einsatz von Paletten organisiert ist: 1010

- Anzahl der eigenen Paletten nach Arten aufgegliedert,
- Anzahl der durchlaufenden Fremdpaletten,
- Maßnahmen zur Erhaltung des Palettenbestandes wie Kontrolle und sachgemäße Bearbeitung der Palettenquittungen, Kontrolle der eigenen Fahrer und sonstigen Mitarbeiter sowie Dritter, die auf das Firmengelände kommen, Lagerung der Paletten,
- Qualitätskontrolle eingehender Paletten,
- Kosten durch Palettenverluste und für das Handling

---

[104] BGH TranspR 2006, 451 (453) zur Garantie eines Mindestfrachtumsatzes; *Herber/Eckardt*, a.a.O. § 436 HGB Rdnr. 4; *Koller*, a.a.O. § 439 HGB Rdnr. 8 m.w.N.; nicht eindeutig *Schaffert*, a.a.O. § 439 HGB Rdnr. 6 und 7.
[105] Vgl. OLG Celle Urt. v. 22.9.2005 – 11 U 70/03 LNR 2005, 22078.

1011 *bb) Überprüfung der Rechtskenntnisse der Mitarbeiter sowie der Anwendung dieser Rechtskenntnisse im täglichen Ablauf*
- Sind die Grundregeln und Formen des Palettentausches den damit beschäftigten Mitarbeitern bekannt, wissen sie, wer von den Beteiligten welche Pflichten hat, insbesondere ob und wann eine Verpflichtung zur Rücklieferung von Paletten besteht?
- Werden eingehende Aufträge auf Palettenpflichten untersucht und wissen die Mitarbeiter, wie sie zu reagieren haben?
- Gibt es einen kompetenten Mitarbeiter, den die Anderen in Zweifelsfällen fragen können und gibt es insoweit Arbeitsanweisungen?
- Wissen diejenigen Mitarbeiter, die Palettenvorgänge bearbeiten und -konten führen, welcher Beteiligte jeweils mit welchen Paletten belastet werden soll (Problem der Rückbelastung des Auftraggebers, wenn der Empfänger nicht oder nicht vertragsgerecht tauscht),
  ⇨ kennen sie sich mit Palettenqualitäten aus,
  ⇨ wissen sie, welche Palettenqualitäten jeweils zurückverlangt werden können und
  ⇨ kennen sie die Verjährungsvorschriften für Paletten?
- Wird die Arbeit der Mitarbeiter zumindest stichprobenmäßig überprüft?

1012 *b) Maßnahmen nach Durchführung der Analyse. aa) Klärung der Frage, in welcher Form weiter Palettenabreden getroffen werden sollen.* Jedes am Transport palettierter Güter beteiligte Verkehrsunternehmen sollte für sich prüfen, welche Vereinbarungen es in seiner Eigenschaft als Auftraggeber (Spediteur/Hauptfrachtführer) oder als Auftragnehmer (Spediteur/Frachtführer) im Bereich des Palettentausches treffen will, wobei es nicht unwesentlich darauf ankommt, welches Anforderungsprofil der Markt, insbesondere die wichtigsten Auftraggeber stellen:

- Will man auch Aufträge mit Doppeltausch annehmen, was voraussetzt, dass man eigene Paletten einsetzt, die pro Einsatz an Wert verlieren können[106] und dass das eingesetzte Fahrzeug, sei es ein eigenes oder von einem Subunternehmen an der Beladestelle die erforderliche Anzahl Tauschpaletten abgeben kann?
- Will man AGB Anderer akzeptieren oder nur aufgrund von eigenen AGB oder Individualabreden Paletten stellen und tauschen?
- Will man Muster-AGB, wie ‚Kölner Palettentausch' oder ‚Bonner Palettentausch', zur Grundlage seiner Tätigkeit machen oder eigene AGB erstellen und verwenden?
- Eigene AGB sollten nicht einfach von Dritten abgeschrieben oder aus mehreren Bedingungswerken zusammengesetzt werden. Erfahrungsgemäß ist es am zweckmäßigsten, zuerst die eigenen Vorstellungen möglichst unter Verwendung der Muster-AGB als Checkliste niederzuschreiben und diese dann durch eine rechtskundige Person, die sich in dieser Spezialmaterie auskennt, rechtlich überprüfen zu lassen.
- Will man den Palettentausch – welche Form? – nur gegen eine besondere Vergütung über den Frachtpreis hinaus erbringen (ausgeworfene Aufschläge für Palettentausch oder Frachtpreise, in denen diese Leistung eingerechnet ist)
- oder ist man dazu grundsätzliche ohne Anpassung bereit, wenn der Frachtpreis hoch genug ist?
- Will man Anforderungen hinsichtlich der Qualität der Paletten[107] oder dahingehend, dass immer bestimmten Qualitäten an den Auftraggeber oder dessen Erfül-

---
[106] Vgl. oben Rdnr. 902 ff., 923 ff
[107] Vgl. oben Rdnr. 895 ff., 917 ff.

lungsgehilfen, unabhängig von der Qualität der Rückgaben des Empfängers, zurückzuliefern sind (mit/ohne Vergütung für ein Qualitätsupgrade) akzeptieren?

bb) Verbesserung der Betriebsabläufe 1013
- Erstellung eines Organisationsplanes für die Bearbeitung jedes Palettenvorganges mit Abstimmung von Disposition und Buchhaltung.
- Festlegung von Aufgabenbereichen der Mitarbeiter.
- Aufbau eines Kontrollsystems mit Fahrerkontrollen, auch unterwegs, Lagerkontrollen, Kontrollen Dritter, die das Betriebsgelände mit Fahrzeugen befahren, Überprüfung des Lagerplatzes der Paletten auf gute Einsicht, Einführung eines übersichtlichen Stapelungssystems für Paletten und Kontaktaufnahme mit Palettenhändlern.
- Aufstellung von Checklisten für Mitarbeiter, wie z.B. die nachfolgende Checkliste für Annahme von Paletten.

Checkliste für die Annahme von Paletten unterwegs durch Fahrer oder im eigenen Betrieb 1014

- Prüfen, ob es sich bei den angebotenen Paletten um neutrale Europaletten handelt, an denen Eigentum erworben werden kann oder um ‚Blaue' von Chep, ‚Rote' von LPR oder sonstige Inhaberpaletten, die nur innerhalb ihres Systems getauscht werden können.
- Prüfen, ob die angebotenen Paletten/Gitterboxen tauschfähige[108] Originalpaletten sind.
- Prüfen, ob reparierte Paletten ein Reparaturzeichen eines zugelassenen Reparaturunternehmens aufweisen.
- Prüfen, ob die angebotenen Paletten wiederverwendungs- und damit gebrauchsfähig sind, was nach der UIC-Norm 435-4 voraussetzt, dass
  ⇨ kein Bauteil (Brett, Klotz, Kufe, Befestigungselement) fehlt,
  ⇨ kein Brett quer oder schräg an- oder durchgebrochen ist,
  ⇨ bei sichtbaren Befestigungselementen keine Absplitterungen und Holzspreizungen vorliegen,
  ⇨ Klötze nicht mehr als 1 cm in Breite/Länge verdreht sind,
  ⇨ keine verpackungsgefährdenden Verunreinigungen vorliegen, die an die Ladegüter abgegeben werden können.

cc) Laufende Kontrolle der Durchführung der eingeleiteten Maßnahmen. Um die Einhaltung der Vorgaben an die Mitarbeiter beurteilen und fehlerhafte Abweichungen vermeiden zu können, sollte eine laufende stichprobenmäßige Überprüfung vorgenommen werden. 1015

---

[108] Vgl. oben Rdnr. 722.

Sonderbereich 6. Haftung und Versicherung beim Einsatz von Autokränen

Übersicht

	Rdnr.
1. Arten von Autokranverträgen	1016
a) Bürgerlich-rechtliche Autokranverträge	1017
aa) Kranmietvertrag	1017
bb) Kranüberlassungsvertrag	1019
b) Handelsrechtliche Autokranverträge	1021
aa) Krangestellungsvertrag	1021
bb) Hubvertrag	1022
cc) AGB-BSK Kran + Transport 2013	1023
2. Haftung	1025
a) Bürgerlich-rechtliche Autokranverträge	1025
aa) Kranmietvertrag	1025
bb) Kranüberlassungsvertrag	1028
b) Handelsrechtliche Autokranverträge	1032
aa) Krangestellungsvertrag	1037
bb) Hubvertrag	1038
cc) AGB-BSK Kran + Transport 2013	1039
3. Versicherung	1045
a) Handelsrechtliche Autokranverträge	1045
aa) Maschinenversicherung	1046
bb) Kfz-Haftpflichtversicherung	1049
cc) Hakenlastversicherung	1056
dd) Allgemeine Betriebshaftpflichtversicherung	1065
b) Bürgerlich-rechtliche Autokranverträge	1067
aa) Kranüberlassungsvertrag	1067
(1) Maschinenversicherung	1067
(2) Kfz-Haftpflichtversicherung	1074
(3) Allgemeine Betriebshaftpflichtversicherung	1082
(4) Hakenlastversicherung	1083
(5) Gebäudeversicherung	1086
bb) Kranmiete	1087
(1) Leasingverträge	1087
(2) Kranmiete (Kranüberlassung ohne Fahrer)	1088
cc) Versicherungstechnische Lösungen	1090
(1) Maschinenversicherung	1090
(2) Kfz-Haftpflichtversicherung	1093
(3) Allgemeine Betriebshaftpflichtversicherung	1095
(4) Hakenlastversicherung	1097
(5) Sonstige Versicherungen	1101

1. Arten von Autokranverträgen

1016 Die vertraglichen und gesetzlichen Anspruchsgrundlagen bei Rechtsgeschäften, die die Überlassung von Autokränen zum Gegenstand haben, werden in Rechtsprechung und Lehre nicht einheitlich beurteilt. Für die Überlassung von Autokränen vertrat die veröffentlichte Rechtsprechung häufig die Auffassung, es handele sich hierbei um einen **Dienst- oder** aber um einen **Werkvertrag.** Inzwischen liegen Entscheidungen neueren Datums vor,[1] die bei einem vergleichbaren Sachverhalt zu anderen rechtli-

---
[1] OLG Frankfurt VersR 1996, 1403 m. w. N.

III. Sonderbereich 6. Haftung und Versicherung beim Einsatz von Autokränen   B. III

chen Schlussfolgerungen gelangen. Für die Autokranverträge ist deshalb von einer gefestigten Rechtsprechung auszugehen, die bei der Überlassung von Kranfahrzeugen samt Bedienungspersonal von kombinierten Miet- bzw. Dienstverschaffungsverträgen oder aber von Werkverträgen ausgehen. Die Möglichkeit eines Dienstvertrages kann darüber hinaus als dritte Alternative hinzukommen. Ergänzend ergeben sich für die Haftung Anspruchsmöglichkeiten im Rahmen einer **positiven Vertragsverletzung** (§§ 280, 281 BGB) sowie dem Recht der unerlaubten Handlung.[2]

a) Bürgerlich-rechtliche Autokranverträge. aa) Kranmietvertrag. Beim Kranmietvertrag wird ausschließlich der Autokran überlassen, es liegt also eine reine Gebrauchsüberlassung und damit Maschinenmiete nach §§ 535 ff. BGB vor.   1017

Zu einer Überlassung von Bedienungspersonal kommt es nicht. Der Kranbetreiber wählt aus seinem Fuhrpark auf Anfrage hin unter Angabe der erforderlichen Einsatzdaten (Gewicht, Ausladung, Hubhöhe usw.) einen geeigneten Kran aus, den er anschließend für den Kranbesteller bereithält.   1018

bb) Kranüberlassungsvertrag. Beim Kranüberlassungsvertrag überlässt der Kranbetreiber dem Kranbesteller neben dem Autokran zusätzlich noch das Bedienungspersonal. Der Kranbetreiber berät den Kranbesteller auf telefonische oder schriftliche Anfrage hin unter Angabe der erforderlichen Einsatzdaten (Gewicht, Ausladung, Hubraum, usw.) und wählt aus seinem Fuhrpark einen geeigneten Kran aus. Er hält den Autokran bereit und weist das **Bedienungspersonal** an, nach den **Weisungen des Kranbestellers** bzw. dessen Vertreter zu handeln, soweit diese Weisungen nicht die Betriebssicherheit des Kranes beeinträchtigen. Wird kein eigener Kranführer vom Kranbetreiber zur Verfügung gestellt, handelt es sich um einen Mietvertrag. Die mietvertraglichen Regelungen gelten jedoch auch dann, wenn ein Kranführer im Rahmen eines Dienstverschaffungsvertrages zusätzlich zur Miete des Kranes zur Verfügung gestellt wird, wenn die Arbeitseinweisung, die Koordinierung vor Ort von der Kranbestellerin übernommen wurde und die Vergütung nach Stundensätzen abgerechnet worden ist. Der herkömmliche Kranvertrag, der ausschließlich die Überlassung von Bedienungspersonal und Autokran ohne weitere Nebenleistung zum Inhalt hat, ist mithin ein Mietvertrag verbunden mit einem Dienstverschaffungsvertrag. In diesem Fall schuldet der Kranbetreiber nach Mietrecht eine zum vertraglich vorausgesetzten Gebrauch geeignete Maschine.   1019

Der Kranbetreiber kennt nicht die Örtlichkeiten der Einsatzstelle. Er hat sich nicht die Entscheidung über die Durchführung der konkreten Kranarbeit vorbehalten und er hat auch nicht sonst wie bei der Planung der Hubleistung mitgewirkt.   1020

b) Handelsrechtliche Autokranverträge. aa) Krangestellungsvertrag. Auch beim Krangestellungsvertrag überlässt der Kranbetreiber dem Krangesteller sowohl den Autokran als auch das entsprechende Bedienungspersonal. Darüber hinaus übernimmt er während des Hubvorganges erkennbar die Obhut für die Ladung, das Hakenlastrisiko. Hiervon ist insbesondere dann auszugehen, wenn der Kranbetreiber vor Durchführung des Hubvorganges die konkrete Einsatzstelle besichtigt und relevante Hinweise für die sichere Durchführung der einzelnen Kranarbeiten und die Behandlung der Last gegeben hat. Der konkret geschuldete Transporterfolg ist zum Beispiel das Umsetzen von einem Stockwerk in ein anderes. Nach § 407 HGB kommt es nicht darauf an, ob das Gut in der Horizontalen mit Hilfe eines LKW oder ob es in der Ver-   1021

---

[2] Siehe hierzu: *Saller/Winter*, Haftung und Versicherung beim Autokranunfall, VersR 1997, 1191 ff. (1459 ff.); *Saller*, Großes Buch der Fahrzeugkrane 2, 2001, S. 201.

tikalen mit Hilfe eines Autokranes transportiert wird. In beiden Fällen ist die Beförderung der geschuldete Erfolg. Es gelten die §§ 407 ff. HGB.

1022 **bb) Hubvertrag.** Der Hubvertrag unterscheidet sich vom Krangestellungsvertrag dadurch, dass der Kranbetreiber über die Anforderungen an den Krangestellungsvertrag hinaus auch den Eintritt des konkreten Transporterfolges schuldet. Das bedeutet, dass der Kranbetreiber die einzig weisungsgebende Person an der Einsatzstelle des Autokranes ist. Der ganz konkrete Hubvorgang ist in einer zuvor genau festgelegten Art und Weise durchzuführen und der Kranbetreiber behält sich alle erforderlichen Schritte zur Durchführung des Kraneinsatzes selber vor.

1023 *cc) AGB-BSK Kran + Transport 2013.* Autokranverträge werden häufig[3] unter Einbeziehung der Allgemeinen Geschäftsbedingungen der Bundesfachgruppe Schwertransporte und Kranarbeiten (AGB-BSK Kran + Transport 2013) abgeschlossen. Die AGB-BSK Kran + Transport 2013 unterscheiden in ihrem Allgemeinen Teil zwischen Krangestellung, Kranarbeiten und Transportleistungen. Diese Geschäftsbedingungen der Bundesfachgruppe Schwertransporte und Kranarbeiten wurden nicht nur kontinuierlich der wechselnden Rechtsprechung angepasst, sondern berücksichtigen auch die Reform des Transportrechtes aus dem Jahre 2013. In der jetzigen Fassung wurden sie am 1.10.2013 bekannt gemacht.[4] Die AGB-BSK Kran + Transport 2013 beinhalten Regelungen für Dienstverschaffungsverträge i. V.m. mit Mietvertragselementen und Frachtverträgen.[5] Sie gelten daher – wenn sie in den Vertrag mit einbezogen worden sind! – auch für die sog. **Abschlepp- und Bergungsarbeiten**,[6] jedoch nicht für reine Kranmietverträge. Die AGB-BSK Kran + Transport 2013 müssen gemäß den gesetzlichen Vorschriften in den Vertrag einbezogen worden sein.

1024 Nach I. 1. AGB-BSK Kran + Transport 2013 gehen zwingende Vorschriften stets vor, was selbstverständliche, gesetzliche Systematik ist.

2. Haftung

1025 *a) Bürgerlich-rechtliche Autokranverträge. aa) Kranmietvertrag.* Im Falle des Kranmietvertrages kommt ausschließlich **Mietrecht** zur Anwendung. Das bedeutet, dass der Kranbetreiber dem Kranbesteller zunächst den Nichterfüllungsschaden zu ersetzen hat, zum Beispiel bei einem mangelhaften Kran. Damit gelten die allgemeinen Rechtsfolgen des Gewährleistungsrechtes, mit Schadenersatz (vgl. §§ 249 ff. BGB), sowie allen anderen Leistungsstörungsfolgen.

1026 Dieser **Schadensersatzanspruch** besteht jedoch nur für die Zeit, in der der Vermieter zur Leistung verpflichtet ist.

1027 Des Weiteren haftet der Kranbetreiber dem Kranbesteller auch für Mangelfolgeschäden und sonstige Begleitschäden. Das sind alle Nachteile des Kranbestellers, die durch den Sachmangel verursacht sind und über das reine Erfüllungsinteresse hinaus-

---

[3] Die Akzeptanz und Einbeziehung des Klauselwerkes im Markt ist groß; so auch *Saller* TranspR 2000, S. 61 ff. Ob die Bedingungen branchenüblich sind, ist jedoch fraglich

[4] *Saller* TranspR 2013, 408 ff., der sich an dieser Stelle ausführlich mit einer Erstkommentierung der Bedingungen befasst.

[5] Zwischenzeitlich gibt es auch Allgemeine Geschäftsbedingungen für die Vermietung von Gabel- und Teleskopstaplern, sowie Hubarbeitsbühnen (AGB-BSK Bühne + Stapler 2008), sowie Schwermontagebedingungen für die Durchführung von De- und Remontagen mit Schwerlastequipment (BSK-Montage 2008) und Allgemeine Geschäftsbedingungen für die Sicherung von Großraum- und Schwertransporten (GB/BSK-S).

[6] *Koller,* Transportrecht 2013, AGB/BSK Kran und Transport 2008, Rdnr. 1

gehen, insbesondere Schäden an anderen Sachen, am Körper und zusätzliche und nutzlose Aufwendungen.

bb) Kranüberlassungsvertrag. Beim Kranüberlassungsvertrag liegt eine Kombination von zwei Verträgen vor: Bezüglich des Autokranes – wie beim Kranmietvertrag – ein Mietvertrag; bezüglich der Überlassung des Bedienungspersonales nimmt die herrschende Auffassung[7] einen **Dienstverschaffungsvertrag** an, weil das mit dem Autokran zu vollbringende Werk Aufgabe des Kranbestellers ist und der Kranbetreiber keine eigenen Dienste schuldet, sondern nur den Autokran zu überlassen und die Dienste des Bedienungspersonals zu verschaffen hat. 1028

Das zeigt sich auch daran, dass die Durchführung der Arbeiten ausschließlich in den Zuständigkeitsbereich des Kranbestellers fällt und das Bedienungspersonal des Autokrans den Weisungen des Kranbestellers zu folgen hat. 1029

Bei diesem Dienstverschaffungsvertrag ist das von dem Kranbetreiber gestellte Bedienungspersonal nicht Erfüllungsgehilfe des Kranbetreibers. Vielmehr ist das vom Kranbetreiber gestellte Personal für die Dauer der Arbeiten als Personal (Leihpersonal) des Kranbestellers anzusehen. Aufgrund dessen sind sie Erfüllungsgehilfen des Kranbestellers. 1030

Das bedeutet, dass der Kranbetreiber bezüglich des von ihm gestellten Bedienungspersonals nur nach den Grundsätzen des Auswahlverschuldens haftet. Für ein darüber hinausgehendes **Verschulden des Bedienungspersonals** bei Verrichtung seiner Dienste haftet der Kranbetreiber nicht, sondern gemäß § 278 BGB wird das Verschulden des Bedienungspersonals dem Kranbesteller zugerechnet. § 831 BGB und damit dessen Exkulpationsmöglichkeit kommt nicht zur Anwendung, denn das Bedienungspersonal ist nicht Verrichtungsgehilfe des Kranbetreibers, sondern für die Dauer des Einsatzes (Leih-)Arbeitnehmer des Kranbestellers. 1031

b) Handelsrechtliche Autokranverträge. Auf den Krangestellungsvertrag und den Hubvertrag ist Frachtrecht anwendbar. 1032

Nach § 407 HGB ist Frachtführer, wer es gewerbsmäßig übernimmt, die Beförderung von Gütern zu Landes oder auf Flüssen oder auf sonstigen Binnengewässern auszuführen. 1033

Gegenstand des Frachtgeschäftes ist die Beförderung von Gütern jeglicher Art, das Wesen der Beförderung liegt in dem Verbringen eines Gutes von einem Platz zu einem anderen. Dabei kommt es nicht darauf an, wie weit diese Plätze auseinander liegen. § 407 HGB sagt nichts über das Beförderungsmittel aus. Wesentlich ist nur, dass sich der Frachtführer verpflichtet, die Verbringung von Gütern von einem Platz zu einem anderem Platz unter seiner Verantwortung und für seine Rechnung auszuführen oder ausführen zu lassen. 1034

Es kommt demzufolge darauf an, dass ein Gut von einem Platz zu einem anderen „befördert" wird. Dies ist mit einem Autokran möglich, denn das Gut wird mit Hilfe der Autokranfunktion von einem Platz zu einem anderen transportiert, damit i.S.d. §§ 407 ff. HGB befördert. 1035

Ein Frachtvertrag liegt nur vor, wenn der Erfolg, also die Verbringung von Ort zu Ort geschuldeter Vertragsinhalt ist. Dies ist jedoch beim Krangestellungsvertrag nicht der Fall. Hier kommt AGB-BSK Kran + Transport 2013 Ziff. I. 2. zu Hilfe: Kranar- 1036

---

[7] BGH VersR 1968, 779; VersR 1970, 934; *Hegendorf*, Versicherungs- und haftpflichtrechtliche Fragen zu Schadensfällen aus der Überlassung von Arbeitsgeräten mit Bedienungspersonal, VersR 1972, 172; *Saller/Winter*, Haftung und Versicherung beim Autokranunfall, VersR 1997, 1193.

beiten, die auf den Erfolg einer Ortsveränderung von Gütern gerichtet sind, sind Frachtverträge nach §§ 407 HGB ff.

1037 *aa) Krangestellungsvertrag.* Da sich hier der Kranbetreiber einen umfangreichen Einfluss auf die Arbeiten aufgrund seines Weisungsrechtes vorbehalten hat, ist das Bedienungspersonal als Personal des Kranbetreibers anzusehen.

1038 *bb) Hubvertrag.* Im Unterschied zum Krangestellungsvertrag haftet der Kranbetreiber beim Hubvertrag zusätzlich noch im Falle des Nichteintrittes des Erfolgs des Hebemanövers, denn der Kranbetreiber schuldet den konkreten Transporterfolg.

1039 *cc) AGB-BSK Kran + Transport 2013 (Allgemeine Geschäftsbedingungen der Bundesfachgruppe Schwertransporte und Kranarbeiten 2013).* Sind die Allgemeinen Geschäftsbedingungen der Bundesfachgruppe Schwertransporte und Kranarbeiten (BSK) Vertragsbestandteil geworden, so ist festzustellen, inwieweit sie anwendbar oder wirksam sind, vgl. §§ 305 ff. BGB.

1040 Die zahlreichen Einwendungen[8] gegen die Wirksamkeit zahlreicher Klauseln der AGB/BSK 1998 sind in der Neufassung 2013 berücksichtigt. Die wesentlichen Bestimmungen halten der Inhaltskontrolle nach §§ 305 ff. BGB stand.

1041 Kranarbeiten sind als Beförderung i.S.v. § 407 HGB anzusehen, wenn die vertikale und/oder horizontale Beförderung so versprochen wird, dass der Kranunternehmer für den Beförderungserfolg einzustehen hat. Ob dies der Fall ist, ist grundsätzlich im Einzelfall durch Auslegung des Vertrages zu ermitteln.

1042 Aufgrund dessen hat der Kranbetreiber für **Verschulden** des Bedienungspersonals nach § 278 BGB einzustehen. Zudem haftet der Kranbetreiber für die sichere Beförderung der Last am Haken.

1043 Hat der Kranunternehmer die AGB-BSK Kran + Transport 2013 in den Vertrag einbezogen, obwohl er nur einen Miet- und Dienstverschaffungsvertrag abgeschlossen hat, so ist die Verweisung auf die §§ 407 ff. HGB gegenüber Kaufleuten in der Regel nicht unangemessen, sondern vielmehr vorteilhaft, selbst wenn der Unternehmer für seine Gehilfen nur gemäß den Grundsätzen des Auswahlverschuldens einzustehen hat.

1044 Der Kranunternehmer hat im Rahmen der Vertragsfreiheit klare Zuordnungen und Erklärungen der Vertragswahl (Miete, Krangestellung, Kranarbeit etc.) zu formulieren, um seinem Vertragswillen Ausdruck zu geben.

3. Versicherung

1045 *a) Handelsrechtliche Autokranverträge.* Bei handelsrechtlichen Autokranverträgen ist sowohl der Autokran selbst, als auch das Bedienungspersonal unmittelbar dem Betrieb des Kranbetreibers zuzuordnen. Aufgrund dessen sind jene Versicherungen von Relevanz, die der Kranbetreiber bzgl. des Autokranes und seines Personals, also seines Unternehmers abgeschlossen hat.

1046 *aa) Maschinenversicherung.* Bei der Maschinenversicherung handelt es sich um eine **reine Sachversicherung,** die neben **Kaskoschäden** auch **innere Betriebsschäden** umfasst, vgl. § 2 Abs. 1 ABMG 2008 (Allgemeine Bedingungen für die Maschinen- und Kaskoversicherung von fahrbaren oder transportablen Geräten).

---

[8] Vgl. Vorauflage Handbuch des Transportrechts 2008, S. 183 ff., sowie *Koller,* Transportrecht 2013, Rdnr. 1 ff.

III. Sonderbereich 6. Haftung und Versicherung beim Einsatz von Autokränen B. III

Der Maschinenversicherer ersetzt die Aufwendungen, die der Kranbetreiber zur Reparatur seines Fahrzeuges hatte. Der Rückgriff des Versicherers gegen das schadensverursachende Bedienungspersonal ist nach den allgemeinen Grundsätzen der deliktischen Haftung nur eingeschränkt möglich, weil nach § 436 HGB sich die Leute des Frachtführers auf die Haftungsbefreiungen und -begrenzungen nach §§ 407 ff. HGB berufen können. 1047

In vielen Fällen wird ein solcher Rückgriff jedoch wegen unzulässiger Rechtsausübung nicht durchführbar sein, weil das Bedienungspersonal gegen den Arbeitgeber, also den Kranbesteller, aus den Grundsätzen des **innerbetrieblichen Schadensausgleiches** einen **Freistellungsanspruch** hat. Damit ist der Rückgriff des Versicherers nach altem und nach neuem Recht gegen das schadensverursachende Bedienungspersonal letztlich ein Rückgriff gegen den eigenen Versicherungsnehmer. 1048

bb) Kfz-Haftpflichtversicherung. Die Kfz-Haftpflichtversicherung bezieht sich gemäß § 10 AKB (Allgemeine Bedingungen für die Kraftfahrversicherung) auf Schadensersatzansprüche Dritter, die gegen den Versicherungsnehmer wegen Personen-, Sach- oder Vermögensschäden erhoben werden. 1049

Problematisch ist zunächst, dass das Betriebsrisiko einer Arbeitsmaschine – und eine solche stellt der Autokran dar, wenn er als Kran eingesetzt wird – nicht in den Schutzbereich des § 7 StVG fällt. Eine solche kann nämlich nur dann bejaht werden, wenn sich die Gefahren realisieren, die von einem Fahrzeug in seiner Eigenschaft als einer dem Verkehr dienende Maschinen ausgehen. D.h., der Autokran müsste als Fahrzeug und nicht als Kran benutzt werden, um der Gefährdungshaftung zu unterliegen. Sobald also der Fahrzeugkran nicht mehr als Fortbewegungsmittel, sondern als Arbeitsmaschine genutzt wird, liegt kein „Betrieb" des Fahrzeuges im Sinne von § 7 Abs. 1 Satz 1 StVG vor. 1050

Da beim Arbeitseinsatz des Autokranes demzufolge die Gefährdungshaftung nicht eingreift, beurteilt sich die Haftung des Kranbetreibers nach allgemeinen Verschuldensmaßstäben. 1051

Nach Auffassung des BGH[9] stellt der Betrieb eines Fahrzeuges einen Unterfall des „Gebrauchs" des Fahrzeuges im Sinne von § 1 PflVG und § 10 AKB dar. Aufgrund dessen hat die Kfz-Haftpflichtversicherung nicht nur die diejenigen Gefahren zu decken, die sich aus dem Einsatz als Fortbewegungsmittel ergeben, sondern es ist auch die Arbeitsleistung als Gefahrenquelle zu berücksichtigen und Versicherungsschutz unter der **Kfz-Haftpflichtversicherung** zu gewähren. 1052

Um Unsicherheiten zu beseitigen, haben die Kfz-Haftpflichtversicherer das Betriebsrisiko von Arbeitsmaschinen ausdrücklich in den Sonderbedingungen 11 dem Schutz der Kfz-Haftpflichtversicherung unterstellt. Sie enthalten jedoch zahlreiche Haftungsausschlüsse, die im Wesentlichen den Ausschlüssen der Betriebshaftversicherung entsprechen. 1053

Ausgeschlossen sind vor allem Haftpflichtansprüche wegen Beschädigung von in Obhut befindlichen Sachen und Bearbeitungsschäden. Dies sind Schäden an der fremden Sache, die durch eine gewerbliche Tätigkeit des Versicherungsnehmers, also des Kranbestellers an oder mit der Sache entstanden sind. Darunter fallen auch das Be- und Entladen. 1054

Der Kfz-Haftpflichtversicherer hat mit Ausnahme von Erfüllungsansprüchen auch vertragliche Ansprüche zu befriedigen, soweit diese auf Schadensersatz gerichtet sind. Das bedeutet zum Beispiel, dass der Kfz-Haftpflichtversicherer Schäden an 1055

---

[9] BGH VersR 1966, 354; BGH VersR 1980, 177.

einem Gebäude zu bezahlen hat, die durch eine am Haken hängende Last verursacht worden sind. Denn ein Bearbeitungsschaden liegt in einem solchen Fall nicht vor, weil sich der oben genannte Ausschluss bei unbeweglichen Sachen nur auf die Teile der Sache bezieht, die unmittelbar Gegenstand des Auftrages waren, den der Kranbetreiber auszuführen hatte. Das ist aber die am Haken hängende Last. Da der **Schadensersatzanspruch** bezüglich der Beschädigungen am Gebäude auf vertragliche Ansprüche zurückzuführen ist, ist die Kfz-Haftpflichtversicherung einstandspflichtig.

1056 *cc) Hakenlastversicherung.* Die Hakenlastversicherung stellt eine Haftpflichtversicherung des Kranbetreibers dar. Sie deckt die Haftung des Kranbetreibers für die am Haken des Krans hängende Last ab. Sie schließt die **Deckungslücken,** die durch die zahlreichen Ausschlüsse in der Kfz-Haftpflichtversicherung (§ 11 Nr. 3 Satz 1 AKB und Sonderbedingungen 11) und in der Betriebs-Haftpflichtversicherung (§ 1 Nr. 2b Allgemeine Versicherungsbedingungen für die Haftpflichtversicherung AHB) sowie den Risikobeschreibungen „Kraft-, Luft- und Wasserfahrzeugklauseln" zu den AHB entstehen.

1057 Die Hakenlastversicherung versichert die Haftung des Kranbetreibers aus ihn verpflichtenden Verträgen gemäß dessen **eigenen AGB** oder aus Gesetz, soweit KFZ- und Betriebshaftpflichtversicherung Deckungslücken enthalten.

1058 Nach § 11 Nr. 3 Satz 1 AKB sind Haftpflichtansprüche wegen Beschädigung, Zerstörung oder Abhandenkommen der beförderten Sache ausgeschlossen.

1059 Hinzu kommen die **Ausschlüsse** gemäß den Sonderbedingungen 11. Bezüglich der Be- und Entladungsschäden ist es möglich, diese mit Hilfe der „Besonderen Vereinbarung für Be- und Entladungsschäden" in den Versicherungsumfang der Kfz-Haftpflichtversicherung zu integrieren. Hier ist stets zu beachten, dass die am Markt gängigen Hakenlastpolicen unterschiedliche Deckungen der einzelnen Versicherer anbieten.

1060 Gemäß § 1 Nr. 2b AHB sind Haftpflichtansprüche, die durch das Führen eines Fahrzeuges entstanden sind, nicht gedeckt. Zudem sind aufgrund der Risikobeschreibungen „Kraft-, Luft- und Wasserfahrzeugklauseln" Haftpflichtansprüche die aus dem Gebrauch eines Fahrzeuges als Beförderungsmittel am beförderten Gut entstehen, nicht versichert.

1061 Um diese für den Kranbetreiber bedenklichen Deckungslücken bei Kfz- und Betriebshaftpflichtversicherung zu schließen – ein nicht gedeckter Haftpflichtfall kann durchaus den Ruin des Kranbetreibers bedeuten – stellt die Hakenlastversicherung eine Auffüllung dieser Deckungslücken dar.

1062 Beachtenswert ist, dass die Hakenlastversicherung auch bei Parterre-Arbeiten und Verwahrungsverträgen eintritt, denn die Betriebshaftpflichtversicherung tritt nicht für Haftpflichtansprüche wegen Schäden an fremden Sachen, die durch eine gewerbliche Tätigkeit an oder mit diesen Sachen entstanden sind oder die der Versicherungsnehmer in seiner Obhut hat, ein, vgl. § 4 Abs. 1 Nr. 6a, b AHB.

1063 Ebenso tritt die Hakenlastversicherung ein, wenn die Beförderung von Schwergut im Nahverkehr geschuldet war, d.h. wenn diese Bestandteil des Vertrages zwischen Kranbetreiber und Kranbesteller geworden ist.

1064 Einen Direktanspruch wie gegen die Kfz-Haftpflichtversicherung gibt es für den Geschädigten gegen die Hakenlastversicherung nicht, denn sie stellt keine Pflichtversicherung dar, so dass ungeachtet dessen das nicht Nichtbestehen einer Hakenlastversicherung möglicherweise eine **Obliegenheitsverletzung** darstellt.

1065 *dd) Allgemeine Betriebshaftpflichtversicherung.* Die Allgemeine Betriebshaftpflichtversicherung des Kranbestellers gewährt wegen § 1r. 2b AHB und der Risikobeschrei-

III. Sonderbereich 6. Haftung und Versicherung beim Einsatz von Autokränen B. III

bungen „Kraft-, Luft- und Wasserfahrzeugklauseln" (sog. **Benzinklauseln** zu den AHB) keine Deckung.

Zudem leistet sie nicht bei Obhuts- und Tätigkeitsschäden, vgl. § 4 Abs. 1 Nr. 6a, b AHB. 1066

b) Bürgerlich-rechtliche Autokranverträge. aa) Kranüberlassungsvertrag. (1) Maschinenversicherung. Auch im Falle des Kranüberlassungsvertrages bleibt die Maschinenversicherung eine reine Sachversicherung des Kranbetreibers, denn durch die Vermietung haben sich die Eigentumsverhältnisse an der versicherten Sache nicht geändert. 1067

Die Maschinenversicherung umfasst demnach neben Kaskoschäden auch innere Betriebsschäden, vgl. ABMG 2008. Der Maschinenversicherer ersetzt die Aufwendungen, die der Kranbetreiber zur Reparatur seines Fahrzeuges gemacht hat. 1068

Rechtlich möglich ist der **Regress** des Maschinenversicherers gegen den Kranbesteller, denn der Zustand der Mietsache Autokran war bei deren Rückgabe nicht ordnungsgemäß: 1069

Der Autokran war beschädigt, der Kranbetreiber hat gegen den Kranbesteller einen Anspruch aus §§ 535 ff., 548 BGB bzw. positiver Vertragsverletzung des Mietvertrages. Dem widerspricht nicht, dass das Bedienungspersonal des Autokranes beim Kranbetreiber angestellt ist. Denn wie bereits oben dargestellt, ist das **Bedienungspersonal** des Autokranes wie (Leih)-Personal des Kranbestellers und damit als dessen Erfüllungsgehilfe anzusehen. 1070

Diese dem Kranbetreiber aus dem Mietvertrag zum Kranbesteller zustehenden Ersatzansprüche gehen gemäß § 86 Abs. 1 VVG auf den Maschinenversicherer über. 1071

Da der Kranbesteller in der Regel keine eigene Maschinenversicherung abgeschlossen haben wird, zudem seine allgemeine Betriebshaftpflichtversicherung wegen § 4 Abs. 1 Nr. 6a AHB nicht zahlungspflichtig ist, hat der Kranbesteller keinen Versicherungsschutz; er wird den Schaden aus eigenen Mitteln begleichen müssen. 1072

Diese Versicherungslücke zu schließen ermöglicht dem Kranbesteller §§ 1 ff. ABMG 2008: Das Interesse des Kranbestellers an einer Befreiung von einer möglichen Zahlungsverpflichtung kann demnach unter der Maschinenversicherung des Kranbetreibers mitversichert werden. 1073

(2) Kfz-Haftpflichtversicherung. Aus den oben genannten Gründen ändert sich auch bezüglich einer durch Kranbetreiber abgeschlossenen Kfz-Haftpflichtversicherung nichts. Diese bleibt auch bei Vorliegen eines Kranüberlassungsvertrages einstandspflichtig in dem dargestellten Umfange. 1074

Problematisch ist, ob das Bedienungspersonal des Autokranes einen Freistellungsanspruch wegen der Grundsätze des innerbetrieblichen Schadensausgleiches hat. 1075

Dieser Freistellungsanspruch richtet sich gegen den Kranbesteller, denn das Bedienungspersonal war als (Leih-)Personal des Kranbestellers dessen Erfüllungsgehilfe. 1076

In Fällen einfacher bzw. mittlerer **Fahrlässigkeit** ist ein solcher **Freistellungsanspruch** grundsätzlich zu bejahen. Ein solcher ist nur dann nicht gegeben, wenn der Arbeitnehmer, also das Bedienungspersonal, haftpflichtversichert wäre. 1077

Das OLG Frankfurt[10] anerkennt die Kfz-Haftpflichtversicherung des Kranbetreibers für den Autokran als eine das Bedienungspersonal ausreichend schützende Versicherung und verneint infolge dessen das Bestehen eines Freistellungsanspruches gegen den Kranbesteller. 1078

---

[10] OLG Frankfurt VersR 1996, 1403.

1079 Das Bedienungspersonal eines Kfz, also auch eines Autokranes als Arbeitsmaschine, ist gemäß § 10 Abs. 2 Buchst. a, c AKB ebenso wie der Halter, also der Kranbetreiber mitversicherte Person.

1080 Die Kfz-Haftpflichtversicherung des Kranbetreibers für den Autokran ist demnach zugunsten des Bedienungspersonales zur Leistung verpflichtet.

1081 Diese **Leistungsverpflichtung** wird nicht dadurch ausgeschlossen, dass ein möglicher Freistellungsanspruch des Bedienungspersonals gegen den Kranbesteller gemäß § 86 VVG auf den Kfz-Haftpflichtversicherer übergeht. Denn durch die Regelung von § 10 Abs. 2c AKB, der das Bedienungspersonal in den mitversicherten Personenkreis einbezieht, wird das Entstehen eines solchen Freistellungsanspruches gerade verhindert. Die Kfz-Haftpflichtversicherung des Kranbetreibers hat demnach **Schadensersatzansprüche Dritter** wegen Personen-, Sach- oder Vermögensschäden zu befriedigen.

1082 *(3) Allgemeine Betriebshaftpflichtversicherung.* Bei Schäden an dem Autokran bzw. durch den Autokran verursachte, greift die Allgemeine Betriebshaftpflichtversicherung nicht ein (Ausschlussgrund).

1083 *(4) Hakenlastversicherung.* Die Hakenlastversicherung versichert die Haftung des Kranbetreibers aus ihn verpflichtenden Aufträgen gemäß dessen eigenen AGB oder aus Gesetz, soweit KFZ- und Betriebshaftpflichtversicherung Deckungslücken enthalten und er die eingetretenen Schäden zu ersetzen hat.

1084 Bei Vorliegen eines Kranüberlassungsvertrages ist das Bedienungspersonal des Autokranes als (Leih-)Personal des Kranbestellers in dessen Betrieb eingegliedert. Demgemäß sind sie dessen Erfüllungsgehilfen und der Kranbesteller hat für deren Verschulden gemäß § 278 BGB einzustehen.

1085 Demzufolge ist der Hakenlastversicherer von der Leistungspflicht frei.
Zu beachten ist, dass die Hakenlastversicherung in der Regel nur die Haftung des Kranbetreibers aus Abschlepp-, Bergungs- und Kranarbeiten versichert. Da es sich im vorliegenden Fall jedoch um einen Kranüberlassungsvertrag, also um einen kombinierten Miet- und Dienstverschaffungsvertrag handelt, ist nicht einmal die Haftung des Kranbetreibers infolge Auswahlverschuldens gedeckt.

1086 *(5) Gebäudeversicherung.* Die Gebäudeversicherung ist nicht zur Leistung verpflichtet, da sich keine der in § 1 Nr. 1 AFB 87 (Allgemeine Feuerversicherungsbedingungen) genannten Gefahren realisiert hat.

1087 bb) Kranmiete. *(1) Leasingverträge.* Da die Autokräne auf den Kranbetreiber zugelassen und von diesem versichert werden, ergeben sich keine Abweichungen zu den obigen Darstellungen. Denn in diesem Fall, in dem die Leasinggesellschaft Eigentümerin des Autokranes geblieben ist, ist der Kranbetreiber wie ein Erfüllungsgehilfe anzusehen und demzufolge haftet er wie bei Vorliegen eines handelsrechtlichen Autokranvertrages.

1088 *(2) Kranmiete (Kranüberlassung ohne Fahrer).* Für den Fall der Kranmiete in Form der Kranüberlassung ohne Fahrer ergeben sich keine Besonderheiten gegenüber dem Kranüberlassungsvertrag. Auch hier hat der Kranbesteller die Schäden am Autokran und an der Last selbst zu tragen. Die Personen-, Sach- und Vermögensschäden Dritter hat die Kfz-Haftpflichtversicherung des Kranbetreibers zu tragen.

1089 Zu beachten ist hier, dass es sich für die Anwendbarkeit von § 10 Abs. 2c AKB nicht um das angestellte Bedienungspersonal des Kranbetreibers handeln muss, denn es ist nur allgemein von dem Fahrer – und auf diesen reduziert sich in der Regel das Bedienungspersonal – die Rede.

III. Sonderbereich 6. Haftung und Versicherung beim Einsatz von Autokränen B. III

cc) Versicherungstechnische Lösungen. (1) Maschinenversicherung. Im Falle der Vereinbarung eines bürgerlich-rechtlichen Autokranvertrages (**Kranüberlassungsvertrag und Kranmiete**) besteht für den Kranbesteller insofern eine Haftungslücke, als er für das Verschulden des Bedienungspersonales gemäß § 278 BGB einzustehen hat. Die an dem Autokran entstandenen Schäden hat er also aus eigenen Mitteln zu bezahlen. 1090

Dieses Interesse des Autokranbestellers kann über die Maschinenversicherung gemäß §§ 1 ff. ABMG 2008 mitversichert werden. 1091

Dies muss jedoch mit dem Maschinenversicherer gesondert vereinbart werden. Aufgrund einer solchen Vereinbarung ist dann der Regress des Maschinenversicherers gegen den Kranbesteller nicht mehr möglich. 1092

(2) Kfz-Haftpflichtversicherung. Die **Deckungslücke** innerhalb der Kfz-Haftpflichtversicherung besteht unabhängig von der vorliegenden Vertragsart. Es ist also einerlei, ob zwischen Kranbetreiber und Kranbesteller ein handelsrechtlicher oder ein bürgerlich-rechtlicher Autokranvertrag geschlossen worden ist. 1093

Um die durch das Vorliegen der Sonderbedingungen 11 entstandenen umfangreichen Haftungsausschlüsse so gering wie möglich zu halten, sollte dem Kfz-Haftpflichtversicherungsvertrag die „Besondere Vereinbarung für Be- und Entladeschäden" zugrunde gelegt werden. 1094

(3) Allgemeine Betriebshaftpflichtversicherung. Über die Mitversicherung von Mietsachschäden unter der Betriebshaftpflichtversicherung kann der Regress des Maschinenversicherers des Kranbetreibers gegen den Kranbesteller auf die Betriebshaftpflichtversicherung des Kranbestellers abgewälzt werden. 1095

Zu beachten ist jedoch, dass Mietsachschäden nur in begrenztem Umfang versicherbar sind. Aufgrund dessen ist der Einschluss des Interesses des Kranbestellers als Mieter in die Maschinenversicherung des Kranbetreibers gemäß § 1 ff. ABMG 2008 zu empfehlen. 1096

(4) Hakenlastversicherung. Haben Kranbetreiber und Kranbesteller einen handelsrechtlichen Autokranvertrag geschlossen, so ergeben sich für den Kranbetreiber keine besonderen Probleme. 1097

Sollten Kranbesteller und Kranbetreiber jedoch einen bürgerlich-rechtlichen Autokranvertrag geschlossen haben, so ist es für den Kranbetreiber wichtig, im Rahmen der Hakenlastversicherung die Haftung für Auswahlverschulden mitzuversichern. Denn bei Abschluss eine bürgerlich-rechtlichen Autokranvertrages ist das Bedienungspersonal (Leih-)Personal des Autokranbestellers und der Kranbetreiber könnte für ein mögliches Auswahlverschulden bezüglich des Bedienungspersonals haftbar gemacht werden. 1098

Da sich der Versicherungsschutz der Hakenlastversicherung in der Regel nicht auf die Haftung aus bürgerlich-rechtlichen Autokranverträgen, also Kranmiet- oder Kranüberlassungsverträgen erstreckt, ist es für den Kranbetreiber weiterhin wichtig, den Versicherungsschutz auf die Haftung aus solchen Verträgen auszudehnen. 1099

Zudem erscheint es sinnvoll, die persönliche Haftung des Bedienungspersonals in den Versicherungsschutz der Hakenlastversicherung einzubeziehen, da es in Hakenlastpolicen eine dem § 11 Abs. 2 AKB entsprechende Regelung nicht gibt, wären auf diesem Wege sowohl das Bedienungspersonal als auch der Kranbesteller ausreichend geschützt. Denn eine im obigen Sinne ergänzte Hakenlastversicherung deckt die durch die Kfz- und die Allgemeine Betriebshaftpflichtversicherung mit ihren Zusatzbedingungen hinterlassenen Deckungslücken weitestgehend ab. 1100

1101 *(5) Sonstige Versicherungen.* Als reine Sachversicherungen sind die Montage-, Bauleistungs- und Transportversicherungen am besten geeignet, den Kranbesteller ausreichend zu schützen. Hervorzuheben ist hier insbesondere die Transportversicherung, die je nach bürgerlich-rechtlicher oder handelsrechtlicher Gestaltung des Autokranvertrages im ersten Fall vom Kranbesteller, im zweiten Fall vom Kranbetreiber abzuschließen wäre.

1102 Auf diesem Wege kann das Interesse des Dritten an dem gehobenen Gut bzw. an der zu errichtenden Anlage am besten und unabhängig vom dem Bestehen einer Haftung abgesichert werden.

Sonderbereich 7. Binnenschifffahrtsrecht

Übersicht

	Rdnr.
1. Einführung	1103
2. HGB-Transport	1105
a) Anwendungsbereich	1105
b) Besonderheiten	1108
aa) Liegegeld	1108
bb) Beförderungshindernisse	1111
c) Charterverträge	1112
3. CMNI-Transport	1115
a) Anwendungsbereich	1115
b) Haftung	1117
aa) Grundsatz	1119
bb) Haftungsausschlußgründe	1120
cc) Lieferfristüberschreitung	1124
dd) Qualifiziertes Verschulden	1125
c) Anzeigepflichten	1126
d) Verjährung	1127
e) Sonstige Schäden	1128
4. Straßburger Übereinkommen – CLNI	1129
a) Einführung	1129
b) Bewirken der Haftungsbeschränkung	1131
c) Haftungssumme	1132
d) Qualifiziertes Verschulden	1133
e) Revision der CLN	1134
5. Havarie Grosse	1135
6. Verfahrensrechtliche Besonderheiten	1140
a) Kontradiktorische Schadenstaxe	1141
b) Verklarungsverfahren	1142
c) Schiffahrtsgerichtsbarkeit	1143
d) Schiffsarrest	1144

1. Einführung

Das den Verkehrsträger Binnenschiff betreffende Recht stammt aus verschiedensten Rechtsbereichen, wie z.B. Verkehrsrecht, Arbeitsrecht, Verfahrensrecht oder Registerrecht. Vorliegend soll das Recht erörtert werden, das denjenigen betrifft, der Binnenschiffe für Gütertransporte nutzt. Neben dem Binnenschifffahrtsfrachtrecht ist dies insbesondere das Recht der Havarie Grosse, der globalen Haftungsbeschränkung und das spezifische Verfahrensrecht. **1103**

Mit dem Transportrechtsreformgesetz im Jahr 1998 wurde das Binnenschifffahrtsfrachtrecht dem Frachtrecht für andere Landverkehrsträger angepasst und in den §§ 407 ff. geregelt. Ähnlich wie bei anderen Verkehrsträgern gibt es ein international vereinheitlichtes Sonderfrachtrecht für grenzüberschreitende Beförderungen (CMNI). Obgleich die Verbreitung der CMNI nicht derer der CMR vergleichbar ist, gilt es doch für die allermeisten grenzüberschreitenden Beförderungen. Dem Frachtrecht nahe stehend sind die Charterverträge (§ 27 BinSchG, §§ 553 ff.). Wichtige schiffahrtszivilrechtliche Bestimmungen und Definitionen finden sich im Binnenschiffahrtsgesetz **1104**

(BinSchG), in dem bis 1998 auch das Frachtrecht geregelt war. Daneben spielen diverse Sonderregelungen eine wichtige Rolle, wie die Lade- und Löschzeitenverordnung, das binnenschiffsspezifische Gefahrgutrecht (ADN), oder auch branchenübliche AGB wie die IVTB,[1] die vor allem in der Trockenschifffahrt Anwendung finden, die TTB[2] für die Tankschifffahrt, die europäischen Schubbedingungen (ESB)[3] oder die IVR-Regeln[4] für die Havarie Grosse. An ausländischen AGB sind die Schweizer Rheintransport-Bedingungen (SRTB 2002)[5] und die in den Niederlanden insbesondere für Binnenverkehre üblichen CBRB-Transportbedingungen[6] hervorzuheben, die dann aber in das Schweizer bzw. niederländische Recht verweisen.

2. HGB-Transport

1105   *a) Anwendungsbereich.* Das HGB-Landfrachtrecht (§§ 407 ff.) findet auf alle nicht grenzüberschreitenden Beförderungen mit dem Binnenschiff Anwendung, für die deutsches Recht gilt. Führt die Beförderung teilweise über Binnen- und teilweise über Seegewässer, findet hingegen das Seefrachtrecht (§§ 476 ff.), Anwendung, sofern die Seestrecke die längere ist oder ein Konnossement ausgestellt ist (§ 450). Anderenfalls bleibt es beim Landfrachtrecht.

1106   Auf das Seefrachtrecht soll an dieser Stelle nicht eingegangen werden. Hinsichtlich des Landfrachtrechts wird auf die Ausführungen in Teil B I und II verwiesen.

1107   Sofern ein Schub- oder Schleppvertrag ein Frachtgeschäft darstellt, findet das HGB-Frachtrecht auch dann Anwendung, wenn eine grenzüberschreitende Beförderung vereinbart ist. Schub- und Schleppverträge sind vom Anwendungsbereich der CMNI ausdrücklich ausgenommen.

1108   *b) Besonderheiten. aa) Liegegeld.* Von der Verordnungsermächtigung des § 412 Abs. 4 hat das Bundesjustizministerium für die Binnenschifffahrt als einzigem Verkehrsträger Gebrauch gemacht und eine Standgeldverordnung (in der Binnenschifffahrt spricht man von Liegegeld), die Lade- und Löschzeitverordnung (BinSchLV)[7] erlassen, mit der die freie Lade- und Löschzeit in Abhängigkeit des Ladungsgewichts und das Liegegeld nach der Tragfähigkeit des Schiffes bestimmt wird. Zeiten, während derer branchenüblich der Umschlag ruht, werden nicht auf die freie Lade- oder Löschzeit angerechnet. Diese nicht anzurechnenden Zeiten sind für die Trockenschifffahrt länger bemessen als für die Tankschifffahrt. Liegegeld fällt für die Lade- und die Löschzeit jeweils gesondert an. Über- und Unterschreitungen werden nicht verrechnet.[8] Nichtausgeschöpfte freie Ladezeit wird z. B. nicht auf eine Überschreitung der freien Löschzeit angerechnet. Ist die freie Lade- oder Löschzeit überschritten, läuft die liegegeldpflichtige Zeit durchgehend, weil Binnenschiffer Ladungsreisen üblicherweise auch an Wochenenden und Feiertagen ausführen oder während solcher Zeiten die nächste Ladestelle anfahren. Die Liegegeldsätze für Trocken- und Tankschiffe falle verschieden aus, wobei in der Tankschifffahrt die BinSchLV zudem noch zwischen Schiffen in Einhüllen- und Doppelhüllenbauweise unterscheidet.

---

[1] Internationale Verlade- und Transportbedingungen, IVTB 2010 abrufbar unter www.vbw-ev.de.
[2] Abrufbar beim Bundesverband der Deutschen Binnenschifffahrt, BDB.
[3] Zu finden auf der Webseite der IVR, www.ivr.nl.
[4] Abrufbar beim Bundesverband der Deutschen Binnenschifffahrt, BDB.
[5] Revidierte Fassung 2009, www.svs-online.ch.
[6] CBRB-Vervoersvoorwaarden, www.cbrb.nl.
[7] BGBl. I 1999, 2389 und BGBl. I 2009, 3958.
[8] *v. Waldstein/Holland*, Binnenschifffahrtsrecht, 5. Aufl. 2007, BinSchLV § 4 Rdnr. 5.

III. Sonderbereich 7. Binnenschifffahrtsrecht   **B. III**

Das Liegegeld gem. BinSchLV beträgt: 1109

- Trockenschiff € 75/h bis 1500 t Tragfähigkeit zzgl. € 0,02 je weitere t
- Einhüllentankschiff bis 500 t/1000 t/1500 t Tragfähigkeit € 25/54/75 pro Stunde zzgl. € 10 je weitere angefangene 500 t
- Doppelhüllentankschiff bis 500 t/1000 t/1500 t Tragfähigkeit € 60/80/100 pro Stunde zzgl. € 20 je weitere angefangene 500 t

Die BinSchLV ist uneingeschränkt dispositiv. Die Parteien sind frei, ihren Erfordernissen entsprechende Regelungen zu treffen. 1110

bb) Beförderungshindernisse. Anders als LKW oder auch der Bahn stehen einem 1111 Binnenschiff im Falle der Sperre des Verkehrsweges, also der Wasserstraße oftmals nur sehr weiträumige,[9] bisweilen gar keine[10] Umfahrungsmöglichkeiten des Hindernisses zur Verfügung, so dass sich Reisehindernisse schwerwiegend auswirken können. Den Regelungen über die Rechte und Pflichten bei Beförderungshindernissen kommt daher besondere Bedeutung zu. Den Frachtführer trifft eine Informationspflicht und er hat sich Weisungen des Verfügungsberechtigten einzuholen (§ 419 Abs. 1). Wegen der auf Weisungen ergriffenen Maßnahmen, oder falls Weisungen nicht einholbar sind, wegen zweckmäßiger Maßnahmen (§ 419 Abs. 3), hat er Anspruch auf Kostenerstattung und angemessene Vergütung, es sei denn das Hindernis entstammt seiner Risikosphäre(§ 419 Abs. 1 S. 3 und Abs. 4). Daneben steht dem Frachtführer eine angemessene Vergütung zu, wenn eine der Risikosphäre des Absenders zuzurechnende Verzögerung eintritt (§ 420 Abs. 4). Nach herrschender Rechtsprechung gibt es dazwischen eine neutrale Risikosphäre,[11] der Ereignisse zuzurechnen sind, auf die weder der Frachtführer noch der Absender Einfluss hatte oder hätte nehmen können. Ein von außen wirkendes, für die Parteien des Frachtgeschäfts unvorhersehbares und unbeherrschbares Ereignis löst aus diesem Grund den Vergütungsanspruch des Frachtführers nach § 420 Abs. 4 nicht aus. Da der Anspruch auf Kostenerstattung und angemessene Vergütung nach § 419 Abs. 1 S. 3 und Abs. 4 dagegen nur voraussetzt, dass die Ursache des Hindernisses nicht der Risikosphäre des Frachtführers zuzurechnen ist, können derartige Ansprüche auch bei Hindernissen aus der neutralen Sphäre ausgelöst werden. Das bloße Warten des Frachtführers auf Weisungen des Absenders ist aber noch nicht vergütungspflichtig.[12]

c) Charterverträge. Schifffahrtstypische Regelungen, die bei Landverkehrsträgern 1112 nicht vorkommen, sind Charterverträge, die als Bareboat-Charter (§ 27 Abs. 1 BinSchG, §§ 553 ff.) oder Zeitcharter (§ 27 Abs. 2 BinSchG, §§ 557 ff.) in verschiedensten Varianten verbreitet sind. Beide Vertragstypen sind auf die Überlassung eines Schiffes gerichtet. Während bei der Bareboat-Charter der Vercharterer dem Charterer die Überlassung eines Schiffes ohne Besatzung schuldet, ist Gegenstand des Zeitchartervertrages die Überlassung eines Schiffes mit Besatzung zu einer bestimmten Verwendung, oftmals zur Beförderung bestimmter Güter. Die Bareboat-Charter, auch Schiffsmiete genannt, ist denn auch eine Sonderform des Mietvertrages, auf die ergänzend zu den HGB-Vorschriften die Regelungen des BGB-Mietrechts (§§ 535 ff. BGB) Anwendung finden,[13] mit der grundlegenden Abweichung, dass der Charterer zur Instandhaltung (§ 554 Abs. 2) verpflichtet ist.

---

[9] Z.B. nach dem Dammbruch des Dortmund-Ems-Kanals am 11.10.2005.
[10] Z.B. nach dem Unfall des TMS „Waldhof" auf dem Rhein bei St. Goarhausen am 13.1.2011.
[11] BGH Urt. v. 30.6.2011 – I ZR 108/10 = TranspR 2011, 362 ff. = VersR 2012, 125.
[12] *Koller*, a.a.O., § 420 Rdnr. 35
[13] Vgl. *Czerwenka*, Das Gesetz zur Reform des Seehandelsrechts, 2014, S. 28 Rdnr. 70 ff.

1113 Die Zeitcharter, bei der ein Schiff für eine bestimmte Zeit für eine unbestimmte Zahl von Reisen gestellt wird, kann unterschiedlicher rechtlicher Natur sein. Steht nicht der Leistungserfolg im Vordergrund sondern die Leistungserbringung ist von einem Vertrag sui generis[14] auszugehen, der in den §§ 557ff. seine Sonderregelungen hat. Neben der Zeitcharter schuldet der Charterer dem Vercharterer die variablen Kosten des Schiffsbetriebs wie z.B. Hafen- und Lotsengelder, aus der vom Charterer beabsichtigten Verwendung resultierende besondere Versicherungsprämien und insbesondere auch die Treibstoffkosten (§ 564 Abs. 2). Der Vercharterer hat, neben der Hauptpflicht, ein für den vereinbarten Zweck tüchtiges Schiff zu stellen, die fixen Kosten des Schiffsbetriebs zu tragen, mithin die Kosten der Besatzung, Ausrüstung Unterhaltung und Versicherung des Schiffes (§ 564 Abs. 1). Die Haftung bestimmt sich gem. § 567 nach den allgemeinen Vorschriften des BGB.

1114 Die Regelungen über die Charterverträge sind uneingeschränkt dispositiv, was auch zu einer anderen Zuordnung des Vertragstypus führen kann. Auf einen Zeitchartervertrag, mit dem der Vercharterer die typischen Pflichten eines Frachtführers übernimmt, insbesondere der Transporterfolg und die Ladungsfürsorge Hauptpflichten des Vercharterers sind, ist auch Frachtrecht anzuwenden.[15]

3. CMNI-Transport

1115 *a) Anwendungsbereich.* Wie die CMR den grenzüberschreitenden Gütertransport im Straßenverkehr regelt, gilt für grenzüberschreitende Binnenschiffstransporte das Budapester Übereinkommen, die CMNI, uneingeschränkt jedenfalls dann, wenn auf das Frachtgeschäft das Recht eines Staates anzuwenden ist, der die CMNI ratifiziert hat[16] und Lade- oder Löschhafen in einem solchen Staat liegen. Zwar gilt derzeit die CMNI in fast allen wichtigen Binnenschifffahrtsstaaten, insbesondere in den Staaten des Rheinstromgebiets, nicht unbedeutende Binnenschifffahrtsstaaten wie z.B. Österreich, Polen oder auch die Ukraine haben das Übereinkommen aber (noch) nicht ratifiziert. In der deutschen Rechtsanwendung gilt sie stets, wenn Lade- und Löschhafen in unterschiedlichen Staaten liegen und einer dieser Staaten die CMNI ratifiziert hat, mithin selbst dann, wenn die Parteien des Frachtgeschäfts das Recht eines Staates gewählt haben, das die CMNI nicht kennt. Dies kann dazu führen, dass die Anwendung der CMNI vom Gerichtsstand abhängt.[17]

1116 Vom Anwendungsbereich ausdrücklich ausgenommen sind unentgeltliche Verträge (Art. 1 Nr. 1 CMNI) sowie Schub- und Schleppverträge sowie Gepäck und Fahrzeuge von Passagieren (Art. 1 Nr. 7 CMNI). Bei Beförderungen, die teilweise über Seegewässer, teilweise über Binnenwasserstraßen gehen, gilt die CMNI nicht, wenn ein Seekonnossement ausgestellt oder die Seestrecke die größere ist (Art. 2 Abs. 2 CMNI). Bei Geltung deutschen Rechts kommt in diesen Fällen das HGB-Frachtrecht zur Anwendung.

1117 *b) Haftung.* Die Haftungsregeln der CMNI finden nur auf den tatsächlichen Transport im Schiff Anwendung. Umfasst das Frachtgeschäft z.B. auch einen Vor- oder Nachlauf, gilt für das nach dem auf den Frachtvertrag anzuwendende sonstige Recht (Art. 16 Abs. 2 CMNI), für einen sich nach deutschem Recht bestimmenden Fracht-

---

[14] *Czerwenka*, a.a.O., S. 258 Rdnr. 6
[15] Vgl. *Rabe,* Seehandelsrecht, 4. Aufl., § 556 Rdnr. 9; *Ramming,* Hamburger Handbuch zum Binnenschifffahrtsfrachtrecht, 2009, Rdnr. 92, der darauf abstellt, wer die Weisungsbefugnis ggü. der Schiffsbesatzung hat.
[16] Vgl. Übersicht der Staaten unter www.ccr-zkr.org.
[17] Vgl. *Jaegers* TranspR 2007, 141 ff. und ZfB 2008 Nr. 1/2 S. 71 ff.

III. Sonderbereich 7. Binnenschifffahrtsrecht B. III

vertrag z.B. für einen binnenländischen Nachlauf per LKW das HGB, bei grenzüberschreitender Straßenstrecke die CMR.

Die Bestimmungen der CMNI sind zwar grundsätzlich dispositiv, Vereinbarungen über die Haftung des Frachtführers können aber lediglich hinsichtlich des Haftungshöchstbetrags für Ladungsverlust/-schäden mittels Frachturkunde oder ausdrücklich getroffen werden (Art. 25 Abs. 1, 20 Abs. 4). 1118

aa) Grundsatz. Anders als die §§ 425, 426 sieht die CMNI eine verschuldensabhängige Frachtführerhaftung mit umgekehrter Beweislast[18] für Lieferfristüberschreitungen und für Ladungsschäden vor. Der Frachtführer kann sich entlasten, wenn er beweist, dass der Schaden durch Umstände verursacht ist, die ein sorgfältiger Frachtführer nicht hätte vermeiden und deren Folgen er nicht hätte abwenden können (Art. 16 Abs. 1 CMNI). Anders als in § 426 ist der die Haftung ausschließende Sorgfaltsmaßstab nicht die größtmögliche Sorgfalt sondern einfache Sorgfalt, so dass man sich an den nach §§ 276 BGB, 347 Abs. 1 entwickelten Grundsätzen orientieren kann.[19] 1119

bb) Haftungsausschlußgründe. Die besonderen Haftungsausschlussgründe entsprechen weitgehend denen des § 427 Abs. 1, sind aber erweitert um Hilfeleistungs- und Rettungsmaßnahmen (Art. 18 Abs. 1 lit. g CMNI) und im Rahmen der natürlichen Beschaffenheit auch die Kontamination mit Ungeziefer, auch Nagetieren, wobei es nicht darauf ankommt, ob die Ladung bereits kontaminiert war oder die Ungeziefer durch die Ladung angezogen wurden[20] (Art. 18 Abs. 1 lit. d CMNI). Falls ein Haftungsausschlussgrund vorliegt, wird widerleglich vermutet, dass der Schaden aus diesem Umstand oder dieser Gefahr entstanden ist (Art. 18 Abs. 2 CMNI). 1120

Zudem können die Parteien vertraglich, auch durch AGB,[21] die Haftung für 1121
- nautisches Verschulden, es sei denn die Besatzung trifft qualifiziertes Verschulden,
- Feuer oder Explosion an Bord des Schiffes, es sei denn es liegt Verschulden des Frachtführers oder seiner Leute vor, und/oder
- vor Reiseantritt vorhandene Mängel des Schiffes, wenn die Mängel trotz Anwendung gehöriger Sorgfalt vor Reisebeginn nicht zu entdecken waren,

ausschließen (Art. 25 Abs. 2 CMNI).

Die Haftung des Frachtführers bei Verlust der gesamten Ladung ist auf den Wert der Güter beschränkt. Bei Teilverlust und Beschädigung ist die Wertminderung zu erstatten (Art. 19 Abs. 1, 2 CMNI). Güterfolgeschäden, auch die Schadensfeststellungskosten sind nicht erstattungsfähig.[22] 1122

Wie auch andere transportrechtliche Regelwerke sieht die CMNI fixe, vom Wert der beförderten Güter unabhängige Haftungshöchstbeträge vor. Die Höchstbeträge der CMNI orientieren sich an den seerechtlichen Visby-Rules. Je nachdem welcher Betrag der höhere ist haftet der Frachtführer 1123
- auf 666,67 SZR je Packung oder andere Ladungseinheit oder
- 25.000 SZR für die Containerladung und 1.500 SZR für den Container bei Containerladung ohne Stückzahlangabe der im Container befindlichen Colli in der Frachturkunde oder

---

[18] *Korioth,* Binnenschifffahrtsrecht, 2. Aufl., 2013, S. 48.
[19] Vgl. *Koller,* a.a.O., Art. 16 CMNI Rdnr. 2; *Ramming,* a.a.O. Rdnr. 448.
[20] *Ramming* a.a.O. Rdnr. 440.
[21] Vgl. z.B. § 15 IVTB.
[22] OLG Hamburg Urt. v. 21.11.2013 – 6 U 194/10 = ZfB Samml S. 2263f.; *v. Waldstein/Holland,* a.a.O., Art. 19 CMNI Rdnr. 4.

- 2 SZR je kg des in der Frachturkunde erwähnten Gewichts der Verlust- oder Schadware

es sei denn, die Parteien haben ausdrücklich höhere Haftungsbeträge vereinbart oder in die Frachturkunde den höheren Wert und die Natur der Güter aufgenommen (Art. 20 Abs. 4 CMNI).

1124   cc) *Lieferfristüberschreitung.* Die Haftung für Lieferfristüberschreitungen ist auf die einfache Fracht beschränkt (Art. 20 Abs. 3 CMNI). Für eine verspätete Übernahme der Güter findet sich in der CMNI keine Regelung, so dass das ergänzend anzuwendende Recht zum Tragen kommt. Bei Anwendung deutschen Rechts folgt hieraus eine unbeschränkte Verschuldenshaftung (Art. 29 Abs. 1 CMNI, § 280 BGB).

1125   dd) *Qualifiziertes Verschulden.* Die Haftungsbeschränkungen entfallen, wenn die Schadensursache vom Frachtführer mit qualifiziertem Verschulden gesetzt wurde. Der Haftungsmaßstab entspricht transportrechtstypisch der sog. bewussten Leichtfertigkeit, so dass auf die Ausführungen zu § 435 HGB verwiesen werden kann. Das schadensursächliche qualifizierte Verschulden muss im Unterschied zu anderen transportrechtlichen Regelwerken indes in der Person des Frachtführers[23] vorliegen (Art. 21 Abs. 1 CMNI). Verschulden der Subunternehmer oder anderer Leute, derer sich der Frachtführer zur Transportausführung bedient, wird ihm hinsichtlich der Durchbrechung der Haftungsbeschränkungen nicht zugerechnet. Hat z.B. der Subunternehmer oder ein einfacher Angestellter des Frachtführers einen Ladungsschaden bewusst leichtfertig verursacht, haftet der Frachtführer nur beschränkt. Die CMNI sieht denn auch einen Direktanspruch des Urabsenders und Endempfängers gegen den ausführenden Frachtführer vor (Art. 4 Abs. 2 CMNI), wobei jedoch wegen der Legaldefinition des Art. 1 Nr. 3 CMNI umstritten ist, ob ausführender Frachtführer i.S.d. CMNI der Vertragspartner des Hauptfrachtführers oder derjenige ist, der die Beförderung selbst ausgeführt hat.[24] Wegen des klaren Wortlauts der Regelung müssen Hauptfrachtführer und ausführender Frachtführer durch unmittelbaren Auftrag verbunden sein, so dass der ersteren Auffassung der Vorzug gebührt.[25]

1126   c) *Anzeigepflichten.* Äußerlich erkennbare Güterschäden sind sofort bei Ablieferung der Ladung schriftlich anzuzeigen, äußerlich nicht erkennbare binnen 7 Tagen nach Ablieferung anderenfalls ordnungsgemäße Ablieferung widerleglich vermutet wird (Art. 23 Abs. 1–3 CMNI). Bei Totalverlust der Ladung entfällt die Anzeigepflicht. Schäden wegen Lieferfristüberschreitungen sind binnen 21 Tagen nach Ablieferung anzuzeigen, anderenfalls die Schadensersatzpflicht entfällt (Art. 23 Abs. 5 CMNI).

1127   d) *Verjährung.* Die Verjährung beläuft sich grundsätzlich auf 1 Jahr ab Ablieferung. Qualifiziertes Verschulden führt nicht zur Verlängerung dieser Frist (Art. 24 Abs. 1 CMNI). Allein für Rückgriffansprüche gilt die Jahresfrist nicht. Solche können noch binnen 90 Tagen nach Befriedigung des geschädigten Dritten oder binnen 90 Tagen, nachdem der Rückgriffgläubiger selbst die Klage erhalten hat, geltend gemacht werden (Art. 24 Abs. 4 CMNI). Hemmung und Unterbrechung der Verjährung bestimmen sich nach dem ergänzend anzuwendenden Recht (Art. 24 Abs. 3 CMNI). Entgegen § 215 BGB ist die Aufrechnung mit verjährten Ansprüchen ausgeschlossen (Art. 24 Abs. 5 CMNI).

---

[23] Bei einer juristischen Person z.B. das Verhalten seiner Organe aber nicht sonstiger Angestellter.
[24] RSpr zu dieser Problematik fehlt; vgl. zum Meinungsstand der Lit. *Koller,* a.a.O. CMNI Art. 1 Rdnr. 3.
[25] So auch *Ramming,* HH Hdb BinSchFrR, Rdnr. 526; a. A. *v. Waldstein/Holland,* a.a.O. CMNI Art. 1 Rdnr. 10; *Trost* in Hartenstein/Reuschle, Hdb FA TranspR Kap, 14 Rdnr. 87; vermittelnd *Koller,* a.a.O. CMNI Art. 1 Rdnr. 3, der alle Unterfrachtführer als ausführende i.S.d. CMNI betrachtet.

e) Sonstige Schäden. Die CMNI gilt abschließend für Ladungsverlust, -schäden und Lieferfristüberschreitungen. Andere Ansprüche sind nicht ausgeschlossen und bestimmen sich nach dem gemäß Art. 29 Abs. 1 CMNI ergänzend anzuwendenden Recht.

1128

4. Das Straßburger Übereinkommen – CLNI

a) Einführung. Im Seerecht hat sich nach britischem Vorbild das Summenhaftungssystem durchgesetzt, das mit dem Straßburger Übereinkommen (CLNI) auch für die Binnenschifffahrt Geltung erlangt hat. Das im Jahr 1988 auf einer diplomatischen Konferenz beschlossene Übereinkommen ist völkerrechtlich am 1. September 1997 und für Deutschland am 1. Juli 1999 in Kraft getreten. Vertragsstaaten sind nur Deutschland, Luxemburg, die Niederlande und die Schweiz,[26] wobei die Errichtung eines Fonds in einem Vertragsstaat aufgrund der Wirkungserstreckung gemäß den Art. 32 ff. EuGVVO/LugÜ-II auch die Durchsetzung von Ansprüchen in einem anderen Staat verhindern kann. Der räumliche Anwendungsbereich ist in der CLNI auf den Geltungsbereich der Mannheimer Akte von 1878 und des Moselvertrags von 1956, also im Wesentlichen das Rheinstromgebiet und Mosel, beschränkt. Die Bundesregierung hat die CLNI in den §§ 4 bis 5m BinSchG in das deutsche Recht umgesetzt und den Geltungsbereich auf alle deutschen Gewässer erweitert (§ 5m BinSchG). Es ermöglicht Schiffseigentümern,[27] der Schiffsbesatzung, Charterern, auch Bergern und Rettern grundsätzlich die Beschränkung ihrer Haftung wegen Ansprüchen, denen sie aufgrund eines Schadensereignisses ausgesetzt sind, auf einen bestimmten Haftungshöchstbetrag zu beschränken. Der Beschränkung unterliegen insbesondere Ansprüche wegen Personenschäden und Sachschäden. Zu letzteren zählen auch Ansprüche wegen Verlust oder Beschädigung von Sachen einschließlich der Kosten der Schadensabwendung und Wrackbeseitigung, wegen Verspätung bei der Beförderung von Gütern, Reisenden und ihrem Gepäck sowie Vermögensschäden wegen Verletzung außervertraglicher Rechte. Nicht der Haftungsbeschränkung unterliegen Ansprüche aus Bergung und Havarie-Grosse-Ansprüche, wegen Nuklearschäden, Vergütungsansprüche dienstverpflichteter Leute des Schiffsbetriebes, Ansprüche nach § 89 WHG und Rechtsverfolgungskostenansprüche (§ 5 BinSchG).

1129

1130

b) Bewirken der Haftungsbeschränkung. Die Haftungsbeschränkung kann entweder durch Errichtung eines Fonds (§ 5d Abs. 2 BinSchG), in den der Haftungshöchstbetrag eingezahlt wird, erreicht werden oder durch Einrede im Prozess (§ 5d Abs. 3 BinSchG). In Deutschland bestimmen sich die Einzelheiten über die Fondserrichtung und die Durchführung des Verteilungsverfahrens nach den Bestimmungen der Schiffsverteilungsordnung (SVertO).[28] Das deutsche Recht sieht sieben Höchsthaftungsfonds mit unterschiedlichen Höchstbeträgen vor:

1131

- Haftungsfonds wegen Personenschäden von Reisenden (§ 5k BinSchG)
- Haftungsfonds wegen Personenschäden Dritter (§ 5e BinSchG)
- Haftungsfonds wegen Sach- und Vermögensschäden (§ 5f BinSchG)
- Haftungsfonds wegen Wrackbeseitigung (§ 5j BinSchG)
- Haftungsfonds wegen Personenschäden im Zusammenhang mit dem Transport gefährliche Güter (§ 5h BinSchG)

---

[26] Vgl. ccr-zkr.org.
[27] Sport- und Freizeitschifffahrt ausgenommen (§ 4 Abs. 1 S. 1 BinSchG).
[28] Wegen der Einzelheiten siehe *v. Waldstein/Holland*, a.a.O. § 5d BinSchG und insbes. *Rittmeister*, Das Seerechtliche Haftungsbeschränkungsverfahren, 1995.

- Haftungsfonds wegen Sach- und Vermögensschäden im Zusammenhang mit dem Transport gefährliche Güter (§ 5h BinSchG)
- Haftungsfonds wegen Ansprüchen gegen Berger oder Lotsen (§ 5i BinSchG)

1132 **c) *Haftungssumme*.** Die in den jeweiligen Fonds einzubringende Haftungssumme bzw. der Einredebetrag bestimmt sich nach Kriterien wie Wasserverdrängung, Antriebskraft, Tragfähigkeit oder der Anzahl der zugelassenen Passagiere. Für ein typisches Motorgüterschiff mit einer Tragfähigkeit von 2500 t und einer Hauptmaschine mit 1000 KW errechnet sich z. B. für Personenschäden eine Hinterlegungssumme von SZR 1.200.000 (vgl. § 5e Abs. 1 Nr. 2 BinSchG). Die Haftungssumme wegen Sach- oder Vermögensschäden beläuft sich auf die Hälfte dessen (§ 5f Abs. 1 BinSchG), mithin in dem genannten Beispiel auf SZR 600.000. Die Haftungssumme für den Fonds wegen Personenschäden im Zusammenhang mit dem Transport gefährlicher Güter beläuft sich auf das Dreifache des sich für Personenschäden ergebenden, für Sach- und Vermögensschäden das Dreifache des sich für Sach- oder Vermögensschäden ergebenden, für beide Fonds jedoch mindestens jedoch SZR 5 Mio. (§ 5h BinSchG).

1133 **d) *Qualifiziertes Verschulden*.** Die Beschränkung der Haftung auf die sich nach den §§ 5e bis 5k BinSchG ergebenden Beträge ist ausgeschlossen, wenn der Schiffseigner oder ihm gleichgestellte Personen die Schadensursache mit qualifiziertem Verschulden gesetzt hat (§ 5b BinSchG). Der die Haftungsbeschränkung durchbrechende Verschuldensmaßstab ist auch hier die bewusste Leichtfertigkeit, so dass man sich an § 435 orientieren kann. Das Verhalten der Leute, von Erfüllungs- oder Verrichtungsgehilfen wird in diesem Zusammenhang nicht zugerechnet. Das qualifizierte Verschulden muss den Schiffseigner selbst treffen.

1134 **e) *Revision der CLNI*.** Im Jahr 2007 hatten die Vertragsstaaten der CLNI beschlossen, eine Revision des Übereinkommens einzuleiten, insbesondere um es für andere Staaten attraktiv zu machen und damit den Geltungsbereich zu erweitern sowie um die im Jahr 1988 festgelegten Haftungshöchstbeträge zu aktualisieren. Die revidierte Fassung wurde am 27. September 2012 auf einer von der ZKR in Straßburg einberufenen diplomatischen Konferenz angenommen. Die CLNI 2012 wird dann für alle Binnengewässer gelten, also auch für Donau, Elbe, Oder und Save. Unter anderem wurden die allgemeinen Haftungshöchstbeträge für Ansprüche wegen Personen- oder Sachschäden auf das Doppelte, der Mindestbetrag für Schäden im Zusammenhang mit der Beförderung gefährlicher Güter auf SZR 10 Mio. angehoben. Es tritt in Kraft, wenn vier Staaten ihre Ratifikationsurkunden hinterlegt haben und die CLNI 1988 außer Kraft tritt. Auf der Webseite der ZKR (www.ccr-zkr.org) ist der aktuelle Stand abrufbar.

5. Havarie Grosse

1135 Das Rechtsinstitut der Havarie Grosse (auch große Haverei) ist anderen Verkehrsträgern als dem Schiff fremd. Für die Binnenschifffahrt ist sie seit dem SHRRG in den § 78 BinSchG und §§ 589 bis 592, 594 und 595 HGB geregelt. Wegen der besonderen Gefahren der Schifffahrt sollen die Schiffs- und Ladungsinteressenten für Schäden und Aufwendungen gemeinsam einstehen, die der Schiffer zur Rettung von Schiff und Ladung aus einer beide Güter bedrohenden Gefahr verursacht (§ 78 Abs. 1 S. 1 BinSchG), auch falls keine unmittelbare vertragliche Beziehung zwischen diesen Parteien besteht. Maßnahmen, die unter die Havarie Grosse fallen sind z. B. Aufleichtern des Schiffes nach einer Festfahrung, Aufgrundsetzen, um ein Sinken zu verhindern, das absichtlich Versenken, um eine Zerstörung durch Feuer zu verhindern, Hebung von Schiff und Ladung aus einem in der Fahrrinne gesunkenen Schiffes.[29] Die an der Havarie Grosse Beteiligten können, müssen aber keineswegs mit den Parteien des Frachtgeschäfts identisch sein. Beteiligter ist derjenige, der im Zeitpunkt des Schadensfalles Eigentümer des Schiffes, des Treibstoffes oder eines zur Ladung gehörenden Frachtstückes oder der Inhaber der Frachtforderung ist (§ 78 Abs. 1 S. 2 BinSchG). Ladungseigentümer, die sich mit der Versendung ihrer Güter nicht selbst befassen, weil z. B. der Käufer den Transport zu verantworten hat, können sich daher mit einer für sie überraschenden Forderung auf Zahlung eines Havarie-Grosse-Beitrags konfrontiert sehen, ebenso wie Schiffseigentümer, die das Schiff bareboat verchartert und mit dem Schiffsbetrieb nichts zu tun haben.

Die Havarie-Grosse-Verteilung ist zwar grundsätzlich verschuldensunabhängig, der Beteiligte, durch dessen schuldhaftes Verhalten die Gefahr entstanden ist, hat aber keinen Vergütungsanspruch und ist den anderen Beteiligten zum Schadensersatz verpflichtet (§ 589). Ein schuldhaftes Verhalten eines Dritten, durch das die die Havarie Grosse auslösenden Umstände gesetzt wurden, beeinflusst die Havarie-Grosse-Verteilung nicht. Der Vergütungsberechtigte kann sich stets an die Havarie-Grosse-Gemeinschaft halten. Er braucht sich nicht auf seinen Ersatzanspruch gegen Dritte verweisen lassen.[30] Der Beitragspflichtige, der keinen eigenen Rechtsanspruch gegen den Dritten hat, erwirbt auch mit der Beitragszahlung keinen eigenen Rechtsanspruch gegen den Dritten. Er muss sich den Anspruch vom geschädigten Vergütungsberechtigten abtreten lassen oder der geschädigte Vergütungsberechtigte zieht dessen Beitrag im Wege der Drittschadensliquidation ein.

Die Höhe des von den Beteiligten zu entrichtenden Beitrags wird mit der Dispache bestimmt, die von einem Dispacheur (§ 595 Abs. 2) zu erstellen ist. In ihr werden die vergütungsfähigen Schäden und Kosten (§ 590) sowie die beitragspflichtigen Gegenstände (§ 591 Abs. 2) festgestellt und festgelegt, welchen Beteiligten Ansprüche auf Vergütung in der Havarie-Grosse-Verteilung zustehen (§ 592). Das Verteilungsverhältnis bestimmt sich in dem Wertverhältnis, der betragspflichtigen Gegenstände zueinander, wobei auf den Verkehrswert am Ende der Reise abzustellen ist (§ 591 Abs. 2). Das Dispacheverfahren ist in den §§ 402 ff. FamFG geregelt.

Die Havarie-Grosse-Regeln sind dispositiv und einer Gestaltung auch durch AGB zugänglich. Große Verbreitung haben die Havarie-Grosse-Regeln der IVR.[31]

Die Frage, ob eine Partei, die in der Havarie-Grosse beitragspflichtig ist,

6. Verfahrensrechtliche Besonderheiten

Hervorzuheben ist neben der besonderen Schifffahrtsgerichtsbarkeit in ihren verschiedenen Ausformungen, das Verklarungsverfahren zur Beweissicherung bei Schiffsunfällen und die Gebräuche zur Schadensfeststellung.

a) Kontradiktorische Schadenstaxe. Von großer praktischer Bedeutung ist überdies die branchenübliche Schadensaufnahme von Schiff- und Ladungsschäden durch Sachverständige der beteiligten Parteien, die mit der sog. kontradiktorischen Schadenstaxe regelmäßig Umfang und Höhe der eingetretenen Schäden mit Bindungswirkung für die Beteiligten festlegen und so oftmals den Weg für eine außergerichtliche Streitbeilegung ebnen. Die kontradiktorische Schadenstaxe stellt einen Schadensfest-

---

[29] *v. Waldstein/Holland,* a. a. O. §§ 82, 83 BinSchG Rdnr. 18.
[30] *Rabe,* Seehandelsrecht, 4. Aufl. 2000, § 702 Rdnr. 4.
[31] Abrufbar unter www.ivr.nl.

stellungsvertrag³² dar, regelmäßig über die Höhe der eingetretenen Schäden und Schadensbeseitigungskosten aber nicht über die Schuldfrage. Wenn und soweit einer der Experten einen Vorbehalt macht, entfällt die Bindungswirkung.

1142   b) *Verklarungsverfahren*. Das Verklarungsverfahren³³ (§§ 11 ff. BinSchG) kann nach Schiffs- und/oder Ladungsunfällen beim örtlich zuständigen Amtsgericht als Schifffahrtsgericht eingeleitet werden. Das Verfahren unterliegt der freien Gerichtsbarkeit. Neben den allgemeinen Vorschriften des FamFG gelten die die Sonderregeln der §§ 11 bis 14 BinSchG, für die Durchführung der Beweisaufnahme die §§ 371 ff. ZPO. Das Verfahren ist nicht streitig, hemmt daher die Verjährung nicht.³⁴ Die Beweiserhebung dient insbesondere der urkundenbeweislichen Verwertung im nachfolgenden Hauptsacheverfahren, in dem das Ergebnis des Verklarungsverfahrens in freier richterlicher Beweiswürdigung (§ 286 ZPO) verwertet werden kann, gleich ob die Parteien des Hauptsacheverfahrens am Verklarungsverfahren beteiligt waren oder nicht. Das Verklarungsverfahren wird regelmäßig dann eingeleitet, wenn es offensichtlich um einen hohen Schaden geht, die Ursache nicht klar zuzuordnen ist und eine schnelle Beweiserhebung geboten erscheint. Im Verklarungsverfahren werden regelmäßig auch die Besatzungsmitglieder beteiligter Schiffe vernommen, ungeachtet einer möglichen späteren Stellung als Partei im Hauptsacheverfahren, in dem sie möglicherweise als Zeugen nicht aussagen können. Sowohl die Kosten der kontradiktorischen Schadenstaxe als auch die eines Verklarungsverfahrens können bei Parteiidentität im Hauptsacheverfahren im Kostenfestsetzungsverfahren erstattet verlangt werden.³⁵ Das Verklarungsverfahren selbst endet indes ohne Kostenentscheidung, so dass die Verklarungskosten ohne Hauptsacheverfahren nicht erstattungsfähig sind.³⁶

1143   c) *Schifffahrtsgerichtsbarkeit*. Die Schifffahrtsgerichtsbarkeit³⁷ unterteilt sich in die für alle Binnengewässer zuständigen Schifffahrtsgerichte, die Rheinschifffahrtsgerichtsbarkeit und die Moselschifffahrtsgerichtsbarkeit. Die gesetzlichen Grundlagen sind das Gesetz über das gerichtliche Verfahren in Binnenschifffahrtssachen (BinSchVerfG), die revidierte Mannheimer Akte von 1868 (MA) und der Moselschifffahrtsvertrag von 1956. Rhein- und Moselschifffahrtsgerichte sind ausschließlich für solche Sachen zuständig, die sich auf den namensgebenden Flüssen zugetragen haben, insbesondere Schiffsunfallsachen. Frachtrechtliche Streitigkeiten gehören nicht dazu. Für letztere wird gern die Zuständigkeit eines Schifffahrtsgerichts vereinbart, um die schifffahrtsspezifische Sachkunde des Schifffahrtsrichters nutzen zu können. Eine Prorogation zu den Rhein- und Moselschifffahrtsgerichten ist wegen der gerichtsgebührenfreien Verfahren nicht möglich.

1144   d) *Schiffsarrest*. Mit dem Seehandelsrechtsreformgesetz wurde das Erfordernis eines Arrestgrundes beim Arrest von Schiffen abgeschafft (§ 917 Abs. 2 S. 2 ZPO) und Gläubigern des Schiffseigentümers, die Möglichkeit eröffnet schnell und effektiv auf das Schiff, das oftmals der wesentliche Vermögenswert des Eigners ist, zuzugreifen. Diese Regelung gilt ohne Einschränkung für alle Arten von Ansprüchen, inländische oder ausländische, und ist insbesondere nicht auf Schiffsgläubigerrechte be-

---

32 OLG Karlsruhe Urt. v. 21.5.2005 – 22 U 8/05; OLG Hamburg, TranspR 1993, 109.
33 Ausführlich: *v. Waldstein*, Das Verklarungsverfahren im BinSchR, 1992.
34 *v. Waldstein/Holland*, a.a.O. § 117 BinSchG Rdnr. 22.
35 OLG Karlsruhe Urt. v. 21.12.1999 – U 1/99 BSch – juris.
36 OLG Nürnberg Urt. v. 23.5.2000 – 8 W 24/00 BSch = NJW-RR 2000, 1456; TranspR 2001, 314 ff.
37 Ausführlich: *Hofmann*, Zuständigkeit in Binnenschifffahrtssachen, 1996; *Ramming*, Hmbg Hdb BinSchFrR, Rdnr. 671 f.

schränkt.[38] Die Art des Schiffes ist für die Anwendung der Arrestvorschrift ohne Bedeutung, so dass auf die allgemeinen Definitionen eines Schiffes zurückgegriffen werden kann, wonach es sich um einen schwimmfähigen Hohlkörper handelt, der dazu bestimmt ist, Personen oder Sachen auf oder unter Wasser zu befördern.[39] Für Schiffsbauwerke gilt § 917 Abs. 2 ZPO folglich nicht.[40] Weder muss es sich um ein deutsches, noch um ein in einem Register eingetragenes Schiff handeln. Auch auf den Verwendungszweck kommt es nicht an.

---

[38] *Czerwenka,* Das Gesetz zur Reform des SHR, 2013, A. Einleitung Rdnr. 219; *Ramming* RdTW 2014, 177 f.; *Zöller/Vollkommer,* ZPO, 30. Aufl. 2014, Rdnr. 18.
[39] BGH, NJW 1952, 1135.
[40] *Ramming,* a.a.O.

C. Rechte und Pflichten der Beteiligten aus Speditions-, Logistik- und Lagerverträgen

I. HGB Speditionsrecht

Übersicht

	Rdnr.
1. Der klassische Speditionsvertrag	1
a) Kernpflichten des Spediteurs	4
aa) Interessenwahrnehmungspflicht	4
bb) Besorgung der Versendung	8
b) weitere vereinbarte beförderungsbezogene Pflichten	16
2. Sonderformen des Speditionsvertrages	18
a) Fixkostenspedition	18
aa) Fixkostenvereinbarung	19
bb) Rechte und Pflichten hinsichtlich der Beförderung	30
b) Sammelladungsspedition	35
c) Selbsteintritt	39
3. Zusammenfassung	44

1. Der klassische Speditionsvertrag

Entgegen landläufiger Betrachtung und im Unterschied zum Transportrecht vieler **1** europäischer Nachbarn unterscheidet das deutsche Recht begrifflich zwischen Fracht- und Speditionsverträgen und hat sie nach den Rechten und Pflichten unterschiedlich ausgestaltet. Der in den §§ 407 ff. geregelte Frachtvertrag ist eine spezielle Ausprägung des im BGB geregelten Werkvertrages. Der Frachtführer schuldet einen Erfolg, nämlich die erfolgreiche Ablieferung des transportierten Gutes. Anders dagegen der in den §§ 453 ff. HGB geregelte Speditionsvertrag, der eine spezielle Ausprägung des ebenfalls im BGB geregelten Geschäftsbesorgungsvertrages darstellt.[1] Es ist – für den juristischen Laien vielleicht überraschend – nicht etwa ein Erfolg in Form der erfolgreichen Ablieferung des Gutes geschuldet, sondern vielmehr „nur" die Erfüllung der speditionellen Kernpflichten, wie etwa die erfolgreiche Organisation der Versendung, die sich letztendlich im Abschluss der dazu erforderlichen Fracht-, Lager- und sonstigen Speditionsverträge mit ausführenden Fremdunternehmern manifestiert, § 454. Trotzdem wird entgegen dem früheren Recht der Speditionsvertrag nicht mehr als Dienstleistungsvertrag eingeordnet, sondern als Werkvertrag,[2] nachdem der Spediteur die Erfüllung seiner Kernpflichten aus §§ 454 ff. als Erfolg schuldet. Die im folgenden dargestellten Rechte und Pflichten des Spediteurs werden jedoch, bezogen auf die Beförderung, in der Transportrechtspraxis in den allermeisten Fällen weitestgehend überlagert von den Sonderformen der Fixkostenspedition, Sammelladungsspedition und Selbsteintritt, §§ 458–460.

Dann wenn nämlich eine Fixkostenspedition, Sammelladungsspedition oder ein **2** Selbsteintritt vorliegt, hat der Spediteur kraft Verweisung auf das Frachtrecht hinsichtlich der Beförderung die Rechte und Pflichten eines Frachtführers, so dass insbeson-

---

[1] Vgl. *Koller,* a.a.O., Rdnr. 37 zu § 453 HGB.
[2] *Koller,* a.a.O., Rdnr. 39 zu § 453 HGB.

dere die Haftung in den allermeisten Fällen über das Frachtrecht einfacher begründ- und nachweisbar ist.

3   Üblicherweise werden heutzutage Speditionsverträge nahezu ausschließlich zu festen Kosten vereinbart. Während der Spediteur bei dem nach dem Gesetz vorgesehenen klassischen Speditionsvertrag eine Provision für die Erfüllung seiner Kernpflichten erhält und die Frachten der von ihm beauftragten Fremdunternehmer gesondert ausweist, liegt die Besonderheit der Fixkostenspedition darin, dass dem Versender nur noch ein fixen Betrag als Vergütung genannt wird, der die Beförderungskosten miteinschließt. Dem Versender ist damit auch häufig nicht mehr bekannt, welcher Frachtführer die Güter tatsächlich befördert und zu welchen Bedingungen. Der Spediteur legt seine diesbezügliche Kalkulation und insbesondere seine Gewinnspanne nicht mehr offen, nicht zuletzt, weil er befürchten muss, dass der Versender ihn beim nächsten Auftrag dann ausspart und den ihm bekannten Frachtführer direkt beauftragt. Damit kommt der klassische Speditionsvertrag in der Praxis so gut wie nicht mehr vor. Nichtsdestotrotz sollen die Rechte und Pflichten nach dem klassischen Speditionsvertrag dargestellt werden, nachdem sie nicht in allen Fällen durch die Verweisung auf das Frachtrecht überlagert werden, sondern nur dann, wenn sie die Beförderung betreffen.

4   *a) Kernpflichten des Spediteurs. aa) Interessenwahrnehmungspflicht.* § 454 Abs. 4 statuiert als Kernpflicht des Spediteurs, bei Erfüllung aller seiner vertraglichen Pflichten immer auch die Interessen des Versenders wahrzunehmen und dessen Weisungen zu befolgen. Die Interessenwahrnehmungspflicht folgt aus dem besonderen Vertrauensverhältnis, dass zwischen dem Auftraggeber und dem Spediteur vorausgesetzt wird, nachdem dem Spediteur die Güter des Versenders anvertraut werden.[3] Der Spediteur hat daher nicht nur seine eigenen Interessen denen des Versenders grundsätzlich unterzuordnen, sondern er hat sich auch über die besonderen Interessen des Versenders informieren. Er hat den Versender gegebenenfalls, wo es erforderlich ist, zu beraten oder, soweit er die Interessen des Versenders nicht positiv kennt, sich an dessen mutmaßlichen Interessen zu orientieren.[4]

5   Der Interessenwahrnehmungsgrundsatz spielt grundsätzlich bei der Erfüllung aller vertraglichen Pflichten des Spediteurs eine Rolle und ist daher Leitschnur des Handels des Spediteurs. Spezielle Ausprägungen des Interessenwahrnehmungsgrundsatzes sind darüber hinaus, dass der Spediteur

- einer Schweigepflicht gegenüber Dritten unterliegt, was den Auftrag, Weisungen, Angaben des Auftraggebers angeht, es sei denn, es besteht eine gesetzliche Verpflichtung zur Auskunft,[5]
- es dem Spediteur verboten ist, das Gut ohne Ermächtigung des Auftraggebers an Dritte herauszugeben,[6]
- der Spediteur dem Empfänger oder einem sonstigen Dritten nicht die vorherige Besichtigung des Gutes vor Ablieferung zu gestatten hat, es sei denn der Spediteur ist dazu ermächtigt.[7]

6   Der Spediteur haftet bei Verstößen gegen seine ihm obliegende Interessenwahrnehmungspflicht jedoch nur, wenn ihn hinsichtlich des Verstoßes ein Verschulden

---

[3] Vgl. *Valder*, a.a.O., Rdnr. 30 zu § 454 HGB.
[4] *Koller*, a.a.O., Rdnr. 4 zu § 454 HGB.
[5] *Valder*, a.a.O., Rdnr. 38 zu § 454 HGB.
[6] *Valder*, a.a.O., Rdnr. 40 zu § 454 HGB.
[7] *Valder*, a.a.O., Rdnr. 37 zu § 454 HGB.

I. HGB Speditionsrecht   C. I

trifft, also nur für vorsätzliches oder fahrlässiges Verhalten. Dies folgt aus § 461 Abs. 2, der neben der verschuldensunabhängigen Haftung für Verlust oder Beschädigung auch eine unbeschränkte Haftung für verschuldete Verstöße gegen die Pflichten aus § 454 vorsieht.

Eine mögliche Haftung aus Verstößen gegen die Interessenwahrnehmungspflicht 7 spielt jedoch im Zusammenhang mit Güterschäden aufgrund der meist einfacher zu begründenden verschuldensunabhängigen Haftungsvorschriften des Frachtrechts meist keine eigenständige Rolle mehr.

bb) Besorgung der Versendung. Die Besorgung der Versendung gliedert sich 8 gemäß § 454 Abs. 1 zunächst in die Organisation des Transportes, mithin die Planungsphase,[8] in der der Spediteur bestimmt, welches die beste Route für den Transport des Gutes ist, welche Beförderungsmittel am besten dazu eingesetzt werden sollen, § 454 Nr. 1.

Die Wahl der besten Route, der benötigten Beförderungsmittel und der beauftrag- 9 ten Unternehmer ist geprägt von der Interessenwahrnehmungspflicht des Spediteurs, die sich an den Interessen des Versenders orientiert. Der Spediteur muss bei der Wahl insbesondere berücksichtigen, welche Art von Gut er transportiert. Waren, die schnell zum Empfänger gelangen müssen, wie etwa Frischblumen, Tiefkühlkost oder verderbliche Güter sind mit einem geeigneten schnellen Beförderungsmittel, wie etwa Flugzeug oder LKW zu befördern. Kohle, Schüttgut oder sonstige Güter, die keiner eiligen Ablieferung bedürfen, können im Gegensatz dazu durchaus auch per Binnenschiff transportiert werden.

Die Wahl des Beförderungsmittels ist auch abhängig von den Kosten der Beförde- 10 rung, die der Spediteur nach bestem Wissen und Gewissen für vertretbar in Relation zum Frachtgut und sonstigen Umständen des Einzelfalles hält. Gleiches gilt für die Wahl des Beförderungsweges.

Ist die Planungsphase beendet, hat der Spediteur im Rahmen der Ausführungs- 11 phase zu bestimmen, welche Unternehmer mit der Durchführung der Fracht- und sonstigen Speditionsleistungen beauftragt werden müssen und diese entsprechend mit der Durchführung durch Abschluss der Speditions- Fracht- und Lagerverträge zu beauftragen.[9]

Der Spediteur ist im Rahmen seiner Interessenwahrnehmungspflicht gehalten, den 12 für die Ausführung der Beförderung ihm am geeignetsten erscheinenden Unternehmer auszuwählen, über dessen Zuverlässigkeit und Eignung er sich informieren muss. Dies mag dadurch geschehen sein, dass er bereits lange Zeit mit dem Unternehmer zusammen arbeitet, dies kann auch auf sonstiger Art und Weise geschehen.

Bei der Auswahl des Unternehmers ist zwingend auch darauf zu achten, dass dieser 13 gegebenenfalls über die erforderlichen Versicherungen zur Wahrung der Interessen des Versenders verfügt.

Er ist des Weiteren verantwortlich für die Weiterleitung von Informationen vom 14 Versender an die an der Beförderung beteiligten Unternehmen und gegebenenfalls verpflichtet, selbst Informationen und Weisungen zu erteilen, soweit dies für die Erfüllung des ihm erteilten Auftrages notwendig ist und den Interessen des Versenders dient.

Nach Beendigung der Ausführungsphase tritt der Spediteur in die Nach- oder Kon- 15 trollphase[10] ein, in deren Rahmen er z.B. verpflichtet ist, im Falle von eingetretenen

---
[8] *Koller,* a.a.O., Rdnr. 5 zu § 454 HGB; *Valder,* a.a.O., Rdnr. 7 zu § 454 HGB.
[9] Vgl. *Fremuth,* a.a.O., Rdnr. 10 zu § 454 HGB.
[10] Vgl. *Fremuth,* a.a.O., Rdnr. 11 zu § 454 HGB.

Schäden die Schadensersatzansprüche des Versenders zu sichern, etwa durch Einschaltung eines Havariekommissars zur Beweissicherung und durch Haftbarhaltung und Anmeldung der Schadensersatzansprüche des Versenders beim Verursacher, um die Verjährung zu hemmen, § 454 Abs. 1 Ziff. 3. Auch diese Pflicht ist Ausfluss der Interessenwahrnehmungspflicht des Spediteurs, bei deren schuldhafter Verletzung der Spediteur sich schadensersatzpflichtig macht.

16 *b) weitere vereinbarte beförderungsbezogene Pflichten.* Nach § 454 Abs. 2 schuldet der Spediteur neben seiner Kernpflichten weitere beförderungsbezogene Pflichten, soweit diese vereinbart worden sind. Dazu zählt beispielhaft in § 454 Abs. 2 genannt die Verpackung des Gutes, die Zollbehandlung oder die Versicherung des Gutes auf dem Transportweg. Die Aufzählung ist nicht abschließend.[11] Es muss sich allerdings um Leistungen handeln, die *zusätzlich* zur Hauptpflicht, der Besorgung der Versendung, vertraglich übernommen wurden. Daher ist die reine Tätigkeit als Zollspediteur, das selbständige vertragliche Versprechen, Verpackungstätigkeiten zu übernehmen oder ausschließlich die Stauung des Gutes auf einem Binnenschiff vorzunehmen, ohne die Hauptpflicht der Versendung zu schulden, nicht mehr Speditionsvertrag, sondern reine Geschäftsbesorgung gemäß § 675 BGB.[12]

17 Grundsätzlich schuldet der Spediteur die eigene Ausführung der beförderungsbezogenen weiteren vereinbarten Pflichten. Nur, wenn sich aus der Vereinbarung ergibt, dass der Spediteur die Ausführung nicht in eigener Person schuldet, sondern nur den Abschluss der zur Erbringung der Leistung erforderlichen Verträge durch Fremdunternehmer, sind die von ihm beauftragten Unternehmer keine Erfüllungsgehilfen, für deren Vertragsverletzungen der Spediteur ansonsten grundsätzlich wie für eigenes Verschulden haftet. In diesem Fall haftet der Spediteur nur für ein etwaiges Auswahlverschulden der von ihm beauftragten Unternehmer.[13]

2. Sonderformen des Speditionsvertrages

18 *a) Fixkostenspedition.* Die heutzutage vereinbarten Speditionsverträge sind bis auf wenige Ausnahmen zu festen Kosten erteilt und unterfallen damit dem § 459, wonach in diesem Fall der Spediteur hinsichtlich der Beförderung die Rechte und Pflichten eines Frachtführers hat.

19 *aa) Fixkostenvereinbarung.* § 459 definiert die Vereinbarung fixer Kosten als Vereinbarung eines bestimmten Betrages als Vergütung, der die Kosten für die Beförderung mit einschließt. In dem Vergütungsvertrag müssen daher nicht nur die Kosten für die Organisation der Versendung und aller weiteren vereinbarten speditionellen Leistungen mit enthalten sein, sondern auch die für die Beförderung anfallende Fracht.

20 Vereinbaren die Parteien daher einen fixen Gesamtbetrag für alle anfallenden Leistungen, die der Spediteur erbringt unter Einschluss der anfallenden Fracht, liegt eine Fixkostenspedition vor. Es liegt jedoch auch eine Fixkostenvereinbarung vor, wenn eine Aufschlüsselung nach mehreren vorzunehmenden Beförderungsleistungen zu festen Sätzen vorliegt, beispielsweise ein fester Satz für den Vorlauf, der Beförderung per LKW zum Flughafen, ein fester Satz für die anschließende Luftbeförderung und ein fester Satz für den Nachlauf der LKW-Beförderung zum Empfänger.

---

[11] Vgl. *Koller*, a.a.O., Rdnr. 21 zu § 454 HGB.
[12] Vgl. *Fremuth*, a.a.O., Rdnr. 16 zu § 454 HGB.
[13] Vgl. *Fremuth*, a.a.O., Rdnr. 23 zu § 454 HGB.

Ebenso gelten feste Vergütungssätze pro Fahrt, pro Verpackungseinheit wie Palette, 21
Kiste oder kg als Vereinbarung fixer Kosten.[14] Entscheidend für das Vorliegen einer
Fixkostenvereinbarung ist als Faustregel, dass sich aus der Art der Vergütungsabrede
ergibt, dass der Spediteur die Beförderung im wesentlichen auf eigene Rechnung und
nicht auf Rechnung des Versenders durchführen will.[15]

Werden einzelne Nebentätigkeiten wie etwa Verpackungsleistungen, Verzollung 22
oder Lagerkosten zusätzlich zur Fixkostenabrede gesondert vereinbart, wird die Fixkostenspedition dadurch nicht ausgeschlossen.[16]

Ebensowenig spricht gegen die Vereinbarung einer Fixkostenspedition, wenn die 23
Parteien „übliche Sätze" vereinbaren, wenn feste Sätze üblich sind und der Spediteur
nicht erklären muss, ob er zu unüblich niedrigen Sätzen die jeweilige Transportdurchführung in Auftrag gegeben hat.[17]

Eine bestimmte Form der Vereinbarung ist vom Gesetz nicht vorgesehen und kann 24
daher sowohl mündlich als auch stillschweigend erfolgen. Entscheidend ist jedoch,
dass eine vertragliche Einigung der Parteien über fixe Kosten bei Abschluss des Speditionsvertrags vorliegt.

Ob auch eine erst nach Abschluss des Speditionsvertrages im Nachhinein getroffene 25
Fixkostenabrede den ursprünglichen klassischen Speditionsvertrag in eine Fixkostenspedition abändert, ist umstritten. Die wohl herrschende Meinung bejaht dies mit der
Begründung, es läge eine rückwirkende Vertragsänderung vor und es sei interessengerecht, nachdem der Spediteur im Hinblick auf eine nachträgliche Fixkostenabrede
schon faktisch auf eigene Rechnung gehandelt haben könne und nehmen eine Fixkostenspedition selbst dann an, wenn der Transport bereits durchgeführt worden ist.[18]

Es erscheint fragwürdig, rückwirkend nach durchgeführtem Vertrag, den Spediteur 26
einen anderen Haftungsregime zu unterwerfen, weil im Nachhinein die Vergütungsabrede verändert wird, wovon der Spediteur bei Vertragsschluss nicht ausgegangen ist
und dementsprechend auch die Frachtverträge nicht im Hinblick auf eine verdeckte
Kalkulation abgeschlossen hat. Der Vertragspartner ist in einem solchen Fall nach der
hier vertretenen Ansicht jedenfalls nicht schutzwürdiger als der Spediteur.

Thume[19] plädiert dafür, eine Fixkostenspedition jedenfalls dann anzunehmen, so- 27
lange die Fixkostenvereinbarung noch vor Beginn der eigentlichen Beförderung getroffen worden ist. Dies erscheint im Hinblick auf die unterschiedlichen Interessen des
Spediteurs und seines Vertragspartners interessengerecht.

Die Beweislast für die Vereinbarung einer Fixkostenabrede trägt grundsätzlich der- 28
jenige, dem diese Vereinbarung günstig ist und der sich dementsprechend darauf beruft. Im Regelfall dürfte dies der Versender sein, der den Spediteur nach den frachtrechtlichen Vorschriften in Anspruch nehmen will. Die bloße Ausstellung einer
Rechnung über einen Pauschalbetrag ersetzt diesen Beweis nicht, sondern bietet allenfalls ein – wenn auch beweiskräftiges – Indiz für eine Fixkostenvereinbarung, ebenso
wie das Fehlen einer gesondert ausgewiesenen Provision für die Organisationsleistung
des Spediteur oder der Vermerk „Fracht laut Vereinbarung".[20]

Vereinbaren die Parteien hingegen, dass der Spediteur für seine Organisations- 29
leistung eine bestimmte Vergütung erhält und werden die tatsächlich angefallenen

---

[14] Vgl. *Koller*, a.a.O., Rdnr. 20 zu § 459 HGB m. w. N.; *Fremuth*, a.a.O., Rdnr. 7 zu § 459 HGB
[15] *Koller*, a.a.O., Rdnr. 20 zu § 459 HGB m w N.
[16] *Fremuth*, a.a.O., Rdnr. 9 zu § 459 HGB.
[17] *Koller*, a.a.O., Rdnr. 20 zu § 459 HGB m w N.
[18] Vgl. *Koller*, a.a.O., Rdnr. 21 zu § 459 m w N.
[19] *Fremuth*, a.a.O., Rdnr. 9 zu § 459 HGB.
[20] *Koller*, a.a.O., Rdnr. 22 zu § 459 HGB; *Fremuth*, a.a.O., Rdnr. 11 zu § 459 HGB.

Frachten gesondert ausgewiesen, liegt dementsprechend keine Fixkostenvereinbarung mehr vor, sondern ein insoweit klassischer Speditionsvertrag.

30 *bb) Rechte und Pflichten hinsichtlich der Beförderung.* § 459 verweist seinem Wortlaut nach nur *hinsichtlich der Beförderung* auf das Frachtrecht. Was unter *Beförderung* in diesem Zusammenhang zu verstehen ist, ist auslegungsbedürftig. Es stellt sich daher die Frage, inwieweit die speditionellen Pflichten, die Organisationsleistung des Spediteurs, sowie die übernommenen Nebenpflichten ebenfalls von der Verweisung auf das Frachtrecht betroffen sind. Diese Frage ist streitig.

31 Ein Teil des Schrifttums versteht unter dem Begriff der Beförderung alle im Zusammenhang mit der Bewegung und Ortsveränderung des Gutes zusammenhängenden Tätigkeiten und lässt diese der Verweisung auf das Frachtrecht unterfallen, eingeschlossen die Be- und Entladung, den Vorlauf, den Nachlauf, dem Umschlag, und etwaigen Zwischenlagerungen.[21] Die Besorgung der Versendung, sowie alle übernommenen Nebenpflichten nach § 454 Abs. 2 unterfallen nach dieser Ansicht demgegenüber weiterhin dem Speditionsrecht.

32 Eine andere Auffassung im Schrifttum lässt demgegenüber die Besorgung der Versendung gemäß § 454 Abs. 1 auch der Verweisung auf das Frachtrecht unterfallen.[22]

33 Nach Koller[23] ist die Grenze vom Frachtrecht her zu ziehen und zu fragen, ob die Übernahme des Gutes zur Erfüllung der jeweils betroffenen speditionellen (Neben-) Pflicht in den Haftungszeitraum des jeweils anwendbaren Frachtrechts fällt bzw. ob diese Pflicht im Frachtrecht geregelt ist. Ist dies der Fall, soll die frachtrechtliche Verweisung auf diese Pflicht anwendbar sein, ansonsten verbleibt es beim Speditionsrecht.

34 Der Theorienstreit dürfte sich in der Praxis jedoch nur selten auswirken, nachdem sich speditionelle Fehler – etwa bei der Organisation – häufig als Güter- und Verspätungsschäden auswirken und bereits aufgrund dessen dem frachtrechtlichen Haftungsregime unterliegen werden. Bei Nebenpflichten wie etwa vereinbarter Verpackungsleistung, Eindeckung der Versicherung oder Verzollung besteht allgemeine Übereinstimmung, dass diese Tätigkeiten nicht dem Frachtrecht unterliegen, sei es – weil sie nicht in dem geforderten unmittelbaren Zusammenhang mit der Ortsveränderung stehen – sei es, weil diese Pflichten nicht im Frachtrecht geregelt sind. Der sich am Wortlaut orientierenden Ansicht von *Thume*[24] und auch vom Regierungsentwurf favorisierten engen Auslegung des Begriffs der Beförderung ist nicht zuletzt auch aufgrund der leicht nachvollziehbaren Abgrenzbarkeit der Vorzug zu geben.

35 *b) Sammelladungsspedition.* Die weitere Sonderform der Sammelladungsspedition fällt in nahezu allen Fällen mit der Sonderform der Fixkostenspedition zusammen, weshalb im Hinblick auf die frachtrechtliche Verweisung ihr neben der Fixkostenspedition keine besondere eigenständige Bedeutung zukommt.

36 Nach § 460 Abs. 1 steht dem Spediteur die Befugnis zu, auf eigene Rechnung die Versendung des Gutes zusammen mit Gütern eines anderen Versenders in Sammelladung aufgrund eines über eine Sammelladung geschlossenen Frachtvertrages zu bewirken. Sammelladung liegt nach der Gesetzesdefinition daher nur vor, wenn die Güter mehrer Versender in einer Sammelladung zusammengefasst werden, nicht dagegen bei der Zusammenfassung von mehreren Gütern eines einzigen Versenders in Sammelladung.

---

[21] Vgl. *Fremuth,* a. a. O., Rdnr. 18 zu § 459 HGB; MüKoHGB/*Bydlinski* Rdnr. 7 zu § 459 HGB.
[22] Vgl. *Andresen/Valder,* a. a. O., Rdnr. 14 zu § 459 HGB.
[23] Vgl. *Koller,* a. a. O., Rdnr. 4a zu § 459 HGB.
[24] *Fremuth,* a. a. O., Rdnr. 14 ff zu § 459 HGB.

Als Rechtsfolge bewirkt § 460 Abs. 2 die Geltung der frachtrechtlichen Vorschriften, allerdings nur hinsichtlich der *Beförderung in Sammelladung*. Es ist wiederum eine Abgrenzung von anwendbaren Fracht- und Speditionsrecht nach den verschiedenen Pflichtenkreisen vorzunehmen. Anders als bei der Fixkostenspedition besteht allerdings Einigkeit, dass die frachtrechtliche Verweisung sich nur auf die Beförderung in Sammelladung bezieht, d.h. beginnt, sobald die Sammelladung zusammengestellt und an den Frachtführer übergeben wird sowie endet, sobald sie ihre Destination erreicht bzw. die Sammelladung aufgelöst wird.[25] Hinsichtlich aller anderen speditionellen Pflichten verbleibt es hingegen bei der Anwendbarkeit des Speditionsrechts.

Insoweit reicht die frachtrechtliche Verweisung bei der Sammelladung nicht so weit wie die der Fixkostenspedition. Nachdem jedoch die Fixkostenspedition meist kumulativ vorliegt, wirkt sich die frachtrechtliche Verweisung der Sammelladungsspedition in den allermeisten Fällen nicht selbstständig aus, sondern wird von der frachtrechtlichen Verweisung der Fixkostenspedition überlagert.

c) Selbsteintritt. § 458 Satz 1 gewährt dem Spediteur schließlich das Recht, die Beförderung ganz oder auch nur in Teilstrecken, auch selbst vorzunehmen. Macht der Spediteur von seiner Befugnis Gebrauch, die Versendung nicht nur zu organisieren, sondern auch selbst auszuführen, hat er hinsichtlich der jeweiligen Beförderung, die im Selbsteintritt vorgenommen wird, die Rechte und Pflichten eines Frachtführers.

Ein echter Selbsteintritt liegt, vor, wenn der Spediteur eine Teil- oder die Gesamtstrecke nach Abschluss des Speditionsvertrages sodann mit eigenen Fahrzeugen ausführt.[26] Von einem unechten Selbsteintritt wird gesprochen, wenn der Spediteur selbst eintritt und die Beförderung dann auf eigene Rechnung von einem Unterfrachtführer ausführen lässt.[27] Erforderlich ist jedoch eine rechtsgeschäftliche Einigung der Parteien über den unechten Selbsteintritt. Ob der unechte Selbsteintritt auch ohne Vereinbarung der Parteien rechtlich anzunehmen ist, ist umstritten. Der unechte Selbsteintritt lässt sich in diesem Fall kaum noch nachvollziehbar zur klassischen Spedition abgrenzen, denn es fehlt sowohl an einem nach außen erkennbaren Willen des Spediteurs zum Selbsteintritt, als auch an einem Realakt, wenn ein Unterfrachtführer mit der Ausführung beauftragt wird. Ohne rechtsgeschäftliche Einigung ist daher ein unechter Selbsteintritt insbesondere nach dem Wortlaut des § 458 ausgeschlossen.[28]

Ob für einen Selbsteintritt immer eine rechtsgeschäftliche Einigung der Parteien erforderlich ist oder lediglich die reine Tathandlung der Selbstausführung als Realakt, ist ebenfalls umstritten.[29] Nach dem Wortlaut des § 458, der dem Spediteur die Befugnis des Selbsteintritts zuspricht, spricht vieles dafür, die Rechtsfolge der frachtrechtlichen Verweisung auch dann anzunehmen, wenn der Spediteur – auch ohne rechtsgeschäftliche Einigung – mit dem Selbsteintritt beginnt, außer die Parteien haben sich ausdrücklich über einen vertraglichen Ausschluss des § 458 verständigt. In der Regel wird in so einem Fall eine stillschweigende Einigung zwischen den Parteien konstruierbar sein. In der Praxis hat dieser Streit kaum praktische Bedeutung, weil der Selbsteintritt ebenso wie die Sammelladungsspedition häufig von der Verweisung der Fixkostenspedition überlagert wird.

Rechtsfolge des Selbsteintritts ist, dass der Spediteur hinsichtlich der jeweiligen Beförderung die Rechte und Pflichten eines Frachtführers hat. Dem Wortlaut nach ist

---

[25] *Fremuth*, a.a.O., Rdnr. 12 ff. zu § 460 HGB.
[26] *Fremuth*, a.a.O., Rdnr. 5 zu § 458 HGB.
[27] *Fremuth*, a.a.O., Rdnr. 6 zu § 458 HGB.
[28] Vgl. *Fremuth*, a.a.O., Rdnr. 6 zu § 458 HGB; a.A. *Koller*, a.a.O., Rdnr. 5 ff. zu § 458 HGB m.w.N.
[29] *Fremuth/Thume*, a.a.O., Rdnr. 10 ff. zu § 458 HGB.

die Verweisung identisch mit der Verweisung aus Fixkostenspedition. Die Reichweite der Verweisung ist wiederum umstritten. Einigkeit besteht insoweit, dass die Verweisung nicht hinsichtlich der Organisationspflichten und beförderungsbezogenen Leistungen gemäß § 454 HGB gelten soll.[30] Für eine Miteinbeziehung der auch in unmittelbaren Zusammenhang mit der Beförderung stehenden Vorgänge wie der transportbedingten Vor-, Zwischen- oder Nachlagerung, den Be- und Entladevorgängen wie auch dem Umschlag, spricht bereits die Auslegung der wortgleichen Verweisung des § 459. Allerdings haftet der Spediteur immer nur hinsichtlich Beförderung der (Teil-) Strecke wie ein Frachtführer, die auch tatsächlich im Selbsteintritt durchgeführt wird.[31] Dies gilt folglich auch nur für die im Zusammenhang mit der jeweiligen Teilstrecke stehenden zugehörigen unmittelbaren Vorgänge.

43 Letztendlich wird jedoch auch die frachtrechtliche Verweisung des Selbsteintritts in nahezu allen Fällen bereits durch die – weitergehende – frachtrechtliche Verweisung der Fixkostenspedition überlagert, so dass insofern auf die dortigen Ausführungen verwiesen werden darf.

3. Zusammenfassung

44 Zusammenfassend lässt sich sagen, dass das Speditionsrecht durch die Praxis der nahezu ausschließlichen Vereinbarung fixer Kosten sich dem Frachtrecht weitgehend angeglichen hat, was Rechte, Pflichten und Haftung angeht. Darüberhinaus sind jedoch die weitergehenden Pflichten des Spediteurs zur Organisationsleistung sowie insbesondere zur Interessenwahrnehmung der Interessen seines Vertragspartners prägend, die neben den frachtrechtlichen Pflichten bestehen und in einigen Fällen auch eigene Relevanz entwickeln können.

---

[30] *Koller*, a.a.O., Rdnr. 10 zu § 458 HGB; *Fremuth*, a.a.O., Rdnr. 26 ff. zu § 458 HGB.
[31] *Koller*, a.a.O., Rdnr. 16 zu § 458 HGB.

II. Kommentierung der Allgemeinen Deutschen Spediteur-Bedingungen (ADSp), Stand: 1. Januar 2003

Übersicht

	Rdnr.
Präambel	
a) Entwicklung von ADSp und Versicherungsschutz	45
b) Voraussetzungen für die Geltung der ADSp	51
c) Anpassung der ADSp an das neue Seehandelsrecht	54
1. Interessenwahrungs- und Sorgfaltspflicht	55
a) Spediteurberiff	55
b) Sorgfaltsmaßstab und Interessenwahrung	56
2. Anwendungsbereich	58
a) Verkehrsvertrag	58
b) Speditionsgeschäfte	59
c) Speditionsübliche logistische Leistungen/Abgrenzung zu den Logistik-AGB	63
d) Ziffer 2.2 ADSp Umfang der Pflichten des Spediteurs	66
e) Schranken der Anwendbarkeit der ADSp	69
f) Verpackungsarbeiten	71
g) Beförderung/Lagerung von Umzugsgut	72
h) Kran- und Montagearbeiten	74
i) Schwer-, Großraumtransporte, Abschlepp-, Bergungstätigkeit	75
j) Verträge mit Verbrauchern	78
k) Zwingende, AGB-feste Rechtsvorschriften oder andere Geschäftsbedingungen des Spediteurs, Ziffer 2.5 ADSp	80
l) Allgemeine Geschäftsbedingungen Dritter und zu Dritten, Ziffer 2.6 und 2.7 ADSp	81
3. Auftrag, Übermittlungsfehler, Inhalt, besondere Güterarten	84
a) Formlose Gültigkeit von Aufträgen, Weisungen, Erklärungen, Mitteilungen	85
b) Ausnahmen	86
c) Nachträgliche Änderungen	87
d) Vor dem Zugang und nach dem Zugang	88
e) Schriftform von Erklärungen	90
f) Mitteilungspflichten des Auftraggebers	91
g) Rechtsfolgen (Ziffer 3.7 ADSp) bei Verstoß gegen die Pflichten gem. Ziffer 3.3–3.6 ADSp	103
h) Ersatz von Schäden des Spediteurs	107
i) Keine Prüfungs-/Ergänzungspflicht (Ziffer 3.8 ADSp).	111
j) Echtheit der Unterschrift und Befugnisse des Unterzeichners (Ziffer 3.9 ADSp)	113
4. Verpackung, Gestellung von Ladehilfs- und Packmitteln, Verwiegung und Untersuchung des Gutes	117
a) Umfang des Auftrages	117
b) Besonderheiten beim Palettentausch (Ziffer 4.1.3 Satz 2, 3 ADSp)	120
c) Vergütung	123
5. Zollamtliche Abwicklung	124
a) Allgemeines	124
b) Gesonderter Vergütungsanspruch	126
c) Ermächtigung zur zollamtlichen Erledigung	127
6. Verpackungs- und Kennzeichnungspflichten des Auftraggebers	128
a) Allgemeines	128
b) Kennzeichnung der Packstücke (Ziffer 6.1 ADSp)	129
c) Kennzeichnung als zusammengehörig (Ziffer 6.2.1 ADSp)	132

	Rdnr.
d) Erkennbarkeit eines Zugriffs auf den Inhalt eines Packstücks (Ziffer 6.2.2 ADSp)	133
e) Zusammenfassung zu größeren Packstücken (Ziffer 6.2.3 ADSp)	134
f) Hängeversand (Ziffer 6.2.4 ADSp)	136
g) Gewichtsbezeichnung (Ziffer 6.2.5 ADSp)	137
h) Packstücke (Ziffer 6.3 ADSp)	138
i) Rechtsfolgen bei Verletzung der Verpackungs- und Kennzeichnungspflicht	141
7. Kontrollpflichten des Spediteurs	**146**
a) Allgemeines	146
b) Kontrolle auf Vollzähligkeit etc (Ziffer 7.1.1 ADSp)	147
c) Dokumentation (Ziffer 7.1.2 ADSp)	152
d) Die Schnittstelle (Ziffer 7.2 ADSp)	153
8. Quittung	**158**
a) Allgemeines	158
b) Umfang der Bescheinigung	159
c) Verhältnis zum Frachtbrief	161
d) Empfangsbescheinigung vom Empfänger (Ziffer 8.2 ADSp)	162
e) Quittungsverweigerung	168
9. Weisungen	**170**
a) Allgemeines	170
b) Rechtsfolge	171
c) Ermessen (Ziffer 9.2 ADSp)	173
d) Die Bereithaltung von Gut (Ziffer 9.3 ADSp)	174
10. Frachtüberweisung, Nachnahme	**175**
a) Allgemeines	175
b) Frachtüberweisung	176
11. Fristen	**179**
a) Allgemeines zu Lieferfristen	179
b) Gewährleistung von Verladefristen	183
12. Hindernisse	**184**
a) Allgemeines	184
b) Unmöglichkeit (Ziffer 12.1 ADSp)	185
c) Rücktrittsrecht (Ziffer 12.1 Satz 2 ADSp)	187
d) Hindernisse	190
e) Öffentlich-rechtliche Akte (Ziffer 12.3 ADSp)	193
f) Haftung des Auftraggebers	194
13. Ablieferung	**195**
a) Allgemeines	195
b) Legitimation des Empfängers	197
14. Auskunfts- und Herausgabepflicht des Spediteurs	**198**
15. Lagerung	**201**
a) Allgemeines	201
b) Auswahl der Lagerräume	202
c) Besichtigungsrecht	203
d) Begleitungsrecht	205
e) Handlungen am Lagergut	206
f) Haftung des Auftraggebers	207
g) Vorteilsausgleichung bei Inventurdifferenzen	208
h) Sicherung der Spediteuransprüche	210
16. Angebote und Vergütung	**211**
a) Allgemeines	211
b) Angebote (Ziffer 16.1 Satz ADSp)	212
c) Annahme der Angebote	213
d) Kündigung oder Entziehung des Auftrages	214

II. Kommentierung der ADSp 2003 **C. II**

	Rdnr.
e) Nachnahme	215
f) Rollgeld	216
17. Aufwendungen des Spediteurs, Freistellungsanspruch	217
a) Allgemeines	217
b) Allgemeines zum Aufwendungsersatz (Ziffer 17.1 ADSp)	218
c) Aufwendung von Frachten etc (Ziffer 17.2 ADSp)	219
d) Anspruch auf Befreiung (Ziffer 17.3 ADSp)	221
e) Sicherungs- und Befreiungsmaßnahmen (Ziffer 17.3 Satz 2 ADSp)	226
f) Pflicht zur Information des Spediteurs (Ziffer 17.4 ADSp)	227
18. Rechnungen, fremde Währungen	229
a) Fälligkeit	229
b) Wahl der Währung Ziffer 18.2 ADSp	230
c) Auslagen in Fremdwährung (Ziffer 18.3 ADSp)	231
19. Aufrechnung, Zurückbehaltung	233
a) Allgemeines	233
b) Anwendungsbereich	234
c) Voraussetzungen der Unzulässigkeit der Aufrechnung	235
20. Pfand- und Zurückbehaltungsrecht	241
a) Allgemeines	241
b) Pfandrecht an Gütern und Werten, die dem Auftraggeber gehören	245
c) Pfandrecht an dem Auftraggeber nicht gehörenden Gütern und Werten	250
d) Zurückbehaltungsrecht	253
21. Versicherung des Gutes	256
a) Allgemeines	256
b) Auftrag zur Versicherung (Ziffer 21.1 ADSp)	259
c) Versicherung ohne Auftrag, Weisung (Ziffer 21.2 ADSp)	261
d) Wahl der Versicherung (Ziffer 21.3 ADSp)	263
e) Geltendmachung der Ansprüche gegen den Versicherer	268
f) Vergütung (Ziffer 21.5 ADSp)	269
22. Haftung des Spediteurs, Abtretung von Ersatzansprüchen	270
a) Allgemeines	270
b) Haftung für Hilfspersonen und sonstige Dritte	272
c) Haftung für Güterschäden	275
d) Eigene Haftungsregelungen in den ADSp (Ziffer 22.4)	276
e) Ansprüche des Spediteurs gegen Dritte	280
23. Haftungsbegrenzungen	285
a) Allgemeines	285
b) Haftungshöchstsumme bei Güterschäden	286
c) Schäden bei Transporten (Ziffer 23.1.2 ADSp)	287
d) Multimodaler Verkehr (Ziffer 23.1.3 ADSp)	289
e) Andere Schäden als Verlust oder Beschädigung des Gutes (Ziffer 23.3 ADSp)	295
f) Kumulbegrenzung Ziffer 23.4 ADSp	298
24. Haftungsbegrenzungen bei verfügter Lagerung	299
a) Allgemeines	299
b) Haftungsbegrenzung bei verfügter Lagerung (Ziffer 24.2 ADSp)	300
c) Haftung für Güterfolge- und Vermögensschäden (Ziffer 24.3 ADSp)	303
d) Kumulschadenbegrenzung (Nummer 24.4 ADSp)	306
25. Beweislast	307
a) Allgemeines	307
b) 1. Übergabe des Gutes (Ziffer 25.1 ADSp)	308
c) Güterschäden während des Transports (Ziffer 25.2 ADSp)	310
d) Feststellungspflicht für Auskünfte und Beweismittel (Ziffer 25.3 ADSp)	316
e) Auswirkungen der Beweislast auf Einzelfälle	317
26. Außervertragliche Ansprüche	326

	Rdnr.
27. Qualifiziertes Verschulden	327
a) Allgemeines	327
b) Schäden aus Verkehrsverträgen, die lagerrechtlicher oder allgemein werk- oder dienstvertraglicher Natur sind (Ziffer 27.1 ADSp)	328
c) Schäden aus Verträgen, die fracht- oder speditionsrechtlicher Natur sind (Ziffer 27.2 ADSp)	337
d) Umfang der Haftung bei Verträgen luftfrachtspeditionsrechtlicher Natur	341
28. Schadenanzeige	344
a) Allgemeines	344
b) Ausdehnung der Anwendung des § 438 HGB	346
29. Haftungsversicherung des Spediteurs	347
a) Allgemeines	347
b) Haftungsversicherung	348
c) Verstoß gegen die Pflicht zur Versicherung (Ziffer 29.3 ADSp)	352
d) Anzeige der Haftpflicht- und Schadensversicherung (Ziffer 29.4 ADSp)	353
30. Erfüllungsort, Gerichtsstand, anzuwendendes Recht	354
a) Allgemeines	354
b) Gerichtsstand (Ziffer 30.2 ADSp)	355
c) Internationales Privatrecht (Ziffer 30.3 ADSp)	358

Allgemeine Deutsche Spediteur-Bedingungen (ADSp)

Präambel

Diese Bedingungen werden zur Anwendung ab dem 1. Januar 2003 empfohlen vom BUNDESVERBAND der DEUTSCHEN INDUSTRIE e.V. (BDI), BUNDESVERBAND des DEUTSCHEN GROß- UND AUSSENHANDELS e.V. (BGA), BUNDESVERBAND SPEDITION und LOGISTIK e.V. (BSL), DIHT DEUTSCHEN INDUSTRIE- und HANDELSKAMMERSTAG, HAUPTVERBAND des DEUTSCHEN EINZELHANDELS e.V. (HDE). Diese Empfehlung ist unverbindlich. Es bleibt den Vertragsparteien unbenommen, vom Inhalt dieser Empfehlung abweichende Vereinbarungen zu treffen.

45 *a) Entwicklung von ADSp und Versicherungsschutz.* Seit 1927 sind die ADSp als Allgemeine Geschäftsbedingungen von den Spitzenverbänden der deutschen Wirtschaft gemeinsam empfohlen. Sie gehören damit zu den ältesten Allgemeinen Geschäftsbedingungen im deutschen Zivilrecht. Sie zeichnen sich vor allem dadurch aus, dass sie nicht nur vom Verband des Speditionsgewerbes, sondern eben auch von den Verladerverbänden, d.h. von der Marktgegenseite empfohlen worden sind.

46 Die Entwicklung der ADSp wurde durch ein damals revolutionäres Versicherungskonzept, das vom Versicherungsmakler OSKAR SCHUNCK entwickelt wurde, geprägt und vorangetrieben.[1]

47 Das Versicherungskonzept wurde Speditions- und Rollfuhrversicherungsschein (SVS/RVS) genannt. Quasi automatisch wurde jeder Versender, wenn er nicht widersprochen hatte, in den Versicherungsschutz des SVS/RVS einbezogen. Auf den Punkt gebracht wurde die Haftung des Spediteurs in vollem Umfang durch Versicherung ersetzt. Das ging in letzter Konsequenz soweit, dass der Spediteur selbst für die von ihm verursachten Schäden gar nicht mehr passiv legitimiert war. Die Kosten für die Speditionsversicherung trug der Auftraggeber, wobei die Prämie orientiert am Warenwert und der Versicherungssumme im Promillebereich lag und allgemein akzeptiert wurde.

---

[1] *Temme* in: Praxishandbuch Transportrecht (Loseblattwerk), Vorbem. zu ADSp Januar 2001.

II. Kommentierung der ADSp 2003 C. II

Der SVS/RVS hat neben der **Haftung des Erstspediteurs** auch die **Haftung des** 48
Zweitspediteurs, der vom Erstspediteur beauftragt wurde, übernommen. Damit war ein Regress grundsätzlich ausgeschlossen. Dies hatte zur Folge, dass in den 70er und 80er Jahren bei erheblichem Anschwellen des Warenstromes die Schadenhäufigkeit gerade im Bereich der Sammelladungsspedition zunahm. Die beteiligten Speditionen hatten keinen Anlass, in die Qualitätsverbesserung zu investieren, da alle Schäden automatisch über den SVS/RVS reguliert wurden. Die Speditionsversicherer sahen sich auf Grund der schlechten Schadenverläufe zu erheblichen Prämienanpassungen gezwungen. Andererseits hatte die verladende Wirtschaft immer weniger Bereitschaft, das SVS/RVS-System zu finanzieren, insbesondere deshalb nicht, weil die immer stärker am Markt vertretenen Transportversicherer einen fast vergleichbaren Deckungsschutz zu günstigeren Prämien anboten. Damit entwickelte sich das System SVS/RVS zu einem Pool der negativen Risikoselektion, d. h., vor allem schlechte Risiken blieben in dem System und das Verhältnis von Prämie zu Schaden verschlechterte sich immer weiter.[2]

Mit der Reform des Transportrechts zum 1. Juli 1998 und der **AGB-festen** Aus- 49
gestaltung der Haftung konnten die ADSp in der Form Haftungsersetzung durch Versicherung nicht mehr weiter bestehen. Deshalb wurde parallel zur Reform des Transportrechts eine neue Versicherungslösung entwickelt und stark kontrovers diskutiert.[3] Dieses neue Versicherungskonzept war verbunden mit der alten Ziffer 29 ADSp, wurde zunächst wieder von dem Versicherungsmakler OSKAR SCHUNCK entwickelt und zunächst SLVS genannt, um dann aus kartellrechtlichen Gründen Mindestversicherungsbedingungen neutralisiert zur Speditionsversicherung umbenannt zu werden.[4]

Ein Kerngedanke der ADSp war es immer, die reduzierte Haftung mit einem aus- 50
reichenden Versicherungsschutz zu kompensieren. Dieser Gedanke ist in den heutigen ADSp auch noch verankert, denn Ziffer 29 ADSp spricht die Haftungsversicherung des Spediteurs an. Danach ist der Spediteur verpflichtet, bei einem Versicherer seiner Wahl eine marktübliche Haftungsversicherung abzuschließen, die seine verkehrsvertragliche Haftung nach den ADSp und dem Umfang der gesetzlichen Regelhaftungssummen abdeckt. Die Bestimmung macht aber auch deutlich, dass es heute kein unmittelbar mit den ADSp verbundenes Konzept mehr gibt, das über Mindeststandards in Versicherungsbedingungen, das genau festlegt, welchen Versicherungsschutz ein Spediteur mindestens haben muss, um sich mit Erfolg auf die ADSp berufen zu können. Damit ist natürlich die frühere Sicherheit und Transparenz über den Versicherungsschutz ihrer Vertragspartner für die Auftraggeber der Spediteure verloren gegangen.

Die Versicherung des Gutes, wird in Ziffer 21 ADSp angesprochen, die den Spediteur berechtigt, aber nicht verpflichtet, eine Versicherung zu besorgen, wenn dies im Interesse des Auftraggebers liegt. Gemeint ist hier nicht eine Haftungsversicherung, sondern eine Waren-Transportversicherung. Siehe Ziffer 21 ADSp.

b) Voraussetzungen für die Geltung der ADSp. Die ADSp vor der Transportrechts- 51
reform 1998 wurden vom BGH und den Instanzgerichten kraft **stillschweigender Unterwerfung** als Bestandteil des Vertrages gesehen, wenn der Vertragspartner des Spediteurs wusste oder wissen musste, dass Spediteure üblicherweise nach den ADSp

---

[2] *Temme,* a. a. O.
[3] Zu den Einzelheiten ausführlich *de la Motte* in: Kommentar zum TranspR Vorbem. zu den ADSp, Rdnr. 1 ff.
[4] Zu den Hintergründen vgl. *de la Motte,* a. a. O.

in der jeweils neuesten Fassung arbeiten.[5] Die Einbeziehung der ADSp entspricht nach überwiegender Rechtsprechung nach wie vor der Verkehrssitte.[6] Die Klauseln der ADSp sind nur gültig, wenn auf sie drucktechnisch deutlich hingewiesen worden ist (§§ 449 Abs. 2 Satz 2 Nr. 1, § 466 Abs. 2 Satz 2 Nr. 1 HGB). Nur so wird die vom Gesetzgeber intendierte Warnfunktion, die den Verbraucher schützen soll, erfüllt. Sowohl der marktschwache, unerfahrene Spediteur, als auch der kleine Auftraggeber sollen vor Überraschungen geschützt werden.[7]

52 Die Praxis erfüllt die Warnfunktion in der Form, dass sie auf die Klauseln in Fettdruck hinweist, die in den ADSp die gesetzliche Haftungshöchstsumme unter- bzw. überschreiten.[8]

53 Die Formel vom „Wissen-Müssen" kommt grundsätzlich auch bei Ausländern zum Tragen, wenn auf den Vertragsschluss deutsches Recht anzuwenden ist.[9]

54 *c) Anpassungen der ADSp an das neue Seehandelsrecht.* Die ADSp in der neuesten Fassung (Stand: 2003) sind noch nicht ausreichend auf das aktuelle Seehandelsrecht[10] abgestimmt. Hervorzuheben sind Änderungen wie die Aufhebung der Haftungsbeschränkung des Absenders in § 414 Absatz 1 Satz 2 HGB a.F. oder die Aufhebung des Haftungsausschlusses bei nautischem Verschulden oder Feuer gem. § 608 HGB a.F. Dies erfordert eine Anpassung um den Kerngedanken der ADSp, die reduzierte Haftung, auf gleicher Ebene weiter zu verfolgen. Für die Praxis hält das neue Seehandelsrecht aber auch Erleichterungen bereit, wie die Gleichstellung des papiergebundenen mit dem elektronischen Konnossement bzw. Seefrachtbrief in §§ 516, 526 HGB.

1. Interessenwahrungs- und Sorgfaltspflicht

Der Spediteur hat das Interesse des Auftraggebers wahrzunehmen und seine Tätigkeiten mit der Sorgfalt eines ordentlichen Kaufmannes auszuführen.

55 *a) Spediteurbegriff.* Ziffer 1 ADSp hat einen berufsständischen Spediteurbegriff und erfasst nicht nur den HGB-Spediteur (§ 453 HGB), sondern auch den Frachtführer und Lagerhalter. Dies ergibt sich auch aus der Verbindung zu Ziffer 2 ADSp, wo neben Speditions- auch Lager- und Frachtverträge erwähnt werden sowie sonstige üblicherweise zum Speditionsgewerbe gehörende Geschäfte.

56 *b) Sorgfaltsmaßstab und Interessenwahrung.* In Ziffer 1 ADSp wird der gesetzliche Sorgfaltsstandard des § 347 Abs. 1 HGB wiederholt. Selbständige Bedeutung erlangt Ziffer 1 ADSp dadurch, dass der Spediteur auch dort, wo er nach dispositivem Recht keine Geschäftsbesorgerrolle übernommen hat (vgl. § 454 Abs. 4 HGB), verpflichtet ist, sich an den Interessen des Kunden zu orientieren.[11]

57 Sämtliche Bestimmungen der ADSp sind im Sinne der Ziffer 1 ADSp auszulegen.

2. Anwendungsbereich

2.1 Die ADSp gelten für Verkehrsverträge über alle Arten von Tätigkeiten, gleichgültig ob sie Speditions-, Fracht-, Lager- oder sonstige üblicherweise zum Speditionsgewerbe gehörende Geschäfte betreffen. Hierzu zählen auch spedi-

---

[5] *Koller,* a.a.O. vor Ziffer 1 ADSp Rdnr. 11 m.w.N.
[6] *Koller,* a.a.O.
[7] *Koller,* a.a.O. Rdnr. 14.
[8] Zur Gültigkeit der ADSp und drucktechnischer Hervorhebung; siehe auch OLG Hamburg TranspR 2003, 72 ff.
[9] *Koller,* a.a.O. Rdnr. 13.
[10] Geändert durch das Gesetz zur Reform des Seehandelsrechts (ab 25.4.2013).
[11] *Vogt* in: *Graf von Westphalen,* Vertragsrecht und Klauselwerke, TranspR Rdnr. 202.

tionsübliche logistische Leistungen, wenn diese mit der Beförderung oder Lagerung von Gütern in Zusammenhang stehen.

2.2 Bei speditionsvertraglichen Tätigkeiten im Sinne der §§ 453 bis 466 HGB schuldet der Spediteur nur den Abschluss der zur Erbringung dieser Leistungen erforderlichen Verträge, soweit zwingende oder AGB-feste Rechtsvorschriften nichts anderes bestimmen.

2.3 Die ADSp gelten nicht für Geschäfte, die ausschließlich zum Gegenstand haben
 – Verpackungsarbeiten,
 – die Beförderung von Umzugsgut oder dessen Lagerung,
 – Kran- oder Montagearbeiten sowie Schwer- oder Großraumtransporte mit Ausnahme der Umschlagstätigkeit des Spediteurs,
 – die Beförderung und Lagerung von abzuschleppenden oder zu bergenden Gütern.

2.4 Die ADSp finden keine Anwendung auf Verkehrsverträge mit Verbrauchern. Verbraucher ist eine natürliche Person, die den Vertrag zu einem Zweck abschließt, der weder ihrer gewerblichen noch ihrer selbstständigen beruflichen Tätigkeit zugerechnet werden kann.

2.5 Weichen Handelsbräuche oder gesetzliche Bestimmungen von den ADSp ab, so gehen die ADSp vor, es sei denn, dass die gesetzlichen Bestimmungen zwingend oder AGB-fest sind.
Bei Verkehrsverträgen über Luft-, See-, Binnenschiffs- oder multimodale Transporte können abweichende Vereinbarungen nach den dafür etwa aufgestellten besonderen Beförderungsbedingungen getroffen werden.

2.6 Der Spediteur ist zur Vereinbarung der üblichen Geschäftsbedingungen Dritter befugt.

2.7 Im Verhältnis zwischen Erst- und Zwischenspediteur gelten die ADSp als Allgemeine Geschäftsbedingungen des Zwischenspediteurs.

a) Verkehrsvertrag. Die Geltung der ADSp wird an den Verkehrsvertrag geknüpft. **58** Verkehrsvertrag ist dabei der Oberbegriff für die in Ziffer 2.1 ADSp aufgezählten Vertragstypen (§§ 407ff., 453, 467ff. HGB, also Fracht-, Speditions- und Lagerverträge). Die ADSp orientieren sich am Berufsstand der Spediteure im Sinne der Verkehrsanschauung und nicht an § 453 HGB.[12] **Spediteur** ist derjenige, der gewerbsmäßig für andere im eigenen Namen Güter befördert oder lagert oder die hierzu notwendigen Maßnahmen ganz oder zum Teil vorbereitet, organisiert oder besorgt. Ein **Beitritt zum Spediteurverband** oder die Führung der Gewerkschaftsbezeichnung Spedition ist nicht notwendig, kann aber zum Beweis der Spediteureigenschaft herangezogen werden.[13] Für den Vertragspartner muss bei Vertragsschluss erkennbar sein, dass der Auftragnehmer Spediteur im Sinne der ADSp ist. Die ADSp müssen wirksam einbezogen sein. Die Regelungen der ADSp kommen auch dann zum Tragen, wenn ein Auftragnehmer, der nicht zum Kreis der Spediteure im Sinne der Ziffer 2.1 ADSp zählt, auf die ADSp verweist.[14]

b) Speditionsgeschäfte. Speditionsgeschäfte sind Verträge im Sinne des § 453 HGB **59** unter Einschluss der Luft-, Binnenschifffahrts- oder Seespedition, wenn der Spediteur die Rolle des Auftragnehmers übernommen hat.
Beim reinen Speditionsvertrag schuldet der Spediteur die Ortsveränderung der Güter zu besorgen, er ist „Architekt des Transportes".

---

[12] *de la Motte* in: Fremuth/Thume, Kommentar zum TranspR, Nr. 2 ADSp Rdnr. 2.
[13] *Koller*, a.a.O. Ziffer 2 ADSp Rdnr. 1.
[14] *Koller*, a.a.O. m.w.N.

60 Bei Frachtverträgen verpflichtet sich der Spediteur, die Ortsveränderung selbst zu „bewirken", d.h., er schuldet den Erfolg der Ablieferung, gleichgültig, ob die Verträge dem § 407 HGB, der CMR, CIM dem WA oder MÜ oder einem sonstigen Transportrechtsregime unterfallen.

61 Lagergeschäfte sind Verträge im Sinne des § 467 HGB, durch die der Spediteur Lagerhalter wird. Sonstige üblicherweise zur Spedition gehörende Geschäfte sind z.B. Warenumschlag, Warenkontrolle und Distribution, Verzollung, Exportabfertigung, Einholung von Auskünften über Steuern, Zölle, Abgaben, Vereinbarung von Gestellungsterminen bei Containertransporten, Absprachen oder Palettenrückgabe, etc.[15] Die Frage, welche Speditionsgeschäfte üblich sind, wird im Streitfall durch Gutachten der Industrie- und Handelskammern zu klären sein.

62 Mit Ablauf der Übergangsfrist der EU-Verordnung 185/2010 am 29.4.2013 fällt unter speditionsübliche Leistungen des Luftfahrtspediteurs auch die Luftsicherheitskontrolle von unsicherer Fracht. So sind Kontrolltechniken wie Röntgengeräte oder Sprengstoffdetektoren zur Kontrolle der Fracht notwendig. An der Zugehörigkeit zu der speditionsüblichen Leistung können Zweifel aufkommen falls der Luftfrachtspediteur die Kontrolle losgelöst und unabhängig von der Luftfrachtbeförderung übernimmt, da neben der dienstvertraglichen Tätigkeit des Spediteurs in der Kontrolle eine rein werkvertragliche Leistung vorliegt. Wegen dieser Unklarheiten ist gegenüber dem Auftraggeber zu verdeutlichen, dass die ADSp die Luftsicherheitskontrolle mit abdecken. Dies könnte durch eine klarstellende Ergänzung der ADSp erfolgen, beispielsweise: „Der Begriff der speditionsüblichen logistischen Leistungen gemäß Ziffer 2.1 ADSp umfasst ebenfalls die Luftsicherheitskontrolle von unsicherer Fracht". Zu beachten sind auch etwaige Folgen bzgl. der Verkehrshaftpflichtversicherung durch diese Tätigkeit. Dies bezüglich ist es wichtig zu klären, in wie weit der Versicherungsschutz auch die Risiken der Luftsicherheitskontrolle erfasst.

63 *c) Speditionsübliche logistische Leistungen/Abgrenzung zu den Logistik-AGB.* Kennzeichen der logistischen Leistung ist es, dass sie auf das Produkt oder den Handel bezogen erbracht wird und über die speditionelle Leistung, den Transport und die Lagerhaltung hinausgeht. Zu den logistischen Leistungen zählen z.B. die Aufbereitung von Waren für den Verkauf, Kommissionierungsarbeiten, Fashionservice.[16]

64 Die Üblichkeit wird im Hinblick auf Preisauszeichnung bejaht, im Hinblick auf Faktorierung, Tätigkeit, für die eine Spezialausbildung erforderlich ist, verneint.[17] Was üblich ist, wird im Streitfall durch Umfragen und Gutachten der Industrie- und Handelskammern ermittelt werden müssen. Voraussetzung für die Anwendung der ADSp ist jedoch, dass die speditionsüblichen logistischen Leistungen auf jeden Fall mit der Beförderung oder Lagerung von Gütern in Zusammenhang stehen.

65 Hier setzen die Logistik-AGB an, die ihren Anwendungsbereich durch **negative Abgrenzung** von Ziffer 2.1 ADSp eröffnen. In Ziffer 1.1 der Logistik-AGB heißt es, dass sie für alle logistischen Leistungen gelten, die nicht von Ziffer 2.1 der ADSp erfasst werden. Allerdings ist auch für die Logistik-AGB erforderlich, dass sie im wirtschaftlichen Zusammenhang mit Fracht-, Speditions- oder Lagerverträgen stehen. Eine beispielhafte Aufzählung von speditionsunüblichen logistischen Leistungen enthalten die Logistik-AGB in Ziffer 1.1 Abs. 2.[18]

---

[15] *Koller*, a.a.O.
[16] *Valder* in: Transport- und Vertriebsrecht 2000, S. 171 ff.
[17] *Koller*, a.a.O. Ziffer 2 ADSp Rdnr. 6 m.w.N.
[18] Siehe **Anhang 9.**

d) Ziffer 2.2 ADSp Umfang der Pflichten des Spediteurs. Nach § 454 Abs. 2 Satz 1 66
HGB zählt es zu den Pflichten des Spediteurs, auch sonstige vereinbarte auf die Beförderung bezogene Leistungen auszuführen, wie z.B. Versicherung und Verpackung des Gutes, seine Kennzeichnung und die Zollbehandlung. Der Spediteur schuldet nach § 454 Abs. 2 Satz 2 HGB den Abschluss der zur Erbringung dieser Leistungen erforderlichen Verträge, wenn sich dies aus der Vereinbarung ergibt.

Von dieser Vorschrift weicht Ziffer 2.2 ADSp ab und dreht den in § 454 Abs. 2 HGB 67 vorhandenen **Regel-Ausnahme-Charakter** um. Das heißt, in der nach Ziffer 2.2 ADSp aufgestellten Regel schuldet der Spediteur nur den Abschluss von Verträgen und muss die vorgenannten Leistungen eben nicht selbst erbringen. Er schuldet danach grundsätzlich nur den Abschluss von Verträgen mit Dritten, die die Tätigkeiten für den Auftraggeber zu erbringen haben.

Die Umkehr des Regelausnahmecharakters ist in der Praxis von großer Bedeutung 68 für die Frage der Haftung.[19] Nach der gesetzlichen Regelung des § 454 Abs. 2 sind Dritte, die für den Spediteur die erwähnten Tätigkeiten ausüben, seine Erfüllungsgehilfen. Für sie hätte er gemäß § 462 HGB zu haften. Nach Ziffer 2.2 ADSp kann der Spediteur Dritte beauftragen, ohne eine eigene Verpflichtung zu tragen mit der Folge, dass die von ihm eingesetzten Dritten nur dem Auftraggeber gegenüber haften und keine Erfüllungsgehilfen des Spediteurs sind.

e) Schranken der Anwendbarkeit der ADSp. Die ADSp finden keine Anwendung, 69 soweit zwingende oder AGB-feste Vorschriften etwas anderes bestimmen, siehe Ziffer 2.2 ADSp.

Die ADSp sollen generell nicht gelten für Verträge, die **ausschließlich** zum Gegen- 70 stand haben Verpackungsarbeiten, Beförderung von Umzugsgut oder dessen Lagerung, Kran- oder Montagearbeiten sowie Schwer- oder Großraumtransporte mit Ausnahme der Umschlagstätigkeit des Spediteurs, die Beförderung und Lagerung von abzuschleppenden oder zu bergenden Gütern.

f) Verpackungsarbeiten. Gemeint sind Arbeiten, die das Gut beförderungssicher 71 oder zur Lagerung geeignet machen sollen. Ziffer 2.3 ADSp greift nicht ein, wenn die Pflicht zur Verpackung aus einem Vertrag zur Beförderung, Lagerung oder Besorgung der Versendung durch den Spediteur entspringt. Das Gleiche gilt, wenn der Spediteur in diesem Vertrag sonstige üblicherweise zum Speditionsgeschäft im Sinne der Ziffer 2.1 ADSp gehörende Pflichten übernommen hat.[20]

g) Beförderung/Lagerung von Umzugsgut. Für Umzugsverträge gibt es eigene AGB 72 und eigene angepasste Versicherungskonzepte, wie zum Beispiel den UMVS (Universal-Möbel-Versicherungsschein). Diese Besonderheit des Möbelgewerbes berücksichtigen die ADSp, indem sie sich für nicht anwendbar erklären. Sie sind nicht für Umzugstätigkeit konzipiert und sollen deshalb für Umzugsverträge auch nicht gelten.

Ob es sich um Umzugsgut handelt, ist aus der Perspektive des Frachtführers zu se- 73 hen. Erfolgen Aufträge von Verbrauchern zum Transport von Möbeln, muss der Spediteur im Zweifel von Umzugsgut ausgehen. Da Ziffer 2.3 ADSp nur die Beförderung und Lagerung von Umzugsgut ausnimmt, ist ein Speditionsvertrag, der die **Besorgung** der Versendung von Umzugsgut zum Gegenstand hat, von den ADSp erfasst. Dies gilt nicht für Speditionsverträge im Sinne der §§ 458 bis 460 HGB **hinsichtlich der Beförderung.**

---

[19] *Temme* in: Praxishandbuch Transportrecht (Loseblattwerk), 2001 Rdnr. 13.
[20] *Koller*, a.a.O. Ziffer 2 ADSp Rdnr. 8.

74 **h) Kran- und Montagearbeiten.** Die ADSp passen auch nicht für die ausschließliche Ausführung von Kranarbeiten. Hierfür gibt es wieder eigene Bedingungen (BSK-Bedingungen)[21] und Versicherungskonzepte. Die Kranarbeiten dürfen nicht Teil anderer speditioneller Verrichtungen sein. Denn soweit bei der Umladung von einem Beförderungsmittel auf das andere mit oder ohne zwischenzeitliche Lagerung und beim Stapeln auf Lagern Kranarbeiten anfallen, sind die ADSp anwendbar.[22] Bei Montagearbeiten sind die ADSp anwendbar, wenn die Beförderung oder Lagerung oder die Besorgung der Versendung vor oder nach der Montage eine untergeordnete Rolle spielt. Die Montage ist dann Teil anderer speditioneller Verrichtungen im Sinne der Ziffer 2.1 ADSp. Das Gleiche gilt bei Montagearbeiten im Zusammenhang mit Umschlag.[23]

75 **i) Schwer-, Großraumtransporte, Abschlepp-, Bergungstätigkeit.** Um Schwer- und Großraumtransporte handelt es sich dann, wenn straßenverkehrsrechtliche Ausnahmegenehmigungen erforderlich sind oder die Parteien konkret einen Schwerguttransport vereinbart haben. Für diese Transporte finden die ADSp keine Anwendung. Die ADSp gelten allerdings wieder für Verträge, deren Gegenstand die **Besorgung** solcher Transporte ist.[24]

76 Denn die Besorgung derartiger Transporte ist ureigenste Tätigkeit des Spediteurs („Architekt des Transports"), die den ADSp unterliegen soll. Dies ergibt sich aus dem Wortlaut Ziffer 2.3 ADSp, wonach die ADSp nur dann nicht angewendet werden sollen, wenn es sich ausschließlich um **Schwer- und Großraumtransporte** handelt, also die eigentliche Durchführung, aber nicht Besorgung der Beförderung.

77 Für den Bereich des Bergens und Abschleppens von Kraftfahrzeugen, Fahrzeugen und Anhängern, das Verwahren der Ladung sowie der Pannenhilfe, wurden vom Verband der Bergungs- und Abschleppunternehmen e. V. eigenständige AGB entwickelt.[25]

78 **j) Verträge mit Verbrauchern.** Das HGB verwendet den Begriff Verbraucher in § 414 Abs. 3. Der Begriff des Verbrauchers ist in § 13 BGB definiert. Verbraucher ist danach jede natürliche Person, die ein Rechtsgeschäft zu einem Zwecke abschließt, der weder ihrer gewerblichen noch ihrer selbständigen beruflichen Tätigkeit zugerechnet werden kann. Da Verbraucher den Inhalt der ADSp nicht kennen müssen, liegt im Zweifel auch keine Individualabrede vor, wenn gegenüber Verbrauchern ausdrücklich auf die ADSp verwiesen wird.[26]

79 Für die Einbeziehung gerade auch im Verhältnis zu Verbrauchern ist letztendlich immer auch § 305 BGB zu beachten.

80 **k) Zwingende, AGB-feste Rechtsvorschriften oder andere Geschäftsbedingungen des Spediteurs, Ziffer 2.5 ADSp.** Zwingende Vorschriften gehen den ADSp vor. Zwingende Vorschriften enthalten u.a. §§ 449 Abs. 2 Satz 1, 452d, 466 Abs. 2 Satz 1 und Abs. 3 HGB, sowie die CMR, das WA, das MÜ, die CIM und § 662 HGB. Sind diese Vorschriften anwendbar, treten die Regelungen in den ADSp zurück, und zwar so weit, wie die Kollision reicht. § 139 BGB findet keine Anwendung, da die ADSp nur bis zur Grenze des zwingenden oder AGB-festen Rechts gelten.[27] Im Übrigen wieder-

---

[21] Vgl. B. III Sonderbereich 6.
[22] *Koller*, a. a. O. Ziffer 2 ADSp Rdnr. 10.
[23] *Koller*, a. a. O.
[24] A. A. *Koller*, a. a. O. Rdnr. 12.
[25] *Koller*, a. a. O. Rdnr. 12.
[26] LG Bremen TranspR 1990, 166 (167).
[27] *Hensen* in: Ulmer/Brandner/Hensen, AGB-Recht Anh. § 310 BGB, Rdnr. 388 hält die Klausel für unwirksam.

holt Ziffer 2.5 Satz 2 ADSp den Vorrang der Individualabrede, der in § 305b BGB geregelt ist. Individualabreden haben allerdings nur soweit ihren Vorrang, wie ihr tatsächlicher Regelungsgehalt reicht.[28] Besondere Beförderungsbedingungen für spezielle Transporte, wie z.B. Luft-, See- oder Binnenschifftransporte, gehen den ADSp vor. Die Klausel ist eng auszulegen und darf nicht so verstanden werden, dass außerhalb des See- und Binnenschifffahrtstransportes nichts Abweichendes vereinbart werden darf.[29] Bei einer Kollision zwischen ADSp und den Besonderen Bedingungen darf aus Ziffer 2.5 Satz 2 auch nicht hergeleitet werden, dass immer die besonderen Bedingungen den Vorrang haben sollen.[30]

l) Allgemeine Geschäftsbedingungen Dritter und zu Dritten, Ziffer 2.6 und 2.7 81
ADSp. In Ziffer 2.6 wird dem Spediteur erlaubt, mit dritten Unternehmen deren übliche Geschäftsbedingungen zu vereinbaren. Die Interessenwahrungspflicht aus § 454 Abs. 4 AGB und Ziffer 1 ADSp wird durch diese Vorschrift konkretisiert. Werden unübliche Geschäftsbedingungen vereinbart, lässt dies nicht notwendigerweise den Schluss auf die Verletzung der Interessenwahrungspflicht zu. Es ist aber auch denkbar, dass der Spediteur pflichtwidrig handelt, obwohl übliche Geschäftsbedingungen vereinbart werden. Zum Beispiel dann, wenn er nicht mit dritten Unternehmen den Vertrag schließt, die günstigere AGB's verwenden. „Üblich" bedeutet nicht notwendig, dass diese AGB die Einzigen sind, die in der Branche verwendet werden.[31] Ziffer 2.7 ADSp regelt das Verhältnis zwischen Hauptspediteur und dem von ihm eingeschalteten Zwischenspediteur. Der Zwischenspediteur wird vom Hauptspediteur, also nicht vom Versender oder Empfänger auf Rechnung des Versenders als Spediteur eingeschaltet, vgl. § 454 Abs. 1 Nr. 2 HGB.[32] Mit der Vorschrift wird vermieden, dass der Auftraggeber des Hauptspediteurs durch AGB's des Zwischenspediteurs schlechter gestellt wird. Ziffer 2.7 ADSp enthält insoweit eine Fiktion. Die ADSp wirken zugunsten des Zwischenspediteurs soweit sie für diesen vorteilhafter sind.

Zudem bewirkt die Regelung, dass die ADSp immer die AGB des auftragnehmen- 82
den Spediteurs sind und nicht die des Auftraggebenden.

Die **Klausel** bewirkt, dass der Hauptspediteur den Auftraggeber so stellen muss, als 83
ob er mit dem Zwischenspediteur den Vertrag auf Grundlage der ADSp geschlossen hätte.

Die Konsequenz ist, dass der Auftraggeber auch nur Ansprüche nach Maßgabe der 84
ADSp erheben kann.[33]

3. Auftrag, Übermittlungsfehler, Inhalt, besondere Güterarten

**3.1 Aufträge, Weisungen, Erklärungen und Mitteilungen sind formlos gültig. Nachträgliche Änderungen sind als solche deutlich kenntlich zu machen.
Die Beweislast für den Inhalt sowie die richtige und vollständige Übermittlung trägt, wer sich darauf beruft.**

3.2 Soweit für Erklärungen die Schriftform verlangt wird, steht ihr die Datenfernübertragung und jede sonst lesbare Form gleich, sofern sie den Aussteller erkennbar macht.

---

[28] Vgl. BGH VersR 1981, 328.
[29] *Koller*, a.a.O. Ziffer 2 ADSp Rdnr. 15.
[30] *Koller*, a.a.O.
[31] *Koller*, a.a.O. Rdnr. 17.
[32] Vgl. *Koller*, a.a.O. § 435 HGB Rdnr. 36.
[33] *Koller*, a.a.O. Rdnr. 18 m.w.N.

3.3 Der Auftraggeber hat dem Spediteur bei Auftragserteilung mitzuteilen, dass Gegenstand des Verkehrsvertrages sind:
– Gefährliche Güter
– lebende Tiere und Pflanzen
– leicht verderbliche Güter
– besonders wertvolle und diebstahlsgefährdete Güter

3.4 Der Auftraggeber hat im Auftrag Adressen, Zeichen, Nummern, Anzahl, Art und Inhalt der Packstücke, Eigenschaften des Gutes im Sinne von Ziffer 3.3, den Warenwert für eine Versicherung des Gutes und alle sonstigen erkennbar für die ordnungsgemäße Ausführung des Auftrags erheblichen Umstände anzugeben.

3.5 Bei gefährlichem Gut hat der Auftraggeber bei Auftragserteilung dem Spediteur schriftlich die genaue Art der Gefahr und – soweit erforderlich – die zu ergreifenden Vorsichtsmaßnahmen mitzuteilen. Handelt es sich um Gefahrgut im Sinne des Gesetzes über die Beförderung gefährlicher Güter oder um sonstige Güter, für deren Beförderung oder Lagerung besondere gefahrgut-, umgangs- oder abfallrechtliche Vorschriften bestehen, so hat der Auftraggeber alle für die ordnungsgemäße Durchführung des Auftrags erforderlichen Angaben, insbesondere die Klassifizierung nach dem einschlägigen Gefahrgutrecht, mitzuteilen.

3.6 Der Auftraggeber hat den Spediteur bei besonders wertvollen oder diebstahlgefährdeten Gütern (z. B. Geld, Edelmetalle, Schmuck Uhren, Edelsteine, Kunstgegenstände, Antiquitäten, Scheck-, Kreditkarten, gültige Telefonkarten oder andere Zahlungsmittel, Wertpapiere, Valoren, Dokumente, Spirituosen, Tabakwaren, Unterhaltungselektronik, Telekommunikationsgeräte, EDV-Geräte und -Zubehör) sowie bei Gütern mit einem tatsächlichen Wert von 50 Euro/kg und mehr so rechtzeitig vor Übernahme durch den Spediteur schriftlich zu informieren, dass der Spediteur die Möglichkeit hat, über die Annahme des Gutes zu entscheiden und Maßnahmen für eine sichere und schadenfreie Abwicklung des Auftrags zu treffen.

3.7 Entspricht ein dem Spediteur erteilter Auftrag nicht den in Ziffer 3.3–3.6 genannten Bedingungen, so steht es dem Spediteur frei,
– die Annahme des Gutes zu verweigern,
– bereits übernommenes Gut zurückzugeben bzw. zur Abholung bereitzuhalten,
– dieses ohne Benachrichtigung des Auftraggebers zu versenden, zu befördern oder einzulagern und eine zusätzliche, angemessene Vergütung zu verlangen, wenn eine sichere und schadenfreie Ausführung des Auftrags mit erhöhten Kosten verbunden ist.

3.8 Der Spediteur ist nicht verpflichtet, die nach Ziffer 3.3 bis 3.6 gemachten Angaben nachzuprüfen oder zu ergänzen.

3.9 Der Spediteur ist nicht verpflichtet, die Echtheit der Unterschriften auf irgendwelchen das Gut betreffenden Mitteilungen oder sonstigen Schriftstücken oder die Befugnis der Unterzeichner zu prüfen, es sei denn, dass an der Echtheit oder der Befugnis begründete Zweifel bestehen.

85 *a) Formlose Gültigkeit von Aufträgen, Weisungen, Erklärungen, Mitteilungen.* Ziffer 3.1 ADSp bestimmt, dass für jede Art von Aufträgen, Weisungen, Erklärungen oder Mitteilungen grundsätzlich keine bestimmte Form, und damit auch keine Schriftform, notwendig ist. Alle Erklärungen können formlos, d.h. auch mündlich, gegenüber dem Spediteur abgegeben werden. Unter Kaufleuten ist das eine Selbstverständlichkeit. Zu beachten ist für formlose Erklärungen immer das Problem des Nachweises und der Beweisbarkeit. Ziffer 3.1 ADSp betont deshalb, dass derjenige, der sich auf eine bestimmte Erklärung beruft, zu beweisen hat, dass die Erklärung richtig und vollständig beim Spediteur angekommen ist.

b) Ausnahmen. Ziffer 3.1 ADSp tritt bei entgegenstehenden zwingenden Regelungen zurück; siehe auch Ziffer 2.5 ADSp. Ziffer 3 ADSp betrifft Weisungen aller Art. Eine Auslegung der Klausel im Lichte der Ziffer 2.5 Satz 1 ADSp ergibt, dass die Weisung dann der Form bedarf, wenn sich der Spediteur bei der Befolgung einer formlosen Weisung schadensersatzpflichtig machen würde[34] (z.B. §§ 418 Abs. 6, 447, Art. 12 Abs. 3 WA 1955). Jedenfalls sind in diesen Fällen formlose Weisungen nicht verbindlich (vgl. § 418 Abs. 1 Satz 3 HGB, Art. 12 Abs. 1 Satz 2 WA 1955). Keine Anwendung findet Ziffer 3.1 Satz 1 ADSp im Fall des Art. 12 Abs. 5a CMR, weil dort eine besondere Schriftform, nämlich der Eintrag in der ersten Ausfertigung des Frachtbriefes gefordert wird. 86

c) Nachträgliche Änderungen. Nachträgliche Änderungen sollen nach Ziffer 3.1 Satz 2 ADSp leicht erkennbar sein. Bei nachträglichen Vertragsänderungen muss für den Vertragspartner erkennbar werden, dass sich das Änderungsangebot auf den Vertrag bezieht. Hinsichtlich der Änderung sind zwei Zeitpunkte zu unterscheiden: 87

d) Vor dem Zugang und nach dem Zugang. Im Falle einer Änderung des Angebots vor seinem Zugang, handelt es sich um einen Widerruf im Sinne § 130 Abs. 1 Satz 2 BGB. Von einem Angebot zur Änderung eines eventuell zustande gekommenen Vertrages ist auszugehen, wenn das Änderungsangebot nach dem Zugang des Auftragsangebotes erfolgt. Ist die Änderung nicht erkennbar, ist sie wirkungslos.[35] 88

Eine nachträgliche Änderung einer Weisung ist als neue Weisung zu betrachten, für die primär die einschlägigen zwingenden und **AGB-festen** Rechtsvorschriften gelten. Weisungen, Erklärungen, Mitteilungen müssen so erfolgen, dass der Bezug zu einer früheren Weisung etc. leicht erkennbar ist. Etwas anderes gilt nur im Falle der Offensichtlichkeit. Von Offensichtlichkeit ist dann auszugehen, wenn der Spediteur den Bezug kannte oder der Bezug für ihn auf der Hand liegen musste. Da Ziffer 3.1 Satz 2 ADSp hinsichtlich der Rechtsfolgen keine Regelung trifft, ist die geänderte Weisung nichtig, wenn die Änderung nicht hinreichend deutlich ist.[36] 89

e) Schriftform von Erklärungen. Verlangt das Gesetz eine Schriftform, trägt Ziffer 3.2 ADSp der modernen praktischen Abwicklung der Geschäfte Rechnung, und stellt kraft vertraglicher Vereinbarung der Schriftform auch die Datenfernübertragung und jede sonst lesbare Form gleich, wenn nur der Aussteller erkennbar ist. Diese Klausel trägt in Parallele zu § 438 Abs. 4 HGB den Entwicklungen der Kommunikation Rechnung, z.B. Fax oder E-Mail. Nach der Reform des Seehandelsrechts genügt für den Eintritt der Verjährungshemmung nach § 439 Abs. 3 HGB auch die Textform, womit z.B. eine E-Mail zur Wahrung der Form ausreicht. Wegen Ziffer 2.5 ADSp findet sie jedoch in den Fällen der Artt. 5, 8 Abs. 2, 12 Abs. 5a, 20 Abs. 2, 24, 26, 30 Abs. 3, 32 Abs. 2, 35 CMR, 6 Abs. 2, 15 Abs. 2, 26 Abs. 3 WA 1955, 11 § 3, 16 § 1, 19 § 3, 31 § 2, 39 § 2, 53 § 1 CIM, § 439 Abs. 3 HGB keine Anwendung. 90

f) Mitteilungspflichten des Auftraggebers. Die Ziffer 3.3 bis 3.6 ADSp beinhalten eine Reihe von Mitteilungspflichten des Auftraggebers. Grundsätzlich kennt der Auftraggeber sein Gut besser als der Spediteur. Selbst wenn der Auftraggeber, weil Käufer, das Gut noch nie gesehen ist, ist es angemessen, dem Auftraggeber die Verpflichtung aufzuerlegen, sich die Kenntnisse zu beschaffen, die für eine sachgerechte Behandlung des Gutes notwendig sind. Der Spediteur kann nicht „Warenfachmann" für alle er- 91

---

[34] *Koller,* a.a.O. Ziffer 3 ADSp Rdnr. 2.
[35] *Koller,* a.a.O. Rdnr. 5.
[36] *Koller,* a.a.O. Rdnr. 6.

denklichen Güter sein. Allerdings kann die Interessenwahrungspflicht des Spediteurs, nach Ziffer 1 ADSp, dazu führen, dass der Auftraggeber vom Spediteur einen Hinweis erhalten muss.

92 **Gefährliche Güter (Ziffer 3.3, 3.5 ADSp).** Der Auftraggeber ist verpflichtet, den Spediteur über die spezifischen Probleme von gefährlichen Gütern zu informieren. Damit werden die ordnungsrechtlichen Verpflichtungen des Absenders gegenüber dem Spediteur und Frachtführer z.B. aus dem **Gefahrgutgesetz** und der auf Grund des Gefahrgutgesetzes ergangener verschiedenen Gefahrgutordnungen zivilrechtlich umgesetzt. Im Anwendungsbereich der CMR und der CIM ist Ziffer 3.3, 3.5 ADSp jedoch nicht heranzuziehen. Gefährliche Güter sind immer die in den einschlägigen Gefahrgutgesetzen und Verordnungen genannten Güter, in den dort genannten Mengen. Darüber hinaus zählen zum Gefahrgut alle Güter, die aus beförderungsspezifischer Sicht als gefährlich anzusehen sind, d.h. alle Güter, die im Rahmen einer normalen Beförderung eine unmittelbare Gefahr für Transportmittel, Personen oder andere Rechtsgüter darstellen, mit der ein ordentlicher Frachtführer üblicherweise nicht zu rechnen braucht. Trotz der Ziffer 3.6 ADSp bleibt die Pflicht des Spediteurs, den erkennbar unerfahrenen Auftraggeber auf das Erfordernis der Mitteilung hinzuweisen und ihn zu beraten, unberührt.[37] Soweit dem Spediteur die Informationen bereits vorlagen, entfällt die Informationspflicht.

93 Geht man davon aus, dass die ADSp kraft Verkehrssitte (§ 157 BGB) Vertragsbestandteil werden können, so entsteht die Informationspflicht aus den ADSp erst mit der Annahme des Angebotes. Sie ist in unmittelbarem Anschluss an das Zustandekommen des Vertrages zu erfüllen. Die Rechtsfolge ergibt sich aus § 414 HGB.

94 Im Rahmen der Rechtsfolge des § 414 HGB besteht die gewichtsbezogene Haftungsbeschränkung des § 414 Abs. 1 Satz 2 HGB a.F. seit der Reform des Seehandelsrechts nicht mehr. Dies ist vor allem für den Spediteur in seiner Eigenschaft als Absender von bedeutendem Interesse, da er sich bei ungenauen Angaben möglicherweise einer unbeschränkten Haftung aussetzt. Darauf wird zukünftig mit einer Anpassung der ADSp in Form einer entsprechenden Haftungsbeschränkung zu reagieren sein.

95 **Lebende Tiere, Pflanzen und leicht verderbliche Güter (Ziffer 3.3 ADSp).** Der Auftraggeber muss den Spediteur auf besondere Empfindlichkeiten des Gutes hinweisen, insbesondere wenn das Gut während des Transportes besondere Fürsorge benötigt, etwa ein bestimmtes Klima, Futter, Wasser oder Belüftung. Die Anzeige kann unterbleiben, wenn der Spediteur bereits informiert ist oder die Beschaffenheit des Gutes offensichtlich ist.

96 **Besonders wertvolle Güter (Ziffer 3.3, 3.6 ADSp).** Der Wert von und über 50,- €/kg ist immer mitzuteilen ohne Rücksicht darauf, ob Diebstahlgefahr besteht oder nicht.[38] Besonders wertvolle Güter sind solche, deren Wert nach der Verkehrsanschauung erheblich das Maß dessen übersteigt, was nach Gewicht und Umfang des Frachtstückes als Wert zu vermuten ist.[39] Maßgeblich ist insoweit der Wert im Sinne des § 429 HGB. Die Begriffe besonders wertvolles Gut und Kostbarkeit müssen sich nicht decken. Selbst wenn das Gut im Markt keinen hohen Wert hat, aber für den Auftraggeber ein besonders wertvolles Gut darstellt, z.B. Akten oder Daten, ist der Auftraggeber verpflichtet, den Spediteur hierauf hinzuweisen, allein schon deswegen, um dem Spediteur die Möglichkeit zu geben, entsprechenden Versicherungsschutz zu be-

---

[37] *Koller*, a.a.O. Rdnr. 9.
[38] *Koller*, a.a.O. Rdnr. 14a.
[39] *Koller*, a.a.O. Rdnr. 12.

sorgen. Die Anzeigepflicht entfällt bei Kenntnis des Spediteurs oder bei Evidenz der Eigenschaft des Gutes. Gleiches gilt für Geld, Wertpapiere und Urkunden.

„Rechtzeitigkeit" der Information. Problematisch ist der Umgang mit der „rechtzeitigen" Mitteilung in der Praxis, da der Auftraggeber oft nicht weiß, zu welchem Zeitpunkt der Spediteur die Information benötigt. Der Begriff rechtzeitig ist in Anlehnung an § 410 HGB auszulegen. Es kommt auf die Sicht eines ordentlichen Auftraggebers an. Die Beweislast für eine Verspätung oder Nichterfüllung der Informationspflicht trägt der Spediteur.[40] 97

Angabe von Zeichen, Nummern, etc. (Ziffer 3.4 ADSp). Damit der Spediteur seiner Verpflichtung zur ordnungsgemäßen Behandlung des Gutes entsprechen kann, hat der Auftraggeber das Gut mit allen notwendigen Zeichen, Nummern, Adressen und Handlinghinweisen zu kennzeichnen. 98

Die Zeichen sind auf der Ware bzw. deren Verpackung sichtbar anzubringen und sind im Auftrag wiederholt zu vermerken. Der Auftraggeber hat ferner Angaben über die übliche gattungsmäßige Bezeichnung der Packstücke zu machen („Art", „Inhalt"). Unabhängig davon, ob sie zur ordnungsgemäßen Erledigung des Auftrags benötigt werden oder nicht, sind nach Ziffer 3.4 ADSp Angaben zu Anzahl, Art, Inhalt, ferner die Angaben von Zeichen und Nummern geschuldet. 99

Sonstige Angaben sind Informationen, die aus der Sphäre des Auftraggebers stammen und eine Gefährdung oder Erschwerung für die ordnungsgemäße Erledigung des Auftrags verhindern oder mindern helfen können. Neben Maßen und für die Verzollung bedeutsamen Angaben, gehören hierzu auch Angaben, die der Spediteur benötigt, um eine **Selbstschädigung** zu vermeiden oder einer strafbaren Handlung aus dem Weg zu gehen.[41] 100

Einer besonderen Form bedarf es hinsichtlich der Angaben nicht. Aber die Handlinghinweise müssen auch den international gebräuchlichen Symbolen entsprechen. 101

Steht dem Spediteur ein erkennbar unerfahrener Auftraggeber gegenüber, so hat er diesen aufzuklären oder bei Zweifeln nachzufragen. Adressat der Angaben ist der Spediteur. Erforderlich ist stets der Zugang der Angaben (§ 130 BGB). 102

g) Rechtsfolgen (Ziffer 3.7 ADSp) bei Verstoß gegen die Pflichten gem. Ziffer 3.3 bis 3.6 ADSp. Verstößt der Auftraggeber gegen die in Ziffer 3.3 bis 3.6 ADSp genannten Pflichten, hat der Spediteur gemäß Ziffer 3.7 ADSp mehrere Möglichkeiten zu reagieren. 103

Verweigert er die Annahme des Gutes, stellt dies die Ausübung ein Leistungsverweigerungsrecht dar. Wird die Leistung endgültig verweigert, also nicht nur bis zu dem Zeitpunkt, in dem der Auftraggeber die erforderlichen Angaben nachgeholt hat, liegt in der endgültigen Verweigerung zugleich auch die Erklärung des Rücktritts nach §§ 346, 349 BGB.[42] 104

Die Rückgabe und Bereitstellung zur Abholung ermöglicht es dem Spediteur, dass er vom Vertrag auch dann noch zurücktreten kann, wenn er das Gut angenommen hat. 105

Auch bei fehlenden Angaben ist der Spediteur berechtigt, den Auftrag ohne Benachrichtigung des Auftraggebers auszuführen. Auf Rückfragen darf er nicht verzichten, wenn er Angaben benötigt, um den Auftrag sicher und schadenfrei durchzuführen. Der Auftraggeber hat bei schadenfreier Auftragsabwicklung sowohl die erhöhten 106

---

[40] *Koller*, a.a.O. Rdnr. 14a.
[41] *Koller*, a.a.O. Rdnr. 14.
[42] *Koller*, a.a.O. Rdnr. 15a.

107 **h) Ersatz von Schäden des Spediteurs.** Im Geltungsbereich des § 414 HGB, Artt. 7, 11, 22 CMR, 10 WA 1955, 18 WA 1955, 10, 18 MÜ hat der Auftraggeber dem Spediteur den Schaden zu ersetzen, der ihm dadurch entsteht, dass er seine Informationspflichten nicht erfüllt. Sofern nicht zwingende andere Vorschriften vorgehen, hat der Auftraggeber **Schadenersatz** nach § 280 BGB zu leisten.

108 Verletzt der Auftraggeber des Spediteurs seine Anzeigepflichten und kommt es zu einem Güterschaden, ist zu unterscheiden:

109 Ist die Haftung des Spediteurs zwingend geregelt, z.B. CMR, CIM, WA, MÜ, dann ist der Verstoß gegen die Ziffer 3.3 bis 3.5 ADSp im Rahmen der **Mitverschuldensregelung** dieser zwingenden Vorschriften zu prüfen (Artt. 17 Abs. 2 CMR, 21 WA 1955, Art. 23, § 2 CIM).

110 In den anderen Fällen sind die Pflichtverletzungen des Auftraggebers gemäß § 254 BGB zu berücksichtigen. Bei der Anwendung des § 254 BGB wurde bezüglich der Anforderungen an den ungewöhnlich hohen Schadens stets betont, es müsse auf die konkreten Umstände des Einzelfalls abgestellt werden.[43] Der BGH hat nun Faustformeln entwickelt, mit denen Richtwerte ermittelt werden können.[44] In Bezug auf die ADSp liegt nach der Faustformel ein besonders hoher Schaden nach § 254 Abs. 2 Satz 1 BGB vor, wenn der Warenwert zehnmal höher als die vertragliche Haftung ist, soweit durch vorformulierte Vertragsbedingungen geringere Haftungshöchstbeträge als gesetzlich vorgesehen vereinbart sind.[45]

111 **i) Keine Prüfungs-/Ergänzungspflicht (Ziffer 3.8 ADSp).** Grundsätzlich ist es nicht Pflicht des Spediteurs, die Angaben des Auftraggebers nachzuprüfen oder zu ergänzen. Macht der Auftraggeber überhaupt keine Angaben und kann der Spediteur zumindest erkennen, dass es sich um ein besonderes Gut im Sinne der Ziffer 3.3 handelt, erzeugt die Interessenwahrungspflicht aus Ziffer 1 ADSp zumindest eine Nachfragepflicht des Spediteurs.

112 Erhält der Spediteur von seinem Auftraggeber Angaben, ist er auch dann verpflichtet nachzufragen oder auf Probleme hinzuweisen, wenn die Angaben mit anderen Erkenntnissen des Spediteurs in evidentem Widerspruch stehen.

113 **j) Echtheit der Unterschrift und Befugnisse des Unterzeichners (Ziffer 3.9 ADSp).** Es ist tagtägliche Praxis, dass dem Spediteur unterzeichnete Erklärungen des Auftraggebers oder Dritter präsentiert werden, gleich welcher Art. Dem Spediteur ist es im Einzelfall nicht immer möglich zu prüfen, ob die Unterschrift von der Person stammt, die angeblich unterzeichnet hat.

114 Problematisch ist der Fall der Haftung wegen Falschauslieferung gemäß §§ 425 Abs. 1, 461 Abs. 1 HGB, da § 426 HGB **AGB-fest** eine verschuldensunabhängige Haftung statuiert; vgl. auch Artt. 17 CMR, 18 WA, 36 CIM. Die Möglichkeit durch frachtvertragliche Abreden die Tragweite der größten Sorgfalt zu beeinflussen, besteht nicht. Da es die Pflicht des Spediteurs ist, sich der Person des Empfängers zu vergewissern, greift Ziffer 3.9 ADSp auch im Rahmen der Ziffer 8.2 ADSp nicht ein.[46]

---

[43] M.w.N. BGH TranspR 2006, 205 (207).
[44] BGH VersR 2010, 928 (930).
[45] BGH VersR 2010, 928 (930).
[46] BGH TranspR 1998, 262 (265).

II. Kommentierung der ADSp 2003

Bei Willenserklärungen, die den Vertrag begründen, ist Ziffer 3.9 ADSp ohne Bedeutung, da zu diesem Zeitpunkt die ADSp mangels Einbeziehung in den Vertrag noch nicht zum Tragen kommen.[47] 115

Rechtsfolge ist, dass Mängel der Unterschrift oder der Unterschriftsberechtigung, die bei Anwendung der Sorgfalt eines ordentlichen Spediteurs nicht erkennbar waren, nicht eingewandt werden können. Ziffer 3.9 ADSp berechtigt den Spediteur nicht in vollem Umfang seinen Auftraggeber an dem Inhalt der Erklärung festzuhalten, insbesondere können ihm Willenserklärungen des Fälschers oder des Vertreters ohne Vertretungsmacht nicht zugerechnet werden.[48] 116

4. Verpackung, Gestellung von Ladehilfs- und Packmitteln, Verwiegung und Untersuchung des Gutes

4.1 Der dem Spediteur erteilte Auftrag umfasst mangels Vereinbarung nicht

4.1.1 die Verpackung des Gutes,

4.1.2 die Verwiegung, Untersuchung, Maßnahmen zur Erhaltung oder Besserung des Gutes und seiner Verpackung, es sei denn, dies ist geschäftsüblich,

4.1.3 die Gestellung und den Tausch von Paletten oder sonstigen Ladehilfs- und Packmitteln.
Werden diese nicht Zug-um-Zug getauscht, erfolgt eine Abholung nur, wenn ein neuer Auftrag erteilt wird. Dies gilt nicht, wenn der Tausch auf Veranlassung des Spediteurs unterbleibt.

4.2 Die Tätigkeiten nach Ziffer 4.1 sind gesondert zu vergüten.

a) Umfang des Auftrages. Ziffer 4 ADSp stellt klar, welche Arbeiten im Zweifel nicht vom Auftrag an den Spediteur erfasst sind und damit vom Spediteur auch nicht geschuldet werden. Es wirkt sich auf die Haftung aus, wenn die in Ziffer 4 ADSp genannten Tätigkeiten von **Dritten** ausgeführt werden, die dann auch **keine Erfüllungsgehilfen** des Spediteurs sind; vgl. § 461 HGB; Ziffer 4.1 ADSp entspricht §§ 407, 409 Abs. 3, 411, 454 Abs. 2 HGB. 117

Die in Ziffer 4.1 ADSp genannten Vereinbarungen können konkludent getroffen werden oder sich aus den Umständen ergeben. In diesen Fällen, muss der Spediteur die auf diese Art und Weise in den Vertrag einbezogenen Verpflichtungen auch erfüllen. Mit Ausnahme der in Ziffer 4.1.2 ADSp geregelten Fälle, sind die Verkehrssitte und etwaige Handelsbräuche nicht zu berücksichtigen.[49] 118

Beseitigt wird nicht die Untersuchungspflicht und die Pflicht zu verwiegen, die sich im Rahmen des § 409 Abs. 3 HGB ergeben. Unberührt bleibt daneben auch Art. 8 Abs. 3 CMR. Bei Spediteuren, die Güter in Empfang nehmen, ist die Untersuchung gemäß § 454 Abs. 1 Nr. 3 HGB geschäftsüblich.[50] 119

b) Besonderheiten beim Palettentausch[51] *(Ziffer 4.1.3 Satz 2, 3 ADSp).* Im Rahmen des § 407 HGB ist der Frachtführer ohne besondere Abrede und mangels entsprechenden Handelsbrauchs, der im Einzelfall festzustellen ist, nicht gehalten, dem Absender, der ihm Gut auf Paletten übergeben hat, Paletten zu überlassen (§ 14 VBGL, Ziffer 4 ADSp) oder Paletten gleicher Zahl und Beschaffenheit zurückzugeben. 120

---

[47] Koller, a.a.O. Rdnr. 18.
[48] Koller, a.a.O. Ziffer 3.9 ADSp Rdnr. 19.
[49] Koller, a.a.O. Ziffer 4 ADSp Rdnr. 1.
[50] Koller, a.a.O.
[51] Vgl. B. III Sonderbereich 5.

121 Auf eine Pflicht, für die **Rückgabe von Leerpaletten** durch den Empfänger zu sorgen oder gar Leerpaletten auf eigenes Risiko zurückzugeben, kann nicht aus der bloßen Tatsache des Rücktransportes von Paletten geschlossen werden.

122 Dies kann vielmehr auch aus bloßer Gefälligkeit geschehen. Ist es aber in der konkreten Geschäftsbeziehung üblich, dass der Frachtführer Leerpaletten gleicher Art und Güte zurückgibt oder hat sich eine entsprechende Verkehrserwartung gebildet, so spricht dies im Zweifel zumindest für die Pflicht, sich um die Rückgabe von Leerpaletten beim Empfänger zu bemühen.

123 *c) Vergütung.* Nach Ziffer 4.2 kann der Auftraggeber nicht erwarten, dass die in Ziffer 4.1 ADSp aufgelisteten Tätigkeiten, unentgeltlich vom Spediteur erbracht werden. Selbst wenn in der Schnelligkeit des Geschäftsverkehrs eine Vereinbarung über die Vergütung nicht zustande kommt, hat der Spediteur über § 354 HGB Anspruch auf Vergütung. Die angemessene Höhe richtet sich nach den am Ort üblichen Sätzen.

5. Zollamtliche Abwicklung

5.1 Der Auftrag zur Versendung nach einem Bestimmungsort im Ausland schließt den Auftrag zur zollamtlichen Abfertigung ein, wenn ohne sie die Beförderung bis zum Bestimmungsort nicht ausführbar ist.

5.2 Für die zollamtliche Abfertigung kann der Spediteur neben den tatsächlich auflaufenden Kosten eine besondere Vergütung berechnen.

5.3 Der Auftrag, unter Zollverschluss eingehende Sendungen zuzuführen oder frei Haus zu liefern, schließt die Ermächtigung für den Spediteur ein, über die Erledigung der erforderlichen Zollförmlichkeiten und die Auslegung der zollamtlich festgesetzten Abgaben zu entscheiden.

124 *a) Allgemeines.* Ziffer 5.1 ADSp erfasst die Fälle der Ausfuhr oder der Durchfuhr ins Ausland. Für den Fall der Einfuhr gilt Ziffer 5.3 ADSp. Daneben ist Voraussetzung für Ziffer 5.1 ADSp, dass die Beförderung ohne Verzollung, ohne die Festsetzung und/oder Entrichtung von Abgaben im Zusammenhang mit dem Grenzübertritt, nicht durchführbar ist.

125 Selbst, wenn nicht klar ist, ob die Verzollung dem Interesse des Auftraggebers entspricht, ist der Spediteur bei Vorliegen der Voraussetzung der Ziffer 5.1 ADSp zur Verzollung berechtigt und verpflichtet.[52]

126 *b) Gesonderter Vergütungsanspruch.* Der Spediteur kann nach § 670 BGB Ersatz seiner Aufwendungen, insbesondere der ausgelegten Zollbeträge, und eine besondere Vergütung fordern, wenn sie im Zusammenhang mit einer zollamtlichen Abfertigung entstehen. Voraussetzung ist, dass die Parteien sich nicht auf einen festen Satz geeinigt haben (§ 305b BGB), der die Verzollungsvergütung umfasst hat (beachte Ziffer 16.1 ADSp).[53]

127 *c) Ermächtigung zur zollamtlichen Erledigung.* Ziffer 5.3 ADSp ermächtigt den Spediteur bei Importtransporten, Sendungen, die unter zollamtlichen Verschluss reisen, und für die noch kein Zoll oder keine Einfuhrumsatzsteuer entrichtet wurde, der zollamtlichen Erledigung zuzuführen. Hintergrund dieser Regelung ist, dass der Spediteur häufig als Einführer des Gutes selbst der Zollhaftung unterliegt. Von dieser Haftung kann er sich befreien. Bei allem Eigeninteresse muss der Spediteur immer die Interessen nach Ziffer 1 ADSp beachten.[54]

---

[52] *Koller*, a.a.O. Ziffer 5 ADSp Rdnr. 1.
[53] *Koller*, a.a.O. Rdnr. 2.
[54] *de la Motte*, Kommentar zum Transportrecht, Ziffer 5 ADSp Rdnr. 8.

6. Verpackungs- und Kennzeichnungspflichten des Auftraggebers

6.1 Die Packstücke sind vom Auftraggeber deutlich und haltbar mit den für ihre auftragsmäßige Behandlung erforderlichen Kennzeichen zu versehen, wie Adressen, Zeichen, Nummern, Symbolen für Handhabung und Eigenschaften; alte Kennzeichen müssen entfernt oder unkenntlich gemacht sein.

6.2 Darüber hinaus ist der Auftraggeber verpflichtet,

6.2.1 zu einer Sendung gehörende Packstücke als zusammengehörig leicht erkennbar zu kennzeichnen;

6.2.2 Packstücke so herzurichten, dass ein Zugriff auf den Inhalt ohne Hinterlassen äußerlich sichtbarer Spuren nicht möglich ist (Klebeband, Umreifungen oder Ähnliches sind nur ausreichend, wenn sie individuell gestaltet oder sonst schwer nachahmbar sind; eine Umwickelung mit Folie nur, wenn diese verschweißt ist);

6.2.3 bei einer im Spediteursammelgutverkehr abzufertigenden Sendung, die aus mehreren Stücken oder Einheiten mit einem Gurtmaß (größter Umfang zuzüglich längste Kante) von weniger als 1m besteht, diese zu größeren Packstücken zusammenzufassen;

6.2.4 bei einer im Hängeversand abzufertigenden Sendung, die aus mehreren Stücken besteht, diese zu Griffeinheiten in geschlossenen Hüllen zusammenzufassen;

6.2.5 auf Packstücken von mindestens 1.000 kg Rohgewicht die durch das Gesetz über die Gewichtsbezeichnung an schweren auf Schiffen beförderten Frachtstücken vorgeschriebene Gewichtsbezeichnung anzubringen.

6.3 Packstücke sind Einzelstücke oder vom Auftraggeber zur Abwicklung des Auftrags gebildete Einheiten, z. B. Kisten, Gitterboxen, Paletten, Griffeinheiten, geschlossene Ladegefäße, wie gedeckt gebaute oder mit Planen versehene Waggons, Auflieger oder Wechselbrücken, Container, Iglus.

6.4 Entsprechen die Packstücke nicht den in Ziffer 6.1 und 6.2 genannten Bedingungen, findet Ziffer 3.7 entsprechende Anwendung.

a) Allgemeines. Das Gesetz hat bereits in § 455 HGB für den Auftraggeber des Spediteurs, in § 411 HGB für den Absender des Frachtführers und in § 468 HGB für den Auftraggeber des Lagerhalters (Einlagerer) Regelungen aufgestellt, die durch Ziffer 6 ADSp präzisiert werden. **128**

b) Kennzeichnung der Packstücke (Ziffer 6.1 ADSp). Sinn und Zweck der Kennzeichnung der Packstücke ist es, die mit der Verladung, Verstauung und Einlagerung beauftragten Personen zu informieren und dem Spediteur die ihm obliegenden Kontrollen im Sinne der Ziffer 7 ADSp zu ermöglichen.[55] Die Kennzeichnung muss so erfolgen, dass aus der Sicht eines ordentlichen Auftraggebers ein ordentlicher Mitarbeiter des Spediteurs, das Gut sachgerecht behandeln, zuordnen und auf seine Vollständigkeit hin kontrollieren kann. Dabei darf sich der Spediteur auf die übliche Art und Weise, in der Auftraggeber ihre Güter kennzeichnen, verlassen.[56] **129**

Andererseits hat der Spediteur auf Grund seiner Interessenwahrungspflicht nach Ziffer 1 ADSp sorgfältig auf die Packstücke zu achten. Er darf Kartonware, auch wenn kein „Regenschirmsymbol" aufgedruckt ist, nicht der Nässe aussetzen. Einer besonderen Kennzeichnung bedarf es, wenn die Eigenschaften des Gutes Risiken begründen, **130**

---

[55] *Valder* zu den ADSp a. F., TranspR 1993, 81 (82).
[56] *Koller*, a. a. O. Ziffer 6 ADSp, Rdnr. 2.

die im normalen Speditionsbetrieb ungewöhnlich sind. Koller nennt beispielsweise Fälle, in denen der Auftraggeber dem Spediteur zerbrechliches Gut mit dem Auftrag übergibt, es zu verpacken.[57]

131 Den Auftraggeber trifft auch die Pflicht, alte Kennzeichen zu entfernen oder unkenntlich zu machen, damit durchschnittliche Mitarbeiter eines Spediteurs ohne besondere Vorkehrungen zügig und deutlich erkennen können, welche Behandlung das Gut benötigt. Alte Kennzettel müssen abgerissen, überklebt oder geschwärzt werden.[58]

132 *c) Kennzeichnung als zusammengehörig (Ziffer 6.2.1 ADSp).* Der Auftraggeber muss für den Spediteur und seine Mitarbeiter Sendungen erkennbar als zusammengehörend kennzeichnen, wenn diese aus mehreren Packstücken bestehen. Ausreichend ist eine einheitliche Kennzeichnung durch eine Signierung mit roten Punkten oder der auf Labels enthaltene Hinweis „eins von fünf" „zwei von fünf" etc., oder die Kennzeichnung mit Kontrollnummern.[59] Die Kennzeichnung ist dann ausreichend, wenn das Risiko der Fehlverladung oder des Abhandenkommens von Teilen der Sendung bei durchschnittlicher Aufmerksamkeit des Handling-Personals nicht mehr besteht. Dabei darf der Auftraggeber aber davon ausgehen, dass die Mitarbeiter des Spediteurs Hinweise ausreichend sorgfältig handeln und das Interesse des Auftraggebers beachten.

133 *d) Erkennbarkeit eines Zugriffs auf den Inhalt eines Packstücks (Ziffer 6.2.2 ADSp).* Der Auftraggeber hat nach Ziffer 6.2.2 ADSp dazu beizutragen, die Gefahr von Diebstählen und Unterschlagungen durch Personal des Spediteurs zu verringern. Den Auftraggeber trifft daher die Pflicht, das Gut derart zu verpacken, dass ein Zugriff auf den Inhalt des Packstücks Spuren hinterlässt, die im normalen, ordentlichen Speditionsbetrieb auffallen müssen. Als ausreichend zu betrachten sind dem Auftraggeber zumutbare Vorkehrungen.[60] Dazu gehören, wie Ziffer 6.2.2 ADSp ausdrücklich fordert, individuell gestaltete Klebebänder, die nur schwer nachahmbar sind. Ziffer 6.2.2 ADSp will jedoch nicht den Einsatz der Verwendung sog. verkaufsfördernder Verpackung beschränken,[61] obwohl die Angabe des Inhalts auf der Verpackung die **Diebstahlsgefahr** erheblich steigert.

134 *e) Zusammenfassung zu größeren Packstücken (Ziffer 6.2.3 ADSp).* Ähnlich der Ziffer 6.2.2 ADSp dient auch die Ziffer 6.2.3 ADSp dazu, der Gefahr von Diebstählen oder dem sonstigen Abhandenkommen von Packstücken entgegenzutreten. Ziffer 6.2.3 ADSp erfasst die besondere Gefahr, die besteht, wenn Packstücke nicht größer als ein Schuhkarton sind und daher leichter gestohlen werden können. Die Pflicht, größere Packstücke zu bilden, bezieht sich nur auf die Versendung im Sammelgutverkehr, zu der ein Spediteur grundsätzlich berechtigt ist (§ 460 Abs. 1 HGB).[62]

135 Der **Begriff der Sendung** erfasst sowohl ein Packstück als auch eine Vielzahl von Packstücken. Besteht eine Sendung aus mehreren Packstücken mit einem Gurtmaß von weniger als einem Meter, sind diese Packstücke vom Auftraggeber zu einem oder mehreren größeren Packstücken zusammenzufassen, dessen Gurtmaß dann über einem Meter liegt.

---

[57] A.a.O. Ziffer 6 ADSp Rdnr. 2.
[58] *Valder*, a.a.O.
[59] Beispiele von *Koller*, a.a.O. Rdnr. 3.
[60] *Koller*, a.a.O. Rdnr. 5.
[61] *Valder* TranspR 1993, 81 (82) zu den alten ADSp.
[62] *Koller*, a.a.O. Rdnr. 6.

f) Hängeversand (Ziffer 6.2.4 ADSp). Die Ziffer 6.2.4 ADSp betrifft die Behandlung von Textilien auf Kleiderbügeln.[63] Die Klausel soll die Gefahr eines Verlustes durch Diebstahl oder Herabfallen von Einzelstücken mindern. Der Begriff „**Griffeinheit**" ist so zu interpretieren, wie dies in der Textilwirtschaft üblich ist.[64]

g) Gewichtsbezeichnung (Ziffer 6.2.5 ADSp). Das Gesetz über die Gewichtsbezeichnung an schweren, auf Schiffen beförderten Frachtstücken wurde erlassen,[65] um die Stauung eines Gutes, das über See transportiert werden soll, zu ermöglichen, und um die notwendige Berücksichtigung im Stau sicherzustellen. Die Statik und damit das Gleichgewicht des schwimmenden Schiffes müssen ausgeglichen sein.

h) Packstücke (Ziffer 6.3 ADSp). Packstücke im Sinne der ADSp sind zum einen Einzelstücke, zum anderen alle vom Auftraggeber hergestellte Einheiten. Dies gilt unabhängig davon, ob Sie der Verpackung des Guts dienen oder den Transport des Guts erleichtern sollen.[66] Ob eine Einheit vorliegt, ist objektiv zu beurteilen. Es kommt darauf an, ob ein ordentlicher Spediteur auf Grund des Erscheinungsbildes des Gutes unter Berücksichtigung des Auftrags davon ausgehen kann, dass die Einzelstücke zur Abwicklung des Auftrags zusammengefasst sind.[67]

Werden mehrere Kartons auf einer Palette gepackt und dort gemeinsam befestigt, z.B. durch eine Schrumpffolie oder Bänder, stellt die Palette insgesamt ein Packstück dar. Entscheidend ist, ob der Auftraggeber die Einheit gebildet hat. Stapelt hingegen der Spediteur auf eine Palette mehrere Packstücke verschiedener Auftraggeber, liegt selbstverständlich kein einzelnes Packstück i.S.d. Ziffer 6.3 ADSp im Verhältnis zu den Auftraggebern vor. Anders kann es bei einem **Unterspediteur** aussehen. Für diesen stellt die vom Hauptspediteur zusammengestellte Palette wieder ein Packstück dar, weil es sich aus seiner Sicht in der Person des **Hauptspediteurs** um seinen Auftraggeber handelt.

Problematisch sind die Fälle, in denen ein Auftraggeber dem Spediteur mehrere Kartons übergibt, die auf einer Palette zusammengefasst sind und die Palette nach einem Teil der Reise aufzubrechen ist, weil die einzelnen Kartons im Empfangsgebiet an verschiedene Empfänger transportiert werden müssen. Da der Spediteur in der Regel aus dem erteilten Auftrag die Problematik erkennen kann, kann er sich nicht auf Ziffer 6.3 berufen.[68]

i) Rechtsfolgen bei Verletzung der Verpackungs- und Kennzeichnungspflicht. Hat der Auftraggeber entgegen der Ziffer 6 seiner Verpackungs- und Kennzeichnungspflicht nicht genügt, findet Ziffer 3.7 ADSp entsprechende Anwendung. Die dort entwickelten Regeln sind entsprechend anzuwenden.

Trifft den Auftraggeber bei Entstehen eines Schadens durch Verlust, Beschädigung oder Lieferfristüberschreitung ein **Mitverschulden** (§§ 425ff., 461 Abs. 1, Artt. 17 CMR, 36 CIM, 18f WA 1955) ist sein pflichtwidriges Verhalten allein im Rahmen der §§ 425 Abs. 2, 461 Abs. 1, Abs. 3, § 498 Abs. 3 HGB nicht jedoch der Artt. 17 Abs. 2 CMR, 36 § 2 CIM, 21 WA 1955 zu berücksichtigen. Denn wegen des Vorrangs zwingender Vorschriften dürfen die ADSp das **Haftungsrisiko** des Spediteurs nicht durch die Belastung des Auftraggebers mit zusätzlichen Pflichten senken.[69]

---

[63] *de la Motte*, Kommentar zum Transportrecht, Ziffer 6 ADSp, Rdnr. 3.
[64] *Koller*, a.a.O. Rdnr. 7.
[65] Vom 28.6.1933, Reichsgerichtsblatt 1933, Teil I, S. 412.
[66] *Valder* TranspR 1993, 81 (83).
[67] *Koller*, a.a.O. Rdnr. 9.
[68] So *Koller*, a.a.O.; *Valder*, a.a.O. zu den alten ADSp.
[69] *Koller*, a.a.O. Rdnr. 11.

143 Außerhalb des Anwendungsbereichs dieser zwingenden Vorschriften haftet der Auftraggeber, der schuldhaft seine Pflichten verletzt hat, für den Schaden, den der Spediteur dann nicht erlitten hätte, wenn der Auftraggeber seine Pflichten rechtzeitig und vollständig erfüllt hätte. Hinsichtlich der Kausalität der Pflichtverletzung trifft den Spediteur die Beweislast. Dies entspricht den allgemeinen Beweislastregeln und ist zudem auch interessengerecht, da der Schaden in der Sphäre des Spediteurs entstanden ist.[70] Ein Mitverschulden des Spediteurs hat der Auftraggeber zu beweisen.[71]

144 Kann festgestellt werden, dass der Verstoß gegen Ziffer 6 ADSp zur **Mangelhaftigkeit** der Verpackung geführt hat, was aber nur in wenigen Fällen denkbar ist, führt dies zur Haftungsbefreiung des Spediteurs und Frachtführers nach § 427 Abs. 1 HGB oder Art. 17 Abs. 4b CMR oder zur Haftungsreduzierung wegen Mitverschuldens, Art. 21 WA.

145 Nach § 254 BGB entfällt oder mindert sich die Haftung des Auftraggebers, wenn den Spediteur ein Mitverschulden trifft. Dies ist der Fall, wenn der Spediteur entsprechend den Standards eines ordentlichen Spediteurs und nach Ziffer 7.1.1 ADSp gehalten ist, die Kennzeichen an den Packstücken nachzuprüfen und zu ergänzen bzw. alte Kennzeichen unkenntlich zu machen. Daraus ergibt sich aber nicht, dass der Spediteur immer vorsorglich alles überprüfen muss. Eine Überprüfung ist jedoch dann angezeigt, wenn einem sorgfältigen Lagerarbeiter, Fahrer etc. auffallen muss, dass die Kennzeichnung nicht in Ordnung ist.[72]

7. Kontrollpflichten des Spediteurs

7.1 Der Spediteur ist verpflichtet, an Schnittstellen

7.1.1 die Packstücke auf Vollzähligkeit und Identität sowie äußerlich erkennbare Schäden und Unversehrtheit von Plomben und Verschlüssen zu überprüfen und

7.1.2 Unregelmäßigkeiten zu dokumentieren (z.B. in den Begleitpapieren oder durch besondere Benachrichtigung).

7.2 Schnittstelle ist jeder Übergang der Packstücke von einer Rechtsperson auf eine andere sowie die Ablieferung am Ende jeder Beförderungsstrecke.

146 *a) Allgemeines.* Die Schnittstellenkontrolle ist ein ausgeprägtes Beispiel für die Interessenwahrungspflicht des Spediteurs. Denn der Spediteur schuldet die sorgfältige Behandlung des Gutes, die verhindert, soweit es einem sorgfältig arbeitenden Spediteur möglich ist, dass das Gut verloren geht oder beschädigt wird.

147 *b) Kontrolle auf Vollzähligkeit etc (Ziffer 7.1.1 ADSp).* Der Spediteur hat die Packstücke auf Vollzähligkeit und Identität sowie äußerlich erkennbare Schäden zu überprüfen. Dies bedeutet, dass der Spediteur einen Soll-Ist-Abgleich durchführen muss. Dies hat mit den Papieren zu erfolgen, die Gegenstand des Auftrages sind und dem Gut mitgegeben wurden. Als Papiere kommen in Betracht: der vom Spediteur auszustellende Speditionsübergabeschein und/oder ein Frachtbrief sowie die vom Auftraggeber mitgegebenen Papiere, wie z.B. Lieferscheine. In Verbindung mit Ziffer 6 ergibt sich, ob und in welchem Umfang die Packstücke zu zählen sind. Ob z.B. nur Paletten zu zählen sind, die einzelne Packstücke im Sinne der Ziffer 6.2.2 zusammenfassen oder ob sämtliche einzelnen Packstücke abgezählt werden müssen.

---

[70] *Koller*, a.a.O. Rdnr. 11.
[71] *Koller*, a.a.O. Rdnr. 14.
[72] *Koller*, a.a.O. Rdnr. 15.

Die Identitätsprüfung bedeutet, dass die Kennzeichen, mit denen die Packstücke 148 versehen sind, mit den Angaben in den Versandpapieren verglichen werden müssen. Dies gilt insbesondere für Artikelnummern, wenn Sie auf einem Lieferschein vermerkt oder im Speditionsübergabeschein angegeben sind. Sind die Packstücke verplombt oder verschlossen, müssen die Plomben oder sonstige Verschlüsse auf **Unversehrtheit** überprüft werden.

Die Prüfung auf **äußerlich erkennbare Schäden** verlangt ein Packstück von allen 149 Seiten zu betrachten. Das Packstück selbst oder seine Verpackung muss auf eine mechanische Beeinträchtigung überprüft werden. Eine äußerlich erkennbare Beschädigung eines Packstücks liegt auch dann vor, wenn eine Beschädigung des Gutes zwar nicht optisch, aber akustisch wahrgenommen werden kann. Insbesondere dann, wenn von außen Geräusche zu hören oder aber auch Gerüche wahrzunehmen sind, die eine Beschädigung des Gutes vermuten lassen.[73]

Werden Unregelmäßigkeiten festgestellt, so sind diese in den Begleitpapieren, den 150 oben bereits erwähnten Lieferscheinen, Speditionsübergabescheinen oder Frachtbriefen zu vermerken.

Der Spediteur muss auf Grund der **Interessenwahrungspflicht** aus Ziffer 1 ADSp 151 die Dokumentation für seinen Auftraggebers detailliert und deutlich vornehmen, damit später Ansprüche des Auftraggebers gegen Dritte gewahrt werden können. Der Spediteur muss darüber hinaus bei festgestellten Beschädigungen unter Umständen über die reine Dokumentation des Schadenbildes schadenmindernd tätig werden, z.B. geöffnete Packstücke wieder verschließen, um den Zugriff Dritter auf den Inhalt des geöffneten Packstückes zu vermeiden.

c) Dokumentation (Ziffer 7.1.2 ADSp). Stellt der Spediteur Unregelmäßigkeiten 152 fest, so hat er sie zu dokumentieren. Unregelmäßigkeiten liegen bereits vor, wenn das konkrete Erscheinungsbild von dem abweicht, was unter normalen Umständen zu erwarten ist. Koller meint, dass Ziffer 7.1.2 ADSp weder eine Pflicht des Spediteurs begründen will, ständig die Kontrolle gemäß Ziffer 7.1.1 ADSp zu dokumentieren, noch spricht sie den Spediteur gänzlich von einer Dokumentationspflicht frei.[74] Die Interessenwahrungspflicht und zum anderen die Obhutspflicht des Spediteurs, der Gewahrsam am Gut hat, verlangen vom Spediteur, sämtliche Unregelmäßigkeiten zu dokumentieren. Denn zum Zeitpunkt der Feststellung einer Unregelmäßigkeit kann häufig deren Bedeutung oder die Notwendigkeit der Feststellung noch nicht eingeschätzt werden, weil die Unregelmäßigkeit selbst noch zu keinem Schaden geführt hat. Die Entstehung des Schadens durch die Unregelmäßigkeit ist aber möglicherweise bereits angelegt.

d) Die Schnittstelle (Ziffer 7.2 ADSp). Ziffer 7.2. ADSp erfasst nach Ansicht von 153 *Koller* zwei Fallgruppen:

Den Fall, dass der Spediteur oder sein Besitzdiener einem selbstständigen Dritten 154 den unmittelbaren Besitz einräumt. Dies liegt auch vor, wenn der Spediteur mit dem Dritten gesellschaftsrechtlich maßgeblich verbunden ist. Auch **Konzerngesellschaften** sind deshalb **als Dritte zu qualifizieren** sind. Die Schnittstelle liegt in diesem Fall am Ort der Verschaffung und des Erwerbs des unmittelbaren Besitzes.[75]

Den Fall, dass der Spediteur unmittelbarer Besitzer ist und er den Besitz auch be- 155 hält, aber eine Beförderungsstrecke endet und eine neue beginnt oder eine Beförde-

---

[73] *Valder* TranspR 1993, 81 (84).
[74] *Koller,* a.a.O. Ziffer 7 ADSp Rdnr. 6 ff.
[75] *Koller,* a.a.O. Rdnr. 6.

rung unterbrochen wird. Z.B.: Wenn im Anschluss an eine Beförderungsstrecke das Gut auf ein anderes Transportmittel umgeschlagen wird. Es ist dabei ohne Belang, ob es sich um ein andersartiges Transportmittel im Sinne des § 452 HGB handelt, das Gut längere Zeit zwischengelagert wird oder ob ein Übergang in eine andere Vertragsordnung erfolgt.[76]

156 Ein wichtiger Fall der Schnittstellenkontrolle wird in Ziffer 7.2. ADSp nicht ausdrücklich genannt. Nach dem Sinn und Zweck der Ziffer 7 ADSp ist nämlich nicht nur der Übergang eines Packstückes von einer Rechtsperson auf eine andere zu beachten, sondern auch der Übergang eines Packstückes von einer Haftungsordnung in eine andere. Das hat in der Praxis für die Beweisführung erhebliche Bedeutung. Nach Ziffer 25 ADSp hat im Zweifel der Auftraggeber die Beweislast dafür, dass der Güterschaden während des Transportes mit einem Beförderungsmittel eingetreten ist (Ziffer 25.2 ADSp). Führt der Spediteur keine **Schnittstellenkontrolle** zwischen speditionellem Vorlauf, Umschlag auf seinem Lager und anschließender Zusammenstellung einer Sammelladung durch, so wird, obwohl das Packstück sich ständig im Gewahrsam einer Rechtsperson aufhält, jeweils die Haftungsordnung im Sinne der Ziffer 23 ADSp geändert. Ohne Schnittstellenkontrolle des Spediteurs hat der Auftraggeber überhaupt keine Chance, seiner Beweislast, die ihm nach Ziffer 25 ADSp auferlegt wurde, nachzukommen. Das Verständnis der Ziffer 7.2 ADSp ist daher in jedem Fall so zu erweitern, dass der Spediteur verpflichtet ist, jeden Wechsel von einer Haftungsordnung auf die andere zu dokumentieren. Unterstützt wird dieses Verständnis klar aus der Interessenwahrungspflicht des Spediteurs (Ziffer 1 ADSp).

157 Schließlich nennt *Koller*[77] den Fall, dass die mit der Beförderung des Gutes betraute Person (z.B. Besitzdiener) den Gewahrsam über das Gut aufgibt und eine andere Person (z.B. Besitzdiener desselben Spediteurs) in die Lage versetzt, die tatsächliche Gewalt über das Gut auszuüben. Eine Schnittstelle ist immer dort, wo der unmittelbare Besitz erworben oder verschafft wird. Die Ansicht von Koller hat bei strenger Betrachtung zur Folge, dass die Übergabe eines Packstücks von einem Lagerarbeiter auf den nächsten zu dokumentieren wäre, weil eine Schnittstelle vorläge. Diese Vorstellung scheint überzogen. Denn angesichts des Charakters des Speditionsgewerbes als Massengeschäft kann nicht erwartet werden, dass die eigenen Mitarbeiter des Spediteurs ständig Zettel ausfüllen, nur wenn sie ein Packstück an einen anderen Mitarbeiter übergeben.

8. Quittung

8.1 Auf Verlangen des Auftraggebers erteilt der Spediteur eine Empfangsbescheinigung.
In der Empfangsbescheinigung bestätigt der Spediteur nur die Anzahl und Art der Packstücke, nicht jedoch deren Inhalt, Wert oder Gewicht. Bei Massengütern, Wagenladungen und dergleichen enthält die Empfangsbescheinigung im Zweifel keine Bestätigung des Rohgewichts oder der anders angegebenen Menge des Gutes.

8.2 Als Ablieferungsnachweis hat der Spediteur vom Empfänger eine Empfangsbescheinigung über die im Auftrag oder in sonstigen Begleitpapieren genannten Packstücke zu verlangen. Weigert sich der Empfänger, die Empfangsbescheinigung zu erteilen, so hat der Spediteur Weisung einzuholen. Ist das Gut beim Empfänger bereits ausgeladen, so ist der Spediteur berechtigt, es wieder an sich zu nehmen.

---

[76] *Koller*, a.a.O. Rdnr. 7.
[77] *Koller*, a.a.O. Rdnr. 7.

a) Allgemeines. Die **unterschriebene Empfangsbescheinigung ist** eine Variante **158** der Quittung (§ 368 BGB) und liefert lediglich den formellen Beweis (§ 416 ZPO), dass der Spediteur das Empfangsbekenntnis abgegeben hat. Mit ihr gibt der Spediteur weder ein Schuldanerkenntnis, noch ein Garantieversprechen, ja nicht einmal eine Willenserklärung ab. Die unterschriebene Empfangsbescheinigung gibt ein Indiz dafür, dass der Spediteur das in der Urkunde genannte Gut erhalten hat. Diese Indizwirkung kann der Spediteur jedoch entkräften, wenn er die Überzeugung des Gerichts, dass er das Gut empfangen hat, erschüttert. In diesem Fall liegt es dann beim Auftraggeber, zusammen mit anderen Beweismitteln die Übergabe voll nachzuweisen.[78]

b) Umfang der Bescheinigung. Ziffer 8.1 Satz 2 ADSp regelt, dass der Spediteur nur **159** Zahl und Art der Packstücke zu bestätigen hat. *Koller* sieht in Ziffer 8.1 Satz 2 ADSp auch eine **Auslegungsregel**. Danach liege in einer Empfangsbescheinigung lediglich eine Bestätigung hinsichtlich der Übernahme einer bestimmten Art und Anzahl von Packstücken. Hat also beispielsweise der Spediteur ein Packstück in Form einer Palette übernommen und die Übernahme „Eine Palette mit 30 Kartons" bestätigt, so soll die Empfangsbescheinigung nur die Übernahme der Palette, nicht aber die Übernahme einer bestimmten Zahl von Kartons bestätigen.[79] Diese Ansicht steht im Einklang mit der Definition des Packstücks nach Ziffer 6.3 ADSp. Ob sie sich immer aufrechterhalten lässt, ist Tatfrage.

In einer Empfangsbescheinigung liegt in der Regel keine Bestätigung des Inhalts **160** eines Packstücks. Ziffer 8.1 ADSp lässt jedoch eine Haftung wegen schuldhaft falsch ausgestellter Empfangsbescheinigung unberührt.[80]

c) Verhältnis zum Frachtbrief. Die Regelungen über die Beweiskraft des Frachtbriefes (§§ 409 HGB, Artt. 9 CMR, 11 WA 1955) begründen weitergehende Vermutungen, als das bei der Empfangsbescheinigung im Sinne der Ziffer 8.1 ADSp der Fall ist. Deshalb liegt es im eigenen Interesse des Spediteurs, die Pflicht zur Ausstellung bzw. Unterzeichnung eines Frachtbriefes abzubedingen.[81] **161**

d) Empfangsbescheinigung vom Empfänger (Ziffer 8.2 ADSp). Empfänger im Sinne **162** der Ziffer 8.2 ADSp ist auch der Frachtführer, dem der Spediteur das Gut im Rahmen des Ausführungsgeschäftes (§ 454 Abs. 1 Nr. 2 HGB) übergibt. Ziffer 8.2 Satz 1 ADSp begründet eine Pflicht des Spediteurs im Verhältnis zum Auftraggeber. Er verpflichtet den Empfänger nicht zur Erteilung einer Empfangsbescheinigung, zumal normalerweise ohnehin Zwischenspediteur und Empfänger keine vertraglichen Beziehungen bestehen und damit die ADSp nicht gelten.[82]

Die Empfangsbescheinigung muss eine echte Unterschrift ausweisen. Eine qualifizierte Signatur entspr. § 126a Abs. 1 BGB genügt. Nicht ausreichend ist die Unterschrift auf einem „Touch-Screen"-Bildschirm. Denn die Echtheit der Unterschrift kann in diesem Fall schlecht geprüft werden und Manipulationsmöglichkeiten sind kaum auszuschließen. Aber die Unterschrift auf einem „Touch-Screen"-Bildschirm kann einen **Anscheinsbeweis** begründen.[83] **163**

Die Verpflichtung des Spediteurs, sich eine Empfangsbescheinigung geben zu lassen, ergibt sich auch aus der **Interessenwahrungspflicht** des Spediteurs (Ziffer 1 **164**

---

[78] *Koller,* a.a.O. Ziffer 8 ADSp Rdnr. 2.
[79] *Koller,* a.a.O. Rdnr. 3.
[80] Vgl. BGH NJW 1987, 588.
[81] *Koller,* a.a.O. Rdnr. 4.
[82] *Koller,* a.a.O. Rdnr. 6.
[83] *Koller,* a.a.O. Rdnr. 6.

ADSp). Denn häufig benötigt der Auftraggeber die Empfangsbescheinigung auch, um z.B. die Lieferung eines Gutes nachzuweisen und dann seinen Kaufpreisanspruch geltend zu machen.

165 Einen Anspruch gegen den Empfänger kann der Spediteur, wie gesagt, aus Ziffer 8.2 ADSp nicht herleiten, da in der Regel kein Vertragsverhältnis zwischen Spediteur und Empfänger besteht. Eine Ausnahme bilden die Fälle, in denen der Empfänger den Spediteur mit dem Transport zum Empfänger beauftragt. Z.B. weil er Güter beim Verkäufer ab Werk erworben hat, denn in derartigen Fällen ist der Empfänger auch gleichzeitig Auftraggeber des Spediteurs.

166 Die Empfangsbescheinigung soll bei Übergabe an den Empfänger verlangt werden. Nach Ansicht von *Koller*[84] ist es Verkehrssitte bei Zug um Zug Leistungen, dass sowohl der Wille des Spediteurs durch Übergabe den Besitz aufzugeben, als auch der Wille des Empfängers, eigenen unmittelbaren Besitz zu begründen, unter der aufschiebenden Bedingung stehen, dass der Empfänger die vom Spediteur geforderte Quittung ausstellt.

167 Gerade weil der Spediteur aber keinen Anspruch gegen den Empfänger auf Erteilung der Quittung hat, sondern der Empfänger aus der Lieferbeziehung zum Absender nur diesem gegenüber aus § 368 BGB verpflichtet ist, eine Quittung zu erteilen, muss der Spediteur, für den Fall, dass der Empfänger sich weigert, eine Quittung zu erteilen, Weisungen bei seinem Auftraggeber einholen. Der Auftraggeber hat dann zu entscheiden, ob er aus seinem schuldrechtlichen Verhältnis zum Empfänger diesen anweist oder von ihm fordert, die Quittung nun zu erteilen, oder ob er als Auftraggeber auf die Quittung verzichtet.

168 *e) Quittungsverweigerung.* Problematisch sind die Fälle, in denen der Spediteur das Gut bereits dem Empfänger ausgehändigt oder auf dessen Rampe oder gar in dessen Halle ausgeladen hat. Hier hat der Empfänger bereits Besitz erlangt, der nicht ohne weiteres vom Spediteur wieder gebrochen werden darf. Ein Recht des Spediteurs, sich den Besitz am Gut wieder zu verschaffen, besteht nicht ohne weiteres. Am einfachsten sind noch die Fälle, in denen sich der Spediteur auf sein **Pfandrecht** berufen kann. Dieses kann er auch noch geltend machen, wenn das Gut bereits dem Empfänger übergeben wurde (§§ 441, 443, 464 HGB). Auf diesem Weg kann der Spediteur den Besitz wiedererlangen.

169 Schwieriger sind die Fälle, in denen sich aus der Verkehrsanschauung ergeben kann, dass der Spediteur seinen Besitz aufgeben wollte und dem Empfänger einen uneingeschränkten Besitz und/oder die tatsächliche Herrschaft über das Gut verschafft hat. Der Spediteur kann dann nur versuchen, mit Hilfe der Rechte des Auftraggebers aus der schuldrechtlichen Beziehung zwischen dem Auftraggeber und dem Empfänger eine **Herausgabe des Gutes** zu verlangen. In den klassischen Fällen des Versandgeschäftes ist der Auftraggeber in der Regel noch Eigentümer des Gutes. Geht man davon aus, dass Ziffer 8.2 Satz 3 ADSp ein „allgemeines Recht auf Wiederinbesitznahme einräumt,[85] ist zu beachten, dass der Empfänger sich auch den ADSp unterworfen haben muss.[86]

9. Weisungen

9.1 Eine über das Gut erteilte Weisung bleibt für den Spediteur bis zu einem Widerruf des Auftraggebers maßgebend.

---

[84] *Koller*, a.a.O. Rdnr. 6.
[85] So *de la Motte* in: *Fremuth/Thume*, Nr. 8 ADSp Rdnr. 1.
[86] *Koller*, a.a.O. Rdnr. 6.

9.2 Mangels ausreichender oder ausführbarer Weisung darf der Spediteur nach seinem pflichtgemäßen Ermessen handeln.

9.3 Ein Auftrag, das Gut zur Verfügung eines Dritten zu halten, kann nicht mehr widerrufen werden, sobald die Verfügung des Dritten beim Spediteur eingegangen ist.

a) Allgemeines. Unter Weisungen im Sinne der Ziffer 9.1 ADSp sind alle Erklärungen des Auftraggebers zu verstehen, mit denen der Auftraggeber die vertraglich vereinbarten oder daneben bestehenden gesetzlichen Pflichten des Spediteurs näher bestimmt. Der Auftraggeber kann frühere Weisungen abändern oder ganz widerrufen. Die Weisung selbst ist eine einseitige, aber empfangsbedürftige Willenserklärung.[87]   170

b) Rechtsfolge. Rechtsfolge der Weisung ist, dass der Spediteur ab dem Zeitpunkt des Zugangs die neuen Weisungen zu beachten hat. Im Falle eines **Widerrufs** muss er nach pflichtgemäßen Ermessen die Interessen den Auftraggebers wahrnehmen hat.[88] Grundsätzlich gilt, dass die einmal vom Auftraggeber erteilte Weisung für den Spediteur so lange maßgebend und bindend ist, bis der Auftraggeber entweder eine neue Weisung erteilt oder die alte Weisung widerruft.   171

Ob der Spediteur sich, wie Koller meint, blind an der Weisung orientieren darf,[89] erscheint fraglich. Der Spediteur darf nämlich der Weisung des Auftraggebers jedenfalls dann nicht blind folgen, wenn er erkennt dass die Weisung mit Umständen in Widerspruch steht, bei denen zu vermuten, ist dass sie dem Interesse des Auftraggebers entgegenstehen. In diesem Fall gebietet die Interessenwahrungspflicht des Spediteurs zumindest einen Hinweis und eine Nachfrage des Spediteurs bei seinem Auftraggeber.   172

c) Ermessen (Ziffer 9.2 ADSp). Ziffer 9.2 ADSp korrespondiert mit der in Ziffer 1 ADSp niedergelegten Interessenwahrungspflicht. Der Spediteur hat den Auftraggeber unverzüglich über seine Entscheidung zu informieren. Soweit nicht Gefahr in Verzug ist, hat der Spediteur vor der Ausübung seines Ermessens stets zu versuchen, Weisungen seines Auftraggebers einzuholen.[90]   173

d) Die Bereithaltung von Gut (Ziffer 9.3 ADSp). Der Dritte kann aus Ziffer 9.3 ADSp keine Rechte ableiten. Ziffer 9.3 ADSp normiert vielmehr, dass der Auftraggeber sich eine Verfügung des Dritten entgegenhalten lassen muss, wenn der Dritte zuvor erklärt hatte, der Spediteur möge das Gut für Ihn zur Verfügung halten. Wichtig ist, dass die Erklärung des Dritten vor der Weisung des Auftraggebers dem Spediteur zugegangen ist.   174

10. Frachtüberweisung, Nachnahme

10.1 Die Mitteilung des Auftraggebers, der Auftrag sei unfrei abzufertigen oder der Auftrag sei für Rechnung des Empfängers oder eines Dritten auszuführen, berührt nicht die Verpflichtung des Auftraggebers gegenüber dem Spediteur, die Vergütung sowie die sonstigen Aufwendungen zu tragen.

10.2 Die Mitteilung nach Ziffer 10.1 enthält keine Nachnahmeweisung.

a) Allgemeines. Der Auftraggeber kann grundsätzlich den Spediteur bitten, den Auftrag unfrei abzufertigen oder für Rechnung des Empfängers oder eines Dritten   175

---
[87] *Temme* in: CMR-Kommentar, Art. 11 CMR Rdnr. 6 ff.
[88] *Koller,* a.a.O. Ziffer 9 ADSp Rdnr. 3.
[89] *Koller,* a.a.O. Rdnr. 3.
[90] *Koller,* a.a.O. Rdnr. 5.

auszuführen. Dies ändert nichts an der Verpflichtung des Auftraggebers, den Spediteur zu vergüten. Geht der Spediteur auf die Bitte des Auftraggebers ein, ist dies allenfalls eine **Stundungsvereinbarung** dahingehend, dass der Spediteur sich zunächst bemüht, die Fracht und seine sonstigen Forderungen beim Empfänger zu kassieren, der damit auf die Schuld des Auftraggebers zahlt.

176 *b) Frachtüberweisung.* Die Abfertigung als unfrei bedeutet, dass der Spediteur alle Arten von Entgelten einschließlich von **Standgeldern,** also Provision, Fracht, Standgeld und verauslagte Zölle sowie etwaige **Versicherungsprämien** beim Empfänger geltend macht. Die Mitteilung des Auftraggebers ist keine Weisung im Sinne der Ziffer 9, sondern muss zwischen Auftraggeber und Spediteur vereinbart werden. Der Spediteur muss sich also damit einverstanden erklären. Die Vereinbarung, den Auftrag unfrei abzufertigen wird in Anlehnung an Sprachgebräuche aus dem alten Tarifrecht Frachtüberweisung genannt.[91]

177 Die vereinbarte Frachtüberweisung verpflichtet den Spediteur, sich mit der Sorgfalt eines ordentlichen Kaufmanns um das Inkasso beim Empfänger zu bemühen. Misslingt das Inkasso darf nach Ansicht von *de la Motte* der Spediteur das Gut ausliefern und muss kein **Pfand- oder Zurückbehaltungsrecht** ausüben.[92] Dies verstößt meines Erachtens jedoch gegen die Interessenwahrungspflicht des Spediteurs. Man darf mindestens erwarten, dass der Spediteur beim misslungenen Inkasso binnen der Drei-Tage-Frist des § 440 Abs. 3 HGB eine Weisung des Auftraggebers einholt.

178 Ziffer 10.2 ADSp stellt klar, dass der Auftrag, die Sendung unfrei abzufertigen oder für Rechnung des Empfänger oder eines Dritten auszuführen, im Zweifel keine Nachnahmeweisung für den Spediteur ist. Der Spediteur ist im Zweifel berechtigt, die Sendung ohne **Zahlung des Spediteurentgeltes** auszuliefern. Trotzdem darf der Spediteur nun seine Tätigkeit nicht als erledigt betrachten. Denn mit der Vereinbarung der Frachtüberweisung ist zwischen den Parteien der Speditionsvertrag zumindest so abgeändert worden, dass sich der Spediteur zu bemühen hat, die Entgelte beim Empfänger einzuziehen. Er muss deshalb zumindest noch einmal nachfassen.

11. Fristen

11.1 Mangels Vereinbarung werden Verlade- und Lieferfristen nicht gewährleistet, ebenso wenig eine bestimmte Reihenfolge in der Abfertigung von Gütern gleicher Beförderungsart.

11.2 Unberührt bleibt die gesetzliche Haftung des Spediteurs für eine Überschreitung der Lieferfrist.

179 *a) Allgemeines zu Lieferfristen.* Ohne ausdrückliche Vereinbarung hat der Spediteur weder Verlade- noch Lieferfristen einzuhalten. Ebenso wenig ist vom Spediteur eine bestimmte Reihenfolge in der Abfertigung von Gütern einzuhalten. Unberührt bleibt davon jedoch die **Interessenwahrungspflicht** des Spediteurs aus Ziffer 1 ADSp. Nach ihr kann doch eine Beachtung von Verlade- und Lieferfristen erforderlich sein. Sie kann dazu führen, dass der Spediteur den Auftraggeber darauf hinzuweisen hat, dass, ohne Vereinbarung, eine Frist von ihm nicht oder nur unter erhöhtem Aufwand eingehalten werden kann.

180 Grundsätzlich ist der Spediteur bei der Disposition frei. Ziffer 11.1, 2. Halbsatz erlaubt ihm, bei der Abfertigung von Gütern eine beliebige Reihenfolge zu wählen. Der

---
[91] *de la Motte,* Kommentar zum Transportrecht, Ziffer 10 ADSp Rdnr. 1.
[92] *de la Motte* a. a. O.

Spediteur ist nicht verpflichtet, unbedingt nach der Methode „first in, first out" vorzugehen, sondern kann auch Güter nach der Methode „first in, last out" abfertigten und Frachtführern übergeben, um Lagerbewegungen einzusparen.

Aus Ziffer 11.1 ADSp ergibt sich weiterhin, dass ohne Vereinbarung keine Garantie 181 für die Einhaltung von Lieferfristen übernommen wird. Aus Weisungen des Auftraggebers, das Gut „sehr eilig" oder „prompt" zu befördern, lassen sich Garantien nicht entnehmen.[93] Derartige Weisungen lassen bestenfalls ein Fixgeschäft nach § 376 HGB vermuten.

Der Spediteur haftet unabhängig von Ziffer 11 ADSp nach den gesetzlichen Vorschriften (§§ 423, 425, 461 Abs. 2 HGB, Artt. 17, 19 CMR, 19 WA 1955) für eine Ablieferung des Gutes innerhalb angemessener Frist. 182

b) Gewährleistung von Verladefristen. Fristen für die Übernahme des Gutes vom 183 Auftraggeber bzw. der Übergabe des Gutes an den Frachtführer, nennt man Verladefristen. Die zu den Lieferfristen entwickelten Regeln sind auf die Verladefristen zu übertragen.[94]

12. Hindernisse

12.1 Leistungshindernisse, die nicht dem Risikobereich des Spediteurs zuzurechnen sind, befreien ihn für die Zeit ihrer Dauer von den Verpflichtungen, deren Erfüllung unmöglich geworden ist.
Im Falle der Befreiung nach Satz 1 sind der Spediteur und der Auftraggeber berechtigt, vom Vertrag zurückzutreten, auch wenn der Auftrag schon teilweise ausgeführt worden ist.
Tritt der Spediteur oder Auftraggeber zurück, so sind dem Spediteur die Kosten zu erstatten, die er für erforderlich halten durfte oder die für den Auftraggeber von Interesse sind.

12.2 Der Spediteur hat nur im Rahmen seiner Sorgfaltspflicht zu prüfen und den Auftraggeber darauf hinzuweisen, ob gesetzliche oder behördliche Hindernisse für die Versendung (z.B. Ein- und Ausfuhrbeschränkungen) vorliegen. Soweit der Spediteur jedoch durch öffentliche Bekanntmachungen oder in den Vertragsverhandlungen den Eindruck erweckt hat, über besondere Kenntnisse für bestimmte Arten von Geschäften zu verfügen, hat er vorstehende Prüfungs- und Hinweispflichten entsprechend zu erfüllen.

12.3 Vom Spediteur nicht zu vertretende öffentlich-rechtliche Akte berühren die Rechte des Spediteurs gegenüber dem Auftraggeber nicht; der Auftraggeber haftet dem Spediteur für alle aus solchen Ereignissen entstehenden Folgen. Etwaige Ansprüche des Spediteurs gegenüber dem Staat oder einem sonstigen Dritten werden hierdurch nicht berührt.

a) Allgemeines. Ziffer 12.1 regelt einen allgemeinen zivilrechtlichen Grundsatz für 184 den Fall, dass dem Spediteur die Ausführung des Auftrages unmöglich geworden ist. Hat er die Unmöglichkeit der Leistung nicht zu vertreten, wird er von den Verpflichtungen aus dem Auftrag befreit.

b) Unmöglichkeit (Ziffer 12.1 ADSp). Unmöglichkeit liegt vor, wenn der Schuldner 185 das **geschuldete Gläubigerinteresse** nicht befriedigen kann, wobei es keinen Unterschied macht, ob rechtliche, naturgesetzliche oder sittliche Unmöglichkeit (§ 275

---

[93] *Koller*, a.a.O. Ziffer 11 ADSp Rdnr. 2.
[94] Vgl. *Koller*, a.a.O. Rdnr. 3.

BGB) vorliegt.⁹⁵ Die Leistung ist rechtlich unmöglich, wenn sie aus Rechtsgründen nicht erbracht werden kann. **Naturgesetzliche Unmöglichkeit** liegt vor, wenn sie nach den Naturgesetzen oder nach dem Stand von Wissenschaft und Technik nicht erbracht werden kann. Sittliche Unmöglichkeit ist anzunehmen, wenn die Erfüllung den Sittengesetzen zuwiderläuft.⁹⁶

186 Gleichgültig ist es, ob die Erfüllung objektiv oder subjektiv, anfänglich oder nachträglich, endgültig oder vorübergehend, ganz oder teilweise unmöglich geworden ist. Die Unmöglichkeit muss aus der Sphäre des Auftraggebers oder einer neutralen Sphäre stamme und nicht aus des Sphäre des Spediteurs. Im Falle anfänglicher Unmöglichkeit entspringt das Leistungshindernis dem Risikobereich des Spediteurs, wenn er den Auftraggeber schuldhaft nicht rechtzeitig vor Vertragsschluss über das Hindernis informiert hat.⁹⁷ Eine Befreiung des Spediteurs von seiner Leistungspflicht kommt nur bei einer von ihm nicht zu vertretenden Unmöglichkeit in Betracht. Ist die Unmöglichkeit auf Dauer eingetreten, so erfolgt die Befreiung endgültig, sonst nur für die Zeit bis zum Möglichwerden.⁹⁸

187 *c) Rücktrittsrecht (Ziffer 12.1 Satz 2 ADSp).* In Anknüpfung an Satz 1 gewährt Ziffer 12.1 Satz 2 ADSp dem Spediteur und dem Auftraggeber ein vertragliches Rücktrittsrecht. Der Rücktritt ist unzulässig, wenn in Fällen einer zeitweiligen Unmöglichkeit das Leistungshindernis erkennbar nur von kurzer Dauer sein wird, oder der unmöglich gewordene Teil der Leistung nicht ins Gewicht fällt. Ziffer 12.1 Satz 2 ADSp ist nicht zu benutzen, um sich von lästigen Verträgen zu befreien.⁹⁹

188 Die Rechtsfolge des Rücktritts ist der in Ziffer 12.1 Satz 3 ADSp niedergelegte **Kostenersatzanspruch**. Der Begriff der Kosten im Sinne der Ziffer 12.1 Satz 3 ADSp erfasst nicht den Einsatz von Arbeitskraft und Kapital des Spediteurs. Sondern er entspricht dem Begriff der Aufwendungen, also der freiwilligen Vermögensopfer.¹⁰⁰ Die Kosten sind nur zu ersetzen, wenn sie der Spediteur ohne Verschulden für erforderlich halten durfte. Wenn dies nicht der Fall ist, werden Kosten ersetzt, soweit sie dem Interesse des Absenders dienen.

189 Entstehen dem Spediteur bei der Vertragserfüllung Schäden, sind sie zu ersetzen, wenn sie nach den allgemeinen Regeln des Speditions-, Fracht-, Lagerrechts oder sonstigen einschlägigen Rechts als ersatzfähige Aufwendungen anzusehen sind.¹⁰¹

190 *d) Hindernisse.* Nach Ziffer 12.2 ADSp hat der Spediteur im Rahmen seiner Sorgfaltspflicht, und im Rahmen seiner Interessenwahrungspflicht, zu prüfen, ob der Ausführung des Auftrages gesetzliche oder behördliche Hindernisse (z.B. Ein- und Ausfuhrbeschränkungen) entgegenstehen.

191 Damit deckt sich Ziffer 12.2 ADSp mit den allgemeinen zivilrechtlichen Regeln über vorvertragliche und vertragliche Aufklärungspflichten des Geschäftsbesorgers.¹⁰² Dies bedeutet zweierlei. Zum Einen darf der Spediteur nicht ohne Vernachlässigung seiner **Sorgfaltspflicht** Aufträge annehmen und ausführen, wenn er bei ordentlicher Prüfung hätte erkennen müssen, dass Probleme entstehen werden. Andererseits ist der

---

⁹⁵ *Soergel/Wiedemann,* Bürgerliches Gesetzbuch, § 275 BGB Rdnr. 19 ff.
⁹⁶ BeckOK/*Lorenz,* Bürgerliches Gesetzbuch, § 275 BGB Rdnr. 34.; *Soergel/Wiedemann,* § 275 BGB Rdnr. 38 ff.
⁹⁷ *Koller,* a. a. O. Ziffer 12 ADSp Rdnr. 3.
⁹⁸ *Koller,* a. a. O.
⁹⁹ BGH NJW 1981, 1320.
¹⁰⁰ *Koller,* a. a. O. Rdnr. 6.
¹⁰¹ *Koller,* a. a. O. Rdnr. 6.
¹⁰² *Koller,* a. a. O. Rdnr. 9.

Speditieur aber ebenfalls nicht verpflichtet, ohne besonderen Auftrag eine intensive rechtliche Prüfung darüber zu veranlassen, ob der Ausführung des Auftrages gesetzliche oder behördliche Hindernisse im Weg stehen.

Bestehen vernünftige Zweifel daran, dass der Auftraggeber ausreichend informiert ist, hat der Spediteur diesen aufzuklären.[103] Die Aufklärung hat deutlich und vollständig zu erfolgen. Der Spediteur hat unter Ausschöpfung ihm zumutbarer Mittel mit der gebotenen Sorgfalt Informationen einzuholen und diese dem Auftraggeber zu übermitteln. Die **Aufklärungspflicht** des Spediteurs ist nicht auf gesetzliche und behördliche Hindernisse der Versendung beschränkt. Der Spediteur schuldet weitere Informationen aus dem Geschäftsbesorgungsverhältnis und hat den Beweis für sorgfältiges Verhalten zu führen.[104]

192

e) Öffentlich-rechtliche Akte (Ziffer 12.3 ADSp). Stehen der Ausführung eines Auftrages öffentlich-rechtliche Akte entgegen, das sind Verwaltungsakte und Normen, die ein Träger hoheitlicher Gewalt, wie z.B. Stadt, Land, Gemeinde, Behörde oder Amt gesetzt hat, so berührt das die Rechte des Spediteurs aus dem Auftragsverhältnis gegenüber dem Auftraggeber nicht. Dies gilt nur, wenn der Spediteur diese öffentlich rechtlichen Akte nicht zu vertreten hat und sie von ihm nicht schuldhaft verursacht wurden. Überlädt der Spediteur z.B. ein Fahrzeug und wird dieses anschließend von der Polizei stillgelegt, dann hat der Spediteur den öffentlich rechtlichen Akt, die Stilllegung zu vertreten.

193

f) Haftung des Auftraggebers. Ziffer 12.3 zweiter Halbsatz ADSp gewährt dem Spediteur einen Schadensersatzanspruch gegen den Auftraggeber, falls öffentlich-rechtliche Akte (z.B.: Verwaltungsakte wie Beschlagnahmen, Pfändungen und Ausfuhrverbote) die Tätigkeit des Spediteurs behindern oder schädigen. Übergibt z.B. der Auftraggeber dem Spediteur Bannware, ohne ihn darauf hinzuweisen, und wird deswegen ein Sammelladungstransport des Spediteurs festgehalten, dann ist der Auftraggeber verpflichtet, dem Spediteur den Schaden zu ersetzen, den der Spediteur selbst erleidet. Außerdem hat der Auftraggeber ihn von **Schadensersatzansprüchen** der übrigen Ladungsbeteiligten freizustellen.

194

13. Ablieferung

Die Ablieferung erfolgt mit befreiender Wirkung an jede im Geschäft oder Haushalt des Empfängers anwesende Person, es sei denn, es bestehen begründete Zweifel an deren Empfangsberechtigung.

a) Allgemeines. Ziffer 13 ADSp gilt nur im Verhältnis zwischen Auftraggeber und Spediteur. Die Klausel begründet keine eigenständige Ermächtigung Dritter, Güter entgegen zu nehmen.[105]

195

Im Verhältnis zum Auftraggeber darf der Spediteur das Gut an jede Person aushändigen, die sich im Geschäft oder im Haushalt des Empfängers befindet. Nicht jedoch an den Nachbarn.[106] Der Spediteur ist grundsätzlich nicht verpflichtet, eine Sendung einem Empfänger persönlich zu übergeben. Will der Auftraggeber dies erreichen, muss er die persönliche Auslieferung mit dem Spediteur gesondert vereinbaren.

196

b) Legitimation des Empfängers. Auch bei der Ablieferung des Gutes hat der Spediteur die in Ziffer 1 ADSp niedergelegte **Interessenwahrungspflicht** zu beachten.

197

---

[103] Vgl. BGH Urteil vom 12.7.1982, WM 1982, 862 (863).
[104] *Koller,* a.a.O. Rdnr. 9.
[105] *Koller,* a.a.O. Ziffer 13 ADSp Rdnr. 2.
[106] OLG Düsseldorf BeckRS 2013, 08959.

Grundsätzlich kann das Gut an jede in den Räumen oder auf dem Grundstück des Geschäfts oder des Haushalts des Empfängers anwesende Person abgeliefert werden. Eine Ausnahme gilt jedoch dann, wenn der Spediteur bei Anwendung der Sorgfalt eines ordentlichen Kaufmannes auf Grund der Lebenserfahrung oder der Umstände des Einzelfalls nicht sicher sein konnte, dass von einer Empfangsbevollmächtigung oder -ermächtigung auszugehen ist.[107] *Koller* weist zu Recht darauf hin, dass entscheidend für die Annahme einer Anfangsberechtigung nicht zuletzt die Art des Gutes ist. D.h. dem Spediteur muss hinsichtlich der Person, der er das Gut übergibt, ein Anschein von ausreichender Kompetenz zur Entgegennahme von Waren vermittelt worden sein. Gegenüber dem Spediteur muss der Eindruck erweckt worden sein, dass der Person, die das Gut entgegen nimmt, eine Vertrauensposition zukommt. Daran ist zu zweifeln, wenn es sich um einen Gast oder eine Reinigungskraft handelt.[108] Hinsichtlich noch nicht volljähriger Personen ist eine besondere Vorsicht geboten. Eine Ausnahme können minderjährige Auszubildende sein, wobei auch hier die Art des Gutes von entscheidender Bedeutung ist.[109] Liefert der Spediteur das Gut an eine von Ziffer 13 ADSp erfasste Person ab, so tritt mit der Ablieferung Erfüllung ein. Der Spediteur hat seiner **Ablieferungspflicht** genügt.

14. Auskunfts- und Herausgabepflicht des Spediteurs

14.1 Der Spediteur ist verpflichtet, dem Auftraggeber die erforderlichen Nachrichten zu geben, auf Verlangen über den Stand des Geschäftes Auskunft zu geben und nach dessen Ausführung Rechenschaft abzulegen; zur Offenlegung der Kosten ist er jedoch nur verpflichtet, wenn er für Rechnung des Auftraggebers tätig wird.

14.2 Der Spediteur ist verpflichtet, dem Auftraggeber alles, was er zur Ausführung des Geschäfts erhält und was er aus der Geschäftsführung erlangt, herauszugeben.

198 Ziffer 14 ADSp soll kompensieren, dass das Speditionsrecht in den §§ 453 ff. HGB nicht mehr ausdrücklich auf die Rechnungslegungs- und Herausgabepflichten des BGB Bezug nimmt.

199 Die Klausel entspricht den Regelungen für den Geschäftsbesorger in §§ 675, 666 BGB. Der Auftraggeber hat **Anspruch auf Auskünfte und Rechnungslegung.** Der Spediteur ist verpflichtet, unabhängig von einem etwa geäußerten Auskunftsverlangen, dem Auftraggeber die erforderlichen Nachrichten zu geben, die der Auftraggeber benötigt. Nicht geregelt ist, wie weit diese Pflicht geht und woher der Spediteur erkennen können soll, welche Nachrichten erforderlich sind. In der Regel kann der Spediteur aus den Angaben, die er vom Auftraggeber erhalten hat, rudimentär den Grund für seinen Auftrag erkennen. Aus einem Lieferschein z.B. kann der Spediteur das schuldrechtliche Verhältnis zwischen Absender und Empfänger erkennen. Hat der Auftraggeber den Spediteur z.B. angewiesen, auf Verfügung des Empfängers auszuliefern und kann der Spediteur erkennen, dass die Rechnungsstellung des Auftraggebers erst mit Auslieferung veranlasst werden soll, so hat der Spediteur den Auftraggeber über die Auslieferung zu informieren, wenn Sie vom Dritten verlangt wurde.

200 Die Herausgabepflicht gemäß Ziffer 14.2 ADSp betrifft nur die Aufträge an den Spediteur, die **Geschäftsbesorgungscharakter** haben. Sie erfasst keine Frachtaufträge, die dem Spediteur erteilt werden. Ein Beispiel für die Herausgabepflicht des Spedi-

---
[107] *Koller*, a.a.O. Rdnr. 3.
[108] OGH Wien Urteil vom 29.10.1992, TranspR 1993, 424.
[109] *Koller*, a.a.O. Rdnr. 3.

teurs nennt *de la Motte:*[110] Hat der Spediteur, der für den Auftraggeber ein Verteilungslager unterhält, Preislisten und Kundenverzeichnisse erhalten, so hat der Spediteur nach Erledigung des Auftrages diese Unterlagen an den Auftraggeber herauszugeben.

15. Lagerung

15.1 Die Lagerung erfolgt nach Wahl des Spediteurs in dessen eigenen oder fremden Lagerräumen. Lagert der Spediteur bei einem fremden Lagerhalter ein, so hat er dessen Namen und den Lagerort dem Auftraggeber unverzüglich schriftlich bekanntzugeben oder, falls ein Lagerschein ausgestellt ist, auf diesem zu vermerken.

15.2 Dem Auftraggeber steht es frei, die Lagerräume zu besichtigen oder besichtigen zu lassen. Einwände oder Beanstandungen gegen die Unterbringung des Gutes oder gegen die Wahl des Lagerraumes muss er unverzüglich vorbringen. Macht er von dem Besichtigungsrecht keinen Gebrauch, so begibt er sich aller Einwände gegen die Art und Weise der Unterbringung, soweit die Wahl des Lagerraumes und die Unterbringung unter Wahrung der Sorgfalt eines ordentlichen Spediteurs erfolgt ist.

15.3 Das Betreten des Lagers ist dem Auftraggeber nur in Begleitung des Spediteurs zu dessen Geschäftsstunden erlaubt.

15.4 Nimmt der Auftraggeber Handlungen mit dem Gut vor (z. B. Probeentnahme), so kann der Spediteur verlangen, dass Anzahl, Gewicht und Beschaffenheit des Gutes gemeinsam mit dem Auftraggeber festgestellt wird. Kommt der Auftraggeber diesem Verlangen nicht nach, ist die Haftung des Spediteurs für später festgestellte Schäden ausgeschlossen, es sei denn, der Schaden ist nicht auf die vorgenommenen Handlungen mit dem Gut zurückzuführen.

15.5 Der Auftraggeber haftet für alle Schäden, die er, seine Angestellten oder Beauftragten beim Betreten des Lagers oder beim Betreten oder Befahren des Lagergrundstückes dem Spediteur, anderen Einlagerern oder sonstigen Dritten zufügen, es sei denn, dass den Auftraggeber, seine Angestellten oder Beauftragten kein Verschulden trifft.

15.6 Bei Inventurdifferenzen kann der Spediteur bei gleichzeitigen Fehl- und Mehrbeständen desselben Auftraggebers eine wertmäßige Saldierung des Lagerbestandes vornehmen.

15.7 Entstehen dem Spediteur begründete Zweifel, ob seine Ansprüche durch den Wert des Gutes sichergestellt sind, so ist er berechtigt, dem Auftraggeber eine angemessene Frist zu setzen, in der dieser entweder für Sicherstellung der Ansprüche des Spediteurs oder für anderweitige Unterbringung des Gutes Sorge tragen kann. Kommt der Auftraggeber diesem Verlangen nicht nach, so ist der Spediteur zur Kündigung ohne Kündigungsfrist berechtigt.

a) Allgemeines. Gegenstand der ADSp können auch Lagerverträge sein, die der 201 Auftraggeber dem Spediteur erteilt (vgl. Ziffer 2.1 ADSp). Dabei kann der Spediteur selbst einlagern oder einen anderen Lagerhalter beauftragen. Letzterer ist dann Subunternehmer und Erfüllungsgehilfe des Spediteurs. Da das Lagerrecht nach §§ 467 ff. HGB komplett dispositiv ist und keine AGB festen Regelungen erhält, kann Ziffer 15 ADSp in den Grenzen des AGB Gesetzes Abweichendes regeln.

b) Auswahl der Lagerräume. Der Spediteur kann nach eigener Wahl entscheiden, 202 ob er die Güter des Auftraggebers im eigenen oder in fremden Lagerräumen unterbringt. Macht er von der Befugnis Gebrauch, das Gut des Auftraggebers bei einem

---

[110] *de la Motte,* Kommentar zum Transportrecht, Ziffer 14 ADSp Rdnr. 2.

fremden Lagerhalter einzulagern, ist er verpflichtet, dem Auftraggeber unverzüglich den Namen des Lagerhalters und den Lagerort schriftlich mitzuteilen. Stellt der Spediteur einen Lagerschein aus, ist der Lagerhalter und der Lagerort darauf zu vermerken.

203 *c) Besichtigungsrecht.* Selbstverständlich hat der Auftraggeber das Recht die Lagerräume während der Geschäftsstunden zu besichtigen oder besichtigen zu lassen. Macht der Auftraggeber von seinem Besichtigungsrecht keinen Gebrauch, kann er keine Einwände gegen die Art und Weise der Unterbringung mehr erheben. Diese Regelung ist problematisch, denn sie fingiert eine Genehmigung.

204 Da die **Sorgfaltsanforderungen** an den Spediteur hinsichtlich der Wahl des Lagerraums und der Unterbringung unter Berücksichtigung der **Interessenwahrungspflicht** des Spediteurs hoch sind, sind kaum Fälle denkbar, in denen der Spediteur zur Vermeidung einer Haftung auf eine fingierte Genehmigung der Lagerräume verweisen könnten.

205 *d) Begleitungsrecht.* Selbstverständlich ist, dass der Auftraggeber das Lager nur in Begleitung des Spediteurs betreten darf. Dies dient zum Einen seinem Schutz, da in Lagerhallen häufig auch technische Geräte im Einsatz sind, die der Auftraggeber nicht kennt und zum Anderen dem Schutz der Güter anderer Auftraggeber. Denn der Spediteur ist den anderen Auftraggebern gegenüber verpflichtet, Fremde nicht unbeaufsichtigt die Möglichkeit einzuräumen, auf ihr Gut zuzugreifen. Ziffer 15.3 ADSp ist von großer haftungsrechtlicher Bedeutung. Ein Verstoß führt im Lagerrecht sofort zur Verletzung der im Verkehr erforderlichen Sorgfalt eines ordentlichen Lagerhalters.

206 *e) Handlungen am Lagergut.* Der Auftraggeber, in der Regel Eigentümer des Gutes, kann jederzeit, allerdings nur zu den Geschäftsstunden verlangen, sein Gut zu behandeln. Als Beispiel nennt Ziffer 15.4 ADSp die **Probenentnahme.** Der Spediteur ist gehalten, alle Schnittstellen zu kontrollieren. Selbstverständlich sind auch die Ein- und Auslagerungen Schnittstellen. Deshalb kann er folgerichtig auch vom Auftraggeber verlangen, dass die Anzahl, Gewicht und Beschaffenheit des Gutes, das behandelt wurde, festgestellt, d.h. schriftlich protokolliert werden. Dies ist auch vor dem Hintergrund verständlich, dass der Spediteur dem Auftraggeber für etwaige Differenzen zwischen Ein- und endgültiger Auslagerung haftet. Verweigert sich der Auftraggeber, so ist nach Ziffer 15.4 ADSp die Haftung des Spediteurs für später festgestellte Schäden ausgeschlossen, es sei denn, der Schaden, der später eventuell einmal festgestellt wird, kann auf die vorgenommenen Handlungen nicht zurückgeführt werden. Dies ist z.B. denkbar, wenn ein unstreitig vorhandener Rest des Lagergutes später verbrennt.

207 *f) Haftung des Auftraggebers.* Nimmt der Auftraggeber Handlungen im Lager des Spediteurs oder eines anderen Lagerhalters vor, haftet der Auftraggeber für alle Schäden, die er selbst, seine Angestellten oder seine Beauftragten anrichten. Ziffer 15.5 ADSp gibt dem Spediteur damit neben den bestehenden gesetzlichen Ansprüchen auch noch einen vertraglichen Schadensersatzanspruch gegen seinen Auftraggeber. Dies ist notwendig, weil das Lagerrecht selbst eine Haftung des Einlagerers so nicht kennt.

208 *g) Vorteilsausgleichung bei Inventurdifferenzen.* Nach Ziffer 15.6 ADSp kann der Spediteur bei Inventurdifferenzen den Einwand der Vorteilsausgleichung erheben. Das gilt, wenn zwar bei einer bestimmten Gütergattung Fehlbestände, bei einer anderen Gütergattung aber Mehrbestände festgestellt werden. Grundsätzlich kann der Schädiger sich auf einen Vorteilsausgleich berufen, wenn das schädigende Ereignis dem Gläubiger zugleich Vorteile gebracht hat.[111] Voraussetzung ist jedoch, dass zwi-

---

[111] Palandt/*Grüneberg*, Vorbem. vor § 249 BGB Rdnr. 67 ff.

schen Schadenereignis und Vorteil ein adäquater Kausalzusammenhang besteht. Dieser kann vermutet werden, wenn bei sehr ähnlichen Gattungen identische Fehl- und Mehrbestände bestehen. Dann kann davon ausgegangen werden, dass bei einer Auslagerung einer Teilmenge versehentlich der falsche Artikel entnommen und anstelle der richtigen ausgeliefert wurde. Zwar hat der Auftraggeber einen Schaden erlitten, weil er Güter der Gattung A zu wenig im Lager hat. Gleichzeitig erlangt er jedoch einen Vorteil, weil er Güter der Gattung B zu viel hat.

Ziffer 15.6 ADSp sieht vor, dass der Spediteur eine wertmäßige Saldierung vornehmen kann. Die wertmäßige Saldierung ist dann unproblematisch, wenn der Auftraggeber vom Empfänger, der die aliud-Lieferung eventuell auch gar nicht bemerkt hat, den Kaufpreis erlangt hat. Hat der Empfänger jedoch auf Grund der aliud-Lieferung die Kaufpreiszahlung verweigert oder konnte der Auftraggeber mangels Lieferung der geschuldeten Gattung keinen Kaufpreis durchsetzen, entsteht dem Auftraggeber auch bei wertmäßiger Saldierung ein Schaden. Der BGH hat in der Vergangenheit entschieden, dass Mehrbestände keinen mit dem Schaden, d.h. dem Fehlbestand, kausal verbundenen Vorteile darstellen, der etwa im Rahmen einer Vorteilsausgleichung zu berücksichtigen wäre.[112] Dies lässt vermuten, dass bei Wertdifferenzen von einiger Bedeutung, die wertmäßige Saldierung im Sinne der Ziffer 15.6, Ziffer 15.7 ADSp nicht erfolgen können wird.[113] 209

h) Sicherung der Spediteuransprüche. Ziffer 15.7 ADSp gibt dem Spediteur einen gestuften Anspruch, zur Sicherung seiner Entgeltansprüche, Auskunft und ggf. Sicherheitsleistung zu fordern. Ziffer 15.7 ADSp muss im Zusammenhang mit dem **Spediteurpfandrecht** bzw. dem **Lagerpfandrecht** gesehen werden, auch wenn dies in Ziffer 15.7 ADSp nicht erwähnt wird. Denn die Sicherheit des Pfandrechts hängt vom Wert der eingelagerten Güter ab. Der Spediteur ist daran interessiert, dass die Lagerkosten nicht den Betrag übersteigen, der bei einer Pfandverwertung zu erzielen wäre.[114] 210

16. Angebote und Vergütung

16.1 Angebote des Spediteurs und Vereinbarungen mit ihm über Preise und Leistungen beziehen sich stets nur auf die namentlich aufgeführten eigenen Leistungen oder Leistungen Dritter und nur auf Gut normalen Umfangs, normalen Gewichts und normaler Beschaffenheit; sie setzen normale unveränderte Beförderungsverhältnisse, ungehinderte Verbindungswege, Möglichkeit unmittelbarer sofortiger Weiterversendung sowie Weitergeltung der bisherigen Frachten, Valutaverhältnisse und Tarife, welche der Vereinbarung zugrunde lagen, voraus, es sei denn, die Veränderungen sind unter Berücksichtigung der Umstände vorhersehbar gewesen. Ein Vermerk, wie etwa „zuzüglich der üblichen Nebenspesen", berechtigt den Spediteur, Sondergebühren und Sonderauslagen zusätzlich zu berechnen.

16.2 Alle Angebote des Spediteurs gelten nur bei unverzüglicher Annahme zur sofortigen Ausführung des betreffenden Auftrages, sofern sich nichts Gegenteiliges aus dem Angebot ergibt, und nur, wenn bei Erteilung des Auftrages auf das Angebot Bezug genommen wird.

16.3 Wird ein Auftrag gekündigt oder entzogen, so stehen dem Spediteur die Ansprüche nach §§ 415, 417 HGB zu.

---

[112] BGHZ 81, 271 (275).
[113] *Koller,* a.a.O. Ziffer 15 ADSp Rdnr. 7; a.A. *de la Motte* in: Thume/Fremuth Nr. 15 ADSp Rdnr. 4 und 5.
[114] *Koller,* a.a.O. Ziffer 15 ADSp Rdnr. 8.

16.4 Wird ein Nachnahme- oder sonstiger Einziehungsauftrag nachträglich zurückgezogen, oder geht der Betrag nicht ein, kann der Spediteur dennoch Provision erheben.

16.5 Lehnt der Empfänger die Annahme einer ihm zugerollten Sendung ab, oder ist die Ablieferung aus Gründen, die der Spediteur nicht zu vertreten hat, nicht möglich, so steht dem Spediteur für die Rückbeförderung Rollgeld in gleicher Höhe wie für die Hinbeförderung zu.

211 a) *Allgemeines.* Ziffer 16 ADSp regelt die wirtschaftlichen Rahmenvoraussetzungen, in deren Licht Willenserklärungen und Preisvereinbarungen zu sehen sind.

212 *b) Angebote (Ziffer 16.1 Satz ADSp).* Ziffer 16.1 Satz 1 ADSp trifft eine Regelung sowohl hinsichtlich der Auslegung als auch zum Wegfall der Geschäftsgrundlage.[115] Die Klausel hat als Auslegungsregel nur die Bedeutung, die Verkehrssitte (§ 157 BGB) auszublenden. Dadurch hat der Auftraggeber zu beweisen hat, dass sich die Vereinbarung auch auf nicht namentlich genannte und auch außergewöhnliche Leistungen bezogen hat.[116] Nach Ziffer 16.1 Satz 1, Halbsatz 1 ADSp verspricht der Spediteur in Ermangelung besonderer Abreden nur Leistung an Gut normalen Umfangs und Gewichts und normaler Beschaffenheit. Was „normal" ist, entscheidet die Verkehrsanschauung. Von Bedeutung ist es, ob mit dem Transport oder der Lagerung derartiger Güter häufiger gerechnet werden muss.[117] Zudem müssen die bei Vertragsschluss geltenden Frachten, die Währungsverhältnisse und Tarife konstant bleiben. Die Verbindungswege müssen offen sein und die Beförderungsverhältnisse den in Spediteurkreisen zu erwartenden Kenntnissen entsprechen.[118] Diese Daten werden, da der Spediteur auf der Basis der aktuellen Verhältnisse kalkuliert, der Vereinbarung auch immer zugrunde liegen. Eine Erkennbarkeit für den Auftraggeber ist nicht Voraussetzung. Waren die Veränderungen der wirtschaftlichen Daten für den Spediteur jedoch voraussehbar, so kann sich dieser nicht auf die Verschiebung der Leistungsverhältnisse berufen. Dem steht der Fall gleich, dass der Spediteur von falschen Annahmen über die Verhältnisse bei Vertragsschluss ausging, aber die Unrichtigkeit dieser Annahmen erkennbar war. Der **Begriff der Vorhersehbarkeit** orientiert sich dabei am Maßstab der verkehrserforderlichen Sorgfalt. Dagegen ist Koller[119] der Auffassung, dass unter Beachtung des § 305c Abs. 2 BGB die im Rahmen der „Geschäftsgrundlage-Figur" geltenden schärferen Vorhersehbarkeitskriterien zu verwenden seien, da Ziffer 16.1 Satz 1 ADSp ein Fall des Wegfalls bzw. des Fehlens der Geschäftsgrundlage regele.[120]

213 *c) Annahme der Angebote.* Ziffer 16.2 regelt den Fall, dass der Spediteur selbst Angebote auf Abschluss eines Vertrages mit dem Auftraggeber unterbreitet. Diese Angebote sollen nur unverzüglich annehmbar sein. Im Gegensatz zu den §§ 147, 149 BGB gelten die Angebote daher nur insoweit als der Auftraggeber das Angebot ohne schuldhaftes Zögern annimmt.

214 *d) Kündigung oder Entziehung des Auftrages.* Ziffer 16.3 übernimmt die gesetzlichen Regelungen der §§ 415, 417 HGB (vgl. dort).

215 *e) Nachnahme.* Ist im Gegensatz zu Ziffer 12.1 ADSp, der die Frachtüberweisung regelt, eine echte Nachnahme im Sinne von Ziffer 16.4 ADSp sowie eine Provision für

---

[115] *Koller* VersR 1995, 1385 (1390).
[116] MüKoBGB/*Kötz*, § 4 AGBG, Rdnr. 3; *Ulmer/Brandner/Hensen*, AGBG, § 4 Rdnr. 12.
[117] *Koller*, a. a. O. Ziffer 16 ADSp Rdnr. 3.
[118] *Koller*, a. a. O. Rdnr. 3.
[119] *Koller*, a. a. O. Rdnr. 3.
[120] *Koller*, a. a. O. Rdnr. 3.

die Nachnahmeeinziehung auch tatsächlich vereinbart worden und widerruft der Auftraggeber diesen **Nachnahmeeinziehungsauftrag** kann der Spediteur dennoch Erstattung der Provision geltend machen. Die Provision muss aber vorher vereinbart gewesen sein (vgl. auch § 453 Abs. 2 HGB).

f) Rollgeld. Für den Fall der gescheiterten Rollfuhr, also des Transportes der Güter vom Umschlagslager des Spediteurs zum Empfänger oder für vergleichbare Retouren, gewährt Ziffer 16.5 dem Spediteur einen Anspruch auf Vergütung, nämlich des sog. Rollgeldes, gegen den Auftraggeber. Nicht entscheidend ist, ob der Auftraggeber eine Weisung zum Rücktransport erteilt hat. Hierauf kann der Spediteur oft nicht warten. Konnte er in der Kürze der Zeit bei einem **Ablieferungshindernis** keine Weisung erhalten, ist er im Interesse des Auftraggebers gehalten, zunächst das Gut wieder zu seinem nächsten Umschlagslager zurück zu transportieren.[121] Zum gleichen Ergebnis kommt man auch, wenn man keinen originären Vergütungsanspruch annimmt, sondern statt dessen die umständliche Konstruktion wählen würde, dass der Spediteur, seiner Interessenwahrungspflicht entsprechend, einen Dritten mit dem Rücktransport beauftragt und die Kosten im Rahmen seines **Aufwendungserstattungsanspruches** geltend machen kann. Auch *Koller*[122] kann nicht ernsthaft die Ansicht vertreten, dass im Fall der Annahmeverweigerung das Gut beim Empfänger verbleiben soll. Genauso wenig kann die Ansicht vertreten werden, dass der Spediteur den Rücktransport unentgeltlich durchzuführen habe.

17. Aufwendungen des Spediteurs, Freistellungsanspruch

17.1 Der Spediteur hat Anspruch auf Ersatz der Aufwendungen, die er den Umständen nach für erforderlich halten durfte.

17.2 Der Auftrag, ankommendes Gut in Empfang zu nehmen, ermächtigt den Spediteur, verpflichtet ihn aber nicht, auf dem Gut ruhende Frachten, Wertnachnahmen, Zölle, Steuern und sonstige Abgaben sowie Spesen auszulegen.

17.3 Von Frachtforderungen, Havarieeinschüssen oder -beiträgen, Zöllen, Steuern und sonstigen Abgaben, die an den Spediteur, insbesondere als Verfügungsberechtigten oder als Besitzer fremden Gutes gestellt werden, hat der Auftraggeber den Spediteur auf Aufforderung sofort zu befreien, wenn sie der Spediteur nicht zu vertreten hat. Der Spediteur ist berechtigt, nach pflichtgemäßem Ermessen die zu seiner Sicherung oder Befreiung geeigneten Maßnahmen zu ergreifen. Sofern nicht die Notwendigkeit sofortigen Handelns geboten ist, hat der Spediteur Weisung einzuholen.

17.4 Der Auftraggeber hat den Spediteur in geschäftsüblicher Weise rechtzeitig auf alle öffentlichrechtlichen, z.B. zollrechtlichen oder Dritten gegenüber bestehenden, z.B. markenrechtlichen Verpflichtungen aufmerksam zu machen, die mit dem Besitz des Gutes verbunden sind, soweit nicht auf Grund des Angebotes des Spediteurs davon auszugehen ist, dass diese Verpflichtungen ihm bekannt sind.

a) Allgemeines. Der Spediteur ist Geschäftsbesorger und hat nach den §§ 675, 670 BGB Anspruch auf Aufwendungsersatz.[123] Dies gilt auch dann, wenn der Spediteur in Erfüllung seiner Interessenwahrungspflicht spontan und ohne konkrete Weisung tätig wird und dabei Aufwendungen macht.[124]

---
[121] A.A. *Koller*, a.a.O. Rdnr. 11.
[122] *Koller*, a.a.O. Rdnr. 11.
[123] *de la Motte*, Kommentar zum Transportrecht, Ziffer 17 ADSp Rdnr. 1.
[124] *de la Motte*, a.a.O.

218 **b) Allgemeines zum Aufwendungsersatz (Ziffer 17.1 ADSp).** Bei Fracht- und Lagergeschäft wird ein Großteil der Kosten durch die Vergütung abgedeckt. Deshalb kann nicht angenommen werden, dass dem Spediteur bei allen Arten von Speditionsgeschäften im Sinne Ziffer 2.1 ADSp ein Aufwendungsersatzanspruch zugesprochen wird. Die Frage, ob eine Aufwendung vorliegt, ist nach dem dispositiven Recht (§§ 675, 670 BGB, §§ 408 Abs. 1Ziffer 9 419 Abs. 4, 420 Abs. 1 Satz 2, 474 HGB) bzw. nach dem Vertrag zu beantworten. Aus diesem Grund greift bei einem Frachtgeschäft Ziffer 17.1 ADSp nur dann, wenn die Aufwendungen tatsächlich auf das Gut gemacht worden sind.[125]

219 **c) Aufwendung von Frachten etc (Ziffer 17.2 ADSp).** Wird der Spediteur vom Empfänger als sog. **Empfangsspediteur** beauftragt, die Güter, die von einem Frachtführer angeliefert werden, anzunehmen, gibt Ziffer 17.2 ADSp dem Spediteur die Berechtigung, zu Lasten seines Auftraggebers die auf dem Gut ruhenden Frachten, Wertnachnahmen, Zölle, Steuern und sonstige Abgaben sowie Spesen gegenüber dem anliefernden Frachtführer auf Rechnung des Auftraggebers zu bezahlen. Gegenüber seinem Auftraggeber kann der Spediteur dann Aufwendungsersatz im Sinne des Ziffer 17.1 geltend machen; dabei kann er sich auch auf die §§ 675, 670 BGB stützen.

220 Trotz oder gerade wegen dieses Aufwendungserstattungsanspruches ist der Spediteur nach Ziffer 17.2 ADSp nur zur Auslage der genannten Beträge berechtigt, wenn und soweit dies aus der Sicht eines ordentlichen Spediteurs nicht offensichtlich den erkennbaren oder mutmaßlichen Interessen seines Auftraggebers widerspricht. Bestehen beim Spediteur Zweifel, so hat er in zumutbarem Maße zurückzufragen.[126] Unberührt bleibt die Pflicht des Auftraggebers, Vorschuss zu leisten (§ 669 BGB).

221 **d) Anspruch auf Befreiung (Ziffer 17.3 ADSp).** Wird der Spediteur von Dritten nach den in Ziffer 17.3 genannten Beispielen mit Ansprüchen konfrontiert, die er für Rechnung des Auftraggebers zu bezahlen hat, kann der Spediteur vom Auftraggeber sofortige Freistellung von diesen Verbindlichkeiten verlangen.

222 Unter Forderungen respektive Nachforderungen im Sinne der Ziffer 17.3 ADSp fallen solche aus Verträgen des Spediteurs mit Dritten. Die ebenfalls genannten Havericeinschlüsse sind durch die Reform des Seehandelsrechts deutlich vereinfacht worden und ergeben sich aus der entsprechenden Anwendung der §§ 589 bis 592, 594, 595 HGB nach den Maßgaben des § 78 Absatz 3 BinSchG.

223 Unter den Begriff der „sonstigen Abgaben" fallen gegen den Spediteur gerichtete Geldbußen, Geldstrafen und Schadensersatzansprüche Dritter.[127]

224 Die Verbindlichkeiten müssen im Interesse des Auftraggebers eingegangen worden sein und dürfen nicht lediglich die allgemeinen Geschäftsunkosten betreffen. Auch die möglicherweise entstandenen Schäden dürfen nicht zum Kreis der **allgemeinen Lebensrisiken** gehören. Erforderlich ist stets ein konkreter Zusammenhang mit einer geschäftsbesorgungsspezifischen Tätigkeit. Erfasst werden beispielsweise nicht **Schadensersatzverpflichtungen** des Frachtführers aus einem Kfz-Unfall. Die gegen den Spediteur gerichteten Forderungen müssen nicht rechtswirksam bestehen bzw. der Spediteur muss nicht rechtskräftig verurteilt worden sein.[128]

225 Der Auftraggeber hat den Spediteur nach Ziffer 17.3 ADSp „sofort zu befreien". Bei der Frage, ob eine sofortige Befreiung vorliegt, ist ausschließlich auf einen objektiven

---

[125] Vgl. Koller, a.a.O. Ziffer 17 ADSp Rdnr. 2.
[126] Koller, a.a.O. Rdnr. 3
[127] Koller, a.a.O. Rdnr. 5; a. A. de la Motte in: Fremuth/Thume Ziffer 17 ADSp Rdnr. 3.
[128] Koller, a.a.O. Rdnr. 6.

Maßstab abzustellen. Die Leistungszeit kann sich aus den Umständen ergeben. Zu berücksichtigen sind die Natur des Schuldverhältnisses, die Verkehrssitte und die Beschaffenheit der Leistung. Eine Befreiung kann in der Form der Zahlung oder der Schuldübernahme (§ 414 BGB) erfolgen. Liegt noch keine Fälligkeit vor, so kann eine solche durch Sicherheitsleistung (§§ 257 Satz 2, 232 ff. BGB) erfolgen. Dem Spediteur ist es jedoch auch möglich, den Dritten selbst zu befriedigen und Ersatz seiner Auslagen zu verlangen (§ 670 BGB). Dies gilt allerdings nur, wenn er den Anspruch für begründet halten durfte und im zumutbaren Umfang Weisungen eingeholt hat.[129]

e) Sicherungs- und Befreiungsmaßnahmen (Ziffer 17.3 Satz 2 ADSp). Als Maßnahme der Befreiung kommen Zahlung oder Herausgabe in Betracht. Maßnahmen zur Sicherung sind das Anerkenntnis des Anspruchs, der freihändige Verkauf, der Vergleich, die Rücksendung des Gutes, sowie die öffentliche Versteigerung oder Vernichtung, wenn sich der Spediteur dadurch vor neuen Forderungen schützen und die alten Forderungen tilgen kann. Die Wahl der in Betracht kommenden Maßnahmen hat nach pflichtgemäßen Ermessen zu erfolgen. In der Regel hat der Spediteur Weisungen einzuholen (Ziffer 17.3 Satz 3 ADSp). Ohne Weisung darf der Spediteur dann handeln, wenn dies für den Auftraggeber nicht mit unverhältnismäßigen Schäden oder Gefahren verbunden ist. Das Gleiche gilt, wenn der Auftraggeber mit der Erfüllung seiner Pflicht, den Spediteur von den Verbindlichkeiten zu befreien, nachhaltig in Verzug geraten ist und milder wirkende Maßnahmen nicht zur Verfügung stehen. Ziffer 17.3 Satz 2 ADSp greift nicht schon dann ein, wenn der Anspruch auf Freistellung von den Forderungen Dritter nicht mehr durch das Pfandrecht des Spediteurs abgedeckt zu sein scheint.[130]

226

f) Pflicht zur Information des Spediteurs (Ziffer 17.4 ADSp). Die in Ziffer 17.4 ADSp genannten Verpflichtungen müssen gegenüber einem Träger hoheitlicher Gewalt gerade in dieser Eigenschaft oder einem Dritten gegenüber bestehen. Der letzte Absatz weist darauf hin, dass aus der Sicht eines verständigen Auftraggebers, der Spediteur nicht den Eindruck erweckt haben darf, als seien ihm diese Verpflichtungen bekannt. Ausreichend ist es bereits, wenn der Spediteur nicht klarstellt, dass er nicht über die branchenüblichen bzw. besonderen Kenntnisse verfügt. Maßgebliche Berücksichtigung finden dabei nicht nur das Verhalten bei Vertragsanbahnung sondern auch die Werbung des Spediteurs. Die Informationspflicht des Auftraggebers bleibt unberührt, wenn der Spediteur bereits atypische Kenntnisse besitzt, die er im Laufe der Vertragsanbahnung nicht offen gelegt hatte. In derartigen Fällen muss sich der Spediteur ein Mitverschulden gemäß § 254 BGB entgegenhalten lassen. Nicht ausreichend ist die bloße Mitteilung von Tatsachen. Gefordert wird vielmehr auch ein Hinweis auf deren Bedeutung. Da sich der Spediteur auf die Informationen noch einstellen muss, haben diese auch angemessen rechtzeitig zu erfolgen. Maßgebend ist insoweit der Zugang. Ziffer 3.5 ADSp ist zu beachten.[131]

227

Eine Haftung des Auftraggebers ergibt sich z.B. aus § 461 Abs. 2 HGB. Bei Informationen im Sinne des § 413 HGB kommt bei Frachtgeschäften wegen § 449 HGB auch eine verschuldensunabhängige Haftung in Betracht. Eine Erweiterung des § 455 Abs. 2 HGB erfolgt durch Ziffer 17.4 ADSp nicht. Ersatzpflichten können sich auch nach den Regeln des **Aufwendungsersatzes** ergeben.

228

---

[129] *Koller*, a.a.O. Rdnr. 7.
[130] Vgl. insgesamt *Koller*, a.a.O. Rdnr. 8.
[131] Vgl. insgesamt *Koller*, a.a.O. Rdnr. 9.

18. Rechnungen, fremde Währungen

18.1 Rechnungen des Spediteurs sind sofort zu begleichen.

18.2 Der Spediteur ist berechtigt, von ausländischen Auftraggebern oder Empfängern nach seiner Wahl Zahlung in ihrer Landeswährung oder in deutscher Währung zu verlangen.

18.3 Schuldet der Spediteur fremde Währung oder legt er fremde Währung aus, so ist er berechtigt, entweder Zahlung in der fremden oder in deutscher Währung zu verlangen. Verlangt er deutsche Währung, so erfolgt die Umrechnung zu dem am Tage der Zahlung amtlich festgesetzten Kurs, es sei denn, dass nachweisbar ein anderer Kurs zu zahlen oder gezahlt worden ist.

229 *a) Fälligkeit.* Die Rechnungen sind vom Auftraggeber sofort zu bezahlen. Das bedeutet so schnell wie möglich. Außerhalb der Geschäftszeit muss er sie aber nicht bezahlen. Mit Ziffer 18 ADSp tritt die Fälligkeit bereits mit Rechnungsstellung ein. Wird die Rechnung nach dispositivem Recht schon vorher fällig, geht das dispositive Recht vor (allg. M.).[132]

230 *b) Wahl der Währung Ziffer 18.2 ADSp.* Die Klausel zielt auf Vertragspartner ab, die ihren Sitz außerhalb der Bundesrepublik Deutschland haben. Falls zwingende Währungsvorschriften nichts anderes bestimmen, kann der Spediteur die Währung frei wählen. Die Umrechnung erfolgt analog § 244 BGB;[133] Ziffer 18.2 ADSp kann dann nicht gelten, wenn der Preis erkennbar in einer bestimmten Währung ausgehandelt wurde.[134]

231 *c) Auslagen in Fremdwährung (Ziffer 18.3 ADSp).* Ziffer 18.3 ADSp gibt dem Spediteur ein Wahlrecht, von ausländischen Auftraggebern oder Empfängern Zahlung entweder in Deutscher Währung oder in der Landeswährung des Auftraggebers oder des Empfängers zu verlangen. Zu berücksichtigten ist jedoch, dass häufig im Auftrag oder in der Auftragsbestätigung Preise und damit Währungen genannt werden, die als **Individualvereinbarung** der Regelung in Ziffer 18.4 ADSp vorgeben.

232 Für den umgekehrten Fall, in dem der Spediteur fremde Währungen schuldet oder auslegt, kann sich der Spediteur aussuchen, ob er von seinem Auftraggeber Zahlung in der fremden Währung oder in deutscher Währung verlangt.

19. Aufrechnung, Zurückbehaltung

Gegenüber Ansprüchen aus dem Verkehrsvertrag und damit zusammenhängenden außervertraglichen Ansprüchen ist eine Aufrechnung oder Zurückbehaltung nur mit fälligen Gegenansprüchen zulässig, denen ein Einwand nicht entgegensteht.

233 *a) Allgemeines.* Ziffer 19 ADSp gewährt sowohl dem Spediteur als auch dem Auftraggeber ein vertragliches Aufrechnungsverbot und auch ein vertragliches Zurückbehaltungsverbot. Sinn und Zweck dieser Regelung ist es, entsprechend der Schnelligkeit des Massenverkehrs durch einzeln auftretende Probleme keine Stockungen zu verursachen. Denkt man an die Aufwendungen, die ein Spediteur tätigen muss, z.B. Frachten verauslagen, für Zölle bürgen und Lagergelder vorstrecken, ist das Verhältnis Kapitaleinsatz zu Rendite oft sehr ungünstig ist. Die speditionelle Tätigkeit erfordert daher hohe **Liquiditätsreserven.** Sie würden durch **Aufrechnung** und/oder **Zurückbehaltung** stark angegriffen.

---

[132] *Koller,* a. a. O. Ziffer 18 ADSp Rdnr. 2.
[133] *Koller,* a. a. O. Ziffer 18 ADSp Rdnr. 3.
[134] *Koller,* a. a. O. Ziffer 18 ADSp Rdnr. 3.

b) Anwendungsbereich. Ziffer 19 ADSp ist auf alle Verkehrsverträge im Sinne der 234
Ziffer 2.1 ADSp anwendbar. Sie gilt auch für alle gesetzlichen Ansprüche, sei es aus
unerlaubter Handlung (§§ 823 ff. BGB), aus ungerechtfertigter Bereicherung oder
sonstigen außervertraglichen Ansprüchen, soweit ein innerer Zusammenhang mit der
Ausführung dieser Verträge besteht.[135]

Das Aufrechnungs- und Zurückbehaltungsverbot gilt auch gegenüber Ansprüchen
aus CMR-Verträgen[136] und gegenüber Ansprüchen aus Luftfrachtverträgen nach dem
Warschauer Abkommen.[137]

c) Voraussetzungen der Unzulässigkeit der Aufrechnung. Voraussetzung für das 235
Aufrechnungs- und Zurückbehaltungsverbot ist, dass den Gegenansprüchen kein
Einwand entgegensteht. Ein Einwand steht entgegen, wenn z. B. in einem gerichtlichen
Verfahren mit der Entscheidung über die Entgeltforderung nicht ohne zusätzliche
Prüfung geklärt werden kann, ob die Gegenforderung dem Grund oder der Höhe
nach existiert oder eben nicht existiert.[138]

In der Praxis steht häufig immer dann ein Einwand entgegen, wenn gegenüber Ent- 236
geltforderungen mit Schadensersatzansprüchen des Auftraggebers aufgerechnet wird
und die Schadensersatzverpflichtung streitig ist. Ein Einwand steht auch dann entgegen, wenn die Gegenansprüche verjährt sind.

Häufig findet man in der gerichtlichen Praxis die Neigung, einen entgegenstehen- 237
den Einwand zu verneinen, wenn auch über die Gegenforderung im Termin der letzten mündlichen Verhandlung ohne weitere Beweiserhebung die Klage entscheidungs-
reif ist. Wegen Ziffer 19 ADSp wird deswegen auch häufig – hilfsweise – Widerklage
erhoben, was wirtschaftlich dazu führt, dass der Prozess über die Entgeltforderung auf
diese Art und Weise dennoch in die Länge gezogen wird. Da Gerichte ungern Teilur-
teile über die Entgeltforderung verkünden, um dann den Fragen der Widerklage
nachzugehen, empfiehlt es sich für den Spediteur, seine Entgeltforderung an Dritte
abzutreten, die diese Ansprüche geltend machen. Solange damit keine unzulässige
Prozessstandschaft oder unzulässige Rechtsberatung verbunden ist, ist gegen diesen
Weg nichts einzuwenden.

Ein Einwand steht der Entgeltforderung jedenfalls dann entgegen, wenn der 238
Gegenanspruch rechtskräftig festgestellt wurde oder der Spediteur zahlungsunfähig
ist.[139]

Auf das Aufrechnungs- und Zurückbehaltungsverbot kann sich der Spediteur auch 239
dann nicht berufen, wenn es einen Gegenanspruch gibt, der auf einem groben Ver-
tragsverstoß des Spediteurs beruht.[140] Als Rechtsfolge nach Ziffer 19 ADSp ist die
Aufrechnung unwirksam ist, sowohl die Hauptforderung als auch die Gegenforderung bestehen uneingeschränkt fort.

Stellt der Absender vorsätzlich entgegen Ziffer 19 ADSp eine bestrittene Forderung 240
zur Aufrechnung, so verstößt er vorsätzlich und widerrechtlich gegen seine Pflichten.
Darin liegt ein qualifiziertes Verschulden im Sinne des § 439 Absatz 1 Satz 2 HGB mit
der Folge der Verlängerung der Verjährung vor.[141]

---

[135] *Koller,* a. a. O. Ziffer 19 ADSp Rdnr. 2.
[136] BGH NJW 1985, 2091 f.; VersR 1989, 309 (310); OLG Düsseldorf TranspR 1995, 212 (213).
[137] *Koller,* a. a. O. Rdnr. 2; *Staub/Helm,* Anhang I § 415 HGB, § 32 ADSp Rdnr. 14; a. A. OLG Frankfurt, NJW 1980, 2649 (2650).
[138] BGH Urteil vom 17.2.1986, NJW 1986, 1757.
[139] BGH NJW-RR 1987, 883; BGH NJW-RR 2008, 121.
[140] *Koller,* a. a. O. Rdnr. 3 m. w. N.
[141] OLG Düsseldorf TranspR 2013, 196.

20. Pfand- und Zurückbehaltungsrecht

20.1 Der Spediteur hat wegen aller fälligen und nicht fälligen Forderungen, die ihm aus den in Ziffer 2.1 genannten Tätigkeiten an den Auftraggeber zustehen, ein Pfandrecht und ein Zurückbehaltungsrecht an den in seiner Verfügungsgewalt befindlichen Gütern oder sonstigen Werten. Das Pfand- und Zurückbehaltungsrecht geht nicht über das gesetzliche Pfand- und Zurückbehaltungsrecht hinaus.

20.2 Der Spediteur darf ein Pfand- oder Zurückbehaltungsrecht wegen Forderungen aus anderen mit dem Auftraggeber abgeschlossenen Verkehrsverträgen nur ausüben, soweit sie unbestritten sind oder wenn die Vermögenslage des Schuldners die Forderung des Spediteurs gefährdet.

20.3 An die Stelle der in § 1234 BGB bestimmten Frist von einem Monat tritt in allen Fällen eine solche von zwei Wochen.

20.4 Ist der Auftraggeber im Verzug, so kann der Spediteur nach erfolgter Verkaufsandrohung von den in seinem Besitz befindlichen Gütern und Werten eine solche Menge, wie nach seinem pflichtgemäßen Ermessen zur Befriedigung erforderlich ist, freihändig verkaufen.

20.5 Für den Pfand- oder Selbsthilfeverkauf kann der Spediteur in allen Fällen eine Verkaufsprovision vom Nettoerlös in Höhe von ortsüblichen Sätzen berechnen.

241 *a) Allgemeines.* Die gesetzlichen Pfandrechte sind für den Spediteur in § 464 HGB, für den Frachtführer in § 440 HGB und für den Lagerhalter in § 475b) HGB geregelt.

242 Sowohl die im HGB geregelten gesetzlichen Pfand- und Zurückbehaltungsrechte als auch das vertragliche Pfandrecht in Ziffer 20 ADSp ist weit, da die internationalen Übereinkommen über grenzüberschreitende Transporte wie die CMR und das WA keine Regelungen über Pfandrechte enthalten.

243 Ziffer 20 ADSp differenziert im Wesentlichen zwischen Gütern, die dem Auftraggeber gehören und Gütern die dem Auftraggeber nicht gehören. Da die Eigentumsverhältnisse für den Spediteur nicht immer erkennbar sind, hilft dem Spediteur im Fall seiner Gutgläubigkeit die Auslegungsregelung des § 366 HGB.

244 Das Gesetz unterscheidet zwischen zwei Arten des Pfandrechtes. Von **konnexem** Pfandrecht wird gesprochen, wenn das Pfandrecht die Forderung abdecken soll, die z.B. entstanden ist, um dieses Gut zum Empfänger zu transportieren. Von **inkonnexem** Pfandrecht ist die Rede wenn das Pfandrecht an einem Gut eine Forderung schützen soll, die entstanden ist, um z.B. andere Güter zum Empfänger zu transportieren. Da das inkonnexe Pfandrecht weniger schützenswert ist als das konnexe, sind die Anforderungen an die Entstehung eines inkonnexen Pfandrechtes höher als die an ein konnexes Pfandrecht.

245 *b) Pfandrecht an Gütern und Werten, die dem Auftraggeber gehören.* Sind die ADSp vereinbart worden und besteht zwischen den Parteien ein wirksamer Vertrag im Sinne der Ziffer 2.1 ADSp, so liegt in der Einbeziehung der ADSp die Einigung über die Begründung eines Pfandrechts im Sinne der §§ 1205, 1274 BGB.

246 Das Pfandrecht entsteht an Gütern und sonstigen Werten. Hierzu zählen Forderungen, Eigentum, Miteigentum, Anwartschaftsrechte und sonstige übertragbare Rechte. Verfügungsberechtigter dieser Rechte und Sachen ist der Auftraggeber. Ausreichend ist es, dass der Auftraggeber in dem Zeitraum, in dem der Spediteur Verfügungsgewalt besitzt, Träger des Rechtes ist oder zur Verfügung darüber ermächtigt wird.[142] Voraussetzung ist weiterhin eine Verfügungsgewalt des Spediteurs.

---

[142] *Koller,* a.a.O. Ziffer 20 ADSp Rdnr. 3 m.w.N.

Gesichert werden alle Ansprüche des Spediteurs gegen den Auftraggeber. Soweit die 247
Forderungen im normalen Geschäftsverkehr erworben worden sind, werden auch
bedingte, sowie solche, die nicht in einem inneren wirtschaftlichen Zusammenhang
mit dem Auftrag stehen und keinem einheitlichen Lebensverhältnis entspringen, gesichert.[143]

Der Umfang und die Verwertung des Pfandrechts regelt sich nach den §§ 1204ff. 248
BGB. Das konnexe Pfandrecht entsteht an Gütern und Werten des Auftraggebers
immer.

Wird eine inkonnexe Forderung durch das Pfandrecht gesichert, so darf dieses nur 249
dann geltend gemacht werden, wenn die Forderung des Spediteurs wegen der Vermögenslage des Schuldners gefährdet ist oder die Forderung unbestritten ist. Letzteres ist
in Parallele zu Ziffer 19 ADSp der Fall, wenn gegen die Forderung keine oder nur abwegige, respektive unsubstanziierte Einwendungen erhoben werden.[144] Die Beweislast
für die Unstreitigkeit der Forderung trägt der Spediteur.[145] Die **Geltendmachung des
Pfandrechts** ist nach Ziffer 20.2 ADSp daneben dann möglich, wenn die Realisierung
der inkonnexen Forderung im Moment der Geltendmachung des Pfandrechts konkret
gefährdet ist. Eine solche Gefährdung ist zu bejahen, wenn eine Überschuldung oder
Zahlung Zahlungsunfähigkeit des Auftraggebers als wahrscheinlich erscheint und
keine Übersicherung besteht. Die Beweislast dafür trägt der Spediteur.[146]

c) Pfandrecht an dem Auftraggeber nicht gehörenden Gütern und Werten. Bei 250
der Beurteilung der Frage, ob dem Spediteur ein Pfandrecht an dem Auftraggeber
nicht gehörenden Gütern und Werten zusteht, ist nach der Art der Verkehrsverträge
(Ziffer 2.1 ADSp) zu differenzieren. Bei inkonnexen Forderungen oder nicht isolierbaren Forderungen im Rahmen von gemischten Verträgen, ist auf den Schwerpunkt
des Vertrages abzustellen.[147] Bei ersterem ist der Schwerpunkt des Vertrages maßgeblich, in dessen Rahmen der Spediteur die Verfügungsgewalt über das Gut bzw. die
Werte erworben hat. Bei nicht isolierbaren Forderungen im Rahmen gemischter Verträge hat man sich an dem Pfandrecht desjenigen Vertragsrechts zu orientieren, dem
die Forderung zuzuordnen ist.[148]

Sind die Forderungen frachtrechtlicher, speditions- oder lagerrechtlicher Natur, so 251
erwirbt der Spediteur gemäß Ziffer 20.1 Satz 2 ADSp ein Pfandrecht, wenn der Auftraggeber verfügungsberechtigt war oder der Spediteur im Hinblick auf das Eigentum
des Auftraggebers oder dessen Verfügungsberechtigung gutgläubig war (§ 366 Abs. 1,
Abs. 3 HGB i.V.m. § 1207 BGB).

Da Ziffer 20.1 Satz 2 ADSp für das ADSp-Pfandrecht dieselben Grenzen zieht, wie 252
sie für das vergleichbare gesetzliche Pfandrecht gelten, kann ein Pfandrecht das inkonnexe Forderungen sichert, an dem Auftraggeber fremden Gütern und Werten,
grundsätzlich nur erworben werden, wenn der Spediteur ohne grobe Fahrlässigkeit
auf das Eigentum des Auftraggebers vertraut hat (§ 366 Abs. 3 HGB i.V.m. § 1207
BGB). Anders als bei konnexen Forderungen reicht bei (unbestrittenen) inkonnexen
Forderungen, der gute Glaube an die Verfügungsbefugnis des Auftraggebers nicht aus,
der Spediteur muss vielmehr hinsichtlich des Eigentums gutgläubig sein.[149]

---

[143] *Koller,* a.a.O. Rdnr. 5.
[144] *Piper,* Höchstrichterliche Rechtsprechung zum Speditions- und Frachtrecht, Rdnr. 155.
[145] OLG Köln TranspR 1985, 26 (28).
[146] *Koller,* a.a.O. Rdnr. 8.
[147] Früher bei Palandt/*Grüneberg,* vor § 305 BGB Rdnr. 24f.
[148] *Koller,* a.a.O. Rdnr. 11.
[149] *Koller,* a.a.O. Rdnr. 13.

253 *d) Zurückbehaltungsrecht.* Der Spediteur hat ein Zurückbehaltungsrecht an Gegenständen, die er z.B. im Auftrag des Käufers vom Verkäufer abgeholt hat. Ein Pfandrecht selbst konnte nicht entstehen, weil der Spediteur wusste, dass die Güter vor Abholung beim Verkäufer nicht seinem Auftraggeber gehörten. Selbst wenn bei Übergabe des Verkäufers an den Spediteur ein Eigentumsübergang angenommen würde, wäre dies unschädlich, da das Zurückbehaltungsrecht aus Ziffer 20 ADSp auch neben dem Pfandrecht geltend gemacht werden kann.

254 Nach Ziffer 20 ADSp kann der Spediteur auf Grund seines **Zurückbehaltungsrechts** die Erfüllung anderer, übernommener Verpflichtungen verweigern. Die Zurückbehaltungsrechte aus den §§ 273 BGB, 369ff. HGB und das dem § 369 HGB entspringende Verwertungsrecht bleiben unberührt. Der Spediteur kann auf Grund seines Zurückbehaltungsrechts lediglich die Erfüllung seiner Verpflichtung verweigern. Die Möglichkeit der Verwertung ergibt sein Zurückbehaltungsrecht, anders als das Pfandrecht nicht.

255 Unter Gütern und Werten, die dem Spediteur gehören, sind solche zu verstehen, die der Spediteur im eigenen Namen auf Rechnung des Auftraggebers erworben hat. Wie sich aus Ziffer 20.1 Satz 2 ADSp ergibt, gebührt dem Spediteur an diesen Gegenständen nur dann ein Zurückbehaltungsrecht, wenn die Voraussetzungen des §§ 273 ff. BGB oder der §§ 369 ff. HGB für das Entstehen eines gesetzlichen Zurückbehaltungsrechts erfüllt sind.

21. Versicherung des Gutes

21.1 Der Spediteur besorgt die Versicherung des Gutes (z.B. Transport- oder Lagerversicherung) bei einem Versicherer seiner Wahl, wenn der Auftraggeber ihn vor Übergabe der Güter beauftragt.

Kann der Spediteur wegen der Art der zu versichernden Güter oder aus einem anderen Grund keinen Versicherungsschutz eindecken, hat der Spediteur dies dem Auftraggeber unverzüglich mitzuteilen.

21.2 Der Spediteur ist berechtigt, aber nicht verpflichtet, die Versicherung des Gutes zu besorgen, wenn dies im Interesse des Auftraggebers liegt. Der Spediteur darf vermuten, dass die Eindeckung einer Versicherung im Interesse des Auftraggebers liegt, insbesondere wenn

– der Spediteur bei einem früheren Verkehrsvertrag eine Versicherung besorgt hat,
– der Auftraggeber im Auftrag einen Warenwert (Ziffer 3.4) angegeben hat.

Die Vermutung des Interesses an der Eindeckung einer Versicherung besteht insbesondere nicht, wenn

– der Auftraggeber die Eindeckung schriftlich untersagt,
– der Auftraggeber ein Spediteur, Frachtführer oder Lagerhalter ist.

21.3 Der Spediteur hat nach pflichtgemäßem Ermessen über Art und Umfang der Versicherung zu entscheiden und sie zu marktüblichen Bedingungen abzuschließen, es sei denn, der Auftraggeber erteilt dem Spediteur unter Angabe der Versicherungssumme und der zu deckenden Gefahren schriftlich eine andere Weisung.

21.4 Ist der Spediteur Versicherungsnehmer und hat er für Rechnung des Auftraggebers gehandelt, ist der Spediteur verpflichtet, auf Verlangen gemäß Ziffer 14.1 Rechnung zu legen. In diesem Fall hat der Spediteur die Prämie für jeden einzelnen Verkehrsvertrag auftragsbezogen zu erheben, zu dokumentieren und in voller Höhe ausschließlich für diese Versicherungsdeckung an den Versicherer abzuführen.

21.5 Für die Versicherungsbesorgung, Einziehung des Entschädigungsbetrages und sonstige Tätigkeiten bei Abwicklung von Versicherungsfällen und Havarien steht dem Spediteur eine besondere Vergütung neben dem Ersatz seiner Auslagen zu.

a) Allgemeines. Mit dem Auslaufen der Speditionsversicherung, als Modell mit vorgeschriebenen Mindestbedingungen[150] ist Ziffer 21 ADSp neu gefasst worden. Das Gleiche gilt für Ziffer 29 ADSp, die ebenfalls eine Regelung zur Versicherung enthält. Sowohl Ziffer 21 ADSp als auch Ziffer 29 ADSp sind zwar Bestimmungen über Versicherung. Sie sprechen aber völlig unterschiedliche Versicherungen an. Ziffer 21 ADSp steht unter der Überschrift „Versicherung des Gutes", während Ziffer 29 ADSp mit „Haftungsversicherung des Spediteurs" überschrieben ist.

Ziffer 21 ADSp betrifft die Versicherung des Gutes als Sache gegen bestimmte Gefahren oder Risiken ohne dass es auf Haftung ankommt. Ziffer 21 ADSp betrifft die Transport-, Feuer-, Einbruch-Diebstahl, Leitungswasser- und andere Sachversicherungen für das Gut. D.h. es wird nicht die Haftung einer natürlichen oder juristischen Person versichert, sondern das Gut gegen die von der jeweiligen Versicherung erfassten Gefahren und Risiken.

Die Versicherungen, die Ziffer 21 ADSp behandelt, sind auf Grund eines ausdrücklichen Auftrages oder, im Zweifel, im Interesse des Auftraggebers einzudecken.

b) Auftrag zur Versicherung (Ziffer 21.1 ADSp). Ziffer 21.1 Satz 1 ADSp vertieft die Regelung in § 454 Abs. 2 Satz 1 HGB, der dem Spediteur nur die Besorgung der Versicherung, d.h. unter Umständen lediglich die Einschaltung eines Versicherungsmaklers zur Pflicht macht. Die Erklärung des Auftrages eine Versicherung einzudecken bedarf keiner Form. Ziffer 21.1 ADSp verlangt im Gegensatz zu früher (Ziffer 21.1 ADSp 1999) nicht, dass eine Vereinbarung mit Angebot und die Annahme des Versicherungsauftrages in Schriftform vorliegen. Eine einseitige Weisung des Auftraggebers reicht aus. Diese Weisung hat der Spediteur im Rahmen des Möglichen zu befolgen. Die Weisung ist gemäß Ziffer 3.1. Satz 1 ADSp formlos möglich.

Der Spediteur hat ein freies Ermessen bei der Auswahl des Versicherers, das sich aber an der Interessenwahrungspflicht für seinen Auftraggeber zu orientieren hat. Deshalb muss er Versicherer mit einem gutem „Rating" auswählen, deren Solvenz nicht zweifelhaft ist. Das **„Rating"** eines Versicherers sagt etwas über die prozentuale Ausfallwahrscheinlichkeit der versicherten Leistung aus. Hat der Spediteur ohne Rücksprache mit seinem Auftraggeber aus Kostengründen einen Versicherer mit niedrigen Prämiensätzen ausgewählt, der ein eher schlechtes „Rating" hat, muss der Spediteur, wegen des damit möglicherweise verbundenen Haftungsrisikos, Rückstellungen in Höhe der Ausfallwahrscheinlichkeit bilden.

c) Versicherung ohne Auftrag, Weisung (Ziffer 21.2 ADSp). Aus Ziffer 21.2 ADSp ergeben sich für den Spediteur unterschiedliche Ansätze die Versicherung einzudecken, die sowohl als Berechtigung, als auch als Verpflichtung ausgestaltet sind.

Im Interesse des Auftraggebers liegt die Versicherung (Ziffer 21.2 Satz 1 ADSp) dann, wenn er mit der Eindeckung einverstanden gewesen wäre, falls er vorher Art und Umfang der Versicherungsdeckung gekannt hätte. Die Beweislast hat der Spediteur. Der Spediteur ist aber nicht verpflichtet eine Versicherung einzudecken, selbst wenn er das Interesse des Auftraggebers an der Eindeckung kennt.[151] Die Regelung entspricht § 454 Abs. 2 HGB. Trotzdem bleibt der Spediteur verpflichtet, seinen Auftraggeber darauf hinzuweisen, dass es zweckmäßig wäre eine Versicherung einzudecken und eine ent-

---

[150] Vgl. Präambel Rdnr. 3 ff.
[151] *Valder* in: Hector, ADSp und die Speditions- und Transportversicherung, 2005 Deutscher Verkehrsverlag, S. 18.

sprechende Weisung zu erteilen.¹⁵² In Ziffer 21.2 Satz 3 ADSp wird mit der Aussage „darf vermuten" eine widerlegliche Vermutung begründet. Dies ergibt sich daraus, dass die Vermutung nach Satz 3 insbesondere dann entfallen kann, wenn, in den in Satz 3 aufgezählten Fällen, das Interesse des Auftraggebers an einer Versicherung offensichtlich oder typischerweise nicht gegeben ist.¹⁵³ Immer hat der Spediteur die Interessen seines Auftraggebers nach Ziffer 1 ADSp zu beachten. Eine Pflicht zur Versicherung besteht nicht. Trotzdem hat der Spediteur seinen Auftraggeber zu warnen, falls dieser erkennbar von der Eindeckung einer Versicherung ausgeht.

263   *d) Wahl der Versicherung (Ziffer 21.3 ADSp).* Die Weisung über die Versicherung ist nur verbindlich, wenn sie schriftlich erfolgt. Formlose Weisungen stellen formlose Angebote dar, die auch formlos angenommen werden können. Einen Selbstbehalt darf der Spediteur nur nach Rückfrage mit seinem Auftraggeber vereinbaren. Tut er dies nicht, ist er gegenüber seinem Auftraggeber im Schadenfalle in Höhe des vereinbarten Selbstbehaltes haftbar.

264   Der Auftraggeber hat zu beweisen, dass er eine bestimmte Weisung erteilt hat.

265   Der Spediteur hat bei Auswahl der Versicherung nach Art und Umfang ein an den Interessen seines Auftraggebers ausgerichtetes Ermessen. Mehr als eine marktübliche Deckung zu besorgen, kann vom Spediteur ohne schriftliche Weisung nicht verlangt werden. Was marktüblich ist wird, im Streitfall durch Sachverständigengutachten zu ermitteln sein.

266   Ziffer 21.4 ADSp wiederholt eine Selbstverständlichkeit, die sich schon aus den Allgemeinen Grundsätzen über die Geschäftsbesorgung ergibt, nämlich dass der Spediteur auf Verlangen des Auftragsgebers Rechnung zu legen hat.

267   Im Rahmen der Rechnungslegung wird in der Praxis regelmäßig eine geforderte bzw. abgerechnete Vergütung in der Rechnung nicht gesondert ausgewiesen. Dies widerspricht den Regeln der Rechnungslegung im Rahmen der Geschäftsbesorgung (§ 666 BGB, Ziffer 21.4 ADSp), woraus die Gefahr eines Betrugsverdacht entstehen kann. Ein Unwissen bzgl. der Grundlagen der Rechnungslegung schützt auch hier den Anspruchsverpflichteten nicht vor Rechtsfolgen.¹⁵⁴ Daher ist auf eine genaue Ausweisung etwaiger Vergütungen in den Rechnungspositionen zu achten.

268   *e) Geltendmachung der Ansprüche gegen den Versicherer.* Der Auftraggeber ist so zu versichern, dass er gemäß §§ 44ff. VVG, § 75 Abs. 1 Satz 1 VVG a.F. als Versicherter einen Anspruchs gegen die Versicherung bekommt. Es bedarf daher keiner Abtretung des Anspruchs vom Spediteur auf den Auftraggeber. Nach § 44 Abs. 2 VVG, kann der Auftraggeber grundsätzlich den Anspruch nur mit Zustimmung des Spediteurs als Versicherungsnehmer oder nach Aushändigung des Versicherungsscheins geltend machen. Der Auftraggeber kann die Zustimmung nach Ziffer 14.1 ADSp verlangen.¹⁵⁵ Die Pflicht des Spediteurs zur Schadensanmeldung und Wahrung der Obliegenheiten bei der Versicherung auf fremde Rechnung wird durch Ziffer 21 ADSp nicht berührt.¹⁵⁶ Versicherungsleistungen die der Spediteur erlangt hat, hat er gemäß Ziffer 14.2 ADSp an seinen Auftraggeber abzuführen.

269   *f) Vergütung (Ziffer 21.5 ADSp).* Ziffer 21.5 ADSp stellt klar, dass sich die vereinbarte Vergütung im Zweifelsfalle nicht auf die in Ziffern 21.5 ADSp genannten Tätigkeiten erstreckt.

---

¹⁵² *Koller,* a.a.O. Ziffer 21 ADSp Rdnr. 4.
¹⁵³ *Koller,* a.a.O. Ziffer 21 ADSp Rdnr. 5.
¹⁵⁴ Vgl. BGH NJW 2009, 2900.
¹⁵⁵ *Koller,* a.a.O. Ziffer 21 ADSp Rdnr. 13.
¹⁵⁶ *Koller,* a.a.O.

22. Haftung des Spediteurs, Abtretung von Ersatzansprüchen

22.1 Der Spediteur haftet bei all seinen Tätigkeiten (Ziffer 2.1) nach den gesetzlichen Vorschriften. Es gelten jedoch die folgenden Regelungen, soweit zwingende oder AGB-feste Rechtsvorschriften nichts anderes bestimmen.

22.2 Soweit der Spediteur nur den Abschluss der zur Erbringung der vertraglichen Leistungen erforderlichen Verträge schuldet, haftet er nur für die sorgfältige Auswahl der von ihm beauftragten Dritten.

22.3 In allen Fällen, in denen der Spediteur für Verlust oder Beschädigung des Gutes zu haften hat, hat er Wert- und Kostenersatz entsprechend §§ 429, 430 HGB zu leisten.

22.4 Soweit die §§ 425 ff. und 461 Abs. 1 HGB nicht gelten, haftet der Spediteur für Schäden, die entstanden sind aus

22.4.1 – ungenügender Verpackung oder Kennzeichnung des Gutes durch den Auftraggeber oder Dritte;

22.4.2 – vereinbarter oder der Übung entsprechender Aufbewahrung im Freien;

22.4.3 – schwerem Diebstahl oder Raub (§§ 243, 244, 249 StGB);

22.4.4 – höherer Gewalt, Witterungseinflüssen, Schadhaftwerden von Geräten oder Leitungen, Einwirkung anderer Güter, Beschädigung durch Tiere, natürlicher Veränderung des Gutes

nur insoweit, als ihm eine schuldhafte Verursachung des Schadens nachgewiesen wird. Konnte ein Schaden aus einem der vorstehend aufgeführten Umständen entstehen, so wird vermutet, dass er aus diesem entstanden ist.

22.5 Hat der Spediteur aus einem Schadenfall Ansprüche gegen einen Dritten, für den er nicht haftet, oder hat der Spediteur gegen einen Dritten seine eigene Haftung übersteigende Ersatzansprüche, so hat er diese Ansprüche dem Auftraggeber auf dessen Verlangen abzutreten, es sei denn, dass der Spediteur auf Grund besonderer Abmachung die Verfolgung der Ansprüche für Rechnung und Gefahr des Auftraggebers übernimmt.
Der Auftraggeber kann auch verlangen, dass der Spediteur ihm die gesamten Ansprüche gegen den Dritten erfüllungshalber abtritt. § 437 HGB bleibt unberührt.
Soweit die Ansprüche des Auftraggebers vom Spediteur oder aus der Speditionsversicherung befriedigt worden sind, erstreckt sich der Abtretungsanspruch nur auf den die Leistung des Spediteurs bzw. der Versicherung übersteigenden Teil des Anspruchs gegen den Dritten.

a) Allgemeines. Die in § 461 Abs. 1 HGB eingeführte Obhutshaftung des Spediteurs **270** führt zu einer verschärften Haftung des Spediteurs, die verschuldensunabhängig ist. Sie ist eine sog. Gefährdungshaftung, das es heißt, es kommt nur auf den Eintritt einer Gefahr an und nicht mehr auf Verschulden. Sie richtet sich im Ergebnis nach den gleichen Regeln, wie die **Obhutshaftung** des Frachtführers. Darüber hinaus wurde die Obhutshaftung des Spediteurs AGB-fest ausgestaltet; (§ 466 Abs. 2 HGB). Deshalb konnte auch das System der Haftungsersetzung durch Versicherung aus dem Zusammenspiel von ADSp und Versicherung,[157] ein über viele Jahre sehr erfolgreiches Modell für die Transportwirtschaft nicht mehr aufrecht erhalten werden. Nicht nur die Haftung des Spediteurs, sondern auch die des Frachtführers ist AGB-fest ausgestaltet worden (§ 449 Abs. 2 HGB). Auch durch die Einbeziehung der ADSp, kann und darf die Haftung nicht abweichend geregelt werden.

---

[157] Vgl. oben Rdnr. 228, Präambel Rdnr. 3 ff.

271 Ziffer 22.1 ADSp trägt dieser veränderten Rechtslage Rechnung und erklärt, dass der Spediteur bei all seinen Tätigkeiten nach den gesetzlichen Vorschriften haftet. Soweit zwingende oder AGB-feste Rechtsvorschriften nichts anderes bestimmen – dies können die CMR, die CIM oder das WA für den Seetransport sein – gelten die Haftungsregelungen dieser zwingenden Vorschriften. Bei nationalen Transporten gelten die für AGB-fest erklärten Rechtsvorschriften, die im Einzelnen in §§ 449 und 461 HGB aufgezählt sind.

272 *b) Haftung für Hilfspersonen und sonstige Dritte.* Grundsätzlich gilt, dass der Spediteur für seine Hilfspersonen und Bediensteten ebenso haftet, wie für Erfüllungsgehilfen, die Verpflichtungen erfüllen, die der Spediteur selbst eingegangen ist. Dies ergibt sich aus Artt. 3 CMR, 20 WA und im Rahmen der nationalen Transporte aus §§ 428 und 462 HGB, wobei letztere AGB-fest ausgestaltet sind.

273 Hat sich jedoch der Spediteur nur zur Besorgung einer Versendung verpflichtet, also nur die Verpflichtung übernommen, die Verträge abzuschließen, die erforderlich sind, um den Transport zu organisieren, haftet der Spediteur nur für die sorgfältige Auswahl der von ihm beauftragten Dritten (Ziffer 22.2 ADSp). Dies bedeutet konkret, dass der Spediteur, der nur die Versendung zu besorgen hat, seine Verpflichtung allein mit der Beauftragung eines Frachtführers mit dem Transport erfüllt. Für Schäden, die auf dem Transport entstehen, haftet nur der Frachtführer, nicht der Spediteur, weil er den Transport selbst nicht schuldet. Der Frachtführer ist auch kein Erfüllungsgehilfe des Spediteurs, weil der Spediteur gerade keine Verpflichtung zum Transport übernommen hat und damit auch nicht erfüllen brauchte. In derartigen Fällen haftet der Spediteur nur für die sorgfältige Auswahl des Frachtführers. Er muss sich davon überzeugt haben, dass der Frachtführer in der Lage ist, derartige Transporte auch durchzuführen.

274 Die Situation ändert sich, wenn z.B. aus dem Geschäftsbesorgungsvertrag durch Fixkostenvereinbarung oder bewirkte Sammelladung ein **Speditionsvertrag** mit frachtrechtlichen Verpflichtungen im Sinne der §§ 458 ff. HGB wird. Dann wird der Frachtführer hinsichtlich der Beförderung zum **Erfüllungsgehilfen** des Spediteurs und der Spediteur haftet für den Frachtführer.

275 *c) Haftung für Güterschäden.* Ziffer 22.3 ADSp verweist im Fall von Güterschäden auf die gesetzlichen Regelungen in §§ 429, 430 HGB, die über § 461 Abs. 1 HGB auch auf den Spediteur Anwendung finden, der Frachtaufträge annimmt.

276 *d) Eigene Haftungsregelungen in den ADSp (Ziffer 22.4).* In den Fällen, in denen das AGB-feste Haftungsrecht des HGB nicht eingreift, sollen die in Ziffer 22.4 ADSp geregelten Haftungsgrenzen anwendbar sein. Anwendungsfälle ergeben sich z.B. im Bereich des Lagerrechts, das komplett dispositiv ausgestaltet ist. Die Anwendungsfälle erfassen jedoch, wie die Auflistung in Ziffer 22.4 ADSp zeigt, auch alle sonstigen Verträge mit werkvertraglichem- oder dienstvertragsrechtlichem Inhalt, sofern die ADSp Anwendung finden.

277 Für die in Ziffer 22.4 ADSp im Einzelnen aufgezählten Schadenursachen gilt eine Verschuldenshaftung, die jedoch mit einer Beweislastumkehr verbunden ist. Nach der gesetzlichen Regelung in § 461 Abs. 2 HGB hat sich der Spediteur zu entlasten. Der Spediteur kann sich von einer Haftung nur befreien, wenn er nachweist, dass der Schaden selbst bei der Sorgfalt eines ordentlichen Kaufmanns eingetreten wäre.

278 Ziffer 22.4 ADSp gibt für die dort im Einzelnen genannten Fälle jedoch die Beweislast dem Auftraggeber. Voraussetzung für einen Anspruch gegen den Spediteur ist, dass nachgewiesen wird, eine schuldhafte Verursachung durch den Spediteur liegt vor. Das Risiko eines Zustandes ohne Beweis trägt der Auftraggeber. Diese Regelung ist, wie unter Ziffer 25 ADSp noch aufzuführen sein wird, höchst bedenklich.

Die Beweislastregelung zu Lasten des Auftraggebers wird schließlich noch mit einer 279
Vermutungsregelung verschärft. Nach Ziffer 22.4 letzter Satz ADSp wird nämlich
vermutet, dass die im Einzelnen aufgeführten Schadenursachen für einen Schaden
kausal sind, wenn der Schaden nur auf Grund der im Einzelnen aufgeführten Fälle
entstehen konnte.

e) Ansprüche des Spediteurs gegen Dritte. Da in der Fallgruppe des Handelns auf 280
fremde Rechnung der Spediteur nie für den Dritten, sondern allenfalls für eigenes
Auswahlverschulden haftet, stellt Ziffer 22.5 Satz 1 Alternative 1 ADSp fest, dass der
Auftraggeber im Fall einer **Schadensersatzpflicht des Dritten** vom Spediteur Abtretung der Ansprüche gegen den Dritten verlangen darf. In den Fällen des § 454 Abs. 1 Nr. 2 HGB, Ziffer 22.2 ADSp hat der Spediteur gemäß den §§ 675, 667 BGB alle Ansprüche gegen die von ihm auf Rechnung des Auftraggebers eingeschalteten Dritten herauszugeben.[158]

Hat der Spediteur auf **eigene Rechnung** gehandelt, haftet er für die von ihm zu Erledigung des Auftrags eingeschalteten selbständigen und unselbständigen Hilfspersonen nach Maßgabe der §§ 428, 462, 475 Satz 2 HGB, 278 BGB. Dies gilt im gleichen 281
Maße im Bereich der CMR, CIM und WA.[159] Die eigene Haftung des Spediteurs begründet einen Freistellungsanspruch gegen seine Hilfspersonen. Hat er bereits Schadensersatz geleistet, besteht ein Ausgleichsanspruch. Ersatzansprüche des Spediteurs
gegenüber dem Dritten hat er bis zur Höhe seiner eigenen Haftung gegenüber dem
Auftraggeber an diesen nicht abzutreten, da sie der Sicherung bzw. Realisierung des
eigenen **Regresses** dienen[160] (Ziffer 22.5 Satz 1 ADSp).

Dem Auftraggeber ist es dadurch jedoch nicht abgeschnitten, erfüllungshalber 282
(§ 364 Abs. 2 BGB) Abtretung der Ansprüche gegen den Dritten vom Spediteur zu
verlangen (Ziffer 22.5 Satz 3 ADSp). Kommt es zu einer derartigen Abtretung, hat der
Auftraggeber vorrangig mit pflichtgemäßer Sorgfalt die Ansprüche gegen den Dritten
zu verfolgen.[161] Mit der Folge einer Verjährungshemmung (§ 202 BGB) ist die Forderung gegen den Spediteur somit gestundet.[162]

Gehen die aus dem Vertragsverhältnis Spediteur zu Drittem entspringenden Ansprüche weiter als die des Auftraggebers gegen den Spediteur, etwa wegen geringerer 283
sonstiger Haftungsbeschränkungen oder wegen höherer Haftungshöchstsummen, so
ist der Spediteur berechtigt, den Schaden seines Auftraggebers im Wege der **Drittschadensliquidation** an Dritten geltend zu machen. Hinsichtlich der überfließenden
Forderungen trifft den Spediteur die Pflicht, diese nach den §§ 675, 667 BGB, Ziffer
14.2 ADSp an den Auftraggeber abzutreten. Da in dieser Höhe der Spediteur nicht
selbst haftet, erfolgt die Abtretung nicht erfüllungshalber.[163] Voraussetzung der Abtretung ist ein entsprechendes Verlangen des Auftraggebers. Der Anspruch auf Abtretung verjährt je nach Art des Speditionsgeschäftes im Sinne der Ziffer 2.1 ADSp ohne
Rücksicht auf den Zeitpunkt des Abtretungsverlangens.[164]

Hat der Speditionsversicherer einen Schaden des Auftraggebers bezahlt, erlischt im 284
Zeitpunkt und im Umfang der Zahlung durch den Spediteur oder dessen Speditionsversicherers (im Sinne der Ziffer 29 ADSp) der **Abtretungsanspruch**. Zahlt die
Speditionsversicherung, so gehen gem. § 86 VVG/§ 67 VVG a.F. die Ansprüche des

---

[158] *Koller,* a.a.O. Rdnr. 12.
[159] *Koller,* a.a.O. Rdnr. 12.
[160] *Koller,* a.a.O.
[161] BGHZ 96, 182, 193; Palandt/*Grüneberg,* § 364 BGB Rdnr. 7.
[162] BGH NJW 1992, 683, 684; Palandt/*Grüneberg,* § 364 BGB Rdnr. 8.
[163] *Koller,* a.a.O. Rdnr. 13.
[164] Vgl. BGH TranspR 1988, 391 (393).

Spediteurs auf den Versicherer über, können also nicht mehr an den Auftraggeber abgetreten werden.

23. Haftungsbegrenzungen

23.1 Die Haftung des Spediteurs bei Verlust oder Beschädigung des Gutes (Güterschaden) ist mit Ausnahme der verfügten Lagerung der Höhe nach begrenzt

23.1.1 auf € 5 für jedes Kilogramm des Rohgewichts der Sendung;

23.1.2 bei einem Schaden, der an dem Gut während des Transports mit einem Beförderungsmittel eingetreten ist, abweichend von Ziffer 23.1.1 auf den für diese Beförderung gesetzlich festgelegten Haftungshöchstbetrag;

23.1.3 bei einem Verkehrsvertrag über eine Beförderung mit verschiedenartigen Beförderungsmitteln unter Einschluss einer Seebeförderung, abweichend von Ziffer 23.1.1. auf 2 SZR für jedes Kilogramm.

23.1.4 in jedem Schadenfall höchstens auf einen Betrag von € 1 Mio. oder 2 SZR für jedes Kilogramm, je nachdem, welcher Betrag höher ist.

23.2 Sind nur einzelne Packstücke oder Teile der Sendung verloren oder beschädigt worden, berechnet sich die Haftungshöchstsumme nach dem Rohgewicht
– der gesamten Sendung, wenn die gesamte Sendung entwertet ist,
– des entwerteten Teils der Sendung, wenn nur ein Teil der Sendung entwertet ist.

23.3 Die Haftung des Spediteurs für andere als Güterschäden mit Ausnahme von Personenschäden und Sachschäden an Drittgut ist der Höhe nach begrenzt auf das Dreifache des Betrages, der bei Verlust des Gutes zu zahlen wäre, höchstens auf einen Betrag von € 100.000 je Schadenfall. Die §§ 431 Abs. 3, 433 HGB bleiben unberührt.

23.4 Die Haftung des Spediteurs ist in jedem Fall, unabhängig davon, wie viele Ansprüche aus einem Schadenereignis erhoben werden, begrenzt auf € 2 Mio. je Schadenereignis oder 2 SZR für jedes Kilogramm der verlorenen und beschädigten Güter, je nachdem, welcher Betrag höher ist, bei mehreren Geschädigten haftet der Spediteur anteilig im Verhältnis ihrer Ansprüche.

23.5 Für die Berechnung des SZR gilt § 431 Abs. 4 HGB.

285 *a) Allgemeines.* Die Klausel trifft ausschließlich eine Regelung hinsichtlich der **Haftungshöchstsummen**, weitere Haftungsbegrenzungen ergeben sich aus ihr nicht. Mit Ausnahme der verfügten Lagerung (Ziffer 24 ADSp), greift sie bei allen Arten von Speditionsgeschäften im Sinne der Ziffer 2.1 ADSp ein. Gemäß Ziffer 2.5 ADSp tritt sie hinter die zwingenden Regeln der CMR, CIM und des WA sowie den halbzwingenden § 512 HGB zurück.

286 *b) Haftungshöchstsumme bei Güterschäden.* Schäden am ruhenden Gut (Ziffer **23.1.1 ADSp**). Grundsätzlich liegt die Haftungshöchstgrenze für jedes kg des Rohgewichts der Sendung bei 5,– €. Damit wird die Haftungshöhe für Schäden am „ruhenden Gut" geregelt, das sich im Gewahrsam des Spediteurs befindet. Darüber hinaus wird die Haftungshöchstsumme gemäß Ziffer 23.1.4 ADSp auf 1 Mio. € oder auf 2 SZR pro kg und Schadenfall begrenzt. Dabei ist der höhere Betrag maßgeblich. Liegt ein ersatzfähiger Schaden bei einem Schadensereignis vor, so statuiert Ziffer 23.4 ADSp eine noch weitreichendere Obergrenze mit 2,0 Mio. € oder 2 SZR für jedes Kilogramm. Unter Schadensereignis ist dabei jeder Vorgang zu verstehen, durch den der Schaden unmittelbar herbeigeführt wird, auch wenn mehrere Personen geschädigt worden sind.[165] Sind durch ein Schadensereignis mehrere Personen geschädigt wor-

---

[165] *Prölss/Martin*, Versicherungsvertragsgesetz, § 100 VVG, Rdnr. 25.

den, so sind die bei Überschreitung des nach Ziffer 23.1 bis 23.3 ADSp zu berechnenden Betrages von 2 Mio. € diese anteilig so zu entschädigen, dass der Spediteur nur 2 Mio. € zu leisten hat. Aber auch bei einem Schadensereignis mit mehr als 2 Mio. € Schaden, kann jeder Geschädigte Ersatz in Höhe von 2 SZR (§ 431 Abs. 4 HGB und Ziffer 23.5 ADSp) pro kg fordern.[166]

c) Schäden bei Transporten (Ziffer 23.1.2 ADSp). Die – höhere – gesetzliche Haftungsgrenze von 8,33 SZR/kg (ca. 10 €) soll lediglich diejenigen Schäden erfassen, die „während des Transportes" im Rahmen eines Frachtgeschäftes (§ 407 HGB) oder Speditionsgeschäftes (§ 453 HGB) entstanden sind. Die Schäden müssen also nach dem Ver- und vor dem Entladen entstanden sein. Dabei gilt es zu berücksichtigen, dass die Verlade- und Entladephase selbst dann nicht zum Transport gehört, wenn der Spediteur die Ver- oder Entladung übernommen hat. Zum Transport gehört auch der Umschlag, wenn hierfür Beförderungsmittel eingesetzt werden. Ziffer 23.1.2 ADSp gilt daher auch dann, wenn das Gut bei der Beförderung mit einem Gabelstapler, bei Kranarbeiten oder beim Transport mit der Hafenbahn verloren geht oder beschädigt wird.[167] Konsequenterweise muss man dann den Transport des Gutes mit Sackkarre oder Hubwagen hinzuzählen. Ziffer 23.1 ADSp spricht nicht von einem wie auch immer gearteten Kraft- oder Schienenfahrzeug, sondern abstrakt von einem Beförderungsmittel. Dazu gehören aber auch die Sackkarre und der Hubwagen. *de la Motte* meint hingegen, dass unter Beförderungsmittel ein „mode of transport im Sinne der Beförderungsvorschriften, z.B. Kraftfahrzeug/CMR, Eisenbahn/CIM" gemeint sei.[168] Es mag sein, dass sich die Autoren der ADSp dies vorgestellt haben. Zum Ausdruck ist eine derartige Vorstellung jedoch nicht gekommen. Da AGB gemäß der Unklarheitenregel des § 305c Abs. 2 BGB nicht nach Motiven der Verfasser auslegungsfähig sind, ist das Tatbestandsmerkmal Beförderungsmittel wörtlich zu verstehen.

Eine Wechselbrücke, die beförderungsbedingt zwischengelagert wird, und die selbst das Gut als Gegenstand des Verkehrsvertrages ist, ist kein Transportmittel. Die Zwischenlagerung erfolgt nach dem „Entladen" und ist deshalb nicht mehr zum Transport zu zählen.[169]

d) Multimodaler Verkehr (Ziffer 23.1.3 ADSp). Unter Verkehrsverträge über eine Beförderung mit verschiedenartigen Beförderungsmitteln fallen Verträge im Sinne § 452 HGB sowie Verträge zur Besorgung der Versendung des Gutes mittels eines Vertrages im Sinne des § 452 HGB. Es muss bereits bei Abschluss des Verkehrsvertrages Einigkeit über die Multimodalität der Beförderung erzielt worden sein. Nicht ausreichend ist es, dass dies lediglich im Ermessen des Spediteurs stand. Ziffer 23.1.3 ADSp fordert zudem den Einschluss einer Seebeförderung, wobei es unerheblich ist, ob der Schaden auf der Seestrecke entstanden ist oder wie lang die Seestrecke ist.[170]

Der BGH sieht im Falle eines Multimodaltransports mit Einbeziehung einer Beförderung auf See Ziffer 23.1.3 ADSp als vorrangig vor Ziffer 23.1.2 ADSp.[171]

Die Angemessenheit der Haftungsbegrenzungen Ziffer 23.1, 23.2 ADSp wird strittig gesehen. Es ist insbesondere zu unterscheiden zwischen Fracht- und Speditionsgeschäften und sonstigen speditionsüblichen logistischen Leistungen.

---

[166] Vgl. *Koller,* a.a.O. Ziffer 23 ADSp Rdnr. 4.
[167] *Koller,* a.a.O. Rdnr. 4.
[168] *de la Motte,* Kommentar zum Transportrecht, Ziffer 23 ADSp Rdnr. 5.
[169] *Koller,* a.a.O. Ziffer 23 ADSp Rdnr. 5; a.A. OLG Stuttgart TranspR 2002, 37 (38).
[170] *Koller,* a.a.O. Rdnr. 6.
[171] BGH TranspR 2013, 437.

292 **Für Fracht und Speditionsgeschäfte** ist eine Abweichung für Güterschäden nach *Koller* innerhalb bestimmter Margen zulässig gemäß §§ 449 Abs. 2 Satz 2 und 466 Abs. 2 Satz 2 HGB. Die Klausel ist deshalb wirksam.[172]

293 Bei speditionsüblichen logistischen Leistungen sind die Tätigkeiten eher dem Werkvertrags oder Dienstvertragsrecht zuzuordnen. In diesen Bereichen greift der Schutz der §§ 407, 453 ff. HGB nicht für den Spediteur. Koller meint deshalb, dort, wo der Spediteur mit anderen Unternehmen sein Dienstleistungsspektrum ausdehnt, sei er nicht zu privilegieren. Dies würde gegen das Gleichbehandlungsgebot in Art. 3 GG verstoßen.[173] Die frühere Rechtsprechung des BGH hat eine rigide Haftungsbegrenzung durch die ADSp generell als AGB konform anerkannt. Diese Rechtsprechung wurde mit Urteil des BGH vom 28.1.2001,[174] aufgegeben. Die Begründung lief im Wesentlichen darauf hinaus, dass das neue Transportrecht den früheren ADSp (vor 1998) eine Absage erteilt hat, weil es die Haftung AGB-fest geregelt hat. Nur der Höhe nach kann nach dem geltenden HGB über AGB die Haftung in bestimmten Grenzen (§§ 449 Abs. 2 Satz 2, 466 Abs. 2 Satz 2 HGB) gestaltet werden.

294 Die haftungsbegrenzenden Vorschriften der ADSp sind in Zusammenhang mit Ziffer 27 ADSp zu lesen. Vollkommen AGB-fest geregelt ist § 435 HGB. Danach haftet der Spediteur bei leichtfertigem Handeln unbegrenzt und zwar auch für seine Erfüllungsgehilfen. Dies wird in Ziffer 27 ADSp modifiziert. Werden vertragswesentliche Pflichten verletzt, ist die Haftung des Spediteurs erweitert. Hier haftet der Spediteur sogar bei einfacher Fahrlässigkeit. Diese Haftung besteht für die Verletzung von vertragswesentlichen Pflichten. Die Obhut und die pflegliche Behandlung des Gutes bei Werkverträgen auf Grund derer der Spediteur Besitz am Gut erlangt, gehören zu den vertragswesentlichen Pflichten. Die Haftungsbegrenzung der Ziffer 23.1 und 23.2 ADSp im Zusammenspiel mit Ziffer 27 ADSp ist angemessen und wirksam.[175] Im Hinblick auf die vertragswesentlichen Pflichten sollte man die Möglichkeit des Spediteurs sich voll zu versichern nicht außer Acht lassen.[176]

295 *e) Andere Schäden als Verlust oder Beschädigung des Gutes (Ziffer 23.3 ADSp).* Die §§ 425 ff. HGB regeln grundsätzlich nur die Haftung für Güterschäden. Das Handeln des Spediteurs kann aber neben dem Güterschaden auch noch Güterfolgeschäden oder Vermögensschäden verursachen. Letztere können auch ohne Güterschaden eintreten. Ziffer 23.3 ADSp nimmt Personen- oder Sachschäden an anderen Sachen, als dem übergebenen Gut, auch „Drittgut" genannt, aus.

296 Für alle anderen als Güterschäden soll nach Ziffer 23.3 ADSp der Spediteur höchstens mit dem Dreifachen des Betrages, der bei Verlust zu zahlen wäre, höchstens bis 100.000,- € je Schadenfall haften. Unter Schadenfall ist der Schaden zu verstehen, der durch ein bestimmtes Ereignis verursacht wird und bei einem bestimmten Auftraggeber entsteht.[177] Demnach stellt die Schädigung desselben Auftraggebers durch mehrere selbständige schadensträchtige Handlungen oder Unterlassungen mehrere Schadenfälle dar; gleiches gilt für die Schädigung mehrerer Auftraggeber durch dasselbe Schadensereignis.[178]

---

[172] *Koller,* a.a.O. Ziffer 23 ADSp Rdnr. 15.
[173] A.a.O. Ziffer 23 ADSp Rdnr. 17.
[174] TranspR 2001, 471.
[175] *Koller,* a.a.O. Rdnr. 19.
[176] *Koller,* a.a.O. Rdnr. 19.
[177] Kammergericht VersR 1967, 446 (449); OLG Hamburg VersR 1983, 827 (828).
[178] *Koller,* a.a.O. Rdnr. 14.

Die Klausel ist im Lichte des § 307 BGB als angemessen anzusehen und wirksam. 297
Denn sie gibt dem Geschädigten bei Kardinalpflichtverletzungen (vertragswesentliche
Pflichten) einen Ersatz des vorhersehbaren, typischen Schadens, ohne Einschränkung.[179]

f) Kumulbegrenzung Ziffer 23.4 ADSp. Erfasst werden von Ziffer 23.4 ADSp auch 298
Personenschäden, die nicht infolge von **Kardinalpflichtverletzungen** entstanden
sind. Die Klausel wird im Hinblick auf § 309 Nr. 7a BGB als bedenklich angesehen, da
sie von „in jedem Fall" spricht und damit unteilbar ist.[180] Personenschäden können
weit über die geregelten Haftungsgrenzen hinaus gehen. Durch das AGB-rechtliche
Reduktionsverbot kann die Klausel im Einzelfall als nichtig angesehen werden.[181]

24. Haftungsbegrenzungen bei verfügter Lagerung

24.1 Die Haftung des Spediteurs bei Verlust oder Beschädigung des Gutes (Güterschaden) ist bei einer verfügten Lagerung begrenzt

24.1.1 auf EUR 5 für jedes Kilogramm des Rohgewichts der Sendung,

24.1.2 höchstens EUR 5.000 je Schadenfall; besteht der Schaden eines Auftraggebers in einer Differenz zwischen Soll- und Ist-Bestand des Lagerbestandes (Ziffer 15.6), so ist die Haftungshöhe auf EUR 25.000 begrenzt, unabhängig von der Zahl der für die Inventurdifferenz ursächlichen Schadenfälle. In beiden Fällen bleibt Ziffer 24.1.1 unberührt.

24.2 Ziffer 23.2 gilt entsprechend.

24.3 Die Haftung des Spediteurs für andere als Güterschäden mit Ausnahme von Personenschäden und Sachschäden an Drittgut ist bei einer verfügten Lagerung begrenzt auf EUR 5.000 je Schadenfall.

24.4 Die Haftung des Spediteurs ist in jedem Fall, unabhängig davon, wie viele Ansprüche aus einem Schadenereignis erhoben werden, auf EUR 2 Mio je Schadenereignis begrenzt; bei mehreren Geschädigten haftet der Spediteur anteilig im Verhältnis ihrer Ansprüche.

a) Allgemeines. Unter den **Begriff** der verfügten Lagerung fallen nicht die verkehrsbedingten Vor-, Zwischen- und Nachlagerungen bei denen die Lagerung vernünftigerweise der Ausführung des Transportauftrages oder Auftrages zur Verzollung etc. dient. Ziffer 24 ADSp erfasst ausschließlich Lagerverträge im Sinne des § 467 HGB und gemischte Verträge mit lagerrechtlichen Elementen. 299

b) Haftungsbegrenzung bei verfügter Lagerung (Ziffer 24.2 ADSp). Ziffer 24 ADSp 300 regelt nur die Höhe der Haftung. Anspruchsgrundlage ist § 475 HGB. Danach haftet der Lagerhalter für den Schaden, der durch Verlust oder Beschädigung des Gutes in der Zeit von der Übernahme zur Lagerung bis zur Auslieferung entsteht („**Lagerphase**"). Dies gilt gemäß § 475 Satz 2 HGB auch dann, wenn der Lagerhalter gemäß § 472 Abs. 2 das Gut bei einem Dritten einlagert.

Grundsätzlich gilt gemäß Ziffer 24.1.1 ADSp eine Haftungshöchstgrenze von 5,- € 301 für jedes Kilogramm des in Verlust geratenen oder beschädigten Rohgewichts einer Sendung. Nur für den Fall, dass bei einer Mehrzahl von Ein- und Auslagerungen sich eine Differenz zwischen Soll- und Ist- Bestand im Lager an Gütern des Auftraggebers ergeben hat, erhöht sich die **Haftungsgrenze** auf 25.000,- €. Dies gilt dann unabhängig von der Zahl der für die Inventurdifferenz ursächlichen Schadenfälle.

---

[179] *Koller,* a.a.O. Rdnr. 22.
[180] *Koller,* a.a.O. Rdnr. 23.
[181] *Koller,* a.a.O. Rdnr. 23.

302 Über Ziffer 24.2 ADSp findet Ziffer 23. ADSp auch für Lagerschäden entsprechende Anwendung (vgl. dort). Da der Gesetzgeber anders als im Rahmen der Obhutshaftung, die für Frachtführer und Spediteure gilt, keinen Haftungskorridor von 2 bis 40 Sonderziehungsrechten vorgesehen hat und die Haftung des Lagerhaltes insgesamt dispositiv ausgestaltet ist, kann durch Ziffer 24 ADSp die Haftung auf die vorerwähnten Beträge begrenzt werden.

303 *c) Haftung für Güterfolge- und Vermögensschäden (Ziffer 24.3 ADSp).* Ziffer 24.3 ADSp erfasst den Ersatz von Güterfolge- und Vermögensschäden, die durch das Verschulden des Spediteurs als Lagerhalter entstanden sind.[182] Ausgenommen Sind Personenschäden und Schäden am Drittgut.

304 Grund hierfür ist, dass § 475 HGB selbst nur den Güterschaden regelt und das Gesetz sich ansonsten zu Güterfolge- und Vermögensschäden ausschweigt.

305 Da die rigide Haftungsbegrenzung auf 5.000,- € je Schadenfall wegen Ziffer 27 ADSp nur zum Tragen kommt, wenn vertragsunwesentliche Pflichtenverletzt wurden und weder dem Spediteur noch seinen leitenden Angestellten grobe Fahrlässigkeit vorgeworfen werden kann, ist sie als angemessen und wirksam anzusehen.[183]

306 *d) Kumulschadenbegrenzung (Nummer 24.4 ADSp).* Grundsätzlich kann zur Kumulschadenbegrenzung auf Ziffer 23.4 ADSp verwiesen werden (vgl. oben Rdnr. 230). Da das Lagerrecht jedoch komplett dispositiv ist, treten die bei Ziffer 23.4 ADSp erwähnten Probleme nicht auf. Die Begrenzung auf 2 Mio. € je Schadenereignis ist auch interessengerecht. Die Haftung muss für den Kaufmann versicherbar sein. Die in Ziffer 24.4 ADSp genannte Haftungsgrenze entspricht dem üblichen Versicherungsschutz, der auf dem Markt eingedeckt werden kann. Ebenso wie bei Ziffer 23.4 ist aber auch bei Ziffer 24.4 ADSp zu beachten, dass die Haftungsgrenze sich auf ein Schadenereignis bezieht. Die Haftungsgrenze des Spediteurs als Lagerhalter beträgt somit insgesamt EUR 2 Mio., unabhängig davon, wie viele Auftraggeber geschädigt wurden.

25. Beweislast

25.1 Der Auftraggeber hat im Schadenfall zu beweisen, dass dem Spediteur ein Gut bestimmter Menge und Beschaffenheit ohne äußerlich erkennbare Schäden (§ 438 HGB) übergeben worden ist. Der Spediteur hat zu beweisen, dass er das Gut, wie er es erhalten hat, abgeliefert hat.

25.2 Der Beweis dafür, dass ein Güterschaden während des Transports mit einem Beförderungsmittel (Ziffer 23.1.2) eingetreten ist, obliegt demjenigen, der dies behauptet. Bei unbekanntem Schadenort hat der Spediteur auf Verlangen des Auftraggebers oder Empfängers den Ablauf der Beförderung anhand einer Schnittstellendokumentation (Ziffer 7) darzulegen. Es wird vermutet, dass der Schaden auf derjenigen Beförderungsstrecke eingetreten ist, für die der Spediteur eine vorbehaltslose Quittung nicht vorlegt.

25.3 Der Spediteur ist verpflichtet, durch Einholung von Auskünften und Beweismitteln für die Feststellung zu sorgen, wo der geltend gemachte Schaden eingetreten ist.

307 *a) Allgemeines.* Ziffer 25 ADSp verteilt die Beweislast zwischen Auftraggeber und Spediteur anders als im Gesetz vorgesehen. In Ziffer 25.1 ADSp wird die Beweislast des Auftraggebers hinsichtlich verdeckter Schäden erleichtert. Dafür wird die **Beweis-**

---

[182] *Koller,* a.a.O. Ziffer 24 ADSp Rdnr. 11.
[183] *Koller,* a.a.O. Rdnr. 11 m.w.N.

last im **Haftungsfall** für den Auftraggeber in Ziffer 25.2 ADSp deutlich und in Abweichung zur alten BGH-Rechtsprechung erschwert. Der BGH hat jedoch in neuerer Entscheidung die Beweislast demjenigen angelastet, der dies behauptet.[184] Jedoch muss der Frachtführer weiter den Verlustfall unmittelbar dokumentieren und Nachforschungen dazu anstellen.[185] Die Wirksamkeit der Klausel ist strittig.[186]

b) Übergabe des Gutes (Ziffer 25.1 ADSp). Ziffer 25.1 ADSp, entspricht den allgemeinen Regeln über die Beweislastverteilung im Fracht- und Speditionsrecht. Der Auftraggeber hat nur zu beweisen, dass er das Gut ohne äußerlich erkennbare Schäden dem Spediteur übergeben hat. Die Beweislast dafür, dass bei Übergabe bereits verdeckte, das heißt äußerlich nicht erkennbare Schäden vorhanden waren trägt der Spediteur. Denn er muss beweisen, dass er das Gut so abgeliefert hat, wie er es erhalten hat, also bereits mit dem verdeckten Schaden.[187] Die Parteien können sich aller Beweismittel bedienen, auch des Frachtbriefes. Die Vermutung des § 409 HGB ist durch Ziffer 25.1 ADSp nicht abbedungen.[188]   **308**

Hat er das Gut weitergegeben, kann sich der Spediteur in der Praxis auf § 438 HGB berufen, der zunächst bei der reinen Quittung ansetzt, die auf Grund der äußerlich nicht erkennbarer Beschädigung gewährt wird.   **309**

c) Güterschäden während des Transports (Ziffer 25.2 ADSp). Ziffer 25.2 ADSp ist § 452a Satz HGB nachgebildet.[189] Ziffer 25.2 ADSp gewinnt insbesondere in Verbindung mit Ziffer 23.1 ADSp große praktische Bedeutung. Denn die Haftung des Spediteurs nach Ziffer 23 ADSp variiert je nachdem, ob der Güterschaden bei einem Transport entstanden ist (Haftung 8,33 SZR pro kg, also knapp 10 € je kg) oder außerhalb einer Beförderung (5,– € pro kg des Rohgewichts der Sendung). Nach Ziffer 25.2 ADSp hat der Auftraggeber, wenn er den höheren **Schadensersatz** fordert, die Beweislast dafür, dass der Güterschaden während des Transports eingetreten ist.   **310**

Zwar ist es ein allgemeiner Beweislastgrundsatz, dass derjenige, der sich auf eine ihm günstigere Norm beruft, deren Voraussetzungen darzulegen und zu beweisen hat. Aber in der Praxis ist der Auftraggeber des Spediteurs am Transport nicht beteiligt und kann daher als Außenstehender in der Regel zum Ort, wo der Schaden eingetreten ist, überhaupt nichts sagen. Dieses Problem scheint Ziffer 25.2 Satz 2 ADSp lösen zu wollen. Danach soll der Spediteur bei einem unbekannten Schadenort auf Verlangen des Auftraggebers verpflichtet sein, den Ablauf der Beförderung anhand der Schnittstellendokumentation im Sinne der Ziffer 7 ADSp darlegen. Bemerkenswert ist jedoch, dass Ziffer 25.2 Satz 2 ADSp nach dem Wort „darlegen" die sonst üblicherweise zu erwartenden Worte „und beweisen" nicht erwähnt. Berücksichtigt man, dass der Gesetzgeber als Regelhaftung einen Wertersatz von 8,33 SZR pro kg vorsieht, so müsste der oben bereits erwähnte allgemeine Grundsatz gelten, dass derjenige, der Rechte aus einer ihm günstigeren Regelung herleiten will, diese darzulegen und zu beweisen hat. Das bedeutet eigentlich, dass der Spediteur, wenn er sich auf die begrenzte Haftung von 5,– € pro kg berufen will, deren Voraussetzungen darzulegen und zu beweisen hat.   **311**

---

[184] BGH Urt. v. 10.12.2009 – I ZR 154/07, TranspR 2010, 78.
[185] BGH Urt. v. 19.7.2012 – I ZR 104/11, TranspR 2013, 111.
[186] *Koller,* a.a.O. Ziffer 25 ADSp Rdnr. 5 m.w.N.
[187] *Koller,* a.a.O. Rdnr. 1.
[188] *Koller,* a.a.O. Rdnr. 1.
[189] *Koller,* a.a.O. Rdnr. 2.

312 *Koller* stellt fest, dass die Klausel von den Grundsätzen abweicht, die der BGH[190] aufgestellt hat. Danach ergibt sich aus den allgemeinen **Beweislastregeln** das Gebot, den Spediteur die Folgen der Beweislosigkeit tragen zu lassen. Denn er allein oder seine Hilfspersonen können das Schadensrisiko und den Schadenhergang durchschauen und sind den Beweismitteln wesentlich näher als der Auftraggeber. Auch aus § 452a Satz 2 HGB ergibt sich nichts grundsätzlich anderes, denn er gilt nur für den Transport mit verschiedenartigen Beförderungsmitteln. § 452a Satz 2 HGB stellt eine **bewusste Sondervorschrift** dar, deren Wertungen nicht einfach übernommen werden können.[191] *Koller*[192] hält die Klausel Ziffer 25.2 ADSp aus AGB-rechtlichen Gründen für unwirksam.

313 Die Beweislastregelung in Ziffer 25.2 ADSp steht im Widerspruch zur Rechtsprechung des BGH zum multimodalen Verkehr.[193] Weil es bei der Differenzierung zwischen Ziffer 23.1.1 und 23.1.2 ADSp gerade darum geht, „normale" Schäden oder besser gesagt, Schäden am „ruhenden Gut" von Schäden abzugrenzen, die sich am Gut während des Transportes mit einem Beförderungsmittel eingetreten sind, erscheint zumindest die Anwendung der Grundsätze der BGH-Rechtsprechung als angemessen und geboten. Auch die Wahl des Begriffes „Beförderungsmittel", der eher dem Recht des multimodalen Verkehrs entnommen wurde, rechtfertigt dies.

314 Der BGH hat klar gesagt, „dass es nicht als angemessen und zumutbar angesehen werden kann, wenn dem Auftraggeber im Rahmen der Vereinbarung von AGB der Beweis für Umstände übertragen wird, die im Verantwortungsbereich des Verwenders liegen".[194] Von dieser Rechtsprechung hat sich der BGH abgewandt und trägt dem Frachtführer nur auf, die Umstände detailliert genug vorzutragen, um dem Geschädigten eine Prüfung auf Richtigkeit zu ermöglichen.[195] Entgegen der alten Rechtsprechung[196] besteht für den Frachtführer keine Beweislast bezüglich seines geschilderten Sachverhalts.[197] Allerdings treffen diesen die oben genannten Dokumentations- und Nachforschungspflichten.[198]

315 Unter diesem Aspekt dürfte auch die Meinung Kollers zukünftig keinen Anklang – v. a. in der Rechtsprechung – finden. Folglich entspricht Ziffer 25.2 ADSp der neueren Rechtsprechung des BGH, wobei Ziffer 25.3 der Dokumentations- und Nachforschungspflicht genügt, sofern dies unmittelbar erfolgt.

316 *d) Feststellungspflicht für Auskünfte und Beweismittel (Ziffer 25.3 ADSp).* Die **Interessenwahrungspflicht** (Ziffer 1 ADSp) verpflichtet den Spediteur, auch bei Schadenfällen die Interessen seines Auftraggebers zu sichern. Gemäß Ziffer 25.3 ADSp gehört dazu unter anderem die Einholung von Auskünften und Beweismitteln sowie die Verpflichtung dafür Sorge zu tragen, dass ein Schaden festgestellt wird. Dazu gehört nicht nur der Ort des Schadens sondern auch die weiteren Umstände. Der Spediteur ist bei allen Schadenfällen, die nicht nur von geringer wirtschaftlicher Bedeutung sind, verpflichtet, im Interesse des Auftraggebers einen Havariekommissar hinzuzuziehen, der Feststellungen trifft und Beweise sichert.

---

[190] BGHZ 101, S. 172 ff.; VersR 1987, 1212 (1215).
[191] *Koller,* a. a. O. Ziffer 25 ADSp Rdnr. 3 f.
[192] A. a. O. Rdnr. 5.
[193] BGH VersR 1987, 1212 (1215).
[194] BGH, a. a. O.
[195] BGH VersR 2010, 648 (649).
[196] BGH TranspR 1997, 291.
[197] BGH VersR 2010, 648; BGH TranspR 2008, 113; BGH TranspR 2009, 134.
[198] BGH Urt. v. 19.7.2012 – I ZR 104/11, TranspR 2013, 111.

e) Auswirkungen der Beweislast auf Einzelfälle. Ungenügende Verpackung, 317
Kennzeichnung des Gutes (Ziffer 22.4.1 ADSp). Den Spediteur trifft die Beweislast hinsichtlich der Unzulänglichkeit der Verpackung oder Kennzeichnung. Der Beweis des Verschuldens des Spediteurs obliegt dem Auftraggeber. Da der risikoerhöhende Faktor aus dem Risikobereich des Auftraggebers stammt, ist die Klausel AGBG-konform.[199]

Aufbewahrung im Freien (Ziffer 22.4.2 ADSp). Eine Aufbewahrung im Freien 318 muss entweder ausdrücklich oder konkludent vereinbart werden, wenigstens aber der Verkehrssitte entsprechen. Insoweit trifft den Spediteur die Beweislast. Der Klausel begegnen Bedenken im Hinblick auf § 307 BGB, da sie nicht mit den Fällen der Beförderung in offenen Fahrzeugen oder auf Deck vergleichbar ist. Die Klausel kann allenfalls dann als angemessen betrachtet werden, wenn dem Spediteur die Beweislast dahingehend auferlegt wird, dass er die Güter sorgfältig bewacht und vor Witterungseinflüssen geschützt oder nach den Weisungen des Auftraggebers gehandelt hat.[200]

Schwerer Diebstahl, Raub (Ziffer 22.4.3 ADSp). Da es gerade Aufgabe des Spediteurs ist, die Gefahr von Diebstählen zu senken, entsprechende Schutzmaßnahmen 319 also in seinem Verantwortungsbereich liegen und diese für den Auftraggeber weder erkennbar noch nachweisbar sind, darf der Auftraggeber nicht mit dem Beweis belastet werden, dass verkehrserforderliche Sicherheitsvorkehrungen den Diebstahl verhindert hätten. Allenfalls in den Fällen des Raubes kann nach den Grundsätzen des Schadensbeweises vom fehlenden Verschulden des Spediteurs ausgegangen werden. Die Klausel erscheint daher unangemessen.[201]

Höhere Gewalt (Ziffer 22.4.4 ADSp). Von höherer Gewalt spricht man bei einer 320 außergewöhnlichen, von außen her einwirkenden Störung, die keine typische Betriebsgefahr darstellt und mit größter Sorgfalt unabwendbar ist. Wird höhere Gewalt nachgewiesen, so ist auch der Beweis hinsichtlich des Fehlens eines Verschuldens geführt. Die Klausel ist daher unbedenklich.[202]

Witterungseinflüsse. Da der Schutz des Gutes vor Witterungseinflüssen zu den 321 Aufgaben des Spediteurs gehört, und somit die Schadensursache dem im Verantwortungsbereich des Spediteurs zuzuordnen ist, liegt ein Verstoß der Klausel gegen § 307 BGB vor.[203] Auch das Frachtrecht kennt keine so weit reichende Beweislastumkehr, siehe § 427 HGB, Art. 18 Abs. 4 CMR.

Schadhaftwerden irgendwelcher Geräte oder Leitungen. Die Geräte oder Leitungen müssen Schadensursache, nicht Schadensobjekt sein. Da die Instandhaltung und 322 Instandsetzung von Geräten und Leitungen dem Verantwortungsbereich des Spediteurs zuzuordnen ist, der Auftraggeber zudem nicht in der Lage sein wird, die Ursache für das Versagen der Geräte oder Leitungen zu beweisen, erscheint die Klausel unangemessen.[204]

Einwirkung anderer Güter, Tiere. Erfasst werden sowohl Güter anderer Kunden 323 als auch andere Güter des Auftraggebers. Die Tiere sind Schadensquelle nicht Schadensobjekt. Da die Güter und Tiere im Verantwortungsbereich des Spediteurs sind, und dort ihre schädigenden Auswirkungen entfaltet haben, trifft den Spediteur die Beweislast. Eine **Beweislastumkehr** ist daher unwirksam.[205]

---

[199] Koller, a.a.O. Rdnr. 7.
[200] Koller, a.a.O. Rdnr. 8; a.A. Wolf/Horn/Lindacher, AGBG § 9 Rdnr. A 73.
[201] Koller, a.a.O. Rdnr. 9.
[202] Koller, a.a.O. Rdnr. 10.
[203] Koller, a.a.O. Rdnr. 11.
[204] Koller, a.a.O. Rdnr. 12.
[205] Koller, a.a.O. Rdnr. 13.

324 **Natürliche Veränderungen des Gutes.** Darunter fällt jede Veränderung, verursacht durch die Eigenart des Gutes. D.h. durch dessen Eigenschaften, unabhängig davon, ob die Veränderung durch äußere Umstände in Gang gesetzt oder durch diese gefördert wurde. Liegen Weisungen des Auftraggebers vor, so trifft den Spediteur die Beweislast darüber, dass er diese befolgt hat. Anders als in vielen anderen Transportrechten, wo sich vergleichbare Regelungen finden (§§ 427 Abs. 2 Satz 4, 499 Abs. 1 Satz 1 Nr. 6 HGB, Artt. 17 Abs. 4 CMR, 36 § 3 CIM), wird in dieser Klausel nicht ausreichend berücksichtigt, dass der innere Verderb kein unbeeinflussbares Risiko darstellt, sondern der Schutz des Gutes davor, gerade die Aufgabe des Spediteurs und Lagerhalters ist. Die Klausel ist daher als unangemessen zu betrachten. Dem Erfordernis der Angemessenheit würde allerdings dann genügt, wenn den Spediteur die Pflicht träfe, den in § 427 Abs. 4 HGB und Art. 18 Abs. 4 CMR genannten Beweis zu führen.[206]

325 **Sonstige Fallgruppen.** Ist keiner der von Ziffer 22.4 ADSp erfassten Fälle gegeben, so ergibt sich die Beweislast vorbehaltlich der zwingenden oder AGB-festen Vorschriften (z.B. §§ 425, 426, 461 Abs. 1 HGB, CMR, CIM, WA), aus den einschlägigen gesetzlichen Vorschriften (z.B. §§ 282, 285 BGB; § 475 HGB).

26. Außervertragliche Ansprüche
Die vorstehenden Haftungsbefreiungen und -beschränkungen gelten entsprechend §§ 434, 436 HGB auch für außervertragliche Ansprüche.

326 Die Ziffer 26 ADSp übernimmt die gesetzlichen Grundsätze aus den §§ 434, 436 HGB, die den Spediteur vor Ansprüchen aus allgemeinen außervertraglichen zivilrechtlichen Haftungsnormen, z.B. aus §§ 823, 831 BGB davor schützen, über diese Anspruchsgrundlagen der Höhe nach unbegrenzt in Anspruch genommen zu werden.[207] Der Grundsatz der **Anspruchsnormenkonkurrenz** wird daher durch die §§ 434, 436 BGB begrenzt und nach Ziffer 26 ADSp auch noch einmal vertraglich verankert. Damit sind die Regeln der §§ 434, 436 HGB auf alle Tätigkeiten des Spediteurs im Sinne der Ziffer 2 ADSp anzuwenden.[208]

27. Qualifiziertes Verschulden
Die vorstehenden Haftungsbefreiungen und -begrenzungen gelten nicht, wenn der Schaden verursacht worden ist;

27.1 durch Vorsatz oder grobe Fahrlässigkeit des Spediteurs oder seiner leitenden Angestellten oder durch Verletzung vertragswesentlicher Pflichten, wobei Ersatzansprüche in letzterem Fall begrenzt sind auf den vorhersehbaren, typischen Schaden;

27.2 in den Fällen der §§ 425 ff., 461 Abs. 1 HGB durch den Spediteur oder die in §§ 428, 462 HGB genannten Personen vorsätzlich oder leichtfertig und in dem Bewusstsein, dass ein Schaden mit Wahrscheinlichkeit eintreten werde.

327 *a) Allgemeines.* Ziffer 27 ADSp erklärt die dargestellten Haftungsbegrenzungen, im Wesentlichen Ziffer 22 bis 26 ADSp, für nicht anwendbar, wenn der Schaden durch **Vorsatz oder grobe Fahrlässigkeit** verursacht worden ist. Im Fall der Anwendung der §§ 425, 461 ff. HGB entfallen die Haftungsbegrenzungen, wenn der Schaden vorsätzlich oder leichtfertig in dem Bewusstsein verursacht wurde, dass ein Schaden mit Wahrscheinlichkeit eintreten werde. Ziffer 27 ADSp kommt nicht zum Tragen, wenn

---

[206] *Koller,* a.a.O. Rdnr. 14.
[207] *de la Motte,* Kommentar zum Transportrecht, Ziffer 26 ADSp.
[208] *de la Motte,* a.a.O.

zwingende Vorschriften der CMR, CIM des WA sowie des Handelsrechts (§§ 662 ff. HGB a. F.) einschlägig sind.

b) Schäden aus Verkehrsverträgen, die lagerrechtlicher oder allgemein werk- oder dienstvertraglicher Natur sind (Ziffer 27.1 ADSp). Ziffer 27.1 ADSp findet überall dort Anwendung, wo nicht zwingendes Recht oder die §§ 425 ff., 461 ff. HGB nicht vorrangig Anwendung finden. Ziffer 27 ADSp gilt bei Werk- bzw. dienstvertraglichen Verpflichtungen oder solchen lagerrechtlicher Art (§ 467 HGB), wenn der Spediteur diesen Verpflichtungen zuwider gehandelt hat. Beispiele sind die üblicherweise zum Speditionsgewerbe gehörenden Geschäfte, sowie die speditionsüblichen logistischen Leistungen. Bei gemischten Verträgen ist die Zuordnung des Ersatzanspruchs zu den entsprechenden Elementen des Vertrages maßgeblich.[209] 328

Eine unbegrenzte Haftung sieht Ziffer 27 ADSp **bei Vorsatz oder grobe Fahrlässigkeit des Spediteurs** vor. Ist der Spediteur eine juristische Person, dann entscheidet das Verhalten eines Geschäftsführers oder Vorstands selbst oder seiner leitenden Angestellten. Der Begriff des Vorsatzes umfasst nicht nur die Absicht im Sinne zielgerichteten Willens, sondern auch Wissen und Wollen der Schädigung, sowie der bedingte Vorsatz. Letzterer liegt vor, wenn der Schaden für möglich gehalten und billigend in Kauf genommen wird. 329

Grob fahrlässig handelt wer nahe liegende Vorsichtsmaßnahmen insbesondere im organisatorischen Bereich außer acht lässt. Meist wird dann auch die Wahrscheinlichkeit des Schadeneintritts gesehen, jedoch letztendlich davon ausgegangen „es werde schon gut gehen". Grob fahrlässiges Handeln liegt insbesondere vor, wenn organisatorische Schutzmaßnahmen unterbleiben, nicht für Ordnung im Lager und Transparenz der Abläufe gesorgt wird, insbesondere keine Schnittstellenkontrolle i. S. d. Ziffer 7 ADSp organisiert sind, wenn nicht sichergestellt ist, dass Dritten der Zugang zu einer Lagerhalle, in der diebstahlgefährdete Ware gelagert wird, verwehrt wird, wenn keine Personalkontrollen bei Verlassen des Lagers durchgeführt werden, wenn die Verantwortungsbereiche der Mitarbeiter nicht fixiert werden und der Betrieb des Spediteurs sonst so mangelhaft strukturiert ist, dass dies einem Leiter eines Speditionsunternehmens offenkundig sein muss.[210] 330

Irrelevant ist es für den Vorwurf **grober Fahrlässigkeit,** dass das Verhalten üblich ist.[211] Ohne Belang ist es zudem, wenn der Spediteur bereits einmal grob fahrlässig gehandelt hat und der Auftraggeber ihn erneut einschaltet.[212] Hier darf der Auftraggeber von einem punktuellen Versagen ausgehen, wenn nicht Anhaltspunkte dafür vorliegen, dass der Spediteur nicht zu einer Besserung fähig ist.[213] 331

Hinsichtlich des leitenden Angestellten müssen die Voraussetzungen der §§ 5 Betriebsverfassungsgesetz, 14 Kündigungsschutzgesetz nicht erfüllt sein. Der Vorwurf im Sinne der Ziffer 27.1 ADSp kann leitenden Angestellten jedoch nur gemacht werden, wenn diese als Repräsentanten bzw. verfassungsmäßig berufene Vertreter des Spediteurs aufgetreten sind. Voraussetzung ist also eine weitgehend selbständige Leitung eines Bereichs des Speditionsunternehmens.[214] 332

Beweislastverteilung. Grundsätzlich hat der Geschädigte die grobe Fahrlässigkeit oder Vorsatz zu beweisen. Diese Beweislast wird aber auf den Spediteur verlagert, da 333

---

[209] *Koller,* a. a. O. Ziffer 27 ADSp Rdnr. 2.
[210] *Koller,* a. a. O. Rdnr. 3 m. w. N. auf eine Vielzahl von Beispielen aus der Rechtsprechung.
[211] BGH TranspR 1981, 123.
[212] BGH TranspR 1998, 475 (477).
[213] *Koller,* a. a. O. Rdnr. 3.
[214] *Koller,* a. a. O. Rdnr. 4.

der Geschädigte gänzlich außerhalb des Organisationsbereiches des Spediteurs steht. Der Geschädigte hat keinen Einblick in die maßgeblichen Geschehensabläufe. Die an sich von ihm vorzutragenden Tatsachen sind ihm meist nicht bekannt. Deshalb hat der Spediteur substantiiert unter Nennung der Namen der beteiligten Personen den Geschehensablauf darzulegen und zu beweisen.[215] Der Spediteur muss konkret vortragen, welche Sorgfalts- und Schutzvorkehrungen er im Einzelfall und generell getroffen hat und die einzelnen Maßnahmen zur praktischen Umsetzung von Organisationsmaßnahmen darstellen.[216] Eine pauschale Verweisung auf Ein-, Ausgangs- und Güterkontrollen mittels Speditionsübergabescheinen und EDV-Restelisten genügt nicht.[217] Der Spediteur hat konkret und im Einzelnen darzulegen, wie die einzelnen Maßnahmen in der Praxis geordnet, überschaubar und zuverlässig ineinandergreifen. Diese Darlegungs- und Beweislast des Spediteurs steht unter der Prämisse der Zumutbarkeit. Der Spediteur hat auch zu beweisen, dass schädigende Mitarbeiter keine leitenden Angestellten sind. Kommt der Spediteur seiner **Darlegungs- und Beweisobliegenheit** nach, so hat der Geschädigte konkrete Tatsachen zu behaupten und ggf. zu beweisen, aus denen sich die grobe Fahrlässigkeit ergibt. Erfüllt der Spediteur seine Darlegungsobliegenheit dagegen nicht, so kann daraus auf ein grobes Verschulden geschlossen werden. Der BGH hat Klauseln, die die Beweislast entgegen den Verantwortungssphären der Vertragsparteien verteilen, für unwirksam erklärt.[218] Die Wirksamkeit der in Ziffer 27.1 ADSp getroffenen Beweislastregelung ist deshalb strittig in Hinblick auf § 307 BGB. *Koller*[219] hält sie für unangemessen und unwirksam, anderer Ansicht ist *Vogt*.[220]

334 Wenn von einem grob fahrlässigen Verhalten des Spediteurs ausgegangen werden muss, hat er die Möglichkeit entsprechende Umstände darzulegen und zu beweisen, die gegen die Ursächlichkeit des Fehlverhaltens sprechen. Der Nachweis von grob fahrlässigem Verhalten kann in der Regel nicht auf der Grundlage des Anscheinsbeweises geführt werden. Die Mittel des Anscheinsbeweises sind aber dort zulässig, wo es um die Frage geht, ob bestimmte Ereignisse als Schadensursache in Betracht kommen.[221]

335 Ziffer 27.1 ADSp regelt auch auf die Verletzung **vertragswesentlicher Pflichten** ab. Sie knüpft damit an die Rechtsprechung des BGH[222] zur Verletzung wesentlicher Pflichten an.[223] Dazu zählen Hauptleistungspflichten, die den typischen Vertragszweck prägen.[224] Zum Beispiel bei Lagerung, die Obhut.[225] Auch der Schutz des Gutes vor Schaden im Rahmen logistischer Leistungen ist vertragswesentlich.[226] Es reicht bei Verletzung vertragswesentlicher Pflichten einfache Fahrlässigkeit, sie müssen nicht vorsätzlich oder grob fahrlässig herbeigeführt sein. Auch muss die Verletzung nicht von einem leitenden Mitarbeiter erfolgt sein, das Verschulden des „einfachen" Mitarbeiters reicht aus.

---

[215] BGH TranspR 1997, 291 (293).
[216] BGH TranspR 1998, 262 f.; BGH TranspR 1997, 440 (442); *Koller*, a.a.O. Rdnr. 6.
[217] *Koller*, a.a.O. Rdnr. 2 m.w.N. zur Rechtsprechung.
[218] NJW 1996, 1537 (1538).
[219] *Koller*, a.a.O. Rdnr. 6 m.w.N.
[220] *Vogt* in: *Graf von Westfallen*, Verlagsrecht und AGB-Klauselwerke, Transportrecht Rdnr. 262.
[221] *Koller*, a.a.O. Rdnr. 7 m.w.N. zur Rechtsprechung.
[222] BGH TranspR 2005, 38 (42).
[223] BGH TranspR 2005, 38 (42).
[224] *Koller*, a.a.O. Rdnr. 6a m.w.N.
[225] BGH TranspR 2006, 42 (44).
[226] *Koller*, a.a.O. Rdnr. 6a m.w.N.

Die Klausel begrenzt die Ersatzansprüche auf **den vorhersehbaren, typischen** 336
Schaden. Der typische Schaden ist vorhersehbar, denn der Spediteur muss mit typischen Schäden rechnen.[227] Es kommt darauf an, ob der Schaden aus der Sicht eines „ordentlichen Spediteurs" der die vom Auftraggeber erteilten Informationen, sowie Kenntnisse der Branche berücksichtigt atypisch und damit unvorhersehbar ist. Auch Folgeschäden sind grundsätzlich vorhersehbar. Die Vorhersehbarkeit muss bei Vertragsschluss vorliegen. Nach Ziffer 3.6 ADSp muss die Vorhersehbarkeit bei Übernahme des Gutes gegeben sein, weil der Spediteur bis zu diesem Zeitpunkt noch die Annahme des Gutes verweigern konnte.[228]

c) Schäden aus Verträgen, die fracht- oder speditionsrechtlicher Natur sind (Ziffer 337
27.2 ADSp). Ziffer 27.2 ADSp gilt für alle Ansprüche aus den §§ 425 ff., 461 ff. HGB oder solche, die durch diese Vorschriften zumindest eine nähere Ausgestaltung erfahren. Die Klausel tritt hinter die zwingenden Vorschriften der CMR, CIM und des WA zurück. Im Verhältnis zu Ziffer 27.1 ADSp ist Ziffer 27.2 ADSp die speziellere Regelung.

Da Ziffer 27.2 ADSp keinen eigenen über das Gesetz in §§ 425 ff. und 461 Abs. 1 338
HGB hinausgehenden Regelungsgehalt hat, ist sie als angemessen anzusehen.[229]

Unter den Begriff des Vorsatzes fällt auch bei Ziffer 27.2 ADSp nicht nur die Absicht 339
im Sinne zielgerichteten Willens, sondern auch das Wissen und Wollen der Schädigung, sowie der bedingte Vorsatz. Letzterer liegt vor, wenn der Schaden für möglich gehalten und billigend in Kauf genommen wird. Die Leichtfertigkeit ist eine gesteigerte Form der Sorgfaltswidrigkeit. Leichtfertig handelt, wer grundlegende, auf der Hand liegende **Sorgfaltspflichten** verletzt, nahe liegende Überlegungen nicht anstellt und sich über Bedenken in Anbetracht von Gefahren hinwegsetzt, die sich jedem aufdrängen müssen. Durch das zusätzlichen Erfordernis, das Bewusstsein zu berücksichtigen, ist der Begriff der Leichtfertigkeit grundsätzlich objektiv am Maßstab eines ordentlichen Spediteurs oder einer in §§ 428, 462 HGB genannten Person zu orientieren.[230]

Zum Begriff der leitenden Angestellten gilt das bereits oben Gesagte.[231] 340

d) Umfang der Haftung bei Verträgen luftfrachtspeditionsrechtlicher Natur. Ziffer 341
27 ADSp erklärt o.g. Haftungsbeschränkungen bei Vorsatz oder grober Fahrlässigkeit für unanwendbar. Grundsätzlich greift bei Luftfrachtverträgen die Haftungsbeschränkung des Montrealer Übereinkommens. Eine höhere Haftung ist nur i. R. d. Art. 22 Ziffer 3 MÜ oder Art. 25 MÜ möglich. Die in den Vertrag einbezogenen ADSp verweisen in Ziffer 23.1.2 ADSp auf die gesetzlich festgelegten Haftungshöchstbeträge. Unter diese Höchstbeträge fällt auch die Haftungsbegrenzung nach Art. 22 Absatz 3 MÜ.

Der Verweis in Ziffer 23.1.2 ADSp gelten jedoch nicht im Fall von Ziffer 27.2 342
ADSp. Ziffer 27.2 ADSp stellt nach Ansicht der Rechtsprechung die Vereinbarung einer höheren Haftung bzw. einer unbegrenzten Haftung im Sinn des Art. 25 MÜ dar.[232] Die ADSp unterliegen – wie alle AGB – der allgemeinen AGB-Kontrolle und sind gem. § 305c Absatz 2 BGB möglichst „kundenfreundlich" auszulegen. Daher ist zukünftig eine Abkehr von dieser Rechtsprechung unwahrscheinlich.

---

[227] *Koller,* a.a.O. Rdnr. 6b m.w.N.
[228] *Koller,* a.a.O. Rdnr. 6b.
[229] *Koller,* a.a.O. Rdnr. 18.
[230] *Koller,* a.a.O. § 435 HGB Rdnr. 6ff.
[231] Vgl. oben Rdnr. 225.
[232] BGH TranspR 2011, 80 (Rn. 37); OLG Düsseldorf Urt. v. 12.3.2008 – I 18 U 160/07; OLG Karlsruhe Urt. v. 29.11.2006 – 15 U 65/06); AG Hamburg TranspR 2007, 328 (329 f.).

343 Diese Haftungserweiterung über die für Verkehrsverträge geltende Haftung hinaus könnte eine unzulässige vertragliche Haftungsvereinbarung des Spediteurs im Sinne der Ziffer 6.12 DTV-VHV darstellen. Um dies zu verhindern ist eine Anpassung der ADSp nötig. Diese könnte lauten: „Ziffer 27 ADSp gilt nicht als Vereinbarung anderer Haftungshöchstbeträge i. S. d. Art. 25 des Montrealer Übereinkommens".

28. Schadenanzeige

Für die Anzeige eines Schadens findet § 438 HGB Anwendung.

344 *a) Allgemeines.* Ziffer 28 ADSp verweist pauschal auf § 438 HGB. Aus diesem ergeben sich Form und Frist der Anzeige.

345 Die Schadenanzeige ist grundsätzlich an den Spediteur zu richten. Beim Versandtransport erfährt der Auftraggeber in der Regel nicht rechtzeitig, ob das Gut verloren ging oder beschädigt wurde. Häufig kennt aber der Empfänger nur den anliefernden Frachtführer, der ihm das Gut aushändigt. Es genügt daher zur Fristwahrung, wenn der Empfänger die Schadenanzeige gem. § 438 HGB bzw. Ziffer 28 ADSp an den abliefernden Frachtführer oder dessen Fahrer richtet; der Spediteur muss sich diese Anzeige, zurechnen lassen, soweit er für den Transport (mit-) verantwortlich ist.[233]

346 *b) Ausdehnung der Anwendung des § 438 HGB.* Der Anwendungsbereich des § 438 HGB wird damit über das reine Frachtrecht für nationale Transporte hinaus auf alle Tätigkeiten des Spediteurs im Sinne der Ziffer 2 ADSp zulässigerweise ausgedehnt.[234]

29. Haftungsversicherung des Spediteurs

29.1 Der Spediteur ist verpflichtet, bei einem Versicherer seiner Wahl eine Haftungsversicherung zu marktüblichen Bedingungen abzuschließen und aufrechtzuerhalten, die seine verkehrsvertragliche Haftung nach den ADSp und nach dem Gesetz im Umfang der Regelhaftungssummen abdeckt.

29.2 Die Vereinbarung einer Höchstersatzleistung je Schadenfall, Schadenereignis und Jahr ist zulässig; ebenso die Vereinbarung einer Schadenbeteiligung des Spediteurs.

29.3 Der Spediteur darf sich gegenüber dem Auftraggeber auf die ADSp nur berufen, wenn er bei Auftragserteilung einen ausreichenden Haftungsversicherungsschutz vorhält.

29.4 Auf Verlangen des Auftraggebers hat der Spediteur diesen Haftungsversicherungsschutz durch eine Bestätigung des Versicherers nachzuweisen.

347 *a) Allgemeines.* Ziffer 29 ADSp gibt dem Geschädigten keinen Direktanspruch gegen den Versicherer. Der Spediteur bleibt **passivlegitimiert.** Das frühere System der Haftungsersetzung durch Versicherung musste angesichts der AGB-festen Ausgestaltung der Haftung im neuen Transportrecht auf Grund des Transportrechtsreformgesetzes geändert werden, weil die alten ADSp gegen §§ 449 Abs. 2, 466 Abs. 2 HGB verstoßen hätten. Die Entstehungsgeschichte der ADSp und deren Hintergründe schildert eindrucksvoll *de la Motte*.[235]

348 *b) Haftungsversicherung.* Gegenstand der Haftungsversicherung sind alle haftungsrechtlichen Ansprüche des Auftraggebers. Unerheblich ist es, ob diese aus zwingendem und AGB-festen Recht oder aus den ADSp, insbesondere den Ziffer 22 bis 28 ADSp, stammen. Die Haftpflichtversicherung soll der Spediteur, der nach den ADSp

---

[233] *de la Motte,* Kommentar zum Transportrecht, Ziffer 28 ADSp Rdnr. 1.
[234] *de la Motte,* a. a. O. Rdnr. 2.
[235] *de la Motte,* Kommentar zum Transportrecht, Ziffer 29 ADSp Rdnr. 1.

arbeitet, zumindest in marktüblicher Form eindecken. Mindestbedingungen zum Versicherungsschutz, wir früher durch die ADSp 1998 in Verbindung mit der Speditionsversicherung (SpV) werden nicht mehr vorgeschrieben.

Zum Begriff der Haftungsversicherung wird auf §§ 100ff. VVG verwiesen. **349**

Die Vereinbarung von Selbstbehalten, Versicherungssummen je Schadenfall, Schadenereignis und für das Jahr begrenzt ist gemäß Ziffer 29.2 ADSp individuell möglich. Zu beachten ist, dass der Versicherungsschutz marktüblich und ausreichend zu sein hat. Die Tragweite der Klausel ist unklar.[236] Die frühere Transparenz für den Auftraggeber des Spediteurs darüber, bis zu welcher Höhe und mit welchen Selbstbehalten der von ihm beauftragte und nach den ADSp arbeitende Spediteur mindestens versichert sein muss, ist weggefallen. Ein **Anspruch auf umfassenden Versicherungsschutz** lässt sich nicht ableiten. Ausreichend ist der Versicherungsschutz, der im konkreten Fall die Regelhaftung des Spediteurs abdeckt. Nicht mehr ausreichend ist der Versicherungsschutz, wenn die Höchstersatzleistung für ein Jahr erschöpft ist.[237] Selbstbehalte sind dann zu hoch, wenn sie die Solvenz des Auftraggebers gefährden. Nach *Koller*[238] ist dies grundsätzlich schon der Fall, wenn die Selbstbehalte 10% der Regelhaftung betragen. Maßgeblich ist die Kapitalstärke des jeweiligen Unternehmens. Durchaus üblich sind Versicherungssummen von 1 Mio. € je Schadenfall und 2 Mio. € je Schadenereignis, begrenzt auf 4 Mio. € als Jahreshöchstersatzleistung. Allerdings sind in der Regel niedrigere Deckungssummen für den Bereich des qualifizierten Verschuldens von i.d.R. 50.000,- € Jahr anzutreffen. Ein Indiz für den Mindestversicherungsschutz können die Musterbedingungen des Gesamtverbandes der deutschen Versicherungswirtschaft e.V. (GDV) für Verkehrshaftungsversicherung sein, veröffentlicht als DTV-VHV 2003/05. Maßgeblich können aber auch Versicherungskonzepte von marktführenden Maklern der Speditions- und Logistikbranche sein, wie z.B. der OSKAR SCHUNCK Aktiengesellschaft und Co KG., die mit eigenen Konzepten wie z.B. dem Speditions-, Logistik-, und Lager- Versicherungs-Schein-Plus (SLVS-Plus) Standards für den Markt setzen. Zu berücksichtigen sind wohl auch die in § 7a GüKG vorgeschriebenen Regelungen zur Haftpflichtversicherung des Frachtführers, der bei den Versicherungssummen zumindest eine Summe von 600.000,- € je Schadenereignis vorschreibt und nur bestimmte Ausschlüsse in den Versicherungsbedingungen zulässt.[239] **350**

Im Streitfall werden über den Punkt „marktüblicher Versicherungsschutz" auch Sachverständigengutachten einzuholen sein. **351**

c) Verstoß gegen die Pflicht zur Versicherung (Ziffer 29.3 ADSp). Der Spediteur darf, auch wenn er als Zwischen- oder Unterspediteur auftritt, sich nicht auf die Geltung der ADSp berufen, wenn er nicht ausreichend im Sinne der Ziffer 29.3 ADSp versichert ist. In diesen Fällen haftet der Spediteur uneingeschränkt nach BGB und HGB. **352**

d) Anzeige der Haftpflicht- und Schadensversicherung (Ziffer 29.4 ADSp). Nach Ziffer 29.4 ADSp trifft den Spediteur die Pflicht, auf Verlangen seines Auftraggebers den Haftungsversicherungsschutz durch eine Bestätigung des Versicherers nachzuweisen. **353**

30. Erfüllungsort, Gerichtsstand, anzuwendendes Recht

30.1 Der Erfüllungsort ist für alle Beteiligten der Ort derjenigen Niederlassung des Spediteurs, an die der Auftrag gerichtet ist.

---

[236] Vgl. *Herber* TranspR 2004, 179 (180).
[237] Vgl. *Koller,* a.a.O. Ziffer 29 ADSp Rdnr. 3 m.w.N.
[238] Vgl. *Koller,* a.a.O. Rdnr. 3.
[239] Vgl. H. II. 6 Rdnr. 371ff.

30.2 Der Gerichtsstand für alle Rechtsstreitigkeiten, die aus dem Auftragsverhältnis oder im Zusammenhang damit entstehen, ist für alle Beteiligten, soweit sie Kaufleute sind, der Ort derjenigen Niederlassung des Spediteurs, an die der Auftrag gerichtet ist; für Ansprüche gegen den Spediteur ist dieser Gerichtsstand ausschließlich.

30.3 Für die Rechtsbeziehungen des Spediteurs zum Auftraggeber oder zu seinen Rechtsnachfolgern gilt deutsches Recht.

354 *a) Allgemeines.* Ziffer 30.1 ADSp stellt allein eine Konkretisierung des § 269 BGB, nicht jedoch des § 270 BGB dar. Maßgeblich ist der Ort derjenigen Haupt- oder Zweigniederlassung (§ 13 HGB) an den der Auftraggeber mündlich oder schriftlich den Auftrag adressiert hat. Erfolgte die Auftragserteilung außerhalb der Niederlassung des Spediteurs, so ist der maßgebliche Ort diejenige Niederlassung, bei der der Empfänger der Erklärung tätig ist. Mit dem Ausdruck „alle Beteiligten" wird auf die Maßgeblichkeit für Ansprüche des Spediteurs, des Auftraggebers und Dritter hingewiesen. Ziffer 30.1 ADSp begründet einen Gerichtsstand gemäß Art. 5 Nr. 1 EuGVÜ.[240]

355 *b) Gerichtsstand (Ziffer 30.2 ADSp).* Eine Rechtsstreitigkeit steht mit dem Auftrag im Zusammenhang, wenn die Erteilung oder Durchführung eines wirksamen Auftrags die Ursache des Rechtsstreits bildet. International und örtlich zuständig ist das Gericht des Ortes der Niederlassung des Spediteurs an die der Auftrag gerichtet war. Wird in den Geschäftspapieren des Spediteurs ein anderer Ort als Gerichtsstand benannt, so ist darin eine Modifikation der Ziffer 30.2 ADSp zu sehen.[241]

356 Bei Vertragsbeziehungen mit Auslandsberührungen sind die einschlägigen Abkommen zu beachten. Zum einen ergeben sich Besonderheiten aus den einzelnen Transportrechtsabkommen, wie CMR, CIM und WA. Zum anderen gibt es spezielle internationale Regelungen zur gerichtlichen Zuständigkeit, wie das Europäischen Gerichts- und Vollstreckungsabkommen oder das Lugano-Übereinkommen. Die Konstellationen sind sehr kompliziert und würden den Rahmen dieser Erläuterungen zu den ADSp sprengen. Vereinfacht kann gesagt werden, dass das Gericht der Niederlassung des Spediteurs gemäß Art. 5 Abs. 1 Nr. 1 EuGVÜ in Verbindung mit Ziffer 30.1 ADSp örtlich und international zuständig ist. Im Verhältnis zu Finnland, Island, Österreich, Schweiz und Norwegen ist das Lugano-Übereinkommen zu beachten, das sich diesbezüglich mit Art. 5 EuGVÜ deckt.[242]

357 Die §§ 458 bis 460 HGB i.V.m. Art. 31 CMR verdrängen nicht das EuGVÜ bzw. das Lugano-Übereinkommen. Diese werden nur im Hinblick auf die internationale Zuständigkeit z.B. durch Art. 31 CMR verdrängt. Mangels einer Regelung der örtlichen Zuständigkeit in der CMR, ist ein Zugriff auf Ziffer 30.2 ADSp möglich. Dies gilt nur dann, wenn die Voraussetzungen der Art. 17 EuGVÜ bzw. Art. 17 Lugano-Übereinkommen nicht vorliegen und gemäß Artt. 31, 39 CMR die internationale Zuständigkeit des örtlichen Gerichts zu bejahen ist.[243]

358 *c) Internationales Privatrecht (Ziffer 30.3 ADSp).* Nach Ziffer 30.3 ADSp ist das Recht der Bundesrepublik Deutschland einschließlich der CMR, CIM und des WA anzuwenden, wenn die ADSp Vertragsbestandteil geworden sind. Dies gilt unabhängig von Ziffer 29.4 ADSp.[244]

---

[240] Vgl. *Koller,* a.a.O. Ziffer 30 ADSp Rdnr. 2.
[241] Vgl. *Koller,* a.a.O. Ziffer 30 ADSp Rdnr. 3.
[242] *Koller,* a.a.O. Rdnr. 4.
[243] *Koller,* a.a.O. Rdnr. 5.
[244] OLG Hamburg TranspR 1990, 117.

III. Logistik

Übersicht

	Rdnr.
1. Transportdurchführung	359
a) Allgemeines: Die Bedeutung der logistischen Dienstleistung; Grundfragen des anzuwendenden Rechtes	359
b) Logistik und Entwicklung von Logistikkonzepten	366
aa) Definition – Aufgabe und Definition	368
bb) Outsourcing	369
cc) Juristische Formen der Zusammenarbeit	376
dd) Leistungsarten der Logistik	377
ee) Logistikorganisation	384
ff) Einkauf von Logistikdienstleistungen	387
c) Der Logistikvertrag	390
aa) Vertragstyp	395
bb) Logistikvertrag und Speditionsrecht gemäß §§ 452 ff. HGB	407
cc) Vertragsbestandteile eines Logistikvertrages	414
2. Die sieben Todsünden bei der Gestaltung von Logistikverträgen	426
a) Hauptfehler 1: Mangelnde Bestimmtheit des Leistungsinhalts	428
b) Hauptfehler 2: Mängel in der Haftungsbegrenzung unter Einbeziehung vertraglicher und außervertraglicher Ansprüche sowie Erfüllungsgehilfen und Dritten	432
c) Hauptfehler 3: Mangelhafte Begründung der Haftungsbegrenzungen und Haftungseinschränkungen	433
d) Hauptfehler 4: Mängel in dem nicht abgestimmten Sicherungskonzept durch Versicherungen	435
e) Hauptfehler 5: Unklarheitsregel in Bezug auf Kosten, Umwelthaftung, Versicherung etc.	436
f) Hauptfehler 6: Mängel in der fehlenden Flexibilität und Anpassungsmöglichkeit an geänderte Geschäftsgrundlagen	437
g) Hauptfehler 7: Mängel in der Absicherung der wechselseitigen Verpflichtungen wie zum Beispiel Pfandrecht, Zurückbehaltungsrecht, Sicherung von Ansprüchen bei Insolvenz eines Vertragspartners	438
3. Logistik-AGB (Allgemeine Geschäftsbedingungen für Logistikleistungen – Logistik-AGB in der Fassung vom 30. März 2006)	439
a) Allgemeines	439
b) Typisierung der Logistik	442
aa) Kontraktlogistik	442
bb) Speditionsübliche Logistik	443
cc) Speditionsunübliche (Zuruf-)Logistik	444
c) Kurzüberblick zu den einzelnen Vorschriften der Logistik-AGB	449
aa) Anwendungsbereich Ziffer 1 Logistik-AGB	449
bb) Elektronischer Datenaustausch Ziffer 2 Logistik-AGB	450
cc) Vertraulichkeit Ziffer 3 Logistik-AGB	451
dd) Pflichten des Auftraggebers/des Auftragnehmers Ziffer 4 und 5 Logistik-AGB	452
ee) Leistungshindernisse, höhere Gewalt Ziffer 6 Logistik-AGB	454
ff) Vertragsanpassung Ziffer 7 Logistik-AGB	455
gg) Betriebsübergang, Ziffer 8 Logistik-AGB	456
hh) Sicherungsmittel Ziffer 9 und 10 Logistik-AGB	457
ii) Abnahme und Mängelansprüche, Ziffer 11 und 12 Logistik-AGB	461
jj) Sonderkündigungsrecht Ziffer 13 Logistik AGB	468
kk) Haftung/Verjährung, Versicherung Ziffer 14 und 15 Logistik-AGB	469
ll) Ziffer 16 Logistik-AGB, Freistellungsanspruch	473

	Rdnr.
mm) Verjährung Ziffer 17 Logisitik-AGB	474
nn) Haftungsversicherung des Auftragnehmers Ziffer 18 Logistik-AGB	476
oo) Erfüllungsort, Gerichtsstand, anzuwendendes Recht Ziffer 19 Logistik-AGB	478
pp) Schlussbestimmungen Ziffer 20 Logistik-AGB	479
d) Text der Logistik-AGB	480

1. Transportdurchführung

359 a) *Allgemeines: Die Bedeutung der logistischen Dienstleistung; Grundfragen des anzuwendenden Rechtes.* Der steigende Wettbewerbsdruck für Industrie-, Handels- und Dienstleistungsunternehmen fordert von den Unternehmen eine marktorientierte Umstrukturierung ihrer Aktivitäten. Spezialisierung, Ausbildung von Know-how und Aufbau entsprechender Strukturen sind die Reaktionen auf sich ständig ändernde und flexiblere Rahmenbedingungen. Die stärkere Konzentration der Unternehmensleistung am Kunden erfordert hierbei insbesondere eine Bezugnahme auf Faktoren wie Lieferzeit, Produktqualität und Innovationsgeschwindigkeit. Die Ausrichtung an den für die Wertschöpfung und den Kundenservice wichtigen Grundstrukturen, i.V.m. einer Reduktion der Wertschöpfungstiefe, versetzt die Unternehmen in die Lage, dem gewachsenen Wettbewerbs- und Kostendruck zu begegnen.

360 Die Nachfrage wie auch das Angebot im Sektor der logistischen Dienstleistungen nimmt in den arbeitsteiligen Gesellschaftsformen mehr Raum ein. Dabei leistet die Logistik als bereichsübergreifende Unternehmensfunktion in diesem Zusammenhang in immer höheren Maße ihren Beitrag und hat sich zu einem Instrument strategischer Marktausrichtung entwickelt. Festzustellen ist, dass nach und nach in dem Bereich der logistischen Leistungen auch Unternehmen tätig sind, die nicht dem Speditions- und Frachtgeschäft historisch zuzuordnen sind, wie zum Beispiel Unternehmen, die zur Auslastung ihres eigenen Fuhrparks und ihrer Ressourcen diese Dienstleistungen – die sie für sich selbst erbringen – Drittunternehmen anbieten.

361 Längst geht es nicht mehr um die Erfüllung primär logistischer Aufgaben (zum Beispiel Lager- und Transportabwicklung), sondern um die umfassende Integration unterschiedlichster Unternehmensbereiche in logistisch zu steuernde Gesamtprozessketten (zum Beispiel Auftragsabwicklung, Inkasso- und Forderungsmanagement, Entwicklungs-, Versorgungs- und Entsorgungsleistungen) und um die Lösung weitergehender Bedürfnisse des Kunden im Rahmen der Leistungserstellung. Dabei wird die Logistik zum wichtigen Faktor bei der Gesamtsteuerung der Unternehmungen, sowie bei der Erschließung noch vorhandener Kosteneinsparpotentiale, und dies führt zu weiteren Differenzierungen.

362 Derzeit optimieren Logistikstrategien und Logistikinstrumente insbesondere die Abwicklungsprozesse in den Unternehmungen. Als Folge des Einsatzes dieser Strategien können die **Logistikkosten,** wie etwa die Bestandskosten, die Dispositions- oder Transportkosten reduziert und damit die **Wettbewerbsfähigkeit** gesteigert werden.

363 Diese Entwicklung haben vor langer Zeit schon die Unternehmungen im Speditions- und Frachtrecht erkannt und mit vielgestaltigen und sich noch ständig im Umbruch befindenden Dienstleistungsangeboten einen neuen Markt „geschaffen". Selbst der Spitzenverband heißt seit einiger Zeit nicht mehr „Bundesverband Spedition und Lagerei e.V., Bonn", sondern **„Bundesverband Spedition und Logistik e.V., Bonn".** Die Erbringung von logistischen Dienstleistungen hat in den letzten Jahren die Leistungspalette des Speditions- und Lagereigewerbes in einem erheblichen Maße verbreitert. Das Speditions- und Frachtgewerbe hat sich flexibel auf die individuellen Anfor-

derungen seiner Kunden eingestellt und heute ist die „Besorgung der Beförderung" zwar notwendiges, aber untergeordnetes und zumeist nicht mehr das zentrale Merkmal dieser Dienstleistung.

364 Diese Entwicklung hat erhebliche Auswirkungen auf die Rechtspraxis und die Vertragsgestaltungen. Die abzuschließenden Verträge nennt man Dienstleistungs-, Kooperations-, und/oder Logistikverträge.[1]

365 Diese Verträge werden von Logistikunternehmen, so genannten logistischen Betrieben mit dem jeweiligen Vertragspartner aus Industrie oder Handel etc, abgeschlossen. Dabei kann der Begriff des logistischen Betriebes als Oberbegriff für eine Vielzahl unterschiedlicher Betriebe benutzt werden, die abgegrenzte Gesamtaufgaben und Teilleistungen erbringen. Dies hat zur Folge, dass Logistikunternehmen sich vom Berufsbild des Spediteurs oder Frachtführers entfernt und nahezu verselbständigt haben. Zwar gehört auch die Erbringung von Transportleistungen zu den Aufgaben der Logistikunternehmen, die komplexen logistischen Gesamtpakete entziehen sich jedoch gebräuchlichen und herkömmlichen juristischen Definitionen des Speditions- bzw. Frachtvertrages. Damit stellt sich die Frage, ob der Logistikvertrag zum Vertragstyp des Speditionsvertrages im Sinne der §§ 452 ff. HGB gehört oder nicht. Im gesamten Text des aktuellen Transportrechtes findet man das Wort „Logistik" nicht. Angesichts der Komplexität der einzelnen Dienstleistungen wäre dies darüber hinaus für die „Väter" des aktuellen Transportrechtes eine nicht lösbare Aufgabe gewesen. In richtig verstandener Selbstbeschränkung definiert deshalb § 452 Abs. 1 HGB die **Hauptpflicht** des Spediteurs dahingehend, dass er die Versendung des Gutes **zu besorgen** hat. Damit ist i.d.R. der Logistikvertrag kein Speditionsvertrag nach § 452 HGB. Mithin herrscht Privatautonomie bei der Gestaltung und Abfassung von Logistikverträgen, so dass die Vertragsparteien entscheidenden Einfluss auf die Formulierung der wechselseitigen Rechte und Pflichten eines Logistikvertrages haben.

366 *b) Logistik und Entwicklung von Logistikkonzepten.* Es gibt keinen numerus clausus logistischer Dienstleistungen. Der Markt und die Angebote sind vielfältig: Logistikunternehmen sorgen für die auftragsgemäße Beschaffung von Neumöbeln, organisieren Transport, sprechen Lieferzeiten ab und bauen an Ort und Stelle des Kunden die Möbel zusammen, wobei zuvor für den Handel die Rechnungen geschrieben und entweder per Nachnahme oder sonstigem Inkasso die Entgelte eingezogen werden. Bei **Mängeln** bessern die Mitarbeiter der Logistikunternehmen die Möbel nach oder tauschen sie aus und organisieren den Rücktransport zum Hersteller und das Informationssystem zum Händler. Zahlreiche kundenorientierte Serviceleistungen werden zur Verfügung gestellt, wie zum Beispiel Mitnahme und Rücktransport sowie Entsorgung von Verpackungsmaterialien. Mit so genannten **Just-in-Time-Lieferungen** sind die Logistikunternehmen zum Beispiel im Motoren- oder Maschinenbau in die gesamte Beschaffung-, Produktions- und Distributionslogistik eingebunden. Es ist oft Verpflichtung der Logistikunternehmen, zeitgenau die vom Hersteller in Rahmenverträgen georderten Zulieferteile zu bestellen, zu sammeln, anzuliefern und das hergestellte Produkt dann wieder an die einzelnen Verkaufsstellen zu bringen. Gleichzeitig werden dann die im Produktionsprozess nicht notwendigen Teile entsorgt und einem **Recyclingverfahren** zugeführt. Logistische Dienstleistungen im Rahmen der Ausgliederung von Betriebsteilen ist verstärkt die Qualitätskontrolle und zwar sowohl für Eingangs- wie auch für Ausgangslieferungen. Die Möglichkeiten in der wirtschaftlichen Realität sind nahezu unbegrenzt.

---

[1] *Pokrant/Gran*, Transport- und Logistikrecht 2013, S. 169 ff.

367 In einzelnen Branchen werden spezielle Geschäftsfelder der Logistik angeboten, wie zum Beispiel Kühllogistik inklusive Kühltransporte, Kühlketten, Tiefkühldistribution, Kühlhäuser, Tank-Silologistik sowie Projektlogistik, Gefahrgut-, Sonderabfall-, Schüttguttransporte, bis hin zu logistischen Gesamtlösungen wie Handelslogistik, Aufbau von Logistikketten, Warenverteilzentren inklusive Einsatz und Verkauf wieder verwertbarer Waren und Materialien sowie Verpackungsminimierung.

368 *aa) Definition.* **Aufgabe und Definition** der Logistik ist die bedarfsgerechte Herstellung von Verfügbarkeit.[2] Die Logistik löst diese Aufgabe, indem sie die Koordinaten bestimmter Bedarfsgegenstände in Zeit und Raum verändert, in der Regel aber deren physikalische Beschaffenheit belässt. Die Tätigkeit[3] von Logistikern hat insoweit immer Dienstleistungscharakter. In der betriebswirtschaftlichen Literatur haben sich zwei Einengungen der Begriffsdefinition herausgebildet:

- Die erste Einengung beschränkt den Begriff der logistischen Dienstleistung auf die im Markt gehandelten Dienstleistungsangebote gewerblicher Dienstleistungslieferanten. Damit werden unternehmensintern erbrachte Leistungen (wie zum Beispiel der Leistung der Versandabteilung eine Industriebetriebes) aus der Betrachtung ausgeblendet. Der Fokus liegt einseitig auf gegen **Entgelt** für Dritte erbrachte Dienstleistungen.
- Die zweite begriffliche Einengung ist darauf zurückzuführen, dass mit der Verbreitung des Begriffes Logistik oft die Vorstellung verbunden wurde, es handele sich hierbei nicht nur um eine neue Akzentuierung oder Sichtweise, sondern um einen substantiell neuen Funktionsbereich. Infolge dieser Einschätzung hat sich insbesondere in der Verkehrswirtschaft der Sprachgebrauch eingebürgert, mit dem Begriff der logistischen Dienstleistung nur solche Tätigkeiten zu bezeichnen, die über das traditionelle Kerngeschäft von Speditionen und Transportunternehmen hinausgehen. In diesem Zusammenhang wird immer wieder festgestellt, dass das Transportieren als „triviale Nebentätigkeit" zu betrachten ist.

369 *bb) Outsourcing.* **Outsourcing** und das Anbieten logistischer Dienstleistung hängen eng zusammen. Der aus dem angloamerikanischen Sprachraum übernommene Terminus Outsourcing umfasst in weiter Auslegung sämtliche Gegenstandsbereiche, Ebenen und Formen der **Ausgliederung** einzelner Funktionen, Aufgaben oder Aufgabenkomplexe eines Unternehmens.

370 Das **formelle Outsourcing** ist von der Auslagerung von Teilbereichen in so genannte Profit-Center geprägt, wobei die Gesellschafter beider Gesellschaften i.d.R. identisch sind.

371 Das **materielle Outsourcing** überträgt einzelne Funktionen bzw. Aufgaben an definitiv unternehmensexterne Dienstleister. Outsourcing steht deshalb in engem Zusammenhang mit logistischen Dienstleistungen. Besonders große praktische Bedeutung hat die Ausgliederung von so genannten Hilfs- und Nebentätigkeiten der Unternehmen im Sinne einer Reduzierung der Leistungstiefe. Die gebotene Konzentration auf die Kernkompetenz eines Unternehmens macht es unmöglich, auf sehr unterschiedlichen Tätigkeitsfeldern permanent innovativ zu sein. Demzufolge werden Servicetätigkeiten zunehmend auf Dienstleistungsspezialisten übertragen, die auch zur technisch-organisatorischen Weiterentwicklung des jeweiligen Aufgabenfeldes in der Lage sind.

---

[2] *J. Weber,* Zum Begriff Logistikleistungen, Zeitschrift für Betriebswirtschaft, 1986, 1196 ff.
[3] *Schmied,* Die Rolle des Logistikdienstleisters beim Aufbau von Wertschöpfungsketten, in: *Pfohl,* Management der Logistikkette, 1994.

372 Insbesondere geht es hierbei um Transportsysteme, Materialanlieferungen, Kommissionierung, Verpackung, Distribution und ähnliche Dienstleistungen. Es macht im Rahmen der Leistungstiefe deshalb beispielsweise für einen Puddinghersteller durchaus Sinn, sich auf einen „Kernbereich" zu konzentrieren, also die Weiterentwicklung seiner Produkte und die gesamte Auftragsabwicklung nebst Kommissionierung und den entsprechenden Transportleistungen auszulagern. Betriebswirtschaftlich gesprochen handelt es sich hierbei um so genannte **„Make-or-Buy-Entscheidungen"**. Die Auslagerung einzelner Funktionen und Aufgaben führt deshalb zu einer **Fixkostenflexibilisierung** sowie zu einem **Abbau von Produktgemeinkosten**. Das vereinfacht wiederum die Betriebsabrechnung (Verrechnung der Kosten innerbetrieblicher Leistungen): Die Anzahl von Hilfskostenstellen lässt sich reduzieren, das unternehmensspezifische Geflecht interner Leistungsströme wird transparenter und lässt sich demzufolge auch besser steuern.

373 Schlagwortartig können Vorteile und Nachteile wie folgt gegenübergestellt werden:

Vorteile	Nachteile
• Konzentration auf das Kerngeschäft • Kosten-, Tarifvorteile • Ausgleich von Auslastungsschwankungen • Variabilisierung fixer Kosten • Freisetzen von Ressourcen für rentablere Investitionen • Steigerung der Kundenservices • Nutzung externen Know-hows • Minderung des Investitionsrisikos • Flexibilität im Personalbereich • Erhöhung der Liquidität • Reduzierung der Kapitalbindung • Kostendegression durch Bündelungseffekte • Kosten sind aufgrund vereinbarter Preise genau kalkulierbar	• Know-how-Verlust • Abhängigkeit vom Dienstleister • bei Scheitern langfristige Auswirkung • verringerte Entscheidungsfreiheit • Probleme bei geheimen Daten • Steigerung des Koordinationsaufwandes • Vordringen des Dienstleisters in eigene Kerngeschäfte • Einschränkung der unternehmerischen Gestaltungsfreiheit • Qualitätsrisiken

374 Im Rahmen des Outsourcing sind zahlreiche gesellschaftsrechtliche, vertragsrechtliche, arbeitsrechtliche und steuerrechtliche Problemfelder zu lösen.

375 Zu entscheiden ist in diesem Zusammenhang, ob die Auslagerung (Outsourcing) von bisher selbst durchgeführten logistischen Aufgaben auf andere Rechtsträger vorgenommen werden soll, ob das übertragende Unternehmen eine eigene Tochtergesellschaft zur Erbringung der logistischen Dienstleistungen gründet, sich an einer derartigen beteiligt, die Dienstleistung Dritten zugänglich gemacht wird. Dabei sind Fragen der

- Haftungsminimierung
- Steuerminimierung
- Finanzoptimierung
- sonstige betriebswirtschaftliche Gründe

je im Einzelfall gemäß den rechtlichen und steuerrechtlichen Rahmenbedingungen zu beantworten.

376   *cc) Juristische Formen der Zusammenarbeit.* Die **Formen der Zusammenarbeit** zwischen Handel, Industrie, Gewerbe auf der einen und Logistik auf der anderen Seite sind vielgestaltig und nicht abschließend, angesichts einer großen Vielfalt, werden folgende genannt:

- Kooperationen von Wettbewerbern in Industrie, Handel und Gewerbe zur Gründung eines Logistikunternehmens und „Einbringung" von Teilaufgaben und Funktionen in das neugegründete Unternehmen. Dabei kann dieses neugegründete Logistikunternehmen diese Leistungen auch Dritten anbieten.
- Gründung eines Gemeinschaftsunternehmens aus Industrie, Handel und Gewerbe heraus mit einem bereits bestehenden Logistikunternehmen zur Übernahme von Teilaufgaben und Funktionen. Diese Dienstleistungen können Dritten zugänglich gemacht werden.
- Gründung eines Gemeinschaftsunternehmens mehrere logistischer Dienstleister, um regional, national und international die Zusammenarbeit zu fördern. Hierbei ist auch an Kooperationsverträge oder Franchise-Verträge bei diesen Dienstleistungen zu denken.
- Auslagerung von einzelnen Funktionen und Aufgaben aus Handel, Industrie und Gewerbe an Logistikunternehmen durch vertragliche Vereinbarungen.

377   *dd) Leistungsarten der Logistik.* Logistische Dienstleistungen lassen sich untergliedern wie folgt:

378   **Material- und warenflussbezogene** Dienstleistungen wie
- Lagerung (Lagervorbereitung, Zählen, Konservieren, Verpacken, Palettieren, Kennzeichnen, Einlagerung, Beladen etc),
- Pflegen, Kontrollieren, Umlagern,
- Auslagern,

379   **Transport, als die gewollte und zielgerichtete Überwindung von Raum und Zeit,** wie
- Transportvorbereitung (Verpacken, Umpacken, Kontrolle der Ladepapiere),
- spezielle Verpackung und Beladung,
- Transportdurchführung, Zollformalitäten, Kühlung, Kühlkette,
- Entladung,
- Transportnachbereitung (Bearbeitung der Ladepapiere, Vorbereitung der Erstellung der Lieferscheine und Ablieferungshinweise etc),
- sonstige Leistungen wie Handling, Kommissionierung und Umschlag,

380   **Leistungen zur Führung material- und warenflussbezogener Dienstleistungsprozesse,** wie
- Planungsleistungen (Tourenplanungen, Lieferfristberechnungen etc),
- Kontrollleistungen (Überprüfungen von Just-in-Time-Vorgaben, Lieferfristen),
- Weitergaben von Planungs- und Kontrollleistungen an Auftraggeber bzw. Vertragspartner zur Bereitstellung der entsprechenden Informationen,
- Personalführung, Ausbildung und Fortbildung,
- Managementleistungen zur Durchsetzung der Leistungsarten wie zum Beispiel,
- Steigerung zur Schnelligkeit der Beseitigung aufgetretener Fehler;
- Erhöhung der Ausfallsicherheit von Teilprozessen,
- Reduzierung der Durchlaufzeiten von Aufträgen und Auftragselementen,
- Qualitäts- und Quantitätsmanagement,

III. Logistik

- Erhöhung der Lieferungszuverlässigkeit; Verbesserung der Struktur und Reduzierung des Umfanges von Fehlmengensituationen,
- Reduzierung von Kosten allgemein,

In diesem Zusammenhang versteht man unter Logistikunternehmen jene logistischen Unternehmen, die diese Aufgaben erfüllen. Eine diese Betriebe genau umreißende Abgrenzung gibt es nicht. 381

In der Regel sind dies Verkehrsbetriebe im weitesten Sinne, ohne jedoch Spediteur bzw. Transportunternehmer sein zu müssen. Des Weiteren gehören der Umschlag, die Verpackung, Lagerhaltung, im Seerecht die Stauerei und die Quartiersleute dazu, die so genannten Absatzhelfer, also Agenten, die vorwiegend ebenfalls in der Seeschifffahrt und im Luftfrachtverkehr tätig sein. 382

Im **Geschäftszweck** der einzelnen Gesellschaftsverträge der Logistikunternehmen ist darauf zu achten, dass der Geschäftszweck weit ist und sich nicht am gesetzlichen Leitbild des HGB-Spediteurs nach § 452 Abs. 1 HGB anlehnt, da dieser Begriff – wie oben ausgeführt – viel zu eng ist, um die multifaktorellen Handlungen des Logistik-Unternehmens zu kennzeichnen. 383

ee) Logistikorganisation. Die Organisation der Logistik entspricht den einzelnen übertragenen Funktionen und Aufgaben. Die Logistikorganisation kann in einem **Logistik-Audit** überprüft, kontrolliert und überwacht werden. Man spricht von Logistikmanagement-Audit (Überprüfung des Abweichens von vereinbarten Logistikzielen): 384

- Logistiksystem-Audit (Überprüfung von Abweichungen der Lagertechnik, Fördermitteln, Transportwegen, Logistikpersonal, Logistikinformationssystemen, Logistikorganisationen),
- Logistikprozess-Qualität-Audit in Zeit und Güte, also die Erfüllung der vertraglichen Ziele in Bezug auf das Unterbleiben von Beschädigungen, Lieferfristüberschreitungen und Verluste.

Die **Logistik-Qualität** ist in Anlehnung an **DIN ISO 8402** als Qualitätsbegriff formuliert und danach ist eine logistische Leistung immer dann erfüllt, wenn der Kunde in der vorausgesetzten Qualität und zum vorausgesetzten Preis die richtigen Erzeugnisse in der richtigen Menge am richtigen Ort und zum richtigen Zeitpunkt erhält. Um diese Ziele zu erreichen werden die Prinzipien und Methoden des technischen Qualitäts-Management auf die logistische Prozesskette übertragen und zum logistischen Qualitäts-Management zusammengefasst. Grundsatz des logistischen Qualitätsmanagements ist es, die Logistik-Qualität nicht mehr durch Sondermaßnahmen, wie zum Beispiel Eilaufträge oder Auswärtsvergabe zu erreichen, sondern die umfassende Beherrschung der Prozesse selbst sicherzustellen. Die Verwirklichung dieses Grundsatzes erfolgt im logistischen Qualitäts-Managementsystem mit den Mitteln **Qualitätsplanung, Qualitätslenkung** und **Qualitätsverbesserung**. 385

Im Einzelnen müssen im Logistikvertrag die logistischen Qualitätsmerkmale definiert und gewichtet sowie die Toleranzen dieser Merkmale festgelegt werden. Des Weiteren ist die Logistikleistung als „Lieferfähigkeit" definiert und zwar durch die Qualitätsmerkmale Durchlaufzeit, Termintreue und Auslastungstreue. 386

ff) Einkauf von Logistikdienstleistungen. Der **Einkauf** von Logistikdienstleistungen trägt der Erkenntnis Rechnung, dass die Entwicklung, die Herstellung, der Vertrieb und auch die Entsorgung industrieller Produkte vorgelagerte, begleitende und gegebenenfalls nachgelagerte Tätigkeiten zum Gegenstand (Logistikdienstleistungen) hat. 387

388 Dieser Tätigkeitsbereich, dessen Preis, sein Service und die Qualität und die Zuverlässigkeit dieser Dienstleistungen sind Wettbewerbsfaktoren. Aufgrund des Kostendruckes in vielen Unternehmen wird eine Arbeitsteilung mit Logistikdienstleistern angestrebt, was ein entsprechendes Know-how der Anbieter von Logistikdienstleistungen erfordert, um inner- und außerbetriebliche Umstände zu optimieren. Die Verringerung der eigenen Logistiktiefe durch Ausgliederung logistischer Leistungsumfänge an spezialisierte Dienstleistungsanbieter hat sich zum strategiebestimmenden Trend entwickelt bzw. es erfolgt eine Verringerung der Leistungstiefe durch Integration externer Logistik-Systeme.

Dabei geht es um folgende Logistikdienstleistungen:
- der Transport (innerbetrieblicher Werkverkehr, Speditionseinsatz, Fahr- und Transportbereitschaft, Kurier-, Paket- und Express-Dienste);
- die Lagerung (Zwischenlagerung, Regionallager, inklusive Kommissionierung, Konfektionierung, Herbeiführung von Werbe- und Messemitteln, Broschüren; Einsatz von Entsorgungs- und Verwertungsbetrieben; Umschlag);
- Personaleinsatz, Arbeitsmittel, Lagerbestandsinformationen, Lagerabgleich, Nachbestellungen, etc;
- Informationsverarbeitung und Abstimmung der einzelnen Daten mit dem Vertragspartner.

389 Große Gesamtlösungen wie Warenverteilzentren werden ebenso angeboten wie Spartendienstleistungen bei Kühltransporten und Kühlketten, Neumöbelauslieferung und -aufstellung, sowie Einbettung in Recycling und Warenrücknahmesysteme.

390 *c) Der Logistikvertrag.* Der Logistikvertrag ist ein gesetzlich nicht geregelter Vertragstyp, der unter anderem handelsrechtliche, frachtrechtliche, speditionsrechtliche, geschäftsbesorgungsrechtliche, dienstleistungsrechtliche und werkvertragsrechtliche Komponenten enthält.

391 Die Leistung des Spediteurs ist die Besorgung der Versendung. Diese Formulierung setzt ein Zeichen: Es steht nicht mehr die Person des Auftragnehmers, des Verkehrsträgers, im Vordergrund, sondern der Typus des Vertrages. Der Vertrag und damit die Willenserklärungen sind maßgebend.

392 Der Aufgabenbereich des Spediteurs nach §§ 453ff. HGB ist nicht mehr geprägt durch das überkommene gesetzliche Leitbild der **Fremdnützigkeit.** Der Spediteur schließt Verträge in eigenem Namen mit von ihm ausgewählten und ausführenden Unternehmern, insbesondere Frachtführern. Die wirtschaftliche Realität hat das überkommene gesetzliche Leitbild jedoch schon seit langem überholt, da nahezu ausnahmslos die Speditionsunternehmen für eigene und nicht für fremde Rechnung tätig sind. Dem trägt die aktuelle Formulierung in § 453 Abs. 1 HGB Rechnung. Die verladende Wirtschaft will bei Vertragsabschluß Klarheit über die gesamten Beförderungskosten einschließlich der Nebenkosten. Dem steht der „fremdnützige Spediteur" entgegen, denn wenn die Besorgung des Transportes für **fremde** Rechnung erfolgen soll, sind die Beförderungskosten im Voraus nicht überschau- und kalkulierbar. Darüber hinaus ist auch der Spediteur daran interessiert, Geschäfte für **eigene** Rechnung zu tätigen, da er durch geschickten Vertragsabschluß seine Verdienstspanne „optimieren" kann.

393 Der fremdnützige Spediteur ist mithin eine Fiktion.[4] Es fallen nach § 453 Abs. 1 HGB alle Rechtsgeschäfte, die das Speditionsgewerbe für eigene Rechnung schließt,

---

[4] *Griesshaber,* Das gesetzliche Leitbild des Spediteurs und das Speditionsgewerbe; ein Beitrag zur Reform des Transportrechtes, VersR, 1998, 31 ff.

unter das Speditionsgeschäft des HGB. Dieser Umstand ist für die **Logistikverträge** von besonderer Bedeutung. Befasst man sich mit allen Bestimmungen der §§ 453 ff. HGB, so wird man feststellen, dass sowohl bei der vertraglichen Inhaltsbestimmung, wie bei der Definition der „Besorgung der Versendung", wie auch bei der Haftung das **Besorgen** der Beförderung im Mittelpunkt steht und damit als Hauptleistungspflicht feststeht.

Durch die Liberalisierung der Bestimmungen des GüKG wird der Privatautonomie ein weiter Raum eingeräumt. Es entscheiden die Parteien und gestalten durch vertragliche Beziehungen das zwischen ihnen geltende Recht. Die Willenserklärungen der Vertragsparteien, also der Vertrag bestimmt, welche Leistungen erbracht werden, welcher Vertragstyp dafür gilt, welche Abweichungen von Allgemeinen Geschäftsbedingungen und vom Gesetz sachgerecht für ihre spezielle Art des Wirtschaftens ist. 394

aa) Vertragstyp. Der Logistikvertrag ist ein Vertrag „eigener Art" (**sui generis**) gemäß §§ 241, 311 BGB.[5] In der Regel begründet er ein Dauerschuldverhältnis, ist an keine Form gebunden und hat sowohl dienstvertragsrechtlichen, wie auch werkvertragsrechtlichen sowie Geschäftsbesorgungscharakter. Demgemäß werden die §§ 675, 664, 665 bis 670, 672 bis 674 BGB je nach Sachlage durch werk- und dienstvertragliche Vorschriften ergänzt, wobei der Logistikvertrag „aus sich heraus" die wesentlichen Rechte und Pflichten der Vertragsparteien abschließend regelt bzw. regeln soll. 395

Selbst wenn keine Schriftform gesetzlich vorgeschrieben ist, ist die schriftliche Fixierung des Vertrages unabdingbar, um die wechselseitigen Rechte und Pflichten der Parteien zu fixieren. 396

Die vertragliche Vereinbarung im Logistikvertrag ist eine „abweichende Individualvereinbarung" vor allen anderen Allgemeinen Geschäftsbedingungen, vor Handelsbrauch und vor dispositivem Recht. Die Grenzen der **Privatautonomie** des Logistikvertrages sind die allgemeinen Gesetze, wobei zwingendes nationales und internationales Recht, wie zum Beispiel gemäß Art. 41 Abs. 1 CMR, Art. 23 WA unabdingbar und damit privatautonomer vertraglicher Gestaltungen entzogen sind. 397

Die Hauptpflicht im Logistikvertrag ist die Erfüllung der in diesem Vertrag näher beschriebenen Verpflichtungen. 398

Der Vertragszweck ist vielschichtig, multifunktional und bestimmt von einer Aufgabenvielfalt. Die vergleichsweise triviale Verpflichtung, auch die Versendung des Gutes zu besorgen, ist Nebenpflicht, in der Regel nicht Hauptpflicht eines Logistikvertrages. Darüber hinaus erfolgt die Versendung des Gutes im Rahmen eines Logistikvertrages nicht für Rechnung des Versenders, sondern auf **eigene Rechnung,** wird durch das Logistikentgelt abgedeckt. Bei derartigen logistischen Dienstleistungen tritt also die Organisation der eigentlichen Beförderung des Gutes im Vergleich zu den anderen Vertragspflichten des Logistikunternehmens derart in den Hintergrund, dass die Organisation der Beförderung in keinem Fall mehr die Hauptleistung darstellt. Es handelt sich vielmehr um eine Gesamtheit von logistischen Leistungen, die der Logistikunternehmer ganz oder teilweise innerhalb seiner eigenen Organisation eigenverantwortlich erbringt oder – sofern der Logistikvertrag dies zulässt – von **Fremdunternehmern** erbringen lässt. 399

Damit ist in der Regel der Logistikvertrag weder ein Speditionsvertrag nach § 453 HGB noch nach den ADSp. 400

Das **Leitbild des HGB-Spediteurs** nach § 453 Abs. 1 HGB ist nicht gekennzeichnet durch die Erbringung und die Erfüllung logistischer Dienstleistungen. Der Spediteur 401

---

[5] Nach *Gran,* Vertragsgestaltung im Logistikbereich, TranspR 2004, 1 (2), handelt es sich um einen typengemischten Vertrag m.w.N.; *ders.* in: Piper/Pokrant/Gran, a.a.O., Rdnr. 496 ff.

wird als Sachwalter der Organisation der Beförderung verstanden. Er muss die Interessen des Versenders wahrnehmen, das Gut optimal, dass heißt in einer bestmöglichen Relation von Preisgünstigkeit, Zuverlässigkeit und Geschwindigkeit versenden, die Interessen des Versenders durch Rückfragen in Erfahrung bringen, den Versender richtig und vollständig beraten, die Ratschläge klar und nachvollziehbar erteilen, den Versender über alle Umstände aufzuklären, die für diesen aus der Sicht des Spediteurs erkennbar von Bedeutung sind.

402 Da eine Informationspflicht schon dann besteht, wenn vernünftige Zweifel daran bestehen, dass der Versender für seine Entscheidung wesentliche Tatsache, Risiken und Erfahrungssätze nicht kennt, diese ihm erteilen. Die Zusammenarbeit zwischen einem logistischen Dienstleister, dem Aufgaben von Industrie, Handel und Gewerbe übertragen werden, ist ein **Dauerschuldverhältnis.**

403 Näher an der logistischen Dienstleistung ist der „Spediteur", wie er in der §§ 1, 2 ADSp a.F. gesehen wurde. Nach diesem sehr weit gefassten Begriff des Spediteurs ist „Spediteur", wer gewerblich Speditions-, Fracht-, Kommissions- und Lagergeschäfte und/oder sonstige mit dem Speditionsgewerbe zusammenhängende Geschäfte betreibt. Wer Spediteur ist, bestimmt die Verkehrsanschauung.[6] Für Logistikverträge maßgebend sind die „mit dem Spediteurgewerbe zusammenhängenden Geschäfte".

404 Dazu gehören die in §§ 1 ff. ADSp genannten Vertragstypen sowie selbständige und unselbständige Ergänzungen oder Erweiterungen dieser Geschäfte, wobei die Aufzählung in §§ 1 ff. ADSp nicht abschließend ist. Darunter fallen insbesondere

- die Besorgung und Durchführung von See- und Luftfrachtgeschäften,
- der Warenumschlag, die Warenkontrolle und -distribution,
- die Verzollung, Exportabfertigung,
- die Einholung von Auskünften über Steuern, Zölle und Abgaben,
- Entgegennahme von Gütern,
- Vereinbarung von Gestellungsterminen beim Containertransport,
- im Nahverkehr die Abfertigung von Transporten durch Frachtführer,
- die Absprachen über Palettenrückgabe,
- die Beförderung von Kraftfahrzeugen auf eigener Achse,
- die Vermietung von Lagerräumen,
- Lohnfuhrverträge,
- die Verpackung von Gütern,
- die Neutralisierung der Herstellerbezeichnung,
- das Umpacken,
- der Palettenverkehr,
- die Ausstellung und Beschaffung von Transportdokumenten,
- die Besorgung von Versicherungen,
- die Abwicklung von Schadensreklamationen,
- die Organisation der Warenverteilungs- und -beschaffungssysteme,
- die Bestückung von Gütern mit Schriftwerk.

405 Die Individualvereinbarung eines Logistikvertrages hat jedoch immer den Vorrang vor den ADSp, wobei die **Individualabrede** die ADSp freilich nur soweit verdrängt, soweit die Individualabrede reicht.[7] Wenn die Individualabrede alle wesentlichen Einzelheiten regelt, verdrängt die Individualvereinbarung die ADSp völlig.[8]

---

[6] OLG München TranspR 1993, 29 (31).
[7] BGH VersR 1981, 328.
[8] BGH NJW 1981, 1905 f.

Mithin steht fest, dass im Einzelnen ausgehandelte individuelle Logistikverträge den Bestimmungen der §§ 453 ff. HGB vorgehen, soweit nicht zwingendes nationales und internationales Recht entgegensteht.

bb) Logistikvertrag und Speditionsrecht gemäß §§ 452 ff. HGB. Regelungen über den Logistikvertrag findet man im Speditionsrecht gemäß §§ 453 ff. HGB nicht. Die Gesetzesbestimmungen enthalten – in weiser Selbstbeschränkung des Gesetzgebers – das Wort „Logistik" überhaupt nicht. Dies hat seinen Grund darin, dass es zum einen der Privatautonomie und freien Vertragsgestaltung obliegt, hier individuelle Vereinbarungen zwischen den Parteien zur Erbringung von logistischen Dienstleistungen zu formulieren und zu vereinbaren und darüber hinaus der Logistikvertrag keinem einheitlichen Vertragstyp zuordenbar ist. Unter Umständen enthält der Logistikvertrag Vertragsbestandteile, die dem Frachtrecht, dem Speditions- oder Lagerrecht, dem Werkvertrags- bzw. Dienstvertrags oder Geschäftsbesorgungsvertrag zuzuordnen ist.

Die **vertragliche Hauptpflicht** des Spediteurs gemäß § 452 Abs. 1 HGB ist es, die Versendung des Gutes für Rechnung des Versender zu besorgen; die vertragliche Hauptpflicht des Lagerhalters ist es, das Gut zu lagern und aufzubewahren (§ 466 Abs. 1 HGB).

Die Verpflichtung des Spediteurs und Lagerhalters ist mithin eng und abschließend auf die jeweiligen vertraglichen Hauptpflichten konzentriert. Damit entzieht sich der Logistikvertrag der rechtsdogmatischen Einklassifizierung als Speditionsvertrag sowie als Lagervertrag.

Das gesetzliche Leitbild des HGB-Spediteurs nach § 453 Abs. 1 HGB in seiner Beschränkung auf die Besorgung der Versendung ist für die Beurteilung von Logistikverträgen ebenso verfehlt, wie die Konkretisierung der **Besorgung der Versendung gemäß § 454 Abs. 1 HGB**. Das gesetzliche Leitbild ist geprägt von – in der Regel – so genannten Einmalspeditionsaufträgen und nicht von einem Gesamtkonzept logistischer Dienstleistungen.

Zugeschnitten auf den einzelnen Speditionsvertrag mit einem Einzelauftrag zur Besorgung der Versendung ist § 454 Abs. 2 HGB mit folgendem Wortlaut:

„Zu den Pflichten des Spediteurs zählt ferner die Ausführung sonstiger vereinbarter, auf die Beförderung bezogener Leistungen wie die Versicherung und Verpackung des Gutes, seine Kennzeichnung und die Zollbehandlung. Der Spediteur schuldet jedoch nur den Abschluss der zur Erbringung dieser Leistung erforderlichen Verträge, wenn sich dies aus der Vereinbarung ergibt."

Damit werden jedoch keine logistischen Dienstleistungen beschrieben, sondern nur solche Pflichten statuiert, die sich auf die Beförderung beziehen. In einem derartigen Falle handelt es sich – zutreffend – um Speditionsvertragsrecht und um speditionelle Tätigkeiten, die der Versendung bzw. Beförderung vor-, zwischen- oder nachgeschaltet sind oder der Vorbereitung, Durchführung und Sicherung der Hauptleistung (Besorgung der Versendung) dienen. Damit wird schon nach dem gesetzlichen Wortlaut des § 454 Abs. 2 HGB klar, dass die Verpackung des Gutes, seine Kennzeichnung dann keine speditionsvertragsrechtliche Verpflichtung ist, wenn sie sich nicht auf die Beförderung bezieht. Wird darüber hinaus der Umschlag von Gütern, das Kommissionieren, das Sortieren, das Etikettieren von Gütern, die Durchführung von Warenkontrollen nach Qualität und Quantität, die Vermittlung und Gestellung von Lademitteln von einem Vertragspartner ausgeführt, zu dessen Hauptpflicht nicht die **Besorgung der Versendung** gehört, sondern dies eine Nebenpflicht ist, findet ebenfalls das Speditionsrecht der §§ 453 ff. HGB keine Anwendung, denn bei Logistikverträgen ist die

Besorgung der Versendung niemals Hauptpflicht, weil logistische Dienstleistungen stets in ihrer Gesamtschau einer umfassenden Dienstleistung zuzuordnen sind. Im Einzelnen ist strittig, ob auf speditionelle Teilbereiche eines Logistikvertrages das Speditionsrecht Anwendung findet, weil es sich um einen typengemischten Vertrag handelt.

413 Das Recht zu privatautonomer Gestaltung von Logistikverträgen wird durch das Transportrecht nicht eingeschränkt, zu beachten ist die Regelung des § 449 HGB.

414 *cc) Vertragsbestandteile eines Logistikvertrages.* Der regelmäßige Aufbau bzw. die Gliederung eines Logistikvertrages[9] beinhaltet folgendes:

- *Vertragsvorbemerkung:*

415 In der vertraglichen Vorbemerkung – die dem Vertragsinhalt vorangestellt ist – wird regelmäßig die „Geschäftsidee und Geschäftsgrundlage" und damit der Vertragszweck formuliert.

- *Vertragsparteien:*

416 Die Vertragsparteien und ihre Beschreibung im Geschäftsverkehr ist erforderlich.

- *Erstandienungsrecht und Exklusivität:*

417 Regelmäßig findet man in Logistikverträgen eine Ausschließlichkeitsklausel für den logistischen Dienstleister, wie ein Andienungsrecht zu Gunsten desselben für weitere logistische Dienstleistungen. Vertragsstrafen als Sanktionen gegen diese vertragliche Verpflichtung sind nicht selten.

- *Umfang der Logistikdienstleistung:*

418 Diese werden regelmäßig im Vertrag nur allgemein geregelt; dies ist Gegenstand der Pflichtenhefte und der Vertragsanlagen und bezieht sich auf die gesamte logistische Dienstleistung, wie Lagerhaltung, Kommissionierung, Transport, Verpackung, Kennzeichnung, Be- und Entladung, Palettenprobleme, Fertigung, Inkasso und Nachnahme etc. Hierzu zählt auch die Vereinbarung der Abnahme einer Mindestmenge in einem Rahmenvertrag für Logistikdienstleistung.[10]

- *Preisgestaltung für logistische Dienstleistungen:*

419 Diese Grundzüge erfolgen im Vertrag, die Einzelheiten in den Vertragsanlagen. Logistische Dienstleister lassen sich ihre Investitionen durch die Abwicklungsfristen, Kündigungsfristen – wirtschaftlich gerechtfertigt – absichern Preisgleitklauseln tragen geänderten wirtschaftlichen Rahmenbedingungen Rechnung. Auf- und Verrechnung, wie Zahlungsfristen sind zu regeln. Pfand- und Zurückbehaltungsrechte sind vertragsentsprechend zu gestalten.

- *Haftung:*

420 Die Haftung ist einheitlich für alle Rechte und Pflichten der Vertragsparteien exakt zu regeln, Haftungshöchstgrenzen für einzelne Schadensfälle wie für Jahreshöchstleistungen sind zu formulieren. Auf die Problematik sog. Inventurdifferenzen ist besonders Rücksicht zu nehmen und entsprechende Risikoverlagerungen bzw. Risikozuweisungen sind vorzunehmen. Die Vergütungsregelung und die Haftung sind Kernstücke jeden Logistikvertrages. Stimmige Haftungskonzepte ergeben sich nur im Gleichklang mit entsprechendem Versicherungsschutz.

---

[9] *Pokrant/Gran*, Transport- und Logistikrecht 2013, S. 177 ff.
[10] Hierzu hat OLG Karlsruhe TranspR 2007, 213 ff. ausgeführt, dass der Verstoß gegen diese Klausel zu einem Schadenersatzanspruch führt, wenn die Mindestmenge nicht erreicht wird (§ 280 Abs. 1 BGB).

III. Logistik   C. III

- *Nicht- oder Schlechterfüllung:*
  Hier sind Abmahnungsregeln, sowie Kündigungsfristen und Übergangsregelungen 421
  unabdingbar.

- *Laufzeit und generelle Vertragskündigung:*
  Laufzeit und Vertragsdauer sind von der Mittelfristigkeit des Outsourcing be- 422
  stimmt. Investitionsschutz des Logistikdienstleisters ist zu gestalten, ebenso wie wech-
  selweise Wettbewerbstätigkeiten.

- *Ergänzende und sonstige Vertragsbestimmungen:*   423
  Der Logistikvertrag sollte alle Regelungen sowie die Rechte und Pflichten der
  Parteien von sich heraus regeln und verständlich sein; die Verweisung auf die jeweils
  gültigen ADSp oder die Vertragsbedingungen für den Güterkraftverkehr- und Logistikunternehmer (VBGL) ist nach Möglichkeit zu vermeiden bzw. sind die ADSp
  oder sonstige Allgemeinen Geschäftsbedingungen als Inhalt einer Individualvereinbarung in den Vertrag mit einzubeziehen da diese Allgemeinen Geschäftsbedingungen
  zum einen in ihrer Wirksamkeit umstritten sind und zum anderen i.d.R. zu allgemein
  gehalten sind.

- *Verjährungsfragen:*   424
  Sie sind im Logistikvertrag sowohl einzeln wie auch für den Gesamtvertrag zu
  regeln.

- *Schiedsgerichtsbarkeit oder ordentliche Gerichtsbarkeit:*   425
  Hier empfiehlt sich stets die ordentliche Gerichtsbarkeit, es sei denn die Parteien
  vereinbaren – gerechtfertigt – etwas anderes.

2. Die sieben Todsünden bei der Gestaltung von Logistikverträgen

In der Kautelarjurisprudenz sowie in entsprechenden Hinweisen zur Vertragsgestal- 426
tung[11] wird vor allem die **Haftungsproblematik** und die Absicherung der Haftung in
den Vordergrund gestellt. Dies verkürzt in unzulässiger Art und Weise die Chancen
und Risiken eines bis ins Details ausgehandelten Logistikvertrages. Angesichts der
Vielschichtigkeit der Problemstellungen der auf die Logistikunternehmen übertragenen Aufgaben und Funktionen verbietet sich jede standardmäßige Heranziehung von
Vertragsmustern, wie sie in einschlägigen Broschüren und Büchern zu finden sind.
Angesichts der weit reichenden Übernahme von Teilaufgaben der Industrie-, Han-
dels- und Gewerbeunternehmen ist mit Sorgfalt, Gewissenhaftigkeit, Um- und Weit-
sicht von beiden Vertragsparteien zu verhandeln, wobei die juristischen Aspekte lediglich „dienende" Funktion haben, es vor allem darauf ankommt, dass die Parteien
die Leistungs- und Anforderungsprofile klar umreißen und benennen. Nur im Verständnis der Kooperation lässt sich die Dienstleistungsaufgabe bewältigen. Am Rande
werden dabei auch Streitigkeiten vermieden.

Im Folgenden werden – denn Fehler lassen sich grundsätzlich nicht quantifizieren – 427
sieben zentrale Hauptfehler genannt, die bei der Abfassung von Logistikverträgen
festzustellen sind.

a) Hauptfehler 1: **Mangelnde Bestimmtheit des Leistungsinhaltes (Vertragsklar-** 428
heit). Die vertraglichen Verpflichtungen des logistischen Dienstleisters sind umfassend und abschließend aufzuzählen. Damit sind die Leistungsmerkmale die zur

---
[11] *Krins,* Haftung und Versicherung in der Kontraktlogistik: Ein Überblick, TranspR 2007, 269 ff.

Verfügung zu stellenden Kapazitäten, Lieferfristen, die Aufbau- und Ablauforganisationen zu formulieren.[12] Nur aus einer **exakten Abgrenzung der Pflichten** ergeben sich Handlungsanweisungen, die abgestimmt sind auf das Interesse des Auftraggebers. Soweit möglich, müssen – zur ständigen Kontrolle und zum Austausch der Informationen – EDV-Systeme aufgebaut und wechselseitig integriert werden. Unklarheiten bei den prozessbezogenen Leistungsmerkmalen führen zu juristischen Unschärfen.

429   Formulierung für eine generalklauselartige Bestimmung der Leistung:

Der Dienstleister ist verpflichtet, die termingetreue, produktionssynchrone Anlieferung der X-Systeme an die vom Auftraggeber jeweils benannten Anlieferungspunkte am Y-Ort Just-in-time sicherzustellen. Dies umfasst insbesondere die Entladung, Vereinnahmung auf Behälterebene, Zwischenlagerung und Kommissionierung der X-Systeme sowie deren Just-in-time-Lieferung am Ablieferort entsprechend den produktionssynchronen Abrufen des Empfängers.

430   Oder Weiteres ergänzend:

Der Logistikdienstleister verpflichtet sich zur Gestellung von Hallenflächen mit einer Nutzungsfläche von x Quadratmeter in Köln. Zustand, Beschaffenheit und Lage sind dem Auftraggeber bekannt und werden als vertragsgemäß anerkannt. Der Logistikdienstleister ist zur Entladung, Kontrolle (Sichtprüfung) zur Entdeckung erkennbarer (offener) Mängel, Vereinnahmung und mengenmäßiger Erfassung der Anlieferbehälter verpflichtet.

431   Stets ist zu warnen: Die vertraglichen Verpflichtungen durch Bezugnahme auf ein „Lastenheft" zu regeln, denn der vertragliche Inhalt muss sich aus dem Vertrag selbst konkret und nachvollziehbar ergeben.

432   *b) Hauptfehler 2:* **Mängel in der Haftungsbegrenzung unter Einbeziehung vertraglicher und außervertraglicher Ansprüche sowie Erfüllungsgehilfen und Dritten.** Bei Leistungsstörungen auf beiden Seiten muss der Logistikvertrag – so weitestgehend wie möglich – einheitliche Anspruchsgrundlagen formulieren. Dabei ist ebenso auf das Schriftformerfordernis zu achten, wie auf die Gestaltung einer Individualvereinbarung unter Wegschlagung anderer Allgemeiner Geschäftsbedingungen. Der Logistikvertrag muss die „magna carta" der Rechte und Pflichten der Vertragsparteien seien. Erfüllungs- und Verrichtungsgehilfen des logistischen Dienstleisters sind in die Haftungsbegrenzung einzubeziehen; außervertragliche Ansprüche sind abzubedingen, es sei denn, die **Pflichtverletzung** wird in den Schuldformen der „groben Fahrlässigkeit" oder des „Vorsatzes" begangen.

433   *c) Hauptfehler 3:* **Mangelhafte Begründung der Haftungsbegrenzungen und Haftungseinschränkungen.** Haftungsbegrenzungen sind sowohl für unmittelbare und mittelbare Schäden betragsgemäß zu fixieren, wie darüber hinaus bei Sach- und Personenschäden. Dabei ist darauf zu achten, dass die Haftungsbegrenzung sich sowohl auf vertragliche als auch außervertragliche Ansprüche bezieht und darüber hinaus Erfüllungsgehilfen des Logistikdienstleisters ebenso in die Haftungsbegrenzung mit einbezogen werden, wie alle anderen Dritten, die der Dienstleister zur Erfüllung seiner Verpflichtungen einsetzt.

434   Bei individuell ausgehandelten Logistikverträgen (Individualvereinbarungen als Vorrang vor den Allgemeinen Geschäftsbedingungen, wie ADSp) sind folgende Haftungsbegrenzungen üblich:
  • Ausschluss der Haftung für leichte Fahrlässigkeit;

---

[12] OLG Frankfurt TranspR 2007, 78 ff.

- Haftung der Höhe nach, begrenzt auf einen bestimmten Betrag, der dann auch zu versichern ist, wie z.B. € 5,00 pro kg Rohgewicht;
- Begrenzung der Haftung pro Schadensfall sowie bei mehreren Schadensfällen pro Jahr Begrenzung der Haftung auf einen Jahreshöchstbetrag.

d) Hauptfehler 4: **Mängel in dem nicht abgestimmten Sicherungskonzept durch Versicherungen.** Haftungsbegrenzung, Leistungsumfang und wechselseitige Verpflichtungen sind vom Dienstleister in einem von seinem Versicherer bestätigten Versicherungskonzept abzusichern Die Haftungshöchstgrenzen der vertraglichen Verpflichtung müssen ebenfalls im Deckungsverhältnis mit dem Versicherer geregelt werden. Zu bedenken ist weiter eine Vereinbarung über den Regressverzicht des Versicherers sowie die Abtretung der Deckungsansprüche an den Vertragspartner. 435

e) Hauptfehler 5: **Unklarheitsregel in Bezug auf Kosten, Umwelthaftung, Versicherung etc.** Klare Regelungen sind zu treffen in Bezug auf Grund, Höhe, Fälligkeit und Abrechnung von Entgelten und Kosten. Aufrechnungsverbote oder Kontokorrentabreden sind zu diskutieren. Die Prämienzahlungsverpflichtung an die Versicherer ist entweder kalkulatorisch oder durch Zahlungsverpflichtungen des Vertragspartners zu regeln. In jeden Fall muss für den logistischen Dienstleister die Umwelthaftung sowie die Eigenschaft als Handlungs- und Zustandsstörer ausgeschlossen werden bzw. er muss vom Vertragspartner hiervon freigestellt werden. 436

f) Hauptfehler 6: **Mängel in der fehlenden Flexibilität und Anpassungsmöglichkeit an geänderte Geschäftsgrundlagen.** Logistikverträge sind in der Regel langfristig angelegt oder haben – wegen der erheblichen Umstellungsprobleme – lange Kündigungsfristen. Der logistische Dienstleister ist gut beraten, wenn er für den Fall, dass seine Preiskalkulation unzutreffend ist oder die Umsatzmengen des Vertragspartners – die in der Regel zu garantieren sind (!) – nicht eingehalten werden, Kündigungs- und Anpassungsrechte hat. Vertragsverstöße des Vertragspartners sind flankierend durch Begründung von Vertragsstrafeversprechen abzusichern. 437

g) Hauptfehler 7: **Mängel in der Absicherung der wechselseitigen Verpflichtungen wie zum Beispiel Pfandrecht, Zurückbehaltungsrecht, Sicherung von Ansprüchen bei Insolvenz eines Vertragspartners.** Die wechselseitigen Verpflichtungen, insbesondere die Zahlungsverpflichtung des Vertragspartner ist durch vertragliche Pfandrechte, vertragliche Zurückbehaltungsrechte zu regeln. Über die Stellung von Bürgschaften für das Logistikentgelt ist zu verhandeln, ebenso wie über Garantien von Dritten, falls in die Konstellation des Vertragspartners internationale Unternehmen eingebunden werden. Währungssicherungs- und Währungsschwankungsklausel sind für internationale Vertragspartner in den Logistikvertrag aufzunehmen. Umrechnungskurse für Fremdwährungen sind bei langfristigen Verträgen mit entsprechenden Anpassungsmöglichkeiten auszuhandeln. 438

3. Logistik-AGB (Allgemeine Geschäftsbedingungen für Logistikleistungen – Logistik-AGB in der jeweils neuesten Fassung)[13]

a) Allgemeines. Viele Speditionsunternehmen haben sich in den letzten Jahren zu Logistikunternehmen entwickelt. Sie organisieren nicht nur Transporte für ihre Kunden, sondern bieten diesen zahlreiche logistische Zusatzleistungen an, die z.B. mit der Zulieferung, Produktion und Distribution von Gütern zusammenhängen und den 439

---

[13] Siehe unter www.schunck.de die Logistik-AGB der DSLV e.V., Bonn.

Spediteur tiefer in die Beschaffungs-, Produktions- und Absatzprozesse von Industrie und Handel integrieren. Der Spediteur wird so zur „verlängerten Werkbank" des Auftraggebers. Die **Haftungssituation** für logistische Dienstleistungen in ihrer rechtlichen Bewertung geht über die Versendung, Beförderung und Lagerung von Gütern hinaus, so dass für die Abwicklung logistischer Leistungen nicht nur das HGB, sondern auch BGB und andere zivilrechtliche Gesetze anwendbar sind.

440 Dieses Recht ist in der Regel **abdingbar.** Das heißt, die Vertragsparteien können im Wege einer vertraglichen Vereinbarung von den gesetzlichen Bestimmungen abweichen oder diese konkretisieren. Sie schließen dann einen Logistikvertrag, in dem genau festgelegt wird, welche Tätigkeiten von wem übernommen werden und wie sich die Haftung zwischen Auftragnehmer und Auftraggeber aufteilt.

441 Die Logistik-AGB sind vorformulierte Vertragsbedingungen für das Logistikgeschäft, sie sollen nicht die Kontraktlogistik, also die individuelle Absprache von Logistikverträgen ersetzen, können aber durchaus eine sinnvolle Grundlage für die Gestaltung von Logistikverträgen bilden. In der Praxis dienen sie oft als Checkliste, ob alle wichtigen Dinge eines Logistikvertrages geregelt sind.

b) Typisierung der Logistik. Es lassen sich drei Arten von logistischen Risiken in der Praxis typisieren.

442 *aa) Kontraktlogistik.* Sie ist gekennzeichnet durch detailliertes Aushandeln im Rahmen der gesetzlich eingeräumten Vertragsfreiheit. Für die Aufteilung der Haftung zwischen Auftraggeber und logistischem Dienstleister sind unter anderem auch die wirtschaftlichen Machtverhältnisse der Parteien maßgeblich und auch die Komplexität des logistischen Prozesses, den der Auftraggeber outsourcen und auf den Logistikdienstleister übertragen möchte. Festzustellen ist in der Praxis, dass die Haftungsregelungen umso ausgewogener werden, je komplexer das logistische Projekt ist und je größer die gegenseitigen Abhängigkeiten. Im Bereich der Kontraktlogistik sind sich die Vertragsparteien in der Regel darüber bewusst, dass es durch Übernahme logistischer Tätigkeiten zu zusätzlichen **hohen Haftungsrisiken** kommen kann, die wirtschaftlich vernünftig aufzuteilen sind.

443 *bb) Speditionsübliche Logistik.* Die speditionsübliche logistische Leistung über die kein gesonderter, individuell zwischen Auftraggeber und Logistikdienstleister ausgehandelter Vertrag geschlossen wird, ist ausdrücklich in Ziffer 2 ADSp und wird von den ADSp[14] erfasst.

444 *cc) Speditionsunübliche („Zuruf")-Logistik.* (1) Allgemeines. Der Begriff Zuruflogistik ist in Abgrenzung zur Kontraktlogistik zu betrachten.[15] Wesentlich ist für die Zuruflogistik, dass zusätzliche Leistungen spontan ohne Prüfung der haftungsrechtlichen Konsequenzen und genaue vertragliche Fixierung, eben auf Zuruf nach dem Motto „das mache ich eben mit" übernommen und erbracht werden. Solange es sich um speditionsübliche logistische Leistungen handelt, die auf Zuruf erbracht werden, gelten gemäß Ziffer 2 ADSp die **Haftungsbestimmungen** der ADSp. Was aber speditionsübliche logistische Leistungen sind, wird in Ziffer 2 ADSp nicht definiert. Die ADSp tragen mit dieser Formulierung der Tatsache Rechnung, dass die Tätigkeit der Spediteure und logistischen Dienstleistungen sich sehr schnell verändern. Was heute speditionsunüblich ist, wird vielleicht schon morgen als speditionsüblich angesehen. Letztlich wird diese Frage im **Prozessfall** durch ein Sachverständigengutachten zu klären sein.

---

[14] Vgl. C. II Rdnr. 11 ff. zu Ziffer 2 ADSp (abgedruckt in **Anhang 8**).
[15] *Wieske* VersR 2006, 336 ff.

(2) *Haftungsrechtliche Besonderheiten.* Fest steht, dass die Frage der Speditionsüblichkeit erhebliche Folgen für die Haftung hat. Denn gelten die ADSp nicht, weil keine speditionsübliche logistische Leistung vorliegt, trifft den Logistiker die gesetzliche und in der Regel unbegrenzte Haftung.

Im Bereich der Zuruflogistik sehen die Vertragsparteien oft gar keinen Handlungsbedarf und gehen davon aus, dass, wenn nichts weiter vereinbart ist, die ADSp greifen. Genau hier setzen die Logistik-AGB und vom Deutschen Speditions- und Logistikverband e. V. (DSLV) empfohlenen Logistik-AGB an. Sie fangen vor allem das aus dem unbestimmten Rechtsbegriff „speditionsübliche logistische Leistungen" entstehende Risiko der unbegrenzten Haftung auf. Sie setzen in ihrem Anwendungsbereich genau dort an, wo die ADSp aufhören, indem sie in ihrer Ziffer 1.1 festlegen, dass die Logistik-AGB für alle logistischen Zusatzleistungen gelten, die nicht von einem Verkehrsvertrag nach Ziffer 2.2.1 der Allgemeinen Deutschen Spediteur-Bedingungen – soweit vereinbart – oder von einem Fracht-, Speditions- oder Lagervertrag erfasst werden, jedoch vom Auftragnehmer im wirtschaftlichen Zusammenhang mit einem solchen Vertrag erbracht werden.

In Ziffer 1.1 Abs. 2 ADSp werden dann einzelne logistische Tätigkeiten beispielhaft genannt.

Neben der **„Zuruflogistik"** können die Logistik-AGB einen weiteren wichtigen Anwendungsfall in der Praxis haben, nämlich in den Fällen, in denen die Vertragsparteien zwar noch über die Regelungen und Formulierungen eines individuellen Logistikvertrages verhandeln, aber bereits mit der logistischen Tätigkeit wegen enormen Termindrucks bereits angefangen haben. Das heißt, die Logistik-AGB geben hier Rechtssicherheit in einem „vertragslosen Zustand", solange eben der Vertrag von beiden Parteien noch nicht abgeschlossen worden ist und es sich nicht um eine speditionsübliche Tätigkeit handelt, die von Ziffer 2 ADSp erfasst wird.

Die Logistik-AGB enthalten auf die Erbringung logistischer Zusatzleistungen zugeschnittene Vertragsklauseln, die „typischerweise" eine Regelung erfahren sollten und die die ansonsten anzuwendenden gesetzlichen Bestimmungen ergänzen, konkretisieren oder ändern.

c) Kurzüberblick zu einzelnen Vorschriften der Logistik-AGB. aa) Anwendungsbereich Ziffer 1 Logistik-AGB. Der Anwendungsbereich der Logistik-AGB beginnt dort, wo der Anwendungsbereich der ADSp aufhört. Ziffer 1.1 Logistik-AGB bestimmt, dass die Logistik-AGB für alle logistischen Zusatzleistungen gelten, die nicht von einem Verkehrsvertrag nach Ziffer 2.1 erfasst werden, jedoch in einem wirtschaftlichen Zusammenhang mit einem solchen Vertrag stehen.[16]

bb) Elektronischer Datenaustausch Ziffer 2 Logistik-AGB. Logistik lebt unter anderem vom Informationsaustausch, der im heutigen Wirtschaftsleben im Wege des elektronischen Datenaustausches erfolgt. Die Praxis hat wiederholt gezeigt, dass oft nur unzureichende Absprachen über einen Datenaustausch, die Systemkompatibilität und die Datensicherheit erfolgen. Ziffer 2 Logistik-AGB stellt hier generelle Regeln auf.[17]

cc) Vertraulichkeit Ziffer 3 Logistik-AGB. Ziffer 3 der Logistik-AGB enthält eine Regelung, die insbesondere den Interessen des Auftraggebers dient. Alle nicht öffentlich zugänglichen Daten oder Informationen sind so vertraulich zu behandeln, dass jeglicher Transfer von know how gegenseitig geschützt ist.[18]

---

[16] Siehe auch *Wieske/Salzmann/Kollatz* in: Recht und Praxis Transport/Logistik, Vogel-Verlag zu Ziffer 1 Logistik-AGB m.w.N.
[17] Siehe auch *Wieske*, a.a.O. Ziffer 2 ADSp.
[18] Weitere Einzelheiten *Wieske*, a.a.O.

452 *dd) Pflichten des Auftraggebers/des Auftragnehmers Ziffer 4 und 5 Logistik-AGB.* Die Ziffer 4 und 5 Logistik-AGB verteilen die Rechte und Pflichten zwischen Auftragnehmer und Auftraggeber. Sie bauen vor allem darauf, dass der Auftraggeber, der „Know how-Träger" und „Systemführer" ist, während der Auftragnehmer eher dienende Funktionen hat und eine Art verlängerte Werkbank seines Auftraggebers wird. Das Vertragsverhältnis zwischen dem Auftraggeber und einem Lieferanten ist anders ausgestaltet, als zwischen Auftraggeber und Logistikunternehmen. Das Logistikunternehmen nimmt Aufgaben wahr, die vom Auftraggeber definiert und vorgegeben werden.

453 Um die **Verantwortlichkeiten** zu definieren und abzugrenzen, werden in Ziffer 4 Logistik-AGB die Vorleistungspflichten und Mitwirkungshandlungen des Auftraggebers definiert. Es sind all die Dinge, die erforderlich sind und vom Auftraggeber zu erbringen sind, damit die Logistik „funktioniert". Der Auftragnehmer ist dann verpflichtet, seine Leistungen nach diesen Vorgaben zu erbringen. Wenn er dagegen Einwände hat oder Unregelmäßigkeiten feststellt, muss er dies dokumentieren. Für einen Fehler hat er einzustehen, allerdings mit der Ausnahme, dass, falls er die logistischen Leistungen innerhalb der Betriebsorganisation seines Auftraggebers erbringt, hat er die Tätigkeiten nach Weisung und auf Gefahr seines Auftraggebers zu erbringen. Das heißt, die Mitarbeiter des Auftragnehmers sind wie Leiharbeiter anzusehen und damit **Erfüllungs- oder Verrichtungsgehilfen** des Auftraggebers. Das ist z.B. der Fall, wenn sie das Gut nach Ablieferung beim Auftraggeber auf dessen Verlangen und unter seiner Aufsicht weiterbehandeln.

454 *ee) Leistungshindernisse, höhere Gewalt Ziffer 6 Logistik-AGB.* Ziffer 6 Logistik-AGB enthält eine Ziffer 12.1 ADSp ähnliche Regelung über Leistungshindernisse. In den Logistik-AGB kommt sie jedoch anders als in den ADSp für beide Vertragspartner zur Anwendung.

455 *ff) Vertragsanpassung Ziffer 7 Logistik-AGB.* Für den Logistik-Unternehmer ist es wichtig, sich auf verändernde betriebliche Verhältnisse einstellen zu können, die maßgeblich Einfluss auf seine **Kostenkalkulation** haben. Ziffer 7 der Logistik-AGB regelt die Voraussetzungen, unter denen eine Vertragsanpassung erfolgen kann. Dies entspricht im Ansatz Ziffer 16.1 ADSp, nimmt aber in viel stärkerem Maße Rücksicht auf die Erbringung logistischer Leistungen maßgeblichen Rahmenbedingungen.

456 *gg) Betriebsübergang, Ziffer 8 Logistik-AGB.* Ziffer 8 Logistik-AGB geht auf die Problemstellung des Betriebsübergangs nach § 613a BGB ein. Diese Klausel enthält eine Konkretisierung des § 313 BGB (**Störung der Geschäftsgrundlage**) für den Fall, dass die Vertragsparteien die wirtschaftlichen Folgen eines Betriebsüberganges im Rahmen ihrer vertraglichen Zusammenarbeit nicht erkannt oder falsch eingeschätzt haben.

457 *hh) Sicherungsmittel Ziffer 9 und 10 Logistik-AGB.* Als **Sicherungsmittel** sehen Ziffer 9 Logistik-AGB die Möglichkeit der Aufrechnung und Zurückbehaltung und Ziffer 10 Logistik-AGB ein Pfand- und Zurückbehaltungsrecht vor. Die Vorschriften wurden in Anlehnung an Ziffer 19 oder 20 ADSp ausgestaltet.

458 Bei Ausübung des **Pfandrechtes** ist jedoch zu berücksichtigen, dass dieses im Rahmen logistischer Leistungen nicht so weit reicht, dass gesetzliche Pfandrechte im Rahmen des Fracht-, Speditions- und Lagerrechts, welches auch inkonnexe Forderungen schützt. Bei Logistikverträgen, die typengemischte Verträge sind, ist hinsichtlich der Reichweite des Pfandrechtes zu prüfen, ob die gesicherte Forderung mit einem Verkehrsvertrag zusammenhängt und ob bei nicht klar zuordnungsfähigen Ansprüchen z.B. durch Pauschalvergütung der Schwerpunkt des Vertrages im verkehrsvertraglichen Bereich liegt.

III. Logistik   C. III

Ist dies zu verneinen, kann das durch die Logistik-AGB begründete **Pfandrecht für** 459
inkonnexe Forderungen nur an Sachen und Gütern erworben werden, die dem Auftraggeber gehören. Denn der gutgläubige Erwerb eines vertraglichen Pfandrechts zur Sicherung inkonnexer Forderungen gegen den Auftraggeber ist ausgeschlossen.

Da im Rahmen der Erbringung logistischer Dienstleistungen auch kaufvertragliche 460
Aspekte eine Rolle spielen können, wurde in Ziffer 10.5 Logistik-AGB ein Eigentumsvorbehalt zu Gunsten des Auftragnehmers verankert.

ii) Abnahme und Mängelansprüche, Ziffer 11 und 12 Logistik-AGB. Ziffer 11.1 Logistik-AGB regelt die Abnahme der logistischen, in der Regel werkvertraglichen Leistung.

Die Abnahme ist Voraussetzung dafür, dass die Vergütung fällig wird und bestimmt 461
den Zeitpunkt, ab welchem die Gefahr vom Auftragnehmer auf den Auftraggeber übergeht. Sie stellt in der Regel die körperliche Hinnahme/Übergabe der logistischen Leistung dar verbunden mit ihrer Billigung als im Wesentlichen vertragsgemäß. Da logistische Leistungen regelmäßig in einem Gesamtpaket mit anderen Leistungen kombiniert erbracht werden und aufgrund des Prozesscharakters logistische Leistungen enthält Ziffer 11.1 Logistik-AGB eine Abnahmefiktion für andere Handlungen, wie die Weiterbehandlung oder Auslieferung an einen Dritten.

Gemäß Ziffer 11.2 und 11.3 Logistik-AGB hat der Auftraggeber die offensichtlich 462
mangelhafte Leistung dem Auftragnehmer anzuzeigen. Offensichtlich ist der Mangel, wenn er derart offen zutage tritt, dass er ohne besondere Aufmerksamkeit auffällt. Der Begriff offensichtlicher Mangel ist in seinen Anforderungen strenger als der im Transportrecht verwendete Begriff des „äußerlich erkennbaren Schadens". Es wird vorausgesetzt, dass aufgrund des äußeren Erscheinungsbildes der logistischen Leistung auf einen Mangel geschlossen werden kann, der Auftraggeber also eine Ursache-Wirkung-Beziehung erkennen kann.[19]

Nimmt der Auftraggeber die Leistung noch ab, gilt die logistische Leistung als ver- 463
tragsgemäß erbracht mit der Folge, dass Mängelansprüche nicht mehr geltend gemacht werden können. Auch Verzugsschäden können nicht mehr geltend gemacht werden, wenn sie nicht innerhalb von 21 Tagen angezeigt werden.

Die Logistik-AGB sehen für verdeckte Mängel, vergleichbar den äußerlich nicht er- 464
kennbaren Schäden im Frachtrecht, keine Untersuchungs- und Rügepflicht vor. Hier gilt das Gesetz.[20]

Wann ein **Mangel** vorliegt, wird in den Logistik-AGB nicht selbständig definiert. 465
Nach Gesetz ist eine logistische Leistung dann mangelhaft, wenn sie nicht die vereinbarte Beschaffenheit hat. Dies muss jedoch im Einzelnen sich aus dem Vertrag ergeben, vgl. Ziffer 12.1 Logistik-AGB. Ein Mangel liegt vor, wenn die logistische Leistung nicht für die im Vertrag vorausgesetzte Verwendung geeignet ist, sich nicht für die gewöhnliche Verwendung eignet und keine Beschaffenheit aufweist, die bei logistischen Leistungen gleicher Art üblich ist und die der Auftraggeber nach der Art der logistischen Leistung erwarten kann oder eine andere als die bestellte logistische Leistung oder in zu geringer Menge erbracht worden ist.

Hat der Auftraggeber einen offensichtlichen Mangel bei der Abnahme oder einen 466
verdeckten Mangel rechtzeitig gerügt, kann er nach Ziffer 12 Logistik-AGB zunächst Nacherfüllung verlangen. Das bedeutet entweder eine Neuvornahme der logistischen Leistung oder die Beseitigung des Mangels. Wenn das zweimal fehl schlägt, kann der Auftraggeber auch die anderen ihm zustehenden Mängelansprüche geltend machen. Das heißt, er kann mindern, begrenzt auf den Wegfall der Vergütung für die einzelne

---

[19] MüKoBGB/*Busche* § 640 BGB Rdnr. 30.
[20] Vgl. *Wieske,* a.a.O. Rdnr. 8.

mängelbehaftete Leistung. Er kann vom Vertrag zurücktreten in Bezug auf die einzelne mängelbehaftete Leistung. Ein Rücktritt vom Gesamtvertrag ist ausgeschlossen. Allerdings gibt hier Ziffer 13 Logistik-AGB ein **Sonderkündigungsrecht.**

467 Er kann Schadenersatz nach Ziffer 14 Logistik-AGB verlangen und Aufwendungsersatz, allerdings begrenzt auf 20.000,- €.

468 *jj) Sonderkündigungsrecht Ziffer 13 Logistik AGB.* Bei massiven Störungen hat jede der Vertragsparteien nach Ziffer 13 Logistik-AGB unter bestimmten Voraussetzungen ein Sonderkündigungsrecht. Es muss nach Ziffer 13.1 Logistik-AGB ein zweimaliger Verstoß gegen wesentliche Pflichten des Vertrages vorliegen. Dieser Verstoß muss zu einer nachhaltigen Betriebsstörung geführt haben. Das Recht zur außerordentlichen Kündigung bleibt gem. Ziffer 13.2 Logistik-AGB unberührt.

469 *kk) Haftung/Verjährung, Versicherung Ziffer 14 und 15 Logistik-AGB.* Die zentrale Bestimmung der ist Ziffer 14 Logistik-AGB. Sie schafft eine **einfache, einheitliche Haftungsgrundlage,** die sich weder nach dem Vertragstypus der logistischen Leistung (Werkvertrag, Geschäftsbesorgungsvertrag), noch nach möglichen Anspruchsgrundlagen (Schadenersatz statt der Leistung, Unmöglichkeit, Verzug) unterscheidet. Anders als die Haftung in den ADSp ist die Haftung nach Logistik-AGB nicht gewichtsbezogen.

470 Es wird zunächst allgemein die Aussage getroffen, dass der Auftragnehmer nur bei Verschulden haftet und nur der vorhersehbare typische Schaden zu ersetzen ist.

471 Die **Haftungshöchstsummen** von 20.000,- € je Schadenfall, 100.000,- € je Serienschaden bei Inventurdifferenzen und 500.000,- € je Jahr, gelten auch für außervertragliche Ansprüche. Sie gelten auch zu Gunsten der Mitarbeiter und Subunternehmer (Ziffer 14.2 Logistik-AGB), jedoch nicht bei Personenschäden (Ziffer 14.3 Logistik-AGB). Auch bei qualifiziertem Verschulden (Ziffer 15 Logistik-AGB) greifen sie nicht.

472 Die Klausel berücksichtigt, dass § 309 Nr. 7b BGB im kaufmännischen Verkehr keine Anwendung findet. Die Rechtsprechung hat es bislang nicht beanstandet, wenn gegenüber einem Unternehmer weiterreichende Haftungsbegrenzungsklauseln verwendet werden, als gegenüber einem Verbraucher. Deshalb enthält Ziffer 15 Logistik-AGB eine Regelung, wonach sich der Auftragnehmer – mit Ausnahme der Verletzung wesentlicher Vertragspflichten – für grobes Verschulden einfacher Erfüllungsgehilfen freizeichnen kann.[21]

473 *ll) Ziffer 16 Logistik-AGB, Freistellungsanspruch.* Wird der Auftragnehmer für die Produkte seines Auftraggebers nach dem Produkthaftungsgesetz oder andere drittschützende Vorschriften in Anspruch genommen, so erhält er einen Freistellungsanspruch aus Ziffer 17 Logistik-AGB. Die Klausel will den branchenspezifischen Besonderheiten eines Logistikvertrages Rechnung tragen, denn die logistische Leistung wird, wie oben aufgezeigt, ja nach den Vorgaben des Auftraggebers und unter dessen Kontrolle erbracht, d.h. er bestimmt nicht nur die einzuhaltenden **Sorgfaltsstandards,** sondern auch die mit den Arbeiten verbundenen „**Produktrisiken**", die er ggf. durch eigene Maßnahmen vermeiden kann. Außerdem kann der Auftraggeber das Risiko der Produkthaftung in der Regel wesentlich kostengünstiger abdecken, als der Logistikdienstleister.

474 *mm) Verjährung Ziffer 17 Logisitik-AGB.* Die Klausel stellt einen Gleichlauf mit der Verjährung bei Verkehrsverträgen her und regelt, dass die Ansprüche nach Logistik-AGB in einem Jahr verjähren. Die Verkürzung der Verjährungsfrist ist im Einklang mit § 309 Nr. 8b BGB.

---

[21] BGH BB 1996, 524 ff.

III. Logistik   C. III

Hinsichtlich des Beginns der Verjährung wird auch ein **Gleichlauf mit dem HGB** 475
hergestellt. Es ergibt sich aus Ziffer 17.2 Logistik-AGB, wo auf die Ablieferung bzw.
Abnahme der logistischen Leistung abgestellt wird. Anstelle der subjektiven Kriterien
nach § 199 Abs. 1 AGB (keine bzw. grob fahrlässige Unkenntnis der anspruchsbe-
gründenden Umstände) werden objektive Kriterien herangezogen, wie sie auch in
§ 438 Abs. 2, 634a BGB vorgesehen sind.

nn) Haftungsversicherung des Auftragnehmers Ziffer 18 Logistik-AGB. Es ist für die 476
Praxis wichtig, dass der Auftraggeber verpflichtet ist, die Haftung aus den Logistik-
AGB im Umfang der oben genannten Summen zu versichern. Ziffer 18 Logistik-AGB
weist hierauf deutlich hin und entspricht in seiner Funktionsweise der Bestimmung
der Ziffer 29 ADSp. Sie greift das in der Speditionspraxis bewährte Zusammenspiel
von Haftung und Versicherung auf.

Das hat für beide Seiten Vorteile. Für das Speditions- und Logistikunternehmen 477
bringt es den Vorteil einer begrenzten Haftung anstelle einer unbegrenzten Haftung
nach den gesetzlichen Bestimmungen. Für den Auftraggeber bringt die Regelung den
Vorteil, dass er die Haftungsansprüche gegen seinen Auftragnehmer durch eine Versicherung abgesichert weiß. Insbesondere bei sehr einfachen und gering bezahlten Aufträgen mit im Vergleich zur Vergütung unverhältnismäßig hohem Schadenpotential
sorgt die Versicherung dafür, dass das Haftungsrisiko kalkulierbar und damit versicherbar wird. Verstößt der Auftragnehmer gegen diese Bestimmung, kann er sich
nach Ziffer 15 Logistik-AGB nicht auf die Haftungsbegrenzungen der Logistik-AGB
berufen und haftet unbegrenzt.

oo) Erfüllungsort, Gerichtsstand, anzuwendendes Recht Ziffer 19 Logistik-AGB. Ziffer 478
19 Logistik-AGB ist nahezu gleichlautend mit Ziffer 30 ADSp.[22]

pp) Schlussbestimmungen Ziffer 20 Logistik-AGB. Ziffer 20 Logistik-AGB beinhaltet 479
Schlussbestimmungen, die unter anderem eine Konkretisierung der Mitverantwort-
lichkeit des Auftraggebers nach § 254 AGB, ein Rücktrittsrecht bei gefährdeter Vermögenslage der anderen Vertragspartei und eine salvatorische Klausel vorsehen.[23]

d) Text der Logistik-AGB. Siehe **Anhang 9.**   480

---
[22] Vgl. C. II zu Ziffer 30 ADSp Rdnr. 282 ff.
[23] Vgl. *Wieske,* a.a.O. Ziffer 20 Logistik-AGB Rdnr. 1 ff.

IV. Lagerverträge

Übersicht

	Rdnr.
1. Entwicklung des Lagerrechts	481
2. Internationales Lagerrecht	482
3. Zustandekommen des Lagervertrages	483
a) Formfreiheit	483
b) Konsensualvertrag	485
4. Beteiligte des Lagervertrages	487
a) Einlagerer	487
b) Lagerhalter	489
c) Eigentümer des Gutes und andere dinglich Berechtigte	491
d) Unterlagerhalter	493
e) Erfüllungsgehilfen	494
f) Auslieferungsberechtigte	495
5. Anwendbares Recht	496
a) Internationales Privatrecht	496
b) Übergangsrecht zum Transportrechtsreformgesetz	498
c) Transportbedingte Zwischenlagerungen	501
d) Administrierte Lagerung	504
6. Rechte und Pflichten des Einlagerers	506
a) Rechte	506
aa) Besichtigung und Probenentnahme	506
bb) Herausgabeverlangen	508
cc) Auskunftsanspruch	509
b) Pflichten	510
aa) Vergütungspflicht	510
bb) Verpackungs- und Warnpflichten	512
cc) Rücknahmepflicht des Gutes	515
7. Rechte und Pflichten des Lagerhalters	516
a) Rechte	516
aa) Vergütungsanspruch, Aufwendungsersatzanspruch, Rücknahmeanspruch	516
bb) Weisungsanspruch	517
cc) Lagerhalterpfandrecht	518
b) Pflichten	523
aa) Lagerungs- und Verwahrungspflicht	523
bb) Rechtswahrungspflicht bei Empfang des Gutes	524
cc) Zutritts- und Probenziehungsgewährung	525
dd) Warnpflicht bei Veränderungen, Weisungseinholungs- und Erhaltungspflicht	526
ee) Versicherungspflicht	527
8. Sonderformen des Lagervertrages	528
a) Sammellagerung	528
b) Unregelmäßige Verwahrung	529
9. Dauer des Lagervertrages und dessen Beendigung	530
a) Befristete Lagerverträge	530
b) Lagerverträge auf unbestimmte Zeit	531
c) Außerordentliche Kündigung aus wichtigem Grunde	532
10. Lagerschein	533
a) Legitimationsfunktion	533
b) Traditionsfunktion	534

IV. Lagerverträge   C. IV

	Rdnr.
11. Allgemeine Geschäftsbedingungen	535
a) Vereinbarungsfreiheit	535
b) Wirksamkeitskontrolle	536
aa) Kardinalpflichten	537
bb) Haftungsbeschränkungen	541
cc) Schweres Verschulden	542
dd) Allgemeine Geschäftsbedingungen und Verbraucher	543
c) Bedeutende Geschäftsbedingungen für das Lagergeschäft	544
12. Verbraucher als Einlagerer	545
13. Haftung und Verjährung	546

1. Entwicklung des Lagerrechts

481 Bis zum Inkrafttreten des Transportrechtsreformgesetzes war das Lagerrecht in §§ 416 bis 424 HGB a.F. sowie der Orderlagerscheinverordnung vom 16.12.1931 (RGBl. I 763) geregelt. Für den Gelegenheitslagerhalter galt das Verwahrungsrecht der §§ 688ff. BGB.[1] Internationale Abkommen sind über das Entwurfsstadium nicht hinausgehend.[2]

2. Internationales Lagerrecht

482 Als Rechtsquellen transportrechtlich bedeutsamer Nachbarstaaten sind zu nennen:

a) Österreich:
5. Abschnitt des 4. Buches des UGB (§§ 416ff. UGB).[3]

b) Schweiz:
Art. 482ff. des Schweizer Obligationenrechts OR.[4]

c) Frankreich:
Art. 1917 bis 1954 des Code civil.[5]

d) Niederlande
Die Lagerung (Verwahrung) ist in Buch 7 Titel 9 des Niederländischen Bürgerlichen Gesetzbuches (BW) geregelt. Für die Beurteilung eines Lagervertrages sind aber auch die allgemeinen Bestimmungen, wie sie namentlich in Buch 3 und 6 des Niederländischen Bürgerlichen Gesetzbuches geregelt sind, von Bedeutung.[6]

3. Zustandekommen des Lagervertrages

483 *a) Formfreiheit.* Der Abschluss des Lagervertrages ist formfrei. Alle **Abschlussmodalitäten** sind denkbar, Schriftform, Telefaxwechsel, E-Mail-Wechsel, Mündlichkeit, konkludentes Handeln. Aus den Umständen kann sich ergeben, dass zwischen dem Käufer des Einlagerers und dem Lagerhalter ein neuer Lagervertrag über das Gut zustande kommt.[7]

484 Haben die Parteien des Lagervertrages diesen indessen schriftlich geschlossen, hat die Urkunde die Vermutung der Vollständigkeit und Richtigkeit für sich.[8]

---

[1] *Fremuth,* a.a.O. Rdnr. 1 und 2, Vorbemerkung vor §§ 467–475h HGB.
[2] *Koller,* 8. Aufl., § 467 HGB m.w.N.
[3] Quelle: *Rechtsanwalt Dr. Reinhard Selendi,* Wels.
[4] Quelle: *Rechtsanwalt Dr. Alexander Pauer,* Basel.
[5] Quelle: *Rechtsanwalt Thierry Hiblot,* Paris.
[6] Quelle: *Rechtsanwalt W.M. van Rossenberg,* Rotterdam.
[7] OLG Hamburg TranspR 1998, 378; *Koller,* 8. Aufl. § 467 HGB Rdn 4.
[8] Baumbach/Lauterbach/*Hartmann,* 72. Aufl., Rdnr. 9 und 10 (Stichworte: Frachtbrief und Vertragsurkunde) zu § 416 ZPO.

485 **b) Konsensualvertrag.** Der Lagervertrag ist Konsensualvertrag. Die tatsächliche Einlagerung ist **Erfüllung** des Lagervertrages, nicht dessen Abschlussvoraussetzung im Sinne eines Realvertrages.

486 Freilich kann in der stillschweigend vorgenommenen und hingenommenen Einlagerung zugleich der Abschluss eines Lagervertrages durch konkludentes Handeln liegen.[9]

4. Beteiligte des Lagervertrages

487 *a) Einlagerer.* Der Einlagerer ist in § 467 HGB nicht definiert. In § 467 Abs. 2 HGB ist seine Funktion indirekt durch die Pflicht, die vereinbarte Vergütung zu zahlen, beschrieben. Er ist derjenige, der dem Lagerhalter aufgrund Vertrages den Auftrag erteilt, Gut zu lagern und zu verwahren.

488 Auch Kommissionäre, Spediteure und Frachtführer können Einlagerer sein.[10]
Ob eine den Lagervertrag abschließende Person in eigenem oder fremdem Namen handelt, ist Tatfrage (§ 164 Abs. 2 BGB). Wird der Lagervertrag von einem Spediteur abgeschlossen entfaltet der Lagervertrag auch Schutzwirkung zu Gunsten des Auftraggebers des Spediteurs.[11]

489 *b) Lagerhalter.* Der Lagerhalter ist nicht mehr als Person sondern durch seine Tätigkeit definiert. Er ist derjenige, der via Lagervertrag das Gut zu lagern und aufzubewahren hat (§ 467 Abs. 1 HGB). Der Lagerhalter ist damit eine Unterform des Verwahrers (§ 688 BGB). Im Gegensatz zum früheren Lagerrecht unterscheidet das HGB nur noch zwischen Privatpersonen und gewerblichen Unternehmern, die auch dann nach neuem Lagerrecht zu beurteilen sind, wenn sie nur *gelegentlich* im Rahmen ihres

490 Gewerbebetriebes Lagerungen übernehmen, selbst wenn ihr Geschäftsbetrieb im Allgemeinen nicht auf Lagerung ausgerichtet ist.

491 *c) Eigentümer des Gutes und andere dinglich Berechtigte.* Nicht am Lagervertrag beteiligt sind der vom Einlagerer verschiedene Eigentümer (auch Sicherungseigentümer) und andere dinglich Berechtigte, etwa der Inhaber des dinglichen Anwartschaftsrechts beim Kauf unter Eigentumsvorbehalt.

492 Solchen dinglich Berechtigten gegenüber wirkt der Lagervertrag nur via Lagerhalterpfandrecht (§ 475b Abs. 1 HGB). Hinsichtlich **konnexer Forderungen des Lagerhalters,** also solcher, welche sich auf das konkret eingelagerte Gut beziehen, ist gutgläubiger Erwerb möglich, falls der Einlagerer das Gut (soweit nicht abhandengekommen) mit Willen des dinglich Berechtigten einem Lagervertrag zuführt. Wegen inkonnexer Forderungen, die der Lagerhalter gegen den Einlagerer aus anderen Geschäften hat, kommt ein gutgläubiger Erwerb nur bei gutem Glauben an das *Eigentum* des Absenders in Frage, was bei in der Regel fremdes Gut handhabenden Einlagerern wie Spediteuren und Frachtführern allerdings die Ausnahme sein wird.[12]

493 *d) Unterlagerhalter.* Lagert der Lagerhalter seinerseits – nach der gesetzlichen Regelung des § 472 Abs. 2 HGB nur bei ausdrücklicher Gestattung erlaubt – das Gut bei einem Dritten ein, ist der Erstlagerhalter im Verhältnis zum Unterlagerhalter Einlagerer. Vertragliche Beziehungen zwischen Ureinlagerer und Unterlagerhalter bestehen nicht. Die Gestattung bedarf zwar keiner Form, eine konkludente Ermächtigung ge-

---

[9] *Fremuth,* a. a. O. Rdnr. 2 und 3 zu § 467 HGB; Baumbach/*Hopt,* 36. Aufl., § 467 Rdn 8.
[10] Baumbach/*Hopt,* 36. Aufl., Rdnr. 9 zu § 467 HGB.
[11] LG Hamburg TranspR 2002, 467.
[12] Zu den Einzelheiten des Lagerhalterpfandrechts vgl. *Fremuth,* a. a. O. Rdnr. 1–17 zu § 475b HGB; *Koller,* 8. Aufl., Anm. 3a und b zu § 475b HGB.

IV. Lagerverträge

nügt aber nicht. Bedenklich sind allgemeine Geschäftsbedingungen, die den Lagerhalter ohne Benachrichtigung des Einlagerers ermächtigen, seinerseits einen Lagervertrag mit einem Dritten abzuschließen und den Einlagerer auf die abzutretenden Ansprüche gegen den Drittlagerhalter zu verweisen.[13]

e) Erfüllungsgehilfen. Erfüllungsgehilfen sind wie bei sonstigen Verträgen nicht Vertragsparteien. Für ihr Verhalten hat der Lagerhalter entsprechend § 278 BGB einzustehen, wie auch der Einlagerer bei Erfüllung seiner Pflichten und Obliegenheiten.[14]   494

f) Auslieferungsberechtigte. Der Einlagerer muss nicht notwendig mit demjenigen identisch sein, an den das Gut ausgeliefert werden soll. Ist ein Lagerschein ausgestellt, ist derjenige zum Empfang legitimiert, an den das Gut nach dem Lagerschein herauszugeben ist; bei Orderlagerscheinen ist legitimiert derjenige, auf den der Lagerschein durch **Indossament** übertragen ist. (§ 475d Abs. 3 Nr. 2 HGB) Der Lagerschein (§ 475d HGB) ist mit seiner widerleglichen, gutgläubigen Dritten sogar **unwiderleglichen Richtigkeitsvermutung** dem frachtrechtlichen Ladeschein des § 444 HGB nachgebildet.[15]   495

5. Anwendbares Recht

a) Internationales Privatrecht. Anzuwenden war bis vor dem 17.2.2009 Art. 28 Abs. 2 EGBGB, in der Regel einschlägig das Recht am Sitz des Lagerhalters, da er die charakteristische Leistung erbringt. Seit dem 17.12.2009 ist auf sämtliche Schuldverhältnisse die Verordnung EG Nr. 593/2008 (Rom-I) anwendbar. Mangels Rechtswahl untersteht das Lagergeschäft dem Recht am Sitz des Lagerhalters, seine Leistung stellt eine Dienstleistung i.S. des Art. 4 Abs. 1 lit. b Rom I-VO da, die den Vertrag charakterisiert.[16]   496

Alle Verträge zur Aufbewahrung von Sachen – also auch Lagerverträge – können unter Art. 6 Rom. I-VO fallen, wenn der Auftraggeber **Verbraucher ist** sowie die weiteren Voraussetzungen der Vorschrift vorliegen.[17] Allerdings dürfte bei Lagerverträgen in praxi i.d.R. die Ausschlussvorschrift des Art. 6 Abs. 4 lit. a Rom I-VO eingreifen, wenn die Lagerdienstleistung ausschließlich in einem anderen als dem Staat erbracht wird, in dem der Verbraucher seinen gewöhnlichen Aufenthalt hat.[18] Prozessual ergibt sich die internationale Erfüllungsartzuständigkeit aus Art. 7 Abs. 1 lit. b VO (EG) Nr. 1215/2012 (EuGVVO)   497

b) Übergangsrecht zum Transportrechtsreformgesetz. Das am 1. Juli 1998 in Kraft getretene neue Lagerrecht enthält, gleich dem gesamten Transportrechtsreformgesetz, keine Übergangsbestimmungen. Für alle ab dem 1. Juli 1998 geschlossenen Lagerverträge kommt das HGB n.F. zur Anwendung. Bei vor dem 1. Juli 1998 geschlossenen Rahmenverträgen kommt neues Recht zur Anwendung, wenn der Einzelauftrag nach dem 1. Juli 1998 erteilt worden ist.[19]   498

Bei vor dem 1. Juli 1998 abgeschlossenen Dauerlagerverträgen sollen diese noch eventuell jahrelang nach altem Recht zu beurteilen sein.[20]   499

---

[13] Baumbach/*Hopt*, 36. Aufl., § 473 HGB Rdnr. 2; *Frantzioch* in: FS Herber, S. 194.
[14] *Koller*, 8. Aufl., § 467 HGB Rdnr. 5.
[15] BR-Drs. 368/97 vom 23.5.1997, S. 123.
[16] Staudinger/*Magnus*, 2011, Art. 4 Rom I-VO Rdnr. 405.
[17] Palandt/*Thorn*, 73. Aufl., Art. 4 Rom I-VO, Rdnr. 12.
[18] Staudinger/*Magnus*, 2011, Art. 4 Rom I-VO Rdnr. 406.
[19] *Temme* in: FS Herber, S. 197, 206.
[20] *Temme*, a.a.O.

500 Allerdings dürfte die Bedeutung des Übergangsrechtes nunmehr durch Zeitablauf gegen Null tendieren.

501 *c) Transportbedingte Zwischenlagerungen.* Eine Lagerung erfolgt dann transport- bzw. verkehrsbedingt, wenn sie in enger Beziehung zu dem Transport selbst steht, mit der Art und Weise der Beförderung so zusammenhängt, dass die Beförderung als solche den Hauptgegenstand der Vertragspflichten bildet und die Lagerung hierzu nur als Annex erscheint.[21]

502 Solcherart transportbedingte Zwischenlagerungen unterliegen nicht den §§ 467 ff. HGB, sondern dem jeweilig einschlägigen Transportrecht, beispielsweise CMR bei grenzüberschreitenden Straßengütertransporten.

503 Dem steht nicht entgegen, dass der von dem Frachtführer in Erfüllung seiner Beförderungspflicht mit einem dritten Lagerhalter geschlossene Lagervertrag §§ 467 ff. HGB (Geltung Deutschen Rechts vorausgesetzt) unterliegt.

504 *d) Administrierte Lagerung.* Lagerungen in Privatzolllagern fallen unter §§ 467 ff. HGB. Bei hoheitlichem Handeln, zum Beispiel der Zollverwaltung, richtet sich die Rechte- und Pflichtenlage nach verwaltungsrechtlichen bzw. steuerrechtlichen Grundsätzen (Zollgesetz).[22]

505 Der Gerichtsvollzieher haftet persönlich für die Kosten der Einlagerung, wenn er Pfandgut bei einem Dritten einlagert. Konnte der Lagerhalter aufgrund besonderer Umstände aber davon ausgehen, der Gerichtsvollzieher handle im Auftrag des Landes, ist dieses Kostenschuldner.[23]

6. Rechte und Pflichten des Einlagerers

506 *a) Rechte. aa) Besichtigung und Probenentnahme.* Gemäß § 471 Abs. 1 Satz 1 HGB ist der Einlagerer während der Geschäftsstunden berechtigt, Proben zu entnehmen und Arbeiten am Gut vorzunehmen.

In besonders dringenden Fällen dürfen diese Rechte auch gemäß § 242 BGB außerhalb der Geschäftsstunden ausgeübt werden.[24]

507 Ein Verstoß gegen diese Duldungspflicht löst den Schadensersatzanspruch gem. § 280 BGB des Einlagerers gegen den Lagerhalter aus.[25]

508 *bb) Herausgabeverlangen.* Der Einlagerer kann das Gut ohne Begründung jederzeit herausverlangen. Dies bedeutet aber nicht, dass – außer ein wichtiger Grund liegt vor – der Einlagerer den Lagervertrag jederzeit kündigen könnte. Die **Vergütungspflicht** bleibt also bis zum nächstmöglichen Kündigungstermin bestehen (§ 473 Abs. 1 HGB).

509 *cc) Auskunftsanspruch.* Mit der Anzeigepflicht des § 471 Abs. 2 HGB bei schädlichen Veränderungen an dem Gut korrespondiert ein entsprechender Auskunftsanspruch des Einlagerers. Auch in Bezug auf sonstige das Gut betreffende Umstände (der entfernt ansässige Einlagerer erkundigt sich etwa nach dem Reifegrad nachreifender Früchte) ist der Lagerhalter auskunftspflichtig, wenn ihm die Auskunftserteilung unschwer möglich ist (§ 242 BGB).

510 *b) Pflichten. aa) Vergütungspflicht.* Die Hauptpflicht des Einlagerers ist die Zahlung der vereinbarten Vergütung (§ 467 Abs. 2 HGB). Auffallend ist, dass die bisherige Regelung des § 420 Abs. 1 HGB a.F., die dem Lagerhalter einen Anspruch auf das be-

---

[21] *Demuth* in: Thume, Kommentar zur CMR 3. Aufl. Rdnr. 10 zu Art. 32 CMR m.w.N.
[22] Baumbach/*Hopt*, 36. Aufl. Rdnr. 2 zu § 467 HGB; mit Beispielen zur Abgrenzung.
[23] *Fremuth*, a.a.O. Rdnr. 8 zu § 467 HGB m.w.N.
[24] Baumbach/*Hopt*, 36. Aufl., Rdnr. 1 zu § 471 HGB.
[25] MüKoHGB/*Frantzioch*, 3. Aufl., § 471 HGB Rdnr. 25; *Koller*, 8. Aufl., § 471 HGB Rdnr 11.

dungene oder ortsübliche Lagergeld eröffnete, nicht voll in den Gesetzeswortlaut des Transportrechtsreformgesetzes übernommen worden ist, vielmehr ist nur die „vereinbarte" Vergütung zu zahlen. Inhaltlich kann dies aber keinen Unterschied machen. Mangels Vereinbarung hat der Lagerhalter einen Vergütungsanspruch nach § 354 Abs. 1 HGB, worin das Lagergeld als Begriff ausdrücklich erhalten geblieben ist. Ist das Übliche indessen nicht feststellbar, helfen §§ 315, 316 BGB weiter.[26]

Daneben hat – bei Vorliegen der gesetzlichen Voraussetzungen – der Einlagerer dem Lagerhalter die für das Gut gemachten Aufwendungen gem. § 474 HGB zu ersetzen. Der Aufwendungsersatzanspruch des Lagerhalters ist gem. § 271 Abs. 1 BGB im Zweifel sofort fällig. **511**

bb) Verpackungs- und Warnpflichten. Der *gewerbliche* Einlagerer hat gemäß § 468 Abs. 1 HGB verpackungsbedürftiges Gut zu verpacken, zu kennzeichnen, Urkunden zur Verfügung zu stellen und alle Auskünfte zu erteilen, deren der Lagerhalter zur Erfüllung seiner Lager- und Aufbewahrungspflicht bedarf. Den Betreiber eines Kühllagers beispielsweise trifft keine Pflicht, in Stülpkartons befindliche Wurstware auf teilweise mit Stretchfolie umwickelten Paletten auf die Richtigkeit und Wirksamkeit ihrer Verpackung hin zu überprüfen.[27] **512**

Ist der Einlagerer Verbraucher i.S.d. § 13 BGB trifft die Verpackungs- und Kennzeichnungspflicht nach § 468 Abs. 2 Nr. 1 HGB den Lagerhalter.[28] **513**

Auch die Warnpflicht des Verbraucher-Einlagerers ist dahingehend gemildert, dass der Lagerhalter nur „allgemein" über die von dem Gut ausgehende Gefahr zu informieren ist, weiter gemildert durch die Pflicht des Lagerhalters, den Verbraucher-Einlagerer über diese Warnpflicht zu unterrichten (§ 468 Abs. 2 HGB). Die **gemilderte Warnpflicht** und die **korrespondierende Unterrichtungspflicht des Lagerhalters** gegenüber dem Verbraucher entspricht fast wortgleich der umzugsvertraglichen Regelung in § 451b Abs. 2 und 3 HGB. Der Hauptgrund für diese Synchronisation der Regelungen dürfte darin liegen, dass der Hauptanwendungsfall für einen Lagerauftrag eines Privatkunden die Einlagerung von Möbeln sein dürfte. Der private Auftraggeber soll hinsichtlich der einschlägigen Pflichten bei Umzugsvertrag oder Möbeleinlagerung nicht signifikant unterschiedlich behandelt werden, zumal die Grenze zwischen Möbellagerung als Hauptpflicht und verkehrsbedingter Zwischenlagerung von Möbeln fließend sein kann. **514**

cc) Rücknahmepflicht des Gutes. Der Lagerhalter hat – selbst bei ungefährdeter Fortzahlung der Vergütung – u.U. ein Interesse, sein Lager freizubekommen, was gemäß § 473 Abs. 2 HGB mit einer Rücknahmepflicht des Einlagerers korrespondiert, einer Art Räumungspflicht. **515**

7. Rechte und Pflichten des Lagerhalters

a) Rechte. aa) Vergütungsanspruch, Aufwendungsersatzanspruch, Rücknahmeanspruch. Hierzu vorstehend 6.b) aa) und cc); mit den dort beschriebenen Pflichten des Einlagerers korrespondieren entsprechende Rechte des Lagerhalters. **516**

bb) Weisungsanspruch. § 471 Abs. 2 HGB verpflichtet den Lagerhalter, bei gefahrdrohenden Veränderungen Weisung einzuholen. Dem entspricht die Obliegenheit des Einlagerers, Weisung zu erteilen und – in Ermangelung einer erteilten Weisung – das Recht des Lagerhalters, den Selbsthilfeverkauf gemäß § 373 HGB anzudrohen und gegebenenfalls vorzunehmen. **517**

---

[26] *Fremuth*, a.a.O. Rdnr. 9 zu § 467 HGB m.w.N., *Koller*, 8. Aufl., § 467 HGB Rdnr. 17
[27] OLG Hamm, TranspR 2000, 87; E/B/J/S/*Heublein*, 2. Aufl., § 468 HGB Rdnr. 8.
[28] Baumbach/*Hopt*, 36. Aufl., Rdnr. 2 zu § 468 HGB.

518 *cc) Lagerhalterpfandrecht.* Für eigene Forderungen sichert den Lagerhalter das Lagerhalterpfandrecht gemäß § 475b HGB. Das **gesetzliche Pfandrecht** des Lagerhalters bezieht sich nicht nur auf die Vergütung und Aufwendungen hinsichtlich des konkreten Lagervertrages, sondern auf *sämtliche* Forderungen aus dem Lagervertrag sowie auch auf *unbestrittene inkonnexe Forderungen* gegen den Einlagerer aus *anderen* Lager-, Fracht- und Speditionsverträgen. Die Art der Zusammenfassung weist auf die schwerpunktmäßige Zuordnung der Lagerei zum Transportbereich hin.[29]

519 Vom **Pfandobjekt** her ist eine Erstreckung auf Versicherungsforderungen und Begleitpapiere vorgenommen worden.

520 Satz 2 des § 475b HGB entspricht fast wörtlich dem außer Kraft getretenen § 22 Abs. 2 OLSchVO mit der Maßgabe, dass das Pfandrecht dem legitimierten Besitzer wegen „Vergütungen und Aufwendungen" entgegengehalten werden kann.

521 Eigene Gutglaubensregelungen enthält das neue Lagerrecht nicht; es verbleibt die Möglichkeit des Erwerbes des Pfandrechts kraft guten Glaubens gem. §§ 1207, 1257, 932 ff. BGB, § 366 HGB, ferner die Pfandrechtserstreckung auf Gut eines Dritten, der der Lagerung zugestimmt hat (§ 440 Abs. 1 S. 1 HGB).[30]

522 Zu Einzelheiten des Besitzrechtes des Lagerhalters aufgrund des gesetzlichen Lagerhalterpfandrechts vgl. BGH.[31] Der Lagerhalter macht sich bei Ablehnung eines berechtigten Verlangens auf Pfandaustausch ersatzpflichtig.[32]

523 *b) Pflichten. aa) Lagerungs- und Verwahrungspflicht.* Die Hauptpflicht kraft gesetzlicher Definition (§ 467 Abs. 1 HGB) ist die Lagerungs- und Aufbewahrungspflicht des Lagerhalters.

524 *bb) Rechtswahrungspflicht bei Empfang des Gutes.* Der Einlagerer ist auf die Aufmerksamkeit des Lagerhalters beim Empfang des Gutes angewiesen – daher ist der Lagerhalter verpflichtet, Ersatzansprüche hinsichtlich beschädigten oder sonst offensichtlich mangelhaften Gutes zu sichern und von diesen Vorgängen dem Einlagerer unverzüglich Nachricht zu geben. Die Pflicht des Lagerhalters, Ersatzansprüche zu sichern beinhaltet insbesondere

- die Erhebung von Mängelrügen und Reklamationen und deren Dokumentation in den Frachtpapieren, besonders Frachtbriefen;
- Festhaltung anspruchsrelevanter Tatsachen, etwa Verwendung eines vertragswidrigen Fahrzeuges durch den anliefernden Frachtführer;
- Hinzuziehung eines Havariekommissars, in Ausnahmefällen auch Einleitung eines selbstständigen Beweisverfahrens (§ 485 ZPO);
- Je nach Sachlage auch Fotografien, Gedächtnisprotokolle von Mitarbeitern etc. Hinzu kommt die Verpflichtung zur unverzüglichen Benachrichtigung des Einlagerers – von diesem sind Hinweise auf warenspezifische Sicherungsmethoden oder aber (der Vertragszweck gestattet etwa minderes Gut) auf die Unnötigkeit der Anspruchssicherung zu erwarten.

Die Sicherungspflicht für den Lagerhalter tritt nur bei äußerlicher Erkennbarkeit des beschädigten oder mangelhaften Zustandes ein.[33]

525 *cc) Zutritts- und Probenziehungsgewährung.* Dem Besichtigungs-, Probenentnahme und Erhaltungsanspruch des Einlagerers entspricht die spiegelbildliche Pflicht des

---

[29] *Fremuth*, a.a.O. Rdnr. 6 und 7 zu § 475b HGB m.w.N.
[30] Baumbach/*Hopt*, 36. Aufl., § 475b HGB Rdnr. 1.
[31] Urteil vom 22.4.1999 – I ZR 37/97 TranspR 1999, 353 ff.
[32] BGH TranspR 2013, 355 = RdTW 2013, 353.
[33] MüKoHGB/*Frantzioch*, 3 Aufl., Rdnr. 67 zu § 470 HGB.

Lagerhalters (§ 471 Abs. 1 HGB). Zur praktischen Wahrnehmung des Besichtigungsrechtes hat der Lagerhalter dem Einlagerer Zutritt zu den Lageräumen zu gewähren und den genauen Ort zu nennen, an dem das Gut gelagert und aufbewahrt wird. Das Besichtigungsrecht des Einlagerers ist allerdings nicht schrankenlos, sondern kann nur während der üblichen Geschäftsstunden wahrgenommen werden; u. U. hat der Lagerhalter ausnahmsweise den Zugang zum Gut außerhalb der üblichen Geschäftszeiten zu gestatten, etwa bei Gefahr im Verzug.[34]

dd) Warnpflicht bei Veränderungen, Weisungseinholungs- und Erhaltungspflicht. **526** Gemäß § 471 Abs. 2 HGB muss der Lagerhalter, sobald sich gefahrdrohende Veränderungen am Gut zeigen, den Einlagerer informieren und dessen Weisungen einholen. Letztere Pflicht wurde eingeführt, weil im Regelfalle davon auszugehen ist, dass der Einlagerer besser als der Lagerhalter die Folge von Veränderungen des eingelagerten Gutes einzuschätzen vermag.[35] Eine eigene Haftungsnorm enthält § 471 Abs. 2 HGB nicht, da bei einem Verstoß des Lagerhalters gegen seine einschlägigen Pflichten der **Grundhaftungsfall** des § 475 HGB gegeben sein dürfte, während *Gass* die Grundsätze der **positiven Forderungsverletzung** (jetzt: § 280 BGB) anwenden will, auch dann, wenn der Lagerhalter ungeeignete Selbsthilfemaßnahmen anwendet etc.[36] Im Falle der Sammellagerung (§ 471 Abs. 1 Satz 2 HGB) ist der Lagerhalter sogar verpflichtet, die zur Erhaltung des Gutes erforderlichen Arbeiten selbst vorzunehmen.

ee) Versicherungspflicht. Auf Verlangen des Einlagerers hat der Lagerhalter das Gut **527** zu versichern; beim Verbraucher-Einlagerer (§ 414 Abs. 4 HGB) trifft ihn die zusätzliche Pflicht, den Einlagerer auf die Versicherungsmöglichkeit hinsichtlich des Gutes hinzuweisen.

8. Sonderformen des Lagervertrages

a) Sammellagerung. Die Sammellagerung ist in § 469 HGB geregelt. Sie bedarf des **528** ausdrücklichen Einverständnisses der beteiligten Einlagerer. Allerdings kann das Einverständnis auch durch die ausdrückliche Einbeziehung allgemeiner Geschäftsbedingungen geschehen, selbst wenn diese dann für künftige Lagerverträge Geltung beanspruchen.[37] Der Lagerhalter kann sodann die jedem Einlagerer zustehenden Anteile aus dem vermischten Gut ausliefern ohne die Einwilligung der übrigen Mitberechtigten einzuholen. § 471 Abs. 1 Satz 2 HGB verpflichtet den Lagerhalter (berechtigt ihn nicht nur), im Falle der Sammellagerung die erforderlichen Erhaltungsmaßnahmen bezüglich des vermischten Gutes zu treffen.

b) Unregelmäßige Verwahrung. Bei der sog. unregelmäßigen Verwahrung (oft auch **529** Summenlagerung genannt) wird der Lagerhalter Eigentümer der eingelagerten Güter und hat nur Gegenstände von gleicher Art, Güte und Menge zurückzugewähren.[38] Eine spezielle handelsrechtliche Regelung fehlt, vielmehr kommt die Vorschrift des § 700 BGB zur Anwendung.[39]

9. Dauer des Lagervertrages und dessen Beendigung

a) Befristete Lagerverträge. Diese enden ohne weiteres durch Zeitablauf. Bei vor- **530** zeitigem Herausgabeverlangen durch den Einlagerer ist den Interessen des Lagerhalters

---

[34] MüKoHGB/*Frantzioch*, 3. Aufl., Rdnr. 6–8 zu § 471 HGB.
[35] *Frantzioch* in: FS Herber, S. 193; MüKoHGB/*Frantzioch*, 3. Aufl., Rdnr. 16 zu § 471 HGB.
[36] MüKoHGB/*Gass*, 1. Aufl., Rdnr. 19 zu § 471 HGB; differenzierend *Koller*, 8. Aufl., § 471 HGB Rdnr. 11.
[37] MüKoHGB/*Frantzioch*, 3. Aufl., § 469 HGB Rdnr. 19 m. w. N.
[38] MüKoHGB/*Frantzioch*, 3. Aufl., § 469 HGB Rdnr. 15, 16.
[39] Baumbach/*Hopt*, 36. Aufl., § 467 HGB Rdnr. 6.

hinreichend Rechnung getragen, wenn er entsprechend § 699 Abs. 2 BGB einen verhältnismäßigen Vergütungsanteil erhält.[40]

531　*b) Lagerverträge auf unbestimmte Zeit.* In § 473 Abs. 1 und 2 HGB ist sowohl für den Einlagerer als auch den Lagerhalter eine einmonatige Kündigungsfrist bestimmt. Mit dieser Flexibilisierung der Vertragsbeendigung wird modernen Anforderungen an **kürzere Dispositionsfristen** Rechnung getragen; auch die im alten Recht noch vorgesehene Mindesteinlagerungsdauer von drei Monaten (§ 422 Abs. 1 Satz 1 HGB a. F.) wurde als nicht mehr zeitgemäß aufgegeben.[41]

532　*c) Außerordentliche Kündigung aus wichtigem Grunde.* § 473 Abs. 2 Satz 2 HGB regelt das Recht des Lagerhalters, aus wichtigem Grunde auch vor Ablauf der Lagerzeit und ohne Einhaltung einer Kündigungsfrist die Rücknahme des Gutes zu verlangen. Hierunter fällt insbesondere Zahlungsverzug des Einlagerers oder Gefährdung der Lagereinrichtungen oder des Lagergutes anderer Einlagerer.

Spiegelbildlich kann der Einlagerer den Lagervertrag aus wichtigem Grunde fristlos kündigen (§ 473 Abs. 1 Satz 2 HGB), etwa wenn sich der Lagerhalter hartnäckig Weisungen des Einlagerers widersetzt, das Gut des Einlagerers für sich nutzt oder von einem eingelagerten Nachbargut Gefahren für das Gut des Einlagerers ausgehen, die der Lagerhalter nicht beherrschen kann.[42]

10. Lagerschein

533　*a) Legitimationsfunktion.* Neben der widerleglichen Zustandsvermutung bei Übernahme des Gutes hinsichtlich des äußeren Zustandes (§ 475d Abs. 1 HGB) ist die Legitimationsfunktion des Lagerscheines (§ 475d Abs. 3 HGB) herausragend. Der Lagerhalter darf an denjenigen ausliefern, an den das Gut nach dem Lagerschein ausgeliefert werden soll. Beim **Orderlagerschein** erweitert sich die Legitimationsfunktion zugunsten desjenigen, dem der Lagerschein durch Indossament übertragen ist.

534　*b) Traditionsfunktion.* Die Übereignung und Verpfändung des eingelagerten Gutes ist durch Einigung und Übergabe des Orderlagerscheines möglich. Die Rechtsverhältnisse am Gut folgen daher denjenigen am Papier.[43]

Der Lagerhalter ist nicht verpflichtet, die Echtheit der **Indossamente** zu überprüfen. Allerdings darf er bei offensichtlichen Fehlern und Ungereimtheiten nicht die Augen verschließen vor dem, was sich förmlich aufdrängt.[44]

11. Allgemeine Geschäftsbedingungen

535　*a) Vereinbarungsfreiheit.* Im Lagerrecht sind Allgemeine Geschäftsbedingungen sowohl weit verbreitet als auch ohne spezifische lagerrechtliche Einschränkungen frei vereinbar, wie der Gegenschluss aus § 475h HGB zeigt.[45]

536　*b) Wirksamkeitskontrolle.* Einigkeit besteht dahingehend, dass allgemeine Geschäftsbedingungen an den Regelungen der §§ 307 ff. BGB (früher: AGBG) zu messen sind.

---

[40] BR-Drucks. 368/97 vom 23.5.1997, S. 120.
[41] *Frantzioch* in: FS Herber, S. 190.
[42] E/B/J/S/*Heublein*, 2. Aufl., § 473 HGB Rdnr. 6 m. w. N.
[43] Baumbach/*Hopt*, 36. Aufl., § 475g HGB Rdnr. 1.
[44] MüKoHGB/*Frantzioch*, 3. Aufl., § 475e HGB Rdnr. 5; E/B/J/S/*Heublein*, 2. Aufl., § 475f a. F. HGB Rdnr. 6.
[45] E/B/J/S/*Heublein*, 2. Aufl., § 475h HGB Rdnr. 1.

IV. Lagerverträge C. IV

aa) Kardinalpflichten. Kardinalpflichten konnten und können nicht abbedungen 537
werden, gemäß § 307 Abs. 2 BGB (früher: § 9 AGBG) auch nicht gegenüber Unternehmern.[46]

Der Ausschluss für Verluste oder Beschädigungen für leichte Fahrlässigkeit hält 538
§ 307 Abs. 2 Nr. 2 BGB nicht stand.[47]

Die zweiwöchige Rügefrist unter Ziffer 14. 1. 2 ALB für nichtoffensichtliche Mängel 539
hält § 307 BGB (früher: § 9 AGBG) nicht stand.[48]

Zu den nicht abdingbaren Kardinalpflichten des Lagerhalters gehört es auch, ein für 540
die Aufbewahrung des Gutes geeignetes Lager zur Verfügung zu stellen. Demgemäß ist
ein in Wassernähe gelegenes Lager, das über keine eigene Ventilation verfügt, während
des Sommers mangels ausreichender Luftzirkulation zur Lagerung feuchtigkeitsempfindlicher Textilien nicht geeignet.[49] Als nicht abdingbare Kardinalpflichten wurden ferner die Sicherung des einzulagernden Gutes gegen Diebstahl durch eigenes Personal
oder Dritte angesehen, die Pflicht des Lagerhalters, bei Unwetterwarnungen feuchtigkeitsempfindliche auf dem Hallenboden gelagerte Papierrollen vor eindringendem
Oberflächenwasser zu schützen (er hatte unzureichend lediglich vor den Lagertüren
Katzenstreu aufgebracht) ferner die Verpflichtung zur Herausgabe des Lagergutes.[50]

bb) Haftungsbeschränkungen. Soweit Haftungsbeschränkungen der Höhe nach er- 541
folgen, werden diese weithin für zulässig gehalten. Zulässig sind insbesondere die den
Lagerhalter begünstigenden Haftungsbegrenzungen der Ziffer 24 I bis III ADSp und
sind mit § 307 BGB vereinbar.[51]

cc) Schweres Verschulden. Eine Freizeichnung für Haftung für grobe Fahrlässigkeit 542
einfacher Mitarbeiter ist bei Verletzung von Kardinalpflichten des Lagerhalters durch
einfache Mitarbeiter mit § 307 BGB nicht vereinbar.[52]

dd) Allgemeine Geschäftsbedingungen und Verbraucher. § 475h HGB hat spezielle la- 543
gerrechtliche AGB-Verbote zugunsten des Verbraucher-Einlagerers geschaffen. Das
Abweichungsverbot – sogar durch **Individualvereinbarungen** – betrifft die Verjährungsregelung des § 475h HGB sowie die Unterzeichnungspflicht des § 475e Abs. 4
HGB durch den Lagerhalter. Zu beachten ist hierbei, dass infolge Selbstbeschränkung
die ADSp 2003 gem. Ziffer 2.4 ADSp auf Verkehrsverträge – also auch Lagerverträge –
mit Verbrauchern keine Anwendung findet.[53]

c) Bedeutende Geschäftsbedingungen für das Lagergeschäft. Gemäß Ziffer 2.1 gel- 544
ten die ADSp ausdrücklich *auch* für das Lagergeschäft.[54]

Zu den bedeutenden das Lagergeschäft betreffenden allgemeinen Geschäftsbedingungen zählen die Allgemeinen Bedingungen der Kühlhäuser (ABK),[55] sowie die Allgemeinen Bedingungen des Deutschen Möbeltransports (ALB).[56]

---

[46] Palandt/*Grüneberg*, 73. Aufl., § 307 BGB Rdnr. 33, 37, 38, 111; *Valder* TranspR 2010, 27 ff.
[47] BGH TranspR 1998, 374 = NJW-RR 1998, 1426 (noch zum gleichlautenden § 9 Abs. 2 Nr. 2 AGBG).
[48] BGH TranspR 2006, 38 und OLG Hamburg TranspR 1998, 316.
[49] OLG Hamburg TranspR 2003, 259.
[50] *Valder* TranspR 2010, 27, 29, 30 mit umfangreichen Rechtspr.-Nachweisen.
[51] *Koller*, 8. Aufl., Ziffer 24 ADSp Rdnr. 9–11; *Valder* TranspR 2010, 27, 32, 33 mit weiterführenden Literatur- und Rechsprechungshinweisen.
[52] *Valder* TranspR 2010, 27, Fn. 3 unter Hinweis auf BGH TranspR 2006, 38 und TranspR 2006, 42 sowie OLG Hamburg TranspR 2003, 404.
[53] E/B/J/S/*Heublein*, 2. Aufl., § 475h Rdnr. 1.
[54] Abgedruckt unter **Anhang 8**; zu kartellrechtlichen Problemen vgl. MüKoHGB/*Bahnsen*, 3. Aufl., Vorbem. ADSp Rdnr. 5.
[55] Fassung vom 24.5.2012.
[56] In der Fassung Stand Juni 2014.

12. Verbraucher als Einlagerer

545 Der Verbraucher (§ 414 Abs. 3 HGB) wird neben den allgemeinen Schutzvorschriften der §§ 307 ff. BGB auch durch eine Reihe spezifisch lagerrechtlicher Bestimmungen privilegiert, so in § 468 Abs. 2 und Abs. 4 HGB (Überbürdung der Verpackungs- und Kennzeichnungspflicht auf den Lagerhalter, Milderung der Warnpflicht, Einführung einer Unterrichtungsobliegenheit insofern für den Lagerhalter, Herabsetzung des Haftungsmaßstabes auf Verschulden), § 472 Abs. 1 Satz 2 HGB (Hinweis*pflicht des Lagerhalters* auf Versicherungsmöglichkeit).

Schließlich wird der Einlagerer-Verbraucher in § 475h HGB vor abweichenden Individualvereinbarungen und Allgemeinen Geschäftsbedingungen im dort niedergelegten Umfange geschützt.

13. Haftung und Verjährung

546 Die Haftung bei Lagerverträgen ist in D I 3, die Verjährung von Ansprüchen aus Lagerverträgen ist unter E III dargestellt.

V. Umschlag

Übersicht

	Rdnr.
1. Definition des Güterumschlages	547
2. Rechtliche Behandlung	550
a) Güterumschlag im Rahmen eines unimodalen Frachtvertrages	550
b) Der isolierte Umschlagsvertrag	551
c) Umschlag im Rahmen multimodaler Beförderungsverträge	552

1. Definition des Güterumschlages

Unter Umschlag ist das Entladen von Gütern aus einem Transportmittel und das anschließende Beladen eines anderen Transportmittels mit diesen Gütern zu verstehen, sei es mit oder ohne Zwischenlagerung.[1] 547

Zu den Umschlagstätigkeiten gehören auch Nebenleistungen wie Stauen, Laschen, Garnieren, Verpacken, wohl auch Schiffszimmererleistungen.[2] 548

Wegen der exakten Reichweite des Begriffs traten auf der UNCITRAL-Konferenz definitorische Schwierigkeiten zu Tage, insbesondere ob der Begriff der Inobhutnahme durch den Umschlagunternehmer wesentlich für die Definition des Umschlags ist, weswegen die deutsche Delegation – von der Mehrheit nicht akzeptiert – den **Begriff der Inobhutnahme** („take in charge") durch den **Zusatz „or to handle"** ergänzen wollte.[3] 549

2. Rechtliche Behandlung

a) Güterumschlag im Rahmen eines unimodalen Frachtvertrages. Fällt Güterumschlag im Rahmen eines unter einem einzigen Haftungsregime stehenden Frachtvertrages (z.B. CMR) an, etwa Umladen, auch mit Umpalettieren, mit oder ohne beförderungsbedingte Zwischenlagerung, gilt das entsprechende Frachtrecht, gegebenenfalls modifiziert durch nach dieser Rechtsordnung zulässige Individualvereinbarungen oder Allgemeine Geschäftsbedingungen. Trifft den Frachtführer die Pflicht zum Be- und/oder Entladen, ist auch diese Umschlagstätigkeit Teil seiner frachtvertraglichen Beförderungspflicht.[4] 550

b) Der isolierte Umschlagsvertrag. Der Umschlagsvertrag als solcher ist Frachtvertrag.[5] Abgrenzungsschwierigkeiten mögen sich allenfalls bei minimalen Ortsveränderungen ergeben, bei welchen angenommen wird, dass es sich insofern um eine reine Werkleistung handle, wie etwa bloßes Rangieren eines Anhängers oder schlichtes Versetzen eines Messestandes durch Gabelstapler.[6] 551

---

[1] *Koller*, 8. Auflage, § 407 HGB Rdnr. 10a, insbes. Fn. 26.
[2] *Herber/Harten*, Die diplomatische Konferenz der Vereinten Nationen über die Haftung der Umschlagbetriebe im internationalen Handelsverkehr, Transportrecht 1991, 401 ff.
[3] Einzelheiten, auch zur definitorischen Abgrenzung, bei *Herber/Harten*, a.a.O., S. 402.
[4] *Koller*, 8. Aufl., § 407 HGB Rdnr. 10a; a. A. Ramming TranspR. 2004, 56 (58 ff.), der einen Vertrag sui generis annimmt.
[5] *Brüggemann* TranspR 2000, 53 ff.; OLG Hamburg TranspR 2011, 367.
[6] *Fremuth*, a.a.O. Rdnr. 45 zu § 407 HGB; *Koller*, TranspR 2008, 333 (336); teils a. A. *Ramming* TranspR 2004, 56 (57) m.w.N.

552 *c) Umschlag im Rahmen multimodaler Beförderungsverträge.* Fiel ein Umschlagvertrag im Rahmen eines multimodalen Beförderungsvertrages an, wurde dieser von der h.M. und Rechtsprechung überwiegend als Teilstrecke i.S.d. § 452 HGB angesehen.[7] Der BGH[8] hat bei einem multimodalen Transport unter Einschluss einer Seestrecke entschieden, dass diese zumindest dann, wenn insoweit keine besonderen Umstände gegeben sind, *nicht* schon mit dem Löschen der Ladung, sondern erst mit der Verladung des Gutes auf das Transportmittel, mit dem es aus dem Hafen entfernt werden soll, ende. Eine Darstellung der Rechtsprechung findet sich bei *Herber*.[9]

Ausführlich und kritisch zum Streitstand *Koller*.[10] Eine aktuelle Darstellung des Umschlages (neues Seehandelsrecht, Eisenbahnverkehr, Luftrecht, Binnenschifffahrt) findet sich in Aufsätzen in TranspR 2013 S. 253 (Drews), 260 (Freise), Kirchhof (265) und v. Waldstein (269).

---

[7] Vgl. etwa Hans OLG Hamburg TranspR 2004, 402 ff.; zur Einordnung auch *Koller*, 8. Aufl., § 407 HGB Rdnr. 10a.

[8] TranspR 2006, 35; s. auch BGH TranspR 2009, 327 ff. mit umfangreichen Literaturhinweisen sowie OLG Stuttgart TranspR 2011, 32 (34 oben).

[9] TranspR 2006, 435 (437 f.) m.w.N. sowie die ausführliche Darstellung bei *Koller* TranspR 2008, 333 ff.

[10] *Koller*, 8. Aufl., § 452 HGB Rdnr. 15–15d.

D. Güter-, Güterfolge- und Vermögensschäden bei Transport, Spedition, Lagerung und im Logistikbereich

I. Frachtvertrag

Übersicht

	Rdnr.
1. **Überblick: Das frachtvertragliche Haftungssystem**	1
a) Verschuldensunabhängige Obhutshaftung	2
aa) Grundsatz: Beschränkte Haftung; §§ 431, 432 Satz 2	4
bb) Ausnahme: Unbeschränkte Haftung; § 435	9
(1) Verlust	12
(2) Beschädigung	15
(3) Überschreitung der Lieferfrist	17
cc) Mitverschulden des Absenders	18
(1) unterlassene Wertdeklaration	19
(2) unterlassener Hinweis auf die Gefahr eine ungewöhnlich hohen Schadens	20
(3) Fortsetzung der Vertragsbeziehung trotz Kenntnis von Organisationsmängeln im Unternehmen des Frachtführers	21
(4) Kausalität	22
dd) Haftungsausschlüsse: §§ 426, 427	23
ee) Zurechnung: § 428	25
ff) außervertragliche Ansprüche: § 434	29
gg) Haftung der Leute: § 436	29
hh) Anspruchsberechtigung	30
b) Abgrenzung zur Obhutshaftung	36
aa) Unmöglichkeit und Verzug	36
bb) Pflichtverletzung	37
2. **Güterschäden**	38
a) Verlust	38
b) Beschädigung	40
c) Überschreitung der Lieferfrist	42
d) Haftungsumfang	45
3. **Güterfolgeschäden**	47
a) Grundsatz	47
b) Ausnahmen	48
4. **Vermögensschäden**	49
a) Gesetzlich besonders geregelte Fälle	49
aa) § 413 Abs. 2 (fehlerhafte Behandlung von Begleitpapieren)	49
bb) § 422 Abs. 3 (Nichteinziehung der Nachnahme)	50
cc) § 418 Abs. 4 (Nichtbeachtung von Weisungen)	51
b) Verletzung sonstiger vertraglicher Pflichten	53
aa) Verletzung mit der Beförderung zusammenhängender Vertragspflichten	53
(1) Anwendungsbereich des § 433	53
(2) Abgrenzung zu Güterfolgeschäden	55
(3) Beispiel	57
(4) Einzelfälle	58
5. **Die Haftung des ausführenden Frachtführers**	59
a) Direktanspruch gemäß § 437	59
b) Haftungsvoraussetzungen	60
aa) Tatsächliche Ausführung der Beförderung	60

	Rdnr.
bb) Wirksamer, dem deutschen Recht unterliegender Hauptfrachtvertrag	61
cc) Haftungsbegründendes Ereignis im Gewahrsam des ausführenden Frachtführers	62
c) Rechtsfolgen	63
aa) Gesamtschuldnerische Haftung	63
bb) Umfang der Haftung	64

1. Überblick: Das frachtvertragliche Haftungssystem

1   Im Grundsatz haftet der Frachtführer für Güterschäden, die in der Zeit von der Übernahme des Gutes zur Beförderung bis zur Ablieferung entstehen. Gesetzlich normiert sind Schäden durch Verlust, Beschädigung und Überschreitung der Lieferfrist (vgl. § 425 Abs. 1). Daneben regelt das Gesetz im Rahmen einiger Sondertatbestände die Haftung für Verlust, Beschädigung und unrichtige Verwendung von Begleitpapieren (§ 419 Abs. 2), die Haftung wegen Nichtbeachtung von Weisungen (§ 418 Abs. 6) sowie die Haftung wegen Nichteinziehung der Nachnahme (§ 422 Abs. 3). Da der Haftungskatalog des HGB abschließend ist, sind die genannten Vorschriften nicht analogiefähig; Lücken sind nach Maßgabe der allgemeinen bürgerlich-rechtlichen Vorschriften über die Leistungsstörung zu schließen.[1]

2   *a) Verschuldensunabhängige Obhutshaftung.* Das Haftungssystem des HGB folgt im Wesentlichen der Haftungsregelung der CMR. Es handelt sich um eine Obhutshaftung, die den Nachweis eines schuldhaften Verhaltens des Frachtführers nicht erfordert.[2] Da es sich um eine verschuldensunabhängige Haftung handelt, wird sie durch summenmäßige Haftungsbegrenzungen (§ 431) beschränkt bzw. gem. §§ 426, 427 gänzlich ausgeschlossen. Fällt dem Frachtführer ein qualifiziertes Verschulden i. S. v. § 435 zur Last, kann er sich auf Haftungsausschlüsse und -beschränkungen grundsätzlich nicht berufen.

3   Im Falle der Mitverursachung des Schadens durch ein Verhalten des Absenders oder des Empfängers oder durch einen besonderen Mangel des Gutes findet eine **Schadenteilung** gem. § 425 Abs. 2 statt. Die Vorschrift greift den Rechtsgedanken des § 254 BGB auf, der für das allgemeine Schadensersatzrecht eine Schadenteilung bei mitwirkendem Verschulden des Ersatzberechtigten statuiert.[3] Der Bundesgerichtshof leitet darüber hinaus eine Schadensteilung wegen Mitverschuldens des Versenders[4] – fallgruppenspezifisch[5] – sowohl aus § 254 Abs. 1 BGB[6] bzw. § 254 Abs. 2 Satz 1 BGB[7] ab, wobei die gem. §§ 425 Abs. 2, 254 BGB vorzunehmende Abwägung der Verursachungsbeiträge auch zu einem vollständigen Ausschluss der Haftung des Transportunternehmers führen kann.[8]

4   *aa) Grundsatz: beschränkte Haftung; §§ 431, 432 Satz 2.* Die nach Maßgabe der §§ 429, 430 zu leistende Entschädigung ist im Falle des Verlusts oder der Beschädigung gem. § 431 Abs. 1 auf 8,33 Rechnungseinheiten für jedes Kilogramm des Roh-

---

[1] *Koller*, a. a. O. Rdnr. 1 zu § 425 ff. HGB.
[2] Begründung zum Regierungsentwurf des TRG BR-Drucks. 368/97 S. 58 f.; Bericht der Sachverständigenkommission 83.
[3] Begründung zum Regierungsentwurf des TRG BR-Drucks. 368/97, S. 59 bzw. S. 85 f., Bericht der Sachverständigenkommission, S. 85 f.
[4] Näher dazu *Piper/Pokrant/Gran*, a. a. O., S. 23 ff.
[5] Näher dazu unten Rdnr. 18 ff.
[6] BGH TranspR 2006, 205 (206).
[7] BGH TranspR 2006, 208 (209).
[8] BGH TranspR 2006, 448.

I. Frachtvertrag   D. I

gewichts der Sendung summenmäßig begrenzt. Bei Überschreitung der Lieferfrist ist die Haftung des Frachtführers gemäß § 431 Abs. 3 auf den dreifachen Betrag der Fracht begrenzt. Diese Haftungsbegrenzungen sind das Korrelat zur verschuldensunabhängigen Haftung und dienen sowohl dem Schutz vor ruinöser Haftung als auch der Gewährleistung von Versicherbarkeit und Kalkulierbarkeit der Transportrisiken.[9] Rohgewicht ist das Bruttogewicht der gesamten Sendung (also einschließlich Verpackung). Sind nur einzelne Teile der Sendung verloren oder beschädigt worden, kommt es darauf an, ob die gesamte Sendung oder nur ein Teil der Sendung entwertet ist (§ 431 Abs. 2).

Die für die Errechnung der Entschädigung maßgebliche Rechnungseinheit ist das Sonderziehungsrecht des Internationalen Währungsfonds (§ 431 Abs. 4). Umrechnungszeitpunkt ist der Tag der Übernahme des Gutes zur Beförderung, es sei denn die Parteien haben etwas anderes vereinbart.[10] **5**

Die Beweislast für die Voraussetzungen der ihm günstigen Haftungshöchstsumme hat der Frachtführer zu beweisen, da § 431 HGB als Einwendung des Frachtführers ausgestaltet ist.[11] Parteivereinbarungen über die gesetzlichen Haftungshöchstbeträge sind gemäß § 449 nur in eingeschränktem Umfang zulässig: Gegenüber Verbrauchern kann von § 431 gemäß § 449 Abs. 1 überhaupt nicht abgewichen werden; gegenüber Unternehmern und Kaufleuten durch allgemeine Geschäftsbedingungen nur im Rahmen des sog Korridors gemäß § 449 Abs. 3 Satz 2 Nr. 1 oder durch höhere als die in § 431 Abs. 1 und 2 vorgesehenen Beträge (§ 449 Abs. 2 Satz 2 Nr. 2). **6**

§ 432 regelt, welche sonstigen Kosten der Frachtführer bei Verlust oder Beschädigung über §§ 429 bis 431 HGB hinaus zu erstatten hat. Die Vorschrift betrifft nicht den Fall der Überschreitung der Lieferfrist. Zu erstatten sind zusätzlich die Fracht, öffentliche Abgaben und sonstige Kosten aus Anlass der Beförderung des Gutes. Unter die sonstigen Kosten fallen nur solche, die im Zusammenhang mit dem Transport begründet werden; lediglich schadenbedingte Kosten fallen nicht darunter.[12] **7**

Bei Beschädigung erfolgt eine Erstattung nur nach Maßgabe des gemäß § 429 Abs. 2 zu ermittelnden Wertverhältnisses. Bei Mitverursachung kommt es – auch hier – zur Schadenteilung gemäß § 425 Abs. 2.[13] Aus § 432 Satz 2 folgt, dass der Frachtführer weitere Schäden nicht zu ersetzen hat; d.h. im Falle von Verlust oder Beschädigung er außer den in Satz 1 genannten Kosten weitere Vermögensschäden nicht zu ersetzen hat, es sei denn, es ist eine gemäß § 435 unbeschränkte Haftung wegen qualifizierten Verschuldens gegeben.[14] Der Haftungsausschluss des § 432 Satz 2 erstreckt sich gemäß § 434 Abs. 1 auch auf außervertragliche Ansprüche.[15] **8**

bb) Ausnahme: unbeschränkte Haftung gemäß § 435. Nach dem Gesetz bildet die vorstehend unter lit aa beschriebene eingeschränkte Haftung des Frachtführers den Grundsatz und die unbeschränkte Haftung die Ausnahme. Die Rechtsprechung hat freilich diesen Grundsatz in den vergangenen 25 Jahren ins Gegenteil verkehrt: Ausgehend von **9**

---

[9] Begründung zum Regierungsentwurf des TRG BR-Drucks. 13/8445 66; Bericht der Sachverständigenkommission S. 95.
[10] Die Umrechnungskurse werden täglich berechnet und im Bundesanzeiger sowie in der DVZ veröffentlicht und können im Internet z.B. unter www.tis-gdv.de/tis/bedingungen/szr.htm abgerufen werden.
[11] *Koller,* a.a.O. Rdnr. 7 zu § 431 HGB.
[12] *Koller,* a.a.O. Rdnr. 7 zu § 432 HGB; zu den einzelnen ersatz- bzw. nichtersatzfähigen Kosten vgl. *Koller,* a.a.O. Rdnr. 8 und 9 zu § 439 HGB.
[13] Baumbach/Hopt/*Merkt* a.a.O. Rdnr. 1 zu § 432 HGB.
[14] Dazu zählen bspw. Anwaltskosten, Überprüfungs- und Sortierkosten, Kosten des Rücktransportes, Reise- und Entsorgungskosten; vgl. näher *Koller,* a.a.O. Rdnr. 9 zu § 432 HGB.
[15] BGH TranspR 2006, 454 mit Anm. *Heuer.*

der Lehre vom **groben Organisationsverschulden** geht der BGH – und ihm folgend – die Instanzgerichte davon aus, dass der Spediteur/Frachtführer/Lagerhalter gehalten ist, das Informationsdefizit des Anspruchstellers dadurch auszugleichen, dass er hinsichtlich der in seiner Sphäre entstandenen Schäden konkret vortragen muss, welche Sorgfaltsvorkehrungen er getroffen hat.[16] Den Frachtführer trifft danach eine „prozessuale Einlassungspflicht",[17] in deren Rahmen er substantiiert unter Benennung der beteiligten Personen samt ihrer ladungsfähigen Anschrift den Organisationsablauf in seinem Betrieb offenlegen und dartun muss, welche Schadensverhütungsmaßnahmen von ihm und seinen Hilfspersonen getroffen worden sind.[18] Kommt der Frachtführer seiner Einlassungspflicht nicht nach, kann daraus nach der Rechtsprechung der Schluss auf ein qualifiziertes Verschulden gerechtfertigt sein.[19] Diese Rechtsprechung führte dazu, dass Anspruchsteller – und ihnen folgend vielfach die Instanzgerichte – die Auffassung vertreten haben, der Frachtführer müsse sich vom Vorwurf des qualifizierten Schuldens entlasten,[20] weshalb diese Rechtsprechung in der Literatur mit guten Gründen kritisiert worden ist.[21] In jüngerer Zeit stellt der BGH darauf ab, dass eine prozessuale Obliegenheit des Frachtführers zu substantiierter Darlegung der dem eigenen Geschäftskreis entspringenden Abläufe nur dann besteht, wenn das prozessuale Geschehen Anhaltspunkte für ein Organisationsverschulden bietet,[22] was der Anspruchsteller darlegen müsse.[23] Die weitere Entwicklung bleibt abzuwarten.

10 Gemäß § 435 gelten die gesetzlichen bzw. vertraglich vereinbarten Haftungsbefreiungen und -begrenzungen nicht, wenn der Schaden auf eine Handlung oder Unterlassung zurückzuführen ist, die der Frachtführer oder seine Hilfspersonen vorsätzlich oder leichtfertig und in dem Bewusstsein, dass ein Schaden mit Wahrscheinlichkeit eintreten werde, begangen hat. Der Verschuldensmaßstab ist an den Wortlaut deutscher Übersetzungen internationaler Transportrechtsübereinkommen angelehnt, weshalb zur Auslegung auf die diesbezüglich ergangene Rechtsprechung zurückgegriffen werden muss.[24] Nach dem Willen des Gesetzgebers soll die Formulierung gewährleisten, dass an den Wegfall der Haftungsbegrenzungen strenge Anforderungen zu stellen sind, was dadurch erreicht werden soll, dass ein Bewusstsein der Wahrscheinlichkeit des Schadenseintritts gefordert wird und der Verschuldensmaßstab somit in die Nähe der bewussten groben Fahrlässigkeit gebracht wird.[25]

11 Es stellt sich die Frage, ob die im Gesetz umschriebene "bewusste Leichtfertigkeit" einen schärferen Verschuldensmaßstab begründet als die im deutschen Recht herkömmlich bekannte „grobe Fahrlässigkeit". Unter grober Fahrlässigkeit ist ein Han-

---

[16] BGH VersR 1982, 486 (489) (Spediteur); VersR 1986, 1019 (1021), (Lagerhalter).
[17] BGH TranspR 2004, 175 (176); NJW 2003, 3626 (3627); OLG Stuttgart TranspR 2002, 22 (23).
[18] Koller, a.a.O. Rdnr. 21a zu § 435 HGB m.w.N.
[19] BGH BB 1995, 744 (746); TranspR 2004, 460 (462); TranspR 2004, 176; Koller VersR 1990, 553.
[20] Was in dieser Form sicher unzutreffend ist, da der BGH stets betont hat, dass die Darlegungs- und Beweislast für ein qualifiziertes Verschulden dem Anspruchsteller obliegt, vgl. nur BGH VersR 1982, 486 (489); BB 1995, 744 (746); TranspR 2001, 29 (33); TranspR 2004, 460 (462); TranspR 2005, 208 (209).
[21] Thume TranspR 2002, 1 (4ff.).
[22] BGH TranspR 2001, 29 (33): Insoweit darf sich der klägerische Sachvortrag nicht darauf beschränken, die bloße Tatsache des Verlustes vorzutragen.
[23] BGH TranspR 2006, 390 (393) zur Recherchepflicht bei Beschädigungsfällen: Kann der Frachtführer trotz angemessener Recherchen nicht zur Entstehung der Beschädigung des Gutes beitragen, bleibt der Ersatzberechtigte für das Vorliegen der Voraussetzungen eines qualifizierten Verschuldens des Transporteurs oder seiner Leute gegebenenfalls beweisfällig.
[24] BGHZ 158, 322.
[25] Begründung zum Regierungsentwurf des TRG BT-Drucks. 13/8445, S. 72, S. 102. Bericht der Sachverständigenkommission, S. 102.

I. Frachtvertrag   D. I

deln zu verstehen, bei dem die erforderliche Sorgfalt nach den gesamten Umständen in ungewöhnlich hohem Maße verletzt worden ist und bei dem dasjenige unbeachtet geblieben ist, was im gegebenen Falle jedem hätte einleuchten müssen.[26] Demgegenüber erfordert das Tatbestandsmerkmal der Leichtfertigkeit in § 435 einen besonders schweren Pflichtverstoß, bei dem sich der Frachtführer oder seine Leute in krasser Weise über die Sicherheitsinteressen der Vertragspartner hinwegsetzen.[27] Diese Definition legt nahe, dass die in § 435 umschriebene Leichtfertigkeit nicht mit grober Fahrlässigkeit gleichzusetzen ist, sondern der Tatbestand vielmehr einen gesteigerten Grad grober Fahrlässigkeit mit einem besonderen Schuldvorwurf in objektiver und subjektiver Hinsicht voraussetzt. Dem kann nicht entgegengehalten werden, dass ein krasser Pflichtenverstoß nur schwer von einer objektiv groben Sorgfaltspflichtverletzung abgrenzbar sei.[28] Denn sowohl Wortlaut als auch Normzweck setzen einen besonders schweren Schuldvorwurf voraus und knüpfen demgegenüber nicht an das Maß einer Sorgfaltspflichtverletzung an. Auch nach Auffassung des BGH[29] kann ein qualifiziertes Verschulden nicht auf ein (lediglich) grob fahrlässiges Verhalten gestützt werden. Daher kann das in § 435 umschriebene qualifizierte Verschulden nicht mit grober Fahrlässigkeit gleichgesetzt werden.[30] In subjektiver Hinsicht kann allerdings nach Auffassung des BGH[31] aus der Schwere des objektiven Pflichtverstoßes auf die inneren Tatsachen geschlossen werden, wobei der Schluss auf das Bewusstsein der Wahrscheinlichkeit des Schadeneintritts auch im Rahmen typischer Geschehensabläufe nahe liegen kann.[32]

Einzelfälle:

(1) Verlust. Qualifiziertes Verschulden wird bei **ungeklärten Verlusten** in der Regel   12
bejaht.[33] Ausgangspunkt ist hierbei, dass die Rechtsprechung unzulängliche Schnittstellenkontrollen seit jeher als groben Organisationsmangel beurteilt.[34] Grobes Organisationsverschulden wurde auch bejaht bei mangelhaften Nachforschungen nach Bekanntwerden eines Verlustfalles,[35] Unterlassung der Ermittlung von Fehlbeständen[36] sowie mangelhafter Kontrolle von Subunternehmern und Mitarbeitern.[37]

Bei Fällen des **Diebstahls** von Gütern aus Fahrzeugen ist zu differenzieren: hier   13
kommt es auf die Umstände des Einzelfalles, namentlich die Art des Fahrzeugs, wo es abgestellt war, den Wert des Gutes und die individuellen Sicherheitsvorkehrungen an.[38] Je größer die mit der Güterbeförderung verbundenen Risiken sind, desto höhere Anforderungen sind an die zu treffenden Sicherheitsmaßnahmen zu stellen. Der Bundesgerichtshof stellt in diesem Zusammenhang darauf ab, ob das Gut leicht verwertbar und damit besonders diebstahlgefährdet ist, welchen Wert es hat sowie darauf, ob dem Frachtführer die besondere Gefahrenlage bekannt sein musste und welche Mög-

---

[26] RGZ 141, 129, 131; BGHZ 10, 14, 16; 89, 161; BGH NJW 2005, 981.
[27] BGH VersR 2004, 1335 (1337).
[28] So aber *Koller,* a.a.O. Rdnr. 6 zu § 435 HGB.
[29] BGH TranspR 2006, 161 (163 f.).
[30] Ebenso Palandt/*Grüneberg,* Rdnr. 4 zu § 277 BGB.
[31] BGHZ 74, 162, 168; VersR 2001, 526 (530); VersR 2004, 1335 (1337).
[32] BGH VersR 2004, 1335 (1337); TranspR 2003, 467 (470 f.); TranspR 2004, 175 (177).
[33] BGH TranspR 2004, 309 (311, 399, 401).
[34] BGHZ 129, 345, 351; 149, 337, 347; 158, 322, 330 f.; BGH TranspR 2003, 255 (257); TranspR 2004, 399 (401); TranspR 2006, 169 (170); TranspR 2008, 117 (120); TranspR 2008, 247 (248).
[35] BGH TranspR 2004, 460 (462); TranspR 2013, 111 (113).
[36] OLG Düsseldorf TranspR 2007, 30 (32).
[37] OLG Stuttgart VersR 2007, 859, OLG Frankfurt/Main VersR 2005, 713.
[38] BGH TranspR 2007, 423 ff.

lichkeiten einer gesicherten Fahrtunterbrechung es gab.[39] Qualifiziertes Verschulden wurde bei unbewachtem Abstellen eines mit wertvollen und diebstahlgefährdeten Gütern beladenen Lkws bejaht, wenn in dieser Art des Abstellens zugleich ein Verstoß gegen vertraglich vereinbarte Sicherheitsrichtlinien lag.[40] Qualifiziertes Verschulden wurde demgegenüber verneint, wenn der Frachtführer von der Art des Transportgutes und dessen erheblichem Wert keine konkrete Kenntnis hat, sodass er grundsätzlich nicht von einer besonderen Diebstahlsgefahr für das Gut auszugehen hat, die weitergehende Sicherheitsvorkehrungen erfordert.[41] Ebenso wurde qualifiziertes Verschulden verneint, wenn für den Frachtführer kein Anlass bestand, von einer besonderen Gefahrenlage für das Transportgut auszugehen,[42] sodass die Übernachtung auf einem unbewachten Autobahnrastplatz nicht von vornherein als grober Pflichtenverstoß angesehen werden kann.

14 Wird der Frachtführer Opfer eines **Raubüberfalls**, kann bei abgestellten Fahrzeugen der Vorwurf schwerer Schuld begründet sein, während dies bei Anschlägen im sogenannten fließenden Verkehr eher zu verneinen ist.[43] Einer Vielzahl der höchst- und obergerichtlich entschiedenen Diebstahls- und Raubfälle lagen grenzüberschreitende Beförderungen zugrunde, deren Sachverhalte sich nicht ohne weiteres auf innerdeutsche Beförderungen übertragen lassen.[44]

15 *(2) Beschädigung.* Zu nennen sind zunächst **Unfälle** im Straßenverkehr. Unangepasste Fahrweise kann im Einzelfall den Vorwurf der Leichtfertigkeit erfüllen.[45] Das Herbeiführen eines Verkehrsunfalles durch nachweisliches „Einnicken" des Fahrers am Steuer begründet nur dann den Vorwurf eines leichtfertigen Handelns, wenn sich der Fahrer bewusst über von ihm erkannte deutliche Anzeichen einer Übermüdung hinwegsetzt.[46]

16 Bei sonstigen beförderungsbedingten **Schäden** (z.B. mangelhafte Ladungssicherung, Beschädigung von Kühlgut aufgrund nicht funktionsfähiger Kühlaggregate, umschlagsbedingten Beschädigungen etc.) wird es stets auf die Umstände des Einzelfalles ankommen. Grundsätzlich gilt, dass in Beschädigungsfällen bei der Annahme eines qualifizierten Verschuldens Zurückhaltung zu üben ist, da weder aus der Tatsache der Beschädigung als solcher noch aus einer mangelnden Einlassung des Frachtführers zum Schadenhergang der Vorwurf schwerer Schuld begründet werden kann. Die zum Verlust von Transportgut entwickelten Rechtsprechungsgrundsätze sind nicht ohne Weiteres auf während des Transports eintretende Sachschäden übertragbar.[47] Den Frachtführer trifft zwar eine **Recherchepflicht**.[48] Kann er trotz angemessener Nachforschungen keine Angaben zur Schadenentstehung machen, kann daraus nicht auf ein qualifiziertes Verschulden geschlossen werden; der Anspruchsberechtigte bleibt dann gegebenenfalls beweisfällig.[49]

---

[39] BGH TranspR 1999, 19 (21); TranspR 2000, 407 (408), TranspR 2007, 423 (425).
[40] BGH TranspR 2010, 437 (440 ff.).
[41] BGH TranspR 2007, 423.
[42] BGH Urteil vom 1.7.2010 – I ZR 176/08.
[43] Vgl. LG Bremen TranspR 1998, 469; OLG Karlsruhe TranspR 2002, 466; OLG Stuttgart TranspR 2007, 322.
[44] Einsatz von 2 Kraftfahrern; vgl. BGH VersR 1998, 82 einerseits und OLG Stuttgart vom 26.7.2006 – 3 U 7/06 andererseits sowie oben Fn. 42.
[45] LG Bonn TranspR 2002, 163 (165).
[46] BGH Urteil vom 21.3.2007 – I ZR 166/04.
[47] BGH TranspR 2008, 30 (31); TranspR 2004, 175 (177).
[48] BGH TranspR 2008, 30 (31); TranspR 2006, 390 (393).
[49] So ausdrücklich BGH TranspR 2006, 390 (393).

(3) Überschreitung der Lieferfrist. Die Grundsätze der sekundären Darlegungslast 17 können auch bei Überschreitung der Lieferfrist zur Anwendung kommen, wenn die Behandlung der Sendung ab deren Übergabe völlig im Dunkeln bleibt.[50] Ob die Erwägungen, die der BGH zur sekundären Darlegungslast des Frachtführers bei Beschädigungsfällen[51] angestellt hat, auch auf Fälle der Lieferfristüberschreitung übertragen werden können, ist zweifelhaft. Denn bei Fehlen organisatorischer Vorkehrungen und Sicherungsmaßnahmen besteht die spezifische Gefahr, dass eine Sendung „außer Kontrolle" gerät und der vereinbarte Abliefertermin deshalb nicht eingehalten wird. Nach der Rechtsprechung des BGH kann allgemein aus dem Unterlassen elementarer Sorgfaltsvorkehrungen auf qualifiziertes Verschulden und das hierfür erforderliche Bewusstsein geschlossen werden.[52] Es liegt daher nahe, diese – prinzipiell für Verlustfälle entwickelten – Grundsätze der sekundären Darlegungslast auf Fälle der Lieferfristüberschreitung zu übertragen. Liegt die Ursache der Lieferfristüberschreitung indessen nicht im organisatorischen Bereich, hängt es stark von den Umständen des jeweiligen Einzelfalles ab, ob ein qualifiziertes Verschulden bejaht werden kann.

cc) Mitverschulden des Absenders. Nach ständiger Rechtsprechung des Bundesge- 18 richtshofes ist der Einwand des Mitverschuldens auch im Falle des qualifizierten Verschuldens i.S.v. § 435 HGB zu berücksichtigen.[53] Der Mitverschuldenseinwand spielt insbesondere bei Verlust von Transportgut eine Rolle, wobei der Bundesgerichtshof verschiedene Fallgruppen entwickelt hat:

(1) Unterlassene Wertdeklaration. Nach der Rechtsprechung des Bundesgerichts- 19 hofes gerät ein Versender in einen nach § 254 Abs. 1 BGB beachtlichen Selbstwiderspruch, wenn er trotz Kenntnis, dass der Spediteur die Sendung bei zutreffender Wertangabe mit größerer Sorgfalt behandelt, von einer Wertdeklaration absieht und gleichwohl vollen Schadensersatz verlangt.[54] Mit seinem Verzicht auf die vom Spediteur angebotenen weitergehenden Schutzvorkehrungen setzt der Versender das Transportgut bewusst einem erhöhten Verlustrisiko aus mit der Folge, dass der eingetretene Schaden ihm bei wertender Betrachtung gem. § 254 BGB anteilig zuzurechnen ist.[55] Eine Verpflichtung zur Wertdeklaration kann sich insbesondere aus den Beförderungsbedingungen des Spediteurs bzw. Frachtführers ergeben (z.B. Ziff. 3.6 ADSp).[56] Für ein gem. § 254 Abs. 1 BGB, § 425 Abs. 2 HGB zu berücksichtigendes Mitverschulden kann es bereits ausreichen, wenn der Versender die sorgfältigere Behandlung von Wertpaketen durch den Spediteur bzw. Frachtführer hätte erkennen müssen.[57] Die Kausalität eines Mitverschuldens lässt sich in solchen Fällen nur verneinen, wenn der Schädiger zumindest gleich gute Erkenntnismöglichkeiten vom Wert der Sendung wie der Geschädigte hat.[58] Der Einwand des Mitverschuldens wegen unterlassener Wertdeklaration scheitert auch dann nicht an der fehlenden Kausalität, wenn bei wertdeklarierten Sendungen ein Verlust nicht vollständig ausgeschlossen werden kann.[59] Ein bei Entstehung des Schadens mitwirkendes Verschulden des Versenders kommt

---

[50] OLG Köln TranspR 2006, 397 („Express-Brief"); *Koller*, a.a.O. Rdnr. 21d a.E. zu 435 HGB.
[51] Stichwort: Recherchepflicht, vgl. oben Rdnr. 16 und BGH TranspR 2006, 391.
[52] BGH TranspR 2004, 309 (312).
[53] BGH TranspR 2008, 117 Tz. 34; BGH TranspR 2008, 122 Tz. 25.
[54] BGH TranspR 2004, 399 (401); TranspR 2002, 306 (310).
[55] Vgl. BGHZ 149, 337, 353; BGH TranspR 2003, 467 (471).
[56] *Koller*, a.a.O. Rdnr. 19c zu § 435 HGB.
[57] Vgl. *Piper/Pokrant/Gran*, a.a.O. Rdnr. 88; BGH TranspR 2010, 145 (146).
[58] BGH TranspR 2006, 121 (123); TranspR 2006, 208 (209).
[59] BGH TranspR 2004, 399 (401).

vielmehr auch in Betracht, wenn bei wertdeklarierten Sendungen ebenfalls Lücken in der Schnittstellenkontrolle verbleiben und nicht ausgeschlossen werden kann, dass die Sendung gerade in diesem Bereich verloren gegangen ist und Angabe des Wertes der Ware daher deren Verlust nicht verhindert hätte.[60]

20   *(2) Unterlassener Hinweis auf die Gefahr eines ungewöhnlich hohen Schadens.* Ein anspruchsminderndes Mitverschulden kann sich nach der Rechtsprechung des Bundesgerichtshofes gem. § 254 Abs. 2 Satz 1 BGB auch daraus ergeben, dass der Geschädigte es unterlassen hat, den Schädiger im Hinblick auf den Wert des Gutes auf die Gefahr eines ungewöhnlich hohen Schadens aufmerksam zu machen, die dieser weder kannte noch kennen musste.[61] Dabei kommt es nicht darauf an, ob der Auftraggeber Kenntnis davon hatte, dass der Frachtführer das Gut mit größerer Sorgfalt behandelt hätte, wenn er den tatsächlichen Wert gekannt hätte. Den Auftraggeber trifft vielmehr eine allgemeine Obliegenheit, auf einen außergewöhnlich hohen Schaden hinzuweisen, um seinem Vertragspartner die Möglichkeit zu geben, geeignete Maßnahmen zur Verhinderung eines drohenden Schadens zu ergreifen.[62] Die Frage, ob ein ungewöhnlich hoher Schaden droht, kann regelmäßig nur unter Berücksichtigung der konkreten Umstände des jeweiligen Einzelfalles beurteilt werden, wobei nach Rechtsprechung des Bundesgerichtshofes maßgeblich auf die Sicht des Schädigers abzustellen ist.[63] Haben die Parteien hinsichtlich der Höchstsumme der Frachtführerhaftung keine Vereinbarung getroffen, ist im Regelfall die Gefahr eines besonders hohen Schadens i.S.v. § 254 Abs. 2 Satz 1 BGB dann anzunehmen, wenn der Wert der Sendung den zehnfachen Betrag der gesetzlichen Höchsthaftung gem. § 431 Abs. 1 HGB übersteigt.[64] Sofern durch vorformulierte Vertragsbedingungen ein geringerer als der in § 431 Abs. 1 HGB vorgesehene Höchstbetrag vereinbart wurde, ist von diesem Betrag auszugehen und die Gefahr eines ungewöhnlich hohen Schadens in der Regel dann naheliegend, wenn der Wert der Sendung das Zehnfache der vereinbarten Haftungshöchstsumme übersteigt.[65] Liegt die aufgrund von vorformulierten Vertragsbedingungen vorgesehene Haftungshöchstsumme über dem Haftungshöchstbetrag von 8,33 Rechnungseinheiten/Kilogramm nach § 431 Abs. 1 HGB, so kommt auch dann im Regelfall die Gefahr eines ungewöhnlich hohen Schadens in Betracht, wenn der Wert der Sendung den zehnfachen Schadensersatz übersteigt, der im Verlustfall gem. § 431 Abs. 1 HGB geschuldet wird.[66] Nur dann, wenn die Parteien den Haftungshöchstbetrag vertraglich individuell ausgehandelt haben, kommt der konkreten Parteivereinbarung ein besonderes Gewicht zu, dem gegenüber die an den gesetzlichen Haftungshöchstgrenzen ausgerichtete Bestimmung des Betrages, ab dem von einem ungewöhnlich hohen Schaden i.S.v. § 254 Abs. 2 Satz 1 BGB auszugehen sein kann, zurückzutreten hat.[67]

21   *(3) Fortsetzung der Vertragsbeziehung trotz Kenntnis von Organisationsmängeln im Unternehmen des Frachtführers.* Ein Mitverschulden des Auftraggebers kann nicht allein darin gesehen werden, dass dieser Transportaufträge in Kenntnis dessen erteilt, dass der Transporteur keine durchgehenden Schnittstellenkontrollen durchführt. Die

---

[60] BGH TranspR 2003, 317 (318).
[61] BGHZ 149, 337, 353; BGH TranspR 2003, 317 (318); TranspR 2006, 205 (207), TranspR 2007, 405 (407); TranspR 2012, 463 (465).
[62] BGH Urteil vom 20.1.2005 – I ZR 95/01.
[63] BGH TranspR 2007, 405 (407); TranspR 2010, 189 (191).
[64] BGH TranspR 2010, 189 (191).
[65] BGH TranspR 2010, 189 (191).
[66] BGH TranspR 2010, 189 (191).
[67] BGH TranspR 2010, 189 (191).

I. Frachtvertrag D. I

bloße Kenntnis und Billigung der Transportorganisation des Spediteurs/Frachtführers durch einen Auftraggeber reicht für sich gesehen nicht aus, ein Mitverschulden zu begründen.[68] Ein Mitverschulden ist grundsätzlich auch dann nicht gegeben, wenn der Versender die Geschäftsbeziehung nach Eintritt des Schadenfalles fortsetzt. Denn ein bereits eingetretener Verlust lässt sich durch den Abbruch der Geschäftsbeziehung nicht mehr verhindern, weshalb sich die Fortsetzung der Geschäftsbeziehung allenfalls auf künftige Schadenfälle auswirken kann.[69] Eine Anspruchsminderung nach § 425 Abs. 2 HGB i.V.m. § 254 Abs. 1 BGB wegen Beauftragung eines ungeeigneten Transportunternehmens kommt nach der Rechtsprechung des Bundesgerichtshofes vielmehr erst dann in Betracht, wenn der Versender einen Spediteur/Frachtführer mit der Transportdurchführung beauftragt, von dem er weiß der zumindest hätten wissen müssen, dass es in dessen Unternehmen aufgrund von groben Organisationsmängeln immer wieder zu Verlusten kommt.[70]

(4) Kausalität. Das Mitverschulden des Versenders muss für den Schaden kausal 22 geworden sein. Die erforderliche Kausalität lässt sich nach Auffassung des BGH nur verneinen, wenn der Frachtführer trotz Wertangabe das Gut nicht generell nicht sicherer befördert hätte[71] oder sich der Verlust in einem Bereich ereignet hat, in dem der Frachtführer bei der Behandlung der Sendungen keine besonderen Sicherungsmaßnahmen ergriffen hat.[72] Die Ursächlichkeit eines Mitverschuldens wegen unterlassenen Hinweises auf die Gefahr eines ungewöhnlich hohen Schadens ist nur dann nicht gegeben, wenn der Transporteur trotz eines Hinweises auf den ungewöhnlich hohen Wert des Gutes keine besonderen Maßnahmen ergriffen hätte.[73]

dd) Haftungsausschlüsse: §§ 426, 427. § 426 bildet einen einfachen Haftungsausschluss, nämlich soweit der Verlust, die Beschädigung oder die Überschreitung der Lieferfrist auf Umständen beruht, die der Frachtführer auch bei größter Sorgfalt nicht vermeiden und deren Folgen er nicht abwenden konnte. Dies ist nur bei **Unabwendbarkeit des Schadens** der Fall, wofür der Frachtführer darlegungs- und beweispflichtig ist. Der Begriff der Unabwendbarkeit ist derselbe wie in Art 17 Abs. 2 CMR. Der Frachtführer kann sich nur entlasten, wenn auch ein besonders gewissenhafter Frachtführer bei Anwendung der äußersten ihm zumutbaren Sorgfalt den Schaden nicht hätte vermeiden können.[74] Es ist vom Maßstab des „idealen" Frachtführers und der „menschenmöglichen" Sorgfalt auszugehen.[75] Die Grenze der äußersten zumutbaren Sorgfalt bilden solche Schadenverhütungsanstrengungen, die bereits auf den ersten Blick als gänzlich untragbar, absurd und damit unzumutbar erscheinen.[76]

§ 427 begründet den gegenüber einen Katalog **besonderer Haftungsausschlüsse** 24 mit einer Beweiserleichterung für den Frachtführer: Wenn der Schaden aus einer der in § 427 Abs. 1 Nr. 1 bis 6 genannten Gefahren entstehen konnte, wird widerleglich vermutet, dass er daraus entstanden ist (§ 427 Abs. 2). Der Frachtführer hat das Vor-

---

[68] BGH TranspR 2002, 302 (304); TranspR 2003, 255 (258); TranspR 2004, 399 (402); TranspR 2006, 250 (252); TranspR 2008, 362; TranspR 2010, 382 (383).
[69] BGHZ 149, 337, 356, TranspR 1998, 475 (477), TranspR 2010, 382 (383).
[70] BGH TranspR 2004, 399 (402); TranspR 2010, 382 (383).
[71] Vgl. *Koller*, a.a.O. Rdnr. 19f zu § 435 HGB.
[72] BGH TranspR 2010, 143 (144); TranspR 2010, 145 (146); TranspR 2008, 397 (398f.); TranspR 2008, 406 (408), TranspR 2008, 394 (395f.).
[73] BGH TranspR 2008, 394; TranspR 2010, 143 (144).
[74] Vgl. die Begründung zum Regierungsentwurf des TRG, BR-Drucks. 368/97, S. 60.
[75] Baumbach/*Hopt,* a.a.O. Rdnr. 2 zu § 426.
[76] H.M., vgl. nur *Koller,* a.a.O. Rdnr. 4 zu § 426 HGB.

liegen einer als Haftungsausschlussgrund behandelten Gefahr sowie die Möglichkeit zu beweisen, dass diese nach den Umständen des Falles den Schaden verursacht hat.[77] Gelingt dieser Nachweis, ist es Sache des Anspruchstellers, den Gegenbeweis zu führen, dass die Gefahr für den Schaden nicht ursächlich war. §§ 427 Abs. 3 bis Abs. 5 enthalten besondere Regelungen für einzelne Gefahren.[78] Die besonderen Haftungsausschlüsse sind – neben der summenmäßigen Haftungsbegrenzung gem. § 431 – ebenfalls ein Korrelat der verschuldensunabhängigen Haftung des Frachtführers.

25 ee) *Zurechnung: § 428.* § 428 bestimmt, unter welchen Voraussetzungen sich der Frachtführer das Verhalten dritter Personen zurechnen lassen muss. Die Vorschrift stellt keine eigenständige Haftungsgrundlage, sondern lediglich eine Zurechnungsnorm dar.[79] Der Frachtführer hat sich sowohl das Verhalten seiner eigenen Leute, also seiner Betriebsangehörigen einschließlich Aushilfskräften als auch gem. § 428 Satz 2 das Verhalten „anderer Personen", deren er sich bei der Beförderung bedient, zurechnen zu lassen. Stets ist Voraussetzung, dass die Leute des Frachtführers bzw. die anderweitig von ihm hinzugezogenen Hilfspersonen **in Ausübung ihrer Verrichtungen** gehandelt oder unterlassen haben. Es muss ein innerer Zusammenhang zwischen dem Fehlverhalten und den der Hilfsperson übertragenen Verrichtungen bestehen.[80]

26 § 428 gilt nur im Rahmen der abschließenden Haftungsbestimmungen des HGB[81]; bei sonstigen Leistungsstörungen bzw. Pflichtverletzungen gilt demgegenüber die Zurechnungsnorm des § 278 BGB.[82]

27 *ff) außervertragliche Ansprüche: § 434.* § 434 Abs. 1 stellt klar, dass die gesetzlichen bzw. vertraglich vereinbarten Haftungshöchstgrenzen auch dann gelten, wenn der Ersatzberechtigte Ansprüche wegen Verlust, Beschädigung oder Überschreitung der Lieferfrist auf außervertragliche Anspruchsgrundlagen stützt. Die Vorschrift entspricht sachlich Art. 28 Abs. 1 CMR und verfolgt den Zweck, das für Vertragsansprüche gesetzlich niedergelegte Haftungssystem gegen die Entwertung durch außervertragliche Ansprüche zu schützen.[83] Der Ersatzberechtigte kann also – im Gegensatz zur Rechtslage vor Inkrafttreten des HGB-TRG – die vertraglichen Haftungsausschlüsse und -beschränkungen nicht dadurch umgehen, dass er seinen Anspruch z.B. wegen Verlust des Gutes auf Eigentumsverletzung gem. §§ 823ff. BGB stützt. Zu berücksichtigen ist allerdings, dass § 434 Abs. 1 nach seinem eindeutigen Wortlaut – und dem Willen des Gesetzgebers[84] – ausdrücklich nur solche außervertraglichen Ansprüche erfasst, die mit Ansprüchen wegen Verlust, Beschädigung oder Überschreitung der Lieferfrist konkurrieren.

28 § 434 Abs. 2 betrifft die Anwendung des für Vertragsansprüche geltenden Haftungssystems auf außervertragliche Ersatzansprüche vertragsfremder Dritter, wozu insbesondere der Eigentümer eines Gutes zählt, der selbst weder Absender noch Empfänger ist.[85] Der Sache nach entspricht diese Regelung einer bereits längst vor Inkrafttreten des HGB-TRG geltenden Rechtssprechung des Reichsgerichts und des Bundes-

---

[77] Baumbach/*Hopt*, a.a.O. Rdnr. 3 zu § 427 HGB.
[78] Näher dazu Baumbach/*Hopt*, a.a.O. Rdnr. 4 ff. zu § 427 HGB.
[79] *Fremuth*, a.a.O. Rdnr. 3 zu § 428 HGB.
[80] *Koller*, a.a.O. Rdnr. 7 zu § 428 HGB; BGH VersR 1985, 1060.
[81] Vgl. oben Rdnr. 1.
[82] *Koller*, a.a.O. Rdnr. 2 zu § 428 HGB.
[83] Bericht der Sachverständigenkommission S. 100.
[84] Begründung zum Regierungsentwurf des TRG BT-Drucks. 13/8445, S. 69.
[85] Bericht der Sachverständigenkommission, S. 100.

I. Frachtvertrag

gerichtshofes,[86] wonach ein Eigentümer, der sein Gut einem Spediteur oder Frachtführer zum Zweck der Beförderung übergibt, sich die Haftungseinschränkungsbedingungen aus dem Beförderungsvertrag entgegenhalten lassen muss, wenn er diese kennt bzw. kennen muss.[87] Zum Schutz des Eigentümers wird diese Regelung in zwei Fällen eingeschränkt: Der Frachtführer kann sich auf die frachtvertraglichen Haftungseinschränkungen nicht berufen, wenn der Eigentümer der Beförderung nicht zugestimmt hat und der Frachtfrüher die fehlende Befugnis des Absenders, die Güter zu versenden, kannte oder fahrlässig nicht kannte (§ 434 Abs. 2 Satz 2 Nr. 1). Ebenso ist die Geltendmachung der vertraglichen Einwendungen für den Fall ausgeschlossen, dass das Gut dem Dritten oder dessen Besitzmittler vor Übernahme zur Beförderung abhanden gekommen ist (§ 434 Abs. 2 Satz 2 Nr. 2).[88]

gg) Haftung der Leute: § 436. § 436 ist eine Schutznorm zu Gunsten der Leute des Frachtführers i.S.v. § 428 Satz 1. Die Regelung soll verhindern, dass die Leute des Frachtführers in einem weiteren Umfang als der Frachtführer selbst in Anspruch genommen werden können. Sie soll darüber hinaus – in Fortführung des § 434 zugrunde liegenden Rechts – das frachtvertragliche Haftungssystem gegen eine Umgehung durch außervertragliche Ansprüche absichern.[89] Die Vorschrift verhindert, dass das frachtvertragliche Haftungssystem z.B. durch den arbeitsrechtlichen Freistellungsanspruch der Hilfsperson gegen den Frachtführer als Arbeitgeber ausgehöhlt wird.[90] Vor Inkrafttreten des HGB-TRG hat die Rechtsprechung wiederholt zugelassen, dass sich ein aus unerlaubter Handlung in Anspruch genommener Gehilfe auf vertragliche Haftungsbeschränkungen, aber auch gesetzliche Abkürzungen der Verjährungsfrist berief, die für das Vertragsverhältnis des Geschädigten für einen Dritten maßgeblich waren.[91]

hh) Anspruchsberechtigung. Das Recht, Schadensersatzansprüche aus dem Frachtvertrag gegenüber dem Frachtführer geltend zu machen, steht zunächst einmal dem Absender als Vertragspartner und Auftraggegner des Frachtführers zu. Das Gesetz setzt dies als selbstverständlich voraus und erwähnt die Anspruchsberechtigung des Absenders nur in § 421 Abs. 1 2. Hs. Daneben ist allerdings der Empfänger unter bestimmten Voraussetzungen berechtigt, Ansprüche gegen den Frachtführer geltend zu machen. Diese Rechte des Empfängers regelt § 421. Wie sich aus § 421 Abs. 1 2. Hs ergibt, bleibt der Absender neben dem Empfänger anspruchsberechtigt. Diese **Doppellegitimation** von Absender und Empfänger soll eine Durchsetzung der Ersatzansprüche sichern und insbesondere vermeiden, dass ein Anspruchsverlust dadurch eintritt, dass die „falsche Partei" reklamiert oder klagt.[92] Ist jedoch ein Ladeschein (§ 444) ausgestellt worden und dieser an den Empfänger begeben worden, dann ist nur der Empfänger anspruchsberechtigt und nur dieser darf Weisungen erteilen (§ 446 Abs. 2).[93]

---

[86] RGZ 74, 174, 177; 75 169, 172 u. ö.; BGH VersR 1974, 1121; vgl. auch BGH VersR 1976, 1129.
[87] Näher dazu *Kehl*, Die Haftung des Unterfrachtführers im Straßengüterverkehr, S. 66 ff.; S. 104.
[88] Die dieser Vorschrift zugrunde liegende Wertung entspricht derjenigen des § 935 Abs. 1 BGB, vgl. Bericht der Sachverständigenkommission, S. 101.
[89] Bericht der Sachverständigenkommission, S. 103.
[90] Baumbach/*Hopt*, a.a.O. Rdnr. 1 zu § 436 HGB.
[91] BGH NJW 1962, 388; VersR 1960, 727. Näher dazu *Kehl*, a.a.O. S. 76 ff. Zur Erstreckung der verkürzten Verjährungsfrist nach § 64 a.F. ADSp auf den vom Spediteur beauftragten Frachtführer vgl. BGHZ 130, 223, 227 und *Kehl*, a.a.O. S. 95, 97 ff.
[92] Bericht der Sachverständigenkommission S. 77.
[93] *Koller*, a.a.O. Rdnr. 15 zu § 421 HGB; *Ramming* TranspR 2000, 277 (281).

31   Nach Ankunft des Gutes an der Ablieferungsstelle – nicht: am Bestimmungsort[94] – ist der Empfänger berechtigt, vom Frachtführer die Ablieferung des Gutes zu verlangen, allerdings nur Zug um Zug gegen Erfüllung der Verpflichtungen aus dem Frachtvertrag. Der Frachtführer braucht nur Zug um Zug gehen Erfüllung seiner Ansprüche aus dem Frachtvertrag abzuliefern; liefert er trotzdem aus, verliert er sein Pfandrecht (§ 440 Abs. 2, Abs. 3).[95] Bei Totalverlust spielt § 421 Abs. 1 Satz 1 keine Rolle;[96] der Empfänger kann in diesem Fall auch ohne das Vorliegen der Voraussetzungen des § 421 Abs. 1 Satz 1 gegen den Frachtführer vorgehen.

32   Nach früherer Rechtsprechung (ergangen zum Handelsgesetzbuch in der bis zur Transportrechtsreform vom 1.7.1998 gültigen Fassung und zur CMR) standen dem Empfänger grundsätzlich keine eigenen, unmittelbaren Schadensersatzansprüche gegenüber dem Unterfrachtführer zu.[97] Danach kam ein Direktanspruch des Empfängers gegenüber dem Unterfrachtführer nur unter den Voraussetzungen des § 432 Abs. 2 a. F. HGB bzw. Art. 34 CMR in Betracht.[98] Diese Rechtsprechung hat der Bundesgerichtshof – im Anschluss an eine Änderung seiner Rechtsprechung zum Warschauer Abkommen und zur CMR[99] – auch für den Bereich des Handelsgesetzbuches aufgegeben.[100] Zur Begründung hat der Bundesgerichtshof angeführt, dass der Hauptfrachtführer, der einen Beförderungsauftrag nicht (vollständig) ausführt, sondern in eigenem Namen und für eigene Rechnung einen anderen Frachtführer mit einer in den Anwendungsbereich der §§ 407ff. HGB fallenden Beförderung beauftragt, mit diesem einen selbstständigen (Unter-)Frachtvertrag abschließt, aus dem der Unterfrachtführer nach Maßgabe der Vorschriften der §§ 425ff. HGB haftet. Vor diesem Hintergrund gebe es keinen sachgerechten Grund, seine Haftung gegenüber dem Empfänger als Drittbegünstigten des Unterfrachtvertrages auszuschließen.[101] Die Vorschrift des § 437 HGB[102] steht einem solchen vertraglichen Anspruch des Empfängers gegen den Unterfrachtführer als lex specialis nicht entgegen, weil sich die Haftung des ausführenden Frachtführers dort aus dem (Haupt-)Frachtvertrag ergibt, während sich die Haftung des Unterfrachtführers gegenüber dem Empfänger allein nach dem dem Empfänger begünstigenden Unterfrachtvertrag richtet.[103]

33   Gem. § 421 Abs. 4 bleibt der Absender – neben dem unter den Voraussetzungen des § 421 Abs. 2 und 3 zur Zahlung verpflichteten Empfänger – zur Zahlung aller nach dem Vertrag geschuldeten Beträge verpflichtet. Da Absender und Empfänger gesamtschuldnerisch haften, kann sich der Frachtführer nach seiner Wahl an den einen oder anderen halten.[104]

34   Die Zahlungspflicht des Empfängers nach § 421 Abs. 2 wird nicht durch bloße Entgegennahme des Gutes, sondern durch eine davon zu unterscheidende Willenserklärung des Empfängers begründet.[105] Dies folgt daraus, dass die Ablieferung nach h. M.

---

[94] Begründung zum Regierungsentwurf des TRG, BR-Drucks. 368/97, S. 54.
[95] Baumbach/*Hopt*, a. a. O. Rdnr. 1 zu § 421 HGB.
[96] *Koller*, a. a. O. Rdnr. 2 zu § 421 HGB.
[97] BGH TranspR 1988, 108 (111); BGHZ 116, 15, 17ff.
[98] Wenn der Frachtführer als nachfolgender Frachtführer durch Annahme des Gutes sowie eines durchgehenden Frachtbriefes als nachfolgender Frachtführer in den Hauptfrachtvertrag eingetreten war, vgl. BGH TranspR 1988, 108 (111).
[99] BGHZ 172, 330.
[100] BGH TranspR 2009, 130 (132).
[101] BGH TranspR 2009, 130 (132).
[102] Zu § 437 HGB im Einzelnen unten D. I. 5.
[103] BGH, a. a. O.
[104] Baumbach/*Hopt*, a. a. O. Rdnr. 6 zu § 421 HGB.
[105] OLG Düsseldorf TranspR 2005, 209; a. A. *Koller*, a. a. O. Rdnr. 23 zu § 421 HGB.

I. Frachtvertrag D. I

kein Realakt, sondern ein zweigliedriger Akt ist, der neben der Einräumung der ungestörten Sachherrschaft das Element des diesbezüglichen Einverständnisses des Empfängers umfasst.[106] Ist zwischen dem Absender und dem Frachtführer vereinbart, dass der Absender Frachtzahler sein soll (so z.B. bei einer frei-Haus-Lieferung), dann entsteht keine Zahlungspflicht des Empfängers, weil in diesem Fall §§ 421 Abs. 2 und 3 mit Wirkung zu Gunsten des Empfängers konkludent abgedungen sind.[107]

Dem Unterfrachtführer steht gegenüber dem Empfänger, der sein Ablieferungsrecht gem. § 421 Abs. 1 Satz 1 geltend macht, kein eigener Anspruch auf Zahlung eines Standgeldes zu.[108] Dies erscheint inkonsequent, nachdem der BGH seine bisherige Rechtsprechung, wonach Absender und Empfänger gegenüber dem Unterfrachtführer nicht anspruchsberechtigt sind,[109] aufgegeben hat.[110] Während der Unterfrachtführer gegenüber dem Empfänger Standgeldansprüche nur aus abgetretenem Recht geltend machen kann,[111] sollen dem frachtbriefmäßigen Empfänger gegenüber dem abliefernden Unterfrachtführer Primärrechte auf Ablieferung und darüber hinaus Schadensersatzansprüche zustehen.[112] 35

b) Abgrenzung zur Obhutshaftung – andere Fälle der Leistungsstörung. aa) Unmöglichkeit und Verzug. Grundsätzlich verdrängt die Güterschadenhaftung gem. § 425 Abs. 1 als Spezialregel die bürgerlich-rechtlichen Vorschriften über die Unmöglichkeit.[113] Nach Auffassung von Koller[114] wird bei Unmöglichkeit vor Vertragsschluss die Vorschrift des § 275 BGB durch § 419 HGB überlagert, während bei anfänglicher Unmöglichkeit erst nach Übernahme des Gutes § 275 BGB immer durch die frachtrechtlichen Vorschriften verdrängt wird.[115] Die frachtrechtliche **Verspätungshaftung** ist Spezialregel gegenüber den allgemeinen Vorschriften des Schuldnerverzuges,[116] wobei § 425 i.V.m. § 431 Abs. 3 nur auf Verzögerungen nach Übernahme des Gutes anzuwenden ist.[117] Verspätet sich der Frachtführer vor Übernahme des Gutes, kommt eine Haftung nach den allgemeinen Vorschriften der §§ 280, 286 BGB in Betracht.[118] 36

bb) Pflichtverletzung. Führt die Pflichtverletzung zu Verlust, Beschädigung oder Überschreitung der Lieferfrist, beurteilt sich die Haftung des Frachtführers allein nach Maßgabe der §§ 425 ff. Bei Güterschäden außerhalb des Obhutszeitraumes bleibt – mangels Vorliegen der Voraussetzungen des § 425 Abs. 1 – Raum für eine Haftung nach Maßgabe von § 280 BGB.[119] Im Hinblick auf die Haftungsbegrenzung des § 433 ist von Bedeutung, ob es sich um eine Verletzung solcher Pflichten handelt, die mit der Ausführung der Beförderung zusammenhängen. Ist dies nicht der Fall, bleibt für 37

---

[106] *Koller*, a.a.O. Rdnr. 24 und 31 ff. zu § 425 HGB.
[107] *Baumbach/Hopt*, a.a.O. Rdnr. 4 zu § 421 HGB.
[108] BGH TranspR 2006, 29.
[109] BGH VersR 1988, 244; TranspR 1992, 177; kritisch dazu *Koller* VersR 1988, 673; *Thume* TranspR 1991, 85; vgl. auch *Hel*, TranspR 1983, 77.
[110] BGH TranspR 2007, 425 ff. m. zust. Anm. *Thume*, S. 427 f.
[111] Vgl. BGH TranspR 2006, 29 (30).
[112] BGH TranspR 2007, 425 (427).
[113] *Fremuth* in Thume Rdnr. 44 zu § 425 HGB; differenzierend *Koller*, a.a.O. Rdnr. 83 ff. zu § 407 HGB.
[114] *Koller*, a.a.O. Rdnr. 83 zu § 407 HGB.
[115] *Koller*, a.a.O. Rdnr. 88 zu § 407 HGB.
[116] *Fremuth*, a.a.O. Rdnr. 44 zu § 425 HGB.
[117] *Koller*, a.a.O. Rdnr. 93 zu § 407 HGB.
[118] *Koller*, a.a.O. Rdnr. 109 zu § 407 HGB; *Braun*, a.a.O. S. 240.
[119] So *Fremuth*, a.a.O. Rdnr. 53 zu § 425 HGB zu den vor der Schuldrechtsreform anwendbaren Regeln der positiven Vertragsverletzung.

Kehl

die Haftungsbegrenzung gem. § 433 kein Raum. Von Bedeutung ist die Haftung unter dem Aspekt der Pflichtverletzung hauptsächlich unter dem Aspekt der Güterfolge- und Vermögensschäden.[120]

2. Güterschäden

38 **a) Verlust.** Verlust liegt vor, wenn der Frachtführer aus tatsächlichen oder rechtlichen Gründen nicht nur vorübergehend, sondern auf unabsehbare Zeit nicht in der Lage ist, das Gut weisungsgemäß an den berechtigten Empfänger auszuliefern.[121] Unerheblich ist, ob der Besitz freiwillig oder unfreiwillig aufgegeben wird.[122] Auch die Auslieferung an einen Nichtberechtigten kann als Verlust zu beurteilen sein.[123] Ebenso stellen Diebstahl,[124] Beschlagnahme,[125] die rechtswidrige Pfandverwertung[126] oder die völlige und irreparable Zerstörung[127] Fälle des Verlustes dar.

39 § 424 stellt eine **Verlustvermutung** auf für den Fall, dass das Gut weder innerhalb der Lieferfrist noch eines weiteren Zeitraums von mindestens 20 Tagen (bei grenzüberschreitenden Beförderungen: 30 Tagen) abgeliefert wird. Die Vorschrift ermöglicht dem Ersatzberechtigten den Übergang von der stark beschränkten Verspätungshaftung zu einer höhere Ersatzansprüche gewährenden Verlusthaftung.[128] § 424 Abs. 2 bis 4 betreffen das Wiederauffinden des Gutes. Wird das Gut nach Ablauf der gesetzlichen Fristen wieder aufgefunden, so beseitigt dies nicht die Verlustfiktion. Vor Empfang der Entschädigung kann der Anspruchsberechtigte allerdings seine Erklärung, er betrachte das Gut als verloren, widerrufen und die allgemeinen fractvertraglichen Rechte geltend machen.[129] Das Wiederauffinden der Sendung ist in jedem Fall bei der Berechnung der Schadenhöhe zu berücksichtigen.

40 **b) Beschädigung.** Beschädigung ist die Veränderung der Substanz des Gutes, die zur Minderung des objektiven Wertes des Gutes führt,[130] z.B. Kratzer, Verbiegungen, Nässeschäden,[131] Verlust der Verkehrsfähigkeit von Tiefkühlgut durch Einwirkung von Wärme,[132] Vermischung.[133] Zu **Vermischungsschäden** kann es zB kommen, wenn ein Transportmittel nicht ausreichend von Resten der Vorladung gesäubert wurde und dadurch die Ladung verunreinigt wird.[134] Bei Vermischungsschäden stellt sich häufig das Problem, dass die verunreinigte Ware z.B. in einen Silo eingeblasen wird und dort bereits vorhandene Ware ebenfalls verunreinigt. Für solche Schäden an anderen als den beförderten Gütern haftet der Frachtführer nicht gemäß § 425, weil der Schaden

---

[120] Dazu näher unten Rdnr. 47 ff.
[121] BGH VersR 1998, 344 (345); *Fremuth*, Rdnr. 11 zu § 425 HGB; *Koller*, Rdnr. 4 zu § 425 HGB.
[122] BGH VersR 1998, 344 (345); *Fremuth*, Rdnr. 11 zu § 425 HGB; *Koller*, Rdnr. 4 zu § 425 HGB.
[123] BGH TranspR 1982, 108; VersR 1979, 1154.
[124] *Koller*, Rdnr. 7 zu § 425 HGB.
[125] *Fremuth*, a.a.O. Rdnr. 11 zu § 425 HGB.
[126] BGH VersR 1998, 344 (345).
[127] BGH VersR 1967, 897; *Fremuth*, a.a.O. Rdnr. 11 zu § 425 HGB; a.A. Koller a.a.O. Rdnr. 5 zu § 425 HGB.
[128] *Koller*, a.a.O. § 424 HGB Rdnr. 1.
[129] *Koller*, a.a.O. § 424 HGB Rdnr. 16.
[130] *Koller*, a.a.O. § 425 Rdnr. 13.
[131] *Fremuth*, a.a.O. § 425 Rdnr. 14.
[132] OLG Düsseldorf TranspR 2003, 107 (108).
[133] OLG Köln TranspR 1986, 285.
[134] *Fremuth*, a.a.O. Rdnr. 14 zu § 425 HGB; OLG Hamburg TranspR 1986, 146; VersR 1986, 911; OLG Köln TranspR 1986, 285.

nicht in seiner Obhut eingetreten ist.[135] Vielmehr kommt eine Haftung wegen Pflichtverletzung gem. § 280 BGB, Eigentumsverletzung gem. § 823 BGB und aus Gefährdungshaftung gem. § 7 StVG in Betracht.[136] Soweit es sich um **Güterfolgeschäden** handelt, ist die Haftung gemäß § 434 Abs. 1 i.V.m. § 432 Satz 2 grundsätzlich ausgeschlossen.[137]

Nach Auffassung des Bundesgerichtshofes kann eine Sachbeschädigung auch ohne festgestellte Substanzverletzung allein aufgrund eines der betroffenen Sache anhaftenden **Schadenverdachts** in Betracht kommen.[138] Ein hinreichend begründeter Schadenverdacht rechtfertigt die Überprüfung der Sache; der Ersatzpflichtige hat grundsätzlich die für eine gebotene Untersuchung erforderlichen Kosten zu erstatten – und zwar auch dann, wenn die Untersuchung ergibt, dass tatsächlich keine Schäden entstanden waren.[139] Ein hinreichend begründeter Schadensverdacht kann sich beispielsweise beim Transport von Tiefkühlgut aus der Tatsache der Unterbrechung der Kühlkette ergeben und die Annahme der Beschädigung des Gutes rechtfertigen, wenn sich nicht ausschließen lässt, das Gut ganz oder teilweise angetaut war.[140] Der bloße – objektiv nicht begründete – Verdacht, der sich schon nach kurzer Zeit ausräumen lässt und keine Wertminderung zur Folge hat, stellt demgegenüber keinen Fall der Beschädigung dar.[141] 41

c) **Überschreitung der Lieferfrist.** Wird das Gut entgegen § 423 nicht fristgerecht abgeliefert, haftet der Frachtführer für den durch die Überschreitung der Lieferfrist verursachten Schaden. Lieferfrist i.S.v. § 423 ist entweder eine vertraglich vereinbarte oder – in Ermangelung einer solchen Vereinbarung – die angemessene Lieferfrist.[142] Kann das Gut nur deshalb nicht rechtzeitig abgeliefert werden, weil es untergegangen ist, haftet der Frachtführer nicht wegen Lieferfristüberschreitung, sondern wegen Verlust.[143] Die Haftung wegen Lieferfristüberschreitung erfasst hauptsächlich Vermögensschäden wie entgangenen Gewinn, Produktionsausfall, Kundenverlust, Preisverfall oder erhöhte Kosten z.B. durch Wartezeiten.[144] Trifft die Lieferfristüberschreitung mit Güterschäden zusammen (wenn das Gut beispielsweise in Folge der Verzögerung verdirbt), kann der Sachsubstanzschaden neben dem Verzögerungsschaden geltend gemacht werden, wobei der Sachschaden ausschließlich nach den Regeln der Haftung wegen Beschädigung des Gutes zu ersetzen ist.[145] 42

Kein Fall der Überschreitung der Lieferfrist liegt vor, wenn die Übernahme des Gutes verzögert wird (Überschreitung der **Ladefrist**). Führt die Verzögerung der Übernahme zu einer verspäteten Ablieferung, ist gleichwohl der Tatbestand des § 425 erfüllt mit der entsprechenden Haftungsfolge. Für Schäden, die allein auf einer Verzögerung der Ladefrist beruhen, haftet der Frachtführer demgegenüber nach den allgemeinen Regeln des Schuldrechts (§§ 280 ff. BGB).[146] 43

---

[135] *Koller*, a.a.O. Rdnr. 15 zu § 432 HGB.
[136] *Fell* VersR 1988, 1222; *Thume* VersR 2002, 267; BGH TranspR 1990, 37.
[137] Dazu näher unten Rdnr. 47 f.
[138] BGH TranspR 2000, 456 (458); TranspR 2002, 440 (441).
[139] BGH TranspR 2000, 456 (458).
[140] *Koller*, a.a.O. Rdnr. 13 zu § 425 HGB; OLG Düsseldorf TranspR 2003, 107 (108).
[141] OLG Hamburg VersR 1991, 1271 (1272).
[142] Dazu näher *Koller* a.a.O. Rdnr. 9 ff. zu § 423.
[143] *Koller*, a.a.O. Rdnr. 37 zu § 425.
[144] *Koller*, a.a.O. Rdnr. 62 zu § 425.
[145] *Fremuth*, a.a.O. Rdnr. 33 zu § 425 HGB; *Koller*, a.a.O. Rdnr. 62 zu § 425.
[146] *Koller*, a.a.O. Rdnr. 39 zu § 425 HGB.

44 Zu beachten ist, dass Ansprüche wegen Überschreitung der Lieferfrist gemäß § 438 Abs. 3 erlöschen, wenn nicht der Empfänger die Überschreitung der Lieferfrist innerhalb von 21 Tagen nach Ablieferung anzeigt.[147]

45 *d) Haftungsumfang.* §§ 429 bis 433 regeln den Haftungsumfang. Für Güterschäden in Folge von **Verlust** oder **Beschädigung** ist die Haftung des Frachtführers gemäß § 429 grundsätzlich auf den Wert des Gutes beschränkt. Dieses Prinzip der **Wertersatz-Haftung** dient dazu, das Haftungsrisiko kalkulierbar zu machen. Bei Verlust des Gutes ist der Wert am Ort und zur Zeit der Übernahme, bei Beschädigung ist der Wertunterschied zwischen beschädigtem und unbeschädigtem Gut zu ersetzen. Demgegenüber besteht grundsätzlich keine Haftung für Güterfolgeschäden und sonstigen entgangenen Gewinn,[148] es sei denn, die Voraussetzungen des § 435 liegen vor. Im Fall der Beschädigung gilt die widerlegliche Vermutung des § 429 Abs. 2, dass die Kosten für die Schadenminderung und -behebung dem Unterschiedsbetrag zwischen dem Wert des beschädigten und demjenigen des unbeschädigten Gutes entsprechen. **Schadenfeststellungskosten** sind gemäß § 430 zu ersetzen.

46 Die nach den §§ 429 und 430 zu leistende Entschädigung wegen Verlust oder Beschädigung ist nach Maßgabe der Höchstbeträge des § 431 beschränkt. Treffen Verlust und Beschädigung zusammen, ist der Schadensersatz nach den jeweiligen Schadenarten getrennt zu ermitteln.[149] Im Falle der Lieferfristüberschreitung ist die Haftung auf den dreifachen Betrag der Fracht begrenzt.

3. Güterfolgeschäden

47 *a) Grundsatz.* Wie sich aus dem Zusammenhang der §§ 429 bis 433, insbesondere dem Wertersatzprinzip sowie § 432 Abs. 2 ergibt, haftet der Frachtführer grundsätzlich nicht für Güterfolgeschäden. Entsteht also z.B. aufgrund von Verlust oder Beschädigung ein Produktionsausfall, hat der Frachtführer einen etwa hierdurch bedingten Vermögensschaden (entgangener Gewinn) nicht zu ersetzen. Nach dem System der frachtrechtlichen Haftungsbeschränkungen ist die Haftung des Frachtführers für Güterschäden[150] auf den entstandenen **Sachschaden** beschränkt. Die Geltendmachung von **Güterfolgeschäden** ist nach den §§ 425 ff., insbesondere der abschließenden Regelung des § 432 Satz 2 ausgeschlossen.[151] Wird beispielsweise beschädigtes Gut beim Empfänger mit unbeschädigtem vermischt und dieses dadurch verunreinigt, haftet der Frachtführer für den Güterfolgeschaden nur bei Vorliegen der Voraussetzungen des § 435.[152] Der Güterfolgeschaden kann auch nicht auf der Grundlage außervertraglicher Anspruchsgrundlagen[153] geltend gemacht werden: dies scheitert an § 434 Abs. 1, der die vertraglichen und gesetzlichen Haftungsbefreiungen und -begrenzungen auch auf außervertragliche Ansprüche wegen Verlust, Beschädigung oder Überschreitung der Lieferfrist erstreckt.[154]

---

[147] Näher zu den Erfordernissen an Inhalt der Anzeige sowie die Person des Erklärenden *Fremuth,* a.a.O. Rdnr. 15 ff., 28 zu § 438 HGB, *Koller,* a.a.O. Rdnr. 27 ff. zu § 438 HGB.
[148] Baumbach/*Hopt,* a.a.O. Rdnr. 1 zu § 429.
[149] *Fremuth,* a.a.O. Rdnr. 30 zu § 429 HGB.
[150] Dazu oben Rdnr. 38 ff.
[151] Baumbach/*Hopt,* a.a.O. Rdnr. 1 zu § 433.
[152] BGH TranspR 2006, 454 mit kritischer Anmerkung *Heuer; Koller,* a.a.O. Rdnr. 15 zu 433 HGB.
[153] Z.B. §§ 823 ff. BGB, 7 StVG.
[154] BGH TranspR 2006, 454 (455); *Thume* VersR 2002, 267 (269); a.A. *Heuer* TranspR 2006, 456 f., der meint, dass § 434 nur Güterschäden erfasse, dabei aber die Regelung des § 432 Satz 2 ausblendet.

I. Frachtvertrag   D. I

b) Ausnahmen. Unter Berücksichtigung vorstehender Ausführungen kommt eine 48
Haftung für Güterfolgeschäden nur in den Fällen des § 435 in Betracht. Denkbar sind
ferner Fälle, in denen ein Güterfolgschaden außerhalb des Obhutszeitraumes entsteht:
Beschädigt der Frachtfrüher das Gut vor oder nach der Ablieferung und entsteht dadurch ein Folgeschaden, dann haftet der Frachtführer nicht nach den Vorschriften des
Frachtrechts, sondern vielmehr nach den allgemeinen Vorschriften wegen Pflichtverletzung (§§ 280ff. BGB) bzw. wegen Eigentumsverletzung (§§ 823ff BGB). Mangels
Konkurrenz mit frachtrechtlichen Haftungsnormen kommen die dortigen Haftungsbegrenzungen nicht in Betracht. Es greift auch nicht der Haftungshöchstbetrag gemäß
§ 433. Denn diese Vorschrift behandelt ausschließlich solche Vermögensschäden, die
nicht durch Verlust oder Beschädigung des Gutes bzw. Lieferfristüberschreitung entstanden sind.

4. Vermögensschäden

a) Gesetzlich besonders geregelte Fälle. aa) *§ 413 Abs. 2 (fehlerhafte Behandlung von* 49
Begleitpapieren). § 413 Abs. 2 begründet eine verschuldensunabhängige Haftung für
Verlust, Beschädigung und unrichtige Verwendung von Begleitpapieren. Zwar trifft
den Frachtführer grundsätzlich keine Prüfungspflicht hinsichtlich der Vollständigkeit,
Richtigkeit und Tauglichkeit der ihm übergebenen Begleitpapiere.[155] Jedoch haftet der
Frachtführer für eine unrichtige Verwendung der ihm übergebenen Papiere, beispielsweise Vorlage an der falschen Stelle oder in falscher Weise bei der amtlichen Behandlung.[156] Die Haftung des Frachtführers ist gemäß § 413 Abs. 2 jedoch auf den
Betrag begrenzt, der bei Verlust des Gutes zu zahlen wäre.

bb) § 422 Abs. 3 (Nichteinziehung der Nachnahme). Liefert der Frachtführer – entge- 50
gen der mit dem Auftraggeber getroffenen Vereinbarung – das Gut ohne Einziehung
der Nachnahme ab, so haftet er für hierfür entstehende Schäden verschuldensunabhängig, jedoch grundsätzlich begrenzt bis zur Höhe des Betrages der Nachnahme.
Eine unbeschränkte Haftung setzt qualifiziertes Verschulden i.S.v. § 435 voraus. Zu
berücksichtigen ist, dass die Vorschrift des § 422 – vorbehaltlich einer anderweitigen
besonderen Parteivereinbarung – nur Fälle des Einzuges von Bargeld bzw. gleichwertiger Zahlungsmittel („electronic cash",[157] Zahlung per Kreditkarte[158]) erfasst, nicht
dagegen die Entgegennahme von Schecks.[159] Bei **nachnahmeähnlichen Vereinbarungen** ist im Wege der Auslegung zu ermitteln, ob die zugrunde liegende Vereinbarung ebenfalls der Vorschrift des § 422 unterworfen werden soll.[160] Ist dies nicht der
Fall, kommt eine Haftung des Frachtführers wegen Pflichtverletzung (§ 280 BGB) in
Betracht, die allerdings Verschulden voraussetzt. Eine nicht der Vorschrift des § 422
unterfallende Haftung des Frachtführers wegen Pflichtverletzung ist gemäß § 433 auf
das dreifache des Betrages, der bei Verlust des Gutes zu bezahlen wäre, begrenzt.

cc) § 418 Abs. 4 (Nichtbeachtung von Weisungen). § 418 Abs. 4 begründet eine **ver-** 51
schuldensunabhängige, aber **unbeschränkte Haftung** des Frachtführers bei Ausführung von Weisungen ohne Vorlage eines Sperrpapiers i.S.v. § 418 Abs. 4. Der Absen-

---

[155] *Fremuth,* a.a.O. Rdnr. 8ff. zu § 413 HGB.
[156] *Koller,* a.a.O. Rdnr. 15 zu § 413.
[157] *Koller,* a.a.O. Rdnr. 5 zu § 422.
[158] *Koller,* a.a.O. Rdnr. 8 zu § 422.
[159] *Koller,* a.a.O. Rdnr. 5ff. zu § 422.
[160] *Koller,* a.a.O. Rdnr. 26 zu § 422.

der kann in der Ausübung seines Verfügungsrechts durch einen Sperrvermerk im Frachtbrief beschränkt sein. Dies ist der Fall, wenn der ausgestellte und beiderseitig unterschriebene Frachtbrief vorschreibt, dass der Absender sein Verfügungsrecht nur gegen Vorlage der Absenderausfertigung des Frachtbriefes ausüben kann. Liefert der Frachtführer aus, ohne den Sperrvermerk zu beachten, haftet er – im Hinblick auf die Schwere der Pflichtverletzung – unbegrenzt.[161]

52 Für andere weisungswidrige Pflichtverletzungen (zB Verstoß gegen §§ 418 Abs. 1, 2 bzw. 5) haftet der Frachtführer **verschuldensabhängig** gemäß § 280 BGB, wobei hier wiederum die Haftungsbegrenzung des § 433 greift.[162]

53 *b) Verletzung sonstiger vertraglicher Pflichten. aa) Verletzung mit der Beförderung zusammenhängender Vertragspflichten. (1) Anwendungsbereich des § 433.* Bei den in § 433 umschriebenen **sonstigen Vermögensschäden** beläuft sich der Haftungshöchstbetrag auf das dreifache des Betrages, der bei Verlust des Gutes zu zahlen wäre. § 433 ist keine Anspruchsgrundlage, sondern eine Haftungsbegrenzung für bestimmte Fälle der Pflichtverletzung, die in Zusammenhang mit der Verletzung **frachtvertraglicher (Neben-) Pflichten** stehen.[163]

54 Voraussetzung für die Anwendung der Haftungsbegrenzung ist, dass die Verletzung einer solchen Pflicht gegeben ist, die im Zusammenhang mit der Beförderung steht. § 433 erfasst nur Schäden aufgrund von Tätigkeiten, die dem Frachtvertrag eigen sind; branchenfremde Tätigkeiten werden demgegenüber vom Anwendungsbereich des § 433 bewusst nicht erfasst.[164] Bei den verletzten Nebenpflichten braucht es sich nicht um solche zu handeln, die „eng und unmittelbar" mit der Ausführung der Beförderung zusammenhängen.[165] Denn das Kriterium des „engen und unmittelbaren" Zusammenhangs ist zur Abgrenzung untauglich. Maßgeblich ist, dass branchenfremde und für den Frachtvertrag atypische Tätigkeiten nicht in den Anwendungsbereich von § 433 fallen, da anderenfalls eine nicht gerechtfertigte Privilegierung des Transportunternehmers gegenüber anderen Dienstleistern gegeben wäre.[166]

55 *(2) Abgrenzung zu Güterfolgeschäden.* § 433 erstreckt sich nicht auf Güterfolgeschäden. Nach dem eindeutigen Wortlaut der Vorschrift werden nur solche Schäden erfasst, die nicht durch Verlust oder Beschädigung des Gutes oder durch Überschreitung der Lieferfrist entstehen. Güterfolgeschäden fallen vielmehr unter § 432 Satz 2 und sind danach grundsätzlich nicht zu ersetzen, es sei denn, die Voraussetzungen des § 435 liegen vor.[167] Es kommt nicht darauf an, ob die Pflichtverletzung vor oder nach Vertragsschluss erfolgte. Denn § 433 erfasst auch Ansprüche aus §§ 311 Abs. 2, 280 BGB wegen vorvertraglicher Pflichtverletzung.[168] Ebenso wenig kommt es darauf an, ob die Pflichtverletzung vor oder nach Übernahme des Gutes erfolgte, da § 433 nicht an die Obhut des Frachtführers anknüpft. Soweit jedoch die Verletzung frachtvertraglicher (Neben-) Pflichten im HGB speziell geregelt ist (§§ 413 Abs. 2, 422 Abs. 3, 418

---

[161] *Fremuth*, a.a.O. Rdnr. 32 zu § 418 HGB.
[162] *Fremuth*, a.a.O. Rdnr. 33 zu § 418 HGB.
[163] *Fremuth*, a.a.O. Rdnr. 1 zu § 433 HGB.
[164] *Koller*, a.a.O. Rdnr. 6 zu § 433 HGB; Begründung zum Regierungsentwurf des TRG, BR-Drucks. 368/97, S. 68; *Fremuth*, a.a.O. Rdnr. 18 zu § 433 HGB.
[165] Streitig; vgl. *Koller*, a.a.O. Rdnr. 7 zu § 433 HGB; Baumbach/*Hopt*, a.a.O. Rdnr. 2 zu § 433; a.A. *Fremuth*, a.a.O. Rdnr. 8 zu § 433 HGB; vgl. auch Bericht des Rechtsausschusses, BT-Drucks. 13/10014, S. 48.
[166] *Gass*, a.a.O. Rdnr. 4 zu § 433; *Koller* a.a.O. Rdnr. 6 zu § 433 m.w.N.
[167] Dazu oben Rdnr. 47 f.
[168] Culpa in contrahendo; dazu *Fremuth*, a.a.O. Rdnr. 10 zu § 433 HGB; differenzierend *Koller*, a.a.O. Rdnr. 3 zu § 433 HGB.

I. Frachtvertrag   D. I

Abs. 4, 445 Abs. 3), gehen diese Vorschriften vor[169] und die Haftungsbegrenzung gemäß § 433 kommt nicht in Betracht.

Der Anwendungsbereich von § 433 erfasst ausschließlich **Vermögensschäden**, also 56 keine Sach- und Personenschäden oder Schäden an sonstigen Rechten im Sinne von § 823 Abs. 1 BGB. Für Sachschäden, die innerhalb des Obhutszeitraumes entstehen, haftet der Frachtführer nach Maßgabe der §§ 425, 429, 431. Für Personenschäden haftet der Frachtführer demgegenüber grundsätzlich unbegrenzt. Für mittelbare Vermögensschäden in Folge Beschädigung solcher Sachen, die der Frachtführer nicht in seine frachtrechtliche Obhut übernommen hat, haftet der Frachtführer unbeschränkt.[170] Ebenso haftet der Frachtführer bei einer schuldhaften Verletzung absolut oder deliktsrechtlich geschützter Rechtsgüter, wenn die Beeinträchtigung nicht bei, sondern nur gelegentlich der Erfüllung des Frachtvertrages erfolgt.[171]

(3) Beispiel: Ein Frachtführer, der das Be- und Entladen vertraglich übernommen hat, 57 befördert Gefahrgut. Beim Entladen stürzt aufgrund Unachtsamkeit des Fahrers ein Fass mit giftigem Inhalt ab und das Betriebsgelände des Empfängers wird durch die ausgelaufene Flüssigkeit kontaminiert. Im Zuge der Reinigungsarbeiten kommt es im Betrieb des Empfängers zu einem Produktionsstillstand und einen dadurch bedingten Verdienstausfall. Hier hat der Frachtführer grundsätzlich nur den Schaden an dem beförderten Gut nach Maßgabe der §§ 425, 428 Satz 1, 429, 431 zu ersetzen, es sei denn, dem Fahrer fiele ein qualifiziertes Verschulden i. S. v. § 435 zur Last. Für den in aufgrund der Kontamination des Betriebsgeländes eingetretenen Schaden würde der Frachtführer an sich zwar gemäß § 823 BGB haften. Es handelt sich jedoch um einen Güterfolgeschaden, der gemäß § 434 Abs. 1 i. V. m. § 432 Satz 2 HGB nicht zu ersetzen ist. Für den Schaden auf Verdienstausfall haftet der Frachtführer ebenfalls nicht – und auch nicht im Rahmen des § 433: Zwar handelt es sich um einen Vermögensschaden. Dieser beruht jedoch auf einem Sachschaden (Kontamination des Betriebsgeländes), so dass der Anwendungsbereich des § 433 nicht tangiert ist. Indessen ist auch der Produktionsausfall Güterfolgeschaden und als solcher gemäß § 432 Satz 2 nicht zu ersetzen.[172]

(4) Einzelfälle. Beruht ein im Zusammenhang mit der Überschreitung der Lieferfrist 58 eingetretener Schaden nicht auf der Verspätung als solcher, sondern auf unrichtigen Angaben des Frachtführers über den Standort des Transportfahrzeugs und dessen voraussichtlicher Ankunft am Bestimmungsort, so schließt die Regelung über die Verspätungshaftung die Geltendmachung von Ersatzansprüchen aus § 280 BGB[173] nicht aus.[174] Dieser Ersatzanspruch ist gemäß § 433 begrenzt. Ebenso ein Ersatzanspruch wegen Vermögensschäden, die nicht in Folge des Verlusts oder der Beschädigung von Gütern oder einer Lieferfrist entstanden sind, sondern auf einem pflichtwidrigen Verhalten des Frachtführers beruhen und der Absender dadurch einen Vermögensschaden erleidet, dass der Kunde die Geschäftsbeziehung abbricht.[175] Die Haftungsbegrenzung des § 433 erfasst auch Fälle, in denen der Absender einen Vermögensschaden dadurch erleidet, dass es der Frachtführer pflichtwidrig unterlässt, eine Transportversicherung einzudecken.[176] Bei Umweltschäden, die Folge eines vom Frachtführer

---

[169] *Koller*, a. a. O. Rdnr. 3 zu § 433; *Fremuth*, a. a. O. Rdnr. 17 zu § 433.
[170] *Koller*, a. a. O. Rdnr. 5 zu § 433 HGB.
[171] *Fremuth*, a. a. O. Rdnr. 16 zu § 433 HGB.
[172] Vgl. *Koller*, a. a. O. Rdnr. 15 zu § 432 HGB; BGH TranspR 2006, 454 mit kritischer Anmerkung *Heuer*, S. 456.
[173] Früher: positive Vertragsverletzung.
[174] BGH TranspR 1993, 426 (zur CMR).
[175] BGH VersR 1979, 276 (CMR).
[176] BGH VersR 1975, 610 (611).

schuldhaft verursachten Verkehrsunfalles sind, ist zu differenzieren: Soweit es um Sachsubstanzschäden geht, fallen diese nicht unter § 433. Stellt sich der Vermögensschaden nicht als bloße Folgeerscheinung eines Güterschadens dar, ist der Anwendungsbereich des § 433 eröffnet.[177] Veranlasst der Frachtführer pflichtwidrig aufgrund einer Verwechslung eine verfrühte Falschauslieferung (ohne dass damit ein Verlust des Gutes verbunden wäre) und erleidet der Absender dadurch einen Vermögensschaden (z.B. aufgrund nutzloser Aufwendungen), so greift ebenfalls die Haftungsbegrenzung des § 433.[178]

5. Die Haftung des ausführenden Frachtführers

59 **a) *Direktanspruch gemäß § 437*.** § 437 Abs. 1 eröffnet einen quasi-vertraglichen[179] Direktanspruch gegen den die Beförderung tatsächlich ausführenden Frachtführer, in dessen Gewahrsam das schädigende Ereignis eingetreten ist. Der Direktanspruch erfasst nur den Haftungstatbestand des § 425, also Ansprüche wegen Verlust, Beschädigung oder Überschreitung der Lieferfrist, nicht aber sonstige Ansprüche gegen den ausführenden Frachtführer. § 437 soll dem Geschädigten einen leichteren Zugriff auf den tatsächlichen Schadenverursacher ermöglichen,[180] zugleich aber eine unbillige Belastung des letzteren durch Begrenzung des Umfangs seiner Verpflichtung vermeiden.[181] Außerdem sollen kostenträchtige Streitverkündungen in einer Kette von Unterfrachtführern vermieden werden.[182] Die praktische Relevanz der Vorschrift ist gleichwohl eher gering. Denn für den geschädigten Absender ist es in der Regel der sicherste Weg, den eigenen Vertragspartner in Anspruch zu nehmen: Zum einen hat der Absender keinen Einblick in das Innenverhältnis zwischen dem ausführenden Frachtführer und dessen Auftraggeber und die aus diesem Rechtsverhältnis möglicherweise folgenden Einwendungen. Zum anderen wird es für den Absender bisweilen schwierig sein, die Person des tatsächlichen Schadenverursachers festzustellen. Anspruchsberechtigt gegenüber dem ausführenden Frachtführer sind gemäß § 421 sowohl der Absender als auch der Empfänger.

60 **b) *Haftungsvoraussetzungen*. aa) *Tatsächliche Ausführung der Beförderung*.** § 437 Abs. 1 knüpft allein an die tatsächliche Ausführung der Beförderung durch den schädigenden Unterfrachtführer an. Ausführung bedeutet die bloße Vornahme des Transportes, ohne dass dem ein rechtswirksamer Unterfrachtvertrag zugrunde liegen müsste.[183] Unerheblich ist, ob der ausführende Frachtführer selbst Vertragspartner des vertraglichen Frachtführers ist.[184]

61 **bb) *Wirksamer, dem deutschen Recht unterliegender Hauptfrachtvertrag*.** Eine Haftung des ausführenden Frachtführers kommt nur dann in Betracht, wenn auf den Hauptfrachtvertrag deutsches Recht zur Anwendung kommt, weil sich die Haftung des ausführenden Frachtführers stets am Verhältnis zwischen dem Absender und dem vertraglichen (Haupt-)Frachtführer und nicht an den vertraglichen Beziehungen des

---
[177] Dazu zutreffend *Fremuth*, a.a.O. Rdnr. 55 zu § 425 HGB, vgl. auch OLG Hamburg VersR 1986, 357 (CMR).
[178] OLG Köln TranspR 2006, 458 (460).
[179] *Kehl*, a.a.O. S. 51 f.
[180] Begründung zum Regierungsentwurf des TRG, BT-Drucks. 13/8445, S. 74.
[181] Bericht der Sachverständigenkommission, S. 105.
[182] *Koller*, a.a.O. Rdnr. 1 zu § 437 HGB.
[183] Baumbach/*Hopt*, a.a.O. Rdnr. 1 zu § 437 HGB.
[184] *Koller*, a.a.O. Rdnr. 11 zu § 437 HGB.

I. Frachtvertrag   D. I

letzteren zum ausführenden Frachtführer orientiert.[185] Insofern kommt es also auf den (Unter-)Frachtvertrag zwischen dem ausführenden Frachtführer und dessen Auftraggeber nicht an. Auf den Unterfrachtvertrag kommt es nur für die – im Rahmen von § 437 HGB allerdings nicht relevante – Frage an, ob dem Empfänger ein eigener Anspruch gegenüber dem Unterfrachtführer zusteht[186]

cc) Haftungsbegründendes Ereignis im Gewahrsam des ausführenden Frachtführers. **62** Voraussetzung für die Haftung des ausführenden Frachtführers ist weiter, dass der Güterschaden oder die Lieferfristüberschreitung[187] während der von ihm ausgeführten (Teil-)Strecke – also in seiner Obhut[188] – eingetreten ist. Die Darlegungs- und Beweislast dafür, dass der Schaden im Gewahrsam des ausführenden Frachtführers eingetreten ist, obliegt nach allgemeinen Regeln dem Anspruchsteller.[189] Gegebenenfalls kann dem Anspruchsteller die Vermutungswirkung des Frachtbriefs (§ 409 Abs. 2) zugute kommen, sofern der ausführende Frachtführer den Frachtbrief gegengezeichnet hat.

c) Rechtsfolgen. aa) Gesamtschuldnerische Haftung. Soweit die Haftung des ausführ- **63** renden Frachtführers reicht, ist der neben dem vertraglichen Frachtführer **Gesamtschuldner**.[190] Die Anordnung der Gesamtschuld in § 437 Abs. 3 hat nur klarstellende Bedeutung. Denn es ergibt sich bereits aus den §§ 425, 428 Satz 2, dass der vertragliche Frachtführer für das Verhalten des ausführenden Frachtführers haftet. Die Normierung der Gesamtschuld weist auf den Fortbestand der Eigenhaftung des vertraglichen Frachtführers hin.[191]

bb) Umfang der Haftung. Der ausführende Frachtführer haftet nur für den Schaden, **64** der in seiner Obhut und auf dem von ihm ausgeführten Streckenabschnitt eingetreten ist.[192] Vertragliche Haftungserweiterungen, die der Hauptfrachtführer mit dem Absender vereinbart hat, wirken gemäß § 437 Abs. 1 Satz 2 gegen den ausführenden Frachtführer nur, soweit er ihnen schriftlich zugestimmt hat. Der ausführende Frachtführer kann gemäß § 437 Abs. 2 dem Anspruchsteller alle Einwendungen entgegenhalten, die sich aus dem Hauptfrachtvertrag ergeben. Darüber hinaus kann der ausführende Frachtführer dem Anspruchsteller im Rahmen der gemäß § 437 Abs. 2 zulässigen Einwendungen auch Haftungsausschlüsse gemäß § 426, 427 entgegenhalten, soweit sich diese lediglich aus dem Verhältnis des ausführenden Frachtführers zum vertraglichen Frachtführer ergeben.[193] Ist der Schaden zwar im Haftungsgewahrsam des ausführenden Frachtführers eingetreten, liegt die Ursache hierfür jedoch im Verantwortungsbereich einer der Vormänner des ausführenden Frachtführers, so bedarf es keiner teleologischen Reduktion des § 437 durch ein ungeschriebenes Tatbestandsmerkmal der "Verantwortlichkeit" des ausführenden Frachtführers.[194] Das Prob-

---

[185] BGH TranspR 2009, 130 = VersR 2009, 1141.
[186] Dazu oben Rdnr. 32 und BGH, oben Fn. 185 Tz. 29 sowie BGH Urteil vom 13.6.2012 – I ZR 161/10.
[187] Nach dem Gesetzeswortlaut besteht der Direktanspruch nur im Hinblick auf Güter- und Verspätungsschäden. Demgegenüber plädiert Koller dafür, § 437 analog auf die Haftung des Frachtführers gemäß §§ 418 Abs. 6, 422 Abs. 3 anzuwenden.
[188] *Knöfel* in: TranspR und VertriebsR 2000, S. 99.
[189] *Fremuth,* a. a. O. Rdnr. 35 zu § 437 HGB.
[190] *Fremuth,* a. a. O. Rdnr. 20 zu § 437 HGB.
[191] Bericht der Sachverständigenkommission, S. 107.
[192] *Fremuth,* a. a. O. Rdnr. 16 zu § 37 HGB.
[193] *Koller,* a. a. O. Rdnr. 28 ff. zu § 437 HGB.
[194] *Kehl,* a. a. O. S. 54; ebenso *Thume* VersR 2000, 1071 (1074); a. A. *Wagner* ZHR 163 (1999), 679, 696 ff.; *Zapp* TranspR 2000, 106 (107).

lem ist vielmehr auf der Grundlage der gesetzlichen Risiko- und Beweislastverteilung zu lösen: Hat der ausführende Frachtführer den Schaden nicht zu vertreten, so obliegt ihm der Entlastungsbeweis gemäß §§ 426, 427.[195]

65 Haftet der ausführende Frachtführer auf vertraglicher Grundlage weitergehend als der Hauptfrachtführer, ist der Direktanspruch gemäß § 437 Abs. 1 gleichwohl auf den Umfang der Haftung des vertraglichen Frachtführers beschränkt. Dazu kann es kommen, zB wenn im Verhältnis zwischen Absender und Hauptfrachtführer keine besondere Vereinbarung über die Haftung getroffen wurde,[196] während der Hauptfrachtführer mit dem ausführenden Frachtführer eine Haftung für Güterschäden in Höhe von 40 SZR/kg vereinbart hat. Bei solchen Fallgestaltungen kann entweder der Hauptfrachtführer den Schaden nach Maßgabe der zwischen ihm und den ausführenden Frachtführer getroffenen Vereinbarung im Wege der Drittschadensliquidation geltend machen.[197] Oder der Geschädigte lässt sich vom Auftraggeber des ausführenden Frachtführers den (weitergehenden) Schadensersatzanspruch abtreten. § 437 steht nämlich einer Abtretung der Ansprüche aus dem Vertrag zwischen dem vertraglichen und dem ausführenden Frachtführer nicht entgegen. Im Übrigen ist der vertragliche Frachtführer als Geschäftsbesorger gemäß § 667 BGB verpflichtet, seine Ansprüche aus dem Beförderungsvertrag mit dem ausführenden Frachtführer an den Absender herauszugeben.[198] Der ausführende Frachtführer, der sich aufgrund vertraglicher Vereinbarung einer höheren Haftung als der Hauptfrachtführer unterworfen hat, kann sich dieser nicht über die ihm aus § 437 Abs. 2 zustehenden Einwendungen wieder entledigen.[199]

---

[195] *Kehl*, a.a.O. S. 54.

[196] So dass in diesem Rechtsverhältnis grundsätzlich die gesetzlichen Haftungshöchstgrenzen gemäß § 431 gelten, die der ausführende Frachtführer im Falle seiner Inanspruchnahme dem Anspruchsteller gemäß § 437 II entgegenhalten kann.

[197] Streitig; bejahend: *Valder* TranspR 1998, 51 (57); *Knorre* TranspR 1999, 99 (100); *Thume* VersR 2000, 1071 (1078); *Ramming* TranspR 2000, 277 (293); *Kehl*, a.a.O., S. 58; *Fremuth*, a.a.O. Rdnr. 34 zu § 437; a.A. *Herber* TranspR 2000, 140 (142); *Seyffert*, Die Haftung des ausführenden Frachtführers, S. 202; *Knöfel*, in: TranspR und VertriebsR 2000, S. 96, 103; *Zapp* TranspR 2000, 106 (108 f.).

[198] *Kehl* a.a.O. S. 58 f.; a.A. *Zapp* TranspR 2000, 106 (109).

[199] Dies entspricht der h.M. in der Literatur, vgl. *Koller*, a.a.O. Rdnr. 42 zu § 437 m.w.N.

II. Speditionsvertrag

Übersicht

1. Haftung beim klassischen Speditionsvertrag	67
a) verschuldensunabhängige Obhutshaftung	67
b) Verschuldenshaftung nach § 461 Abs. 2	69
c) Umfang des Schadens und Mitverschulden	73
d) Haftung für Leute und Erfüllungsgehilfen	79
2. Frachtführerhaftung aufgrund der aufgrund Fixkosten,- Sammelladungsspedition oder Selbsteintritt	82
a) Fixkostenspedition	83
b) Sammelladungsspedition und Selbsteintritt	87
3. Zusammenfassung..	88

Wie bereits unter zuvor dargestellt, haftet der Spediteur aufgrund seiner weiter gefächerten Pflichten differenzierter als der Frachtführer. Für Verluste und Beschädigungen des in seiner Obhut befindlichen Gutes haftet der Spediteur wie ein Frachtführer, d.h. verschuldensunabhängig, aber der Höhe nach begrenzt. Für andere Pflichtverletzungen hingegen haftet der Spediteur zwar nur für vorwerfbares Verschulden, aber der Höhe nach grundsätzlich unbegrenzt, § 461 Abs. 1, 2. Insoweit darf zunächst auf die Ausführungen unter Teil A. V. I verwiesen werden.[1] Die Haftung unterscheidet sich grundsätzlich bei der in der Praxis kaum noch vorkommenden klassischen Spedition[2] und den Sonderformen der Fixkostenspedition,[3] der Sammelladungsspedition,[4] sowie des Selbsteintritts,[5] die jeweils bei Vorliegen ihrer Voraussetzungen auf die Haftungsvorschriften des Frachtrechts verweisen und die Frachtführerhaftung des Spediteurs dort ausweiten, wo der Spediteur das Gut nicht in seiner Obhut hat. **66**

1. Haftung beim klassischen Speditionsvertrag[6]

a) verschuldensunabhängige Obhutshaftung. Die Besonderheit der speditionellen Obhutshaftung liegt darin, dass der Spediteur für Güterverluste und Schäden am Gut nur solange eintreten muss, wie er das Gut tatsächlich selbst in seinem Besitz hat.[7] Insoweit darf zu Umfang, Höhe und Entlastungsmöglichkeiten auf das zur Frachtführerhaftung Gesagte verwiesen werden.[8] **67**

Sobald allerdings der Spediteur das Gut einem von ihm in Erfüllung seiner speditionellen Pflichten beauftragten Frachtführer zur Beförderung übergibt, endet nach der klassischen Speditionshaftung seine Obhut über das Gut.[9] Geht das Gut beim beauftragten Frachtführer sodann verloren, ist eine verschuldensunabhängige Obhuts- **68**

---

[1] Siehe Teil A. VI Rdnr. 136.
[2] Siehe Teil C. I Rdnr. 1 ff.
[3] Siehe Teil C. I Rdnr. 18 ff.
[4] Siehe Teil C. I Rdnr. 35 ff.
[5] Siehe Teil C. I Rdnr. 39 ff.
[6] Siehe Teil C. I Rdnr. 1
[7] Vgl. *Koller*, a.a. O., Rdnr. 4 zu § 461 HGB.
[8] Vgl. oben Teil A. V Rdnr. 69 ff.
[9] Vgl. *Thume*, a.a. O., Rdnr. 12 zu § 461 HGB.

haftung des Spediteurs nach § 461 Abs. 1 ausgeschlossen, was sich einem beim ersten Lesen der Vorschrift nicht unmittelbar erschließt. Der Spediteur schuldet nach dem klassischen Speditionsvertrag nicht selbst die Versendung, sondern nur die Transportorganisation und den Abschluss der zur Ausführung erforderlichen Verkehrsverträge. Damit sind jedoch die beauftragten Drittunternehmer wie Frachtführer und Lagerhalter nicht seine Erfüllungsgehilfen, so dass deren Handlungen und Unterlassungen dem Spediteur nicht über § 278 BGB zugerechnet werden können.[10] Dies bedeutet andererseits nicht, dass im Fall von Güterverlusten bei den beauftragten Frachtführern eine Eigenhaftung des Spediteurs von vorneherein ausgeschlossen wäre.

69   *b) Verschuldenshaftung nach § 461 Abs. 2.* Im vorgenannten Fall könnte noch eine Haftung des Spediteurs wegen Verletzung seiner Pflicht zur sorgfältigen Auswahl des beauftragten Frachtführers in Betracht kommen. Hat der Spediteur einen erkennbar unzuverlässigen Frachtführer mit der Ausführung beauftragt, so hat er seine speditionellen Pflichten zur sorgfältigen Auswahl des ausführenden Frachtführers verletzt. Es trifft ihn daher ein Auswahlverschulden, dass schadenskausal geworden ist, und somit eine Haftung nach § 461 Abs. 2 für den Güterschaden, die – soweit nicht etwas anderes vereinbart worden ist – der Höhe nach unbegrenzt ist.

70   Gleiches gilt für alle anderen Schäden, die nicht durch Verlust oder Beschädigung des in der Obhut des Spediteurs befindlichen Gutes entstanden sind, § 461 Abs. 2. Dabei kann es sich um beispielsweise um Güterfolgeschäden, Vermögensschäden durch Lieferfristüberschreitung, sowie sonstige Vermögensschäden handeln, die aus einer Verletzung der Organisationspflicht aus § 454 Abs. 1 resultieren.[11]

71   Ebenso haftet der Spediteur aus vermuteter Verschuldenshaftung für eine Verletzung der von ihm gemäß § 454 Abs. 2 übernommenen beförderungsbezogenen Nebenpflichten, etwa wenn der Spediteur fahrlässig keine Transportversicherung für den Versender abgeschlossen hat, bei der Zollbehandlung ihm Fehler unterlaufen sind, oder mangelhaft verpackt wurde.[12]

72   Vermögensschäden, die nicht mehr aus einer Pflichtverletzung aus dem Speditionsvertrag herrühren, also übernommene Pflichten betreffen, die außerhalb der Organisationsleistung oder der Übernahme von beförderungsbezogenen Nebenpflichten liegen, richten sich in der Haftung nach dem zugrunde liegenden Werk- Dienst- oder Geschäftsbesorgungsvertrag und fallen mangels Beförderungsbezogenheit nicht unter die speditionelle Haftung gemäß § 461 Abs. 2.[13] Insoweit haftet der Spediteur aus § 280 ff BGB des jeweils zugrunde liegenden Vertrages, während § 461 Abs. 2 jedenfalls für Pflichtverletzungen aus dem Speditionsvertrag gemäß § 454 als die speziellere Norm dem allgemeineren § 280 BGB vorgeht.[14]

73   *c) Umfang des Schadens und Mitverschulden.* Die speditionelle Obhutshaftung unterscheidet sich nach Umfang und Höhe nicht von der Frachtführerhaftung, nachdem § 461 Abs. 1 auf die Vorschriften zur Frachtführerhaftung verweist. Insoweit darf vollumfänglich auf die Darstellung der Frachtführerhaftung verwiesen werden.[15]

---

[10] Vgl. dazu *Koller*, a.a.O., Rdnr. 4 zu § 461 HGB.
[11] Vgl. *Thume*, a.a.O., Rdnr. 52, 53 zu § 461 HGB.
[12] Vgl. *Thume*, a.a.O., Rdnr. 55 zu § 461 HGB; *Koller*, a.a.O., Rdnr. 18 zu § 461 HGB.
[13] *Koller*, a.a.O., Rdnr. 20 zu § 461 HGB.
[14] Vgl. *Koller*, a.a.O., Rdnr. 18 zu § 461 HGB, der sich gegen eine generelle Spezialität zwischen § 461 HGB und § 280 BGB ausspricht.
[15] Vgl. Teil D. I Rdnr. 3.

I. Speditionsvertrag   D. II

Die speditionelle Verschuldenshaftung gemäß § 461 Abs. 2 ist hingegen der Höhe 74
nach unbeschränkt.

Eine Schadensteilung je nach Mitverursachungsbeitrag kommt gemäß § 461 Abs. 3 75
in Betracht, soweit bei der Entstehung des Schadens ein Verhalten des Absenders oder ein besonderer Mangel des Gutes mitgewirkt hat. Das Pendant zu dieser Vorschrift aus der Frachtführerhaftung ist § 425 Abs. 2. Es gelten dieselben Grundsätze.[16]

Nach *Koller*[17] muss sich der Absender jedoch nicht ein schadenverursachendes Ver- 76
halten des Empfängers zurechnen lassen, weil dieser nicht Erfüllungsgehilfe des Absenders ist und der Wortlaut nicht wie bei § 425 Abs. 2 den Empfänger miterwähnt. Eine Ausnahme soll laut Koller[18] nur beim sogenannten Ausrollen des Gutes – dem Nachlauf – gelten, wenn also der Spediteur das Gut beispielsweise vom Empfangsspediteur zum Endempfänger befördert,[19] obwohl der Spediteur im Nachlauf auch nach Speditionsrecht haftet.[20] Diese Differenzierung erscheint nach dem Regierungsentwurf und einer systematischen Auslegung und dem Sinn und Zweck der Vorschrift, die dem § 425 Abs. 2 nachempfunden ist, nicht angemessen. Systematisch ist § 461 Abs. 2 dem § 425 Abs. 2 nachempfunden, der die Zurechnung der Mitverursachung von Absender und Empfänger für das Frachtrecht regelt. Laut Regierungsentwurf sollte insgesamt eine weitgehende Angleichung der Haftung von Speditions- und Frachtrecht erfolgen.[21] Eine sachliche Begründung, warum nicht wie bei § 425 Abs. 2 auch eine Mitverursachung des Schadens durch den Empfänger zu einer Schadensteilung führt, lässt sich der amtlichen Begründung nicht entnehmen. Es erscheint daher sachgerecht, aus Gründen der Angleichung der Haftungsvorschriften auch bei Schadensbeiträgen des Empfängers in systematischer Anlehnung an § 425 Abs. 2 zu einer Schadensteilung im Rahmen des § 461 Abs. 2 zu kommen.[22]

Zu den einzelnen Verursachungsgründen und Quoten der Mitverursachungsbeiträ- 77
ge von Absender und Empfänger darf daher auch für die speditionelle Haftung vollumfänglich auf die Ausführungen bei der Frachtführerhaftung verwiesen werden.[23]

Die Parteien können jedoch die Vorschrift des § 461 Abs. 3 auch durch Allgemeine 78
Geschäftsbedingungen vertraglich abändern oder ganz ausschließen, nachdem § 466 solche Änderungen durch AGB nicht verbietet. Davon machen beispielsweise die ADSp Gebrauch.[24] Es herrscht daher in diesbezüglich volle Vertragsfreiheit.

d) Haftung für Leute und Erfüllungsgehilfen. Das Verhalten seiner Leute und Drit- 79
ter, deren sich der Spediteur zur Erfüllung seiner Pflichten bedient, muss sich der Spediteur wie eigenes zurechnen lassen, § 462.

Unter „Leute" versteht man das betriebszugehörige Personal des Spediteurs. Im Ge- 80
gensatz zu Art. 3 CMR ist gerade vom Gesetzgeber nicht der Begriff des Bediensteten gewählt worden. Denn auf ein Dienst- oder Arbeitsverhältnis soll es gerade nicht ankommen. „Leute" sind damit z.B. auch mitarbeitende Familienangehörige. Notwendig für die Zurechnung des Verhaltens seiner Leute ist für die Haftung des Spediteurs, dass die Leute in Ausübung ihrer Verrichtung gehandelt haben. Darunter versteht man ein Handeln im Rahmen des übertragenen Aufgabenkreises.

---

[16] Vgl. Teil D. I Rdnr. 3.
[17] Vgl. *Koller*, a.a.O., Rdnr. 11 zu § 461 HGB.
[18] *Koller*, a.a.O., Rdnr. 11, 19 zu § 461 HGB.
[19] Zum Begriff des Ausrollen des Gutes, vgl. *Koller*, a.a.O., Rdnr. 11 zu § 460 HGB.
[20] Vgl. *Koller*, a.a.O., Rdnr. 19 zu § 461 HGB.
[21] Vgl. Begründung zum Regierungsentwurf des TRG, BT-Drucks. 13/8445, S. 112.
[22] Bejahend: LG Köln TranspR 1986, 17 zum HGB a.F.
[23] Vgl. Teil D. I Rdnr. 19 ff.
[24] Vgl. Teil C. II Rdnr. 80.

81 Erfüllungsgehilfen sind auch alle eingeschalteten Unternehmer wie etwa Unterspediteure oder Zwischenspediteure, die die Pflichten des Hauptspediteurs (auch teilweise) übernehmen und für diesen ausführen, wie etwa die Organisation oder (soweit selbst geschuldet) die Verpackung oder Zollbehandlung, nicht jedoch die mit der Ausführung der Beförderung beauftragten Frachtführer.

2. Frachtführerhaftung aufgrund der aufgrund Fixkosten,- Sammelladungsspedition oder Selbsteintritt

82 Wie bereits zuvor dargestellt,[25] haftet der Spediteur im Fall der Fixkostenspedition, Sammelladungsspedition und des Selbsteintritts durch die frachtrechtliche Verweisung wie ein Frachtführer, soweit die jeweilige Verweisung reicht.[26] Insoweit darf auf die Frachtführerhaftung verwiesen werden.[27] Die Verweisung auf das Frachtrecht ist bei der Fixkostenspedition nach allgemeiner Ansicht die am weitesten gehende. Die Fixkostenspedition ist heutzutage der Normalfall, weshalb die beiden anderen Sonderformen für die frachtrechtliche Verweisung kein besonderes eigenes Gewicht besitzen.

83 *a) Fixkostenspedition.* Im Falle der Fixkostenspedition haftet der Spediteur für alle im Zusammenhang mit der Bewegung und Ortsveränderung des Gutes zusammenhängenden Tätigkeiten, eingeschlossen die Be- und Entladung, den Vorlauf, den Nachlauf, den Umschlag, und etwaigen Zwischenlagerungen[28] wie ein Frachtführer. Kommt es daher während dieses fingierten Obhutszeitraums zu einem Verlust, einer Beschädigung und Verspätung des Gutes, so richtet sich die Haftung des Spediteurs nach den §§ 425 ff., d.h. grundsätzlich verschuldensunabhängig, der Höhe nach aber begrenzt, außer es liegt ein grobes Verschulden vor, dass nach § 435 zur unbeschränkten Verschuldenshaftung führt.

84 Für alle *nicht* im Zusammenhang mit der Bewegung des Gutes stehenden Tätigkeiten wie Verpackung, Zollbehandlung oder Versicherung des Gutes richtet sich die Haftung des Spediteurs weiterhin nach § 461 Abs. 2.[29] Ebenso haftet der Spediteur unbeschränkt und verschuldensabhängig, soweit ein Schaden aus einer Verletzung seiner speditionellen Kernpflichten, der Organisationsleistung des Transportes oder einer Verletzung seiner Interessenwahrnehmungspflicht entsteht, die nicht im Zusammenhang mit der Beförderung steht. Nach der hier vertretenen Ansicht steht die Organisationsleistung des Spediteurs nicht im Zusammenhang mit der Bewegung des Gutes,[30] so dass die frachtrechtliche Verweisung des § 459 sich nicht auf diese typische Speditionsleistung bezieht. Gleiches gilt beispielsweise auch für ein Auswahlverschulden des Spediteurs hinsichtlich zuverlässiger Frachtführer, dass im Einzelfall schadenskausal sein kann.

85 Freilich dürfte bei einem Verlust, einer Beschädigung oder einer Verspätung des Gutes, bei der die Verletzung der Organisationsleistung oder ein Auswahlverschulden des Spediteurs ursächlich war, diese speditionelle Pflichtverletzung häufig schwer nachweisbar sein. Beispielsweise kann das Risiko eines Diebstahls durch eine fehlerhafte Transportorganisation, beispielsweise eine Routenplanung durch ein diebstahlsträchtiges Gebiet – erhöht und kann damit mitursächlich gewesen sein, ebenso wie die

---

[25] Vgl. Teil C. I Rdnr. 19 ff.
[26] Vgl. Teil C. I Rdnr. 30 ff.
[27] Vgl. Teil D. I Rdnr. 19 ff.
[28] Vgl. *Fremuth/Thume*, a.a.O., Rdnr. 18 zu § 459 HGB; MüKoHGB/*Bydlinski*, Band 7a, Rdnr. 7 zu § 459 HGB.
[29] Vgl. oben Rdnr. 69.
[30] Vgl. Teil C. I Rdnr. 30 ff.

I. Speditionsvertrag

Beauftragung in der Vergangenheit bereits durch Unzuverlässigkeit aufgefallene Frachtführer.

In der Praxis spielt – bei gleichzeitiger Anwendbarkeit des Frachtrechts in Fällen von Verlust, Beschädigung oder Verspätung des Gutes – eine speditionelle Haftung häufig keine eigenständige Rolle mehr, nicht zuletzt aufgrund der schwereren Nachweisbarkeit einer ursächlichen Pflichtverletzung. **86**

b) Sammelladungsspedition und Selbsteintritt. Die Haftung des Spediteurs bei verfügter Sammelladung oder Selbsteintritt teilt sich ebenfalls in eine frachtrechtliche Haftung auf, soweit es die Beförderung in Sammelladung oder die eigene Ausführung der Beförderung betrifft.[31] Daneben richtet sich die Haftung nach Speditionsrecht, soweit es um die Verletzung von Pflichten geht, die nicht im Zusammenhang mit der Beförderung des Gutes in Sammelladung oder im Selbsteintritt stehen. Insoweit darf auf die obigen Ausführungen verwiesen werden. In der Regel liegt im Falle einer Sammelladungsspedition oder einem Selbsteintritt auch eine vereinbarte Fixkostenspedition vor. Nachdem die Fixkostenspedition die weitestgehende Verweisung auf das Frachtrecht enthält, spielen daneben die insoweit beschränkteren Verweisungen der Sammelladungsspedition und des Selbsteintritts nur dort eine Rolle, wo etwa Schwierigkeiten bei der Beweisführung einer Fixkostenvereinbarung vorliegen. **87**

3. Zusammenfassung

Zusammenfassend betrachtet, entspricht die speditionelle Haftung aufgrund der nahezu ausschließlich vereinbarten Fixkostenspedition ganz überwiegend der Frachtführerhaftung. Der Spediteur haftet demnach für Verlust, Beschädigung und Verspätung des Gutes nach der frachtrechtlichen verschuldensunabhängigen beschränkten Regelhaftung, es sei denn, es liegt ein schadenskausales leichtfertiges Verhalten vor, dass zur unbeschränkten Haftung führt. Für Pflichtverstöße gegen speditionelle Pflichten, die nicht mit der eigentlichen Beförderung des Gutes zusammenhängen, haftet der Spediteur hingegen aufgrund vermuteten Verschuldens der Höhe nach unbeschränkt, kann jedoch das Verschulden entkräften, wenn er die kaufmännische Sorgfalt an den Tag gelegt hat. **88**

---

[31] Vgl. Teil C. I Rdnr. 35 ff.

III. Lagerverträge

Übersicht

	Rdnr.
1. Grundlagen der Haftung des Lagerhalters	89
a) Obhutszeitraum	89
b) Vermutetes Verschulden	90
2. Verlust	92
3. Beschädigung	93
4. Haftung des Lagerhalters aus Nebenpflichten	97
5. Haftung des Einlagerers	98
6. Haftung bei verkehrsbedingter Vor-, Zwischen- und Nachlagerung	99

1. Grundlagen der Haftung des Lagerhalters

89 *a) Obhutszeitraum.* Der Obhutszeitraum – Haftungszeitraum – des Lagerhalters beginnt mit der Übernahme des Gutes durch den Lagerhalter und endet mit der Auslieferung des Gutes an den Einlagerer bzw. dessen Rechtsnachfolger.[1]

90 *b) Vermutetes Verschulden.* Das Gesetz lässt den Lagerhalter auf Grund *vermuteten Verschuldens*, er habe Verlust oder Beschädigung des Gutes während des Obhutszeitraums zu vertreten, haften. Zu seiner Entlastung (ein non liquet geht zu Lasten des Lagerhalters) muss er den Beweis führen, dass er die Sorgfalt eines ordentlichen Kaufmanns gem. § 347 Abs. 1 HGB hat walten lassen und seine Pflichten **weder vorsätzlich noch fahrlässig** verletzt hat.[2] § 475 Satz 2 HGB stellt klar, dass dem Lagerhalter nicht nur das Verschulden von Erfüllungsgehilfen gem. § 278 BGB zugerechnet wird, sondern dass er im Falle einer **Dritteinlagerung** auch für das Verschulden des Dritten einzustehen hat.[3]

91 Die Haftung des Lagerhalters für den von ihm verschuldeten Schaden ist **uneingeschränkt**.[4]

2. Verlust

92 Hinsichtlich *Verlusts* bedeutet dies insbesondere:
- Der Lagerhalter hat ausreichende Vorkehrungen gegen den *Diebstahl des Gutes* zu treffen.
- Diebstahlsgefährdete Güter bedürfen besonderen Schutzes, insbesondere müssen Türen, Fenster, Oberlichter etc. gegen Einbrechen und Einsteigen gesichert sein. Bei besonders hochwertigen und diebstahlsgefährdeten Gütern muss der Lagerhalter dafür sorgen, dass der Einbruchschutz nur durch erhebliche Gewalteinwirkung überwunden werden kann. Hierbei reicht das Eigengewicht des Rolltors und der Widerstand von blockierten Elektromotoren nicht aus.[5]
- Lässt der Lagerhalter einen unverschlossenen beladenen Container/Trailer auf einem großen, nur mit einem hohen Maschendrahtzaun umgebenen, nicht durchge-

---

[1] MüKoHGB/*Frantzioch*, 2. Aufl., § 475 HGB Rdnr. 7.
[2] *Fremuth*, a.a.O. Rdnr. 9 zu § 475 HGB; Baumbach/*Hopt*, 36. Aufl., § 475 HGB Rdnr. 1.
[3] MüKoHGB/*Frantzioch*, 2. Aufl., § 475 HGB Rdn 6.
[4] *Fremuth*, a.a.O. Rdnr. 10 zu § 475 HGB; E/B/J/S/*Heublein*, 2. Aufl., § 475 HGB Rdnr. 16.
[5] OLG Hamburg TranspR 1990, 443 (444); MüKoHGB/*Frantzioch*, 2. Aufl., § 475 HGB Rdnr. 12.

III. Lagerverträge   D. III

hend bewachten Abstellplatz, zu welchem mehrere Firmen Zugang haben über Nacht und über das Wochenende stehen, handelt er nicht mit der Sorgfalt eines ordentlichen Kaufmanns, sondern sogar grob fahrlässig.[6]
- Dem Lagerhalter ist qualifiziertes Verschulden vorzuwerfen, wenn er ihm als wertvoll bekannte Güter nicht in sein Sicherheitslager verbringt. [7]
- Auch die Abwehr von Gefahren durch fahrlässige Handlungen Dritter (zündelnde Kinder können eindringen) gehört zu den Pflichten des Lagerhalters. Im Inneren des Lagers ist auf ausreichenden Brandschutz zu achten. Verlust kann auch durch Auslieferung des Guts an einen Nichtberechtigten eintreten, weswegen der Lagerhalter die Vorlage schriftlicher Unterlagen verlangen und deren sorgfältige Prüfung durchführen muss. Im Zweifel ist die Weisung des Einlagerers vor Herausgabe an den diese verlangenden Dritten einzuholen, selbst wenn der Dritte ein Gerichtsvollzieher ist.[8]

3. Beschädigung

Eine Beschädigung des Gutes ist jede Beeinträchtigung seiner Substanz. Eine solche 93 liegt auch dann vor, wenn unter Erhalt der Substanz dieser schädigende Eigenschaften zugefügt werden (Annahme von Feuchtigkeit, von Geruch, Temperaturerhöhung von Kühlgut). Demgemäß dürfen geruchsempfindliche Güter nicht zusammen mit anderen Gütern, deren Geruch sie annehmen können, gelagert werden. Hygroskopisch empfindliche Waren dürfen nicht so gelagert werden, dass sie Feuchtigkeit aufnehmen können. Der Lagerhalter hat sein Lager gegen das Eindringen von Ratten, auch über die Kanalisation, zu schützen. Kleidungsgegenstände dürfen nicht neben stark riechenden Gewürzen eingelagert werden.[9]

In einem mit einer Sprinkleranlage ausgestatteten Regallager hat der Lagerhalter 94 dafür Sorge zu tragen, dass Sprinklerdüsen, die im Arbeitsbereich der Gabelstapler liegen, nicht durch eine bloße Unachtsamkeit des Fahrers beschädigt werden können, wenn eine Anstoßbeschädigung einer Düse die Sprinkleranlage aktiviert und damit Schäden am Lagergut hervorruft.[10]

Nicht mit der Sorgfalt eines ordentlichen Kaufmanns handelt ein Lagerhalter, der 95 sich bei Unwetterwarnungen darauf beschränkt, zum Schutz von feuchtigkeitsempfindlichem Gut (hier: auf dem Hallenboden gelagerte Papierrollen) vor den Lagertoren Katzenstreu aufzubringen, um anfallendes Oberflächenwasser vom Eindringen in die Halle abzuhalten.[11]

Indessen darf die Sorgfalt des ordentlichen Kaufmanns auch nicht überspannt werden. Zwar hat der Lagerhalter sein Lager gegen das Eindringen von Schädlingen, insbesondere Ratten, auch über die Kanalisation, zu schützen.[12] Indessen ist ein absoluter Schutz gegen Mottenbefall in der Regel nicht zu erreichen. Der Lagerhalter muss nicht täglich das Lagergut auf Raupen- bzw. Larvenbefall untersuchen.[13]

---

[6] OLG Hamburg TranspR 1984, 122; VersR 1984, 1035.; LG Wuppertal TranspR 2012, 378 ff.
[7] LG Wuppertal TranspR 2012, 378 ff.
[8] Baumbach/*Hopt*, 29. Aufl., Rdnr. 1 zu § 417 HGB a. F. m. w. N. (Beispiel in neueren Auflagen nicht wiederholt).
[9] MüKoHGB/*Frantzioch*, 2. Aufl., § 475 HGB Rdnr. 11 m. w. N.
[10] OLG Köln TranspR 2004, 372.
[11] OLG Köln TranspR 2006, 401 = VersR 2006, 1564.
[12] MüKoHGB/*Frantzioch*, 2. Aufl., § 475 HGB Rdnr. 11.
[13] OLG Hamburg TranspR 1992, 427; ausführlich: MüKoHGB/*Frantzioch*, 2. Aufl., § 475 HGB Rdnr. 13.

96 Auch ist der Betreiber eines Kühllagers nicht verpflichtet, in Stülpkartons befindliche Wurstware auf teilweise mit Stretchfolie umwickelten Paletten auf die Richtigkeit ihrer Verpackung hin zu überprüfen.[14]

Mietet der Lagerhalter ein Lagergebäude an, ist er ohne besondere Anhaltspunkte nicht gehalten, dieses hinsichtlich seiner konstruktiven Sicherheit zu untersuchen bzw. untersuchen zu lassen.[15]

4. Haftung des Lagerhalters aus Nebenpflichten

97 Den Lagerhalter trifft eine Vielzahl von Nebenpflichten deren Verletzung ihn ersatzpflichtig machen können:

- § 470 HGB, Rechtswahrungs- und Benachrichtigungspflicht:
  Die Folgen einer Pflichtverletzung ergeben sich aus § 280 BGB.[16]
- Besichtigungs-, Benachrichtigungs-, Erhaltungspflichten gem. § 471 HGB
  Der Lagerhalter haftet für die Verletzung solcher Pflichten gem. § 280 BGB.[17]
  Führt die Pflichtverletzung zum Verlust oder der Beschädigung des Gutes ist auch die Haftung nach § 475 HGB denkbar.
- Verletzung der Versicherungspflicht trotz Verlangens des Einlagerers oder mangelnder Hinweis auf Versicherungsmöglichkeit an Verbraucher (§ 472 HGB).
  Der Lagerhalter haftet für den durch die Pflichtverletzung eingetretenen Schaden gem. § 280 BGB im Umfange der ansonsten eingedeckten Versicherung.[18]
- § 475e Abs. 3 HGB
  Der Lagerhalter haftet dem rechtmäßigen Besitzer des Lagerscheins für den Schaden, der daraus entsteht, dass er das Gut ausgeliefert hat, ohne sich den Lagerschein zurückgeben zu lassen oder ohne einen Abschreibungsvermerk einzutragen. Die Haftung des Lagerhalters ist insofern unbeschränkt.[19]

5. Haftung des Einlagerers

98 Der Einlagerer haftet dem Lagerhalter, auch wenn ihn kein **Verschulden** trifft, für Schäden und Aufwendungen, die er durch ungenügende Verpackung oder Kennzeichnung, Unterlassen der Mitteilung über die Gefährlichkeit des Gutes oder Fehlen, Unvollständigkeit oder Unrichtigkeit von in § 413 Abs. 1 HGB genannten Urkunden oder Auskünfte entstehen. Die Haftung ist auf 8,33 SZR pro kg pro Gewicht des eingelagerten Gutes begrenzt.[20]

Ist der Einlagerer Verbraucher, haftet er nur, wenn ihn ein Verschulden trifft, § 468 Abs. 4 HGB.[21]

6. Haftung bei verkehrsbedingten Vor-, Zwischen- und Nachlagerungen

99 Fallen Vor-, Zwischen- und Nachlagerungen im Zuge der Beförderung an, richtet sich die Haftung für solche Einlagerungen nicht nach dem Lagerrecht des HGB, sondern nach dem Haftungsrecht derjenigen Haftungsordnung, die die Beförderung regelt, im Falle der CMR also beispielsweise Art. 17 CMR.[22]

---

[14] OLG Hamm TranspR 2000, 87.
[15] OLG Hamburg TranspR 2003, 403; *Baumbach/Hopt*, 36. Aufl., § 475 HGB Rdnr. 1.
[16] *Fremuth*, a. a. O. Rdnr. 8 zu § 470 HGB; *Koller*, 8. Aufl., § 470 HGB Rdnr. 2.
[17] MüKoHGB/*Frantzioch*, 2. Aufl., § 471 HGB Rdnr. 26 mit Beispielen.
[18] MüKoHGB/*Frantzioch*, 2. Aufl., § 472 HGB Rdnr. 2, 3.
[19] *Fremuth*, a. a. O. Rdnr. 6 zu § 475e HGB; *Koller*, 8. Aufl., § 475e HGB Rdnr. 6.
[20] *Fremuth*, a. a. O. Rdnr. 16 zu § 468 HGB; MüKoHGB/*Frantzioch*, 2. Aufl., § 468 HGB Rdnr. 10 ff.
[21] *Fremuth*, a. a. O. Rdnr. 17 zu § 468 HGB m. w. N.; *Baumbach/Hopt*, 36. Aufl., § 468 HGB Rdnr. 4.
[22] *Thume-Demuth*, CMR, 3. Aufl., Art. 32 CMR Rdnr. 10.

IV. Logistikverträge

Übersicht

	Rdnr.
1. Einführung	100
2. Kontraktlogistik	101
3. Speditionsübliche Logistik	106
4. Speditionsunübliche Zuruflogistik	108

1. Einführung

Die Haftungssituation für Güter-, Güterfolge und reine Vermögensschäden bei logistischen Dienstleistungen ist unterschiedlich zu beurteilen, je nach dem, um welchen Typ der Logistik es sich handelt.[1] **100**

2. Kontraktlogistik

Sofern nicht zwingende Rechtsvorschriften etwas anderes bestimmen, wie z.B. das **Produkthaftungsgesetz** (ProdHaftG), sind die Vertragspartner in der Gestaltung und Verteilung der Haftung völlig frei. Es kann z.B. für Güterschaden eine unbegrenzte Haftung vereinbart und für Güterfolge und Vermögensschäden eine begrenzte Haftung festgelegt werden. Im Idealfall wird detailliert ausgehandelt, wie die Rechtsfolgen bei Güter-, Güterfolge und reinen Vermögensschäden aussehen sollen. Eine Strukturierung nach Schadensszenarien bietet sich an. Zum Beispiel für Lieferfristüberschreitung und Bandstillstand bei **„just in sequence"** Lieferungen. Wie hoch wird ein Schaden anzusetzen? Wer kann zu wirtschaftlich attraktiveren Konditionen versichern, der Auftraggeber oder der Logistikdienstleister? Wie sieht es mit der Haftung bei falscher Montage nach dem ProdHaftG aus, wie für Rückrufkosten, wer soll dafür in welcher Höhe haften, wie teuer ist der Versicherungsschutz vom jeweiligen Partner einzukaufen? **101**

Vernünftig ist es, die Höhe der Haftung orientiert an möglichen Schadenszenarien zu bemessen. Zum Beispiel, wie viel kostet ein Bandstillstand pro Stunde oder Tag (Stundenlohn der Arbeiter etc). Die unterschiedlichen wirtschaftlichen Kräfteverhältnisse zwischen Auftraggeber und Auftragnehmer sollten ebenfalls in die Überlegungen einfließen. Oft kann der Auftraggeber aufgrund seiner wirtschaftlichen Macht seinen Versicherungsschutz z.B. für Produkthaftungsrisiken gegen einen geringen Prämienaufschlag so gestalten, dass der Auftragnehmer mitversichert ist oder der Versicherer auf ein Regress gegen ihn verzichtet. **102**

Optimal ist es, wenn sich ein Gleichlauf zwischen Haftung und Versicherungsschutz der beiden Vertragspartner ergibt und dementsprechend im Kontrakt der beiden Partner die Haftungshöhe sich auch an der Versicherbarkeit der Risiken orientiert. Üblicherweise ist eine unbegrenzte Haftung nicht versicherbar. Die Festlegung der **Haftungshöchstgrenzen** sollte deshalb vom gegenseitigen Verständnis der Vertragspartner geprägt sein, den anderen nicht unnötig in nicht mehr versicherbare, existenzbedrohende Haftungsrisiken zu drängen. Die beste Haftung geht ins Leere, wenn sie nicht durch entsprechende Solvenz abgesichert ist. **103**

---

[1] Vgl. oben C. III Rdnr. 359 ff.

104 Deshalb legt die Praxis die Haftung für Güter-, Güterfolge und reine Vermögensschäden oft im Einzelnen der Höhe nach fest und bestimmt auch genau, ob und in welchem Umfang die Haftung je Schadenfall, je Schadenereignis, und auf das Kalenderjahr oder für die gesamte Auftragsabwicklung begrenzt wird.

105 Ein Risiko besteht vor allem auch, wenn die Parteien vergessen, etwas vertraglich zu regeln, Denn dann gilt grundsätzlich die gesetzliche Regelung. Das Gesetz sieht meist eine unbegrenzte Haftung vor.

3. Speditionsübliche Logistik

106 Die speditionsübliche logistische Leistung über die kein gesonderter, individuell zwischen Auftraggeber und Logistikdienstleister ausgehandelter Vertrag geschlossen wird, ist ausdrücklich in Ziffer 2 ADSp erwähnt und wird von den ADSp erfasst.[2]

107 Die Haftung für Güter-, Güterfolge und reine Vermögensschäden ist in den Ziffern 22 bis 27 ADSp geregelt.[3]

4. Speditionsunübliche („Zuruf")-Logistik

Zum Begriff der Zuruflogistik siehe Ziffer 1 **Logistik-AGB**.[4]

108 Solange es sich um speditionsübliche logistische Leistungen handelt, die auf Zuruf erbracht werden, gelten gemäß Ziffer 2 ADSp die Haftungsbestimmungen der ADSp.

109 Fest steht, dass die Frage der Speditionsüblichkeit erhebliche Folgen für die Haftung hat. Denn gelten die ADSp nicht, weil keine speditionsübliche logistische Leistung vorliegt, trifft den Logistiker die gesetzliche und in der Regel unbegrenzte Haftung. Hier gabelt sich die Haftung des Logistikdienstleisters in zwei Richtungen auf.

110 Finden die Logistik-AGB Anwendung, dann ist die Haftung begrenzt und versichert. Die Haftung für Güter-, Güterfolge und reine Vermögensschäden ist in den Logistik-AGB durch die Ziffer 11, 12, 14, 15 und 16 Logistik-AGB geregelt und begrenzt.[5]

11 Finden die Logistik-AGB keine Anwendung gilt das Gesetz. Meist wird danach unbegrenzt gehaftet. In diesem Fall kommt das Risiko hinzu, dass der Versicherungsschutz vollkommen ausfallen kann, worüber sich die Parteien oft nicht im Klaren sind.

---

[2] Vgl. **Anhang 8**.
[3] Vgl. oben C. II Rdnr. 63 ff.
[4] Vgl. oben C. III Rdnr. 444.
[5] Vgl. oben C. III Rdnr. 444 ff.

E. Die Verjährung von Ansprüchen aus Fracht-, Speditions-, Lager- und Logistikverträgen

I. Frachtverträge

Übersicht

	Rdnr.
1. Anwendungsbereich des § 439	1
a) vertragliche Ansprüche	2
aa) Von § 439 erfasste Ansprüche	2
(1) Ansprüche gegen den Frachtführer	2
(2) Ansprüche des Frachtführers	3
bb) Von § 439 nicht erfasste Ansprüche	4
b) Außervertragliche Ansprüche	5
2. Verjährungsfrist	6
a) Beginn der Verjährung	7
aa) Bei Ablieferung des Gutes	7
bb) Andere Fälle (keine Ablieferung)	8
cc) Besonderheiten bei Rückgriffsansprüchen	9
b) Berechnung der Verjährungsfrist	10
3. Hemmung der Verjährung	11
a) Erhebung von Ersatzansprüchen	11
b) Allgemeine Hemmungstatbestände	12
c) Hemmung durch Rechtsverfolgung	13
4. Beweislast	15
5. Abdingbarkeit	16

1. Anwendungsbereich des § 439

§ 439 regelt umfassend die Verjährung aller Ansprüche aus einer den Vorschriften über das Frachtgeschäft unterliegenden Beförderung. Dabei ist es unerheblich, ob es sich um Ansprüche gegen den Frachtführer oder solche des Frachtführers handelt[1] und aus welchem Rechtsgrund die Ansprüche bestehen.[2] Erfasst werden zunächst sämtliche vertraglichen Ansprüche, und zwar auch solche aus der Verletzung vertraglicher Nebenpflichten, soweit diese unmittelbar zu der „Beförderung" gehören und sich nicht etwa aus einer selbständigen vertraglichen Abrede ergeben.[3] Die Begründung zum Regierungsentwurf nennt insoweit als Beispielsfall die Verpflichtung zur Rückgabe von Paletten.[4] Das Kriterium des „unmittelbaren Zusammenhangs" ist allerdings unscharf.[5] Nach Auffassung des BGH[6] unterliegen Ansprüche aus selbständigen Verträgen, die lediglich dem Umfeld der Beförderung zuzurechnen sind, nicht dem Anwendungsbereich des § 439, sondern den auf diese Verträge anwendbaren Verjährungsvorschriften. Es bietet sich daher an, die zu § 433 entwickelten Abgren- 1

---

[1] *Koller*, a.a.O. Rdnr. 2 zu § 439 HGB; *Fremuth*, in Thume Rdnr. 5 zu § 439 HGB.
[2] Baumbach/*Hopt*, a.a.O. Rdnr. 1 zu § 439.
[3] Begründung zum Regierungsentwurf des TRG, BR-Drucks. 368/97, S. 76; Bericht der Sachverständigenkommission, S. 110.
[4] A.a.O., S. 76.
[5] Kritisch auch *Koller*, a.a.O. Rdnr. 4 zu § 439 HGB.
[6] BGH TranspR 2006, 451 (453).

zungskriterien⁷ entsprechend heranzuziehen: Branchenfremde und für den Frachtvertrag atypische Tätigkeiten unterliegen nicht der kurzen Verjährung des § 439.

2   *a) Vertragliche Ansprüche. aa) Von § 439 erfasste Ansprüche.* (1) Ansprüche gegen den Frachtführer. Hier sind zunächst die Ansprüche auf Schadensersatz gemäß § 425 wegen **Güterschäden** bzw. **Überschreitung der Lieferfrist** sowie der Direktanspruch gegen den **ausführenden Frachtführer** gemäß § 437 zu nennen. Sodann der Anspruch des Absenders auf Erfüllung⁸ ebenso wie Schadensersatzansprüche wegen Nichterfüllung des Beförderungsvertrages.⁹ Des weiteren Ansprüche auf Vornahme von Handlungen oder Unterlassung im Zeitraum zwischen der Gestellung des Beförderungsmittels bis zum Ende der Entladung, sofern das betreffende Verhalten in einem inneren Zusammenhang mit der Güterbeförderung steht.¹⁰ Dazu gehört auch der Anspruch auf Herausgabe bzw. Ablieferung.¹¹ Der kurzen Verjährung unterliegen alle Ansprüche aus den besonderen frachtrechtlichen Vorschriften, die eine Haftung des Frachtführers begründen, also z.B. Ansprüche wegen Verlust, Beschädigung und unrichtiger Verwendung von Begleitpapieren gemäß § 413 Abs. 2, Ansprüche wegen Nichtbeachtung von Weisungen gemäß § 418 Abs. 4, Ansprüche wegen Nichteinziehung der Nachnahme gemäß § 422 Abs. 3 und Ansprüche wegen weisungswidriger Ablieferung ohne Rückgabe des Ladescheins gemäß § 445 Abs. 3. Schließlich auch Ansprüche auf Auskunft und Rechnungslegung gemäß §§ 666, 242 BGB¹² und auf Herausgabe des erlangten gemäß § 667 BGB.¹³

3   *(2) Ansprüche des Frachtführers.* Zu denken ist hier in erster Linie an den Anspruch des Frachtführers gegen den Absender auf **Zahlung der Fracht** gemäß § 407 Abs. 1. Ebenso Ansprüche auf Aufwendungsersatz¹⁴ sowie der Anspruch aus § 414 Abs. 1. Der kurzen Verjährung unterliegt auch der Anspruch auf die sogenannte Fautfracht gemäß § 415 Abs. 2 Nr. 2, Ansprüche auf Standgeld sowie Ansprüche aus beförderungsspezifischen Nebenpflichten wie Ausstellung des Frachtbriefes oder die Information über die Gefährlichkeit des Gutes.¹⁵

4   *bb) Von § 439 nicht erfasste Ansprüche.* Von der kurzen Verjährung nicht erfasst werden z.B. Ansprüche aus Nebenpflichtverletzung (§ 280 BGB), soweit die verletzte Pflicht eine branchenfremde und somit für den Frachtvertrag atypische Tätigkeit betrifft: Ansprüche, die sachlich in einem anderen Vertragsverhältnis wurzeln, beurteilen sich nach dem betreffenden Vertragstyp.¹⁶ Bei **gemischten Verträgen** ist wie folgt zu differenzieren: entspringt die verletzte Pflicht anderen typischen oder atypischen Verträgen wie z.B. Kauf, Miete, etc., greift die kurze Verjährung gemäß § 439 nicht.¹⁷ Bei Logistikverträgen kommt die kurze Verjährung nur dann zum Tragen, soweit die Pflichtverletzung Leistungen i.S.d. §§ 407 bis 475 h betrifft.¹⁸ Demgegenüber greift die kurze Verjährung nicht bei Ansprüchen aus selbständigen Verträgen, die lediglich dem Umfeld der Beförderung zuzurechnen sind, so z.B. wegen Nichterreichens eines

---

⁷ Dazu oben D I 4 b Rdnr. 53 f.
⁸ *Fremuth*, a.a.O. Rdnr. 7 zu § 439 HGB.
⁹ *Fremuth*, a.a.O. Rdnr. 8 zu § 439 HGB.
¹⁰ *Koller*, a.a.O. Rdnr. 5 zu § 439 HGB.
¹¹ BGH TranspR 1999, 102 (104); *Fremuth*, a.a.O. Rdnr. 8 zu § 439 HGB.
¹² OLG München TranspR 1991, 138.
¹³ *Fremuth*, a.a.O. Rdnr. 8 zu § 439 HGB.
¹⁴ OLG Frankfurt TranspR 2005, 405.
¹⁵ *Koller*, a.a.O. Rdnr. 8 zu § 439 HGB.
¹⁶ *Fremuth*, a.a.O. Rdnr. 8 und 14 zu § 439 HGB.
¹⁷ *Koller*, a.a.O. Rdnr. 12 zu § 439 HGB; *Fremuth*, a.a.O. Rdnr. 14 zu § 439 HGB.
¹⁸ Vgl. E. IV.

I. Frachtverträge

bestimmten vereinbarten Mindestauftragsvolumens.[19] Nicht zu den typischen Vertragspflichten des Frachtführers gehören ferner Tätigkeiten wie Montage und Demontage (außer beim Umzugsvertrag),[20] Überprüfung der Warenqualität, Kommissionierung oder Bearbeitung des Gutes.[21] Zu prüfen ist aber stets, ob es sich bei den Nebentätigkeiten des Frachtführers gegebenenfalls um speditionelle (Neben-) Leistungen handelt, auf die § 439 gemäß § 463 entsprechend anwendbar ist.[22]

b) Außervertragliche Ansprüche. Bei außervertraglichen Ansprüchen ist zu differenzieren: Außervertragliche Ansprüche, die mit beförderungsvertraglichen Ansprüchen des Absenders, des Empfängers oder des Frachtführers konkurrieren,[23] werden von der kurzen Verjährung gemäß § 439 erfasst.[24] Dies ergibt sich unmittelbar aus § 439, weshalb insoweit nicht auf § 434 zurückgegriffen werden muss, zumal diese Vorschrift nur Ansprüche wegen Verlust oder Beschädigung des Gutes bzw. Überschreitung der Lieferfrist erfasst. Außervertragliche Ansprüche, die nicht mit frachtvertraglichen Ansprüchen konkurrieren, unterliegen nicht der kurzen Verjährung. Ansprüche aus ungerechtfertigter Bereicherung können § 439 unterfallen, sofern – bei der Leistungskondition – die Frage des Rechtsgrundes auf dem Boden der frachtvertraglichen Vereinbarung geprüft werden muss.[25] Außervertragliche Ansprüche eines am Beförderungsvertrag nicht beteiligten Dritten unterliegen der kurzen Verjährung nur bei Vorliegen der Voraussetzungen des § 434 Abs. 2.[26]

2. Verjährungsfrist

Die Verjährungsfrist beträgt gemäß § 439 Abs. 1 Satz 1 grundsätzlich ein Jahr; bei Vorsatz oder qualifiziertem Verschulden im Sinne von § 435[27] 3 Jahre. Nach neuerer Auffassung des Bundesgerichtshofes[28] ist die dreijährige Verjährungsfrist nicht nur auf Schadensersatz-, sondern auch auf primäre Erfüllungs- oder Aufwendungsersatzansprüche anzuwenden.

a) Beginn der Verjährungsfrist. aa) Bei Ablieferung des Gutes. Gemäß § 439 Abs. 2 Satz 1 beginnt die Verjährung mit Ablauf des Tages, an den das Gut abgeliefert wurde. Bei vollständiger Ablieferung ist der Tag der Ablieferung maßgeblich.[29] Wird eine einheitliche Sendung sukzessive in Teilmengen abgeliefert, ist auf den Tag des letzten Ablieferungsaktes abzustellen.[30] Wird nur ein Teil des Gutes abgeliefert, so ist zu differenzieren: Ist z. B. ein Teil des Gutes in Verlust geraten und der verbleibende Rest wird abgeliefert, so begegnet es keinen Bedenken, gemäß § 439 Abs. 2 Satz 1 auf den Tag der Ablieferung abzustellen, weil der Empfänger den Schaden in Form der Fehlmenge unschwer feststellen kann. Handelt es sich demgegenüber um eine bewusste – und als

---

[19] BGH TranspR 2006, 451 (453).
[20] *Fremuth,* a. a. O. Rdnr. 13 zu § 439 HGB.
[21] *Koller,* a. a. O. Rdnr. 8 zu § 439 HGB.
[22] Darauf weist *Koller,* a. a. O. Rdnr. 8 zu § 439 HGB zutreffend hin.
[23] Allgemein zur Anspruchskonkurrenz *Dietz,* a. a. O. S. 125 ff., 130; vgl. auch *Kehl,* a. a. O., S. 62 ff.
[24] *Fremuth,* a. a. O. Rdnr. 10 zu § 439 HGB; zur Rechtslage vor Inkrafttreten des TRG *Helm* in Großkomm-HGB § 429 Rdnr. 267 ff, insbesondere Rdnr. 285 ff.
[25] *Koller,* a. a. O. Rdnr. 10 zu § 439 HGB.
[26] näher dazu *Fremuth,* a. a. O. Rdnr. 14 zu § 434 HGB; *Koller,* a. a. O. Rdnr. 10 zu § 434 HGB; vgl. auch oben D. I. 1. a) ee) Rdnr. 20.
[27] Dazu oben D. I. 1. a) bb) Rdnr. 9 ff.
[28] BGH TranspR 2010, 225 (227 f.); BGH VersR 1982, 649 (zur CMR); anders noch BGH VersR 1982, 649 (zur CMR); a. A. OLG Frankfurt/M. TranspR 2005, 405; *Köper* TranspR 2006, 191 ff.
[29] *Koller,* a. a. O. Rdnr. 14 zu § 439 HGB.
[30] *Koller,* a. a. O. Rdnr. 14 zu § 439 HGB.

solche deklarierte – Teilleistung, wird man – wie bei der sukzessiven Ablieferung – auf den Tag des letzten Ablieferungsaktes abzustellen haben.[31]

8   *bb) Andere Fälle (keine Ablieferung).* Wird das Gut nicht abgeliefert, beginnt die Verjährungsfrist gemäß § 439 Abs. 2 Satz 2 mit dem Ablauf des Tages, an dem das Gut hätte abgeliefert werden müssen. Wurde eine Lieferfrist (§ 423) vereinbart, ist der letzte Tag derselben maßgeblich.[32] Wurde keine Lieferfrist vereinbart, ist die Wertung des § 423 heranzuziehen, so dass auf die einem sorgfältigen Frachtführer unter Berücksichtigung der Umstände vernünftigerweise zuzubilligende Lieferfrist abzustellen ist.[33] Die Lieferfrist endet dann mit dem Ablauf des letzten Tages der angemessenen Frist.[34]

9   *cc) Besonderheiten bei Rückgriffsansprüchen.* Die in § 439 Abs. 2 Satz 2 erwähnten Rückgriffsansprüche betreffen ausschließlich **Regressansprüche von Frachtführern gegen andere Frachtführer**.[35] Nicht erfasst werden demgegenüber Ansprüche von Frachtführern gegen sonstige Hilfspersonen oder umgekehrt.[36] Unter den in § 439 Abs. 2 Satz 3 genannten Voraussetzungen beginnt die Verjährung der Rückgriffsansprüche erst mit dem Tag des Eintritts der Rechtskraft des Urteils gegen den Rückgriffsgläubiger oder, wenn kein rechtskräftiges Urteil vorliegt, mit dem Tag, an dem der Rückgriffsgläubiger den Anspruch befriedigt hat, zu laufen. Die Regelung soll den Schwierigkeiten, die mit der Einhaltung der allgemeinen Verjährungsfristen verbunden sind, bei Beförderungen, an denen ein oder mehrere Unterfrachtführer beteiligt sind, Rechnung tragen: derjenige, der vom Geschädigten zuerst in Anspruch genommen wird, läuft grundsätzlich Gefahr, etwaige Rückgriffsansprüche zu verlieren, wenn er erst zu dem Zeitpunkt, in welchem der Geschädigte erstmals an ihn herantritt, seinerseits Maßnahmen zur Regresswahrung trifft.[37] Die Regelung lässt daher ausnahmsweise die gerichtliche Geltendmachung von Rückgriffsansprüchen auch nach Ablauf der Verjährungsfrist zu. Voraussetzung ist, dass der Rückgriffsschuldner binnen drei Monaten, nachdem der Rückgriffsgläubiger Kenntnis von dem Schaden und der Person des Rückgriffsschuldners erlangt hat, über den Schaden unterrichtet wird. Für die Mitteilung über den Schaden genügt, dass auf ein konkretes Schadenereignis Bezug genommen wird.[38] Fehlt es an der fristgerechten Unterrichtung, verbleibt es bei der allgemeinen Verjährungsregelung. Zu beachten ist, dass § 439 Abs. 2 Satz 3 nur solche Rückgriffsansprüche erfasst, die aus einer nationalen Güterbeförderung entspringen.[39] Bei grenzüberschreitenden Transporten verbleibt es bei den zwingenden Vorschriften des Art. 32 CMR, wobei die im Kapitel VI der CMR geregelte Vorschrift über die Verjährung von Rückgriffsansprüchen gemäß Art. 39 CMR ausschließlich die Beförderung durch sog. aufeinanderfolgende Frachtführer[40] betrifft.

10   *b) Berechnung der Verjährungsfrist.* Für die Berechnung der Fristen sind die Vorschriften der §§ 187 Abs. 1, 188, 190, 193 BGB maßgeblich. Im Falle der Ablieferung (§ 439 Abs. 2 Satz 1) beginnt die Frist mit dem Ablauf des Tages, an dem das Gut abgeliefert wurde; d.h. die Verjährungsfrist beginnt gemäß § 187 Abs. 1 BGB mit dem

---

[31] Ebenso *Koller*, a.a.O. Rdnr. 14 zu § 439 HGB; a. A. *Andresen/Valder*, a.a.O. Rdnr. 23 zu § 439 HGB.
[32] *Fremuth*, a.a.O. Rdnr. 24 zu § 439 HGB.
[33] *Fremuth*, a.a.O. Rdnr. 21 zu § 439 HGB.
[34] *Fremuth*, a.a.O. Rdnr. 21 zu § 439 HGB.
[35] *Koller*, a.a.O. Rdnr. 20 zu § 439 HGB.
[36] Begründung zum Regierungsentwurf des TRG, BT-Drucks. 13/8445, S. 78.
[37] Vgl. Bericht der Sachverständigenkommission, S 112.
[38] *Koller*, a.a.O. Rdnr. 25 zu § 439 HGB.
[39] *Fremuth*, a.a.O. Rdnr. 26 zu § 439 HGB.
[40] Dazu *Schmid* in Thume, CMR-Kommentar, Art. 34 Rdnr. 4 ff.; BGH TranspR 2007, 16.

nächsten Tag zu laufen. Die 1-jährige Verjährungsfrist ist Jahresfrist und endet mit dem Ablauf desjenigen Tages des Monats, der durch seine Benennung dem Tag entspricht, an dem abgeliefert wurde (§ 188 Abs. 2 BGB).[41] Wird das Gut nicht abgeliefert, beginnt die Verjährungsfrist mit Ablauf des Tages zu laufen, an dem das Gut – der vertraglichen Vereinbarung zufolge – hätte abgeliefert werden müssen. Haben die Parteien keine Lieferfrist vereinbart, endet die – fiktive – Lieferfrist mit dem Ablauf des letzten Tages einer im Sinne von § 423 angemessenen Lieferfrist.[42]

3. Hemmung der Verjährung

a) Erhebung von Ersatzansprüchen. § 439 Abs. 3 enthält einen Sondertatbestand für die Hemmung der Verjährung. Voraussetzung ist die Erhebung von Ersatzansprüchen gegenüber dem Frachtführer. Während nach § 439 Abs. 3 Satz 2 a. F. eine schriftliche Reklamation[43] erforderlich war, bedarf die Erklärung nach der Neufassung des § 439 Abs. 3 (BGBl. 2013 I 833) nur mehr Textform i.S.v. § 126 b BGB, sodass auch Erklärungen mittels Telefax oder E-Mail wirksam sind.[44] Die Gesetzesnovelle trägt damit den modernen Kommunikationstechniken Rechnung.[45] Nur die Reklamation des materiell Berechtigten führt zum Eintritt der Verjährungshemmung.[46] Aus der Erklärung muss sich mit hinreichender Deutlichkeit ergeben, dass der Anspruchsteller Schadensersatz wegen eines bestimmten Schadenereignisses vom Frachtführer fordert.[47] Eine lediglich allgemein gehaltene Formulierung wie z.B. „wegen des Schadens an o.g. Sendung halten wir Sie haftbar", aus der für den Frachtführer nicht erkennbar ist, ob der Anspruch wegen Verlustes, Beschädigung oder Überschreitung der Lieferfrist oder eines anderen Ereignisses geltend gemacht wird, vermögen eine Hemmung der Verjährung demgegenüber nicht auszulösen. Den Wortlaut des § 439 Abs. 3 Satz 1 zufolge hat die Erklärung vom Absender oder vom Empfänger auszugehen. Daraus folgt, dass die den Ersatzanspruch geltend machende Person aktivlegitimiert sein muss. Hierbei ist zu berücksichtigen, dass die Aktivlegitimation auch im Wege der Rechtsnachfolge (z.B. gem. § 86 VVG) erworben werden kann. Die Reklamation eines Nichtberechtigten ist jedoch unwirksam.[48] Adressat der Erklärung ist der Frachtführer; die Erklärung muss ihm zugehen.[49] Zweifelhaft ist, ob der Absender durch Erhebung von Ersatzansprüchen gegenüber dem Unterfrachtführer eine Hemmung der Verjährung auslösen kann: Mangels vertraglicher Beziehungen ist der Absender gegenüber dem Unterfrachtführer nicht aktivlegitimiert, so dass insoweit eine wirksame Reklamation nicht gegeben ist. Umgekehrt wird der Unterfrachtführer nicht als Empfangsbevollmächtigter für Erklärungen an den Hauptfrachtführer anzusehen sein, so dass durch eine vom Absender an den Unterfrachtführer gerichtete Erklärung die Verjährung gegenüber dem Hauptfrachtführer nicht gehemmt wird.[50] Die Hemmung der Verjährung beginnt mit dem Zugang (§ 130 BGB) der Erklärung beim Adressaten und endet mit dem Zugang der Erklärung, mit welcher der Frachtführer die Erfüllung

11

---

[41] Vgl. *Fremuth,* a.a.O. Rdnr. 18 zu § 439 HGB.
[42] *Fremuth,* a.a.O. Rdnr. 21 zu § 439 HGB.
[43] Dazu BGH TranspR 2013, 156.
[44] Vgl. *Koller,* a.a.O. Rdnr. 33 zu § 439 HGB.
[45] Vgl. *Koller,* a.a.O. Rdnr. 1 zu § 439 HGB.
[46] *Fremuth,* in Thume Rdnr. 29 zu § 439 HGB.
[47] Vgl. *Koller,* a.a.O. Rdnr. 33 zu § 439 HGB.
[48] *Fremuth,* a.a.O. Rdnr. 29 a. E. zu § 439 HGB; BGH TranspR 1992, 177 (179); NJW-RR 2004, 1480 (1481).
[49] *Koller,* a.a.O. Rdnr. 41 zu § 439 HGB.
[50] Die Entscheidung BGH TranspR 2007, 425 ff. gibt insoweit keinen Anlass zu einer anderweitigen Beurteilung.

des Anspruches schriftlich ablehnt. Die Zurückweisung der Reklamation bedarf keiner Begründung. Die **Wirkung der Hemmung** ergibt sich aus § 209 BGB: der Zeitraum, während dessen die Verjährung gehemmt ist, wird in die Verjährungsfrist nicht eingerechnet. § 439 Abs. 3 Satz 2 stellt klar, dass wiederholte Reklamationen wegen desselben Ersatzanspruches keine erneute Hemmung der Verjährung auslösen.

12　*b) Allgemeine Hemmungstatbestände.* Fraglich ist, ob die allgemeinen Hemmungstatbestände des bürgerlichen Rechts neben der besonderen Regelung des § 439 Abs. 3 zur Anwendung kommen. Dabei ist zunächst zu berücksichtigen, dass § 439 Abs. 3 nach dem Willen des Gesetzgebers[51] nur eine Sonderregelung für die Hemmung, nicht aber eine Regelung der Hemmung der Verjährung schlechthin beinhaltet. Folglich kommt grundsätzlich eine Hemmung der Verjährung gemäß den Tatbeständen der §§ 203 ff. BGB in Betracht. Diese Hemmungstatbestände wurden allerdings durch das Schuldrechtsmodernisierungsgesetz grundlegend überarbeitet bzw. neu geregelt und in diesem Zusammenhang sind insbesondere die Vorschriften über die Unterbrechung der Verjährung durch gerichtliche Geltendmachung eines Anspruches in Fortfall geraten. Streitig ist, ob die Vorschrift des § 203 BGB – Hemmung der Verjährung bei Verhandlungen – bei Ersatzansprüchen wegen Güterschäden oder Lieferfristüberschreitung anwendbar ist.[52] Nachdem das Gesetz in § 439 Abs. 3 nicht an Verhandlungen anknüpft[53] und allgemeine Hemmungstatbestände lediglich ergänzen soll, ist die zur frühren Rechtslage – vor Inkrafttreten des Schuldrechtsmodernisierungsgesetzes – richtige Auffassung, wonach für eine Hemmung der Verjährung durch Verhandlungen im Frachtrecht grundsätzlich kein Raum ist, heute nur noch schwerlich haltbar.[54] Der Bundesgerichtshof hat mit Urteil vom 13.3.2008[55] klargestellt, dass die allgemeine, die Hemmung der Verjährung regelnde Vorschrift des § 203 BGB nicht durch § 439 Abs. 3 HGB verdrängt wird, sondern beide Vorschriften uneingeschränkt nebeneinander stehen.

13　*c) Hemmung durch Rechtsverfolgung.* Aus dem Katalog des § 204 Abs. 1 BGB sind als wichtigste Maßnahmen der Rechtverfolgung (gerichtliche Geltendmachung u.a.) zu nennen:
- die Erhebung der Klage auf Leistung oder auf Feststellung des Anspruches (§ 204 Abs. 1 Nr. 1 BGB).
- die Zustellung des Mahnbescheides im Mahnverfahren (§ 204 Abs. 1 Nr. 3 BGB).
- die Geltendmachung der Aufrechnung[56] des Anspruchs im Prozess (§ 204 Abs. 1 Nr. 5 BGB).
- die Zustellung der Streitverkündung (§ 204 Abs. 1 Nr. 6 BGB).
- die Zustellung des Antrags auf Durchführung eines selbständigen Beweisverfahrens (§ 204 Abs. 1 Nr. 7 BGB).
- die Anmeldung des Anspruches im Insolvenzverfahren oder im Schifffahrtsrechtlichen Verteilungsverfahren (§ 204 Abs. 1 Nr. 10 BGB).
- der Beginn des schiedsrichterlichen Verfahrens (§ 204 Abs. 1 Nr. 11 BGB).

---

[51] Begründung zum Regierungsentwurf des TRG BR-Drucks. 368/97, S. 78.
[52] Bejahend: *Gass*, a.a.O. Rdnr. 23 zu § 439 HGB; *Andresen/Valder*, a.a.O. Rdnr. 34 zu § 439 HGB; *Koller* a.a.O. Rdnr. 31 zu § 439 HGB; *Mankowski/Höpker* MDR 2004, 721, 727. Verneinend: *Harms* TranspR 2001, 294 ff.; *Drews* TranspR 2004, 340 ff.
[53] So zutreffend *Koller*, a.a.O. Rdnr. 31 zu § 439 HGB.
[54] A.A. mit beachtlichen Gründen *Drews* TranspR 2004, 340 (341 f.).
[55] BGH VersR 2008, 1669 (1670).
[56] Gemäß Ziff. 19 ADSp ist die Aufrechnung nur eingeschränkt mit fälligen und unbestrittenen Gegenansprüchen zulässig; dazu BGH TranspR 2007, 374 ff.

I. Frachtverträge   E. I

An dieser Stelle sei auf einen bisweilen verbreiteten Irrtum hingewiesen: Die Über- 14
sendung einer **Mahnung** löst zwar den Schuldnerverzug (§ 286 I BGB) aus, vermag
jedoch eine Hemmung der Verjährung nicht zu bewirken!

4. Beweislast

Derjenige, der sich auf Verjährung beruft, hat die ihm günstigen Tatsachen, näm- 15
lich den Beginn und den Ablauf der Verjährungsfrist, zu beweisen.[57] Beruft sich der
Gläubiger auf einen Hemmungstatbestand oder den Neubeginn der Verjährung, so
trägt er insoweit die Beweislast.[58] Der Schuldner hat dann die Beendigung des Hemmungstatbestandes zu beweisen.[59] Im Fall des § 439 Abs. 3 Satz 3 hat der Gläubiger die
rechtzeitige Unterrichtung des Rückgriffsschuldners von dem Schaden zu beweisen.[60]

5. Abdingbarkeit

Von den zentralen Haftungsnormen des Frachtrechtes kann gemäß § 449 Abs. 2 – 16
außer bei der Beförderung von Briefen oder briefähnlichen Sendungen – grundsätzlich nur die Individualvereinbarung abgewichen werden; d.h., die betreffenden – in
§ 449 Abs. 1 aufgeführten – Normen sind zwar grundsätzlich dispositiv, aber „AGB-
fest", wobei § 449 Abs. 2 Satz 2 unter bestimmten Voraussetzungen Ausnahmen hinsichtlich der Vereinbarung von Haftungshöchstgrenzen auch in Allgemeinen Geschäftsbedingungen ("Haftungskorridor") zulässt.

§ 439 Abs. 4 regelt die Zulässigkeit abweichender Vereinbarungen über die Verjäh- 17
rung. Danach bedürften Modifikationen bezüglich der Verjährung einer im einzelnen
ausgehandelten Individualvereinbarung, auch wenn diese für eine Mehrzahl von
gleichartigen Verträgen zwischen den selben Vertragsparteien getroffen worden ist.
Die Vorschrift betrifft allerdings nur solche Vereinbarungen zwischen den Parteien
des Frachtvertrages, die vor Eintritt des Schadens getroffen werden.[61] § 439 Abs. 4
lässt demgegenüber diejenigen Fälle unberührt, in denen nach Eintritt des Schadens
der Gläubiger dem Schuldner eine erschwerte Verjährung, etwa eine Verlängerung der
Verjährungsfrist, zu billigt.[62] Derartige Fälle beurteilen sich nach allgemeinem Zivilrecht.[63] Danach besteht grundsätzlich Vertragsfreiheit. Grenzen gesetzt werden vertraglichen Vereinbarungen über die Verjährung lediglich durch die §§ 138, 202 Abs. 2,
307 ff. BGB.[64] Ein Verzicht auf die Einrede der Verjährung ist wirkungslos, wenn der
Schuldner nach dem objektiven Gehalt seiner Erklärung nur die Bereitschaft gezeigt
hat, sich auf die Verlängerung einer *noch laufenden* Verjährungsfrist einzulassen, Verjährung objektiv aber bereits eingetreten war.[65]

---

[57] *Fremuth,* a.a.O. Rdnr. 44 zu § 439 HGB.
[58] *Fremuth,* a.a.O. Rdnr. 44 zu § 439 HGB.
[59] *Koller,* a.a.O. Rdnr. 50 zu § 439 HGB.
[60] *Koller,* a.a.O. Rdnr. 50 zu § 439 HGB.
[61] Vgl. *Koller,* a.a.O. Rdnr. 51 f. zu § 439 HGB.
[62] Begründung zum Regierungsentwurf des TRG, BR-Drucks. 368/97, S. 79; Bericht der Sachverständigenkommission, S. 114.
[63] Bericht der Sachverständigenkommission, S. 114.
[64] *Koller,* a.a.O. Rdnr. 52 zu § 439 HGB.
[65] BGHZ 83, 882, 890.

II. Die Verjährung von Ansprüchen aus Speditionsverträgen

Übersicht

	Rdnr.
1. Speditionsverträge	18
2. Sonstige Verträge über Leistungen des Spediteurs	23
3. Rückgriffsansprüche	27

1. Speditionsverträge

18   Alle wechselseitigen Ansprüche aus einem Speditionsvertrag verjähren aufgrund der Verweisung des § 463 auf die Verjährungsvorschriften des Frachtrechts in einem Jahr wie grundsätzlich auch alle frachtrechtlichen Ansprüche. Der Gesetzgeber wollte durch die Verweisung auf die frachtrechtliche Verjährungsvorschrift des § 439 einen grundsätzlichen Gleichlauf zwischen frachtrechtlicher und speditioneller Verjährung herstellen.[1]

19   Insoweit darf zum Verjährungsbeginn, der Hemmung der Verjährung sowie der Durchbrechung der einjährigen Verjährung bei qualifizierten Verschulden vollumfänglich auf die Ausführungen zur frachtrechtlichen Verjährung verwiesen werden.[2]

20   Die einjährige Verjährung gilt grundsätzlich nicht nur für Ansprüche gegen den Spediteur, sondern auch für Ansprüche des Spediteurs, insbesondere für den Vergütungsanspruch gegen seinen Auftraggeber.

21   Die in der Vorauflage vertretene Auffassung, dass die 3-jährige Verjährungsfrist aufgrund der Verweisung in den § 435 nur für Schadensersatzansprüche, die auf einer vorsätzlichen oder leichtfertigen Pflichtverletzung des Vertragspartners beruhen gilt, nicht dagegen für Primäransprüche wie etwa Zahlungsansprüche, ist vom BGH zugunsten des jeweiligen Gläubigers entschieden worden. Sie gilt laut BGH für alle Ansprüche, die vorsätzlich oder leichtfertig missachtet werden, auch für primäre Erfüllungsansprüche.[3] Damit verjähren bei vorsätzlicher Zahlungsverweigerung des Vertragspartners die Vergütungsansprüche des Spediteurs mitunter erst in 3 Jahren statt innerhalb der üblichen Jahresfrist.[4] Nur ein Irrtum über tatsächliche Umstände bzw. die Rechtswidrigkeit des verweigerten Verhaltens schließt den Vorsatz bzw. das leichtfertige Verhalten aus. Ist hingegen evident, dass die Gründe der Zahlungsverweigerung nur vorgeschoben sind, ist dem Schuldner i.d.R. zumindest Leichtfertigkeit im Hinblick auf sein Fehlverhalten der Zahlungsverweigerung vorzuwerfen mit der Folge einer Verlängerung der Verjährungsfrist auf 3 Jahre über § 435 HGB.

22   Im Falle der speditionsrechtlichen Sonderformen Fixkostenspedition, Sammelladungsspedition und Selbsteintritt folgt die Anwendung der frachtrechtlichen Verjährungsvorschrift des § 439 bereits direkt aus der jeweiligen Verweisung auf das Frachtrecht gemäß §§ 458, 459, 460, in allen übrigen Fällen folgt die Verweisung aus § 463.

2. Sonstige Verträge über Leistungen des Spediteurs

23   Für Ansprüche aus Verträgen, die nicht als Speditionsvertrag zu qualifizieren sind, findet die die Verweisung auf die einjährige Verjährungsfrist des § 463 jedoch keine

---

[1] Vgl. *Valder*, a.a.O., Rdnr. 1 zu § 463 HGB.
[2] Vgl. Teil E Rdnr. 6ff.
[3] Vgl. BGH Urteil vom 22.4.2010, TranspR 2010, 225 (227 f.).
[4] Vgl. BGH Urteil vom 22.4.2010, TranspR 2010, 225 (227 f.).

II. Die Verjährung von Ansprühen aus Speditionsverträgen   E. II

Anwendung. Bei sonstigen Werk- Dienst- oder Geschäftsbesorgungsverträgen gelten vielmehr die allgemeinen Verjährungsvorschriften des BGB.[5] Der reine Zollspediteur, das reine Staureiunternehmen oder der ausschließlich die Verpackung herstellende Spediteur unterfallen mit ihrer Tätigkeit, die nicht mit dem Hauptleistungsversprechen des Spediteurs, der Besorgung der Versendung des Gutes einhergeht, nicht mehr dem Speditionsrecht und damit auch nicht der speziell geregelten Verjährung des § 463.

Durch den Verweis auf § 439 finden auch die Hemmungstatbestände, etwa durch schriftliche Haftbarhaltung gemäß § 439 Abs. 3 Anwendung. Hier hat der Gesetzgeber der Praxis Rechnung getragen, und lässt eine Haftbarhaltung mittlerweile durch Übermittlung in Textform (Email, Fax) genügen. Dies gilt allerdings nur bei Schadensfällen, die ab Wirksamkeit der Gesetzesänderung eingetreten (ab 25. April 2013). **24**

§ 439 Abs. 3 schließt im übrigen die weiteren Verjährungshemmungstatbestände des BGB nicht aus. So kommt eine Verjährungshemmung auch etwa durch Verhandlungen über den Anspruch gemäß § 203 BGB in Betracht oder durch die Zustellung einer Streitverkündung, um nur die wichtigsten weiteren Hemmungstatbestände zu nennen. **25**

Eine Hemmung durch Klageerhebung kommt gemäß § 204 Abs. 1 nur in Betracht, wenn der Klageerhebende auch anspruchsberechtigt war.[6] **26**

3. Rückgriffsansprüche

Rückgriffsansprüche des Spediteurs gegen einen Dritten wegen Schadensersatzforderungen beginnen abweichend erst am Tag der Rechtskraft des diesbezüglichen Urteils gegen den Spediteur bzw. ab Zahlung des Schadens zu laufen, wenn der Spediteur den Dritten innerhalb von drei Monaten nach eigener Kenntniserlangung vom Schaden unterrichtet hat, vgl. § 439 Abs. 2. **27**

---

[5] Vgl. zur Abgrenzung Teil C. I Rn 16.
[6] Vgl. BGH Urteil vom 29.10.2009, TranspR 2010, 201 (203).

III. Verjährung von Ansprüchen aus Lagerverträgen

Übersicht

	Rdnr.
1. Verjährung von Ansprüchen aus Verträgen mit gewerblichen Lagerhaltern	28
a) Erfasste Ansprüche	28
b) Entsprechende Anwendung der frachtrechtlichen Verjährungsvorschriften	29
c) Sonderfall Totalverlust	30
2. Verkehrsbedingte Vor-, Zwischen- und Nachlagerungen	31
3. Nichtgewerbliche, private Einlagerung (Verwahrung)	32

1. Verjährung von Ansprüchen aus Verträgen mit gewerblichen Lagerhaltern

28 *a) Erfasste Ansprüche.* § 475a HGB erklärt die Verjährungsvorschrift des **§ 439 HGB (Frachtvertrag)** für entsprechend anwendbar. Erfasst sind hierbei sowohl Ansprüche des Einlagerers als auch des Lagerhalters. Ebensowenig wird unterschieden zwischen Haupt- und Nebenpflichten.[1] Gleichfalls erfasst („… von Ansprüchen aus einer Lagerung …") sind neben vertraglichen auch außervertragliche Ansprüche, insbesondere deliktische Ansprüche.

29 *b) Entsprechende Anwendung der frachtrechtlichen Verjährungsvorschriften.*
- Die Regelverjährungsfrist beträgt ein Jahr, bei schwerer Schuld drei Jahre;
- Dem Ablieferungszeitpunkt im Frachtrecht entspricht der Tag der Auslieferung des Gutes an den Einlagerer bzw. der Tag, an dem das Gut hätte ausgeliefert werden müssen.[2]
- Die Verweisung auf § 439 HGB umfasst auch die Regelung der Rückgriffsansprüche, etwa gegen einen Unterlagerhalter, gemäß § 439 Abs. 2 S. 3 HGB. Die neueste BGH-Rechtsprechung zu § 439 II 3 HGB, wonach ein Gleichlauf zwischen den Haftungsgrundlagen im Primärhaftungs- und im Rückgriffsverhältnis nicht gefordert wird, hat über § 475a Abs. 1 S. 1 HGB auch Ausstrahlung ins Lagerrecht.[3]
- Entsprechend anzuwenden ist auch § 439 Abs. 3 HGB (Reklamation des Geschädigten) einschließlich Beendigung der Hemmungswirkung der Reklamation durch deren Zurückweisung durch den Lagerhalter. § 439 Abs. 3 HGB verdrängt auch bei in Bezug genommer Anwendung via § 475a HGB die Hemmung durch Verhandlungen gem. § 203 BGB nicht. Beide Vorschriften stehen demgemäß uneingeschränkt nebeneinander.[4]
- Gleichfalls zu beachten ist für *Primäransprüche aus Lagerverträgen* die nach der neueren BGH-Rechtsprechung zu berücksichtigende dreijährige Verjährungsfrist bei Vorsatz und gleichstehendem Verschulden (§ 439 Abs. 1 S. 2 HGB), beispielsweise auf den Vergütungsanspruch des Lagerhalters.[5]

30 *c) Sonderfall Totalverlust.* In Abweichung zu § 439 HGB regelt § 475a S. 2 HGB den Beginn der Verjährung bei Totalverlust dahingehend, dass der Beginnzeitpunkt der Ablauf des Tages ist, an dem der Lagerhalter dem Einlagerer oder, wenn ein Lagerschein ausgestellt ist, dem letzten ihm bekanntgewordenen legitimierten Besitzer des

---

[1] *Teutsch* in: Fremuth/Thume, Rdnr. 3 zu § 475a HGB; *Koller*, 8. Aufl., § 475a HGB Rdnr. 2.
[2] *Teutsch* in: Fremuth/Thume, Rdnr. 6 zu § 475a HGB; *Koller*, 8. Aufl., § 475a HGB Rdnr. 3.
[3] BGH RdTW 2013, 203 und BGH RdTW 2013, 318.
[4] Einzelheiten *Thume/Demuth*, 3. Aufl., Art. 32 CMR Rdnr. 89, Stichwort: *Verhandlungen*.
[5] BGH TranspR 2010, 225 ff. und *Demuth/Thume*, 3. Aufl., Art. 32 CMR Rdnr. 15a.

III. Verjährung von Ansprüchen aus Lagerverträgen E. III

Lagerscheins den Verlust anzeigt. Dies trägt der lagerrechtlichen Besonderheit Rechnung, dass – etwa bei längerfristiger Einlagerung – der Einlagerer keine Kenntnis vom Schicksal des Lagergutes hat und auch nicht haben muss.

2. Verkehrsbedingte Vor-, Zwischen- und Nachlagerungen

Fällt eine Vor-, Zwischen- und Nachlagerung im Rahmen etwa eines CMR-Beförderungsvertrages *verkehrsbedingt* an, sind auch auf Ansprüche aus einer solchen untergeordneten Lagerung die Verjährungsregeln derjenigen Transportrechtsordnung anzuwenden, in deren Rahmen die untergeordnete Lagerung anfällt (etwa CMR).[6] 31

3. Nichtgewerbliche, private Einlagerung (Verwahrung)

Die *nichtgewerbliche*, private Einlagerung richtet sich nach §§ 688 ff. BGB, wobei zu beachten ist, dass auch der *gewerbliche* Gelegenheitseinlagerer § 467 HGB unterfällt. Ansprüche aus einem Verwahrungsvertrag unterliegen der dreijährigen Regelverjährung des § 195 BGB.[7] 32

---

[6] Zu Einzelheiten hierzu vgl. *Demuth* in: Thume, 3. Aufl., Rdnr. 10 zu Art. 32 CMR m.w.N.
[7] *Erman/Herrmann*, 13. Aufl., Rdnr. 7 zu § 695 BGB. Sonderregelung des § 695 S. 2 BGB: Die Verjährung des Anspruchs auf Rückgabe der Sache beginnt mit der Rückforderung.

IV. Verjährung von Ansprüchen aus Logistikverträgen

Übersicht

	Rdnr.
1. Einführung	33
2. Gesetzliche Verjährungsvorschriften	34
a) Ansprüche aus Verkehrsverträgen	35
aa) Verjährungsregelungen	36
bb) Beginn der Verjährung	40
cc) Beginn der Verjährung	43
b) Ansprüche aus sonstigen Verträgen	49
aa) Ansprüche aus Werkverträgen	50
bb) Ansprüche aus Dienstverträgen	51
cc) Ansprüche aus Auftrags- und Geschäftsbesorgungsverträgen	52
dd) Beginn der Verjährung aus BGB-Verträgen	53
c) Ansprüche aus dem ProdHaftG	55
3. Abdingbarkeit von Verjährungsfristen, Verzicht auf die Einrede der Verjährung	57
a) Verkehrsrechtliche Verjährungsfristen	57
aa) Vor Entstehen des Anspruchs	57
bb) Nach Entstehen des Anspruchs	58
cc) Sonstiges	60
b) Verjährungsvorschriften des BGB	63
aa) Abänderung durch Individualabreden	64
bb) Abänderung durch AGB-Klauseln	66
cc) Zwischenergebnis	69
c) Regelung in 17.1. Logistik-AGB	70
d) Verjährungsregelung des § 12 ProdHaftG	72

1. Einführung

33 Der Logistikvertrag, soweit man davon als Vertragstyp sprechen kann, ist ein gemischter Vertrag ‚eigener Art' gemäß §§ 241, 311 BGB.[1] Je nach Ausgestaltung enthält er z.B. Leistungen aus dem Fracht-, Speditions- oder Lagerrecht ergänzt durch solche aus Werkvertrags-, Dienstvertrags- und Auftrags- bzw. Geschäftsbesorgungsrecht, sogar kauf- und mietvertragliche Elemente sind denkbar.[2]

2. Gesetzliche Verjährungsfristen

34 Für die verschiedenen vertraglichen Leistungen, die im Rahmen von logistischen Dienstleistungen erbracht werden, gelten unterschiedliche Verjährungsfristen.

35 *a) Ansprüche aus Verkehrsverträgen.* Als Verkehrsverträge werden die Verträge über die Tätigkeiten von Spediteuren, Frachtführern und Lagerhaltern (§§ 407 bis 475h) in Ziffer 2.1.ADSp zusammengefasst, erweitert um sonstige üblicherweise zum Speditionsgewerbe gehörende Geschäfte.

36 *aa) Verjährungsregelungen.* Für die Verjährung von Ansprüchen aus Beförderungen im Geltungsbereich des HGB gilt unmittelbar die **einjährige Regelfrist** des § 439

---

[1] Vgl. oben C. III Rdnr. 23 ff. und *Gran* in: Piper/Pokrant/Gran Rdnr. 496 ff., vgl. auch *Ermann-Kindl*, 13. Aufl. vor § 311 BGB Rdnr. 12 ff.

[2] Vgl. die differenzierte Darstellung bei E/B/J/S/*Reuchle*, 2. Aufl., vor § 407 HGB Rdnr. 139–178.

IV. Verjährung von Ansprüchen aus Logistikverträgen

Abs. 1,[3] bei grenzüberschreitenden Straßengütertransporten Art. 32 CMR, bei internationaler Eisenbahnbeförderung von Gütern gem. Art. 48 CIM eine zweijährige Verjährungsfrist, im Geltungsbereich des Montrealer Einkommens über die Beförderung im internationalen Luftverkehr ist gem. Art. 35 MÜ eine zweijährige Ausschlussfrist bestimmt.

Für die Verjährung von Ansprüchen aus Verträgen über speditionelle Leistungen[4] 37 gilt die einjährige Verjährungsfrist gem. § 439 Abs. 1 S. 1 HGB ebenfalls über die Verweisungsvorschrift des § 463 HGB.

Auch für die **Ansprüche aus Lagerverträgen**[5] ist gemäß § 475a HGB die Vorschrift 38 des § 439 entsprechend anwendbar und somit gilt die einjährige Regelfrist.

Bei einem so genannten qualifizierten Verschulden i.S.d. § 435 HGB gilt bei allen 39 drei vorgenannten Vertragstypen, soweit sie dem HGB unterliegen, die **dreijährige Verjährungsfrist** nach § 439 Abs. 1 Satz 2 HGB.[6]

bb) Beginn der Verjährung. Bei frachtvertraglichen Ansprüchen im Rahmen des 40 HGB gelten für den Beginn der Verjährung die Regelungen des § 439 Abs. 2 HGB.[7]

Bezüglich des Beginns der Verjährung bei Ansprüchen aus Speditionsverträgen 41 wird auf die Ausführungen unter E. II[8] Bezug genommen.

Ausgenommen den Fall des Totalverlustes (hier Sonderregelung § 475a Abs. 1 S. 2 42 HGB – Verlustanzeige durch den Lagerhalter –) gelten für den Beginn der Verjährung von Ansprüchen aus Lagerverträgen die Regelungen des § 439 Abs. 2 HGB entsprechend.[9]

cc) Sonstiges. **Verjährung von Ansprüchen aus Nebenabreden und gemischten** 43 **Verträgen sowie von außervertraglichen Ansprüchen.**

Auch wenn sie Bestandteile eines Logistikvertrages sind, gilt für die Verjährung von 44 Ansprüchen aus einem solchen Vertrag, soweit sie Leistungen i.S.d. §§ 407 bis 475h HGB betreffen, die Regelung des § 439 HGB, also im Regelfall eine einjährige Verjährungsfrist.

Die Verjährungsfrist des Art. 32 CMR (dem in seinem Geltungsbereich folgend 45 § 439 HGB) findet auch auf Ansprüche Anwendung, die **Nebenabreden** darstellen oder sonst mit der Beförderung im Zusammenhang stehen, wie z.B. bei Verletzung von Pflichten bei der Einziehung von **Nachnahmen** oder Zuwiderhandlungen gegen Neutralitätspflichten, bei Palettendarlehen, Erstattungsansprüche hinsichtlich verauslagter Zollgebühren bis zu Verletzung von Frachtführer übernommener Reklamepflicht auf LKW-Planen[10].

Soweit *gemischte Verträge* ihren Schwerpunkt in der Beförderung haben und wenn 46 der Anspruch nicht trennbar ist und sich nicht einer nichtfrachtrechtlichen Leistung zuordnen lässt, sollen die frachtrechtlichen Regelungen (insbesondere § 439 HGB, Art. 32 CMR) gelten.[11] In der 6. Auflage nennt Koller hierfür nachfolgende Beispiele, welche teilweise von *Schaffert* bestätigt und ergänzt werden: Demontage und Montage von Möbeln, Verpackungen, Besorgung von Dokumenten, Palettendarlehen und

---

[3] Vgl. dazu im Einzelnen oben E. I Rdnr. 1 ff.
[4] Vgl. dazu im Einzelnen oben E. II Rdnr. 18 ff.
[5] Vgl. oben E. III Rdnr. 28 ff.
[6] Vgl. oben E. I Rdnr. 1 ff.
[7] Vgl. oben E. I Rdnr. 1 ff.
[8] Vgl. oben E. II Rdnr. 18 ff.
[9] Vgl. oben E. III Rdnr. 28 ff.
[10] *Thume/Demuth,* Kommentar zur CMR, 3. Aufl., Art. 32 CMR Rdnr. 9 m.w.N.
[11] *Koller,* 8. Aufl., § 439 HGB Rdnr. 10c; ebenso E/B/J/S/*Schaffert,* 2. Aufl., § 439 HGB Rdnr. 7.

Vermietung von Beförderungsmitteln nur für die konkrete Beförderung.[12] Die Abgrenzung dürfte fließend sein, da einerseits bei .der Verpflichtung eines Unternehmers, eine demontierte Maschine aufzuladen, auf der Straße von einem Staat in einen anderen zu befördern, abzuladen, zu montieren und zur Probe laufen zu lassen, der Schadensersatz wegen Folgeschäden in Folge einer bei dem Aufladen eingetretenen Beschädigung eines Maschinenteils allein den Bestimmungen der CMR unterliegt.[13] Andererseits dürfte bei der Verpflichtung eines Unternehmers, eine Fabrik in einem Vertragsstaat zu demontieren und in einem anderen Staat wieder zu installieren, wobei er einschließlich des Transports sämtliche Leistungen zu erbringen hat, eine Unterscheidung zwischen dem Transportteil (Art. 32 CMR) und dem De- und Remontageteil (§§ 633 ff. BGB bei Geltung deutschen Rechts) zu machen sein.[14]

47 Demgegenüber gilt § 439 HGB (ebenso wie Art. 32 CMR) nicht für Ansprüche aus selbstständigen, neben dem Beförderungs-/Speditions-/oder Lagervertrag stehenden Verträgen[15] wie längerfristige Vermietung von Beförderungsmittels[16] für einen längeren Zeitraum und mehrere Transporte, Garantie eines Mindestfrachtumsatzes.[17]

48 Bei außervertraglichen Ansprüchen ist entscheidend, ob sie mit Ansprüchen aus dem Fracht-/Speditions-/Lagerrecht konkurrieren, vergleiche die entsprechenden Definitionen in Art. 28 CMR, § 434 HGB. In diesen Fällen greift die verkehrsrechtliche Verjährung (Beispiel: § 439 HGB).[18]

49 *b) Ansprüche aus sonstigen Verträgen.* Ansprüche aus gemischten Verträgen, also auch aus Logistikverträgen mit gleichwertigen oder sogar gewichtigeren Leistungselementen nicht verkehrrechtlicher Art verjähren dagegen nach Maßgabe der für diese Leistungsbereiche geltenden Vorschriften:[19]

50 *aa) Ansprüche aus Werkverträgen.* Mängelansprüche aus Werkverträgen verjähren z. B. dann, wenn das Werk in der Herstellung, Wartung oder Veränderung einer Sache besteht, gemäß § 634a Abs. 1 Nr. 1 BGB in zwei Jahren. Andere Mängelansprüche und sonstige Ansprüche verjähren gemäß § 195 BGB in drei Jahren.

51 *bb) Ansprüche aus Dienstverträgen.* Ansprüche aus Dienstverträgen verjähren regelmäßig ebenfalls gemäß § 195 BGB in drei Jahren.

52 *cc) Ansprüche aus Auftrags- und Geschäftsbesorgungsverträgen.* Mangels einer Spezialvorschrift verjähren Ansprüche aus diesen Verträgen auch nach § 195 BGB in drei Jahren.

53 *dd) Beginn der Verjährung aus BGB-Verträgen.* Bei Ansprüchen aus § 634a Abs. 1 BGB beginnt die Verjährung mit der Abnahme des Werks (Absatz 2), es sei denn, der Unternehmer hat den Mangel arglistig verschwiegen. Dann gilt die Regelverjährung nach § 195 BGB.

54 Die **regelmäßige Verjährungsfrist** beginnt gemäß § 199 BGB mit dem Schluss des Jahres, in dem der Anspruch entstanden ist und der Gläubiger von den den Anspruch begründenden Umständen und der Person des Schuldners Kenntnis erlangt oder ohne grobe Fahrlässigkeit erlangen musste. Grob fahrlässige Unkenntnis wird ange-

---

[12] *Koller,* TranspR, 6. Aufl., § 439 HGB Rdnr. 11 und E/B/J/S/*Schaffert,* 2. Aufl., § 439 HGB Rdnr. 7.
[13] OLG Düsseldorf VersR 1983, 749.
[14] *Thume/Demuth,* 3. Aufl., Art. 32 CMR Rdnr. 7.
[15] *Koller,* 8. Aufl., § 439 HGB Rdnr. 7 m. w. N.
[16] E/B/J/S/*Schaffert,* 2. Aufl., § 439 HGB Rdnr. 6.
[17] BGH TranspR 2006, 451 (453 f.) = NJW-RR 2007, 182.
[18] Vgl. oben E. I Rdnr. 1 ff.
[19] Vgl. z. B. *Koller,* 6. Aufl., a. a. O. § 439 HGB Rdnr. 13.

IV. Verjährung von Ansprüchen aus Logistikverträgen E. IV

nommen,[20] wenn die Unkenntnis auf einer besonders schweren Vernachlässigung der im Verkehr erforderlichen Sorgfalt beruht, insbesondere sich der Gläubiger die den Anspruch begründenden Umstände geradezu aufdrängen und er leicht zugängliche Quellen nicht in Anspruch nimmt.

c) Ansprüche aus dem Produkthaftungsgesetz[21] *(ProdHaftG).* Soweit eine Haftung 55 des Logistikdienstleisters als Hersteller eines Produkts gemäß § 4 dieses Gesetzes infrage kommt, wenn er das Endprodukt oder ein Teilprodukt hergestellt (Absatz 1) oder das Produkt zum Zwecke des Verkaufs, der Vermietung oder einer anderen Form des Vertriebs mit wirtschaftlichem Zweck im Rahmen seiner geschäftlichen Tätigkeit in den Europäischen Wirtschaftsraum eingeführt oder verbracht haben sollte, verjähren die Ansprüche gegen den Schädiger gemäß § 12 ProdHaftG in drei Jahren.

Die Verjährung beginnt mit dem Zeitpunkt, in dem der Ersatzberechtigte von dem 56 Schaden, dem Fehler und von der Person des Ersatzpflichtigen Kenntnis erlangt hat oder hätte erlangen müssen. Eine **einfache Fahrlässigkeit** reicht aus, grobe Fahrlässigkeit ist nicht erforderlich.[22]

3. Abdingbarkeit von Verjährungsfristen, Verzicht auf die Einrede der Verjährung

Im Folgenden soll dargestellt werden, inwieweit gesetzliche Verjährungsfristen abdingbar sind:

a) Verkehrsrechtliche Verjährungsvorschriften (§ 439 HGB). aa) Vor Entstehen des 57 *Anspruchs.* Vor Entstehen der Forderung kann nur durch eine im Einzelnen ausgehandelte Vereinbarung die Verjährung gemäß § 439 Abs. 4 HGB erleichtert oder erschwert, also verkürzt oder verlängert werden, nicht aber durch vorformulierte Klauseln (AGB).[23]

bb) Nach Entstehen des Anspruchs. Für Vereinbarungen nach Entstehung eines 58 Schadens sollen nach der Begründung des Regierungsentwurfs zum Transportrechtsreformgesetz[24] die Regeln des allgemeinen Zivilrechts gelten. *Koller*[25] wendet diese Grundsätze auf alle Ansprüche an, für die nach ihrem Entstehen Regelungen getroffen werden und vertritt überdies die Auffassung, dass in den Grenzen der Regeln über die **Sittenwidrigkeit** (§ 138 BGB) und des § 202 BGB Verlängerungen der Verjährungsfristen frei vereinbart werden können.

Nach § 202 Abs. 2 BGB kann die Verjährung nicht über eine Frist von 30 Jahren ab 59 dem gesetzlichen Verjährungsbeginn hinaus erschwert werden.

cc) Sonstiges. Auch der Haftpflichtversicherer ist im Zweifel bevollmächtigt, Abre- 60 den über die Verjährung mit dem Anspruchsteller zu treffen.[26]

Bezieht sich eine Erklärung auf die Verlängerung einer laufenden Verjährungsfrist, 61 ist die Erklärung unbeachtlich, wenn diese Frist bereits abgelaufen war.[27]

Ungeachtet dessen kann der Schuldner auch nach Eintritt der Verjährung auf die 62 Erhebung der **Einrede** der Verjährung verzichten, da es ihm frei steht, ob er trotzdem

---

[20] Vgl. Palandt/*Heinrichs* BGB 67. Aufl. Rdnr. 36 ff. zu § 199 BGB.
[21] BGBl. I 1989 S. 2198.
[22] Vgl. Palandt/*Sprau* BGB 67. Aufl. Rdnr. 1 ff. zu § 12 ProdHaftG.
[23] Vgl. *Koller,* 8. Aufl., Rdnr. 51 zu § 439 HGB.
[24] BR-Drucks. 369/97 S. 79, vgl. auch oben E. I Rdnr. 16 ff.
[25] A. a. O. Rdnr. 52 zu § 439 HGB.
[26] Vgl. OLG Celle TranspR 1994, 191 (192).
[27] Vgl. BGHZ 83, 382 (391).

leisten will. Der Schuldner muss aber wissen oder mit der Möglichkeit rechnen, dass Verjährung eingetreten ist.[28]

63 **b) Verjährungsvorschriften des BGB.** Für alle der Verjährung unterliegenden Ansprüche aus dem BGB gilt, dass sie grundsätzlich der Disposition der Parteien unterliegen.[29]

aa) Abänderung durch Individualabreden. Für Individualabreden gelten nur folgende Schranken.[30]

64 • Die Verjährung kann bei Haftung wegen Vorsatzes gemäß § 202 Abs. 1 BGB nicht im Voraus durch Rechtsgeschäft erleichtert werden;

65 • die Verjährung kann durch Rechtsgeschäft nicht über eine Frist von 30 Jahren ab gesetzlichem Verjährungsbeginn hinaus verlängert werden.
Anstelle einer unwirksamen Abrede tritt die gesetzliche Regelung.

66 *bb) Abänderung durch AGB-Klauseln.* Abweichungen von den gesetzlichen Regelungen sind nur wirksam, wenn sie den Anforderungen nach § 307 BGB standhalten.

67 Die neue gesetzliche Verjährungsregelung der §§ 194 ff. BGB hat insoweit eine Leitbildfunktion, wobei aber Unternehmer die Möglichkeit haben, von der Vertragsfreiheit durch Standardklauseln Gebrauch zu machen, sofern die Klauseln einmal dem Transparenzgebot des § 305c BGB entsprechen. Sie dürfen weder überraschend noch mehrdeutig sein.

68 Weiter dürfen sie die andere Seite nicht unangemessen benachteiligen. Dabei ist auch für Verträge zwischen Unternehmern[31] die Regelung des § 309 Nr. 8b ff. BGB) zu beachten, wonach die Verjährungsfrist zugunsten des Verwenders nicht auf weniger als ein Jahr verkürzt werden darf.

69 *cc) Zwischenergebnis.* Im Ergebnis bedeutet dies, dass auch für Ansprüche aus Werk-, Dienst-, Auftrags- oder Geschäftsbesorgungsverträgen eine Verkürzung der Verjährungsfristen auf ein Jahr durch AGB grundsätzlich möglich erscheint. Dabei ist aber immer zu beachten, dass insgesamt keine unangemessene Benachteiligung des Vertragspartners vorliegt (§ 307 BGB).

70 **c) Regelung in Ziffer 17.1 Logistik-AGB.**[32] Diese Klausel bestimmt, dass Ansprüche aus einem, den Logistik-AGB unterliegenden Logistikvertrag, auch wenn sie nicht verkehrsrechtlicher Natur sind, regelmäßig in einem Jahr verjähren. Bei qualifiziertem Verschulden gemäß Definition in Ziffer 15 soll eine dreijährige Verjährungsfrist gelten.

71 Nach *Gran*[33] ist die Klausel problematisch, da nicht klar sei, ob die Parteien wirklich wüssten, was gemeint sei und daher ein Verstoß gegen das Transparenzgebot nach § 305c Abs. 2 BGB vorliegen könne.

72 **d) Verjährungsregelung des § 12 ProdHaftG.** Im Voraus kann die Verjährungsfrist wegen der Unabdingbarkeit der Haftung gemäß § 14 ProdHaftG nicht verkürzt werden.[34]

---

[28] Vgl. *Koller* a. a. O. Rdnr. 53 zu § 439 HGB m. w. N.
[29] Vgl. Palandt/*Heinrichs* BGB 67. Aufl. Rdnr. 1 zu § 202 BGB.
[30] Vgl. Palandt/*Heinrichs* a. a. O. Rdnr. 8 ff.
[31] Vgl. Palandt/*Heinrichs* BGB 67. Aufl. Rdnr. 15 zu § 202 BGB.
[32] Vgl. oben C. III Rdnr. 359 ff.
[33] In *Piper/Pokrant/Gran,* Transport- und Logistikrecht Rdnr. 1092.
[34] MüKoBGB/*Wagner* 4. Aufl. Rdnr. 6 zu § 14 ProdHaftG.

F. Riskmanagement

I. Einführung

Übersicht

	Rdnr.
1. Allgemeines	1
a) Riskmanagement in der Organisation	2
b) Systematik des Riskmanagements	3
c) Risikoanalyse/Risikoidentifikation	4
d) Risikobewertung	5
e) Risikobewältigung	6
f) Risikocontrolling	7
g) Gesetzliche Vorgaben für Riskmanagement	8
h) Allgemeine Risikopotentiale für Logistikdienstleister	10
2. Vorsorgemaßnahmen	16
a) Vermeidung von Schäden	16
b) Beschaffung ausreichenden eigenen Versicherungsschutzes für den Fall eines Schadens	18
c) Gestaltung der Verträge mit Dritten, die zur Erfüllung übernommener Pflichten eingesetzt werden	19
d) Schutz der Geschäftsbeziehung zum eigenen Kunden	22
3. Unterschiedliche Aufgabenstellungen für Frachtführer, Spediteure und Logistikunternehmer	23
a) Situation der Frachtführer	23
b) Situation der Spediteure	24
c) Situation der Logistikunternehmer	26
aa) Leistungen in verschiedenen rechtlichen Bereichen	26
bb) Unterschiedliche Haftungssysteme	27
cc) Versicherungsmäßige Folgen	29

1. Allgemeines

Unternehmerische Ziele sind insbesondere in der Logistik weitgehend unwägbarer **1** als in anderen Dienstleitungssektoren. Die Internationalität macht die jeweiligen Unsicherheiten und Risiken schwerer beherrschbar als wenn Dienstleister oder Produzenten sich lediglich in einem Rechtsraum oder in einem Wirtschaftsraum bewegen. Tatsache ist, dass Logistiker vielfältigeren Risikofaktoren ausgesetzt sind, die zudem begleitet werden von technologischen und rechtlichen Entwicklungen, aber auch von ökonomischen Veränderungen. Die Vernetzung von Zulieferern, Herstellern und Logistikern in einer Kette stellt das Riskmanagement vor weitergehende Aufgaben als anderswo. Positiv festzustellen ist, dass in den letzten Jahren die Aufgabe des Riskmanagements in vielen Logistikunternehmen Eingang gefunden hat und richtigerweise in der Geschäftsführung angesiedelt ist. Weitgehend wird der Begriff „Riskmanagement" definiert und verstanden als „risikobewusste Unternehmensführung". Es geht dabei um eine systematische Lenkung unternehmerischer Aktivitäten. Vorrangig verfolgt wird dabei das Ziel der Erhöhung des Unternehmenswertes, die Sicherung der Unternehmensziele und die Risikokosten zu steuern und zu verbessern, wobei soziale Aufgaben aus dem gesellschaftlichen Verantwortungsbereich ebenfalls hinzuzurechnen sind.

2 ***a) Riskmanagement in der Organisation.*** Das Riskmanagement ist im Vorstand oder in der Geschäftsführung anzusiedeln. Das reicht aber nicht. Vielmehr muss Riskmanagement auch in allen Ebenen und vor allem in die unternehmerische Praxis integriert werden. Die Risikobeherrschung obliegt letztlich allen Mitarbeitern, so dass Riskmanagement als dauerhafte Unternehmensaufgabe grundsätzlich zu definieren ist.

3 ***b) Systematik des Riskmanagements.*** Durchgesetzt hat sich dabei eine Struktur des Riskmanagement-Systems in vier Stufen:
- Risikoanalyse
- Risikoidentifikation
- Risikoüberwachung durch das Riskmanagement-System (RMS)
- Risikosteuerung

Wichtig nochmal der Hinweis: Es handelt sich um einen dauerhaft fortlaufenden Prozess im Unternehmen, der zudem weiter zu entwickeln ist.

4 ***c) Risikoanalyse/Risikoidentifikation.*** Hier geht es ganz einfach darum, alle erkennbaren Risiken zu erfassen. Damit gemeint sind alle Störfaktoren von wahrscheinlich bis zu vollkommen unwahrscheinlich. Der Anspruch sollte durchaus auf Vollständigkeit und Aktualität liegen. Kontinuierlich sind beide Aspekte weiterzuverfolgen, um gerade Veränderungen mitzuerfassen.

5 ***d) Risikobewertung.*** Erst wenn alle Risiken erfasst sind, darf in einem 2. Schritt eine Risikobewertung vorgenommen werden. Dabei wird unterschiedlich vorgegangen. Durchgesetzt hat sich die strukturierte Gliederung nach Häufigkeit und Auswirkungen. Dort wird dann weiter differenziert zwischen unwahrscheinlich, sehr selten, selten, möglich und häufig. Einzubeziehen sind natürlich auch die Auswirkungen vom Grad der Betroffenheit auf das Unternehmen. Diese Skala bewegt sich dann von unbedeutend bis zu katastrophal. Erst nach dieser Bewertung stellt sich dann die Frage der Beherrschung der Risiken.

6 ***e) Risikobewältigung.*** Aufgabe der Risikobewältigung ist es, Gegenmaßnahmen oder Maßnahmenkataloge zu entwickeln. Die Implementierung ist in der betrieblichen Praxis vorzunehmen. Auch hier haben sich Strukturen durchgesetzt, indem vorrangig mit vier Strategien zur Risikobewältigung gearbeitet wird.

Diese sind:
- Akzeptanz zum Beispiel bei geringwertigen Frequenzschäden. Diese Schäden werden selbst getragen.
- Vermindern: Insbesondere bei spürbaren und auch kritischen denkbaren Schäden.
- Übertragung: Dies kann vertraglich geschehen, aber vorrangig vor allem durch das Weiterwälzen von insbesondere katastrophalen Schäden auf Versicherungen.
- Vermeidung: Hier geht es darum, das Schadenspotential und das Risikopotential praktisch auf 0 zu reduzieren.

7 ***f) Risikocontrolling.*** Hier ist es das Ziel, die Steuerung von Risiken nachhaltig im Unternehmen sicherzustellen. Kontinuität in der Unternehmensführung und deren Verfolgung ist hier gefragt. Genau zu beobachten ist insbesondere die Umsetzung, inwieweit die Steuerungsmaßnahmen auch tatsächlich greifen. Werden hier Abweichungen festgestellt, so ist wiederum gegenzusteuern, was vom Risikocontrolling weiterzuverfolgen ist.

I. Einführung

g) Gesetzliche Vorgaben für Riskmanagement. Sowohl im GmbH-Gesetz als auch im Aktiengesetz obliegt es den Geschäftsführern bzw. den Vorständen, alle gesetzlichen Anforderungen zu beachten. Insbesondere einschlägig ist hier § 43 Abs. 1 GmbHG, aber auch § 91 Abs. 2 AktG. Im Aktienrecht ist im Rahmen des Lageberichts über die aktuelle Situation von Risiken und Unsicherheiten der künftigen Unternehmensentwicklung zu berichten. Auf diese Weise ist sichergestellt, dass Vorstände sich mit potentiellen unternehmerischen Risiken fortlaufend auseinanderzusetzen haben. 8

Die Wirtschaftskrise hat darüber hinaus viele weitere Verpflichtungen für Unternehmen konkretisiert und festgeschrieben. Die Berichterstattung richtet sich an das Eigenkapital, woraus sich dann die Kreditfähigkeit des jeweiligen Unternehmens definiert. Die Bereiche Unternehmensplanung, Controlling, Berichtwesen und Transparenz spielen hier eine übergeordnete Rolle. 9

h) Allgemeine Risikopotentiale für Logistikdienstleister. Es wird unterschieden zwischen Finanzrisiken, Betriebsrisiken und externen Risiken. Die ausschließlichen Risiken für das Transport- und Logistikgewerbe werden im Einzelnen unter Ziffer II) dargestellt. 10

Zu den allgemeinen Risiken zählen:

Finanzrisiken: Hier geht es hauptsächlich um Zahlungsausfälle von Auftraggebern. Je geringer die Kapitaldecke, umso stärker besteht das Bedürfnis, Zahlungsausfälle auszuschließen. Lässt sich dies naturgemäß nicht bei allen Auftraggebern umsetzen, so erlangt auch hier der Bereich der Risikoübertragung auf Versicherungen eine große Bedeutung. Über spezielle Kreditversicherer bzw. Forderungsausfallversicherer werden vor allem auch die Bonität der Geschäftspartner fortlaufend verfolgt. Für Logistiker ergibt sich ein wirksames Frühwarnsystem, wenn der Auftraggeber in Turbulenzen gerät. 11

Dabei wird weitgehend unterschieden zwischen

Zahlungsrisiko: Darunter verstanden wird die nicht erbrachte oder nicht die vollständige Zahlung des Auftraggebers bei gleichzeitiger vollständiger Leistungserfüllung. 12

Kreditrisiko: Hierunter wird schlechthin die Zahlungsunfähigkeit bzw. der Zahlungsunwillen verstanden, der zu einem Zahlungsverzug führt. In der Praxis werden abweichende Zahlungsziele vereinbart, was aber vom Logistiker sehr gut überlegt sein muss. Dabei sollte auch an die Übertragung von Sicherheiten gedacht werden, um das Kreditrisiko zu minimieren. 13

Liquiditätsrisiko: Darunter wird die fristgerechte Begleichung von Verbindlichkeiten verstanden. Dies ist für das Unternehmen dem Grunde nach überlebenswichtig, da ansonsten selbst die Gefahr der Insolvenz droht. Entgegensteuern lässt sich hier zum Beispiel durch Liquiditätsreserven, was aber wiederum eine Frage der Eigenkapitalstärke des Unternehmens ist. 14

Wechselkursrisiko: Durch die Erweiterung der Wirtschaftsräume und die EURO-Einführung, spielt dieses Risiko für Logistiker, die innerhalb des EURO-Raumes tätig sind, nicht mehr die Rolle wie in früheren Jahrzehnten. Trotzdem gilt es, Kursentwicklungen genau zu verfolgen, da oftmals Partner eben international hiervon bei schlechten Entwicklungen stark berührt sein können, die dann wiederum zu Liquiditätsrisiken auch im EURO-Raum führen können. 15

2. Vorsorgemaßnahmen

Die zum eigenen Schutz erforderlichen Maßnahmen im rechtlich-organisatorischen Bereich gliedern sich in folgende Hauptbereiche auf:

16 *a) Vermeidung von Schäden.* Erstes Ziel jeglichen Riskmanagements ist es, zunächst einmal Schäden zu vermeiden, und zwar sowohl im organisatorischen Bereich als auch bei der Abwicklung.

17 Dabei sind Vorkehrungen im organisatorisch-rechtlichen Bereich und im technischen Bereich erforderlich, wobei in der folgenden Darstellung nur der organisatorisch-rechtliche Bereich behandelt wird.

18 *b) Beschaffung ausreichenden eigenen Versicherungsschutzes für den Fall eines Schadens.* Da trotz aller Vorkehrungen, insbesondere durch menschliches Versagen der Eintritt von Schäden nicht ausgeschlossen werden kann, empfiehlt es sich, dafür Sorge zu tragen, dass im Schadenfall ausreichender eigener Versicherungsschutz vorhanden ist.

19 *c) Gestaltung der Verträge mit Dritten, die zur Erbringung übernommener Leistungen eingeschaltet werden.* Häufig bedienen sich Frachtführer und Spediteure zur Erfüllung übernommener Leistungen **Dritter,** für deren etwaige Fehler sie dann zumeist gegenüber ihren Auftraggebern einzustehen haben, z.B. gemäß §§ 428, 462 HGB, § 278 BGB oder Art. 3 CMR.

20 Dabei ist darauf zu achten, dass nicht nur sämtliche übernommenen Pflichten möglichst deckungsgleich auf die (Sub-)Unternehmer übertragen werden, sondern dass diese auch in der Lage sind, diese zu erfüllen und im Schadenfall über ausreichenden eigenen Versicherungsschutz verfügen.

21 Ziel sollte es sein, dass bei Dritten entstandene Schäden zum **durchlaufenden Posten** werden.

22 *d) Schutz der Geschäftsbeziehung zum eigenen Auftraggeber.* Weiter sollte darauf hingearbeitet werden, dass ein etwaiger Schaden so abgewickelt werden kann, dass er nicht zu einem Verlust des eigenen Auftraggebers führt. Dabei ist zu beachten, dass der eigene Versicherungsschutz nicht selten nicht alle Vorstellungen des eigenen Auftraggebers über den Umfang des zu ersetzenden Schadens abdeckt und dass aufgrund der Gegebenheiten **berechtigte Ablehnungen** des Versicherers nicht zu Zerwürfnissen mit dem Auftraggeber führen.

3. Unterschiedliche Aufgabenstellungen für Frachtführer, Spediteure und Logistikunternehmer

23 *a) Situation der Frachtführer.* Insoweit ist besonders zu berücksichtigen, dass **Haftungserweiterungen** und besondere zusätzliche Pflichten aus Aufträgen nicht nur von den eigenen Mitarbeiter bei den Auftragsverhandlungen erkannt, sondern auch bei der Abwicklung im eigenen Betrieb beachtet und insbesondere entsprechend auf beauftragte Dritte wirksam übertragen werden. Je differenzierter die Vertragsgestaltung mit dem Auftraggeber erfolgt ist, insbesondere bei **Individualabreden,** desto wichtiger ist die Prüfung, was zur wirksamen Übertragung dieser Pflichten nach unten zu beachten ist und welche Allgemeine Geschäftsbedingungen von den (Sub-)Unternehmern mit welchen Haftungs- und Leistungsbeschränkungen, z.B. hinsichtlich des Palettentausches, verwendet werden.

I. Einführung

b) Situation der Spediteure. Die Spediteure haben zu berücksichtigen, dass sie bei 24 der Spedition zu festen Kosten (§ 459), die heute der Regelfall ist,[1] bei Selbsteintritt (§ 458) und bei der Sammelladungsspedition (§ 460) die Rechte und Pflichten eines Frachtführers haben und für die Fehler der eingesetzten Frachtführer nach § 462, 428 bzw. Art. 3 CMR einzustehen haben. In diesen Fällen, d.h. grundsätzlich immer, benötigt der Spediteur daher neben einer Deckung für die Spediteurtätigkeit auch eine Frachtführerdeckung und je nach Tätigkeitsumfang besondere Deckungen im Lagerbereich und für Verzollungstätigkeiten.

Weiterhin ist, insbesondere bei der Lagertätigkeit, aber auch bei sonstigen Leistun- 25 gen, zu prüfen, ob eine **ausreichende Versicherungsdeckung** auch für den Fall einer unbegrenzten Haftung wegen eines qualifizierten Verschuldens, §§ 435 Abs. 1, 461 HGB, Art. 29 CMR vorhanden ist.

c) Situation der Logistikunternehmer. aa) Leistungen in verschiedenen rechtlichen 26 *Bereichen.* Zunächst ist zu berücksichtigen, dass bei Logistikverträgen die als „**Logistikdienstleister**" tätigen Verkehrsunternehmen neben verkehrsvertraglichen Fracht-, Speditions- und Lagerleistungen noch weitere Leistungen zumeist als „werkvertragliche Leistung" i.S.d. §§ 631 ff. BGB oder als Dienstleistungen i.S.d. §§ 611 ff. BGB zu erbringen haben.

bb) Unterschiedliche Haftungssysteme. Für verkehrsvertragliche Leistungen gilt 27 überwiegend eine verschuldensunabhängige, dafür aber der Höhe nach begrenzte Haftung.[2]

Demgegenüber gilt für die sonstigen Leistungen, zumeist aus dem BGB unterlie- 28 genden Verträgen, eine Verschuldenshaftung in unbegrenzter Höhe, die jedoch im Regelfall abdingbar und beschränkbar ist, insbesondere hinsichtlich **Folgeschäden**.[3]

cc) Versicherungsmäßige Folgen. Die Haftung für verkehrsvertragliche Leistungen 29 einschließlich der sogenannten speditionsüblichen Logistik[4] kann üblicherweise, wenn auch teilweise mit Beschränkungen für bestimmte Leistungen und der Höhe nach über die Verkehrshaftungsversicherung[5] abgedeckt werden.

Demgegenüber ist die Haftung für speditionsunübliche logistische Leistungen, vor 30 allem aus Werk- und Dienstverträgen, vom Grundprinzip her nicht über die **Verkehrshaftungsversicherung** versicherbar. Hier hat sich der Logistikdienstleister im Regelfall über seine **Betriebshaftpflichtversicherung**[6] zu versichern.

Für den Logistikdienstleister ist es daher von besonderer Wichtigkeit, dass er für die 31 gesamte von ihm zu erbringende Leistungspalette möglichst deckungsgleich mit seiner Haftung versichert ist.[7]

---

[1] Vgl. oben C. I Rdnr. 18 ff.
[2] Vgl. für das Frachtrecht oben D. I Rdnr. 4 ff., für das Speditionsrecht D. II Rdnr. 67 ff. und 82 ff.
[3] Vgl. oben C. III Rdnr. 432 ff., 469 ff.
[4] Vgl. oben D. IV Rdnr. 106
[5] Vgl. oben Rdnr. 6, C. II Rdnr. 58 ff. und unten G. I Rdnr. 16.
[6] Vgl. unten G. III Rdnr. 82.
[7] Vgl. dazu oben C. II Rdnr. 58 ff., C. III Rdnr. 469 ff. und D. I Rdnr. 4 ff.

II. Vermeidung von Schäden

Übersicht

	Rdnr.
1. Vorbereitende Maßnahmen	32
a) Erkennen des Risikos eines Auftrags	32
aa) Anforderungen des angebotenen Auftrags	34
bb) Haftungs- (und sonstiges) Risiko	39
b) Prüfung vor Annahme des Angebots	43
aa) Abgleich mit den vorhandenen organisatorischen Möglichkeiten	44
bb) Abgleich des vorhandenen mit dem jeweils erforderlichen Versicherungsschutz	46
2. Auftragsabwicklung	48
a) Im Bereich Disposition und organisatorischer Abwicklung	49
b) Im Bereich Fahr- und Lagerpersonal	50
aa) Bei der Beladung	51
bb) Während des Transports	52
cc) Bei der Entladung/Ablieferung	53
dd) Kontrolle der eigenen Fahrzeuge	54
3. Besonderheiten bei Logistikverträgen	55
a) Allgemeines	55
b) Auftragsprüfung/Vertragsverhandlungen	59
aa) Verkehrsvertraglicher Leistungsbereich	59
bb) Spezieller logistischer Aufgabenbereich	61
(1) So genannte speditionsübliche Logistik	61
(2) Zuruflogistik	63
(3) Kontraktlogistik	70
c) Auftragsabwicklung	72
aa) Maßnahmen im eigenen Hause	72
bb) Absprachen mit dem Vertragspartner	73
d) Bessere Kundenbindung	75
4. Maßnahmen zur Erreichung des erforderlichen Standards	76
a) Erweiterung des eigenen Problembewusstseins	76
b) Installation einer kompetenten Person möglichst in jeder Niederlassung/größeren Abteilung	77
c) Kontrolle der Einhaltung dieser Vorgaben im kaufmännischen und technischen Bereich	78

1. Vorbereitende Maßnahmen und Verhalten bei den Auftragsverhandlungen

32   *a) Erkennen des Risikos eines Auftrags.* Bei einer Anfrage eines potenziellen Auftraggebers sollte nicht nur beachtet werden, welches Entgelt für die Durchführung und/oder Organisation eines Transports von Gütern angeboten wurde und welche Leistungen damit abgegolten sein sollen. Es geht vor allem darum, welche weiteren Anforderungen gestellt werden und welches **Haftungsrisiko** mit der Annahme des Auftrags verbunden ist.

33   Daher sollte immer auch eine „Risikoanalyse" mit folgenden Kriterien vorgenommen werden:

34   *aa) Anforderungen des angebotenen Auftrags.* Zunächst geht es darum, festzustellen, wann das Gut wo zu übernehmen, wann es abzuliefern ist und ob es sich bei den genannten Terminen um solche handelt, die unbedingt genau eingehalten werden müssen, z. B. Beladung oder Entladung nur in einem engen und genauen Zeitfenster.

II. Vermeidung von Schäden F. II

35 Dazu muss ein geeignetes Fahrzeug aus dem eigenen Bestand oder dem eines (Sub-)Unternehmers zeitgerecht zur Verfügung stehen.

36 Weiterhin muss geklärt werden, welches **Equipment** erforderlich ist, z.B. Sattel- oder Gliederzug, Planen- oder Kofferfahrzeug, Fahrzeug mit Zollverschluss, Hebebühne, seitlicher Be- und Entlademöglichkeit, besonderer Sicherheitsausstattung oder mit einer Kühlanlage.

37 Nicht zuletzt ist auch darauf zu achten, welche **Nebenpflichten** sich aus dem Auftrag ergeben, z.B. die Übernahme des Be- und Entladens entgegen der Regelung in § 412 Abs. 1, die stückzahlmäßige Überprüfung des Gutes bzw. ein Tausch von Paletten oder anderen Ladehilfsmitteln. Beim Palettentausch ist auf die Art des gewünschten Tausches und die sich daraus ergebenden Verpflichtungen zu achten.

38 So sind bei verlangtem Doppeltausch[1] (Tausch an der Belade- und Entladestelle) entsprechende Tauschpaletten aus dem Bestand an Bord des Fahrzeuges abzugeben. Ein solcher Auftrag sollte daher ohne drohende Nachteile nur dann angenommen werden, wenn auf dem vorgesehenen Fahrzeug die erforderlichen Paletten vorhanden sind.

39 *bb) Haftungs- (und sonstiges)Risiko.* Da insbesondere bei Verlust des Gutes im eigenen oder im Gewahrsam eines (Sub-)Unternehmers einerseits nicht selten eine **unbegrenzte Haftung** angenommen wird, andererseits aber häufig der Versicherungsschutz für besonders wertvolle und leicht verkäufliche Güter, wie Handys, sonstige elektronische Geräte, Alkohol, Zigaretten oder bei **qualifiziertem Verschulden** eingeschränkt ist, ist es wichtig, den Wert und die Art des zu befördernden Gutes zu kennen und danach abzuwägen, ob der Auftrag angenommen werden soll.

40 Weiterhin ist es wichtig, zu wissen, ob bei **Überschreitungen der Lieferzeit** ein besonders hoher Schaden droht, wie z.B. ein Bandstillstand in der Automobilindustrie.

41 Schließlich kann es wichtig sein, ob zur Erfüllung eines Palettentausches mit Rückführungsverpflichtung die an der Entladestelle entgegengenommenen Tauschpaletten zur vielleicht mehrere Hundert Kilometer entfernten Beladestelle zurückzubringen sind.

42 Es ist daher notwendig, das jeweilige Angebot genau zu lesen oder zu hinterfragen, damit alle Risiken und Verpflichtungen vor Annahme berücksichtigt werden können.

43 *b) Prüfung vor Annahme des Angebots.* Dann sollte vor Annahme des Angebots abgeglichen werden, ob die erkannten Anforderungen und sich daraus ergebende Risiken beherrscht werden können und ob gegebenenfalls der erforderliche Versicherungsschutz besteht.

44 *aa) Abgleich mit den vorhandenen organisatorischen Möglichkeiten.* Hier ist zunächst zu untersuchen, ob geeignete einsatzfähige eigene Fahrzeuge oder solche eines (Sub-)Unternehmers termingerecht und zuverlässig zur Verfügung stehen, so dass davon ausgegangen werden kann, dass der Auftrag vertragsgemäß abgewickelt werden kann.

Dazu gehört auch, dass sichergestellt ist, dass

45
- sowohl bei **Selbstdurchführung** als auch bei Durchführung durch einen (Sub-)Unternehmer die erforderlichen Berechtigungen (Gemeinschaftslizenz, nationale Erlaubnis, CEMT-Genehmigung etc.) und
- beim Einsatz von Fahrzeugen mit digitalem Erfassungsgerät die erforderlichen Fahrer- und Unternehmenskarten vorhanden sind;

---
[1] Vgl. oben B. III Sonderbereich 5 Rdnr. 735 und Rdnr. 810 ff.

- dass entweder deutsches Fahrpersonal oder solches ausländisches eingesetzt wird, das die Voraussetzungen des § 7b GüKG[2] (Fahrerbescheinigung und/oder Arbeitserlaubnis mit den erforderlichen Nachweisen) erfüllt;
- dass die Lenk- und Ruhezeiten eingehalten werden können, damit etwaige Fahrtunterbrechungen durch Untersagung der Weiterfahrt durch Kontrollbehörden gemäß § 13 GüKG wegen Nichterfüllung gesetzlicher Pflichten durch die an der Beförderung beteiligten Unternehmens, insbesondere aufgrund aufenthalts-, arbeitsgenehmigungs- und sozialversicherungsrechtlicher Vorschriften vermieden werden.

46 *bb) Abgleich des vorhandenen mit dem jeweils erforderlichen Versicherungsschutz.* Da eine eigene Belastung auch dadurch entstehen kann, dass bei einem **Transportschaden** kein ausreichender eigener Versicherungsschutz vorhanden ist bzw. beim Einsatz eines (Sub-)Unternehmers dessen Versicherungsschutz nicht ausreicht, um in vollem Umfang erfolgreich Regress nehmen zu können, gehört auch die Prüfung, ob der jeweils erforderliche Versicherungsschutz vorhanden ist, zu den Maßnahmen zur Vermeidung eines Schadens.

47 Einzelheiten zum Umfang und zur Prüfung des erforderlichen Versicherungsschutzes werden nachfolgend unter Ziffer III behandelt.

2. Auftragsabwicklung

48 Zur Vermeidung von Reibungsverlusten und Schäden ist es erforderlich, dass die Erkenntnisse, die die den Auftrag annehmende Person gewonnen hat, dokumentiert und so weitergegeben werden, z.B. in Form von Arbeitsanweisungen an die eigene Abwicklungsabteilung/den eigenen Fahrer oder an den Subunternehmer, dass den Ausführenden alle wichtigen Daten und Anforderungen bekannt sind und von diesen berücksichtigt werden können.

49 *a) Im Bereich Disposition und organisatorische Abwicklung.* Zunächst ist der Transport unter Berücksichtigung der Vorgaben des Auftrags zu organisieren bezüglich
- rechtzeitiger Bereitstellung der erforderlichen Transportmittel;
- Bereitstellung von Fahrpersonal (ein oder zwei Fahrer) mit ausreichenden Fahrtzeiten unter Berücksichtigung von Pausen und Ruhezeiten auf nach Art des Gutes entsprechend hinreichend sicheren, gegebenenfalls bewachten Parkplätzen;
- erforderlichen Kontrollen bei Übernahme und Ablieferung;
- Schnittstellenkontrollen bei Wechsel des Gewahrsams;
- Verhaltensplänen bei Unfällen sowie bei Bekanntwerden von Schäden oder Fehlmengen an der Ladung, Diebstahl oder Raub, Verzögerungen bei Be- und/oder Entladung, Beförderungs- und/oder Ablieferungshindernissen, verweigerter Dokumentation und/oder Nichttausch von Paletten und anderen Ladehilfsmitteln sowie für Informationen an Disposition, Empfänger, Auftraggeber, Versicherer/Makler, Beiziehung eines Havariekommissars;
- Kontrollen des Transportverlaufs, insbesondere der fristgemäßen Übernahme und Ablieferung.

50 *b) Im Bereich Fahr- und Lagerpersonal.* Information des eigenen Fahr- und Lagerpersonals oder desjenigen, des eingesetzten (Sub-)Unternehmers oder Verladers über die zu erbringenden Tätigkeiten und deren Ausführung.

51 *aa) Bei der Beladung.* Für die Beladung sind Anweisungen und Informationen darüber zu erteilen,

---

[2] Vgl. unten H. II Rdnr. 25 ff.

II. Vermeidung von Schäden   F. II

- wer welche Tätigkeiten, z. B. Beladen, Verstauen, Befestigen und Verzurren des Gutes auf der Ladefläche (beförderungssicher und betriebssicher) zu erbringen hat. Die beförderungssichere Verladung zum Schutz des Gutes ist, wenn sich aus den Umständen oder der Verkehrssitte nichts anderes ergibt (§ 412 Abs. 1 Satz 1), Sache des Absenders. Dies ist im Verhältnis des von ihm eingesetzten (Sub-)Unternehmers der Hauptfrachtführer oder der Spediteur. Dagegen hat der Frachtführer gemäß § 412 Abs. 1 Satz 2 für die betriebssichere, d. h. für die nach den Straßenverkehrsvorschriften erforderliche Verladung zu sorgen (§ 22 Abs. 1 StVO);
- welche Kontrollen vor Erteilung von Übernahmequittungen (stückzahlmäßige Überprüfung, Prüfung auf äußerlich erkennbare Schäden und Mengendifferenzen, gegebenenfalls nur mit Vorbehalt der Nichtzählbarkeit des Gutes, Vorkühlung) vorzunehmen und welche Feststellungen und Vorbehalte in die Frachtpapiere einzutragen sind;
- was an Ladehilfsmitteln zu tauschen und was zu dokumentieren ist;
- wer bei Verzögerungen und/oder verweigerter Dokumentation bezüglich Vorbehalten und Abgabe von Lademitteln zu informieren ist.

bb) Während des Transports. Insoweit sind Anweisungen zu erteilen über   52

- das Abstellen beladener Fahrzeuge bei Ruhepausen, insbesondere zur Nachtzeit und am Wochenende;
- die Kontrolle des Gutes und des Fahrzeuges bezüglich Verstauung und Befestigung, Funktion der Kühlanlage/des Kühlschreibers, Öffnung des Fahrzeugs durch Dritte während Standzeiten;
- das Verhalten bei Beförderungs- und Ablieferungshindernissen.

cc) Bei der Entladung/Ablieferung. Auch hierzu sind Anweisungen und Informationen darüber zu erteilen,   53

- wer zu entladen hat;
- welche Ablieferungsquittungen hinsichtlich des Gutes und der Ladehilfsmittel benötigt werden und welche Papiere dem Empfänger auszuhändigen sind und wie sich dieser gegebenenfalls zu legitimieren hat;
- wann Reklamationen des Empfängers gegenzuzeichnen sind;
- dass der Nichttausch von Ladehilfsmitteln zu dokumentieren ist;
- welche Informationen innerhalb welcher Zeit an Disposition/Geschäftsleitung bei reklamierten Schäden, Verzögerungen bei der Entladung, Nichttausch von Ladehilfsmitteln, verweigerter Dokumentation bei Schäden, Ladehilfsmitteln oder bei sonstigen wichtig erscheinenden Vorkommnissen zu erteilen sind.

dd) Kontrolle der eigenen Fahrzeuge. Anweisungen über laufende Kontrolle der eigenen Fahrzeuge auf Verkehrssicherheit und sonstigen (technischen) Zustand durch verantwortlichen Fuhrparkleiter und Fahrpersonal und über zu erfolgende Hinweise bei der Feststellung von Mängeln.   54

3. Besonderheiten bei Logistikverträgen

a) Allgemeines. Aus der umfangreichen Leistungspalette bei logistischer Tätigkeit, die je nach Vertragsgestaltungen neben Transport-, Speditions- und Lagerleistungen auch weitere Tätigkeiten, wie Produktions-, Dienst- und Geschäftsbesorgungsleistungen enthalten kann, folgt eine entsprechende **Haftungsvielfalt,** die zu berücksichtigen ist.[3]   55

---
[3] Allgemein vgl. oben C. III Rdnr. 377 ff.

56 Die Haftung aus der vertraglichen Beziehung kann **verschuldensabhängig oder -unabhängig,** begrenzt oder auch unbegrenzt, zwingend oder abdingbar sein, manchmal nur der Höhe nach. Je nach Fallgestaltung, z. B. bei Bandstillstand in der Automobilindustrie, wenn die Anlieferung nicht in der vereinbarten Zeit erfolgt oder bei einer Rückrufaktion, wenn Teile fehlerhaft montiert werden, drohen erhebliche Schäden.

57 Dazu kommt die Gefahr der Kundenverärgerung bzw. sogar des Kundenverlustes, die jedenfalls bei größeren Projekten zu erheblichen Einbußen und Nachteilen führen kann.

58 Die in Frage kommenden Haftungsszenarien sind also vielfältiger als bei verkehrsvertraglichen Leistungen.

Weiterhin ist die Typisierung der Logistikgeschäfte in die Bereiche[4]
- speditionsübliche Logistik,
- speditionsunübliche Zuruflogistik und
- Kontraktlogistik

zu berücksichtigen mit den sich daraus ergebenden unterschiedlichen Anforderungen und Risiken.[5]

59 *b) Auftragsprüfung/Vertragsverhandlungen. aa) Verkehrsvertraglicher Leistungsbereich.* Hier gelten die vorstehenden Ausführungen (vgl. oben Rdnr. 43 ff.) entsprechend.

60 Es sollte jedoch berücksichtigt werden, dass Fehler in diesem Bereich, auch wenn die Schadenhöhe zumeist geringer ist, zu Belastungen der gesamten vertraglichen Beziehung mit weit reichenden Folgen führen können.

61 *bb) Spezieller logistischer Aufgabenbereich. (1) So genannte speditionsübliche Logistik.*[6] Welche Tätigkeiten darunter fallen, ist in Ziffer 2.1 ADSp nicht näher definiert und kann sich laufend ändern, da Spediteure zunehmend weitere Aufgaben für ihre Kunden übernehmen. Üblicherweise[7] zählen dazu Warenumschlag, -kontrolle und -distribution, Verzollung, Exportabfertigung, Einholung von Auskünften über Steuern, Zölle und sonstige Abgaben oder Ausfuhrerstattungen, Absprachen über Lademittelrückgabe, Palettenverkehr, Verpackung von Gütern im Zusammenhang mit verkehrsvertraglichen Leistungen, Umpacken, Besorgung von Versicherungen und Vermietung von Lagerräumen.

62 Für diese Tätigkeiten besteht Versicherungsschutz aus der Speditionsversicherung gemäß den ADSp, so dass die Haftung in der Regel abgedeckt ist, soweit keine besonderen **Haftungsabsprachen** über die ADSp hinaus getroffen wurden. Es braucht insoweit nur geprüft zu werden, ob die organisatorischen Voraussetzungen zur Erbringung der angebotenen Tätigkeiten vorhanden sind.

63 *(2) Zuruflogistik.* Von Zuruflogistik[8] spricht man, wenn zusätzliche Leistungen spontan ohne Prüfung der haftungsrechtlichen Folgen und ohne genaue vertragliche Fixierung übernommen wurden.

Soweit es um speditionsübliche Leistungen geht, besteht Versicherungsschutz wie vorstehend (vgl. Rdnr. 62).

64 Daher kommt der Speditionsüblichkeit der Leistung für die Prüfung der mit Vertragsschluss bestehenden Haftungsrisiken erhebliche Bedeutung zu.

---

[4] Vgl. dazu oben C. III Rdnr. 442 ff.
[5] Vgl. *Koller,* a. a. O. Rdnr. 5 zu Ziffer 2 ADSp m. w. N.
[6] Vgl. oben D. IV Rdnr. 106.
[7] Vgl. *Koller,* a. a. O. Rdnr. 5 zu Ziffer 2 ADSp m. w. N.
[8] Vgl. oben C. III Rdnr. 444.

II. Vermeidung von Schäden

Handelt es sich um speditionsunübliche Leistungen besteht über die Speditionsversicherung keine Deckung, was in der Praxis häufig nicht beachtet wird. 65

Einmal bietet sich hier ein Zugriff auf die **Logistik-AGB**[9] mit einer dazu gehörenden Haftungsversicherung gemäß deren Ziffer 18 als Ergänzung an. 66

Diese AGB, deren Anwendung neben den ADSp möglich ist, enthalten auf logistische Leistungen zugeschnittene Vertragsklauseln, die üblicherweise auftretende Problemstellungen regeln und die ansonsten anzuwendenden gesetzlichen Bestimmungen ergänzen und ändern, insbesondere die Haftung begrenzen. Gleichzeitig besteht bei Abschluss der dazugehörenden Versicherung grundsätzlicher **Deckungsschutz** für die sich aus diesem Regelwerk ergebende Haftung. 67

Will ein Logistikdienstleister auf die Logistik-AGB nicht zurückgreifen oder kann er sie gegenüber seinem Auftraggeber nicht durchsetzen, z. B. wenn dieser den Auftrag mit der Maßgabe erteilt, dass dieses Bedingungswerk nicht gelten soll, kann man zur Vermeidung von unbegrenzten Haftungsrisiken auch bei leichter Fahrlässigkeit im Bereich von BGB-Verträgen eigene Geschäftsbedingungen entwickeln und versuchen, diese in die vertraglichen Regelungen einzubeziehen, was aber in der Praxis nur selten möglich sein dürfte. Einmal wird ein Auftraggeber kaum eigene AGB des Logistikdienstleisters akzeptieren, soweit diese dessen Haftung erheblich einschränken. Zum Anderen müssen dann schon vorher Geschäftsbeziehungen unter Einbeziehung der eigenen AGB des Dienstleisters bestanden haben, damit diese für neue Aufträge im Bereich „Zuruflogistik" auch gelten. 68

Ohne wirksam vereinbarte Haftungsbeschränkungen bzw. ohne sonstige generelle Deckung für logistische Risiken für Zurufgeschäfte, die deutsche Versicherer bisher in der Praxis kaum gewährt haben, sollten Aufträge auf Erbringung zusätzlicher logistischer Leistungen als **„Zurufgeschäft"** grundsätzlich nicht angenommen werden. 69

(3) Kontraktlogistik.[10] In diesem Bereich werden die Rechte und Pflichten der Parteien detailliert im Rahmen der gesetzlichen Vertragsfreiheit ausgehandelt. 70

Hier kommt es nicht selten auf die wirtschaftlichen Machtverhältnisse der Parteien, vor allem des Auftraggebers an. Ungeachtet dessen ist es von Wichtigkeit, dass ein genaues Pflichtenverzeichnis angelegt und die Höhe der Haftung, vor allem im Bereich von Verträgen, die der grundsätzlich unbeschränkten Haftung nach dem BGB unterliegen, möglichst so festgelegt wird, dass die Haftungsrisiken zu auskömmlichen Prämien versichert werden können.

Verträge sollten erst und nur dann unterschrieben werden, wenn vorher die erforderliche **Deckungszusage** der angesprochenen Versicherer vorliegt, wobei das gesamte Risiko möglichst bei einem Versicherer abgedeckt werden sollte, um Deckungslücken zu vermeiden. 71

c) Auftragsabwicklung. aa) Maßnahmen im eigenen Haus. Weit mehr als bei verkehrsvertraglichen Leistungen ist darauf zu achten, dass die Abläufe geplant und laufend überwacht werden. 72

Dazu empfiehlt es sich

- ein Team aufzustellen und mit diesem Team die erforderlichen Abläufe schriftlich darzustellen und vorab auf mögliche Fehlerquellen (z. B. bei Schnittstellen) zu untersuchen;
- Verantwortungen innerhalb des Teams festzulegen;
- eine Absicherung durch Duplizierung der Abläufe vorzunehmen;

---

[9] Vgl. oben C. III Rdnr. 439 ff.
[10] Vgl. oben C. III Rdnr. 442.

- ein System zur schnellstmöglichen Meldung und Behebung von Fehlern, möglichst automatisch, z. B. durch entsprechende EDV-Gestaltung zu installieren und
- die einzelnen Prozessschritte laufend zu kontrollieren.

73 *bb) Absprachen mit dem Vertragspartner.* Um „kurze Wege" zu haben, sollten auf beiden Seiten für die einzelnen Bereiche, insbesondere bei Qualitätsmängeln oder Störungen feste Ansprechpartner benannt werden.

74 Weiter sollte die EDV von Auftraggeber und Logistikdienstleister projektbezogen abgestimmt werden mit entsprechenden Schnittstellen und laufendem Abgleich der Zielvorgaben.

75 *d) Bessere Kundenbindung.* Insgesamt sollte nicht außer Betracht bleiben, dass gerade bei größeren Logistikprojekten bei Einhaltung der erforderlichen Qualität eine besonders gute Kundenbindung erreicht werden kann. Je komplexer die Abläufe sind, desto weniger wird ein Auftraggeber – auch bei Konkurrenzangeboten – den Logistikpartner wechseln, wenn die Qualität von dessen Leistungen stimmt.

4. Maßnahmen zur Erreichung des erforderlichen Standards

Welche Schritte sind im Unternehmen erforderlich, um die aufgeführten Maßnahmen zur Vermeidung von Schäden in der Praxis durchzuführen?

76 *a) Erweiterung des eigenen Problembewusstseins und desjenigen der eigenen Mitarbeiter.* Es sollte beim Inhaber/bei der Geschäftsleitung und bei den infrage kommenden Mitarbeitern das erforderliche Problembewusstsein für Maßnahmen der **Schadenvermeidung** erzeugt werden, denn Schäden kosten Geld und können die Vertragsbeziehung zum Auftraggeber gefährden.

Dies gilt bezüglich
- der sorgfältigen und vollständigen Prüfung angebotener Aufträge auf organisatorische Anforderungen (Fahrzeuge, Equipment, Berechtigungen, geeignetes Personal) bei der Abwicklung und der Haftungs- und sonstigen Risiken;
- des jeweils erforderlichen eigenen Versicherungsschutzes;
- der deckungsgleichen Weitergabe aller Auflagen und wichtigen Daten an die Mitarbeiter im eigenen Hause und an die (Sub-)Unternehmer, wenn solche eingesetzt werden;
- des erforderlichen Versicherungsschutzes eines beauftragten (Sub-)Unternehmers.

Dies sollte erfolgen durch Schulung der in den entsprechenden Bereichen tätigen kaufmännischen und technischen Mitarbeiter hinsichtlich der jeweils für sie wichtigen Grundlagen
- des Fracht- und Speditionsrechts, bei Logistikunternehmen auch des Werkvertrags- und Dienstvertragsrechts;
- des im Unternehmen vorhandenen und jeweils erforderlichen Versicherungsschutzes und der Möglichkeiten der konkreten Bestandskontrolle desselben;
- des beim (Sub-)Unternehmer erforderlichen Versicherungsschutzes und der Möglichkeiten der Prüfung im konkreten Fall durch kompetente eigene Mitarbeiter oder extern durch Versicherer/Makler, Fachanwälte oder geeignete sonstige Berater.

77 *b) Installation einer kompetenten Person möglichst in jeder Niederlassung/ größeren Abteilung.* Damit die Mitarbeiter bei der Erarbeitung des Problembewusstseins und der Umsetzung in der Praxis nicht auf sich allein gestellt sind, sollte in jeder

II. Vermeidung von Schäden   F. II

Niederlassung oder größeren Abteilung jeweils mindestens ein kompetenter Mitarbeiter vorhanden sein, der ihnen mit Rat und Tat zur Seite stehen kann.

c) Kontrolle der Einhaltung dieser Vorgaben im kaufmännischen und technischen **78**
Bereich. Wenn eine andauernde Qualitätsverbesserung erreicht werden soll, ist es erforderlich, ein entsprechendes **Controlling** einzurichten, damit laufend die Einhaltung der Vorgaben überprüft und das Wissen und die praktische Umsetzung verbessert wird.

III. Beschaffung ausreichenden Versicherungsschutzes für den Fall eines Schadens

Übersicht

	Rdnr.
1. Aufbau des eigenen Versicherungsschutzes für Frachtführer und Spediteure	79
a) Was habe ich bei der Eindeckung des Versicherungsschutzes für die eigene Tätigkeit als Frachtführer oder Spediteur oder für sonstige eigene Tätigkeiten zu beachten?	80
aa) Üblicherweise bestehender Versicherungsschutz	80
bb) Ausnahmen und Ausschlüsse vom Versicherungsschutz	82
cc) Obliegenheiten	84
dd) Wichtige Beschränkungen/Begrenzungen des Versicherungsschutzes	89
ee) Deckt meine eigene Verkehrshaftungsversicherung auch meine eigene Haftung als (Haupt-)Frachtführer/Spediteur, wenn ich mich Dritter zur Erfüllung der von mir übernommenen Pflichten bediene?	93
2. Der erforderliche Versicherungsschutz eingesetzter (Sub-)Unternehmer	97
a) Zielsetzung	97
b) Grundprüfung vor Tätigkeitsbeginn	98
aa) Für laufenden Einsatz für den Auftraggeber	98
bb) Bei Einzeleinsatz (Spotmarkt)	108
cc) Laufende Prüfung des Versicherungsschutzes des (Sub-)Unternehmers	110
dd) Maßnahmen bei nicht ausreichendem Versicherungsschutz	111

1. Aufbau des eigenen Versicherungsschutzes für Frachtführer und Spediteure

79 Auch wenn die entsprechenden Bedingungen der verschiedenen Transportversicherer in Deutschland für die Verkehrhaftungsversicherer für Frachtführer teilweise nicht unerhebliche Unterschiede aufweisen, orientieren sie sich zumeist an den Musterbedingungen des Gesamtverbandes der Deutscher Versicherungswirtschaft e. V., GDV, den DTV-VHV 2003, letzte Version aus 2011. Auf diese Musterbedingungen kann über die Homepage des GDV Zugriff genommen werden.

Wichtig ist, dass sich die Verkehrsunternehmen bezüglich des erforderlichen Versicherungsschutzes die richtigen Fragen stellen!

80 *a) Was habe ich bei der Eindeckung des Versicherungsschutzes für die eigene Tätigkeit als Frachtführer oder Spediteur oder für sonstige eigene Tätigkeiten zu beachten? aa) Üblicherweise bestehender Versicherungsschutz.* Versicherungsschutz besteht im Regelfall

- für die in meiner Betriebsbeschreibung angegebenen Tätigkeiten;
- für neue zusätzliche Tätigkeiten im Rahmen der Vorsorgeversicherung, wenn ich die Anmeldungsfristen und sonstigen Anforderungen einhalte;
- für meine verkehrsvertragliche Haftung nach den aufgeführten Bestimmungen, wie HGB, CMR, den jeweiligen gesetzlichen Bestimmungen für das Verkehrsgewerbe in den Staaten des Europäischen Wirtschaftsraums EWR, COTIF/CIM für die internationalen Eisenbahnbeförderungen, Montrealer Übereinkommen (MÜ) und Warschauer Abkommen (WA) für den Luftverkehr, der Haager Regeln bzw. anderer anwendbarer internationaler Abkommen für den Seeverkehr, nach Allgemeinen

III. Beschaffung ausreichenden Versicherungsschutzes für den Fall eines Schadens **F. III**

Geschäftsbedingungen, deren Einschluss in den Versicherungsvertrag der Versicherer zugestimmt hat oder anwendbaren gesetzlichen Bestimmungen anderer Länder, wenn die sich daraus ergebende Haftung nicht über 8,33 SZR/kg für Güterschäden hinausgeht, in dem jeweils vorgesehenen räumlichen Geltungsbereich.

Versichert sind dann grundsätzlich auch Ansprüche aus **Deliktsrecht**, wenn und 81 soweit sie der Berechtigte neben oder anstelle der vertraglichen Haftung geltend macht.

bb) Ausnahmen und Ausschlüsse vom Versicherungsschutz. Versicherungsschutz besteht nicht 82
- für vertragliche Leistungen, die ausdrücklich vom Versicherungsschutz ausgenommen wurden, wie z. B. die Beförderung bestimmter besonders wertvoller und leichtverkäuflicher bzw. schwerer oder großvolumiger Güter oder Produktleistungen, die über die primäre Vertragspflicht eines Frachtführers hinausgehen;
- für ausdrücklich im jeweiligen Vertrag vom Versicherungsschutz ausgeschlossene Ansprüche, wie z. B. Schäden durch Naturkatastrophen, Krieg oder kriegähnliche Ereignisse, durch Kernenergie, durch die Verwendung besonders gefährlicher Waffen, durch Beschlagnahme, Einziehung oder sonstige Eingriffe von hoher Hand, an Umzugsgut, Wertgegenständen, Geld, Dokumenten und Urkunden, an lebenden Tieren und Pflanzen, aus unüblichen Vereinbarungen und Vertragsstrafen, Eigenschäden des Versicherungsnehmers sowie Schäden, die strafähnlichen Charakter haben, wie Strafen und Bußgelder, die durch vorsätzliches oder grob fahrlässiges Handeln oder Unterlassen von mir als Versicherungsnehmer oder von meinen Repräsentanten entstanden sind.

Repräsentant ist, wer in dem Geschäftsbereich, zu dem das versicherte Risiko gehört, aufgrund eines Vertretungs- oder ähnlichen Verhältnisses anstelle des Versicherungsnehmers die Risikoverwaltung über das versicherte Interesse innehat und befugt ist, selbstständig in nicht nur ganz unbedeutendem Umfang für den Versicherungsnehmer zu handeln, der sich insoweit aus der Verantwortlichkeit zurückgezogen hat[1]. 83

Dabei ist zu klären, ob für dem GüKG unterliegende Transporte der Regelungsinhalt des § 7a GüKG[2] berücksichtigt wurde.

cc) Obliegenheiten. Weiter kann bei einer Obliegenheitsverletzung der Versicherer 84 leistungsfrei werden oder zu einer angemessenen Kürzung der Entschädigungsleistung gemäß dem **neuen VVG** berechtigt sein. Im neuen VVG, das am 1.1.2009 in Kraft trat, wurde das so genannte Alles- oder Nichts-Prinzip im Falle der Verletzung vertraglicher Obliegenheiten aufgegeben. Während nach § 6 des alten VVG der Versicherer bei **Obliegenheitsverletzungen** entweder leistungsfrei wurde oder die vollen Leistungen zu erbringen hatte, sieht der neue § 28 eine verschuldensabhängige Quotelung der Leistung vor. Volle Leistungsfreiheit besteht nur bei Vorsatz des Versicherungsnehmers, während der Versicherer die volle Leistung zu erbringen hat, wenn der Versicherungsnehmer nur einfach fahrlässig oder schuldlos handelt. Dazwischen ist eine Abwägung vorzunehmen.

Dies gilt 85
vor Eintritt des Versicherungsfalls, wenn z. B.
- die für die Auftragsdurchführung erforderlichen Genehmigungen nicht vorlagen oder behördliche Auflagen nicht eingehalten wurden, sofern die Einhaltung der

---

[1] Vgl. BGH VersR 1993, 828 und *Thume* in: Transportversicherungsrecht Rdnr. 26 ff. zu § 6 VVG.
[2] Vgl. unten H. II Rdnr. 371 ff., 375.

öffentlichrechtlichen Bestimmungen nicht als objektiver Risikoausschluss formuliert wurde;
- Mitarbeiter und/oder Subunternehmer bzw. sonstige Erfüllungsgehilfen nicht sorgfältig ausgewählt und informiert wurden;

86 **nach** Eintritt des Versicherungsfalls, wenn z. B.
- die Meldefristen gegenüber dem Versicherer nicht eingehalten werden;
- diesem bei Zollfällen nicht alle Unterlagen zur Prüfung vorgelegt werden;
- Schadenabwendungs- und -minderungspflichten nicht beachtet oder
- Ersatzansprüche gegen Dritte nicht gesichert werden.

87 Weitere Obliegenheiten können sich aus den „Besondere Bedingungen für die Beförderung und Lagerung hochwertiger Güter"[3] ergeben, soweit diese in den Versicherungsvertrag einbezogen wurden.

88 Diese Zusatzbedingungen legen dem Versicherungsnehmer noch weitere strengere Sorgfaltspflichten auf.

89 *dd) Wichtige Beschränkungen/Begrenzungen des Versicherungsschutzes.* Üblicherweise enthalten die Versicherungsbedingungen Regelungen über die **maximalen Versicherungsleistungen je Schadenfall,** also je Geschädigten und je Verkehrsvertrag, je Schadenereignis und Jahresmaxima für alle Schadenereignisse eines Versicherungsjahres, teilweise im Bausteinsystem unterschieden nach Güterschäden, Güterfolgeschäden und reinen Vermögensschäden für Fracht- und Speditionsverträge sowie bei Lagerverträgen, die oftmals noch zusätzliche Begrenzungen für Inventurdifferenzen enthalten.

90 Nicht selten gibt es zusätzliche Leistungsbeschränkungen in Fällen des qualifizierten Verschuldens (§ 435, Art. 29 CMR), die teilweise von erheblicher Bedeutung bei größeren Schäden sind und daher besonders beachtet werden müssen.

91 In diesem Zusammenhang ist laufend darauf zu achten, ob die zu Beginn eines Versicherungsjahres eingekaufte Deckung unter Berücksichtigung der inzwischen eingetretenen Schadenfälle noch ausreicht, insbesondere wenn **Subunternehmer** eingesetzt werden (vgl. auch unten Rdnr. 111). Es sollte laufend ein Abgleich zwischen noch vorhandenem Deckungsschutz einerseits und dem Risiko aus angetragenen Aufträgen andererseits vorgenommen werden, um nicht plötzlich ohne Versicherungsschutz dazustehen, insbesondere bei einem hohen Schaden.

92 Dabei sollte auch die Höhe einer etwa vereinbarten Selbstbeteiligung – ein Modell, das nicht selten gewählt wird, um Prämien und Versicherungssteuer zu sparen – berücksichtigt werden. Die Zeiten, in denen man nach den Prämienverhandlungen die Versicherungsbedingungen erst einmal weglegen konnte, sind seit der Transportrechtsreform von 1998 vorbei.

93 *ee) Deckt meine eigene Verkehrshaftungsversicherung auch meine eigene Haftung als (Haupt-)Frachtführer/Spediteur, wenn ich mich Dritter zur Erfüllung der von mir übernommenen Pflichten bediene?* Auch wenn viele Versicherungen die eigene Haftung als Frachtführer für Subunternehmer z. B. nach § 428, Art. 3 CMR oder § 278 BGB oder als Spediteur meine Frachtführerhaftung in den Fällen des Selbsteintritts (§ 458), der Fixkostenspedition (§ 459) oder im Sammelladungsverkehr (§ 460) oder für Dritte gemäß § 462 abdecken, sollte immer sorgfältig geprüft werden, ob die Versicherungsbedingungen hier Deckungslücken oder -einschränkungen enthalten.

---

[3] Vgl. dazu DTV-Musterberechnungen oben A. VI Rdnr. 177.

III. Beschaffung ausreichenden Versicherungsschutzes für den Fall eines Schadens **F. III**

Es sollte weiter berücksichtigt werden, dass es viele Gründe dafür geben kann, warum ein eingesetzter und auch hinreichend geprüfter (Sub-)Unternehmer im Einzelfall keinen oder keinen **ausreichenden Versicherungsschutz** hat, sei es aufgrund von Beschränkungen oder Ausschlüssen in seinem Versicherungsvertrag, wegen Obliegenheitsverletzungen oder aus sonstigen Gründen. 94

Daher ist es von erheblicher Bedeutung, immer darauf zu achten, dass man bei der Durchführung des Transports oder anderer verkehrsvertraglicher Leistungen durch Dritte selbst so versichert ist, dass die eigene Versicherung – selbst bei Vorliegen eines qualifizierten Verschuldens – den Schaden möglichst vollständig abdeckt. 95

Insoweit sollte nicht blind auf denjenigen, der ein Angebot unterbreitet, vertraut werden, zumal wenn es sich um einen Agenten handelt, der möglicherweise die konkrete Problematik nicht vollständig überblickt. Ein Angebot auf Versicherungsschutz sollte genau auf die jeweils eigenen Bedürfnisse hinterfragt und gegebenenfalls einem kundigen Dritten, einem Makler, Fachanwalt oder Versicherungsberater zur Prüfung vorgelegt werden. 96

2. Der erforderliche Versicherungsschutz eingesetzter (Sub-)Unternehmer

a) Zielsetzung. In dem Umfang, in dem ein (Sub-)Unternehmer eingesetzt wird, sollte er grundsätzlich über den gleichen Versicherungsschutz, den sein Auftraggeber hat, verfügen, damit das angestrebte Ziel erreicht werden kann, dass ein bei dem Dritten entstandener Schaden von diesem oder einer Versicherung voll reguliert und für mich zu einem durchlaufenden Posten wird. 97

b) Grundprüfung des Versicherungsschutzes vor Tätigkeitsbeginn. aa) Für den laufenden Einsatz für den Auftraggeber. Wichtig ist, dass die Prüfung des Versicherungsschutzes bereits vor Erteilung des ersten der vorgesehenen Aufträge erfolgt. 98

Dabei ist zunächst zu differenzieren, soweit (schon) möglich, ob der (Sub-)Unternehmer nur Waren mit einem Wert bis zu den durch die Regelhaftung abgedeckten 8,33 SZR = ca. 10 €/kg transportieren soll, oder ob auch die Beförderung wertvollen Gutes oder solchen Guts, bei dem bei **Überschreiten der Lieferfrist** erhebliche Ansprüche auf das Verkehrsunternehmen zukommen könnten, vorgesehen ist. 99

Wird ein Wert von 10 €/kg nicht überschritten und droht bei verspäteter Anlieferung kein hoher Schaden, reicht üblicherweise eine Bestätigung nach § 7a GüKG über innerdeutsche Transporte bzw. eine Bestätigung eines deutschen CMR-Versicherers über das Bestehen einer Deckung für CMR-Transporte zum Nachweis dafür aus, dass eine entsprechende Versicherung abgeschlossen wurde. Zum Nachweis dafür, dass die Versicherung auch weiter besteht, sollte entweder die Vorlage einer zeitnahen neuen Bestätigung und/oder der Nachweis über die laufende Zahlung der Prämien verlangt werden. 100

Bei ausländischen Versicherern, auch bei solchen aus Belgien, den Niederlanden oder Großbritannien, vor allem aber aus den früheren Ostblockstaaten, sollte der Nachweis verlangt werden, 101
- ob generell auch die Haftung für qualifiziertes Verschulden abgedeckt ist;
- ob besondere zusätzliche Ausschlüsse, z. B. für Diebstahl, bestehen;
- ob besondere Auflagen und Obliegenheiten vereinbart sind;
- welche Maxima pro Versicherungsfall, -ereignis und Jahr bzw. bei qualifiziertem Verschulden gelten.

Dazu ist es ratsam, eine deutsche Übersetzung der Versicherungsbedingungen anzufordern.

102 Auch bei Deckungen durch deutsche Versicherer sollte geklärt werden, ob besondere Auflagen und Obliegenheiten gelten, die den Versicherungsschutz des (Sub-)Unternehmers beschränken oder gefährden könnten.

103 Dies gilt umso mehr, wenn höherwertige Güter, speziell Güter mit einem Wert von mehr als etwa 30 €/kg transportiert werden sollen oder es um Transporte „just in time" oder „just in sequence" geht.

104 Auch nicht jeder deutsche Frachtführer bzw. jeder Frachtführer, der in Deutschland seine Verkehrshaftung eingedeckt hat, besitzt automatisch Deckungsschutz bis 40 SZR/kg, wie er von vielen deutschen Auftraggebern – teilweise unnötig – generell gefordert wird.

105 Bei höheren Deckungsanforderungen sollte man sich nicht auf die Zusage allein des (Sub-)Unternehmers oder auf die Versicherungsbestätigung nach § 7a GüKG verlassen, sondern eine konkrete **Versicherungsbestätigung** des jeweiligen Versicherers unter Beifügung der dann auch zu prüfenden Bedingungen verlangen.

106 § 7a GüKG verlangt zwar eine **Mindestversicherungssumme** von 600.000 € und lässt keine Ausschlüsse von der Versicherung bei qualifiziertem Verschulden i.S.v. § 435 bzw. Art. 29 CMR zu. Dabei ist es jedoch zweifelhaft[4], ob die Versicherer diesen Deckungsumfang auch zu bieten haben, da sich diese Vorschrift gegen die Unternehmer richtet und kein Kontrahierungszwang besteht.

107 Weiter ist es erforderlich, sich von (Sub-)Unternehmern, mit denen man länger zusammenarbeiten will Ablichtungen

- ihrer Berechtigungen zur Durchführung von Güterkraftverkehr;
- der erforderlichen Papiere, wie Fahrerbescheinigung und/oder Arbeitserlaubnis beim Einsatz von Fahrpersonal, das nicht aus den Alt-EU-Ländern, dem EWR oder der Schweiz stammt, vorlegen zu lassen sowie
- sich beim Einsatz von Fahrzeugen mit digitalem Tacho davon zu überzeugen, dass Fahrer- und Unternehmenskarten vorhanden sind.

Fehlt es an diesen Voraussetzungen, besteht die Gefahr, dass der Versicherer dann im Schadenfall berechtigt Deckungsschutz verweigern kann.

108 *bb) Bei Einzeleinsatz (Spotmarkt).* Hier sollte, wenn ein Frachtenvermittler eingeschaltet ist, von diesem Auskunft darüber verlangt werden, inwieweit er die Berechtigungen des vermittelten Unternehmers und dessen Versicherungsschutz geprüft hat. Dabei sollte der Grundsatz beachtet werden, wertvolles Gut und solches, das pünktlich angeliefert werden muss, grundsätzlich nicht (Sub-)Unternehmern anzuvertrauen, deren Zuverlässigkeit und Versicherungsschutz nicht vor Auftragserteilung geprüft werden konnte bzw. über die nicht wenigstens als zuverlässig geltende Referenzen eingeholt werden konnten.

109 Es ist sicherer, auf einen Auftrag zu verzichten, als wegen einer Marge von 100 oder 200 € ein Risiko von 100.000 € oder mehr, insbesondere bei Verlust des Gutes bei Beauftragung eines ungeprüften Frachtführers einzugehen.

110 *cc) Laufende Prüfung des Versicherungsschutzes des (Sub-)Unternehmers.* Je höher der Wert des zu befördernden Gutes bzw. das Risiko bei einer **Lieferfristüberschreitung** ist, desto sorgfältiger sollte auch laufend, z.B. etwa halbjährlich oder in besonderen Fällen vierteljährlich geprüft werden, ob der zu Beginn der Tätigkeit nachgewiesene Versicherungsschutz im gleichen Umfang weiter besteht und ob auch die

---

[4] Vgl. unten H. II Rdnr. 395 ff.

III. Beschaffung ausreichenden Versicherungsschutzes für den Fall eines Schadens **F. III**

sonstigen, vorstehend aufgeführten Voraussetzungen für die Einstandspflicht des Versicherers des (Sub-) Unternehmers weiter vorhanden sind.

dd) Maßnahmen bei nicht ausreichendem Versicherungsschutz. Wird erkannt, dass **111** der Versicherungsschutz des (Sub-)Unternehmer nicht ausreicht, z.B. weil er als polnischer Unternehmer von seinem CMR-Versicherer keine Deckung für qualifiziertes Verschulden (Art. 29 CMR) erhält, so kann entweder darauf vertraut werden, dass es schon gut gehen wird oder dass der eigene Versicherungsschutz ausreicht oder die Eindeckung zusätzlichen Versicherungsschutzes für diesen (Sub-) Unternehmer vorgenommen werden.

Dies erfolgt in der Regel über eine **Fremdunternehmerpolice,** die von der Assekuranz in verschiedenen Gestaltungsformen angeboten wird, wobei dann vorab geklärt werden sollte, zu wessen Lasten diese Versicherung gehen und wer Versicherungsnehmer bzw. versicherte Person sein soll. **112**

IV. Verhalten im Schadenfall

Übersicht

	Rdnr.
1. Sofortmaßnahmen	113
a) Vorprüfung, ob eine eigene Haftung oder diejenige des (Sub-)Unternehmers überhaupt in Frage kommt	113
b) Gegenüber dem eigenen Versicherer/Makler	114
c) Gegenüber dem (Sub-)Unternehmer	115
d) Gegenüber dem Auftraggeber	116
2. Weitere Maßnahmen	117
a) Erstellung einer Checkliste	117
b) Beschaffung der Unterlagen/Informationen	118
c) Prüfung, gegen wen regressiert werden soll	119
d) Weiterleitung der Regressunterlagen und Begleitung der Maßnahmen	120
3. Praxistipps für Schadenbearbeitung und Regressführung	121

1. Sofortmaßnahmen

Bei Bekanntwerden eines Schadens bzw. wenn konkret ein Schaden droht, sind zunächst folgende Maßnahmen erforderlich:

113 *a) Vorprüfung, ob eine eigene Haftung oder diejenige des (Sub-)Unternehmers überhaupt in Frage kommt.* Durch Klärung des Ablaufes sowie der möglichen Schadenursache durch Befragung des eigenen Fahrers/des Fahrers des eingesetzten (Sub-)Unternehmers und anschließender Rücksprache mit einer rechtskundigen Person im eigenen Hause, beim Makler/Versicherer oder mit einem Berater.

114 *b) Gegenüber dem eigenen Versicherer/Makler*
- Schnellstmögliche vorsorgliche Information über die Geschehnisse, Art und Höhe eines entstandenen oder drohenden Schadens;
- Abklärung, ob der Einsatz eines Havariekommissars erforderlich ist und
- welche Abwehr- bzw. Schadenminderungsmaßnahmen zu ergreifen sind sowie
- ob besondere Unterlagen und Informationen erforderlich sind.

115 *c) Gegenüber dem (Sub-)Unternehmer*
- Aufforderung zur Abgabe eines Situationsberichtes/einer Schadenschilderung und zur Dokumentation aller Schadenumstände;
- Haftbarhaltung zum Zwecke der Unterbrechung der Verjährung;
- Aufforderung zur Beschaffung und Übersendung aller zur Regulierung erforderlichen Unterlagen.

116 *d) Gegenüber dem Auftraggeber*
- Unterrichtung über den Schadenfall und die voraussichtlichen Auswirkungen, insbesondere wenn Nach- oder Neulieferungen erforderlich werden könnten, damit der Auftraggeber sich unterrichtet fühlt und erforderliche Dispositionen zur Vermeidung von weiteren Problemen/Schäden treffen kann;
- Mitteilung über die Meldung gegenüber dem eigenen Versicherer und über bestehenden Deckungsschutz, um Zahlungsstopps und Aufrechnungen möglichst zu vermeiden;
- um Zurverfügungstellung der für den Regress erforderlichen Unterlagen bitten.

IV. Verhalten im Schadenfall F. IV

2. Weitere Maßnahmen

a) Erstellung einer Checkliste. Dann ist zu kontrollieren/zu klären: 117
- ob die Haftung in Abstimmung mit dem eigenen Versicherer zurückgewiesen werden soll;
- ob alle erforderlichen Informationen und Unterlagen zeitnah eingehen, sich gegebenenfalls dafür Fristen notieren;
- ob gegebenenfalls vorsorglich zu einer Fremdunternehmerpolice eine Schadenmeldung erforderlich und dann diese vorzunehmen ist;
- wie der eigene Auftraggeber trotz des Schadens so weit wie möglich zufrieden gestellt werden kann.

Dabei ist zu beachten, dass der eigene Auftraggeber nicht selten auch Schäden ersetzt haben möchte, für die der Frachtführer/Spediteur nicht haftet und die daher in der Regel vom eigenen Versicherer und/oder von der Versicherung des Schadenverursachers nicht reguliert werden, jedenfalls nicht in voller Höhe.

b) Beschaffung der Unterlagen/Informationen. Unabhängig davon, ob die Regulierung durch die Versicherung des (Sub-)Unternehmers, diesen selbst, eine **Fremdunternehmerpolice** oder durch die eigene Verkehrshaftungsversicherung erfolgen oder ob eine Haftung abgelehnt werden soll, sind schnellstmöglich alle zur weiteren Bearbeitung erforderlichen Unterlagen zu beschaffen und auf Vollständigkeit und Richtigkeit der Angaben über die Beteiligten (Adresse, Firmierung) zu prüfen; noch fehlende Unterlagen/Informationen sind anzumahnen. 118

c) Prüfung, gegen wen regressiert werden soll. Bei der Regressführung ist dann, wenn noch weitere Unternehmen beteiligt sind und der Vertragspartner nicht **Schadenverursacher** ist, in Absprache mit dem eigenen Versicherer zu klären, ob nur der Vertragspartner und/oder der ausführende Frachtführer, bei dem der Schaden entstanden ist, in Anspruch genommen werden soll. Diese Möglichkeit ergibt sich für HGB-Transporte aus § 437. Für grenzüberschreitende Transporte lässt der BGH[1] nunmehr auch dann die Inanspruchnahme des ausführenden Frachtführers zu, wenn dieser nicht aufeinanderfolgender Frachtführer i.S.d. Art. 34ff. CMR ist, eine Fallgestaltung, die in der Praxis kaum vorkommt. 119

d) Weiterleitung der Regressunterlagen und Begleitung der Maßnahmen. Das beschaffte Material ist je nach dem weiteren vorgesehenen Ablauf zur Geltendmachung der Ansprüche entweder 120
- an die eigene Regressabteilung, wenn die Regressführung intern erfolgen soll, sonst
- an den eigenen Versicherer/Makler oder
- an den beauftragten Anwalt oder sonstigen Regressbeauftragten weiterzuleiten.

Dabei sollten die Durchführung des Regresses begleitet und Fristen kontrolliert, insbesondere Rückfragen des Regressbeauftragten zügig beantwortet werden, um Verzögerungen oder sogar eine Verjährung von Ansprüchen zu vermeiden.

3. Praxistipps für Schadenbearbeitung und Regressführung

- Eine zügige Schadenbearbeitung spart Liquidität und hilft die Verärgerung des eigenen Auftraggebers möglichst zu vermeiden. 121
- Eine stringente Regressführung erspart unnötige Belastungen der eigenen Police.
- Selbstbehalte, insbesondere für Kleinschäden, können die Prämie und damit auch die Versicherungssteuer senken.

---

[1] Vgl. BGH TranspR 2007, 425 ff.

V. Praxisbeispiele für wirksames Riskmanagement

Übersicht

	Rdnr.
1. Präventionsmaßnahmen in der Logistikkette	122
a) Videotechnik	123
b) Einbruchmeldeanlagen	125
c) Zutrittskontrollen/Ausweissysteme	126
d) RFID-Technik in der Logistiksicherheit	128
e) Kundenwareneingang/Abholer/Retouren	130
f) Plombenkontrollen	131
g) Beladekontrollen	132
h) Fahrzeugkontrollen	133
i) Relationskontrollen	134
j) Retourenkontrollen	135
k) Feierabendkontrollen	136
l) außer Kontrolle geratene Sendungen	137
m) Proaktive Sendungsverfolgung/weitere kundenspezifische Kontrollen	138
n) Sicherheitscheck	139
o) Ermittlungen/Kontakte mit Polizei	140
2. Praxisbeispiele für wirksame AGB-Gestaltung	142
a) Allgemeines	142
b) ADSp	143
c) VBGL	145
d) Logistik-AGB	149
e) sonstige AGB und deren Quellen	150
f) Wie vereinbare ich AGB?	153
g) Kombination von AGB	155
3. Frachtenbörsen, Maßnahmen zur Reduzierung von Ladungsdiebstählen	156
a) Allgemeines	156
b) konkrete Maßnahmen	158
aa) Wählen Sie Geschäftsbeziehungen sorgfältig aus	160
bb) Fordern Sie Nachweise und Referenzen	161
cc) Überprüfen Sie bestehende Geschäftsbeziehungen	164
dd) Vorsicht bei Auftragsvergabe an Subunternehmer	165
ee) Lassen Sie sich die Identität des Fahrers bestätigen	167
c) Zusammenfassung	170

1. Präventionsmaßnahmen in der Logistikkette

122 Sicherheit in der Logistikkette – ein Thema so alt wie es Transporte gibt. Ein permanenter Wandel in der Wirtschaft und in der Gesellschaft führt zu fortlaufenden Veränderungen der Risikoverhältnisse. Nicht nur das reine speditionelle doing, sondern Unfälle, Kriminalität, Terrorismus, organisierte Kriminalität sind Fakten, die eine permanente Weiterentwicklung von Präventionsmaßnahmen notwendig machen. In der Logistikkette ist dabei insbesondere zu denken an:

123 *a) Videotechnik.* Der Einsatz von Videotechnik im Umschlags-, Lager- und Kommissionierbereich ist ein wesentlicher Baustein im Konzept zur Steigerung des Sicherheitsstandards. Nach der Entwicklung der Videotechnik von analogen Systemen (Digital Audio Tape) über Netzwerkkameratechnik und CCTV (Close Circuit TV Systems) bis zu heutigen Systemen, welche unter anderem die Daten der im Hallenbereich gebräuchlich Handscanner mit der Videosequenz vereinigen können, ist es bei

der Auswahl für die Betreiber der Anlagen schwierig, sich für das passende System zu entscheiden. Die Frage, welches System eine maßgeschneiderte Lösung im Speditionsbereich bietet, gliedert sich in Teilfragen:
- Welche Sicherheitsstufe wird gefordert?
- Welche Bildqualität wird erwartet?
- Welche Details sind besonders hervorzuheben?
- Welche vertretbare Reaktionszeit ist vorgesehen?
- Wer ist für die erste Beurteilung, wer für die erste Auswertung zuständig (Polizei, Sicherheitsberater oder Sicherheitsdienst)?
- Wie hoch soll die Speicherkapazität sein?

Die nicht abschließende Liste der Fragen soll verdeutlichen, worauf bei der Anschaffung zu achten ist. Eine qualifizierte Videotechnik im Logistikbereich garantiert die Offenlegung von Fehlverladungen, Beschädigungen, Manipulationen und weiteren, den Betrieb der Anlage störenden Einflüssen bis hin zur Kontrolle der Geländeperipherie und einer schrankengesteuerten Ein- und Ausfahrtskontrolle inklusive Kennzeichen-/Brückenidentifikation. Die alleinige Bereitstellung führt nicht zur Steigerung der Sicherheit. Die Auswertungen sollten nur durch geschultes Personal oder einen externen Sicherheitsbeauftragten durchgeführt werden, damit Videosequenzen im Zweifel gerichtsverwendbar sind. Wie in anderen Bereichen gilt auch hier: Die teuerste Lösung ist oft nicht die Beste. Die Kosten einer Videotechnikberatung amortisieren sich im Laufe der Projektierungsphase von der Ausschreibung bis hin zur Abnahme ebenso wie die Investition an sich.

b) Einbruchmeldeanlagen (EMA). Die Notwendigkeit VDS-zertifizierter Einbruchmeldeanlagen (EMA) steigt mit dem Wert der Waren innerhalb der Logistikoperation. Neben einer Reduzierung des zu versichernden Risikos mit positiver Auswirkung auf die Prämie realisiert sich hier in operationsfreien Zeiten optimal der Schutz der Anlagen und der sich darin befindlichen Werte bei gleichzeitiger Sicherung der Geländeperipherie durch intakte Umschließungen (Zäune oder Mauern). Sinnvollerweise wird die EMA erweitert um die Funktion des „Stillen Alarms" inklusive unmittelbarer Intervention durch Abschreckung, ein probates Mittel. Bereits gesicherte Tore, einbruchshemmende Fenster, Lichtschächte und Lichtkuppeln entfalten ihre Wirkung optimal durch die zusätzliche Einrichtung einer EMA. Auch hier ist der Markt breit gefächert.

c) Zutrittskontrollen/Ausweissystem. Eine technisch anspruchsvolle Form der Zutrittskontrolle ist die biometrische Applikation (Speicherung von Fingerabdrücken/Gesichtserkennung). Diese Form kommt in namhaften Speditionen zur Anwendung. Die Nutzung von Transponderverfahren, Chipkarten in Verbindung mit Lichtbildern auf Zugangsberechtigungsmedien wie Ausweisen oder kontaktlosen ID-Cards, stellen die Basis in logistischen Betrieben dar.

Selbst wenn die Pflege mit einem anfänglichen Aufwand verbunden ist, amortisiert sich dies nach erfolgter Routine. Ausweissysteme identifizieren berechtigte Personen und Fahrzeuge auf Gelände oder in Gebäuden und sind mit Zeiterfassungssystemen kombiniert.

d) RFID-Technik in der Logistiksicherheit. Typische Einsatzbereiche sind:
- Gerätesicherung und Ortung
- Warensicherung und Ortung
- Lager-/Inventarverwaltung

- Zugangs- /Zufahrtskontrolle
- Türen-, Schranken-, Rolltorsteuerung
- Zeiterfassung
- Besucherkontrolle
- Palettenverfolgung
- Stichprobenverfolgung
- Werttransportsicherung
- Videoüberwachung
- Personensuchsystem / Ortung
- Personen-Notruf

129 Dabei kommt die RFID-Technik an Schnittstellen zur Anwendung, wie beispielsweise an

a) Vorholung/Abholung des Frachtführers beim Verlader
b) Übergabe des Frachtführers an Spediteur/Versandniederlassung
c) Relationierung gegebenenfalls Nah oder Linie
d) Verladung auf Linienverkehr
e) Entladung in Empfangs- NL
f) Nahverkehrsrelationierung
g) Auslieferung an Empfänger
h) weitere, individuell an den Prozess angepasste Schnittstellen

130 *e) Kundenwareneingang/Abholer/Retouren*
- Kontrolle des Eingangs nicht ausgelieferter Sendungen
- Kontrolle der Beladung der Linienverkehre
- Kontrolle hinsichtlich Fehlverladungen, analytische Betrachtung hinsichtlich in Verlust geratener Sendungen nach Fehlsortierung
- Plombenkontrollen an Hand von Begleitpapieren

131 *f) Plombenkontrollen.* Egal ob Kunststoff-, Barcode-, Metallplomben oder elektronische Plomben mit Benutzer-ID, in denen Zeit, Datum, Öffnung sowie Schließung automatisch gespeichert werden: Plomben tragen wesentlich zur Sicherung der Waren während des Transportes bei. Denn mit dem Eingang des Sendungsgutes geht auch die Haftung auf die Empfangsniederlassung der jeweiligen Spedition über. Dies gilt nicht für den Eingang im innerspeditionellen Verkehr. Wichtig ist deshalb, die Verplombung lückenlos zu dokumentieren. Oft werden auf diesem Wege durch falsche oder verfälschte Prozessabläufe nicht zu vertretende Schäden unbedacht übernommen. Hinweise auf den tatsächlichen Verursacher oder Täter werden damit meist unwiederbringlich verwischt.

132 *g) Beladekontrollen.* Hier stehen die Überprüfung des Transportbehältnisses, der ordnungsgemäßen Beladung, der Vollständigkeit dieser sowie die ordnungsgemäße Verplombung nach Abschluss des Vorganges im Mittelpunkt.

133 *h) Fahrzeugkontrollen.* Oft entstehen Verluste durch unbewusste, aber auch bewusste Fehlbeladung von Fahrzeugen mit Sendungsgut sowie tauschfähigem Leergut (Europaletten, Gitterboxen usw.). Werden diese Vorgänge nicht zeitnah, sprich vor dem Verlassen der Spedition festgestellt, ist die Rückverfolgbarkeit nur mit größtem Aufwand, häufig auch nicht mehr möglich.

134 *i) Relationskontrollen.* Oft befinden sich in logistischen Abläufen Sendungen auf Relationsplätzen, die aus den unterschiedlichsten Gründen außer Kontrolle geraten

sind und in der Folge dort Tage stehen bleiben. Solche Sendungen sind dann verstärkt beschädigungs- und diebstahlgefährdet.

j) Retourenkontrollen. Auch Retourensendungen sind besonders sensibel, da sie in der Halle in der Regel mehrere Tage bis zur endgültigen Auslieferung dort bleiben. Damit steigt das Beschädigungs- und Verlustrisiko.

k) Feierabendkontrollen. Zugriffe auf Sendungsgut oder Eigentum von Speditionen von außen werden häufig in Unruhezeiten durchgeführt bzw. vorbereitet. Kontrollen sollen dem vorbeugen und die Objektsicherheit damit erhöhen.

l) Außer Kontrolle geratene Sendungen. Hochwertige, nicht aufgefundene Sendungen werden zur erneuten, intensiven Suche ausgeschrieben.

m) Proaktive Sendungsverfolgung/weitere kundenspezifische Kontrollen. Sofortige Auswertung der avisierten Daten zur Umsetzung von Sicherungsprozedere besonders diebstahlgefährdeter Sendungen sind angezeigt. Eskalationsmaßnahmen bei drohendem Sendungsverlust sollten standardisiert sein.

n) Sicherheitscheck. Über die aufgeführten Maßnahmen hinaus werden in den entsprechenden Niederlassungen Sicherheitschecks unter analytischer Betrachtungsweise durchgeführt, insbesondere bei Einführung von Sendungen „sensibler Neukunden".

o) Ermittlungen/Kontakte mit Polizei. Notwendige Ermittlungen, Überprüfungen und Repressivmaßnahmen sind durchzuführen. Hierzu gehören auch Anhörungen und Interviews von Zeugen und Verdächtigen und das Dokumentieren. Falls indiziert, findet die Durchführung bzw. Koordination von Observationen statt.

Der Einsatz verdeckt operierender Ermittler ist recht kostenintensiv, aber als effektives Werkzeug zur Überführung von Straftätern probat. Voraussetzung ist ein ausreichend geplanter Zeitaufwand. Notwendige Maßnahmen, z.B. Wohnungsbegehungen zur Sicherstellung entwendeter Ware, sind gegebenenfalls mit der zuständigen Polizeidienststelle durchzuführen. Das verantwortliche Sicherheitsmanagement nimmt nach Absprache mit dem Kunden in den entsprechenden Bezirken Kontakt zu den sachbearbeitenden Dienststellen der Polizei auf, um im entsprechenden Falle der Verfolgung von Diebstählen eine effiziente Vorgehensweise zu gewährleisten. Unabhängig von der Art des Güterschadens gehen Versicherungsexperten von einer Schadenhöhe von durchschnittlich 1.100,00 € je Schadenfall aus. Diese Summe beschreibt jedoch ausschließlich den Haftungswert der beschädigten oder verschwundenen Sendung. Darüber hinaus ist mit weit höheren Folgekosten tatsächlich zu rechnen.

2. Praxisbeispiele für wirksame AGB-Gestaltung

a) Allgemeines. Allgemeine Geschäftsbedingen (AGB) spielen bekanntermaßen in der Transportwirtschaft und ganz besonders in der Logistik bei vertraglichen Gestaltungsfragen und der Haftung eine übergeordnete Rolle. Warum? Das HGB und das BGB räumt Kaufleuten und Gewerbetreibenden bzw. Freiberuflern gerade bei der Gestaltung von Verkehrsverträgen, seien es Speditionsverträge, Frachtverträge, Lagerverträge oder sonstige Logistikvereinbarungen einen gewissen Spielraum bei der Gestaltung ihrer vertraglichen Leistung ein. Nach dem BGB (§§ 305–310 BGB) sind diese voll verantwortlich für die Wirksamkeit ihrer AGB. Daher sind sie grundsätzlich zu einer genauen Überprüfung auf Rechtswirksamkeit verpflichtet. Insofern empfiehlt es sich, für die in vielen Kapiteln angesprochenen AGB bei der praktischen Umsetzung in Sachen Risikomanagement auf Verbandsempfehlungen zu setzen, da diese zumindest nach dem aktuellen Stand der Rechtsprechung im Regelfall die gesetzlichen Rahmenbedingungen beachten.

143 **b) ADSp.** Die ADSp haben unverändert eine große Marktdurchdringung. Sie regeln alle Verkehrsverträge, die sich auf die speditionsüblichen Tätigkeiten beziehen. Allerdings stammt die aktuelle Fassung der ADSp aus dem Jahr 2003. Die Rechtsprechung hat diverse Vorschriften für unwirksam erklärt, so dass es bei der Nutzung der ADSp ganz entscheidend darauf ankommt, die vom DSLV empfohlenen ergänzenden Textbausteine zu verwenden.

144 Diese lauten:

TEXTBAUSTEIN ADSp („Stand 2014)

„Wir arbeiten ausschließlich auf Grundlage der Allgemeinen Deutschen Spediteurbedingungen jeweils neuester Fassung. Diese beschränken in Ziffer 23 ADSp die gesetzliche Haftung für Güterschäden nach § 431 HGB für Schäden im speditionellen Gewahrsam auf € 5,00/kg, bei multimodalen Transporten unter Einschluss einer Seebeförderung auf 2 SZR/kg sowie ferner je Schadenfall bzw. -ereignis auf 1 Mio. bzw. 2 Mio. Euro oder 2 SZR/kg, je nachdem, welcher Betrag höher ist. Ergänzend wird vereinbart, dass

(1) Ziffer 27 ADSp weder die Haftung des Spediteurs noch die Zurechnung des Verschuldens von Leuten und sonstigen Dritten abweichend von gesetzlichen Vorschriften wie § 507 HGB, Art. 25 MÜ, Art. 36 CIM, Art. 20, 21 CMNI zu Gunsten des Auftraggebers erweitert,

(2) der Spediteur als Verfrachter in den in § 512 Abs. 2 Nr. 1 HGB aufgeführten Fällen des nautischen Verschuldens oder Feuer an Bord nur für eigenes Verschulden haftet und

(3) der Spediteur als Frachtführer im Sinne der CMNI unter den in Art. 25 Abs. 2 CMNI genannten Voraussetzungen nicht für nautisches Verschulden, Feuer an Bord oder Mängel des Schiffes haftet."

145 **c) VBGL.** Diese sind seit 1998 auf dem Markt. Sie werden vom BGL empfohlen. Der BGL hat sein Bedingungswerk im Frühjahr 2013 an die HGB-Rechtsreform angepasst und insofern eine Aktualisierung geschaffen.

146 Was zeichnet die VBGL besonders aus?

- durchgehende Haftung für Transporte in der Logistikkette 8,33 SZR
- zeitgemäße Haftungssummen für den Lagervertrag
- geregelt wurde die Auftraggeberhaftung
- integrierte Haftung für logistische Zusatzdienstleistungen

147 Mit diesen Regelungen unterscheiden sich die VBGL entscheidend von den ADSp. In einem Bedingungswerk wird die vertragliche Gestaltung nicht nur von Speditions-, Lager- und Frachtverträgen geregelt, sondern vielmehr sind auch logistische Zusatzdienstleistungen mit aufgenommen. Mit der Bezugnahme auf die Ausgestaltung der Haftung in den Logistik-AGB wird zudem ein gangbarer Weg eingeschlagen, der auch dieses Risiko versicherbar macht.

148 Nachfolgender Textbaustein ist zu verwenden:

„Wir arbeiten ausschließlich auf der Grundlage der Vertragsbedingungen für den Güterkraftverkehrs-, Speditions-, und Logistikunternehmer (VGBL) der jeweiligen neuesten Fassung. Diese beschränken die Haftung für Güterschäden bei multimodalen Transporten unter Einschluss einer Seestrecke auf 2 SZR/kg und höchstens auf einen Betrag von 1 Mio. Euro je Schadenfall."

V. Praxisbeispiele für wirksames Riskmanagement   F. V

d) Logistik-AGB. Die Logistik-AGB: ein Bedingungswerk, das vom DSLV zur Anwendung logistischer Zusatzdienstleistungen empfohlen wird, steht dem Markt seit 2006 zur Verfügung. Dieses Bedingungswerk findet bei spezifischen Logistikdienstleistern in den Geschäftsbedingungen Anwendung. Die Strukturierung der Logistik-AGB wird darüber hinaus von vielen Logistikern als Basis für Kontraktlogisitk herangezogen und stellt damit eine Art Checkliste dar, um die wichtigsten Gestaltungsrisiken in der Logistikkette vertraglich zu regeln. Neu bei der Gestaltung der Logistik-AGB ist, dass die Haftung nicht kg-bezogen ist, sondern auf Schadenfälle Bezug nimmt. Damit wird eine sehr pragmatische Lösung geschaffen, die auch von den Verkehrshaftungsversicherern in ihren Versicherungsprodukten aufgegriffen wurde, sodass werkvertragliche Erfüllungsansprüche zum Teil auch durch Versicherungen abgesichert werden können. 149

e) Sonstige AGB und deren Quellen. Zu denken ist insbesondere an die Bedingungsempfehlungen von Schwergutverkehren und Möbelspedition. 150

AGB müssen immer auf dem aktuellen Stand sein.
Wie kann ich das sicherstellen? 151

Die Verbände aktualisieren regelmäßig ihre Textbausteine bzw. AGB. Insofern ist ein entsprechender Hinweis in den AGB auf die branchenrelevanten Geschäftsbedingungen und deren Veröffentlichungsquelle sinnvoll. Auf diese Weise ist sichergestellt, die Vertragsbedingungen aktuell zu erhalten. Quellen für die AGB sind u. a. 152

Allgemeine Deutsche Spediteurbedingungen	www.dslv.org
VBGL	www.bgl-ev.de
Logistik-AGB	www.dslv.org
Allgemeine Geschäftsbedingungen der Bundesfachgruppe Schwertransporte und Kranarbeiten	www.bsk-ffm.de
Allgemeine Geschäftsbedingungen des Bundesverband Möbelspedition und Logistik (AMÖ), verfügbar ab Juni 2014	www.amoe.de
Lagerbedingungen des deutschen Möbeltransports (ALB), verfügbar ab Juni 2014	www.amoe.de
Allgemeine Geschäftsbedingungen für die Selbsteinlagerung, verfügbar ab Juni 2014	www.amoe.de

f) Wie vereinbare ich AGB? Für den Vertragspartner muss erkennbar sein, dass die AGB Vertragsbestandteil der Geschäftsbeziehungen sind. Ein eindeutiger Hinweis hierauf gehört auf alle Geschäfts- und Vertragspapiere, mit denen nach außen kommuniziert wird. Nicht zu vergessen ist insbesondere auch der Internetauftritt. Gerade mit dem Internetauftritt und dem Hinweis über Geschäftsbedingungen auf dem Internetauftritt bzw. auf die entsprechende Internetquelle wird es Kaufleuten als Vertragspartner ermöglicht, immer auf die Vertragsbedingungen zurückzugreifen. 153

Woran ist weiter zu denken?
Der Hinweis gehört insbesondere auf: 154
- Auftragsbestätigung
- Rechnung
- E-Mail
- Faxvorlage

- sonstige Mitteilungen
- Internet-homepage
- korrekter Hinweis komplette Darstellung
- Textbaustein

g) Kombination von AGB. Hier gilt besondere Vorsicht. Verschiedene AGB miteinander zu kombinieren ist äußerst riskant. Eine Doppelung und widersprüchliche Aussage führt schnell zur Unwirksamkeit wesentlicher Vertragsbedingungen. Insofern bedarf jede Zusammenstellung bzw. Kombination einer eingehenden fachlichen juristischen Prüfung. Eine Ausnahme ist dabei zu nennen: Das sind die ADSp und die Logistik-AGB. Diese können kombiniert werden, da sie vom DSLV bereits rechtswirksam aufeinander abgestimmt sind.

3. Frachtenbörsen: Maßnahmen zur Reduzierung von Ladungsdiebstählen

156 *a) Allgemeines.* Lkw-Ladungen rücken zunehmend in den Focus krimineller Handlungen. Die Täter erschleichen sich hierbei reguläre Transportaufträge. Bei der Warenübernahme deutet zunächst noch alles auf einen korrekten Transport hin. Doch die Ware erreicht nicht den vorgesehenen Empfänger, sondern wird anderweitig veräußert.

Typische Vorgehensweise Krimineller:
- Kriminelle geben sich als Mitarbeiter bekannter Speditionen/Frachtführer (Transportunternehmen) aus
- gründen Scheinfirmen oder
- erwerben etablierte Transportunternehmen.

158 *b) Konkrete Maßnahmen.* Logistiker müssen darauf achten, dass in der Transportkette keine Lücke für organisierte Kriminalität entsteht. Versicherungsverträge verpflichten zur besonderen Wachsamkeit bei der Ladungsvergabe und -übergabe. Ein Verstoß dagegen kann bei groben Pflichtverstößen zum Verlust des Versicherungsschutzes in der Verkehrshaftungsversicherung führen.

159 Die nachfolgenden fünf Maßnahmenbündel unterstützen den Logistiker dabei, Risikopotentiale zu reduzieren:

160 *aa) Wählen Sie Geschäftspartner sorgfältig aus.* Kaufmännische Sorgfalt ist oberstes Gebot!
Wählen Sie Transportunternehmer immer besonders vorsichtig aus und überprüfen Sie die Verbindung kontinuierlich!
Größte Aufmerksamkeit ist bei der Nutzung von Frachtenbörsen ratsam.

161 *bb) Fordern Sie Nachweise und Referenzen.* Lassen Sie sich von neuen Geschäftspartnern (Subunternehmer) als vertrauensbildende Maßnahme entsprechende Nachweise vorlegen!

162 Dazu könnten beispielsweise gehören:
- Referenzen zu durchgeführten Transporten
- Versicherungsbestätigungen
- Lizenzen und Genehmigungen
- vollständige Firmendaten inklusive Handelsregisterauszug
- Identitätsnachweis des im Handelsregister eingetragenen Geschäftsführers

Sind die vorgelegten Dokumente oder Daten
- nicht ausreichend lesbar
- oder nicht plausibel

sollte entweder zwingend auf ordnungsgemäßen Dokumenten bestanden oder gleich ganz auf die Auftragsvergabe verzichtet werden.

Kontrollieren Sie die folgenden Firmendaten anhand von Wirtschaftsauskunfteien 163 über die jeweiligen Register
- Anschrift
- Firmensitz
- Telefonnummer
- Faxnummer
- E-Mail-Adresse
- offizielle Homepage
- Gewerbeerlaubnis-Nummer
- Handelsregister-Nummer
- Umsatzsteuer-Identifikations-Nummer (UID)
- Bankverbindung

cc) Überprüfen Sie bestehende Geschäftsbeziehungen regelmäßig 164
- Handelsregisterauszug einsehen!
- Identität des im Handelsregister eingetragenen Geschäftsführers nachweisen lassen!
- Referenzen des neuen Eigentümers bzw. Geschäftsführers einfordern!
- Bestätigung des Versicherers verlangen!

dd) Vorsicht bei Auftragsvergabe an Subunternehmen. Die Weitergabe des Trans- 165 portauftrages (Subcontracting) birgt zusätzliche Risiken, denen Sie am besten wie folgt begegnen:
- Vergeben Sie den Auftrag erst, nachdem Sie die Zuverlässigkeit des Transportunternehmens (Subunternehmen) positiv überprüft haben!
- Nutzen Sie bei Frachtbörsen die Sicherheitsmaßnahmen, die die Plattform empfiehlt.

Rechtzeitig vor Abholung des Transportguts müssen folgende Daten (Avis) zur Ver- 166 fügung stehen:
- vollständiger Name des Fahrers
- Führerschein-Kopie des Fahrers
- offizielle Kontaktdaten (z. B. Mobilfunknummer) des Fahrers
- Kennzeichen und Typbezeichnungen der Transportmittel, (z. B. Sattelzugmaschine Typ: MusterSZM 1234, AB-CD 1234 / Trailer Typ: MusterTrl 5678, EF-GH 9012)
- Kopie der Fahrzeugpapiere

ee) Lassen Sie sich die Identität der Fahrer bestätigen. Erfragen Sie vor der Trans- 167 portgut-Übergabe die vereinbarte Auftragsnummer beim Fahrer.

Lassen Sie sich auch seinen Personalausweis vorlegen und gleichen Sie seine Identi- 168 tät mit den avisierten Daten ab.

Dokumentieren Sie Ihre Überprüfung! 169

c) Zusammenfassung. Dieser Maßnahmenkatalog zur Schadenabwicklung dient 170 dazu, Lkw-Ladungen vor Unterschlagungen zu schützen. Diese Maßnahmen sind nicht abschließend. Kriminelle sind einfallsreich, wenn es darum geht, immer neue Betrugsmethoden zu entwickeln!

G. Versicherungen im Fracht-, Speditions- und Lagerrecht

I. Verkehrshaftungsversicherung

Übersicht

	Rdnr.
1. **Allgemeines**	1
a) Begriff und Bedeutung der Verkehrshaftungsversicherung	10
b) Vertragsfreiheit bei Großrisiko und laufender Versicherung	14
c) Versicherungspflicht Straßengüterverkehr nach § 7a GüKG	16
d) Das „versichertes Interesse" im Güterverkehr	18
e) Die versicherungswirtschaftliche Bedeutung der Verkehrshaftungsversicherung und Transportversicherung	21
2. **Verkehrshaftungsbedingungen nationaler und internationaler Straßentransport**	22
a) Allgemeines	22
b) Bedingungswerke	23
3. **Verkehrshaftungsbedingungen Luftfahrttransport**	24
a) Allgemeines	24
b) Bedingungswerke	25
4. **Verkehrshaftungsbedingungen See- und Wasserstraßen**	26
a) Allgemeines	26
b) Bedingungswerke	27
5. **Sonstige Versicherungen im Zusammenhang mit Transportvorgängen außerhalb der Warentransportversicherung**	28
a) Betriebshaftpflichtversicherung	28
b) Produkthaftpflichtversicherung	30
c) Umwelthaftungsversicherung	31
d) Umweltschadensversicherung	32
e) Lagerversicherung	33
f) Lager-Excedentenversicherung	35
g) Kraftfahrzeughaftpflicht- und Kraftfahrzeugkaskoversicherung	36
h) Kühlgutversicherungen	46
i) Zollversicherungen	47
6. **Einzelprobleme**	48
a) Fremdversicherung und Direktanspruch	48
b) Interessendeklaration und Versicherung	52
c) Transportversichererregress	54
7. **Exkurs**	57
a) Leistungsfreiheit bei grobem Verschulden nach § 81 VVG	57
b) Beratungsleistungen im Versicherungswesen durch Versicherer, Makler, Agenten und Rechtsanwälte	59

1. Allgemeines

Versicherung ist die Bildung von Gefahrgemeinschaften. Gleichartige Risiken werden gleichen oder gleichartigen Gefahren ausgesetzt, diese gebündelt und zusammengefasst im **Oberbegriff „Versicherung"**. Versicherung ist – wie häufig kolportiert – historisch gesehen eine Wette über den glücklichen Ausgang einer gefährlichen Unternehmung mit der kollektiven Absicherung von Schadenereignissen durch eine homogene Gruppe potentiell Betroffener. Der Versicherer muss das generelle und das konkrete Risiko der jeweiligen Versicherungsgruppe im eigenen und Interesse aller

Versicherungsnehmer prüfen. Nur so kann die jeweilige Versicherungsgemeinschaft vertretbar versichert werden.

2 Auf dieser Gefahrengemeinschaft beruht die Versicherungstechnik (das Versicherungsvertragsgesetz, Allgemeine Versicherungsbedingungen etc., sowie das Aufsichtsrecht über die Versicherungsgesellschaften [VAG]).

3 Wo menschliches Verhalten und natürliche Gewalten wirken, entsteht Gefahr. Die Gefahr verwirklicht sich im Schaden („Gefahr ist vorher, Schaden nachher; Gefahr ist der mögliche Schaden, Schaden ist die verwirklichte Gefahr").

4 Die Gefahrtragung im Güterverkehr funktioniert in der Form, dass all diejenigen, die ähnlichen oder gleichen Gefahren ausgesetzt sind, regelmäßig einen bestimmten Beitrag (Prämie) als Risikoausgleich im und ans Kollektiv bezahlen, um auf diese Weise einen Schaden auszugleichen, der sich innerhalb der Gefahrengemeinschaft konkretisiert und zum Schaden geführt hat (**Risk-Pooling**).

5 In diesem Sinne bedeutet Versicherung die Umwandlung einer Gefahr in einen kalkulierbaren Kostenfaktor, nämlich die Prämie. Das Risiko wird durch die Versicherung kalkulierbar. Die Prämie ist umso geringer, je geringer die latente Gefahr und je geringer die **Risikoauslese** ist.

6 Die vorliegenden und sich weiter entwickelnden Versicherungskonzepte tragen den Risiken beim Transport von Waren im weitesten Sinne Rechnung und bieten Absicherung – summenmäßig begrenzt – für alle denkbaren vertraglichen und gesetzlichen Haftungsfolgen.

7 Die Technik der Versicherung ist durch folgende versicherungsvertragsrechtlichen Inhalte bestimmt:
- definierte Risiken werden grundsätzlich versichert (versichertes Interesse);
- besondere Teilrisiken werden ausgeschlossen und ein bestimmter Teil davon kann gegen einen Prämienzuschlag wieder in den Versicherungsschutz einbezogen werden (Teileinschluss mit Sublimit);
- bestimmte Pflichten und Verhaltensweisen, die generell und aus dem Versicherungsvertrag dem Versicherungsnehmer auferlegt werden, gegen die der Versicherungsnehmer verstößt, führen zur Begrenzung des Leistungsanspruches (Obliegenheiten).

Kurz gesagt: Das Produkt welches die Versicherer anbieten, sind die „**Klauselwerke**" bzw. „**Allgemeinen Versicherungsbedingungen**". Diese sind Gegenstand des Vertrages und es bedarf deshalb der Befassung mit deren Inhalten, gleichwie mit der Befassung des Vertragsgegenstandes aus Kauf- oder Werkvertrag heraus (Computer, Auto, Haus, Grundstück etc.).

8 Die Versicherung des Transportes bedeutet – auf das Wesentliche zurückgeführt[1] – die Abdeckung der Risiken, die mit einer Reise denkgesetzlich einhergehen können:
- die Personen und Menschen, die sich auf der Reise befinden (Reise und Personal);
- die Güter, die sich auf der Reise befinden (Waren);
- die Verkehrsmittel, die die Reise erst ermöglichen, zu Land, zu Luft und zu Wasser (Transportfahrzeuge).

9 Und nach diesen weiterentwickelten Lebenssachverhalten richten sich dann die angebotenen Versicherungskonzepte, nämlich die Personenversicherung als regelmäßige Summenversicherung, wie Unfall- bzw. Lebensversicherungen oder Sachversicherungen für Güter und Verkehrsmittel, wobei zu den Sachversicherungen die sog. Scha-

---

[1] *Thume* TranspR 2006, 1 ff.; *Thume/de la Motte/Ehlers*, Transportversicherungsrecht 2011, Einführung, Rdnr. 5

I. Verkehrshaftungsversicherung G. I

densversicherungen als Haftpflichtversicherungen gehören: konkrete Gefahren an konkreten Rechtsgütern erfordern konkrete versicherungsrechtliche Deckung.

a) Begriff und Bedeutung der Verkehrshaftungsversicherung. Verkehrshaftungs- 10
versicherung ist ein Begriff aus der versicherungsrechtlichen und transportvertraglichen Praxis: die Versicherung als Versicherung der Ansprüche aus einem Verkehrsvertrag (Verkehrshaftungsversicherung). Dabei ist Verkehrsvertrag der Oberbegriff von Fracht-, Speditions- und Lagervertrag, unabhängig von der Art des Gutes, des Transportmittels und des Mediums, in dem es sich bewegt und unabhängig auch davon, ob und welche Nebentätigkeiten vereinbart sind und ob und welche besonderen Hilfsmittel und Geräte eingesetzt werden.

Im Unterschied zur allgemeinen Haftpflichtversicherung bspw. der Betriebs- oder 11
Privathaftpflichtversicherung, die Ansprüche wegen Drittschäden abdeckt und denen regelmäßig – mangels Sonderrechtsbeziehung – Ansprüche aus dem Recht der unerlaubten Handlung gem. §§ 823 ff. BGB zugrunde liegen, deckt die **Verkehrshaftungsversicherung** Ansprüche der Vertragspartner regelmäßig aus dem Verkehrsvertrag als Ausfluss einer **Sonderrechtsbeziehung**. In der allgemeinen Haftpflichtversicherung ist regelmäßig die Versicherung vertragswidriger Vertragserfüllung nicht mit eingeschlossen („Pfusch ist nicht versicherbar", so *de la Motte*). Im Rahmen der vertraglichen Haftung und eingebettet in das versicherungsvertragliche Konzept, ist jedoch die Verkehrshaftungsversicherung immer die „**Schlechterfüllungsversicherung**". Die Verkehrshaftungsversicherung dient damit dem Verkehrsträger ihn in seiner unternehmerischen und gewerblichen Tätigkeit vor Existenzvernichtung zu bewahren. Die Schlechterfüllung vertraglicher Leistungen im Transportrecht (Speditions- und Frachtrecht) dient mit kalkulierbaren Kosten dem wirtschaftlichen Fortbestehen beider Vertragspartner (beladende und verladende Wirtschaft) im Schadensfall. Damit wird menschliches Fehlverhalten nicht gefördert, sondern die Folgen desselben gemildert.

Dies gilt insbesondere in Weiterführung der Erkenntnis: das sich wandelnde Be- 12
rufsbild im Transportgewerbe und das damit einhergehende wachsende Leistungsportfolio modernster Dienstleistungsangebote im Logistikbereich bedürfen einer sich stets wechselseitigen Überprüfung von Haftung und Versicherung.[2]

Die Verkehrshaftungsversicherung ist damit die Zusammenfassung verschiedener Versicherungsarten, die die vertragliche und gesetzliche Haftung des Frachtführers, Spediteurs und/oder Lagerhalters, des Multimodaltransporteurs, des Möbelspediteurs, etc. für Güter- und Vermögensschäden decken.

Die wichtigsten Arten der Verkehrshaftungsversicherung sind deshalb die **Policen,** 13
die die Haftung des Transports auf der Straße, auf dem Wasser und in der Luft decken. Die Verkehrshaftungsversicherung ist spiegelbildlich stets so kompliziert, wie die Haftung des Verkehrsträgers selbst. Änderungen, wie z.B. die Vereinheitlichung der Haftung, gestalten deshalb auch die Bedingungs- und Klauselwerke zwangsläufig einfacher. Die Verkehrswirtschaft benötigt Verkehrshaftungsversicherung für die im Gesetz oder im Vertrag festgelegten Haftungssummen.

b) Vertragsfreiheit bei Großrisiken und laufender Versicherung. Die Verkehrshaf- 14
tungsversicherungen sind vertragsfrei gestaltbar.[3] § 210 VVG gibt die Beschränkung der Vertragsfreiheit nach dem VVG frei für Großrisiken und die laufende Versicherung, unter Hinweis auf Art. 10 Abs. 1 Satz 2 des Einführungsgesetzes zum VVG. In der EU-einheitlichen Einteilung der Versicherungssparten wird nicht der Oberbegriff „Ver-

---

[2] *Krins* TranspR 2007, 269 ff.
[3] *Heuer,* Die Haftung des Spediteurs und des Lagerhalters als „Großrisiko" i.S.d. § 187 VVG, TranspR 2007, 55 ff.

kehrshaftungsversicherung" verwendet, sondern es wird unterteilt nach den jeweiligen Verkehrsträgern. Die Anlage A zum VVG bzw. Art. 10 Abs. 1 EGVVG zu **Großrisiken** definiert diese näher. Zu § 210 VVG können deshalb nicht nur die Großrisiken zu den Transportversicherungen mit ihren unterschiedlichen Zweigen gehören, sondern auch die laufende Versicherung ist von den Beschränkungen des VVG befreit, weil sowohl bei den Großrisiken, wie auch bei der laufenden Versicherung es um kommerzielle Risiken geht, bei denen der Versicherungsnehmer nicht schutzbedürftig ist.[4]

15   Von einer laufenden Versicherung (vgl. § 53 VVG) spricht man, wenn der Vertrag in der Weise geschlossen wird, dass das versicherte Interesse bei Vertragsschluss nur der Gattung nach bezeichnet und erst nach seiner Entstehung dem Versicherer einzeln angegeben wird. Wenn der Versicherer auf die Anmeldung der einzelnen Risiken verzichtet, genügt die Angabe der vereinbarten Prämiengrundlage. Damit können die vorgesehenen Beschränkungen der Vertragsfreiheit, wie z.B. §§ 18, 32, 42, 52 Abs. 5, 87, 112 VVG schriftlich oder in AVB abbedungen werden. Nach klarem Wortlaut des § 210 VVG kann von absolut zwingenden Vorschriften abgewichen werden (bsp. §§ 105, 108 VVG). Wird von zwingenden oder halb zwingenden Vorschriften in den AVB für Risiken nach § 210 VVG nichts geregelt, werden diese nicht abbedungen, dann gelten die Normen des VVG als **Auffanglösung.** In der Versicherungstechnik und bei Gestaltung entsprechender AVB ist die Abweichung gem. § 210 VVG durch geschriebene Bedingungswerke oder in AVB zu regeln. Dabei sind die betreffenden Vorschriften des VVG nicht zu benennen, jedoch sind abweichende Regelungen in die AVB aufzunehmen. Mithin kann unter Abbedingung der §§ 28, 81 VVG das **„Alles oder Nichts Prinzip"** vertraglich „zurückgedreht" werden, jeweils im Rahmen der Inhaltskontrolle der §§ 307 ff. BGB.

16   *c) Versicherungspflicht Straßengüterverkehr nach § 7a GüKG.* § 7a GüKG schreibt dem Frachtführer im innerdeutschen Straßengüterverkehr vor, seine gesetzliche Haftung nach den §§ 425 ff. HGB mit einer **Mindestversicherungssumme** von 600.000,00 € je Schadensereignis zu versichern. Als Ausnahme von dieser Grunddeckung erlaubt das Gesetz dem Beförderer, mit seinem Verkehrshaftungsversicherer ein auf das Versicherungsjahr begrenztes **Maximum der Versicherungsleistung** zu vereinbaren, das jedoch den Betrag von 1,2 Mio. € nicht unterschreiten darf. Zulässig ist ferner die Vereinbarung eines „Selbstbehaltes" in nicht genannter Höhe. Absatz 3 der Bestimmung enthält eine Aufzählung zulässiger und damit zugleich ein Verbot weitergehender Risikoausschlüsse.

17   Die Versicherungspflicht im nationalen Straßengüterverkehr hat eine lange historische Tradition.

Die Vorschrift trägt öffentlich-rechtlichen Charakter und bezieht sich ausschließlich auf den dem GüKG unterworfenen Frachtführer, also nicht auf den Versicherer. Der Verlader oder ein sonstiger Beteiligter kann aus § 7a GüKG keine Rechte herleiten. Rechtshistorisch, vor dem Hintergrund der Abkehr vom unimodalen nationalen Transport, hin zum multimodalen Transport, der Globalisierung der Weltwirtschaft mit den entsprechenden Transportwegen ist die inselbezogene Regelung des § 7a GüKG auf die Bundesrepublik Deutschland und die damit einhergehende Versicherungspflicht ohne Begründung einer „echten Pflichtversicherung" verfehlt[5, 6]

---

[4] *Ehlers,* Auswirkungen der Reform des Versicherungsvertragsgesetzes (VVG) auf das Transportversicherungsrecht, TranspR 2007, 5 (8); *ders.,* Transportversicherung – Güterversicherung – Versicherung politischer Gefahren, TranspR 2000, 7 f.

[5] So auch *Heuer,* Versicherungen des gewerblichen Straßengüterverkehrs, TranspR 2006, 27.

[6] Vgl. insgesamt: *Reiff,* Sinn und Bedeutung von Pflichthaftpflichtversicherungen, TranspR 2006, 15 ff.

I. Verkehrshaftungsversicherung

d) Das „versicherte Interesse" im Güterverkehr. Das „versicherte Interesse" ist der 18
zentrale Begriff der Schadensversicherung. Das Interesse ist die Beziehung zwischen
einer Person, die den Schaden erleidet und dem Rechts- und Wirtschaftsgut, das von
einem schädigenden Ereignis betroffen ist. Oder anders gesagt: Ein Interesse hat, wer
den Schaden tragen müsste, wenn eine Versicherung nicht bestünde.

Das Interesse ist der jeweils im Versicherungsvertrag definierte Versicherungsan- 19
spruch, aus dem sich das versicherte Interesse nach formalen Kriterien ableiten lässt.

Das „versicherte Interesse" in der Haftpflichtversicherung des Verkehrsträgers ist 20
dessen „Haftpflicht", also die Freistellung im Rahmen der Haftung und der Versiche-
rungsbedingung von Ansprüchen geschädigter Dritter bzw. Anspruchssteller.

Das „versicherte Interesse" in der Transportversicherung ist der umfassende Eigen-
Güterschutz des Berechtigten und mithin sein Sachinteresse.

e) Die versicherungswirtschaftliche Bedeutung der Verkehrshaftpflichtversiche- 21
rung und der Transportversicherung. Die **gebuchten Bruttoeinnahmen** (2011) im
Bereich der Transport- und Verkehrshaftungsversicherung beläuft sich auf 1,818 Mrd.
Euro.[7] Dabei entfallen 690 Mio. Euro auf die Transportversicherung, 245 Mio. Euro
auf die Verkehrshaftung, der Rest auf Sonderzweige, Kasko, Kriegsprämien (Waren)
und Pauschalmeldungen. Die **Schadensquote** beläuft sich durchschnittlich auf 77 %
innerhalb der letzten vier Zeichnungsjahre.

2. Verkehrshaftungsbedingungen nationaler und internationaler Straßentransport

a) Allgemeines. Jeder einzelne Verkehrshaftungsversicherer hat – bei jedoch ver- 22
gleichbaren Bedingungen für die Formulierung des versicherten Interesses, Risikoausschlüsse, Obliegenheiten, etc. ein Klauselwerk.

b) Bedingungswerke. Die **einzelnen Bedingungswerke** sind jeweils – auch im Hin- 23
blick auf die Vertragsfreiheit, das dispositive Recht, letztendlich zu prüfen am Maßstab der §§ 307 ff BGB, sofern nicht – was jedoch stets nur ausnahmsweise der Fall ist
– es sich bei den Versicherungsbedingungen um Individualbedingungen handelt.

Gängigste Police ist die DTV Verkehrshaftungsversicherungsbedingung für Frachtführer, Spedition und Lagerhalter 03 (DTV-VHV 2003/2011).[8]

3. Verkehrshaftungsbedingungen Luftfahrttransport

a) Allgemeines. Die Luftfahrthaftpflichtversicherungen LHB 2008 befasst sich mit 24
der Beförderung von Personen und Sachen, die Passagiere an sich tragen oder mit sich
führen, sowie mit Reisegepäck. Nur untergeordnet ist die Beförderung von Luftfracht
ohne Wertdeklaration geregelt.

b) Bedingungswerke. Die aktuellen weiteren Bedingungswerke (geschriebene und 25
gedruckte Bedingungen) nehmen insbesondere die – einfach kalkulierbare und damit
versicherbare – Deckung aus Haftungsansprüchen des Montrealer Übereinkommens
auf.

4. Verkehrshaftungsbedingungen See- und Wasserstraßen

a) Allgemeines. Die Versicherung von Haftpflichtrisiken der Seeschifffahrt (**See-** 26
haftpflichtrisiken, wie Kollisionshaftungsrisiken) war und ist dringendes Anliegen
der Seeschifffahrt.

---

[7] Vgl. www.tis-gdv.de
[8] Hierzu *Ehlers* VersR 2003, 1080 ff.; Quelle www.tis-gdv.de

27 **b) Bedingungswerke.** Durchgesetzt hat sich die **P&I Versicherung**[9] weltweit. Schiffe sind im internationalen Verkehr ständig dem Zugriff von Anspruchsstellern ausgesetzt. Die Haftungsrisiken sind derart gestiegen, dass der Schutz des Redereivermögens nur durch eine umfassende Haftpflichtversicherung möglich ist. So ist der Nachweis einer bestehenden P&I Versicherung heute Bestandteil jeder seriösen Schifffinanzierung. Der Ursprung dieser P&I Versicherung liegt in England. Versichert sind vor allem die Gefahren Kollision zwischen den Schiffen, sog. Fernschäden, Beschädigung anderer Sachen als Schiffe, die Frachthaftpflicht und die Frachtbeseitigungskosten, Havarie große, Kosten für die Bergung und Verschmutzungsschäden, sowie Ladungsschäden und Ladungsverluste, Personenschäden, der Verlust von Effekten und Reisegepäck, die Regelung blinder Passagiere, Flüchtlinge und Desserteure, die Lebensrettungskosten, die Quarantänekosten, etc.[10]

5. Sonstige Versicherungen im Zusammenhang mit Transportvorgängen außerhalb der Warentransportversicherung

28 **a) Betriebshaftpflichtversicherung.** Die Betriebshaftpflichtversicherung deckt die Haftpflichtansprüche, die ein Dritter durch die betriebliche, schuldhafte Tätigkeit eines Unternehmers hat. In der Betriebshaftpflichtversicherung werden die **Gefahren eines Betriebes** versichert, regelmäßig in den sog. **AHB**. Versichert ist die vertragliche, gesetzliche und außervertragliche Haftung (§§ 823 ff. BGB) gegenüber Dritten für Sach- und Personenschäden. Grundsätzlich können auch Dritte, am Verkehrsvertrag Beteiligte, z.B. durch fehlerhafte Beladevorgänge, verletzt werden. Dies ist die Domäne der Betriebshaftpflichtversicherung. Über die Betriebshaftpflichtversicherung ist jedoch grundsätzlich eine Schlechterfüllung des Vertrages durch den Auftraggeber nicht versichert. Der Versicherer versichert nämlich nicht – regelmäßig – Risiken, die sich aus der gewerblichen oder beruflichen Tätigkeit des Versicherungsnehmers ergeben. Im Einzelfall gibt es neben Prämienerhöhungen auch den Einschluss genau spezifizierter Leistungen, sog. „Tätigkeitsschäden" nach § 4 Abs. 1 Ziffer 6b AHB.

29 Beim **Lagerhandling** und im Verladen der Güter kann es – in der Natur der Sache liegend – zu Deckungsüberschneidungen der Transport-Verkehrshaftungsversicherungen kommen. Die Spezialität des Risikos wird jedoch in den Transport- bzw. den Verkehrshaftungsversicherungen geregelt.

30 **b) Produkthaftpflichtversicherung.** Der Betriebshaftpflicht zugeordnet ist die Spezialsparte der Produkthaftpflicht. Es gibt eine Teildeckung in § 1 Abs. 2 AHB, wegen der **Risikoausschlüsse** nach § 4 AHB bedarf es jedoch einer speziellen Risikoregelung durch die Produkthaftpflichtversicherung. Bei komplexen logistischen Dienstleistungen, wie z.B. in der Aufbereitungslogistik ausländischer Fahrzeuge im Rahmen einer Transportkette (bspw.: Einbau eines Navigationssystems in ein Neufahrzeug durch einen logistischen Dienstleister vor Auslieferung an den Händler und Defekt im eingebauten Teil) können reine Vermögensschäden durch Verletzung des späteren Halters nur durch eine Produkthaftpflicht geregelt werden.

31 **c) Umwelthaftungsversicherung.** Beim Transport unterschiedlicher Güter kann es, aufgrund eines Transportunfalles, zu Kontaminierungen kommen; die Störerhaftung des Frachtführers kann im Rahmen einer Umwelthaftungsversicherung versichert werden. Regelmäßig geschieht dies durch die Betriebshaftpflichtversicherung.

---

[9] *Schwampe* in Thume/de la Motte/Ehlers, Transportversicherungsrecht 2011, S. 769 ff.
[10] *Schwampe* in Thume/de la Motte/Ehlers, Transportversicherungsrecht 2011, S. 769 ff.

I. Verkehrshaftungsversicherung   G. I

d) Umweltschadensversicherung. Dasselbe gilt für die Umweltschadensversicherung, die die öffentlichrechtlichen Ansprüche für Schäden an Böden, Gewässern und der biologischen Vielfalt versichert. Regelmäßig ist die Umweltschadensversicherung einschließbar bzw. versicherbar in die Betriebs- und Umwelthaftungsversicherung für den Schadensfall. 32

e) Lagerversicherung. Die Lagerversicherung[11] ist eine **All-Risk-Sachversicherung,** welche die Gefahren aus Feuer, Einbruch, Diebstahl und Raub sowie Leitungswasser, Sturm und Hagel versichert. In den einschlägigen Policen wird darüber hinaus auch Versicherungsschutz für Schäden durch Blitzschlag, Explosion, etc. geregelt. 33

Jedoch muss der Auftragnehmer die eingelagerten Güter ohne Auftrag des Auftraggebers nicht versichern, er ist lediglich auf Verlangen hierzu gem. § 472 Abs. 1 HGB verpflichtet. Bei der Lagerversicherung ist das Interesse des Einlagerers (Wareneigentümers) an der Ware geschützt. Regelmäßig schlägt der Lagerhalter (Auftragnehmer) den Abschluss der Versicherung vor, verbunden mit einem Regressverzicht, bei fahrlässigem oder grob fahrlässigem Verhalten. 34

f) Lager-Excedentenversicherung. Für weitergehende Risiken – dem Grunde und der Höhe nach – gibt es am Markt Lager-Excedentenversicherungen, die in Einzelfällen (vgl. hierzu den Beispielsfall von *Krins*[12]), eine weitergehende sinnvolle Deckungskonzeption bieten. 35

g) Kraftfahrzeughaftpflicht- und Kraftfahrzeugkaskoversicherung. Die Kraftfahrtversicherung gehört zu dem Versicherungszweig, der die Versicherungsarten Kraftfahrzeughaftpflichtversicherung und Fahrzeugversicherung in der Deckungsform der Kaskoversicherung umfasst. Vertragsgrundlage im Verhältnis zwischen Versicherungsnehmer und Versicherer sind die Allgemeinen Bedingungen für die Kraftfahrtversicherung (AKB). 36

Die Kraftfahrzeughaftpflichtversicherung ist Versicherung für den Halter von Kraftfahrzeugen und Kraftfahrzeuganhängern und zwar für Schäden, die durch den Gebrauch des Fahrzeuges entstehen. Versichert ist neben der gesetzlichen Haftpflicht des Fahrzeughalters auch die des Eigentümers des Fahrzeuges, sowie des Fahrers und Beifahrers. Der Abschluss der Kraftfahrzeughaftpflichtversicherung ist durch das PflVG vorgeschrieben. Der Nachweis wird durch Vorlage einer Versicherungsbestätigung bei der Zulassungsstelle geführt. Die Versicherung muss mindestens in Höhe der im PflVG geregelten Mindestdeckungssummen genommen werden und es besteht ein Direktanspruch des Geschädigten gegen den Versicherer des schadensverursachenden Kraftfahrzeuges. Die Fahrzeugteileversicherung **(Teilkaskoversicherung)** deckt Schäden durch Brand, Explosion, Diebstahl und andere Entwendungstatbestände, Sturm, Hagel, Blitzschlag, Überschwemmungen, Zusammenstoß mit Haarwild Bruchschäden an der Verglasung und Kurzschlussschäden an der Verkabelung. Die Fahrzeugvollversicherung **(Vollkaskoversicherung)** umfasst die Gefahren der Fahrzeugteileversicherung, bezieht aber zusätzlich die Schäden durch Unfall sowie durch mut- und böswillige Handlung betriebsfremder Personen sowie den Eigenschaden mit ein. Üblicherweise werden Selbstbeteiligungen vereinbart. 37

Beim Transport von Gütern beim Landtransport, also bei der Beförderung, gehört der Verkehrsunfall des Transportmittels zu den Alltäglichkeiten. Die Ansprüche des geschädigten Dritten gegenüber Halter und Fahrer sind geregelt in §§ 823 ff. BGB, §§ 7 38

---

[11] *Thume* in Thume/de la Motte/Ehlers, Transportversicherung 2011, § 130 VVG, Rdnr. 409.
[12] *Krins,* a.a.O., TranspR 2007, 269 ff.

Abs. 1, 18 StVG sowie §§ 3 ff. PflVG. Versicherungsschutz wird über § 10 Abs. 1 i.V.m. § 2 AKB gewährt.

39 Zu bedenken ist, dass **Schäden Dritter** beim unmittelbaren Zusammenhang mit dem Transport während des Be- und Entladens denkbar auch über die Kraftfahrzeughaftpflichtversicherung mit versichert sind, wobei im Einzelfall erhebliche Abgrenzungsprobleme entstehen können: Der Versicherungsschutz Verkehrshaftungsversicherung in der Abgrenzung zur Betriebshaftpflichtversicherung bzw. Kraftfahrzeugversicherung beginnt genau dort, wo aus rechtlichen Gründen von einem Gebrauch des Kraftfahrzeuges als einer Zuordnung zum Kraftfahrzeugrisiko nicht mehr gesprochen werden kann. Bekanntlich ist nicht jedes Bereitstellen von Waren für den Transport mit einem Kraftfahrzeug bereits als Beginn des Ladevorgangs zu werten, da Ladevorgänge in ihrer zeit- und ortsnahen Beurteilung nicht unbedingt mit dem Gebrauch eines Kraftfahrzeuges zu tun haben. Hier empfehlen sich spezielle Klauseln. Benutzt der Transportunternehmer beim Be- und Entladen Beladegeräte dritter Firmen, also entweder des Absenders oder Empfängers, wie z.B. den Gabelstapler oder den Hubwagen und wird ein solches Gerät bei der Benutzung durch den Transportunternehmer beschädigt, so greift der Ausschlusstatbestand der **Bearbeitungsschadensklausel** nach § 4 Abs. 1 Ziffer 6b AHB ein.

40 Auf die Haftungs- und Deckungsfragen im Rahmen von Verkehrsunfällen wird hier nicht eingegangen, sondern nur die folgenden Besonderheiten erläutert:

41 • Nach § 11 Nr. 4 AKB sind Haftpflichtansprüche wegen Beschädigung, Zerstörung oder Abhandenkommen der mit dem Fahrzeug beförderten Sachen von der Kraftfahrzeughaftpflichtversicherung ausgeschlossen, also die vom Lkw beförderten Güter. Dies steht im Einklang mit der gesetzlichen Haftungsregelung in § 18a StVG. Ausgeschlossen wird das Unternehmensrisiko. Versicherungsschutz besteht soweit die Beförderung die beschädigte Güter abgeschlossen war, also wenn der beförderte Gegenstand von der Ladefläche fällt und anschließend vom Kfz beschädigt wird. Unberührt bleiben Ansprüche, die durch die Ladung (Verseuchung, Entsorgung) entstehen, sowie Ansprüche wegen Schäden, deren Ursache in der Beschädigung der beförderten Sache liegt.[13]

42 • In den Deckungsumfang fällt der Vorgang, dass durch eine Eigenbewegung des Fahrzeuges befördertes Gut auf die Straße fällt und dadurch ein Dritter, der mit dem Ladungseigentümer nicht identisch ist, einen Schaden erleidet. Zu diesen Fallkonstellationen gehören ferner die Schäden, die durch Umkippen des Lastwagens und damit freiwerden der Ladung entstehen, wie z.B. aus dem sich öffnenden Deckel auslaufendes Öl eines in den Graben gefahrenen Tankwagen, denn dadurch hat sich die Gefahr des Gebrauches des Fahrzeuges verwirklicht.

43 • Das im Silozug transportierte Futtermittel wird mithilfe eines Kompressors des Fahrzeuges in ein Behältnis des Empfängers geblasen. Das Behältnis erleidet einen Schaden. Gedeckt ist der Schaden im Rahmen der Kraftfahrzeughaftpflichtversicherung, denn der Abladevorgang war noch nicht beendet, das Fahrzeug war noch in Gebrauch.[14]

44 • Ein Tanklastzug entlädt Dieselöl in einen mit Superbenzin gefüllten Bodentank. Der Abladevorgang endet nicht vor Abstellen der Abfüllpumpe. Zu diesem Zeitpunkt war der Sachschaden durch die Vermischung des Dieselöls mit dem Superbenzin in dem Bodentank bereits eingetreten. Der Schaden am Superbenzin ist gedeckt, vgl. § 11 Nr. 4 AKB, nicht jedoch der Schaden am Dieselöl, weil dieses

---

[13] BGH VersR 69, 726 ff.
[14] Vgl. BGH VersR 1975, 945 ff.

I. Verkehrshaftungsversicherung

während der Entladung noch befördertes Gut gewesen ist.[15] Das Be- und Entladen des Fahrzeuges gehört zu dessen Gebrauch. Dieser findet dann sein Ende, wenn die Ladung das Fahrzeug verlassen hat und nach Überwindung des Höhenunterschiedes des Abladevorganges erstmals abgestellt wird, also beim Abpumpen flüssiger oder gasförmiger Ladung mit dem Verlassen der zum Lastkraftwagen gehörigen oder auf ihm mitgeführten Einrichtungen.

Um derartige Abgrenzungsprobleme zwischen unterschiedlichen Versicherungssparten und möglicherweise auch unterschiedlichen Versicherern auszuschließen, gibt es Kombipolicen, die im Einzelnen den Versicherungsschutz ausweiten oder entsprechend eingrenzen. 45

h) Kühlgutversicherung. Die Kühlgüterversicherung ist eine Spezialversicherung, die vorrangig Gefahren während der Lagerung in Kühlhäusern deckt, bei besonderen Vereinbarungen aber auch während des An- und Abtransportes. Im Kühlhaus gelten Nebenschäden durch Feuer, Blitzschlag, Explosion, Diebstahl, Einbruchdiebstahl und höherer Gewalt, auch Schäden durch Ratten, Mäuse, Ungeziefer etc. versichert, wie vor allem das Versagen der maschinellen Einrichtungen des Kühlhauses. Aufräumkosten sind begrenzt eingeschlossen. Die Versicherung kann durch den Eigentümer der Waren für eigene Rechnung oder durch den Betreiber des Kühlhauses für fremde Rechnung abgeschlossen werden. Ebenso ist im Rahmen der Kühlgüterhaftpflichtversicherung die vertragliche Haftung des Betreibers eines Kühlhauses versicherbar. 46

i) Zollversicherung. Bei der Zollversicherung (beispielhaft: Police für Zölle, Abschöpfungen und Einfuhrumsatzsteuer und Verbrauchssteuer) wird die Haftung des Frachtführers oder Spediteurs versichert aus fehlerhafter Erfüllung von Aufträgen zur Durchführung von Zollabfertigungen jeder Art und erstreckt sich auf die erhobenen Abgabeforderungen aus fehlerhafter Ausführung von Zollaufträgen, wobei regelmäßig für das Carnet-TIR Verfahren ein Haftungsausschluss formuliert ist. 47

6. Einzelprobleme

a) Fremdversicherung und Direktanspruch. Es ergibt sich aus dem Lebenssachverhalt: Im Rahmen der Beförderung von Gütern bzw. in der Verkehrshaftungsversicherung ist der eigentlich Interessierte, d.h. der Träger des Interesses, regelmäßig der Geschädigte (!) nicht immer zugleich der Versicherungsnehmer. Man kennt diese „Versicherung in fremdem Interesse" sowohl im grenzüberschreitenden Straßengüterverkehr für Unterfrachtführer, Fixkostenspediteure etc., die kein direktes Vertragsverhältnis mit dem Wareneigentümer bzw. Absender haben. 48

Folgendes ist zu beachten:

- In der Haftpflichtversicherung ist eine Vereinbarung nach welcher der Versicherer nicht zur Leistung verpflichtet ist, wenn der Versicherungsnehmer den Dritten befriedigt oder dessen Anspruch anerkennt, unwirksam (§ 105 VVG). Es gibt deshalb kein **Anerkenntnisverbot** des Versicherungsnehmers im Rahmen der Haftpflichtversicherung.
§ 105 VVG bedeutet eine Einschränkung der Vertragsfreiheit und ist deshalb nach § 210 VVG auf Großrisiken nicht anwendbar.
Der Versicherungsnehmer kann auch gegen den erklärten Willen des Versicherers den Anspruch anerkennen, er muss sich aber gegenwärtigen, dass er dafür, wie sich aus § 106 VVG ergibt, evtl. kein Versicherungsschutz hat (kein Anerkenntnis zu 49

---

[15] OLG Köln r+s 1989, 105 ff.; OLG Nürnberg VersR 1982, 1092.

Lasten eines Dritten)¹⁶. Das Anerkenntnis des Versicherungsnehmers bindet den Versicherer nicht.

50 • § 115 Abs. 1 und 2 VVG regelt nunmehr den **Direktanspruch** des Dritten gegen den Versicherer, insbesondere für den Fall, dass über das Vermögen des Versicherungsnehmers das Insolvenzverfahren eröffnet wurde. Nach § 117 Abs. 3 S. 2 VVG besteht der Direktanspruch gegenüber dem Versicherer jedoch nicht, soweit der Dritte Ersatz seines Schadens von einem anderen Schadensversicherer erlangen kann. Diese sog. **Subsidiaritätsklausel** schließt auch den Warentransportversicherer ein, so dass ein Direktanspruch nicht besteht, wenn eine Warentransportversicherung abgeschlossen ist bzw. wenn in der Transportkette ein vorrangiger Verkehrshaftungsversicherer eines anderen Verkehrsträgers Deckungsschutz zu gewähren hat¹⁷; damit gilt: auch der Transportversicherer ist ein anderer Schadensversicherer.

51 • unabhängig vom Direktanspruch nach §§ 115 ff. VVG gilt nach wie vor das **insolvenzrechtliche Absonderungsrecht gem. § 110 VVG**: der Absonderungsanspruch wird dadurch begründet, dass der Anspruchsinhaber die Forderung im eröffneten Insolvenzverfahren zur Insolvenztabelle anmeldet, die Forderung – ohne Obliegenheitsverletzung! – vom Insolvenzverwalter anerkannt wird und damit das Absonderungsrecht aus dem Freistellungsanspruch des insolventen Versicherungsnehmers durchgesetzt werden kann.

52 *b) Interessendeklaration und Versicherung.* Regelmäßig sehen alle Vertragssysteme im Gütertransportrecht die Möglichkeit von Wertangaben bzw. Interessendeklarationen **zur Erhöhung der Haftungsgrenzen** vor (abweichende Vereinbarung nach §§ 449 Abs. 2 bzw. 476 Abs. 2 HGB). Im Falle des Art. 26 CMR wird den Vertragspartnern die Möglichkeit eingeräumt, durch Eintragung eines „besonderen Interesses an der Lieferung" im Frachtbrief und gegen Zahlung eines Frachtzuschlages u. a. auch die Haftungsbegrenzung für Verspätungsschäden auf den Betrag des angegebenen Interesses anzuheben. Nach Art. 34 CMR können die Parteien auch einvernehmlich die Höchstbeträge erhöhen.

53 Im Falle dieser Interessendeklarationen und Wertangaben muss stets vor Transportbeginn eine Vereinbarung mit dem Versicherer über die Eindeckung des **erhöhten Haftungsrisikos** getroffen und die dafür erforderliche Zusatzprämie festgelegt werden. Diese Zusatzprämie kann der Frachtführer oder Spediteur, der die Rechte und Pflichten eines Frachtführers hat, als Frachtzuschlag an den Auftraggeber weitergeben. Regelmäßig decken die Versicherer das erhöhte und frei vereinbarte Deklarationsrisiko nur gegen eine höhere Prämie ein. Die Haftung nach vereinbarter Wertdeklaration für den Frachtführer bleibt bestehen, selbst wenn er keine versicherungsrechtliche Deckung hat.

54 *c) Transportversicherregress.* Unter Regress versteht man im Allgemeinen den Rückgriff eines Ersatzpflichtigen **(Regressgläubigers)** auf einen Dritten **(Regressschuldner)**, der ihm gegenüber wegen des von ihm geleisteten Ersatzes haftet. Im Versicherungsrecht versteht man darunter die Inanspruchnahme des Schädigers durch den Versicherer aufgrund des auf ihn übergegangenen Ersatzanspruches des Versicherungsnehmers gegen den Schädiger. Gesetzliche Grundlage für den Regress sind die übergegangenen Ansprüche kraft Gesetzes.

---

¹⁶ *Prölss/Martin*, VVG 2010, § 105, Rdnr. 3.
¹⁷ *Prölss/Martin*, VVG 2010, § 117, Rdnr. 27.

I. Verkehrshaftungsversicherung   G. I

Der Übergang von Ersatzansprüchen ist in § 86 Abs. 1–3 VVG geregelt. Sie gilt für 55
alle Bereiche der Schadensversicherung. Der Versicherungsnehmer hat die Obliegenheit den Anspruch des Versicherers zu wahren (**Aufgabeverbot**, § 86 Abs. 2 VVG).

Die Regressführung – insbesondere durch die Transportversicherer – hat das Ziel 56
die „Vorleistung" des Versicherers risikomäßig zu begrenzen, den tatsächlichen Schädiger in Anspruch zu nehmen und letztendlich die Prämie **im Rahmen** der Warentransportversicherung zu moderieren.

7. Exkurs

a) Leistungsfreiheit bei grobem Verschulden nach § 81 VVG. § 81 VVG regelt die 57
Folgen der vorsätzlichen oder grob fahrlässigen Herbeiführung des Versicherungsfalles in der Sachversicherung. Das **Alles-oder-Nichts-Prinzip** bei **grober Fahrlässigkeit** wird aufgehoben. Bei einer vorsätzlichen Herbeiführung bleibt es bei der Leistungsfreiheit des Versicherers. Im Falle der grob fahrlässigen Herbeiführung des Versicherungsfalles darf dieser jedoch wie bei den Obliegenheiten und der Gefahrerhöhung (§§ 23 ff. VVG, 28 VVG) nur seine Leistung entsprechend der Schwere des Verschuldens des Versicherungsnehmers kürzen. Der Versicherer trägt die Beweislast für den Nachweis des Vorliegens von Vorsatz oder grober Fahrlässigkeit. Eine mehrfache Quotelung ist nicht ausgeschlossen, wenn gleichzeitig Verletzung einer vertraglichen Obliegenheit vorliegt (§ 28 VVG).

Abweichende Vereinbarungen der Vertragsparteien sind zulässig, § 67 VVG, wie 58
z. B. die Vereinbarung pauschalierter Quotenregelungen. Im Übrigen kann – wie bisher – bei der Haftpflichtversicherung und der Transportversicherung von § 81 VVG abgewichen werden. Davon wird regelmäßig in den Policen Gebrauch gemacht.

b) Beratungsleistungen im Versicherungswesen durch Versicherer, Makler, Agen- 59
ten und Rechtsanwälte. Nach wie vor ist das Speditions- und Frachtrecht – national und international – eine komplexe Materie und dies erfordert auf Seiten der Versicherungsnehmer ständige Beratung, Informationsaustausch sowie die Betreuung in Schadensfällen (Beschädigung, Verlust und Lieferfristüberschreitung etc.). Hauptsächlich werden diese Beratungsleistungen durch Versicherungsmakler, Versicherungsagenten und Rechtsanwälten erbracht. Dies war in der Vergangenheit so und daran wird sich auch in der Zukunft wenig ändern: Insbesondere die sich verändernden Anforderungen an Logistikunternehmen, die Erweiterung hin zur Kontraktlogistik, die Abstimmung zwischen Haftung und Versicherung und das Einbinden von Verträgen in versicherbare Sachverhalte wird an Komplexität nicht verlieren. Hinzu kommen die Eingriffe in das Haftungssystem durch Individualvereinbarungen bzw. Allgemeine Geschäftsbedingungen. Qualifizierter Beratungsbedarf besteht. Nachdem auch die Beschränkungen des „Rechtsberatungsgesetzes" gefallen sind und aufgrund der Beratungs- und Berufsnähe auch „Nicht-Rechtsanwälte" nunmehr gesetzeskonform beraten dürfen, gibt es für die Ratsuchenden einen sich öffnenden Markt.

Die Versicherungsmakler haben eine besondere Funktion. Grundsätzlich erhält der 60
Versicherungsmakler den Maklerauftrag nicht vom Versicherer, sondern vom Versicherungsnehmer. Dieser betraut den Makler damit, seinen Versicherungsbedarf zu analysieren und ihm auf dem Markt den richtigen Versicherungsschutz zu besorgen. Für den Versicherungsmakler gelten die Vorschriften der §§ 93 ff. HGB, allerdings mit der Besonderheit: Der Anspruch des Maklers auf Vergütung, meist Courtage genannt, besteht gewohnheitsrechtlich nicht gegenüber seinem auftraggebenden Kunden, sondern gegenüber dem Versicherer. Höhe und Voraussetzung der Courtage werden in vertraglichen Vereinbarungen zwischen dem Versicherer und dem Makler festgelegt.

Unter Umständen werden dem Makler auch Schadensbearbeitungsaufgaben – gerichtlich und außergerichtlich – sowie Regulierungsvollmachten übertragen. Die Stellung des Versicherungsmaklers wird dadurch gekennzeichnet, dass man ihn als „Bundesgenossen" des Kunden ansieht, er aber zusätzlich auch dem Versicherungsnehmer eine korrekte Tätigkeit als „ehrlicher Makler" schuldet (**Doppelrechtsverhältnis,** § 89 HGB).

61 Dieses Doppelrechtsverhältnis zeigt sich in der Praxis deutlich bei der Verwaltung der vermittelten Verträge. Der Makler hat hierbei häufig – aufgrund der vertraglichen Vereinbarungen mit dem Versicherer – für das Inkasso, die Entgegennahme und Abgabe von Willenserklärungen und für einen reibungslosen Ablauf des laufenden Geschäftes zu sorgen.

62 Die Beratungskomplexität hat zugenommen: Arbeits- und sozialrechtliche Fragestellungen ergeben sich beim Outsourcing, grenzüberschreitendes Kaufrecht bestimmt die Transportabwicklung, der Multimodaltransport hat vertraglich beeinflussbare Problemstellungen, Logistikverträge mögen formuliert und verhandelt werden, ein System von Versicherung und Haftung muss „geknüpft" werden.

63 Die Erbringung von Beratungsleistungen durch Rechtsanwälte und Makler begründet wiederum – bei Fehlern in der Beratung durch diese Personen oder Gesellschaften – eine eigenständige Haftung des Beratenden bei Fehlern aus einer positiven Vertragsverletzung des Beratungsvertrages.

II. Warentransportversicherung

Übersicht

	Rdnr.
1. Allgemeines	64
2. Gegenstand der Versicherung	66
3. Güterversicherung als Großrisiko i. S. d. § 210 VVG	69
4. AVB Güterversicherung	70
5. Güterversicherung DTV Güter 2000/2011 volle Deckung und ADS Güterversicherung	72
6. Kausalität	77

1. Allgemeines

Die Warentransportversicherung (Synonym für Transportversicherung und Güterversicherung) gehört zu den ältesten Versicherungen überhaupt. Das „Einer für Alle, Alle für Einen"-Prinzip geht auf den Zusammenschluss phönizischer Händler um 3000 v. Ch. zurück. Die Grundidee dieser Händler war die Verteilung des Schadens auf alle, wenn ein Mitglied des Zusammenschlusses eine Schiffsladung verlor. So gilt als die älteste Versicherungssparte jene der Güterversicherung,[1] sozusagen eine Versicherungsgesellschaft auf Gegenseitigkeit. **64**

Für die Bundesrepublik Deutschland als Exportstaat ist die Transportversicherung wegen des hohen Exportaufkommens von erheblicher wirtschaftlicher Bedeutung. Das Prämienvolumen in der Transportversicherung in der Bundesrepublik Deutschland ist deutlich höher wie jenes der Vereinigten Staaten von Amerika oder des United Kingdom.[2] **65**

2. Gegenstand der Versicherung

Gegenstand der Warentransportversicherung ist „jedes in Geld schätzbares Interesse, das jemand daran hat, dass die Güter den Gefahren der Beförderung sowie damit verbundene Lagerungen bestehen". Dieses Interesse hat derjenige, der ohne die Versicherung einen Schaden erleiden würde, also Eigentümer, Mieter, Pfandgläubiger, Pächter oder sonstige Dritte, die ein **„Sacherhaltungsinteresse"** haben.[3] So titelte im Leitsatz der BGH in der genannten Entscheidung:[4] **66**

„Die Transportversicherung ist als Versicherung von Gütern eine Sach- und keine Haftpflichtversicherung. Als solche erfasst sie grundsätzlich allein das Sachhaltungsinteresse des versicherten Eigentümers des transportierten Gutes."

Gegenstand dieser Versicherung ist die Unversehrtheit der Güter. In diesem Sinne ist sie eine **„All Risk"-Gefahrendeckung** denen die Güter während der Bewegung oder der Bewegungsbereitschaft ausgesetzt sind. Das Sacherhaltungsinteresse oder Integritätsinteresse geht jedoch weiter wie z. B. in § 779 HGB bzw. 1.1.13 DTV Güter **67**

---

[1] *Thume* in Thume/de la Motte Transportversicherungsrecht 2011, Einleitung Rdnr. 7; *Thume,* Versicherungen des Transports, TranspR 2000, 1 ff.
[2] *Ehlers,* Transportversicherung – Güterversicherung – Versicherung politischer Gefahren, TranspR 2006, 8 (9).
[3] BGH NJW-RR 2003, 1107.
[4] BGH NJW-RR 2003, 1107.

2000/2011 bzw. § 1 DTV-ADS 2009 formuliert und nennt die weiteren Interessen wie Fracht, Mehrwert, imaginärer Gewinn, Zoll und sonstige Abgaben, selbst das Kreditrisiko ist mitversichert.[5]

68 Aus der Geschichte und der Interessenlage der Warentransportversicherung heraus versteht sich dies von selbst.

3. Güterversicherung als Großrisiko i. S. d. § 210 VVG

69 Die Warentransportversicherung ist – über die Verweisungskette § 210 VVG, Art. 10 Abs. 1 S. 2 EGVVG i. V. m. Anlage A zum VAG Nr. 7 – Großrisiko für alle Inhaber des versicherten Interesses, gleichwohl ob der Versicherungsnehmer Kaufmann oder Privatperson ist oder ob es sich um eine juristische oder natürliche Person handelt. Auf das Beförderungsmittel kommt es nicht an. Damit kann durch Allgemeine Versicherungsbedingungen von sämtlichen Beschränkungen der Vertragsfreiheit abgewichen werden und die Vertragsfreiheit ist Urzustand. Die geschriebenen Bedingungswerke müssen deshalb klar, eindeutig und widerspruchslos die Allgemeinen Bedingungen des VVG aufheben. Auf diesem Wege kann für die sog. **Großrisiken** und laufenden Versicherungen i. S. d. § 210 VVG das **„Alles oder Nichts-Prinzip"** wieder eingeführt werden.[6]

4. AVB Güterversicherung

70 Da Gesetzesrecht die Güterversicherung sowohl wegen § 186 VVG nicht bestimmt, wie auch die Regeln der Transportversicherung im VVG ausschließlich dispositive Vorschriften enthalten, kommen den Bedingungswerken (DTV Güterversicherungsbedingungen 2000/2011 und DTV-ADS 2009) die allein maßgebliche Bedeutung zu. Dies sind die einschlägigen AVB.

71 Von der Versicherungstechnik werden diese Bedingungen in Form von General- und Umsatzpolicen gezeichnet.

5. Güterversicherung DTV Güter 2000/2011 volle Deckung und ADSp Güterversicherung

72 *a)* Gegenstand der Versicherung bzw. das formulierte versicherbare Interesse ist die **schadensfreie Ankunft des Gutes am Ort**. In beiden Bedingungswerken zur Güterversicherung wird als Schutzwert des wirtschaftlichen Gutes jenes bezeichnet, welches in Geld schätzbar ist.

73 Die Gefahren der Beförderung sind Gegenstand der Versicherung in ihrer gesamten Universalität und Totalität. Selbstredend fallen unter diese Allgefahrendeckung auch alle mit dem Transport zusammenhängenden Lagerungen, wo auch immer, in Speditionen, Zolllagern, Häfen etc.

74 *b)* Der Umfang der Versicherung ist Allgefahrendeckung, also eine **All-Risk-Deckung,** einschließlich kommerzieller Risiken. Dies gilt selbst dann, wenn die Güter vor letztendlicher Versendung zur Weiterbeförderung bei einem Verpackungsunternehmen seemäßig verpackt werden. Der Aufenthalt beim Verpacker ist disponierte Lagerung. Versichert ist Verlust und/oder Beschädigung.

75 Zu den versicherten Aufwendungen und Kosten gehören die Beiträge zur großen Haverei. Es gibt verschiedene Freistellungsklauseln für die Inanspruchnahme aus dem Zusammenstoß von Schiffen. Jedoch sind Krieg, Bürgerkrieg und kriegsähnliche Er-

---

[5] BGH VersR 1984, 56.
[6] *Ehlers,* Auswirkungen der Reform des Versicherungsvertragsgesetzes, TranspR 2007, 5 ff.

II. Warentransportversicherung   **G. II**

eignisse nicht versicherte Gefahren, wie auch Streik, Aufruhr und Terrorismus. Im Rahmen der DTV Streik-Ausfuhrklausel können diese wieder mit in den Versicherungsschutz einbezogen werden.

Die gleiche Einbeziehung gilt für die ausgeschlossene Gefahr der Beschlagnahme   76
durch die Versicherbarkeit in der DTV **Beschlagnahmeklausel.**

6. Kausalität

Es ist klar: Versicherungstechnisch muss der eingetretene Schaden seine Ursache in   77
einer versicherten Gefahr haben und die Gefahr muss den Schaden kausal herbeigeführt haben. Somit gilt die **Adäquanztheorie.** Danach ist eine Ursache dann als adäquat anzusehen, wenn das Ereignis im Allgemeinen und nicht nur unter besonders eigenartigen, unwahrscheinlichen und nach dem gewöhnlichen Verlauf der Dinge außer Betracht zu lassenden Umständen geeignet ist, einen Erfolg herbei zu führen.

III. Versicherungen für die Tätigkeit als Logistikunternehmer

Übersicht

	Rdnr.
1. Versicherungssituation in der Logistik	78
2. Prämienrelevante Faktoren	86

1. Versicherungssituation in der Logistik

78 Zunächst lässt sich festhalten, dass die Situation auf der Versicherungsebene grundsätzlich mit der auf der Haftungsebene korrespondiert.

79 Es gibt keine einheitliche Logistikversicherung weshalb bei Logistik-Projekten, die insbesondere über die Zuruf-Logistik hinausgehen, immer zu prüfen ist, ob eine Abstimmung mit
- Betriebs- und Umwelthaftpflichtversicherung
- Verkehrshaftungsversicherung
- Kfz-Kaskoversicherung
- Kfz-Haftpflichtversicherung
- Betriebsunterbrechungsversicherung
- Diversen Versicherungen für Sachrisiken
- Straf-Rechtsschutzversicherung

vorliegt.

80 Der Grund, warum über die Zuruf-Logistik hinaus keine Logistikversicherung möglich ist, liegt auf Versichererseite, insbesondere in der Spartentrennung aufgrund der Vorschriften des BAFin.[1] Hinzu kommt, dass jeder Versicherungsvorstand nur für sein eigenes Ressort ergebnisverantwortlich ist und nicht übergreifend. Ein weiterer Punkt ist die **Rückversicherung,** die ebenfalls nach Sparten aufgestellt arbeitet, für eine einheitliche Logistikversicherung ist dort derzeit kein Raum.

81 Eine Besonderheit stellt unter den oben genannten Prämissen die Versicherung von Risiken der Zuruf-Logistik dar. Ziffer 18 der **Logistik-AGB**[2] verpflichtet dazu eine Versicherung der Haftung nach Ziffer 14 Logistik-AGB[2] einzudecken. Das bisher einzige Modell in diesem Zusammenhang, das automatisch Versicherungsschutz für Zuruf-Logistik auf Basis der Logistik-AGB gibt ist die dazu angebotene Logistik-Police.[3]

82 Andere Anbieter versuchen über **Betriebshaftpflichtversicherung** zu helfen mit den u.g. Schwächen (Rdnr. 7 und 8) und haben kein eigenes Konzept zur Versicherung der Haftung nach Logistik-AGB[2] vorgelegt. Die Betriebshaftpflichtversicherung wird durch die Logistik-Police sinnvoll ergänzt und nicht ersetzt. Eventuell bestehende Lücken werden im Interesse des Logistikers geschlossen. Um Abgrenzungsschwierigkeiten zu vermeiden ist es sinnvoll, den Versicherungsschutz dieser Konzepte aus einer Hand bei einem Makler und Risikoträger, der sowohl die Betriebshaftpflicht, als auch die Verkehrshaftung des jeweiligen Logistikunternehmens versichert hat, unterzubringen.

---

[1] Bundesamt für Finanzaufsicht.
[2] Siehe **Anhang 9.**
[3] Abrufbar über www.schunck.de.

Es ist deutlich hervorzuheben, dass der standardisierte Versicherungsschutz in diesem Zusammenhang oft lückenhaft ist. Obwohl der logistische Prozess als einheitlicher Vorgang nach dem wirtschaftlichen Verständnis in der Wertschöpfungskette anzusehen ist, kann er auf versicherungsvertraglicher Ebene im Moment nur über verschiedene Sparten der Versicherung abgebildet werden. Greifen die Sparten nicht richtig ineinander über, besteht die Gefahr von Lücken. 83

Die Verkehrshaftungsversicherung deckt keine werkvertraglichen oder produktionsbezogenen Tätigkeiten. Die Betriebs- und Umwelthaftpflichtversicherung deckt in der Regel keine über das Gesetz hinausgehende Vertragshaftung keine Bearbeitungsschäden oder Mietsachschäden und nicht das **Erfüllungsinteresse.** 84

Zwar sind diese Risiken oft durch individuelle Vereinbarung in die Betriebshaftpflichtversicherung einschließbar, aber eben nur nach vorheriger Anzeige. In der „**Zuruf-Logistik**" geht das aber gerade nicht, denn dort werden in der Praxis unter dem Gesichtspunkt Profitcenter die zusätzlichen Geschäfte spontan vom Disponenten vor Ort ohne Bewusstsein über haftungsrechtliche Konsequenzen geschlossen. Die Rechts- oder Versicherungsabteilung oder die Geschäftsführung erfährt davon nichts. Oft glaubt der Handelnde sich noch im Rahmen der ADSp zu bewegen und zeigt deshalb gar nichts an. Dieser Umstand wird häufig von den Logistikern und deren Berater falsch eingeschätzt, wenn sie argumentieren, das sei alles auch über eine Betriebshaftpflichtversicherung abzusichern. 85

2. Prämienrelevante Faktoren

Auch für logistische Risiken sind vor allem folgende Faktoren von besonderer Bedeutung für die Höhe der Prämie: 86

Risikotransparenz/Sicherheitszuschlag, Deckungssummen, Selbstbehalte, Kosten der Rückversicherung, Rechtsprechungsrisiko und die allgemeine Entwicklung am Kapitalmarkt. Diese Faktoren beeinflussen sich teilweise auch wechselseitig.

So führt eine **erhöhte Risikotransparenz** zum Beispiel durch genaue Angabe der risikorelevanten Daten in Fragebögen wie zum Beispiel einer Betriebsbeschreibung dazu, dass der Sicherheitszuschlag in der Prämie für unbekannte, nicht einschätzbare Risiken sinkt. Hohe Deckungssummen, für die der Versicherer ggf. Rückversicherung einkaufen muss, verteuern den Preis für Versicherung, während hohe Selbstbehalte ihn wieder senken. 87

Die Kosten der Rückversicherung variieren unter den Versicherungsgesellschaften und hängen maßgeblich davon ab, wie Kapitalstark der Erstversicherer ist und welchen Eigenbehalt der Erstversicherers trägt, das heißt wie viel der Versicherungssumme er vollständig selbst als Risikoträger übernimmt, ohne Übertrag auf einen Rückversicherer. 88

Welchen Einfluss die Rechtsprechung auf die Versicherung und deren Preis haben kann ist am deutschen Versicherungsmarkt sehr deutlich durch das Verhalten der Versicherer in Zusammenhang mit der Rechtsprechung des Bundesgerichtshofes (BGH) zum **groben Organisationsverschulden** geworden. Die **Deckungssummen** für dieses Risiko sind in den Jahren 2002/2003 marktweit sehr stark nach unten begrenzt worden und jede Erhöhung kostete in der Regel einen Prämienzuschlag. Die neuere Entwicklung der Rechtsprechung zum groben Organisationsverschulden deutet auf eine Minderung des Rechtsprechungsrisikos in diesem Bereich für die Zukunft hin. Damit dürfte der Preis für die Erhöhung der Deckungssummen stark absinken. 89

90 Auch der Einfluss des Kapitalmarktes ist nicht zu unterschätzen. Das lässt sich besonders gut ablesen am Zeichnungsverhalten der Versicherer in den Zeiten, als der DAX bei über 7.000 Punkten stand. In dieser Zeit spielte, etwas überspitzt ausgedrückt, das technische Underwriting, also die tatsächliche fachliche Einschätzung und Zeichnung von Risiken gegen eine adäquate Prämie kaum eine Rolle. Wichtig war eher, dass Geld ins Haus kam, die Gewinne wurden nicht durch das eigentliche Versicherungsgeschäft, nämlich Zuordnung von Kapital zum Risiko, sondern durch Anlage der Prämie am Kapitalmarkt erwirtschaftet.

91 Neben den genannten Faktoren, die allgemein und objektiv für die Höhe der Prämie maßgeblich sind, sind noch andere individuelle Faktoren relevant, wie zum Beispiel die subjektiven Risikoverhältnisse des Unternehmens, das mit dem logistischen Projekt befasst ist oder welche individuellen konkreten Haftungsvereinbarungen in der Kontraktlogistik getroffen wurden.

92 Wie der Aufbau eines Versicherungskonzeptes in der Praxis möglicherweise aussehen kann, zeigt folgendes Schaubild ausgehend von dem Angebot eines Anbieters:

Möglicher Aufbau eines Versicherungskonzepts

Haftung	Versicherung	
ADSp „speditionsüblich"	ADSp-Basisdeckung SLVS-Plus/WorldCover-Plus	BERATUNG spartenübergreifend
Haftung nach Logistik-AGB „Zuruf" – „speditionsunüblich"	SCHUNCK Logistik-Police	
Kontrakt-Logistik	individuelle Versicherungslösung „Maßanzug"	
Projekte etc.	individuelle Versicherungslösung „Maßanzug"	

H. Gewerberechtliche Vorschriften für den Transport von Gütern auf der Straße

I. Einführung

Übersicht

	Rdnr.
1. Differenzierung zwischen zivil- und gewerberechtlichen Vorschriften	1
2. Differenzierung nach dem eingesetzten Transportmittel	2
a) Güterbeförderung mit Kraftfahrzeugen	3
b) Güterbeförderung mit Schienenfahrzeugen	4
c) Güterbeförderung mit Luftfahrzeugen	5
d) Güterbeförderung mit Binnenschiffen	6
3. Auswirkungen des Gemeinschaftsrechtes der Europäischen Union (EU) auf unser Güterkraftverkehrsrecht	7
a) Allgemeines	7
b) Gemeinschaftsrechtliche Bestimmungen mit besonderer Bedeutung für unser nationales Güterkraftverkehrsrecht	14
aa) Road-Package-Verordnungen	14
bb) Verordnung (EG) Nr. 1071/2009	15
cc) Verordnung (EG) Nr. 1072/2009	19
dd) Verordnung (EG) Nr. 1073/2009	24

1. Differenzierung zwischen zivil- und gewerberechtlichen Vorschriften

Während die zivilrechtlichen Vorschriften die Rechte und Pflichten, insbesondere die Haftung der an den Frachtverträgen beteiligten Parteien regeln, bestimmen die gewerberechtlichen Bestimmungen durch wen in Deutschland der Transport von Gütern mit welchen Beförderungsmitteln durchgeführt werden darf und wann dafür eine Erlaubnis oder sonstige Berechtigung erforderlich ist. Zudem legt § 7a GüKG den Unternehmern, deren Tätigkeit unter dieses Gesetz fällt, eine Versicherungspflicht auf.   **1**

2. Differenzierung nach dem eingesetzten Transportmittel

Zunächst differenzieren die gewerberechtlichen Bestimmungen über die Zulassung als Beförderer von Gütern nach dem eingesetzten Beförderungsmittel, was auch Sinn macht, da insbesondere beim Einsatz von Eisenbahnen und Flugzeugen besondere Sicherheitsvorschriften zu beachten sind.   **2**

a) Güterbeförderung mit Kraftfahrzeugen. So gilt das Güterkraftverkehrsgesetz[1] mit seinen Verordnungen und Verwaltungsvorschriften nur für die Beförderung von Gütern mit Kraftfahrzeugen in Deutschland.   **3**

b) Güterbeförderung mit Schienenfahrzeugen. Wer Güter in Deutschland mit Schienenfahrzeugen befördern darf, ist im Allgemeinen Eisenbahngesetz[2] (AEG) geregelt.   **4**

c) Güterbeförderung mit Luftfahrzeugen. Die für die Güterbeförderung mit Luftfahrzeugen in Deutschland maßgebliche Vorschrift ist das Luftverkehrsgesetz.[3]   **5**

---

[1] BGBl. I 1998 S. 1448.
[2] BGBl. I 1993 S. 2378, 2396.

6 **d) Güterbeförderung mit Binnenschiffen.** Die Güterbeförderung auf nationalen Binnengewässern ist in der Binnenschiffsgüter-Berufszugangsverordnung[4] geregelt.

3. Auswirkungen des Gemeinschaftsrechts der Europäischen Union auf unser Güterkraftverkehrsrecht

7 **a) Allgemeines.** Mit Gründung der Europäischen Gemeinschaft, der Europäischen Gemeinschaft für Kohle und Stahl (EGKS),[5] der Europäischen Wirtschaftsgemeinschaft (EWG), seit Inkrafttreten des Vertrags von Maastricht am 1. November 1993 Europäische Gemeinschaft (EG), und der Europäischen Atomgemeinschaft (EAG) haben die Mitgliedstaaten einen Teil ihrer Souveränität und ihrer Zuständigkeiten an diese Organisationen übertragen. Bei der Union handelt es sich um eine sogenannte supranationale Organisation. Supranationalität bedeutet, dass die Union, die keine originäre Hoheitsgewalt hat, auf der Grundlage ihrer Zuständigkeit und Rechtssetzungskompetenz, die ihr durch die Verträge übertragen wurde, durch ihre Organe Beschlüsse fassen kann, die die Mitgliedsstaaten auch gegen deren Willen zu einem bestimmten Verhalten verpflichten können.[6]

8 Zur Verwirklichung ihrer Aufgabe, der Schaffung eines gemeinsamen Marktes und einer Wirtschafts- und Währungsunion, verfügt die Union über bedeutsame Kompetenztitel (vgl. Art. 3 und 4 des Vertrages über die Arbeitsweise der Europäischen Union (AEUV) konsolidierte Fassung von 2012).[7]

Dazu gehört gemäß Art. 4 Abs. 2 Buchst. g) AEUV auch die Verkehrspolitik.

9 Auf dieser Grundlage erlassene Verordnungen des Europäischen Parlaments und des Rates sind in allen Teilen verbindlich und gelten unmittelbar in jedem Mitgliedsstaat (Art. 288 Abs. 2 S. 2 AEUV, früher Art. 249 Abs. 2 EGV).

10 Sie sind also nationalen Gesetzen vergleichbar und von der jeweils zuständigen nationalen Stelle oder, je nach Zuständigkeit, von den Organen der Gemeinschaft anzuwenden. Stimmt das nationale Recht nicht mit der einschlägigen gemeinschaftsrechtlichen Vorschrift überein, so ist das Gemeinschaftsrecht sowohl nach der Rechtsprechung des Europäischen Gerichtshofs (EuGH)[8] als auch des Bundesverfassungsgerichts (BVerfG)[9] vorrangig. Dieser Anwendungsvorrang hat zur Folge, dass nationale Gerichte und Behörden zur Prüfung der einschlägigen nationalen Norm am Maßstab des Rechts der Europäischen Gemeinschaft und ggf. zur Verwerfung, also zur Nichtanwendung der nationalen Norm im jeweiligen Einzelfall, verpflichtet sind.[10]

11 Entscheidungen von Organen der EU betreffen hingegen jeweils einen Einzelfall und sind für denjenigen verbindlich, an die sie gerichtet sind (Art. 288 AEUV), entsprechen also grundsätzlich einem Verwaltungsakt (vgl. § 35 S. 1 VwVfG). Sie können sich an Individuen und an Mitgliedstaaten richten. Rechtsgrundlage kann der EU-Vertrag selbst oder eine auf seiner Grundlage erlassene Verordnung, also eine Norm des sekundären Gemeinschaftsrechts sein. Dieses bildet zugleich den alleinigen Maßstab für die Prüfung der Rechtmäßigkeit einer Entscheidung. Die unmittelbare Rechtsverbindlichkeit ergibt sich aus der Natur der Sache.[11]

---

[3] BGBl. I 1999 S. 550.
[4] BGBl. I 1992 S. 1760.
[5] Ihr Bestand war von vornherein auf 50 Jahre beschränkt, mittlerweile ist sie nicht mehr existent.
[6] Vgl. *Streinz*, Europarecht, 7. Aufl. 2005, Rdnr. 127.
[7] ABl. EU 2012 C 326 13 ff.
[8] Rs. 6/64 *(Costa/ENEL)*, Slg. 1964, Leitsätze 3 und 7.
[9] BVerfGE 31, 145, 174 f.; BVerfGE 37, 271, 279 f. *(Solange II)*.
[10] Vgl. EuGH, Rs. 103/88 *(Fratelli Constanzo)*, Slg. 1989, 1839, 1871; BVerfGE 31, 145, 174 f.
[11] *Streinz*, Europarecht, 7. Aufl. 2005, Rdnr. 468.

I. Einführung

Richtlinien richten sich an Mitgliedsstaaten und sind für diese hinsichtlich des zu 12
erreichenden Ziels verbindlich, überlassen jedoch den innerstaatlichen Stellen die
Wahl der Form und der Mittel (Art. 288 Abs. 3 AEUV). Die Frist, innerhalb derer die
Umsetzung in nationales Recht zu erfolgen hat, ist in der Regel in der jeweiligen
Richtlinie selbst festgelegt.[12] Die Mitgliedsstaaten sind zur Umsetzung der Richtlinien
verpflichtet.[13] Vor der Umsetzung kommt der Richtlinie grundsätzlich keine unmittelbare Geltung innerhalb der Mitgliedsstaaten zu. Unter bestimmten Umständen,[14] und zwar wenn die Richtlinie nicht fristgerecht in innerstaatliches Recht umgesetzt wurde, an keine Bedingungen geknüpft und für eine Anwendung im Einzelfall hinreichend bestimmt ist, kann sie allerdings nach Ablauf der Umsetzungsfrist unmittelbare Wirkung entfalten. Der Einzelne kann sich dann gegenüber allen Trägern der öffentlichen Gewalt auf die Bestimmungen der Richtlinie berufen.[15]

Ohne Umsetzung werden Richtlinien nicht unter Privatpersonen wirksam. Hier 13
zeigt sich deutlich der Unterschied zwischen einer Verordnung und einer Richtlinie
für den einzelnen Bürger[16]

b) Gemeinschaftsrechtliche Bestimmungen mit besonderer Bedeutung für unser 14
nationales Güterkraftverkehrsrecht. aa) Road-Package-Verordnungen [VO (EG)
Nr. 1071/2009,[17] *Nr. 1072/2009*[18] *und Nr. 1073/2009*[19]*].* Mit diesen Verordnungen, die
die Gemeinschaftslizenzverordnung [VO (EWG) Nr. 881/92][20] und die Kabotageverordnung [VO (EWG) Nr. 3118/93][21] sowie die Richtlinie des Rates (RiLi) 96/26 EG[22]
seit dem 4.12.2011 in allen Mitgliedsländern ersetzen, wurden neue Regeln für die
Zulassung zum Beruf des Kraftverkehrsunternehmers und für den Zugang zum Markt
des grenzüberschreitenden Güterkraftverkehrs geschaffen.

bb) Verordnung (EG) Nr. 1071/2009 des Europäischen Parlaments und Rates vom 15
21. Okt. 2009 zur Festlegung gemeinsamer Regeln für die Zulassung zum Beruf des
Kraftverkehrsunternehmers und zur Aufhebung der Richtlinie 96/26/EG des Rates.
Durch diese neue Verordnung, die in allen Mitgliedsländern unmittelbar gilt und anders als die aufgehobene RiLi 96/26 EG nicht erst einer Umsetzung bedarf, sollen,
ausgehend von der Erteilung einer Gemeinschaftslizenz als einzige Bedingung für den
Marktzugang soweit wie möglich einheitliche Bestimmungen und Regeln für einen
lauteren Wettbewerb aller Unternehmer innerhalb der gesamten Gemeinschaft gelten.

Ungeachtet dessen behalten die Mitgliedsstaaten in einigen Teilbereichen noch ei- 16
nen Gestaltungsfreiraum so in Art. 1 Abs. 5 (Ausnahme von den Bestimmungen der
Verordnung für ausschließlich im Inland tätigen Unternehmer, wenn ihre Binnenbeförderungen sich nur geringfügig auf den Kraftverkehrsmarkt auswirken), Art. 4
Abs. 3 (Zulassungsvoraussetzungen des Verkehrsleiters), Art. 8 Abs. 7 (Befreiung bestimmter Hoch- und Fachhochschulabsolventen von einem Nachweis der fachlichen
Eignung), Art. 9 (Befreiung von erfahrenen Praktikern von einer Fachkundeprüfung),

---

[12] *Streinz,* a. a. O. Rdnr. 437.
[13] EuGH, Rs. 147/77 (Kommission Italien), Slg. 1978, 1307, 1311.
[14] Vgl. EuGH Rs. 8/81, NJW 1982, 499 ff., *Doerfert,* Europarecht, 5. Aufl. 2012, Rdnr. 141 ff.
[15] Vgl. EuGH, Rs. 41/74 (*van Duyn/Hom Office*), Slg.1974, S. 1337, Leitsatz 2; BVerfGE 75, 223, 235 ff.
[16] Vgl. EuGH Rs. C 91/92, Slg. 1994 I – 3325 – Faccini Dori.
[17] Abgedruckt in ABl. EU 2009 Nr. L 300/51, **Anhang 6.**
[18] Abgedruckt in ABl. EU 2009 Nr. L 300/72, **Anhang 7.**
[19] Abgedruckt in ABl. EU 2009 Nr. L 300/88, nicht aber im Anhang.
[20] ABl. EG 1992 Nr. L 95.
[21] ABl. EG 1993 Nr. L 279/1.
[22] ABl. EG 1996 Nr. 124/1.

Art. 22 (Festlegung der Sanktionen bei Verstößen gegen Bestimmungen dieser Verordnung unter Berücksichtigung eines Diskriminierungsverbots für Angehörige anderer Mitgliedsstaaten).

17 Durch die Einführung eines „Verkehrsleiters", der Person, die das Unternehmen tatsächlich und dauerhaft leitet (Art. 4 Abs. 1 Buchst. a) mit besonderen Anforderungen an diese Tätigkeit, sollen sowohl die Voraussetzungen über die fachliche Qualifikation als auch die geforderten Zuverlässigkeitskriterien vereinheitlicht werden.

18 In einer Übergangsbestimmung, Art. 23, ist geregelt, dass Unternehmen, die bereits vor dem 4. Dezember 2009 zum Beruf des Kraftverkehrsunternehmers zugelassen wurden, bis zum 4. Dezember 2011 ebenfalls den Bestimmungen der neuen Verordnung genügen müssen.

19 *cc) Die Verordnung (EG) Nr. 1072/2009 des Europäischen Parlaments und des Rates vom 21. Okt. 2009* über gemeinsame Regeln für den Zugang zum Markt des grenzüberschreitenden Güterkraftverkehrs,[23] die die Verordnungen (EWG) Nr. 881/93 und (EWG) Nr. 3118/93 sowie die RiLi 2006/94 EG aufhebt und die Zulassung zum grenzüberschreitenden Güterkraftverkehrs innerhalb der Gemeinschaft, die Voraussetzungen über Erteilung und Entzug der Gemeinschaftslizenz sowie der Fahrerbescheinigung, die Kabotage, die gegenseitige Amtshilfe und die Verhängung von Sanktionen regelt.

20 Nach Art. 4 Abs. 2 Satz 1 wird die Gemeinschaftslizenz nunmehr für einen verlängerbaren Zeitraum bis zu 10 Jahren erteilt.

21 Die Regelungen über die Kabotage (Art. 8 bis 10) entsprechen im Wesentlichen denjenigen des § 17a der GüKGrKabotageV, mit denen Deutschland der damals noch nicht erlassenen Gemeinschaftsregelung vorgegriffen hatte. Ergänzend wurde jedoch eingeführt, dass auch bei Einreise mit einem unbeladenen Fahrzeug in einen anderen Mitgliedstaat unter bestimmten Voraussetzungen eine Kabotagebeförderung durchgeführt werden darf.[24]

22 Beschränkungen für die Zulassung zur Kabotage bestehen seit dem 1. Januar 2012 auch für Unternehmer aus Bulgarien und Rumänien nicht mehr, so dass alle Unternehmer aus der gesamten Union mit Ausnahme derjenigen aus Kroatien, das erst zum 1. Juli 2013 beigetreten ist, gleichermaßen zur Kabotage zugelassen sind (§ 5 GüKG n. F.).

23 Für die Unternehmer aus Kroatien gilt nach dem Beitrittsvertrag eine Sperrfrist von mindestens zwei Jahren, die auf Antrag der Mitgliedsländer auf vier Jahre verlängert werden kann.

24 *dd) Die ebenfalls am 21. Okt. 2009 erlassene Verordnung (EG) Nr. 1073/29* über gemeinsame Regeln für den Zugang zum grenzüberschreitenden Personenkraftverkehrsmarkt und zur Änderung der Verordnung (EG) Nr. 561/2006[25] regelt anders als die aufgehobenen RiLi 96/26/EG den Zugang zum Personenkraftverkehrsmarkt eigenständig.

---

[23] ABl. EU 2009 L 300/73, **Anhang 7**.
[24] Vgl. unten H. II Rdnr. 144.
[25] ABl. EU 2009 L 300/88 – nicht als Anhang abgedruckt.

II. Allgemeine nationale Vorschriften

1. Das Güterkraftverkehrsrecht und seine historische Entwicklung

Übersicht

	Rdnr.
a) Das GüKG vom 1.7.1998	25
b) Wichtige Änderungen des GüKG seit 1998	28
aa) Änderungen 2001 (GüKBillBG)	28
bb) Änderungen 2004 (Erstes Gesetz zur Änderung des GüKG)	33
cc) Andere Änderungen in 2008	37
dd) Änderungen zur Anpassung an die Verordnungen (EG) Nr. 1071/2009 und Nr. 1072/2009	38
ee) Änderungen durch Art. 1a des Gesetzes zur Änderung des Güterkraftverkehrsgesetzes und anderer Gesetze vom 17.6.2013	40
c) Sonstige Vorschriften	41
aa) Berufszugangsverordnung für den Güterkraftverkehr (GBZugV)	42
bb) Verordnung über den grenzüberschreitenden Güterkraftverkehr (Grenz- und KabotageV/GüKG)	44
cc) Kostenverordnung für den Güterkraftverkehr (KostenVGüKG)	48
dd) Allgemeine Verwaltungsvorschrift zum Güterkraftverkehrsrecht (GüKVwV)	49

a) Das GüKG vom 1.7.1998. Durch das Gesetz zur Reform des Güterkraftverkehrsrechts vom 22.6.1998[1] ist das GüKG grundlegend neu gestaltet worden. Die Kontingentierung der Genehmigungen für den Güterfernverkehr, wie überhaupt die Unterscheidung zwischen Güterfern-, Güternah- und Umzugsverkehr wurde zugunsten einer einheitlichen nationalen Berechtigung bzw. der **Gemeinschaftslizenz** aufgegeben und die Beförderungsbedingungen wurden ersatzlos gestrichen, nachdem bereits zuvor in 1993 die tarifrechtlichen Bestimmungen durch das Tarifaufhebungsgesetz[2] ersatzlos weggefallen waren. 25

Im GüKG ist nur noch geregelt, wer als Gebietsansässiger bzw. als Gebietsfremder Güterkraftverkehr im Inland betreiben darf. 26

Die vereinheitlichten Bestimmungen über die Haftung des Beförderers von Gütern im Inland zu Lande, auf Binnengewässern oder mit Luftfahrzeugen befinden sich ausschließlich in den §§ 407–450 HGB. 27

b) Wichtige Änderungen des GüKG seit 1998. aa) Änderungen 2001 (GüKBillBG). 2001 sollte durch das Gesetz zur Bekämpfung der illegalen Beschäftigung im gewerblichen Güterkraftverkehr[3] vom 2.9.2001 als nationale gesetzgeberische Maßnahme der illegalen oder missbräuchlichen Beschäftigung von Arbeitnehmern aus Nicht-EU-Staaten, die auf Fahrzeugen von Unternehmern aus der Europäischen Union (EU) und dem Europäischen Wirtschaftsraum eingesetzt werden, entgegengewirkt werden. Die EU hatte bis zum damaligen Zeitraum noch keine einheitliche Regelung getroffen. 28

---
[1] BGBl. I 1998 S. 1485.
[2] BGBl. I 1993 S. 1489.
[3] BGBl. I 2001 S. 2272.

29 Den Unternehmern[4] wurde aufgegeben, nur Fahrer aus Nicht-EU-Staaten einzusetzen, die eine Arbeitsgenehmigung oder ein **Negativattest** besitzen und mitführen, wobei diese Verpflichtung auch auf die Auftraggeber erstreckt wurde (§§ 7b und 7c).

30 Weiter wurde den Auftraggebern aufgegeben, nur Unternehmer einzusetzen, die Inhaber einer Erlaubnis nach § 3 bzw. einer Gemeinschaftslizenz (§ 5) sind oder als Gebietsfremde eine Berechtigung nach § 6 haben.

31 Für Verstöße gegen diese neuen Pflichten wurde der **Bußgeldrahmen** des § 19 deutlich erhöht.

32 Konsequenterweise wurde in Erweiterung des Aufgabenbereichs des Bundesamts diesem auch die Überwachung der Bestimmungen über das Aufenthalts- und Arbeitsgenehmigungsrecht von Fahrern aus Drittstaaten übertragen (§ 11 Abs. 2 Nr. 3a) und das Recht eingeräumt, bei Verstößen gegebenenfalls dem eingesetzten Fahrpersonal die Weiterfahrt zu untersagen.

33 *bb) Änderungen 2004.* Durch das Erste Gesetz zur Änderung des GüKG[5] vom 2.9.2004 erfolgte vor allem eine Anpassung der bisherigen Bestimmungen an die Verordnung (EG) 484/2002[6] des Europäischen Parlaments und des Rates über die EU-einheitliche Fahrerbescheinigung für den Einsatz von Fahrpersonal aus Staaten, die nicht Mitglied der EU oder des EWR sind, im grenzüberschreitenden gewerblichen Straßengüterverkehr und im Kabotageverkehr. Weiter wurden die innerstaatlichen Voraussetzungen für die Ausgabe von Fahrerbescheinigungen (§ 7b Abs. 1) geschaffen.

34 Darüber hinaus erfolgte eine Neuregelung der Bestimmung über die Versicherungspflicht für diesem Gesetz unterliegende Transporte.

35 Ferner wurde die Regelung über die Kontrolle hinsichtlich der Freistellung land- und forstwirtschaftliche Sonderverkehre erweitert (§ 2 Abs. 1a).

36 Insbesondere wegen des am 1.6.2002 in Kraft getretenen Abkommens zwischen der Europäischen Gemeinschaft und der Schweizer Eidgenossenschaft wurden verschiedene redaktionelle Änderungen vorgenommen (vgl. §§ 5, 6 Satz 2 Nr. 3a).

37 *cc) Auf andere Änderungen im GüKG*, wie z.B. die Definition des Firmensitzes (§ 3 Abs. 2) in 2008 braucht nicht eingegangen zu werden, da sie insbesondere durch neuere Anpassungen an das Gemeinschaftsrecht hinfällig geworden sind,

38 *dd) Änderungen zur Anpassung an die Verordnungen.* (EG) Nr. 1071/2009[7] und (EG) Nr. 1072/2009[8] durch das Gesetz zur Änderung des Güterkraftverkehrsgesetzes und des Personenbeförderungsgesetzes vom 22.11.2011.[9]

39 Neben Änderungen im Bereich Werkverkehr, Fahrpersonal und freigestellte Transporte (Beförderung von Postsendungen gemäß der Post-Universaldienstleistungsverordnung) wurden einige Bestimmungen, vor allem der § 3[10] unter Bezugnahme auf die Verordnungen (EG) Nr. 1071/2009 und Nr. 1072/2009 angepasst, so z.B. bezüglich der Voraussetzungen der Erteilung der Erlaubnis, der Verlängerung von deren Geltungsdauer auf bis zu 10 Jahre, und es wurde der Begriff des „Verkehrsleiters" eingeführt. Weiterhin wurde das Gesetz um Vorschriften zum Informationsaustausch

---

[4] Vgl. unten H. II Rdnr. 401 ff.
[5] BGBl. I 2004 S. 2302.
[6] Abgedruckt ABl. EG 2002 Nr. 76/1, Änderungen eingearbeitet in den Abdruck der Kabotage-Verordnung **Anhang 6**, 1. Aufl.
[7] Vgl. Fußnote 1.
[8] Vgl. Fußnote 19.
[9] BGBl. I 2011 S. 2272.
[10] Paragraphen ohne Gesetzesangabe sind im Teil H solche des GüKG.

II. Allgemeine nationale Vorschriften H. II

(§ 17 n. F.) ergänzt, wurden Bußgeldvorschriften (§ 19) angepasst und die Kompetenzen des BAG erweitert (§ 21).

ee) Änderungen durch Art. 1a des Gesetzes zur Änderung des Güterkraftverkehrsgesetzes und andere Gesetze vom 17.6.2013.[11] Dabei wurden vor allem die Kabotagebestimmungen im Hinblick auf Kroatien (§ 5 Satz 2) sowie die Vorschriften für den grenzüberschreitenden Güterkraftverkehr durch Gebietsfremde (§ 6) und die Mitführungs- und Aushändigungspflichten geändert. 40

c) Sonstige Vorschriften. Auf der Grundlage der Ermächtigung durch § 3 Abs. 6 hat das Bundesministerium für Verkehr mit Zustimmung des Bundesrates folgende derzeit gültige Verordnungen und Verwaltungsvorschriften erlassen. 41

aa) Berufszugangsverordnung für den Güterkraftverkehr[12] *(GBZugV) in der Fassung vom 21.12.2011.*[13] Diese Verordnung wurde in Anpassung an die bereits geltenden Verordnungen (EG) Nr. 1071/2009 und Nr. 1072/2009 neu gefasst und dabei verkürzt. 42

In den §§ 2 bis 4 sind die Berufszugangskriterien, „persönliche Zuverlässigkeit", „finanzielle Leistungsfähigkeit" und „fachliche Eignung" durch Verweisung auf das Gemeinschaftsrecht neu definiert worden. Die §§ 5 bis 9 betreffen den Erwerb der Fachkunde. § 10 regelt das Erlaubnisverfahren. § 12 enthält eigene Ordnungswidrigkeitsbestimmungen. 43

bb) Verordnung über den grenzüberschreitenden Güterkraftverkehr und den Kabotageverkehr (GüKGrKabotageV) in der vom Fassung vom 28.12.2011.[14] Auch diese Verordnung wurde an das seit 4.12.2001 geltende neue Gemeinschaftsrecht angepasst, insbesondere im 1.Abschnitt, §§ 1 bis 3 Erteilung und Entziehung der Gemeinschaftslizenz. 44

Die Regelungsbereiche der Abschnitte 45
2 grenzüberschreitender Verkehr und CEMT-Genehmigungen/CEMT-Umzugsgenehmigungen und
3 Geltung der bilateralen Genehmigungen auf dem inländischen Streckenanteil,
4 grenzüberschreitender Verkehr mit Drittstaatengenehmigung,
5 grenzüberschreitender gewerblicher kombinierter Verkehr,
6 Bedingungen für den Fahrzeugeinsatz und den Ausschluss von Unternehmern mit Sitz ihres Unternehmens außerhalb des EWR,
7 Verfahren zur Erteilung einer Fahrerbescheinigung,
8 Bußgeldvorschriften.
sind beibehalten worden.

Die in Abschnitt 5a (§ 17a) enthaltene Regelung zu Kabotagetransporten ist durch die seit dem 14. Mai 2010 in der ganzen EU unmittelbaren geltenden Kabotagebestimmungen, Art. 8–10 (VO (EG) NR. 1072/2009 verdrängt worden. 46

Da die EWR-Staaten Island, Liechtenstein und Norwegen die Neuregelungen durch die VO (EG) NR. 1072/2009 bisher noch nicht förmlich übernommen haben, gelten im Verhältnis zu diesen Staaten bis auf Weiteres noch § 17a GüKGrKabotageV und die VO (EWG) 3118/93, die Kabotageverordnung.[15] § 17a ermöglicht theoretisch auch 47

---

[11] BGBl. I 2013 S. 1558.
[12] BGBl. I 2000 S. 918 **Anhang 4.**
[13] BGBl. I 2011 S. 3120.
[14] BGBl. I 2012 S. 42.
[15] *Hein/Eichhoff/Pukall/Krien*, Teil O 120 Anm. 1 zu § 17a GüKGrKabotageV.

H. II Gewerberechtliche Vorschriften für den Transport von Gütern auf der Straße

die Berechtigung zur Kabotage auf der Basis bilateraler Vereinbarungen. Solche Vereinbarungen mit Drittstaaten gibt es jedoch derzeit nicht.[16]

48 *cc) Kostenverordnung für den Güterkraftverkehr(KostenVGüKG) in der Fassung vom 29.6.2012.*[17] Diese Verordnung bestimmt, für welche Amtshandlungen im Bereich Güterkraftverkehr welche Gebühren erhoben werden.

49 *dd) Allgemeine Verwaltungsvorschrift zum Güterkraftverkehrsrecht (GüKVwV) in der Fassung vom 9.11.2012.*[18] In dieser Verwaltungsvorschrift sind u. a. Regelungen über das Erlaubnis- und Lizenzerteilungsverfahren, das Anhörungsverfahren, den Unternehmer, den Verkehrsleiter, die fachliche Eignung, Urkundenberichtigung, Nachweis des Erbrechts, das Verfahren der Rücknahme oder des Widerrufs, die Untersagung und Wiedergestaltung der Führung von Güterkraftverkehrsgeschäften, die Fahrerbescheinigung, die Mitteilung von Bußgeldbescheiden, den Europäischen Informationsaustausch und die Überwachung von Kraftverkehrsunternehmen enthalten.

2. Definitionen und Abgrenzungskriterien des GüKG

Übersicht

	Rdnr.
a) Unterscheidung zwischen erlaubnispflichtigen und erlaubnisfreien Beförderungen von Güter und Kraftfahrzeugen auf der Straße	50
b) Güterkraftverkehr	54
aa) Kriterien des Güterkraftverkehrs	54
bb) Beförderung	56
cc) Güter	60
dd) Kraftfahrzeuge	61
c) Gewerblicher Güterkraftverkehr	64
d) Werkverkehr	66
aa) Beförderung für eigene Zwecke	67
bb) Anforderungen an die Güter	72
cc) Anforderungen an die Beförderung	74
dd) Anforderungen an das Personal	76
ee) Anforderungen an die Hilfstätigkeit	77
ff) Beförderungen von Gütern durch Handelsvertreter, Handelsmakler und Kommissionäre	78
(1) Güter, die unter die geschäftliche Tätigkeit fallen	79
(2) Weitere Voraussetzungen gemäß Abs. 2 Nr. 2–4	80
(3) Fahrzeuge mit einer Nutzlast bis 4 t	81
e) Ausnahmen von der Erlaubnispflicht nach § 2	82
aa) Allgemeines	82
(1) Geltungsbereich	82
(2) Verringerung der Ausnahmetatbestände	85
bb) Die Ausnahmen vom Anwendungsbereich des GüKG	88
(1) Beförderung durch Vereine	88
(2) Hoheitliche Verkehre	90
(3) Die Beförderung von beschädigten oder reparaturbedürftigen Fahrzeugen	93
(4) Güterbeförderung anlässlich von Beförderungen nach dem Personenbeförderungsgesetz	95
(5) Beförderung von Medikamenten und sonstigen Gütern zur Hilfeleistung	96

---

[16] *Hein/Eichhoff/Pukall/Krien,* Teil O 120 Anm. 2 zu § 17a GüKGrKabotageV.
[17] BGBl. I 2012 S. 1454.
[18] BAnzT vom 16.11.2012 B 1, **Anhang 11**.

II. Allgemeine nationale Vorschriften   H. II

	Rdnr.
(6) Beförderung von Milch und Milcherzeugnissen	97
(7) Beförderung von land- und forstwirtschaftlichen Bedarfsgütern und Erzeugnissen	100
(8) Beförderung von Betriebseinrichtungen	110
(9) Beförderung von Postsendungen	111
cc) Begleitpapiere beim Einsatz nicht von der Kraftfahrzeugsteuer befreiter Fahrzeuge	114

a) Unterscheidung zwischen erlaubnispflichtigen und erlaubnisfreien Beförderungen von Gütern mit Kraftfahrzeugen auf der Straße. Auch nach dem geltenden GüKG gibt es erlaubnisfreie Beförderungen. 50

In § 3 Abs. 1 heißt es:

„Der gewerbliche Güterkraftverkehr ist erlaubnispflichtig, soweit sich nicht aus dem unmittelbar geltenden europäischen Gemeinschaftsrecht etwas anderes ergibt."

Daraus folgt einmal, dass alle nicht als gewerblicher Güterverkehr zu bewertenden Beförderungen erlaubnisfrei sind. 51

Mit der nachträglich eingefügten Einschränkung im 2. Halbsatz wird klargestellt, dass das Erfordernis einer Erlaubnis nach Abs. 2 entfällt, wenn aufgrund unmittelbar anwendbarem Gemeinschaftsrecht die Durchführung von Güterkraftverkehr zulässig ist, z.B. wegen der Freistellungsregelungen in Art. 1 Abs. 5 VO (EG) NR. 1072/2009. 52

Das Gemeinschaftsrecht geht insbesondere auch dann vor, wenn es für Transporte, die unter die VO (EG) Nr. 1072/2009 fallen, eine weitergehende Regelung enthält als das nationale Recht.[19] So verlangt Art. 1 Abs. 5 Buchstabe b) VO (EG) NR. 1072/2009 anders als § 2 Abs. 1 Nr. 3 nicht, dass die Beförderung von beschädigten oder reparaturbedürftigen Fahrzeugen aus Gründen der Verkehrssicherheit oder zum Zweck der Rückführung erfolgt. 53

b) Güterkraftverkehr. aa) Kriterien des Güterkraftverkehrs. § 1 Abs. 1 definiert den Güterkraftverkehr als geschäftsmäßige, d.h. auf Dauer gerichtete und in Wiederholungsabsicht vorgenommene oder entgeltliche Beförderung von Gütern mit Kraftfahrzeugen, soweit diese einschließlich Anhänger ein höheres zGG als 3,5t haben. 54

Mithin sind alle Beförderungen mit Fahrzeugen, die ein niedrigeres zGG haben, erlaubnisfrei, sofern keine Erlaubnispflicht aus anderen Bestimmungen folgt, z.B. aus § 54 Abs. 1 KrWG[20] oder aus § 4 Atomgesetz[21] (ATG) für Kernbrennstoffe. 55

bb) Beförderung. Beförderung i.S.d. GüKG ist das Fortbewegen von Gütern mittels Kraftfahrzeugen von einem Ort zum anderen, wobei es keine Rolle spielt, ob sich das Gut auf dem Zugfahrzeug oder auf einem Anhänger oder auf einem durch das ziehende Kraftfahrzeug bewegten anderen (Kraft-)fahrzeug befindet. 56

Die Beförderung kann, muss aber nicht Hauptzweck sein.[22] 57

Keine Beförderung liegt vor, wenn das Kraftfahrzeug lediglich eine Arbeitsleistung erbringt, bei der die Ortsveränderung nicht das Ziel des Einsatzes ist, wie bei einer Erdbewegung auf einer Baustelle ohne Abtransport der bewegten Masse.[23] 58

Das GüKG gilt auch, wenn die Beförderung auf nichtöffentlichen Wegen oder Baustellen mit nicht zugelassenen Kraftfahrzeugen durchgeführt wird.[24] 59

---

[19] Vgl. BT-Drucks. 15/2989 S. 10
[20] Vgl. unten H. III Rdnr. 619 ff.
[21] BGBl. I 1985 S. 1565.
[22] Vgl. *Hein/Eichhoff/Pukall/Krien*, Anm. 2 zu § 1 GüKG.
[23] Vgl. *Hein/Eichhoff/Pukall/Krien*, Anm. 2 zu § 1 GüKG.

60 *cc) Güter.* Güter im Sinne des GüKG sind alle beweglichen Sachen, unabhängig von ihrem Wert, mithin auch Abfall. Keine Güter sind das Fahrzeug selbst und dessen Zubehör sowie Personen, Nachrichten oder Dienstleistungen.

61 *dd) Kraftfahrzeuge.* Es muss sich um Fahrzeuge nach der Definition von § 1 Abs. 2 Straßenverkehrsgesetz[25] (StVG) handeln, also um Landfahrzeuge, die durch Maschinenkraft bewegt werden ohne an Bahngleise gebunden zu sein und diese müssen, damit sie unter das GüKG fallen, ein zGG von mehr als 3,5 t haben.

62 Maßgeblich sind alleine die Eintragungen im Kraftfahrzeugschein bzw. Anhängerschein. Dies wird damit begründet, dass nur **eine Überwachungsbehörde,** die zuständige Straßenverkehrsbehörde, Feststellungen über das zGG von Kraftfahrzeugen und/oder Anhänger treffen soll.[26]

63 Kraftfahrzeuge i. S. d. GüKG sind auch Zugmaschinen, Sattelschlepper, Raupenfahrzeuge, Kipperfahrzeuge und selbstfahrende Arbeitsmaschinen einschließlich Gabelstapler und Krafträder, nicht dagegen Anhänger oder Auflieger, die ein Zugfahrzeug zur Fortbewegung benötigen.

64 *c) Gewerblicher Güterkraftverkehr.* Nach § 1 Abs. 4 ist Güterverkehr, der nicht unter Werkverkehr i. S. d. Abs. 2 oder 3 fällt, **gewerblicher Güterkraftverkehr** und als solcher, wenn nicht eine Ausnahme nach § 2 vorliegt, nach § 3 Abs. 1 erlaubnispflichtig.

65 Darunter fällt auch der Lohnfuhrvertrag, unabhängig, davon dass der Lohnfuhrunternehmer die Disposition seiner Fahrzeuge dem Auftraggeber überlässt.

66 *d) Werkverkehr.* Werkverkehr ist nach § 9 erlaubnisfrei.
Es besteht jedoch eine Anmeldepflicht beim Bundesamt für Güterverkehr vor Beginn der ersten Beförderung nach § 15a Abs. 2.

67 *aa) Beförderung für eigene Zwecke.* „Werkverkehr ist Güterkraftverkehr für eigene Zwecke des Unternehmens, wenn die nachfolgend aufgeführten Voraussetzungen nach § 1 Abs. 2 erfüllt sind.

68 Güter Dritter dürfen nur unter den in Abs. 2 Nr. 1–4 aufgeführten Voraussetzungen im Werkverkehr erlaubnisfrei befördert werden.

69 Kein Werkverkehr ist daher der „Konzernverkehr",[27] d.h. der Transport für ein rechtlich selbstständiges, aber wirtschaftlich mit dem Beförderer verbundenes Unternehmen, da er nicht für eigene Zwecke des Unternehmens selbst erfolgt.

70 Der **Werkverkehr** ist eine eigenständige Verkehrsform im Bereich des gewerblichen Verkehrs. Der Betriebszweck ist nicht eng auszulegen. So dürfen z. B. Güter, die für die Kantine eines Unternehmens bestimmt sind, im Werkverkehr befördert werden.[28]

71 Einschränkungen hinsichtlich des Einsatzes von Miet- oder Leasingfahrzeugen gibt es nicht mehr. Es dürfen auch solche Fahrzeuge eingesetzt werden, was nach altem Recht verboten war.

72 *bb) Anforderungen an die Güter.* Es muss sich entweder um Güter handeln, deren Eigentümer das Unternehmen ist oder sie müssen von ihm verkauft, gekauft, vermietet oder gemietet, hergestellt, erzeugt oder gewonnen, also produziert werden, was auch durch Umwandlung geschehen sein kann. Schließlich reicht auch die Bearbeitung oder Instandsetzung aus, wobei eine Substanzveränderung nicht erforderlich ist.

---

[24] Vgl. *Hein/Eichhoff/Pukall/Krien,* Anm. 5 zu § 1 GüKG.
[25] Fassung vom 6.3.2013 BGBl. I 2013 S. 37.
[26] *Hein/Eichhoff/Pukall/Krien,* Anm. 4 zu § 1 GüKG.
[27] Vgl. BVerwG NJW 1977, 542.
[28] Vgl. *Lammich-Pöttinger,* Gütertransportrecht Rdnr. 17 zu § 1 GüKG und *Hein/Eichhoff/Pukall/Krien,* Anm. 8b zu § 1 GüKG.

Keine Bearbeitung ist das bloße Sammeln von Altöl oder Abfall.[29]

cc) Anforderungen an die Beförderung. Die Beförderung muss grundsätzlich der Anlieferung zum Unternehmen, dem Versand vom Unternehmen oder der Verbringung der Güter innerhalb des Unternehmens dienen, wobei bei einem Kauf oder Verkauf sowohl der Käufer als auch der Verkäufer die Beförderung nach ihrer Wahl im Werkverkehr durchführen können.

Weiter fallen Beförderungen außerhalb des Unternehmens dann unter Werkverkehr, wenn sie dem Eigengebrauch dienen (vgl. auch Art. 1 Abs. 5d) ii) VO (EG) Nr. 1072/2009). Nach deutscher Auffassung kann auch ein Direktverkehr im Streckengeschäft Werkverkehr sein, wenn ein Händler eine bestellte Ware beim Produzenten abholt und dem Käufer direkt zustellt, ohne sie auf das eigene Lager zu nehmen. Dann muss aber ein echtes Handelsgeschäft mit Verbuchung des Warenein- und -ausgangs einschließlich einer angemessenen Handelsspanne und Umsatzsteuer vorliegen und die Beförderung darf nur eine Hilfstätigkeit darstellen.[30]

dd) Anforderungen an das Personal. Hier wurde der Anwendungsbereich für Werkverkehr dahingehend erweitert, dass die eingesetzten Fahrzeuge nicht nur mit eigenem Personal besetzt sein müssen, sondern dass es ausreicht, wenn das Personal dem Unternehmen im Rahmen einer vertraglichen Vereinbarung zur Verfügung gestellt worden ist, ohne dass, wie nach der früheren Fassung erforderlich, ein Krankheitsfall vorliegt.

ee) Beförderung als Hilfstätigkeit. Die Regelung in § 1 Abs. 2 Nr. 4 verlangt, dass die Beförderung nur eine Hilfstätigkeit zu anderweitigen Haupttätigkeiten des Unternehmens sein darf, um Umgehungen der Erlaubnispflicht zu verhindern. Liegen die Voraussetzungen der Nr. 1–3 des § 1 Abs. 2 vor, kommt der Nr. 4 nur noch die Aufgabe zu, die Geschäfte auszugrenzen, in denen lediglich eine Händlerstellung vorgetäuscht wird, tatsächlich aber Güterbeförderung betrieben werden soll.[31]

ff) Beförderung von Gütern durch Handelsvertreter, Handelsmakler und Kommissionäre. Auch diese Beförderungen stellen Werkverkehr dar, wenn die Voraussetzungen von § 1 Abs. 3 Nr. 1–3 kumulativ vorliegen.

(1) Güter, die unter die geschäftliche Tätigkeit fallen. Es muss sich um Güter handeln, die unter die geschäftliche Tätigkeit der genannten Personengruppen fallen, also um Kommissionsware, Ware des Handelsherren oder Ware, die aufgrund eines vermittelten Kaufvertrages durch den Handelsmakler geliefert wurde.

(2) Weitere Voraussetzungen gemäß Abs. 2 Nr. 2–4. Weiterhin müssen kumulativ ebenfalls die Voraussetzungen, die für Unternehmen gelten, wie vorstehend unter bb) bis ee) aufgeführt, erfüllt sein.

(3) Fahrzeuge mit einer Nutzlast bis 4 t. Es dürfen jedoch von den in Abs. 3 genannten Handelsvertretern, Handelsmaklern und Kommissionären nur Fahrzeuge eingesetzt werden bis zu einer Nutzlast von 4 t einschließlich eines Anhängers. Hier wird anders als nach Abs. 1 nicht auf das zulässige Gesamtgewicht, sondern auf die Nutzlast, die sich aus den Fahrzeugpapieren ergibt, abgestellt.

e) Ausnahmen von der Erlaubnispflicht gemäß § 2. aa) Allgemeines. (1) Geltungsbereich. In Abs. 1 dieser Vorschrift sind sämtliche Ausnahmen vom Anwendungsbe-

---

[29] Vgl. *Lammich-Pöttinger,* a.a.O. Rdnr. 23 zu § 1 GüKG m.w.N.
[30] Vgl. *Hein/Eichhoff/Pukall/Krien,* Anm. 8c zu § 1 GüKG m.w.N.
[31] OLG Hamburg Beschluss vom 11.8.2011 – 3 Ss 68/11 Owi, abrufbar bei BeckRS 2011, 20662.

H. II Gewerberechtliche Vorschriften für den Transport von Gütern auf der Straße

reich dieses Gesetzes aufgeführt, alles Verkehre, die verkehrswirtschaftlich nicht ins Gewicht fallen.

83 In Art. 1 Abs. 5 VO (EG) NR. 1072/2009, der parallelen Freistellungsregelung für den grenzüberschreitenden Güterkraftverkehr innerhalb des EWR, ist demgegenüber nur von einer Freistellung von der Gemeinschaftslizenz oder jeglicher Beförderungsgenehmigung die Rede. Darüber hinaus bestimmt Art. 8 Abs. 5 dieser EU-Verordnung, dass jeder Unternehmer, der in Übereinstimmung mit den Bestimmungen seines Niederlassungsstaates berechtigt ist, den in Art. 1 Abs. 5 Buchstabe a), b und c) aufgeführten Güterkraftverkehr durchzuführen unter den Bedingungen des Kabotageabschnitts in gleicher Weise Kabotagetransporte innerhalb eines anderen Mitgliedsstaates durchführen darf.

84 Die in Art. 1 Abs. 5 Buchstabe d) und e) aufgeführten Transporte sind in Art. 8 Abs. 5 nicht erwähnt. Unklar ist, ob damit für die in Art. 1 Abs. 5 Buchstabe a), b) und c) aufgeführten Transporte nur eine Freistellung von der Gemeinschaftslizenz oder einer anderen Beförderungsgenehmigung gilt, wofür der Wortlaut der genannten Vorschriften spricht, oder eine Freistellung von sämtlichen Bestimmungen dieser Verordnung gewollt ist.[32]

85 *(2) Verringerung der Ausnahmetatbestände.* Die Anzahl der Ausnahmen konnte deutlich reduziert werden, da es eine Kontingentierung der Berechtigungen nicht mehr gibt.

86 Soweit nach früherem Recht die Freistellung bestimmter Transporte mit der Maßgabe erfolgte, dass trotzdem die subjektiven Berufszugangsvoraussetzungen erfüllt sein mussten, entfällt eine Freistellung nach geltendem Recht, da nunmehr die subjektiven Kriterien für alle Unternehmer, die einzigen Marktzugangsvoraussetzungen sind.

87 So ist z.B. der Transport von Kunstwerken, Wertgütern in Sicherheitsfahrzeugen mit Begleitung, von Abfällen, von Gütern von Flughafen zu Flughafen, von lebenden Tieren, von beschädigten oder notgelandeten Luftfahrzeugen und von Ersatzteilen für Seeschiffe und Flugzeuge nicht mehr freigestellt.

88 *bb) Die Ausnahmen vom Anwendungsbereich des GüKG. (1) Beförderung durch Vereine.* Das GüKG soll nur für den gewerblichen Güterkraftverkehr gelten, der gewerbsmäßig, d.h. mit **Gewinnerzielungsabsicht** betrieben wird (Abs. 1 Nr. 1). Daher unterliegt z.B. die Beförderung von Fahrrädern oder Booten durch Vereine für ihre Mitglieder im Rahmen des Vereinszwecks nicht dem GüKG, auch wenn in Form des Mitgliedsbeitrags ein Entgelt geleistet wird, da insoweit keine Gewerbsmäßigkeit vorliegt.

89 Gelegentliche Beförderungen liegen jedoch nicht mehr vor, wenn Liniendienste oder ähnliche Maßnahmen vorliegen.

90 *(2) Hoheitliche Verkehre.* Nach Nr. 2 sind Beförderungen von Gütern durch die öffentliche Hand, den Bund, die Länder, Gemeinden oder Gemeindeverbände und andere Körperschaften oder Anstalten des öffentlichen Rechts, freigestellt, soweit diese im Rahmen ihrer **öffentlichen Aufgaben** auch im Bereich der Daseinsfürsorge erfolgen.[33] Die Beförderung muss mit eigenen Fahrzeugen der öffentlichen Hand erfolgen. Umstritten ist, ob die Freistellung auch gilt, wenn derartige Beförderungen durch privatrechtliche gestaltete Gesellschaften durchgeführt werden.[34]

---

[32] Anders wohl früher *Hein/Eichhoff/Pukall/Krien,* Teil T 216 Art. 8, 9 VO (EG) Nr.1072/2009 Rdnr. 19 ff., vgl. auch Rdnr. 155 ff.

[33] *Hein/Eichhoff/Pukall/Krien,* Anm. 3 zu § 2 GüKG.

[34] Vgl. *Lammich-Pöttinger,* a.a.O. Rdnr. 8 zu § 2 GüKG.

II. Allgemeine nationale Vorschriften   H. II

Zu den **freigestellten Transporten** gehören z. B. Mülltransporte, Transporte von 91
Verwaltungsakten, Polizeiausstattung, Versorgungsgütern, Baustelleneinrichtungen,
rollenden Büchereien oder Laboren oder Transporte von sonstigen Kontrolleinrichtungen.

Nicht freigestellt ist dagegen weiter der von der **Deutschen Bahn AG** durchgeführte 92
Güterkraftverkehr mit eigenen Fahrzeugen.

(3) Die Beförderung von beschädigten oder reparaturbedürftigen Fahrzeugen ist nach 93
Nr. 3 freigestellt, wenn sie aus Gründen der Rückführung erfolgt. Demgegenüber stellt
die neue gemeinschaftsrechtliche Regelung in Art. 1 Abs. 5 Buchstabe b) VO (EG)
Nr. 1072/2009 alle derartigen Beförderungen ohne die erwähnten Beschränkungen
frei.

Sonstige Abschleppvorgänge sind nach geltendem Recht nicht freigestellt, also auch 94
nicht das Abschleppen von verkehrswidrig abgestellten Fahrzeugen im Auftrag von
Behörden.

(4) Güterbeförderung anlässlich von Beförderungen nach dem Personenbeförderungs- 95
gesetz. Nr. 4 ermöglicht es, bei der Durchführung von Verkehrsdiensten, allerdings
nur im Rahmen einer Genehmigung nach dem Personenbeförderungsgesetz, neben
dem Reisegepäck der Fahrgäste auch noch in beschränktem Umfang **Güter Dritter**
mitzubefördern. Unter Verkehrsdienst ist hier jede von einer Genehmigung nach dem
Personenbeförderungsgesetz erfasste Autobusbeförderung zu verstehen. Die Freistellung gilt jedoch nicht, wenn die Autobusfahrt lediglich zur Beförderung von Gütern
und nicht von Personen durchgeführt wird.

(5) Beförderung von Medikamenten und sonstigen Gütern zur Hilfeleistung. Nr. 5 ent- 96
spricht der Regelung in Art. 1 Abs. 5 Buchstabe e) VO (EG) Nr. 1072/2009. Derartige
Beförderungen bleiben freigestellt.

(6) Beförderung von Milch und Milcherzeugnissen. Weiter wird die Beförderung von 97
Milch und Milcherzeugnissen durch landwirtschaftliche Unternehmer für solche Andere zwischen landwirtschaftlichen Betrieben, Milchsammelstellen und Molkereien
nach Nr. 6 freigestellt.

Es kommt nicht darauf an, wem die eingesetzten Fahrzeuge gehören. 98

Da bezüglich des Begriffes **landwirtschaftliche Unternehmer** auf das Gesetz über 99
die Alterssicherung der Landwirte vom 29.7.1994[35] verwiesen wird, fallen darunter
nicht nur Milcherzeuger, sondern alle Unternehmer der Land- und Forstwirtschaft
einschließlich des Wein-, Obst-, Gemüse- und Gartenbaus, Fischzucht und Teichwirtschaft, deren Unternehmen eine auf Bodenbewirtschaftung beruhende Existenzgrundlage bildet.[36] Im Nebenerwerb tätige Landwirte können sich dem gegenüber auf
die Freistellung nicht berufen.

(7) Beförderung von land- und forstwirtschaftlichen Bedarfsgütern und Erzeugnissen. 100
Nr. 7 bezieht die übliche Beförderung von land- und forstwirtschaftlichen Bedarfsgütern und Erzeugnissen für eigene Zwecke und für derartige Betriebe in die Freistellung ein, wenn die unter Buchstaben a) bzw. b) dieser Vorschrift aufgeführten Voraussetzungen erfüllt sind.

Üblich sind nach Auffassung der Verwaltung die Gepflogenheiten der Nachbar- 101
schaftshilfe in der jeweiligen Region.[37]

---

[35] BGBl. I 1994 S. 1890.
[36] Vgl. *Hein/Eichhoff/Pukall/Krien,* Anm. 7a zu § 2 GüKG.
[37] Vgl. *Hein/Eichhoff/Pukall/Krien,* Anm. 7b aa zu § 2 GüKG.

Knorre   455

H. II Gewerberechtliche Vorschriften für den Transport von Gütern auf der Straße

102 Bei land- und forstwirtschaftlichen Bedarfsgütern handelt es sich um solche Güter, die in derartigen Betrieben gebraucht und verbraucht werden sollen. Sie brauchen nicht ausschließlich in diesem Bereich verwendet zu werden.

103 Die Beförderung für eigene Zwecke ist freigestellt, wobei Fahrzeug und Personal angemietet sein können.

104 **Nachbarschaftshilfe** darf nur durch einen land- oder forstwirtschaftlichen Betrieb für einen anderen solchen Betrieb geleistet werden. Sie setzt ferner eine nachbarschaftliche Nähe, gegebenenfalls auch in verschiedenen Gemeinden räumlich möglich, und eine nachbarliche Verbundenheit voraus. Eine solche ist zweifelhaft, wenn der „Helfende" ständig jedem beliebigen Nachbarn für Beförderungsleistungen zur Verfügung steht[38] oder die Nachbarhilfe gewerbsmäßig erfolgt.

105 Eine Gewerbsmäßigkeit wird angenommen bei einer auf eine gewisse Dauer und auf Erzielung wirtschaftlicher Vorteile ausgerichteten Tätigkeit.[39]

106 Weiterhin freigestellt sind Beförderungen im Rahmen eines Maschinenrings oder eines vergleichbaren wirtschaftlichen Zusammenschlusses. **Maschinenringe** sind Zusammenschlüsse von Land- oder Forstwirten aus einer oder mehreren Gemeinden mit eigener Rechtspersönlichkeit,[40] um vorhandene landwirtschaftliche Geräte und Fahrzeuge möglichst vielen zugänglich zu machen, indem sie allen Mitgliedern zur Verfügung gestellt werden. Die Gegenleistung wird nicht von dem Empfänger der eigenen Leistung erwartet, sondern kann auch von einem anderen Mitglied erbracht werden. Die erbrachten Leistungen werden zumeist auf der Basis von Verrechnungspreisen für Mitglieder über eine Abrechnungsstelle verrechnet.

107 Vergleichbare Zusammenschlüsse sind auch Betriebsringe zum Zwecke der Kooperation und Rationalisierung im landwirtschaftlichen Bereich.

108 Im Übrigen gelten die Einschränkungen wie für die Nachbarhilfe. Die Beförderung muss in der Landwirtschaft der Region üblich sein, für land- und forstwirtschaftliche Betriebe erfolgen und es darf sich beim beförderten Gut nur um land- und forstwirtschaftliche Bedarfsgüter oder Erzeugnisse handeln.

109 Bezüglich des Umkreises von 75 km, in dem die Beförderungen durchgeführt werden dürfen, wird nunmehr auf den regelmäßigen Standort des Fahrzeuges, den Wohnsitz oder den Sitz des Halters gemäß § 6 Abs. 4 Nr. 1 der Fahrzeug-Zulassungsverordnung[41] abgestellt. Die Beförderungen müssen zudem mit Zugmaschinen oder Sonderfahrzeugen durchgeführt werden, die nach § 3 Nr. 7 des Kraftfahrzeugsteuergesetzes[42] von der Kraftfahrzeugsteuer befreit sind. Dies sind Zugmaschinen (ausgenommen Sattelzugmaschinen), Sonderfahrzeuge, Kraftfahrzeuganhänger hinter Zugmaschinen oder Sonderfahrzeugen und einachsige Kraftfahrzeuganhänger (ausgenommen Sattelanhänger, aber einschließlich der zweiachsigen Anhänger mit einem Achsabstand von weniger als einem Meter), die ausschließlich

a) in Land- oder forstwirtschaftlichen Betrieben,

b) zur Durchführung von Lohnarbeiten für land- oder forstwirtschaftliche Betriebe,

c) zu Beförderungen für land- oder forstwirtschaftliche Betriebe, wenn diese Beförderungen in einem land- oder forstwirtschaftlichen Betrieb beginnen oder enden,

d) zur Beförderung von Milch, Magermilch, Molke oder Rahm oder

---

[38] *Lammich-Pöttinger*, a. a. O. Rdnr. 18 zu § 2 GüKG.
[39] BVerwG VRS. 23, 159 = BVerwGE 14, 125.
[40] Vgl. *Hein/Eichhoff/Pukall/Krien*, Anm. 7b (bb) zu § 2 GüKG.
[41] BGBl. I 2011 S. 2749.
[42] BGBl. I 2002 S. 3818.

II. Allgemeine nationale Vorschriften   H. II

e) von Land- oder Forstwirten zur Pflege von öffentlichen Grünflächen oder zur Straßenreinigung im Auftrag von Gemeinden oder Gemeindeverbänden eingesetzt werden. Sonderfahrzeuge sind Fahrzeuge, die nach ihrer Bauart und ihren besonderen, mit ihnen fest verbundenen Einrichtungen nur für die aufgeführten Verwendungszwecke geeignet und bestimmt sind. Die Steuerbefreiung nach Buchstabe a) gilt auch dann, wenn ein Land- oder Forstwirt land- oder forstwirtschaftliche Produkte von einer Sammelstelle zum Verwertungs- oder Verarbeitungsbetrieb (üblich z.B. bei Zuckerrüben), land- oder forstwirtschaftliche Bedarfsgüter von einem Bahnhof zum örtlichen Lager oder Holz von einem forstwirtschaftlichen Betrieb aus befördert[43]

(8) Beförderung von Betriebseinrichtungen. Nr. 8 gestattet für eigene gewerbliche Zwecke auch Beförderungen von Betriebseinrichtungen, wobei es keine Rolle spielt, ob diese neu oder gebraucht sind. Gedacht ist hier insbesondere an die Beförderung durch Schaustellerbetriebe. 110

(9) Beförderung von Postsendungen. Zunächst war im GüKG 1998 die Beförderung von Postsendungen nach der Privatisierung nicht freigestellt. Seit Ende 2011 werden solche Beförderungen im Rahmen von Universaldienstleistungen durch Postdienstleister gemäß § 1 Abs. 1 der Post-Universaldienstleistungsverordnung (PUDLV)[44] entsprechend der Regelung in Art. 1 Abs. 5 Buchstabe a) VO (EG) Nr. 1072/2009 ebenfalls frei gestellt. 111

Zu den Universaldienstleistungen[45] zählen 112

a) Briefsendungen i.S.d. § 4 Nr. 2 Postgesetz,[46] sofern deren Gewicht nicht 2.000 Gramm und deren Maße die nach dem Weltpostvertrag und den entsprechenden Vollzugsbestimmungen festgelegte Maße nicht überschreiten.
b) Die Beförderung von adressieren Paketen, deren Einzelgewicht 20 kg nicht übersteigt und die die vom Weltpostvertrag vorgegebenen Maße nicht überschreiten.
c) Die Beförderung von Zeitungen und Zeitschriften i.S.v. § 4 Nr. 1 Buchstabe c) Postgesetz, worunter periodisch erscheinende Druckschriften fallen, die die Öffentlichkeit über Tagesereignisse, Zeit- und Fachfragen presseüblich unterrichten sollen.

Keine Briefsendungen i.S. dieser Vorschriften sind Kataloge, wiederkehrend erscheinende Druckschriften, wie Zeitungen und Zeitschriften und Mitteilungen, die den Empfänger nicht benennen, sondern lediglich mit einer Sammelbezeichnung von Wohnung oder Sitz versehen sind, so dass sie nicht als adressiert i.S. des Postgesetzes gelten. 113

cc) Begleitpapiere beim Einsatz nicht von der Kraftfahrzeugsteuer befreiter Kraftfahrzeuge (Abs. 1a). Aufgrund von Protesten der Gewerbeverbände, die sich darauf berufen haben, dass im Rahmen landwirtschaftlicher Verkehre erhebliche Mengen an Gut transportiert und damit dem Gewerbe entzogen würden, obwohl die Freistellungstatbestände tatsächlich nicht erfüllt sind, wurde Abs. 1a eingefügt, um die Einhaltung der **Freistellungsvoraussetzungen** besser überwachen zu können.[47] Danach hat der land- oder forstwirtschaftliche Beförderer, der nicht von der Kraftfahrzeugsteuer befreite Fahrzeuge einsetzt, dafür zu sorgen, dass während der Beförderung ein Begleitpapier 114

---

[43] Vgl. *Hein/Eichhoff/Pukall/Krien*, Teil N Anm. 7 zu § 2 GüKG.
[44] BGBl. I 2005 S. 2418 und 2005 S. 1920.
[45] Vgl. *Hein/Eichhoff/Pukall/Krien*, Teil N Anm. 9 zu § 2 GüKG.
[46] BGBl. I 1997 S. 3294 und 2006 S. 2407.
[47] Vgl. BT-Drucks. 15/2989 S. 10.

H. II   Gewerberechtliche Vorschriften für den Transport von Gütern auf der Straße

oder ein sonstiger Nachweis mitgeführt wird, in dem das beförderte Gut, der Ort der Be- und Entladung und der land- oder forstwirtschaftliche Betrieb angegeben werden müssen, für den die Beförderung erfolgt. Der Gesetzgeber verspricht sich von diesem Papier, das nach Satz 2 während der Beförderung mitgeführt und den Kontrollberechtigten auf Anforderung zur Prüfung auszuhändigen oder sonst zugänglich zu machen ist, bessere Überprüfungsmöglichkeiten vor allem bei Straßenkontrollen.

115   Wer als Beförderer nicht dafür sorgt, dass ein solches **Begleitpapier** oder ein sonstiger Nachweis mitgeführt wird oder als Fahrer das Begleitpapier oder den sonstigen Nachweis bei einer Kontrolle nicht oder nicht rechtzeitig ausgehändigt bzw. zugänglich gemacht wird, begeht eine Ordnungswidrigkeit nach § 19 Abs. 1 Nr. 1 bzw. Nr. 1a, die mit einem Bußgeld bis 5.000,- € geahndet werden kann.

3. Die Berechtigungen zur Durchführung von gewerblichem Güterkraftverkehr im Inland

Übersicht

	Rdnr.
a) Allgemeines	116
aa) Güter, für deren Transport keine besondere Berechtigung erforderlich ist	116
bb) Die verschiedenen Berechtigungen und ihre Rechtsgrundlagen	117
b) Die Nationale Erlaubnis nach § 3	120
aa) Geltungsbereich	120
bb) Geltungsdauer	122
cc) Anzahl der Ausfertigungen	124
dd) Beschränkungen der Erlaubnis	127
c) Die Gemeinschaftslizenz nach Art. 3, 4 VO (EG) Nr. 1072/2009	132
aa) Geltungsbereich	132
(1) Für grenzüberschreitende Verkehre auf dem Gebiet der Gemeinschaft	132
(2) Für innerdeutsche Verkehre	134
(3) Für Kabotageverkehre	136
bb) Geltungsdauer	159
cc) Anzahl der Ausfertigungen	160
dd) Beschränkungen der Gemeinschaftslizenz	161
d) Die CEMT-Genehmigungen	164
aa) Allgemeines	164
bb) CEMT-Genehmigungen als Berechtigung zur Durchführung von Gütertransporten auf innerdeutschen Teilstrecken	173
e) Die bilateralen Genehmigungen	174
aa) Allgemeines	174
bb) Bilaterale Genehmigung als Berechtigung zur Durchführung von Gütertransporten auf innerdeutschen Teilstrecken	177
f) Ausnahmen von der Erlaubnispflicht	178
aa) Innerdeutsch	178
bb) Grenzüberschreitend	180
(1) Art. 5 Abs. 5 der VO (EG) Nr. 1072/2009	180
(2) Nach den CEMT-Resolutionen	181
(3) Nach bilateralen Abkommen	182

116   *a) Allgemeines. aa) Güter, für deren Transport keine besondere Berechtigung erforderlich ist.* Zunächst werden die allgemeinen Berechtigungen zur Durchführung von gewerblichem Güterkraftverkehr unter Außerachtlassung von Sonderanforderungen für den Transport bestimmter Güter, wie z. B. Abfall, radioaktive Stoffe oder lebende Tiere behandelt.

Sonderberechtigungen für den Transport von Gütern mit besonderen Anforderungen sind Gegenstand des Teils H. III.

II. Allgemeine nationale Vorschriften H. II

bb) Die verschiedenen Berechtigungen und ihre Rechtsgrundlagen. Das Güterkraft- 117
verkehrsrecht unterscheidet zwischen Berechtigungen zur Durchführung von innerdeutschen Verkehren und von grenzüberschreitenden Verkehren durch Gebietsansäs-
sige und Gebietsfremde.

Maßgebliche Vorschriften sind neben dem GüKG vor allem die VO (EG) 118
Nr. 1072/2009[48] sowie die Verordnung über den grenzüberschreitenden Güterkraftverkehr und den Kabotageverkehr (GüKGrKabotageV)[49] und die Berufszugangsverordnung für den Güterkraftverkehr (GBZugV).[50]

Insoweit besteht neben dem nationalen Recht unmittelbar geltendes Gemeinschaftsrecht.

Die einem Unternehmen erteilten Berechtigungen dürfen nicht auf Dritte überra- 119
gen werden (§ 10 Abs. 4 GBZugV, § 1 Abs. 1 Satz 2 GüKGrKabotageV).

b) Die Nationale Erlaubnis nach § 3. aa) Geltungsbereich. Die nationale Erlaubnis 120
berechtigt zur Durchführung von gewerblichem Güterkraftverkehr im Inland.

Sie wird einem Unternehmer, dessen Unternehmen einen Sitz im Inland hat gemäß 121
Absatz 2 erteilt, wenn er die Voraussetzungen nach Art. 3 Abs. 1 der VO (EG)
Nr. 1071/2009[51] erfüllt, d.h.

- er muss über eine tatsächliche und dauerhafte Niederlassung in Deutschland verfügen,
- zuverlässig sein,
- eine angemessene finanzielle Leistungsfähigkeit und
- die erforderliche fachliche Eignung besitzen

(vgl. im Einzelnen unten Rdnr. 189 ff.).

bb) Geltungsdauer. Erfüllt der Unternehmer die vorstehend aufgeführten Berufszu- 122
gangsvoraussetzungen, wird ihm die Erlaubnis nunmehr zunächst für die Dauer von
bis zu **zehn** Jahren erteilt (Abs. 2 Satz 1).

Nach Ablauf dieses Zeitraums wird die Erlaubnis dem Unternehmer zeitlich unbe- 123
fristet erteilt, wenn er weiterhin die erforderlichen Erteilungsvoraussetzungen erfüllt
(§ 3 Abs. 2 Satz 2). Darin besteht ein Vorteil gegenüber der Gemeinschaftslizenz, die
immer nur befristet für zehn Jahre erteilt wird (Art. 4 Abs. 2 Satz 1 VO (EG)
Nr. 1072/2009).[52]

cc) Anzahl der Ausfertigungen. Abs. 3 bestimmt, dass dem Erlaubnisinhaber auf An- 124
trag neben dem Original der Erlaubnisurkunde so viele Ausfertigungen erteilt werden
können, wie ihm weitere Fahrzeuge und die für den Einsatz dieser Fahrzeuge erforderliche finanzielle Leistungsfähigkeit[53] zur Verfügung stehen.

Dabei nimmt die nationale Regelung ausdrücklich auf das Gemeinschaftsrecht, 125
Art. 7 VO (EG) Nr. 1071/2009,[54] Bezug.

So muss die Kapitalausstattung (Eigenkapital und Reserven) mindestens 9.000 € für 126
das erste Fahrzeug und 5.000 € für jedes weitere Fahrzeug betragen (§ 3 GBZugV bzw.
Art. 7 Abs. 2 VO (EG) Nr. 1071/2009).

---

[48] Vgl. oben Rdnr. 19.
[49] Vgl. oben Rdnr. 44.
[50] Vgl. oben Rdnr. 42.
[51] Vgl. oben Rdnr. 15.
[52] Vgl. oben Rdnr. 19.
[53] Vgl. unten Rdnr. 249 ff.
[54] Vgl. oben Rdnr. 15.

127 **dd) Beschränkungen der Erlaubnis.** Nach § 3 Abs. 4 kann die Verwaltungsbehörde bei der Erteilung der Erlaubnis Beschränkungen vornehmen durch **selbstständige oder unselbstständige Nebenbestimmungen**.[55]

128 Als unselbstständige Nebenbestimmungen kommen eine Befristung, z. B. auf weniger als zehn Jahre in Betracht, wenn die finanzielle Leistungsfähigkeit auf Dauer nicht sicher erscheint[56] oder eine einschränkende Bedingung, die nicht auflösend i. S. d. § 158 BGB ist, was der Regelung in Abs. 5 widerspräche, die eine abschließende Aufzählung von **Rücknahme- und Widerrufsgründen** enthält.

129 Gegen Beschränkungen der Erlaubnis kann sich der Unternehmer in einem Verwaltungsverfahren wehren, ohne dass dadurch der Bestand der Erlaubnis gefährdet wird.[57]

130 Nach *Lammich-Pöttinger*[58] kann die Erteilung einer Erlaubnis ohne Bedingungen nur im Wege der Verpflichtungsklage geltend gemacht werden, wobei ein getrenntes Verfahren gegen die Bedingung nicht möglich sei. Demgegenüber könne eine selbstständige Nebenbestimmung wie eine Auflage eigenständig durch Widerspruch und Anfechtungsklage angegriffen werden.

131 Verstöße gegen Beschränkungen der Erlaubnis können gemäß § 19 Abs. 1 Nr. 1c mit einer Geldbuße bis zu 5.000 € geahndet werden (§ 19 Abs. 5 Satz 1).

132 **c) Die Gemeinschaftslizenz nach Art. 3, 4 (VO (EG) Nr. 1072/2009**[59] *aa) Geltungsbereich.* (1) *Für grenzüberschreitende Verkehre auf dem Gebiet der Gemeinschaft.* Diese Erlaubnis berechtigt ihrer Bestimmung nach einmal den Inhaber, und zwar sowohl den Gebietsansässigen als auch denjenigen, der seinen Sitz nicht im Inland hat, zum grenzüberschreitenden gewerblichen Güterkraftverkehr im Gebiet der Gemeinschaft und damit zum Befahren innerdeutscher Teilstrecken.

133 Damit sind die gebietsfremden Unternehmer, denen eine Gemeinschafslizenz erteilt wurde, soweit sie im Rahmen ihrer Wechsel- oder Durchgangsverkehre den Geltungsbereich des GüKG befahren von der **Erlaubnispflicht** nach § 3 befreit, was der deutsche Gesetzgeber in § 6 klargestellt hat.

134 *(2) Für innerdeutsche Verkehre.* Für den Unternehmer, der seinen Sitz im Inland hat, gilt die ihm erteilte Gemeinschaftslizenz nach § 5 Satz 1 als Erlaubnis nach § 3, wenn es sich nicht um eine Beförderung zwischen dem Inland und einem Staat handelt, der weder Mitglied der Europäischen Union noch Vertragsstaat der Abkommen über den Europäischen Wirtschaftsraum (EWR) noch die Schweiz ist.

135 Dies bedeutet, dass ein Unternehmer mit Sitz im Inland, der eine Gemeinschaftslizenz erhalten hat, mit dieser Berechtigung sowohl innerdeutsch als im gesamten Gebiet des EWR grenzüberschreitend gewerblichen Güterkraftverkehr betreiben kann. Diese Lizenz schließt damit die Rechte aus der nationalen Erlaubnis ein.

136 *(3) Für Kabotageverkehre.* Weiter wird nach Maßgabe der Art. 8 bis 10 VO (EG) Nr. 1072/2009 jeder Unternehmer des gewerblichen Güterkraftverkehrs, der Inhaber einer Gemeinschaftslizenz ist, ausgenommen derzeit Unternehmer aus Kroatien (§ 5 Satz 2), zum zeitweiligen gewerblichen Güterkraftverkehr in den anderen Mitgliedsstaaten, also auch in Deutschland zugelassen. Die Anzahl der einsetzbaren Kraftfahrzeuge pro Unternehmen ist unbegrenzt, es muss nur für jedes Kraftfahrzeug eine beglaubigte Kopie der Gemeinschaftslizenz mitgeführt werden[60]

---

[55] Vgl. *Lammich-Pöttinger*, a. a. O. Rdnr. 19 ff. zu § 3 GüKG.
[56] Vgl. *Hein/Eichhoff/Pukall/Krien*, Anm. 5 zu § 3 GüKG.
[57] Vgl. *Hein/Eichhoff/Pukall/Krien*, Anm. 5 zu § 3 GüKG.
[58] A. a. O. Rdnr. 19 ff. zu § 3 GüKG.
[59] Vgl. oben Rdnr. 19.
[60] Vgl. unten Rdnr. 160.

II. Allgemeine nationale Vorschriften

Für die Unternehmer aus den neuen Mitgliedsstaaten – ausgenommen Kroatien – gelten keine Beschränkungen mehr. 137

Allerdings benötigen in einem anderen EU-Staat oder einem EWR-Staat ansässige Unternehmer in der gesamten EU zur Durchführung von erlaubnispflichtigem Güterkraftverkehr gemäß Art. 3 (VO (EG) Nr. 1072/2009 neben der Gemeinschaftslizenz noch eine Fahrerbescheinigung gemäß Art. 5 dieser EU-VO, wenn sie abhängig beschäftigte oder zur Arbeitsleistung überlassene Fahrer aus Drittstaaten einsetzen, die nicht langfristig Aufenthaltsberechtigte i.S.d. Art. 4 oder 7 der RiLi 2003/109 EG des Rates vom 25.11.2003[61] sind. Drittstaaten sind Staaten, die weder EU-Staaten noch EWR-Vertragsstaaten (Island, Liechtenstein, Norwegen) sind. 138

Dies gilt auch für Kabotagetransporte.

Die Fahrerbescheinigung wurde gemäß Erwägungsgrund 12 zu dieser EU-VO als einheitliches Kontrolldokument zum Nachweis legaler Beschäftigung von Fahrpersonal aus Drittstaaten eingeführt. Ihre Geltungsdauer, die vom ausstellenden Mitgliedsstaat festgelegt wird, beträgt höchstens fünf Jahre (Art. 5 Abs. 7 und § 21 GüKGrKabotageV als nationale Ausführungsvorschrift). 139

Auch im grenzüberschreitenden gewerblichen Güterkraftverkehr zwischen der EU und der Schweiz ist eine Fahrerbescheinigung bei Einsatz von Fahrern aus Drittstaaten erforderlich. Fahrpersonal aus der Schweiz ist insoweit solchem aus den EU-Staaten weitgehend gleichgestellt.[62] 140

Wer bei grenzüberschreitenden oder Kabotagetransporten Fahrpersonal aus Drittstaaten ohne die erforderliche Fahrerbescheinigung einsetzt, begeht eine Ordnungswidrigkeit nach § 19 Abs. 4 Nr. 1 und 3, für die ein Bußgeld bis zu 5.000 € verhängt werden kann. 141

In welchem Umfang Kabotagetransporte zulässig sind, war in der EU lange umstritten. Nunmehr bestimmt Art. 8 Abs. 2 Unterabsatz 1 in Erweiterung der inzwischen weitgehend obsolet gewordenen Regelung des § 17a Abs. 1 GüKGrKabotageV folgendes: 142

Die nach Absatz 1 berechtigten Unternehmer aus den EU-Staaten dürfen nach einer grenzüberschreitenden Beförderung nach Deutschland bis zu **drei** Kabotagefahrten mit demselben Fahrzeug innerhalb von sieben Tagen durchführen. Die Frist beginnt mit der letzten Einladung des Einreisetransports und endet mit der vollständigen Entladung des letzten Kabotagetransportes. 143

Erweiternd gegenüber der deutschen Zwischenregelung (§ 17a GüKGrKabotageV), die dadurch verdrängt worden ist, können Kabotageunternehmer nach Abs. 2 Unterabsatz 2 bei Einfahrt in den Aufnahmestaat mit einem unbeladenen Fahrzeug, aber ebenfalls nur im Anschluss an eine grenzüberschreitende Beförderung, also nicht unmittelbar aus seinem Heimatstaat kommend, **eine** Kabotagebeförderung innerhalb von drei Tagen durchführen. 144

Streitig ist, was noch unter **eine** Kabotagebeförderung fällt, und wann mehrere Beförderungen vorliegen, wenn z.B. Teile der Sendung auf einem Lkw an verschiedenen Orten übernommen und/oder an verschiedenen Abgabestellen abgeliefert werden. Das BAG geht nur dann von **einer** Beförderung aus, wenn Transportgut im Auftrag eines bestimmten Absenders an einen bestimmten Empfänger verbracht wird[63]. 145

---

[61] Abgedruckt in ABl. L 16 vom 23.1.2004, S. 44.
[62] Vgl. Abkommen zwischen der Europäischen Gemeinschaft und der Schweizerischen Eidgenossenschaft über den Güter- und Personenverkehr auf Schiene und Straße ABl. L 1142 vom 30.4.2002 S. 6 und S. 91, abgedruckt auch bei *Hein/Eichhoff/Pukall/Krien*, Teil J 584.
[63] *Hein/Eichhoff/Pukall/Krien*, Teil T 216, Anm. 18 zu Art. 8, 9 VO (EG) Nr. 1072/2009 ab Okt. 2014.

Diese Auffassung kann sich weder auf den Text des Art. 8, der keine Definition der Beförderung enthält, noch auf eine Auslegehilfe der Europäischen Kommission zu diesem Artikel[64] stützen.

So unterscheidet der Art. 8 Absatz 3 Buchst. c) nicht, ob ein oder mehrere Empfänger anzufahren sind, sondern verlangt nur, dass für jede Empfangsstelle die Anschrift anzugeben ist, unabhängig davon, ob es um denselben oder verschiedene Empfänger geht.

Die Auslegungshilfe stellt darauf ab, dass ein Beförderungsvorgang entsprechend der allgemeinen Praxis des Transportgewerbes zu definieren sei, und dass ein solcher Vorgang mehrere Beladestellen und Entladestellen umfassen kann, ohne dass an einer Stelle erwähnt ist, dass dies nur gelten soll, wenn es um einen Empfänger geht.

Entgegen der Auffassung des BAG ist nicht zuletzt auf Grund der Praxis im deutschen Verkehrsgewerbe davon auszugehen, dass jedenfalls dann, wenn ein Absender einen kompletten Lkw bestellt und die Auslieferung an mehrere Empfänger in einer Region erfolgen soll, wobei der gesamte Transport mit mehreren Entladestellen insgesamt einheitlich vergütet wird, nur **eine** Beförderung i.S. von Art. 8 vorliegt, unabhängig davon, ob die Teilladungen an denselben oder verschiedene Empfänger abgeliefert werden. Es ist auch kein triftiger Grund dafür ersichtlich, Kabotagebeförderungen unterschiedlich zu bewerten, wenn die Ablieferung an mehrere verschiedene Empfänger statt an einen Empfänger mit mehreren Entladestellen erfolgt, zumal der Empfänger im Regelfall kein Vertragspartner des Frachtführers/Spediteurs ist.

146 Während der Dauer der Kabotagebeförderungen müssen nach Absatz 3 Unterabsatz 1 sowohl Nachweise über die grenzüberschreitende Beförderung in den Aufnahmestaat sowie die dort durchgeführten Kabotagebeförderungen mitgeführt werden, z.B. durch ein Begleitpapier, ein anderes Beförderungsdokument oder in elektronischer Form.

147 Diese Nachweise müssen nach Unterabsatz 2 folgende Angaben enthalten, die weitgehend denen des § 17a GüKGrKabotageV entsprechen:

a) Name, Anschrift und Unterschrift des Absenders,
b) Name, Anschrift und Unterschrift des Verkehrsunternehmers,
c) Name und Anschrift des Empfängers sowie nach erfolgter Lieferung dessen Unterschrift und das Datum der Lieferung,
d) Ort und Datum der Übernahme der Ware sowie die Lieferadresse,
e) die übliche Beschreibung der Art der Ware und ihrer Verpackung sowie bei Gefahrgütern ihre allgemein anerkannte Beschreibung, die Anzahl der Packstücke sowie deren besondere Zeichen und Nummern,
f) die Bruttomasse der Güter oder eine sonstige Mengenangabe,
g) das amtliche Kennzeichen des Kraftfahrzeugs und des Anhängers.

Hier wurden offensichtlich die Angaben, die ein CMR-Frachtbrief gemäß Art. 6 CMR enthalten muss, als Muster genommen und ergänzt.

148 Es ist zu hoffen, dass nicht eine Erfüllung nach dem Wortlaut, so z.B. bei Buchstabe b) die Originalunterschrift des Unternehmers selbst verlangt wird, sondern dass eine Unterschrift des Fahrers als zuständigen Mitarbeiter ausreicht. Entsprechendes gilt für die Unterschrift des Empfängers nach Buchstabe c) und bezüglich der Beschreibung der Güter. Es sollte genügen, dass diese zur Identifizierung der Güter ausreicht.

---

[64] Herunterzuladen unter http://ec.europa.eu/transport/modes/road/haulage/doc/qu_the_new_cabotage _regime_2011.pdf.03.09.2014

II. Allgemeine nationale Vorschriften

Erfreulicherweise stellt Abs. 4 klar, dass keinerlei weitere Dokumente zur Erfüllung der Nachweise verlangt werden können.[65]

Nicht geregelt ist insoweit aber, ob und in welcher Form der Kabotageunternehmer, der mit einem unbeladenen Fahrzeug in den Aufnahmestaat einfährt, nachweisen muss, dass er zuvor eine grenzüberschreitende Beförderung (Grundvoraussetzung) durchgeführt hat. Ungeachtet dessen sind Kabotageunternehmer in solchen Fällen verpflichtet, den Nachweis einer unmittelbar vor der Einreise mit einem unbeladenen Fahrzeug durchgeführten grenzüberschreitenden Beförderung durch das Mitführen eines geeigneten Belegmittels, z. B. eines CMR-Frachtbriefes zu erbringen. Die vorstehenden aufgeführten Anforderungen gemäß Abs. 3 Unterabsatz gelten entsprechend.

Die Verpflichtung, die Nachweise während der Dauer der Kabotagebeförderungen in Deutschland mitzuführen, folgt für den Unternehmer aus § 7 Abs. 1 Satz 3, für das Fahrpersonal aus Abs. 2, wobei diese Bestimmung die unternehmerische Pflicht aus Art. 8 Abs. 3 Unterabsatz 2 VO (EG) Nr. 1072/2009 konkretisiert.[66] Die Aufnahme dieser Pflichten in das GüKG bestätigen, dass § 17a GüKGrKabotageV, in dem diese Regelung enthalten ist, auch insoweit obsolet geworden ist. Die Anwendbarkeit des § 7 Abs. 1 Satz 3 auf Kabotagetransporte ergibt sich aus Art. 9 Abs. 1 VO (EG) Nr. 1072/2009, wonach die Kabotage in den dort aufgeführten Bereich vorbehaltlich des Gemeinschaftsrechts den Rechts- und Verwaltungsvorschriften des Aufnahmemitgliedstaates unterliegt.

Es geht dabei um

a) für den Beförderungsvertrag geltende Bestimmungen

b) Fahrzeuggewichte und -abmessungen

c) Vorschriften für die Beförderung bestimmter Kategorien von Gütern, insbesondere gefährlicher Güter, verderbliche Lebensmittel und lebender Tiere

d) Lenk- und Ruhezeiten

e) Umsatzsteuer auf die Beförderungsleistungen

Streitig ist, was „unter für den Beförderungsvertrag geltende Bedingungen" zu verstehen ist. Nicht gefolgt werden kann der Auffassung von *Boettge*,[67] der eine Interpretation dieser Regelung mangels eines Hinweises in der Begründung der Verordnung über die deutsche Rechtsprache vorzunehmen versucht. Einmal handelt es sich nicht um eine vom deutschen Gesetz- oder Verordnungsgeber gefasste Bestimmung, sondern um eine solche des Gemeinschaftsrechts, in das das „Rechtssprachenverständnis" der verschiedenen Mitgliedstaaten Eingang gefunden hat, sodass die Bestimmung nicht allein aus deutscher Sicht betrachtet werden darf. Zum anderen darf nicht außer Betracht bleiben, dass auch in Deutschland früher, wie die Beispiele KVO und GüKUMB, die zwar 1998[68] aufgehoben wurden, zeigen, gesetzliche Bedingungen für bestimmte Arten von Beförderungsverträgen bestanden, die jedenfalls nicht ausschließlich zivilrechtlicher Natur waren. Daher erscheint es richtiger, eine Auslegung dahingehend vorzunehmen, dass gesetzliche Bestimmungen des Aufnahmestaats zu bestimmten Beförderungen, wie z. B. § 7 Abs. 1 Satz 3 für den Unternehmer und Abs. 3 für das Personal bezüglich Mitführungs- und Vorlagepflichten (vgl. unten

---

[65] Vgl. *Hein/Eichhoff/Pukall/Krien*, Teil T 216.
[66] Vgl. *Hein/Eichhoff/Pukall/Krien*, Anm. 1 zu § 3 GüKG.
[67] VersR 2011, 21 (23, 24).
[68] Vgl. oben Rdnr. 25.

H. II Gewerberechtliche Vorschriften für den Transport von Gütern auf der Straße

Rdnr. 429 ff. oder § 7a GüKG[69] bezüglich der Versicherungspflicht auf Kabotagebeförderungen in Deutschland Anwendung finden, da das vorrangige Gemeinschaftsrecht insoweit keine Regelungen enthält.[70]

153 Weiter ist zu beachten, dass die nationale Bestimmung keine Diskriminierung anderer Unternehmer wegen ihrer Staatsangehörigkeit oder ihres Niederlassungsortes enthalten darf (Art. 9 Abs. 2 VO (EG) Nr. 1072/2009), wobei der Umstand, dass es für ausländische Unternehmer manchmal schwieriger als für deutsche sein mag, eine entsprechende Versicherung abzuschließen, keine Diskriminierung darstellt.

154 Etwas unübersichtlich sind die Verstöße gegen die Mitführungs- und Vorlagepflichten bei Kabotagetransporten in § 19 Abs. 1 Nr. 4 und Nr. 5 geregelt, während im Übrigen Verstöße gegen die Kabotagebeschränkungen in Art. 8 VO (EG) Nr. 1072/2009 als Bußgeldtatbestände in § 19 Abs. 2a aufgeführt sind.

155 Mit Freistellungsfragen beschäftigen sich die Absätze 5 und 6 des Art. 8 VO (EG) Nr. 1072/2009.[71]

156 Absatz 5 bestimmt eindeutig, dass Unternehmer, die nach Art. 1 Abs. 5 bestimmte Postbeförderungen (Buchstabe a), Beförderungen von beschädigten oder reparaturbedürftigen Fahrzeugen (Buchstabe b) oder Beförderungen von Gütern mit Kraftfahrzeugen, deren zulässige Gesamtmasse einschließlich Gesamtmasse des Anhängers 3,5 Tonnen nicht übersteigt, grenzüberschreitend durchführen dürfen, auch berechtigt sind, nach den Bedingungen des Kapitel II gleichartige Kabotagebeförderungen durchzuführen. D.h. für sie gelten ebenfalls die Grundvoraussetzungen, dass zuvor eine grenzüberschreitende Beförderung stattgefunden haben muss und die Beschränkungen auf Auflagen der Absätze 1 bis 4. Die frühere Gegenmeinung,[72] wonach die Absätze 1 bis 4 auf Beförderungen gemäß Absatz 5 keine Anwendung finden, erscheint durch den Wortlaut der Vorschrift nicht gedeckt.

157 Demgegenüber regelt Absatz 6, dass Werkverkehr i.S. von Art. 1 Abs. 5 Buchstabe d) und Hilfstransporte i.S. von Art. 1 Abs. 5 Buchstabe e) **keinerlei Beschränkungen** unterliegen.

158 Mithin gelten für die einzelnen unter Art. 1 Abs. 5 aufgeführten Verkehre unterschiedliche Beschränkungen.[73]

159 *bb) Geltungsdauer.* Die **Gemeinschaftslizenz** wird immer nur für einen begrenzten Zeitraum, jetzt nach Art. 4 Abs. 1 VO (EG) Nr. 1072/2009 von bis zu zehn Jahren, erteilt und kann für denselben Zeitraum verlängert werden. Dies stellt einen Nachteil gegenüber der nationalen Erlaubnis (vgl. § 3 Abs. 2 Satz 2) dar, die zeitlich unbefristet wiedererteilt wird.

160 *cc) Anzahlung der Ausfertigungen.* Nach § 1 Abs. 1 Nr. 1 GüKGrKabotageV gilt § 3 Abs. 3 auch für Anforderungen an die finanzielle Leistungsfähigkeit, bei Erteilung von weiteren beglaubigten Kopien der Gemeinschaftslizenz. § 3 Abs. 3 nimmt unmittelbar auf die Regelungen in den VOen (EG) Nr. 1071/2009 und 1072/2009 zur finanziellen Leistungsfähigkeit und den erforderlichen finanziellen Mitteln Bezug.

161 *dd) Beschränkungen der Gemeinschaftslizenz.* Anders als bezüglich der Erteilung weiterer beglaubigter Kopien der Lizenz enthält § 1 GüKGrKabotageV keine Ver-

---

[69] Vgl. zu § 7a GüKG BAG Marktbeobachtungen Güterverkehr „Auswirkungen der Kabotagefreiheit für Unternehmen aus jungen EU-Mitgliedstaaten zum 1. Mai 2009 auf den deutschen Verkehrsmarkt – Stand April 2010 – S. 18/Nr. 4, 9 zu beziehen unter www.bag.bund.de.
[70] Vgl. Fn. 15 und 19.
[71] Vgl. oben Rdnr. 83, 84.
[72] Vgl. *Hein/Eichhoff/Pukall/Krien*, Teil T 216, Anm. 20 zu Art. 8, 9.
[73] So ab Oktober 2014 auch *Hein/Eichhoff/Pukall/Krien*, Teil T 216 Anm. 10 zu Art. 8, 9 VO (EG) 1072/2009.

II. Allgemeine nationale Vorschriften H. II

weisung auf § 3 Abs. 4, die Bestimmung über Beschränkungen der nationalen Erlaubnis.

Das Gemeinschaftsrecht selbst, insbesondere die VO (EG) Nr. 1072/2009 sieht 162 inhaltliche Beschränkungen oder Auflagen für die Gemeinschaftslizenz anders als das nationale Recht für die Erlaubnis nach § 3 nicht vor; so dass solche nicht zulässig sind. *Benkendorff* in Hein/Eichhoff/Pukall/Krien[74] hält Nebenbestimmungen im engen Rahmen des § 36 Abs. 1 2. Alternative VwVfG[75] bzw. der entsprechenden Landesvorschriften dann für zulässig, wenn sie sicherstellen sollen, dass die gesetzlichen Erteilungsvoraussetzungen erfüllt werden, z.B. als aufschiebende Bedingung bis der Unternehmer Fahrzeuge angeschafft hat (s. Art. 4 Abs. 3 VO (EG) Nr. 10072/2009).

Art. 7 VO (EG) Nr. 1072/2009 räumt den Verwaltungsbehörden ebenso wie die alte 163 Regelung (Art. 8 Abs. 3 Gemeinschaftslizenzverordnung)[76] die Möglichkeit ein, die Erteilung einer Lizenz zu verweigern (Abs. 1) oder eine erteilte Lizenz zu entziehen (Abs. 2), wenn die Voraussetzung nach Art. 4 Abs. 1, 5 Abs. 1 nicht erfüllt sind bzw. nicht mehr vorliegen oder in den Anträgen auf Erteilung falsche Angaben gemacht wurden.

d) Die CEMT-Genehmigungen. aa) Allgemeines. Durch Beschlüsse des Ministerrates (CEMT) der Europäischen Verkehrsministerkonferenz werden Quoten festgelegt, nach denen die Mitgliedsländer an Verkehrsunternehmen, die dort ansässig sind, Berechtigungen (CEMT-Genehmigungen) zur Durchführung von grenzüberschreitenden Transporten auf dem Gebiet der Mitgliedstaaten (per 1.1.2009 43 Staaten)[77] erteilen dürfen.

Es gibt CEMT-Genehmigungen für den allgemeinen Güterverkehr und CEMT- 165 Umzugsgenehmigungen.[78] Daneben gibt es von dem Genehmigungsverfahren frei gestellte Transporte.[79]

Die Gültigkeit der Genehmigungen kann ein Kalenderjahr oder auch nur 30 Tage 166 (**Kurzzeitgenehmigung**) betragen (§ 4 Abs. 1 Satz 2 GüKGrKabotageV).

Bestimmte Genehmigungen enthalten territoriale Beschränkungen, d.h. sie gelten 167 nicht auf dem Gebiet aller Mitgliedstaaten oder technische Beschränkungen. Manche Genehmigungen dürfen nur für Fahrzeuge mit bestimmten Motoren (EURO 3, Grün, Supergrün) verwendet werden.

Für die Verwendung der CEMT-Genehmigungen ist nach Kapitel 4 der Resolution 168 zum Leitfaden[80] Folgendes zu beachten:

Nach Absatz 1 Satz 1 darf die Genehmigung nicht gleichzeitig für mehr als ein 169 Fahrzeug verwendet werden. Die **Genehmigungsurkunde** ist im Fahrzeug mitzuführen. Sie kann für ohne Fahrer gemietete oder geleaste Fahrzeuge verwendet werden, wenn solche während des Miet- oder Leasingzeitraums ausschließlich von dem Unternehmen, dem die CEMT-Genehmigung erteilt wurde, benutzt und von dessen Fahrern gelenkt werden. Dann sind Miet- oder Leasingvertrag oder ein beglaubigter Aus-

---

[74] Teil T 216 Anm. 15 zu Art. 3, 4 VO (EG) Nr. 1072/2009.
[75] BGBl. I 2003 S. 102.
[76] Vgl. unten H. I. Rdnr. 14.
[77] Vgl. Resolution des Ministerrates der Europäischen Verkehrsminister(CEMT) zum Leitfaden für Regierungsbeamte und Transportunternehmen, Anpassung 1.1.2009, BGBl. 2010 II S. 297, abgedruckt in *Hein/Eichhoff/Pukall/Krien*, J 112.
[78] S. Richtlinie für das Verfahren zur Erteilung der CEMT-Genehmigungen, Stand 12.9.2011, Punkt 7, abgedruckt in VkBl. 2011 S. 771.
[79] S. Kapitel 2 der Resolution zum Leitfaden (vgl. oben Fn. 77).
[80] Vgl. oben Fn. 77.

zug daraus, aus dem der Name von Mieter und Vermieter, Datum und Laufzeit des Vertrages sowie die Fahrzeug-Identnummer hervorgehen, mitzuführen.

170 Ist der Fahrer nicht Mieter des Fahrzeugs, ist auch der Arbeitsvertrag des Fahrers oder ein beglaubigter Auszug daraus, aus dem Name des Arbeitgebers, des Fahrers sowie Datum und Laufzeit des Arbeitsvertrages hervorgehen oder eine Lohnabrechnung neueren Datums mitzuführen.

171 CEMT-Genehmigungen dürfen, wie auch andere Berechtigungen zur Durchführung von gewerblichem Güterkraftverkehr, nicht auf Dritte übertragen werden (Absatz 3).

172 CEMT-Genehmigungen berechtigen nicht zur Kabotage.

173 *bb) CEMT-Genehmigungen als Berechtigung zur Durchführung von Gütertransporten auf innerdeutschen Teilstrecken.* CEMT-Genehmigungen und CEMT-Umzugsgenehmigungen gelten gemäß § 4 Abs. 3 GüKGrKabotageV für den Streckenteil im Inland als Berechtigung i.S.d. § 3 zur Durchführung von erlaubnispflichtigem Güterkraftverkehr, soweit es sich um grenzüberschreitende Transporte handelt, für die sie gültig sind.

174 *e) Die bilateralen Genehmigungen. aa) Allgemeines.* Nach dem Zweiten Weltkrieg hat die Bundesrepublik Deutschland im Rahmen der Internationalisierung des Transports von Gütern auf Lastkraftwagen mit zahlreichen Ländern bilaterale Abkommen sowohl für den Wechselverkehr als auch für den Transitverkehr abgeschlossen.

175 Die Abkommen mit den EU-Mitgliedstaaten sind durch die Bestimmungen des Gemeinschaftsrechts abgelöst worden. Andere Abkommen sind im Rahmen der CEMT-Resolutionen für die Mitgliedstaaten ebenfalls entfallen oder haben ihre Bedeutung verloren.

176 Zumeist behandeln diese bilateralen Abkommen folgende Punkte:
- Genehmigungspflicht in den entsprechenden Ziel- und/oder Transitländern,
- im Regelfall Aushandlung von Kontingenten zwischen Vertretern der betreffenden Länder,
- Befreiung des Werkverkehrs und bestimmter Verkehre von der Genehmigungspflicht,
- Verbot der Kabotage und Verbot des Drittlandverkehrs ohne Berührung des Heimatlandes,
- Regelung über die Erteilungsbehörden,
- Regelung über die Gültigkeitsdauer der Genehmigungen/Anzahl der zulässigen Transporte

177 *bb) Bilaterale Genehmigungen als Berechtigung zur Durchführung von Gütertransporten auf innerdeutschen Teilstrecken.* Gültige und bestimmungsgemäß genutzte bilaterale Genehmigungen befreien sowohl deutsche Unternehmer als auch solche aus anderen Ländern beim grenzüberschreitenden Güterkraftverkehr gemäß § 6 Nr. 5 und § 8 Abs. 1 Satz 2 GüKGrKabotageV[81] von der **Erlaubnispflicht** nach § 3.

178 *f) Ausnahmen von der Erlaubnispflicht. aa)* Innerdeutsch, wie oben bereits dargestellt, sind Transporte mit Fahrzeugen mit einem zGG bis 3,5t (§ 1 Abs. 1), im Werkverkehr,[82] und solche, die unter die Ausnahmetatbestände des § 2 fallen, erlaubnisfrei.

179 Weiter bestimmt Art. 8 Abs. 5 und 6 VO (EG) Nr. 1072/2009, dass Transporte, die in Art. 1 Abs. 5 Buchstabe a)–e) als frei gestellt im grenzüberschreitenden Verkehr

---
[81] Vgl. oben Rdnr. 44.
[82] Vgl. oben Rdnr. 66ff.

II. Allgemeine nationale Vorschriften

aufgeführt sind, auch als Kabotagetransporte in Deutschland keiner Gemeinschaftslizenz oder sonstigen Berechtigung unterliegen.

bb) Grenzüberschreitend. (1) *Im Art. 5 Abs. 5 der VO (EG) Nr. 1072/2009*, die an die Stelle der Gemeinschaftslizenz-Verordnung getreten ist, sind die frei gestellten Transporte aufgelistet.[83] **180**

(2) *Nach den CEMT-Resolutionen.* Kapitel 2 der Resolution Nr. 9[84] enthält eine Auflistung frei gestellter, hier genannt liberalisierter Transporte. So sind Transporte durch Kraftfahrzeuge, deren zGG einschließlich Anhänger 6t oder deren **zulässige Nutzlast,** einschließlich des Anhängers 3,5t nicht überschreiten, frei gestellt. **181**

(3) *Nach bilateralen Abkommen.* Auch in verschiedenen bilateralen Abkommen, so z.B. in Art. 10 des Abkommens mit Bosnien und Herzegowina über den grenzüberschreitenden Personen- und Güterverkehr auf der Straße vom 18.10.2001[85] gibt es Freistellungsregeln. **182**

4. Die Voraussetzungen für die Erteilung und Wiedererteilung sowie zur Rücknahme/zum Widerruf von Berechtigungen zur Durchführung von gewerblichem Güterkraftverkehr und für eine Niederlassung

Übersicht

	Rdnr.
a) Allgemeines	183
aa) Wegfall der objektiven Zugangsvoraussetzungen für die Erteilung von Erlaubnissen nach § 3 und von Gemeinschaftslizenzen	183
(1) Gemeinschaftslizenz	184
(2) Nationale Erlaubnis	186
(3) Zusätzliche Anforderungen	187
bb) Beibehaltung der Möglichkeit der Kontingentierung in den CEMT-Resolutionen und in bilateralen Abkommen	188
b) Wer kann die Erteilung einer Gemeinschaftslizenz oder einer Erlaubnis nach § 3 beantragen?	189
aa) Regelung in der VO (EG) Nr. 1072/2009	189
bb) Regelung im nationalen Recht	190
cc) Definition in der GüKVwV	191
dd) Antragstellung auf Erteilung einer Gemeinschaftslizenz auch am Ort der Niederlassung i.S.d. Art. 5 VO (EG)	192
c) Zur persönlichen Zuverlässigkeit, Exkurs Verkehrsleiter i.S.d. Art. 4 VO (EG) Nr. 1071/2009	193
aa) Gesetzliche Definition	193
bb) Wer muss zuverlässig sein?	194
cc) Weiter zum Verkehrsleiter	198
(1) Status des Verkehrsleiters	198
(2) Kriterien und Einsatzbeschränkung der Tätigkeit	201
dd) Nachweis der Zuverlässigkeit	207
ee) Prüfungskriterien für die Zuverlässigkeit	209
d) Schwerste Verstöße gegen Gemeinschaftsrecht gemäß Anhang IV VO (EG) Nr. 1071/2009	210
e) Weitere Verstöße, die zur Unzuverlässigkeit führen können	228
(1) Die Regelung in § 2 Abs. 3 Nr. 1 GBZugV verweist auf Art 6 Abs. 1 Unterabsatz 3 Buchstabe b) der V (EG) Nr. 1071/2009	228

---

[83] Vgl. oben Rdnr. 19.
[84] Vgl. Resolution 9 Kapitel 3, abgedruckt bei *Hein/Eichhoff/Pukall/Krien,* Teil J 120.
[85] BGBl. II 2001 S. 1654 und *Hein/Eichhoff/Pukall/Krien,* Teil T 417.

	Rdnr.
(2) Schwere der Verstöße als maßgebliches Kriterium in den Fällen des § 2 Abs. 3 GBZugV	232
(3) Einzelfallprüfung	235
(4) Beispielhafte Verstöße	236
(a) Verstöße gegen Sozialvorschriften	236
(b) Verstöße gegen Verkehrsvorschriften	237
(c) Verstöße bei der Zahlung von Steuern und Sozialabgaben	240
(5) Größerer Ermessensspielraum der Verwaltungsbehörde in den Fällen des § 2 Abs. 3 Nr. 1–3 GBZugV	241
(6) Untersagung der Güterkraftverkehrstätigkeit.	245
f) Rehabilitationsmaßnahmen, Wiedereingliederung der Tätigkeit	247
g) Zur finanziellen Leistungsfähigkeit	248
aa) Gesetzliche Definition	248
(1) Nationale Vorschriften	248
(2) Art. 7 Abs. 1 VO (EG) Nr. 1071/2009	250
bb) Prüfungskriterien für die finanzielle Leistungsfähigkeit	251
(1) Erforderliches Eigenkapital	251
(2) Bewertung von Rückständen an Steuern und Beiträgen, Maßnahmen nach Art. 13 VO (EG) Nr. 1071/2009	256
(3) Bewertung von Insolvenzen, Vollstreckungsmaßnahmen gegen das Unternehmen	261
h) Weitere Ausfertigungen der Erlaubnisurkunden, keine doppelte Anrechnung des Eigenkapitals für Nationale Erlaubnis und Gemeinschaftslizenz	263
i) Zur fachlichen Eignung	266
aa) Gesetzliche Definitionen	266
bb) Erfordernis einer Person mit fachlicher Eignung	267
cc) Anforderungen an die fachliche Eignung des Verkehrsleiters	272
dd) Nachweis der Fachkunde	274
(1) Gesetzliche Bestimmungen	274
(2) Nachweis durch Prüfung bei der IHK	275
(3) Gleichwertige Abschlussprüfungen (§ 7 GBZugV)	282
(4) Nachweis der fachlichen Eignung durch leitende Tätigkeit	284
(5) Gleichwertigkeit der Sachkundenachweise	288
j) Zu den Voraussetzung einer Niederlassung	290
aa) Gesetzliche Definition	290
bb) Zweck der Bestimmung	291
k) Voraussetzungen für die Erteilung von CEMT-Genehmigungen	295
aa) Maßgebliche Vorschriften	295
bb) Voraussetzungen im Einzelnen	296
(1) Wer ist antragsberechtigt?	296
(2) Auslastungserwartung	297
(3) Sitz in Deutschland	298
l) Voraussetzungen für die Erteilung von bilateralen Genehmigungen für den Wechsel- und oder Transitverkehr	299
m) Voraussetzungen für die Wiedererteilung von Berechtigungen zur Durchführung von gewerblichem Güterkraftverkehr	301
aa) Nationale Erlaubnis	301
(1) Weiteres Vorliegen der Berufszugangsvoraussetzungen	301
(2) Veränderungen im Fahrzeugbestand	303
bb) Gemeinschaftslizenz	304
cc) CEMT-Genehmigungen	306
dd) Bilaterale Genehmigungen	307
n) Voraussetzungen für die Entziehung (Rücknahme oder Widerruf) von Berechtigungen zur Durchführung von gewerblichem Güterkraftverkehr	308
aa) Allgemeines	308
(1) Rücknahme	309
(2) Widerruf	310

II. Allgemeine nationale Vorschriften **H. II**

	Rdnr.
(3) Pflicht zur Begründung und zur Erteilung einer Rechtsbehelfsbelehrung	311
(4) Aufschiebende Wirkung von Rechtsbehelfen	312
bb) Nationale Erlaubnis	314
(1) Rechtliche Grundlagen	314
(2) Einzelne Fallgestaltungen	317
(3) Anhörungspflicht	318
(4) Überprüfbarkeit der Entscheidung	320
cc) Gemeinschafslizenz	321
dd) CEMT-Genehmigungen	322
ee) Bilaterale Genehmigungen	324

a) Allgemeines. aa) Wegfall der objektiven Zugangsvoraussetzungen für die nationalen Erlaubnisse nach § 3. Wie bereits oben[86] ausgeführt, wurde die Durchführung des gewerblichen Güterkraftverkehrs auch nach Abschaffung der zahlenmäßigen Beschränkungen der Genehmigungen, wie sie früher im Fernverkehr galten, nicht völlig frei, sondern bleibt erlaubnispflichtig. **183**

(1) Gemeinschaftslizenz. Gemeinschaftslizenzen werden seit dem 4. Dezember 2011 nach der abschließenden Regelung in Art. 4 Abs. 1 VO (EG) Nr. 1072/2009 jedem gewerblichen Güterkraftverkehrsunternehmer von dem Mitgliedsstaat erteilt, in dem er nach dessen Rechtsvorschrift niedergelassen und zur Durchführung des grenzüberschreitenden Güterkraftverkehrs berechtigt ist. **184**

Er muss nur noch die subjektiven Berufszugangsvoraussetzungen erfüllen, nämlich zuverlässig sein sowie über die erforderliche finanzielle Leistungsfähigkeit und fachlich Eignung verfügen, wie es in Art. 3 der VO (EG) Nr. 1071/2009, die die RiLi 96/26[87] ersetzt, verlangt wird. **185**

(2) Nationale Erlaubnis. Entsprechendes gilt nach § 3 Abs. 2, der den Anforderungen des Art. 3 Abs. 1 VO (EG) 1071/2009 angepasst wurde. Insoweit wird in § 3 Abs. 2 unmittelbar auf die Legaldefinition dieser gemeinschaftsrechtlichen Verordnung verwiesen und auf eigene nationale Definitionen verzichtet. **186**

(3) Zusätzliche Anforderungen. Den Mitgliedsstaaten bleibt aber gemäß Art. 3 Abs. 1 VO (EG) Nr. 1071/2009 vorbehalten, zusätzliche Anforderungen aufzugeben, die aber weder unverhältnismäßig noch diskriminierend sein dürfen. Deutschland hat von dieser Möglichkeit keinen Gebrauch gemacht (vgl. § 3 Abs. 2, § 1 GüKGrKabotageV). **187**

bb) Beibehaltung der Möglichkeit der Kontingentierung in den CEMT-Resolutionen und in den bilateralen Vereinbarungen. Demgegenüber gehen die CEMT-Resolutionen,[88] abgesehen von möglichen bilateralen nicht kontingentierten Genehmigungen, grundsätzlich weiterhin von einem Quotensystem und damit von einer Kontingentierung der Berechtigungen und nicht von einem unbeschränkten Erteilungsanspruch der Unternehmer aus. **188**

Auch in den bilateralen Abkommen werden die Berechtigungen in der Regel kontingentiert.

b) Wer kann die Erteilung einer Gemeinschaftslizenz oder einer Erlaubnis nach § 3 beantragen?. aa) Regelung in der VO (EG) Nr. 1072/2009. Für die Gemeinschaftslizenz bestimmt Art. 4, dass jeder gewerbliche Güterkraftverkehrsunternehmer, der in **189**

---

[86] Vgl. oben Rdnr. 50.
[87] Vgl. oben Rdnr. 14 ff.
[88] Vgl. Resolution 9 Kapitel 3, abgedruckt bei *Hein/Eichhoff/Pukall/Krien*, Teil J 120.

Deutschland gesetzeskonform niedergelassen ist und die Berufszugangsvoraussetzungen „Zuverlässigkeit", „finanzielle Leistungsfähigkeit" und „fachliche Eignung" erfüllt, nicht nur zur Antragstellung berechtigt ist, sondern auch einen Rechtsanspruch auf Erteilung einer Gemeinschaftslizenz hat. Weitere Voraussetzungen für den Erwerb einer Gemeinschaftslizenz sieht das geltende Gemeinschaftsrecht nicht vor.

190 *bb) Regelung im nationalen Recht.* Im GüKG regelt § 4 Abs. 1 parallel dazu für die nationale Erlaubnis, dass diese einem Unternehmer, der seinen Sitz im Inland hat, zu erteilen ist, wenn er die Voraussetzungen nach Art. 3 Abs. 1 der VO (EG) Nr. 1071/2009 erfüllt. Somit bestehen für beide Berechtigungen dieselben Erteilungsvoraussetzungen.

191 *cc) Definition in der GüKVwV.*[89] Für das Erlaubnis- und Lizenzerteilungsverfahren definiert Rdnr. 8 der GüKVwV, wer Unternehmer im Sinne des GüKG ist, natürliche und juristische Personen sowie rechtsfähige Personenhandelsgesellschaften (OHG und Kommanditgesellschaft) und Personengesellschaften (Gesellschaft bürgerlichen Rechts), die ein Güterkraftverkehrsgewerbe betreiben, insbesondere jeder Miterbe und Kapitalgesellschaften (GmbH und Aktiengesellschaft).

192 *dd) Antragstellung auf Erteilung einer Gemeinschaftslizenz auch am Ort der Niederlassung i. S. d. Art. 5 VO (EG) Nr. 1071/2009.* Obwohl es bereits nach Art. 3 Abs. 2 erster Spiegelstrich der Gemeinschaftslizenzverordnung[90] ausgereicht hatte – jetzt Art. 5 dieser EU-VO – dass das Unternehmen in dem Mitgliedstaat nach dessen Rechtsvorschriften niedergelassen war, vertraten das BAG und ihm folgend verschiedene Verwaltungsbehörden zunächst die Auffassung, dass ein Unternehmen mit Hauptsitz in einem anderen Mitgliedstaat nur in diesem, aber nicht in Deutschland eine Gemeinschaftslizenz erhalten könne. Allerdings könne einem solchen Unternehmen in Deutschland bei Erfüllung der entsprechenden Voraussetzungen gemäß § 3 i.V.m. den Bestimmungen der GBZugV eine nationale Erlaubnis erteilt werden. Insoweit sei keine Identität gegeben, da mit der nationalen Erlaubnis unbeschränkt Binnentransporte ohne Beachtung der Kabotagebestimmungen durchgeführt werden durften.

Nach den Entscheidungen einiger Verwaltungsgerichte[91] wird auch von den Verwaltungsbehörden und dem BAG nicht mehr verlangt, dass sich der satzungsmäßige Sitz des Unternehmens im Inland befindet. Allerdings reicht eine formelle Eintragung in einem deutschen Handelsregister nicht aus, sondern die Voraussetzungen einer Niederlassung müssen erfüllt sein.[92]

193 *c) Zur persönlichen Zuverlässigkeit, Exkurs Verkehrsleiter i. S. d. Art. 4 VO (EG) Nr. 1071/2009. aa) Gesetzliche Definitionen.* In Anpassung an die VO (EG) Nr. 1071/2009 sind durch § 2 GBZugV in der geltenden Fassung[93] die Zuverlässigkeitskriterien modifiziert worden. Dabei hat der deutsche Gesetzgeber von der Stellung von weiteren Anforderungen, wie es Art. 3 Abs. 2 dieser VO ermöglicht, abgesehen.

§ 2 GBZugV Persönliche Zuverlässigkeit

(1) Der Unternehmer und der Verkehrsleiter im Sinne des Artikels 4 der Verordnung (EG) Nr. 1071/2009 des Europäischen Parlaments und des Rates vom 21. Oktober 2009 zur Festlegung gemeinsamer Regeln für die Zulassung zum Beruf des Kraftverkehrs-

---

[89] S. **Anhang 11.**
[90] Vgl. oben Rdnr. 14 ff.
[91] VG Aachen Urteil vom 6.3.2007 – 2 K 2560/05, VGH Mannheim Urteil vom 5.10.2005 – 3 S 1621/04 – nicht veröffentlicht.
[92] Vgl. *Hein/Eichhoff/Pukall/Krien,* Teil T 215 Art. 5 VO (EG) Nr. 1071/2008 Rdnr. 8.
[93] Vgl. oben Rdnr. 42.

II. Allgemeine nationale Vorschriften H. II

unternehmers und zur Aufhebung der Richtlinie 96/26/EG des Rates (ABl. L 300 vom 14.11.2009, S. 51) sind zuverlässig im Sinne des Artikels 6 der Verordnung (EG) Nr. 1071/2009, wenn keine Tatsachen dafür vorliegen, dass
1. bei der Führung des Unternehmens gegen gesetzliche Bestimmungen verstoßen oder
2. bei dem Betrieb des Unternehmens die Allgemeinheit geschädigt oder gefährdet wird.

(2) **Die erforderliche Zuverlässigkeit besitzen der Unternehmer und der Verkehrsleiter in der Regel nicht, wenn sie wegen eines schwersten Verstoßes gegen Gemeinschaftsvorschriften im Sinne des Anhangs IV der Verordnung (EG) Nr. 1071/2009**
1. rechtskräftig verurteilt worden sind oder
2. ein gegen sie ergangener Bußgeldbescheid unanfechtbar geworden ist.

(3) Darüber hinaus können der Unternehmer und der Verkehrsleiter insbesondere dann unzuverlässig sein, wenn sie rechtskräftig verurteilt worden sind oder ein gegen sie ergangener Bußgeldbescheid unanfechtbar geworden ist
1. wegen eines schwerwiegenden Verstoßes gegen Gemeinschaftsvorschriften im Sinne des Artikels 6 Absatz 1 Unterabsatz 3 Buchstabe b der Verordnung (EG) Nr. 1071/2009 in einem oder mehreren Mitgliedstaaten der Europäischen Union,
2. wegen eines schweren Verstoßes gegen strafrechtliche Vorschriften oder
3. wegen eines schweren Verstoßes gegen
    a) Vorschriften des Güterkraftverkehrsgesetzes oder der auf diesem Gesetz beruhenden Rechtsverordnungen,
    b) arbeits- oder sozialrechtliche Pflichten,
    c) Vorschriften, die im Interesse der Verkehrs-, Betriebs- oder Lebensmittelsicherheit erlassen wurden, insbesondere gegen die Vorschriften des Straßenverkehrsgesetzes, der Straßenverkehrs-Ordnung oder der Straßenverkehrs-Zulassungs-Ordnung,
    d) die abgabenrechtlichen Pflichten, die sich aus unternehmerischer Tätigkeit ergeben,
    e) § 1 des Pflichtversicherungsgesetzes vom 5. April 1965 (BGBl. I S. 213) in der jeweils geltenden Fassung,
    f) umweltschützende Vorschriften, insbesondere des Abfall- und Immissionsschutzrechts oder gegen
    g) Vorschriften des Handels- und Insolvenzrechts.

(4) Zur Prüfung, ob Verstöße im Sinne der Absätze 2 und 3 vorliegen, kann die nach Landesrecht zuständige Behörde Bescheinigungen und Auszüge aus Registern, in denen derartige Verstöße registriert sind, von dem Antragsteller verlangen oder mit dessen Einverständnis anfordern.

bb) Wer muss zuverlässig sein? § 2 Abs. 1 GBZugV spricht von dem Unternehmer und dem Verkehrsleiter i.S.d. Art. 4 VO (EG) Nr. 1071/2009, die zuverlässig sein müssen und verwendet damit den neuen Begriff des Gemeinschaftsrechts für die verantwortliche Person. Während nach der a.F. keine hinreichenden Anhaltspunkte dafür vorliegen durften, dass die geltenden Vorschriften missachtet oder die Allgemeinheit bei dem Betrieb des Unternehmens geschädigt oder gefährdet wurden, wird nunmehr das Vorliegen von Tatsachen für entsprechende Verstöße verlangt, um eine Unzuverlässigkeit anzunehmen. 194

(1) Der Unternehmer, d.h. bei BGB-Gesellschaften, offenen Handelsgesellschaften oder Erbengemeinschaften jeder Gesellschafter bzw. jeder Miterbe, bei Kommanditgesellschaften jeder vertretungsberechtigte Gesellschafter und bei juristischen Personen deren gesetzliche Vertreter. 195

196 *(2)* Der Verkehrsleiter i. S. d. Art. 4 VO (EG) Nr. 1071/2009, als die Person
- die die Güterkraftverkehrstätigkeiten des Unternehmens tatsächlich und dauerhaft leitet,
- in einem engen Verhältnis zu dem Unternehmen steht entweder als Inhaber, vertretungsberechtiger Gesellschafter einer Personengesellschaft oder Personenvereinigung, vertretungsberechtigtes Organ einer Kapitalgesellschaft oder Angestellter mit der Aufgabe der Führung der Verkehrsgeschäfte des Unternehmens – *interner Verkehrsleiter*[94] oder
- als vertraglich beauftragter Dienstleister ausdrücklich beauftragt ist, die entsprechenden Aufgaben (vgl. Art. 4 Abs. 2 Buchstabe b) eigenverantwortlich und mit Entscheidungskompetenz in diesem Bereich wahrzunehmen – *externer Verkehrsleiter*

197
- ihren ständigen Aufenthalt in der EU hat.

Dabei spielt die Staatsangehörigkeit des Verkehrsleiters keine Rolle.

198 *cc) Weiter zum Verkehrsleiter. (1) Status des Verkehrsleiters.* Aus der Definition der gesetzlichen Regelung ergibt sich, dass der als leitende Person benannte Inhaber oder gesetzlicher Vertreter des Unternehmens auch der oder einer der Verkehrsleiter dieses Unternehmens ist.

199 Es ist aber nicht erforderlich, dass der Verkehrsleiter nach außen als Repräsentant des Unternehmens auftritt. Ihm braucht daher weder Prokura noch Handlungsvollmacht erteilt zu werden.[95]

200 Ziel dieser Regelung ist es, einen einheitlichen Ausbildungsstandard im Güterkraftverkehrsgewerbe in der EU zu erreichen und einen Missbrauch durch Einsatz eines Strohmanns und Scheinselbstständigkeit zu bekämpfen[96]

201 *(2) Kriterien und Einsatzbeschränkung der Tätigkeit.* Die Regelung in Art. 4 der EU-VO soll sicherstellen, dass der Verkehrsleiter einmal aufgrund seiner Weisungsbefugnis und zum andern auch zeitlich in der Lage ist, die Güterkraftverkehrstätigkeit des Unternehmens tatsächlich und dauerhaft fachlich und technisch zu leiten. Zu den in Absatz 2 Buchstabe b) aufgeführten Aufgaben gehört demnach auch die einer betrieblichen Verantwortung für die Einhaltung der straf- und bußgeldrechtlichen Vorschriften für die Tätigkeit eines Güterkraftverkehrsunternehmens.[97] Soweit Aufgaben, wie z. B. die Zuweisung der Ladungen und der Einsatz der Fahrer und der Fahrzeuge an Mitarbeiter delegiert werden, obliegt dem Verkehrsleiter die Kontrolle der erteilten Weisungen.

202 Für externe Verkaufsleiter bestimmt daher Absatz 2 Buchstabe c), dass sie höchstens für die Verkehrstätigkeiten von vier Unternehmen mit zusammen höchstens 50 Fahrzeugen verantwortlich sein dürfen.

203 Maßgeblich für den erforderlichen Zeitaufwand ist die Größe und der Aufbau des jeweiligen Unternehmens. In Kleinbetrieben kann die Tätigkeit in Teilzeit erbracht werden, während für größere Unternehmen in der Regel eine Vollzeittätigkeit erforderlich ist.

204 Aber auch in Kleinstbetrieben, z. B. wenn der Inhaber selbst fährt, muss der Verkehrsleiter faktisch zur Unternehmensleitung in der Lage sein. Dies wurde für eine Mitarbeiterin verneint, die nach dem Arbeitsvertrag 30 Stunden pro Monat arbeitete,

---

[94] Vgl. *Hein/Eichhoff/Pukall/Krien*, Teil T 215 Art. 4 VO (EG) Nr. 1071/2009 Rdnr. 11ff.
[95] Vgl. *Hein/Eichhoff/Pukall/Krien*, a. a. O. Rdnr. 3.
[96] Vgl. *Hein/Eichhoff/Pukall/Krien*, a. a. O. Rdnr. 1ff.
[97] Vgl. *Hein/Eichhoff/Pukall/Krien*, Teil T 215 Art. 4 VO (EG) Nr. 1071/2009 Rdnr. 3.

II. Allgemeine nationale Vorschriften   H. II

und zwar vor allem am Samstag und Sonntag, also im Wesentlichen zu Zeiten, zu denen kein Güterkraftverkehr stattfand, mit Arbeitsgebiet Schreib- und Buchhaltungsarbeiten.[98]

Ob eine wöchentliche Arbeitszeit von fünf Stunden als ausreichend angesehen 205 werden kann, um die Aufgaben eines Verkehrsleiters ordnungsgemäß zu erfüllen, hängt vom Einzelfall, insbesondere der Größe des Unternehmens ab. Weiter muss sich aus den vertraglichen Vereinbarungen ein entsprechendes Aufgabengebiet mit ausreichenden Kompetenzen ergeben.

Ob ein Gehalt von nur brutto 450 € monatlich als starkes Indiz dafür zu werten ist, 206 dass eine solche Vergütung nicht der Verantwortung eines Verkehrsleiter entspricht, hängt ebenfalls von der Größe und Struktur des Unternehmens ab. So kann bei einem gut organisierten Betrieb eines selbst fahrenden Unternehmers oder mit nur wenigen Fahrzeugen eine solche Vergütung für die erforderlichen Tätigkeiten angemessen sein. Weiterhin darf die Anforderung einer Vergütung von brutto 800 € oder mehr bei geringem Leitungsbedarf, z.B. bei selbstfahrenden Unternehmern nicht dazu führen, dass die Eröffnung eines solchen Unternehmens daran scheitert, dass die Personalkosten für den Verkehrsleiter nicht zu erwirtschaften sind, wenn dem Unternehmer mehr als ein Fahrerlohn verbleiben soll.

dd) Nachweis der Zuverlässigkeit. Nach wohl einhelliger Auffassung zu § 3[99] und zu 207 den früheren Fassungen der GBZugV,[100] der § 2 Abs. 4 n. F. dieser Verordnung nicht entgegensteht, wonach die zuständige Landesbehörde Bescheinigungen und Auszüge aus Registern, in denen entsprechende Verstöße registriert sind, verlangen oder mit Zustimmung des Antragstellers einholen kann, sind zur Beurteilung der Zuverlässigkeit derartige Unterlagen heranzuziehen.

Näheres ist in § 10 Abs. 2 GBZugV, der Verfahrensvorschrift für das Antragsverfahren, geregelt. Danach dürfen das Führungszeugnis und die Auskunft aus dem Gewerbezentralregister zum Zeitpunkt der Antragstellung nicht älter als drei Monate sein. 208

ee) Prüfungskriterien für die Zuverlässigkeit, Maßnahmen der Verwaltungsbehörde. 209 Die Absätze 2 und 3 des § 2 GBZugV bestimmen abgestuft unter Bezugnahme auf die Regelungen in Art. 6 bzw. im Anhang IV der VO (EG) NR. 1071/2009, bei welchen Verurteilungen oder Ahndungen durch Bußgeldbescheide Unternehmer und Verkehrsleiter nicht mehr als zuverlässig gelten.

d) Schwerste Verstöße gegen Gemeinschaftsrecht gemäß Anhang IV VO (EG) 210 **Nr. 1071/2009.** § 2 Abs. 2 GBZugV legt unter Übernahme der Wertung des Gemeinschaftsrechts fest, dass Unternehmer und Verkehrsleiter in der Regel nicht zuverlässig sind, wenn sie wegen eines schwersten Verstoßes gegen Gemeinschaftsrecht gemäß Anhang IV – die sogenannten „sieben Todsünden"[101] im Bereich des Güterkraftverkehrs rechtskräftig verurteilt sind bzw. ein entsprechender Bußgeldbescheid bestandskräftig geworden ist.

Die neue Formulierung stellt deutlicher als bisher klar, das nur abgeschlossene Verfahren berücksichtigt werden dürfen. 211

---

[98] VG Oldenburg Urteil vom 15.7.2008 – 7 A 1942/06, abrufbar in der Rechtssprechungsdatenbank des Niedersächsischen OVG.
[99] Vgl. *Hein/Eichhoff/Pukall/Krien*, Teil N § 3 GüKG Anm. 3a.
[100] Vgl. *Lammich-Pöttinger*, Gütertransportrecht Rdnr. 6 zu § 1 GBZugV.
[101] Vgl. *Hein/Eichhoff/Pukall/Krien*, Teil T Art. 6 VO (EG) Nr. 1071/2009 Rdnr. 3.

H. II Gewerberechtliche Vorschriften für den Transport von Gütern auf der Straße

212 Nach rechtskräftiger oder bestandskräftiger Ahndung solcher schwerster Verstöße nach Anhang IV wie

- Überschreitung der maximalen Tageslenkzeiten über 50% oder mehr, ohne Pause oder ohne ununterbrochene Ruhezeit von mindestens 4,5 Stunden, der 6tägigen oder 14tägigen Höchstlenkzeit um 25% oder mehr,
- fehlenden Fahrtenschreibern oder Geschwindigkeitsbegrenzern oder Verwendung von Vorrichtungen zur betrügerischen Veränderung oder Fälschung von Schaublättern oder von der Fahrerkarte heruntergeladener Daten,
- Einsatz von nicht vorschriftsmäßig überwachten Fahrzeugen oder solchen mit schwerwiegenden Mängeln, z.B. an Bremsen oder Lenkung,
- verbotener Beförderung von gefährlichen Gütern, von der eine solche Gefahr für Menschenleben oder Umwelt ausgeht, dass eine Stilllegung des Fahrzeuges erfolgt,
- Beförderung von Personen oder Waren ohne gültige Fahrerlaubnis oder durch Unternehmen ohne Gemeinschaftslizenz,
- Verwendung einer gefälschten oder einem anderen Fahrer erteilten Fahrerkarte,
- Überladung um 20% oder mehr bei Fahrzeugen mit einem zGG von 12t und mehr bzw. 25% und mehr bei Fahrzeugen mit einem zzG bis 12t

ist regelmäßig von einer Unzuverlässigkeit auszugehen.

213 Dies gilt nach Auffassung der Verwaltung[102] unabhängig von einer besonderen Schuldform oder Sanktionsschwere, der Wertung als Straftat oder Ordnungswidrigkeit nach dem jeweiligen nationalen Recht und dem Mitgliedsstaat der EU, in dem der Verstoß begangen wurde.

214 Zur Unterstützung der zuständigen Landesbehörden hat das Bundesministerium für Verkehr, Bau und Stadtentwicklung in Abstimmung mit den Bundesländern und Verbänden eine Auslegungshilfe[103] zu den „schwersten Verstößen" gemäß Anhang IV herausgegeben.

215 Danach kann grundsätzlich auch ein fahrlässig begangener Verstoß als „schwerster Verstoß" i.S.d. Anhangs IV gewertet werden, sofern nicht die dort aufgeführten Merkmale des Verstoßes ein besonderes Verhalten verlangen, z.B. Nr. 6 die Verwendung einer gefälschten Fahrerkarte, einer Karte eines anderes Fahrers oder einer solchen, die aufgrund falscher Angaben oder gefälschter Unterlagen erlangt worden ist.

216 Berücksichtigt man sowohl die Systematik der gemeinschaftsrechtlichen Regelung, die einen besonders schweren Verstoß voraussetzt als auch die eigene Aussage der Auslegungshilfe zu Nr. 6, dass sogar die Qualifizierung einer Straftat als „schwerster Verstoß" besondere Tatumstände voraussetzt, erscheint es nicht gerechtfertigt, davon auszugehen, dass grundsätzlich auch ein einzelner fahrlässig begangener Gesetzesverstoß als schwerster Verstoß i.S.d. Anhangs IV gewertet werden kann.

217 Teilnahme (§§ 26 und 27 StGB) und Versuch (§§ 22 und 23 StGB) sollen regelmäßig ausreichend sein.

218 Bußgeldentscheidungen werden nur dann als „schwerster Verstoß" bewertet, wenn die Geldbuße mehr als 200 € beträgt. Somit liegen die Voraussetzungen eines „schwersten Verstoßes" in vielen Fällen nur bei bestimmten Begehungsformen vor, die zur Erhöhung des Regelsatzes führen. Existiert für das relevante Rechtsgebiet ein Bußgeldkatalog, orientiert sich die Klassifizierung nach der dort für gewöhnliche Tatumstände und fahrlässige Begehung, soweit eine solche überhaupt ausreicht, vorgesehene Regelgeldbuße.

---

[102] Vgl. *Hein/Eichhoff/Pukall/Krien*, Teil T 216 Art. 6 VO (EG) Nr. 1071/2009 Rdnr. 6 und 7.
[103] Abgedruckt in VkBl. 2012, 108, abrufbar in Internet.

II. Allgemeine nationale Vorschriften   H. II

Da in Deutschland keine Mitführungs- oder allgemeine Vorlagepflicht für die nach   219
§§ 29, 47a StVZO erstellten Untersuchungsberichte und Prüfprotokolle oder der nach
Art. 3 RiLi 96/96/EG[104] erstellten Bescheinigungen besteht, gibt es keine entsprechenden Sanktionen für die Fälle der Nr. 3 Abs. 1 des Anhangs IV.

Bei der Auslegung des in Nr. 4 Anhang IV verwendeten Begriffs der Beförderung   220
ist die Legaldefinition des § 2 Abs. 2 Satz 1 GGBefG[105] heranzuziehen. Danach ist der Begriff der „Beförderung" erweitert worden, z.B. auch auf Übernahme und Ablieferung des Gutes, Vorbereitungs- und Abschlusshandlungen, Herstellen, Einführen und in den Verkehr bringen von Verpackungen. Da dieser Tatbestand weiter voraussetzt, dass das eingesetzte Fahrzeug stillgelegt wird, kommen ausschließlich Rechtsverstöße der Gefahrgutkategorie I i.S.d. Anlage 3 GGKontrollV[106] in Betracht.

Darüber hinaus umfasst die Auslegungshilfe einen Katalog der nationalen Straf-   221
und Bußgeldtatbestände, die als „schwerste Verstöße" i.S.d. Anhangs IV angesehen werden.

Aus der nationalen (§ 2 Abs. 2 GBZugV) und gemeinschaftsrechtlichen Regelung   222
(Art. 6 Abs. 2 VO (EG) Nr. 1071/2009) ergibt sich jedenfalls, dass die Verwaltungsbehörde nur noch ein eingeschränktes Ermessen bei der Beurteilung der Zuverlässigkeit hat.[107]

Trotzdem ist gemäß Art. 6 Abs. 2 Buchstabe a) der EU-VO, der innerhalb der ge-   223
samten EU unmittelbar geltenden Rechtsvorschrift (vgl. Art. 282 Abs. 2 Satz 2 AEUV), ein Verfahren zur Feststellung einzuleiten, ob ausnahmsweise aufgrund der Umstände der Verfehlung des Betroffenen die Tat so zu bewerten ist, dass berechtigte Zweifel an seiner charakterlichen Geeignetheit nicht begründet sind.[108]

Wird in einem solchen Ausnahmefall die Zuverlässigkeit des Betroffenen bejaht, ist   224
er aber eindeutig über sein rechtswidriges Handeln und dessen Folgen zu belehren.[109]

Stellt die Verwaltungsbehörde eine Unzuverlässigkeit fest, hat sie dem Unternehmer   225
oder Verkehrsleiter gemäß § 3 Abs. 5b) Satz 1 die Führung von Güterkraftverkehrsgeschäften zu untersagen, und zwar unabhängig vom Verlauf eines Verfahrens auf Widerruf der erteilten Berechtigung.

Die getroffenen Feststellungen sind zu begründen (Art. 6 Abs. 2 Buchstabe a)   226
Unterabs. 2 Satz 2 der EU-VO).

Ergibt sich ein Verstoß, der zur Annahme der Unzuverlässigkeit führen könnte, nur   227
aus Registerauszügen, darf sich die Verwaltungsbehörde nicht mit der Feststellung der erfolgten Ahndung alleine aufgrund des Registerauszuges begnügen, sondern hat in eigener Verantwortung zu prüfen, ob nicht Umstände vorliegen, die eine mildere Bewertung rechtfertigen. Dabei kann die Verwaltungsbehörde grundsätzlich von der Richtigkeit der eingetragenen Ahndung ausgehen.[110]

e) Weitere Verstöße, die zur Unzuverlässigkeit führen können. (1) *Die Regelung in*   228
§ 2 Abs. 3 Nr. 1 GBZugV verweist auf Art 6 Abs. 1 Unterabsatz 3 Buchstabe b) der V (EG) Nr. 1071/2009. Danach darf gegen Unternehmer oder Verkehrsleiter in keinem Mitgliedstaat ein rechtskräftiges Urteil oder bestandskräftiger Bußgeldbescheid ergangen sein wegen eines schwerwiegenden Verstoßes gegen Gemeinschaftsrecht in den

---

[104] Abgedruckt in ABl. Nr. 46 S. 1, abrufbar in Internet.
[105] BGBl. I 2009 S. 3154.
[106] BGBl. I 2006 S. 2407.
[107] Vgl. *Hein/Eichhoff/Pukall/Krien*, Teil N § 3 GüKG Anm. 8.
[108] Vgl. *Hein/Eichhoff/Pukall/Krien*, Teil T 215 Art. 6 VO (EG) Nr. 1071/2009 Rdnr. 5.
[109] Vgl. VG Meiningen Urteil vom 3.4.2007 – 2 K 868/0.
[110] Vgl. *Hein/Eichhoff/Pukall/Krien*, Teil T 215 Art. 6 VO (EG) Nr. 1071/2009 Rdnr. 6.

Knorre   475

aufgeführten Bereichen, wie Lenk- und Ruhezeiten, Kontrollgeräte, Gesamtgewicht und Abmessungen der Fahrzeuge sowie deren Verkehrstüchtigkeit einschließlich Kontrolluntersuchungen, Ausbildung der Fahrer, Zugang zum Markt der Güter- und Personenbeförderung, Fahrererlaubnisse und Tiertransporte, wobei die Aufzählung nicht abschließend ist. Nr. 2 trifft schwere Verstöße gegen strafrechtliche Vorschriften.

229 Nr. 3 regelt die Folgen bestandskräftiger Ahndungen durch Urteile und Bußgeldbescheide wegen schwerer Verstöße gegen nationale Vorschriften in den Bereichen Güterkraftverkehr, Arbeits- und Sozialrecht, Straßenverkehr- und Lebensmittelsicherheit, Abgaben aus der Unternehmertätigkeit, Umweltschutz sowie Handels- und Insolvenzrecht.

230 Damit wurde weitgehend die Bestimmung des Art. 6 Abs. 1 Buchstabe a) VO (EG) Nr. 1071/2009 übernommen, zulässig erweitert um Umweltschutzvorschriften, da die gemeinschaftsrechtlichen Regeln nur Mindestvoraussetzungen für die Zuverlässigkeit aufstellen. Diese sind einzuhalten, im Übrigen können nationale Erweiterungen vorgenommen werden.

231 Offen lassen nach ihrem Wortlaut sowohl die gemeinschaftsrechtliche (Art. 6 Abs. 1 Unterabs. 3 Buchstabe a) VO (EG) Nr. 1071/2009 als auch die nationale Bestimmung (§ 2 Abs. 3 Ziff. 3 Buchstabe g) GBZugV welche Vorschriften gegen das Handelsrecht gemeint sind. Der Zweck der Vorschriften und die gleichzeitige Erwähnung des Insolvenzrechts lassen den Schluss zu, dass Vorschriften gemeint sind, in denen die Pflichten bei Zahlungsunfähigkeit und Überschuldung und die strafrechtlichen Folgen eines Verstoßes gegen diese Pflichten aufgeführt sind, z.B. die §§ 130a und 130b HGB.

232 *(2) Schwere der Verstöße als maßgebliches Kriterium in den Fällen des § 2 Abs. 3 GBZugV.* Wann ein schwerwiegender Verstoß gegen Gemeinschaftsrecht oder eine schwerwiegende Straftat vorliegt, wird nach wie vor weder im nationalen noch im Gemeinschaftsrecht definiert. Diese Wertung bleibt dem jeweiligen nationalen Straf- und Ordnungsrecht vorbehalten, bei uns dem deutschen Recht.[111] Ein schwerer Verstoß ist immer bei Verbrechen anzunehmen und auch bei im Gesetz erwähnten besonders schweren Fällen, vgl. z.B. § 243 StGB, „Besonders schwerer Fall des **Diebstahls**", obwohl die Verschärfung für die Einteilung in Verbrechen und Vergehen nach § 12 Abs. 3 StGB außer Betracht bleibt. Die Verurteilung zu einer Freiheitsstrafe spricht gegen eine Zuverlässigkeit, und zwar zumeist auch dann, wenn die Freiheitsstrafe zur Bewährung ausgesetzt wurde, wobei es nicht entscheidend darauf ankommt, ob die strafrechtliche Verurteilung mit dem Güterkraftverkehr im Zusammenhang steht.[112] Insbesondere Delikte, die auf eine Labilität hinweisen, wie Drogenabhängigkeit, sprechen ebenso gegen eine Zuverlässigkeit wie Verstöße, die die Betriebssicherheit von Kraftfahrzeugen gefährden.

233 Schwere Verstöße gegen die weiteren in Abs. 3 Nr. 3 aufgeführten Bestimmungen sind gleichermaßen zu berücksichtigen, auch wenn es sich nur um Ordnungswidrigkeiten handelt mit einer Bußgeldbuße von mehr als 200 €.[113] Es bedarf grundsätzlich nicht wiederholter Verstöße. Zwei schwere Verstöße können daher in Einzelfall bereits zur Bejahung der Unzuverlässigkeit ausreichen.

234 „Formelle" Verstöße, wie z.B. das Nichtmitführen einer vorhandenen Lizenz oder Erlaubnisurkunde stellen in der Regel keine schweren Verstöße dar. Derartige Verstöße können aber ebenso wie fahrlässige Verstöße zu berücksichtigen sein, wenn Art

---

[111] Vgl. *Hein/Eichhoff/Pukall/Krien,* Teil T 251 Art. 6 VO (EG) Nr. 1071/2009 Rdnr. 3.
[112] Vgl. BVerwG TranspR 1991, 439 (441, 442).
[113] Vgl. Regelung in der Auslegungshilfe oben Rdnr. 214 ff.

und Häufigkeit ihrer Regelung darauf schließen lassen, dass der Betroffene nicht zur Beachtung der Rechtsordnung bereit ist. Dabei ist auch der Zeitraum, in dem die Verstöße gegangen wurden, von der Verwaltungsbehörde zu beachten.

(3) Einzelfallprüfung. Es ist grundsätzlich bei allen Verstößen nach § 2 Abs. 2 und 3 GBZugV immer eine Einzelfallprüfung vorzunehmen. Dabei ist bei der Bewertung auf die Häufigkeit der Verstöße und auf die Größe des Unternehmens abzustellen, insbesondere bei Verstößen, für die der Unternehmer als Halter in Anspruch genommen wird, z. B. bei Überladungen (§§ 31 Abs. 2, 69a Abs. 5 Nr. 3 StVZO).[114] **235**

(4) Beispielhafte Verstöße. (a) Verstöße gegen Sozialvorschriften. Bei Verstößen gegen Lenk- und Ruhezeiten kann auch die mehrfache fahrlässige Begehung in Form mangelhafter Beaufsichtigung des Fahrpersonals oder Duldung von Verstößen ein Indiz für eine Unzuverlässigkeit des Unternehmers sein. **236**

(b) Verstöße gegen Verkehrsvorschriften. Verkehrsverstöße mit Privat-Pkw, die ausschließlich in der Freizeit erfolgen, führen im Regelfall nicht zur Unzuverlässigkeit, wenn der Unternehmer seinen Betrieb immer ordnungsgemäß geführt und keine Straftaten oder Ordnungswidrigkeiten verübt oder solche von seinen Arbeitnehmern nicht geduldet hat.[115] **237**

Auch bei Verstößen mit Lkw ist zu bewerten, welcher Art und Häufigkeit sie sind, welchen Bezug sie zum Unternehmen haben und wie lange sie zurückliegen. **238**

Verstöße im Bereich des ruhenden Verkehrs wie überhaupt Verstöße, die unterhalb der Grenzen liegen, die für eine Eintragung ins Verkehrs- oder Gewerbezentralregister gelten, sind nur bei auffallender Häufigkeit zu berücksichtigen. **239**

(c) Verstöße bei der Zahlung von Steuern und Sozialabgaben. Weiterhin sprechen nicht schon gelegentliche verspätete Zahlungen oder Rückstände von Steuern oder Sozialabgaben gegen die Zuverlässigkeit des Unternehmens und seiner Geschäftsleitung, wobei bei der Frage der Erheblichkeit der geschuldeten Beträge ebenfalls die Größe des Unternehmens und im Übrigen die Lage des Verkehrsgewerbes im Allgemeinen zu berücksichtigen sind. **240**

(5) Größerer Ermessensspielraum der Verwaltungsbehörde in den Fällen des § 2 Abs. 3 Nr. 1–3 GBZugV. Dass die Verwaltungsbehörde in den Fällen des § 2 Abs. 3 Nr. 1–3 GBZugV einen weitergehenden Ermessensspielraum hat als in den Fällen des Absatzes 2 dieser Vorschrift, ergibt sich bereits aus der vom Verordnungsgeber gewählten Formulierung: „Unternehmer und Verkehrsleiter können insbesondere dann unzuverlässig sein, wenn die nachfolgend aufgeführten Voraussetzungen erfolgt sind." Insoweit ist die Formulierung klarer als in Art. 6 Abs. 1 Unterabs. 3 Buchstabe a) VO (EG) Nr. 1071/2009, in dem es heißt, dass die Zuverlässigkeit nicht zwingend in Frage gestellt sein darf durch bestimmte Verurteilungen oder Sanktionen. **241**

Auch nach der zuletzt angepassten Fassung des Güterkraftverkehrsgesetzes hat die Verwaltungsbehörde mehr zu Gunsten der Antragsteller zu differenzieren. Hat ein Unternehmen in der Vergangenheit die Zuverlässigkeitskriterien in der Person seiner Leiter erfüllt, ist z. B. bei einer neu auftretenden Unzuverlässigkeit eines von mehreren Betreibern oder gesetzlichen Vertretern oder der zur Führung der Güterkraftverkehrsgeschäfte bestellten Person zunächst zu prüfen, ob nicht die Auswechslung dieser Person ausreicht. Dabei ist zu berücksichtigen, welchen Einfluss die unzuverlässige **242**

---

[114] Straßenverkehrs-Zulassungs-Ordnung i. d. F vom 28.9.1998, BGBl. I 1998 S. 1793.
[115] Vgl. BVerwGE 36, 288.

Person weiter ausübt, wobei aber bloße Vermutungen, z.B. aufgrund persönlicher Beziehungen, nicht genügen, um einen solchen Einfluss zu unterstellen.

243 Auch wenn die Registerauszüge nach wie vor entscheidenden Einfluss auf die Beurteilung der Zuverlässigkeit haben, ist die Erlaubnisbehörde gehalten, so lange nicht hinreichende Anhaltspunkte, sondern nur ein nicht konkret untermauerter Verdacht vorliegen, von der **Zuverlässigkeitsvermutung** zugunsten des Unternehmers/Antragstellers auszugehen und von ihrem größeren Beurteilungsspielraum auch Gebrauch zu machen, insbesondere wenn es um die Verlängerung oder gar die Entziehung einer erteilten Berechtigung geht.

244 Da es sich bei den **subjektiven Berufszugangskriterien** wie der persönlichen Zuverlässigkeit um unbestimmte Rechtsbegriffe handelt, steht die Entscheidung über ihr Vorliegen nicht im Ermessen der Behörde. Die Verwaltungsgerichte können die Entscheidungen der Erlaubnisbehörden daher uneingeschränkt überprüfen.[116]

245 *(6) Untersagung der Güterkraftverkehrstätigkeit.* Die Verwaltungsbehörde hat gemäß § 3 Abs. 5b) die Möglichkeit, unzuverlässigen Personen die Führung von Güterkraftverkehrsgeschäften zukünftig zu untersagen, um zu verhindern, dass unzuverlässige Personen nach Rücknahme oder Widerruf eine Erlaubnis/Gemeinschaftslizenz in einem anderen Unternehmen verantwortliche Güterkraftverkehrstätigkeiten übernehmen können.[117]

246 Bei der Prüfung hat die Verwaltungsbehörde auch eine Verhältnismäßigkeit der Maßnahme unter Berücksichtigung von Art. 12 GG zu berücksichtigen. Dass der Betroffene bei einer Bejahung seiner Unzuverlässigkeit seine gewerbliche Tätigkeit nicht mehr ausüben und damit seine Existenzgrundlage verlieren kann bis zur Folge einer Sozialbedürftigkeit, führt in der Regel nicht zu einer Unverhältnismäßigkeit der Entscheidung der Verwaltungsbehörde.[118]

247 *f) Rehabilitationsmaßnahmen, Wiedergestattung der Tätigkeit.* Auch wenn das deutsche Recht besondere Rehabilitationsmaßnahmen für Unternehmer und Verkehrsleiter, wie sie gemäß Art. 6 Abs. 3 VO (EG) Nr. 1071/2009 möglich sind, nicht vorsieht, ist dem Betroffenen auf Antrag die Führung von Güterkraftverkehrsgeschäften wieder zu gestatten, wenn eine Unzuverlässigkeit nicht mehr vorliegt (§ 3 Abs. 5b) Satz 3, und zwar im Regelfall erst nach einem Jahr.

248 *g) Zur finanziellen Leistungsfähigkeit. aa) Gesetzliche Definition.(1) Nationale Vorschriften.* Sowohl in der geltenden Fassung des GÜKG als auch im neuen § 3GBZugV hat der deutsche Gesetz-/Verordnungsgeber auf eine eigene Definition verzichtet und verweist unmittelbar auf Art. 7 VO (EG) Nr. 1071/2009.

§ 3 GBZugV Finanzielle Leistungsfähigkeit
Der Unternehmer besitzt die erforderliche finanzielle Leistungsfähigkeit, wenn er die Voraussetzungen des Artikels 7 der Verordnung (EG) Nr. 1071/2009 erfüllt.

249 Ergänzend enthalten die Randnummern 17 und 18 der Allgemeinen Verwaltungsvorschrift zum Güterkraftverkehrsrecht (GüKVwV) Kriterien zur finanziellen Ausstattung der Unternehmen und führen die vorzulegenden Nachweise auf.

---

[116] Vgl. Bundesverwaltungsgericht in BVerwG E 2, 295 (301) und *Lammich-Pöttinger,* a.a.O. § 1 BerufszugangsVO Rdnr. 2.
[117] Vgl. *Hein/Eichhoff/Pukall/Krien,* Teil N § 3 Anm. 8.
[118] BVerwG Beschluss vom 25.3.1991 – 1 B 10)1 – juris und *Hein/Eichhoff/Pukall/Krien,* Teil T 215 Art. 6 VO (EG) Nr. 1071/2009 Rdnr. 9.

II. Allgemeine nationale Vorschriften H. II

(2) Art. 7 Abs. 1 VO (EG) Nr. 1071/2009. Voraussetzung für die Erfüllung der finanziellen Leistungsfähigkeit und damit für die Erteilung einer Erlaubnis oder Gemeinschaftslizenz ist nach dieser Bestimmung, dass das Unternehmen jederzeit in der Lage ist, seinen finanziellen Verpflichtungen nachzukommen, um eine ordnungsgemäße und verkehrssichere Unternehmensführung zu gewährleisten. 250

bb) Prüfung der finanziellen Leistungsfähigkeit. (1) Erforderliches Eigenkapital. Nunmehr bestimmt Art. 7 Abs. 1 Unterabsatz 1 Satz 2 VO (EG) Nr. 1071/2009, dass das Unternehmen durch einen geprüften Jahresabschluss nachzuweisen hat, dass es jedes Jahr über ein bilanzielles Eigenkapital inklusive Rücklagen i. S. d. § 266 Abs. 3 Buchstabe A) HGB in Höhe von mindestens 9.000 € für das erste Fahrzeug und von 5.000 € für jedes weitere Fahrzeug verfügt. Dazu gehören nicht etwaige „stille Reserven", also nicht aus der Bilanz nicht ersichtliche Teile des Eigenkapitals.[119] 251

Trotz der Änderung der Voraussetzungen für den Nachweis des Eigenkapitals gegenüber § 2 Abs. 2 GBZugV a. F. dürfte eine Eigenkapitalbescheinigung entsprechend Rdnr. 17 GüKVwK, die von dem Abschlussprüfer, einem Angehörigen eines steuerberatenden Berufs, einem vereidigten Buchprüfer, einem Fachanwalt für Steuerrecht oder einer Bank erstellt wurde, auch jetzt noch ausreichen.[120] 252

Ergänzend bestimmt Art. 7 Abs. 2 der EU-VO, dass als alternativer Nachweis der finanziellen Leistungsfähigkeit auch eine Art Garantieerklärung einer Bank oder Versicherung mit Zahlungspflicht auf erste Anforderung anerkannt oder verlangt werden kann. 253

Absatz 3 stellt, insbesondere im Hinblick auf Konzerne klar, dass auf die wirtschaftlichen Verhältnisse des betroffenen Unternehmens im Antragsstaat und nicht auf in anderen Mitgliedsstaaten ansässige Unternehmensteile oder verbundener Unternehmen abzustellen ist. 254

Als Fahrzeuge i. S. d. Art. 7 Abs. 1 Unterabsatz 1 Satz 2 sind nur Kraftfahrzeuge oder Fahrzeugkombinationen, bei denen mindestens das Zugfahrzeug in einem Mitgliedsstaat zugelassen ist, sofern diese ausschließlich für die Güterbeförderung eingesetzt werden, zu bewerten (vgl. Legaldefinition des ‚Art. 2 Nr. 1 VO (EG) Nr. 1072/2009. Die eingesetzten Anhänger/Auflieger bleiben entgegen einer früheren Regelung außer Betracht. 255

(2) Bewertung von Rückständen an Steuern und Beiträgen, Maßnahmen nach Art. 13 VO (EG) Nr. 1071/2009. Auch wenn in der neuen Bestimmung über die finanzielle Leistungsfähigkeit, § 3 GBZugV n. F., die Beibringung von Unbedenklichkeitsbescheinigungen nicht mehr enthalten ist (anders zuvor in § 2 Abs. 2 a. F.) sind erhebliche Zahlungsrückstände gerade in diesem Bereich nach wie vor von Bedeutung, denn die Verwaltungsbehörde hat gemäß § 3 Abs. 5 die Erlaubnis/Gemeinschaftslizenz zurückzunehmen, wenn die erforderliche finanzielle Leistungsfähigkeit nicht mehr gegeben ist. 256

Welche Rückstände aus unternehmerischer Tätigkeit erheblich sind, ist nicht definiert worden. Es ist erforderlich, dass das Unternehmen jederzeit im Verlauf eines Geschäftsjahres seine Verbindlichkeiten erfüllen kann, da ansonsten die Versuchung aufkommen kann, das Gewerbe nicht ordnungsgemäß auszuüben. 257

Es erscheint nicht sachgerecht, alleine auf einen bestimmten Betrag abzustellen, sondern es ist auch die Größe des Unternehmens sowie die Anzahl der Mitarbeiter und der Fahrzeuge zu berücksichtigen. Weiterhin spielt es eine Rolle, ob häufige Zah- 258

---

[119] Vgl. *Hein/Eichhoff/Pukall/Krien,* Teil T 215 Art. 7 VO (EG) Nr. 1071/2009 Rdnr. 3.
[120] Vgl. *Hein/Eichhoff/Pukall/Krien,* Teil T 215 Art. 7 VO (EG) Nr. 1071/2009 Rdnr. 5.

lungsrückstände aufgetreten sind und ob Ratenzahlungsvereinbarungen bestehen, die bei den zu erwartenden Erlösen eine geregelte Abtragung der Verbindlichkeiten ermöglichen. Demgegenüber gefährden jederzeit anstehende Vollstreckungen einen geordneten Geschäftsbetrieb, insbesondere eine kurzfristig erforderliche Beschaffung der zur Erhaltung der Verkehrssicherheit der Fahrzeuge erforderlichen Geldmittel, sofern keine Absicherung durch Privatvermögen oder Bürgschaften der Inhaber oder Dritter vorliegt, Bestehen z.B. bei Entscheidung der Behörde bereits Abgabeverbindlichkeiten von knapp 30.000 €, die sich im Laufe des Verfahrens noch erhöht haben, ist die Entziehung der Gemeinschaftslizenz durch die Verwaltungsbehörde gerechtfertigt.[121] Dabei ist nicht entscheidend, wie der finanzielle Engpass entstanden ist, denn im Gewerberecht kommt es grundsätzlich weder auf ein Verschulden des Unternehmers noch auf die sonstigen Ursachen der finanziellen Leistungsfähigkeit an, insbesondere wenn weiterhin Abgabenrückstände bestehen.[122]

259 Daneben gibt Art. 13 Abs. 1 Buchstabe c) VO (EG) Nr. 1071/2009 den Verwaltungsbehörden aber die Möglichkeit, auch bei Fortfall der finanziellen Leistungsfähigkeit dem Unternehmen eine Frist von höchstens sechs Monaten zu setzen, um den Nachweis zu erbringen, dass diese Berufszugangsvoraussetzung erneut **dauerhaft** erfüllt sein wird.

260 Insoweit ist zwischen länger bestehenden Verbindlichkeiten nach Verbrauch des Eigenkapitals und zeitweisem Nichtvorhandensein des vollen Eigenkapitals zu unterscheiden. Diese Vorschrift gilt sowohl für die Gemeinschaftslizenz als auch für die nationale Erlaubnis, auch wenn die frühere Regelung in § 13 Abs. 2 GBZugV a.F. entfallen ist.

261 *(3) Bewertung von Insolvenzen, Vollstreckungsmaßnahmen gegen das Unternehmen.* Wann die Zahlungsfähigkeit gewährleistet ist, hat der Verordnungsgeber nicht definiert. Gewährleistet ist die Zahlungsfähigkeit jedenfalls dann nicht, wenn ein **Insolvenzverfahren** eröffnet bzw. die Eröffnung eines solchen Verfahrens mangels Masse abgewiesen, die **eidesstattliche Versicherung** abgegeben oder ein **Haftbefehl** zwecks Abgabe der eidesstattlichen Versicherung erlassen wurde. Ob ein Antrag auf Abgabe der eidesstattlichen Versicherung alleine oder einzelne fruchtlose Vollstreckungen ausreichen, ist im Einzelfall zu prüfen. Dabei sollten die Verwaltungsbehörden zurückhaltend sein, bevor sie bei Zahlungsschwierigkeiten einem Unternehmen durch Entziehung der Berechtigungen zur Durchführung von gewerblichem Güterkraftverkehr eine der wesentlichen Voraussetzungen zur Beseitigung dieser Zahlungsschwierigkeiten nehmen.

262 Auch wenn es eine Regelung wie § 13 Abs. 3 GBZugV a.F. in der geltenden Fassung nicht mehr gibt, räumt Art. 13 Abs. 1 Buchstabe c) der Verwaltungsbehörde die Möglichkeit ein, dem Unternehmen eine Frist von höchstens sechs Monaten einzuräumen, um nachzuweisen, dass die finanzielle Leistungsfähigkeit wieder dauerhaft gegeben sein wird.

263 *h) Weitere Ausfertigungen der Berechtigungsurkunden, keine doppelte Anrechnung des Eigenkapitals für Nationale Erlaubnis und Gemeinschaftslizenz.* § 3 Abs. 3 Satz 1 bestimmt unmittelbar für den Erlaubnisinhaber und i.V.m. § 1 Abs. 1 Nr. 3 auch für den Inhaber einer Gemeinschaftslizenz, dass dem Unternehmer auf Antrag weitere Ausfertigungen der Berechtigungsurkunde erteilt werden können, soweit entsprechende Fahrzeuge und die dafür nachzuweisenden finanziellen Mittel zur Verfügung stehen. Von einer erheblichen Veränderung des Fahrzeugbestandes, bei der die

---

[121] VG Köln Beschluss vom 31.8.2012 – 18 L 1013/12, abzurufen unter open jur 2012, 8871.
[122] Vgl. auch BVerwG Urteil vom 2.2.1982 – 1 C 146/80 BVerwGE 65, 1.

II. Allgemeine nationale Vorschriften   **H. II**

finanzielle Leistungsfähigkeit grundsätzlich zu überprüfen ist, ist in der Regel auszugehen, wenn sich der Bestand um über 50% oder um mehr als fünf Kraftfahrzeuge seit der letzten Überprüfung verändert hat (vgl. Rdnr. 18 GüKVwV).

Eigenkapital und Reserven, die bereits bei der Erteilung einer der beiden Berechtigungen berücksichtigt wurden, können nicht noch einmal in Ansatz gebracht werden (Abs. 3 Satz 2). Diese Bestimmung ist in Zusammenhang mit § 5 Satz 1 zu sehen, wonach die Gemeinschaftslizenz als Erlaubnis nach § 3 gilt mit der Folge, dass beglaubigte Kopien der Gemeinschaftslizenz und Ausfertigungen der Erlaubnis nebeneinander im nationalen Güterverkehr eingesetzt werden können. Es soll verhindert werden, dass ein Unternehmen, das beide Arten der Berechtigung beantragt, mit demselben Kapital doppelt so viele Ausfertigungen erhalten kann wie ein Unternehmen, das nur eine Art beantragt hat. 264

Will ein Unternehmen ohne weiteren Kapitalnachweis zusätzliche Ausfertigungen einer der beiden Berechtigungen, muss es Ausfertigungen der anderen Art zurückgeben und damit „tauschen". 265

i) Zur fachlichen Eignung. aa) Gesetzliche Definitionen. Auch bezüglich dieses Berufszugangskriteriums hat das neue deutsche Recht auf eine eigene Definition verzichtet. § 4 GBZugV bestimmt, dass derjenige fachlich geeignet i.S.d. Art. 3 Abs. 1 Buchstabe d) VO (EG) Nr. 1071/2009 ist, der über die erforderlichen Kenntnisse zur ordentlichen Führung eines Güterkraftverkehrsunternehmers in den Sachgebieten, die im Anhang I diese EU-VO aufgeführt sind, verfügt. 266

§ 4 GBZugV Fachliche Eignung
Fachlich geeignet im Sinne des Artikels 3 Absatz 1 Buchstabe d der Verordnung (EG) Nr. 1071/2009 ist, wer über die Kenntnisse verfügt, die zur ordnungsgemäßen Führung eines Güterkraftverkehrsunternehmens erforderlich sind, und zwar auf den jeweiligen Sachgebieten, die im Anhang I Teil I der Verordnung (EG) Nr. 1071/2009 in der jeweils geltenden Fassung aufgeführt sind.

bb) Erfordernis einer Person mit fachlicher Eignung. Jedes Unternehmen braucht eine Person mit fachlicher Eignung, damit die Berufszugangsvoraussetzungen erfüllt sind. Während die persönliche Zuverlässigkeit in der Person des Unternehmers, vertretungsberechtigten Gesellschafters oder Geschäftsführers vorhanden sein muss, gilt dies nicht für die fachliche Eignung. 267

Zur Führung der Güterkraftverkehrsgeschäfte und damit zum „Verkehrsleiter"[123] i.S.d. Art. 4 VO (EG) NR. 1071/2009 kann nicht nur der Inhaber oder gesetzliche Vertreter des Unternehmens bestimmt werden, sondern auch derjenige, der als Angestellter (Abs. 1 Buchstabe b) oder vertraglich beauftragter Dienstleister (Abs. 2) eigenverantwortlich entsprechende Aufgaben durchzuführen hat[124] und die erforderlichen Fachkenntnisse besitzt. 268

Im Gegensatz zur Rechtslage vor der Geltung der VO (EG) Nr. 1071/2009 braucht die mit der Führung der Güterkraftverkehrsgeschäfte beauftragte Person also nicht mehr zwingend in einem Anstellungsverhältnis zum Unternehmen zu stehen (zum Umfang der Tätigkeit als externer Dienstleister vgl. oben Rdnr. 202). 269

Scheidet nach Erteilung der Berechtigung die fachkundige Person aus, muss das Unternehmen eine andere fachlich geeignete Person einsetzen, um weiter die Anforderungen des Art. 3 Abs. 1 Buchstabe d) der EU-VO zu erfüllen. 270

---
[123] Vgl. oben Rdnr. 196 ff.
[124] Vgl. oben Rdnr. 196.

H. II   Gewerberechtliche Vorschriften für den Transport von Gütern auf der Straße

271   Stellt die Verwaltungsbehörde fest, dass das Unternehmen die fachliche Eignung nicht mehr erfüllt, kann sie ihm gemäß Art. 13 Abs. 1 Buchstabe a) eine Frist von höchstens sechs Monaten, verlängerbar um drei Monate für den Fall des Todes oder des gesundheitlich bedingten Ausfalls des Verkehrsleiters zur Einstellung eines Nachfolgers setzen. Kommt das Unternehmen der Einsetzung einer fachkundigen Person nicht nach, ist die ihm erteilte nationale Erlaubnis oder Gemeinschaftslizenz nach § 3 Abs. 5 zurückzunehmen.

272   *cc) Anforderungen an die fachliche Eignung des Verkehrsleiters.* Die fachliche Eignung setzt nach ‚Anhang I der VO (EG) Nr. 1071/2009 in der jeweils geltenden Fassung Kenntnisse auf den Sachgebieten

A Bürgerliches Recht
B Handelsrecht
C Sozialrecht
D Steuerrecht
E Kaufmännische und finanzielle Leitung eines Unternehmens
F Zugang zum Markt
G Normen und technische Vorschriften
H Sicherheit im Straßenverkehr

jeweils bezogen auf den Güter-/Personenkraftverkehr voraus.

273   Der Bewerber muss nach diesen Bestimmungen insbesondere,
- einen rechtswirksamen Beförderungsvertrag auszuhandeln können, die Auswirkungen einer Reklamation seines Auftraggebers auf seine vertragliche Haftung übersehen sowie die Regelung der CMR und die sich daraus ergebende Verpflichtung kennen,
- die handelsrechtlichen Pflichten eines Kaufmanns und die wichtigsten Handelsgesellschaften kennen,
- die Verpflichtungen der Arbeitgeber im Bereich der sozialen Sicherheit und des Arbeitsrechts einschließlich der Vorschriften über die Lenk- und Ruhezeiten kennen,
- die wichtigsten Regeln über die Mehrwertsteuer auf Verkehrsleistungen, die Kraftfahrzeugsteuer, die Einkommensteuer und über die Gebühren für die Nutzung bestimmter Verkehrswege kennen,
- die rechtlichen und praktischen Bestimmungen über Zahlungsverkehr und Zahlungsmittel und die wichtigsten Kreditformen kennen, wissen, was eine Bilanz ist sowie eine solche verstehen und Betriebsergebnisse lesen können, die Finanz- und Rentabilitätslage sowie die Kosten eines Unternehmens analysieren, Finanz-, Stellen- und Arbeitspläne aufstellen können,
- einen Überblick über die im Kraftverkehr üblichen Versicherungen haben,
- die wichtigsten Regelungen für das Transportgewerbe über den Zugang zum Beruf, über die erforderlichen Erlaubnisse und Lizenzen und über die Formalitäten beim Grenzübertritt kennen,
- die Regeln über Gewichte und Abmessungen, Zulassung und Überwachung von Fahrzeugen in der Europäischen Union kennen,
- die erforderlichen Qualifikationen des Fahrpersonals/Führerscheine, ärztliche Bescheinigungen, Befähigungszeugnisse kennen sowie durch Maßnahmen sicherstellen können, dass die Fahrer die Regeln des Straßenverkehrs einhalten, die Ladung sichern und sicherheitsbewusst fahren.

274   *dd) Nachweis der Fachkunde. (1) Gesetzliche Bestimmungen.* Wie die Fachkunde nachgewiesen werden kann, in den §§ 5–9 GBZugV geregelt.

II. Allgemeine nationale Vorschriften

§ 5 GBZugV Fachkundeprüfung

(1) Die fachliche Eignung im Sinne des § 4 wird durch eine Prüfung nachgewiesen, die sich aus zwei schriftlichen und einem mündlichen Prüfungsteil zusammensetzt.

(2) Die schriftlichen Teilprüfungen bestehen aus Multiple-Choice-Fragen und schriftlichen Fragen mit direkter Antwort sowie aus schriftlichen Übungen/Fallstudien. Die Mindestdauer für jede schriftliche Teilprüfung beträgt zwei Stunden.

(3) Es ist eine Gesamtpunktezahl zu bilden, die wie folgt auf die Prüfungsteile aufzuteilen ist:
1. schriftliche Fragen zu 40 Prozent,
2. schriftliche Übungen/Fallstudien zu 35 Prozent,
3. mündliche Prüfung zu 25 Prozent.

(4) Die Prüfung ist bestanden, wenn der Bewerber mindestens 60 Prozent der möglichen Gesamtpunktezahl erreicht hat, wobei der in jeder Teilprüfung erzielte Punkteanteil nicht unter 50 Prozent der jeweils möglichen Punktzahl liegen darf. Anderenfalls ist die Prüfung nicht bestanden.

(5) Die mündliche Prüfung entfällt, wenn die schriftliche Prüfung nicht bestanden ist. Sie entfällt ebenfalls, wenn der Bewerber bereits in den schriftlichen Teilprüfungen mindestens 60 Prozent der möglichen Gesamtpunktezahl erzielt hat.

(6) Die Prüfung und die Bewertung der Prüfungsleistungen erfolgen durch die Industrie- und Handelskammern auf Grund einer Prüfungsordnung unter Beachtung der Verordnung (EG) Nr. 1071/2009 in der jeweils geltenden Fassung, insbesondere von Teil II des Anhangs I dieser Verordnung.

(7) Bewerbern, die die Prüfung bestanden haben, wird eine Bescheinigung nach dem Muster des Anhangs III der Verordnung (EG) Nr. 1071/2009 in der jeweils geltenden Fassung erteilt. Die Bescheinigung, die Spezialfasern im Papier enthält, die unter UV-Licht sichtbar werden, ist mit einer Seriennummer und einer Ausgabenummer zu versehen.

§ 6 GBZugV Prüfungsausschuss

(1) Die Prüfung wird vor der zuständigen Industrie- und Handelskammer abgelegt, die einen Prüfungsausschuss errichtet.

(2) Der Prüfungsausschuss besteht aus einem Vorsitzenden und mindestens einem Beisitzer. Für jedes Mitglied soll mindestens ein Vertreter bestellt werden. Ein Beisitzer soll in einem Unternehmen des Güterkraftverkehrs tätig sein.

(3) Die Industrie- und Handelskammer bestellt die Mitglieder des Prüfungsausschusses und ihre Vertreter. Der Vorsitzende des Prüfungsausschusses und sein Vertreter sollen zur Vollversammlung der Industrie- und Handelskammer wählbar oder bei einer Industrie- und Handelskammer beschäftigt sein. Die Beisitzer und seine Vertreter sollen auf Vorschlag der Fachverbände des Verkehrsgewerbes bestellt werden. Die Fachverbände sollen zu Beisitzern und deren Vertretern mindestens doppelt so viele Personen vorschlagen, wie bestellt werden.

(4) Bei Bedarf muss der Prüfungsausschuss der Industrie- und Handelskammer mindestens einmal im Vierteljahr einen Prüfungstermin festsetzen. Zuständig ist der Prüfungsausschuss, in dessen Bezirk der Bewerber seinen Wohnsitz hat. Hat der Bewerber seinen Wohnsitz im Ausland, ist die Industrie- und Handelskammer des Bezirkes zuständig, in dem der Bewerber arbeitet. Der Bewerber kann mit seiner Zustimmung an den Prüfungsausschuss bei einer anderen Industrie- und Handelskammer verwiesen werden, wenn innerhalb eines Vierteljahrs weniger als drei Bewerber zur Prüfung anstehen oder dem Bewerber andernfalls wirtschaftliche Nachteile entstehen.

§ 7 GBZugV Gleichwertige Abschlussprüfungen

(1) Als Prüfungen der fachlichen Eignung gelten auch die in der Anlage 4 der bis zum 31. Dezember 2011 geltenden Fassung der Berufszugangsverordnung für den Güterkraftverkehr vom 21. Juni 2000 (BGBl. I S. 918), die durch Artikel 485 der Verordnung vom 31. Oktober 2006 (BGBl. I S. 2407) geändert worden ist, aufgeführten Abschlussprüfungen, wenn die Ausbildung vor dem 4. Dezember 2011 begonnen worden ist. Als Prüfungen der fachlichen Eignung gelten auch Abschlussprüfungen, die von den nach Landesrecht zuständigen Behörden nach § 6 Absatz 2 der bis zum 31. Dezember 2011 geltenden Fassung der Berufszugangsverordnung für den Güterkraftverkehr vom 21. Juni 2000 (BGBl. I S. 918), die durch Artikel 485 der Verordnung vom 31. Oktober 2006 (BGBl. I S. 2407) geändert worden ist, bis zum 4. Dezember 2011 anerkannt worden sind, wenn die Ausbildung vor dem 4. Dezember 2011 begonnen worden ist.

(2) Die nach § 6 Absatz 4 zuständige Industrie- und Handelskammer stellt dem Inhaber eines nach Absatz 1 anerkannten Abschlusses auf Antrag eine Bescheinigung nach dem Muster des Anhangs III der Verordnung (EG) Nr. 1071/2009 in der jeweils geltenden Fassung aus.

§ 8 GBZugV Übergangsregelung für die Anerkennung leitender Tätigkeit

(1) Die fachliche Eignung für den Güterkraftverkehr kann auch durch eine mindestens zehnjährige leitende Tätigkeit in einem Unternehmen, das Güterkraftverkehr betreibt, nachgewiesen werden. Diese Tätigkeit muss in dem Zeitraum von zehn Jahren vor dem 4. Dezember 2009 ohne Unterbrechung in einem oder mehreren Mitgliedstaaten der Europäischen Union ausgeübt worden sein.

(2) Die Prüfung der Voraussetzungen nach Absatz 1 obliegt der Industrie- und Handelskammer, in deren Zuständigkeitsbereich der Bewerber seinen Wohnsitz hat. Hat der Bewerber seinen Wohnsitz im Ausland, ist die Industrie- und Handelskammer des Bezirkes zuständig, in dem der Bewerber arbeitet. Der Bewerber hat der Kammer die zur Prüfung nach Satz 1 erforderlichen Unterlagen vorzulegen. Reichen die Unterlagen zum Nachweis der fachlichen Eignung nicht aus, so kann die Kammer mit dem Bewerber ein ergänzendes Beurteilungsgespräch führen. Hält die Kammer den Bewerber für fachlich geeignet, so stellt sie eine Bescheinigung nach dem Muster des Anhangs III der Verordnung (EG) Nr. 1071/2009 in der jeweils geltenden Fassung aus.

§ 9 GBZugV Geltungsumfang beschränkter Fachkundebescheinigungen

(1) Bescheinigungen über den Nachweis der fachlichen Eignung, die bis zum Inkrafttreten der Fünften Verordnung zur Änderung von Rechtsvorschriften zum Güterkraftverkehrsgesetz vom 23. Februar 1993 (BGBl. I S. 268) auf die Durchführung von Güternah- oder Umzugsverkehr oder auf innerstaatliche Beförderungen beschränkt wurden, gelten als uneingeschränkte Fachkundebescheinigungen.

(2) Die zuständige Industrie- und Handelskammer stellt dem Inhaber einer Bescheinigung nach Absatz 1 auf Antrag eine Bescheinigung nach dem Muster des Anhangs III der Verordnung (EG) Nr. 1071/2009 in der jeweils geltenden Fassung aus.

275 *(2) Nachweis durch Prüfung bei der IHK.* Grundsätzlich wird die fachliche Eignung durch eine Prüfung vor der IHK oder einer gleichwertigen Abschlussprüfung (§ 7 GBZugV nachgewiesen.

Für Praktiker besteht darüber hinaus die Möglichkeit eines Nachweises durch die Ausübung einer leitenden Tätigkeit von nunmehr 10 Jahren in einem Unternehmen, das Güterkraftverkehr betreibt (§ 8).

II. Allgemeine nationale Vorschriften   H. II

Einzelheiten der Prüfung bestimmt § 5 GBZugV. 276
Sie setzt sich wie bisher aus zwei schriftlichen und einem mündlichen Teil zusammen.
Die beiden schriftlichen Teilprüfungen von jeweils mindestens zwei Stunden bestehen aus schriftlichen Fragen und schriftlichen Übungen. Absatz 3 bestimmt, dass die schriftlichen Fragen mit 40%, die Übungen mit 35% und eine eventuelle mündliche Prüfung mit 25% bewertet werden.

Die Prüfung ist nach Absatz 4 nur bestanden, wenn der Unternehmer mehr als 60% 277 der möglichen **Gesamtpunktzahl** und mindestens 50% der möglichen Punkte in jedem Teilbereich erreicht hat.

Nur wer die **schriftliche Prüfung** bestanden hat, wird zum mündlichen Prüfungs- 278 teil zugelassen. Hat der Bewerber bereits in dem schriftlichen Prüfungsteil 60% der insgesamt möglichen Gesamtpunkte erreicht, entfällt nach Absatz 5 die mündliche Prüfung.

Absatz 6 bestimmt, dass Prüfung und Bewertung nach einer Prüfungsordnung un- 279 ter Beachtung der gemeinschaftsrechtlichen Vorgaben, insbesondere des Teils II des Anhangs I der VO (EG) Nr. 1071/2009 zu erfolgen haben.

Absatz 7 enthält Regeln für die Bescheinigung, die den Bewerbern nach bestande- 280 ner Prüfung zu erteilen ist.

Welche IHK zuständig ist, wie sich der Prüfungsausschuss zusammensetzt und 281 wann Prüfungen abzuhalten sind, bestimmt § 6 GBZugV.

(3) Gleichwertige Abschlussprüfungen (§ 7 GBZugV). Welche Abschlussprüfungen 282 als gleichwertig anerkannt werden, ergibt sich aus der Anlage 4 der bis zum 31.12.2011 geltenden Fassung der GBZugV vom 27.6.2000,[125] und zwar

- die Abschlussprüfung zum Kaufmann/zur Kauffrau im Eisenbahn- und Straßenverkehr, Schwerpunkt Güterkraftverkehr
- die Abschlussprüfung zum Speditionskaufmann/zur Speditionskauffrau
- die Abschlussprüfung zur Fortbildung zum Verkehrsfachwirt/zur Verkehrsfachwirtin
- sowie die Abschlussprüfung als Diplom-Betriebswirt der Berufsakademien Lörrach und Mannheim und der Fachhochschule Heilbronn in dem Fachbereich Spedition bzw. in der Fachrichtung Güterverkehr.

Abschlussprüfungen, die nach § 6 Abs. 2 GBZugV a.F. bis zum 4.12.2011 durch die 283 Verwaltungsbehörden anerkannt wurden, gelten ebenfalls als gleichwertig, wenn die Ausbildung vor diesem Zeitpunkt begonnen wurde.

(4) Nachweis der fachlichen Eignung durch leitende Tätigkeit. Im neuen § 8 GBZugV 284 wurden die Voraussetzungen für eine Anerkennung der fachlichen Eignung für Praktiker entsprechend Art. 9 VO (EG) Nr. 1071/2009 verschärft. Erforderlich ist nunmehr für die Befreiung von der Fachkundeprüfung eine mindestens zehnjährige ununterbrochene Leitungstätigkeit in einem Unternehmen, das Güterkraftverkehr betreibt in einem oder mehreren Mitgliedsstaaten der EU.

Die Prüfung dieser Voraussetzungen obliegt der IHK in deren Zuständigkeitsbe- 285 reich der Erwerber seinen Wohnsitz hat. Wenn der Bewerber seinen Wohnsitz im Ausland hat, ist die IHK zuständig, in deren Bereich er arbeitet.

Wenn die vom Bewerber vorgelegten Unterlagen zum Nachweis der fachlichen Eig- 286 nung nicht ausreichen, kann die IHK mit ihm ein Beurteilungsgespräch führen.

---

[125] BGBl. I 2000 S. 918, **Anhang 4**.

H. II   Gewerberechtliche Vorschriften für den Transport von Gütern auf der Straße

287   Dem Praktiker, der seine fachliche Eignung nachgewiesen hat, stellt die IHK dann, wie anderen Bewerbern oder Absolventen gleichwertiger Abschlüsse eine Bescheinigung nach dem Muster des Anhangs III der VO (G) Nr. 1071/2009 aus.

288   *(5) Gleichwertigkeit der Sachkundenachweise.* Die Fachkundeprüfung, die gleichwertige Abschlussprüfung und die Anerkennung leitender Tätigkeit werden damit gleichgestellt. Nach § 9 GBZugV gelten wie bisher beschränkte Fachkundebescheinigungen, die bis zum Inkrafttreten der Fünften Verordnung zur Änderung von Rechtsvorschriften zum GüKG vom 23.2.1993 für Güternah- oder Umzugsverkehr oder innerstaatlichen Beförderungen erteilt wurden, als uneingeschränkte Fachkundebescheinigung. Die zuständige IHK stellt dem Inhaber einer solchen Bescheinigung ebenso wie den anderen fachlich geeigneten Personen eine Bescheinigung nach Muster der Anlage III zur VO (EG) Nr. 1071/2009 aus. In Kapitel V dieser EU-VO ist die gegenseitige Anerkennung von Bescheinigungen und anderen Dokumenten geregelt mit der Folge, dass bei Vorlage von Unterlagen aus einem anderen Mitgliedstaat, die belegen, dass die Anforderungen nach Art. 3 erfüllt sind, dies ohne nochmalige Prüfung anzuerkennen ist (Art. 21 Abs. 1). Somit sind amtliche Bescheinigungen aus anderen Mitgliedstaaten denen einer inländischen Behörde gleich gestellt, wenn die Echtheit der Urkunde festgestellt ist. Es ist allerdings erforderlich, dass sie aus einem Mitgliedsstaat stammen, in dem die betroffene Person vorher ihren Wohnsitz oder ihren gewöhnlichen Aufenthalt gemäß Art. 8 Abs. 2 hätte.[126]

289   Art. 21 Abs. 2 enthält Regelungen dazu, inwieweit vor dem 4.12.2011 erteilte Fachkundebescheinigungen ebenfalls anzuerkennen sind.

290   *j) Zu den Voraussetzungen einer Niederlassung. aa) Gesetzliche Definition.* Art. 3 Abs. 1 Buchstabe a) VO (EG) Nr. 1071/2009 verlangt als weitere Berufszugangsvoraussetzung, dass Kraftverkehrsunternehmen über eine tatsächliche und dauerhafte Niederlassung in einem Mitgliedstaat verfügen müssen.

291   *bb) Zweck der Bestimmung.* Früher sahen einige Mitgliedsstaaten unter Geltung der RiLi 96/26 EG[127] eine Registereintragung als ausreichend für eine Niederlassung an.[128] Daher bestand für Unternehmen aus dem EWR die Möglichkeit, durch Beantragung einer nationalen Erlaubnis für Briefkastenfirmen, die Kabotagebestimmungen – jetzt Art. 8–10 VO (EG) Nr. 1072/2009 – zu umgehen und unbegrenzt, also ohne vorherige grenzüberschreitende Beförderung, Binnenbeförderungen in Deutschland durchzuführen (vgl. auch Erwägungsgrund 7 zu dieser VO).

292   Daher wurde zunächst 2008 in das GüKG eine Bestimmung über den Unternehmenssitz (§ 3 Abs. 2 Satz 2 a.F.) eingefügt, bevor dann die gemeinschaftsrechtlichen Regelungen (s. oben Rdnr. 15) erfolgten.

293   Nunmehr muss eine Niederlassung in dem betreffenden Mitgliedstaat über Räumlichkeiten zur stetigen und dauerhaften Teilnahme am Geschäftsverkehr und zur Aufbewahrung von Geschäftsunterlagen verfügen, und es muss eine Tätigkeit als Güterkraftverkehrsunternehmer mit mindestens einem Fahrzeug, das in Deutschland zumindest vorübergehend am Verkehr teilnehmen darf, mit Disposition von Fahrzeugen sowie angestelltem Personal ausgeübt werden.

294   Zu den Unterlagen, die sich in der Niederlassung befinden müssen, gehören Buchführungs- und Personalunterlagen, Dokumente über Lenk- und Ruhezeiten sowie die

---

[126] Vgl. *Hein/Eichhoff/Pukall/Krien*, Teil T 215 Art. 19–21 VO (EG) Nr. 1071/2009 Rdnr. 1 ff.
[127] Vgl. oben Rdnr. 15.
[128] Vgl. *Hein/Eichhoff/Pukall/Krien*, Teil T 215 Art. 5 VO (EG) Nr. 1071/2009 Rdnr. 1.

II. Allgemeine nationale Vorschriften H. II

Unterlagen, die die zuständige Behörde zu ihrer Prüfungspflicht nach Art. 12 VO (EG) Nr. 1071/2009 benötigt.

k) Voraussetzungen für die Erteilung von CEMT-Genehmigungen. aa) Maßgebliche 295
Vorschriften. Maßgeblich für die Erteilung von CEMT-Genehmigungen sind neben der Resolution 26 der Europäischen Konferenz der Verkehrsminister (CEMT) vom 14.6.1973 und der GüKGrKabotageV die Resolution zum Leitfaden[129] und die Richtlinie für das Verfahren zur Erteilung der CEMT-Genehmigungen, Stand 22.8.2013.[130]

bb) Voraussetzungen im Einzelnen. (1) Wer ist antragsberechtigt? Antragsberechtigt 296 sind nach den Punkten 3, 4 der RiLi Unternehmer, die Inhaber einer Nationalen Erlaubnis oder einer Gemeinschaftslizenz sind und die subjektiven Zugangsvoraussetzungen gemäß Art. 3 VO (EG) Nr. 1071/2009 erfüllen.

(2) Auslastungserwartung. Für die Neuerteilung (Ziffer 5.3) muss der Antragsteller 297 glaubhaft versichern, z.B. durch Vorlage von entsprechenden Verträgen, dass er entsprechende Beförderungen zwischen CEMT-Staaten durchführen will. Die Wiedererteilung (Ziffer 5.2) erfolgt grundsätzlich, wenn der Antragsteller die Genehmigung hinreichend genutzt hat. Beförderungen, bei denen gegen die Vorschrift des § 7a GüKGrenzKabotageV verstoßen wurde, nicht rechtskonformer Einsatz der Genehmigung, werden nicht berücksichtigt.

(3) Sitz in Deutschland. Der Antragsteller muss eine Niederlassung i.S.v. Art. 5 VO 298 (EG) Nr. 1071/2009 in Deutschland haben.

l) Voraussetzungen für die Erteilung von bilateralen Genehmigungen für den Wechsel- und/oder Transitverkehr. Die Voraussetzungen werden von den Vertragsstaaten festgelegt.

Die Genehmigungen können fahrzeug- oder unternehmensbezogen erteilt werden 299 und setzen üblicherweise voraus, dass der Unternehmer nach den Gesetzen des Landes, in denen er seinen Sitz hat, zur Durchführung von grenzüberschreitendem Güterkraftverkehr berechtigt ist.

Auch bilaterale Genehmigungen dürfen grundsätzlich nur von dem Unternehmer, 300 für den sie ausgestellt sind, benutzt und nicht auf einen anderen Unternehmer übertragen werden.

m) Voraussetzungen für die Wiedererteilung von Berechtigungen zur Durchfüh- 301
rung von gewerblichem Güterkraftverkehr. *aa) Nationale Erlaubnis.[131] (1) Weiteres Vorliegen der Berufszugangsvoraussetzungen.* Nach Ablauf der Gültigkeitsdauer der ersten befristet erteilten Erlaubnis ist zur Wiedererteilung, und zwar auf unbestimmte Zeit, lediglich erforderlich, dass die subjektiven Zulassungsvoraussetzungen, die für die Ersterteilung maßgeblich waren, weiter erfüllt sind (§ 3 Abs. 2 Satz 2).

Diese Voraussetzungen hat der Unternehmer wie bei der Ersterteilung nachzuwei- 302 sen, insbesondere die finanzielle Leistungsfähigkeit nach der Anzahl der zum Betrieb gehörenden Fahrzeuge.[132]

(2) Veränderungen im Fahrzeugbestand. Hat sich der Fahrzeugbestand nicht nur 303 vorübergehend verringert, so ist dies entsprechend § 3 Abs. 3 Satz 3, wonach überzäh-

---

[129] Vom 29./30.5.2001 in der Fassung vom 1.9.2009 abgedruckt bei *Hein/Eichhoff/Pukall/Krien*, Teil J 120.
[130] VkBl. 2013 S. 933.
[131] Vgl. oben Rdnr. 120 ff.
[132] Vgl. oben Rdnr. 189 ff. und Rdnr. 251 ff.

lige Erlaubnisausfertigungen an die zuständige Behörde zurückzugeben sind, bei der Neuerteilung der Ausfertigungen zu berücksichtigen.

304 *bb) Gemeinschaftslizenz.* Nach Art. 4 Abs. 2 Satz 1 VO (EG) Nr. 1072/2009 kann die nunmehr für zehn Jahre ausgestellte Lizenz auf Antrag für denselben Zeitraum wiedererteilt werden.

305 Gemäß Art. 4 Abs. 1 Buchstabe b) dieser EU-VO ist zu prüfen, ob die Berufszulassungsvoraussetzungen gemäß Art. 3 VO (EG) Nr. 1071/2009 weiterhin vorliegen.[133]

306 *cc) CEMT-Genehmigungen.* Die Rechtsgrundlage für die Wiedererteilung von CEMT-Genehmigungen ergibt aus Punkt 5.2 der RiLi für das Verfahren zur Erteilung von CEMT-Genehmigungen.[134] Danach werden CEMT-Genehmigungen grundsätzlich wiedererteilt, wenn der Antragsteller die ihm zuvor erteilte Genehmigung hinreichend genutzt hat.

307 *dd) Bilaterale Genehmigungen.* Bezüglich dieser Berechtigungen bleibt es den Vertragspartnern jeweils vorbehalten, zu regeln, ob und gegebenenfalls unter welchen Voraussetzungen eine „Wiedererteilung" erfolgen soll.

308 ***n) Voraussetzungen für die Entziehung (Rücknahme oder Widerruf) von Berechtigungen zur Durchführung von gewerblichem Güterkraftverkehr.*** *aa) Allgemeines.* Rücknahme und Widerruf sind wie die Erteilung von Berechtigungen Verwaltungsakte, die keinen Strafcharakter tragen.[135]

309 *(1) Rücknahme.* Lagen bei Erteilung der Berechtigung die Voraussetzungen nicht vor, kann diese zurückgenommen werden.

310 *(2) Widerruf.* Sind die Voraussetzungen später entfallen, hat die Verwaltungsbehörde zu prüfen, ob ein Widerruf der Erteilung der Berechtigung geboten ist.

311 *(3) Pflicht zur Begründung und zur Erteilung einer Rechtsbehelfsbelehrung.* Rücknahme und Widerruf sind zu begründen und dem Betroffenen mit einer Rechtsbehelfsbelehrung zuzustellen.[136]

312 *(4) Aufschiebende Wirkung von Rechtsbehelfen.* **Widerspruch** und **Anfechtungsklage** haben gemäß § 80 Verwaltungsgerichtsordnung (VwGO) aufschiebende Wirkung, soweit nicht aus Gründen des öffentlichen Interesses die sofortige Vollziehung angeordnet wird, wogegen bei Gericht die Wiederherstellung der aufschiebenden Wirkung gemäß § 80 Abs. 5 VwGO beantragt werden kann.

313 Sofern keine sofortige Vollziehung angeordnet ist, darf der Unternehmer weiter Güterkraftverkehr betreiben, bis die Entziehungsverfügung bestandskräftig ist.[137]

314 *bb) Nationale Erlaubnis. (1) Rechtliche Grundlagen.* Die Grundlage für ein Verfahren auf Entziehung dieser Berechtigung ergibt sich aus § 3 Abs. 5, wobei der Gesetzgeber davon abgesehen hat, die Rücknahme- und Widerrufsgründe abschließend aufzuführen. Aus dem neuen Wortlaut dieser Vorschrift ergibt sich, dass der Behörde entsprechend der Vorgabe in Art. 7 Abs. 2 VO (EG) Nr. 1072/2009 kein Ermessen mehr zusteht, wenn sich später herausstellt, dass die Berufszugangsvoraussetzungen[138]

---

[133] Vgl. oben Rdnr. 301 ff.
[134] Vgl. oben Rdnr. 295 ff.
[135] Vgl. *Lammich/Pöttinger*, a.a.O. Rdnr. 24 zu § 3 GüKG.
[136] Vgl. *Hein/Eichhoff/Pukall/Krien*, Anm. 6 zu § 3 GüKG.
[137] Vgl. *Hein/Eichhoff/Pukall/Krien*, Anm. 6 zu § 3 GüKG.
[138] Vgl. *Hein/Eichhoff/Pukall/Krien*, Anm. 6 zu § 3 GüKG.

II. Allgemeine nationale Vorschriften H. II

der Art. 4 Abs. 1 bzw. 5 Abs. 1 dieser VO bei Erteilung gar nicht vorlagen oder nachträglich entfallen sind.

Statt einer sofortigen Entziehung der Berechtigung hat die Verwaltungsbehörde die 315 Möglichkeit, dem Unternehmen gemäß Art. 13 Abs. 1 Satz 2 VO (EG) Nr. 1071/2009 eine angemessene Frist von höchstens sechs Monaten einräumen, um einen zuverlässigen Verkehrsleiter[139] einzusetzen, nachzuweisen, dass eine Niederlassung[140] vorhanden bzw. dass die finanzielle Leistungsfähigkeit[141] dauerhaft erfüllt ist.

Eine Ermächtigung zur Aussetzung der Zulassung zum Beruf des Kraftverkehrsunternehmers gemäß Art. 13 Abs. 3 1. Alt. der VO (EG) Nr. 1071/2009 sieht das deutsche Recht nicht vor. 316

(2) Einzelne Fallgestaltungen. Das Erschleichen der Erlaubnis, Verstöße gegen besondere Pflichten, wie Buchführungs- und Aufbewahrungspflichten, Erlöschen der Haftpflichtversicherung, eidesstattliche Versicherung des Unternehmers, Verschlechterungen der finanziellen Situation, steuerliche oder sozialversicherungsrechtliche Verstöße, grobe Erlaubnisverstöße wie z.B. die **Überlassung der Berechtigung an Dritte** oder das Nichterfüllen von Bedingungen oder Auflagen können zum Entfall der Zuverlässigkeit oder der finanziellen Leistungsfähigkeit führen und damit eine Entziehung der Berechtigung oder einzelner Ausfertigungen rechtfertigen. 317

(3) Anhörungspflicht. Vor einer Entscheidung über die Entziehung einer erteilten 318 Berechtigung hat die Verwaltungsbehörde den in § 3 Abs. 5a aufgeführten Organisationen, nämlich dem Bundesamt für Güterverkehr (BAG), den beteiligten Verbänden des Verkehrsgewerbes, der fachlich zuständigen Gewerkschaft und der zuständigen IHK Gelegenheit zur Stellungnahme zu geben.

Davon kann die Verwaltungsbehörde absehen, wenn es lediglich um einzelne zusätzliche Ausfertigungen geht (§ 3 Abs. 5a Satz 2). 319

(4) Überprüfbarkeit der Entscheidung. Da es sich bei den subjektiven Zugangsvoraussetzungen um **unbestimmte Rechtsbegriffe** handelt, können die Verwaltungsgerichte[142] die Entscheidungen der Erlaubnisbehörde uneingeschränkt überprüfen. 320

cc) *Gemeinschaftslizenz. Rechtliche Grundlage und Entscheidungen.* § 3 Abs. 5 gilt 321 gemäß § 1 Abs. 1 Nr. 1 GüKGrKabotageV[143] für den Entzug von Gemeinschaftslizenzen entsprechend. Daher wird auf die vorstehenden Ausführungen zur Entziehung der nationalen Erlaubnis zur Vermeidung von Wiederholungen Bezug genommen.

dd) *CEMT-Genehmigungen.* Hinsichtlich Entzug und Widerruf dieser Genehmigungen gelten die Bestimmungen in Kapital 6 der CEMT-Resolution zum Leitfaden[144] und des § 4 Abs. 5 und 6 GüKGrKabotageV. 322

Danach können diese Genehmigungen entsprechend § 3 Abs. 5 entzogen bzw. gemäß § 4 Abs. 6 GüKGrKabotageV widerrufen werden, bei schweren wiederholten Verstößen gegen die Bestimmungen über ihre Verwendung (§ 7a GüKGrKabotageV) oder gegen Sozialvorschriften (Kapital 6.7 CEMT-Resolution zum Leitfaden) oder wenn sie drei Monate nicht genutzt wurden. 323

---

[139] Vgl. oben Rdnr. 196 ff.
[140] Vgl. oben Rdnr 290 ff.
[141] Vgl. *Hein/Eichhoff/Pukall/Krien*, Teil T 215 Art. 13 VO (EG) Nr. 1071/2009 Rdnr. 2.
[142] Vgl. Bundesverwaltungsgericht im BVerwGE 2, 301 und *Lammich/Pöttinger*, Rdnr. 2 zu § 1 GBZugV.
[143] Vgl. oben Rdnr. 44 ff.
[144] Vgl. oben Rdnr. 295.

H. II   Gewerberechtliche Vorschriften für den Transport von Gütern auf der Straße

324   *ee) Bilaterale Genehmigungen.* Für bilaterale Genehmigungen bleibt es den Vertragspartnern jeweils vorbehalten, Regelungen für den Einzug erteilter Genehmigungen zu treffen.

5. Das Genehmigungsverfahren und das Entziehungsverfahren

Übersicht

	Rdnr.
a) Erteilung der nationalen Erlaubnis und der Gemeinschaftslizenz	325
aa) Allgemeines	325
(1) Gesetzliche Vorschriften	325
(2) Zuständige Erlaubnisbehörde	327
bb) zur Antragstellung erforderliche Angaben und Unterlagen	330
(1) Auflistung in § 10 GBZugV	330
(2) Ergänzende Regelungen in der GüKVwV zum Erlaubnis- und Lizenzerteilungsverfahren	332
cc) unternehmensbezogene Erteilung und Nichtübertragbarkeit der Berechtigung	341
dd) Auswirkungen von Verringerungen des Fahrzeugbestandes	345
ee) Mitteilungspflicht bei Änderungen	347
(1) Nationale Erlaubnis	347
(2) Gemeinschaftslizenz	349
ff) Überwachungspflicht der Verwaltungsbehörde	350
(1) Nationale Erlaubnis	350
(2) Gemeinschaftslizenz	351
(3) Keine doppelte Prüfung, wenn das Unternehmen neben der Nationalen Erlaubnis auch eine Gemeinschaftslizenz erhalten hat	352
gg) Maßnahmen der Verwaltungsbehörde bei Fortfall oder Beschränkung der finanziellen Leistungsfähigkeit	354
b) Erteilung der Fahrerbescheinigung	355
aa) Rechtliche Grundlage	355
bb) Antragstellung	356
cc) Urkundenerstellung	357
c) Erteilung von CEMT-Genehmigungen	358
aa) Rechtliche Grundlage	358
bb) Erteilungsbehörde	359
cc) Antragstellung	360
dd) Urkundenberichtigung	362
d) Erteilung von bilateralen Genehmigungen	363
e) Entziehung der erteilten Berechtigungen zur Durchführung von gewerblichem Güterkraftverkehr	364
aa) Nationale Erlaubnis und Gemeinschaftslizenz	364
(1) Zuständigkeit für Rücknahme oder Widerruf	364
(2) Verfahren	365
bb) Fahrerbescheinigung	366
(1) Rechtliche Grundlage	366
(2) Verfahren	367
cc) CEMT-Genehmigungen	369
dd) Bilaterale Genehmigungen	370

325   *a) Erteilung der nationalen Erlaubnis und der Gemeinschaftslizenz. aa) Allgemeines. (1) Gesetzliche Vorschriften.* Als Folge der Geltung der VOen (EG) Nr. 1071/2009 und 1072/2009 wurde wiederum eine Anpassung der nationalen Vorschriften vorgenommen. In den §§ 2 bis 4 der GBZugV vom 21.12.2011[145] sind mit Verweis auf die

---

[145] Vgl. oben Rdnr. 42.

II. Allgemeine nationale Vorschriften   H. II

entsprechenden Definitionen des Gemeinschaftsrechts die Berufszugangsvoraussetzungen zusammengefasst. § 10 dieser Vorschrift regelt, ergänzt durch die GüKVwV (dort Rdnr. 2 ff.), das Erteilungsverfahren und bestimmt, welche Angaben der Verwaltungsbehörde zu machen und welche Unterlagen dem Antrag beizufügen sind.

Gemäß § 1 Abs. 1 Satz 2 GüKGrKabotageV gilt § 10 GBZugV für die Erteilung von Gemeinschaftslizenzen entsprechend. 326

(2) Zuständige Erlaubnisbehörde. Die nach Landesrecht zuständigen Behörden sind nach § 3 Abs. 7 GüKG für die Ausführung des GüKG und der auf diesem Gesetz beruhenden Verordnungen sowie der gemeinschaftsrechtlichen VOen (EG) Nr. 1071/2009 und 1072/2009 und damit sowohl für Erteilung als auch Entziehung der Nationalen Erlaubnis und der Gemeinschaftslizenz zuständig. 327

Für die örtliche Zuständigkeit wird nunmehr auf den Sitz der Niederlassung i.S.d. Art. 5 der VO (EG) Nr. 1071/2009 abgestellt und soweit keine Niederlassung in Deutschland besteht, auf den Wohnsitz des Betroffenen, wenn es z.B. um die Untersagung der Führung von Güterkraftverkehrsgeschäften geht.[146] 328

Derzeit zuständige Behörden in den einzelnen Bundesländern sind 329

- in Berlin, Bremen und Hamburg die *Senatsverwaltung*
- in Brandenburg *das Landesamt für Bauen und Verkehr*
- in Hessen die Regierungspräsidien
- im Saarland *der Landesbetrieb für Straßenbau*
- in Rheinland-Pfalz *der Landesbetrieb Mobilität*
- in Baden-Württemberg, Bayern, Mecklenburg-Vorpommern, Niedersachsen, Nordrhein-Westfalen, Sachsen, Sachsen-Anhalt, Schleswig-Holstein und Thüringen *die unteren Verkehrsbehörden (Kreise, kreisfreie Städte).*[147]

bb) Zur Antragstellung erforderliche Angaben und Unterlagen. (1) Auflistung in § 10 GBZugV. In dieser Vorschrift ist im Einzelnen aufgelistet, welche Angaben zum Unternehmen, von den vertretungsberechtigten Personen und vom Verkehrsleiter jeweils erforderlich sind, welche Unterlagen beizufügen sind und wie alt diese sein dürfen. 330

Weitere Unterlagen, z.B. Auszüge aus der Schuldner- und Insolvenzkartei kann die Verwaltungsbehörde grundsätzlich anfordern, wenn diese erforderlich sind, um sachgerecht über den Antrag entscheiden zu können. 331

(2) Ergänzende Regelungen in der GüKVwV zum Erlaubnis- und Lizenzerteilungsverfahren. Die Überschrift von Rdnr. 2 regelt, dass die folgenden Bestimmungen gleichermaßen für die Erteilung der nationalen Erlaubnis und der Gemeinschaftslizenz gelten, da die Erteilungsvoraussetzungen die gleichen sind. Folglich sind auch die gleichen Antragsformulare gemäß Anlage 1 zu verwenden. 332

Rdnr. 2 enthält Aussagen über die zuständige Behörde und legt fest, dass es für ein Unternehmen im Inland nur eine örtlich zuständige Behörde geben kann. 333

Die *Rdnr. 4* stellt klar, dass eine Antragstellung bereits vor einer erforderlichen Registereintragung möglich ist, die Erteilung der Erlaubnis oder Lizenz aber erst nach Eintragung erfolgen kann, um Probleme, die sich aus der gegenseitigen Abhängigkeit von Registereintragung und Erteilung der Berechtigung zu vermeiden. 334

Rdnr. 5 betrifft das Anhörungsverfahren und enthält Regeln für die Kommunikation zwischen Erlaubnisbehörde und BAG, über die im Rahmen dieses Verfahrens an die anzuhörenden Institutionen zu erteilenden Informationen abgestuft nach Erster- 335

---

[146] Vgl. *Hein/Eichhoff/Pukall/Krien,* Teil N § 3 GüKG Anm. 10.
[147] Vgl. *Hein/Eichhoff/Pukall/Krien,* Teil N § 3 GüKG Anm. 10.

336 *Rdnr. 8* enthält eine Definition der Unternehmer i.S.d. GüKG und gibt vor, wie bei Miterben und BGB-Gesellschaften hinsichtlich der Berechtigungsurkunde zu verfahren ist.

337 *Rdnr. 10ff.* Neu geregelt ist in diesen Bestimmungen die Position des Verkehrsleiter u.a. mit
- Vorgaben für die Prüfung der tatsächlichen und dauerhaften Leitung des Unternehmens
- Definition des internen und externen Verkehrsleiters
- Regeln über die zahlenmäßigen Beschränkungen des externen Verkehrsleiters auch bei verbundenen Unternehmen
- Abstimmung der Verwaltungsbehörden bei einer Tätigkeit für mehrere Unternehmen und
- Anforderungen an den ständigen Aufenthalt des Verkehrsleiters

338 *Rdnr. 16* gibt vor, wie die fachliche Eignung nachzuweisen ist.

339 *Rdnr. 17, 18* regeln den Nachweis der finanziellen Leistungsfähigkeit und die Voraussetzung für die spätere Erteilung zusätzlicher Ausfertigungen bzw. beglaubigter Kopien der Berechtigungsurkunde.

340 Weiter sind in *Rdnr. 19* Regeln für den Fall einer Insolvenz, in *Rdnr. 20, 21* über die Unterrichtung anderer Behörden und Institutionen, in *Rdnr. 22 bis 24* für Urkundenberichtigung und Sitzverlegung, in *Rdnr. 27* für den Nachweis des Erbrechts, in *Rdnr. 31ff.* über Untersagung und Wiedergestattung der Führung von Güterkraftverkehrsgeschäften, in *Rdnr. 36* über die Fahrerbescheinigungen und in den *Rdnr. 37ff.* über die Mitteilung von Bußgeldbescheiden und über verschiedene Dateien sowie zur Datenspeicherung enthalten.

341 *cc) Unternehmensbezogene Erteilung und Nichtübertragbarkeit der Berechtigung.* § 10 Abs. 4 GBZugV bestimmt, dass die Erlaubnis und deren Ausfertigungen unternehmens- und nicht fahrzeugbezogen erteilt werden und nicht übertragbar sind.

342 Die Weitergabe einer Berechtigung an Dritte stellt einen schweren Verstoß gegen die Zuverlässigkeitsregeln dar, der zu einem Widerruf wegen fehlender Zuverlässigkeit gemäß § 3 Abs. 5 führen kann.

343 Weiterhin beteiligt sich derjenige, der eine Erlaubnis oder eine Ausfertigung einer solchen an einen Dritten zur Benutzung weitergibt, an dessen Verstoß – Betreiben von gewerblichem Güterkraftverkehr ohne Erlaubnis oder die erforderliche Anzahl von Ausfertigungen der Erlaubnisurkunde – und begeht selbst auch eine Ordnungswidrigkeit nach § 19 Abs. 1 Nr. 1b (GüKG).

344 Nach dem einheitlichen Täterbegriff[148] des § 14 OWiG wird insoweit – anders als im Strafrecht – nicht zwischen Täter und Gehilfen unterschieden.

345 *dd) Auswirkungen von Verringerungen des Fahrzeugbestandes.* Das Unternehmen hat bei einer nicht nur vorübergehenden Verringerung seines Fahrzeugbestandes überzählige Ausfertigungen der Erlaubnis an die zuständige Verwaltungsbehörde zurückzugeben (§ 3 Abs. 3 für Gemeinschaftslizenzen entsprechend i.V.m. § 1 Abs. 1 GüKGrKabotageV für Gemeinschaftslizenzen).

346 Von vorübergehend kann nicht gesprochen werden, wenn seit Abgang eines Fahrzeuges mehr als drei Monate vergangen sind. Weiter bestimmt Satz 2, dass bei einer endgültigen Einstellung seines Betriebs das Unternehmen die Erlaubnisurkunde und

---

[148] Vgl. *Gohler/König*, OWiG 14. Aufl. Rdnr. 1 zu § 14 OWiG.

II. Allgemeine nationale Vorschriften   H. II

alle Ausfertigungen unverzüglich zurückzugeben hat. **Unverzüglich** d.h. **ohne schuldhaftes Zögern** erfordert eine Erledigung binnen höchstens drei Wochen, nachdem die Entscheidung über die Verringerung des Fahrzeugbestandes bzw. Aufgabe des Betriebs nach außen hin durch entsprechende Handlungen, wie z. B. Abmeldung von Fahrzeugen, dokumentiert wird. Diese Regelung ist geboten, um Missbräuche durch die verbotene Weitergabe der Erlaubnisurkunde oder von Ausfertigungen davon an Dritte (§ 10 Abs. 4 GBZugV) zu vermeiden und die Einhaltung dieser Verpflichtungen besser kontrollieren zu können.

ee) Mitteilungspflicht bei Änderungen. (1) Nationale Erlaubnis. § 10 Abs. 5 GBZugV 347 bestimmt, dass bestimmte Änderungen des Unternehmens wie Name und Rechtsform, Änderung des Unternehmenssitzes oder der Anschrift von Niederlassungen, des zuständigen Amtsgerichts sowie der vertretungsberechtigten Personen unverzüglich mitzuteilen und auf Verlangen nachzuweisen sind.

Wenn dadurch Eintragungen in der Erlaubnisurkunde zu ändern sind, hat das Un- 348 ternehmen diese ebenfalls unverzüglich zur Vornahme der Änderung vorzulegen. Unverzüglich ist auch hier ein Zeitraum von höchstens drei Wochen.

(2) Gemeinschaftslizenz. Eine § 10 Abs. 5 GBZugV entsprechende Regelung enthält 349 für die Gemeinschaftslizenz § 2 GüKGrKabotageV.

ff) Überwachungspflicht der Verwaltungsbehörde hinsichtlich des Vorhandenseins der 350 *Berufszugangsvoraussetzungen. (1) Nationale Erlaubnis.* Auch wenn die Wiedererteilung der Nationalen Erlaubnis nach § 3 Abs. 2 Satz 2 GüKG unbefristet erfolgt,[149] hat sich die Erlaubnisbehörde nach § 11 Abs. 1 GBZugV regelmäßig, mindestens aber alle 10 Jahre davon zu vergewissern, dass die Erteilungsvoraussetzungen nach § 3 Abs. 2 noch erfüllt sind. D.h. Zuverlässigkeit, finanzielle Leistungsfähigkeit und fachliche Eignung müssen weiterhin gegeben sein.

Zum Nachweis sind die gleichen Unterlagen wie bei der Ersterteilung vorzulegen. Über das Ergebnis der Prüfung wird das Unternehmen schriftlich unterrichtet.

(2) Gemeinschafslizenz. Demgegenüber wird die Gemeinschaftslizenz immer nur 351 für einen Zeitraum von bis zu zehn Jahren gemäß Art. 4 Abs. 2 VO (EG) Nr. 1072/2009 erteilt. Vor einer Verlängerung ist nach Art. 6 Abs. 1 dieser EU-VO zu prüfen, ob die Voraussetzungen für den Berufszugang nach Art. 4 Abs. 1 weiterhin vorliegen.

(3) Keine doppelte Prüfung, wenn das Unternehmen neben der Nationalen Erlaubnis 352 *auch eine Gemeinschaftslizenz erhalten hat.* § 11 Abs. 3 GBZugV bestimmt, dass bei Unternehmen, die sowohl über eine Nationale Erlaubnis als auch eine Gemeinschaftslizenz verfügen, das Verfahren auf Erneuerung der Lizenz eine Überprüfung nach Absatz 1 ersetzt, da es unbillig wäre, die gleichen Voraussetzungen innerhalb eines Zehnjahreszeitraums zweimal bei demselben Unternehmen zu prüfen.

Etwas Anderes gilt allerdings, wenn die Erlaubnisbehörde von Tatsachen Kenntnis 353 erhält, die berechtigte Zweifel an dem Fortbestehen der Zuverlässigkeit, der finanziellen Leistungsfähigkeit oder auch der fachlichen Eignung aufkommen lassen.

gg) Maßnahmen der Verwaltungsbehörde bei Fortfall oder Beschränkung der finan- 354 *ziellen Leistungspflicht.* Nachdem eine Vorschrift entsprechend § 13 Abs. 3 GBZugV a.F. in der geltenden Fassung nicht mehr enthalten ist, gelten nunmehr insoweit die Vorschriften des Gemeinschaftsrechts. Nach Art. 13 Abs. 1 Buchstabe c) VO (EG)

---

[149] Vgl. oben Rdnr. 123.

1071/2009 kann die Verwaltungsbehörde dem Unternehmen eine Frist von höchstens sechs Monaten setzen, um nachzuweisen, dass die finanzielle Leistungsfähigkeit erneut dauerhaft erfüllt sein wird.[150]

355 *b) Erteilung der Fahrerbescheinigung. aa) Rechtliche Grundlage* ist Art. 5 VO (EG) Nr. 1072/2009.

356 *bb) Antragstellung.* Der Antrag ist bei der nach § 5 Abs. 7 GüKG zuständigen Landesbehörde einzureichen (§ 20 Abs. 1 GüKGrKabotageV). Aus Absatz 1 und 2 dieser Vorschrift ergeben sich die erforderlichen Angaben über das antragstellende Unternehmen und den Fahrer sowie die dem Antrag beizufügenden Unterlagen.

357 *cc) Urkundenerstellung.* Die Urkunde wird nach dem Muster des Anhangs III der VO (EG) Nr. 1071/2009 erstellt. Weitere formale Einzelheiten ergeben sich aus § 21 Satz 3 GüKGrKabotageV.

358 *c) Erteilung von CEMT-Genehmigungen. aa) Rechtliche Grundlagen.* Maßgeblich für das Erteilungsverfahren ist die Richtlinie für das Verfahren zur Erteilung der CEMT-Genehmigungen,[151] die ihrerseits auf der CEMT-Resolution Nr. 26[152] und der GüKGrKabotageV[153] beruht.

359 *bb) Erteilungsbehörde* ist gemäß § 4 Abs. 2 Satz 1 GüKGrKabotageV das BAG.

360 *cc) Antragstellung.* Der Antrag auf Erteilung einer Jahresgenehmigung ist gemäß Punkt 5.1 der RiLi CEMT-Genehmigungen unter Verwendung von Vordrucken des BAG bei dessen Außenstelle, in deren Bezirk der Unternehmer seine Hauptniederlassung hat, bis zum 1.10. des Vorjahres einzureichen.

361 Der Antrag auf Erteilung einer Kurzgenehmigung kann jederzeit auf dem entsprechenden Vordruck beim BAG gestellt werden (Punkt 6 RiLi).

362 *dd) Urkundenberichtigung.* Ändern sich Name oder Sitz des Unternehmens, so sind die Genehmigungsurkunden und die Fahrtenberichtshefte gemäß Punkt 9 der RiLi unverzüglich der zuständigen Außenstelle des BAG zur Berichtigung vorzulegen.

363 *d) Erteilung von bilateralen Genehmigungen.* Die Regularien für die Erteilung dieser Genehmigungen werden von den Vertragsparteien jeweils festgelegt.

364 *e) Entziehung der erteilten Berechtigungen zur Durchführung von gewerblichem Güterkraftverkehr. aa) Nationale Erlaubnis und Gemeinschaftslizenz. (1) Zuständigkeit für Rücknahme oder Widerruf.* In beiden Fällen ist dieselbe Verwaltungsbehörde wie für die Erteilung zuständig, gemäß § 3 Abs. 7 GüKG unmittelbar für die Nationale Erlaubnis und für die Gemeinschaftslizenz i.V.m. Art. 4 und 7 VO (EG) Nr. 1072/2009.

365 *(2) Verfahren.* Wie bei der Erteilung der Berechtigung ist gemäß § 3 Abs. 5a GüKG den dort aufgeführten Behörden und Institutionen Gelegenheit zur Stellungnahme zu geben.

366 *bb) Fahrerbescheinigung. (1) Rechtliche Grundlage.* Art. 5 Abs. 7 Unterabsatz 2 VO (EG) Nr. 1072/2009 legt fest, dass die Fahrerbescheinigung nur so lange gilt, wie die Voraussetzungen für ihre Ausstellung gegeben sind. Die Mitgliedsstaaten haben dafür

---

[150] Vgl. oben Rdnr. 259.
[151] Vgl. oben Rdnr. 295.
[152] Vgl. oben Rdnr. 295.
[153] Vgl. oben Rdnr. 44.

II. Allgemeine nationale Vorschriften   **H. II**

zu sorgen, dass der Unternehmer die Urkunde unverzüglich zurückgibt, wenn die Voraussetzungen entfallen sind.

(2) Verfahren. Vom Erlass von Verfahrensvorschriften für die Rücknahme und den 367 Widerruf der Fahrerbescheinigungen hat der deutsche Gesetzgeber keinen Gebrauch gemacht, sondern nur in § 22 GüKGrKabotageV bestimmt, dass die Fahrerbescheinigung und ihre beglaubigte Kopie unverzüglich an die Ausstellungsbehörde zurückzugeben sind, wenn sie ungültig geworden sind.

Für das Verfahren gelten die Bestimmungen der §§ 48, 49 VwVfG bzw. die entspre- 368 chenden landesrechtlichen Vorschriften.

cc) CEMT-Genehmigungen. Zuständig für die Entziehung dieser Berechtigungen ist 369 ebenfalls das BAG, wobei die Voraussetzungen für solche Maßnahmen in Kapitel 6.6. der CEMT-Resolution Leitfaden[154] geregelt sind.

dd) Bilaterale Genehmigungen. Für die Entziehung von derartigen Genehmigungen 370 gelten die Ausführungen zur Erteilung entsprechend.[155]

6. Versicherungspflicht des gewerblichen Güterkraftverkehrsunternehmers gemäß § 7a GüKG

Übersicht

	Rdnr.
a) Allgemeines	371
aa) Fassung von 1998	371
bb) Geltende Fassung des § 7a GüKG	373
b) Die Regelungsinhalte der geltenden Fassung	375
aa) Gewerberechtliche Bestimmung	375
bb) Geltungsbereich	377
cc) Mindestversicherungssumme und Selbstbehalt	382
(1) Mindestversicherungssumme	382
(2) Selbstbehalt	386
dd) Möglichkeit des Ausschlusses verschiedener Ansprüche	387
ee) Mitführungspflicht	392
ff) Fortfall der Pflicht, den Versicherer zu informieren	393
c) Weitere Auswirkungen der geltenden Fassung	394
aa) § 7a GüKGkein Gesetz zum Schutze eines Anderen	394
bb) Bedeutung der Mindestversicherungssumme für Leistungspflicht des Versicherers	395
cc) Folgen eines Verstoßes gegen die Versicherungspflicht	397

a) Allgemeines. aa) Fassung 1998. Obwohl im Regierungsentwurf zur Neufassung 371 des GüKG im Jahre 1998 zunächst keine Pflichtversicherung mehr vorgesehen war, wurde diese im Rahmen der parlamentarischen Beratung mit folgendem Wortlaut als in § 7a Abs. 1 Satz 1 eingeführt:

„Der Unternehmer hat sich gegen alle Schäden zu versichern, für die er bei Beförderungen mit Be- und Entladeort im Inland nach dem vierten Abschnitt des Handelsgesetzbuches in Verbindung mit dem Frachtvertrag haftet."

---

[154] Vgl. oben Rdnr. 295.
[155] Vgl. oben Rdnr. 299.

372 Diese Vorschrift war von Anfang an in der Literatur[156] umstritten, insbesondere soweit es den Umfang des einzudeckenden Versicherungsschutzes betrifft, so dass sich der Gesetzgeber zu einer Neufassung dieser Vorschrift entschloss.

373 *bb) Geltende Fassung des § 7a GüKG.* Die Neufassung der Vorschrift erfolgte durch das Erste Gesetz zur Änderung des GüKG vom 2.9.2004.[157]

374 Es handelt sich weiterhin um eine Pflichtversicherung i. S. v. §§ 113 ff. VVG n. F.[158] Entgegen der ursprünglichen Absicht des Reformgesetzgebers enthält auch § 115 VVG n. F. keinen generellen Direktanspruch des Geschädigten gegen den Versicherer des Frachtführers, sondern nur für die Fälle, dass über das Vermögen des Frachtführers ein Insolvenzverfahren eröffnet wurde oder sein Aufenthalt unbekannt ist.

375 *b) Die Regelungsinhalte der geltenden Fassung. aa) Gewerbliche Bestimmung.* Obwohl die Vorschrift in erster Linie die Auftraggeber des Unternehmers durch die Pflicht zum Abschluss einer Versicherung bezüglich der Haftung für **Güter- und Verspätungsschäden** schützen soll, zeigt die Platzierung dieser Vorschrift im GüKG, dass es sich um eine gewerberechtliche Regelung handelt.[159]

376 Dem Unternehmer wird nicht nur aufgegeben, diese Versicherung abzuschließen, sondern sie auch für den Zeitraum seiner Tätigkeit aufrecht zu erhalten.

377 *bb) Geltungsbereich.* Die Regelung der Versicherungspflicht im GüKG bedeutet, dass sie nur für die gewerblichen Transporte mit Fahrzeugen mit einem zGG von mehr als 3,5 t gilt, also nicht für Transporte mit kleineren Fahrzeugen oder im Werkverkehr und auch nicht für freigestellte und grenzüberschreitende Transporte.

378 Die Versicherungspflicht betrifft nur Unternehmer, die Fahrzeuge ihres Betriebs einsetzen, und zwar unabhängig davon, ob sie über eine Berechtigung zur Durchführung von Güterkraftverkehr verfügen.[160] Sie gilt nicht für Auftraggeber, auch nicht für Auftraggeber des Lohnfuhrunternehmers oder Spediteurs, die keine eigenen Fahrzeuge einsetzen. Entgegen der Auffassung von Koller[161] trifft sie Spediteure, unabhängig von der zivilrechtlichen Vertragsgestaltung aber dann, wenn sie selbst mit unter das GüKG fallenden Fahrzeugen Beförderungen durchführen, denn die Spediteure sind dann Unternehmer i. S. d. GüKG.

379 Es war eines der Hauptanliegen der Transportrechtsreform von 1998 in Anpassung an das EU-Recht mit freier Kabotage, die Unterschiede zwischen Fernverkehr, Nahverkehr und Umzugsverkehr abzuschaffen und neue einheitliche Haftungsregelungen für alle Binnentransporte auf der Straße unabhängig von der Fahrzeuggröße einzuführen. Wenn aber ein Unternehmer mit einem Fahrzeug, das nicht unter das GüKG fällt, genau so haften soll, wie ein anderer, der 40-Tonnen-Züge einsetzt, erscheint es nicht konsequent, dass die Versicherungspflicht dann nur für dem GüKG unterliegende Transporte gelten soll.

380 Weiter hatte der Verkehrsausschuss des Bundestages die Beibehaltung der Versicherungspflicht auch damit begründet, dass es wegen der Haftung des Frachtführers ohne **Verschulden** sinnvoll sei, neben den Verladern auch kleinere Subunternehmer, vor allem Neulinge zu schützen.[162] Dieser Argumentation läuft es zuwider, wenn Unter-

---

[156] Vgl. *Koller,* Transportrecht 5. Aufl. Rdnr. 3 zu § 407, *Ehlers* VersR 2003, 1070 (1086), *Knorre* TranspR 1998, 400 (401).
[157] BGBl. I 2004 S. 2302 vgl. **Anhang 3**.
[158] Vgl. *Thume* TranspR 2006, 1 (6).
[159] Vgl. *Koller,* a. a. O. Rdnr. 1 zu § 7a GüKG.
[160] Vgl. *Hein/Eichhoff/Pukall/Krien,* Teil N § 7a GüKG Anm. 2.
[161] A. a. O. Rdnr. 1 zu § 7a GüKG.
[162] BT-Drucks. 13/10 037 S. 16, 47, 59.

II. Allgemeine nationale Vorschriften

nehmer mit Fahrzeugen mit einem zGG bis 3,5t, die häufig ohne entsprechenden Versicherungsschutz nicht in der Lage sind, größere Schäden zu bezahlen, von der Versicherungspflicht ausgenommen werden, weil diese Transporte nicht unter das GüKG fallen, obwohl auch mit diesen Fahrzeugen nicht selten teueres Gut befördert wird.[163]

Insoweit weist auch die neue Regelung der Versicherungspflicht weiter erhebliche Ungereimtheiten auf. **381**

cc) Mindestversicherungssumme und Selbstbehalt. (1) Mindestversicherungssumme. **382** Mit der Einführung einer Mindestversicherungssumme von 600.000 € je Schadenereignis ist der Gesetzgeber auf die Bedenken gegen die Bestimmtheit der alten Fassung hinsichtlich des Umfangs des Versicherungsschutzes und der übernommenen Gefahr eingegangen (vgl. § 158 VVG a. F., § 114 VVG n. F.).[164] Die Mindestversicherungssumme gemäß §§ 114 Abs. 1 VVG n. F., 7a GüKG ist einzuhalten, obwohl die genannten Bestimmungen kein Verbotsgesetz i. S. d. § 134 BGB darstellen.[165]

Es fragt sich aber, ob es erforderlich war, eine **Mindestversicherungssumme von** **383** **600.000 €** festzulegen, obwohl üblicherweise kaum Gut mit einem Gewicht von mehr als 18t mit einem Fahrzeug befördert wird, so dass man bei einem Umrechnungsbetrag von 8,33 SZR gleich ca. 10,00 €/kg auf der Basis der Grundhaftung zumeist mit einem Entschädigungsbetrag von weniger als 200.000 € pro Schadenereignis auskommt.

Dadurch erhöhen sich die Versicherungsprämien unnötig. Verladern, die wertvolles **384** Gut transportieren, wäre es zumutbar, sich durch eine Warentransportversicherung abzusichern, wenn z. B. die Mindestversicherungssumme auf höchstens 450.000 € herabgesetzt würde.

Damit der Abschluss risikogerechter Versicherungsverträge sichergestellt ist, wurde **385** die Möglichkeit der Vereinbarung einer Jahreshöchstersatzleistung von mindestens dem zweifachen Betrag der Mindestversicherungssumme vorgesehen.

(2) Selbstbehalt. Die Vereinbarung eines Selbstbehalts ist in Absatz 2 Satz 2 vorgese- **386** hen. Demgegenüber bestimmt § 114 Abs. 2 Satz 2 VVG n. F., dass ein Selbstbehalt jedoch dem Dritten nicht entgegengehalten und gegenüber einer mitversicherten Person nicht geltend gemacht werden kann. Es ist umstritten, ob trotz des Wortlauts dieser neueren Vorschrift Selbstbehalte mit Drittwirkung generell ausgeschlossen sind, denn einige andere Spezialvorschriften, wie § 51 Abs. 5 BRAO und § 19a Abs. 4 BNotO, die vorgehen, lassen solche Selbstbehalte in der Regel bis zu 1 % der Mindestversicherungssumme, ausdrücklich zu.[166] Bedenken gegen die Wirksamkeit der Ausnahmeregelung in Absatz 2 Satz 2 ergeben sich daraus, dass diese keine Aussage zur Höhe des Selbstbehalts trifft. Ein Selbstbehalt von mehr als höchstens 2 % der Mindestversicherungssumme dürfte einem Dritten nicht wirksam entgegengehalten werden können.[167]

dd) Möglichkeit des Ausschlusses verschiedener Ansprüche. In Absatz 3 ist einmal ab- **387** schließend geregelt, welche Ansprüche von dem Versicherungsschutz ausgenommen

---

[163] Vgl. auch *Knorre* TranspR 2004, Sonderbeilage für *de la Motte*, S. XXI, XXII.
[164] Vgl. BT-Drucks. 15/2989 S. 11 und 12.
[165] *Koller*, a. a. O. Rdnr. 2 zu § 7a GüKG, zur Problematik weiter *Armbrüster/Dallwig* VersR 2009, 150.
[166] Zum Meinungsstreit *Dallwig*, in Staudinger–Wendt-Hahn, Fachanwalt-Kommentar Versicherungsrecht § 115 VVG Rdnr. 16 anders MüKoVVG/*Brand* § 114 Rdnr. 14.
[167] Nach *Koller*, a. a. O. Rdnr. 3 werden Selbstbehalte erst unzulässig, wenn sie die Finanzkraft durchschnittlicher Unternehmen offensichtlich übersteigen.

werden können, solche aufgrund höherer Gewalt wie Naturkatastrophen, Kernenergie, Kriegs- und Bürgerkriegsereignisse, terroristischer Gewaltakte, Streik, Aussperrung oder hoheitlicher Maßnahmen, da diese ein für die Versicherer nicht kalkulierbares Risiko darstellen. Dies entspricht der für die Haftpflichtversicherung geltenden Regelung in § 100 VVG n. F. (früher § 149 VVG a. F.), wonach die Leistung des Versicherers auf die Ansprüche begrenzt ist, die aus der Verantwortung des Versicherungsnehmers gegenüber dem Dritten erwachsen.[168]

388 Weiter sind nach Nummer 3 Ansprüche wegen Gütern ausgeschlossen, die aufgrund ihres besonderen Wertes zu einem gesteigerten Haftungsrisiko führen und daher regelmäßig den Abschluss einer zusätzlichen individuellen Versicherung notwendig erscheinen lassen.

389 Ob eine Unterscheidung in dieser Form heute noch sinnvoll ist, wenn man bedenkt, dass Computerchips und andere elektronische Teile oftmals einen höheren Wert haben können als die unter Nummer 3 aufgeführten Wertgegenstände, kann bezweifelt werden. Es wäre konsequenter gewesen, für Urkunden und Dokumente und für Gut ab einem bestimmten Wert pro Gewichtseinheit eine **einheitliche Ausschlussmöglichkeit** vorzusehen und diese nicht nur auf die in Nummer 3 aufgeführten Gegenstände zu begrenzen.

390 Positiv ist festzustellen, dass nunmehr die von Versicherern zu übernehmende Gefahr konkretisiert wurde, indem in Nummer 1 festgelegt ist, dass nur Schäden von der Versicherung ausgenommen werden dürfen, die vom Unternehmer oder seiner Repräsentanten vorsätzlich begangen wurden.

391 Ein **qualifiziertes, nicht vorsätzliches Verschulden,** das zwar nach § 435 HGB dem Vorsatz gleichsteht, kann nach der wohl überwiegenden Meinung[169] von der Versicherung ausgenommen werden, obwohl der Wortlaut der amtlichen Begründung[170] für die Gesetzesänderung dafür spricht, dass eine Ausnahme nur bei vorsätzlicher Verursachung des Schadens möglich sein soll.

392 *ee) Mitführungspflicht.* In Absatz 4 Satz 1 wird einmal dem Unternehmer aufgegeben, dafür zu sorgen, dass während der gesamten Beförderung die Versicherungsbestätigung mitgeführt wird. In Satz 2 wird bestimmt, dass das Fahrpersonal diese Versicherungsbestätigung während der gesamten Beförderung mitzuführen und den Kontrollberechtigten[171] auf Verlangen vorzulegen hat.

393 *ff) Fortfall der Pflicht, den Versicherer zu informieren.* Im Interesse der Entbürokratisierung wurde Absatz 5 durch das Gesetz zur Änderung des Güterkraftgesetzes und des Personenbeförderungsgesetzes vom 22.11.2011[172] gestrichen.

394 *c) Weitere Auswirkungen der geltenden Regelung. aa) § 7a GüKG – kein Gesetz zum Schutze eines Andern.* Schließt der GüKG-Unternehmer keine Verkehrshaftungsversicherung gemäß § 7a GüKG ab, kann ein Dritter, z.B. der beauftragende Unternehmer gegen seinen Subunternehmer keine Schadenersatzansprüche geltend machen.[173]

395 *bb) Bedeutung der Mindestversicherungssumme für die Leistungspflicht des Versicherers.* Heuer[174] vertritt die Auffassung, dass wegen des fehlenden Kontrahierungs-

---

[168] BT-Drucks. 15/2989 S. 12.
[169] Vgl. *Heuer* TranspR 2004, 454 (455) und *Koller,* a.a.O. Rdnr. 2 zu § 7c GüKG.
[170] Vgl. BT-Drucks. 15/2989 S. 12 und *Knorre* TranspR 2006, 228, 232.
[171] Kontrollberechtigt sind die Polizei- und Zollbehörden und das BAG.
[172] BGBl. I 2011 S. 2272.
[173] Vgl. BGH TranspR 2003, 320 (321).
[174] TranspR 2004, 454 (455).

II. Allgemeine nationale Vorschriften   H. II

zwangs für die Pflichtversicherung der GüKG-Unternehmer aus § 7a oder anderen Bestimmungen des GüKG kein den Versicherer bindendes Gebot hergeleitet werden kann, Versicherungsschutz in dem dem Beförderer vorgeschriebenen Umfang anzubieten. § 7a unterwerfe in der alten sowie auch in der geltenden Fassung als öffentlich-rechtliche Vorschrift ausschließlich den Unternehmer den sich daraus ergebenden Verpflichtungen. Die amtlich festgesetzte Mindestversicherungssumme könne nur als **Risikobeschränkung** zugunsten der Versicherer verstanden werden.

Es spricht aber Einiges dafür,[175] dass im Außenverhältnis die gesetzliche Mindestversicherungssumme trotz fehlender Kontrahierungspflicht des Versicherers jedenfalls dann gilt, wenn der Versicherer in seiner Versicherungsbestätigung nach Abs. 4 Satz 4 nicht ausdrücklich darauf hinweist, dass die abgeschlossene Versicherungssumme unter der gesetzlichen Mindestversicherungssumme von 600.000 € liegt, sondern lediglich bestätigt, dass Versicherungsschutz gemäß § 7a GüKG besteht. 396

cc) Folgen eines Verstoßes gegen die Versicherungs- bzw. Mitführungs- und Vorlagepflicht. (1) Nichtabschluss. Der Nichtabschluss einer Versicherung nach § 7a GüKG wird seit 2004 nicht mehr mit einem Bußgeld geahndet. 397

(2) Bedeutung des Nichtabschlusses. Dessen ungeachtet, kann sich ein Verstoß des Unternehmers gegen seine Versicherungspflicht auf die Beurteilung seiner Zuverlässigkeit[176] als Güterkraftverkehrsunternehmer auswirken. 398

(3) Mitführungs- und Vorlagepflichten. Verstöße gegen diese Pflichten des Unternehmers sind nach § 19 Abs. 1 Nr. 6a und des Fahrpersonals nach § 19 Abs. 1 Nr. 6b) bußgeldbewehrt, und zwar bis zu einer Höhe von 5.000 €.[177] 399

7. Der Einsatz von ausländischem Fahrpersonal und Kontrollpflichten der Beteiligten (§§ 7b–7c GüKG)

Übersicht

	Rdnr.
a) Allgemeines	400
aa) Gesetz gegen illegale Beschäftigung im gewerblichen Güterkraftverkehr (GüKGBillBG)	400
bb) Ausländer- und arbeitsrechtliche Elemente	406
b) Verantwortung des Auftraggebers (§ 7c GüKG)	417
c) Folgen eines Verstoßes gegen die Auftraggeberpflichten (§ 7 Abs. 2 GüKG)	421
d) Kontrolle der Einhaltung der Pflichten nach §§ 7b und 7c GüKG und Befugnisse der Kontrollberechtigten	425

a) Allgemeines. aa) Gesetz gegen illegale Beschäftigung im gewerblichen Güterkraftverkehr (GüKGBillBG). Zum 1.8.2001 trat das Gesetz gegen illegale Beschäftigung im gewerblichen Güterkraftverkehr (GüKGBillBG)[178] in Kraft. In das aus dem Jahre 1998 stammende GüKG wurden die §§ 7b, 7c und 7d eingeführt. § 7d GüKG, der die Befugnisse der Kontrollberechtigten enthielt, wurde mit der Novelle von 2004[179] wieder aufgehoben. Diese sind jetzt in §§ 12, 13 GüKG geregelt. 400

---

[175] Vgl. *Knorre* TranspR 2006, 228 (232).
[176] Vgl. *Koller*, a.a.O. Rdnr. 5 zu § 7a GüKG.
[177] Vgl. unten Fußnote 433.
[178] BGBl. I 2001 S. 2272, *Hein/Eichhoff/Pukall/Krien*, M 150, vgl. auch Rdnr. 3 ff.
[179] BGBl. I 2004 S. 2302, vgl. **Anhang 3**.

H. II Gewerberechtliche Vorschriften für den Transport von Gütern auf der Straße

401 In erster Linie richten sich die neuen Vorschriften an **Frachtführer,** die nunmehr verpflichtet werden, Arbeitnehmer aus einem Land, das nicht zur Europäischen Union, einem EWR-Staat oder der Schweiz gehört, nur dann als Fahrpersonal einzusetzen, wenn diese im Besitz einer im Staat des Unternehmenssitzes vorgeschriebenen Arbeitsgenehmigung sind. Darüber hinaus ist das Fahrpersonal verpflichtet, bestimmte im Gesetz näher beschriebene Unterlagen während der Fahrt mit sich zu führen.

402 Von besonderer Bedeutung ist das Gesetz auch deshalb, weil es sich nicht nur an Frachtführer richtet, sondern über § 7c GüKG an all diejenigen, die im Zuge ihrer gewerblichen oder selbständigen beruflichen Tätigkeit einen Fracht- oder Speditionsvertrag mit einem Unternehmen schließen.

403 Mit Inkrafttreten des Ersten Gesetzes zur Änderung des Güterkraftverkehrsgesetzes vom 9.9.2004[180] erfolgte eine Anpassung der eingeführten §§ 7b bis 7d GüKG insoweit, als dass das GüKG an das geltende höherrangige Gemeinschaftsrecht, in Form der am 1.3.2002 bzw. 19.3.2003 geänderten Verordnung (EWG) Nr. 881/92[181] und (EG) 3118/93,[182] mit der eine Fahrerlizenz beim Einsatz eines Fahrers aus einem Drittstaat eingeführt wurde, angepasst wurde.

404 Unternehmen aus Drittstaaten können keine Gemeinschaftslizenzen erhalten und haben auch sonst keine zulässigen Möglichkeiten zum Kabotageverkehr. Für sie besteht lediglich die Möglichkeit, Beförderungen mit kontingentierten Genehmigungen durchzuführen.

405 Die Neufassung des § 7b GüKG betrifft damit nur noch Unternehmer, deren **Betriebssitz im Inland** liegt. Für die Unternehmer aus EU/EWR Staaten waren durch die Regelung zur Fahrerbescheinigung in der Verordnung (EWG) Nr. 881/82 hinreichende Regelungen getroffen.

406 *bb) Ausländer- und arbeitsrechtliche Elemente.* Die in § 7b GüKG enthaltenen Verpflichtungen betreffen Fahrpersonal aus sogenannten Drittstaaten.

407 Für Staatsangehörige aus der EU bzw. EWR-Staaten besteht wegen der dort herrschenden Freizügigkeit grundsätzlich keine arbeitsgenehmigungsrechtliche Einschränkung mehr. Für die Angehörigen der zum 1.5.2004 bzw. 1.1.2007 zur Europäischen Union hinzugekommenen Mitgliedsstaaten ist die Freizügigkeit der Arbeitnehmer nach zunächst mehrere Übergangsjahren aufgehoben worden. Lediglich für Kroatien, dass zum 1.7.2013 der 28. EU-Mitgliedstaat wurde, besteht noch eine Ausnahme insoweit, als dass kroatische Arbeitnehmer bis 30.6.2015 in Deutschland eine Arbeitserlaubnis beantragen müssen.

408 Im Anschluss daran müssen die EU-Länder die Europäische Kommission in Kenntnis setzen, wenn sie ihre eigenen Rechtsvorschriften für weitere drei Jahre anwenden und die Regeln für die Freizügigkeit von Arbeitnehmern weiterhin nicht anwenden wollen. Für maximal weitere drei Jahre, d.h. bis zum 30.6.2020 besteht die Möglichkeit der Verlängerung der Beschränkung für den Fall, dass der nationale Arbeitsmarkt erheblich gestört ist oder droht gestört zu werden.

409 Für Deutschland gilt somit freier Arbeitsmarkt für alle Arbeitnehmer aus EU-Staaten, mit Ausnahme Kroatiens.

410 Am 20.7.2013 wurde das Gesetz zur Änderung des GüKG im Bundesgesetzblatt veröffentlicht. Danach wurden in § 5 Satz 2 GüKG die bereits seit dem 1.1.2012 ausgelaufenen Kabotagebeschränkungen für Bulgarien und Rumänien gestrichen und statt-

---

[180] BGBl. I 2004 S. 2302, vgl. **Anhang 3.**
[181] **Anhang 7.**
[182] **Anhang 6.**

II. Allgemeine nationale Vorschriften

dessen im Vorgriff auf den EU-Beitritt Kroatiens für kroatische Inhaber von EU-Lizenzen im GüKG ein Kabotageverbot verankert.

Schweizer Staatsangehörige sind durch das Freizügigkeitsabkommen der EU[183] mit der Schweiz den Mitgliedsstaaten des Europäischen Wirtschaftsraum (EWR) gleichgestellt und genießen somit ebenso wie die von Island, Norwegen und Liechtenstein freien Zugang zum deutschen Arbeitsmarkt. 411

§ 7b GüKG bezieht sich somit nur auf Fahrpersonal von Drittstaaten, denen eine gültige Arbeitsgenehmigung i.S.d. § 284 SGB III abverlangt wird. Drittstaaten sind alle Staaten, die nicht der EU, der EWG oder der Schweiz angehören. 412

Nach § 5 Abs. 3 AufenthaltG[184] dürfen Ausländer eine Beschäftigung nur ausüben, wenn ihnen ein Aufenthaltstitel ausgestellt worden ist, der zur Ausübung einer Erwerbstätigkeit berechtigt. Grundsätzlich hängt dies von der Zustimmung der Bundesagentur für Arbeit ab, soweit dies nicht durch Rechtsverordnung oder zwischenstaatliche Vereinbarung nach § 18 Abs. 2 AufenthaltG entbehrlich ist. Alternativ genügt auch eine Arbeitsgenehmigung, die vor dem Inkrafttreten des Zuwanderungsgesetztes vom 1.1.2005[185] ausgestellt worden ist. 413

Für Fahrpersonal im Ausland ansässiger Unternehmen, dass sich im Rahmen seiner Tätigkeit vorübergehend in Deutschland aufhält, gelten Besonderheiten. 414

Diese benötigen dann keine **Arbeitsgenehmigung** soweit die Tätigkeit maximal drei Monate innerhalb eines Zeitraums von 12 Monaten im Inland ausgeübt wird und dem Fahrer eine Fahrerbescheinigung nach der Verordnung (EWG) Nr. 881/92 ausgestellt wurde, was voraussetzt, dass das Unternehmen 415

- seinen Sitz im Hoheitsgebiet eines EU oder EWR Staates hat oder sofern das Unternehmen den Sitz außerhalb des Hoheitsgebietes eines EU oder eines EWR Staates hat, das Fahrzeug im Staat des Arbeitgebers zugelassen ist
oder
- Linienverkehr mit Omnibussen durchführt, sofern das Fahrzeug im Inland zugelassen ist.

Als Nachweis über die ordnungsgemäße Beschäftigung i.S.d. § 7b GüKG dient auch die **Fahrerbescheinigung** gem. Art. 3 Abs. 1 der VO (EWG) Nr. 881/92. Das setzt voraus, dass der Unternehmer Inhaber einer Gemeinschaftslizenz ist und rechtmäßig Fahrer, die Angehörige von Drittstaaten sind, in dem Sitzstaat des Unternehmens beschäftigt oder einsetzt. Keinen Anspruch auf Erteilung einer Fahrerbescheinigung haben deutsche Verkehrsunternehmen, die einen in der Türkei beschäftigten und lediglich im Rahmen eines Agenturvertrages mit dem beschäftigenden türkischen Transportunternehmen überlassenen Fahrer einsetzen.[186] 416

b) Verantwortung des Auftraggebers (§ 7c GüKG). § 7c GüKG begründet die Verantwortlichkeit des Auftraggebers eines Fracht-, Speditions- oder Lohnfuhrvertrages. Auftraggeber ist neben dem Absender (§ 407 HGB) auch der Versender (§ 453 HGB). Umfasst sind alle unternehmerischen Tätigkeiten des Auftraggebers, ausgenommen sind nur die zu privaten Zwecken erteilten Aufträge. 417

Die Verpflichtung des Auftraggebers besteht selbst dann, wenn der beauftragte Frachtführer oder Spediteur selbst Auftraggeber eines Fracht- oder Speditionsvertrages ist.[187] 418

---

[183] BGBl. II 2002 S. 810 ff.
[184] BGBl. I 2004 S. 1950.
[185] BGBl. I 2004 S. 1950.
[186] BVerwG Urt. vom 13.9.2007, 3 C 49.06.
[187] *Hein/Eichhoff/Pukall/Krien*, N § 7c 2.

H. II   Gewerberechtliche Vorschriften für den Transport von Gütern auf der Straße

419   Das Gesetz verpflichtet den Auftraggeber darauf hinzuwirken, dass die Beförderungen durch die von ihm beauftragten Frachtführer ordnungsgemäß durchgeführt werden. Dabei stellt das Gesetz für die Haftung des Auftraggebers auf dessen Kenntnis des nicht gesetzeskonformen Verhaltens des Beauftragten ab. Kenntnis meint positives Wissen aber auch fahrlässiges Nichtwissen. Der Auftraggeber ist somit verpflichtet, sich über den Beauftragten zu informieren und ihn zu überprüfen, wobei ihn diese Pflicht selbst für räumlich entfernt liegende Be- und Entladestellen trifft. Die Erfüllung dieser Pflicht hat er im Falle eines Verstoßes gegenüber der Bußgeldbehörde nachzuweisen. Der Auftraggeber sollte seine Recherchen daher sorgfältig dokumentieren und soweit erforderlich, seine Pflichten nachweislich an geeignete Dritte delegieren.

420   Der Auftraggeber hat dafür zu sorgen, dass der beauftragte Unternehmer
- Inhaber einer Erlaubnis nach § 3 GüKG, einer Berechtigung nach § 6 GüKG oder einer Gemeinschaftslizenz (Art. 3 der Verordnung (EWG) Nr. 881/92) ist bzw. diese ordnungsgemäß verwendet;
- bei der Beförderung Fahrpersonal einsetzt, dass die Voraussetzungen des § 7b Abs. 1 Satz 1 GüKG erfüllt oder über eine Fahrerbescheinigung nach den Art. 3 und 5 der Verordnung (EG) 1072/2009 verfügt;
- einen Frachtführer einsetzt, der seinerseits für die gesetzeskonforme Beförderung sorgt und die vorgenannten Bedingungen erfüllt.

421   *c) Folgen eines Verstoßes gegen die Auftraggeberpflichten.* Gemäß § 19 Abs. 1a GüKG handelt ordnungswidrig, wer entgegen § 7c Satz 1 Nr. 1 oder 3 Buchstabe a oder § 7c Satz 1 Nr. 2 oder 3 Buchstabe b GüKG eine Leistung ausführen lässt.

422   Die Bußgelder betragen nach § 19 Abs. 7 GüKG je nach Vorwerfbarkeit, Umfang und Dauer des Verstoßes
- bis zu 20.000,00 €
- bei fehlender Güterkraftverkehrserlaubnis
- bei Fehlen einer Berechtigung nach § 6 GüKG
- bei Einsatz eines Frachtführers, der über keine Güterkraftverkehrserlaubnis oder einer Berechtigung nach § 6 GüKG verfügt
- bis zu 200.000,00 €
- bei unerlaubtem Einsatz von Fahrpersonal
- bei Einsatz eines Frachtführers, der unerlaubtes Fahrpersonal einsetzt
- bis zu 5.000,00 € in den übrigen Fällen.

423   Der Bußgeldkatalog GüKG[188] sieht ein Regelbußgeld vor für vorsätzliche Verstöße gegen
- § 7 Abs. 1 GüKG (I.2.11) i. H. v.   250 €
- § 7b Abs. 2 GüKG (II.1.11) i. H. v.   100 €
- § 7c Abs. 1 Nr. 1 GüKG (III.1.2.) i. H. v.   3.000 €
- § 7c Abs. 1 Nr. 2 GüKG (III.1.3.) i. H. v.   5.000 €
- § 7c Abs. 1 Nr. 3a GüKG (III.1.2.) i. H. v.   3.000 €
- § 7c Abs. 1 Nr. 3b GüKG (III.1.6.) i. H. v.   5.000 €

Bei fahrlässigen Verstößen halbieren sich die Geldbußen.

424   Ein Verstoß gegen § 7c Abs. 2 GüKG führt aber nicht zur Nichtigkeit des Frachtvertrages, womit weder Ansprüche auf die Fracht noch eventuelle Schadensersatzansprüche aus dem Vertrag entfallen.

---

[188] Buß- und Verwarnungsgeldkatalog GüKG, Stand 05/2011.

II. Allgemeine nationale Vorschriften **H. II**

d) Kontrolle der Einhaltung der Pflichten nach §§ 7b und 7c GüKG und Befugnis- 425
se der Kontrollberechtigten. Das **Bundesamt für Güterkraftverkehr (BAG)** ist nach
§ 11 Abs. 2 Nr. 1 und Nr. 3a) GüKG für die Überwachung zuständig, dass die in- und
ausländischen Unternehmen des gewerblichen Güterverkehrs und alle anderen am
Beförderungsvertrag Beteiligten die Pflichten erfüllen, die ihnen nach dem GüKG
obliegen und die Rechtsvorschriften über die Beschäftigung und die Tätigkeiten des
Fahrpersonals auf Kraftfahrzeugen einschließlich der aufenthalts-, arbeitsgenehmi-
gungs- und sozialversicherungsrechtlichen Vorschriften, eingehalten werden.

8. Mitführungspflichten des Fahrpersonals beim gewerblichen Güterkraftverkehr (§ 7 GüKG)

Übersicht

	Rdnr.
a) Mitführungspflichten (§ 7 Abs. 1 und 2 GüKG)	426
b) Mitführung von Begleitpapieren (§ 7 Abs. 3 GüKG)	429
c) Bußgeld	433

a) Mitführungspflichten (§ 7 Abs. 1 und 2 GüKG). § 7 GüKG regelt Mitführungs- 426
und Aushändigungspflichten im gewerblichen Güterkraftverkehr. Abs. 2 verpflichtet
den Fahrer, soweit für eine Fahrt im gewerblichen Güterkraftverkehr eine Berechtigung und der Nachweis der Erfüllung bestimmter Technik-, Sicherheits- und Umweltanforderungen für das eingesetzte Fahrzeug vorgeschrieben ist und die Fahrt im Inland durchgeführt wird, während der gesamten Fahrt die jeweils erforderliche
Berechtigung und die fahrzeugbezogenen Nachweise mitzuführen.

Als mitführungspflichtige Berechtigungen kommen in Betracht 427
- die Erlaubnis nach § 3 GüKG
- die Gemeinschaftslizenz nach Artikel 3 der Verordnung (EWG) Nr. 881/92[189]
- die CEMT-Genehmigung und CEMT-Umzugsgenehmigung Genehmigung auf Grund der Resolution des Rates der Europäischen Konferenz der Verkehrsminis-ter[190]
- die Schweizerische Lizenz[191]
- die Drittstaatengenehmigung nach § 10 GüKGrKabotageV[192] (bilaterale Genehmi-gung)

Ausländisches Fahrpersonal muss zusätzlich auch den Pass oder ein sonstiges zum 428
Grenzübertritt berechtigendes Dokument mitführen.

b) Mitführung von Begleitpapieren (§ 7 Abs. 3 GüKG). Nach Absatz 3 ist darüber 429
hinaus ein Begleitpapier oder ein sonstiger Nachweis mitzuführen, in dem
- das beförderte Gut
- der Be- und Entladeort
- der Auftraggeber

angegeben werden. Dies wird regelmäßig der **Frachtbrief** sein, der die geforderten
Angaben und darüber hinausgehende Informationen enthält. Eine entsprechende

---

[189] Anhang 7.
[190] BGBl. I 2010 S. 297.
[191] Schweizerische Lizenz für den gewerblichen Güterkraftverkehr auf Grund des Abkommens zwischen der Europäischen Gemeinschaft und der Schweizerischen Eidgenossenschaft über den Güter- und Perso-nenverkehr auf Schiene und Straße v. 21.7.1999 (ABl. EG 2002 Nr. L 114 S. 91).
[192] **Anhang 5.**

H. II Gewerberechtliche Vorschriften für den Transport von Gütern auf der Straße

Vorschrift findet sich in Art. 5 Abs. 1 CMR[193] und Art. 6 der Verordnung EWG 11/60.[194]

430 Die Berechtigungen dürfen nicht in Folie eingeschweißt oder in ähnlicher Weise mit einer Schutzschicht überzogen sein (§ 7 Abs. 1 GüKG). Damit soll erreicht werden, dass die Echtheit der Dokumente anhand der Unterschriften Stempel oder Bemerkungen weiterhin zu überprüfen sind und eine Einschränkung der **Beweiskraft** der Urkunden verhindern.[195]

431 Auf Verlangen sind die Berechtigungen dem BAG oder deren Beauftragten zur Prüfung auszuhändigen.

432 § 7 GüKG nimmt den Unternehmer ebenso in Haftung, da er dafür Sorge zu tragen hat, dass dem Fahrer die mitzuführenden Dokumente ausgehändigt werden.

433 *c) Bußgeld.* Der Verstoß gegen die **Mitführungspflicht** nach § 7 GüKG ist bußgeldbeschwert und sieht gemäß § 19 Abs. 7 GüKG einen Bußgeldrahmen bis zu einer Höhe von 5.000,00 Euro vor.

Der Bußgeldkatalog GüKG[196] sieht ein Regelbußgeld vor für vorsätzliche Verstöße gegen

- § 7 Abs.1 GüKG (I.2.1.–2.5) i.H.v.   300–2.500 € (Unternehmer)
- § 7 Abs. 2 GüKG (II.1.1.–1.5.) i.H.v.   100–175 € (Fahrer)

Bei fahrlässigen Verstößen halbieren sich die Geldbußen.

9. Aufgaben und Zuständigkeiten des BAG (§ 11 GüKG)

Übersicht

	Rdnr.
a) Allgemeines	434
b) Überwachungsaufgaben	437
aa) gewerblicher Güterkraftverkehr und Werkverkehr (Nr. 1 und 2)	439
bb) Fahrpersonalrecht (Nr. 3a)	441
cc) Fahrzeugtechnik und CS C (Nr. 3b und m)	443
dd) Aufgaben und Steuern im Zusammenhang mit einer Beförderung von Güter auf der Straße (Nr. 3d und e)	450
ee) Beförderung gefährlicher Güter auf der Straße (Nr. 3 f)	452
ff) Lebensmitteltransportrecht (Nr. 3g und h)	454
gg) Kriegswaffentransportrecht Nr. 3i)	456
hh) Abfalltransportrecht (Nr. 3j)	458
ii) Ladung (Nr. 3l)	460
jj) Einhaltung von Lärm- und Abgashöchstwerten (Nr. 3k)	463
c) Abgabe von Stellungnahmen als Anhörstelle im Sinne des § 3 Abs. 5a GüKG	467
d) Marktbeobachtung und Statistik	470
e) Beihilfeverfahren (§ 14a GüKG)	474
f) Verfahren nach der Verordnung (EU) 1214/2011	477
g) Führung von Dateien über die Unternehmen des gewerblichen Güterkraftverkehrs und des Werkverkehrs	479

---

[193] Gesetz zu dem Übereinkommen v. 19.5.1956 über den Beförderungsvertrag im internationalen Straßengüterverkehr v. 16.8.1961 (BGBl. II 1961 S. 1119).
[194] Verordnung Nr. 11 der EWG v. 27.6.1960, geändert durch die Verordnung (EWG) Nr. 3626/84 v. 19.12.1984.
[195] Begründung des Gesetzesentwurfs, BT-Drucks. 15/2989 S. 11.
[196] Buß- und Verwarnungsgeldkatalog GüKG, Stand 05/2011.

II. Allgemeine nationale Vorschriften   H. II

a) Allgemeines. Das Bundesamt für Güterkraftverkehr erledigt nach § 11 Abs. 1   434
GüKG Verwaltungsaufgaben des Bundes auf dem Gebiet des Verkehrs, die ihm durch
das GüKG, durch andere Bundesgesetze oder auf Grund dieser Gesetze zugewiesen
sind.

In § 11 Abs. 2 GüKG sind die wesentlichen Kontrollaufgaben des BAG aufgeführt.   435
Daneben finden sich in den §§ 14–17 GüKG weitere Aufgaben wie die Marktbeobachtung, das Führen von Unternehmens-, Werkverkehrs- sowie Bußgeldverfahrensdateien.

Zusätzlich ist das BAG verantwortlich für die Durchführung von Rechtsakten der   436
Europäischen Gemeinschaft oder eines internationalen Abkommens (§ 17 GüKG).

b) Überwachungsaufgaben. Das **Bundesamt** hat als originäre Aufgabe zunächst   437
darüber zu wachen, dass in- und ausländische Unternehmen des gewerblichen Güterkraftverkehrs und alle anderen am Beförderungsvertrag Beteiligten die Pflichten erfüllen, die ihnen nach dem GüKG und den hierauf beruhenden Rechtsvorschriften
obliegen (§ 11 Abs. 2 Nr. 1 GüKG).

Die Hauptpflichten beziehen sich auf die Beachtung der Bestimmungen zur Aus-   438
übungsberechtigung des Güterkraftverkehrsberufs sowie die **ordnungsgemäße Berufsausübung** an sich. Diese ergeben sich insbesondere aus den Erlaubnispflichten
des § 3 Abs. 2 GüKG sowie aus der Bußgeldvorschrift des § 19 GüKG, der eine detaillierte Auflistung aller Pflichten der am Güterkraftverkehr Beteiligten enthält.[197]

aa) gewerblicher Güterkraftverkehr und Werkverkehr (Nr. 1, 2). Das **BAG als Über-** 439
wachungsorgan hat demnach zu prüfen, dass die Betreiber von Güterkraftverkehrsunternehmen über die erforderliche Erlaubnis zur Berufsausübung nach § 3 Abs. 2
GüKG verfügen, dass sie die Versicherungspflichten nach § 7a GüKG einhalten, die
beim Güterkraftverkehr verlangten Dokumente, die Beförderungs- und Begleitpapiere
vorhanden sind und vom Fahrer mitgeführt werden.

Der **Werkverkehr**,[198] d.h. die Beförderung von Gütern zu eigenen Zwecken, der   440
grundsätzlich erlaubnis- und versicherungsfrei betrieben werden kann, ist im Hinblick auf die Anmeldepflicht und das Bestehen der Voraussetzungen zu prüfen. Das
Bundesamt führt hierzu auch eine Werkverkehrsdatei (§ 15a GüKG).

bb) Fahrpersonalrecht (Nr. 3a). Das Bundesamt hat ebenso die Einhaltung der   441
Rechtsvorschriften über das Fahrpersonalrecht zu gewährleisten.

Zu den in § 11 Abs. 2 Nr. 3a GüKG genannten Rechtsvorschriften für das Fahrper- 442
sonal gehören insbesondere
- die Verordnung (EWG) 3820/85,[199] in der die Lenk- und Ruhezeiten, das Mindestalter des Fahrzeugführers und das Akkordlohnverbot EU-einheitlich geregelt sind
- die Verordnung (EWG) 3821/85,[200] mit der die EG-Kontrollgeräte eingeführt wurde
und die deren Betrieb regelt
- die Verordnung (EWG) Nr. 561/2006,[201] durch die die Vorschriften der (EWG)
3820/85 und 3821/85 zum Fahrpersonal, der Lenk- und Ruhezeiten, des Akkord-

---

[197] Einzelheiten unten Rdnr. 514 ff.
[198] § 1 II GüKG.
[199] Verordnung (EWG) Nr. 3820/85 des Rates über die Harmonisierung bestimmter Sozialvorschriften im Straßenverkehr v. 20.12.1985, ABl. EG Nr. L 370 S. 1, *Hein/Eichhoff/Pukall/Krien*, S. 110.
[200] Verordnung (EWG) Nr. 3821/85 des Rates v. 20.12.1985 über das Kontrollgerät im Straßenverkehr, ABl. EG Nr. L 370 S. 8, *Hein/Eichhoff/Pukall/Krien*, S. 115.
[201] Verordnung (EG) Nr. 561/2006 des Europäischen Parlaments und des Rates v. 15.3.2006 zur Harmonisierung bestimmter Sozialvorschriften im Straßenverkehr, ABl. EG Nr. L 102 S. 11.

H. II   Gewerberechtliche Vorschriften für den Transport von Gütern auf der Straße

lohnes reformiert wurde und weitere Überwachungs- und Sanktionsbestimmungen enthält
- das Europäischen Übereinkommen über die Arbeit des im internationalen Straßenverkehr beschäftigten Fahrpersonals (AETR),[202] das bei allen Fahrten im Hoheitsgebiet der Vertragsstaaten im internationalen Güterstraßenverkehr mit dort zugelassenen Fahrzeugen über 3,5t zulässigem Gesamtgewicht Anwendung findet und mit den Vorschriften der (EWG) 3821/85 und 3820/85 mittlerweile harmonisierte Bestimmungen zu Lenk- und Ruhezeiten, Alter des Fahrpersonals und Tätigkeitsnachweisen enthält
- die Richtlinie (EG) 2002/15,[203] zur Arbeitszeitregelung des Fahrpersonals im Güterkraftverkehr
- das Fahrpersonalgesetz,[204] zur nationalen Durchführung der (EWG) 3821/85, 3820/85 und des AETR nebst Bußgeldvorschriften
- die Fahrpersonalverordnung,[205] mit den Vorschriften im Güterkraftverkehr zu den Lenk- und Ruhezeiten im nationalen Bereich, den Kontrollsystemen nach den EG-Verordnungen und den Bußgeldvorschriften
- das Arbeitszeitgesetz[206] sowie der Arbeitszeitverordnung[207] und die Ausführungsverordnung zur Arbeitszeitordnung, zur Regelung der Arbeitszeiten, insbesondere in § 21a ArbZG für die Beschäftigten im Straßentransport
- die Straßenverkehrszulassungsordnung, mit den Ausführungen zu Fahrtschreiber und Kontrollgeräten in §§ 57a, 57b StVZO sowie der in § 69 StVZO enthaltenen Bußgeldvorschriften

443   *cc) Fahrzeugtechnik und CS C (Nr. 3b und m).* Zu den Überwachungspflichten des Bundesamtes gehört weiterhin die Einhaltung der gesetzlich vorgeschriebenen Technik. Hierdurch soll neben der Gewährung eines fairen Wettbewerbes vor allem die Sicherheit im Straßenverkehr aber auch der Umweltschutz gewährleistet werden.[208]

444   Regelungen zur Fahrzeugtechnik finden sich in § 22 **Straßenverkehrsordnung** (StVO) zur Ladung und vor allem in der Straßenverkehrszulassungsordnung (StVZO), etwa in § 32 zu den Abmessungen der Fahrzeuge, in § 34 zur Achslast und zum Gesamtgewicht, in § 42 zur Anhängelast. Die einschlägigen Bußgeldvorschriften finden sich in § 69a StVZO, § 49 StVO und § 24 Straßenverkehrsgesetz (StVG).

445   Die Richtlinie 2000/30/EG[209] über die technische Unterwegskontrolle von Nutzfahrzeugen, die in der EG am Straßenverkehr teilnehmen, in deutsches Recht durch die Verordnung über technische Kontrollen von Nutzfahrzeugen auf der Straße (TechkontrollV)[210] umgesetzt, beinhaltet weitere technische Vorschriften, die es vom Bundesamt gilt zu überwachen.

446   Neben der Kontrollbefugnis hinsichtlich der im Güterkraftverkehr eingesetzten Fahrzeuge steht die Kontrollpflicht der im internationalen Güterkraftverkehr eingesetzten Container. Maßgeblich ist hier das Internationale Übereinkommen über

---

[202] BGBl. II 1985 S. 889.
[203] Richtlinie 2002/15/EG des Europäischen Parlaments und des Rates v. 11.3.2002 zur Regelung der Arbeitszeit von Personen, die Fahrtätigkeiten im Bereich des Straßentransports ausüben.
[204] BGBl. I 2007 S. 1270, *Hein/Eichhoff/Pukall/Krien,* G 220.
[205] BGBl. I 2006 S. 2407, *Hein/Eichhoff/Pukall/Krien,* G 221.
[206] BGBl. I 1994 S. 1170, 1171, *Hein/Eichhoff/Pukall/Krien,* G 210.
[207] BGBl. I 2006 S. 427.
[208] Einführung zu der Richtlinie 2000/30/EG des Europäischen Parlaments und des Rates v. 6.6.2000.
[209] Richtlinie 2000/30/EG des Europäischen Parlaments und des Rates v. 6.6.2000, ABl. Nr. L 203 S. 1.
[210] BGBl. 2003 I S. 774, *Hein/Eichhoff/Pukall/Krien,* G 202.

II. Allgemeine nationale Vorschriften   **H. II**

sichere Container (CS C)²¹¹ mit dem entsprechenden nationalen Ausführungsgesetz (CSCG).²¹² Danach müssen alle im internationalen Güterkraftverkehr genutzten Container bestimmten Sicherheitsstandards genügen.

Das Übereinkommen definiert **Container** in Art. 1 als ein Transportgefäß von dauerhafter Beschaffenheit, zur wiederholten Beförderung von Gütern gedacht, das leicht umgeschlagen werden kann und je nach Aufbau mindestens 7 bzw. 14 qm Raum aufweist. Das CS C gilt auch für leere Container soweit sie zur Güterbeförderung bestimmt sind. 447

Die im internationalen Güterkraftverkehr verwendeten Container dürfen keine Mängel aufweisen, die eine Gefährdung der allgemeinen Sicherheit darstellen und müssen mit einem **CS C-Sicherheits-Zulassungsschild** versehen sein, auf dem mindestens in englischer oder französischer Sprache genau bestimmte Angaben, wie z.B. die CS C-Sicherheitszulassung, das Land der Zulassung, das Datum der Herstellung, das höchste Bruttogewicht und das zulässige Stapelgewicht angegeben ist (Art. 3 CS C). 448

Hat der Container die CS C-Zulassung, ist er regelmäßig vom Eigentümer auf den sicheren Zustand hin zu überprüfen (Art. 5 CS C). 449

dd) Abgaben und Steuern im Zusammenhang mit einer Beförderung von Gütern auf der Straße (Nr. 3d und e). Nach § 11 Abs. 2 Nr. 3d GüKG hat das Bundesamt die **Abgabenpflicht**, die für das Halten oder Verwenden von Fahrzeugen zur Straßengüterbeförderung sowie für die Benutzung von Straßen anfallen, zu überwachen. Hierzu gehört die Kontrolle der Einhaltung der Bestimmungen zur Steuerbefreiung in § 3 Nr. 9 und § 10 Kraftfahrzeugsteuergesetz (KraftStG)²¹³ und der ordnungsgemäßen Abführung der Maut nach dem Autobahnmautgesetz für schwere Nutzfahrzeuge.²¹⁴ 450

Die Überwachungspflicht des BAG gilt auch hinsichtlich der Einhaltung der ordnungsgemäßen Abfuhr von Umsatzsteuer, die für die Beförderung von Gütern im Binnenverkehr durch ausländische Unternehmer oder mit nicht im Inland zugelassenen Fahrzeugen anfällt. 451

ee) Beförderung gefährlicher Güter auf der Straße (Nr. 3f). Die Überwachung der Beförderung gefährlicher Güter auf der Straße obliegt dem Bundesamt und liegt im besonderen Interesse der **Verkehrssicherheit** und des Umweltschutzes. Zu den diesbezüglich relevanten Rechtsvorschriften gehören 452

- das Gesetz über die Beförderung gefährlicher Güter (Gefahrgutbeförderungsgesetz – GGBefG)²¹⁵
- die Verordnung über die innerstaatliche und grenzüberschreitende Beförderung gefährlicher Güter auf der Straße und mit Eisenbahnen (Gefahrgutverordnung Straße und Eisenbahn – GGVSE) nebst Richtlinie zur Durchführung des Verordnung²¹⁶
- die Gefahrgutausnahmeverordnung (GGAV)²¹⁷
- das Europäische Übereinkommen über die internationale Beförderung gefährlicher Güter auf der Straße (ADR)²¹⁸
- das Gesetz zur ADR²¹⁹

---

²¹¹ BGBl. II 1976 S. 257, *Hein/Eichhoff/Pukall/Krien*, G 290.
²¹² BGBl. II 1976 S. 253.
²¹³ BGBl. I 2002 S. 3818.
²¹⁴ BGBl. I 2004 S. 3122.
²¹⁵ BGBl. I 1998 S. 3114, *Hein/Eichhoff/Pukall/Krien*, G 272.
²¹⁶ BGBl. I 2006 S. 2683, *Hein/Eichhoff/Pukall/Krien*, G 272.
²¹⁷ BGBl. I 2002 S. 4350, *Hein/Eichhoff/Pukall/Krien*, G 277.
²¹⁸ BGBl. II 1969 S. 1491, *Hein/Eichhoff/Pukall/Krien*, G 276.
²¹⁹ BGBl. II 1969 S. 1489, *Hein/Eichhoff/Pukall/Krien*, J 116.

H. II   Gewerberechtliche Vorschriften für den Transport von Gütern auf der Straße

- die ADR-Ausnahmeverordnung (ADR-AusnahmeV)[220]
- Bi- und Multinationale ADR-Vereinbarungen
- die Richtlinie 94/55 EG zur Angleichung der Rechtsvorschriften der Mitgliedsstaaten für den Gefahrguttransport auf der Straße[221]
- die Richtlinie 95/50 EG über einheitliche Verfahren für die Kontrolle von Gefahrguttransporten auf der Straße[222]
- die Verordnung über die Kontrollen von Gefahrguttransporten auf der Straße und in den Unternehmen (GGKontrollV)[223]

453   Bei Zuwiderhandeln gegen die Gefahrguttransportvorschriften kann das Bundesamt alle erforderlichen Maßnahmen zur Gefahrenabwehr treffen und die Weiterfahrt untersagen.

454   *ff) Lebensmitteltransportrecht (Nr. 3g und h).* Zum Schutz der Gesundheit hat das BAG auch die Vorschriften aus dem **Lebensmitteltransportrecht** zu überwachen, insbesondere die Bestimmungen über die Kennzeichnung, der Beschaffenheit und Benutzung von Beförderungsmitteln und Transportbehältnissen, die zum Transport von Lebensmitteln bestimmt sind. Einschlägige Vorschriften sind insbesondere

- Lebensmittel- und Bedarfsgegenständegesetz (LMBG)[224]
- Lebensmitteltransportbehälter-Verordnung (LMTV)[225]
- Weinverordnung[226]
- Milchverordnung (MilchV)[227]
- Verordnung über tiefgefrorene Lebensmittel[228]
- Lebensmittelhygiene-Verordnung (LMHV)[229]
- Übereinkommen über internationale Beförderungen leicht verderblicher Lebensmittel und über die besonderen Beförderungsmittel, die für diese Beförderung zu verwenden sind nebst Bekanntmachungen[230]

455   Der Lebensmitteltransportbehälter-Verordnung sind die Anforderungen an die Beschaffenheit der Transportbehälter für die als Massegut gewerbsmäßig beförderten unverpackten flüssigen, granulat- oder pulverförmigen Lebensmittel zu entnehmen.

456   *gg) Kriegswaffentransportrecht (Nr. 3i).*[231] Nach § 3 des Gesetzes über die Kontrolle von Kriegswaffen (KrWaffKontrG)[232] bedarf die Beförderung von Kriegswaffen im Bundesgebiet außerhalb eines abgeschlossenen Geländes der Genehmigung. Das Bundesamt hat das Mitführen einer Ausfertigung der Genehmigung für die Beförderung von Kriegswaffen nach dem Gesetz zu überprüfen.

---

[220] BGBl. II 2004 S. 1690, *Hein/Eichhoff/Pukall/Krien,* J 115.
[221] Richtlinie 94/55/EG des Rates zur Angleichung der Rechtsvorschriften der Mitgliedsstaaten für den Gefahrguttransport auf der Straße an den technischen Fortschritt v. 7.4.2003, ABl. Nr. L 319 S. 7, *Hein/Eichhoff/Pukall/Krien,* J 340.
[222] Richtlinie 95/50/EG des Rates v. 6.10.1995 über einheitliche Verfahren für die Kontrolle von Gefahrguttransporten auf der Straße ABl. Nr. L 249 S. 35, *Hein/Eichhoff/Pukall/Krien,* J 341.
[223] BGBl. I 2005 S. 3104, *Hein/Eichhoff/Pukall/Krien,* G 274.
[224] BGBl. I 1997 S. 2296, *Hein/Eichhoff/Pukall/Krien,* G 300.
[225] BGBl. I 1987 S. 1212, *Hein/Eichhoff/Pukall/Krien,* G 301.
[226] BGBl. I 2009 S. 827, *Hein/Eichhoff/Pukall/Krien,* G 306 (Auszug).
[227] BGBl. I 2000 S. 1178.
[228] BGBl. I 2007 S. 1816.
[229] BGBl. I 2007 S. 1816.
[230] BGBl. II 2004 S. 1017.
[231] Siehe hierzu unten H. III Rdnr. 16 ff.
[232] BGBl. I 1990 S. 2506, *Hein/Eichhoff/Pukall/Krien,* G 360 (Auszug).

II. Allgemeine nationale Vorschriften   H. II

Das Bundesamt ist hier nur neben dem nach § 14 KrWaffKontrG zuständigem   457
Bundesministerium für Wirtschaft und Technologie zuständig. Transporte von
Kriegswaffen durch die Bundeswehr oder einer zur Aufrechterhaltung der öffentlichen Sicherheit zuständigen Behörde oder Dienststelle bedürfen keiner Genehmigung
(§ 5 KrWaffKontrG).

hh) Abfalltransportrecht (Nr. 3j). Aus Gründen des **Umweltschutzes** ist das BAG   458
auch für die Einhaltung der Vorschriften des Abfalltransportrechts[233] zuständig. Hier
gilt es im Wesentlichen die folgenden Vorschriften zu beachten
- Abfallverbringungsgesetz (AbfVerbrG)[234]
- Kreislaufwirtschafts- und Abfallgesetz (KrW-/AbfG)[235]
- Abfallverzeichnis-Verordnung (AVV)[236]
- Verordnung zur Bestimmung von überwachungsbedürftigen Abfällen zur Verwertung (BertüVAbfV)[237]
- Nachweisverordnung (NachwV)[238]
- Transportgenehmigungsverordnung (TgV)[239]
- Verordnung (EWG) Nr. 259/93 – EG-Abfallverbringungs-Verordnung[240]
- Verordnung (EG) Nr. 1547/1999[241] zur Festlegung bei der Verbringung von Abfällen anzuwendender Kontrollverfahren
- Verordnung (EG) Nr. 1420/1999[242] zur Festlegung gemeinsamer Regeln und Verfahren für die Verbringung bestimmter Arten von Abfällen

Das Bundesamt hat insbesondere die nach § 49 KrW-/AbfG erforderliche Genehmigung für das gewerbsmäßige Einsammeln und Befördern von Abfällen zur **Beseitigung** oder zur **Verwertung** zu überwachen. Die für diese Abfallbeförderungen benutzten Fahrzeuge müssen vorne und hinten jeweils mit einer weißen Warntafel mit schwarzer Aufschrift „A" gekennzeichnet sein.   459

ii) Ladungssicherheit (Nr. 3l). Bis zum ersten Gesetz zur Änderung des GüKG war es   460
dem Bundesamt nicht möglich, festgestellte Ladungsmängel zu ahnden. Um eine Weiterfahrt bei Gefahr für den Verkehr zu verhindern, musste jeweils die **Polizei** eingeschaltet werden. Dies ist seit der Änderung des GüKG vom 2. September 2004 nunmehr auch in die Überwachungskompetenz des BAG eingeflossen. Gem. § 13 GüKG
kann das Bundesamt unmittelbar die **Weiterfahrt untersagen.**

Maßgebliche Normen für die Ladungssicherheit sind die §§ 22, 23 StVO. § 22 Abs. 1   461
StVO besagt, dass die Ladung verkehrssicher verstaut und gegen Herabfallen unter
Beachtung der anerkannten Regeln der Technik besonders gesichert werden muss.
Über die anerkannten Regeln der Technik findet die VDI-Richtlinie 2700 – Ladungssicherung auf Straßenfahrzeugen – als gegenwärtig technisch anerkannte Beladungsregel Anwendung.

---
[233] Vgl. unten H. III Rdnr. 3 ff.
[234] BGBl. I 2007 S. 1462, *Hein/Eichhoff/Pukall/Krien,* G 285.
[235] BGBl. I 1994 S. 2705, *Hein/Eichhoff/Pukall/Krien,* G 286.
[236] BGBl. I 2001 S. 3379, *Hein/Eichhoff/Pukall/Krien,* G 287.
[237] BGBl. I 1996 S. 1377.
[238] BGBl. I 2006 S. 2298, *Hein/Eichhoff/Pukall/Krien,* G 288.
[239] BGBl. I 1996 S. 1411, *Hein/Eichhoff/Pukall/Krien,* G 289.
[240] Verordnung (EWG) Nr. 259/93 des Rates v. 1.2.1993 zur Überwachung und Kontrolle der Verbringung von Abfällen in der, in die und aus der EG, ABl. EG L 190 S. 1, *Hein/Eichhoff/Pukall/Krien,* J 260.
[241] ABl. L 185 v. 7.7.1999, S. 1, *Hein/Eichhoff/Pukall/Krien,* J 261.
[242] ABl. L 138 v. 9.6.2000, S. 7, *Hein/Eichhoff/Pukall/Krien,* J 262.

H. II Gewerberechtliche Vorschriften für den Transport von Gütern auf der Straße

462 Das Bundesamt kann im Falle ungesicherter Ladung die Weiterfahrt des Fahrzeugs untersagen. Verstöße sind über § 49 Abs. 1 Nr. 22 StVO i.V.m. dem **Bußgeldkatalog** Nr. 102 und 189 mit Bußgeldern zwischen 50 und 150 € belegt.

463 *jj) Einhaltung von Lärm- und Abgashöchstwerten (Nr. 3k).* Soweit das Bundesamt im Rahmen Ihrer Kontrollen hierzu in der Lage ist, hat es auch die Einhaltung der zulässigen Werte für Geräusche und für **verunreinigende Stoffe** im Abgas von Kraftfahrzeugen zur Güterbeförderung zu überwachen.

464 Nach § 47a StVZO sind alle Halter von Fahrzeugen verpflichtet, regelmäßig Abgasuntersuchungen durchzuführen, die durch ein Prüfplakette am Fahrzeug nachgewiesen wird.

465 Bei der Geräuschentwicklung der Kraftfahrzeuge gilt es § 49 StVZO sowie die Richtlinie 1999/101/EG[243] zu beachten.

466 Verstöße sind gem. § 69a Abs. 2 Nr. 15 und 17 StVZO mit Bußgeldern belegt.

467 *c) Abgabe von Stellungnahmen als Anhörungsstelle im Sinne des § 3 Abs. 5a GüKG.* Rechtzeitig vor der Entscheidung über die Erteilung, die Rücknahme oder den Widerruf der Erlaubnis und von Erlaubnisausfertigungen gibt die Erlaubnisbehörde dem Bundesamt Gelegenheit zur Stellungnahme.

468 Soweit es nur über die Entscheidung über die Erteilung, die Rücknahme oder den Widerruf von Erlaubnisausfertigungen geht, kann die Erlaubnisbehörde von der Anhörung des Bundesamtes absehen.

469 Einzelheiten des Anhörungsverfahrens ergeben sich aus der Allgemeinen Verwaltungsvorschrift zum Güterkraftverkehrsrecht (GüKVwV).[244, 245]

470 *d) Markbeobachtung und Statistik.* Gemäß § 14 GüKG hat das Bundesamt die Entwicklung des Marktgeschehens im Güterverkehr zu beobachten und zu begutachten. Die Marktbeobachtung umfasst den Eisenbahn-, Straßen und Binnenschiffsgüterverkehr. Nach dem Gesetz sollen mit der Marktbeobachtung Fehlentwicklungen auf dem Verkehrsmarkt frühzeitig erkannt werden.

471 Es hat hierzu Zugriff auf die vom Statistischen Bundesamt und den Statistischen Ämtern der Länder geführten Statistiken.

472 Das Bundesamt hat dem Bundesministerium für Verkehr, Bau und Stadtentwicklung über den jeweiligen Stand der Entwicklung des Marktgeschehens und die absehbare künftige Entwicklung zu berichten.

473 Eine Auskunftspflicht gegenüber dem Bundesamt ergibt sich hieraus nicht.

474 *e) Beihilfeverfahren.* Mit der Verabschiedung der Programme des Bundes zur Förderung der Ziele Beschäftigung, Qualifizierung, Umwelt und Sicherheit in Unternehmen des mautpflichtigen Güterkraftverkehrs wurde der § 14a GüKG eingeführt, der dem Bundesamt die Zuständigkeit für die Durchführung der Beihilfeverfahren nach den Verordnungen (EG) 1998/2006 und (EG) 800/2008 überträgt.

475 Dazu gehören die „De-minimis"-Beihilfen, das Förderprogramm zur Anschaffung besonders emissionsarmer schwerer Nutzfahrzeuge sowie Ausbildungsbeihilfen.

476 Die Zuständigkeit des Bundesamtes umfasst sämtliche Aufgaben im Zusammenhang mit der Beihilfegewährung. Zu diesem Zweck wurde das Bundesamt um die Abteilung 5 (Zuwendungen) erweitert.

---

[243] ABl. EG L 334 v. 28.12.1999 S. 41.
[244] Bundesanzeiger Nr. 246 S. 17901 v. 31.12.1998, vgl. auch Rdnr. 549, **Anhang 11**.
[245] Siehe auch H. II Rdnr. 214 ff.

II. Allgemeine nationale Vorschriften H. II

f) Verfahren nach der Verordnung (EU) 1214/2011. Mit dem Ziel, die großen Un- 477
terschiede innerhalb der nationalen Regelungen bei den grenzüberschreitenden Euro-
Bargeld-Transporten zu beseitigen, wurde die Verordnung (EU) 1214/2011 verabschiedet, die neben der Vereinheitlichung der Transporte auch eine besondere Lizenz
für derartige CIT-Transporte (Cash-in-transit-Transporte) vorsieht. Weiter sieht die
Verordnung eine Reihe von Sicherheitsverfahren vor.

Zu diesem Zweck wurde der § 14b GüKG eingeführt. Das Bundesamt ist für die 478
sich aus den Art. 4, 11, 12, 21 und 22 der Verordnung ergebenen Aufgaben zuständig.
So erteilt es die CIT-Lizenzen, führt ein CIT-Register und informiert die anderen
Mitgliedstaaten. Des Weiteren hat das Bundesamt die Einhaltung der Bestimmungen
zu kontrollieren, wozu ihm bei der Verfolgung von Zuwiderhandlungen die Kompetenzen nach § 20 GüKG eingeräumt worden sind.

g) Führung von Dateien über die Unternehmen des gewerblichen Güterkraftver- 479
kehrs und des Werkverkehrs. Nach § 15 GüKG führt das Bundesamt eine Datei über
alle im Inland niedergelassenen Unternehmen des gewerblichen Güterkraftverkehrs,
um unmittelbar feststellen zu können, über welche Berechtigungen (Erlaubnis, Gemeinschaftslizenz, CEMT-Genehmigung, CEMT-Umzugsgenehmigung) die jeweiligen Unternehmer verfügen.

Zu diesem Zweck kann das Bundesamt den Namen und die Rechtsform, die An- 480
schrift sowie Telefon- und Telefaxnummern des Sitzes, Vor- und Familiennamen der
Inhaber, der geschäftsführungs- und vertretungsberechtigten Gesellschafter, der gesetzlichen Vertreter und der zur Führung der Güterkraftverkehrsgeschäfte bestellten
Personen, Anschriften der Niederlassungen sowie die Art und Anzahl der erteilten
Berechtigungen sowie jeweils die zuständige Erteilungsbehörde und das Erteilungsda-
tum speichern.

Das Bundesamt darf die gespeicherten Daten nutzen für die 481
- Erteilung von CEMT-Genehmigungen[246]
- Beantwortung von Anfragen der für die Erteilung der Genehmigung zur Beförderung von Kriegswaffen zuständigen Behörden nach der Zuverlässigkeit des Antragstellers gemäß dem Gesetz über die Kontrolle von Kriegswaffen[247]
- Erledigung der Aufgaben, die ihm nach dem Gesetz zur Sicherstellung des Verkehrs[248] übertragen sind
- Durchführung von Ordnungswidrigkeitenverfahren gegen inländische Unternehmer verarbeiten und nutzen
- soweit dies zur Erfüllung ihrer Aufgaben erforderlich ist.

§ 15a GüKG verpflichtet das Bundesamt zur Führung einer **Werkverkehrsdatei,** in 482
der alle im Inland niedergelassenen Unternehmen, die Werkverkehr mit Lastkraftwagen mit mehr als 3,5 Tonnen zulässigem Gesamtgewicht durchführen, übersteigt.

Jeder Unternehmer, der Werkverkehr betreibt, ist verpflichtet, sein Unternehmen 483
vor Beginn der ersten Beförderung beim Bundesamt anzumelden.

Die gespeicherten Daten in den Dateien sind, soweit sie nicht mehr benötigt wer- 484
den, spätestens aber ein Jahr, nachdem das Unternehmen seinen Betrieb eingestellt
hat, zu löschen.

---

[246] Siehe oben Rdnr. 112 ff.
[247] BGBl. I 1990 S. 2506, *Hein/Eichhoff/Pukall/Krien,* G 360.
[248] BGBl. I 1965 S. 927.

H. II Gewerberechtliche Vorschriften für den Transport von Gütern auf der Straße

10. Organisation des BAG (§ 10 GüKG)

Übersicht

	Rdnr.
a) Selbstständige Bundesoberbehörde im Geschäftsbereich des BMVBW	485
b) Aufbau	486

485 *a) Selbstständige Bundesoberbehörde im Geschäftsbereich des BMVBW.* Das Bundesamt ist eine **selbstständige Bundesoberbehörde des Bundesministeriums für Verkehr, Bau- und Wohnungswesen** (BMVBW). Als selbständige Behörde organisiert sie seine Verwaltungsaufgaben im wesentlichen eigenverantwortlich (§ 10 Abs. 1 GüKG). Grundsätzliche Fragen zum Betrieb und der Organisation, etwa Aufbau und Geschäftsordnung, entscheidet das BMVBW, dem auch Weisungsbefugnis gegenüber dem Bundesamt zusteht (§ 10 Abs. 2 GüKG).

486 *b) Aufbau des BAG.* Das Bundesamt gliedert sich in eine Zentrale mit Sitz in Köln sowie in Außenstellen.[249] Es wird von dem Präsidenten geleitet. Die Zentrale besteht aus fünf Abteilungen. In der Zentrale sind die Aufgaben wahrzunehmen, deren einheitliche Bearbeitung für den gesamten Geschäftsbereich des Amtes notwendig oder zweckmäßig ist und gliedert sich wie folgt auf.[250]

Beauftragte ← Präsident/Vizepräsident → Stabstelle Behördenleitung				
Abteilung 1 Marktzugang, Überwachung	**Abteilung 2** Marktbeobachtung, Zivile Notfallvorsorge	**Abteilung 3** Zentrale Dienste	**Abteilung 4** LKW-Maut	**Abteilung 5** Zuwendungen
Referat 11 Ordnungsrecht	**Referat 21** Marktbeobachtung Güterverkehr, Marktbeobachtung Luftverkehr	**Referat 31** Personal	**Referat 41** Grundsatzaufgaben Administration	**Referat 51** Grundsatz Zuwendungsverfahren
Referat 12 Straßenkontrollen	**Referat 22** Statistik, Öffentlichkeitsarbeit und Reisestelle	**Referat 32** Organisation, Betriebswirtschaftliche Steuerung	**Referat 42** Straßenkontrollen	**Referat 52** Klage und streitige Verfahren
Referat 13 Marktzugangsverfahren	**Referat 23** Zivile Notfallvorsorge, Datenschutz	**Referat 33** Haushalt, Kassen- und Rechnungswesen	**Referat 43** Betriebskontrollen	**Referat 53** Verfahrensbearbeitung
Referat 14 Ordnungswidrigkeitenverfahren	**Referat 24** BOS-Digitalfunk	**Referat 34** Innerer Dienst	**Referat 44** Ordnungswidrigkeitenverfahren	
		Referat 35 Informationstechnik	**Referat 45** Betreiberüberwachung, Rechnungswesen	

---

[249] Organisationserlass v. 22.12.1995, VkBl. 1996 S. 70, abgedruckt bei *Hein/Eichhoff/Pukall/Krien*, E 010.
[250] Organigramm des BAG unter www.bag.bund.de.

II. Allgemeine nationale Vorschriften **H. II**

Bundesamt für Güterverkehr, Werderstraße 34, 50 672 Köln, Postfach 190 180,
50 498 Köln, Telefon 02 21/57 76–0,
Telefax 02 21/57 76–1777,
poststelle@bag.bund.de,
www.bag.bund.de

In den Außenstellen sind die Aufgaben zu erledigen, die eine enge Zusammenarbeit mit den Verkehrsbehörden der Länder oder Kontakte zu den Unternehmen, Verbänden und anderen Stellen sowie Prüfungen und Kontrollen vor Ort erfordern. 487

Die 8 Außenstellen des Bundesamtes haben ihren Sitz in Schwerin, Hannover, Münster, Erfurt, Dresden, Mainz, Stuttgart und München. Darüber hinaus gibt es 3 Außenstellen mit Schwerpunktaufgaben mit Sitz in Kiel, Bremen und Saarbrücken.[251] 488

Die räumliche Zuständigkeit der Außenstellen ist in Nr. 3 des Organisationserlasses[229] aufgeführt und findet sich auf der oben unter der Anschrift angegebenen Homepage des BAG. 489

11. Kontrollrechte des BAG

Übersicht

	Rdnr.
a) Kontrollrecht nach § 12 GüKG	490
b) Verbot der Weiterfahrt (§ 13 GüKG)	506
c) Aufsicht und Verwaltungsbehörden (§ 21a GüKG)	510
d) Grenzkontrollen (§ 18 GüKG)	512

a) Kontrollrecht nach § 12 GüKG. Die originären Kontrollbefugnisse nach dem GüKG sind in den § 12 GüKG geregelt. 490

§ 12 Abs. 1 GüKG berechtigt das BAG, soweit dies zur Durchführung seiner Aufgaben nach § 11 GüKG erforderlich ist, Kontrollen auf öffentlichen Straßen aber auch auf Autohöfen und Tankstellen durchzuführen. 491

Die Beauftragten des BAG, in der Regel Betriebs- oder Straßenkontrolleure, die Dienstausweise mitzuführen und auf Verlangen vorzulegen haben,[252] dürfen hierzu Kraftfahrzeuge zur Güterbeförderung anhalten und neben der Identität des Fahrpersonals durch Vorlage der **Ausweispapiere** auch die **Zulassungsdokumente** sowie sonstige Berechtigungen, Nachweise oder Bescheinigungen einsehen und prüfen. 492

Das Fahrpersonal hat, soweit dies erforderlich ist, den Beauftragten des Bundesamtes unverzüglich die zur Erfüllung der Überwachungsaufgaben erforderlichen Auskünfte zu erteilen und vorhandene Hilfsmittel zur Verfügung zu stellen. 493

Hiervon ausgenommen sind nur solche Fragen, deren Beantwortung das Fahrpersonal oder dessen Angehörigen (i. S. d. § 383 Abs. 1 ZPO) der Gefahr einer **straf-** oder **ordnungsrechtlichen Verfolgung** aussetzen würde. 494

Mit der Änderung des GüKG vom 17.6.2013 wurde klargestellt, dass das Fahrpersonal dem Kontrolleur des Bundesamtes den Zutritt zum Fahrzeug zu gestatten hat, nach dem dies immer wieder bestritten wurde. 495

Dem BAG steht im Rahmen seiner Überwachungspflichten auch das Recht zu, die Eigentümer und Besitzer von Güterkraftfahrzeugen sowie die an Handelsgeschäften im Rahmen der Güterbeförderung Beteiligten zu überprüfen und hierzu Grundstücke und Geschäftsräume zu betreten sowie in die Geschäftsunterlagen Einsicht zu nehmen (§ 12 Abs. 4 GüKG). 496

---

[251] Organisationserlass v. 22.12.1995, VkBl. 1996 S. 70, abgedruckt bei *Hein/Eichhoff/Pukall/Krien*, E 010.
[252] § 20 GüKG i. V. m. § 57 Abs. 1 OWiG.

H. II Gewerberechtliche Vorschriften für den Transport von Gütern auf der Straße

497 Durch die in § 12 Abs. 4 GüKG umfassende Erfassung und damit einer Kontrollpflicht des BAG unterliegenden Beteiligten, gibt dem BAG die Möglichkeit, neben den unmittelbar an der Beförderung Beteiligten darüber hinaus selbst Vermieter oder Leasinggeber von Kraftfahrzeugen zu kontrollieren. Dabei genügt es der Rechtsprechung, wenn ein konkreter Verdacht einer Beteiligung an dem Handelsgeschäft besteht.[253]

498 Das Auskunfts- und Einsichtsrecht besteht unabhängig davon, ob es eine gesetzliche Buchführungs- oder Aufbewahrungspflicht besteht.[254]

499 Diese haben den Beauftragten des BAG die Maßnahmen zu gestatten und soweit erforderlich Auskünfte zu erteilen, Nachweise zu erbringen und Hilfsmittel zu stellen sowie Hilfsdienste zu leisten, soweit sie oder Angehörige sich hierdurch nicht einer Straf- oder ordnungsrechtlichen Verfolgung aussetzen würden (§ 12 Abs. 5 GüKG). Ein **Auskunftsverweigerungsrecht** erstreckt sich dabei nicht auf die Einsichtnahme in die Geschäftsunterlagen.[255]

500 Die Betroffenen sind jedoch nicht verpflichtet, die Geschäftsunterlagen dem BAG herauszugeben. Hierzu können sie nur bei Vorlage eines gerichtlichen **Beschlagnahmebeschlusses** gezwungen werden, es sei denn, es besteht Gefahr in Verzug.[256] Ebenso wenig steht dem Bundesamt das Recht zu, die Beteiligten zur Vernehmung zu laden.[257]

501 Das BAG kann von allen Beteiligten Auskunft über die geschäftlichen Vorgänge verlangen. Dies kann von den Beauftragten vor Ort oder schriftlich erfolgen. Die Antworten sind wahrheitsgemäß zu geben, Unterlagen vollständig vorzulegen. Bei rechtswidriger Weigerung steht dem BAG das Recht zum unmittelbaren Zwang, der Androhung von Zwangsgeld oder die Ersatzvornahme nach §§ 6 und 9 **Verwaltungsvollstreckungsgesetz** (VwVG)[258] zu.

502 Eine Betriebskontrollanordnung verlangt nach § 6 VwVG die Unanfechtbarkeit der Anordnung oder die Anordnung der sofortigen Vollziehung. Unanfechtbar ist sie dann, wenn sie mit keinem förmlichen Rechtsmittel mehr angefochten werden kann. Die sofortige Vollziehung der Betriebskontrollanordnung setzt ein besonderes öffentliches Interesse voraus, das über das allgemeine, jedem Bescheid innewohnende Vollzugsinteresse hinaus geht.[259] Dieses besondere Interesse muss das BAG ggf. schriftlich begründen.[260]

503 Ein etwaiges **Zwangsgeld** ist der Höhe nach zu bestimmen, bedarf zu ihrer Wirksamkeit der Zustellung und kann sooft wiederholt werden, bis die Betriebskontrolle geduldet wurde (§ 13 VwVG).

504 Bei Nichtbeachtung der gesetzlichen Auskunfts- und Vorlagepflicht kommt ebenfalls die Anwendung von Verwaltungszwang, etwa in Form eines Zwangsgeldes in Betracht.

505 Zuständige **Vollstreckungsbehörde** ist nach § 4 VwVG das Hauptzollamt.

506 *b) Verbot der Weiterfahrt (§ 13 GüKG).* § 13 GüKG ermächtigt das BAG und deren Beauftragte, soweit dies zur Wahrnehmung der ihr übertragenen Aufgaben erforderlich ist, als Mittel der Gefahrenabwehr ein Verbot der Weiterfahrt auszusprechen.

---

[253] OVG NW Beschluss v. 4.7.1989 – 13 A 1393/88.
[254] OVG NW Beschluss v. 26.11.1993 – 13 B 2791/93; im Ergebnis auch BVerwGE 8, 336.
[255] OLG Hamm Beschluss v. 25.7.1974 – 2 Ss OWi 268/74.
[256] §§ 6, 9 VwVG, § 46 OWiG i. V. m. § 98 StPO.
[257] OLG Hamm Beschluss v. 25.7.1974 – 2 Ss OWi 268/74.
[258] VwVG v. 27.4.1953, in der Fassung v. 17.12.1997, BGBl. I 1997 S. 3039.
[259] BVerfGE 35, 382 (402); 38, 52 (58); 69, 220 (228).
[260] VG Köln Beschluss v. 16.9.1993 – 11 L 1607/92.

II. Allgemeine nationale Vorschriften   H. II

Dies kommt immer dann in Betracht, wenn ein in- oder ausländischer Unterneh- 507
mer des gewerblichen Güterverkehrs oder ein anderer an der Beförderung Beteiligter
die ihm nach dem GüKG obliegenden Pflichten nicht erfüllt (§ 11 Abs. 2 Nr. 1 GüKG).
Gleiches gilt bei Verstößen gegen § 11 Abs. 2 Nr. 3 GüKG, insbesondere bei Verstößen
gegen das Fahrpersonalrecht (§ 13 Abs. 1 GüKG).

Das Bundesamt sowie sonstige Kontrollberechtigte können die Fortsetzung der 508
Fahrt ferner untersagen, wenn eine Erlaubnis nach § 3 GüKG oder eine Berechtigung
nach § 6 GüKG nicht mitgeführt wird oder nicht zur Prüfung ausgehändigt wird oder
eine angeordnete Sicherheitsleistung nicht oder nicht vollständig erbracht wird (§ 13
Abs. 2 GüKG).

Das Bundesamt und deren Beauftragte haben dabei in jedem Einzelfall das **Gebot** 509
der Verhältnismäßigkeit der Mittel zu beachten.[261]

c) Aufsicht der Verwaltungsbehörden (§ 21a GüKG). Der Unternehmer des ge- 510
werblichen Güterkraftverkehrs unterliegt nach § 21a GüKG ebenso wie alle sonst am
Beförderungsvertrag Beteiligten wegen der Erfüllung der gesetzlichen Vorschriften
der Aufsicht des Bundesamts, das sich diese wegen der Länderkompetenz für die Erlaubnis und Entziehung mit den Aufsichtsbehörden der Länder teilt.

Das Bundesamt kann danach, soweit es zur Wahrnehmung ihrer Aufgaben erfor- 511
derlich ist, bei den beteiligten Personen während der üblichen Geschäftszeiten die
Grundstücke, Betriebsanlagen, Geschäftsräume oder Beförderungsmittel betreten und
besichtigen, **Prüfungen und Untersuchungen** durchführen und **Einsicht** in die geschäftlichen Unterlagen nehmen. Dabei ist dem Bundesamt auf Verlangen Auskunft
zu ereilen, Nachweis zu erbringen und soweit erforderlich auch Hilfsmittel zu stellen.

d) Grenzkontrollen (§ 18 GüKG). Nach § 18 GüKG können die an den Grenzen zu- 512
ständigen Stellen Kraftfahrzeuge zurückweisen, die die nach dem GüKG erforderlichen Unterlagen nicht vorlegen.

Bei den für die Grenzkontrolle zuständigen Stellen handelt es sich um die Bundes- 513
polizei, den Zoll sowie die Polizeidienststellen der Länder. Das Bundesamt ist zur
Grenzkontrolle nicht ermächtigt, kann aber aufgrund der Ermächtigung nach § 13
GÜKG in den genannten Fällen die Weiterfahrt untersagen.[262]

12. Bußgeldvorschriften

Übersicht

	Rdnr.
a) Ordnungswidrigkeiten nach § 19 GüKG	514
aa) Vorsatz oder Fahrlässigkeit	514
bb) Ordnungswidrigkeiten nach § 19 Abs. 1 GüKG	518
cc) Ordnungswidrigkeiten nach § 19 Abs. 1a GüKG	519
dd) Ordnungswidrigkeiten nach § 19 Abs. 2 GüKG	520
ee) Ordnungswidrigkeiten nach § 19 Abs. 3 GüKG	521
ff) Ordnungswidrigkeiten nach § 19 Abs. 4 GüKG	522
gg) Geldbußen nach § 19 Abs. 5 GüKG	523
b) § 25 Verordnung über den grenzüberschreitenden Güterkraftverkehr und den Kabotageverkehr (GüKGrKabotageV)	524
c) Buß- und Verwarnungsgeldkatalog GüKG	526
d) Verfolgungsverjährung	529

---

[261] VwVG-Anwendungshinweise Abschnitt 4.
[262] Siehe auch oben Rdnr. 506 ff.

514 ***a) Ordnungswidrigkeiten nach § 19 GüKG. aa) Vorsatz oder Fahrlässigkeit.*** Nach § 19 Abs. 1 GüKG handelt derjenige ordnungswidrig, der vorsätzlich oder fahrlässig gegen die Pflichten aus dem GüKG verstößt. Vorsatz ist dann anzunehmen, wenn der Handelnde die **Tatbestandmerkmale** kennt oder, soweit sie noch nicht gegenwärtig sind, deren künftigen Eintritt nach dem voraussichtlichen Ablauf der **Tathandlung** voraussieht und die **Tatbestandsverwirklichung** will.[263] Fahrlässig handelt derjenige, der die Sorgfalt außer Acht lässt, zu der er nach den Umständen und seinen persönlichen Fähigkeiten verpflichtet und imstande ist, also pflichtwidrig handelt und deshalb die rechtswidrige Tatbestandsverwirklichung nicht erkennt oder voraussieht (**unbewusste Fahrlässigkeit**) oder die Möglichkeit der rechtswidrigen Tatbestandsverwirklichung zwar erkennt, aber mit ihr nicht einverstanden ist und ernsthaft darauf vertraut, diese werde nicht eintreten (**bewusste Fahrlässigkeit**).[264]

515 Die Feststellung der Pflichtwidrigkeit vereinfacht sich in Bußgeldtatbeständen, weil das Wesen des Bußgeldtatbestandes gerade das pflichtwidrige Handeln ist, die Verletzung eines verwaltungsrechtlich normierten Ge- oder Verbotes.[265] Durch die Verwirklichung des Bußgeldtatbestandes wird danach Pflichtwidrigkeit indiziert, also ein Beweiszeichen für die Pflichtwidrigkeit gesetzt.[266]

516 Der Betroffene muss somit bei Nachweis des Verstoßes gegen eine Pflicht aus dem GüKG den Nachweis erbringen, dass er nicht in der Lage war, die Tatbestandsverwirklichung zu erkennen oder zu vermeiden oder ihm ein pflichtgemäßes Handeln nicht zumutbar war. Letzteres wird nur in Ausnahmefällen anerkannt. Auch bei entgegenstehenden persönlichen oder beruflichen Interessen wird von der Rechtsprechung normgerechtes Verhalten grundsätzlich als zumutbar angesehen und mithin verlangt.[267]

517 Für juristische Personen haftet nach § 9 OWiG das vertretungsberechtigte Organ entsprechend.

518 ***bb) Ordnungswidrigkeiten nach § 19 Abs. 1 GüKG.*** Nach § 19 Abs. 1 GüKG ist eine Ordnungswidrigkeit anzunehmen, bei

- **Nr. 1** fehlender Sorge für das Mitführen von Begleitpapieren oder sonstigen Nachweisen, in dem das beförderte Gut, Be- und Entladeort angegeben wird
- **Nr. 1a** fehlendem Mitführen, nicht rechtzeitigem Aushändigen oder nicht rechtzeitigem Zugänglichmachen von Begleitpapieren oder sonstigen Nachweisen, in dem das beförderte Gut, Be- und Entladeort angegeben wird
- **Nr. 1b** Betreiben von gewerblichem Güterverkehr ohne Erlaubnis
- **Nr. 1c** Zuwiderhandlung gegen eine vollziehbare Auflage einer beschränkten Erlaubnis (§ 3 Absatz 4 GüKG)
- **Nr. 2** Zuwiderhandeln gegen Rechtsverordnungen im Zusammenhang mit Änderungen, Erweiterungen, Rücknahmen oder dem Widerruf von Genehmigungen
- **Nr. 3** fehlender Sorge für das Mitführen von Berechtigungen oder fahrzeugbezogener Nachweise
- **Nr. 4** unzulässige Einschweißen von Dokumenten nach § 7 Absatz 1 Satz 2 GüKG
- **Nr. 5** nicht Mitführen oder nicht rechtzeitige Vorzeigen von Dokumenten gem. § 7 Absatz 2 Satz 1, 3 oder 4 GüKG
- **Nr. 6** ist weggefallen

---

[263] *König* in: Göhler, OWiG Kommentar 14. Aufl. § 10 Rdnr. 2.
[264] *König*, a.a.O. § 10 Rdnr. 6; BGH 3 StR 228/07 v. 18.10.2007.
[265] OLG Köln VRS 59, 438.
[266] *König*, a.a.O. § 10 Rdnr. 9.
[267] OLG Köln VRS 59, 438.

II. Allgemeine nationale Vorschriften H. II

- Nr. 6a fehlender Sorge, dass Nachweis über die Haftpflichtversicherung mitgeführt wird
- Nr. 6b fehlendem Mitführen oder nicht rechtzeitigem Aushändigen des Haftpflichtversicherungsnachweises
- Nr. 6c Einsetzen ausländischen, nicht zu den Vertragsstaaten gehörendes Fahrpersonal ohne Genehmigung
- Nr. 6d Einsetzen ausländischen, nicht zu den Vertragsstaaten gehörendes Fahrpersonal ohne Mitführung erforderlicher Unterlagen
- Nr. 6e nicht oder nicht rechtzeitigem Vorlegen erforderlicher Unterlagen durch ausländisches Fahrpersonal
- Nr. 7 Verstoß gegen Auskunftspflicht gegenüber dem BAG oder der zuständigen Landesbehörden
- Nr. 8 Nichtbefolgen von Weisungen des BAG
- Nr. 9 unzureichender Nachweispflicht gegenüber dem BAG oder den Landesbehörden
- Nr. 11 unzureichender Hilfeleistung gegenüber dem BAG oder den Landesbehörden
- Nr. 12 Zuwiderhandeln gegen untersagte Weiterfahrt
- Nr. 12a unzureichender Meldung von Werksverkehr
- Nr. 12b unzureichenden Angaben zum Werksverkehr auf Verlangen
- Nr. 12c nicht ordnungsgemäßem Anzeigen von Änderungen im Werksverkehr
- Nr. 12d nicht ordnungsgemäß nachgewiesen Änderungen zum Werksverkehr
- Nr. 12e nicht rechtzeitiger Abmeldung des Werkverkehrs

cc) Ordnungswidrigkeiten nach § 19 Abs. 1a GüKG. § 19 Abs. 1a GüKG betrifft das 519
Handeln der Auftraggeber. Danach handelt derjenige ordnungswidrig, der

- Nr. 1 Leistungen ausführen lässt in Kenntnis, dass der Unternehmer über keine Güterkraftverkehrserlaubnis oder Drittstaatengenehmigung bzw. Gemeinschaftslizenz verfügt
- Nr. 2 Leistungen ausführen lässt in Kenntnis, dass der Unternehmer Fahrer ohne Arbeitserlaubnis oder Fahrerbescheinigung beschäftigt

dd) Ordnungswidrigkeiten nach § 19 Abs. 2 GüKG. Die Vorschrift des § 19 Abs. 2 520
GüKG enthält die Verstöße gegen die Verordnung (EWG) Nr. 881/92 des Rates vom
26. März 1992 über den Zugang zum Güterkraftverkehrsmarkt in der Gemeinschaft
für Beförderungen aus oder nach einem Mitgliedstaat oder durch einen oder mehrere
Mitgliedstaaten.[268] Ordnungswidrigkeiten liegen demnach vor, bei

- Nr. 1 grenzüberschreitendem Güterkraftverkehr ohne Gemeinschaftslizenz
- Nr. 2 fehlender Aushändigung der Fahrerbescheinigung an den Fahrer
- Nr. 3 nicht oder nicht rechtzeitigem Vorzeigen der Fahrerbescheinigung

ee) Ordnungswidrigkeiten nach § 19 Abs. 3 GüKG. Verstöße gegen die Verordnung 521
(EWG) 3118/93,[269] der sog. EG-Kabotageverordnung werden von § 19 Abs. 3 GüKG
umfasst. Ordnungswidrig handelt demnach derjenige, der die Fahrerbescheinigung
im Mitgliedstaat ohne Sitz des Unternehmers nicht mitführt.

ff) Ordnungswidrigkeiten nach § 19 Abs. 4 GüKG. Weitere Verstöße bei grenzüber- 522
schreitendem Güterkraft- und Kabotageverkehr werden von § 19 Abs. 4 GüKG erfasst.
Ordnungswidrigkeiten werden weiterhin bejaht bei

---

[268] **Anhang 7.**
[269] **Anhang 6.**

H. II   Gewerberechtliche Vorschriften für den Transport von Gütern auf der Straße

- **Nr. 1** Einsatz eines Fahrers im grenzüberschreitenden Verkehr ohne Fahrerbescheinigung
- **Nr. 2** Betreiben von Kabotageverkehr ohne Gemeinschaftslizenz
- **Nr. 3** Einsatz eines Fahrers ohne Fahrerbescheinigung im Kabotageverkehr

523   *gg) Geldbußen nach § 19 Abs. 5 GüKG.* Das Gesetz sieht bei Verstößen nach § 19 Abs. 1 bis 4 GüKG Geldbußen in drei Staffelungen vor:

- bis 200.000 €
  - Absatzes 1 Nr. 6c
  - Absatzes 1a Nr. 2
  - Absatzes 4 Nr. 1 und 3
- bis 20.000 €
  - Absatzes 1 Nr. 1b und 12
  - Absatzes 1a Nr. 1
  - Absatzes 2 Nr. 1
  - Absatzes 4 Nr. 2
- bis 5.000 €
  - in allen anderen Fällen

524   *b) § 25 Verordnung über den grenzüberschreitenden Güterkraftverkehr und den Kabotageverkehr (GüKGrKabotageV).*[270] Neben der Bußgeldbestimmung des § 19 GüKG ist im Güterkraftverkehr § 25 GüKGrKabotageV zu beachten. Dort finden sich die Bußgeldbestimmungen zur Ausführungsverordnung des GüKG wieder, wonach ordnungswidrig im Sinne des **§ 19 Abs. 1 Nr. 2 GüKG** handelt, wer vorsätzlich oder fahrlässig (nachfolgende Paragraphen beziehen sich auf die der GüKGrKabotageV)

- **Nr. 1** entgegen § 2 Satz 1 eine Mitteilung nicht, nicht richtig, nicht vollständig oder nicht rechtzeitig macht oder einen Nachweis nicht, nicht richtig, nicht vollständig oder nicht rechtzeitig erbringt,
- **Nr. 2** entgegen § 2 Satz 2 oder § 23 Satz 2 ein dort genanntes Dokument nicht oder nicht rechtzeitig vorlegt,
- **Nr. 3** einer vollziehbaren Auflage nach § 4 Absatz 4, § 7 Absatz 3 oder § 10 Absatz 3 zuwiderhandelt,
- **Nr. 4** entgegen § 5 Absatz 1 Satz 1 ein Fahrtenberichtheft nicht, nicht richtig oder nicht vollständig führt,
- **Nr. 5** entgegen § 5 Absatz 2 eine Durchschrift oder ein Fahrtenberichtheft nicht oder nicht rechtzeitig vorlegt oder eine Fehlanzeige nicht oder nicht rechtzeitig erstattet,
- **Nr. 6** entgegen § 7a Nummer 1 eine CEMT-Genehmigung verwendet,
- **Nr. 6a** entgegen § 7a Nummer 1a die CEMT-Genehmigung nicht mitführt,
- **Nr. 7** entgegen § 7a Nummer 2 nicht dafür sorgt, dass höchstens drei aufeinanderfolgende beladene Fahrten durchgeführt werden,
- **Nr. 8** entgegen § 7a Nummer 3 Satz 1 nicht dafür sorgt, dass ein Fahrtenberichtheft mitgeführt wird oder die ausgefüllten Seiten im Fahrtenberichtheft aufbewahrt werden,
- **Nr. 9** entgegen § 7a Nummer 3 Satz 2 ein Fahrtenberichtheft nicht oder nicht vollständig mitführt oder nicht oder nicht rechtzeitig aushändigt,
- **Nr. 10** entgegen § 11 Absatz 3 eine Drittstaatengenehmigung verwendet,

---

[270] BGBl. I 1998 S. 3976, **Anhang 5.**

II. Allgemeine nationale Vorschriften   H. II

- **Nr. 11** entgegen § 14 Absatz 3 Satz 1, § 15 Absatz 2 Satz 1, § 16 Absatz 2 Satz 1 oder § 17 Absatz 1 Satz 1 oder Absatz 2 Satz 1 nicht dafür sorgt, dass ein dort genanntes Dokument mitgeführt wird,
- **Nr. 12** entgegen § 14 Absatz 3 Satz 2, § 15 Absatz 2 Satz 2, § 16 Absatz 2 Satz 2 oder § 17 Absatz 1 Satz 3 oder Absatz 2 Satz 3 ein dort genanntes Dokument nicht mitführt oder nicht oder nicht rechtzeitig aushändigt,
- **Nr. 13** entgegen § 18 ein Kraftfahrzeug einsetzt,
- **Nr. 14** einer vollziehbaren Anordnung nach § 19 zuwiderhandelt,
- **Nr. 15** entgegen § 23 Satz 1 eine Mitteilung nicht, nicht richtig, nicht vollständig oder nicht rechtzeitig macht oder einen Nachweis nicht, nicht richtig, nicht vollständig oder nicht rechtzeitig erbringt oder
- **Nr. 16** entgegen § 24 Satz 1 einen Nachweis nicht, nicht richtig, nicht vollständig oder nicht rechtzeitig vorlegt.

Die Höhe des Ordnungsgeldes beträgt über den Verweis auf § 19 Abs. 1 Nr. 2 GüKG bis zu 5.000 € (§ 19 Abs. 7 GüKG). 525

c) Buß- und Verwarnungsgeldkatalog GüKG. Die im Buß- und Verwarnungsgeldkatalog bestimmten Beträge sind **Regelsätze,** die von gewöhnlichen Tatumständen ausgehen und bei Fällen, die von der üblichen Begehungsweise abweichen, einen **Ermessensspielraum** einräumen. 526

Die Bußgeldbehörden sind verpflichtet, **objektive und subjektive Tatumstände,** die die Handlung im Vergleich zum Regelfall als weniger schwerwiegend kennzeichnen, zugunsten des Betroffenen zu berücksichtigen und somit im Einzelfall den Regelsatz zu unterschreiten. Sie sind aber auch berechtigt, bei Tatumständen, die die Handlung im Vergleich zum Regelfall als schwerwiegender kennzeichnen, im **Einzelfall** den Regelsatz zu überschreiten. Dies gilt sowohl für vorsätzliches als auch für fahrlässiges Handeln. 527

Damit in den Bundesländern eine einheitliche Anwendung der Bußgelder nach dem GüKG gewährleistet ist, hat der Bund/Länder-Fachausschuss GüKG einen Buß- und Verwarnungsgeldkatalog erstellt, der die Zumessungsregeln für eine länderübergreifende und gleichmäßige Bemessung von Buß- und Verwarnungsgeldern aufgrund von Tatbeständen nach dem GüKG enthält.[271] 528

d) Verfolgungsverjährung. Die Verfolgung einer Ordnungswidrigkeiten nach § 19 GüKG und § 25 GüKGrKabotageV verjährt gemäß §§ 31 Abs. 2 i.V.m. § 17 Abs. 2 OWiG in Abhängigkeit der angedrohten maximalen Geldbuße für den jeweilige Tatbestand und unter Berücksichtigung, ob es sich um **Vorsatz- oder Fahrlässigkeitstaten** handelt. 529

In **drei Jahren** verjähren 530
- **vorsätzlich** begangenen Ordnungswidrigkeiten nach
  - § 19 Abs. 1 Nr. 1b, Nr. 6c und Nr. 12 GüKG
  - § 19 Abs. 1a Nr. 1 und 2 GüKG
  - § 19 Abs. 2 Nr. 1 GüKG
  - § 19 Abs. 4 Nr. 1, Nr. 2 und Nr. 3 GüKG

- **fahrlässig** begangenen Ordnungswidrigkeiten nach 531
  - § 19 Abs. 1 Nr. 6c GüKG
  - § 19 Abs. 1a Nr. 2 GüKG
  - § 19 Abs. 4 Nr. 1 und Nr. 3 GüKG

---

[271] Stand Mai 2011, im Internet zu finden auf der Seite http://www.bag.bund.de.

H. II Gewerberechtliche Vorschriften für den Transport von Gütern auf der Straße

532 In **zwei Jahren** verjähren
- alle übrigen **Vorsatztaten** nach § 19 GüKG und § 25 GüKGrKabotageV
- **fahrlässig** begangene Ordnungswidrigkeiten nach
  - § 19 Abs. 1 Nr. 1b und Nr. 12 GüKG
  - § 19 Abs. 1a Nr. 1 GüKG
  - § 19 Abs. 2 Nr. 1 GüKG
  - § 19 Abs. 4 Nr. 2 GüKG

In **einem Jahr** verjähren
- alle übrigen **fahrlässig** begangene Ordnungswidrigkeiten

533 Die **Verjährung** beginnt, sobald die Handlung beendet ist. Tritt der zum Tatbestand gehörende Erfolg erst später ein, dann beginnt die Verjährung zu diesem Zeitpunkt (§ 31 Abs. 3 OWiG).

534 Die Verjährung kann durch eine Reihe von Maßnahmen, die im Einzelnen in § 33 OWiG aufgeführt sind, unterbrochen werden, dh die Verjährung beginnt mit dem Tag der Maßnahme von neuem. Hierzu gehört insbesondere die Vernehmung des Betroffenen und die Bekanntgabe des **eingeleiteten Ermittlungsverfahrens,** die Ankündigung dieser Maßnahmen oder die richterliche Vernehmung des Betroffenen oder eines Zeugen bzw. deren Ankündigung. Dazu gehört auch die **Beschlagnahme- und Durchsuchungsmaßnahme.**

13. Ermittlungs- und Ahndungszuständigkeiten des BAG (§§ 20, 21 GüKG)

Übersicht

	Rdnr.
a) Ermittlungszuständigkeit nach § 20 GüKG	535
b) Ahndungszuständigkeit nach § 21 GüKG	541

535 **a) Ermittlungszuständigkeit nach § 20 GüKG.** Im Rahmen ihrer Überwachungsfunktion nach § 11 GüKG hat das Bundesamt Verstöße gegen die gesetzlichen Vorschriften zu erforschen und zu verfolgen (§ 20 GüKG). Die Beauftragten des Bundesamtes haben insoweit die Rechte und Pflichten der Beamten des Polizeivollzugsdienstes nach den Vorschriften der Strafprozessordnung (**StPO**) und nach dem Gesetz über Ordnungswidrigkeiten (**OWiG**).

536 Dem Bundesamt steht damit neben den originär zuständigen Polizei- und über § 35 OWiG zuständigen Verwaltungsbehörden das Recht zu, eigenständig die Ermittlung und Verfolgung von Verstößen auf dem Gebiet des Güterkraftverkehrs zu unternehmen.

537 Bei **geringfügigen Ordnungswidrigkeiten** i.S. des § 56 OWiG, d.h. bei Verwarnungsgeldern i.H. von 5,00–35,00 Euro, kann das Bundesamt und seine Beauftragten unmittelbar Verwarnungen aussprechen. Es sind auch Verwarnungen ohne Verwarnungsgeld möglich.

538 Die **Verwarnung** ist aber nur wirksam, wenn der Betroffene über sein Weigerungsrecht belehrt worden ist und mit ihr einverstanden ist und das Verwarnungsgeld entweder sofort zahlt oder bei Verwarnungen über 10 Euro innerhalb einer Frist von einer Woche einzahlt. Dem Betroffenen ist eine Bescheinigung hierüber auszustellen. Kosten in Form von Gebühren und Auslagen dürfen in diesen Fällen nicht erhoben werden.

II. Allgemeine nationale Vorschriften   **H. II**

Ist die Verwarnung wirksam geworden, kann die Tat gem. § 56 Abs. 4 OWiG unter 539
den tatsächlichen und rechtlichen Gesichtspunkten nicht weiter verfolgt werden, d.h.
ein Bußgeldverfahren scheidet unter den Gesichtspunkten der Tat aus, nicht jedoch
ein Strafverfahren (§ 86 OWiG). Allerdings ist ein dennoch ergangener Bußgeldbescheid nicht nichtig sondern muss, solange der nicht rechtskräftig ist, nur zurückgenommen werden.[272]

Wird die Verwarnung nicht wirksam, beantragt das Bundesamt die Einleitung eines 540
Bußgeldverfahrens.

b) Ahndungszuständigkeit nach § 21 GüKG. Die Zuständigkeit des Bundesamtes 541
für die Ahndung von Zuwiderhandlungen ist gem. § 21 Abs. 2 GüKG beschränkt auf
die Unternehmen, die Ihren Sitz im Ausland haben sowie auf inländische Unternehmen in den Fällen des § 21 Abs. 3 GüKG, d.h.

- bei fehlender Mitführung, nicht rechtzeitiger Aushändigung oder nicht rechtzeitiger Zugänglichmachung von fahrzeugbezogenen Berechtigungen oder Nachweisen
- Einsetzen ausländischem, nicht zu den Vertragsstaaten gehörendem Fahrpersonal ohne Genehmigung oder ohne Mitführung erforderlicher Unterlagen
- nicht oder nicht rechtzeitigem Vorlegen erforderlicher Unterlagen durch ausländisches Fahrpersonal
- Ausführung von Leistungen in Kenntnis, dass der Unternehmer über keine Güterkraftverkehrserlaubnis oder Drittstaatengenehmigung bzw. Gemeinschaftslizenz verfügt
- Ausführung von Leistungen in Kenntnis, dass der Unternehmer Fahrer ohne Arbeitserlaubnis oder Fahrerbescheinigung beschäftigt
- unterlassener Aushändigung der Fahrerbescheinigung an den Fahrer
- nicht oder nicht rechtzeitigem vorzeigen der Fahrerbescheinigung
- **fehlender Mitführung der Fahrerbescheinigung im Mitgliedsstaat** ohne Sitz des Unternehmers
- Einsatz eines Fahrers im grenzüberschreitenden Verkehr ohne Fahrerbescheinigung
- Einsatz eines Fahrers im Kabotageverkehr ohne Fahrerbescheinigung

Für inländische Unternehmen ist im Übrigen die jeweils von der Landesregierung 542
ermächtigte Behörde zuständig (§ 21 Abs. 1 GüKG).

14. Ermächtigungen nach dem GüKG zum Erlass von Verordnungen und Durchführungsbestimmungen

Übersicht

	Rdnr.
a) Nach § 3 Abs. 6 GüKG	543
b) Nach § 22 GüKG	547
c) Nach § 23 GüKG	549

a) Nach § 3 Abs. 6 GüKG. Das Bundesministerium für Verkehr, Bau- und Woh- 543
nungswesen (BMVBW) ist gemäß § 3 Abs. 6 GüKG ermächtigt, mit Zustimmung des
Bundesrates durch Rechtsverordnung Vorschriften zu erlassen, die die Anforderungen
an die Berufszugangsvoraussetzungen regeln (Nr. 1).

Außerdem kann sie das Verfahren zur Erteilung, zur Rücknahme und zum Wider- 544
ruf der **Erlaubnis und zur Erteilung und Einziehung der Erlaubnisausfertigungen**

---

[272] *König* in: Göhler, Kommentar zum OWiG, 14 Aufl., § 56 Rdnr. 44b.

einschließlich der Durchführung von Anhörungen (Nr. 2a), Form und Inhalt der Erlaubnis und der Ausfertigungen (Nr. 2b) sowie das Verfahren bei Eintritt wesentlicher Änderungen nach Erteilung der Erlaubnis und der Ausfertigungen, regeln (Nr. 2c).

545 Das BMVBW kann weiter die Voraussetzungen für die Erteilung zusätzlicher Ausfertigungen (Nr. 3) sowie die Voraussetzungen zur Rücknahme und zum Widerruf der Entscheidung über die Erteilung der Ausfertigungen (Nr. 4) regeln.

546 Auf der Grundlage der Ermächtigungen in § 3 Abs. 6 GüKG ließ das BMVBW im Jahre 2000 die Berufszugangsverordnung für den Güterverkehr.[273] Diese Verordnung dient der weiteren Umsetzung der Richtlinie 96/26/EG[274] über den Zugang zum Beruf des Güter- und Personenkraftverkehrsunternehmers im innerstaatlichen und grenzüberschreitenden Verkehr sowie über die gegenseitige Anerkennung der Diplome, Prüfungszeugnisse und sonstigen Befähigungsnachweise für die Beförderung von Gütern und die Beförderung von Personen im Straßenverkehr und über die Maßnahmen zur Förderung der tatsächlichen Inanspruchnahme der **Niederlassungsfreiheit** der betreffenden Verkehrsteilnehmer. Darin ist neben den drei subjektiven Zugangsvoraussetzungen der persönlichen Zuverlässigkeit, der finanziellen Leistungsfähigkeit und der fachlichen Eignung das Erlaubnisverfahren geregelt und enthält Bußgeldvorschriften.

547 *b) Nach § 22 Abs. 2 GüKG.* Für Amtshandlungen nach dem GüKG, nach den auf diesem Gesetz beruhenden Rechtsvorschriften, nach Rechtsakten der Europäischen Gemeinschaften sowie auf Grund internationaler Abkommen und diese ergänzender nationaler Rechtsvorschriften können Gebühren und Auslagen nach den Bestimmungen des Verwaltungskostengesetzes[275] erhoben werden (§ 22 Abs. 1 GüKG). Davon ausdrücklich ausgenommen sind Auskünfte, die die zuständigen Behörden nach dem Bundesdatenschutzgesetz[276] erteilt, diese sind unentgeltlich.

548 Das BMVBW wird in § 22 Abs. 2 GüKG ermächtigt, im Einvernehmen mit dem Bundesministerium der Finanzen und dem Bundesministerium für Wirtschaft und Technologie durch Rechtsverordnung mit Zustimmung des Bundesrates die gebührenpflichtigen Tatbestände und die Gebühren nach festen Sätzen oder als Rahmengebühren näher zu bestimmen. Von der Möglichkeit wurde Gebrauch gemacht und die Kostenverordnung für den Güterkraftverkehr (GüKKostV)[277] erlassen. In der Anlage 1 zur GüKKostV sind die Gebühren für die einzelnen Tätigkeiten der Verwaltungsbehörden, etwa für die Erteilung der Erlaubnis für den gewerblichen Güterkraftverkehr, einer CEMT-Jahres- oder Monatsgenehmigung oder für die Überprüfung der Berufszugangsvoraussetzungen aufgeführt.

549 *c) Nach § 23 GüKG.* Die zur Durchführung des GüKG erforderlichen Rechtsverordnungen, die eine einheitliche Anwendung des Gesetzes in den Ländern gewährleisten sollen, werden nach § 23 Abs. 1 GüKG durch die Bundesregierung mit Zustimmung des Bundesrates erlassen. Die im Jahre 1998 verabschiedete Allgemeine Verwaltungsvorschrift zum Güterkraftverkehrsrecht (GüKVwV)[278] setzt kein allgemein verbindliches Recht sondern bindet lediglich die Verwaltungsbehörden, die gesetzlichen Vorschriften in dem jeweiligen Verfahren einzuhalten. **Bindungswirkung** entfalten die **Verwaltungsvorschriften** insofern, als dass sie aufgrund der in der Ver-

---

[273] Vgl. **Anhang 4.**
[274] ABl. EG Nr. L 124 S. 1, *Hein/Eichhoff/Pukall/Krien*, J 320.
[275] BGBl. I S. 821, *Hein/Eichhoff/Pukall/Krien*, G 155.
[276] BGBl. I S. 66.
[277] BGBl. I S. 3982, *Hein/Eichhoff/Pukall/Krien*, C 200.
[278] Vgl. **Anhang 11.**

II. Allgemeine nationale Vorschriften **H. II**

waltungsvorschrift vorgesehenen Regelung zur Beachtung der dort vorgeschriebenen Form verpflichtet, etwa bei der Verwendung vorgeschriebener Formulare.

Das BMVBW ist über § 23 Abs. 2 GüKG legitimiert, mit Zustimmung des Bundesrates, andere als in § 2 GüKG genannte Transportfälle vom GüKG auszunehmen. Hiervon ist bislang kein Gebrauch gemacht worden. 550

Im grenzüberschreitenden Güter- und Kabotageverkehr hat das BMVBW demgegenüber von seiner Gesetzgebungskompetenz, die ihm nach § 23 Abs. 3 GüKG übertragen wurde, Gebrauch gemacht und aufgrund der Ermächtigung zum Erlass einer entsprechenden Rechtsverordnung und die Verordnung über den grenzüberschreitenden Güterkraftverkehr und den Kabotageverkehr[279] erlassen. 551

Daneben ist das Bundesministerium zuständig für den Erlass von Rechtsvorschriften den Zugang zum Beruf des Güterkraftverkehrsunternehmers, der Erteilung, Rücknahme und Widerruf von Fahrerbescheinigungen betreffend, ebenso wie für den Zugang und den Ausschluss zum nationalen Güterkraftverkehr für ausländische Unternehmen, die weder Mitglied der EG noch der EWG sind sowie für weitere Aufgaben der **internationalen Wettbewerbskontrolle** sowie im Bereich der **Marktbeobachtung** (§ 23 Abs. 3–5 GüKG). 552

15. Informationspflichten und -rechte nach dem GüKG

Übersicht

	Rdnr.
a) Informationspflichten und/-rechte der Verwaltungsbehörden	553
aa) nach § 4 GüKG	553
bb) nach § 16 Abs. 3, Abs. 4 GüKG	555
b) Informationspflichten und/rechte sonstiger Dritter – z. B. Finanzbehörden (§ 3 Abs. 5 Satz 3 GüKG)	559

a) **Informationspflichten/-rechte der Verwaltungsbehörden.** *aa) nach § 4 GüKG.* 553
Um der nach § 192 des Siebten Buches Sozialgesetzbuch bestehenden Anzeigepflicht des Unternehmers gegenüber der zuständigen Berufsgenossenschaft Nachdruck zu verleihen, hat die Erlaubnisbehörde nach § 4 GüKG der zuständigen Berufsgenossenschaft unverzüglich die **Erteilung der Erlaubnis** nach dem GüKG mitzuteilen.

Erlaubnisbehörde ist zur Zeit: 554
- die untere Verkehrsbehörde der Kreise oder kreisfreien Städte für
  - Baden-Württemberg, Bayern, Mecklenburg-Vorpommern, Niedersachsen, Nordrhein-Westfalen, Sachsen, Sachsen-Anhalt, Schleswig-Holstein, Thüringen
- die Senatsverwaltung für
  - Berlin, Bremen, Hamburg
- der Regierungspräsident für
  - Hessen
- das Wirtschaftsministerium für
  - Saarland
- der Landesbetrieb Straßen und Verkehr für
  - Rheinland-Pfalz
- das Landesamt für Verkehr und Straßenbau für
  - Brandenburg

---

[279] Vgl. **Anhang 5.**

555 **bb) nach § 16 Abs. 3, Abs. 4 GüKG.** Das Bundesamt ist nach § 16 Abs. 3 GüKG verpflichtet, eine **schwerwiegende Zuwiderhandlung,** sonstige Zuwiderhandlungen des Betroffenen oder anderer Unternehmensangehöriger dem Unternehmen und der Erlaubnisbehörde mitzuteilen, soweit Anlass besteht, an der Zuverlässigkeit des Unternehmers oder der zur Führung der Güterkraftverkehrsgeschäfte bestellten Personen zu zweifeln. Welche Verstöße als schwerwiegend anzusehen sind, um an der persönlichen Zuverlässigkeit des Unternehmers zu zweifeln, ergibt sich nicht aus dem Gesetz. Hierzu sind die Bestimmungen des § 3 Abs. 2 und 3 GüKG sowie die Berufszugangs-Verordnung maßgeblich.

556 Zur Feststellung von Wiederholungsfällen führt das Bundesamt eine Datei, in der die Zuwiderhandlungen der Angehörigen desselben Unternehmens zusammengeführt festgehalten werden. Damit soll zum Schutz des Gemeinwohls, die Beurteilung der persönlichen Zuverlässigkeit des Unternehmers ermöglicht werden.[280]

557 Das Bundesamt übermittelt hierzu die Daten der **Bußgelddatei** (§ 16 Abs. 1 GüKG) an in- und ausländische öffentliche Stellen, soweit dies für die Entscheidung über den Zugang zum Beruf des Güter- und Personenkraftverkehrsunternehmers erforderlich ist (§ 16 Abs. 4 GüKG).

Bei Verstößen gegen Vorschriften zur Verhinderung illegaler Beschäftigung und Vorschriften für die Sozialversicherung werden zudem die Bundesagentur für Arbeit, die Hauptzollämter, die Einzugsstellen und die Träger der Rentenversicherung sowie die Ausländerbehörden, soweit dies zur Vorbereitung und Durchführung weiterer Ermittlungen, insbesondere von Betriebskontrollen, erforderlich ist, in Kenntnis gesetzt.

558 Gerichte und die Behörden sind auf Anfrage, soweit dies zur Verfolgung und Ahndung von Ordnungswidrigkeiten nach dem Güterkraftverkehr erforderlich ist, ebenfalls von dem Bundesamt zu informieren.

559 **b) Informationspflichten/-rechte durch die Finanzbehörden (§ 3 Abs. 5 Satz 3 GüKG).** Das Bild der Erlaubnisbehörden über die Zuverlässigkeit des Unternehmers im Güterkraftverkehr rundet sich ab mit der Möglichkeit, durch die Finanzbehörden davon in Kenntnis gesetzt zu werden, dass der Unternehmer die ihm obliegenden steuerrechtlichen Verpflichtungen wiederholt nicht erfüllt oder eine eidesstattliche Versicherung nach § 284 der Abgabenordnung abgegeben hat.

16. Gewerbe-, arbeits-, sozialrechtliche und technische Vorschriften des Gemeinschaftsrechts

	Rdnr.
a) Allgemeines	560
b) Richtlinien 94/55/EG zur Angleichung der Rechtsvorschriften der Mitgliedsstaaten für den Gefahrguttransport des Gemeinschaftsrechts	561
c) Richtlinien 96/35/EG des Rates über die Bestellung und die berufliche Befähigung von Sicherheitsberatern für die Beförderung gefährlicher Güter auf der Straße, Schiene oder Binnenwasserstraßen	563
d) Verordnung (EG) Nr. 1013/2006 des Europäischen Parlaments und des Rates vom 14. Juni 2006 über die Verbringung von Abfällen	564
e) Verordnung (EG) Nr. 561/2006 des Europäischen Parlaments und des Rates vom 15. März 2006 zur Harmonisierung von Sozialvorschriften im Straßenverkehr	565
f) Richtlinie 2002/15/EG vom 11. März 2002 zur Regelung der Arbeitszeit von Personen, die Fahrtätigkeiten im Bereich des Straßentransportes Ausüben	568

---

[280] BT-Drucks. 12/3701 v. 11.11.1992 zu Nr. 40.

II. Allgemeine nationale Vorschriften   **H. II**

		Rdnr.
g)	Richtlinie 1999/62/EG über die Erhebung von Gebühren für die Benutzung bestimmter Verkehrswege durch schwere Nutzfahrzeuge	569
h)	Verordnung (EWG) Nr. 2913/92 des Rates vom 12. Oktober 1992 zur Festlegung des Zollkodex	571
i)	*Verordnung (EU) Nr. 1214/2011*	573
j)	Verordnung (EG) Nr. 1998/2006	574
k)	Bilaterale Abkommen/Vereinbarungen	575

a) Allgemeines. Neben den bereits genannten zentralen gemeinschaftsrechtlichen Vorschriften im Güterkraftverkehr sind eine Vielzahl weiterer Vorschriften der Europäischen Gemeinschaft im Bereich des Gewerbe-, Arbeits- und Sozialrechts zu beachten. Darüber hinaus bestehen technische Vorschriften der Gemeinschaft, die ebenfalls unmittelbare Auswirkung auf das Gütertransportrecht haben. Einige sollen hier vorgestellt werden. **560**

b) Richtlinie 94/55/EG zur Angleichung der Rechtsvorschriften der Mitgliedstaaten für den Gefahrguttransport auf der Straße.[281] In den vergangenen Jahren hat der innerstaatliche und der **grenzüberschreitende Gefahrgutverkehr** auf der Straße erheblich zugenommen, wodurch auch das Unfallrisiko größer geworden ist. Ziel der Richtlinie ist es, gemeinschaftsweit die Bedingungen für die Beförderung gefährlicher Güter auf der Straße zu harmonisieren. **561**

Die Richtlinie enthält hierzu spezielle Rechtsvorschriften, die die Sicherheitsbedingungen regeln, unter denen biologische Wirkstoffe und genetisch veränderte Organismen zu transportieren sind. **562**

c) Richtlinie 96/35/EG des Rates über die Bestellung und die berufliche Befähigung von Sicherheitsberatern für die Beförderung gefährlicher Güter auf Straße, Schiene oder Binnenwasserstraßen.[282] Die Mitgliedstaaten ergreifen gemäß den Bestimmungen dieser Richtlinie die erforderlichen Maßnahmen, damit jedes Unternehmen, dessen Tätigkeit die Gefahrgutbeförderung auf Straße, Schiene oder Binnenwasserstraßen oder das mit dieser Beförderung zusammenhängende Verladen oder Entladen umfasst, einen oder mehrere Sicherheitsberater für die Gefahrgutbeförderung benennt, deren Aufgabe darin besteht, die Risiken verhüten zu helfen, die sich aus solchen Tätigkeiten für Personen, Sachen und die Umwelt ergeben. **563**

d) Verordnung (EG) Nr. 1013/2006 des Europäischen Parlaments und des Rates vom 14. Juni 2006 über die Verbringung von Abfällen.[283] Wichtigster und vorrangiger Zweck und Gegenstand dieser Verordnung ist der Umweltschutz. Die Verordnung enthält hierzu Vorschriften zur Transportart von Abfällen, die auf den Güterkraftverkehr Wirkung entfalten. **564**

e) Verordnung (EG) Nr. 561/2006 des Europäischen Parlaments und des Rates vom 15. März 2006 zur Harmonisierung von Sozialvorschriften im Straßenverkehr.[284] Die Verordnung enthält Vorschriften zur Lenk- und Ruhezeiten von Berufskraftfahrern, die Einführung des digitalen Tachographen, Bestimmungen über vom Fachpersonal mitzuführenden Unterlagen, Aufbewahrungs- und Vorlagepflichten von Unternehmen sowie Haftungsregeln im Zusammenhang mit Verstößen. **565**

---

[281] ABl. Nr. L 319 S. 7, *Hein/Eichhoff/Pukall/Krien,* J 340.
[282] ABl. Nr. L 145 S. 10, *Hein/Eichhoff/Pukall/Krien,* J 342.
[283] ABl. Nr. L 190 S. 1, *Hein/Eichhoff/Pukall/Krien,* J 260.
[284] ABl. Nr. L 102 S. 1, *Hein/Eichhoff/Pukall/Krien,* J 225.

H. II   Gewerberechtliche Vorschriften für den Transport von Gütern auf der Straße

566   Am 14. April 2007 hat die Europäische Kommission eine Entscheidung über ein Formblatt veröffentlicht, das durch das Fahrpersonal zum Nachweis berücksichtigungsfreier Tage (z. B. Urlaub und Krankheit) verwendet werden soll.[285]

567   Mit dem neuen Formblatt ist nun ein **EU-einheitlicher Nachweis** von Tagen möglich, an denen ein vom Geltungsbereich der Verordnung (EG) Nr. 561/2006 ausgenommenes Fahrzeug gelenkt wurde bzw. wegen Krankheit oder Urlaub keine berücksichtigungspflichtigen Lenkzeiten angefallen sind.

568   *f) Richtlinie 2002/15/EG vom 11. März 2002 zur Regelung der Arbeitszeit von Personen, die Fahrtätigkeiten im Bereich des Straßentransports ausüben.*[286] Mit den Vorschriften über Arbeitszeit, Ruhezeiten und Nachtarbeit im Bereich des Straßentransports.

569   *g) Richtlinie 1999/62/EG über die Erhebung von Gebühren für die Benutzung bestimmter Verkehrswege durch schwere Nutzfahrzeuge.*[287] Diese Richtlinie ersetzt die Richtlinie **93/89/EWG** über die Besteuerung bestimmter Kraftfahrzeuge zur Güterbeförderung sowie die Erhebung von Maut- und Benutzungsgebühren für bestimmte Verkehrswege durch die Mitgliedstaaten (**„Eurovignette"**). Sie gilt für Kraftfahrzeugsteuern und für Maut- und Benutzungsgebühren, die von Fahrzeugen erhoben werden, die ausschließlich für den Güterkraftverkehr bestimmt sind und deren zulässiges Gesamtgewicht mindestens 12 t beträgt.

570   In der Richtlinie wird ausgeführt, unter welchen Bedingungen die Mitgliedstaaten Mautgebühren beibehalten und/oder einführen oder Benutzungsgebühren einführen dürfen.

571   *h) Verordnung (EWG) Nr. 2913/92 des Rates vom 12. Oktober 1992 zur Festlegung des Zollkodex.*[288] Die Verordnung stellt die Grundlage des EG-Zollrechts dar. Sie gewährleistet eine einheitliche Abwicklung des Warenverkehrs und wird ergänzt durch die Verordnung (EWG) Nr. 2454/93 der Kommission vom 2. Juli 1993 mit Durchführungsvorschriften zu der Verordnung (EWG) Nr. 2913/92[289] und dem Carnets TIR, dem Zollübereinkommen über den internationalen Warentransport.[290]

572   Die Verordnungen enthalten für den internationalen Güterkraftverkehr für die Zollabwicklung maßgebliche Regelungen.

573   *i) Verordnung (EU) Nr. 1214/2011 des Europäischen Parlaments und des Rates vom 14. November 2011 über den gewerbsmäßigen grenzüberschreitenden Straßentransport von Euro-Bargeld zwischen den Mitgliedsstaaten des Euroraums.*[291] Die Verordnung soll die großen Unterschiede innerhalb der nationalen Regelungen bei den grenzüberschreitenden Euro-Bargeld-Transporten beseitigen. Neben der Vereinheitlichung der Transporte auch eine besondere Lizenz für derartige CIT-Transporte (Cash-in-transit-Transporte) sieht die Verordnung eine Reihe von Sicherheitsverfahren vor.

---

[285] ABl. Nr. L 99 S. 15, *Hein/Eichhoff/Pukall/Krien* J 331.
[286] ABl. Nr. L 80 S. 35, *Hein/Eichhoff/Pukall/Krien* J 331.
[287] ABl. Nr. L 187.
[288] ABl. EG Nr. L 302 S. 1.
[289] ABl. EG Nr. L 253 S. 1.
[290] BGBl. II 1979 S. 445.
[291] ABl. L 316 vom 29.11.2011.

II. Allgemeine nationale Vorschriften   H. II

j) Verordnung (EG) Nr. 1998/2006 der Kommission vom 15. Dezember 2006 über 574
die Anwendung der Artikel 87 und 88 EG-Vertrag auf „De-minimis"-Beihilfen.[292]
Die Verordnung regelt Förderprogramme zur Anschaffung besonders emissionsarmer
schwerer Nutzfahrzeuge sowie Ausbildungsbeihilfen.

k) Bilaterale Abkommen/Vereinbarungen. Daneben gibt es eine Vielzahl von bi- 575
lateralen Vereinbarungen zwischen der EG und Drittstaaten mit Auswirkungen auf
den Güterkraftverkehr, etwa
- die Verwaltungsvereinbarung zwischen der EG und der Schweizerischen Eidgenossenschaft über die auf Punkten basierende Übergangsregelung für Schwerkraftwagen im Transit durch Österreich[293]
- Abkommen zwischen der EG und der Schweizerischen Eidgenossenschaft über den Güter- und Personenverkehr auf Schiene und Straße[294]
- Abkommen zwischen der Europäischen Wirtschaftsgemeinschaft und der Schweizerischen Eidgenossenschaft über die Erleichterung der Kontrollen und Formalitäten im Güterverkehr.[295]

---

[292] ABl. EU Nr. L 379 S. 5.
[293] ABl. EG Nr. L 57 S. 17.
[294] ABl. EG Nr. L 114 S. 91.
[295] ABl. EG Nr. L 116 S. 19.

III. Besondere nationale Transportgenehmigungen

Übersicht

	Rdnr.
1. Nationale Sondererlaubnisse und Genehmigungen zum Transport bestimmter Güter sowie für Groß- und Schwertransporte	576
a) Bestimmte Güter	576
b) Groß- und Schwertransporte	577
2. Transporte von Abfällen	578
a) Voraussetzungen nach dem KrWG	579
aa) Definitionen	579
bb) Anzeigepflicht	583
(1) Zuverlässigkeit	584
(2) Fachkundigkeit der leitenden Personen	585
(3) Aufgaben der Verwaltungsbehörde (§ 3 Abs. 3 KrWG)	588
(4) Nachweise aus einem anderen Mitgliedstaat der EU	592
cc) Erlaubnispflicht	593
(1) Anspruch auf Erteilung	594
(2) Zuverlässigkeit	596
(3) Fachkundigkeit	597
(4) Nebenbestimmungen	600
(5) Ausnahmen von der Erlaubnispflicht	601
(6) Nachweise aus einem anderen Mitgliedstaat der EU	603
dd) Erlass von Rechtsverordnung zur Anzeige- und Erlaubnispflicht	604
b) Weitere wichtige abfallrechtliche Regelungen	605
aa) Regelung zur Sachkunde des sonstigen Personals	605
bb) Anzeigeverfahren bei Abfällen	607
cc) Erlaubnisverfahren bei gefährlichen Abfällen	608
dd) Ausnahmen von der Erlaubnispflicht	609
ee) Mitführpflichten	611
ff) Kennzeichnung der Fahrzeuge, mit denen Abfall transportiert wird	615
gg) Übergangsvorschriften	616
c) Bußgeldbestimmungen	617
3. Transporte von Kriegswaffen	619
a) Genehmigungspflicht	619
aa) Beförderungen innerhalb des Bundesgebiets	619
bb) Beförderungen außerhalb des Bundesgebiets	624
cc) Kein Rechtsanspruch auf Erteilung einer Genehmigung	625
dd) weitere Bestimmungen	626
b) Verstöße gegen die Genehmigungspflicht	628
aa) Straftaten	628
bb) Ordnungswidrigkeiten	629
4. Transporte von Kernbrennstoffen und sonstigen radioaktiven Stoffen	630
a) Transporte von Kernbrennstoffen	630
b) Transporte sonstiger radioaktiver Stoffe	636
aa) nationale Beförderungen	636
bb) grenzüberschreitende Beförderungen	639
(1) Genehmigungsbedürftigkeit	639
(2) Anzeigebedürftigkeit grenzüberschreitender Beförderungen	640
(3) Genehmigungsvoraussetzung	641
(4) Zuständigkeit	642
c) Regelungen bei Verstößen gegen die Genehmigungspflicht	643
aa) Straftaten	643
bb) Ordnungswidrigkeiten	644

III. Besondere nationale Transportgenehmigungen **H. III**

	Rdnr.
5. Transporte von Waffen, die unter das Waffengesetz fallen	647
a) Erlaubnis- und Anmeldepflicht	647
aa) Verbringung in die BRD	648
bb) Transit durch die BRD	649
cc) Verbringung in einen anderen EU-Mitgliedstaat	650
dd) Anmeldepflicht bei Verbringung von Waffen und Munition aus einem Drittstaat	651
b) Zuständige Behörden	652
c) Straf- und Bußgeldvorschriften	653
aa) Strafvorschriften	653
bb) Bußgeldvorschriften	655
6. Transporte von Tieren	656
a) Voraussetzungen für den Transport lebender Tiere	656
aa) Maßgebliche gesetzliche Bestimmungen	657
bb) Wichtige Regelungen der VO (EG) Nr. 1/2005	658
cc) Wichtige Regelungen der TierSchTrV	664
dd) Zuständige Behörden	667
ee) Bußgeldbestimmungen	668
7. Groß- und Schwertransporte	670
a) Erlaubnispflicht nach §§ 46 und 29 Abs. 3 StVO	670
b) Ausnahmegenehmigungen nach § 70 StVZO	684
c) Bußgeldregelungen	686
aa) Nach der StVO	686
bb) Nach der StVZO	687

1. Nationale Sondererlaubnisse und Genehmigungen zum Transport bestimmter Güter sowie für Groß- und Schwertransporte

a) Sondererlaubnis für bestimmte Güter. Unabhängig von der Erlaubnispflicht des gewerblichen Güterverkehrs werden für den Transport bestimmter Güter wie Abfall, Waffen, radioaktive Stoffe oder Tiere zusätzliche Berechtigungen, deren Anforderungen sich aus der Art des Gutes ergeben, verlangt.   **576**

b) Sondererlaubnis für besonders große und schwere Transporte. Nachdem unsere Straßen für Fahrzeuge bestimmter Größen und Gewichte bestimmt sind, bedürfen Transporte, bei denen die üblichen Abmessungen und Gewichte der Fahrzeuge überschritten werden, ebenfalls besonderer Erlaubnisse. Damit sollen vor allem eine Gefährdung und Behinderung anderer Verkehrsteilnehmer, aber auch Schäden an anderen Einrichtungen und der Umwelt verhindert werden.   **577**

2. Transporte von Abfällen

Da Abfälle keine freigestellten Güter i. S. d. § 2 GüKG sind, bedarf es zum Transport einer Erlaubnis nach § 3 GüKG bzw. eine Gemeinschaftslizenz, sofern kein hoheitlicher Verkehr oder Werkverkehr vorliegt.   **578**

a) Voraussetzungen nach dem Kreislaufwirtschaftsgesetz (KrWG). aa) Definitionen. Dieses Gesetz vom 24.2.2012[1] ist an die Stelle des früheren Kreislaufwirtschafts- und Abfallgesetzes (KrW-/AbfG) getreten und setzt die Abfallrahmenrichtlinie[2] um. Die neue Regelung unterscheidet bei der Beförderung wie auch beim Sammeln, Handeln und bei einer Maklertätigkeit zwischen Abfällen (§ 53 Abs. 1 KrWG) und gefährlichen Abfällen (§ 54 Abs. 1 KrWG).   **579**

---

[1] BGBl. I S. 212, geändert durch § 44 Abs. 4 des Gesetzes vom 22.5.2013, BGBl. I 2013 S. 1324.
[2] ABl. L 312 vom 22.11.2008 S. 3.

H. III   Gewerberechtliche Vorschriften für den Transport von Gütern auf der Straße

580   Beförderer von Abfällen ist jede natürliche oder juristische Person, die gewerbsmäßig oder im Rahmen wirtschaftlicher Unternehmen, also bei anderweitigen gewerblichen oder wirtschaftlichen Tätigkeiten, die nicht auf die Beförderung von Abfällen ausgerichtet sind, Abfälle befördert (§ 3 Abs. 11 KrWG).

581   Gewerbsmäßig setzt nach dem EUGH[3] voraus, dass die Abfallbeförderung zumindest eine gewöhnliche regelmäßige Tätigkeit des Unternehmens darstellt, z.B. Beförderung von selbst erzeugten Abfällen, auch wenn kein Transportgewerbe ausgeübt wird.

582   Gefährliche Abfälle i.S.d. Gesetzes sind solche, die durch Rechtsverordnungen nach § 48 KrWG als solche bestimmt sind. Alle anderen Abfälle gelten i.S.d. Gesetzes als nicht gefährlich (§ 3 Abs. 5 KrWG).

583   *bb) Anzeigepflicht.* Beförderer von nicht gefährlichen Abfällen brauchen die Tätigkeit ihres Betriebs lediglich vor Geschäftsaufnahme der zuständigen Behörde anzuzeigen, soweit nicht eine Erlaubnis nach § 54 Abs. 1 KrWG vorliegt. Zuständig ist die Behörde des Landes, in dem der Beförderer seinen Hauptsitz hat (§ 53 Abs. 1 Satz 2 KrWG). Einzelheiten zur Anzeige regeln die § 7 und 8 der Anzeige- und Erlaubnisverordnung (AbfAEV)[4] mit Geltung ab 1.6.2014.

584   *(1) Zuverlässigkeit.* Es ist erforderlich, dass der Betriebsinhaber sowie die für die Leitung und Beaufsichtigung des Betriebs verantwortlichen Personen zuverlässig sind, d.h. sie müssen aufgrund ihrer persönlichen Eigenschaften, ihres Verhaltens und ihrer Fähigkeiten zur ordnungsgemäßen Erfüllung der ihnen obliegenden Aufgaben geeignet sein, so die Legaldefinition in § 3 Abs. 1 AbfAEV. Absatz 2 dieser Vorschrift bestimmt weiter, dass die erforderliche Zuverlässigkeit in der Regel nicht gegeben ist, wenn die betreffende Person innerhalb der letzten fünf Jahre vor Anzeige der Tätigkeitaufnahme oder der Beantragung der Erlaubnis wegen Verletzung von Vorschriften
- des Strafrechts über gemeingefährliche oder Umweltdelikte
- des Immissionsschutz-, Abfall-, Wasser-, Natur- und Landschaftsschutz-, Chemikalien- oder Atom- und Strahlenschutzrechts oder
- des Gewerbe-, Arbeitsschutz- oder Gefahrgutrechts, des Betäubungsmittel-, Waffen- oder Sprengstoffrechts

zu einer Strafe verurteilt oder mit einer Geldbuße von mehr als 2.500 € belegt wurde. Entsprechendes gilt, wenn die betreffende Person wiederholt oder grob pflichtwidrig gegen die genannten Vorschriften verstoßen hat.

585   *(2) Fachkundigkeit der leitenden Personen.* Weiter müssen der selbst für die Leitung des Betriebs verantwortliche Inhaber sowie die für die Leitung und Beaufsichtigung verantwortliche Person und das sonstige Personal über die für ihre Tätigkeit erforderliche Fach- und Sachkunde verfügen (§ 53 Abs. 3 KrWG). Für die Fachkunde von Anzeigepflichtigen gelten nach § 4 AbfAEV geringere Voraussetzungen als bei Erlaubnispflichtigen, also solchen Betrieben, die die Beförderung von gefährlichen Abfällen durchführen. Voraussetzungen sind durch eine zweijährige praktische Tätigkeit erworbene Kenntnisse im Bereich der vom Betrieb angezeigten Tätigkeit (§ 5 AbfAEV).

586   Dabei geht es einmal um Grundkenntnisse zum Kreislaufwirtschaftsgesetz, insbesondere zu dessen Anwendungsbereich, zu den wichtigsten Begriffen der Abfallhierarchie, zu den Getrennthaltungspflichten, zum Anzeige- und Erlaubnisverfahren, zur Kennzeichnung von Fahrzeugen und zu den Bußgeldvorschriften. Weiter geht es um

---

[3] Urteil vom 9.6.2005 Rs C 270-3.
[4] BGBl. I 2013 S. 33.

III. Besondere nationale Transportgenehmigungen

die zu dem Gesetz erlassenen Rechtsverordnungen, das Recht der Abfallverbringung, um Art und Beschaffenheit von gefährlichen Abfällen, Vorschriften des Umweltrechts, die für die Beförderung von Abfällen von Bedeutung sind und um Bezug zum Güterkraftverkehrs- und Gefahrgutrecht sowie um die betriebliche Haftung. Eine einjährige praktische Tätigkeit reicht aus, wenn die betroffene Person auf einem Fachgebiet, dem der Betrieb hinsichtlich seiner Tätigkeit zuzuordnen ist, eine Hochschule- oder Fachhochschule abgeschlossen hat, eine kaufmännische oder technische Fachschul- oder Berufsausbildung besitzt oder eine Qualifikation als Meister vorweisen kann.[5]

Nach § 4 Abs. 3 AbfAEV kann die notwendige Fachkunde auch durch Besuch eines vor Aufnahme der Tätigkeit abgeschlossenen Lehrgangs, in dem Kenntnisse entsprechend der Anlage 1 zu dieser Verordnung vermittelt werden, erworben und nachgewiesen werden. 587

(3) Aufgaben der Verwaltungsbehörde (§ 3 Abs. 3 KrWG). Wenn dies zur Wahrung des Wohles der Allgemeinheit erforderlich ist, kann die zuständige Behörde die angezeigte Tätigkeit nach Satz 1 von Bedingungen abhängig machen, sie zeitlich befristen oder mit Auflagen versehen. Es handelt sich dann um eigenständige Verwaltungsakte, mit denen Störungen des Gemeinwohls durch die ausgeübte Tätigkeit vermieden werden sollen. 588

Soweit es um das Wohl der Allgemeinheit geht, handelt es sich um einen unbestimmten Rechtsbegriff. Daher liegt die Entscheidung nicht im Ermessen der Behörde, sondern ist durch die Verwaltungsgerichte uneingeschränkt überprüfbar.[6] 589

Im Übrigen kann die Behörde in Ausübung ihres Ermessens auch Unterlagen zur Zuverlässigkeit und zur Fachkunde anfordern. 590

Über die Anordnungen nach Satz 1 hinaus ist gemäß Satz 3 auch der Erlass einer Untersagungsverfügung als stärkstes Eingriffsmittel gerechtfertigt, wenn Tatsachen bekannt sind, aus denen sich Bedenken gegen die Zuverlässigkeit des Anzeigenden ergeben oder wenn die Fachkunde nach Absatz 2 Satz 2 nicht hinreichend nachgewiesen wurde.[7] 591

(4) Nachweise aus einem anderen Mitgliedstaat der EU. Die Absätze 4 und 5 regeln, wie Nachweise zur Zuverlässigkeit und Fachkunde aus anderen Mitgliedstaaten zu behandeln sind. 592

cc) *Erlaubnispflicht.* Geht es um gefährliche Abfälle (§ 3 Abs. 5 KrWG) besteht eine einheitliche **Erlaubnispflicht** für Beförderer, Sammler, Händler und Makler gemäß § 54 Abs. 1 KrWG. 593

(1) Anspruch auf Erteilung. Antragsteller haben Anspruch auf Erteilung der Erlaubnis, wenn die grundlegenden Voraussetzungen der Zuverlässigkeit und Sach- und Fachkunde erfüllt sind. 594

Die Voraussetzungen entsprechen denen des § 53 Abs. 2 KrWG (vgl. oben Rdnr. 584ff.). Zuständig ist ebenfalls die Behörde des Landes, in dem der Anspruchsteller seinen Hauptsitz hat. 595

(2) Zuverlässigkeit. Für die Zuverlässigkeit gelten die gleichen Voraussetzungen wie bei der Anzeigepflicht (vgl. oben Rdnr. 584). 596

(3) Fachkundigkeit. Bei erlaubnispflichtigen Beförderungen ist zum Nachweis der Fachkunde zusätzlich zu den während einer zweijährigen praktischen Tätigkeit er- 597

---

[5] Vgl. BT-Drucks. 17/7505 S. 119 K.
[6] Vgl. oben H. II Rdnr. 244.
[7] Vgl. BT-Drucks. 17/6052 S. 98.

H. III Gewerberechtliche Vorschriften für den Transport von Gütern auf der Straße

worbenen Kenntnissen die Teilnahme an mindestens einem von der zuständigen Behörde anerkannten Lehrgang, in dem die Kenntnisse entsprechend der Anlage 1 zur AbfAEV vermittelt werden, erforderlich (§ 6 Abs. 1 AbfAEV). Die Verkürzungsmöglichkeit der praktischen Tätigkeit auf ein Jahr bei entsprechender Ausbildung gilt ebenso wie bei der Anzeigepflicht.

598 Die Fachkundevoraussetzungen sind auch dann erfüllt, wenn sich die erworbenen Kenntnisse auf das Sammeln, den Handel oder eine Maklertätigkeit bezüglich gefährlicher Abfälle beziehen (§ 6 Abs. 2 AbfAEV).

599 Weiter müssen die für die Leitung und Beaufsichtigung des Betriebs verantwortlichen Personen mindestens alle drei Jahre an einem von der zuständigen Behörde anerkannten Lehrgang teilnehmen, um ihren Wissensstand zu aktualisieren.

600 *(4) Nebenbestimmungen.* Wie bei einer angezeigten Tätigkeit kann die Behörde auch die Erlaubnis mit Nebenbestimmungen versehen, wenn es zur Wahrung des Wohls der Allgemeinheit erforderlich ist (vgl. oben Rdnr. 588).

601 *(5) Ausnahmen von der Erlaubnispflicht.* Ausgenommen von der Erlaubnispflicht sind nur öffentlich-rechtliche Entsorgungsträger sowie Entsorgungsfachbetriebe i. S. d. § 56 KrWG, soweit sie für die erlaubnispflichtige Tätigkeit zertifiziert sind.

602 Nicht ausgenommen von der Erlaubnispflicht sind daher von öffentlich-rechtlichen Entsorgungsträgern beauftragte Dritte. Dies gilt entsprechend auch für die Anzeigepflicht.

603 *(6) Nachweise aus einem anderen Mitgliedstaat der EU.* Die Behandlung solcher Nachweise ist in § 53 Abs. 4 und 5 KrWG geregelt.

604 *dd) Erlass von Rechtsverordnungen zur Anzeige- und Erlaubnispflicht.* Die Bundesregierung ist nach Anhörung der beteiligten Kreise (§ 68 KrWG) mit Zustimmung des Bundesrats ermächtigt, Vorschriften zum Anzeigeverfahren (§ 53 Abs. 6 Nr. 1 KrWG), zum Erlaubnisverfahren (§ 54 Abs. 7 Nr. 1 KrWG) zu erlassen, anzuordnen, dass diese Verfahren elektronisch zu führen sind, bestimmte Tätigkeiten von der Anzeige-/Erlaubnispflicht auszunehmen, Anforderungen an die Anzeige-/Erlaubnispflichtigen und deren Tätigkeit zu bestimmen, die sich aus dem Gemeinschaftsrecht ergeben und anzuordnen, welche Unterlagen bei der Beförderung von Abfällen mitzuführen sind.

605 **b) Weitere wichtige abfallrechtliche Regelungen.** *aa) Regelung zur Sachkunde des sonstigen Personals i. S. d. § 53 Abs. 2 bzw. § 54 Abs. 1 Satz 2 Nr. 2 KrWG.* Die Sachkunde des sonstigen Personals ist nach § 6 AbfAEV gegeben, wenn es auf der Grundlage eines Einarbeitungsplans betrieblich eingearbeitet wird und über den für die jeweilige Tätigkeit notwendigen aktuellen Wissensstand verfügt.

606 Soweit es zur Wahrung des Wohls der Allgemeinheit erforderlich ist, kann die zuständige Behörde anordnen, dass ihr ein schriftlicher Einarbeitungsplan vorzulegen ist.[8]

607 *bb) Anzeigeverfahren bei Abfällen.* Das Verfahren ist in den § 7 und 8 AbfAEV geregelt.

608 *cc) Erlaubnisverfahren bei gefährlichen Abfällen.* Das Verfahren ist in den §§ 9 bis 11 AbfAEV geregelt.

609 *dd) Ausnahmen von der Erlaubnispflicht.* Welche Beförderer von der Erlaubnispflicht nach § 54 Abs. 1 Satz 1 KrWG ausgenommen sind, ergibt sich ungeachtet der

---
[8] Vgl. BT-Drucks. 17/7505 S. 119.

III. Besondere nationale Transportgenehmigungen H. III

Regelungen des § 54 Abs. 3 KrWG und weiterer aufgeführter gesetzlicher Regelungen aus der Auflistung in § 12 Abs. 1 AbfAEV.

Abweichend von Absatz 1 kann die zuständige Behörde die Durchführung eines Erlaubnisverfahrens nach § 54 KrWG anordnen, wenn dies zur Wahrung des Wohls der Allgemeinheit erforderlich ist, wobei die Entscheidung der Behörde gerichtlich überprüfbar ist.[9]   610

ee) Mitführungspflichten. (1) Bei einer anzeigepflichtigen Tätigkeit haben die Beförderer von Abfällen gemäß § 13 Abs. 1 AbfAEV bei Ausübung ihrer Tätigkeit eine Kopie der Anzeige und im Fall der elektronischen Anzeige der Bestätigung der erfolgten Anzeige mitzuführen.   611

Als Entsorgungsfachbetriebe zertifizierte Beförderer von gefährlichen Abfällen, die von der Anzeigepflicht ausgenommen sind, haben eine Kopie des aktuell gültigen Zertifikats nach § 56 Abs. 3 KrWG mitzuführen.   612

(2) Bei einer erlaubnispflichtigen Tätigkeit hat der Beförderer von gefährlichen Abfällen eine Kopie oder einen Ausdruck der Erlaubnis mitzuführen (§ 13 Abs. 2 AbfAEV).   613

Die Pflicht der Mitführung der Unterlagen gemäß Absatz 1 und 2 entfällt bei einem Transport mit Schienenfahrzeugen.   614

ff) Kennzeichnung der Fahrzeuge, mit denen Abfälle auf öffentlichen Straßen befördert werden. Beförderer, die nicht nur im Rahmen wirtschaftlicher Unternehmen Abfälle auf öffentlichen Straßen befördern, haben ohne Unterscheidung zwischen ‚einfachen' und gefährlichen Abfällen ihre Fahrzeuge mit zwei weißen Warntafeln (A-Schildern) zu versehen (§ 55 Abs. 1 KrWG). Dies gilt auch für Entsorgungsfachbetriebe.   615

gg) Übergangsvorschriften. Unbefristete Altgenehmigungen zur Abfallbeförderung nach § 49 KrW/AbfW i.V.m. § 1 Transportgenehmigungsverordnung[10] (TgV) gelten ohne Enddatum weiter, befristete Transportgenehmigungen bis zum Ende ihrer Befristung als solche nach § 54 Abs. 1 KrWG (§ 72 Abs. 5 KrWG).   616

c) Bußgeldbestimmungen. Wer ohne Erlaubnis nach § 54 Abs. 1 KrWG gefährliche Abfälle befördert oder entgegen einer vollziehbaren Untersagung nach § 53 Abs. 3 KrWG eine anzeigepflichtige Beförderungstätigkeit fortsetzt, kann nach § 69 Abs. 1, Nr. 6 bzw. Nr. 7, Abs. 3 mit einer Geldbuße bis zu 100.000 € belegt werden.   617

Demjenigen, der einer vollziehbaren Anordnung nach § 4 Abs. 5 AbfAEV zuwiderhandelt, z.B. Anordnung der Teilnahme an einem Lehrgang zum Erwerb fachlicher Kenntnisse, droht gemäß § 15 AbfAEV i.V.m. § 69 Abs. 2 Nr. 15 KrWG eine Geldbuße bis 10.000 €.   618

3. Transporte von Kriegswaffen

a) Genehmigungspflicht. aa) Beförderung innerhalb des Bundesgebiets. Kriegswaffen dürfen innerhalb des Bundesgebiets außerhalb eines geschlossenen Geländes nach § 3 Abs. 1 **Kriegswaffenkontrollgesetz**[11] (KWKG) nur mit einer Genehmigung befördert werden.   619

Daneben ist die allgemeine Erlaubnis zur Durchführung von gewerblichem Güterkraftverkehr nach § 3 GüKG erforderlich.   620

---

[9] Vgl. dazu oben H. II Rdnr. 244.
[10] BGBl. I 1996 S. 1411 und *Hein/Eichhoff/Pukall/Krien*, G 289.
[11] Abgedruckt in BGBl. I 1990 S. 2506, letzte Änderung BGBl. I 1994 S. 3186 und in *Hein/Eichhoff/Pukall/Krien*, G 360 (auszugsweise).

H. III Gewerberechtliche Vorschriften für den Transport von Gütern auf der Straße

621 Der Genehmigung nach dem KWKG bedürfen sowohl der Beförderlasser/Antragsteller als auch der Beförderer.

622 Für bestimmte Transporte, z.B. Transittransporte, zum Zweck der Einfuhr an die Bundeswehr oder von zertifizierten Unternehmen kann eine allgemeine Genehmigung erteilt werden (§ 3 Abs. 4 KWKG).

623 Der in dem Antrag auf Erteilung der Genehmigung zu bezeichnende Beförderer ist der Frachtführer, der den Transport tatsächlich durchführt. Wird der Transport von mehreren Frachtführern auf Teilstrecken durchgeführt, müssen alle benannt werden. Nicht Beförderer i.S.d. KWKG ist z.B. der Spediteur, da er nicht der Adressat der Pflichten dieses Gesetzes ist, nämlich die Gefahren auszuschalten oder zumindest zu verringern, die typischerweise mit dem Transport solcher Waffen verbunden sind.

624 *bb) Beförderung außerhalb des Bundesgebiets.* Auch wer Kriegswaffen, die außerhalb des Bundesgebiets ein- und ausgeladen werden und bei denen auch kein Transit durch das Bundesgebiets stattfindet, mit Seeschiffen, die die Bundesflagge führen oder mit Luftfahrzeugen, die in die Luftfahrzeuge der BRD eingetragen sind, befördern will, bedarf nach § 4 Abs. 1 KWKG einer Genehmigung. Für Transporte in und nach bestimmten Gebieten kann auch eine allgemeine Genehmigung erteilt werden.

625 *cc) Kein Rechtsanspruch auf Erteilung einer Genehmigung.* Auf die Erteilung einer Genehmigung besteht nach § 6 Abs. 1 KWKG kein Rechtsanspruch. Eine beispielhafte Aufzählung von Versagungsgründen enthalten die Absätze 2 und 3 dieser Vorschrift. Außer bei fehlender Zuverlässigkeit kommt eine Versagung infrage, wenn die Erteilung den Staatsinteressen zuwiderlaufen würde, wenn der Antragsteller oder Beförderer kein Deutscher ist oder seinen Wohnsitz oder gewöhnlichen Aufenthalt außerhalb der der BRD hat oder die Gefahr besteht, dass die Kriegswaffen bei einer friedensstörenden Handlung eingesetzt werden oder durch die Erteilung der Genehmigung völkerrechtliche Verpflichtungen der BRD verletzt oder deren Erfüllung gefährdet würde.

626 *dd) Weitere Bestimmungen.* Für Transittransporte von Kriegswaffen durch die Bundesrepublik Deutschland unter Zollüberwachung und ohne Wechsel des Frachtführers kann eine „Allgemeine Genehmigung" nach § 3 Abs. 4 KWKG erteilt werden.

627 Einzelheiten, auf die hier nicht näher eingegangen werden soll, regeln die 1. und 2. Verordnung über Allgemeine Genehmigungen nach dem Gesetz über die Kontrolle von Kriegswaffen.[12] Im Übrigen bleiben Verpflichtungen aus zwischenstaatlichen Verträgen gemäß § 27 KWKG von diesem Gesetz unberührt. Zuständige Behörde für die nur auf Antrag zu erteilende Genehmigung und deren Widerruf ist die Bundesregierung, die einzelne Zuständigkeiten an verschiedene Bundesministerien übertragen kann (§ 11 KWKG).

628 *b) Verstöße gegen die Genehmigungspflicht. aa) Straftaten.* Wer Transporte von Kriegswaffen ohne Genehmigung durchführt oder durchführen lässt – also auch ein Verbot für den Auftraggeber – begeht eine Straftat, die nach § 22a Abs. 1 Nr. 3 KwKG mit einer Freiheitsstrafe bis zu fünf Jahren bestraft wird, in besonders schweren Fällen bis zu zehn Jahren.

629 *bb) Ordnungswidrigkeit.* Wer bei der Übergabe von Kriegswaffen zur Beförderung **vorsätzlich oder fahrlässig** eine Ausfertigung der Genehmigungsurkunde nicht übergibt oder bei der Beförderung nicht mitführt, begeht eine Ordnungswidrigkeit,

---

[12] Vgl. *Pottmeyer*, Kommentar zum Kriegswaffenkontrollgesetz, 2. Aufl., Rdnr. 170 ff.

III. Besondere nationale Transportgenehmigungen   H. III

die gemäß § 22b Abs. 2 KwKG mit eine Geldbuße bis zu 5.000 € geahndet werden kann.

4. Transporte von Kernbrennstoffen und sonstigen radioaktiven Stoffen

a) Transporte von Kernbrennstoffen. Wer Kernbrennstoffe i.S.d. Atomgesetzes[13] 630 (AtG) außerhalb eines abgeschlossenen Geländes befördert, bedarf einer Genehmigung nach § 4 AtG neben der Erlaubnis nach § 3 GüKG, da das neue GüKG, anders als § 1 Nr. 12 der alten Freistellungs-Verordnung GüKG die Transporte von radioaktiven Stoffen nicht freistellt.

Die Genehmigungsvoraussetzungen sind in Absatz 2 abschließend aufgeführt. Sind 631 sie erfüllt, nämlich
- Zuverlässigkeit des Antragstellers, des Beförderers und der den Transport ausführenden Personen,
- Gewährleistung der Sachkunde der ausführenden Personen,
- Gewährleistung der Einhaltung der Vorschriften über den Transport gefährlicher Güter bzw. der erforderlichen Vorsorge gegen Schäden nach dem Stand von Wissenschaft und Technik,
- Vorsorge für die Erfüllung gesetzlicher Schadenersatzverpflichtungen durch Versicherungsschutz oder sonstige finanzielle Sicherheiten,
- Schutz gegen Störmaßnahmen oder sonstige Einwirkungen Dritter,
- kein Entgegenstehen überwiegender öffentlicher Interessen bezüglich Art, Zeit und Weg der Beförderung, ist die beantragte Genehmigung zu erteilen.

Die Genehmigung kann für jeden einzelnen Beförderungsvorgang, aber auch allgemein für längstens drei Jahre erteilt werden (Absatz 4). 632

Die Ausfertigung oder eine öffentlich beglaubigte Kopie der Genehmigung sind bei 633 der Beförderung mitzuführen (Absatz 5).

Bei grenzüberschreitenden Beförderungen sind gemäß § 4a AtG besondere Regeln 634 für die Deckungsvorsorge nach internationalen Abkommen zu beachten, auf die hier im Einzelnen nicht eingegangen werden kann.

Zuständig für die Erteilung der Genehmigung zum Transport von Kernbrennstoffen und Großquellen ist gemäß § 23 Abs. 1 Nr. 3 AtG entgegen der früheren Regelung nunmehr das **Bundesamt für Strahlenschutz**. 635

b) Transporte sonstiger radioaktiver Stoffe. aa) Nationale Beförderungen. Die Beförderung von sonstigen radioaktiven Stoffen bedarf einer Genehmigung nach § 16 Strahlenschutzverordnung (StrSchV)[14], soweit keine Ausnahmeregelung des § 17 dieser Verordnung greift. 636

Eine Genehmigung nach § 4 AtG deckt gemäß § 16 Abs. 2 StrSchV auch eine genehmigungspflichtige Beförderung sonstiger radioaktiver Stoffe ab, soweit es sich um denselben Beförderungsvorgang handelt, so dass eine weitere Genehmigung nicht erforderlich ist. 637

Die Genehmigungsvoraussetzungen, die denen des § 4 Abs. 2 AtG nachgebildet 638 sind, ergeben sich aus § 18 StrSchV.

bb) Grenzüberschreitende Beförderungen. (1) Genehmigungsbedürftigkeit. Welche Tätigkeiten genehmigungspflichtig sind, ergibt sich aus § 19 Abs. 1 und 2 StrSchV. Wenn sich eine Genehmigung nach § 3 Abs. 1 AtG auch auf eine Beförderungstätigkeit ge- 639

---

[13] BGBl. I 1985 S. 1565, zuletzt geändert durch Art. 5 des Gesetzes vom 28.8.2013 S.331.
[14] BGBl. I 2001 S. 1714, zuletzt geändert durch Art. 5 Abs. 7 des Gesetzes vom 24.2.2012, BGBl. I 2012, S. 212.

mäß Abs. 1 oder 2 erstreckt, ist eine Genehmigung nach diesen Vorschriften nicht erforderlich.

640 *(2) Anzeigebedürftigkeit grenzüberschreitender Beförderungen.* Auch nicht nach § 19 Abs. 1 und 2 StrSchV genehmigungspflichtige Beförderungen sind der zuständigen Behörde nach § 20 StrSchV anzuzeigen.

641 *(3) Genehmigungsvoraussetzung.* Die Voraussetzungen für die Erteilung der Genehmigung nach § 19 Abs. 1 sind in § 22 StrSchV geregelt. Erforderlich sind die Zuverlässigkeit des Beförderers und Vorsorgemaßnahmen dahingehend, dass die radioaktiven Stoffe nach der Beförderung nur von Personen erworben werden, die die dafür erforderliche Genehmigung besitzen.

642 *(4) Zuständigkeit.* Soweit keine Zuständigkeit des Bundesamtes für Strahlenschutz gemäß § 23 Abs. 2 Nr. 3 besteht, sind gemäß § 24 AtG für die Erteilung der Genehmigungen zur Beförderung auf der Straße Landesbehörden zuständig, wobei die Zuständigkeit in den einzelnen Bundesländern unterschiedlich geregelt ist.

643 *c) Regelungen bei Verstößen gegen die Genehmigungspflicht. aa) Straftaten.* Wer Kernbrennstoffe grob pflichtwidrig oder sonstige radioaktive Stoffe befördert, die nach Art, Beschaffenheit oder Menge geeignet sind, den Tod oder schwere Krankheiten eines Anderen herbeizuführen, wird mit Freiheitsstrafe bis zu fünf Jahre oder Geldstrafe nach § 328 Abs. 1 Strafgesetzbuch (StGB) bestraft.

644 *bb) Ordnungswidrigkeiten.* Wer seiner Verpflichtung zur Mitführung des Genehmigungsbescheides oder dessen Vorlage nicht nachkommt, begeht eine Ordnungswidrigkeit, die nach § 46 Abs. 1 Nr. 5 AtG mit einer Geldbuße bis 500,- € geahndet werden kann.

645 Wer Kernmaterialien befördert, ohne die nach § 4b Abs. 1 Satz 1 oder 2 AtG erforderliche Deckungsvorsorge nachgewiesen zu haben, begeht eine Ordnungswidrig nach § 46 Abs. 1 Nr. 1 AtG, die mit einer Geldbuße bis 50.000 € geahndet werden kann.

646 Darüber hinaus handelt derjenige ordnungswidrig nach § 116 Abs. 1 Nr. 1e) StrSchV i.V.m. § 46 Abs. 1 Nr. 4 AtG, der Kernbrennstoffe oder sonstige Stoffe ohne Genehmigung nach § 16 Abs. 1 StrSchV befördert. Hier kann eine Geldbuße bis 50.000 € verhängt werden.

5. Transporte von Waffen, die unter das Waffengesetz[15] (WaffG) fallen

647 *a) Erlaubnis- und Anmeldepflicht.* Die Verbringung von Waffen in den, durch den oder aus dem Geltungsbereich dieses Gesetzes ist in den §§ 29 bis 33 WaffG geregelt.

648 *aa) Verbringung in die BRD.* Wer Schusswaffen oder Munition nach Anlage 1 Abschnitt 3 Kategorien A12 bis D oder sonstige erlaubnispflichtige Waffen oder Munition in die BRD verbringen will, bedarf einer Erlaubnis. Diese kann erteilt werden, wenn der Empfänger zum Erwerb oder Besitz berechtigt ist und ein sicherer Transport gewährleistet werden kann (§ 29 Abs. 1 WaffG). Bei einer Verbringung aus einem anderen EU-Mitgliedstaat stellt sie die Zustimmung zur dortigen Ausfuhrerlaubnis dar.

649 *bb) Transit durch die BRD.* Voraussetzung für eine Transiterlaubnis ist, dass der sichere Transport durch einen zum Erwerb oder Besitz der Waffen oder Munition Berechtigten gewährleistet ist (§ 30 WaffG). Soll die Verbringung von einem Drittstaat

---

[15] Waffengesetz vom 11.10.2002 /BGBl. I 2002, S. 4592, 2003 S. 1957.

III. Besondere nationale Transportgenehmigungen   H. III

in einen anderen EU-Mitgliedstaat erfolgen, ist dessen vorherige Zustimmung erforderlich.

cc) Verbringung in einen anderen EU-Mitgliedstaat. Die Erteilung einer Erlaubnis 650 setzt neben Gewährleistung eines sicheren Transports durch einen Berechtigten die vorherige Zustimmung des anderen EU-Mitgliedstaats voraus, soweit nach dessen Recht eine Zustimmung erforderlich ist (§ 31 Abs. 1 WaffG). Gewerbsmäßigen Waffenherstellern oder -händlern kann allgemein eine Erlaubnis nach Absatz 2 für eine Dauer von höchstens drei Jahren erteilt werden.

dd) Anmeldepflicht für Verbringung von Waffen und Munition aus einem Drittstaat. 651 Waffen oder Munition i.S.d. § 29 Abs. 1 WaffG, die aus einem Drittstaat stammen und in oder durch die BRD verbracht werden sollen, sind nach § 33 Abs. 1 WaffG beim Verbringen bei der zuständigen deutschen Überwachungsbehörde gemäß Absatz 3 anzumelden.

b) Zuständige Behörden. Örtlich zuständig für die Erteilung erforderlicher Erlaub- 652 nisse i.S.d. §§ 29ff. WaffG sind die in § 49 Abs. 1 WaffG aufgeführten Behörden.

c) Straf- und Bußgeldvorschriften. aa) Strafvorschriften. Nach § 52 Abs. 1 Nr. 2 653 Buchstabe d) WaffG wird derjenige, der ohne Erlaubnis nach § 2 Abs. 2 i.V.m. § 29 Abs. 1, 30 Abs 1 oder 32 Abs. 1 eine Schusswaffe oder Munition in oder durch die BRD verbringt, mit einer Freiheitsstrafe von sechs Monaten bis zu fünf Jahren bestraft. Bereits der Versuch ist strafbar.

Ein Verstoß gegen § 2 Abs. 2 i.V.m. § 31 Abs. 1 WaffG, Verbringung einer dort genann- 654 ten Schusswaffe oder Munition in einen anderen EU-Mitgliedstaat ohne erforderliche Erlaubnis, wird mit Freiheitsstrafen bis zu drei Jahren oder Geldstrafe bestraft.

bb) Bußgeldvorschriften. Wer seine Anzeigepflicht gemäß § 31 Abs. 2 Satz 3 WaffG 655 nicht erfüllt oder eine Schusswaffe oder Munition entgegen § 33 Abs. 1 Satz 1 WaffG nicht anmeldet, begeht eine Ordnungswidrigkeit gemäß § 53 Abs. 1 Nr. 7 bzw. Nr. 15 WaffG, die mit einer Geldbuße bis zu 10.000 € geahndet werden kann.

6. Transporte von Tieren

a) Voraussetzungen für den Transport lebender Tiere. Die Bestimmungen über 656 den Tiertransport sind vor allem durch das Gemeinschaftsrecht wesentlich erweitert und verschärft worden, so dass hier nur ein allgemeiner Überblick über die wichtigsten Regelungen gegeben werden kann.

aa) Maßgebliche gesetzliche Bestimmungen. Maßgeblich sind als vorrangiges 657 Gemeinschaftsrecht die VO (EG) Nr. 1/2005 vom 22.12.2004[16] und dazu die zu ihrer Durchführung geänderte neue Fassung der Tierschutztransportverordnung (TierSchTrV) vom 12.2.2009.

bb) Wichtige Regelungen der VO (EG) Nr. 1/2005. Die EU-VO regelt nach Art. 1 den 658 Transport lebender Wirbeltiere innerhalb der Gemeinschaft mit einer Reihe von Definitionen in Art. 2. Transportunternehmer i.S.d. Art. 6 bedürfen einer Zulassung der zuständigen Behörde gemäß Art. 10 Abs. 1 oder für lange Beförderungen (nach Art. 2 Buchstabe m) solche, die insgesamt acht Stunden überschreiten) gemäß Art. 11 Abs. 1. Sie haben nach Art. 6 dafür Sorge zu tragen, dass jede Tiersendung von einem Betreuer begleitet wird, es sei denn, die Tiere werden in geeigneten Transportbehältern gemäß Buchstabe a) befördert oder der Fahrer übernimmt die Betreuung.

---

[16] ABl. L 3 vom 5.1.2005 S. 1.

H. III Gewerberechtliche Vorschriften für den Transport von Gütern auf der Straße

659 Die Zulassung setzt nach Art. 10 voraus, dass EU-Antragsteller in dem Mitgliedstaat, in dem sie Zulassung beantragen, ansässig sind, über ausreichend geeignetes Personal sowie über angemessene Ausrüstungen und Verfahren verfügen, um die Anforderungen der Verordnung zu erfüllen und nicht bekannt ist, dass von ihnen oder ihren Vertretern innerhalb von drei Jahren ernsthafte Verstöße gegen gemeinschaftsrechtliche oder nationale Tierschutzvorschriften begangen wurden.

660 Die Zulassung wird nach Art. 10 Absatz 2 für höchstens fünf Jahre erteilt. Für die Zulassung nach Art. 11 für lange Beförderungen hat der Antragsteller darüber hinaus die dort in Abs. 1 Buchstabe b) aufgeführten Papiere einzureichen, wozu insbesondere ein Zulassungsnachweis gemäß Art. 18 Abs. 2 für Transportmittel für lange Beförderungen gehört. Transportunternehmer dürfen die Zulassungen gemäß Art. 10 oder 11 nur bei einer Behörde in einem Mitgliedstaat beantragen (Art. 12).

661 Personen, die Tiere transportieren, haben gemäß Art. 4 im Transportmittel Papiere mitzuführen, aus denen Herkunft und Eigentümer der Tiere, Versandort, Tag und Uhrzeit des Beginns der Beförderung, vorgesehener Bestimmungsort und voraussichtliche Dauer der geplanten Beförderung hervorgehen.

662 Bezüglich der Schulung des Personals und der Befähigungsnachweise für Fahrer und Betreuer sind die Anhänge zu der EU-VO zu beachten.

663 Bei Verstößen gegen Vorschriften dieser VO kann die zuständige Behörde Dringlichkeitsmaßnahmen gemäß Art. 23 ergreifen, z. B. einen Wechsel des Fahrers oder Betreuers, ein Umladen der Sendung auf ein anderes Transportmittel oder die Rücksendung der Tiere anordnen.

cc) Wichtige Regelungen der Tierschutztransportverordnung (TierSchTrV). Gemäß § 3 dieser Verordnung brauchen bei innerstaatlichen Beförderungen die Straßentransportmittel nicht alle Voraussetzungen der EU-VO erfüllt zu werden.

664 § 4 regelt, bei welchen Ausbildungen zusätzlich zu den in Art. 17 Abs. 2 VO (EG) Nr. 1/2005 aufgeführten Fällen ein Befähigungsnachweis im Inland erteilt wird.

665 Der Abschnitt 2 enthält Regeln über den Transport in Behältnissen, der Abschnitt 3 besondere Vorschriften zum Schutz von Nutztieren beim innerstaatlichen Transport und der Abschnitt 4 besondere Vorschriften zum Schutz von anderen Tieren als Nutztieren, z. B. Meeressäugetieren, Vögeln oder wirbellosen Tieren.

666 In Abschnitt 5 sind Bestimmungen für grenzüberschreitende Transporte enthalten. Abschnitt 6 betrifft die Befugnisse der Behörde, insbesondere bezüglich Kontrollen und Ordnungswidrigkeiten.

667 *dd) Zuständige Behörden.* Ein Rückschluss aus § 22 TierSchTrV ergibt, dass die Behörden der einzelnen Länder zuständig sind, häufig die Kreisveterinärämter.

668 *ee) Bußgeldbestimmungen.* In Art. 21 Abs. 3 TierSchTrV ist eine Vielzahl von Ordnungswidrigkeitstatbeständen im Zusammenhang mit Tiertransporten aufgeführt.

669 Nach § 18 Abs. 3 Nr. 2 Buchstabe c) TierSchG[17] können diese Verstöße in einigen Fällen mit einer Geldbuße bis 25.000 €, ansonsten bis 5.000 € geahndet werden.

7. Groß- und Schwertransporte

670 *a) Erlaubnispflicht nach §§ 46 und 29 Abs. 3 StVO.* Der Groß- und Schwerverkehr, d. h. der Transport von Gütern mit Fahrzeugen, deren Abmessungen, Achslast oder

---

[17] In der Fassung der Bekanntmachung vom 26.4.2012 (BGBl. I 2012 S. 679), zuletzt geändert durch Art. 4 Abs. 90 des Gesetzes vom 7.8.2013 (BGBl. I 2013 S. 3154).

III. Besondere nationale Transportgenehmigungen H. III

Gesamtgewicht die nach der Straßenverkehrszulassungsordnung[18] (StVZO) allgemein zulässigen Grenzen überschreiten oder bei denen das Sichtfeld eingeschränkt ist, ist auf öffentlichen Straßen erlaubnispflichtig (§§ 29 Abs. 3 und 46 Straßenverkehrsordnung (StVO)).[19]

Einzelheiten sind weitgehend in den Verwaltungsvorschriften zu §§ 29 und 46 StVO geregelt. 671

Ist z.B. lediglich die Ladung zu hoch oder zu breit oder ragt sie nach vorne oder hinten zu weit heraus, reicht eine Ausnahmegenehmigung nach § 46 StVO von den Bestimmungen der §§ 18 Abs. 1, 22 StVO aus. Diese Ausnahmegenehmigung kann unter bestimmten Voraussetzungen auch als Dauerausnahmegenehmigung befristet auf längstens drei Jahre erteilt werden. 672

Eine Erlaubnis nach § 29 Abs. 3 StVO ist erforderlich, wenn bei konkretem Einsätzen die Fahrzeuge selbst die zulässigen Grenzen, insbesondere das Gewicht tatsächlich überschreiten. 673

Eine Ausnahmegenehmigung nach § 70 StVZO für derartige Fahrzeuge kann die Erlaubnis nach § 29 Abs. 3 StVO mit konkreten örtlichen und zeitlichen Angaben nicht ersetzen. 674

Anträge auf eine Erlaubnis nach § 29 Abs. 3 StVO oder eine Ausnahmegenehmigung gemäß § 46 StVO sollen wegen der erforderlichen Bearbeitungszeit mindestens zwei Wochen vorher gestellt werden. 675

Voraussetzung für die Erteilung einer Erlaubnis nach § 29 Abs. 3 StVO ist, 676
- dass der Verkehr nicht ohne unzumutbare Mehrkosten auf der Schiene oder auf dem Wasser möglich ist;
- für den gesamten Fahrweg geeignete Straßen zur Verfügung stehen und
- es um die Überführung eines Sonderfahrzeuges geht oder
- um unteilbare Ladung.

Die gleichen Voraussetzungen gelten im Wesentlichen auch für die Erteilung einer Ausnahmegenehmigung gemäß § 46 StVO. 677

Die Anträge müssen technische Daten über Fahrzeuge und Ladung und die amtlichen Kennzeichen von Zugfahrzeugen und Anhängern/Aufliegern enthalten. Teilweise sind auch noch andere Behörden anzuhören. 678

Die Zuständigkeit für die Erteilung einer Erlaubnis nach § 29 Abs. 3 StVO ist in § 44 Abs. 3a StVO geregelt, wobei jeweils Landesrecht gilt mit unterschiedlichen Zuständigkeitszuweisungen in den einzelnen Ländern. § 46 Abs. 1 StVO bestimmt, dass die **Straßenverkehrsbehörden** für die Genehmigung der in dieser Vorschrift aufgeführten Ausnahmen zuständig sind. 679

Hat ein Antragsteller vorsätzlich oder grob fahrlässig ohne entsprechende Berechtigung Verkehre durchgeführt, soll ihm für einen angemessenen Zeitraum **keine Erlaubnis/Ausnahmegenehmigung** erteilt werden, wobei die entsprechende Verwaltungsverordnung keine Angaben darüber enthält, was angemessen ist. Angemessen erscheint ein Zeitraum von etwa drei bis sechs Monaten. 680

Einem Antragsteller kann eine Dauererlaubnis/Dauerausnahmegenehmigung erteilt werden, wenn er nachweist, dass er häufig entsprechende Verkehre durchführt, er schon länger mit sachkundigem und zuverlässigem Personal und verkehrssicheren Fahrzeugen ohne Beanstandung tätig und polizeiliche Begleitung nicht erforderlich ist. 681

---

[18] Abgedruckt in BGBl. 1988 I S. 1793, zuletzt geändert BGBl. I 2014 S. 2010 und bei *Hentschel/König/Dauer*, Straßenverkehrsrecht.
[19] Abgedruckt in BGBl. I 1996 S. 216 und bei *Hentschel/König/Dauer*, Straßenverkehrsrecht.

H. III Gewerberechtliche Vorschriften für den Transport von Gütern auf der Straße

683 Die Dauerberechtigung ist auf Fahrten zwischen bestimmten Orten zu beschränken und hat die Auflage zu enthalten, dass der Antragsteller vor Fahrtantritt in eigener Verantwortung die Geeignetheit der Fahrwege zu prüfen hat.

682 Mitzuführen sind jeweils die Originalbescheide, lediglich bei Erlaubnissen nach § 29 StVO reichen fotokopierte Bescheide aus (§ 46 Abs. 3 Satz 3 und 4 StVO).

684 *b) Ausnahmegenehmigung nach § 70 StVZO.* Fahrzeuge, die ihrer Bauart nach die Grenzen des § 32 StVZO über Fahrzeugbreite, -höhe und -länge und des § 34 StVZO über das Höchstgewicht überschreiten, bedürfen einer Ausnahmegenehmigung nach § 70 StVZO Abs. 1, unabhängig davon, welches Gesamtgewicht z.B. im konkreten Einzelfall das jeweilige Fahrzeug oder der jeweilige Zug mit Ladung hat. Der örtliche Geltungsbereich ist in jeder Ausnahmegenehmigung festzulegen.

685 Zuständig für die Erteilung einer Ausnahmegenehmigung sind die höheren Verwaltungsbehörden, denen die jeweiligen Länder die Zuständigkeit übertragen haben.

686 *c) Bußgeldregelungen. aa) Nach der StVO.* Nach § 49 Abs. 2 Nr. 7 StVO handelt ordnungswidrig i.S.d. § 24 StVG, wer als Kraftfahrzeugführer ein Fahrzeug entgegen § 29 Abs. 3 StVO führt. Gleichfalls begeht eine Ordnungswidrigkeit, wer eine vollziehbare Auflage einer Ausnahmegenehmigung oder Erlaubnis nicht befolgt oder entgegen § 46 Abs. 3 Satz 3 StVO die Bescheide nicht mitführt oder auf Verlangen nicht aushändigt (§ 49 Abs. 4 Nr. 4 und 5 StVO).

687 *bb) Nach der StVZO.* Die **vorsätzliche oder fahrlässige Inbetriebnahme** von Fahrzeugen oder Fahrzeugkombinationen entgegen den Bestimmungen der §§ 32 Abs. 1 bis 4 über Abmessungen und 34 Abs. 3 StVZO über die zulässige Achslast und das zulässige Gesamtgewicht von Fahrzeugen oder Fahrzeugkombinationen stellt nach §§ 69a Abs. 3 Nr. 2 bzw. 4 StVZO eine Ordnungswidrigkeit i.S.d. § 24 StVG dar.

688 Das **Nichtmitführen einer Ausnahmegenehmigung** beseitigt diese Genehmigung zwar nicht, ist aber ebenfalls ordnungswidrig nach §§ 70 Abs. 1 Nr. 3a, 69a Abs. 5 Nr. 7 StVZO.

I. Prozessführung in Fracht- und Speditionssachen

I. Klage und verwandte Verfahren

Übersicht

	Rdnr.
1. Allgemeines	1
2. Die Aktivklage	2
a) Die Sammlung des Prozessstoffes	2
aa) Korrekte Bezeichnung des Gegners	3
bb) Urkunden	7
cc) Behördliche Akten und Unterlagen	9
dd) Zeugen	11
ee) Sachverständige	15
ff) Augenschein	16
gg) Auswahl des Prozessbevollmächtigten	17
hh) Ermittlung und Wahl des Gerichtsstandes	20
b) Die Wahl der Verfahrensart	38
aa) Leistungsklage	38
bb) Klage auf Freistellung	41
cc) Feststellungsklage	43
dd) Urkundenklage	47
ee) Wechsel- und Scheckprozess	50
ff) Mahnverfahren	54
c) Verhalten bei drohender Verjährung	60
aa) Allgemeines	60
bb) Verzicht auf Einrede der Verjährung	61
cc) Verjährungshemmung durch Verhandlungen?	64
dd) Verhalten ohne Verjährungsverzicht	65
3. Die Passivklage	67
a) Erste sichernde Maßnahmen	67
aa) Aufbewahrung der Zustellungsunterlagen	67
bb) Fristen- und Terminkontrolle	69
b) Benachrichtigung des Verkehrshaftungsversicherers	73
c) Zusammenstellung des Verteidigungsstoffes	75
d) Gegenangriffe	78
e) Verhalten bei besonderen Prozessarten	81
aa) Mahnverfahren	81
bb) Urkundenklage	84
cc) Scheck- und Wechselprozess	86
4. Die Streitverkündung	87
a) Funktion	87
aa) Schutz vor unterschiedlichen Gerichtsentscheidungen	88
bb) Verjährungshemmungsfunktion	91
b) Form und sonstige Modalitäten der Streitverkündung	96
c) Reaktion auf eine Streitverkündung	102
d) Die Streitverkündung im Folgeprozess	107
e) Anwendungsfälle der Streitverkündung	110

I. I
Prozessführung in Fracht- und Speditionssachen

1. Allgemeines

1   Die Schadenbearbeitung und/oder das außergerichtliche Mahnwesen stehen in engem Zusammenhang mit gerichtlichem Vorgehen. Scheitert die außergerichtliche Schadensregulierung oder haben vorgerichtliche Mahnungen keinen Erfolg, bleibt in letzter Konsequenz nur die Wahl zwischen dem Verzicht auf die erhobenen Ansprüche oder aber deren gerichtlicher Geltendmachung. Zu beachten ist, dass das Gerichtsverfahren in Fracht- und Speditionssachen keinen eigenen Prozesstyp darstellt, welcher eine Spezialregelung in der Zivilprozeßordnung erfahren hätte; auch diese Art von Prozessen sind zunächst gewöhnliche Prozesse wie andere Streitigkeiten, etwa Bauprozesse, Streitigkeiten in Banksachen, Rechtsstreite nach Verkehrsunfällen etc. Besonderheiten des Fracht- und Speditionsrechts (beispielsweise Besonderheiten bei Aktiv- und Passivlegitimation; gegenüber dem Durchschnittsverfahren gesteigerte Notwendigkeit von Streitverkündungen etc.) rechtfertigen aber eine Sonderbetrachtung von Fracht- und Speditionsprozessen.

2. Die Aktivklage

2   *a) Die Sammlung des Prozessstoffes.* Mit der Stoffsammlung sollte so früh wie möglich begonnen werden. Manche vorbereitenden Maßnahmen sind zeitaufwändig und geraten unpräzise, falls sie unter dem Druck drohender Verjährung überstürzt durchgeführt werden. Selbstverständlich soll nicht jeder Geschäftsvorfall sogleich unter dem Blickwinkel eines drohenden Prozesses gesehen werden, bei ersten Anzeichen drohender Meinungsverschiedenheit sollte man mit vorbereitenden Maßnahmen indessen nicht zögern. Bei ordnungsgemäßem Schaden- und Mahnwesen erscheint dies auch nicht problematisch, da selbst die kurzen fracht- und speditionsrechtlichen Verjährungsfristen (z. B. Regelverjährung nach CMR: 1 Jahr) hierzu genügend Zeit lassen.

3   *aa) Korrekte Bezeichnung des Gegners.* Im noch unproblematischen Stadium des Geschäftsvorfalles selbst wird häufig der Gegner nur oberflächlich namhaft gemacht, etwa:

„A. Müller, Internationale Spedition" oder „Meier mbH, Logistik".

Solche oft schwammige Bezeichnungen taugen nicht für die Namhaftmachung eines Beklagten im Klageverfahren. Trifft nämlich die Bezeichnung nicht zu und rügt dies die Gegenseite – vorzugsweise nach **Eintritt der Verjährung** – kann die Durchsetzung des Anspruchs gegen den richtigen Gegner aus Verjährungsgründen zu spät sein. Bemerken Gegner und Gericht die mangelnde Präzision der Schuldnerbezeichnung nicht, kann dies bei der anschließenden **Vollstreckung** (§ 750 Abs. 1 ZPO) ebenso hinderlich sein, da Gläubiger und Schuldner so genau bezeichnet sein müssen, dass sie vom Gerichtsvollzieher oder anderen Vollstreckungsorganen sicher festgestellt werden können. Im Beispielsfalle kann die „A. Müller, Internationale Spedition" längst den Geschäftsbetrieb eingestellt haben und der Gerichtsvollzieher weigert sich – zurecht – an einem möglicherweisen ganz anderen Ort gegen den Privatmann Anton Müller zu vollstrecken, von welchem der Gläubiger lediglich unbelegt behauptet, er sei der seinerzeitige Inhaber der „A. Müller, Internationale Spedition" gewesen.

4   Zur Vermeidung von Ungenauigkeiten empfehlen sich 2 Maßnahmen:
- **Handelsregisterauskunft,** wobei unbeglaubigte Auskunft genügt. Die Handelsregister werden bei den Amtsgerichten geführt und die Anfrage ist nach dort zu richten. Bisweilen haben kleinere Amtsgerichte kein eigenes Handelsregister, vielmehr wird dies zentral an einem größeren Registergericht geführt. Die Antwort ist inner-

halb weniger Tage bis ca. 2 Wochen zu erwarten und kostet nach derzeitigem Stande pro Registerauskunft 10,00 €, bei Kopien der Registerakten 0,50 € pro Seite. Sollte der Gegner – sicher oder auch nur möglicherweise – eine „GmbH u. Co. KG" sein, muss zugleich auch die genaue Firmierung der sogenannten „Komplementär-GmbH" oder einer sonstigen Kapitalgesellschaft als Komplementärin erfragt werden; da es sich um 2 Gesellschaften handelt sind dann 20,00 € aufzuwenden.

Der Verfasser hat in jahrzehntelanger Übung folgendes Nachfrageformular entwickelt: 5

„Handelsregisterauszug über die Firma ...
Sehr geehrte Damen und Herren,
in einer Rechtssache bitten wir um Übersendung eines unbeglaubigten Handelsregisterauszuges bezüglich der im Betreff genannten Firma.
Sollte es sich bei der Firma um eine KG mit einer juristischen Person (GmbH, AG) als persönlich haftendem Gesellschafter handeln, bitten wir auch bezüglich der Komplementärfirma um einen unbeglaubigten Handelsregisterauszug."

Im Übrigen besteht auch ohne Nachweis eines besonderen Interesses die Möglichkeit, sich persönlich in den Einsichtsraum des Registergerichts zu begeben, sich dort kostenfrei die gewünschten Registerblätter nebst Registerakten vorlegen zu lassen und sich selbst Notizen zu machen, oder aber – dann wieder kostenpflichtig – an Ort und Stelle einen Registerauszug mitzunehmen.
Darüber hinaus besteht die Möglichkeit, Registerauszüge online abzurufen. Unter www.handelsregister.de können bundesweit Handelsregisterauszüge aus dem Internet abgerufen werden. Hierbei kostet ein Auszug Euro 4,50 (jeder Auszug); wenn man es schafft, alles innerhalb von drei Minuten abzufragen, zahlt man sogar nur einmalig für alle Auszüge 3,50 €. Allerdings setzt die Teilnahme eine vorherige Anmeldung voraus, ein bestimmtes Gebührenvolumen wird aber nicht gefordert.

- Eine weitere Maßnahme – in der Regel parallel zur Handelsregisterauskunft vorzunehmen – ist die sogenannte **Gewerbeamtsauskunft** bei demjenigen Ort, der sich aus den Geschäftspapieren des Gegners ergibt. Die Gewerbeamtsauskunft ist gleichfalls kostenpflichtig. Die Kosten und die Art der Kostenerhebung sind von Gemeinde zu Gemeinde und von Land zu Land so unterschiedlich, dass einheitliche Aussagen hierzu nicht getroffen werden können. Bisweilen wird die Auskunft sogleich erteilt und die Gebühr per Nachnahme erhoben, in anderen Fällen wird die Anfrage unbearbeitet zusammen mit der Anforderung eines bestimmten Vorschusses (Scheck, Überweisung – sehr unterschiedlich) zurückgesandt. Bei gewisser **Eilbedürftigkeit** empfiehlt sich vorherige telefonische Anfrage, wie es mit der Kostenzahlung gehalten werden soll.

Die Gewerbeamtsanfrage ist neben der Handelsregisteranfrage erforderlich, da

- nicht alle Gewerbetreibenden im Handelsregister eingetragen sind, wohl aber regelmäßig beim Gewerbeamt;
- ein Unternehmer sich, ohne dies – pflichtwidrigerweise – briefkopfmäßig deutlich zu machen, häufig mehrerer, ähnlich lautender Firmen bedient.

Auf diese Weise wird der Interessent dann in die Lage versetzt, das sogenannte Klagerubrum korrekt für das Streit- und anschließende Vollstreckungsverfahren anzugeben etwa wie folgt: 6

„Anton Müller, handelnd unter der im Handelsregister nicht eingetragenen Firma A. Müller, Internationale Spedition ..."

oder etwa bei einer GmbH & Co. KG:

„Firma Meier Logistik GmbH & Co. KG, gesetzlich vertreten durch die persönlich haftende Gesellschafterin, Firma Meier Verwaltungs GmbH, diese gesetzlich vertreten durch den Geschäftsführer, Herrn Valentin Meier, Kaufmann in München ..."

7 *bb) Urkunden.* Soweit dem Gegner die Urkunden nicht bekannt sind, sind sie der Klageschrift beizufügen (§ 133 Abs. 1 ZPO). Der Klage selbst oder späteren Schriftsätzen können sie in einfacher Abschrift beigefügt werden,[1] im Verhandlungstermin ist das Original der Urkunde vorzulegen.

8 In Transportprozessen häufig vorkommende und daher alsbald zusammenzustellende Urkunden sind insbesondere:
- Schrift- und Faxverkehr über den Vertragsschluss und seine Konditionen;
- Frachtbrief, Speditionsübergabeschein, Bordero, Empfangsquittungen des Empfängers;
- Schaublätter von Fahrtenschreibern, Kühlschreibern,
- Grenz- und Zolldokumente aller Art;
- Zahlungs- und Standnachweise bewachter Parkplätze;
- bisweilen Zusammenstellung früherer Geschäftsvorfälle bei geplanter Einbeziehung allgemeiner Geschäftsbedingungen;
- Belege hinsichtlich Aufwendungen anlässlich der Beförderung des Gutes, wie Mautgebühren, Zölle, Kosten von Zwischenlagerungen etc. (vgl. Art. 23 Nr. 4 CMR);
- Bankbescheinigung, welche bestätigen sollte, dass im Zeitraum von ... bis ... der Anspruchsteller einen Kredit in Höhe von mindestens Euro ... in Anspruch genommen hat und dafür mindestens ... Zinsen zahlen musste.

9 *cc) Behördliche Akten und Unterlagen.* Zusammen mit zivilrechtlichen Streitigkeiten fallen nicht selten behördliche oder gerichtliche Vorgänge an, welche auch für die zivilrechtliche Beurteilung relevant sind.

Hierzu zählen insbesondere:

Ordnungswidrigkeiten-, Ermittlungs- und gerichtliche Strafverfahren.

10 Hierbei ist die Angabe der Behörde und des Aktenzeichens, im Prozessfalle auch möglichst Angabe der für den betreffenden Vorgang entscheidenden Seite der Akte notwendig. Akteneinsicht erhält mit entsprechender Vollmacht ein Rechtsanwalt, welcher Fotokopien fertigen kann;
- Zivilakten anderer Beteiligter im Zusammenhang mit dem aktuellen Vorgang. Angegebenen werden müssen das Gericht und das genaue Aktenzeichen. Insbesondere im Falle vorangegangener Streitverkündung[2] ist ein Hinweis auf solche Akten erforderlich. Einsicht in andere Zivilakten ist in der Regel allerdings nur mit Einwilligung der dortigen Prozessparteien möglich;
- Bescheide von Behörden (Zollbehörden; Steuerbehörden) sowie ausländischer Dienststellen, letztere am besten zusammen mit einer beglaubigten Übersetzung ins Deutsche.
- Abtretungsurkunden. Häufig wird die Prozessführung erst durch Abtretungsurkunden ermöglicht. Eine solche Urkunde sollte klar den Abtretenden und den Abtretungsempfänger bezeichnen, ferner sicherheitshalber datiert sein und genau die abzutretenden Ansprüche bezeichnen etwa wie folgt:

---

[1] Baumbach/Lauterbach/*Hartmann*, 72. Aufl., Rdnr. 8 zu § 133 ZPO.
[2] Vgl. oben D. II. 4.

I. Klage und verwandte Verfahren

„Abgetreten werden sämtliche Ansprüche aus dem Schadenfall vom 20.11.2013 hinsichtlich einer beschädigten Preßmaschine Typ ... auf dem Transport von Lüneburg nach Bordeaux, welche dem Abtretenden gegen Firma ... und andere Beteiligte, gleich aus welchem Rechtsgrunde, zustehen könnten. Der Abtretungsempfänger nimmt die Abtretung hiermit an.".

dd) Zeugen. In der Klage und in Schriftsätzen müssen Zeugen namhaft gemacht werden. Oft ist zwar die Funktion, nicht aber der genaue Name geschweige denn die Anschrift eines Zeugen bekannt. Es empfiehlt sich, hier frühzeitig Sorge zu tragen. Dies gilt insbesondere bei Zeugen, hinsichtlich deren Nachforschungen erschwert sind (Fahrer, auswärtige Disponenten etc.). Hier ist es empfehlenswert, sich möglichst auf der Stelle die Personalien geben zu lassen. Selbst bei exotischen Heimatländern dieser Zeugen ist in der Regel die – wenn auch häufig zeitaufwändige – Vernehmung im **Rechtshilfewege** möglich, wenn der Zeuge namhaft gemacht ist. 11

Havariekommissare, welche in der Regel außergerichtlich durch eine Partei auf Grund freier Vereinbarung (nicht im sogenannten selbständigen Beweisverfahren) eingeschaltet werden, sind nicht Sachverständige, sondern sogenannte „sachverständige Zeugen" § 414 ZPO), welche Tatsachen zeugenschaftlich nur auf Grund ihrer besonderen Sachkunde wahrnehmen konnten. Das Gutachten des Havariekommissars ist demgemäß auch nicht als Urkunde, sondern lediglich als qualifizierter Parteivortrag zu werten. Ist der Havariekommissar keine Einzelperson, sondern ein Unternehmen mit angestellten Sachverständigen, ist darauf zu achten, dass – zum Zwecke späterer Aussage bei Gericht – der handelnde Havariekommissar nach Namen und Anschrift festgehalten wird, notfalls ist Rückfrage zu halten (ein Angestellter kann beispielsweise unter Ortswechsel aus dem Unternehmen ausscheiden). 12

Die Kaschierung der Unkenntnis der genauen Personalien eines Zeugen mit der beliebten Formel: „N.N." ist gefährlich und kann zur Zurückweisung des Beweismittels im Prozess wegen Verspätung führen. Mindestens – um die Verwendungschance zu erhöhen – sollte man angeben: „N.N., Niederlassungsleiter der Zweigstelle Lüneburg der Beklagten", da in einem solchen Falle der BGH entschieden hat, das Gericht habe eine Frist zur Beibringung der vollständigen Zeugenanschrift zu bestimmen. Die Einzelheiten hinsichtlich der Zulässigkeit dergestalt unvollständiger Zeugenbenennung sind indessen streitig.[3] 13

Soweit Mitarbeiter schriftliche Darstellungen gemacht haben, ersetzen diese die spätere Zeugenaussage nicht. Die schriftliche Aussage behält dennoch ihren Wert: 14
- als Gedächtnisstütze für den Mitarbeiter/Zeugen;
- als Substrat für einen Vorhalt, falls beispielsweise der im Streit aus dem Unternehmen ausgeschiedene Zeuge später gegenteilig aussagt.

ee) Sachverständige. Die Auswahl der Sachverständigen ist grundsätzlich **Sache des Gerichts** (§ 404 Abs. 1 S. 1 ZPO); der von der Partei außergerichtlich benannte Havariekommissar ist wegen **Befangenheit** als Sachverständiger im Prozess ungeeignet. Ist dem Prozess indessen ein selbständiges Beweisverfahren vorausgegangen, kann das dortige Sachverständigengutachten im späteren Prozess benutzt werden (§ 493 ZPO). Zu beachten ist, dass ein Gericht verpflichtet ist, einer Einigung der Parteien auf einen Sachverständigen Folge zu leisten (§ 404 Abs. 4 ZPO); insbesondere bei Problemen, die für ein Gericht abseitig sind (vgl. Art. 23 Nr. 1 CMR, Wert eines beschädigten 15

---

[3] Vgl. BGH VersR 1998, 913; BVerfG NJW 2000, 945; Baumbach/Lauterbach/*Hartmann*, 72. Aufl., Rdnr. 4 und 5 zu § 356 ZPO verlangt zusätzlich Schuldlosigkeit der Partei.

Gutes zum bestimmten Zeitpunkt an einem fernen Abgangsort) ist ein Gericht häufig für die Benennung eines ihm womöglich unbekannten Spezialisten dankbar.

16   *ff) Augenschein.* Die Augenscheineinnahme – etwa beschädigter Güter, womöglich auch des beschädigten Transportmittels – wird im Prozess selbst seltener in Frage kommen, da durch Reparatur, Weiterverkauf, ggf. Vernichtung der ursprüngliche Zustand nicht mehr zu sehen sein wird. Empfehlenswert sind hier die Mittel der **außergerichtlichen Begutachtung** – späterer sachverständiger Zeuge – durch Havariekommissare, ggf. Begutachtung im selbständigen Beweisverfahren. Bisweilen empfiehlt sich auch – bei massenhaft zerstörten Gütern auf Grund einheitlicher Zerstörungsursache – die Aufbewahrung weniger Beweisstücke zum Zwecke der Vorlage bei Gericht, ggf. auch als Substrat für die Begutachtung durch einen gerichtlichen Sachverständigen. Ersatz für eine aus Zeitgründen unmögliche Inaugenscheinnahme ist auch bisweilen die spätere Zeugenaussage hinzugebetener Dritter, etwa vertrauenswürdiger und sachkundiger Personen befreundeter Nachbarunternehmen etc.

17   *gg) Auswahl des Prozessbevollmächtigten.* In der Regel – bei Streitwerten über Euro 5.000,– sogar obligatorisch – kann ein Prozess nicht ohne Anwalt geführt werden. Streitwerte über Euro 5.000,– müssen bei den Landgerichten rechtshängig gemacht werden. Jeder deutsche Rechtsanwalt ist – nach mehrfachen Gesetzesänderungen – befugt, vor jedem Amtsgericht, Landgericht und jedem Oberlandesgericht in Deutschland aufzutreten.

18   Die Auswahl bei bisweilen fernen Gerichten ist häufig schwierig, zumal Spezialanwälte nicht selten für den dort geschäftsansässigen Gegner „reserviert" sind.

Als Erkenntnisquellen bieten sich an:
- Rückfrage bei der für den Gerichtsort zuständigen Industrie- und Handelskammer;
- Rückfrage bei den örtlich zuständigen Anwaltsvereinen, auch Rechtsanwaltskammern. Da durch Änderung des anwaltschaftlichen Berufsrechtes nunmehr Schwerpunkte der anwaltschaftlichen Tätigkeit angegeben werden dürfen, sind die von Anwaltskammern- und Vereinen erteilten Auskünfte wesentlich aussagekräftiger als früher;
- Rückfrage beim eigenen Transportversicherer bzw. Verkehrshaftungsversicherer;
- Heranziehung des Verzeichnisses des Bundesverbandes Spedition und Lagerei und
- Recherchen bei im Internet verfügbaren Anwaltsverzeichnissen;
- Nachschau im Anwaltsverzeichnis (letzte Auflage 2013/2014) des Deutschen Anwaltverlages, Fachanwaltsbezeichnungen enthaltend;
- Befragung des in Fracht- und Speditionssachen tätigen „Hausanwaltes". Besonders letztere Erkenntnisquelle ist häufig zielführend, da schwerpunktmäßig in Fracht- und Speditionssachen tätige Anwälte wegen des überregionalen, häufig internationalen Zuschnittes des Betätigungsfeldes über ein Netz von geeigneten Anwälten an den wichtigsten Destinationen verfügen. Bei dieser Gelegenheit ist auch die Frage zu erörtern, welchem der – möglicherweise verschiedenen – Gerichtsstände der Vorzug gegeben werden soll.

Es ist Frage des **Einzelfalls,** ob der **Hausanwalt als Verkehrsanwalt** eingeschaltet werden soll. Nachteilig wirkt die Erhöhung der Rechtsanwaltskosten durch die Verkehrsanwaltsgebühr (3400 VV) oder der zusätzliche Gebührenanfall durch Einschaltung des auswärtigen Rechtsanwalts als Unterbevollmächtigten, wobei häufig auch im Obsiegensfalle Probleme bei der Erstattungsfähigkeit der Verkehrsanwaltskosten bzw. durch Unterbevollmächtigung angefallenen zusätzlichen Anwaltskosten zu beobachten sind.

I. Klage und verwandte Verfahren

Diesem Kostenargument steht der Vorteil ortsnaher Aufbereitung des Prozessstoffes 19
durch den Hausanwalt, der die Eigenheiten des Auftraggebers kennt, gegenüber.

hh) Ermittlung und Wahl des Gerichtsstandes. Zu unterscheiden ist zwischen dem 20
- internationalen Gerichtsstand und dem
- nationalen Gerichtsstand.

Die internationale Zuständigkeit regelt nur, in welchem Staat sich das Gericht zu befinden hat, vor dem geklagt werden soll (vgl. Art. 31 CMR, Art. 33 MÜ; Art. 46 CIM). Die nationale Zuständigkeit ist dann ausschlaggebend dafür, welches konkrete Gericht in dem als international zuständig gefundenen Staat das richtige ist.

Art. 31 CMR beansprucht für die internationale Zuständigkeit umfassende Geltung 21
für sämtliche Streitigkeiten aus einem grenzüberschreitenden Straßengütertransport, auch soweit Ansprüche aus unerlaubter Handlung geltend gemacht werden. Gleichartige Ausschließlichkeit für die internationale Zuständigkeit beanspruchen Art. 46 CIM für die internationale Eisenbahnbeförderung und Art. 33 MÜ für den Regelungsbereich des Montrealer Übereinkommens über die Beförderung im internationalen Luftverkehr.

Ist das nach Art. 31 CMR, Art. 33 MÜ bzw. Art. 46 CIM zuständige Land gefunden, 22
regelt sich der nationale Gerichtsstand nach innerstaatlichen Regeln, in Deutschland nach den Vorschriften der §§ 12 ff. ZPO und 13 ff. GVG sowie gemäß ab 25.4.2013 § 30b ZPO, der § 440 Abs. 1 HGB a. F. ersetzt. Im grenzüberschreitenden Straßengüterverkehr ist darüber hinaus Art. 1 lit. a des Gesetzes zur CMR vom 5.7.1989 (BGBl. II 1989 S. 586) zu beachten, der allerdings mit § 30 ZPO fast wortidentisch ist und in seiner Weitergeltung neben § 30 ZPO umstritten ist. Hierbei können die Gesichtspunkte für den internationalen oder nationalen Gerichtsstand durchaus unterschiedlich sein,

Beispiel: Bei einem Transport von Hannover nach Bilbao ist Deutschland als Staat der Übernahme international zuständig; hat der Beklagte aber in Duisburg Vermögen, erlaubt der Gerichtsstand des Vermögens (§ 23 ZPO) eine Klage in Duisburg.[4]

Gerichtsstandvereinbarungen des internationalen Gerichtsstandes sind möglich, 23
soweit sie Gerichtsstände *neben* die in Art. 31 Nr. 1 CMR genannten gesetzlichen Gerichtsstände stellen; nach herrschender aber bestrittener Meinung bedarf die Gerichtsstandvereinbarung keiner Form[5] Art. 33 MÜ lässt nur eine nachträgliche Gerichtsstandvereinbarung zu.[6]

Das Verhältnis einer Gerichtsstandvereinbarung nach Ziffer 30.2 ADSp zu Art. 31 24
Nr. 1 CMR ist äußerst streitig. Einigkeit herrscht darüber, dass die ausschließliche Gerichtsstandsregelung der Ziffer 30.2 ADSp hinsichtlich des *internationalen* Gerichtsstandes rechtsunwirksam ist; ob der dort mitgeregelte *nationale* Gerichtsstand wirksam vereinbart ist, ist in Rechtsprechung und Literatur höchst streitig.[7]

Gemeinsame Verklagung mehrerer am Frachtvertrag Beteiligter. Sowohl im na- 25
tionalen als auch im internationalen Frachtverkehr empfiehlt sich – soweit möglich – die gemeinsame Verklagung mehrerer Prozessbeteiligter. Die Vorteile liegen auf der Hand:

---

[4] Vgl. *Demuth* in: Thume, 3. Aufl., Rdnr. 37 zu Art. 31 CMR.
[5] *Demuth* in: Thume, 3. Aufl., Art. 31 CMR Rdnr. 30, 33.
[6] *Koller*, 8. Aufl., Rdnr. 2 zu Art. 33 MÜ m.w.N.; Art. 46 § 1 CIM entspricht weitgehend Art. 31 Abs. 1 CMR.
[7] Vgl. *Demuth* in: Thume, 3. Aufl., Art. 31 CMR Rdnr. 49 bis 51 mit ausführlichen Literatur- und Rechtsprechungsnachweisen.

- die Kostenbelastung durch mehrere Prozesse kann vermieden werden;
- gegnerische Zeugen können ausgeschaltet werden.

26 Einen gesetzlich geregelten Anwendungsfall stellt § 30 Abs. 1 S. 2, 3 ZPO dar, wonach vertraglicher und ausführender Frachtführer zusammen verklagt werden können. Mit der sogenannten Bündelungsrechtsprechung lässt der BGH die gemeinsame Verklagung des Hauptfrachtführers mit Unterfrachtführern und sonstigen Hilfspersonen (insbesondere Fahrer) im Gerichtsstand des Art. 31 1 CMR zu.[8]

27 Bei gemeinschaftlicher Verklagung ist zu berücksichtigen, dass u. U. ein Kaufmann zusammen mit einem Nichtkaufmann (z.B. Fahrer) zu verklagen ist. Eine Trennung der Verfahren ist i.d.R. nur bei Verweisung von der Kammer für Handelssachen zur Zivilkammer, *nicht* aber umgekehrt möglich.[9]

28 Generell folgt die Wahl Kammer für Handelssachen/Zivilkammer **Opportunitätsgesichtspunkten,** wobei es dem Beklagten frei steht, Unzuständigkeitsrügen bzw. Verweisungsanträge anzubringen. Auch hinsichtlich der dem Beklagten u. U. zustehenden Abwahl der Kammer für Handelssachen bzw. Zivilkammer spielen Opportunitätsgesichtspunkte die entscheidende Rolle; hierbei wird zu beachten sein, dass i.d.R. Zivilkammern seltener mit Transportrechtsprozessen als Kammern für Handelssachen befasst sein werden.

29 In CMR-Fällen ist zu beachten, dass die ausfüllende *innerstaatliche* Zuständigkeit auch durch das EUGVÜ/LUGÜ/EUGVVO geregelt werden kann, insbesondere in deren Artikeln 5 und 6. Dies deswegen, weil diese internationalen Abkommen *sowohl* die internationale als auch die *nationale* Zuständigkeit regeln. Zwar fällt die internationale Zuständigkeitsregelung dem Vorrang (vgl. Art. 71 EUGVVO) des Art. 31 Abs. 1 zum Opfer, nicht aber die in den 3 genannten Abkommen in der Regel mitgeregelte *nationale* Zuständigkeit.[10]

30 **Gerichtsstandregelung in Speditionsfällen.** Für Speditionsfälle gibt es keine eigenen Gerichtsstandsregelungen, vielmehr ist ZPO/GVG, grenzüberschreitend EuGVÜ/LUGÜ/EuGVVO anwendbar. Bei grenzüberschreitender Fixkostenspedition im Straßenverkehr gilt indessen Art. 31 Nr. 1 CMR.[11]

31 **Forum-Shopping.** Bei internationalen Transporten hängt der Erfolg einer Rechtsverfolgung bisweilen von der richtigen Wahl des Gerichtsstandes ab.

32 Nicht selten führt die Rechtsprechung, etwa in verschiedenen Mitgliedsländern der CMR, zu unterschiedlichen Ergebnissen.

Beispiele: Nach französischer Rechtsprechung haftet der Frachtführer, wenn er trotz offensichtlicher Verstauungsfehler einen Transport durchführt[12] im Unterschied zur einschlägigen deutschen Rechtsprechung.

Gemäß ausdrücklichem Vorbehalt in Art. 32 Abs. 3 CMR gilt für Hemmung und Unterbrechung die Verjährung das Recht des angerufenen Gerichts. Demgemäß hemmt – nach deutschem Recht die Streitverkündung gem. § 204 Abs. 1 Nr. 6 BGB, in Österreich dagegen nicht.[13]

33 In einem **Streitverkündungsfall** wird daher der Kläger im Zweifel die Hemmungswirkung im Folgeproze ß in Deutschland herbeiführen und sich nicht der **Verjährungseinrede** in Österreich aussetzen. Praktischer Hauptanwendungsfall des Forum-

---

[8] BGH Urt. vom 31.5.2001 – I ZR 85/00, TranspR 2001, 452 f; ähnlich für das Binnenschifffahrtsrecht OLG Nürnberg Urt. vom 28.3.2013 (9 U 1887/12) BSch VersR 2014, 124 f.
[9] *Zöller*, 29. Aufl., Rdnr. 2 zu § 95 GVG m. w. N.
[10] Vgl. ausführlich *Demuth* in: Thume, 3. Aufl. Rdnr. 38 zu Art. 31 CMR m. w. N.
[11] OLG München TranspR 1997, 337 f.
[12] *Teutsch* in: Thume, 3. Aufl., Rdnr. 13 zu Art. 8 zum Kühlgut.
[13] Vgl. *Seltmann* in: Thume, 1. Aufl., Rdnr. A 91 zu Art. 32 CMR.

Shopping ist die trotz Abschwächungen immer noch rigide deutsche Rechtssprechung zu Art. 29 CMR, welche – vor allem in Verlustfällen – sehr häufig im Ergebnis zur vollen Haftung nach Art. 29 CMR kommt, im Gegensatz zu den Rechtssprechungsverhältnissen in den Nachbarländern, insbesondere in den Niederlanden. Dies hat dazu geführt, dass für aktive Schadensverfolgungen deutsche Gerichtsstände beliebt sind, während sich ausländische – bevorzugt holländische – Schadenersatzverpflichtete bemühen, durch eine rasche Erhebung einer **negativen Feststellungsklage** der unerwünschten deutschen Zuständigkeit zuvor zu kommen. Für die deutsche Rechtswirklichkeit ist die Frage durch die Rechtssprechung des BGH entschieden, die Rechtshängigkeit einer vom Schuldner gegen den Gläubiger bei einen nach Art. 31 Abs. 1 CMR international zuständigen Gericht erhobenen negativen Feststellungsklage stehe der späteren Erhebung der **Leistungsklage** durch den Gläubiger vor dem zuständigen deutschen Gericht nicht entgegen.[14]

Wichtig zu wissen ist hierbei, dass der österreichische OGH genau umgekehrt entschieden hat und der **EuGH** sich gegen die BGH-Meinung ausgesprochen hat.[15]   34

In Zweifelsfällen hinsichtlich der jeweiligen nationalen Rechtsprechung dürfte die Einholung von Rechtsrat bei einem ausländischen Rechtsanwalt empfehlenswert sein, auch durch den bereits bestellten deutschen Anwalt.   35

Soweit hinsichtlich des Klageerfolges signifikante Unterschiede nicht festzustellen sein sollten, empfiehlt sich die Wahl des Gerichtsstandes in dem Lande, in welchem der Beklagte Vermögen hat. Zusätzliche Zeit – und Kosten – für die Vollstreckbarerklärung in einem anderen Lande werden dadurch vermieden.   36

Sollten die genannten Gesichtspunkte nicht das Prozessieren im Ausland dringend nahelegen, wird ein Verfahren vor einem deutschen Gericht vorzuziehen sein, da   37
- die Zügigkeit des Verfahrens vor deutschen Gerichten einem Auslandsverfahren zumeist überlegen ist;
- der Informationsfluss zu einem deutschen Prozessbevollmächtigten in der Regel einfacher ist.

b) Die Wahl der Verfahrensart. aa) Leistungsklage. Im Vordergrund steht die sogenannte Leistungsklage, Hauptanwendungsfall wiederum die *Zahlungsklage*. Zahlung ist in Euro zu fordern, allerdings ist auch ein Klageantrag in ausländischer Währung möglich (§ 244 Abs. 1 BGB), wobei die Umrechnung einer Fremdwährungsschuld konkret nach dem Kurs am Tag und Ort der tatsächlichen Bezahlung erfolgt[16] (§ 244 Abs. 2 BGB).   38

Weitere denkbare Leistungsklagen sind Herausgabeklagen (etwa bezüglich des Frachtguts oder Paletten, eines zurückbehaltenen LKW, auch von Geschäftsunterlagen etc.).   39

Der Gegenstand der Herausgabe ist in diesen Fällen so genau zu bezeichnen, dass der Gerichtsvollzieher auf Grund des Urteils ohne weiteres in der Lage ist, den Urteilsgegenstand zu identifizieren.   40

bb) Klage auf Freistellung. Ist ein Frachtvertragsbeteiligter Ansprüchen seines Auftraggebers ausgesetzt, besteht die Möglichkeit, den Schadenverursacher, etwa Unterfrachtführer, auf Freistellung zu verklagen, falls Zahlung noch nicht erfolgt ist.   41

---

[14] BGH TranspR 2004, 77 ff.
[15] OGH TranspR 2006, 257 ff. und EuGH RdTW 2014, 13 ff.
[16] Vgl. für CMR-Verhältnisse *Thume* in: Thume, 3. Aufl., Art. 27 CMR 38, 39.

42 In einem solchen Klageantrag ist sodann möglichst genau der Gläubiger, von dessen Forderung freigestellt werden soll, ferner der individualisierte Lebenssachverhalt, aus dem die Forderung erwachsen sein soll und schließlich auch möglichst genau – falls schon bezifferbar – der Betrag anzugeben, von dessen Zahlung Freistellung erfolgen soll; bei fehlender Bezifferbarkeit ist Feststellungsklage auf Freistellung von der noch nicht bezifferbaren Verpflichtung angezeigt.[17]

43 *cc) Feststellungsklage.* Ist Leistungsklage, auch Freistellungsklage, noch nicht möglich, da der Schaden noch in keiner Weise überblickbar ist, ist sogenannte Feststellungsklage zulässig.

44 Bei dieser muss im Klageantrag das Rechtsverhältnis bzw. der Anspruch genau und individualisiert bezeichnet werden, welches(r) zur Feststellung gelangen soll.

45 Bisweilen wird auch das Instrument der sogenannten negativen Feststellungsklage benutzt. Sie ist dann empfehlenswert, wenn bei einem als unausweichlich erkannten Rechtsstreit etwa dem Beklagten ein Gerichtsstand aufgezwungen werden soll.[18]

46 Spiegelbildlich zur positiven Feststellungsklage ist bei dieser das Rechtsverhältnis bzw. der Anspruch individualisiert zu bezeichnen, welcher nach klägerischer Auffassung nicht bestehen soll.

47 *dd) Urkundenklage.* Das deutsche Prozessrecht sieht einen beschleunigten Prozess gem. § 592 ZPO im Urkundenprozess dann vor, wenn sämtliche zur Begründung des Anspruchs erforderlichen Tatsachen durch Urkunden bewiesen werden können. Die Beweismittel – dies ist das Hauptbeschleunigungsmoment – sind im Urkundenprozess gem. § 595 ZPO auf Urkundenvorlage und Antrag auf Parteivernehmung beschränkt, insbesondere ist also der zeitraubende Zeugen- und Sachverständigenbeweis unzulässig. Der Urkundenprozess ist in Frachtsachen – wohl zu unrecht – wenig gebräuchlich, aber durchaus denkbar in Fällen, bei denen einerseits der Abschluss des Vertrages und die Frachtvereinbarung schriftlich erfolgt sind und ferner die beanstandungsfreie Ablieferung des Gutes durch **Ablieferungsquittung**, auf Frachtbrief oder sonst, nachgewiesen werden können.

48 Bisweilen ist es im Umgang mit Gerichten streitig, ob die Urkunden zur Verurteilung ausreichen. Anstelle langer Diskussionen mit dem Gericht und wegen des Risikos der Abweisung als im Urkundenprozess unstatthaft (§ 597 Abs. 2 ZPO) empfiehlt sich dann die jederzeit mögliche Abstandnahme vom Urkundenprozess (§ 596 ZPO) mit der Folge, dass der Prozess im ordentlichen Verfahren anhängig bleibt.

49 Zu beachten ist, dass im Urkundenverfahren das sogenannte **Nachverfahren** (§ 600 ZPO) möglich ist, dh, der im Urkundenprozess verurteilte Beklagte kann im Nachverfahren alle Beweismittel – Zeugen, Augenschein, Sachverständige etc. – in den Prozess einführen und damit womöglich eine Aufhebung des Urkundenurteils erreichen.

50 *ee) Wechsel- und Scheckprozess.* Eine Sonderform des Urkundenformprozesses ist der Wechsel- und Scheckprozess (§§ 602–605a ZPO), wobei wegen der Häufigkeit der Scheckzahlung im Vergleich zur Wechselzahlung der Scheckprozess statistisch vorherrscht. Bei der Wahl der Verfahrensart Scheckprozess ist zu beachten: Die Vorlegungsfrist nach Art. 29 ScheckG beträgt bei Inlandsschecks 8 Tage nach Ausstellung, bei Auslandsschecks 20 Tage nach Ausstellung, bei anderen Erdteilen 70 Tage nach Ausstellung. Entscheidend ist der im Scheck angegebene Ausstellungstag. Wird gemäß

---

[17] Einzelheiten – bei *Neumann* TranspR 2002, 97 ff.; *Koller*, 8. Aufl., Art. 425 BGB Rdnr. 66 m. w. N.
[18] Zu den Grenzen vorbeugender negativer Feststellungsklage gem. BGH-Rechtssprechung vgl. *Thume/Demuth*, 3. Aufl., Rdnr. 22 58 zu Art. 31 CMR m. w. N; jetzt gegen BGH die Blockadewirkung der negativen Feststellungsklage bejahend EuGH RdTW 2014, 13 ff.

I. Klage und verwandte Verfahren

Art. 32 ScheckG der Scheck widerrufen – so genannte Schecksperre – ist die Verpflichtung aus dem Scheck nicht mehr gegeben, wenn der Scheck nach Ablauf der Vorlegungsfrist gesperrt worden ist, was bei Postlauf des Schecks zum Berechtigten, leicht verzögerter Weitergabe zur Bank etc. ohne weiteres vorkommen kann. In solchem Falle muss zur Vermeidung von Rechtsnachteilen das ordentliche Verfahren gewählt werden. Zu beachten ist auch die kurze Verjährungsfrist des Art. 52 Abs. 1 ScheckG, wonach Scheckansprüche in 6 Monaten ab Ablauf der Vorlegungsfrist verjähren; angesichts eines überalterten Schecks ist daher das ordentliche Verfahren vorzuziehen.

Inhaltlich ist beim Scheckprozess zu beachten, dass der **Zinssatz** – abweichend vom Grundgeschäft – gem. Art. 45 Nr. 3 ScheckG 6% seit dem Tage der Vorlegung beträgt; bei einem reinen Inlandsscheck 2% über dem Basiszinssatz nach § 247 BGB (mindestens aber 6%) und dass ferner – häufig zu unrecht übersehen, da bares Geld – aus Art. 45 Nr. 4 ScheckG ein Scheckprovisionsanspruch in Höhe von $^1/_3$% der Hauptsumme des Schecks besteht. **51**

Das **Scheckverfahren** verlangt die Vorlage des Originalschecks im Termin; mikroverfilmte Kopien oder sonstige Kopien genügen nicht, in diesem Falle kann nur im ordentlichen Verfahren geklagt werden. **52**

Wie im Urkundenverfahren kennt auch der Scheckprozess das sogenannte Nachverfahren, in welchem unter Einsatz sämtlicher Beweismittel (Zeugen, Augenschein, Sachverständige etc.) das Scheckvorbehaltsurteil korrigiert werden kann. **53**

ff) Mahnverfahren. Ein Mahnbescheid bietet sich wegen der geringeren Kosten bei Gericht, auch deswegen, weil die Einschaltung eines Prozessbevollmächtigten auch bei höheren Streitwerten nicht notwendig ist, dann an, wenn mit einem Widerspruch des Schuldners nicht zu rechnen ist. Unter den Voraussetzungen des Urkunden- bzw. Scheck- oder Wechselprozesses ist auch die Sonderform des **Urkundenmahnbescheides** bzw. **Scheckmahnbescheides** oder **Wechselmahnbescheides** zulässig. Wie im Klageverfahren muss dann auf dem Mahnbescheidsformular eindeutig klargemacht werden – etwa durch das Wort „Scheckmahnbescheid" –, dass im Scheckverfahren vorgegangen wird. **54**

Für das Mahnverfahren ausschließlich zuständig ist dasjenige Gericht, bei dem der Antragsteller seinen allgemeinen Gerichtsstand hat. Zu berücksichtigen ist hierbei, dass gem. § 689 Abs. 3 ZPO die Landesregierungen ermächtigt wurden – und von dieser Ermächtigung Gebrauch gemacht haben – durch Rechtsverordnung Mahnverfahren einem Amtsgericht für die Bezirke mehrerer Amtsgerichte zuzuweisen. Für sämtliche bayerischen Amtsgerichte ist beispielsweise für das Mahnverfahren das Amtsgericht – Mahngericht – Coburg ausschließlich zuständig.[19] **55**

Hat der Antragsteller im Inland keinen allgemeinen Gerichtsstand, so ist das Mahnverfahren dennoch zulässig, aber das Amtsgericht Wedding in Berlin (früher: Schöneberg) ist ausschließlich zuständig (§ 689 Abs. 2 S. 2 ZPO). **56**

Hat indessen der Schuldner keinen allgemeinen Gerichtsstand im Inland, so ist nicht der Gerichtsstand des Antragstellers gegeben. Zuständig für das Mahnverfahren ist danach das Gericht, das für das streitige Verfahren zuständig sein würde, wenn die Amtsgerichte im ersten Rechtszug sachlich unbeschränkt zuständig wären (§ 703d Abs. 2 Satz 1 ZPO). Die in § 689 III ZPO eingeführt Zuständigkeitskonzentration für Mahnverfahren erfasst allerdings auch die Verfahren nach § 703d ZPO.[20] Dies kann in **57**

---

[19] Ein Verzeichnis der Länderzuständigkeiten bei Baumbach/Lauterbach/*Hartmann*, 72. Aufl., § 689 ZPO Rdnr. 10.
[20] BGH NJW 1993, 2752.

CMR-Sachen oder bei zulässigerweise vereinbarten inländischen Gerichtsständen gegenüber Ausländern bedeutsam werden, etwa beim Übernahmeort gem. Art. 31 CMR gegenüber einem ausländischen Schuldner.

58 Das inländische Mahnverfahren ist sogar dann zulässig, wenn weder Gläubiger noch Schuldner im Inland einen Wohnsitz haben, allerdings ist in diesem Falle *nicht* Berlin-Wedding zuständig, sondern das nach § 703d Abs. 2 Satz 1 ZPO zu wählende Amtsgericht.

Beispiel: Ein niederländischer Auftraggeber will gegenüber einem italienischen Frachtführer Schadensersatzansprüche aus einem Transportschaden, welcher sich auf einem Transport von München nach Toulouse ereignet hat, geltend machen. Er kann gem. § 703d Abs. 2 ZPO i. V. m. Art. 31 Nr. 1b CMR i. V. m. § 30 ZPO (ersetzt Art. 1a des Gesetzes vom 5.7.1989).[21] den Mahnbescheid bei dem für den Gerichtsstand München zuständigen Amtsgericht – Mahngericht – Coburg beantragen.

59 Im Widerspruchsfalle wird das Verfahren an das zur Durchführung des streitigen Verfahrens zuständige Gericht verwiesen – bei Streitigkeiten über 5.000,- € im Beispielsfalle also an das Landgericht München I – wo dann gem. § 697 ZPO innerhalb von 2 Wochen ab Aufforderung der Anspruch in einer der Klageschrift entsprechenden Form zu begründen ist und für das nachfolgende Verfahren gegenüber dem normalen Klageverfahren keinerlei Besonderheiten mehr gelten. Aus dem Verfahrenslauf ergibt sich, dass bei zu erwartendem Widerstand des Schuldners das Mahnverfahren zeitaufwändiger ist als das sofort gewählte Klageverfahren.

60 *c) Verhalten bei drohender Verjährung. aa) Allgemeines.* Die Einrede der Verjährung hat im Transportrecht nicht selten prozessentscheidende Wirkung. Die stärkere Bedeutung der Verjährungseinrede im Transportrecht gegenüber sonstigen Rechtsgebieten hat einmal ihren Grund in den verhältnismäßig kurzen Verjährungsfristen (1 Jahr ist die **Regelverjährungsfrist** in allen Transportrechtsgesetzen, sieht man vom Fall der Leichtfertigkeit in dem Bewusstsein, dass ein Schaden mit Wahrscheinlichkeit eintreten werde bzw. Vorsatz ab [in letzterem Falle drei Jahre]); zum anderen unterlaufen bei summarischer Prüfung bisweilen Fehleinschätzungen hinsichtlich der anzuwendenden Verjährungsvorschriften oder des richtigen Gegners, welche – wenn die Verhandlungen zu scheitern drohen – im Drange der Geschäfte häufig erst kurz vor **Verjährungseintritt** erkannt werden.

61 *bb) Verzicht auf Einrede der Verjährung.* Ein beliebtes Hilfsmittel ist hierbei der sogenannte „Verzicht auf die Einrede der Verjährung". Verhandlungspartner, welche zu einem Ergebnis kommen und den Anspruchsteller nicht zu einer – womöglich unnötigen – Klageerhebung zwingen wollen vereinbaren einen zeitlich begrenzten Verjährungsverzicht, der nicht als Fristverlängerung gilt, die dennoch vorzeitig erhobene Einrede der Verjährung aber als gegen Treu und Glauben verstoßend erscheinen lässt **(Arglisteinwand)**.

62 Ein solcher Verzicht könnte wie folgt formuliert werden:

„Firma Mayer Transport GmbH verzichtet hiermit auf die Einrede der Verjährung bis zum 30.6.1999 hinsichtlich sämtlicher Ansprüche, die Firma Müller Werkzeugtechnik aus dem Transportschaden vom 1.12.1996 auf dem Transport von Schweinfurt nach Sevilla zustehen könnten. Der Verzicht erfolgt unter der Voraussetzung, dass am heutigen Tage die Ansprüche noch nicht verjährt sind und enthält kein Anerkenntnis der erhobenen Ansprüche."

63 In der Praxis bisweilen übersehen wird, dass, falls die Verhandlungen doch scheitern, der Kläger im folgenden Verfahren dieses zügig betreiben muss, widrigenfalls

---

[21] *Koller*, 8. Aufl., § 30 ZPO Rdnr. 1.

I. Klage und verwandte Verfahren

der Beklagte in der Erhebung der Verjährungseinrede im Prozess wiederum frei wird.[22]

cc) Verjährungshemmung durch Verhandlungen. Das Verhältnis zwischen der Hemmungswirkung der Reklamation (Art. 32 Abs. 2 CMR, § 439 Abs. 3 HGB) und der Hemmung durch Verhandlungen gem. 203 BGB ist zwischenzeitlich dahin geklärt, dass die Hemmung durch Reklamation und die Hemmung gem. 203 BGB uneingeschränkt nebeneinander stehen. Im Falle von Verhandlungen ist auch § 203 S. 2 BGB (Verjährung frühestens 3 Monate nach dem Ende der Verhandlungen) anwendbar.[23]

dd) Verhalten ohne Verjährungsverzicht. Scheitert eine Vereinbarung über die Nichterhebung der Einrede der Verjährung, muss häufig überstürzt gehandelt werden.
- Falls aus Zeitgründen eine Klage nicht mehr beim zuständigen Gericht eingereicht werden kann, genügt auch die Klageerhebung beim unzuständigen Gericht.[24] In diesem Falle empfiehlt sich ein Hinweis in der Klage, dass um die Zustellung der Klage – Beilegung beglaubigter Abschriften nicht vergessen – auch dann gebeten wird, falls das Gericht sich für unzuständig halten sollte. Keinesfalls sollte in einem solchen **Eilfalle** Einverständnis mit der *formlosen Abgabe* an das – nach Meinung des Gerichts – zuständige Gericht erklärt werden, da die formlose Abgabe für das andere Gericht keine Bindungswirkung hat und – schlimmer noch – eine Verjährungshemmung wegen „demnächstiger Zustellung nach Klageeinreichung" nicht mehr vorliegt (§ 167 ZPO).
- Falls der Prozessstoff zur genauen Bezifferung der Klage noch nicht zusammengetragen ist, Verjährung aber dennoch ins Haus steht, unterbricht auch die Feststellungsklage, selbst wenn sie unzulässig ist.[25] Die Feststellungsklage ist sodann entweder im laufenden Verfahren schleunigst auf die – zulässige und bezifferte – Zahlungsklage umzustellen, oder aber, wenn dies zeitnah nicht möglich ist, muss die Abweisung der **Feststellungsklage** als unzulässig hingenommen und gem. § 204 Abs. 2 S. 1 BGB innerhalb von 6 Monaten ab Rechtskraft des abweisenden Urteils von neuem Klage erhoben werden;
- die entscheidende Vorschrift für die **Hemmungswirkung** ist § 167 ZPO, wonach, sofern durch die Zustellung die Verjährung gehemmt werden soll, die Wirkung bereits mit Einreichung der Klage eintritt, falls die Zustellung demnächst erfolgt. Die Rechtssprechung fordert für die Einhaltung der „Demnächstigkeit", dass die Verzögerung nicht verschuldet ist.
Hierzu gehört:
Beifügung für die Zustellung notwendigen Abschriften (jedenfalls nach herrschender Meinung);
Angabe des Streitwerts (herrschende Meinung);
die Gerichtskosten müssen der Klage nicht beiliegen, die Rechtssprechung fordert aber praktisch, dass der Kläger die Gerichtskosten innerhalb von *2 Wochen* ab Zugang der Zahlungsaufforderung durch das Gericht einzuzahlen hat;
Hat der Antragssteller die Gerichtskosten zwar errechnet, aber nicht entrichtet, kann die Demnächstigkeit gefährdet sein;

---

[22] BGH NJW 1986, 1861.
[23] *Demuth* in: Thume, 3. Aufl., Rdnr. 89 zu Art. 32 CMR, Stichwort: Verhandlungen m.w.N., BGH TranspR 2008, 467.
[24] Palandt/*Ellenberger*, 73. Aufl., Rdnr. 5 zu § 204 BGB.
[25] Palandt/*Ellenberger*, 73. Aufl., Rdnr. 2 zu § 204 BGB.

- Die **Demnächstigkeitsregeln** des § 167 ZPO gelten auch für den Mahnbescheid. Die Hemmung durch Mahnbescheid birgt aber in der Praxis Gefahren, welche nicht unterschätzt werden sollten, insbesondere:
Verzögert sich die Zustellung durch eine sachlich gebotene Rückfrage des Rechtspflegers, kann die Demnächstigkeit gefährdet sein.

Insgesamt ist festzuhalten, dass bei drohender Verjährung die Klage Fehler und Ungenauigkeiten in stärkerem Umfange verzeiht als das Mahnverfahren.

66 Vorstehende Notmaßnahmen sind im Zeitpunkt der Verjährungsgefahr opportun, besser ist es aber, weiträumig vor Verjährung Hemmungshandlungen vorzunehmen, da dann

- die „Reparatur" von Fehlern der hemmenden Maßnahme ohne Zeitdruck möglich ist;
- im nachfolgenden Prozess nicht die Verjährungsfrage das Hauptthema ist und sich damit die Position für Vergleichsgespräche verschlechtert.

3. Die Passivklage

67   a) *Erste sichernde Maßnahmen. aa) Aufbewahrung der Zustellungsunterlagen.* Eine – überraschend oft unterlassene – Trivialmaßnahme ist die Aufbewahrung des Zustellungsumschlages. Der Zustellungsbeamte hat auf diesem den Tag der Zustellung zu vermerken. Dieser Tag markiert den Beginn von gerichtlich gesetzten Fristen und hilft darüber hinaus den Irrtum zu vermeiden, dass im Falle der Niederlegung bei der Post (§ 181 ZPO) die Fristen erst ab Abholung bei der Postanstalt, nicht schon ab Niederlegung zu laufen beginnen.

68   Für den Fall der – vorkommenden – Falscheintragung oder aber gänzlich unterlassener Eintragung des Zustellungszeitpunktes ist das Zustellungskuvert ein wesentliches Hilfsmittel, sich im Falle einer Fristversäumung vom Vorwurf nachlässiger Prozessführung zu entlasten.

69   *bb) Fristen- und Terminskontrolle.* Die zugestellte Sendung enthält in der Regel eine Terminsbestimmung und eine **Klageerwiderungsfrist,** beides ist sogleich im Terminskalender zu vermerken. Die Erfahrung zeigt, dass nur sofortiger Vermerk im Kalender Termin und Frist festhält – das nächste Telefonat und eine über die zugestellte Sendung gelegte Speditionsakte können bereits zu Frist- und Terminsversäumnis führen.

70   Gesetzte **Erwiderungsfristen** sind nicht etwa unverbindliche Anhaltspunkte, sondern können bei Verspätung (§ 296 ZPO) durchaus zum Prozessverlust führen, selbst wenn von der Sache her eigentlich der Gewinn des Prozesses angesagt wäre.

71   Hinsichtlich der gesetzten Klageerwiderungsfrist ist zu beachten, dass in dieser Frist auch der Verweisungsantrag hinsichtlich einer vor der Zivilkammer des Landgerichts erhobenen Klage zur Kammer für Handelssachen zu erheben ist (§ 101 Abs. 1 S. 2 GVG), widrigenfalls ein solcher Antrag verspätet ist. Ob ein Verweisungsantrag zur Kammer für Handelssachen opportun ist oder aber nicht ist Fallfrage. Wird die erhöhte Sachkompetenz einer mit den einschlägigen Fragen häufig befassten Kammer für Handelssachen im konkreten Fall als der Partei günstig eingeschätzt, sollte der **Verweisungsantrag** gestellt werden – im umgekehrten Falle natürlich nicht.

72   Häufig bestimmt das Gericht nicht sogleich einen Termin, sondern ordnet das sogenannte **schriftliche Vorverfahren** an (§ 276 ZPO).

I. Klage und verwandte Verfahren

Das schriftliche Vorverfahren enthält 2 Fristen:
- eine nichtverlängerbare 2-wöchige Frist zur Anzeige der Verteidigungsabsicht. Hier muss der Beklagte – bei den Landgerichten nur durch einen Anwalt – innerhalb von 2 Wochen lediglich den lapidaren Satz zu Gericht geben:
  „Der/die Beklagte beabsichtigt sich gegen die Klage zu verteidigen."
  Wird die Frist versäumt, kann ohne Terminsbestimmung, also im schriftlichen Verfahren, Versäumnisurteil ergehen. Bei eindeutig berechtigten Ansprüchen kann der Beklagte auch anerkennen, worauf dann wiederum ohne mündliche Verhandlung im schriftlichen Verfahren ein Anerkenntnisurteil ergeht (Anerkenntnis im schriftlichen Verfahren sollte bei eindeutiger Sach- und Rechtslage erwogen werden, da gegenüber dem streitigen Urteil 2,0 Gerichtsgebühren eingespart werden können).
- Nach Ablauf der Frist zur Anzeige der Verteidigungsbereitschaft beginnt eine weitere Frist von – mindestens – 2 Wochen zu laufen, in welcher die Klageerwiderung einzureichen ist. Diese Frist ist dann bei Vorliegen erheblicher Gründe (Urlaub, Krankheit, Arbeitsüberlastung des Prozessbevollmächtigten) verlängerbar.
  Auch die Frist zur Anzeige der Verteidigungsbereitschaft und die Klagerwiderungsfrist sollten sogleich im Terminkalender festgehalten werden.

b) Benachrichtigung des Verkehrshaftungsversicherers. Unterliegt der Gegenstand der Klage, etwa eine **Schadenersatzforderung,** einem Versicherungsvertrag, ist der Versicherer *unverzüglich* zu benachrichtigen. Wer dies unterlässt, riskiert seinen Versicherungsschutz. Zu berücksichtigen ist darüber hinaus, dass die Fristen mit Zustellung, nicht etwa mit Eingang bei der Versicherung zu laufen beginnen. Dies bedeutet, dass notwendigerweise ein Teil der gesetzten Fristen selbst bei raschester Handhabung schon abgelaufen ist, bevor der Versicherer benachrichtigt werden konnte. Unabhängig von der Frage der Gefährdung des Versicherungsschutzes wird dem Versicherer die Anspruchsabwehr erschwert, wenn er in Fristdruck gerät. 73

Ist die Einschaltung einer Versicherung nicht veranlasst und soll ein Anwalt beauftragt werden, empfiehlt sich gleichfalls, diesen rasch zu beauftragen. Infolge des notorischen Arbeitsdrucks der meisten Anwaltsbüros sollte dem Anwalt möglichst viel Zeit zur Bearbeitung gelassen, ihm notfalls auch die Möglichkeit eingeräumt werden, Fristverlängerungen zu erwirken. 74

c) Zusammenstellung des Verteidigungsstoffes. Soweit bei der sich anbahnenden Auseinandersetzung nicht bereits geschehen, empfiehlt sich – spiegelbildlich zur Klage – die Zusammenstellung des Verteidigungsstoffes. Infolge des anhängigen Prozesses ist dies aber nun – Fristen für die Klageerwiderung laufen – gegebenenfalls unter Zeitdruck durchzuführen. 75

Besonders umkämpft in Schadenprozessen ist häufig die Frage, ob der Frachtführer bzw. Spediteur sich eines **groben Organisationsverschuldens** schuldig gemacht hat oder aber nicht.[26] 76

Aus einer „Check-Liste zur Abwehr des Vorwurf des groben Organisationsverschuldens" eines bedeutenden Versicherungsmaklers, noch zur Zeit der groben Fahrlässigkeit erschienen (aber auch aktuell unverändert anwendbar), sei daher wie nachfolgend zitiert: 77

1. Eingangs- und Ausgangskontrollen
  a) Welche Eingangs- und Ausgangskontrollen werden für jede Sendung getroffen?
  b) Wo, wann, wie und von wem werden diese Kontrollen durchgeführt?

---
[26] Vgl. *Koller,* 8. Aufl., Rdnr. 4b zu Art. 29 CMR und Rdnr. 6ff. zu § 435 HGB.

c) Werden diese Kontrollen lückenlos vorgenommen?
d) Auf welche Weise und durch wen wird die Einhaltung der Kontrollen überwacht?
e) Welche Dokumente werden von Ihnen bei Erhalt einer Sendung unterzeichnet und welche Quittung lassen Sie sich erteilen, wenn Sie die Sendung einem von Ihnen beauftragten nachfolgenden Verkehrsträger übergeben?

2. Verlust der Sendung auf dem Lager
   a) Eintritt des Schadens durch Fehlverladung.
   Sofern in der letzten Zeit Fehlverladungen aufgetreten sind: Welche Maßnahmen wurden zu deren Verhütung für die Zukunft getroffen?
   b) Verdacht des Verlusts durch Diebstahl oder Unterschlagung:
   Haben Dritte, die nicht dem Betrieb angehören (z.B. Fahrer) Zutritt zum Lager?
   Findet Selbstverladung durch fremde Fahrer statt?
   Welche Maßnahmen werden getroffen, um zu verhindern, dass Fahrer und sonstige Dritte Güter an sich bringen und mitnehmen?
   Sind diese Kontrollen lückenlos oder finden nur Gelegenheitskontrollen abfahrender Nah- und Fernverkehrsunternehmer statt?
   c) Polizeiliche Anzeigen bei Verdacht auf strafbare Handlungen:
   Erstatten Sie polizeiliche Anzeigen, wenn Anzeichen dafür bestehen, dass ein Verlust auf einer strafbaren Handlung, z.B. Diebstahl, beruht?

3. Besonders diebstahlgefährdete Ware
   a) Wie ist diebstahlgefährdete Ware (z.B. HiFi-, Video-Geräte, Elektrotechnik, Fotoapparate, hochwertige Parfümerie-Artikel, Zigaretten etc,) gegen Abhandenkommen gesichert? Befindet sich diese Ware in eigenen, extra gesicherten Räumlichkeiten, getrennt vom normalen Durchgangslager? Wie sehen die normalen konkreten Sicherungsmaßnahmen und Kontrollen aus?
   b) Haben Sie mit Auftraggebern, deren Waren besonders diebstahlgefährdet sind, über Maßnahmen zur Verringerung des Diebstahlrisikos gesprochen, z.B. über Änderungen der Verpackung und Kennzeichen?

4. Sonstige Maßnahmen gegen Diebstahl
   a) Welche sonstigen Maßnahmen wurden getroffen, um Diebstähle zu verhindern? Erfolgt eine Kontrolle des Lagerpersonals, und wie sieht diese aus? Werden ggf. Detektive eingeschaltet? Nach welchen Gesichtspunkten wird Ihr Personal (Lager-, Fahr-, und Aushilfskräfte) ausgesucht?
   b) Wie ist das Lager gegen Einbruchdiebstahl gesichert? Gibt es Alarmanlagen? Ist das Gelände eingezäunt, wird es bewacht, durchgehend oder in unregelmäßigen Zeitabständen?

5. Maßnahmen zum Widerauffinden der in Verlust geratenen Ware
   Welche Maßnahmen werden im Verlustfall getroffen, um Güter wiederaufzufinden? Erfolgen regelmäßig Suchmeldungen an alle Niederlassungen und die nachgeordneten Verkehrsträger? Wie ist sichergestellt, dass in Ihren Niederlassungen diesen Suchmeldungen mit Nachdruck nachgegangen wird?

6. Nicht zuordnungsfähige Güter
   Was geschieht mit Sendungen und Gütern, die nicht zugeordnet werden können? Besteht eine zentrale Erfassung? Welche sonstigen Maßnahmen werden getroffen, um den Verfügungsberechtigten zu ermitteln? Werden nachfolgende Verkehrsträger in diese Maßnahmen einbezogen?

7. Verbesserung der Betriebsorganisation
   a) Bestehen sonstige Sicherungsmaßnahmen in Ihrem Hause? Welche?

I. Klage und verwandte Verfahren

b) Grobes Organisationsverschulden wird von der Rechtsprechung vor allem dann bejaht, wenn organisatorische Maßnahmen zur Verhinderung von Verlusten unterbleiben, die nahe liegen und jedem einleuchten müssen. In welcher Hinsicht muss der Organisationsablauf in Ihrem Betrieb weiter verbessert werden?

Nach dieser oder ähnlichen Check-Listen richtet sich nicht nur die präventive Verhinderung von Schadenfällen; die Listen erleichtern auch die Information des Versicherers bzw. des Prozessbevollmächtigten.

d) Gegenangriffe. Der Beklagte darf sich gegen eine ihm zugestellte Klage nicht nur verteidigen, er darf auch Widerklage (§ 33 ZPO, Art. 8 Abs. 3 EGVVO) zur Verfolgung eigener Ansprüche aus demselben Rechtsverhältnis gegen den Kläger erheben. 78

Eine Sonderform – in Transportrechtsprozessen nicht selten – der Widerklage ist die sogenannte **Hilfswiderklage**. Diese ist angezeigt, wenn etwa Prozessverlust wegen eines Aufrechnungsverbots droht (Ziffer 19 ADSp); mit der Hilfswiderklage wird sodann der zur Aufrechnung versuchte Anspruch verfolgt für den Fall, dass die Aufrechnung unzulässig ist. 79

Eine andere Sonderform der Widerklage ist diejenige unter Einbeziehung eines *weiteren* Widerbeklagten. Diese Form der Widerklage ist opportun etwa dann, wenn sich der Beklagte gegen die Frachtlohnklage mit einem Schadenersatzanspruch zur Wehr setzen und dabei nicht nur den klagenden Frachtführer, sondern auch noch dessen Fahrer im Wege der Widerklage mitverklagen will. Solches Vorgehen bietet einerseits den Vorteil der Konzentration des Streitstoffes, zum anderen fällt der Fahrer als Zeuge in der Regel aus, da er nunmehr selbst Partei ist. Sogar die sogenannte isolierte **Drittwiderklage** ist unter bestimmten Umständen zulässig, etwa im Schadenersatzprozess des Transportversicherers die **Frachtlohnklage** gegen den bisher nicht am Prozess beteiligten Absender.[27] 80

e) Verhalten bei besonderen Prozessarten. aa) Mahnverfahren. Im Mahnverfahren ist in der Regel weiteres als die Widerspruchseinlegung (2 Wochen ab Zustellung des Mahnbescheides) nicht veranlasst; sollte – was die Gefahr von Vollstreckungsmaßnahmen mit sich bringt – der Vollstreckungsbescheid bereits erlassen sein, gilt die 2-wöchige Einspruchsfrist nach Zustellung des Vollstreckungsbescheides. 81

Im Widerspruchsformular sollte genau bezeichnet werden, ob gegen den Mahnbescheid in vollem Umfange oder nur hinsichtlich Teilen Widerspruch erhoben wird. Eine Begründung des Widerspruchs ist nicht erforderlich. Falls – etwa bei CMR-Fällen – die Reklamation noch nicht zurückgewiesen worden ist, könnte ein Text im Widerspruchsschreiben: 82

„Die erhobenen Ansprüche werden vollinhaltlich zurückgewiesen"

von Vorteil sein. Bei zögerlicher Prozessführung des Klägers könnte durch Beendigung der **Hemmungswirkung** der Reklamation gem. Art. 32 Nr. 2 CMR hieraus ein Rechtsvorteil entstehen.

Sollte aus Gründen wie auch immer bereits Vollstreckungsbescheid ergangen sein, ist ein Antrag auf Einstellung der Zwangsvollstreckung, welcher in der Regel nur gegen Sicherheitsleistung gewährt wird, unbedingt zu empfehlen. Kraft Gesetzes ist gem. § 108 Abs. 1 Satz 2 ZPO Sicherheitsleistung durch Bankbürgschaft eines deutschen Kreditinstituts möglich; ausländische Kreditinstitute lässt das Gericht nach **freiem Ermessen** gem. § 108 Abs. 1 Satz 1 ZPO zu. 83

---

[27] BGH vom 13.3.2007 – VI ZR 129/06; MDR 2007, 969.

84 bb) *Urkundenklage.* Für diese Klageart gelten einige Besonderheiten:
Der Beklagte kann sich die „Ausführung seiner Rechte im Nachverfahren" vorbehalten. Das Nachverfahren folgt dem beschleunigten Urkundenverfahren und nicht selten können im Nachverfahren durch im Vorverfahren nicht zulässige Beweismittel (insbesondere Zeugen) abweichende Ergebnisse erzielt werden.

85 Bisweilen ist es im Urkundenverfahren von Vorteil, die – zulässige – Parteieinvernahme des Klägers zu beantragen. Immerhin lassen sich an den Kläger bei seiner Parteieinvernahme Fragen anbringen. Nicht unbeachtet bleiben sollte der Aspekt, dass – bei Parteieinvernahme eines etwa im Ausland ansässigen Klägers – Zeit vergeht und nicht selten damit der durch die Urkundenklage beabsichtigte Überrumpelungseffekt vereitelt wird.

86 cc) *Scheck- und Wechselprozess.* Das zum Urkundenprozess Gesagte gilt für diese Prozessarten entsprechend (§§ 602, 605a ZPO).

4. Die Streitverkündung

87 *a) Funktion.* Die Streitverkündung hat zwei Wirkungen, welche voneinander unabhängig sind, in ihrer Gesamtheit aber die Streitverkündung zu einem wichtigen prozessualen Instrument machen:

88 *aa) Schutz vor unterschiedlichen Gerichtsentscheidungen.* Gerichte können Sachverhalte unterschiedlich beurteilen und – sogar bei als identisch festgestelltem Sachverhalt – ist ein Gericht nicht an die Rechtsauffassung des anderen Gerichtes gebunden. Es besteht also die Gefahr, dass der Frachtführer im Prozess mit dem Auftraggeber unterliegt und – ohne Streitverkündung – ein anderes Gericht im Folgeprozess gegen den eigenen Unterfrachtführer seine Klage gleichfalls abweist.

89 Gemäß §§ 74, 68 ZPO wird der Streitverkündete im Folgeprozess *nicht* mit der Behauptung gehört, der Vorprozess sei *unrichtig* entschieden. Er kann auch nicht vortragen, die Hauptpartei habe den Rechtsstreit *schlecht* geführt; von letzterem gilt eine Ausnahme nur dann, wenn der Streitverkündete sich nicht mit den Erklärungen und Handlungen der Hauptpartei in Widerspruch setzen konnte (die Hauptpartei gesteht eine Tatsache als richtig zu; der Streitverkündete kann die Richtigkeit dieser Tatsache dann nicht bestreiten).

90 Selbstverständlich reicht diese Wirkung nur ab Zugang der Streitverkündung. Wenn beispielsweise die Streitverkündung erst in der Berufungsinstanz erfolgt und demgemäß neues Vorbringen gemäß § 531 ZPO (oder auch ggf. gem. § 530 ZPO) zurückgewiesen wird, ist das bisherige Prozessverhalten der Hauptpartei vom Streitverkündeten nicht zu beeinflussen gewesen – insoweit also keine Bindungswirkung.

91 *bb) Verjährungshemmungsfunktion.* Mindestens ebenso wichtig ist die verjährungshemmende Wirkung der Streitverkündung.

92 Die Streitverkündung hemmt in gleicher Weise wie die Klageerhebung (§ 204 Abs. 1 S. 6 BGB). Entsprechend § 167 ZPO tritt die Hemmungswirkung bereits mit Einreichung des Streitverkündungsschriftsatzes ein, wenn die Zustellung „demnächst" erfolgt.[28]

93 Voraussetzung der Hemmungswirkung hinsichtlich der Verjährung ist weiter, dass der durch Streitverkündung zu sichernde Anspruch vom Ausgang des Prozesses, in welchem die Streitverkündung erfolgen soll, abhängt.

94 Die Hemmung durch Streitverkündung endet 6 Monate nach rechtskräftiger Entscheidung oder anderweitiger Beendigung (insbesondere Vergleich) des eingeleiteten Verfahrens (§ 204 Abs. 2 Satz 1 BGB).

---

[28] Palandt/*Ellenberger*, 73. Aufl., Rdnr. 21 zu § 204 BGB.

I. Klage und verwandte Verfahren

Die sechsmonatige Ausschlussfrist gem. § 215 Abs. 2 BGB a. F. ist damit entfallen.

Hinweis: Bei Vergleich bleibt mangels „Entscheidung" nur die hemmende Wirkung 95
bei der Verjährung erhalten, nicht auch die sachliche Bindung (§§ 74, 68 ZPO). Bei
Auslandsstreitverkündung: vgl. Art. 65 Abs. 1 S. 2 Buchst. a EuGVVO.

b) Form und sonstige Modalitäten der Streitverkündung. Die Streitverkündung ge- 96
schieht mittels zuzustellenden Schriftsatzes, in welchem der *Grund* der Streitverkündung und die *Lage des Rechtsstreits* anzugeben ist.

Die Praxis trägt diese Voraussetzungen häufig ungegliedert vor mit der Folge, dass 97
bei Fehlen oder dürftiger Darstellung eines der beiden Elemente die Zulässigkeitsvoraussetzungen des § 72 ZPO – zu rügen im Folgeprozess – bisweilen zweifelhaft sind.

Der Verfasser zieht aus diesem Grunde eine Unterteilung der Begründung zur 98
Streitverkündung in „Streitverkündungsgrund" und „Bericht zum Sach- und Streitstand" vor.

Hinsichtlich der Unterrichtung über den Sach- und Streitstand ist unerlässlich 99
- die Angabe eines Verhandlungs-, Beweis- oder Verkündungstermins;
- die Mitteilung, dass ein Beweisbeschluss erlassen wurde;
- bei Streitverkündung nach Instanzende Beifügung einer Urteilsabschrift und Mitteilung des Zustellungsdatums;
- sicherheitshalber auch Mitteilung von Abschriften der Klage und der Schriftsätze.

Zwar soll letzteres nach herrschender Auffassung nicht gelten,[29] die Beifügung der 100
Klage und der Schriftsätze mit ein paar verbindenden Worten ist aber ein probates –
und einfaches – Mittel, dem Streitverkündeten den Streitstoff nahezubringen. Das
Problem der beizufügenden Schriftsätze wird dann entschärft, wenn die Streitverkündung in einem *frühen* Stadium erfolgt, also sogleich mit der Klageerhebung bzw. der
Klageerwiderung oder der Verteidigungsanzeige.

Die frühere Auffassung, dass für die Streitverkündung Rechtshängigkeit notwendig 101
sein müsse und Anhängigkeit nicht genüge, dürfte überholt sein.[30] Ausführlich zur
Streitverkündung unter Berücksichtigung der transportrechtlichen Besonderheiten
Neumann.[31]

c) Reaktion auf eine Streitverkündung. Der Streitverkündete kann dem Rechtsstreit 102
beitreten oder durch ausdrückliche Erklärung oder schlichten Nichtbeitritt – davon
absehen (§ 74 Abs. 2 ZPO).

Der Nichtbeitritt hat den Nachteil, dass die Streitverkündungswirkung des § 68 103
ZPO ohne Rücksicht auf sein Verhalten eintritt (§ 74 Abs. 2 ZPO), der Streitverkündete begibt sich also jeder Einwirkungsmöglichkeit auf den Prozess.

Auf der anderen Seite trifft den Streitverkündeten bei gänzlichem oder teilwei- 104
sem Unterliegen der Hauptpartei eine Kostentragungspflicht (§ 101 Abs. 1 ZPO),
welche nicht unterschätzt werden darf. Hinzu kommt, dass bei einigen Haftungsordnungen – etwa CMR – die Kosten des Vorprozesses nicht oder unsicher erstattungsfähig sind.[32]

Eine generalisierende Empfehlung kann nicht gegeben werden. Je höher die eigenen 105
Einflussmöglichkeiten auf den fremden Prozess eingeschätzt werden, desto eher empfiehlt sich der Beitritt; lässt sich erkennen, dass der Prozess von einer einzigen Streit-

---

[29] OLG München MDR 1989, 548.
[30] BGHZ 92, 257 m. w. N.
[31] TranspR 2005, 51.
[32] *Thume/Riemer* in: Thume, Kommentar zur CMR, 3. Aufl., Rdnr. 33 zu Art. 23 CMR insbesondere Fn. 84 m. w. N.

frage – Paradebeispiel: die Aussage des Streitverkündeten als Zeugen – abhängt und erscheint zum Hauptstreitpunkt ausreichend vorgetragen, wird der Gedanke, Prozesskosten zu sparen, in den Vordergrund zu treten haben.

106 Die Reaktion des Streitverkündungsempfängers kann auch darin bestehen, dass er seinerseits eine *weitere Streitverkündung* vornimmt. Hauptanwendungsfall dürfte eine Kette von Unterfrachtführern sein. Nicht genügend beachtet wird bisweilen, dass die Zulässigkeit weiterer Streitverkündung *unabhängig* davon ist, ob der Streitverkündete *dem Prozess beigetreten ist oder nicht.*[33] Die Berufungsfrist des Streitverkündeten beginnt mit Urteilszustellung bei der *Hauptpartei.*[34]

107 *d) Die Streitverkündung im Folgeprozess.* Wie generell im Zivilprozess erfolgt Beachtung der Streitverkündungswirkungen nicht von Amts wegen, zumal ein Zivilgericht ohne entsprechendem Vortrag der Partei keine Kenntnis von der Streitverkündung hat. Demgemäß ist es Sache des früheren Streitverkündenden, auf die Einrede der Verjährung die Modalitäten der Streitverkündung vorzutragen. Dasselbe gilt, wenn die sachliche Bindungswirkung aus dem Vorprozess in Anspruch genommen werden soll.

108 Will der seinerzeitige Streitverkündete im Folgeprozess Mängel der Streitverkündung geltend machen, werden diese gleichfalls nicht von Amts wegen überprüft; vielmehr können sie gemäß § 295 ZPO durch **Verschweigung** geheilt werden.[35]

109 Für den Folgeprozess zu beachten ist, dass die Bindungswirkung der §§ 68, 74 ZPO – im Unterschied zur Verjährungshemmungswirkung – für den Folgeprozess nicht fristgebunden ist.

110 *e) Anwendungsfälle der Streitverkündung.*
- der Absender nimmt den Frachtführer wegen eines Transportschadens in Anspruch, der Frachtführer verkündet seinem Unterfrachtführer, in dessen Gewahrsam der Schaden entstanden sein soll, den Streit;
- die Person des Anspruchsgegners ist unklar (wahlweise Inanspruchnahme), etwa, wenn nicht erkennbar ist ob eine natürliche Person für sich selbst oder als Geschäftsführer einer GmbH gehandelt hat;
- desgleichen, wenn nicht sicher ist, ob eine Person als Vermittler eines Vertrages oder aber im eigenen Namen tätig war;
- beim Prozess des Empfängers gegen den Frachtführer, wenn letzterer Verpackungsmängel einwendet – Streitverkündung des Empfängers an den Absender wegen Verletzung kaufvertraglicher Nebenpflichten empfehlenswert;
- im Schadenersatzprozess des Absenders gegen den Frachtführer kann Streitverkündung durch letzteren an seinen Versicherer angebracht sein, wenn dieser die Deckung verweigert;
- der Frachtführer kann im Frachtlohnprozess gegen seinen Auftraggeber, welcher mit Schadenersatzansprüchen aufrechnet, seinem Unterfrachtführer den Streit verkünden;[36]

111 *Nicht* zulässig ist eine Streitverkündung, falls die Inanspruchnahme *nicht alternativ,* sondern *kumulativ* erfolgt.

Beispiel: Im Transportschadenprozess sollen der Frachtführer und der verantwortliche Fahrer oder sonstiges Personal in Anspruch genommen werden – sie haften in aller Regel *nebeneinander.*

---

[33] *Zöller,* ZPO, 30. Aufl., Rdnr. 10 zu § 72 ZPO.
[34] Baumbauch/Lauterbach/*Hartmann,* 72. Aufl., § 517 ZPO Rdnr. 8 mit differenzierender Rechtspr.
[35] Baumbauch/Lauterbach/*Hartmann,* 72. Aufl., § 295 ZPO Rdnr. 52 Stichwort: Streitverkündung.
[36] BGH TranspR 1992, 135.

II. Selbständiges Beweisverfahren

Übersicht

	Rdnr.
1. Anwendungsbereich und Voraussetzungen	112
2. Zuständigkeit	117
3. Inhalt des Antrages	118
4. Die Anwendung bei den einzelnen Beweismitteln	120
a) Zeugenbeweis	120
b) Sachverständigenbeweis	121
c) Augenscheineinnahme	123
5. Verwertung im Prozess	124
6. Reaktion auf ein gegnerisches selbständiges Beweisverfahren	125

1. Anwendungsbereich und Voraussetzungen

Das selbständige Beweisverfahren (frühere Bezeichnung: Beweissicherungsverfahren) soll dem Verlust von Beweismitteln vorbeugen und ist sowohl während als auch außerhalb eines Streitverfahrens zulässig (§ 485 Abs. 1 ZPO). **Mögliche Maßnahmen** sind nach dieser Vorschrift die 112

- Einnahme des Augenscheines;
- Vernehmung vom Zeugen;
- Begutachtung durch einen Sachverständigen.

Weitere Voraussetzung ist die – in der Praxis selten vorliegende – Zustimmung des Gegners oder 113

- Besorgnis des Verlusts des Beweismittels;
- Besorgnis der erschwerten Benutzung des Beweismittels.

Hierzu gehört insbesondere Verderb oder bevorstehende Veränderung der geschädigten Sache, bei einem präsenten Zeugen (Fahrer) – auch bei entsprechenden internationalen Übereinkommen – die Zeugeneinvernahme im Ausland. 114

Das selbständige Beweisverfahren hat in Transportprozessen nicht dieselbe Bedeutung erlangt wie auf anderen Rechtsgebieten, beispielsweise im Bauprozess. Dies liegt vor allem an der häufig erhöhten Veränderlichkeit insbesondere Verderblichkeit der beschädigten Ware, etwa bei Lebensmitteln. Hier ist die zur Verfügung stehende Zeit oft so gering, dass dem selbständigen Beweisverfahren im Wege der Begutachtung der außergerichtlich beauftragte **Havariekommissar** vorgezogen wird, welcher dann allerdings im Prozess nicht als Sachverständiger sondern nur als **sachverständiger Zeuge** zu benutzen ist. 115

Bei sich nicht allzu rasch verflüchtigenden Zuständen – Beispiel: beschädigte Großmaschine – sollte aber durchaus der Sachverständigenbeweis im selbständigen Beweisverfahren ins Auge gefasst werden, u. U. nachdem der Schadenzustand unmittelbar nach Ablieferung (damit nicht spätere Veränderungen behauptet werden können) durch einen Havariekommissar festgehalten ist. 116

2. Zuständigkeit

Zuständig für den Antrag auf selbständiges Beweisverfahren ist das Gericht, welches nach dem Vortrag des Antragstellers zur Entscheidung in der Hauptsache beru- 117 fen wäre. In besonders dringenden Fällen kann der Antrag auch bei dem Amtsgericht gestellt werden, in dessen Bezirk die zu vernehmende oder zu begutachtende Person sich aufhält oder die in Augenschein zu nehmende oder zu begutachtende Sache sich befindet (§ 486 ZPO).

3. Inhalt des Antrages

118 Das Gesuch muss den Gegner bezeichnen, die Tatsachen, über welche Beweis erhoben werden soll und das Beweismittel genau benennen.

119 Vor allem aber müssen die Tatsachen glaubhaft gemacht werden, die das selbständige Beweisverfahren zulässig machen: Hierzu gehört besonders die Besorgnis, dass das Beweismittel verlorengeht oder seine Benutzung erschwert wird und – bei der Notzuständigkeit des Amtsgerichts – auch die Glaubhaftmachung der ganz besonderen Dringlichkeit. Klassisches Mittel der Glaubhaftmachung ist eine **Versicherung an Eides** statt (§ 294 ZPO).

4. Die Anwendung bei den einzelnen Beweismitteln

120 *a) Zeugenbeweis.* Praktisch kann die Zeugenvernehmung im selbständigen Beweisverfahren durchgeführt werden hinsichtlich des bald abreisenden Fahrers oder sonstigen Begleitpersonals des Transports. Der Verfasser hat in Transportprozessen diese Konstellation sehr selten erlebt, da bei Mandatserteilung die entsprechenden Personen schon längst wieder abgereist waren. Berücksichtigt man die oft monatelange oder längere Dauer von Rechtshilfeverfahren, etwa im osteuropäischen oder südosteuropäischen Ausland, sollten die entsprechenden Möglichkeiten nach rascher Information des zu beauftragenden Anwalts häufiger genutzt werden.

121 *b) Sachverständigenbeweis.* Die statistisch größte Bedeutung erlangte das selbständige Beweisverfahren auf dem Gebiete des Sachverständigenbeweises (Schwerpunkt: Bauprozesse). Der Grund liegt darin, dass – gegenüber früherem Rechtszustand erweitert – nicht nur Zustand und Wert der zu begutachtenden Sache, sondern auch die Ursache des Schadens und der Aufwand für seine Beseitigung im selbständigen Beweisverfahren festgestellt werden können.

122 Besonders vorteilhaft ist es, dass gemäß § 487 Nr. 3 ZPO der Antragsteller den Sachverständigen benennen darf und das Gericht an die Benennung gebunden ist.

123 *c) Augenscheineinnahme.* Im Transportprozess dürfte die Beweissicherung durch Augenscheineinnahme nur eine untergeordnete Rolle spielen, da regelmäßig auch Sachverständigenfragen inmitten liegen und die Begutachtung denknotwendig die Inaugenscheinnahme durch den Sachverständigen einschließt.

5. Verwertung im Prozess

124 Die selbständige Beweiserhebung steht einer Beweisaufnahme vor dem Prozessgericht gleich (§ 493 Abs. 1 ZPO).

6. Reaktion auf ein gegnerisches selbständiges Beweisverfahren

125 Der Antragsgegner kann – zur Herbeiführung der Waffengleichheit hinsichtlich des Sachverständigen – ein eigenes selbständiges Beweisverfahren mit einem von ihm benannten Sachverständigen einleiten.[1]

---

[1] Vgl. Baumbach/Lauterbach/*Hartmann*, 72. Aufl., Rdnr. 8 zu § 487 ZPO.

II. Selbständiges Beweisverfahren

- Dem Gegner bleibt beim Sachverständigenbeweis die Möglichkeit, Fragen zu stellen und die Anhörung des Sachverständigen zu beantragen. Wird – wie regelmäßig – hierzu vom Gericht eine Frist gesetzt, muss diese (sonst drohender Verlust der Befragungs- und Anhörungsrechte) eingehalten werden,
- bei der Vernehmung eines Zeugen (Ladung des Gegners in der Regel erforderlich, § 491 Abs. 1 ZPO) können Fragen gestellt und die Beeidigung beantragt werden;
- damit das selbständige Beweisverfahren nicht ohne Klageerhebung längere Zeit „hängt" hat der Antragsgegner gemäß § 494a ZPO die Möglichkeit, bei Gericht Fristsetzung zur Klageerhebung zu beantragen. Wahrt der Antragsteller die angeordnete Klageerhebungsfrist nicht, kann der Antragsgegner beantragen, dem Antragsteller die Kosten des selbständigen Beweisverfahrens aufzuerlegen.

III. Der einstweilige Rechtsschutz

Übersicht

	Rdnr.
1. Überblick	126
2. Der Arrest	133
a) Anwendungsbereich	133
b) Zuständigkeit	134
c) Inhalt und Form des Arrestgesuchs	137
d) Vollziehung des Arrestbefehls	140
e) Gegenmaßnahmen gegen einen Arrestbefehl	142
3. Die Einstweilige Verfügung	143
a) Anwendungsbereich	143
b) Zuständigkeit	146
c) Inhalt des Verfügungsgesuchs	147
d) Vollziehung der einstweiligen Verfügung	149
e) Gegenmaßnahmen gegen eine Einstweilige Verfügung	150
4. Vorsorgliche Schutzschriften	151
5. Selbsthilfe	155
6. Frachtführer-, Spediteur- und Lagerhalterpfandrecht	160

1. Überblick

126 Das ordentliche Klageverfahren hat – selbst bei straffer Handhabung – den Nachteil einer oft nicht unerheblichen Zeitdauer. Dies kann, sei es durch Handlungen des Schuldners oder sonstwie verursacht, zu Rechtsverlusten führen.

127 Durch den für einen Zivilprozess unvermeidlichen Zeitaufwand besteht nicht selten die Gefahr des Verlusts der Vollstreckungsmöglichkeit oder der Unerreichbarkeit der Sache, auf deren Herausgabe ein materiellrechtlicher Anspruch besteht.

128 Vorläufigen Rechtsschutz zur Sicherung der Zwangsvollstreckung in das bewegliche oder unbewegliche Vermögen wegen einer Geldforderung gewährt hierbei der Arrest (§ 916 Abs. 1 ZPO).

129 Vorläufigen Rechtsschutz wegen sogenannter Individualansprüche – nicht: Zahlungsansprüche –, also Handlungen, Duldungen und Unterlassungen gleich welcher Art bietet die einstweilige Verfügung.[1]

130 Im weitesten Sinne können auch die Rechtsinstitute der *Selbsthilfe* (§§ 229, 230 BGB) und des Frachtführer-, Spediteur- und Lagerhalterpfandrechtes (§ 441 HGB n. F.) dem vorläufigen Rechtsschutz zugerechnet werden.

131 Arrest und einstweilige Verfügung führen nur zur *Sicherung* des gefährdeten Anspruchs, nicht zur Erfüllung eines solchen; die durch Richterrecht geschaffene Befriedigungsverfügung (etwa beim Notunterhalt) ist auf dem Gebiete des Handelsrechts mangels Vorliegens der außerordentlich scharfen Voraussetzungen praktisch nicht existent.

132 **Arrest- und Verfügungsantrag** hemmen die Verjährung des zugrunde liegenden Anspruchs unter den Voraussetzungen des § 204 Abs. 1 Ziffer 9 BGB n. F. – im Gegensatz zum früheren Recht.

---

[1] § 935 ZPO; vgl. *Zöller*, 30. Aufl., Rdnr. 6 zu § 935 ZPO.

III. Der einstweilige Rechtsschutz

2. Der Arrest

a) Anwendungsbereich. Der **Arrest** ist zur Sicherung der Zwangsvollstreckung in das bewegliche oder unbewegliche Vermögen wegen einer Geldforderung zulässig (§ 916 Abs. 1 ZPO).

133

b) Zuständigkeit. Zuständig für die **Anordnung des Arrestes** ist sowohl das Gericht der *Hauptsache* als auch dasjenige Amtsgericht, in dessen Bezirk der mit Arrest zu belegende Gegenstand sich befindet (§ 919 BGB).

134

In CMR-Sachen ist aber der **internationale** Gerichtsstand des Art. 31 CMR zu beachten.[2]

135

Der **Arrestgläubiger** kann – nach seiner Wahl, auch wenn die Hauptsache schon anderweitig anhängig ist – das Amtsgericht für einen Arrest anrufen, in dessen Bezirk sich der mit Arrest zu belegende Gegenstand (Lkw, Ladung, sonstige Vermögenswerte) befindet, und zwar ohne Rücksicht auf die Höhe des Streitwertes.

136

c) Inhalt und Form des Arrestgesuchs. Das Arrestgesuch ist schriftlich oder aber zu Protokoll der Geschäftsstelle zulässig (§ 920 Abs. 3 ZPO). Das Arrestgesuch unterliegt, auch vor Landgerichten, nicht dem **Anwaltszwang**, der allerdings dann eingreift, wenn **mündliche Verhandlung** (insbesondere auf Grund Widerspruchs) angeordnet wird.

137

Das **Arrestgesuch muss enthalten:**

138

- die Bezeichnung des Geldanspruchs, d.h. die Tatsachen, aus denen der Antragsteller gegen den Antragsgegner einen Geldanspruch zu haben glaubt sowie die Angabe des Geldbetrages (§ 920 Abs. 1 ZPO);
- die konkrete Darlegung des Arrestgrundes, also derjenigen Tatsachen, die die Besorgnis begründen, dass ohne Arrest die Vollstreckung des Urteils vereitelt oder wesentlich erschwert werden würde (§ 917 Abs. 1 ZPO). Die Sorge der Vollstreckungsvereitelung wird insbesondere begründet durch Beiseiteschaffen von Vermögensstücken, auffällige Grundstücksbelastungen, Verschleuderung von Waren, Globalabtretungen, aber auch Handlungen, die nicht als unlauter anzusehen sind, wie beispielsweise geschäftsmäßiger Wegtransport vollstreckungsfähiger Waren, Umzug mit unbekanntem Ziel werthaltigen Hausrates, sogar – Einzelheiten umstritten – völlig wertneutrale Ereignisse wie langanhaltende Krankheit oder Boykott eines Gewerbebetriebes;[3]
- Glaubhaftmachung des zu sichernden Anspruchs und des Arrestgrundes.
Die Glaubhaftmachung kann durch alle Beweismittel erfolgen, die dem Gericht den Arrestanspruch und den Arrestgrund als überwiegend wahrscheinlich erscheinen lassen. Häufig wird der Arrestanspruch selbst mit Urkunden zu belegen sein. Die Gefährdung (Arrestgrund) ist dagegen in der Regel nur mit eidesstattlicher Versicherung – des Antragstellers selbst oder dritter Personen – glaubhaft zu machen. Entgegen verbreiteter Praxis, die die Gerichte freilich bisweilen durchgehen lassen, muss die eidesstattliche Versicherung eine eigenständige Darstellung der glaubhaft zu machenden Tatsachen enthalten und darf sich nicht in einer bloßen Bezugnahme auf Angaben oder Schriftsätze Dritter (zum Beispiel des Rechtsanwaltes) erschöpfen.[4]

---

[2] *Demuth* in: Thume, 3. Aufl. Rdnr. 11 zu Art. 31 CMR – Stichwort: Eilverfahren – m.w.N., a.A. MüKoHGB/*Jesser-Huß*, 3. Aufl. Art. 31 CMR Rdnr. 26: Zuständigkeit auch im Transitstaat.
[3] *Zöller*, 30. Aufl., Rdnr. 5–9 zu § 917 ZPO.
[4] Vgl. *Zöller*, 30. Aufl., Rdnr. 4 zu § 294 ZPO m.w.N.

139 Gemäß ausdrücklicher Vorschrift (§ 917 Abs. 2 ZPO) ist es als zureichender Arrestgrund anzusehen, wenn das im Hauptsacheverfahren zu erwirkende Urteil im *Ausland* vollstreckt werden müsste. Dies gilt aber wegen Verstoßes gegen das Gemeinschaftsrecht im Anwendungsbereich der EuGVVO nicht mehr,[5] da hierin ein Verstoß gegen europäisches Gemeinschaftsrecht gesehen wird. In CMR-Sachen ist infolge der Möglichkeit der Vollstreckbarerklärung innerhalb der Mitgliedsstaaten gemäß Art. 31 Ziffer 3 CMR damit zu rechnen, dass hinsichtlich der Notwendigkeit der Auslandsvollstreckung die Gerichte für CMR-Mitgliedsstaaten eine gleichartige Haltung einnehmen. Im Ergebnis bedeutet dies, dass in den letztgenannten Fällen die Glaubhaftmachung der Vollstreckung im Ausland *nicht* ausreicht, vielmehr Gefährdungstatbestände in gleicher Weise glaubhaft gemacht werden müssen, als ereigneten sich diese im Inland.

140 *d) Vollziehung des Arrestbefehls.* Die Zustellung des Arrestbeschlusses hat der Arrestgläubiger selbst vorzunehmen (durch den **Gerichtsvollzieher**) – § 922 Abs. 2 ZPO. Der Arrestbefehl bleibt nicht unbeschränkt wirksam, sondern nur einen Monat ab Verkündung oder Zustellung an den Antragsteller (§ 929 Abs. 2 ZPO). Um die Warnung unlauterer Schuldner zu vermeiden ist die Vollziehung des Arrestes sogar vor Zustellung an den Schuldner zulässig, allerdings ist dann (sonst ist der **Arrestbefehl wirkungslos**) die Zustellung binnen einer Woche ab Vollziehung nachzuholen (§ 929 Abs. 3 ZPO).

141 Grundsätzlich ist nur die *Sicherung* im Wege der Zwangsvollstreckung aus dem Arrestbefehl zulässig, nicht die *Befriedigung*. Bewegliches Vermögen wird lediglich gepfändet, auf einem Grundstück wird eine Arresthypothek eingetragen (§§ 930, 932 ZPO). Eine Besonderheit gilt für die Pfändung einer Forderung: Hier ist das Arrestgericht als Vollstreckungsgericht gleichzeitig zuständig und es ist außerordentlich zweckmäßig, zugleich mit dem Arrestgesuch den Antrag auf Pfändung einer Forderung beim Arrestgericht zu stellen. Eine Forderungspfändung (nicht auch: deren Überweisung an den Gläubiger) begründet das Gebot an den Schuldner der gepfändeten Forderung (**Drittschuldner),** weder an den Arrestgläubiger noch an den Arrestschuldner zu leisten – lediglich eine Sicherung.

142 *e) Gegenmaßnahmen gegen einen Arrestbefehl.* Wer sich gegen einen Arrestbefehl wehren will, hat zwei Möglichkeiten:
- gemäß § 926 ZPO die Bestimmung einer Frist durch das Gericht zu beantragen, binnen deren der Arrestgläubiger in der Hauptsache Klage zu erheben hat. Kommt der Arrestgläubiger dieser Fristsetzung nicht nach, wird der Arrestbefehl auf Antrag aufgehoben

und/oder

- Widerspruch gegen den Arrestbefehl gem. § 924 ZPO. Im Widerspruchsschreiben sind die Gründe darzulegen, die für die Aufhebung des Arrestes geltend gemacht werden sollen. Auf Widerspruch entscheidet das Gericht durch Endurteil – nach mündlicher Verhandlung. In der mündlichen Verhandlung herrscht bei Landgerichten wiederum Anwaltszwang. Die **mündliche Verhandlung im Verfügungsverfahren** entspricht im Wesentlichen sonstigen mündlichen Verhandlungen, mit einem gravierenden Unterschied: Die Beweisaufnahme beschränkt sich auf **präsente Beweismittel,** also auf sofort vorzulegende Urkunden, im Verhandlungstermin zu präsentierende Zeugen, etwa im Gerichtsgebäude ohne weiteres verfügbare Gerichtsakten etc. Termine zur Beweisaufnahme, langwieriger Sachverständigenbe-

---
[5] EuGH NJW 1994, 1271.

III. Der einstweilige Rechtsschutz

weis oder ähnliches sind dem Arrestverfahren als Eilverfahren fremd. Eine mündliche Verhandlung erfordert demgemäß häufig einen raschen und umfangreichen organisatorischen Aufwand zur Beibringung der Beweismittel zum Verhandlungstermin an die Gerichtsstelle.

3. Die Einstweilige Verfügung

a) Anwendungsbereich. Im Gegensatz zum Arrest sichert die einstweilige Verfügung keine Geldansprüche, sondern Individualansprüche. Diese sind Ansprüche auf Handlungen, Duldungen und Unterlassungen. Infolge dieses Gegenstandes spielt die einstweilige Verfügung im Transportrecht nicht die Rolle, die sie in sonstigen Rechtsgebieten einnimmt, wie insbesondere im Wettbewerbsrecht. Denkbar sind im Frachtrecht etwa Ansprüche, die Ware nicht an einen Dritten auszuliefern, die Ware nicht ins Ausland zu verbringen etc. Nennenswert aus der Praxis erscheinen dem Verfasser einstweilige Verfügungen dahingehend, gemietete Container oder ähnliche Beförderungsmittel bei Zahlungsverzug nicht länger zu benutzen sondern an einen **Sequester** herauszugeben. 143

Unterschieden wird zwischen einstweiligen Verfügungen bei der Befürchtung, dass durch eine Veränderung des bestehenden Zustandes die Verwirklichung eines Rechtes vereitelt oder wesentlich erschwert werden könnte (§ 935 ZPO, Sicherungsverfügung) und der sogenannten **Regelungsverfügung** (§ 940 ZPO), bei welcher einstweilige Verfügungen auch zum Zwecke der Regelung eines einstweiligen Zustandes in Bezug auf ein streitiges Rechtsverhältnis zulässig sind. 144

Über § 936 ZPO wird die entsprechende Anwendbarkeit der meisten den Arrest regelnden Vorschriften angeordnet. 145

b) Zuständigkeit. Wie beim Arrest ist das Gericht der Hauptsache zuständig (§ 943 Abs. 1 ZPO), lediglich in Fällen besonderer Dringlichkeit – also falls auch eine einstweilige Verfügung beim Gericht der Hauptsache zu lange dauern würde – ist auch das Amtsgericht zuständig, in dessen Bezirk sich der Streitgegenstand befindet (§ 942 Abs. 1 ZPO). Auch im einstweiligen Verfügungsverfahren ist für die **internationale Zuständigkeit** der Vorrang des Art. 31 CMR zu beachten.[6] 146

c) Inhalt des Verfügungsgesuchs. Gemäß § 936 ZPO sind die Vorschriften über den Inhalt des Arrestgesuchs – § 920 ZPO –, also **Bezeichnung** des Verfügungsanspruchs **und Glaubhaftmachung** von Verfügungsanspruch und Verfügungsgrund entsprechend anzuwenden. 147

Die Vollstreckung im Ausland ist nach herrschender Auffassung bei der einstweiligen Verfügung kein Verfügungsgrund, welcher ohne weitere Nachprüfung akzeptiert wird. Allerdings – Staaten der EuGVVO und der CMR einmal ausgenommen – wird die bevorstehende Verbringung des Streitgegenstandes ins Ausland regelmäßig wegen der Erschwerung der Rechtsverwirklichung als Verfügungsgrund tauglich sein. 148

d) Vollziehung der Einstweiligen Verfügung. Die Arrestvorschriften über die Vollziehung und Zustellung gelten für die einstweilige Verfügung entsprechend. 149

e) Gegenmaßnahmen gegen eine Einstweilige Verfügung. Die Abwehr einer einstweiligen Verfügung vollzieht sich ähnlich wie die Verteidigung gegen den Arrestbefehl: nämlich durch Antrag auf Bestimmung einer Klageerhebungsfrist und/oder Widerspruch (§§ 936, 926, 924 ZPO). 150

---

[6] *Demuth* in: Thume, 3. Aufl., Rdnr. 11 zu Art. 31 CMR – Stichwort: Eilverfahren – m.w.N., s. auch Fn. 2.

4. Vorsorgliche Schutzschriften

151 Wer einen Antrag auf Erlass eines Arrests oder einer einstweiligen Verfügung befürchtet, kann sich des Rechtsinstitutes der **„vorsorglichen Schutzschrift"** bedienen. Diese wird zweckmäßigerweise bei allen Gerichten eingereicht, welche als Gerichtsstand für Arrest/einstweilige Verfügung in Frage kommen.

152 In der Schutzschrift können sämtliche Elemente vorgebracht werden, die dem Erlass eines Arrestbefehls/einstweiliger Verfügung entgegenstehen könnten, also Ausführungen zum Verfügungsanspruch bzw. Arrestanspruch und Verfügungs-/Arrestgrund, zur besonderen Dringlichkeit, zur Erschütterung der Glaubhaftmachung durch den Antragsteller etc.[7]

153 Die Gerichte haben die Schutzschrift zu beachten und ihre Wirkung kann ganz unterschiedlich sein: das Gericht kann die Voraussetzung für die beantragte Eilmaßnahme dennoch für gegeben erachten, in anderen Fällen mag Abweisung des Eilantrages erfolgen, in einer Vielzahl von Fällen wird das Gericht von seinem Ermessensspielraum dahingehend Gebrauch machen, dass es den Vorgang für so kontrovers hält, dass es sogleich (was es kann) eine kurzfristige mündliche Verhandlung anberaumt, für welche dann sämtliche Ausführungen über präsente Beweismittel etc. gelten.

154 Die Gerichte haben Verwaltungsanweisungen hinsichtlich der Aufbewahrung vorsorglicher Schutzschriften, beispielsweise beim Landgericht München I 6 Monate.

5. Selbsthilfe

155 Gemäß § 229 BGB ist in eng umrissenen Fällen auch Selbsthilfe möglich.
Voraussetzung ist einerseits das Bestehen eines Anspruchs und ferner, dass obrigkeitliche Hilfe nicht rechtzeitig zu erlangen ist und ohne sofortiges Eingreifen die Gefahr besteht, dass die Verwirklichung des Anspruchs vereitelt oder wesentlich erschwert wird.

156 Droht also ein unsicherer Schuldner mit seinem Lkw unerreichbar für den Gläubiger zu verschwinden, kann es zulässig sein, ihm etwa durch Abziehen des Zündschlüssels das Weiterfahren unmöglich zu machen.

157 Eine solche Extremmaßnahme behält nur dann ihre Zulässigkeit, *falls unverzüglich im Anschluss daran* der **dingliche Arrest** beantragt wird.

158 § 231 BGB wirft ein Licht auf die außerordentliche Zweischneidigkeit dieser Extremmaßnahme: Selbst wenn der zur **Selbsthilfe** Greifende völlig schuldlos irrigerweise die Voraussetzungen für das Vorliegen der Selbsthilfe angenommen hat, ist er dem anderen Teile zum **Schadensersatz** verpflichtet.

159 Sollte sich im Beispielsfalle also herausstellen, dass der im Selbsthilfewege sichergestellte Lkw einer dritten Partei – etwa einem Sicherungsgeber – gehört oder aber beispielsweise die zu sichernde Forderung gegen eine andere Gesellschaft zu richten gewesen wäre, hat der durch die Selbsthilfemaßnahme Geschädigte verschuldensunabhängig einen Anspruch auf Schadenersatz.

6. Frachtführer-, Spediteur- und Lagerhalterpfandrecht

160 In §§ 440–442, 464, 465, 475b HGB sind die frachtrechtspezifischen Unternehmerpfandrechte geregelt.

161 Gemäß § 1234 BGB hat der Pfandgläubiger dem Eigentümer den Verkauf anzudrohen und dabei den Geldbetrag zu bezeichnen, dessentwegen der Verkauf erfolgen soll.

---

[7] Vgl. *Zöller,* 30. Aufl., Rdnr. 4 zu § 937 ZPO m.w.N.

III. Der einstweilige Rechtsschutz **I. III**

Gemäß § 1234 Abs. 2 BGB muss ab Androhung ein Monat bis zum Eintritt der Verkaufsberechtigung gewartet werden, eine Frist, welche durch allgemeine Geschäftsbedingungen als unpraktikabel in der Regel verkürzt wird.
Die Versteigerung hat durch einen Gerichtsvollzieher oder öffentlich bestellten Versteigerer (§ 383 Abs. 3 BGB) zu erfolgen. Werden Versteigerungsvorschriften verletzt, bleibt die Versteigerung wirksam, allerdings kann dem dadurch Geschädigten ein Schadenersatzanspruch erwachsen. **162**
Zur besonders ausführlichen Darstellung des Frachtführerpfandrechts.[8] **163**

---

[8] *Fremuth* in: Thume, 1. Aufl., Kommentar zur CMR Anhang V. (Trotz geänderter Gesetzeslage) empfehlenswert.

IV. Der Umgang mit ausländischen Vollstreckungstiteln

Übersicht

	Rdnr.
1. Titel eines EU-Staats	164
2. Der europäische Vollstreckungstitel	165
3. Das europäische Mahnverfahren	166
4. Das europäische Verfahren für geringfügige Forderungen	167

1. Titel eines EU-Staates

164   Titel eines EG-Staates sind gem. Art. 31 ff. EuGVÜ/LUGÜ/Art. 33 ff. EuGVO für vollstreckbar zu erklären. Innerhalb des Geltungsbereichs von EuGVÜ/LUGÜ/ EuGVVO wird die **internationale Zuständigkeit** des ausländischen Gerichtes nicht geprüft. Zur Vollstreckbarerklärung bedarf es der Vorlage der Amtsbescheinigung gem. Art. 54, 58 EuGVVO.[1] Zur Vollstreckbarerklärung ist die streitwertunabhängige Zuständigkeit des Landgerichts, in dem der Verpflichtete seinen Wohnsitz hat, ausschließlich (§ 3 AVAG).

2. Der europäische Vollstreckungstitel

165   Im Anwendungsbereich der VO (EG) Nr. 805/2004 vom 21.4.2004 zur Einführung eines europäischen Vollstreckungstitels für **unbestrittene Forderungen** (Nr. L 143 vom 30.4.2004, 15) ist ab 21.10.2005 für unstreitige Forderungen (Anerkenntnisurteile, Versäumnisurteile, auch im schriftlichen Verfahren – Art. 3 der Verordnung) das **Vollstreckbarerklärungsverfahren** nicht mehr erforderlich.[2]

3. Das europäische Mahnverfahren

166   Der europaweite Zahlungsbefehl genießt eine europaweite Vollstreckbarkeit.[3]
Die Zuständigkeit ergibt sich aus Art. 6 der Verordnung (EG) Nr. 1896/2006 des europäischen Parlaments und des Rates vom 12.12.2006 zur Einführung eines europäischen Mahnverfahrens.

4. Das europäische Verfahren für geringfügige Forderungen

167   Mit der Verordnung (EG) Nr. 861/2007 des Europäischen Parlaments und des Rates zur Einführung eines europäischen Verfahrens für geringfügige Forderungen vom 11. Juli 2007 ist für grenzüberschreitende Rechtssachen in Zivil- und Handelssachen für Gegenstandswerte (ohne Zinsen, Kosten und Auslagen) bis einschließlich 2.000,00 € ein vereinfachtes Verfahren eingerichtet worden (Art. 2 EuGFVO).

Die Formulare sind abrufbar unter
http://ec.europa.eu/justice_home/judicialatlascivil/html/epo_filling_de.htm.[4]

---

[1] *Thume/Demuth*, 3. Aufl., Art. 31 CMR Rdnr. 64 m. w. N.
[2] *Thume/Demuth*, 3. Aufl., Art. 31 CMR Rdnr. 64; *Zöller*, 29. Aufl., § 722 ZPO Rdnr. 1a m. w. N.
[3] Einzelheiten bei Zöller/*Geimer*, 29. Aufl., Anh. II f.
[4] Thomas/Putzo/*Hüßtege*, 35. Aufl., Anh. nach Art. 29 EuGFVO.

Anhang

Übersicht

1. **Handelsgesetzbuch** vom 10. Mai 1897 (Auszug) 573
2. Übereinkommen über den Beförderungsvertrag im internationalen Straßengüterverkehr (**CMR**) vom 19. Mai 1956 594
3. Güterkraftverkehrsgesetz (**GüKG**) vom 22. Juni 1998 607
4. Berufszugangsverordnung für den Güterkraftverkehr (**GBZugV**) i.d.F. vom 21. Dezember 2011 626
5. Verordnung über den grenzüberschreitenden Güterkraftverkehr und den Kabotageverkehr (**GüKGrKabotageV**) i.d.F. vom 28. Dezember 2011 633
6. Verordnung (EG) Nr. 1071/2009 des Europäischen Parlaments und des Rates zur Festlegung der gemeinsamer Regeln für die Zulassung zum Beruf des Kraftverkehrsunternehmers zund zur Aufhebung der Richtlinie 96/26/EG des Rates vom 21. Oktober 2009 642
7. Verordnung (EG) Nr. 1072/2009 des Europäischen Parlaments und des Rates über gemeinsame Regeln für den Zugang zum Markt des grenzüberschreitenden Güterkraftverkehrs vom 21. Oktober 2009 665
8. Allgemeine Deutsche Spediteurbedingungen (**ADSp 2003**) 684
9. **Logistik-AGB**, herausgegeben vom DSLV (Deutscher Spseditions- und Logistikverband e. V.) 694
10. Vertragsbedingungen für den Güterverkehrs-, Speditions- und Logistikunternehmer (**VBGL**) in der Fassung vom 13. Juni 2013 700
11. Allgemeine Verwaltungsvorschrift zum Güterkraftverkehrsrecht (**GüKVwV**) i.d.F. vom 29. Oktober 2012 712

1. Handelsgesetzbuch

vom 10. Mai 1897 (RGBl. S. 219)

Zuletzt geändert durch Art. 1 G zur Umsetzung der RL 2012/17/EU in Bezug auf die Verknüpfung von Zentral-, Handels- und Gesellschaftsregistern in der EU vom 22. 12. 2014 (BGBl. I S. 2409)

BGBl. III/FNA 4100-1

(Auszug)

Vierter Abschnitt. Frachtgeschäft

Erster Unterabschnitt. Allgemeine Vorschriften

§ 407. Frachtvertrag. (1) Durch den Frachtvertrag wird der Frachtführer verpflichtet, das Gut zum Bestimmungsort zu befördern und dort an den Empfänger abzuliefern.

(2) Der Absender wird verpflichtet, die vereinbarte Fracht zu zahlen.

(3) ¹Die Vorschriften dieses Unterabschnitts gelten, wenn
1. das Gut zu Lande, auf Binnengewässern oder mit Luftfahrzeugen befördert werden soll und
2. die Beförderung zum Betrieb eines gewerblichen Unternehmens gehört.

²Erfordert das Unternehmen nach Art oder Umfang einen in kaufmännischer Weise eingerichteten Geschäftsbetrieb nicht und ist die Firma des Unternehmens auch nicht nach § 2 in das Handelsregister eingetragen, so sind in Ansehung des Frachtgeschäfts auch insoweit die Vorschriften des Ersten Abschnitts des Vierten Buches ergänzend anzuwenden; dies gilt jedoch nicht für die §§ 348 bis 350.

§ 408. Frachtbrief. Verordnungsermächtigung. (1) ¹Der Frachtführer kann die Ausstellung eines Frachtbriefs mit folgenden Angaben verlangen:
1. Ort und Tag der Ausstellung;
2. Name und Anschrift des Absenders;
3. Name und Anschrift des Frachtführers;
4. Stelle und Tag der Übernahme des Gutes sowie die für die Ablieferung vorgesehene Stelle;
5. Name und Anschrift des Empfängers und eine etwaige Meldeadresse;
6. die übliche Bezeichnung der Art des Gutes und die Art der Verpackung, bei gefährlichen Gütern ihre nach den Gefahrgutvorschriften vorgesehene, sonst ihre allgemein anerkannte Bezeichnung;
7. Anzahl, Zeichen und Nummern der Frachtstücke;
8. das Rohgewicht oder die anders angegebene Menge des Gutes;
9. die bei Ablieferung geschuldete Fracht und die bis zur Ablieferung anfallenden Kosten sowie einen Vermerk über die Frachtzahlung;
10. den Betrag einer bei der Ablieferung des Gutes einzuziehenden Nachnahme;
11. Weisungen für die Zoll- und sonstige amtliche Behandlung des Gutes;
12. eine Vereinbarung über die Beförderung in offenem, nicht mit Planen gedecktem Fahrzeug oder auf Deck.

²In den Frachtbrief können weitere Angaben eingetragen werden, die die Parteien für zweckmäßig halten.

(2) ¹Der Frachtbrief wird in drei Originalausfertigungen ausgestellt, die vom Absender unterzeichnet werden. ²Der Absender kann verlangen, daß auch der Frachtführer den Frachtbrief unterzeichnet. ³Nachbildungen der eigenhändigen Unterschriften durch Druck oder Stempel genügen. ⁴Eine Ausfertigung ist für den Absender bestimmt, eine begleitet das Gut, eine behält der Frachtführer.

(3) ¹Dem Frachtbrief gleichgestellt ist eine elektronische Aufzeichnung, die dieselben Funktionen erfüllt wie der Frachtbrief, sofern sichergestellt ist, dass die Authentizität und die Inte-

grität der Aufzeichnung gewahrt bleiben (elektronischer Frachtbrief). ²Das Bundesministerium der Justiz wird ermächtigt, im Einvernehmen mit dem Bundesministerium des Innern durch Rechtsverordnung, die nicht der Zustimmung des Bundesrates bedarf, die Einzelheiten der Ausstellung, des Mitführens und der Vorlage eines elektronischen Frachtbriefs sowie des Verfahrens einer nachträglichen Eintragung in einen elektronischen Frachtbrief zu regeln.

§ 409. Beweiskraft des Frachtbriefs. (1) Der von beiden Parteien unterzeichnete Frachtbrief dient bis zum Beweis des Gegenteils als Nachweis für Abschluß und Inhalt des Frachtvertrages sowie für die Übernahme des Gutes durch den Frachtführer.

(2) ¹Der von beiden Parteien unterzeichnete Frachtbrief begründet ferner die Vermutung, daß das Gut und seine Verpackung bei der Übernahme durch den Frachtführer in äußerlich gutem Zustand waren und daß die Anzahl der Frachtstücke und ihre Zeichen und Nummern mit den Angaben im Frachtbrief übereinstimmen. ²Der Frachtbrief begründet diese Vermutung jedoch nicht, wenn der Frachtführer einen begründeten Vorbehalt in den Frachtbrief eingetragen hat; der Vorbehalt kann auch damit begründet werden, daß dem Frachtführer keine angemessenen Mittel zur Verfügung standen, die Richtigkeit der Angaben zu überprüfen.

(3) ¹Ist das Rohgewicht oder die anders angegebene Menge des Gutes oder der Inhalt der Frachtstücke vom Frachtführer überprüft und das Ergebnis der Überprüfung in den von beiden Parteien unterzeichneten Frachtbrief eingetragen worden, so begründet dieser auch die Vermutung, daß Gewicht, Menge oder Inhalt mit den Angaben im Frachtbrief übereinstimmt. ²Der Frachtführer ist verpflichtet, Gewicht, Menge oder Inhalt zu überprüfen, wenn der Absender dies verlangt und dem Frachtführer angemessene Mittel zur Überprüfung zur Verfügung stehen; der Frachtführer hat Anspruch auf Ersatz seiner Aufwendungen für die Überprüfung.

§ 410. Gefährliches Gut. (1) Soll gefährliches Gut befördert werden, so hat der Absender dem Frachtführer rechtzeitig in Textform die genaue Art der Gefahr und, soweit erforderlich, zu ergreifende Vorsichtsmaßnahmen mitzuteilen.

(2) Der Frachtführer kann, sofern ihm nicht bei Übernahme des Gutes die Art der Gefahr bekannt war oder jedenfalls mitgeteilt worden ist,
1. gefährliches Gut ausladen, einlagern, zurückbefördern oder, soweit erforderlich, vernichten oder unschädlich machen, ohne dem Absender deshalb ersatzpflichtig zu werden, und
2. vom Absender wegen dieser Maßnahmen Ersatz der erforderlichen Aufwendungen verlangen.

§ 411. Verpackung, Kennzeichnung. ¹Der Absender hat das Gut, soweit dessen Natur unter Berücksichtigung der vereinbarten Beförderung eine Verpackung erfordert, so zu verpacken, daß es vor Verlust und Beschädigung geschützt ist und daß auch dem Frachtführer keine Schäden entstehen. ²Soll das Gut in einem Container, auf einer Palette oder in oder auf einem sonstigen Lademittel, das zur Zusammenfassung von Frachtstücken verwendet wird, zur Beförderung übergeben werden, hat der Absender das Gut auch in oder auf dem Lademittel beförderungssicher zu stauen und zu sichern. ³Der Absender hat das Gut ferner, soweit dessen vertragsgemäße Behandlung dies erfordert, zu kennzeichnen.

§ 412. Verladen und Entladen. Verordnungsermächtigung. (1) ¹Soweit sich aus den Umständen oder der Verkehrssitte nicht etwas anderes ergibt, hat der Absender das Gut beförderungssicher zu laden, zu stauen und zu befestigen (verladen) sowie zu entladen. ²Der Frachtführer hat für die betriebssichere Verladung zu sorgen.

(2) Für die Lade- und Entladezeit, die sich mangels abweichender Vereinbarung nach einer den Umständen des Falles angemessenen Frist bemißt, kann keine besondere Vergütung verlangt werden.

(3) Wartet der Frachtführer auf Grund vertraglicher Vereinbarung oder aus Gründen, die nicht seinem Risikobereich zuzurechnen sind, über die Lade- oder Entladezeit hinaus, so hat er Anspruch auf eine angemessene Vergütung (Standgeld).

1. Handelsgesetzbuch   Anh. 1

(4) Das Bundesministerium der Justiz wird ermächtigt, im Einvernehmen mit dem Bundesministerium für Verkehr, Bau und Stadtentwicklung durch Rechtsverordnung, die nicht der Zustimmung des Bundesrates bedarf, für die Binnenschiffahrt unter Berücksichtigung der Art der zur Beförderung bestimmten Fahrzeuge, der Art und Menge der umzuschlagenden Güter, der beim Güterumschlag zur Verfügung stehenden technischen Mittel und der Erfordernisse eines beschleunigten Verkehrsablaufs die Voraussetzungen für den Beginn der Lade- und Entladezeit, deren Dauer sowie die Höhe des Standgeldes zu bestimmen.

§ 413. Begleitpapiere. (1) Der Absender hat dem Frachtführer alle Urkunden zur Verfügung zu stellen und Auskünfte zu erteilen, die für eine amtliche Behandlung, insbesondere eine Zollabfertigung, vor der Ablieferung des Gutes erforderlich sind.

(2) [1] Der Frachtführer ist für den Schaden verantwortlich, der durch Verlust oder Beschädigung der ihm übergebenen Urkunden oder durch deren unrichtige Verwendung verursacht worden ist, es sei denn, daß der Verlust, die Beschädigung oder die unrichtige Verwendung auf Umständen beruht, die der Frachtführer nicht vermeiden und deren Folgen er nicht abwenden konnte. [2] Seine Haftung ist jedoch auf den Betrag begrenzt, der bei Verlust des Gutes zu zahlen wäre.

§ 414. Verschuldensunabhängige Haftung des Absenders in besonderen Fällen. (1) Der Absender hat, auch wenn ihn kein Verschulden trifft, dem Frachtführer Schäden und Aufwendungen zu ersetzen, die verursacht werden durch
1. ungenügende Verpackung oder Kennzeichnung,
2. Unrichtigkeit oder Unvollständigkeit der in den Frachtbrief aufgenommenen Angaben,
3. Unterlassen der Mitteilung über die Gefährlichkeit des Gutes oder
4. Fehlen, Unvollständigkeit oder Unrichtigkeit der in § 413 Abs. 1 genannten Urkunden oder Auskünfte.

(2) Hat bei der Verursachung der Schäden oder Aufwendungen ein Verhalten des Frachtführers mitgewirkt, so hängen die Verpflichtung zum Ersatz sowie der Umfang des zu leistenden Ersatzes davon ab, inwieweit dieses Verhalten zu den Schäden und Aufwendungen beigetragen hat.

(3) Ist der Absender ein Verbraucher, so hat er dem Frachtführer Schäden und Aufwendungen nach den Absätzen 1 und 2 nur zu ersetzen, soweit ihn ein Verschulden trifft.

§ 415. Kündigung durch den Absender. (1) Der Absender kann den Frachtvertrag jederzeit kündigen.

(2) [1] Kündigt der Absender, so kann der Frachtführer entweder
1. die vereinbarte Fracht, das etwaige Standgeld sowie zu ersetzende Aufwendungen unter Anrechnung dessen, was er infolge der Aufhebung des Vertrages an Aufwendungen erspart oder anderweitig erwirbt oder zu erwerben böswillig unterläßt, oder
2. ein Drittel der vereinbarten Fracht (Fautfracht)

verlangen. [2] Beruht die Kündigung auf Gründen, die dem Risikobereich des Frachtführers zuzurechnen sind, so entfällt der Anspruch auf Fautfracht nach Satz 1 Nr. 2; in diesem Falle entfällt auch der Anspruch nach Satz 1 Nr. 1, soweit die Beförderung für den Absender nicht von Interesse ist.

(3) [1] Wurde vor der Kündigung bereits Gut verladen, so kann der Frachtführer auf Kosten des Absenders Maßnahmen entsprechend § 419 Abs. 3 Satz 2 bis 4 ergreifen oder vom Absender verlangen, daß dieser das Gut unverzüglich entlädt. [2] Der Frachtführer braucht das Entladen des Gutes nur zu dulden, soweit dies ohne Nachteile für seinen Betrieb und ohne Schäden für die Absender oder Empfänger anderer Sendungen möglich ist. [3] Beruht die Kündigung auf Gründen, die dem Risikobereich des Frachtführers zuzurechnen sind, so ist abweichend von den Sätzen 1 und 2 der Frachtführer verpflichtet, das Gut, das bereits verladen wurde, unverzüglich auf eigene Kosten zu entladen.

§ 416. Anspruch auf Teilbeförderung. ¹Wird das Gut nur teilweise verladen, so kann der Absender jederzeit verlangen, dass der Frachtführer mit der Beförderung des bereits verladenen Teils des Gutes beginnt. ²In diesem Fall gebührt dem Frachtführer die volle Fracht, das etwaige Standgeld sowie Ersatz der Aufwendungen, die ihm durch das Fehlen eines Teils des Gutes entstehen; von der vollen Fracht kommt jedoch die Fracht für dasjenige Gut in Abzug, welches der Frachtführer mit demselben Beförderungsmittel anstelle des nicht verladenen Gutes befördert. ³Der Frachtführer ist außerdem berechtigt, soweit ihm durch das Fehlen eines Teils des Gutes die Sicherheit für die volle Fracht entgeht, die Bestellung einer anderweitigen Sicherheit zu fordern. ⁴Beruht die Unvollständigkeit der Verladung auf Gründen, die dem Risikobereich des Frachtführers zuzurechnen sind, so steht diesem der Anspruch nach den Sätzen 2 und 3 nur insoweit zu, als tatsächlich Gut befördert wird.

§ 417. Rechte des Frachtführers bei Nichteinhaltung der Ladezeit. (1) Verlädt der Absender das Gut nicht innerhalb der Ladezeit oder stellt er, wenn ihm das Verladen nicht obliegt, das Gut nicht innerhalb der Ladezeit zur Verfügung, so kann ihm der Frachtführer eine angemessene Frist setzen, innerhalb derer das Gut verladen oder zur Verfügung gestellt werden soll.

(2) Wird bis zum Ablauf der nach Absatz 1 gesetzten Frist kein Gut verladen oder zur Verfügung gestellt oder ist offensichtlich, dass innerhalb dieser Frist kein Gut verladen oder zur Verfügung gestellt wird, so kann der Frachtführer den Vertrag kündigen und die Ansprüche nach § 415 Abs. 2 geltend machen.

(3) Wird das Gut bis zum Ablauf der nach Absatz 1 gesetzten Frist nur teilweise verladen oder zur Verfügung gestellt, so kann der Frachtführer mit der Beförderung des bereits verladenen Teils des Gutes beginnen und die Ansprüche nach § 416 Satz 2 und 3 geltend machen.

(4) ¹Der Frachtführer kann die Rechte nach Absatz 2 oder 3 auch ohne Fristsetzung ausüben, wenn der Absender sich ernsthaft und endgültig weigert, das Gut zu verladen oder zur Verfügung zu stellen. ²Er kann ferner den Vertrag nach Absatz 2 auch ohne Fristsetzung kündigen, wenn besondere Umstände vorliegen, die ihm unter Abwägung der beiderseitigen Interessen die Fortsetzung des Vertragsverhältnisses unzumutbar machen.

(5) Dem Frachtführer stehen die Rechte nicht zu, wenn die Nichteinhaltung der Ladezeit auf Gründen beruht, die seinem Risikobereich zuzurechnen sind.

§ 418. Nachträgliche Weisungen. (1) ¹Der Absender ist berechtigt, über das Gut zu verfügen. ²Er kann insbesondere verlangen, daß der Frachtführer das Gut nicht weiterbefördert oder es an einem anderen Bestimmungsort, an einer anderen Ablieferungsstelle oder an einen anderen Empfänger abliefert. ³Der Frachtführer ist nur insoweit zur Befolgung solcher Weisungen verpflichtet, als deren Ausführung weder Nachteile für den Betrieb seines Unternehmens noch Schäden für die Absender oder Empfänger anderer Sendungen mit sich zu bringen droht. ⁴Er kann vom Absender Ersatz seiner durch die Ausführung der Weisung entstehenden Aufwendungen sowie eine angemessene Vergütung verlangen; der Frachtführer kann die Befolgung der Weisung von einem Vorschuß abhängig machen.

(2) ¹Das Verfügungsrecht des Absenders erlischt nach Ankunft des Gutes an der Ablieferungsstelle. ²Von diesem Zeitpunkt an steht das Verfügungsrecht nach Absatz 1 dem Empfänger zu. ³Macht der Empfänger von diesem Recht Gebrauch, so hat er dem Frachtführer die entstehenden Mehraufwendungen zu ersetzen sowie eine angemessene Vergütung zu zahlen; der Frachtführer kann die Befolgung der Weisung von einem Vorschuß abhängig machen.

(3) Hat der Empfänger in Ausübung seines Verfügungsrechts die Ablieferung des Gutes an einen Dritten angeordnet, so ist dieser nicht berechtigt, seinerseits einen anderen Empfänger zu bestimmen.

(4) Ist ein Frachtbrief ausgestellt und von beiden Parteien unterzeichnet worden, so kann der Absender sein Verfügungsrecht nur gegen Vorlage der Absenderausfertigung des Frachtbriefs ausüben, sofern dies im Frachtbrief vorgeschrieben ist.

(5) Beabsichtigt der Frachtführer, eine ihm erteilte Weisung nicht zu befolgen, so hat er denjenigen, der die Weisung gegeben hat, unverzüglich zu benachrichtigen.

(6) ¹Ist die Ausübung des Verfügungsrechts von der Vorlage des Frachtbriefs abhängig gemacht worden und führt der Frachtführer eine Weisung aus, ohne sich die Absenderausfertigung des Frachtbriefs vorlegen zu lassen, so haftet er dem Berechtigten für den daraus entstehenden Schaden. ²Die Haftung ist auf den Betrag begrenzt, der bei Verlust des Gutes zu zahlen wäre.

§ 419. Beförderungs- und Ablieferungshindernisse. (1) ¹Wird nach Übernahme des Gutes erkennbar, dass die Beförderung oder Ablieferung nicht vertragsgemäß durchgeführt werden kann, so hat der Frachtführer Weisungen des nach § 418 oder § 446 Verfügungsberechtigten einzuholen. ²Ist der Empfänger verfügungsberechtigt und ist er nicht zu ermitteln oder verweigert er die Annahme des Gutes, so ist, wenn ein Ladeschein nicht ausgestellt ist, Verfügungsberechtigter nach Satz 1 der Absender; ist die Ausübung des Verfügungsrechts von der Vorlage eines Frachtbriefs abhängig gemacht worden, so bedarf es in diesem Fall der Vorlage des Frachtbriefs nicht. ³Der Frachtführer ist, wenn ihm Weisungen erteilt worden sind und das Hindernis nicht seinem Risikobereich zuzurechnen ist, berechtigt, Ansprüche nach § 418 Abs. 1 Satz 4 geltend zu machen.

(2) Tritt das Beförderungs- oder Ablieferungshindernis ein, nachdem der Empfänger auf Grund seiner Verfügungsbefugnis nach § 418 die Weisung erteilt hat, das Gut an einen Dritten abzuliefern, so nimmt bei der Anwendung des Absatzes 1 der Empfänger die Stelle des Absenders und der Dritte die des Empfängers ein.

(3) ¹Kann der Frachtführer Weisungen, die er nach § 418 Abs. 1 Satz 3 befolgen müßte, innerhalb angemessener Zeit nicht erlangen, so hat er die Maßnahmen zu ergreifen, die im Interesse des Verfügungsberechtigten die besten zu sein scheinen. ²Er kann etwa das Gut entladen und verwahren, für Rechnung des nach § 418 oder § 446 Verfügungsberechtigten einem Dritten zur Verwahrung anvertrauen oder zurückbefördern; vertraut der Frachtführer das Gut einem Dritten an, so haftet er nur für die sorgfältige Auswahl des Dritten. ³Der Frachtführer kann das Gut auch gemäß § 373 Abs. 2 bis 4 verkaufen lassen, wenn es sich um verderbliche Ware handelt oder der Zustand des Gutes eine solche Maßnahme rechtfertigt oder wenn die andernfalls entstehenden Kosten in keinem angemessenen Verhältnis zum Wert des Gutes stehen. ⁴Unverwertbares Gut darf der Frachtführer vernichten. ⁵Nach dem Entladen des Gutes gilt die Beförderung als beendet.

(4) Der Frachtführer hat wegen der nach Absatz 3 ergriffenen Maßnahmen Anspruch auf Ersatz der erforderlichen Aufwendungen und auf angemessene Vergütung, es sei denn, daß das Hindernis seinem Risikobereich zuzurechnen ist.

§ 420. Zahlung. Frachtberechnung. (1) ¹Die Fracht ist bei Ablieferung des Gutes zu zahlen. ²Der Frachtführer hat über die Fracht hinaus einen Anspruch auf Ersatz von Aufwendungen, soweit diese für das Gut gemacht wurden und er sie den Umständen nach für erforderlich halten durfte.

(2) ¹Der Anspruch auf die Fracht entfällt, soweit die Beförderung unmöglich ist. ²Wird die Beförderung infolge eines Beförderungs- oder Ablieferungshindernisses vorzeitig beendet, so gebührt dem Frachtführer die anteilige Fracht für den zurückgelegten Teil der Beförderung, wenn diese für den Absender von Interesse ist.

(3) ¹Abweichend von Absatz 2 behält der Frachtführer den Anspruch auf die Fracht, wenn die Beförderung aus Gründen unmöglich ist, die dem Risikobereich des Absenders zuzurechnen sind oder die zu einer Zeit eintreten, zu welcher der Absender im Verzug der Annahme ist. ²Der Frachtführer muss sich jedoch das, was er an Aufwendungen erspart oder anderweitig erwirbt oder zu erwerben böswillig unterlässt, anrechnen lassen.

(4) Tritt nach Beginn der Beförderung und vor Ankunft an der Ablieferungsstelle eine Verzögerung ein und beruht die Verzögerung auf Gründen, die dem Risikobereich des Absenders zuzurechnen sind, so gebührt dem Frachtführer neben der Fracht eine angemessene Vergütung.

(5) Ist die Fracht nach Zahl, Gewicht oder anders angegebener Menge des Gutes vereinbart, so wird für die Berechnung der Fracht vermutet, daß Angaben hierzu im Frachtbrief oder Ladeschein zutreffen; dies gilt auch dann, wenn zu diesen Angaben ein Vorbehalt eingetragen ist, der

damit begründet ist, daß keine angemessenen Mittel zur Verfügung standen, die Richtigkeit der Angaben zu überprüfen.

§ 421. Rechte des Empfängers. Zahlungspflicht. (1) [1]Nach Ankunft des Gutes an der Ablieferungsstelle ist der Empfänger berechtigt, vom Frachtführer zu verlangen, ihm das Gut gegen Erfüllung der Verpflichtungen aus dem Frachtvertrag abzuliefern. [2]Ist das Gut beschädigt oder verspätet abgeliefert worden oder verlorengegangen, so kann der Empfänger die Ansprüche aus dem Frachtvertrag im eigenen Namen gegen den Frachtführer geltend machen; der Absender bleibt zur Geltendmachung dieser Ansprüche befugt. [3]Dabei macht es keinen Unterschied, ob Empfänger oder Absender im eigenen oder fremden Interesse handeln.

(2) [1]Der Empfänger, der sein Recht nach Absatz 1 Satz 1 geltend macht, hat die noch geschuldete Fracht bis zu dem Betrag zu zahlen, der aus dem Frachtbrief hervorgeht. [2]Ist ein Frachtbrief nicht ausgestellt oder dem Empfänger nicht vorgelegt worden oder ergibt sich aus dem Frachtbrief nicht die Höhe der zu zahlenden Fracht, so hat der Empfänger die mit dem Absender vereinbarte Fracht zu zahlen, soweit diese nicht unangemessen ist.

(3) Der Empfänger, der sein Recht nach Absatz 1 Satz 1 geltend macht, hat ferner ein Standgeld oder eine Vergütung nach § 420 Abs. 4 zu zahlen, ein Standgeld wegen Überschreitung der Ladezeit und eine Vergütung nach § 420 Abs. 4 jedoch nur, wenn ihm der geschuldete Betrag bei Ablieferung des Gutes mitgeteilt worden ist.

(4) Der Absender bleibt zur Zahlung der nach dem Vertrag geschuldeten Beträge verpflichtet.

§ 422. Nachnahme. (1) Haben die Parteien vereinbart, daß das Gut nur gegen Einziehung einer Nachnahme an den Empfänger abgeliefert werden darf, so ist anzunehmen, daß der Betrag in bar oder in Form eines gleichwertigen Zahlungsmittels einzuziehen ist.

(2) Das auf Grund der Einziehung Erlangte gilt im Verhältnis zu den Gläubigern des Frachtführers als auf den Absender übertragen.

(3) Wird das Gut dem Empfänger ohne Einziehung der Nachnahme abgeliefert, so haftet der Frachtführer, auch wenn ihn kein Verschulden trifft, dem Absender für den daraus entstehenden Schaden, jedoch nur bis zur Höhe des Betrages der Nachnahme.

§ 423. Lieferfrist. Der Frachtführer ist verpflichtet, das Gut innerhalb der vereinbarten Frist oder mangels Vereinbarung innerhalb der Frist abzuliefern, die einem sorgfältigen Frachtführer unter Berücksichtigung der Umstände vernünftigerweise zuzubilligen ist (Lieferfrist).

§ 424. Verlustvermutung. (1) Der Anspruchsberechtigte kann das Gut als verloren betrachten, wenn es weder innerhalb der Lieferfrist noch innerhalb eines weiteren Zeitraums abgeliefert wird, der der Lieferfrist entspricht, mindestens aber zwanzig Tage, bei einer grenzüberschreitenden Beförderung dreißig Tage beträgt.

(2) Erhält der Anspruchsberechtigte eine Entschädigung für den Verlust des Gutes, so kann er bei deren Empfang verlangen, daß er unverzüglich benachrichtigt wird, wenn das Gut wiederaufgefunden wird.

(3) [1]Der Anspruchsberechtigte kann innerhalb eines Monats nach Empfang der Benachrichtigung von dem Wiederauffinden des Gutes verlangen, daß ihm das Gut Zug um Zug gegen Erstattung der Entschädigung, gegebenenfalls abzüglich der in der Entschädigung enthaltenen Kosten, abgeliefert wird. [2]Eine etwaige Pflicht zur Zahlung der Fracht sowie Ansprüche auf Schadenersatz bleiben unberührt.

(4) Wird das Gut nach Zahlung einer Entschädigung wiederaufgefunden und hat der Anspruchsberechtigte eine Benachrichtigung nicht verlangt oder macht er nach Benachrichtigung seinen Anspruch auf Ablieferung nicht geltend, so kann der Frachtführer über das Gut frei verfügen.

§ 425. Haftung für Güter- und Verspätungsschäden. Schadensteilung. (1) Der Frachtführer haftet für den Schaden, der durch Verlust oder Beschädigung des Gutes in der Zeit von der

1. Handelsgesetzbuch   Anh. 1

Übernahme zur Beförderung bis zur Ablieferung oder durch Überschreitung der Lieferfrist entsteht.

(2) Hat bei der Entstehung des Schadens ein Verhalten des Absenders oder des Empfängers oder ein besonderer Mangel des Gutes mitgewirkt, so hängen die Verpflichtung zum Ersatz sowie der Umfang des zu leistenden Ersatzes davon ab, inwieweit diese Umstände zu dem Schaden beigetragen haben.

§ 426. Haftungsausschluß. Der Frachtführer ist von der Haftung befreit, soweit der Verlust, die Beschädigung oder die Überschreitung der Lieferfrist auf Umständen beruht, die der Frachtführer auch bei größter Sorgfalt nicht vermeiden und deren Folgen er nicht abwenden konnte.

§ 427. Besondere Haftungsausschlußgründe. (1) Der Frachtführer ist von seiner Haftung befreit, soweit der Verlust, die Beschädigung oder die Überschreitung der Lieferfrist auf eine der folgenden Gefahren zurückzuführen ist:
1. vereinbarte oder der Übung entsprechende Verwendung von offenen, nicht mit Planen gedeckten Fahrzeugen oder Verladung auf Deck;
2. ungenügende Verpackung durch den Absender;
3. Behandeln, Verladen oder Entladen des Gutes durch den Absender oder den Empfänger;
4. natürliche Beschaffenheit des Gutes, die besonders leicht zu Schäden, insbesondere durch Bruch, Rost, inneren Verderb, Austrocknen, Auslaufen, normalen Schwund, führt;
5. ungenügende Kennzeichnung der Frachtstücke durch den Absender;
6. Beförderung lebender Tiere.

(2) [1] Ist ein Schaden eingetreten, der nach den Umständen des Falles aus einer der in Absatz 1 bezeichneten Gefahren entstehen konnte, so wird vermutet, daß der Schaden aus dieser Gefahr entstanden ist. [2] Diese Vermutung gilt im Falle des Absatzes 1 Nr. 1 nicht bei außergewöhnlich großem Verlust.

(3) Der Frachtführer kann sich auf Absatz 1 Nr. 1 nur berufen, soweit der Verlust, die Beschädigung oder die Überschreitung der Lieferfrist nicht darauf zurückzuführen ist, daß der Frachtführer besondere Weisungen des Absenders im Hinblick auf die Beförderung des Gutes nicht beachtet hat.

(4) Ist der Frachtführer nach dem Frachtvertrag verpflichtet, das Gut gegen die Einwirkung von Hitze, Kälte, Temperaturschwankungen, Luftfeuchtigkeit, Erschütterungen oder ähnlichen Einflüssen besonders zu schützen, so kann er sich auf Absatz 1 Nr. 4 nur berufen, wenn er alle ihm nach den Umständen obliegenden Maßnahmen, insbesondere hinsichtlich der Auswahl, Instandhaltung und Verwendung besonderer Einrichtungen, getroffen und besondere Weisungen beachtet hat.

(5) Der Frachtführer kann sich auf Absatz 1 Nr. 6 nur berufen, wenn er alle ihm nach den Umständen obliegenden Maßnahmen getroffen und besondere Weisungen beachtet hat.

§ 428. Haftung für andere. [1] Der Frachtführer hat Handlungen und Unterlassungen seiner Leute in gleichem Umfange zu vertreten wie eigene Handlungen und Unterlassungen, wenn die Leute in Ausübung ihrer Verrichtungen handeln. [2] Gleiches gilt für Handlungen und Unterlassungen anderer Personen, deren er sich bei Ausführung der Beförderung bedient.

§ 429. Wertersatz. (1) Hat der Frachtführer für gänzlichen oder teilweisen Verlust des Gutes Schadenersatz zu leisten, so ist der Wert am Ort und zur Zeit der Übernahme zur Beförderung zu ersetzen.

(2) [1] Bei Beschädigung des Gutes ist der Unterschied zwischen dem Wert des unbeschädigten Gutes am Ort und zur Zeit der Übernahme zur Beförderung und dem Wert zu ersetzen, den das beschädigte Gut am Ort und zur Zeit der Übernahme gehabt hätte. [2] Es wird vermutet, daß die zur Schadensminderung und Schadensbehebung aufzuwendenden Kosten dem nach Satz 1 zu ermittelnden Unterschiedsbetrag entsprechen.

(3) [1] Der Wert des Gutes bestimmt sich nach dem Marktpreis, sonst nach dem gemeinen Wert von Gütern gleicher Art und Beschaffenheit. [2] Ist das Gut unmittelbar vor Übernahme zur

Anh. 1
1. Handelsgesetzbuch

Beförderung verkauft worden, so wird vermutet, daß der in der Rechnung des Verkäufers ausgewiesene Kaufpreis abzüglich darin enthaltener Beförderungskosten der Marktpreis ist.

§ 430. Schadensfeststellungskosten. Bei Verlust oder Beschädigung des Gutes hat der Frachtführer über den nach § 429 zu leistenden Ersatz hinaus die Kosten der Feststellung des Schadens zu tragen.

§ 431. Haftungshöchstbetrag. (1) Die nach den §§ 429 und 430 zu leistende Entschädigung wegen Verlust oder Beschädigung ist auf einen Betrag von 8,33 Rechnungseinheiten für jedes Kilogramm des Rohgewichts des Gutes begrenzt.

(2) Besteht das Gut aus mehreren Frachtstücken (Sendung) und sind nur einzelne Frachtstücke verloren oder beschädigt worden, so ist der Berechnung nach Absatz 1
1. die gesamte Sendung zu Grunde zu legen, wenn die gesamte Sendung entwertet ist, oder
2. der entwertete Teil der Sendung zu Grunde zu legen, wenn nur ein Teil der Sendung entwertet ist.

(3) Die Haftung des Frachtführers wegen Überschreitung der Lieferfrist ist auf den dreifachen Betrag der Fracht begrenzt.

(4) ¹Die in den Absätzen 1 und 2 genannte Rechnungseinheit ist das Sonderziehungsrecht des Internationalen Währungsfonds. ²Der Betrag wird in Euro entsprechend dem Wert des Euro gegenüber dem Sonderziehungsrecht am Tag der Übernahme des Gutes zur Beförderung oder an dem von den Parteien vereinbarten Tag umgerechnet. ³Der Wert des Euro gegenüber dem Sonderziehungsrecht wird nach der Berechnungsmethode ermittelt, die der Internationale Währungsfonds an dem betreffenden Tag für seine Operationen und Transaktionen anwendet.

§ 432. Ersatz sonstiger Kosten. ¹Haftet der Frachtführer wegen Verlust oder Beschädigung, so hat er über den nach den §§ 429 bis 431 zu leistenden Ersatz hinaus die Fracht, öffentliche Abgaben und sonstige Kosten aus Anlaß der Beförderung des Gutes zu erstatten, im Fall der Beschädigung jedoch nur in dem nach § 429 Abs. 2 zu ermittelnden Wertverhältnis. ²Weiteren Schaden hat er nicht zu ersetzen.

§ 433. Haftungshöchstbetrag bei sonstigen Vermögensschäden. Haftet der Frachtführer wegen der Verletzung einer mit der Ausführung der Beförderung des Gutes zusammenhängenden vertraglichen Pflicht für Schäden, die nicht durch Verlust oder Beschädigung des Gutes oder durch Überschreitung der Lieferfrist entstehen, und handelt es sich um andere Schäden als Sach- oder Personenschäden, so ist auch in diesem Falle die Haftung begrenzt, und zwar auf das Dreifache des Betrages, der bei Verlust des Gutes zu zahlen wäre.

§ 434. Außervertragliche Ansprüche. (1) Die in diesem Unterabschnitt und im Frachtvertrag vorgesehenen Haftungsbefreiungen und Haftungsbegrenzungen gelten auch für einen außervertraglichen Anspruch des Absenders oder des Empfängers gegen den Frachtführer wegen Verlust oder Beschädigung des Gutes oder wegen Überschreitung der Lieferfrist.

(2) ¹Der Frachtführer kann auch gegenüber außervertraglichen Ansprüchen Dritter wegen Verlust oder Beschädigung des Gutes die Einwendungen nach Absatz 1 geltend machen. ²Die Einwendungen können jedoch nicht geltend gemacht werden, wenn
1. sie auf eine Vereinbarung gestützt werden, die von den in § 449 Absatz 1 Satz 1 genannten Vorschriften zu Lasten des Absenders abweicht,
2. der Dritte der Beförderung nicht zugestimmt hat und der Frachtführer die fehlende Befugnis des Absenders, das Gut zu versenden, kannte oder infolge grober Fahrlässigkeit nicht kannte oder
3. das Gut vor Übernahme zur Beförderung dem Dritten oder einer Person, die von diesem ihr Recht zum Besitz ableitet, abhanden gekommen ist.

³Satz 2 Nummer 1 gilt jedoch nicht für eine nach § 449 zulässige Vereinbarung über die Begrenzung der vom Frachtführer zu leistenden Entschädigung wegen Verlust oder Beschädigung des Gutes auf einen niedrigeren als den gesetzlich vorgesehenen Betrag, wenn dieser den Betrag von 2 Rechnungseinheiten nicht unterschreitet.

1. Handelsgesetzbuch   Anh. 1

§ 435. Wegfall der Haftungsbefreiungen und -begrenzungen. Die in diesem Unterabschnitt und im Frachtvertrag vorgesehenen Haftungsbefreiungen und Haftungsbegrenzungen gelten nicht, wenn der Schaden auf eine Handlung oder Unterlassung zurückzuführen ist, die der Frachtführer oder eine in § 428 genannte Person vorsätzlich oder leichtfertig und in dem Bewußtsein, daß ein Schaden mit Wahrscheinlichkeit eintreten werde, begangen hat.

§ 436. Haftung der Leute. ¹ Werden Ansprüche aus außervertraglicher Haftung wegen Verlust oder Beschädigung des Gutes oder wegen Überschreitung der Lieferfrist gegen einen der Leute des Frachtführers erhoben, so kann sich auch jener auf die in diesem Unterabschnitt und im Frachtvertrag vorgesehenen Haftungsbefreiungen und -begrenzungen berufen. ² Dies gilt nicht, wenn er vorsätzlich oder leichtfertig und in dem Bewußtsein, daß ein Schaden mit Wahrscheinlichkeit eintreten werde, gehandelt hat.

§ 437. Ausführender Frachtführer. (1) ¹ Wird die Beförderung ganz oder teilweise durch einen Dritten ausgeführt (ausführender Frachtführer), so haftet dieser für den Schaden, der durch Verlust oder Beschädigung des Gutes oder durch Überschreitung der Lieferfrist während der durch ihn ausgeführten Beförderung entsteht, so, als wäre er der Frachtführer. ² Vertragliche Vereinbarungen mit dem Absender oder Empfänger, durch die der Frachtführer seine Haftung erweitert, wirken gegen den ausführenden Frachtführer nur, soweit er ihnen schriftlich zugestimmt hat.

(2) Der ausführende Frachtführer kann alle Einwendungen und Einreden geltend machen, die dem Frachtführer aus dem Frachtvertrag zustehen.

(3) Frachtführer und ausführender Frachtführer haften als Gesamtschuldner.

(4) Werden die Leute des ausführenden Frachtführers in Anspruch genommen, so gilt für diese § 436 entsprechend.

§ 438. Schadensanzeige. (1) ¹ Ist ein Verlust oder eine Beschädigung des Gutes äußerlich erkennbar und zeigt der Empfänger oder der Absender dem Frachtführer Verlust oder Beschädigung nicht spätestens bei Ablieferung des Gutes an, so wird vermutet, daß das Gut vollständig und unbeschädigt angeliefert worden ist. ² Die Anzeige muß den Verlust oder die Beschädigung hinreichend deutlich kennzeichnen.

(2) Die Vermutung nach Absatz 1 gilt auch, wenn der Verlust oder die Beschädigung äußerlich nicht erkennbar war und nicht innerhalb von sieben Tagen nach Ablieferung angezeigt worden ist.

(3) Ansprüche wegen Überschreitung der Lieferfrist erlöschen, wenn der Empfänger dem Frachtführer die Überschreitung der Lieferfrist nicht innerhalb von einundzwanzig Tagen nach Ablieferung anzeigt.

(4) ¹ Eine Schadensanzeige nach Ablieferung ist in Textform zu erstatten. ² Zur Wahrung der Frist genügt die rechtzeitige Absendung.

(5) Werden Verlust, Beschädigung oder Überschreitung der Lieferfrist bei Ablieferung angezeigt, so genügt die Anzeige gegenüber demjenigen, der das Gut abliefert.

§ 439. Verjährung. (1) ¹ Ansprüche aus einer Beförderung, die den Vorschriften dieses Unterabschnitts unterliegt, verjähren in einem Jahr. ² Bei Vorsatz oder bei einem dem Vorsatz nach § 435 gleichstehenden Verschulden beträgt die Verjährungsfrist drei Jahre.

(2) ¹ Die Verjährung beginnt mit Ablauf des Tages, an dem das Gut abgeliefert wurde. ² Ist das Gut nicht abgeliefert worden, beginnt die Verjährung mit dem Ablauf des Tages, an dem das Gut hätte abgeliefert werden müssen. ³ Abweichend von den Sätzen 1 und 2 beginnt die Verjährung von Rückgriffsansprüchen mit dem Tag des Eintritts der Rechtskraft des Urteils gegen den Rückgriffsgläubiger oder, wenn kein rechtskräftiges Urteil vorliegt, mit dem Tag, an dem der Rückgriffsgläubiger den Anspruch befriedigt hat, es sei denn, der Rückgriffsschuldner wurde nicht innerhalb von drei Monaten, nachdem der Rückgriffsgläubiger Kenntnis von dem Schaden und der Person des Rückgriffsschuldners erlangt hat, über diesen Schaden unterrichtet.

(3) ¹Die Verjährung eines Anspruchs gegen den Frachtführer wird auch durch eine Erklärung des Absenders oder Empfängers, mit der dieser Ersatzansprüche erhebt, bis zu dem Zeitpunkt gehemmt, in dem der Frachtführer die Erfüllung des Anspruchs ablehnt. ²Die Erhebung der Ansprüche sowie die Ablehnung bedürfen der Textform. ³Eine weitere Erklärung, die denselben Ersatzanspruch zum Gegenstand hat, hemmt die Verjährung nicht erneut.

(4) Die Verjährung von Schadensersatzansprüchen wegen Verlust oder Beschädigung des Gutes oder wegen Überschreitung der Lieferfrist kann nur durch Vereinbarung, die im einzelnen ausgehandelt ist, auch wenn sie für eine Mehrzahl von gleichartigen Verträgen zwischen denselben Vertragsparteien getroffen ist, erleichtert oder erschwert werden.

§ 440. Pfandrecht des Frachtführers. (1) ¹Der Frachtführer hat für alle Forderungen aus dem Frachtvertrag ein Pfandrecht an dem ihm zur Beförderung übergebenen Gut des Absenders oder eines Dritten, der der Beförderung des Gutes zugestimmt hat. ²An dem Gut des Absenders hat der Frachtführer auch ein Pfandrecht für alle unbestrittenen Forderungen aus anderen mit dem Absender abgeschlossenen Fracht-, Seefracht-, Speditions- und Lagerverträgen. ³Das Pfandrecht nach den Sätzen 1 und 2 erstreckt sich auf die Begleitpapiere.

(2) Das Pfandrecht besteht, solange der Frachtführer das Gut in seinem Besitz hat, insbesondere solange er mittels Konnossements, Ladescheins oder Lagerscheins darüber verfügen kann.

(3) Das Pfandrecht besteht auch nach der Ablieferung fort, wenn der Frachtführer es innerhalb von drei Tagen nach der Ablieferung gerichtlich geltend macht und das Gut noch im Besitz des Empfängers ist.

(4) ¹Die in § 1234 Abs. 1 des Bürgerlichen Gesetzbuchs bezeichnete Androhung des Pfandverkaufs sowie die in den §§ 1237 und 1241 des Bürgerlichen Gesetzbuchs vorgesehenen Benachrichtigungen sind an den nach § 418 oder § 446 verfügungsberechtigten Empfänger zu richten. ²Ist dieser nicht zu ermitteln oder verweigert er die Annahme des Gutes, so haben die Androhung und die Benachrichtigung gegenüber dem Absender zu erfolgen.

§ 441. Nachfolgender Frachtführer. (1) ¹Hat im Falle der Beförderung durch mehrere Frachtführer der letzte bei der Ablieferung die Forderungen der vorhergehenden Frachtführer einzuziehen, so hat er die Rechte der vorhergehenden Frachtführer, insbesondere auch das Pfandrecht, auszuüben. ²Das Pfandrecht jedes vorhergehenden Frachtführers bleibt so lange bestehen wie das Pfandrecht des letzten Frachtführers.

(2) Wird ein vorhergehender Frachtführer von einem nachgehenden befriedigt, so gehen Forderung und Pfandrecht des ersteren auf den letzteren über.

(3) Die Absätze 1 und 2 gelten auch für die Forderungen und Rechte eines Spediteurs, der an der Beförderung mitgewirkt hat.

§ 442. Rang mehrerer Pfandrechte. (1) Bestehen an demselben Gut mehrere nach den §§ 397, 440, 464, 475b und 495 begründete Pfandrechte, so geht unter denjenigen Pfandrechten, die durch die Versendung oder durch die Beförderung des Gutes entstanden sind, das später entstandene dem früher entstandenen vor.

(2) Diese Pfandrechte haben Vorrang vor dem nicht aus der Versendung entstandenen Pfandrecht des Kommissionärs und des Lagerhalters sowie vor dem Pfandrecht des Spediteurs, des Frachtführers und des Verfrachters für Vorschüsse.

§ 443. Ladeschein. Verordnungsermächtigung. (1) ¹Über die Verpflichtung zur Ablieferung des Gutes kann von dem Frachtführer ein Ladeschein ausgestellt werden, der die in § 408 Abs. 1 genannten Angaben enthalten soll. ²Der Ladeschein ist vom Frachtführer zu unterzeichnen; eine Nachbildung der eigenhändigen Unterschrift durch Druck oder Stempel genügt.

(2) ¹Ist der Ladeschein an Order gestellt, so soll er den Namen desjenigen enthalten, an dessen Order das Gut abgeliefert werden soll. ²Wird der Name nicht angegeben, so ist der Ladeschein als an Order des Absenders gestellt anzusehen.

(3) ¹Dem Ladeschein gleichgestellt ist eine elektronische Aufzeichnung, die dieselben Funktionen erfüllt wie der Ladeschein, sofern sichergestellt ist, dass die Authentizität und die Integri-

1. Handelsgesetzbuch   Anh. 1

tät der Aufzeichnung gewahrt bleiben (elektronischer Ladeschein). ²Das Bundesministerium der Justiz wird ermächtigt, im Einvernehmen mit dem Bundesministerium des Innern durch Rechtsverordnung, die nicht der Zustimmung des Bundesrates bedarf, die Einzelheiten der Ausstellung, Vorlage, Rückgabe und Übertragung eines elektronischen Ladescheins sowie die Einzelheiten des Verfahrens einer nachträglichen Eintragung in einen elektronischen Ladeschein zu regeln.

§ 444. Wirkung des Ladescheins. Legitimation. (1) Der Ladeschein begründet die Vermutung, dass der Frachtführer das Gut so übernommen hat, wie es im Ladeschein beschrieben ist; § 409 Absatz 2 und 3 Satz 1 gilt entsprechend.

(2) ¹Gegenüber einem im Ladeschein benannten Empfänger, an den der Ladeschein begeben wurde, kann der Frachtführer die Vermutung nach Absatz 1 nicht widerlegen, es sei denn, dem Empfänger war im Zeitpunkt der Begebung des Ladescheins bekannt oder infolge grober Fahrlässigkeit unbekannt, dass die Angaben im Ladeschein unrichtig sind. ²Gleiches gilt gegenüber einem Dritten, dem der Ladeschein übertragen wurde. ³Die Sätze 1 und 2 gelten nicht, wenn der aus dem Ladeschein Berechtigte den ausführenden Frachtführer nach § 437 in Anspruch nimmt und der Ladeschein weder vom ausführenden Frachtführer noch von einem für ihn zur Zeichnung von Ladescheinen Befugten ausgestellt wurde.

(3) ¹Die im Ladeschein verbrieften frachtvertraglichen Ansprüche können nur von dem aus dem Ladeschein Berechtigten geltend gemacht werden. ²Zugunsten des legitimierten Besitzers des Ladescheins wird vermutet, dass er der aus dem Ladeschein Berechtigte ist. ³Legitimierter Besitzer des Ladescheins ist, wer einen Ladeschein besitzt, der

1. auf den Inhaber lautet,
2. an Order lautet und den Besitzer als Empfänger benennt oder durch eine ununterbrochene Reihe von Indossamenten ausweist oder
3. auf den Namen des Besitzers lautet.

§ 445. Ablieferung gegen Rückgabe des Ladescheins. (1) ¹Nach Ankunft des Gutes an der Ablieferungsstelle ist der legitimierte Besitzer des Ladescheins berechtigt, vom Frachtführer die Ablieferung des Gutes zu verlangen. ²Macht er von diesem Recht Gebrauch, ist er entsprechend § 421 Absatz 2 und 3 zur Zahlung der Fracht und einer sonstigen Vergütung verpflichtet.

(2) ¹Der Frachtführer ist zur Ablieferung des Gutes nur gegen Rückgabe des Ladescheins, auf dem die Ablieferung bescheinigt ist, und gegen Leistung der noch ausstehenden, nach § 421 Absatz 2 und 3 geschuldeten Zahlungen verpflichtet. ²Er darf das Gut jedoch nicht dem legitimierten Besitzer des Ladescheins abliefern, wenn ihm bekannt oder infolge grober Fahrlässigkeit unbekannt ist, dass der legitimierte Besitzer des Ladescheins nicht der aus dem Ladeschein Berechtigte ist.

(3) ¹Liefert der Frachtführer das Gut einem anderen als dem legitimierten Besitzer des Ladescheins oder, im Falle des Absatzes 2 Satz 2, einem anderen als dem aus dem Ladeschein Berechtigten ab, haftet er für den Schaden, der dem aus dem Ladeschein Berechtigten daraus entsteht. ²Die Haftung ist auf den Betrag begrenzt, der bei Verlust des Gutes zu zahlen wäre.

§ 446. Befolgung von Weisungen. (1) ¹Das Verfügungsrecht nach den §§ 418 und 419 steht, wenn ein Ladeschein ausgestellt worden ist, ausschließlich dem legitimierten Besitzer des Ladescheins zu. ²Der Frachtführer darf Weisungen nur gegen Vorlage des Ladescheins ausführen. ³Weisungen des legitimierten Besitzers des Ladescheins darf er jedoch nicht ausführen, wenn ihm bekannt oder infolge grober Fahrlässigkeit unbekannt ist, dass der legitimierte Besitzer des Ladescheins nicht der aus dem Ladeschein Berechtigte ist.

(2) ¹Befolgt der Frachtführer Weisungen, ohne sich den Ladeschein vorlegen zu lassen, haftet er dem aus dem Ladeschein Berechtigten für den Schaden, der diesem daraus entsteht. ²Die Haftung ist auf den Betrag begrenzt, der bei Verlust des Gutes zu zahlen wäre.

§ 447. Einwendungen. (1) ¹Dem aus dem Ladeschein Berechtigten kann der Frachtführer nur solche Einwendungen entgegensetzen, die die Gültigkeit der Erklärungen im Ladeschein betreffen oder sich aus dem Inhalt des Ladescheins ergeben oder dem Frachtführer unmittelbar gegenüber dem aus dem Ladeschein Berechtigten zustehen. ²Eine Vereinbarung, auf die im Ladeschein lediglich verwiesen wird, ist nicht Inhalt des Ladescheins.

(2) Wird ein ausführender Frachtführer nach § 437 von dem aus dem Ladeschein Berechtigten in Anspruch genommen, kann auch der ausführende Frachtführer die Einwendungen nach Absatz 1 geltend machen.

§ 448. Traditionswirkung des Ladescheins. ¹Die Begebung des Ladescheins an den darin benannten Empfänger hat, sofern der Frachtführer das Gut im Besitz hat, für den Erwerb von Rechten an dem Gut dieselben Wirkungen wie die Übergabe des Gutes. ²Gleiches gilt für die Übertragung des Ladescheins an Dritte.

§ 449. Abweichende Vereinbarungen über die Haftung. (1) ¹Soweit der Frachtvertrag nicht die Beförderung von Briefen oder briefähnlichen Sendungen zum Gegenstand hat, kann von den Haftungsvorschriften in § 413 Absatz 2, den §§ 414, 418 Absatz 6, § 422 Absatz 3, den §§ 425 bis 438, 445 Absatz 3 und § 446 Absatz 2 nur durch Vereinbarung abgewichen werden, die im Einzelnen ausgehandelt wird, auch wenn sie für eine Mehrzahl von gleichartigen Verträgen zwischen denselben Vertragsparteien getroffen wird. ²Der Frachtführer kann sich jedoch auf eine Bestimmung im Ladeschein, die von den in Satz 1 genannten Vorschriften zu Lasten des aus dem Ladeschein Berechtigten abweicht, nicht gegenüber einem im Ladeschein benannten Empfänger, an den der Ladeschein begeben wurde, sowie gegenüber einem Dritten, dem der Ladeschein übertragen wurde, berufen.

(2) ¹Abweichend von Absatz 1 kann die vom Frachtführer zu leistende Entschädigung wegen Verlust oder Beschädigung des Gutes auch durch vorformulierte Vertragsbedingungen auf einen anderen als den in § 431 Absatz 1 und 2 vorgesehenen Betrag begrenzt werden, wenn dieser Betrag

1. zwischen 2 und 40 Rechnungseinheiten liegt und der Verwender der vorformulierten Vertragsbedingungen seinen Vertragspartner in geeigneter Weise darauf hinweist, dass diese einen anderen als den gesetzlich vorgesehenen Betrag vorsehen, oder
2. für den Verwender der vorformulierten Vertragsbedingungen ungünstiger ist als der in § 431 Absatz 1 und 2 vorgesehene Betrag.

²Ferner kann abweichend von Absatz 1 durch vorformulierte Vertragsbedingungen die vom Absender nach § 414 zu leistende Entschädigung der Höhe nach beschränkt werden.

(3) Ist der Absender ein Verbraucher, so kann in keinem Fall zu seinem Nachteil von den in Absatz 1 Satz 1 genannten Vorschriften abgewichen werden, es sei denn, der Frachtvertrag hat die Beförderung von Briefen oder briefähnlichen Sendungen zum Gegenstand.

(4) Unterliegt der Frachtvertrag ausländischem Recht, so sind die Absätze 1 bis 3 gleichwohl anzuwenden, wenn nach dem Vertrag sowohl der Ort der Übernahme als auch der Ort der Ablieferung des Gutes im Inland liegen.

§ 450. Anwendung von Seefrachtrecht. Hat der Frachtvertrag die Beförderung des Gutes ohne Umladung sowohl auf Binnen- als auch auf Seegewässern zum Gegenstand, so ist auf den Vertrag Seefrachtrecht anzuwenden, wenn

1. ein Konnossement ausgestellt ist oder
2. die auf Seegewässern zurückzulegende Strecke die größere ist.

Zweiter Unterabschnitt. Beförderung zum Umzugsgut

§ 451. Umzugsvertrag. Hat der Frachtvertrag die Beförderung von Umzugsgut zum Gegenstand, so sind auf den Vertrag die Vorschriften des Ersten Unterabschnitts anzuwenden, soweit die folgenden besonderen Vorschriften oder anzuwendende internationale Übereinkommen nichts anderes bestimmen.

1. Handelsgesetzbuch **Anh. 1**

§ 451a. Pflichten des Frachtführers. (1) Die Pflichten des Frachtführers umfassen auch das Ab- und Aufbauen der Möbel sowie das Ver- und Entladen des Umzugsguts.

(2) Ist der Absender ein Verbraucher, so zählt zu den Pflichten des Frachtführers ferner die Ausführung sonstiger auf den Umzug bezogener Leistungen wie die Verpackung und Kennzeichnung des Umzugsgutes.

§ 451b. Frachtbrief. Gefährliches Gut. Begleitpapiere. Mitteilungs- und Auskunftspflichten. (1) Abweichend von § 408 ist der Absender nicht verpflichtet, einen Frachtbrief auszustellen.

(2) ¹Zählt zu dem Umzugsgut gefährliches Gut und ist der Absender ein Verbraucher, so ist er abweichend von § 410 lediglich verpflichtet, den Frachtführer über die von dem Gut ausgehende Gefahr allgemein zu unterrichten; die Unterrichtung bedarf keiner Form. ²Der Frachtführer hat den Absender über dessen Pflicht nach Satz 1 zu unterrichten.

(3) ¹Der Frachtführer hat den Absender, wenn dieser ein Verbraucher ist, über die zu beachtenden Zoll- und sonstigen Verwaltungsvorschriften zu unterrichten. ²Er ist jedoch nicht verpflichtet zu prüfen, ob vom Absender zur Verfügung gestellte Urkunden und erteilte Auskünfte richtig und vollständig sind.

§ 451c. *(aufgehoben)*

§ 451d. Besondere Haftungsausschlußgründe. (1) Abweichend von § 427 ist der Frachtführer von seiner Haftung befreit, soweit der Verlust oder die Beschädigung auf eine der folgenden Gefahren zurückzuführen ist:

1. Beförderung von Edelmetallen, Juwelen, Edelsteinen, Geld, Briefmarken, Münzen, Wertpapieren oder Urkunden;
2. ungenügende Verpackung oder Kennzeichnung durch den Absender;
3. Behandeln, Verladen oder Entladen des Gutes durch den Absender;
4. Beförderung von nicht vom Frachtführer verpacktem Gut in Behältern;
5. Verladen oder Entladen von Gut, dessen Größe oder Gewicht den Raumverhältnissen an der Ladestelle oder Entladestelle nicht entspricht, sofern der Frachtführer den Absender auf die Gefahr einer Beschädigung vorher hingewiesen und der Absender auf der Durchführung der Leistung bestanden hat;
6. Beförderung lebender Tiere oder von Pflanzen;
7. natürliche oder mangelhafte Beschaffenheit des Gutes, der zufolge es besonders leicht Schäden, insbesondere durch Bruch, Funktionsstörungen, Rost, inneren Verderb oder Auslaufen, erleidet.

(2) Ist ein Schaden eingetreten, der nach den Umständen des Falles aus einer der in Absatz 1 bezeichneten Gefahren entstehen konnte, so wird vermutet, daß der Schaden aus dieser Gefahr entstanden ist.

(3) Der Frachtführer kann sich auf Absatz 1 nur berufen, wenn er alle ihm nach den Umständen obliegenden Maßnahmen getroffen und besondere Weisungen beachtet hat.

§ 451e. Haftungshöchstbetrag. Abweichend von § 431 Abs. 1 und 2 ist die Haftung des Frachtführers wegen Verlust oder Beschädigung auf einen Betrag von 620 Euro je Kubikmeter Laderaum, der zur Erfüllung des Vertrages benötigt wird, beschränkt.

§ 451f. Schadensanzeige. Abweichend von § 438 Abs. 1 und 2 erlöschen Ansprüche wegen Verlust oder Beschädigung des Gutes,

1. wenn der Verlust oder die Beschädigung des Gutes äußerlich erkennbar war und dem Frachtführer nicht spätestens am Tag nach der Ablieferung angezeigt worden ist,
2. wenn der Verlust oder die Beschädigung äußerlich nicht erkennbar war und dem Frachtführer nicht innerhalb von vierzehn Tagen nach Ablieferung angezeigt worden ist.

§ 451g. Wegfall der Haftungsbefreiungen und -begrenzungen. ¹Ist der Absender ein Verbraucher, so kann sich der Frachtführer oder eine in § 428 genannte Person

1. auf die in den §§ 451d und 451e sowie in dem Ersten Unterabschnitt vorgesehenen Haftungsbefreiungen und Haftungsbegrenzungen nicht berufen, soweit der Frachtführer es unterläßt, den Absender bei Abschluß des Vertrages über die Haftungsbestimmung zu unterrichten und auf die Möglichkeiten hinzuweisen, eine weitergehende Haftung zu vereinbaren oder das Gut zu versichern,
2. auf § 451f in Verbindung mit § 438 nicht berufen, soweit der Frachtführer es unterläßt, den Empfänger spätestens bei der Ablieferung des Gutes über die Form und Frist der Schadensanzeige sowie die Rechtsfolgen bei Unterlassen der Schadensanzeige zu unterrichten.

²Die Unterrichtung nach Satz 1 Nr. 1 muß in drucktechnisch deutlicher Gestaltung besonders hervorgehoben sein.

§ 451h. Abweichende Vereinbarungen. (1) Ist der Absender ein Verbraucher, so kann von den die Haftung des Frachtführers und des Absenders regelnden Vorschriften dieses Unterabschnitts sowie den danach auf den Umzugsvertrag anzuwendenden Vorschriften des Ersten Unterabschnitts nicht zum Nachteil des Absenders abgewichen werden.

(2) ¹In allen anderen als den in Absatz 1 genannten Fällen kann von den darin genannten Vorschriften nur durch Vereinbarung abgewichen werden, die im einzelnen ausgehandelt ist, auch wenn sie für eine Mehrzahl von gleichartigen Verträgen zwischen denselben Vertragsparteien getroffen ist. ²Die vom Frachtführer zu leistende Entschädigung wegen Verlust oder Beschädigung des Gutes kann jedoch auch durch vorformulierte Vertragsbedingungen auf einen anderen als den in § 451e vorgesehenen Betrag begrenzt werden, wenn der Verwender der vorformulierten Vertragsbedingungen seinen Vertragspartner in geeigneter Weise darauf hinweist, dass diese einen anderen als den gesetzlich vorgesehenen Betrag vorsehen. ³Ferner kann durch vorformulierte Vertragsbedingungen die vom Absender nach § 414 zu leistende Entschädigung der Höhe nach beschränkt werden.

(3) Unterliegt der Umzugsvertrag ausländischem Recht, so sind die Absätze 1 und 2 gleichwohl anzuwenden, wenn nach dem Vertrag der Ort der Übernahme und der Ort der Ablieferung des Gutes im Inland liegen.

Dritter Unterabschnitt. Beförderung mit verschiedenartigen Beförderungsmitteln

§ 452. Frachtvertrag über eine Beförderung mit verschiedenartigen Beförderungsmitteln. ¹Wird die Beförderung des Gutes auf Grund eines einheitlichen Frachtvertrags mit verschiedenartigen Beförderungsmitteln durchgeführt und wären, wenn über jeden Teil der Beförderung mit jeweils einem Beförderungsmittel (Teilstrecke) zwischen den Vertragsparteien ein gesonderter Vertrag abgeschlossen worden wäre, mindestens zwei dieser Verträge verschiedenen Rechtsvorschriften unterworfen, so sind auf den Vertrag die Vorschriften des Ersten Unterabschnitts anzuwenden, soweit die folgenden besonderen Vorschriften oder anzuwendende internationale Übereinkommen nichts anderes bestimmen. ²Dies gilt auch dann, wenn ein Teil der Beförderung über See durchgeführt wird.

§ 452a. Bekannter Schadensort. ¹Steht fest, daß der Verlust, die Beschädigung oder das Ereignis, das zu einer Überschreitung der Lieferfrist geführt hat, auf einer bestimmten Teilstrecke eingetreten ist, so bestimmt sich die Haftung des Frachtführers abweichend von den Vorschriften des Ersten Unterabschnitts nach den Rechtsvorschriften, die auf einen Vertrag über eine Beförderung auf dieser Teilstrecke anzuwenden wären. ²Der Beweis dafür, daß der Verlust, die Beschädigung oder das zu einer Überschreitung der Lieferfrist führende Ereignis auf einer bestimmten Teilstrecke eingetreten ist, obliegt demjenigen, der dies behauptet.

§ 452b. Schadensanzeige. Verjährung. (1) ¹§ 438 ist unabhängig davon anzuwenden, ob der Schadensort unbekannt ist, bekannt ist oder später bekannt wird. ²Die für die Schadensanzeige vorgeschriebene Form und Frist ist auch gewahrt, wenn die Vorschriften eingehalten werden, die auf einen Vertrag über eine Beförderung auf der letzten Teilstrecke anzuwenden wären.

1. Handelsgesetzbuch   Anh. 1

(2) ¹ Für den Beginn der Verjährung des Anspruchs wegen Verlust, Beschädigung oder Überschreitung der Lieferfrist ist, wenn auf den Ablieferungszeitpunkt abzustellen ist, der Zeitpunkt der Ablieferung an den Empfänger maßgebend. ² Der Anspruch verjährt auch bei bekanntem Schadensort frühestens nach Maßgabe des § 439.

§ 452c. Umzugsvertrag über eine Beförderung mit verschiedenartigen Beförderungsmitteln.
¹ Hat der Frachtvertrag die Beförderung von Umzugsgut mit verschiedenartigen Beförderungsmitteln zum Gegenstand, so sind auf den Vertrag die Vorschriften des Zweiten Unterabschnitts anzuwenden. ² § 452a ist nur anzuwenden, soweit für die Teilstrecke, auf der der Schaden eingetreten ist, Bestimmungen eines für die Bundesrepublik Deutschland verbindlichen internationalen Übereinkommens gelten.

§ 452d. Abweichende Vereinbarungen. (1) ¹ Von der Regelung des § 452b Abs. 2 Satz 1 kann nur durch Vereinbarung abgewichen werden, die im einzelnen ausgehandelt ist, auch wenn diese für eine Mehrzahl von gleichartigen Verträgen zwischen denselben Vertragsparteien getroffen ist. ² Von den übrigen Regelungen dieses Unterabschnitts kann nur insoweit durch vertragliche Vereinbarung abgewichen werden, als die darin in Bezug genommenen Vorschriften abweichende Vereinbarungen zulassen.

(2) Abweichend von Absatz 1 kann jedoch auch durch vorformulierte Vertragsbedingungen vereinbart werden, daß sich die Haftung bei bekanntem Schadensort (§ 452a)
1. unabhängig davon, auf welcher Teilstrecke der Schaden eintreten wird, oder
2. für den Fall des Schadenseintritts auf einer in der Vereinbarung genannten Teilstrecke
nach den Vorschriften des Ersten Unterabschnitts bestimmt.

(3) Vereinbarungen, die die Anwendung der für eine Teilstrecke zwingend geltenden Bestimmungen eines für die Bundesrepublik Deutschland verbindlichen internationalen Übereinkommens ausschließen, sind unwirksam.

Fünfter Abschnitt. Speditionsgeschäft

§ 453. Speditionsvertrag. (1) Durch den Speditionsvertrag wird der Spediteur verpflichtet, die Versendung des Gutes zu besorgen.

(2) Der Versender wird verpflichtet, die vereinbarte Vergütung zu zahlen.

(3) ¹ Die Vorschriften dieses Abschnitts gelten nur, wenn die Besorgung der Versendung zum Betrieb eines gewerblichen Unternehmens gehört. ² Erfordert das Unternehmen nach Art oder Umfang einen in kaufmännischer Weise eingerichteten Geschäftsbetrieb nicht und ist die Firma des Unternehmens auch nicht nach § 2 in das Handelsregister eingetragen, so sind in Ansehung des Speditionsgeschäfts auch insoweit die Vorschriften des Ersten Abschnitts des Vierten Buches ergänzend anzuwenden; dies gilt jedoch nicht für die §§ 348 bis 350.

§ 454. Besorgung der Versendung. (1) Die Pflicht, die Versendung zu besorgen, umfaßt die Organisation der Beförderung, insbesondere
1. die Bestimmung des Beförderungsmittels und des Beförderungsweges,
2. die Auswahl ausführender Unternehmer, den Abschluß der für die Versendung erforderlichen Fracht-, Lager- und Speditionsverträge sowie die Erteilung von Informationen und Weisungen an die ausführenden Unternehmer und
3. die Sicherung von Schadenersatzansprüchen des Versenders.

(2) ¹ Zu den Pflichten des Spediteurs zählt ferner die Ausführung sonstiger vereinbarter auf die Beförderung bezogener Leistungen wie die Versicherung und Verpackung des Gutes, seine Kennzeichnung und die Zollbehandlung. ² Der Spediteur schuldet jedoch nur den Abschluß der zur Erbringung dieser Leistungen erforderlichen Verträge, wenn sich dies aus der Vereinbarung ergibt.

(3) Der Spediteur schließt die erforderlichen Verträge im eigenen Namen oder, sofern er hierzu bevollmächtigt ist, im Namen des Versenders ab.

(4) Der Spediteur hat bei Erfüllung seiner Pflichten das Interesse des Versenders wahrzunehmen und dessen Weisungen zu befolgen.

§ 455. Behandlung des Gutes. Begleitpapiere. Mitteilungs- und Auskunftspflichten. (1) ¹ Der Versender ist verpflichtet, das Gut, soweit erforderlich, zu verpacken und zu kennzeichnen und Urkunden zur Verfügung zu stellen sowie alle Auskünfte zu erteilen, deren der Spediteur zur Erfüllung seiner Pflichten bedarf. ² Soll gefährliches Gut versendet werden, so hat der Versender dem Spediteur rechtzeitig in Textform die genaue Art der Gefahr und, soweit erforderlich, zu ergreifende Vorsichtsmaßnahmen mitzuteilen.

(2) ¹ Der Versender hat, auch wenn ihn kein Verschulden trifft, dem Spediteur Schäden und Aufwendungen zu ersetzen, die verursacht werden durch

1. ungenügende Verpackung oder Kennzeichnung,
2. Unterlassen der Mitteilung über die Gefährlichkeit des Gutes oder
3. Fehlen, Unvollständigkeit oder Unrichtigkeit der Urkunden oder Auskünfte, die für eine amtliche Behandlung des Gutes erforderlich sind.

² § 414 Absatz 2 ist entsprechend anzuwenden.

(3) Ist der Versender ein Verbraucher, so hat er dem Spediteur Schäden und Aufwendungen nach Absatz 2 nur zu ersetzen, soweit ihn ein Verschulden trifft.

§ 456. Fälligkeit der Vergütung. Die Vergütung ist zu zahlen, wenn das Gut dem Frachtführer oder Verfrachter übergeben worden ist.

§ 457. Forderungen des Versenders. ¹ Der Versender kann Forderungen aus einem Vertrag, den der Spediteur für Rechnung des Versenders im eigenen Namen abgeschlossen hat, erst nach der Abtretung geltend machen. ² Solche Forderungen sowie das in Erfüllung solcher Forderungen Erlangte gelten jedoch im Verhältnis zu den Gläubigern des Spediteurs als auf den Versender übertragen.

§ 458. Selbsteintritt. ¹ Der Spediteur ist befugt, die Beförderung des Gutes durch Selbsteintritt auszuführen. ² Macht er von dieser Befugnis Gebrauch, so hat er hinsichtlich der Beförderung die Rechte und Pflichten eines Frachtführers oder Verfrachters. ³ In diesem Fall kann er neben der Vergütung für seine Tätigkeit als Spediteur die gewöhnliche Fracht verlangen.

§ 459. Spedition zu festen Kosten. ¹ Soweit als Vergütung ein bestimmter Betrag vereinbart ist, der Kosten für die Beförderung einschließt, hat der Spediteur hinsichtlich der Beförderung die Rechte und Pflichten eines Frachtführers oder Verfrachters. ² In diesem Fall hat er Anspruch auf Ersatz seiner Aufwendungen nur, soweit dies üblich ist.

§ 460. Sammelladung. (1) Der Spediteur ist befugt, die Versendung des Gutes zusammen mit Gut eines anderen Versenders auf Grund eines für seine Rechnung über eine Sammelladung geschlossenen Frachtvertrages zu bewirken.

(2) ¹ Macht der Spediteur von dieser Befugnis Gebrauch, so hat er hinsichtlich der Beförderung in Sammelladung die Rechte und Pflichten eines Frachtführers oder Verfrachters. ² In diesem Fall kann der Spediteur eine den Umständen nach angemessene Vergütung verlangen, höchstens aber die für die Beförderung des einzelnen Gutes gewöhnliche Fracht.

§ 461. Haftung des Spediteurs. (1) ¹ Der Spediteur haftet für den Schaden, der durch Verlust oder Beschädigung des in seiner Obhut befindlichen Gutes entsteht. ² Die §§ 426, 427, 429, 430, 431 Abs. 1, 2 und 4, die §§ 432, 434 bis 436 sind entsprechend anzuwenden.

(2) ¹ Für Schaden, der nicht durch Verlust oder Beschädigung des in der Obhut des Spediteurs befindlichen Gutes entstanden ist, haftet der Spediteur, wenn er eine ihm nach § 454 obliegende Pflicht verletzt. ² Von dieser Haftung ist er befreit, wenn der Schaden durch die Sorgfalt eines ordentlichen Kaufmanns nicht abgewendet werden konnte.

(3) Hat bei der Entstehung des Schadens ein Verhalten des Versenders oder ein besonderer Mangel des Gutes mitgewirkt, so hängen die Verpflichtung zum Ersatz sowie der Umfang des zu leistenden Ersatzes davon ab, inwieweit diese Umstände zu dem Schaden beigetragen haben.

1. Handelsgesetzbuch
Anh. 1

§ 462. Haftung für andere. ¹Der Spediteur hat Handlungen und Unterlassungen seiner Leute in gleichem Umfang zu vertreten wie eigene Handlungen und Unterlassungen, wenn die Leute in Ausübung ihrer Verrichtungen handeln. ²Gleiches gilt für Handlungen und Unterlassungen anderer Personen, deren er sich bei Erfüllung seiner Pflicht, die Versendung zu besorgen, bedient.

§ 463. Verjährung. Auf die Verjährung der Ansprüche aus einer Leistung, die den Vorschriften dieses Abschnitts unterliegt, ist § 439 entsprechend anzuwenden.

§ 464. Pfandrecht des Spediteurs. ¹Der Spediteur hat für alle Forderungen aus dem Speditionsvertrag ein Pfandrecht an dem ihm zur Versendung übergebenen Gut des Versenders oder eines Dritten, der der Versendung des Gutes zugestimmt hat. ²An dem Gut des Versenders hat der Spediteur auch ein Pfandrecht für alle unbestrittenen Forderungen aus anderen mit dem Versender abgeschlossenen Speditions-, Fracht-, Seefracht- und Lagerverträgen. ³§ 440 Absatz 1 Satz 3 und Absatz 2 bis 4 ist entsprechend anzuwenden.

§ 465. Nachfolgender Spediteur. (1) Wirkt an einer Beförderung neben dem Frachtführer auch ein Spediteur mit und hat dieser die Ablieferung zu bewirken, so ist auf den Spediteur § 441 Absatz 1 entsprechend anzuwenden.

(2) Wird ein vorhergehender Frachtführer oder Spediteur von einem nachfolgenden Spediteur befriedigt, so gehen Forderung und Pfandrecht des ersteren auf den letzteren über.

§ 466. Abweichende Vereinbarungen über die Haftung. (1) Soweit der Speditionsvertrag nicht die Versendung von Briefen oder briefähnlichen Sendungen zum Gegenstand hat, kann von den Haftungsvorschriften in § 455 Absatz 2 und 3, § 461 Absatz 1 sowie in den §§ 462 und 463 nur durch Vereinbarung abgewichen werden, die im Einzelnen ausgehandelt wird, auch wenn sie für eine Mehrzahl von gleichartigen Verträgen zwischen denselben Vertragsparteien getroffen wird.

(2) ¹Abweichend von Absatz 1 kann die vom Spediteur zu leistende Entschädigung wegen Verlust oder Beschädigung des Gutes auch durch vorformulierte Vertragsbedingungen auf einen anderen als den in § 431 Absatz 1 und 2 vorgesehenen Betrag begrenzt werden, wenn dieser Betrag
1. zwischen 2 und 40 Rechnungseinheiten liegt und der Verwender der vorformulierten Vertragsbedingungen seinen Vertragspartner in geeigneter Weise darauf hinweist, dass diese einen anderen als den gesetzlich vorgesehenen Betrag vorsehen, oder
2. für den Verwender der vorformulierten Vertragsbedingungen ungünstiger ist als der in § 431 Absatz 1 und 2 vorgesehene Betrag.

²Ferner kann durch vorformulierte Vertragsbedingungen die vom Versender nach § 455 Absatz 2 oder 3 zu leistende Entschädigung der Höhe nach beschränkt werden.

(3) Von § 458 Satz 2, § 459 Satz 1 und § 460 Absatz 2 Satz 1 kann nur insoweit durch vertragliche Vereinbarung abgewichen werden, als die darin in Bezug genommenen Vorschriften abweichende Vereinbarungen zulassen.

(4) Ist der Versender ein Verbraucher, so kann in keinem Fall zu seinem Nachteil von den in Absatz 1 genannten Vorschriften abgewichen werden, es sei denn, der Speditionsvertrag hat die Beförderung von Briefen oder briefähnlichen Sendungen zum Gegenstand.

(5) Unterliegt der Speditionsvertrag ausländischem Recht, so sind die Absätze 1 bis 4 gleichwohl anzuwenden, wenn nach dem Vertrag sowohl der Ort der Übernahme als auch der Ort der Ablieferung des Gutes im Inland liegen.

Sechster Abschnitt. Lagergeschäft

§ 467. Lagervertrag. (1) Durch den Lagervertrag wird der Lagerhalter verpflichtet, das Gut zu lagern und aufzubewahren.

(2) Der Einlagerer wird verpflichtet, die vereinbarte Vergütung zu zahlen.

589

(3) ¹Die Vorschriften dieses Abschnitts gelten nur, wenn die Lagerung und Aufbewahrung zum Betrieb eines gewerblichen Unternehmens gehören. ²Erfordert das Unternehmen nach Art oder Umfang einen in kaufmännischer Weise eingerichteten Geschäftsbetrieb nicht und ist die Firma des Unternehmens auch nicht nach § 2 in das Handelsregister eingetragen, so sind in Ansehung des Lagergeschäfts auch insoweit die Vorschriften des Ersten Abschnitts des Vierten Buches ergänzend anzuwenden; dies gilt jedoch nicht für die §§ 348 bis 350.

§ 468. Behandlung des Gutes. Begleitpapiere. Mitteilungs- und Auskunftspflichten. (1) ¹Der Einlagerer ist verpflichtet, dem Lagerhalter, wenn gefährliches Gut eingelagert werden soll, rechtzeitig in Textform die genaue Art der Gefahr und, soweit erforderlich, zu ergreifende Vorsichtsmaßnahmen mitzuteilen. ²Er hat ferner das Gut, soweit erforderlich, zu verpacken und zu kennzeichnen und Urkunden zur Verfügung zu stellen sowie alle Auskünfte zu erteilen, die der Lagerhalter zur Erfüllung seiner Pflichten benötigt.

(2) ¹Ist der Einlagerer ein Verbraucher, so ist abweichend von Absatz 1
1. der Lagerhalter verpflichtet, das Gut, soweit erforderlich, zu verpacken und zu kennzeichnen,
2. der Einlagerer lediglich verpflichtet, den Lagerhalter über die von dem Gut ausgehende Gefahr allgemein zu unterrichten; die Unterrichtung bedarf keiner Form.

²Der Lagerhalter hat in diesem Falle den Einlagerer über dessen Pflicht nach Satz 1 Nr. 2 sowie über die von ihm zu beachtenden Verwaltungsvorschriften über eine amtliche Behandlung des Gutes zu unterrichten.

(3) ¹Der Einlagerer hat, auch wenn ihn kein Verschulden trifft, dem Lagerhalter Schäden und Aufwendungen zu ersetzen, die verursacht werden durch
1. ungenügende Verpackung oder Kennzeichnung,
2. Unterlassen der Mitteilung über die Gefährlichkeit des Gutes oder
3. Fehlen, Unvollständigkeit oder Unrichtigkeit der in § 413 Abs. 1 genannten Urkunden oder Auskünfte.

²§ 414 Absatz 2 ist entsprechend anzuwenden.

(4) Ist der Einlagerer ein Verbraucher, so hat er dem Lagerhalter Schäden und Aufwendungen nach Absatz 3 nur zu ersetzen, soweit ihn ein Verschulden trifft.

§ 469. Sammellagerung. (1) Der Lagerhalter ist nur berechtigt, vertretbare Sachen mit anderen Sachen gleicher Art und Güte zu vermischen, wenn die beteiligten Einlagerer ausdrücklich einverstanden sind.

(2) Ist der Lagerhalter berechtigt, Gut zu vermischen, so steht vom Zeitpunkt der Einlagerung ab den Eigentümern der eingelagerten Sachen Miteigentum nach Bruchteilen zu.

(3) Der Lagerhalter kann jedem Einlagerer den ihm gebührenden Anteil ausliefern, ohne daß er hierzu der Genehmigung der übrigen Beteiligten bedarf.

§ 470. Empfang des Gutes. Befindet sich Gut, das dem Lagerhalter zugesandt ist, beim Empfang in einem beschädigten oder mangelhaften Zustand, der äußerlich erkennbar ist, so hat der Lagerhalter Schadenersatzansprüche des Einlagerers zu sichern und dem Einlagerer unverzüglich Nachricht zu geben.

§ 471. Erhaltung des Gutes. (1) ¹Der Lagerhalter hat dem Einlagerer die Besichtigung des Gutes, die Entnahme von Proben und die zur Erhaltung des Gutes notwendigen Handlungen während der Geschäftsstunden zu gestatten. ²Er ist jedoch berechtigt und im Falle der Sammellagerung auch verpflichtet, die zur Erhaltung des Gutes erforderlichen Arbeiten selbst vorzunehmen.

(2) ¹Sind nach dem Empfang Veränderungen an dem Gut entstanden oder zu befürchten, die den Verlust oder die Beschädigung des Gutes oder Schäden des Lagerhalters erwarten lassen, so hat der Lagerhalter dies dem Einlagerer oder, wenn ein Lagerschein ausgestellt ist, dem letzten ihm bekannt gewordenen legitimierten Besitzer des Scheins unverzüglich anzuzeigen und dessen Weisungen einzuholen. ²Kann der Lagerhalter innerhalb angemessener Zeit Weisungen

nicht erlangen, so hat er die angemessen erscheinenden Maßnahmen zu ergreifen. ³Er kann insbesondere das Gut gemäß § 373 verkaufen lassen; macht er von dieser Befugnis Gebrauch, so hat der Lagerhalter, wenn ein Lagerschein ausgestellt ist, die in § 373 Abs. 3 vorgesehene Androhung des Verkaufs sowie die in Absatz 5 derselben Vorschriften vorgesehenen Benachrichtigungen an den letzten ihm bekannt gewordenen legitimierten Besitzer des Lagerscheins zu richten.

§ 472. Versicherung. Einlagerung bei einem Dritten. (1) ¹Der Lagerhalter ist verpflichtet, das Gut auf Verlangen des Einlagerers zu versichern. ²Ist der Einlagerer ein Verbraucher, so hat ihn der Lagerhalter auf die Möglichkeit hinzuweisen, das Gut zu versichern.

(2) Der Lagerhalter ist nur berechtigt, das Gut bei einem Dritten einzulagern, wenn der Einlagerer ihm dies ausdrücklich gestattet hat.

§ 473. Dauer der Lagerung. (1) ¹Der Einlagerer kann das Gut jederzeit herausverlangen. ²Ist der Lagervertrag auf unbestimmte Zeit geschlossen, so kann er den Vertrag jedoch nur unter Einhaltung einer Kündigungsfrist von einem Monat kündigen, es sei denn, es liegt ein wichtiger Grund vor, der zur Kündigung des Vertrags ohne Einhaltung der Kündigungsfrist berechtigt.

(2) ¹Der Lagerhalter kann die Rücknahme des Gutes nach Ablauf der vereinbarten Lagerzeit oder bei Einlagerung auf unbestimmte Zeit nach Kündigung des Vertrags unter Einhaltung einer Kündigungsfrist von einem Monat verlangen. ²Liegt ein wichtiger Grund vor, so kann der Lagerhalter auch vor Ablauf der Lagerzeit und ohne Einhaltung einer Kündigungsfrist die Rücknahme des Gutes verlangen.

(3) Ist ein Lagerschein ausgestellt, so sind die Kündigung und das Rücknahmeverlangen an den letzten dem Lagerhalter bekannt gewordenen legitimierten Besitzer des Lagerscheins zu richten.

§ 474. Aufwendungsersatz. Der Lagerhalter hat Anspruch auf Ersatz seiner für das Gut gemachten Aufwendungen, soweit er sie den Umständen nach für erforderlich halten durfte.

§ 475. Haftung für Verlust oder Beschädigung. ¹Der Lagerhalter haftet für den Schaden, der durch Verlust oder Beschädigung des Gutes in der Zeit von der Übernahme zur Lagerung bis zur Auslieferung entsteht, es sei denn, daß der Schaden durch die Sorgfalt eines ordentlichen Kaufmanns nicht abgewendet werden konnte. ²Dies gilt auch dann, wenn der Lagerhalter gemäß § 472 Abs. 2 das Gut bei einem Dritten einlagert.

§ 475a. Verjährung. ¹Auf die Verjährung von Ansprüchen aus einer Lagerung, die den Vorschriften dieses Abschnitts unterliegt, findet § 439 entsprechende Anwendung. ²Im Falle des gänzlichen Verlusts beginnt die Verjährung mit Ablauf des Tages, an dem der Lagerhalter dem Einlagerer oder, wenn ein Lagerschein ausgestellt ist, dem letzten ihm bekannt gewordenen legitimierten Besitzer des Lagerscheins den Verlust anzeigt.

§ 475b. Pfandrecht des Lagerhalters. (1) ¹Der Lagerhalter hat für alle Forderungen aus dem Lagervertrag ein Pfandrecht an dem ihm zur Lagerung übergebenen Gut des Einlagerers oder eines Dritten, der der Lagerung zugestimmt hat. ²An dem Gut des Einlagerers hat der Lagerhalter auch ein Pfandrecht für alle unbestrittenen Forderungen aus anderen mit dem Einlagerer abgeschlossenen Lager-, Fracht-, Seefracht- und Speditionsverträgen. ³Das Pfandrecht erstreckt sich auch auf die Forderung aus einer Versicherung sowie auf die Begleitpapiere.

(2) Ist ein Orderlagerschein durch Indossament übertragen worden, so besteht das Pfandrecht dem legitimierten Besitzer des Lagerscheins gegenüber nur wegen der Vergütungen und Aufwendungen, die aus dem Lagerschein ersichtlich sind oder ihm bei Erwerb des Lagerscheins bekannt oder infolge grober Fahrlässigkeit unbekannt waren.

(3) Das Pfandrecht besteht, solange der Lagerhalter das Gut in seinem Besitz hat, insbesondere solange er mittels Konnossements, Ladescheins oder Lagerscheins darüber verfügen kann.

§ 475c. Lagerschein. Verordnungsermächtigung. (1) Über die Verpflichtung zur Auslieferung des Gutes kann von dem Lagerhalter, nachdem er das Gut erhalten hat, ein Lagerschein ausgestellt werden, der die folgenden Angaben enthalten soll:
1. Ort und Tag der Ausstellung des Lagerscheins;
2. Name und Anschrift des Einlagerers;
3. Name und Anschrift des Lagerhalters;
4. Ort und Tag der Einlagerung;
5. die übliche Bezeichnung der Art des Gutes und die Art der Verpackung, bei gefährlichen Gütern ihre nach den Gefahrgutvorschriften vorgesehene, sonst ihre allgemein anerkannte Bezeichnung;
6. Anzahl, Zeichen und Nummern der Packstücke;
7. Rohgewicht oder die anders angegebene Menge des Gutes;
8. im Falle der Sammellagerung einen Vermerk hierüber.

(2) In den Lagerschein können weitere Angaben eingetragen werden, die der Lagerhalter für zweckmäßig hält.

(3) [1] Der Lagerschein ist vom Lagerhalter zu unterzeichnen. [2] Eine Nachbildung der eigenhändigen Unterschrift durch Druck oder Stempel genügt.

(4) [1] Dem Lagerschein gleichgestellt ist eine elektronische Aufzeichnung, die dieselben Funktionen erfüllt wie der Lagerschein, sofern sichergestellt ist, dass die Authentizität und die Integrität der Aufzeichnung gewahrt bleiben (elektronischer Lagerschein). [2] Das Bundesministerium der Justiz wird ermächtigt, im Einvernehmen mit dem Bundesministerium des Innern durch Rechtsverordnung, die nicht der Zustimmung des Bundesrates bedarf, die Einzelheiten der Ausstellung, Vorlage, Rückgabe und Übertragung eines elektronischen Lagerscheins sowie die Einzelheiten des Verfahrens über nachträgliche Eintragungen in einen elektronischen Lagerschein zu regeln.

§ 475d. Wirkung des Lagerscheins. Legitimation. (1) [1] Der Lagerschein begründet die Vermutung, dass das Gut und seine Verpackung in Bezug auf den äußerlich erkennbaren Zustand sowie auf Anzahl, Zeichen und Nummern der Packstücke wie im Lagerschein beschrieben übernommen worden sind. [2] Ist das Rohgewicht oder die anders angegebene Menge des Gutes oder der Inhalt vom Lagerhalter überprüft und das Ergebnis der Überprüfung in den Lagerschein eingetragen worden, so begründet dieser auch die Vermutung, dass Gewicht, Menge oder Inhalt mit den Angaben im Lagerschein übereinstimmt.

(2) [1] Wird der Lagerschein an eine Person begeben, die darin als zum Empfang des Gutes berechtigt benannt ist, kann der Lagerhalter ihr gegenüber die Vermutung nach Absatz 1 nicht widerlegen, es sei denn, der Person war im Zeitpunkt der Begebung des Lagerscheins bekannt oder infolge grober Fahrlässigkeit unbekannt, dass die Angaben im Lagerschein unrichtig sind. [2] Gleiches gilt gegenüber einem Dritten, dem der Lagerschein übertragen wird.

(3) [1] Die im Lagerschein verbrieften lagervertraglichen Ansprüche können nur von dem aus dem Lagerschein Berechtigten geltend gemacht werden. [2] Zugunsten des legitimierten Besitzers des Lagerscheins wird vermutet, dass er der aus dem Lagerschein Berechtigte ist. [3] Legitimierter Besitzer des Lagerscheins ist, wer einen Lagerschein besitzt, der
1. auf den Inhaber lautet,
2. an Order lautet und den Besitzer als denjenigen, der zum Empfang des Gutes berechtigt ist, benennt oder durch eine ununterbrochene Reihe von Indossamenten ausweist oder
3. auf den Namen des Besitzers lautet.

§ 475e. Auslieferung gegen Rückgabe des Lagerscheins. (1) Der legitimierte Besitzer des Lagerscheins ist berechtigt, vom Lagerhalter die Auslieferung des Gutes zu verlangen.

(2) [1] Ist ein Lagerschein ausgestellt, so ist der Lagerhalter zur Auslieferung des Gutes nur gegen Rückgabe des Lagerscheins, auf dem die Auslieferung bescheinigt ist, verpflichtet. [2] Der Lagerhalter ist nicht verpflichtet, die Echtheit der Indossamente zu prüfen. [3] Er darf das Gut jedoch nicht dem legitimierten Besitzer des Lagerscheins ausliefern, wenn ihm bekannt oder

1. Handelsgesetzbuch   **Anh. 1**

infolge grober Fahrlässigkeit unbekannt ist, dass der legitimierte Besitzer des Lagerscheins nicht der aus dem Lagerschein Berechtigte ist.

(3) ¹ Die Auslieferung eines Teils des Gutes erfolgt gegen Abschreibung auf dem Lagerschein. ² Der Abschreibungsvermerk ist vom Lagerhalter zu unterschreiben.

(4) Der Lagerhalter haftet dem aus dem Lagerschein Berechtigten für den Schaden, der daraus entsteht, daß er das Gut ausgeliefert hat, ohne sich den Lagerschein zurückgeben zu lassen oder ohne einen Abschreibungsvermerk einzutragen.

§ 475f. **Einwendungen.** ¹ Dem aus dem Lagerschein Berechtigten kann der Lagerhalter nur solche Einwendungen entgegensetzen, die die Gültigkeit der Erklärungen im Lagerschein betreffen oder sich aus dem Inhalt des Lagerscheins ergeben oder dem Lagerhalter unmittelbar gegenüber dem aus dem Lagerschein Berechtigten zustehen. ² Eine Vereinbarung, auf die im Lagerschein lediglich verwiesen wird, ist nicht Inhalt des Lagerscheins.

§ 475g. **Traditionswirkung des Lagerscheins.** ¹ Die Begebung des Lagerscheins an denjenigen, der darin als der zum Empfang des Gutes Berechtigte benannt ist, hat, sofern der Lagerhalter das Gut im Besitz hat, für den Erwerb von Rechten an dem Gut dieselben Wirkungen wie die Übergabe des Gutes. ² Gleiches gilt für die Übertragung des Lagerscheins an Dritte.

§ 475h. **Abweichende Vereinbarungen.** Ist der Einlagerer ein Verbraucher so kann nicht zu dessen Nachteil von den §§ 475a und 475e Absatz 4 abgewichen werden.

2. Übereinkommen über den Beförderungsvertrag im internationalen Straßengüterverkehr (CMR)

Vom 19. Mai 1956
(BGBl. II 1961 S. 1120)

geänd. durch Protokoll zum Übereinkommen über den Beförderungsvertrag im int. Straßenverkehr (CMR) v. 5. 7. 1978 (BGBl. II 1980 S. 733)

Präambel

DIE VERTRAGSPARTEIEN HABEN
IN DER ERKENNTNIS, daß es sich empfiehlt, die Bedingungen für den Beförderungsvertrag im internationalen Straßengüterverkehr, insbesondere hinsichtlich der in diesem Verkehr verwendeten Urkunden und der Haftung des Frachtführers, einheitlich zu regeln,
FOLGENDES VEREINBART:

Kapitel I. Geltungsbereich

Art. 1 [Geltungsbereich. Völkerrechtliche Verbindlichkeit]. 1. [1] Dieses Übereinkommen gilt für jeden Vertrag über die entgeltliche Beförderung von Gütern auf der Straße mittels Fahrzeugen, wenn der Ort der Übernahme des Gutes und der für die Ablieferung vorgesehene Ort, wie sie im Vertrage angegeben sind, in zwei verschiedenen Staaten liegen, von denen mindestens einer ein Vertragstaat ist. [2] Dies gilt ohne Rücksicht auf den Wohnsitz und die Staatsangehörigkeit der Parteien.

2. Im Sinne dieses Übereinkommens bedeuten „Fahrzeuge" Kraftfahrzeuge, Sattelkraftfahrzeuge, Anhänger und Sattelanhänger, wie sie in Artikel 4 des Abkommens über den Straßenverkehr vom 19. September 1949 umschrieben sind.

3. Dieses Übereinkommen gilt auch dann, wenn in seinen Geltungsbereich fallende Beförderungen von Staaten oder von staatlichen Einrichtungen oder Organisationen durchgeführt werden.

4. Dieses Übereinkommen gilt nicht

a) für Beförderungen, die nach den Bestimmungen internationaler Postübereinkommen durchgeführt werden;
b) für die Beförderung von Leichen;
c) für die Beförderung von Umzugsgut.

5. Die Vertragsparteien werden untereinander keine zwei- oder mehrseitigen Sondervereinbarungen schließen, die Abweichungen von den Bestimmungen dieses Übereinkommens enthalten; ausgenommen sind Sondervereinbarungen unter Vertragsparteien, nach denen dieses Übereinkommen nicht für ihren kleinen Grenzverkehr gilt, oder durch die für Beförderungen, die ausschließlich auf ihrem Staatsgebiet durchgeführt werden, die Verwendung eines das Gut vertretenden Frachtbriefes zugelassen wird.

Art. 2 [Huckepacktransport]. 1. [1] Wird das mit dem Gut beladene Fahrzeug auf einem Teil der Strecke zur See, mit der Eisenbahn, auf Binnenwasserstraßen oder auf dem Luftwege befördert und wird das Gut – abgesehen von Fällen des Artikels 14 – nicht umgeladen, so gilt dieses Übereinkommen trotzdem für die gesamte Beförderung. [2] Soweit jedoch bewiesen wird, daß während der Beförderung durch das andere Verkehrsmittel eingetretene Verluste, Beschädigungen oder Überschreitungen der Lieferfrist nicht durch eine Handlung oder Unterlassung des Straßenfrachtführers, sondern durch ein Ereignis verursacht worden sind, das nur während und wegen der Beförderung durch das andere Beförderungsmittel eingetreten sein kann, bestimmt sich die Haftung des Straßenfrachtführers nicht nach diesem Übereinkommen, sondern danach, wie der Frachtführer des anderen Verkehrsmittels gehaftet hätte, wenn ein lediglich das Gut betreffender Beförderungsvertrag zwischen dem Absender und dem Frachtführer des anderen Verkehrsmittels nach den zwingenden Vorschriften des für die Beförderung durch das andere Verkehrsmittel geltenden Rechts geschlossen worden wäre. [3] Bestehen jedoch keine solchen Vorschriften, so bestimmt sich die Haftung des Straßenfrachtführers nach diesem Übereinkommen.

2. Ist der Straßenfrachtführer zugleich der Frachtführer des anderen Verkehrsmittels, so haftet er ebenfalls nach Absatz 1, jedoch so, als ob seine Tätigkeit als Straßenfrachtführer und seine Tätigkeit als Frachtführer des anderen Verkehrsmittels von zwei verschiedenen Personen ausgeübt würden.

Kapitel II. Haftung des Frachtführers für andere Personen

Art. 3 [Gehilfenhaftung]. Der Frachtführer haftet, soweit dieses Übereinkommen anzuwenden ist, für Handlungen und Unterlassungen seiner Bediensteten und aller anderen Personen, deren er sich bei Ausführung der Beförderung bedient, wie für eigene Handlungen und Unterlassungen, wenn diese Bediensteten oder anderen Personen in Ausübung ihrer Verrichtungen handeln.

Kapitel III. Abschluß und Ausführung des Beförderungsvertrages

Art. 4 [Frachtbrief]. [1] Der Beförderungsvertrag wird in einem Frachtbrief festgehalten. [2] Das Fehlen, die Mangelhaftigkeit oder der Verlust des Frachtbriefes berührt weder den Bestand noch die Gültigkeit des Beförderungsvertrages, der den Bestimmungen dieses Übereinkommens unterworfen bleibt.

Art. 5 [Ausfertigungen. Form des Frachtbriefs]. 1. [1] Der Frachtbrief wird in drei Originalausfertigungen ausgestellt, die vom Absender und vom Frachtführer unterzeichnet werden. [2] Die Unterschriften können gedruckt oder durch den Stempel des Absenders oder des Frachtführers ersetzt werden, wenn dies nach dem Recht des Staates, in dem der Frachtbrief ausgestellt wird, zulässig ist. [3] Die erste Ausfertigung erhält der Absender, die zweite begleitet das Gut, die dritte behält der Frachtführer.

2. Ist das zu befördernde Gut auf mehrere Fahrzeuge zu verladen oder handelt es sich um verschieden artige oder um in verschiedene Posten aufgeteilte Güter, können sowohl der Absender als auch der Frachtführer verlangen, daß so viele Frachtbriefe ausgestellt werden, als Fahrzeuge zu verwenden oder Güterarten oder -posten vorhanden sind.

Art. 6 [Angaben im Frachtbrief]. 1. Der Frachtbrief muß folgende Angaben enthalten:
a) Ort und Tag der Ausstellung;
b) Name und Anschrift des Absenders;
c) Name und Anschrift des Frachtführers;
d) Stelle und Tag der Übernahme des Gutes sowie die für die Ablieferung vorgesehene Stelle;
e) Name und Anschrift des Empfängers;
f) die übliche Bezeichnung der Art des Gutes und die Art der Verpackung, bei gefährlichen Gütern ihre allgemein anerkannte Bezeichnung;
g) Anzahl, Zeichen und Nummern der Frachtstücke;
h) Rohgewicht oder die anders angegebene Menge des Gutes;
i) die mit der Beförderung verbundenen Kosten (Fracht, Nebengebühren, Zölle und andere Kosten, die vom Vertragsabschluß bis zur Ablieferung anfallen);
j) Weisungen für die Zoll- und sonstige amtliche Behandlung;
k) die Angabe, daß die Beförderung trotz einer gegenteiligen Abmachung den Bestimmungen dieses Übereinkommens unterliegt.

2. Zutreffendenfalls muß der Frachtbrief ferner folgende Angaben enthalten:
a) das Verbot umzuladen;
b) die Kosten, die der Absender übernimmt;
c) den Betrag einer bei der Ablieferung des Gutes einzuziehenden Nachnahme;
d) die Angabe des Wertes des Gutes und des Betrages des besonderen Interesses an der Lieferung;
e) Weisungen des Absenders an den Frachtführer über die Versicherung des Gutes;
f) die vereinbarte Frist, in der die Beförderung beendet sein muß;
g) ein Verzeichnis der dem Frachtführer übergebenen Urkunden.

3. Die Parteien dürfen in den Frachtbrief noch andere Angaben eintragen, die sie für zweckmäßig halten.

Art. 7 [Haftung für unrichtige und unvollständige Angaben]. 1. Der Absender haftet für alle Kosten und Schäden, die dem Frachtführer dadurch entstehen, daß folgende Angaben unrichtig oder unvollständig sind:
a) die in Artikel 6 Absatz 1 Buchstabe b, d, e, f, g, h und j bezeichneten Angaben;
b) die in Artikel 6 Absatz 2 bezeichneten Angaben;
c) alle anderen Angaben oder Weisungen des Absenders für die Ausstellung des Frachtbriefes oder zum Zwecke der Eintragung in diesen.

2. Trägt der Frachtführer auf Verlangen des Absenders die in Absatz 1 bezeichneten Angaben in den Frachtbrief ein, wird bis zum Beweise des Gegenteils vermutet, daß der Frachtführer hierbei im Namen des Absenders gehandelt hat.

3. Enthält der Frachtbrief die in Artikel 6 Absatz 1 Buchstabe k bezeichnete Angabe nicht, so haftet der Frachtführer für alle Kosten und Schäden, die dem über das Gut Verfügungsberechtigten infolge dieser Unterlassung entstehen.

Art. 8 [Überprüfung durch Frachtführer]. 1. Der Frachtführer ist verpflichtet, bei der Übernahme des Gutes zu überprüfen
a) die Richtigkeit der Angaben im Frachtbrief über die Anzahl der Frachtstücke und über ihre Zeichen und Nummern;
b) den äußeren Zustand des Gutes und seiner Verpackung.

2. ¹Stehen dem Frachtführer keine angemessenen Mittel zur Verfügung, um die Richtigkeit der in Absatz 1 Buchstabe a bezeichneten Angaben zu überprüfen, so trägt er im Frachtbrief Vorbehalte ein, die zu begründen sind. ²Desgleichen hat er Vorbehalte zu begründen, die er hinsichtlich des äußeren Zustandes des Gutes und seiner Verpackung macht. ³Die Vorbehalte sind für den Absender nicht verbindlich, es sei denn, daß er sie im Frachtbrief ausdrücklich anerkannt hat.

3. ¹Der Absender kann vom Frachtführer verlangen, daß dieser das Rohgewicht oder die anders angegebene Menge des Gutes überprüft. ²Er kann auch verlangen, daß der Frachtführer den Inhalt der Frachtstücke überprüft. ³Der Frachtführer hat Anspruch auf Ersatz der Kosten der Überprüfung. ⁴Das Ergebnis der Überprüfung ist in den Frachtbrief einzutragen.

Art. 9 [Beweiswirkung des Frachtbriefs]. 1. Der Frachtbrief dient bis zum Beweise des Gegenteils als Nachweis für den Abschluß und Inhalt des Beförderungsvertrages sowie für die Übernahme des Gutes durch den Frachtführer.

2. Sofern der Frachtbrief keine mit Gründen versehenen Vorbehalte des Frachtführers aufweist, wird bis zum Beweise des Gegenteils vermutet, daß das Gut und seine Verpackung bei der Übernahme durch den Frachtführer äußerlich in gutem Zustande waren und daß die Anzahl der Frachtstücke und ihre Zeichen und Nummern mit den Angaben im Frachtbrief übereinstimmten.

Art. 10 [Haftung für mangelhafte Verpackung]. Der Absender haftet dem Frachtführer für alle durch mangelhafte Verpackung des Gutes verursachten Schäden an Personen, am Betriebsmaterial und an anderen Gütern sowie für alle durch mangelhafte Verpackung verursachten Kosten, es sei denn, daß der Mangel offensichtlich oder dem Frachtführer bei der Übernahme des Gutes bekannt war und er diesbezüglich keine Vorbehalte gemacht hat.

Art. 11 [Begleitpapiere]. 1. Der Absender hat dem Frachtbrief die Urkunden beizugeben, die für die vor der Ablieferung des Gutes zu erledigende Zoll- oder sonstige amtliche Behandlung notwendig sind, oder diese Urkunden dem Frachtführer zur Verfügung zu stellen und diesem alle erforderlichen Auskünfte zu erteilen.

2. [1] Der Frachtführer ist nicht verpflichtet zu prüfen, ob diese Urkunden und Auskünfte richtig und ausreichend sind. [2] Der Absender haftet dem Frachtführer für alle aus dem Fehlen, der Unvollständigkeit oder Unrichtigkeit der Urkunden und Angaben entstehenden Schäden, es sei denn, daß den Frachtführer ein Verschulden trifft.

3. Der Frachtführer haftet wie ein Kommissionär für die Folgen des Verlustes oder der unrichtigen Verwendung der im Frachtbrief bezeichneten und diesem beigegebenen oder dem Frachtführer ausgehändigten Urkunden; er hat jedoch keinen höheren Schadenersatz zu leisten als bei Verlust des Gutes.

Art. 12 [Verfügungsrecht]. 1. [1] Der Absender ist berechtigt, über das Gut zu verfügen. [2] Er kann insbesondere verlangen, daß der Frachtführer das Gut nicht weiterbefördert, den für die Ablieferung vorgesehenen Ort ändert oder das Gut einem anderen als dem im Frachtbrief angegebenen Empfänger abliefert.

2. [1] Dieses Recht erlischt, sobald die zweite Ausfertigung des Frachtbriefes dem Empfänger übergeben ist oder dieser sein Recht nach Artikel 13 Absatz 1 geltend macht. [2] Von diesem Zeitpunkt an hat der Frachtführer den Weisungen des Empfängers nachzukommen.

3. Das Verfügungsrecht steht jedoch dem Empfänger bereits von der Ausstellung des Frachtbriefes an zu, wenn der Absender einen entsprechenden Vermerk in den Frachtbrief eingetragen hat.

4. Hat der Empfänger in Ausübung seines Verfügungsrechtes die Ablieferung des Gutes an einen Dritten angeordnet, so ist dieser nicht berechtigt, seinerseits andere Empfänger zu bestimmen.

5. Die Ausübung des Verfügungsrechtes unterliegt folgenden Bestimmungen:
a) der Absender oder in dem in Absatz 3 bezeichneten Falle der Empfänger hat, wenn er sein Verfügungsrecht ausüben will, die erste Ausfertigung des Frachtbriefes vorzuweisen, worin die dem Frachtführer erteilten neuen Weisungen eingetragen sein müssen, und dem Frachtführer alle Kosten und Schäden zu ersetzen, die durch die Ausführung der Weisungen entstehen;
b) die Ausführung der Weisungen muß zu dem Zeitpunkt, in dem sie die Person erreichen, die sie ausführen soll, möglich sein und darf weder den gewöhnlichen Betrieb des Unternehmens des Frachtführers hemmen noch die Absender oder Empfänger anderer Sendungen schädigen;
c) die Weisungen dürfen nicht zu einer Teilung der Sendung führen.

6. Kann der Frachtführer auf Grund der Bestimmungen des Absatzes 5 Buchstabe b die erhaltenen Weisungen nicht durchführen, so hat er unverzüglich denjenigen zu benachrichtigen, der die Weisungen erteilt hat.

7. Ein Frachtführer, der Weisungen nicht ausführt, die ihm unter Beachtung der Bestimmungen dieses Artikels erteilt worden sind, oder der solche Weisungen ausführt, ohne die Vorlage der ersten Ausfertigung des Frachtbriefes verlangt zu haben, haftet dem Berechtigten für den daraus entstehenden Schaden.

Art. 13 [Rechte des Empfängers. Zahlungspflicht]. 1. [1] Nach Ankunft des Gutes an dem für die Ablieferung vorgesehenen Ort ist der Empfänger berechtigt, vom Frachtführer zu verlangen, daß ihm gegen Empfangsbestätigung die zweite Ausfertigung des Frachtbriefes übergeben und das Gut abgeliefert wird. [2] Ist der Verlust des Gutes festgestellt oder ist das Gut innerhalb der in Artikel 19 vorgesehenen Frist nicht angekommen, so kann der Empfänger die Rechte aus dem Beförderungsvertrage im eigenen Namen gegen den Frachtführer geltend machen.

2. ¹Der Empfänger, der die ihm nach Absatz 1 zustehenden Rechte geltend macht, hat den Gesamtbetrag der aus dem Frachtbrief hervorgehenden Kosten zu zahlen. ²Bei Streitigkeiten hierüber ist der Frachtführer zur Ablieferung des Gutes nur verpflichtet, wenn ihm der Empfänger Sicherheit leistet.

Art. 14 [Beförderungshindernisse]. 1. Wenn aus irgendeinem Grunde vor Ankunft des Gutes an dem für die Ablieferung vorgesehenen Ort die Erfüllung des Vertrages zu den im Frachtbrief festgelegten Bedingungen unmöglich ist oder unmöglich wird, hat der Frachtführer Weisungen des nach Artikel 12 über das Gut Verfügungsberechtigten einzuholen.

2. Gestatten die Umstände jedoch eine von den im Frachtbrief festgelegten Bedingungen abweichende Ausführung der Beförderung und konnte der Frachtführer Weisungen des nach Artikel 12 über das Gut Verfügungsberechtigten innerhalb angemessener Zeit nicht erhalten, so hat er die Maßnahmen zu ergreifen, die ihm im Interesse des über das Gut Verfügungsberechtigten die besten zu sein scheinen.

Art. 15 [Ablieferungshindernisse]. 1. ¹Treten nach Ankunft des Gutes am Bestimmungsort Ablieferungshindernisse ein, so hat der Frachtführer Weisungen des Absenders einzuholen. ²Wenn der Empfänger die Annahme des Gutes verweigert, ist der Absender berechtigt, über das Gut zu verfügen, ohne die erste Ausfertigung des Frachtbriefes vorweisen zu müssen.

2. Der Empfänger kann, auch wenn er die Annahme des Gutes verweigert hat, dessen Ablieferung noch so lange verlangen, als der Frachtführer keine dem widersprechenden Weisungen des Absenders erhalten hat.

3. Tritt das Ablieferungshindernis ein, nachdem der Empfänger auf Grund seiner Befugnisse nach Artikel 12 Absatz 3 Anweisung erteilt hat, das Gut an einen Dritten abzuliefern, so nimmt bei der Anwendung der Absätze 1 und 2 dieses Artikels der Empfänger die Stelle des Absenders und der Dritte die des Empfängers ein.

Art. 16 [Kostenerstattung. Ausladung und Verwahrung. Notverkauf]. 1. Der Frachtführer hat Anspruch auf Erstattung der Kosten, die ihm dadurch entstehen, daß er Weisungen einholt oder ausführt, es sei denn, daß er diese Kosten verschuldet hat.

2. ¹In den in Artikel 14 Absatz 1 und in Artikel 15 bezeichneten Fällen kann der Frachtführer das Gut sofort auf Kosten des Verfügungsberechtigten ausladen; nach dem Ausladen gilt die Beförderung als beendet. ²Der Frachtführer hat sodann das Gut für den Verfügungsberechtigten zu verwahren. ³Er kann es jedoch auch einem Dritten anvertrauen und haftet dann nur für die sorgfältige Auswahl des Dritten. ⁴Das Gut bleibt mit den aus dem Frachtbrief hervorgehenden Ansprüchen sowie mit allen anderen Kosten belastet.

3. ¹Der Frachtführer kann, ohne Weisungen des Verfügungsberechtigten abzuwarten, den Verkauf des Gutes veranlassen, wenn es sich um verderbliche Waren handelt oder der Zustand des Gutes eine solche Maßnahme rechtfertigt oder wenn die Kosten der Verwahrung in keinem Verhältnis zum Wert des Gutes stehen. ²Er kann auch in anderen Fällen den Verkauf des Gutes veranlassen, wenn er innerhalb einer angemessenen Frist gegenteilige Weisungen des Verfügungsberechtigten, deren Ausführung ihm billigerweise zugemutet werden kann, nicht erhält.

4. ¹Wird das Gut auf Grund der Bestimmungen dieses Artikels verkauft, so ist der Erlös nach Abzug der auf dem Gut lastenden Kosten dem Verfügungsberechtigten zur Verfügung zu stellen. ²Wenn diese Kosten höher sind als der Erlös, kann der Frachtführer den Unterschied beanspruchen.

5. Art und Weise des Verkaufes bestimmen sich nach den Gesetzen oder Gebräuchen des Ortes, an dem sich das Gut befindet.

Kapitel IV. Haftung des Frachtführers

Art. 17 [Haftung des Frachtführers. Haftungsausschlüsse]. 1. Der Frachtführer haftet für gänzlichen oder teilweisen Verlust und für Beschädigung des Gutes, sofern der Verlust oder die Beschädigung zwischen dem Zeitpunkt der Übernahme des Gutes und dem seiner Ablieferung eintritt, sowie für Überschreitung der Lieferfrist.

2. Übereinkommen (CMR)　　　　　　　　　　　　　　　　　　　　　　　　　Anh. 2

2. Der Frachtführer ist von dieser Haftung befreit, wenn der Verlust, die Beschädigung oder die Überschreitung der Lieferfrist durch ein Verschulden des Verfügungsberechtigten, durch eine nicht vom Frachtführer verschuldete Weisung des Verfügungsberechtigten, durch besondere Mängel des Gutes oder durch Umstände verursacht worden ist, die der Frachtführer nicht vermeiden und deren Folgen er nicht abwenden konnte.

3. Um sich von seiner Haftung zu befreien, kann sich der Frachtführer weder auf Mängel des für die Beförderung verwendeten Fahrzeuges noch gegebenenfalls auf ein Verschulden des Vermieters des Fahrzeuges oder der Bediensteten des Vermieters berufen.

4. Der Frachtführer ist vorbehaltlich des Artikels 18 Absatz 2 bis 5 von seiner Haftung befreit, wenn der Verlust oder die Beschädigung aus den mit einzelnen oder mehreren Umständen der folgenden Art verbundenen besonderen Gefahren entstanden ist:

a) Verwendung von offenen, nicht mit Planen gedeckten Fahrzeugen, wenn diese Verwendung ausdrücklich vereinbart und im Frachtbrief vermerkt worden ist;
b) Fehlen oder Mängel der Verpackung, wenn die Güter ihrer Natur nach bei fehlender oder mangelhafter Verpackung Verlusten oder Beschädigungen ausgesetzt sind;
c) Behandlung, Verladen, Verstauen oder Ausladen des Gutes durch den Absender, den Empfänger oder Dritte, die für den Absender oder Empfänger handeln;
d) natürliche Beschaffenheit gewisser Güter, derzufolge sie gänzlichem oder teilweisem Verlust oder Beschädigung, insbesondere durch Bruch, Rost, inneren Verderb, Austrocknen, Auslaufen, normalen Schwund oder Einwirkung von Ungeziefer oder Nagetieren, ausgesetzt sind;
e) ungenügende oder unzulängliche Bezeichnung oder Numerierung der Frachtstücke;
f) Beförderung von lebenden Tieren.

5. Haftet der Frachtführer auf Grund dieses Artikels für einzelne Umstände, die einen Schaden verursacht haben, nicht, so haftet er nur in dem Umfange, in dem die Umstände, für die er auf Grund dieses Artikels haftet, zu dem Schaden beigetragen haben.

Art. 18 [Beweislast. Vermutungen]. 1. Der Beweis, daß der Verlust, die Beschädigung oder die Überschreitung der Lieferfrist durch einen der in Artikel 17 Absatz 2 bezeichneten Umstände verursacht worden ist, obliegt dem Frachtführer.

2. [1] Wenn der Frachtführer darlegt, daß nach den Umständen des Falles der Verlust oder die Beschädigung aus einer oder mehreren der in Artikel 17 Absatz 4 bezeichneten besonderen Gefahren entstehen konnte, wird vermutet, daß der Schaden hieraus entstanden ist. [2] Der Verfügungsberechtigte kann jedoch beweisen, daß der Schaden nicht oder nicht ausschließlich aus einer dieser Gefahren entstanden ist.

3. Diese Vermutung gilt im Falle des Artikels 17 Absatz 4 Buchstabe a nicht bei außergewöhnlich großem Abgang oder bei Verlust von ganzen Frachtstücken.

4. Bei Beförderung mit einem Fahrzeug, das mit besonderen Einrichtungen zum Schutze des Gutes gegen die Einwirkung von Hitze, Kälte, Temperaturschwankungen oder Luftfeuchtigkeit versehen ist, kann sich der Frachtführer auf Artikel 17 Absatz 4 Buchstabe d nur berufen, wenn er beweist, daß er alle ihm nach den Umständen obliegenden Maßnahmen hinsichtlich der Auswahl, Instandhaltung und Verwendung der besonderen Einrichtungen getroffen und ihm erteilte besondere Weisungen beachtet hat.

5. Der Frachtführer kann sich auf Artikel 17 Absatz 4 Buchstabe f nur berufen, wenn er beweist, daß er alle ihm nach den Umständen üblicherweise obliegenden Maßnahmen getroffen und ihm erteilte besondere Weisungen beachtet hat.

Art. 19 [Überschreitung der Lieferfrist]. Eine Überschreitung der Lieferfrist liegt vor, wenn das Gut nicht innerhalb der vereinbarten Frist abgeliefert worden ist oder, falls keine Frist vereinbart worden ist, die tatsächliche Beförderungsdauer unter Berücksichtigung der Umstände, bei teilweiser Beladung insbesondere unter Berücksichtigung der unter gewöhnlichen Umständen für die Zusammenstellung von Gütern zwecks vollständiger Beladung benötigten Zeit, die Frist überschreitet, die vernünftigerweise einem sorgfältigen Frachtführer zuzubilligen ist.

599

Art. 20 [Verlustvermutung. Wiederauffinden]. 1. Der Verfügungsberechtigte kann das Gut, ohne weitere Beweise erbringen zu müssen, als verloren betrachten, wenn es nicht binnen dreißig Tagen nach Ablauf der vereinbarten Lieferfrist oder, falls keine Frist vereinbart worden ist, nicht binnen sechzig Tagen nach der Übernahme des Gutes durch den Frachtführer abgeliefert worden ist.

2. [1] Der Verfügungsberechtigte kann bei Empfang der Entschädigung für das verlorene Gut schriftlich verlangen, daß er sofort benachrichtigt wird, wenn das Gut binnen einem Jahr nach Zahlung der Entschädigung wieder aufgefunden wird. [2] Dieses Verlangen ist ihm schriftlich zu bestätigen.

3. Der Verfügungsberechtigte kann binnen dreißig Tagen nach Empfang einer solchen Benachrichtigung fordern, daß ihm das Gut gegen Befriedigung der aus dem Frachtbrief hervorgehenden Ansprüche und gegen Rückzahlung der erhaltenen Entschädigung, gegebenenfalls abzüglich der in der Entschädigung enthaltenen Kosten, abgeliefert wird; seine Ansprüche auf Schadenersatz wegen Überschreitung der Lieferfrist nach Artikel 23 und gegebenenfalls nach Artikel 26 bleiben vorbehalten.

4. Wird das in Absatz 2 bezeichnete Verlangen nicht gestellt oder ist keine Anweisung in der in Absatz 3 bestimmten Frist von dreißig Tagen erteilt worden oder wird das Gut später als ein Jahr nach Zahlung der Entschädigung wieder aufgefunden, so kann der Frachtführer über das Gut nach dem Recht des Ortes verfügen, an dem es sich befindet.

Art. 21 [Nachnahme]. Wird das Gut dem Empfänger ohne Einziehung der nach dem Beförderungsvertrag vom Frachtführer einzuziehenden Nachnahme abgeliefert, so hat der Frachtführer, vorbehaltlich seines Rückgriffsrechtes gegen den Empfänger, dem Absender bis zur Höhe des Nachnahmebetrages Schadenersatz zu leisten.

Art. 22 [Gefährliche Güter]. 1. [1] Der Absender hat den Frachtführer, wenn er ihm gefährliche Güter übergibt, auf die genaue Art der Gefahr aufmerksam zu machen und ihm gegebenenfalls die zu ergreifenden Vorsichtsmaßnahmen anzugeben. [2] Ist diese Mitteilung im Frachtbrief nicht eingetragen worden, so obliegt es dem Absender oder dem Empfänger, mit anderen Mitteln zu beweisen, daß der Frachtführer die genaue Art der mit der Beförderung der Güter verbundenen Gefahren gekannt hat.

2. Gefährliche Güter, deren Gefährlichkeit der Frachtführer nicht im Sinne des Absatzes 1 gekannt hat, kann der Frachtführer jederzeit und überall ohne Schadenersatzpflicht ausladen, vernichten oder unschädlich machen; der Absender haftet darüber hinaus für alle durch die Übergabe dieser Güter zur Beförderung oder durch ihre Beförderung entstehenden Kosten und Schäden.

Art. 23 [Haftungsumfang, Haftungshöchstbeträge]. 1. Hat der Frachtführer auf Grund der Bestimmungen dieses Übereinkommens für gänzlichen oder teilweisen Verlust des Gutes Schadenersatz zu leisten, so wird die Entschädigung nach dem Wert des Gutes am Ort und zur Zeit der Übernahme zur Beförderung berechnet.

2. Der Wert des Gutes bestimmt sich nach dem Börsenpreis, mangels eines solchen nach dem Marktpreis oder mangels beider nach dem gemeinen Wert von Gütern gleicher Art und Beschaffenheit.

3. Die Entschädigung darf jedoch 8,33 Rechnungseinheiten für jedes fehlende Kilogramm des Rohgewichts nicht übersteigen.

4. Außerdem sind – ohne weiteren Schadenersatz – Fracht, Zölle und sonstige aus Anlaß der Beförderung des Gutes entstandene Kosten zurückzuerstatten, und zwar im Falle des gänzlichen Verlustes in voller Höhe, im Falle des teilweisen Verlustes anteilig.

5. Wenn die Lieferfrist überschritten ist und der Verfügungsberechtigte beweist, daß daraus ein Schaden entstanden ist, hat der Frachtführer dafür eine Entschädigung nur bis zur Höhe der Fracht zu leisten.

6. Höhere Entschädigungen können nur dann beansprucht werden, wenn der Wert des Gutes oder ein besonderes Interesse an der Lieferung nach den Artikeln 24 und 26 angegeben worden ist.

2. Übereinkommen (CMR) Anh. 2

7. ¹Die in diesem Übereinkommen genannte Rechnungseinheit ist das Sonderziehungsrecht des Internationalen Währungsfonds. ²Der in Absatz 3 genannte Betrag wird in die Landeswährung des Staates des angerufenen Gerichts umgerechnet; die Umrechnung erfolgt entsprechend dem Wert der betreffenden Währung am Tag des Urteils oder an dem von den Parteien vereinbarten Tag. ³Der in Sonderziehungsrechten ausgedrückte Wert der Landeswährung eines Staates, der Mitglied des Internationalen Währungsfonds ist, wird nach der vom Internationalen Währungsfonds angewendeten Bewertungsmethode errechnet, die an dem betreffenden Tag für seine Operationen und Transaktionen gilt. ⁴Der in Sonderziehungsrechten ausgedrückte Wert der Landeswährung eines Staates, der nicht Mitglied des Internationalen Währungsfonds ist, wird auf eine von diesem Staat bestimmte Weise errechnet.

8. ¹Dessenungeachtet kann ein Staat, der nicht Mitglied des Internationalen Währungsfonds ist und dessen Recht die Anwendung des Absatzes 7 nicht zuläßt, bei der Ratifikation des Protokolls zum CMR oder dem Beitritt zu jenem Protokoll oder jederzeit danach erklären, daß sich der in seinem Hoheitsgebiet geltende Haftungshöchstbetrag des Absatzes 3 auf 25 Werteinheiten beläuft. ²Die in diesem Absatz genannte Werteinheit entspricht 10/31 Gramm Gold von 900/1000 Feingehalt. ³Die Umrechnung des Betrags nach diesem Absatz in die Landeswährung erfolgt nach dem Recht des betreffenden Staates.

9. ¹Die in Absatz 7 letzter Satz genannte Berechnung und die in Absatz 8 genannte Umrechnung erfolgen in der Weise, daß der Betrag nach Absatz 3, in der Landeswährung des Staates ausgedrückt, soweit wie möglich dem dort in Rechnungseinheiten ausgedrückten tatsächlichen Wert entspricht. ²Die Staaten teilen dem Generalsekretär der Vereinten Nationen die Art der Berechnung nach Absatz 7 oder das Ergebnis der Umrechnung nach Absatz 8 bei der Hinterlegung einer der in Artikel 3 des Protokolls zum CMR genannten Urkunden sowie immer dann mit, wenn sich die Berechnungsart oder das Umrechnungsergebnis ändert.

Art. 24 [Einvernehmliche Erhöhung des Höchstbetrags]. Der Absender kann gegen Zahlung eines zu vereinbarenden Zuschlages zur Fracht einen Wert des Gutes im Frachtbrief angeben, der den in Artikel 23 Absatz 3 bestimmten Höchstbetrag übersteigt; in diesem Fall tritt der angegebene Betrag an die Stelle des Höchstbetrages.

Art. 25 [Haftung bei Beschädigung]. 1. Bei Beschädigung hat der Frachtführer den Betrag der Wertverminderung zu zahlen, die unter Zugrundelegung des nach Artikel 23 Absatz 1, 2 und 4 festgestellten Wertes des Gutes berechnet wird.

2. Die Entschädigung darf jedoch nicht übersteigen,
a) wenn die ganze Sendung durch die Beschädigung entwertet ist, den Betrag, der bei gänzlichem Verlust zu zahlen wäre;
b) wenn nur ein Teil der Sendung durch die Beschädigung entwertet ist, den Betrag, der bei Verlust des entwerteten Teiles zu zahlen wäre.

Art. 26 [Besonderes Lieferinteresse]. 1. Der Absender kann gegen Zahlung eines zu vereinbarenden Zuschlages zur Fracht für den Fall des Verlustes oder der Beschädigung und für den Fall der Überschreitung der vereinbarten Lieferfrist durch Eintragung in den Frachtbrief den Betrag eines besonderen Interesses an der Lieferung festlegen.

2. Ist ein besonderes Interesse an der Lieferung angegeben worden, so kann unabhängig von der Entschädigung nach den Artikeln 23, 24 und 25 der Ersatz des weiteren bewiesenen Schadens bis zur Höhe des als Interesse angegebenen Betrages beansprucht werden.

Art. 27 [Zinsen. Währungsumrechnung]. 1. ¹Der Verfügungsberechtigte kann auf die ihm gewährte Entschädigung Zinsen in Höhe von 5 v.H. jährlich verlangen. ²Die Zinsen laufen von dem Tage der schriftlichen Reklamation gegenüber dem Frachtführer oder, wenn keine Reklamation vorausging, vom Tage der Klageerhebung an.

2. Wird die Entschädigung auf Grund von Rechnungsgrößen ermittelt, die nicht in der Währung des Landes ausgedrückt sind, in dem die Zahlung beansprucht wird, so ist die Umrechnung nach dem Tageskurs am Zahlungsort der Entschädigung vorzunehmen.

601

Art. 28 [Außervertragliche Ansprüche]. 1. Können Verluste, Beschädigungen oder Überschreitungen der Lieferfrist, die bei einer diesem Übereinkommen unterliegenden Beförderung eingetreten sind, nach dem anzuwendenden Recht zur Erhebung außervertraglicher Ansprüche führen, so kann sich der Frachtführer demgegenüber auf die Bestimmungen dieses Übereinkommens berufen, die seine Haftung ausschließen oder den Umfang der zu leistenden Entschädigung bestimmen oder begrenzen.

2. Werden Ansprüche aus außervertraglicher Haftung für Verlust, Beschädigung oder Überschreitung der Lieferfrist gegen eine der Personen erhoben, für die der Frachtführer nach Artikel 3 haftet, so kann sich auch diese Person auf die Bestimmungen dieses Übereinkommens berufen, die die Haftung des Frachtführers ausschließen oder den Umfang der zu leistenden Entschädigung bestimmen oder begrenzen.

Art. 29 [Verlust der Haftungsbeschränkung]. 1. Der Frachtführer kann sich auf die Bestimmungen dieses Kapitels, die seine Haftung ausschließen oder begrenzen oder die Beweislast umkehren, nicht berufen, wenn er den Schaden vorsätzlich oder durch ein ihm zur Last fallendes Verschulden verursacht hat, das nach dem Recht des angerufenen Gerichtes dem Vorsatz gleichsteht.

2. [1] Das gleiche gilt, wenn Bediensteten des Frachtführers oder sonstigen Personen, deren er sich bei Ausführung der Beförderung bedient, Vorsatz oder ein dem Vorsatz gleichstehendes Verschulden zur Last fällt, wenn diese Bediensteten oder sonstigen Personen in Ausübung ihrer Verrichtungen handeln. [2] In solchen Fällen können sich auch die Bediensteten oder sonstigen Personen hinsichtlich ihrer persönlichen Haftung nicht auf die in Absatz 1 bezeichneten Bestimmungen dieses Kapitels berufen.

Kapitel V. Reklamationen und Klagen

Art. 30 [Vorbehalte]. 1. [1] Nimmt der Empfänger das Gut an, ohne dessen Zustand gemeinsam mit dem Frachtführer zu überprüfen und ohne unter Angaben allgemeiner Art über den Verlust oder die Beschädigung an den Frachtführer Vorbehalte zu richten, so wird bis zum Beweise des Gegenteils vermutet, daß der Empfänger das Gut in dem im Frachtbrief beschriebenen Zustand erhalten hat; die Vorbehalte müssen, wenn es sich um äußerlich erkennbare Verluste oder Beschädigungen handelt, spätestens bei der Ablieferung des Gutes oder, wenn es sich um äußerlich nicht erkennbare Verluste oder Beschädigungen handelt, spätestens binnen sieben Tagen, Sonntage und gesetzliche Feiertage nicht mitgerechnet, nach der Ablieferung gemacht werden. [2] Die Vorbehalte müssen schriftlich gemacht werden, wenn es sich um äußerlich nicht erkennbare Verluste oder Beschädigungen handelt.

2. Haben Empfänger und Frachtführer den Zustand des Gutes gemeinsam überprüft, so ist der Gegenbeweis gegen das Ergebnis der Überprüfung nur zulässig, wenn es sich um äußerlich nicht erkennbare Verluste oder Beschädigungen handelt und der Empfänger binnen sieben Tagen, Sonntage und gesetzliche Feiertage nicht mitgerechnet, nach der Überprüfung an den Frachtführer schriftliche Vorbehalte gerichtet hat.

3. Schadenersatz wegen Überschreitung der Lieferfrist kann nur gefordert werden, wenn binnen einundzwanzig Tagen nach dem Zeitpunkt, an dem das Gut dem Empfänger zur Verfügung gestellt worden ist, an den Frachtführer ein schriftlicher Vorbehalt gerichtet wird.

4. Bei der Berechnung der in diesem Artikel bestimmten Fristen wird jeweils der Tag der Ablieferung, der Tag der Überprüfung oder der Tag, an dem das Gut dem Empfänger zur Verfügung gestellt worden ist, nicht mitgerechnet.

5. Frachtführer und Empfänger haben sich gegenseitig jede angemessene Erleichterung für alle erforderlichen Feststellungen und Überprüfungen zu gewähren.

Art. 31 [Zuständigkeit. Rechtshängigkeit. Rechtskraft. Vollstreckbarkeit. Sicherheitsleistung]. 1. [1] Wegen aller Streitigkeiten aus einer diesem Übereinkommen unterliegenden Beförderung kann der Kläger, außer durch Vereinbarung der Parteien bestimmte Gerichte von Vertragstaaten, die Gerichte eines Staates anrufen, auf dessen Gebiet

2. Übereinkommen (CMR) **Anh. 2**

a) der Beklagte seinen gewöhnlichen Aufenthalt, seine Hauptniederlassung oder die Zweigniederlassung oder Geschäftsstelle hat, durch deren Vermittlung der Beförderungsvertrag geschlossen worden ist, oder
b) der Ort der Übernahme des Gutes oder der für die Ablieferung vorgesehene Ort liegt.
²Andere Gerichte können nicht angerufen werden.

2. Ist ein Verfahren bei einem nach Absatz 1 zuständigen Gericht wegen einer Streitigkeit im Sinne des genannten Absatzes anhängig oder ist durch ein solches Gericht in einer solchen Streitsache ein Urteil erlassen worden, so kann eine neue Klage wegen derselben Sache zwischen denselben Parteien nicht erhoben werden, es sei denn, daß die Entscheidung des Gerichtes, bei dem die erste Klage erhoben worden ist, in dem Staat nicht vollstreckt werden kann, in dem die neue Klage erhoben wird.

3. ¹Ist in einer Streitsache im Sinne des Absatzes 1 ein Urteil eines Gerichtes eines Vertragsstaates in diesem Staat vollstreckbar geworden, so wird es auch in allen anderen Vertragsstaaten vollstreckbar, sobald die in dem jeweils in Betracht kommenden Staat hierfür vorgeschriebenen Formerfordernisse erfüllt sind. ²Diese Formerfordernisse dürfen zu keiner sachlichen Nachprüfung führen.

4. Die Bestimmungen des Absatzes 3 gelten für Urteile im kontradiktorischen Verfahren, für Versäumnisurteile und für gerichtliche Vergleiche, jedoch nicht für nur vorläufig vollstreckbare Urteile sowie nicht für Verurteilungen, durch die dem Kläger bei vollständiger oder teilweiser Abweisung der Klage neben den Verfahrenskosten Schadenersatz und Zinsen auferlegt werden.

5. Angehörige der Vertragstaaten, die ihren Wohnsitz oder eine Niederlassung in einem dieser Staaten haben, sind nicht verpflichtet, Sicherheit für die Kosten eines gerichtlichen Verfahrens zu leisten, das wegen einer diesem Übereinkommen unterliegenden Beförderung eingeleitet wird.

Art. 32 [Verjährung]. 1. ¹Ansprüche aus einer diesem Übereinkommen unterliegenden Beförderung verjähren in einem Jahr. ²Bei Vorsatz oder bei einem Verschulden, das nach dem Recht des angerufenen Gerichtes dem Vorsatz gleichsteht, beträgt die Verjährungsfrist jedoch drei Jahre. ³Die Verjährungsfrist beginnt

a) bei teilweisem Verlust, Beschädigung oder Überschreitung der Lieferfrist mit dem Tage der Ablieferung des Gutes;
b) bei gänzlichem Verlust mit dem dreißigsten Tage nach Ablauf der vereinbarten Lieferfrist oder, wenn eine Lieferfrist nicht vereinbart worden ist, mit dem sechzigsten Tage nach der Übernahme des Gutes durch den Frachtführer;
c) in allen anderen Fällen mit dem Ablauf einer Frist von drei Monaten nach dem Abschluß des Beförderungsvertrages.

⁴Der Tag, an dem die Verjährung beginnt, wird bei der Berechnung der Frist nicht mitgerechnet.

2. ¹Die Verjährung wird durch eine schriftliche Reklamation bis zu dem Tage gehemmt, an dem der Frachtführer die Reklamation schriftlich zurückweist und die beigefügten Belege zurücksendet. ²Wird die Reklamation teilweise anerkannt, so läuft die Verjährung nur für den noch streitigen Teil der Reklamation weiter. ³Der Beweis für den Empfang der Reklamation oder der Antwort sowie für die Rückgabe der Belege obliegt demjenigen, der sich darauf beruft.
⁴Weitere Reklamationen, die denselben Anspruch zum Gegenstand haben, hemmen die Verjährung nicht.

3. ¹Unbeschadet der Bestimmungen des Absatzes 2 gilt für die Hemmung der Verjährung das Recht des angerufenen Gerichtes. ²Dieses Recht gilt auch für die Unterbrechung der Verjährung.

4. Verjährte Ansprüche können auch nicht im Wege der Widerklage oder der Einrede geltend gemacht werden.

Art. 33 [Schiedsgerichtsbarkeit]. Der Beförderungsvertrag kann eine Bestimmung enthalten, durch die die Zuständigkeit eines Schiedsgerichtes begründet wird, jedoch nur, wenn die Bestimmung vorsieht, daß das Schiedsgericht dieses Übereinkommen anzuwenden hat.

Kapitel VI. Bestimmungen über die Beförderung durch aufeinanderfolgende Frachtführer

Art. 34 [Aufeinanderfolgende Straßenfrachtführer]. Wird eine Beförderung, die Gegenstand eines einzigen Vertrages ist, von aufeinanderfolgenden Straßenfrachtführern ausgeführt, so haftet jeder von ihnen für die Ausführung der gesamten Beförderung; der zweite und jeder folgende Frachtführer wird durch die Annahme des Gutes und des Frachtbriefes nach Maßgabe der Bedingungen des Frachtbriefes Vertragspartei.

Art. 35 [Überprüfungspflichten. Beweiswirkung des Frachtbriefs]. 1. [1] Ein Frachtführer, der das Gut von dem vorhergehenden Frachtführer übernimmt, hat diesem eine datierte und unterzeichnete Empfangsbestätigung auszuhändigen. [2] Er hat seinen Namen und seine Anschrift auf der zweiten Ausfertigung des Frachtbriefes einzutragen. [3] Gegebenenfalls trägt er Vorbehalte nach Artikel 8 Absatz 2 auf der zweiten Ausfertigung des Frachtbriefes sowie auf der Empfangsbestätigung ein.

2. Für die Beziehungen zwischen den aufeinanderfolgenden Frachtführern gilt Artikel 9.

Art. 36 [Passivlegitimation]. Ersatzansprüche wegen eines Verlustes, einer Beschädigung oder einer Überschreitung der Lieferfrist können, außer im Wege der Widerklage oder der Einrede in einem Verfahren wegen eines auf Grund desselben Beförderungsvertrages erhobenen Anspruches, nur gegen den ersten, den letzten oder denjenigen Frachtführer geltend gemacht werden, der den Teil der Beförderung ausgeführt hat, in dessen Verlauf das Ereignis eingetreten ist, das den Verlust, die Beschädigung oder die Überschreitung der Lieferfrist verursacht hat; ein und dieselbe Klage kann gegen mehrere Frachtführer gerichtet sein.

Art. 37 [Rückgriff]. Einem Frachtführer, der auf Grund der Bestimmungen dieses Übereinkommens eine Entschädigung gezahlt hat, steht der Rückgriff hinsichtlich der Entschädigung, der Zinsen und der Kosten gegen die an der Beförderung beteiligten Frachtführer nach folgenden Bestimmungen zu:

a) der Frachtführer, der den Verlust oder die Beschädigung verursacht hat, hat die von ihm oder von einem anderen Frachtführer geleistete Entschädigung allein zu tragen;
b) ist der Verlust oder die Beschädigung durch zwei oder mehrere Frachtführer verursacht worden, so hat jeder einen seinem Haftungsanteil entsprechenden Betrag zu zahlen; ist die Feststellung der einzelnen Haftungsanteile nicht möglich, so haftet jeder nach dem Verhältnis des ihm zustehenden Anteiles am Beförderungsentgelt;
c) kann nicht festgestellt werden, welche der Frachtführer den Schaden zu tragen haben, so ist die zu leistende Entschädigung in dem unter Buchstabe b bestimmten Verhältnis zu Lasten aller Frachtführer aufzuteilen.

Art. 38 [Ausgleichungspflicht bei Zahlungsunfähigkeit]. Ist ein Frachtführer zahlungsunfähig, so ist der auf ihn entfallende, aber von ihm nicht gezahlte Anteil zu Lasten aller anderen Frachtführer nach dem Verhältnis ihrer Anteile an dem Beförderungsentgelt aufzuteilen.

Art. 39 [Rückgriffsverfahren]. 1. Ein Frachtführer, gegen den nach den Artikeln 37 und 38 Rückgriff genommen wird, kann nicht einwenden, daß der Rückgriff nehmende Frachtführer zu Unrecht gezahlt hat, wenn die Entschädigung durch eine gerichtliche Entscheidung festgesetzt worden war, sofern der im Wege des Rückgriffs in Anspruch genommene Frachtführer von dem gerichtlichen Verfahren ordnungsgemäß in Kenntnis gesetzt worden war und in der Lage war, sich daran zu beteiligen.

2. [1] Ein Frachtführer, der sein Rückgriffsrecht gerichtlich geltend machen will, kann seinen Anspruch vor dem zuständigen Gericht des Staates erheben, in dem einer der beteiligten Frachtführer seinen gewöhnlichen Aufenthalt, seine Hauptniederlassung oder die Zweigniederlassung oder Geschäftsstelle hat, durch deren Vermittlung der Beförderungsvertrag abgeschlossen worden ist. [2] Ein und dieselbe Rückgriffsklage kann gegen alle beteiligten Frachtführer gerichtet sein.

2. Übereinkommen (CMR) **Anh. 2**

3. Die Bestimmungen des Artikels 31 Absatz 3 und 4 gelten auch für Urteile über die Rückgriffsansprüche nach den Artikeln 37 und 38.

4. [1] Die Bestimmungen des Artikels 32 gelten auch für Rückgriffsansprüche zwischen Frachtführern. [2] Die Verjährung beginnt jedoch entweder mit dem Tage des Eintrittes der Rechtskraft eines Urteils über die nach den Bestimmungen dieses Übereinkommens zu zahlende Entschädigung oder, wenn ein solches rechtskräftiges Urteil nicht vorliegt, mit dem Tage der tatsächlichen Zahlung.

Art. 40 [Abweichende Vereinbarungen]. Den Frachtführern steht es frei, untereinander Vereinbarungen zu treffen, die von den Artikeln 37 und 38 abweichen.

Kapitel VII. Nichtigkeit von dem Übereinkommen widersprechenden Vereinbarungen

Art. 41 [Zwingendes Recht]. 1. [1] Unbeschadet der Bestimmungen des Artikels 40 ist jede Vereinbarung, die unmittelbar oder mittelbar von den Bestimmungen dieses Übereinkommens abweicht, nichtig und ohne Rechtswirkung. [2] Die Nichtigkeit solcher Vereinbarungen hat nicht die Nichtigkeit der übrigen Vertragsbestimmungen zur Folge.

2. Nichtig ist insbesondere jede Abmachung, durch die sich der Frachtführer die Ansprüche aus der Versicherung des Gutes abtreten läßt, und jede andere ähnliche Abmachung sowie jede Abmachung, durch die die Beweislast verschoben wird.

Kapitel VIII. Schlußbestimmungen

Art. 42 [Unterzeichnung: Beitritt]. 1. Dieses Übereinkommen steht den Mitgliedstaaten der Wirtschaftskommission für Europa sowie den nach Absatz 8 des der Kommission erteilten Auftrages in beratender Eigenschaft zu der Kommission zugelassenen Staaten zur Unterzeichnung oder zum Beitritt offen.

2. Die Staaten, die nach Absatz 11 des der Wirtschaftskommission für Europa erteilten Auftrages berechtigt sind, an gewissen Arbeiten der Kommission teilzunehmen, können durch Beitritt Vertragsparteien des Übereinkommens nach seinem Inkrafttreten werden.

3. [1] Das Übereinkommen liegt bis einschließlich 31. August 1956 zur Unterzeichnung auf. [2] Nach diesem Tage steht es zum Beitritt offen.

4. Dieses Übereinkommen ist zu ratifizieren.

5. Die Ratifikation oder der Beitritt erfolgt durch Hinterlegung einer Urkunde beim Generalsekretär der Vereinten Nationen.

Art. 43 [Inkrafttreten]. 1. Dieses Übereinkommen tritt am neunzigsten Tage nach Hinterlegung der Ratifikations- oder Beitrittsurkunden durch fünf der in Artikel 42 Absatz 1 bezeichneten Staaten in Kraft.

2. Dieses Übereinkommen tritt für jeden Staat, der nach Hinterlegung der Ratifikations- oder Beitrittsurkunden durch fünf Staaten ratifiziert oder beitritt, am neunzigsten Tage nach Hinterlegung seiner Ratifikations- oder Beitrittsurkunde in Kraft.

Art. 44 [Kündigung des Abkommens]. 1. Jede Vertragspartei kann dieses Übereinkommen durch Notifizierung an den Generalsekretär der Vereinten Nationen kündigen.

2. Die Kündigung wird zwölf Monate nach dem Eingang der Notifizierung beim Generalsekretär wirksam.

Art. 45 [Außerkrafttreten]. Sinkt durch Kündigung die Zahl der Vertagsparteien nach Inkrafttreten dieses Übereinkommens auf weniger als fünf, so tritt das Übereinkommen mit dem Tage außer Kraft, an dem die letzte dieser Kündigungen wirksam wird.

Art. 46 [Beschränkung, Ausdehnung des Geltungsbereichs]. 1. [1] Jeder Staat kann bei Hinterlegung seiner Ratifikations- oder Beitrittsurkunde oder zu jedem späteren Zeitpunkt durch Notifizierung dem Generalsekretär der Vereinten Nationen gegenüber erklären, daß dieses

Übereinkommen für alle oder für einen Teil der Hoheitsgebiete gelten soll, deren internationale Beziehungen er wahrnimmt. ²Das Übereinkommen wird für das Hoheitsgebiet oder die Hoheitsgebiete, die in der Notifizierung genannt sind, am neunzigsten Tage nach Eingang der Notifizierung beim Generalsekretär der Vereinten Nationen oder, falls das Übereinkommen noch nicht in Kraft getreten ist, mit seinem Inkrafttreten wirksam.

2. Jeder Staat, der nach Absatz 1 erklärt hat, daß dieses Übereinkommen auf ein Hoheitsgebiet Anwendung findet, dessen internationale Beziehungen er wahrnimmt, kann das Übereinkommen in bezug auf dieses Hoheitsgebiet gemäß Artikel 44 kündigen.

Art. 47 [Verhandlungs- und Schiedsabrede]. Jede Meinungsverschiedenheit zwischen zwei oder mehreren Vertragsparteien über die Auslegung oder Anwendung dieses Übereinkommens, die von den Parteien durch Verhandlung oder auf anderem Wege nicht geregelt werden kann, wir auf Antrag einer der beteiligten Vertragsparteien dem Internationalen Gerichtshof zur Entscheidung vorgelegt.

Art. 48 [Abbedingung der Verhandlungs- und Schiedsabrede]. 1. ¹Jede Vertragspartei kann bei der Unterzeichnung, bei der Ratifikation oder bei dem Beitritt zu diesem Übereinkommen erklären, daß sie sich durch den Artikel 47 des Übereinkommens nicht als gebunden betrachtet. ²Die anderen Vertragsparteien sind gegenüber jeder Vertragspartei, die einen solchen Vorbehalt gemacht hat, durch den Artikel 47 nicht gebunden.

2. Jede Vertragspartei, die einen Vorbehalt nach Absatz 1 gemacht hat, kann diesen Vorbehalt jederzeit durch Notifizierung an den Generalsekretär der Vereinten Nationen zurückziehen.

3. Andere Vorbehalte zu diesem Übereinkommen sind nicht zulässig.

Art. 49 [Revisionskonferenz]. 1. ¹Sobald dieses Übereinkommen drei Jahre lang in Kraft ist, kann jede Vertragspartei durch Notifizierung an den Generalsekretär der Vereinten Nationen die Einberufung einer Konferenz zur Revision des Übereinkommens verlangen. ²Der Generalsekretär wird dieses Verlangen allen Vertragsparteien mitteilen und eine Revisionskonferenz einberufen, wenn binnen vier Monaten nach seiner Mitteilung mindestens ein Viertel der Vertragsparteien ihm die Zustimmung zu dem Verlangen notifiziert.

2. ¹Wenn eine Konferenz nach Absatz 1 einberufen wird, teilt der Generalsekretär dies allen Vertragsparteien mit und fordert sie auf, binnen drei Monaten die Vorschläge einzureichen, die sie durch die Konferenz geprüft haben wollen. ²Der Generalsekretär teilt allen Vertragsparteien die vorläufige Tagesordnung der Konferenz sowie den Wortlaut dieser Vorschläge mindestens drei Monate vor der Eröffnung der Konferenz mit.

3. Der Generalsekretär lädt zu jeder nach diesem Artikel einberufenen Konferenz alle in Artikel 42 Absatz 1 bezeichneten Staaten sowie die Staaten ein, die auf Grund des Artikels 42 Absatz 2 Vertragsparteien geworden sind.

Art. 50 [Notifikation]. Außer den in Artikel 49 vorgesehenen Mitteilungen notifiziert der Generalsekretär der Vereinten Nationen den in Artikel 42 Absatz 1 bezeichneten Staaten sowie den Staaten, die auf Grund des Artikels 42 Absatz 2 Vertragsparteien geworden sind,

a) die Ratifikationen und Beitritte nach Artikel 42;
b) die Zeitpunkte, zu denen dieses Übereinkommen nach Artikel 43 in Kraft tritt;
c) die Kündigung nach Artikel 44;
d) das Außerkrafttreten dieses Übereinkommens nach Artikel 45;
e) den Eingang der Notifizierungen nach Artikel 46;
f) den Eingang der Erklärungen und Notifizierungen nach Artikel 48 Absatz 1 und 2.

Art. 51 [Verbindliche Gesetzessprachen]. Nach dem 31. August 1956 wird die Urschrift dieses Übereinkommens beim Generalsekretär der Vereinten Nationen hinterlegt, der allen in Artikel 42 Absatz 1 und 2 bezeichneten Staaten beglaubigte Abschriften übersendet.

ZU URKUND DESSEN haben die hierzu gehörig bevollmächtigten Unterzeichneten dieses Übereinkommen unterschrieben.

GESCHEHEN zu Genf am neunzehnten Mai neunzehnhundertsechsundfünfzig in einer einzigen Urschrift in englischer und französischer Sprache, wobei jeder Wortlaut gleichermaßen verbindlich ist.

3. Güterkraftverkehrsgesetz (GüKG)[1), 2)]

Vom 22. Juni 1998
(BGBl. I S. 1485)

FNA 9241-34

geänd. durch Art. 1 und 2 G zur Bekämpfung der illegalen Beschäftigung im gewerblichen Güterkraftverkehr v. 2.9.2001 (BGBl. I S. 2272), Art. 251 Siebente Zuständigkeitsanpassungs-VO v. 29.10.2001 (BGBl. I S. 2785), Art. 16 Zehntes Euro-EinführungsG v. 15.12.2001 (BGBl. I S. 3762), Art. 233 Achte ZuständigkeitsanpassungsVO v. 25.11.2003 (BGBl. I S. 2304), Art. 121 Drittes G für moderne Dienstleistungen am Arbeitsmarkt v. 23.12.2003 (BGBl. I S. 2848), Art. 1 Erstes ÄndG v. 2.9.2004 (BGBl. I S. 2302), Art. 6 Nr. 5 AufenthaltsändG v. 14.3.2005 (BGBl. I S. 721), Art. 7a Bürokratieabbau- und DeregulierungsG v. 21.6.2005 (BGBl. I S. 1666), Art. 295 Neunte ZuständigkeitsanpassungsVO v. 31.10.2006 (BGBl. I S. 2407), Art. 4 Fahranfänger-AlkoholverbotsVO v. 19.7.2007 (BGBl. I S. 1460), Art. 1 Zweites G zur Änd. des GüterkraftverkehrsG und and. G v. 6.11.2008 (BGBl. I S. 2162, ber. S. 2983), Art. 2 Zweites G zur Änd. des AutobahnmautG für schwere Nutzfahrzeuge v. 22.12.2008 (BGBl. I S. 2967), Art. 3 Abs. 9 Viertes G zur Änd. des SprengstoffG v. 17.7.2009 (BGBl. I S. 2062), Art. 4 Abs. 18 G zur Reform der Sachaufklärung in der Zwangsvollstreckung v. 29.7.2009 (BGBl. I S. 2258), Art. 1 G zur Änd. des GüterkraftverkehrsG und des FahrpersonalG v. 31.7.2010 (BGBl. I S. 1057), Art. 10 G zur Umsetzung aufenthaltsrechtl. RL der EU und zur Anp. nationaler Rechtsvorschr. an den EU-Visakodex v. 22.11.2011 (BGBl. I S. 2258), Art. 1 G zur Änd. des GüterkraftverkehrsG und des PersonenbeförderungsG v. 22.11.2011 (BGBl. I S. 2272), Art. 5 Abs. 43 G zur Neuordnung des Kreislaufwirtschafts- und Abfallrechts v. 24.2.2012 (BGBl. I S. 212), Art. 1a G zum Vorschlag für eine VO des Rates über die Erweiterung des Geltungsbereichs der VO (EU) Nr. 1214/2011 über den gewerbsmäßigen grenzüberschreitenden Straßentransport von Euro-Bargeld zwischen Mitgliedstaaten des Euroraums v. 25.11.2012 (BGBl. II S. 1381), Art. 1 G zur Änd. des GüterkraftverkehrsG und anderer Gesetze v. 17.6.2013 (BGBl. I S. 1558), Art. 2 Abs. 150 G zur Strukturreform des Gebührenrechts des Bundes v. 7.8.2013 (BGBl. I S. 3154), Art. 8a Fünftes G zur Änd. des StraßenverkehrsG und anderer Gesetze v. 28.8.2013 (BGBl. I S. 3313)

1. Abschnitt. Allgemeine Vorschriften

§ 1. Begriffsbestimmungen. (1) Güterkraftverkehr ist die geschäftsmäßige oder entgeltliche Beförderung von Gütern mit Kraftfahrzeugen, die einschließlich Anhänger ein höheres zulässiges Gesamtgewicht als 3,5 Tonnen haben.

[1)] Verkündet als Art. 1 G zur Reform des Güterkraftverkehrsrechts v. 22.6.1998 (BGBl. I S. 1485); Inkrafttreten gem. Art. 9 Nr. 1 und 3 am 27.6.1998 bzw. 1. 7. 1998. § 6 Satz 2 Nr. 3 und 4 tritt lt. Art. 9 Nr. 2 in Kraft, sobald die entsprechenden rechtlichen Voraussetzungen geschaffen sind. Das Bundesministerium für Verkehr gibt den Tag, an dem die … Voraussetzungen in Kraft treten, im Bundesgesetzblatt bekannt.
[2)] Siehe auch folgende landesrechtliche Vorschriften:
– **Baden-Württemberg:** GüKG-ZustVO v. 13.7.1998 (GBl. S. 390), zuletzt geänd. durch VO v. 25.1.2012 (GBl. S. 65);
– **Bayern:** Verkehrswesen-ZustVO v. 22.12.1998 (GVBl S. 1025), zuletzt geänd. durch VO v. 22.7.2014 (GVBl S. 286);
– **Brandenburg:** Güterkraftverkehrs- und Berufskraftfahrer-Qualifikations-ZustVO v. 10.7.2008 (GVBl. II S. 245);
– **Bremen:** Bek. über die Zuständigkeiten nach dem GüKG v. 22.9.1998 (Brem.ABl. S. 563), zuletzt geänd. durch Bek. v. 24.1.2012 (Brem.GBl. S. 24);
– **Hessen:** GüKG-ZustVO v. 22.12.1998 (GVBl. 1999 I S. 2);
– **Mecklenburg-Vorpommern:** GüKZustLVO M-V v. 28.11. 2011 (GVOBl. M-V S. 1067);
– **Nordrhein-Westfalen:** GüKG-ZustVO v. 30.6.1998 (GV. NRW. S. 470), zuletzt geänd. durch G v. 5.4.2005 (GV. NRW. S. 332);
– **Rheinland-Pfalz:** GüKG-ZustVO v. 1.7.1998 (GVBl. S. 169), zuletzt geänd. durch VO v. 6.5.2002 (GVBl. S. 269);
– **Sachsen:** GüKG-ZustVO v. 5. 10. 2001 (SächsGVBl. S. 662);
– **Sachsen-Anhalt:** GüKG-ZustVO v. 10.3.1999 (GVBl. LSA S. 92), zuletzt geänd. durch G v. 18.11.2005 (GVBl. LSA S. 698);
– **Schleswig-Holstein:** GüKG-ZustVO v. 7.7.1998 (GVOBl. Schl.-H. S. 229);
– **Thüringen:** GüKG-ZustVO v. 9.12.1998 (GVBl. S. 436), zuletzt geänd. durch AO v. 27.11.2012 (GVBl. S. 469).

(2) Werkverkehr ist Güterkraftverkehr für eigene Zwecke eines Unternehmens, wenn folgende Voraussetzungen erfüllt sind:
1. Die beförderten Güter müssen Eigentum des Unternehmens oder von ihm verkauft, gekauft, vermietet, gemietet, hergestellt, erzeugt, gewonnen, bearbeitet oder instand gesetzt worden sein.
2. Die Beförderung muß der Anlieferung der Güter zum Unternehmen, ihrem Versand vom Unternehmen, ihrer Verbringung innerhalb oder – zum Eigengebrauch – außerhalb des Unternehmens dienen.
3. Die für die Beförderung verwendeten Kraftfahrzeuge müssen vom eigenen Personal des Unternehmens geführt werden oder von Personal, das dem Unternehmen im Rahmen einer vertraglichen Verpflichtung zur Verfügung gestellt worden ist.
4. Die Beförderung darf nur eine Hilfstätigkeit im Rahmen der gesamten Tätigkeit des Unternehmens darstellen.

(3) Den Bestimmungen über den Werkverkehr unterliegt auch die Beförderung von Gütern durch Handelsvertreter, Handelsmakler und Kommissionäre, soweit
1. deren geschäftliche Tätigkeit sich auf diese Güter bezieht,
2. die Voraussetzungen nach Absatz 2 Nr. 2 bis 4 vorliegen und
3. ein Kraftfahrzeug verwendet wird, dessen Nutzlast einschließlich der Nutzlast eines Anhängers 4 Tonnen nicht überschreiten darf.

(4) Güterkraftverkehr, der nicht Werkverkehr im Sinne der Absätze 2 und 3 darstellt, ist gewerblicher Güterkraftverkehr.

§ 2. Ausnahmen. (1) Die Vorschriften dieses Gesetzes finden keine Anwendung auf
1. die gelegentliche, nichtgewerbsmäßige Beförderung von Gütern durch Vereine für ihre Mitglieder oder für gemeinnützige Zwecke,
2. die Beförderung von Gütern durch Körperschaften, Anstalten und Stiftungen des öffentlichen Rechts im Rahmen ihrer öffentlichen Aufgaben,
3. die Beförderung von beschädigten oder reparaturbedürftigen Fahrzeugen aus Gründen der Verkehrssicherheit oder zum Zwecke der Rückführung,
4. die Beförderung von Gütern bei der Durchführung von Verkehrsdiensten, die nach dem Personenbeförderungsgesetz in der Fassung der Bekanntmachung vom 8. August 1990 (BGBl. I S. 1690) in der jeweils geltenden Fassung genehmigt wurden,
5. die Beförderung von Medikamenten, medizinischen Geräten und Ausrüstungen sowie anderen zur Hilfeleistung in dringenden Notfällen bestimmten Gütern,
6. die Beförderung von Milch und Milcherzeugnissen für andere zwischen landwirtschaftlichen Betrieben, Milchsammelstellen und Molkereien durch landwirtschaftliche Unternehmer im Sinne des Gesetzes über die Alterssicherung der Landwirte vom 29. Juli 1994 (BGBl. I S. 1890) in der jeweils geltenden Fassung,
7. die in land- und forstwirtschaftlichen Betrieben übliche Beförderung von land- und forstwirtschaftlichen Bedarfsgütern oder Erzeugnissen
   a) für eigene Zwecke,
   b) für andere Betriebe dieser Art
      aa) im Rahmen der Nachbarschaftshilfe oder
      bb) im Rahmen eines Maschinenringes oder eines vergleichbaren wirtschaftlichen Zusammenschlusses, sofern die Beförderung innerhalb eines Umkreises von 75 Kilometern in der Luftlinie um den regelmäßigen Standort des Kraftfahrzeugs, den Wohnsitz oder den Sitz des Halters im Sinne des § 6 Absatz 4 Nummer 1 der Fahrzeug-Zulassungsverordnung mit Zugmaschinen oder Sonderfahrzeugen durchgeführt wird, die nach § 3 Nr. 7 des Kraftfahrzeugsteuergesetzes in der Fassung der Bekanntmachung vom 26. September 2002 (BGBl. I S. 3818), von der Kraftfahrzeugsteuer befreit sind,
8. die im Rahmen der Gewerbeausübung erfolgende Beförderung von Betriebseinrichtungen für eigene Zwecke sowie
9. die Beförderung von Postsendungen im Rahmen von Universaldienstleistungen durch Postdienstleister gemäß § 1 Absatz 1 der Post-Universaldienstleistungsverordnung.

3. Güterkraftverkehrsgesetz (GüKG) **Anh. 3**

(1a) ¹Werden bei Beförderungen nach Absatz 1 Nr. 7 nicht von der Kraftfahrzeugsteuer befreite Fahrzeuge eingesetzt, hat der Beförderer dafür zu sorgen, dass während der Beförderung ein Begleitpapier oder ein sonstiger Nachweis mitgeführt wird, in dem das beförderte Gut, Be- und Entladeort sowie der land- und forstwirtschaftliche Betrieb, für den die Beförderung erfolgt, angegeben werden. ²Das Fahrpersonal muss das Begleitpapier oder den sonstigen Nachweis nach Satz 1 während der Beförderung mitführen und Kontrollberechtigten auf Verlangen zur Prüfung aushändigen oder in anderer Weise zugänglich machen.

(2) § 14 bleibt unberührt.

2. Abschnitt. Gewerblicher Güterkraftverkehr

§ 3. Erlaubnispflicht. (1) Der gewerbliche Güterkraftverkehr ist erlaubnispflichtig, soweit sich nicht aus dem unmittelbar geltenden europäischen Gemeinschaftsrecht etwas anderes ergibt.

(2) ¹Die Erlaubnis wird einem Unternehmer, dessen Unternehmen seinen Sitz im Inland hat, für die Dauer von bis zu zehn Jahren erteilt, wenn er die in Artikel 3 Absatz 1 der Verordnung (EG) Nr. 1071/2009 des Europäischen Parlaments und des Rates vom 21. Oktober 2009 zur Festlegung gemeinsamer Regeln für die Zulassung zum Beruf des Kraftverkehrsunternehmers und zur Aufhebung der Richtlinie 96/26/EG (ABl. L 300 vom 14.11.2009, S. 51) genannten Voraussetzungen für die Ausübung des Berufs eines Kraftverkehrsunternehmers erfüllt. ²Eine Erlaubnis, deren Gültigkeitsdauer abgelaufen ist, wird zeitlich unbefristet erteilt, wenn der Unternehmer die Berufszugangsvoraussetzungen nach wie vor erfüllt.

(3) ¹Der Erlaubnisinhaber erhält auf Antrag neben der Erlaubnis so viele Erlaubnisausfertigungen, wie ihm weitere Fahrzeuge und die für diese erforderliche finanzielle Leistungsfähigkeit nach der Verordnung (EG) Nr. 1071/2009 in der jeweils geltenden Fassung zur Verfügung stehen. ²Eigenkapital und Reserven, auf Grund deren beglaubigte Kopien der Gemeinschaftslizenz nach der Verordnung (EG) Nr. 1072/2009 des Europäischen Parlaments und des Rates vom 21. Oktober 2009 über gemeinsame Regeln für den Zugang zum Markt des grenzüberschreitenden Güterkraftverkehrs (ABl. L 300 vom 14.11.2009, S. 72) in der jeweils geltenden Fassung erteilt wurden, können im Verfahren auf Erteilung der Erlaubnis und Erlaubnisausfertigung nicht nochmals in Ansatz gebracht werden. ³Verringert sich nach der Ausstellung von Ausfertigungen der Erlaubnis der Fahrzeugbestand nicht nur vorübergehend, so hat das Unternehmen überzählige Ausfertigungen an die zuständige Behörde zurückzugeben. ⁴Stellt das Unternehmen den Betrieb endgültig ein, so hat es die Erlaubnis und alle Ausfertigungen unverzüglich zurückzugeben.

(4) Die Erlaubnis kann befristet, unter Bedingungen oder mit Auflagen erteilt werden.

(5) ¹Eine Erlaubnis ist zurückzunehmen, wenn nachträglich bekannt wird, dass die Erlaubnis hätte versagt werden müssen. ²Eine Erlaubnis ist zu widerrufen, wenn nachträglich Tatsachen eintreten, die zur Versagung hätten führen müssen. ³Die Finanzbehörden dürfen die nach Landesrecht zuständigen Behörden davon in Kenntnis setzen, dass der Unternehmer die ihm obliegenden steuerrechtlichen Verpflichtungen wiederholt nicht erfüllt hat oder eine Vermögensauskunft nach § 284 der Abgabenordnung abgegeben hat.

(5a) ¹Rechtzeitig vor der Entscheidung über die Erteilung, die Rücknahme oder den Widerruf der Erlaubnis und von Erlaubnisausfertigungen gibt die nach Landesrecht zuständige Behörde dem Bundesamt für Güterverkehr, den beteiligten Verbänden des Verkehrsgewerbes, der fachlich zuständigen Gewerkschaft und der zuständigen Industrie- und Handelskammer Gelegenheit zur Stellungnahme. ²Vor der Entscheidung über die Erteilung, die Rücknahme oder den Widerruf von Erlaubnisausfertigungen kann die nach Landesrecht zuständige Behörde hiervon absehen.

(5b) ¹Rechtfertigen Tatsachen die Annahme, dass der Unternehmer oder der Verkehrsleiter die Voraussetzungen hinsichtlich der Zuverlässigkeit nach Artikel 6 der Verordnung (EG) Nr. 1071/2009 nicht erfüllt, kann dem Unternehmer oder dem Verkehrsleiter die Führung von Güterkraftverkehrsgeschäften untersagt werden. ²Das Untersagungsverfahren gegen diese Personen kann unabhängig vom Verlauf eines Verfahrens auf Widerruf der Erlaubnis fortgesetzt werden. ³ Auf Antrag ist dem Unternehmer oder dem Verkehrsleiter die Führung von Güterkraftverkehrsgeschäften wieder zu gestatten, wenn Tatsachen die Annahme rechtfertigen, dass eine Unzuverlässigkeit im Sinne des Satzes 1 nicht mehr vorliegt. ⁴ Vor Ablauf eines Jahres nach Bestandskraft der Untersagungsverfügung kann die Wiederaufnahme nur gestattet werden, wenn hierfür besondere Gründe vorliegen. ⁵ Rechtzeitig vor der Entscheidung über die Untersagung der Führung von Güterkraftverkehrsgeschäften gegenüber dem Unternehmer oder dem Verkehrsleiter gibt die nach Landesrecht zuständige Behörde dem Bundesamt für Güterverkehr Gelegenheit zur Stellungnahme.

(6) Das Bundesministerium für Verkehr, Bau und Stadtentwicklung wird ermächtigt, mit Zustimmung des Bundesrates durch Rechtsverordnung Vorschriften zu erlassen, durch die
1. die Anforderungen an die Berufszugangsvoraussetzungen zur Gewährleistung eines hohen Niveaus näher bestimmt werden und
2.
   a) das Verfahren zur Erteilung, zur Rücknahme und zum Widerruf der Erlaubnis und zur Erteilung und Einziehung der Erlaubnisausfertigungen einschließlich der Durchführung von Anhörungen,
   b) Form und Inhalt, insbesondere die Geltungsdauer der Erlaubnis und der Ausfertigungen,
   c) das Verfahren bei Eintritt wesentlicher Änderungen nach Erteilung der Erlaubnis und der Ausfertigungen,
3. die Voraussetzungen für die Erteilung zusätzlicher beglaubigter Kopien nach Maßgabe der Verordnung (EG) Nr. 1071/2009 in der jeweils geltenden Fassung sowie
4. die Voraussetzungen zur Rücknahme und zum Widerruf der Entscheidung über die Erteilung der beglaubigten Kopien entsprechend Artikel 12 Absatz 1 der Verordnung (EG) Nr. 1072/2009 in der jeweils geltenden Fassung

geregelt werden.

(7) ¹ Die nach Landesrecht zuständigen Behörden führen dieses Gesetz, die Verordnungen (EG) Nr. 1071/2009 und (EG) Nr. 1072/2009 und die auf diesem Gesetz beruhenden Verordnungen aus, soweit nicht etwas anderes bestimmt ist. ² Örtlich zuständig ist die Behörde, in deren Zuständigkeitsbereich das Unternehmen seine Niederlassung im Sinne von Artikel 5 der Verordnung (EG) Nr. 1071/2009 hat. ³ Soweit keine Niederlassung besteht, richtet sich die Zuständigkeit nach dem Wohnsitz des Betroffenen.

§ 4. Unterrichtung der Berufsgenossenschaft. ¹ Die nach Landesrecht zuständige Behörde hat der zuständigen Berufsgenossenschaft unverzüglich die Erteilung der Erlaubnis mitzuteilen. ² Die Anzeigepflicht des Unternehmers nach § 192 des Siebten Buches Sozialgesetzbuch bleibt unberührt.

§ 5. Erlaubnispflicht und Gemeinschaftslizenz. ¹ Die Gemeinschaftslizenz nach Artikel 3 und 4 der Verordnung (EG) Nr. 1072/2009 gilt für Unternehmer, deren Unternehmenssitz im Inland liegt, als Erlaubnis nach § 3, es sei denn, es handelt sich um eine Beförderung zwischen dem Inland und einem Staat, der weder Mitglied der Europäischen Union noch anderer Vertragsstaaten des Abkommens über den Europäischen Wirtschaftsraum, noch die Schweiz ist. ² Satz 1 gilt nicht für Inhaber von Gemeinschaftslizenzen aus der Republik Kroatien.

§ 6. Grenzüberschreitender Güterkraftverkehr durch Gebietsfremde. ¹ Ein Unternehmer, dessen Unternehmen seinen Sitz nicht im Inland hat, ist für den grenzüberschreitenden gewerblichen Güterkraftverkehr von der Erlaubnispflicht nach § 3 befreit, soweit er Inhaber der jeweils erforderlichen Berechtigung ist. ² Berechtigungen sind die
1. Gemeinschaftslizenz,
2. Genehmigung auf Grund der Resolution des Rates der Europäischen Konferenz der Verkehrsminister (CEMT-Resolution) vom 14. Juni 1973 (BGBl. 1974 II S. 298) nach Maßgabe der Verordnung über den grenzüberschreitenden Güterkraftverkehr und den Kabotageverkehr (GüKGrKabotageV) vom 28. Dezember 2011 (BGBl. 2012 I S. 42) in der jeweils geltenden Fassung,
3. CEMT-Umzugsgenehmigung,

3. Güterkraftverkehrsgesetz (GüKG) **Anh. 3**

4. Schweizerische Lizenz für den gewerblichen Güterkraftverkehr auf Grund des Abkommens zwischen der Europäischen Gemeinschaft und der Schweizerischen Eidgenossenschaft über den Güter- und Personenverkehr auf Schiene und Straße vom 21. Juni 1999 (ABl. L 114 vom 30.4.2002, S. 91) in der jeweils geltenden Fassung oder
5. Drittstaatengenehmigung.

§ 7. Mitführungs- und Aushändigungspflichten im gewerblichen Güterkraftverkehr. (1) [1] Der Unternehmer hat dafür zu sorgen, dass bei einer Güterbeförderung im Inland, für die eine Erlaubnis nach § 3 oder eine Berechtigung nach § 6 erforderlich ist, während der gesamten Fahrt folgende Dokumente und Nachweise mitgeführt werden:
1. die Erlaubnis oder eine Erlaubnisausfertigung, eine beglaubigte Kopie der Gemeinschaftslizenz oder der Schweizerischen Lizenz, eine CEMT-Genehmigung, eine CEMT-Umzugsgenehmigung oder eine Drittstaatengenehmigung,
2. der für das eingesetzte Fahrzeug vorgeschriebene Nachweis über die Erfüllung bestimmter Technik-, Sicherheits- und Umweltanforderungen,
3. ein Begleitpapier oder ein sonstiger Nachweis, in dem das beförderte Gut, der Be- und Entladeort und der Auftraggeber angegeben werden.

[2] Die Dokumente oder Nachweise nach Satz 1 Nummer 1 und 2 dürfen nicht in Folie eingeschweißt oder in ähnlicher Weise mit einer Schutzschicht überzogen werden. [3] Bei Kabotagebeförderungen im Sinne des Artikels 8 der Verordnung (EG) Nr. 1072/2009 hat der Unternehmer, der weder Sitz noch Niederlassung in Deutschland hat, dafür zu sorgen, dass Nachweise im Sinne des Artikels 8 Absatz 3 Unterabsatz 2 der Verordnung (EG) Nr. 1072/2009 für die grenzüberschreitende Beförderung und jede einzelne durchgeführte Kabotagebeförderung während der Dauer der Beförderung mitgeführt werden.

(2) [1] Das Fahrpersonal muß die erforderliche Berechtigung und die Nachweise nach Absatz 1 während der Fahrt mitführen und Kontrollberechtigten auf Verlangen zur Prüfung aushändigen. [2] Das Begleitpapier oder der sonstige Nachweis nach Absatz 1 Satz 1 Nummer 3 kann statt durch Aushändigen des Dokumentes auch auf andere geeignete Weise zugänglich gemacht werden. [3] Ausländisches Fahrpersonal muss auch den Pass oder ein sonstiges zum Grenzübertritt berechtigendes Dokument mitführen und Kontrollberechtigten auf Verlangen zur Prüfung aushändigen. [4] Langfristig Aufenthaltsberechtigte im Sinne der Richtlinie 2003/109/EG des Rates vom 25. November 2003 betreffend die Rechtsstellung der langfristig aufenthaltsberechtigten Drittstaatsangehörigen (ABl. L 16 vom 23. 1. 2004, S. 44) haben außerdem die langfristige Aufenthaltsberechtigung-EG mitzuführen und Kontrollberechtigten auf Verlangen auszuhändigen.

§ 7a. Haftpflichtversicherung. (1) Der Unternehmer ist verpflichtet, eine Haftpflichtversicherung abzuschließen und aufrechtzuerhalten, die die gesetzliche Haftung wegen Güter- und Verspätungsschäden nach dem Vierten Abschnitt des Vierten Buches des Handelsgesetzbuches während Beförderungen, bei denen der Be- und Entladeort im Inland liegt, versichert.

(2) [1] Die Mindestversicherungssumme beträgt 600 000 Euro je Schadensereignis. [2] Die Vereinbarung einer Jahreshöchstersatzleistung, die nicht weniger als das Zweifache der Mindestversicherungssumme betragen darf, und eines Selbstbehalts sind zulässig.

(3) Von der Versicherung können folgende Ansprüche ausgenommen werden:
1. Ansprüche wegen Schäden, die vom Unternehmer oder seinem Repräsentanten vorsätzlich begangen wurden,
2. Ansprüche wegen Schäden, die durch Naturkatastrophen, Kernenergie, Krieg, kriegähnliche Ereignisse, Bürgerkrieg, innere Unruhen, Streik, Aussperrung, terroristische Gewaltakte, Verfügungen von hoher Hand, Wegnahme oder Beschlagnahme seitens einer staatlich anerkannten Macht verursacht werden,
3. Ansprüche aus Frachtverträgen, die die Beförderung von Edelmetallen, Juwelen, Edelsteinen, Zahlungsmitteln, Valoren, Wertpapieren, Briefmarken, Dokumenten und Urkunden zum Gegenstand haben.

(4) [1] Der Unternehmer hat dafür zu sorgen, dass während der Beförderung ein Nachweis über eine gültige Haftpflichtversicherung, die den Ansprüchen des Absatzes 1 entspricht, mitgeführt

wird. ²Das Fahrpersonal muss diesen Versicherungsnachweis während der Beförderung mitführen und Kontrollberechtigten auf Verlangen zur Prüfung aushändigen.

§ 7b. Einsatz von ordnungsgemäß beschäftigtem Fahrpersonal. (1) ¹Ein Unternehmer, dessen Unternehmen seinen Sitz im Inland hat, darf bei Fahrten im Inland im gewerblichen Güterkraftverkehr einen Angehörigen eines Staates, der weder Mitglied der Europäischen Union, eines anderen Vertragsstaates des Abkommens über den Europäischen Wirtschaftsraum noch Schweizer Staatsangehöriger ist, nur als Fahrpersonal einsetzen, wenn dieser im Besitz eines Aufenthaltstitels nach § 4 Abs. 3 des Aufenthaltsgesetzes, einer Aufenthaltsgestattung oder einer Duldung ist, die zur Ausübung der Beschäftigung berechtigen, oder eines solchen nicht bedarf (§ 4 Abs. 3 Satz 3 des Aufenthaltsgesetzes) oder im Besitz einer von einer inländischen Behörde ausgestellten gültigen Fahrerbescheinigung nach Artikel 5 der Verordnung (EG) Nr. 1072/2009 ist. ²Der Unternehmer hat dafür zu sorgen, dass ausländisches Fahrpersonal

1. den Pass, Passersatz oder Ausweisersatz und
2. den nach § 4 Abs. 3 des Aufenthaltsgesetzes erforderlichen Aufenthaltstitel, die Aufenthaltsgestattung oder die Duldung, die zur Ausübung der Beschäftigung berechtigen,

mitführt. ³Der Aufenthaltstitel kann für Zwecke dieses Gesetzes durch eine von einer inländischen Behörde ausgestellte gültige Fahrerbescheinigung nach Artikel 5 der Verordnung (EG) Nr. 1072/2009 ersetzt werden.

(2) Das Fahrpersonal muss die Unterlagen nach Absatz 1 Satz 2 während der gesamten Fahrt mitführen und Kontrollberechtigten auf Verlangen zur Prüfung aushändigen.

(3) Die Fahrerbescheinigung nach Artikel 5 der Verordnung (EG) Nr. 1072/2009 wird von der nach Landesrecht zuständigen Behörde erteilt.

§ 7c. Verantwortung des Auftraggebers. Wer zu einem Zwecke, der seiner gewerblichen oder selbständigen beruflichen Tätigkeit zuzurechnen ist, einen Frachtvertrag oder einen Speditionsvertrag mit einem Unternehmen abgeschlossen hat, darf Leistungen aus diesem Vertrag nicht ausführen lassen, wenn er weiß oder fahrlässig nicht weiß, dass der Unternehmer

1. nicht Inhaber einer Erlaubnis nach § 3 oder einer Berechtigung nach § 6 oder einer Gemeinschaftslizenz ist, oder die Erlaubnis, Berechtigung oder Lizenz unzulässig verwendet,
2. bei der Beförderung Fahrpersonal einsetzt, das die Voraussetzungen des § 7b Abs. 1 Satz 1 nicht erfüllt, oder für das er nicht über eine Fahrerbescheinigung nach den Artikeln 3 und 5 der Verordnung (EG) Nr. 1072/2009 verfügt,
3. einen Frachtführer oder Spediteur einsetzt oder zulässt, dass ein solcher tätig wird, der die Beförderungen unter der Voraussetzung von
    a) Nummer 1
    b) Nummer 2

durchführt.
²Die Wirksamkeit eines zu diesem Zwecke geschlossenen Vertrages wird durch einen Verstoß gegen Satz 1 nicht berührt.

§ 7d. *(aufgehoben)*

§ 8. Vorläufige Weiterführung der Güterkraftverkehrsgeschäfte. (1) ¹Nach dem Tode des Unternehmers darf der Erbe die Güterkraftverkehrsgeschäfte vorläufig weiterführen. ²Das gleiche gilt für den Testamentsvollstrecker, Nachlaßpfleger oder Nachlaßverwalter während einer Testamentsvollstreckung, Nachlaßpflegschaft oder Nachlaßverwaltung.

(2) ¹Die Befugnis nach Absatz 1 erlischt, wenn nicht der Erbe binnen drei Monaten nach Ablauf der für die Ausschlagung der Erbschaft vorgesehenen Frist oder eine der in Absatz 1 Satz 2 genannten Personen binnen drei Monaten nach der Annahme ihres Amtes oder ihrer Bestellung die Erlaubnis beantragt hat. ²Ein in der Person des Erben wirksam gewordener Fristablauf wirkt auch gegen den Nachlaßverwalter. ³Die Frist kann auf Antrag einmal um drei Monate verlängert werden.

3. Güterkraftverkehrsgesetz (GüKG) **Anh. 3**

(3) ¹Im Falle der Erwerbs- oder Geschäftsunfähigkeit des Unternehmers oder des Verkehrsleiters darf ein Dritter, bei dem die Voraussetzungen nach den Artikeln 6 und 8 der Verordnung (EG) Nr. 1071/2009 noch nicht festgestellt worden sind, die Güterkraftverkehrsgeschäfte bis zu sechs Monate nach Feststellung der Erwerbs- oder Geschäftsunfähigkeit weiterführen. ²Die Frist kann auf Antrag einmal um drei Monate verlängert werden.

3. Abschnitt. Werkverkehr

§ 9. Erlaubnis- und Versicherungsfreiheit. ¹Der Werkverkehr ist erlaubnisfrei. ²Es besteht keine Versicherungspflicht.

4. Abschnitt. Bundesamt für Güterverkehr

§ 10. Organisation. (1) ¹Das Bundesamt für Güterverkehr (Bundesamt) ist eine selbständige Bundesoberbehörde im Geschäftsbereich des Bundesministeriums für Verkehr, Bau und Stadtentwicklung. ²Es wird von dem Präsidenten geleitet.

(2) Der Aufbau des Bundesamtes wird durch das Bundesministerium für Verkehr, Bau und Stadtentwicklung geregelt.

§ 11. Aufgaben. (1) Das Bundesamt erledigt Verwaltungsaufgaben des Bundes auf dem Gebiet des Verkehrs, die ihm durch dieses Gesetz, durch andere Bundesgesetze oder auf Grund dieser Gesetze zugewiesen sind.

(2) Das Bundesamt hat darüber zu wachen, daß
1. in- und ausländische Unternehmen des gewerblichen Güterkraftverkehrs und alle anderen am Beförderungsvertrag Beteiligten die Pflichten erfüllen, die ihnen nach diesem Gesetz und den hierauf beruhenden Rechtsvorschriften obliegen,
2. die Bestimmungen über den Werkverkehr eingehalten werden,
3. die Rechtsvorschriften über
   a) die Beschäftigung und die Tätigkeiten des Fahrpersonals auf Kraftfahrzeugen einschließlich der aufenthalts-, arbeitsgenehmigungs- und sozialversicherungsrechtlichen Vorschriften,
   b) die zulässigen Abmessungen sowie die zulässigen Achslasten und Gesamtgewichte von Kraftfahrzeugen und Anhängern,
   c) die im internationalen Güterkraftverkehr verwendeten Container gemäß Artikel VI Abs. 1 des Internationalen Übereinkommens über sichere Container (CSC) in der Fassung der Bekanntmachung vom 2. August 1985 (BGBl. II S. 1009) in der jeweils durch Rechtsverordnung nach Artikel 2 des Zustimmungsgesetzes umgesetzten Fassung,
   d) die Abgaben, die für das Halten oder Verwenden von Fahrzeugen zur Straßengüterbeförderung sowie für die Benutzung von Straßen anfallen,
   e) *(aufgehoben)*
   f) die Beförderung gefährlicher Güter auf der Straße,
   g) die Beförderungsmittel nach den Vorgaben des Übereinkommens über internationale Beförderungen leicht verderblicher Lebensmittel und über die besonderen Beförderungsmittel, die für diese Beförderungen zu verwenden sind (ATP), vom 1. September 1970 (BGBl. 1974 II S. 566) in der jeweils durch Rechtsverordnung nach Artikel 2 des Zustimmungsgesetzes umgesetzten Fassung,
   h) die Beschaffenheit, Kennzeichnung und Benutzung von Beförderungsmitteln und Transportbehältnissen zur Beförderung von Lebensmitteln und Erzeugnissen des Weinrechts,
   i) das Mitführen einer Ausfertigung der Genehmigung für die Beförderung von Kriegswaffen nach dem Gesetz über die Kontrolle von Kriegswaffen in der Fassung der Bekanntmachung vom 22. November 1990 (BGBl. I S. 2506) in der jeweils geltenden Fassung,

j) die Beförderung von Abfall mit Fahrzeugen zur Straßengüterbeförderung,
k) die zulässigen Werte für Geräusche und für verunreinigende Stoffe im Abgas von Kraftfahrzeugen zur Güterbeförderung,
l) die Ladung,
m) die nach Artikel 4 Abs. 1 in Verbindung mit Anhang I Nr. 10 der Richtlinie 2000/30/EG des Europäischen Parlaments und des Rates vom 6. Juni 2000 über die technische Unterwegskontrolle von Nutzfahrzeugen, die in der Gemeinschaft am Straßenverkehr teilnehmen (ABl. EG Nr. L 203 S. 1) zu prüfenden technischen Anforderungen an Kraftfahrzeuge zur Güterbeförderung,
n) die Erlaubnis- und Ausweispflicht beim Führen von Kraftfahrzeugen zur Straßengüterbeförderung,
o) das Sonn- und Feiertagsfahrverbot sowie die Ferienreiseverordnung und
p) das Mitführen einer Erlaubnis, eines Befähigungsscheines oder einer Verbringensgenehmigung nach dem Sprengstoffgesetz

eingehalten werden, soweit diese Überwachung im Rahmen der Maßnahmen nach § 12 Abs. 1 und 2 durchgeführt werden kann.

(3) In den Fällen des Absatzes 2 Nr. 3 Buchstabe d hat das Bundesamt ohne Ersuchen den zuständigen Finanzbehörden die zur Sicherung der Besteuerung notwendigen Daten zu übermitteln.

(4) Allgemeine Verwaltungsvorschriften zu den Aufgaben nach Absatz 2 Nr. 3 Buchstabe j und k werden von der Bundesregierung mit Zustimmung des Bundesrates erlassen.

§ 12. Befugnisse. (1) [1] Soweit dies zur Durchführung der Aufgaben nach § 11 Abs. 2 erforderlich ist, kann das Bundesamt insbesondere auf Straßen, auf Autohöfen und an Tankstellen Überwachungsmaßnahmen im Wege von Stichproben durchführen. [2] Zu diesem Zweck dürfen seine Beauftragten Kraftfahrzeuge zur Güterbeförderung anhalten, die Identität des Fahrpersonals durch Überprüfung der mitgeführten Ausweispapiere feststellen sowie verlangen, dass die Zulassungsdokumente des Fahrzeugs, der Führerschein des Fahrpersonals und die nach diesem Gesetz oder sonstigen Rechtsvorschriften bei Fahrten im Güterkraftverkehr mitzuführenden Nachweise, Berechtigungen oder Bescheinigungen zur Prüfung ausgehändigt werden. [3] Das Fahrpersonal hat, soweit erforderlich, den Beauftragten des Bundesamtes unverzüglich die zur Erfüllung der Überwachungsaufgabe erforderlichen Auskünfte wahrheitsgemäß nach bestem Wissen und Gewissen zu erteilen, vorhandene Hilfsmittel zur Verfügung zu stellen, Zutritt zum Fahrzeug zu gestatten sowie Hilfsdienste zu leisten. [4] Die Verpflichtung nach Satz 3 besteht nicht, soweit ihre Erfüllung für das Fahrpersonal oder einen der in § 383 Abs. 1 Nr. 1 bis 3 der Zivilprozessordnung bezeichneten Angehörigen die Gefahr einer Verfolgung wegen einer Straftat oder Ordnungswidrigkeit begründet.

(2) Zur Überwachung von Rechtsvorschriften über die Beschäftigung und die Tätigkeiten des Fahrpersonals auf Kraftfahrzeugen können Beauftragte des Bundesamtes auf Antrag eines Landes auch Kraftomnibusse anhalten.

(3) Das Fahrpersonal hat die Zeichen und Weisungen der Beauftragten des Bundesamtes zu befolgen, ohne dadurch von seiner Sorgfaltspflicht entbunden zu sein.

(4) [1] Soweit dies zur Durchführung der Aufgaben nach § 11 Abs. 2 Nr. 1 und 2 sowie Nr. 3 Buchstabe d (Rechtsvorschriften über die Abgaben für die Benutzung von Straßen) erforderlich ist, können Beauftragte des Bundesamtes bei Eigentümern und Besitzern von Kraftfahrzeugen zur Güterbeförderung und allen an der Beförderung oder an den Handelsgeschäften über die beförderten Güter Beteiligten

1. Grundstücke und Geschäftsräume innerhalb der üblichen Geschäfts- und Arbeitsstunden betreten sowie
2. alle geschäftlichen Schriftstücke und Datenträger, insbesondere Aufzeichnungen, Frachtbriefe und Unterlagen über den Fahrzeugeinsatz einsehen und hieraus Abschriften, Auszüge, Ausdrucke und Kopien anfertigen oder elektronisch gespeicherte Daten auf eigene Datenträger übertragen.

[2] Die in Satz 1 genannten Personen haben diese Maßnahmen zu gestatten.

3. Güterkraftverkehrsgesetz (GüKG) **Anh. 3**

(5) ¹Die in Absatz 4 genannten und für sie tätigen Personen haben den Beauftragten des Bundesamtes auf Verlangen alle für die Durchführung der Überwachung nach § 11 Abs. 2 Nr. 1 und 2 sowie Nr. 3 Buchstabe d (Rechtsvorschriften über die Abgaben für die Benutzung von Straßen) erforderlichen

1. Auskünfte zu erteilen,
2. Nachweise zu erbringen sowie
3. Hilfsmittel zu stellen und Hilfsdienste zu leisten.

²Absatz 1 Satz 3 und 4 gilt entsprechend.

(6) ¹Stellt das Bundesamt in Ausübung der in den Absätzen 1 und 2 genannten Befugnisse Tatsachen fest, die die Annahme rechtfertigen, dass Zuwiderhandlungen gegen

1. §§ 142, 263, 266a, 267, 268, 269, 273, 281, 315c oder § 316 des Strafgesetzbuches,
2. §§ 21, 22 oder 22b des Straßenverkehrsgesetzes,
2a. §§ 10, 10a oder § 11 des Schwarzarbeitsbekämpfungsgesetzes,
2b. § 404 Abs. 2 Nr. 3 und 4 des Dritten Buches Sozialgesetzbuch,
3. § 24 des Straßenverkehrsgesetzes, die nach dem auf Grund des § 26a des Straßenverkehrsgesetzes erlassenen Bußgeldkatalog in der Regel mit Geldbußen von mindestens sechzig Euro geahndet werden,
4. § 24a oder § 24c des Straßenverkehrsgesetzes,
5. § 18 Abs. 1 Nr. 3 Buchstabe a oder Abs. 3 Nr. 2 Buchstabe a des Tierschutzgesetzes oder
6. § 69 Absatz 1 Nummer 8 und Absatz 2 Nummer 14 des Kreislaufwirtschaftsgesetzes,

bei denen das Bundesamt nicht Verwaltungsbehörde im Sinne des § 36 Abs. 1 Nr. 1 des Gesetzes über Ordnungswidrigkeiten ist, begangen wurden, übermittelt es derartige Feststellungen den zuständigen Behörden. ²Bei Durchführung der Überwachung nach den Absätzen 4 und 5 gilt Gleiches für schwerwiegende Zuwiderhandlungen gegen die in § 11 Abs. 2 Nr. 3 genannten Rechtsvorschriften. ³Das Recht, Straftaten oder Ordnungswidrigkeiten anzuzeigen, bleibt unberührt.

(7) Erfolgen Werbemaßnahmen, veröffentlichte Anzeigen oder Angebote ohne Angabe von Namen und Anschrift und bestehen in vorgenannten Fällen Anhaltspunkte für ungenehmigten Güterkraftverkehr oder die Aufforderung hierzu, können das Bundesamt oder die nach § 21a zuständigen Behörden von demjenigen, der die Werbemaßnahmen, die Anzeigen oder das Angebot veröffentlicht hat, Auskunft über Namen und Anschrift des Auftraggebers verlangen.

§ 13. Untersagung der Weiterfahrt. (1) Das Bundesamt kann die Fortsetzung der Fahrt untersagen, soweit dies zur Wahrnehmung der ihm nach § 11 Abs. 2 Nr. 1 oder 3 übertragenen Aufgaben erforderlich ist.

(2) ¹Werden die in § 7b Abs. 1 Satz 2 genannten Unterlagen oder die nach den Artikeln 3 und 5 der Verordnung (EG) Nr. 1072/2009 vorgeschriebene Fahrerbescheinigung nicht im Original mitgeführt oder auf Verlangen nicht zur Prüfung ausgehändigt, so können das Bundesamt sowie sonstige Kontrollberechtigte dem betroffenen Fahrpersonal die Fortsetzung der Fahrt so lange untersagen, bis diese Unterlagen vorgelegt werden. ²Das Bundesamt sowie sonstige Kontrollberechtigte können die Fortsetzung der Fahrt ferner untersagen, wenn

1. eine Erlaubnis nach § 3 oder eine Berechtigung nach § 6 nicht mitgeführt wird oder nicht zur Prüfung ausgehändigt wird oder
2. eine nach § 46 Abs. 1 des Gesetzes über Ordnungswidrigkeiten in Verbindung mit § 132 Abs. 1 Nr. 1 der Strafprozessordnung angeordnete Sicherheitsleistung nicht oder nicht vollständig erbracht wird.

(3) Widerspruch und Anfechtungsklage gegen die Untersagung der Weiterfahrt nach den Absätzen 1 und 2 haben keine aufschiebende Wirkung.

§ 14. Marktbeobachtung. (1) ¹Das Bundesamt beobachtet und begutachtet die Entwicklung des Marktgeschehens im Verkehr (Marktbeobachtung). ²Die Marktbeobachtung umfasst den Eisenbahn-, Straßen- und Binnenschiffsgüterverkehr, den Luftverkehr sowie die Logistik. ³Mit der Marktbeobachtung sollen Entwicklungen auf dem Verkehrs- und Logistikmarkt frühzeitig erkannt werden. ⁴Es besteht keine Auskunftspflicht.

(2) ¹Das Bundesamt berichtet dem Bundesministerium für Verkehr, Bau und Stadtentwicklung über den jeweiligen Stand der Entwicklung des Marktgeschehens und die absehbare künftige Entwicklung. ²Es bereitet dazu Daten aus dem Verwaltungsvollzug auf und erstellt oder betreut kurz- und mittelfristige Prognosen zum Güter- und Personenverkehr.

(3) Zur Erfüllung der Aufgaben nach den Absätzen 1 und 2 dürfen dem Bundesamt vom Statistischen Bundesamt, dem Kraftfahrt-Bundesamt und den Statistischen Ämtern der Länder aus den von diesen geführten Wirtschaftsstatistiken, insbesondere der Verkehrsstatistik, zusammengefaßte Einzelangaben übermittelt werden, sofern diese keine Rückschlüsse auf eine bestimmte oder bestimmbare Person zulassen.

(4) ¹Die vom Bundesamt im Rahmen der Marktbeobachtung gewonnenen personenbezogenen Daten dürfen nur für Zwecke der Marktbeobachtung gespeichert und genutzt werden. ²Sie sind zu löschen, sobald sie für diese Zwecke nicht mehr benötigt werden.

§ 14a. Durchführung von Beihilfeverfahren. ¹Das Bundesamt ist zuständig für die Durchführung von Beihilfeprogrammen des Bundes nach

1. der Verordnung (EG) Nr. 1998/2006 der Kommission vom 15. Dezember 2006 über die Anwendung der Artikel 87 und 88 EG-Vertrag auf „De-minimis"-Beihilfen (ABl. EU Nr. L 379 S. 5) und
2. dem Abschnitt 8 der Verordnung (EG) Nr. 800/2008 der Kommission vom 6. August 2008 zur Erklärung der Vereinbarkeit bestimmter Gruppen von Beihilfen mit dem Gemeinsamen Markt in Anwendung der Artikel 87 und 88 EG-Vertrag (allgemeine Gruppenfreistellungsverordnung) (ABl. EU Nr. L 214 S. 3).

²Die Zuständigkeit des Bundesamtes nach Satz 1 umfasst sämtliche Aufgaben im Zusammenhang mit der Beihilfegewährung.

§ 14b. (1) Das Bundesamt für Güterverkehr ist zuständig für die Aufgaben nach den Artikeln 4, 11, 12, 21 und 22 der Verordnung (EU) Nr. 1214/2011 des Europäischen Parlaments und des Rates vom 16. November 2011 über den gewerbsmäßigen grenzüberschreitenden Straßentransport von Euro-Bargeld zwischen den Mitgliedstaaten des Euroraums (ABl. L 316 vom 29. 11. 2011, S. 1).

(2) Bei der Kontrolle der Einhaltung der Bestimmungen nach Artikel 21 gilt § 12 Absatz 4, 5 und 6 Satz 1 Nummer 1 bis 4 und Satz 2 und 3 entsprechend; bei der Verfolgung von Zuwiderhandlungen gilt § 20 entsprechend.

§ 15. Datei über Unternehmen des gewerblichen Güterkraftverkehrs und des gewerblichen Personenverkehrs mit Kraftomnibussen (Verkehrsunternehmensdatei). (1) ¹Das Bundesamt führt die Verkehrsunternehmensdatei über alle im Inland niedergelassenen Unternehmen des gewerblichen Güterkraftverkehrs und des gewerblichen Personenverkehrs mit Kraftomnibussen, um unmittelbar feststellen zu können, über welche Berechtigungen (Erlaubnis nach § 3, Gemeinschaftslizenz nach Artikel 4 der Verordnung (EG) Nr. 1072/2009, CEMT-Genehmigung, CEMT-Umzugsgenehmigung, bilaterale Genehmigung für den grenzüberschreitenden gewerblichen Güterkraftverkehr, Gemeinschaftslizenz nach Artikel 4 der Verordnung (EG) Nr. 1073/2009 des Europäischen Parlaments und des Rates vom 21. Oktober 2009 über gemeinsame Regeln für den Zugang zum grenzüberschreitenden Personenkraftverkehrsmarkt und zur Änderung der Verordnung (EG) Nr. 561/2006 (ABl. L 300 vom 14.11.2009, S. 88) sowie Genehmigungen nach dem Personenbeförderungsgesetz zur Beförderung von Personen mit Kraftomnibussen im Linienverkehr oder im Gelegenheitsverkehr) die jeweiligen Unternehmer verfügen. ²Die Verkehrsunternehmensdatei muss nach näherer Bestimmung durch Rechtsverordnung gemäß Absatz 7 einen allgemein zugänglichen Teil enthalten.

(2) Die nach Landesrecht zuständige Behörde übermittelt dem Bundesamt unverzüglich die nach näherer Bestimmung durch Rechtsverordnung gemäß Absatz 7 zu speichernden oder zu einer Änderung einer Eintragung führenden Daten im Wege der Datenfernübertragung.

(3) ¹Ergeben sich beim Bundesamt Anhaltspunkte dafür, daß ihm übermittelte Daten nicht mehr richtig sind, teilt es dies der zuständigen Landesbehörde mit. ²Diese kann vom Unter-

3. Güterkraftverkehrsgesetz (GüKG) Anh. 3

nehmer Auskunft verlangen und unterrichtet das Bundesamt. ³Der Unternehmer ist zur Auskunft nach Satz 2 verpflichtet.

(4) Das Bundesamt darf die in der Verkehrsunternehmensdatei gespeicherten Daten für die
1. Erteilung von CEMT-Genehmigungen und bilateralen Genehmigungen für den grenzüberschreitenden gewerblichen Güterkraftverkehr,
2. Beantwortung von Anfragen der für die Erteilung der Genehmigung zur Beförderung von Kriegswaffen zuständigen Behörden nach der Zuverlässigkeit des Antragstellers gemäß dem Gesetz über die Kontrolle von Kriegswaffen in der Fassung der Bekanntmachung vom 22. November 1990 (BGBl. I S. 2506) in der jeweils geltenden Fassung,
3. Erledigung der Aufgaben, die ihm nach dem Gesetz zur Sicherstellung des Verkehrs in der Fassung der Bekanntmachung vom 8. Oktober 1968 (BGBl. I S. 1082) in der jeweils geltenden Fassung sowie durch das Gesetz zur Sicherung von Verkehrsleistungen vom 23. Juli 2004 (BGBl. I S. 1865) in der jeweils geltenden Fassung übertragen sind,
4. Überwachung der Einhaltung der für Verkehrsunternehmer geltenden Pflichten einschließlich der Verfolgung und Ahndung von Zuwiderhandlungen,
5. Durchführung von Beihilfeverfahren im Sinne des § 14a und
6. Beantwortung von Anfragen von Erteilungsbehörden und zuständigen öffentlichen Stellen in einem Mitgliedstaat der Europäischen Union zum Zweck der Überprüfung der Einhaltung der Zugangsvoraussetzungen zum Beruf des Güter- und Personenkraftverkehrsunternehmers

verarbeiten und nutzen, soweit dies zur Erfüllung der genannten Aufgaben erforderlich ist.

(5) Das Bundesamt ist berechtigt, die Verkehrsunternehmensdatei als Auswahlgrundlage für die Durchführung der Unternehmensstatistik im gewerblichen Güterkraftverkehr und der Marktbeobachtung nach § 14 zu verwenden.

(6) Die in der Verkehrsunternehmensdatei gespeicherten Daten sind zu löschen, wenn sie für die Aufgaben nach Absatz 1, 4 und 5 nicht mehr benötigt werden, spätestens aber zwei Jahre, nachdem das Unternehmen seinen Betrieb eingestellt hat.

(7) Das Bundesministerium für Verkehr, Bau und Stadtentwicklung wird ermächtigt, durch Rechtsverordnung mit Zustimmung des Bundesrates die Einzelheiten der Führung der Verkehrsunternehmensdatei zu regeln, insbesondere das Nähere
1. zu den in der Verkehrsunternehmensdatei zu speichernden Daten einschließlich der Angaben zur Identifizierung der Unternehmen, der Inhaber, der geschäftsführungs- und vertretungsberechtigten Gesellschafter, der gesetzlichen Vertreter sowie Verkehrsleiter,
2. zur Veröffentlichung des allgemein zugänglichen Teils der Datei,
3. zum Verfahren der Übermittlung von Daten an und durch das Bundesamt,
4. über Zugriffsrechte und das Verfahren der Erteilung von Auskünften,
5. zur Verantwortung für den Inhalt der Verkehrsunternehmensdatei und die Datenpflege sowie
6. zu den nach § 9 des Bundesdatenschutzgesetzes erforderlichen technischen und organisatorischen Maßnahmen.

§ 15a. Werkverkehrsdatei. (1) Das Bundesamt führt eine Datei über alle im Inland niedergelassenen Unternehmen, die Werkverkehr mit Lastkraftwagen, Zügen (Lastkraftwagen und Anhänger) und Sattelkraftfahrzeugen durchführen, deren zulässiges Gesamtgewicht 3,5 Tonnen übersteigt, um unmittelbar feststellen zu können, welche Unternehmen Werkverkehr mit größeren Kraftfahrzeugen betreiben.

(2) Jeder Unternehmer, der Werkverkehr im Sinne des Absatzes 1 betreibt, ist verpflichtet, sein Unternehmen vor Beginn der ersten Beförderung beim Bundesamt anzumelden.

(3) Zur Speicherung in der Werkverkehrsdatei hat der Unternehmer bei der Anmeldung folgende Angaben zu machen und auf Verlangen nachzuweisen:
1. Name, Rechtsform und Gegenstand des Unternehmens,
2. Anschrift sowie Telefon- und Telefaxnummern des Sitzes,
3. Vor- und Familiennamen der Inhaber, der geschäftsführungs- und vertretungsberechtigten Gesellschafter und der gesetzlichen Vertreter,

4. Anzahl der Lastkraftwagen, Züge (Lastkraftwagen und Anhänger) und Sattelkraftfahrzeuge, deren zulässiges Gesamtgewicht 3,5 Tonnen übersteigt, sowie
5. Anschriften der Niederlassungen.

(4) Das Bundesamt darf die in Absatz 3 genannten Angaben
1. zur Vorbereitung verkehrspolitischer Entscheidungen durch die zuständigen Stellen,
2. zur Überwachung der Einhaltung der für Werkverkehrsunternehmer geltenden Pflichten einschließlich der Verfolgung und Ahndung von Zuwiderhandlungen,
3. als Auswahlgrundlage für Unternehmensbefragungen im Rahmen der Marktbeobachtung nach § 14 sowie für die Durchführung der Unternehmensstatistik im Werkverkehr,
4. zur Durchführung von Beihilfeverfahren im Sinne des § 14a und
5. für die Erledigung der Aufgaben, die ihm nach dem Gesetz zur Sicherstellung des Verkehrs sowie durch das Gesetz zur Sicherstellung von Verkehrsleistungen übertragen sind,

verarbeiten und nutzen, soweit dies zur Erfüllung der genannten Aufgaben erforderlich ist.

(5) Ändern sich die in Absatz 3 genannten Angaben, so hat der Unternehmer dies dem Bundesamt unverzüglich mitzuteilen und auf Verlangen nachzuweisen.

(6) Führt der Unternehmer keinen Werkverkehr im Sinne des Absatzes 1 mehr durch, hat er sich unverzüglich beim Bundesamt abzumelden.

(7) Die nach Absatz 3 gespeicherten Daten sind zu löschen, wenn sie für die in Absatz 4 genannten Aufgaben nicht mehr benötigt werden, spätestens aber ein Jahr, nachdem sich der Unternehmer beim Bundesamt abgemeldet hat.

§ 16. Datei über abgeschlossene Bußgeldverfahren. (1) [1] Das Bundesamt darf zum Zweck der Verfolgung und Ahndung weiterer Ordnungswidrigkeiten desselben Betroffenen sowie zum Zweck der Beurteilung der Zuverlässigkeit des Unternehmers und der Verkehrsleiter folgende personenbezogenen Daten über abgeschlossene Bußgeldverfahren, bei denen es Verwaltungsbehörde im Sinne des § 36 Abs. 1 Nr. 1 des Gesetzes über Ordnungswidrigkeiten ist, in Dateien speichern und verändern:
1. Geburtsname, Familienname, Vorname, Geschlecht, Geburtsdatum, Geburtsort, Geburtsstaat und Staatsangehörigkeit des Betroffenen, seine Stellung im Unternehmen sowie Name und Anschrift des Unternehmens,
2. Zeit und Ort der Begehung der Ordnungswidrigkeit,
3. die gesetzlichen Merkmale der Ordnungswidrigkeit und die angewendeten Bußgeldvorschriften,
4. Bußgeldbescheide mit dem Datum ihres Erlasses und dem Datum des Eintritts der Rechtskraft, gerichtliche Entscheidungen in Bußgeldsachen mit dem Datum der Entscheidung und dem Datum des Eintritts ihrer Rechtskraft sowie jeweils die entscheidende Stelle samt Geschäftsnummer oder Aktenzeichen und
5. die Höhe der Geldbuße.

[2] Das Bundesamt darf diese Daten nutzen, soweit es für die in Satz 1 genannten Zwecke erforderlich ist.

(2) [1] Zum Zweck der Vorbereitung und Durchführung der Überwachung nach § 12 Abs. 4 und 5 sowie der Beurteilung der Zuverlässigkeit des Unternehmers und der Verkehrsleiter gilt Absatz 1 entsprechend für abgeschlossene Bußgeldverfahren wegen Zuwiderhandlungen nach § 19, die in einem Unternehmen mit Sitz im Inland begangen wurden. [2] Über diese Verfahren teilen die zuständigen Verwaltungsbehörden im Sinne des § 36 Abs. 1 Nr. 1 des Gesetzes über Ordnungswidrigkeiten dem Bundesamt die Daten nach Absatz 1 Satz 1 mit.

(3) [1] Das Bundesamt hat eine schwerwiegende Zuwiderhandlung des Betroffenen und sonstige Zuwiderhandlungen des Betroffenen oder anderer Unternehmensangehöriger dem Unternehmen und der nach Landesrecht zuständigen Behörde mitzuteilen, soweit Anlaß besteht, an der Zuverlässigkeit des Unternehmers oder der Verkehrsleiter zu zweifeln. [2] Zur Feststellung solcher Wiederholungsfälle hat es die Zuwiderhandlungen der Angehörigen desselben Unternehmens zusammenzuführen.

3. Güterkraftverkehrsgesetz (GüKG)

(4) Das Bundesamt übermittelt die Daten nach Absatz 1 Satz 1
1. an in- und ausländische öffentliche Stellen, soweit dies für die Entscheidung über den Zugang zum Beruf des Güter- und Personenkraftverkehrsunternehmers erforderlich ist,
1a. bei Verstößen gegen Vorschriften zur Verhinderung illegaler Beschäftigung und Vorschriften für die Sozialversicherung an die Bundesagentur für Arbeit, die Hauptzollämter, die Einzugsstellen und die Träger der Rentenversicherung sowie die Ausländerbehörden, soweit dies zur Vorbereitung und Durchführung weiterer Ermittlungen, insbesondere von Betriebskontrollen, erforderlich ist,
2. auf Ersuchen an Gerichte und die Behörden, die hinsichtlich der in § 11 genannten Aufgaben Verwaltungsbehörde nach § 36 Abs. 1 Nr. 1 des Gesetzes über Ordnungswidrigkeiten sind, soweit dies zur Verfolgung und Ahndung von Ordnungswidrigkeiten erforderlich ist.

(5) ¹Die Übermittlung an ausländische öffentliche Stellen nach Absatz 4 Nr. 1 unterbleibt, soweit Grund zu der Annahme besteht, daß durch sie gegen den Zweck eines deutschen Gesetzes verstoßen würde. ²Sie unterbleibt außerdem, wenn durch sie schutzwürdige Interessen des Betroffenen beeinträchtigt würden, insbesondere wenn im Empfängerland ein angemessener Datenschutzstandard nicht gewährleistet ist. ³Die ausländische öffentliche Stelle ist darauf hinzuweisen, daß sie die nach Absatz 4 Nr. 1 übermittelten Daten nur zu dem Zweck nutzen darf, zu dem sie übermittelt wurden.

(6) ¹Eine Übermittlung an inländische öffentliche Stellen unterbleibt, soweit das schutzwürdige Interesse des Betroffenen am Ausschluß der Übermittlung das öffentliche Interesse an der Übermittlung überwiegt. ²Die inländische öffentliche Stelle darf die nach Absatz 4 übermittelten Daten nur für den Zweck verarbeiten oder nutzen, zu dessen Erfüllung sie übermittelt wurden.

(7) Erweisen sich übermittelte Daten als unrichtig, so ist der Empfänger unverzüglich zu unterrichten, wenn dies zur Wahrung schutzwürdiger Interessen des Betroffenen erforderlich ist.

(8) ¹Das Bundesamt hat die nach Absatz 1 Satz 1 gespeicherten Daten zwei Jahre nach dem Eintritt der Rechtskraft des Bußgeldbescheides oder der gerichtlichen Entscheidung zu löschen, wenn in dieser Zeit keine weiteren Eintragungen im Sinne des Absatzes 1 Satz 1 Nr. 4 hinzugekommen sind. ²Sie sind spätestens fünf Jahre nach ihrer Speicherung zu löschen.

§ 17. Nationale Kontaktstelle und europäischer Informationsaustausch. (1) Das Bundesamt ist nationale Kontaktstelle nach Artikel 18 Absatz 1 der Verordnung (EG) Nr. 1071/2009.

(2) ¹Das Bundesamt leitet als nationale Kontaktstelle Daten über schwerwiegende Verstöße gegen Gemeinschaftsvorschriften in den in Artikel 6 Absatz 1 Buchstabe b der Verordnung (EG) Nr. 1071/2009 genannten Bereichen, die in einem Güter- oder Personenkraftverkehrsunternehmen mit Sitz in einem anderen Mitgliedstaat der Europäischen Union begangen wurden, von Amts wegen an die nationale Kontaktstelle des Niederlassungsmitgliedstaates weiter. ²Hierzu übermitteln Staatsanwaltschaften und Verwaltungsbehörden im Sinne des § 36 Absatz 1 Nummer 1 des Gesetzes über Ordnungswidrigkeiten dem Bundesamt nach Eintritt der Rechtskraft der gerichtlichen Entscheidung oder des Bußgeldbescheides die erforderlichen Informationen einschließlich personenbezogener Daten. ³Das Bundesamt leitet Mitteilungen aus dem Niederlassungsmitgliedstaat über anlässlich des übermittelten Verstoßes veranlasste Maßnahmen im Sinne des Artikels 12 Absatz 1 der Verordnung (EG) Nr. 1072/2009 und des Artikels 22 Absatz 1 der Verordnung (EG) Nr. 1073/2009 an die übermittelnde deutsche Stelle weiter.

(3) ¹Das Bundesamt leitet als nationale Kontaktstelle Mitteilungen aus anderen Mitgliedstaaten der Europäischen Union über schwerwiegende Verstöße gegen Gemeinschaftsvorschriften in den in Artikel 6 Absatz 1 Buchstabe b der Verordnung (EG) Nr. 1071/2009 genannten Bereichen, die in einem Güter- oder Personenkraftverkehrsunternehmen mit Sitz im Inland begangen wurden, von Amts wegen an die jeweils zuständige Erteilungsbehörde weiter. ²Das Bundesamt leitet Mitteilungen der zuständigen Landesbehörde über anlässlich des übermittelten Verstoßes veranlasste Maßnahmen im Sinne des Artikels 12 Absatz 1 der Verordnung (EG) Nr. 1072/2009 und des Artikels 22 Absatz 1 der Verordnung (EG) Nr. 1073/2009 an die nationale Kontaktstelle des mitteilenden Mitgliedstaates der Europäischen Union weiter.

(4) ¹Das Bundesamt leitet als nationale Kontaktstelle von Amts wegen Anfragen von zuständigen Landesbehörden zu bestandskräftigen Entscheidungen von Behörden anderer Mitgliedstaaten der Europäischen Union, durch die einer bestimmten Person nach Maßgabe des Artikels 6 Absatz 2 und des Artikels 14 der Verordnung (EG) Nr. 1071/2009 die Führung von Kraftverkehrsgeschäften wegen Unzuverlässigkeit untersagt wird, an nationale Kontaktstellen anderer Mitgliedstaaten der Europäischen Union weiter. ²Das Bundesamt leitet an die anfragende Landesbehörde in diesem Zusammenhang eingegangene Antworten aus anderen Mitgliedstaaten der Europäischen Union weiter.

(5) ¹Das Bundesamt erteilt als nationale Kontaktstelle den nationalen Kontaktstellen anderer Mitgliedstaaten der Europäischen Union auf Anfrage Auskunft über Personen, denen eine deutsche Behörde nach § 3 Absatz 5b oder § 25a des Personenbeförderungsgesetzes die Führung von Kraftverkehrsgeschäften wegen Unzuverlässigkeit bestandskräftig untersagt hat, soweit dies für die Entscheidung über den Zugang zum Beruf des Güter- und Personenkraftverkehrsunternehmers erforderlich ist. ²Die für eine Untersagung nach Satz 1 zuständige Landesbehörde teilt dem Bundesamt unverzüglich eine Untersagung und die Identifizierungsdaten des Betroffenen mit; das Bundesamt darf die Identifizierungsdaten für den in Satz 1 genannten Zweck speichern. ³Wird die persönliche Ausübung von Verkehrsgeschäften wieder gestattet oder wird die Untersagung aus anderen Gründen gegenstandslos, teilt die zuständige Behörde dies dem Bundesamt unverzüglich mit, das die Identifizierungsdaten unverzüglich löscht.

(6) ¹Die Datenübermittlung zwischen den beteiligten inländischen Stellen und dem Bundesamt erfolgt im Wege der Datenfernübertragung. ²Dabei sind dem jeweiligen Stand der Technik entsprechende Maßnahmen zur Sicherstellung von Datenschutz und Datensicherheit zu treffen, die insbesondere die Vertraulichkeit und Unversehrtheit der Daten gewährleisten; im Falle der Nutzung allgemein zugänglicher Netze sind dem jeweiligen Stand der Technik entsprechende Verschlüsselungsverfahren anzuwenden.

(7) Den Inhalt der für die Zwecke der Absätze 2 bis 5 erforderlichen Informationen sowie die Einzelheiten der Kommunikation zwischen den beteiligten inländischen Stellen und dem Bundesamt einschließlich der Vorgaben über den Aufbau der Datensätze und der Datenstruktur regeln Durchführungsbestimmungen, die vom Bundesamt mit Zustimmung des Bundesministeriums für Verkehr, Bau und Stadtentwicklung erlassen und geändert werden.

§ 17a. Zuständigkeit für die Durchführung internationalen Verkehrsrechts. Das Bundesministerium für Verkehr, Bau und Stadtentwicklung wird ermächtigt, durch Rechtsverordnung mit Zustimmung des Bundesrates das Bundesamt als die für die Bundesrepublik Deutschland zuständige Stelle zu bestimmen, soweit eine solche Bestimmung auf dem Gebiet des Verkehrs zur Durchführung von Rechtsakten der Europäischen Union oder eines internationalen Abkommens erforderlich ist.

5. Abschnitt. Überwachung, Bußgeldvorschriften

§ 18. Grenzkontrollen. Die für die Kontrolle an der Grenze zuständigen Stellen sind berechtigt, Kraftfahrzeuge zurückzuweisen, wenn die nach diesem Gesetz erforderlichen Unterlagen, deren Mitführung vorgeschrieben ist, trotz Aufforderung nicht vorgelegt werden.

§ 19. Bußgeldvorschriften. (1) Ordnungswidrig handelt, wer vorsätzlich oder fahrlässig
1. entgegen § 2 Abs. 1a Satz 1 nicht dafür sorgt, dass ein Begleitpapier oder ein sonstiger Nachweis mitgeführt wird,
1a. entgegen § 2 Abs. 1a Satz 2 das Begleitpapier oder den sonstigen Nachweis nicht mitführt, nicht oder nicht rechtzeitig aushändigt oder nicht oder nicht rechtzeitig zugänglich macht,
1b. ohne Erlaubnis nach § 3 Abs. 1 gewerblichen Güterkraftverkehr betreibt,
1c. einer vollziehbaren Auflage nach § 3 Absatz 4 zuwiderhandelt,
2. einer Rechtsverordnung nach § 3 Abs. 6 Nr. 2 Buchstabe c, Nr. 3 oder 4 oder § 23 Abs. 3 Satz 1 oder Abs. 5 oder einer vollziehbaren Anordnung auf Grund einer solchen Rechts-

3. Güterkraftverkehrsgesetz (GüKG)　　　　　　　　　　　　　　　　　Anh. 3

verordnung zuwiderhandelt, soweit die Rechtsverordnung für einen bestimmten Tatbestand auf diese Bußgeldvorschrift verweist,

3. entgegen § 7 Absatz 1 Satz 1 oder Satz 3 nicht dafür sorgt, dass ein dort genanntes Dokument oder ein dort genannter Nachweis mitgeführt wird,
4. entgegen § 7 Absatz 1 Satz 2 ein dort genanntes Dokument oder einen dort genannten Nachweis einschweißt oder mit einer Schutzschicht überzieht,
5. entgegen
    a) § 7 Absatz 2 Satz 1 oder
    b) § 7 Absatz 2 Satz 3 oder Satz 4
    ein dort genanntes Dokument, einen dort genannten Nachweis, einen Pass, ein sonstiges zum Grenzübertritt berechtigendes Dokument oder eine langfristige Aufenthaltsberechtigung-EG nicht mitführt oder nicht oder nicht rechtzeitig aushändigt,
6. (aufgehoben)
6a. entgegen § 7a Abs. 4 Satz 1 nicht dafür sorgt, dass ein dort genannter Nachweis mitgeführt wird,
6b. entgegen § 7a Abs. 4 Satz 2 ein Versicherungsnachweis nicht mitführt oder nicht oder nicht rechtzeitig aushändigt,
6c. entgegen § 7b Abs. 1 Satz 1 einen Angehörigen eines dort genannten Staates als Fahrpersonal einsetzt,
6d. entgegen § 7b Abs. 1 Satz 2 nicht dafür sorgt, dass das ausländische Fahrpersonal eine dort genannte Unterlage mitführt,
6e. entgegen § 7b Abs. 2 eine dort genannte Unterlage nicht mitführt oder nicht oder nicht rechtzeitig aushändigt,
7. entgegen § 12 Abs. 1 Satz 3 oder Abs. 5 Satz 1 Nr. 1, § 15 Abs. 3 Satz 3 oder § 21a Abs. 3 Satz 1 eine Auskunft nicht, nicht richtig, nicht vollständig oder nicht rechtzeitig erteilt,
8. entgegen § 12 Abs. 3 ein Zeichen oder eine Weisung nicht befolgt,
9. entgegen § 12 Abs. 4 Satz 2 oder § 21a Absatz 2 Satz 2 eine Maßnahme nicht gestattet,
10. entgegen § 12 Abs. 5 Satz 1 Nr. 2 oder § 21a Abs. 3 Satz 1 einen Nachweis nicht, nicht richtig, nicht vollständig oder nicht rechtzeitig erbringt,
11. entgegen § 12 Abs. 5 Satz 1 Nr. 3 oder § 21a Abs. 3 Satz 1 ein Hilfsmittel nicht oder nicht rechtzeitig stellt oder Hilfsdienste nicht oder nicht rechtzeitig leistet,
12. einer vollziehbaren Untersagung nach § 13 Absatz 1 oder Absatz 2 zuwiderhandelt,
12a. entgegen § 15a Abs. 2 und 3 sein Unternehmen nicht, nicht richtig, nicht vollständig oder nicht rechtzeitig anmeldet,
12b. entgegen § 15a Abs. 3 die Angaben auf Verlangen nicht, nicht richtig, nicht vollständig oder nicht rechtzeitig nachweist,
12c. entgegen § 15a Abs. 5 Änderungen nicht, nicht richtig, nicht vollständig oder nicht rechtzeitig mitteilt,
12d. entgegen § 15a Abs. 5 Änderungen nicht, nicht richtig, nicht vollständig oder nicht rechtzeitig nachweist oder
12e. entgegen § 15a Abs. 6 sein Unternehmen nicht rechtzeitig abmeldet.

(1a) Ordnungswidrig handelt, wer

1. entgegen § 7c Satz 1 Nr. 1 oder 3 Buchstabe a oder
2. entgegen § 7c Satz 1 Nr. 2 oder 3 Buchstabe b

eine Leistung ausführen lässt.

(2) Ordnungswidrig handelt, wer gegen die Verordnung (EG) Nr. 1072/2009 des Europäischen Parlaments und des Rates vom 21. Oktober 2009 über gemeinsame Regeln für den Zugang zum Markt des grenzüberschreitenden Güterkraftverkehrs (ABl. L 300 vom 14.11.2009, S. 72) verstößt, indem er vorsätzlich oder fahrlässig

1. ohne Gemeinschaftslizenz nach Artikel 3 grenzüberschreitenden Güterkraftverkehr betreibt,
2. entgegen Artikel 5 Absatz 6 Satz 1 dem Fahrer die Fahrerbescheinigung nicht oder nicht rechtzeitig zur Verfügung stellt oder
3. entgegen Artikel 5 Absatz 6 Satz 3 die Fahrerbescheinigung nicht oder nicht rechtzeitig vorzeigt.

(2a) Ordnungswidrig handelt, wer vorsätzlich oder fahrlässig im Kabotageverkehr nach Artikel 8 der Verordnung (EG) Nr. 1072/2009
1. vor der ersten Kabotagebeförderung eine grenzüberschreitende Beförderung aus einem Mitgliedstaat der Europäischen Union oder einem Drittland nicht durchführt,
2. vor der letzten Entladung der nach Deutschland eingeführten Lieferung eine Kabotagebeförderung durchführt,
3. mehr als drei Kabotagebeförderungen im Anschluss an die grenzüberschreitende Beförderung durchführt,
4. nicht dasselbe Fahrzeug für alle Kabotagebeförderungen verwendet oder im Fall von Fahrzeugkombinationen nicht das Kraftfahrzeug desselben Fahrzeugs für alle Kabotagebeförderungen verwendet,
5. später als sieben Tage nach der letzten Entladung der eingeführten Lieferung eine Kabotagebeförderung durchführt,
6. nach Durchführung von mehr als zwei Kabotagebeförderungen in einem oder mehreren anderen Mitgliedstaaten nach unbeladener Einfahrt eine Kabotagebeförderung in Deutschland durchführt,
7. nach Durchführung einer grenzüberschreitenden Beförderung in einen Mitgliedstaat und unbeladener Einfahrt nach Deutschland mehr als eine Kabotagebeförderung durchführt oder
8. eine Kabotagebeförderung nicht innerhalb von drei Tagen im Anschluss an eine unbeladene Einfahrt nach Deutschland beendet.

(3) Ordnungswidrig handelt, wer als Fahrer, der Staatsangehöriger eines Drittstaates ist, vorsätzlich oder fahrlässig eine Kabotagebeförderung nach Artikel 8 der Verordnung (EG) Nr. 1072/2009 durchführt, ohne die Fahrerbescheinigung mitzuführen.

(4) Ordnungswidrig handelt, wer vorsätzlich oder fahrlässig
1. im grenzüberschreitenden Güterkraftverkehr einen Fahrer einsetzt, für den eine Fahrerbescheinigung nach Artikel 5 Absatz 2 der Verordnung (EG) Nr. 1072/2009 nicht ausgestellt worden ist,
2. Kabotage nach Artikel 8 Absatz 1 der Verordnung (EG) Nr. 1072/2009 betreibt, ohne Inhaber einer Gemeinschaftslizenz nach Artikel 4 der Verordnung (EG) Nr. 1072/2009 zu sein, oder
3. im Kabotageverkehr nach Artikel 8 Absatz 1 der Verordnung (EG) Nr. 1072/2009 einen Fahrer einsetzt, für den eine Fahrerbescheinigung nach Artikel 5 Absatz 2 der Verordnung (EG) Nr. 1072/2009 nicht ausgestellt worden ist.

(5) Ordnungswidrig handelt, wer gegen die Verordnung (EU) Nr. 1214/2011 des Europäischen Parlaments und des Rates vom 16. November 2011 über den gewerbsmäßigen grenzüberschreitenden Straßentransport von Euro-Bargeld zwischen den Mitgliedstaaten des Euroraums (ABl. L 316 vom 29.11.2011, S. 1) verstößt, indem er vorsätzlich oder fahrlässig
1. ohne Lizenz nach Artikel 4 Absatz 1 einen grenzüberschreitenden Geldtransport betreibt,
2. entgegen Artikel 4 Absatz 3 Satz 2 ein Original oder eine beglaubigte Kopie einer gültigen Lizenz nicht oder nicht rechtzeitig vorweist,
3. entgegen Artikel 6 Absatz 4 Satz 1 eine erforderliche Waffengenehmigung nicht besitzt oder
4. entgegen Artikel 10 dort genannte Banknoten nicht oder nicht unverzüglich nach Entdecken aus dem Verkehr zieht.

(6) Ordnungswidrig handelt, wer vorsätzlich oder fahrlässig
1. als Verantwortlicher eines lizenzierten Unternehmens Sicherheitspersonal einsetzt, das einer in Artikel 5 Absatz 1 Unterabsatz 1 oder Absatz 2 Satz 1 der Verordnung (EU) Nr. 1214/2011 genannten Anforderung nicht genügt,
2. als Verantwortlicher eines lizenzierten Unternehmens ein Fahrzeug einsetzt, das einer Anforderung des Artikels 7 Absatz 1, 2, 3 oder Absatz 4 Satz 1 der Verordnung (EU) Nr. 1214/2011 nicht genügt, oder
3. einen Transport in einer nicht nach Artikel 13 Absatz 1 Satz 1 der Verordnung (EU) Nr. 1214/2011 genannten Option durchführt.

(7) [1] Die Ordnungswidrigkeit kann in den Fällen des Absatzes 1 Nr. 6c, Absatzes 1a Nr. 2 und des Absatzes 4 Nr. 1 und 3 mit einer Geldbuße bis zu zweihunderttausend Euro, in den Fällen

3. Güterkraftverkehrsgesetz (GüKG) **Anh. 3**

der Absätze 5 und 6 mit einer Geldbuße bis zu hunderttausend Euro, in den Fällen des Absatzes 1 Nr. 1b, 12, des Absatzes 1a Nr. 1, des Absatzes 2 Nr. 1 und des Absatzes 4 Nr. 2 mit einer Geldbuße bis zu zwanzigtausend Euro, in den übrigen Fällen mit einer Geldbuße bis zu fünftausend Euro geahndet werden. ²Sie können auf der Grundlage und nach Maßgabe internationaler Übereinkünfte auch dann geahndet werden, wenn sie im Bereich gemeinsamer Grenzabfertigungsanlagen außerhalb des räumlichen Geltungsbereiches dieses Gesetzes begangen werden.

§ 20. Befugnisse des Bundesamtes bei der Verfolgung von Zuwiderhandlungen. (1) ¹Bei der Durchführung der Überwachungsaufgaben nach § 11 haben das Bundesamt und seine Beauftragten Zuwiderhandlungen gegen die gesetzlichen Vorschriften zu erforschen und zu verfolgen. ²Die Beauftragten des Bundesamtes haben insoweit die Rechte und Pflichten der Beamten des Polizeivollzugsdienstes nach den Vorschriften der Strafprozeßordnung und nach dem Gesetz über Ordnungswidrigkeiten. ³§ 163 der Strafprozeßordnung und § 53 des Gesetzes über Ordnungswidrigkeiten bleiben unberührt.

(1a) In den Fällen des Absatzes 1 Satz 1 haben die Beauftragten des Bundesamtes bei Gefahr im Verzuge das Recht zur Anordnung von Sicherheitsleistungen nach § 46 Abs. 1 des Gesetzes über Ordnungswidrigkeiten in Verbindung mit § 132 Abs. 1 Satz 1 Nr. 1, Satz 2, Abs. 2 der Strafprozessordnung.

(2) ¹In den Fällen des Absatzes 1 Satz 1 können auch das Bundesamt und seine Beauftragten die Verwarnung nach § 56 des Gesetzes über Ordnungswidrigkeiten erteilen. ²§ 57 Abs. 1 des Gesetzes über Ordnungswidrigkeiten gilt entsprechend.

§ 21. Zuständigkeiten für die Ahndung von Zuwiderhandlungen. (1) ¹Wird eine Zuwiderhandlung in einem Unternehmen begangen, das seinen Sitz im Inland hat, ist Verwaltungsbehörde im Sinne des § 36 Abs. 1 Nr. 1 des Gesetzes über Ordnungswidrigkeiten die von der Landesregierung bestimmte Behörde. ²Die Landesregierung kann die Ermächtigung auf die zuständige oberste Landesbehörde übertragen.

(2) Wird eine Zuwiderhandlung in einem Unternehmen begangen, das seinen Sitz im Ausland hat, ist Verwaltungsbehörde im Sinne des § 36 Abs. 1 Nr. 1 des Gesetzes über Ordnungswidrigkeiten das Bundesamt.

(3) Abweichend von Absatz 1 ist das Bundesamt Verwaltungsbehörde im Sinne des § 36 Absatz 1 Nummer 1 des Gesetzes über Ordnungswidrigkeiten für Zuwiderhandlungen nach § 19 Absatz 1 Nummer 5 Buchstabe b, Nummer 6c, 6d, 6e, Absatz 1a, 2 Nummer 2, 3 und Absatz 4 Nummer 1, die in einem Unternehmen, das seinen Sitz im Inland hat, begangen wurden.

(4) § 405 des Dritten Buches Sozialgesetzbuch bleibt unberührt.

§ 21a. Aufsicht. (1) Der Unternehmer des gewerblichen Güterkraftverkehrs und alle am Beförderungsvertrag Beteiligten unterliegen wegen der Erfüllung der gesetzlichen Vorschriften der Aufsicht der nach Landesrecht zuständigen Behörde.

(2) ¹Soweit dies zur Durchführung der Aufgaben nach Absatz 1 erforderlich ist, können die Beauftragten der Aufsichtsbehörden gegenüber Eigentümern und Besitzern von Fahrzeugen zur Güterbeförderung und allen an der Beförderung oder an den Handelsgeschäften über die beförderten Güter Beteiligten folgende Maßnahmen ergreifen:

1. Grundstücke und Geschäftsräume innerhalb der üblichen Betriebs- und Geschäftszeiten betreten sowie
2. die erforderlichen Schriftstücke und Datenträger, insbesondere Aufzeichnungen, Frachtbriefe und Unterlagen über den Fahrzeugeinsatz einsehen und hieraus Abschriften, Auszüge, Ausdrucke und Kopien anfertigen oder elektronisch gespeicherte Daten auf eigene Datenträger übertragen.

²Die in Satz 1 genannten Personen haben diese Maßnahmen zu gestatten.

(3) ¹Die in Absatz 2 genannten Personen haben den Beauftragten der Aufsichtsbehörden auf Verlangen alle für die Durchführung der Aufsicht erforderlichen Auskünfte zu erteilen, Nachweise zu erbringen, Hilfsmittel zu stellen und Hilfsdienste zu leisten. ²§ 12 Abs. 1 Satz 3 und 4 gilt entsprechend.

6. Abschnitt. Gebühren und Auslagen, Ermächtigungen

§ 22. Gebühren und Auslagen. (1) Für Amtshandlungen nach diesem Gesetz, nach den auf diesem Gesetz beruhenden Rechtsvorschriften, nach Rechtsakten der Europäischen Gemeinschaften sowie auf Grund internationaler Abkommen und diese ergänzender nationaler Rechtsvorschriften sind Gebühren und Auslagen nach den Bestimmungen des Verwaltungskostengesetzes in der bis zum 14. August 2013 geltenden Fassung und der Rechtsverordnung nach Absatz 2 zu erheben.

(2) ¹Das Bundesministerium für Verkehr, Bau und Stadtentwicklung wird ermächtigt, im Einvernehmen mit dem Bundesministerium der Finanzen und dem Bundesministerium für Wirtschaft und Technologie durch Rechtsverordnung mit Zustimmung des Bundesrates die gebührenpflichtigen Tatbestände und die Gebühren nach festen Sätzen oder als Rahmengebühren näher zu bestimmen. ²Im Bereich der Gebühren der Landesbehörden übt das Bundesministerium für Verkehr, Bau und Stadtentwicklung die Ermächtigung nach Satz 1 auf der Grundlage eines Antrags oder einer Stellungnahme von mindestens fünf Ländern beim Bundesministerium für Verkehr, Bau und Stadtentwicklung aus. ³Der Antrag oder die Stellungnahme sind mit einer Schätzung des Personal- und Sachaufwands zu begründen. ⁴Das Bundesministerium für Verkehr, Bau und Stadtentwicklung kann die übrigen Länder ebenfalls zur Beibringung einer Schätzung des Personal- und Sachaufwands auffordern.

(3) Auskünfte nach § 19 des Bundesdatenschutzgesetzes werden unentgeltlich erteilt.

§ 23. Ermächtigungen zum Erlaß von Durchführungsbestimmungen. (1) Die Bundesregierung erläßt mit Zustimmung des Bundesrates die allgemeinen Verwaltungsvorschriften, die zur Durchführung von Rechtsakten der Europäischen Union, dieses Gesetzes und der auf diesem Gesetz beruhenden Rechtsverordnungen erforderlich sind.

(2) Das Bundesministerium für Verkehr, Bau und Stadtentwicklung wird ermächtigt, mit Zustimmung des Bundesrates durch Rechtsverordnung andere als in § 2 Abs. 1 genannte Beförderungsfälle ganz oder teilweise von den Bestimmungen dieses Gesetzes auszunehmen, soweit sich deren Unterstellung unter dieses Gesetz als unverhältnismäßig erweist.

(3) ¹Das Bundesministerium für Verkehr, Bau und Stadtentwicklung wird ermächtigt, im Bereich des grenzüberschreitenden Güterkraftverkehrs, des Durchgangsverkehrs und des Kabotageverkehrs (innerstaatlicher Güterkraftverkehr durch Unternehmer, die in einem anderen Staat niedergelassen sind) einschließlich des Werkverkehrs zur Ordnung dieser Verkehre und zur Durchführung internationaler Abkommen sowie von Rechtsakten der Europäischen Union, die den Güterkraftverkehr betreffen, Rechtsverordnungen zu erlassen, durch die

1. der Zugang zum Beruf des Güterkraftverkehrsunternehmers und zum Markt des Güterkraftverkehrs, insbesondere die Voraussetzungen für die Erteilung, die Rücknahme und den Widerruf von Genehmigungen, den Erlaß von Nebenbestimmungen, das zugehörige Verfahren einschließlich der Durchführung von Anhörungen und der Behandlung wesentlicher Änderungen nach Erteilung der Genehmigungen sowie die Bedingungen für den Fahrzeugeinsatz geregelt werden,
1a. die Voraussetzungen für die Erteilung, die Rücknahme und den Widerruf von Fahrerbescheinigungen, den Erlass von Nebenbestimmungen, das zugehörige Verfahren einschließlich der Durchführung von Anhörungen und der Behandlung wesentlicher Änderungen nach Erteilung der Fahrerbescheinigungen, die Bedingungen für den Einsatz des Fahrpersonals sowie die Überwachung der Erteilungsvoraussetzungen geregelt werden,
2. für Unternehmer, deren Unternehmen ihren Sitz in einem Staat haben, der weder Mitglied der Europäischen Union noch anderer Vertragsstaat des Abkommens über den Europäischen Wirtschaftsraum ist, der Zugang zum Markt des Güterkraftverkehrs und die Bedingungen bei der Durchführung des Güterkraftverkehrs abweichend von den Bestimmungen dieses Gesetzes geregelt sowie der vorübergehende oder dauernde Ausschluß vom Güterkraftverkehr vorgesehen wird, wenn wiederholt oder schwerwiegend gegen im Inland geltende Vorschriften verstoßen wird,

3. Güterkraftverkehrsgesetz (GüKG) **Anh. 3**

3. Bestimmungen zur Gewährleistung zwischenstaatlicher Gegenseitigkeit oder gleicher Wettbewerbsbedingungen, insbesondere über die Erteilung von Genehmigungen, die Voraussetzungen für die Erteilung und die Aufhebung einer Genehmigung, die Überwachung sowie das Verfahren, eingeführt und
4. die Pflicht zur Vorlage von Unterlagen zur Beobachtung des Marktgeschehens geregelt werden.

²Rechtsverordnungen nach den Nummern 1 bis 3 bedürfen der Zustimmung des Bundesrates.

(4) ¹Das Bundesministerium für Verkehr, Bau und Stadtentwicklung kann abweichend von den auf Grund des Absatzes 3 erlassenen Rechtsverordnungen im Rahmen internationaler Regierungs- und Verwaltungsabkommen Beförderungsfälle ganz oder teilweise von der Genehmigungspflicht für den grenzüberschreitenden gewerblichen Güterkraftverkehr mit Staaten außerhalb der Europäischen Union und des Europäischen Wirtschaftsraums freistellen, soweit diese sich als unverhältnismäßig erweist. ²Ebenso kann Das Bundesministerium für Verkehr, Bau und Stadtentwicklung mit einem Nachbarstaat Vereinbarungen treffen, durch die Verkehre durch das Inland mit Be- und Entladeort in dem Nachbarstaat von der Erlaubnispflicht nach § 3 Abs. 1 ausgenommen werden.

(5) Das Bundesministerium für Verkehr, Bau und Stadtentwicklung wird ermächtigt, durch Rechtsverordnung mit Zustimmung des Bundesrates auf dem Gebiet des grenzüberschreitenden kombinierten Verkehrs zur Ordnung dieses Verkehrs und zur Durchführung internationaler Abkommen sowie von Verordnungen, Entscheidungen und Richtlinien des Rates der Europäischen Union und der Kommission der Europäischen Gemeinschaften Vorschriften zu erlassen, durch die

1. das Vorliegen von grenzüberschreitendem kombiniertem Verkehr einschließlich der Bestimmung des nächstgelegenen geeigneten Bahnhofs sowie die Pflicht zur Mitführung und Aushändigung von Papieren geregelt werden, die dem Nachweis der Erfüllung der Berufszugangsvoraussetzungen und der Durchführung von kombiniertem Verkehr dienen,
1a. Besonderheiten, insbesondere genehmigungsrechtliche Erleichterungen, vorgesehen werden sowie
2. Bestimmungen zur Gewährleistung zwischenstaatlicher Gegenseitigkeit oder gleicher Wettbewerbsbedingungen eingeführt werden.

§ 24. *(aufgehoben)*

§ 25. *(aufgehoben)*

4. Berufszugangsverordnung für den Güterkraftverkehr (GBZugV)

Vom 21. Dezember 2011
(BGBl. I S. 3120)

FNA 9241-34-2

geänd. durch Art. 7 Neunte VO zur Änd. der Fahrerlaubnis-VO und anderer straßenverkehrsrechtlicher Vorschriften v. 5.11.2013 (BGBl. I S. 3920)

Auf Grund des § 3 Absatz 6 und des § 23 Absatz 3 des Güterkraftverkehrsgesetzes vom 22. Juni 1998 (BGBl. I S. 1485), von denen § 3 Absatz 6 durch Artikel 1 Nummer 4 Buchstabe e des Gesetzes vom 22. November 2011 (BGBl. I S. 2272) und § 23 Absatz 3 durch Artikel 1 Nummer 24 Buchstabe b des Gesetzes vom 22. November 2011 (BGBl. I S. 2272) geändert worden ist, verordnet das Bundesministerium für Verkehr, Bau und Stadtentwicklung:

§ 1. Anwendungsbereich. Diese Verordnung regelt den Zugang zum Beruf des Unternehmers im Güterkraftverkehr.

§ 2. Persönliche Zuverlässigkeit. (1) Der Unternehmer und der Verkehrsleiter im Sinne des Artikels 4 der Verordnung (EG) Nr. 1071/2009 des Europäischen Parlaments und des Rates vom 21. Oktober 2009 zur Festlegung gemeinsamer Regeln für die Zulassung zum Beruf des Kraftverkehrsunternehmers und zur Aufhebung der Richtlinie 96/26/EG des Rates (ABl. L 300 vom 14.11.2009, S. 51) sind zuverlässig im Sinne des Artikels 6 der Verordnung (EG) Nr. 1071/2009, wenn keine Tatsachen dafür vorliegen, dass

1. bei der Führung des Unternehmens gegen gesetzliche Bestimmungen verstoßen oder
2. bei dem Betrieb des Unternehmens die Allgemeinheit geschädigt oder gefährdet

wird.

(2) Die erforderliche Zuverlässigkeit besitzen der Unternehmer und der Verkehrsleiter in der Regel nicht, wenn sie wegen eines schwersten Verstoßes gegen Gemeinschaftsvorschriften im Sinne des Anhangs IV der Verordnung (EG) Nr. 1071/2009

1. rechtskräftig verurteilt worden sind oder
2. ein gegen sie ergangener Bußgeldbescheid unanfechtbar geworden ist.

(3) Darüber hinaus können der Unternehmer und der Verkehrsleiter insbesondere dann unzuverlässig sein, wenn sie rechtskräftig verurteilt worden sind oder ein gegen sie ergangener Bußgeldbescheid unanfechtbar geworden ist

1. wegen eines schwerwiegenden Verstoßes gegen Gemeinschaftsvorschriften im Sinne des Artikels 6 Absatz 1 Unterabsatz 3 Buchstabe b der Verordnung (EG) Nr. 1071/2009 in einem oder mehreren Mitgliedstaaten der Europäischen Union,
2. wegen eines schweren Verstoßes gegen strafrechtliche Vorschriften oder
3. wegen eines schweren Verstoßes gegen
   a) Vorschriften des Güterkraftverkehrsgesetzes oder der auf diesem Gesetz beruhenden Rechtsverordnungen,
   b) arbeits- oder sozialrechtliche Pflichten,
   c) Vorschriften, die im Interesse der Verkehrs-, Betriebs- oder Lebensmittelsicherheit erlassen wurden, insbesondere gegen die Vorschriften des Straßenverkehrsgesetzes, der Straßenverkehrs-Ordnung oder der Straßenverkehrs-Zulassungs-Ordnung,
   d) die abgabenrechtlichen Pflichten, die sich aus unternehmerischer Tätigkeit ergeben,
   e) § 1 des Pflichtversicherungsgesetzes vom 5. April 1965 (BGBl. I S. 213) in der jeweils geltenden Fassung,
   f) umweltschützende Vorschriften, insbesondere des Abfall- und Immissionsschutzrechts oder gegen
   g) Vorschriften des Handels- und Insolvenzrechts.

4. Berufszugangsverordnung für den Güterkraftverkehr (GBZugV)   **Anh. 4**

(4) Zur Prüfung, ob Verstöße im Sinne der Absätze 2 und 3 vorliegen, kann die nach Landesrecht zuständige Behörde Bescheinigungen und Auszüge aus Registern, in denen derartige Verstöße registriert sind, von dem Antragsteller verlangen oder mit dessen Einverständnis anfordern.

§ 3. Finanzielle Leistungsfähigkeit. Der Unternehmer besitzt die erforderliche finanzielle Leistungsfähigkeit, wenn er die Voraussetzungen des Artikels 7 der Verordnung (EG) Nr. 1071/2009 erfüllt.

§ 4. Fachliche Eignung. Fachlich geeignet im Sinne des Artikels 3 Absatz 1 Buchstabe d der Verordnung (EG) Nr. 1071/2009 ist, wer über die Kenntnisse verfügt, die zur ordnungsgemäßen Führung eines Güterkraftverkehrsunternehmens erforderlich sind, und zwar auf den jeweiligen Sachgebieten, die im Anhang I Teil I der Verordnung (EG) Nr. 1071/2009 in der jeweils geltenden Fassung aufgeführt sind.

§ 5. Fachkundeprüfung. (1) Die fachliche Eignung im Sinne des § 4 wird durch eine Prüfung nachgewiesen, die sich aus zwei schriftlichen und einem mündlichen Prüfungsteil zusammensetzt.

(2) [1] Die schriftlichen Teilprüfungen bestehen aus Multiple-Choice-Fragen und schriftlichen Fragen mit direkter Antwort sowie aus schriftlichen Übungen/Fallstudien. [2] Die Mindestdauer für jede schriftliche Teilprüfung beträgt zwei Stunden.

(3) Es ist eine Gesamtpunktezahl zu bilden, die wie folgt auf die Prüfungsteile aufzuteilen ist:
1. schriftliche Fragen zu 40 Prozent,
2. schriftliche Übungen/Fallstudien zu 35 Prozent,
3. mündliche Prüfung zu 25 Prozent.

(4) [1] Die Prüfung ist bestanden, wenn der Bewerber mindestens 60 Prozent der möglichen Gesamtpunktezahl erreicht hat, wobei der in jeder Teilprüfung erzielte Punkteanteil nicht unter 50 Prozent der jeweils möglichen Punktezahl liegen darf. [2] Anderenfalls ist die Prüfung nicht bestanden.

(5) [1] Die mündliche Prüfung entfällt, wenn die schriftliche Prüfung nicht bestanden ist. [2] Sie entfällt ebenfalls, wenn der Bewerber bereits in den schriftlichen Teilprüfungen mindestens 60 Prozent der möglichen Gesamtpunktezahl erzielt hat.

(6) Die Prüfung und die Bewertung der Prüfungsleistungen erfolgen durch die Industrie- und Handelskammern auf Grund einer Prüfungsordnung unter Beachtung der Verordnung (EG) Nr. 1071/2009 in der jeweils geltenden Fassung, insbesondere von Teil II des Anhangs I dieser Verordnung.

(7) [1] Bewerbern, die die Prüfung bestanden haben, wird eine Bescheinigung nach dem Muster des Anhangs III der Verordnung (EG) Nr. 1071/2009 in der jeweils geltenden Fassung erteilt. [2] Die Bescheinigung, die Spezialfasern im Papier enthält, die unter UV-Licht sichtbar werden, ist mit einer Seriennummer und einer Ausgabenummer zu versehen.

§ 6. Prüfungsausschuss. (1) Die Prüfung wird vor der zuständigen Industrie- und Handelskammer abgelegt, die einen Prüfungsausschuss errichtet.

(2) [1] Der Prüfungsausschuss besteht aus einem Vorsitzenden und mindestens einem Beisitzer. [2] Für jedes Mitglied soll mindestens ein Vertreter bestellt werden. [3] Ein Beisitzer soll in einem Unternehmen des Güterkraftverkehrs tätig sein.

(3) [1] Die Industrie- und Handelskammer bestellt die Mitglieder des Prüfungsausschusses und ihre Vertreter. [2] Der Vorsitzende des Prüfungsausschusses und sein Vertreter sollen zur Vollversammlung der Industrie- und Handelskammer wählbar oder bei einer Industrie- und Handelskammer beschäftigt sein. [3] Die Beisitzer und seine Vertreter sollen auf Vorschlag der Fachverbände des Verkehrsgewerbes bestellt werden. [4] Die Fachverbände sollen zu Beisitzern und deren Vertretern mindestens doppelt so viele Personen vorschlagen, wie bestellt werden.

(4) [1] Bei Bedarf muss der Prüfungsausschuss der Industrie- und Handelskammer mindestens einmal im Vierteljahr einen Prüfungstermin festsetzen. [2] Zuständig ist der Prüfungsausschuss,

in dessen Bezirk der Bewerber seinen Wohnsitz hat. ³Hat der Bewerber seinen Wohnsitz im Ausland, ist die Industrie- und Handelskammer des Bezirkes zuständig, in dem der Bewerber arbeitet. ⁴Der Bewerber kann mit seiner Zustimmung an den Prüfungsausschuss bei einer anderen Industrie- und Handelskammer verwiesen werden, wenn innerhalb eines Vierteljahrs weniger als drei Bewerber zur Prüfung anstehen oder dem Bewerber andernfalls wirtschaftliche Nachteile entstehen.

§ 7. Gleichwertige Abschlussprüfungen. (1) ¹Als Prüfungen der fachlichen Eignung gelten auch die in der Anlage 4 der bis zum 31. Dezember 2011 geltenden Fassung der Berufszugangsverordnung für den Güterkraftverkehr vom 21. Juni 2000 (BGBl. I S. 918), die durch Artikel 485 der Verordnung vom 31. Oktober 2006 (BGBl. I S. 2407) geändert worden ist, aufgeführten Abschlussprüfungen, wenn die Ausbildung vor dem 4. Dezember 2011 begonnen worden ist.
²Als Prüfungen der fachlichen Eignung gelten auch Abschlussprüfungen, die von den nach Landesrecht zuständigen Behörden nach § 6 Absatz 2 der bis zum 31. Dezember 2011 geltenden Fassung der Berufszugangsverordnung für den Güterkraftverkehr vom 21. Juni 2000 (BGBl. I S. 918), die durch Artikel 485 der Verordnung vom 31. Oktober 2006 (BGBl. I S. 2407) geändert worden ist, bis zum 4. Dezember 2011 anerkannt worden sind, wenn die Ausbildung vor dem 4. Dezember 2011 begonnen worden ist.

(2) Die nach § 6 Absatz 4 zuständige Industrie- und Handelskammer stellt dem Inhaber eines nach Absatz 1 anerkannten Abschlusses auf Antrag eine Bescheinigung nach dem Muster des Anhangs III der Verordnung (EG) Nr. 1071/2009 in der jeweils geltenden Fassung aus.

§ 8. Übergangsregelung für die Anerkennung leitender Tätigkeit. (1) ¹Die fachliche Eignung für den Güterkraftverkehr kann auch durch eine mindestens zehnjährige leitende Tätigkeit in einem Unternehmen, das Güterkraftverkehr betreibt, nachgewiesen werden. ²Diese Tätigkeit muss in dem Zeitraum von zehn Jahren vor dem 4. Dezember 2009 ohne Unterbrechung in einem oder mehreren Mitgliedstaaten der Europäischen Union ausgeübt worden sein.

(2) ¹Die Prüfung der Voraussetzungen nach Absatz 1 obliegt der Industrie- und Handelskammer, in deren Zuständigkeitsbereich der Bewerber seinen Wohnsitz hat. ²Hat der Bewerber seinen Wohnsitz im Ausland, ist die Industrie- und Handelskammer des Bezirkes zuständig, in dem der Bewerber arbeitet. ³Der Bewerber hat der Kammer die zur Prüfung nach Satz 1 erforderlichen Unterlagen vorzulegen. ⁴Reichen die Unterlagen zum Nachweis der fachlichen Eignung nicht aus, so kann die Kammer mit dem Bewerber ein ergänzendes Beurteilungsgespräch führen. ⁵Hält die Kammer den Bewerber für fachlich geeignet, so stellt sie eine Bescheinigung nach dem Muster des Anhangs III der Verordnung (EG) Nr. 1071/2009 in der jeweils geltenden Fassung aus.

§ 9. Geltungsumfang beschränkter Fachkundebescheinigungen. (1) Bescheinigungen über den Nachweis der fachlichen Eignung, die bis zum Inkrafttreten der Fünften Verordnung zur Änderung von Rechtsvorschriften zum Güterkraftverkehrsgesetz vom 23. Februar 1993 (BGBl. I S. 268) auf die Durchführung von Güternah- oder Umzugsverkehr oder auf innerstaatliche Beförderungen beschränkt wurden, gelten als uneingeschränkte Fachkundebescheinigungen.

(2) Die zuständige Industrie- und Handelskammer stellt dem Inhaber einer Bescheinigung nach Absatz 1 auf Antrag eine Bescheinigung nach dem Muster des Anhangs III der Verordnung (EG) Nr. 1071/2009 in der jeweils geltenden Fassung aus.

§ 10. Erlaubnisverfahren. (1) Bei der Stellung eines Antrags nach § 3 des Güterkraftverkehrsgesetzes sind gegenüber der nach Landesrecht zuständigen Behörde folgende Angaben zu machen und vorbehaltlich des Absatzes 2 auf Verlangen nachzuweisen:
1. Name und Rechtsform des Unternehmens,
2. das zuständige Registergericht, falls das Unternehmen im Handels-, Partnerschafts-, Genossenschafts- oder Vereinsregister eingetragen ist,
3. Anschrift des Sitzes,

4. Berufszugangsverordnung für den Güterkraftverkehr (GBZugV) **Anh. 4**

4. die für den Sitz des Unternehmens maßgeblichen Telefon- und Telefaxnummern sowie die elektronische Postadresse,
5. Anschriften der Niederlassungen,
6. für das antragstellende Unternehmen die zur Vertretung ermächtigten Personen unter Nachweis ihrer Vertreterstellung und für die Verkehrsleiter jeweils
   a) Vorname,
   b) Familienname und abweichender Geburtsname,
   c) Geburtsdatum, -ort, Staat der Geburt und Staatsangehörigkeit und
   d) Anschrift und Stellung im Unternehmen,
7. Anzahl der benötigten Ausfertigungen,
8. Anzahl und Art der eingesetzten Fahrzeuge,
9. bei Inhabern einer Lizenz im Sinne der Verordnung (EG) Nr. 1072/2009 des Europäischen Parlaments und des Rates vom 21. Oktober 2009 über gemeinsame Regeln für den Zugang zum Markt des grenzüberschreitenden Güterkraftverkehrs (ABl. L 300 vom 14. 11. 2009, S. 72) in der jeweils geltenden Fassung die zuständige Erteilungsbehörde, Lizenznummer, Datum der Erteilung und Gültigkeitszeitraum sowie Anzahl der ausgegebenen beglaubigten Kopien.

(2) ¹Mit dem Antrag nach Absatz 1 müssen der Erlaubnisbehörde folgende Unterlagen vorgelegt werden, die zur Prüfung der Voraussetzungen einer Erlaubnis erforderlich sind:
1. für das antragstellende Unternehmen:
   a) ein Auszug aus dem Handels-, Partnerschafts-, Genossenschafts- oder Vereinsregister in beglaubigter Abschrift oder als amtlicher Ausdruck, wenn eine entsprechende Eintragung besteht,
   b) der Nachweis der Vertretungsberechtigung,
   c) ein Führungszeugnis und eine Auskunft aus dem Gewerbezentralregister für die zur Vertretung ermächtigte Person,
   d) die Unterlagen nach Artikel 7 der Verordnung (EG) Nr. 1071/2009 in der jeweils geltenden Fassung,
   e) der Nachweis der fachlichen Eignung nach Anhang III der Verordnung (EG) Nr. 1071/2009 in der jeweils geltenden Fassung,
2. für die Verkehrsleiter:
   a) ein Führungszeugnis,
   b) eine Auskunft aus dem Gewerbezentralregister,
   c) der Nachweis der fachlichen Eignung nach Anhang III der Verordnung (EG) Nr. 1071/2009 in der jeweils geltenden Fassung,
   d) für die Verkehrsleiter im Sinne des Artikels 4 Absatz 1 der Verordnung (EG) Nr. 1071/2009 der Nachweis über das Vorliegen der Voraussetzungen des Artikels 4 Absatz 1 Buchstabe a bis c der Verordnung (EG) Nr. 1071/2009 in der jeweils geltenden Fassung,
   e) für die Verkehrsleiter im Sinne des Artikels 4 Absatz 2 der Verordnung (EG) Nr. 1071/2009 der Nachweis über das Vorliegen der Voraussetzungen des Artikels 4 Absatz 2 Buchstabe a bis d der Verordnung (EG) Nr. 1071/2009 in der jeweils geltenden Fassung.

²Das Führungszeugnis und die Auskunft aus dem Gewerbezentralregister dürfen zum Zeitpunkt der Antragstellung nicht älter als drei Monate sein. ³Vor Erteilung der Erlaubnis kann die Erlaubnisbehörde über die genannten Personen auch eine Auskunft aus dem Fahreignungsregister einholen.

(3) Diplome, Prüfungszeugnisse und sonstige Befähigungsnachweise aus anderen Mitgliedstaaten der Europäischen Union sind von der Erlaubnisbehörde nach Maßgabe des Artikels 21 der Verordnung (EG) Nr. 1071/2009 in der jeweils geltenden Fassung anzuerkennen.

(4) ¹Die Erlaubnis und deren Ausfertigung werden nach den Mustern der Anlage 1 erteilt. ²Sie sind nicht übertragbar.

(5) ¹Ändern sich nach Erteilung der Erlaubnis die in Absatz 1 Nummer 1, 2, 3, 5, 6, 8 oder 9 genannten Angaben, so hat das Unternehmen dies der nach Landesrecht zuständigen Behörde innerhalb von 28 Tagen mitzuteilen und auf Verlangen nachzuweisen. ²Ist eine Änderung der

Erlaubnisurkunde erforderlich, so hat das Unternehmen die Erlaubnisurkunde und deren Ausfertigungen unverzüglich vorzulegen.

§ 11. Kontrolle. (1) ¹Die nach Landesrecht zuständigen Behörden kontrollieren die Unternehmen nach Maßgabe des Artikels 12 der Verordnung (EG) Nr. 1071/2009. ²Hierzu überprüfen sie regelmäßig und mindestens alle zehn Jahre, ob der Unternehmer die Berufszugangsvoraussetzungen nach Artikel 3 der Verordnung (EG) Nr. 1071/2009 noch erfüllt. ³Zur Durchführung der Kontrollen hat der Unternehmer auf Verlangen der zuständigen Behörde erforderliche Nachweise vorzulegen.

(2) Die Behörde teilt dem Unternehmen das Ergebnis der Überprüfung nach Absatz 1 schriftlich mit.

(3) Die Verfahren auf Erneuerung der Gemeinschaftslizenz nach Artikel 4 der Verordnung (EG) Nr. 1072/2009 oder der Erlaubnis nach dem Güterkraftverkehrsgesetz ersetzen die Kontrolle nach Absatz 1, soweit dabei zugleich der Nachweis geführt wird, dass die Berufszulassungsvoraussetzungen insgesamt erfüllt sind.

§ 12. Ordnungswidrigkeiten. Ordnungswidrig im Sinne des § 19 Absatz 1 Nummer 2 des Güterkraftverkehrsgesetzes handelt, wer vorsätzlich oder fahrlässig
1. entgegen § 10 Absatz 5 Satz 1 eine Mitteilung nicht, nicht richtig, nicht vollständig oder nicht rechtzeitig macht oder einen Nachweis nicht, nicht richtig, nicht vollständig oder nicht rechtzeitig erbringt,
2. entgegen § 10 Absatz 5 Satz 2 eine Erlaubnisurkunde oder eine Ausfertigung nicht oder nicht rechtzeitig vorlegt oder
3. entgegen § 11 Absatz 1 Satz 3 einen Nachweis nicht, nicht richtig, nicht vollständig oder nicht rechtzeitig vorlegt.

§ 13. Inkrafttreten, Außerkrafttreten. ¹Diese Verordnung tritt am Tag nach der Verkündung[1]) in Kraft. ²Gleichzeitig tritt die Berufszugangsverordnung für den Güterkraftverkehr vom 21. Juni 2000 (BGBl. I S. 918), die durch Artikel 485 der Verordnung vom 31. Oktober 2006 (BGBl. I S. 2407) geändert worden ist, außer Kraft.

Der Bundesrat hat zugestimmt.

---

[1]) Verkündet am 30.12.2011.

4. Berufszugangsverordnung für den Güterkraftverkehr (GBZugV)   **Anh. 4**

Anlage 1
(zu § 10 Absatz 4)

Die Anlage enthält die Muster für die Erlaubnis und deren Ausfertigungen. Diese sind in DIN-A4-Format auf 100 Gramm schwerem Papier, gelbem Papier (Farbton HKS 2 N 55 %) zu erteilen. Drucktechnische und datenverarbeitungstechnische Abweichungen sind zulässig.

Erlaubnisurkunde für den gewerblichen Güterkraftverkehr

Nummer   Land   Bezeichnung der zuständigen Behörde

Dem Unternehmen
Name, Rechtsform und Anschrift

wird auf Grund des § 3 des Güterkraftverkehrsgesetzes (GüKG) die Erlaubnis für den gewerblichen Güterkraftverkehr erteilt.

Besonderheiten:

Diese Urkunde ist bei allen Beförderungen mitzuführen und Kontrollberechtigten auf Verlangen zur Prüfung auszuhändigen.
Sie ist nicht übertragbar.

Ändern sich unternehmerbezogene Angaben, die in der Erlaubnisurkunde genannt sind, so sind das Original und die Ausfertigungen der Erlaubnisbehörde vorzulegen.

Diese Erlaubnis gilt   unbefristet

befristet vom   bis zum

Erteilt in   am

Unterschrift der Erlaubnisbehörde und Dienstsiegel

Anh. 4 4. Berufszugangsverordnung für den Güterkraftverkehr (GBZugV)

Anlage 5 (zu § 10)

Die Anlage enthält die Muster für die Erlaubnis und deren Ausfertigungen. Diese sind in DIN-A4-Format auf 100 Gramm schwerem, gelbem Papier (Farbton HKS 2 N 55%) zu erteilen.

Ausfertigung Nr.

Erlaubnisurkunde für den gewerblichen Güterkraftverkehr

Nummer   Land   Bezeichnung der zuständigen Behörde

Dem Unternehmen
Name, Rechtsform und Anschrift

wird auf Grund des § 3 des Güterkraftverkehrsgesetzes (GüKG) die Erlaubnis für den gewerblichen Güterkraftverkehr erteilt.

Besonderheiten:

Diese Urkunde ist bei allen Beförderungen mitzuführen und Kontrollberechtigten auf Verlangen zur Prüfung auszuhändigen.
Sie ist nicht übertragbar.

Ändern sich unternehmerbezogene Angaben, die in der Erlaubnisurkunde genannt sind, so sind das Original und die Ausfertigungen der Erlaubnisbehörde vorzulegen.

Diese Erlaubnis gilt   unbefristet

　　　　　　　　　　　　　befristet vom　　　　　bis zum

Erteilt in　　　　　　　　　am

Unterschrift der Erlaubnisbehörde und Dienstsiegel

5. Verordnung über den grenzüberschreitenden Güterkraftverkehr und den Kabotageverkehr (GüKGrKabotageV)

Vom 28. Dezember 2011
(BGBl. 2012 I S. 42)

geänd. durch Art. 2 VO zur Änd. fahrpersonalrechtlicher, güterkraftverkehrsrechtlicher und zulassungsrechtlicher Vorschriften v. 22. 5. 2013 (BGBl. I S. 1395)

FNA 9241-34-3

Auf Grund des § 3 Absatz 6, der §§ 17a und 23 Absatz 3 und 5 des Güterkraftverkehrsgesetzes vom 22. Juni 1998 (BGBl. I S. 1485), von denen § 3 Absatz 6 durch Artikel 1 Nummer 4 Buchstabe e des Gesetzes vom 22. November 2011 (BGBl. I S. 2272), § 17a durch Artikel 1 Nummer 19 des Gesetzes vom 22. November 2011 (BGBl. I S. 2272) und § 23 Absatz 3 durch Artikel 1 Nummer 24 Buchstabe b des Gesetzes vom 22. November 2011 (BGBl. I S. 2272) geändert worden ist, verordnet das Bundesministerium für Verkehr, Bau und Stadtentwicklung:

1. Abschnitt. Güterkraftverkehr mit Gemeinschaftslizenzen

§ 1. Erteilung und Entziehung der Gemeinschaftslizenz. (1) [1] Für die Gemeinschaftslizenz im Sinne der Verordnung (EG) Nr. 1072/2009 des Europäischen Parlaments und des Rates vom 21. Oktober 2009 über gemeinsame Regeln für den Zugang zum Markt des grenzüberschreitenden Güterkraftverkehrs (ABl. L 300 vom 14. 11. 2009, S. 72) gelten folgende Bestimmungen des Güterkraftverkehrsgesetzes entsprechend:
1. § 3 Absatz 3 und 5,
2. § 3 Absatz 5a und 5b,
3. § 4 (Unterrichtung der Berufsgenossenschaft), wenn dem Unternehmer keine Erlaubnis nach § 3 des Güterkraftverkehrsgesetzes erteilt ist,
4. § 8 (vorläufige Weiterführung der Güterkraftverkehrsgeschäfte) und
5. § 21a (Aufsicht).

[2] § 10 der Berufszugangsverordnung für den Güterkraftverkehr vom 21. Dezember 2011 (BGBl. I S. 3120) gilt entsprechend.

(2) [1] Die Gemeinschaftslizenz und die beglaubigten Kopien werden nach dem Muster des Anhangs II der Verordnung (EG) Nr. 1072/2009 ausgestellt. [2] Sie enthalten eine Seriennummer und eine Ausgabenummer und sind mit einem Trockenprägestempel zu stempeln.

§ 2. Änderungsmitteilung und Urkundenänderung. [1] Ändert sich nach der Erteilung der Gemeinschaftslizenz eine der in Artikel 16 Absatz 2 Buchstabe a bis d der Verordnung (EG) Nr. 1071/2009 des Europäischen Parlaments und des Rates vom 21. Oktober 2009 zur Festlegung gemeinsamer Regeln für die Zulassung zum Beruf des Kraftverkehrsunternehmers und zur Aufhebung der Richtlinie 96/26/EG (ABl. L 300 vom 14.11.2009, S. 51) genannten Angaben oder das zuständige Amtsgericht, falls das Unternehmen im Handels- oder Genossenschaftsregister eingetragen ist, so hat der Unternehmer dies der nach Landesrecht zuständigen Behörde unverzüglich mitzuteilen und auf Verlangen nachzuweisen. [2] Ist nach Auffassung der nach Landesrecht zuständigen Behörde eine Änderung der Lizenzurkunde erforderlich, so hat das Unternehmen die Lizenzurkunde und deren beglaubigten Kopien unverzüglich vorzulegen.

§ 3. Zuständigkeiten des Bundesamtes für Güterverkehr (Bundesamt). Das Bundesamt für Güterverkehr (Bundesamt) ist zuständig für die Unterrichtungen nach Artikel 17 Absatz 1 und 2 und die Maßnahmen nach Artikel 13 Absatz 2 der Verordnung (EG) Nr. 1072/2009.

2. Abschnitt. Grenzüberschreitender Güterkraftverkehr mit CEMT-Genehmigungen und CEMT-Umzugsgenehmigungen

§ 4. Geltungsbereich, Erteilung und Entziehung der CEMT-Genehmigung. (1) [1] Die CEMT-Genehmigung nach der Resolution des Ministerrates der Europäischen Konferenz der Verkehrsminister (CEMT) über das Inkraftsetzen eines multilateralen Kontingents im internationalen Straßengüterverkehr vom 14. Juni 1973 (BGBl. 1974 II S. 298) in der jeweils geltenden Fassung wird einem Unternehmer mit Sitz des Unternehmens in Deutschland erteilt, der

1. Inhaber einer Erlaubnis im Sinne des § 3 des Güterkraftverkehrsgesetzes oder einer Gemeinschaftslizenz im Sinne des Artikels 4 der Verordnung (EG) Nr. 1072/2009 ist und
2. die Voraussetzungen dafür erfüllt, dass die Genehmigung hinreichend genutzt wird.

[2] Die CEMT-Genehmigung wird mit einer Gültigkeit von einem Kalenderjahr (Jahresgenehmigung) oder mit einer Gültigkeit von 30 Tagen (Kurzzeitgenehmigung) erteilt. [3] Im laufenden Kalenderjahr erteilte Jahresgenehmigungen gelten ab dem Tag der Ausstellung bis zum Ablauf des Kalenderjahres, in dem die Erteilung erfolgt.

(2) [1] Zuständige Erteilungsbehörde ist das Bundesamt. [2] Der Antrag ist schriftlich bis zum 1. Oktober des Antragsjahres bei der Außenstelle des Bundesamtes zu stellen, in deren Bezirk der Unternehmer den Sitz seines Unternehmens hat. [3] Der Antragsteller hat seinem Antrag eine Kopie der Erlaubnis oder Gemeinschaftslizenz beizufügen. [4] Die weiteren Einzelheiten des Erteilungsverfahrens (öffentliche Ausschreibung), insbesondere zu den Voraussetzungen einer hinreichenden Nutzung der Genehmigung, werden durch eine Richtlinie geregelt, die das Bundesministerium für Verkehr, Bau und Stadtentwicklung im Benehmen mit den obersten Verkehrsbehörden der Länder erlässt. [5] Liegen zwingende betriebliche oder persönliche Belange eines Bewerbers vor, zum Beispiel im Erbfall oder wenn ein Unternehmen oder ein selbstständiger, abgrenzbarer Unternehmensteil weitergeführt werden soll, so kann im Einzelfall von einer öffentlichen Ausschreibung abgesehen werden.

(3) [1] Die CEMT-Genehmigung wird auf den Namen des Unternehmers ausgestellt und ist nicht übertragbar. [2] Sie ersetzt auf dem Streckenteil im Inland die nach § 3 des Güterkraftverkehrsgesetzes erforderliche Erlaubnis.

(4) Die CEMT-Genehmigung kann unter Bedingungen, Auflagen oder mit verkehrsmäßigen Beschränkungen erteilt werden.

(5) Für die CEMT-Genehmigung gelten folgende Bestimmungen des Güterkraftverkehrsgesetzes entsprechend:

1. § 3 Absatz 2 (Anforderungen an die Berufszugangsbedingungen),
2. § 3 Absatz 5 (Rücknahme und Widerruf der Erlaubnis) und
3. § 8 (vorläufige Weiterführung der Güterkraftverkehrsgeschäfte).

(6) [1] Die CEMT-Genehmigung kann auch widerrufen werden, wenn

1. sie drei Monate nicht genutzt worden ist oder
2. der Unternehmer wiederholt gegen Nebenbestimmungen oder Verwendungsvoraussetzungen der CEMT-Genehmigung verstoßen hat.

[2] Im Falle des Satzes 1 Nummer 2 kann vor Ablauf von zwei Kontingentjahren, die auf das Jahr folgen, in dem die Widerrufsverfügung unanfechtbar geworden ist, eine CEMT-Genehmigung nicht erteilt werden.

§ 5. Fahrtenberichtheft. (1) [1] Der Unternehmer hat für jede CEMT-Genehmigung ein Fahrtenberichtheft entsprechend den Vorgaben in Kapitel 5 der Resolution des Ministerrates der Europäischen Konferenz der Verkehrsminister (CEMT) zum Leitfaden für Regierungsbeamte und Transportunternehmer für die Verwendung des Multilateralen CEMT-Kontingents (BGBl. 2010 II S. 297, 298) in der jeweils geltenden Fassung zu führen. [2] Darin sind die dort vorgesehenen Eintragungen über jede Beförderung und jede Leerfahrt in zeitlicher Reihenfolge vorzunehmen. [3] Das Fahrtenberichtheft wird von dem Bundesamt ausgegeben.

5. GüKGrKabotageV   Anh. 5

(2) ¹ Der Unternehmer hat bei
1. Jahresgenehmigungen die Durchschriften der ausgefüllten Seiten des Fahrtenberichthefts innerhalb von vier Wochen nach Ablauf jedes Kalendermonats und das Fahrtenberichtheft innerhalb von zwei Wochen nach Ablauf des Gültigkeitszeitraums,
2. Kurzzeitgenehmigungen das Fahrtenberichtheft unverzüglich nach Ablauf des Gültigkeitszeitraums

dem Bundesamt vorzulegen. ² Sind mit einer Jahresgenehmigung in einem Kalendermonat keine Beförderungen mit der CEMT-Genehmigung durchgeführt worden, so hat der Unternehmer innerhalb der in Satz 1 genannten Frist Fehlanzeige zu erstatten.

§ 6. Urkundenänderung. ¹ Ändert sich der Name des Unternehmers oder der Sitz des Unternehmens, so hat der Unternehmer die CEMT-Genehmigung und das nach § 5 Absatz 1 erforderliche Fahrtenberichtheft dem Bundesamt unverzüglich zur Änderung vorzulegen. ² Stellt er den Betrieb endgültig ein, so hat er beide Urkunden dem Bundesamt unverzüglich zurückzugeben.

§ 7. CEMT-Umzugsgenehmigung. (1) ¹ Die CEMT-Umzugsgenehmigung im Sinne des Kapitels III Abschnitt 3.4 der Gesamtresolution des Ministerrates der Europäischen Konferenz der Verkehrsminister (CEMT) zum Straßengüterverkehr vom 27. Mai 1994 (BGBl. 1998 II S. 32) wird einem Unternehmer erteilt, der die Voraussetzungen des § 4 Absatz 1 Satz 1 Nummer 1 erfüllt. ² Sie gilt für jeweils fünf Jahre. ³ Zuständige Erteilungsbehörde ist das Bundesamt. ⁴ Der Unternehmer hat seinem Antrag eine Kopie der Erlaubnis oder Gemeinschaftslizenz beizufügen.

(2) ¹ Die CEMT-Umzugsgenehmigung wird auf den Namen des Unternehmers ausgestellt und ist nicht übertragbar. ² Sie ersetzt auf dem Streckenteil im Inland die nach § 3 des Güterkraftverkehrsgesetzes erforderliche Erlaubnis.

(3) Die CEMT-Umzugsgenehmigung kann unter Bedingungen, Auflagen oder mit verkehrsmäßigen Beschränkungen erteilt werden.

(4) Für die CEMT-Umzugsgenehmigung gelten folgende Bestimmungen des Güterkraftverkehrsgesetzes entsprechend:
1. § 3 Absatz 2 (Anforderungen an die Berufszugangsbedingungen),
2. § 3 Absatz 5 (Rücknahme und Widerruf der Erlaubnis) und
3. § 8 (vorläufige Weiterführung der Güterkraftverkehrsgeschäfte).

(5) ¹ Ändert sich der Name des Unternehmers oder der Sitz des Unternehmens, so hat der Unterqnehmer die CEMT-Umzugsgenehmigung dem Bundesamt unverzüglich zur Änderung vorzulegen. ² Stellt er den Betrieb endgültig ein, so hat er sie dem Bundesamt unverzüglich zurückzugeben.

§ 7a. Verwendung der CEMT-Genehmigung. Eine von einem Mitgliedstaat der CEMT nach der in § 4 Absatz 1 genannten Resolution erteilten CEMT-Genehmigung berechtigt zum grenzüberschreitenden Güterkraftverkehr unter folgenden Voraussetzungen:
1. Eine CEMT-Genehmigung darf nicht gleichzeitig für mehr als ein Kraftfahrzeug verwendet werden.
1a. Die CEMT-Genehmigung ist vom Fahrer bei einer Fahrt mit Ladung zwischen dem Beladeort (Ort der ersten Aufnahme von Ladung für die Fahrt) bis zum Entladeort (Ort der letzten Entladung dieser Fahrt) im Fahrzeug mitzuführen.
2. Der Unternehmer hat dafür zu sorgen, dass höchstens drei aufeinanderfolgende beladene Fahrten ohne Befahren des Gebietes des Staates, in dem das Unternehmen seinen Sitz hat, durchgeführt werden.
3. Der Unternehmer hat dafür zu sorgen, dass das Fahrtenberichtheft gemäß der in § 4 Absatz 1 genannten Resolution im grenzüberschreitenden Güterkraftverkehr mit CEMT-Genehmigung während der gesamten Fahrt mitgeführt wird und die ausgefüllten Seiten des Fahrtenberichthefts während des in der Genehmigungsurkunde eingetragenen Gültigkeits-

zeitraums im Fahrtenberichtheft aufbewahrt werden. Das Fahrpersonal muss das Fahrtenberichtheft im Kraftfahrzeug vollständig mitführen und Kontrollberechtigten auf Verlangen zur Prüfung aushändigen.

3. Abschnitt. Grenzüberschreitender Güterkraftverkehr mit bilateralen Genehmigungen

§ 8. Geltung der bilateralen Genehmigung auf dem inländischen Streckenteil. (1) ¹Die zuständige inländische Behörde stellt einem Unternehmer, dessen Unternehmen seinen Sitz im Inland hat, die bilaterale Genehmigung für den grenzüberschreitenden gewerblichen Güterkraftverkehr von oder nach einem oder durch einen Staat aus, der weder Mitglied der Europäischen Union noch anderer Vertragsstaat des Abkommens über den Europäischen Wirtschaftsraum ist, wenn der Unternehmer die Berufszugangsvoraussetzungen nach § 3 des Güterkraftverkehrsgesetzes erfüllt. ²Diese Genehmigung ersetzt auf dem Streckenteil im Inland die nach § 3 des Güterkraftverkehrsgesetzes erforderliche Erlaubnis.

(2) ¹Ändert sich der Name des Unternehmers oder der Sitz des Unternehmens, so hat der Unternehmer die bilaterale Genehmigung der ausstellenden inländischen Behörde unverzüglich zur Änderung vorzulegen. ²Stellt er den Betrieb endgültig ein, so hat er die Urkunde der ausstellenden Behörde unverzüglich zurückzugeben.

4. Abschnitt. Grenzüberschreitender Güterkraftverkehr mit Drittstaatengenehmigungen

§ 9. Geltungsbereich der Drittstaatengenehmigung. Ein Unternehmer, dessen Unternehmen seinen Sitz nicht im Inland hat, muss Inhaber einer Drittstaatengenehmigung sein, wenn er im grenzüberschreitenden gewerblichen Güterkraftverkehr von oder nach einem oder durch einen Staat, der weder Mitglied der Europäischen Union noch anderer Vertragsstaat des Abkommens über den Europäischen Wirtschaftsraum ist, auf dem inländischen Streckenteil keine dafür erforderliche Berechtigung nach § 6 Satz 2 Nummer 1 bis 3a des Güterkraftverkehrsgesetzes verwendet.

§ 10. Erteilung der Drittstaatengenehmigung. (1) ¹Die Drittstaatengenehmigung wird einem Unternehmer erteilt, der in dem Staat, in dem das Unternehmen seinen Sitz hat, zum grenzüberschreitenden Güterkraftverkehr für andere zugelassen ist und über den keine Tatsachen vorliegen, aus denen sich Bedenken gegen seine persönliche Zuverlässigkeit ergeben. ²Sie ist nicht übertragbar.

(2) ¹Die Erteilung erfolgt für einen bestimmten Zeitraum, mindestens einen Kalendertag. ²Die Zahl der Fahrten, die innerhalb dieses Zeitraumes durchgeführt werden dürfen, kann begrenzt werden.

(3) Die Drittstaatengenehmigung kann unter Bedingungen, Auflagen oder mit verkehrsmäßigen Beschränkungen erteilt werden.

(4) Für die Erteilung der Drittstaatengenehmigung ist das Bundesministerium für Verkehr, Bau und Stadtentwicklung zuständig, sofern das Recht der Europäischen Union nicht etwas anderes bestimmt.

(5) ¹Die Drittstaatengenehmigung wird von der zuständigen Stelle des Staates ausgegeben, in dem das Unternehmen seinen Sitz hat, falls es sich um einen Mitgliedstaat der Europäischen Union oder einen anderen Vertragsstaat des Abkommens über den Europäischen Wirtschaftsraum handelt oder falls internationale Regierungs- oder Verwaltungsabkommen dies vorsehen. ²In allen anderen Fällen wird die Drittstaatengenehmigung von der Stelle ausgegeben, die das Bundesministerium für Verkehr, Bau und Stadtentwicklung bestimmt hat.

§ 11. Unternehmer- und fahrzeugbezogene Drittstaatengenehmigung. (1) Ist die Drittstaatengenehmigung einem Unternehmer erteilt, dessen Unternehmen seinen Sitz in einem Mitgliedstaat der Europäischen Union, in einem anderen Vertragsstaat des Abkommens über den Europäischen Wirtschaftsraum oder in der Schweiz hat, so gilt sie für das Kraftfahrzeug, in dem sie bei der Beförderung mitgeführt wird.

(2) Einem Unternehmer, dessen Unternehmen seinen Sitz in keinem der in Absatz 1 genannten Staaten hat, wird die Drittstaatengenehmigung für ein bestimmtes Kraftfahrzeug oder für mehrere bestimmte Kraftfahrzeuge erteilt.

(3) Der Unternehmer darf die Drittstaatengenehmigung nicht gleichzeitig für mehr als ein Kraftfahrzeug verwenden.

§ 12. Ausnahmen. Eine Drittstaatengenehmigung ist nicht erforderlich für Beförderungen, die nach § 2 Absatz 1 oder auf Grund von § 23 Absatz 2 und 4 des Güterkraftverkehrsgesetzes von den Bestimmungen dieses Gesetzes ausgenommen sind.

5. Abschnitt. Grenzüberschreitender gewerblicher kombinierter Verkehr

§ 13. Definition. Als grenzüberschreitender gewerblicher kombinierter Verkehr gelten Güterbeförderungen, bei denen
1. das Kraftfahrzeug, der Anhänger, der Fahrzeugaufbau, der Wechselbehälter oder der Container von mindestens 6 Meter Länge einen Teil der Strecke auf der Straße und einen anderen Teil der Strecke mit der Eisenbahn oder dem Binnen- oder Seeschiff (mit einer Seestrecke von mehr als 100 Kilometer Luftlinie) zurücklegt,
2. die Gesamtstrecke zum Teil im Inland und zum Teil im Ausland liegt und
3. die Beförderung auf der Straße im Inland lediglich zwischen Be- oder Entladestelle und
   a) dem nächstgelegenen geeigneten Bahnhof oder
   b) einem innerhalb eines Umkreises von höchstens 150 Kilometer Luftlinie gelegenen Binnen- oder Seehafen

durchgeführt wird (An- oder Abfuhr).

§ 14. Nächstgelegener geeigneter Bahnhof. (1) Der nächstgelegene geeignete Bahnhof im Sinne des § 13 Nummer 3 Buchstabe a ist derjenige Bahnhof,
1. der über Einrichtungen der notwendigen Umschlagart des kombinierten Verkehrs verfügt,
2. von dem regelmäßig kombinierter Verkehr der entsprechenden Art und Richtung durchgeführt wird und
3. der die kürzeste, verkehrsübliche Straßenverbindung zur Be- oder Entladestelle hat.

(2) ¹Auf Antrag des Unternehmers kann das Bundesamt abweichend von Absatz 1 einen anderen Bahnhof zum nächstgelegenen geeigneten Bahnhof bestimmen, sofern dies der Förderung des kombinierten Verkehrs dient. ²Das Bundesamt kann vor seiner Entscheidung die betroffenen Eisenbahnen und Terminalbetreiber anhören.

(3) ¹Der Unternehmer hat dafür zu sorgen, dass während der gesamten Beförderung im grenzüberschreitenden kombinierten Verkehr die Bescheinigung über die Bestimmung des anderen Bahnhofs mitgeführt wird. ²Das Fahrpersonal hat die Bescheinigung nach Satz 1 im Kraftfahrzeug mitzuführen und Kontrollberechtigten auf Verlangen zur Prüfung auszuhändigen.

§ 15. An- und Abfuhren durch Unternehmer mit Sitz ihres Unternehmens innerhalb eines Vertragsstaates des Abkommens über den Europäischen Wirtschaftsraum. (1) Ein Unternehmer, dessen Unternehmen seinen Sitz in einem Mitgliedstaat der Europäischen Union oder in einem anderen Vertragsstaat des Abkommens über den Europäischen Wirtschaftsraum hat, darf An- oder Abfuhren im kombinierten Verkehr im Sinne des § 13 im Inland durchführen, wenn er die Voraussetzungen für den Zugang zum Beruf und für den Zugang zum Markt für den Güterkraftverkehr zwischen Mitgliedstaaten erfüllt.

(2) ¹Der Unternehmer hat dafür zu sorgen, dass während einer Beförderung im Sinne des Absatzes 1 ein Nachweis über die Erfüllung der Voraussetzungen für den Zugang zum Beruf und für den Zugang zum Markt für den Güterkraftverkehr zwischen Mitgliedstaaten mitgeführt wird. ²Das Fahrpersonal hat den Nachweis gemäß Satz 1 im Kraftfahrzeug mitzuführen und Kontrollberechtigten auf Verlangen zur Prüfung auszuhändigen.

§ 16. An- und Abfuhren durch Unternehmer mit Sitz ihres Unternehmens außerhalb der Vertragsstaaten des Abkommens über den Europäischen Wirtschaftsraum. (1) Ein Unternehmer, dessen Unternehmen seinen Sitz weder in einem Mitgliedstaat der Europäischen Union noch in einem anderen Vertragsstaat des Abkommens über den Europäischen Wirtschaftsraum hat,

1. darf An- oder Abfuhren im kombinierten Verkehr im Sinne des § 13 im Inland durchführen, wenn ihm auf Grund internationaler Abkommen eine besondere Genehmigung dafür erteilt ist;
2. ist bei An- oder Abfuhren im kombinierten Verkehr im Sinne des § 13 im Inland von der Erlaubnis- und Genehmigungspflicht befreit, wenn
    a) das Kraftfahrzeug im unbegleiteten kombinierten Verkehr bei der An- oder Abfuhr die deutsche Grenze überschreitet oder
    b) das Kraftfahrzeug im begleiteten kombinierten Verkehr während der Mitbeförderung auf der Eisenbahn oder dem Binnen- oder Seeschiff die deutsche Grenze überschreitet und nur eine An- oder Abfuhr durchgeführt wird, die beim begleiteten kombinierten Verkehr Schiene/Straße (Rollende Landstraße) nur zwischen Be- oder Entladestelle und einem innerhalb eines Umkreises von 150 Kilometer Luftlinie gelegenen geeigneten Bahnhof erfolgen darf, und
    c) der Unternehmer in dem Staat, in dem sein Unternehmen den Sitz hat, zum grenzüberschreitenden Güterkraftverkehr für andere zugelassen ist und über ihn keine Tatsachen vorliegen, aus denen sich Bedenken gegen seine persönliche Zuverlässigkeit ergeben.

(2) ¹Der Unternehmer hat dafür zu sorgen, dass während einer Beförderung im Sinne des Absatzes 1 Nummer 1 die Genehmigung oder während einer Beförderung im Sinne des Absatzes 1 Nummer 2 ein Nachweis über die Erfüllung der Voraussetzungen des Absatzes 1 Nummer 2 Buchstabe c erster Halbsatz mitgeführt wird. ²Das Fahrpersonal hat den jeweils erforderlichen Nachweis gemäß Satz 1 im Kraftfahrzeug mitzuführen und Kontrollberechtigten auf Verlangen zur Prüfung auszuhändigen.

§ 17. Nachweis über die Durchführung von grenzüberschreitendem gewerblichem kombiniertem Verkehr. (1) ¹Der Unternehmer hat dafür zu sorgen, dass während einer Anfuhr im Sinne des § 15 oder des § 16 eine Reservierungsbestätigung der Eisenbahn oder des Schifffahrttreibenden oder der von ihnen beauftragten Stellen mitgeführt wird. ²Im Falle des § 16 Absatz 1 Nummer 2 Buchstabe b muss die Reservierungsbestätigung nach Satz 1 auch das amtliche Kennzeichen des Kraftfahrzeugs enthalten. ³Das Fahrpersonal hat die Reservierungsbestätigung im Kraftfahrzeug mitzuführen und Kontrollberechtigten auf Verlangen zur Prüfung auszuhändigen.

(2) ¹Der Unternehmer hat dafür zu sorgen, dass während einer Abfuhr im Sinne des § 15 oder des § 16 ein Nachweis der Eisenbahn oder des Schifffahrttreibenden oder der von ihnen beauftragten Stellen über den benutzten Entladebahnhof oder Binnen- oder Seehafen mitgeführt wird. ²Im Falle des § 16 Absatz 1 Nummer 2 Buchstabe b muss der Nachweis nach Satz 1 auch das amtliche Kennzeichen des Kraftfahrzeugs enthalten. ³Das Fahrpersonal hat den Nachweis nach Satz 1 im Kraftfahrzeug mitzuführen und Kontrollberechtigten auf Verlangen zur Prüfung auszuhändigen.

5a. Abschnitt. Kabotage

§ 17a. Befugnis zur Kabotage. (1) Kabotage ist nur auf Grund europäischen Gemeinschaftsrechts oder mit einer besonderen Genehmigung nach Maßgabe der folgenden Absätze zulässig.

5. GüKGrKabotageV   Anh. 5

(2) ¹Ein Güterkraftverkehrsunternehmer, der weder Sitz noch Niederlassung in Deutschland hat, darf im Anschluss an eine grenzüberschreitende Beförderung nach Deutschland nach der ersten teilweisen oder vollständigen Entladung der Güter bis zu drei Kabotagebeförderungen mit demselben Fahrzeug durchführen. ²Die letzte Entladung, bevor Deutschland verlassen wird, muss innerhalb von sieben Tagen nach der ersten teilweisen oder vollständigen Entladung erfolgen.

(3) ¹Bei Kabotagebeförderungen im Sinne von Absatz 1 hat der Güterkraftverkehrsunternehmer, der weder Sitz noch Niederlassung in Deutschland hat, dafür Sorge zu tragen, dass Nachweise für die grenzüberschreitende Beförderung und jede einzelne durchgeführte Kabotagebeförderung während der Dauer der Beförderung mitgeführt werden, die folgende Angaben enthalten:
1. Name, Anschrift und Unterschrift des Absenders,
2. Name, Anschrift und Unterschrift des Güterkraftverkehrsunternehmers,
3. Name und Anschrift des Empfängers sowie nach erfolgter Entladung die Unterschrift des Empfängers mit Datum der Entladung,
4. Ort und Datum der Übernahme der Ware sowie die Anschrift der Entladestelle,
5. die übliche Beschreibung der Art der Ware und ihrer Verpackung,
6. das Bruttogewicht der Güter oder eine sonstige Mengenangabe,
7. amtliches Kennzeichen des Kraftfahrzeugs oder Aufliegers.
²Die Nachweise können mittels Begleitpapier oder eines anderen geeigneten Beförderungsdokumentes, auch in elektronischer Form, erbracht werden.

(4) Das Fahrpersonal muss die Nachweise nach Absatz 3 während der Kabotagebeförderung mitführen und Kontrollberechtigten auf Verlangen zur Prüfung aushändigen oder in anderer geeigneter Weise zugänglich machen.

6. Abschnitt. Gemeinsame Vorschriften

§ 18. Bedingungen für den Fahrzeugeinsatz. ¹Sofern das Unternehmen seinen Sitz in einem Mitgliedstaat der Europäischen Union oder in einem anderen Vertragsstaat des Abkommens über den Europäischen Wirtschaftsraum hat, darf der Unternehmer im grenzüberschreitenden Güterkraftverkehr oder im Kabotageverkehr nur ein Kraftfahrzeug einsetzen, das in einem der vorgenannten Staaten zugelassen ist. ²Befindet sich der Unternehmenssitz nicht in einem der in Satz 1 genannten Staaten, darf der Unternehmer im grenzüberschreitenden Güterkraftverkehr oder im Kabotageverkehr nur ein Kraftfahrzeug einsetzen, das im Staat des Unternehmenssitzes zugelassen ist.

§ 19. Ausschluss von Unternehmern mit Sitz ihres Unternehmens außerhalb der Vertragsstaaten des Abkommens über den Europäischen Wirtschaftsraum vom Güterkraftverkehr.
(1) Das Bundesministerium für Verkehr, Bau und Stadtentwicklung oder die von ihm bestimmte Stelle kann Unternehmer, deren Unternehmen ihren Sitz in einem Staat haben, der weder Mitglied der Europäischen Union noch anderer Vertragsstaat des Abkommens über den Europäischen Wirtschaftsraum ist, bis zu sechs Monate vom Güterkraftverkehr im und mit dem Inland ausschließen, wenn Personen, die für die Leitung des Unternehmens verantwortlich sind, oder deren Bevollmächtigte gegen Vorschriften verstoßen haben, die im Inland für die Beförderung von Gütern auf der Straße, den Verkehr mit Kraftfahrzeugen, die Steuern oder die Kraftfahrzeughaftpflichtversicherung gelten.

(2) Bei Straftaten, die im Zusammenhang mit der Durchführung von Güterkraftverkehr begangen wurden, oder bei wiederholten groben Verstößen gegen die in Absatz 1 genannten Vorschriften kann das Bundesministerium für Verkehr, Bau und Stadtentwicklung oder die von ihm bestimmte Stelle den Unternehmer endgültig von den in Absatz 1 genannten Verkehren ausschließen.

7. Abschnitt.
Verfahren zur Erteilung einer Fahrerbescheinigung

§ 20. Antrag auf Ausstellung einer Fahrerbescheinigung. (1) Bei der Stellung eines Antrags auf Erteilung einer Fahrerbescheinigung gemäß Artikel 5 der Verordnung (EG) Nr. 1072/2009 sind gegenüber der zuständigen Behörde folgende Angaben zu machen:
1. Name und Rechtsform des Unternehmens,
2. Anschrift des Unternehmens,
3. die für den Sitz des Unternehmens maßgeblichen Telefon- und Telefaxnummern sowie die elektronische Postadresse,
4. die zuständige Erteilungsbehörde, Lizenznummer, Datum der Erteilung und Gültigkeitszeitraum sowie Anzahl der ausgegebenen beglaubigten Kopien der Gemeinschaftslizenz nach Artikel 4 der Verordnung (EG) Nr. 1072/2009,
5. Name, Vorname, Geburtsdatum, Geburtsort, Staatsangehörigkeit, Art und Nummer des Ausweises, Ausstellungszeitpunkt und -ort des Ausweises, Nummer der Fahrerlaubnis, Ausstellungszeitpunkt und -ort der Fahrerlaubnis, Nummer der Sozialversicherung des Fahrers, für den die Fahrerbescheinigung ausgestellt werden soll.

(2) [1] Mit dem Antrag nach Absatz 1 müssen der zuständigen Behörde folgende Unterlagen vorgelegt werden:
1. die dem Unternehmer erteilte Gemeinschaftslizenz,
2. die Arbeitsgenehmigung-EU des Fahrpersonals, wenn eine solche erteilt worden ist,
3. der Pass, Passersatz oder Ausweisersatz, der Aufenthaltstitel des Fahrpersonals,
4. der Nachweis nach § 5 Absatz 1 der Berufskraftfahrer-Qualifikations-Verordnung, soweit der Antrag sich auch auf die Eintragung nach § 5 Absatz 4 der Berufskraftfahrer-Qualifikations-Verordnung richtet oder die Pflicht zum Abschluss einer Grundqualifikation oder Weiterbildung nach dem Berufskraftfahrer-Qualifikations-Gesetz bestanden hat.

[2] Die zuständige Behörde kann Nachweise auch für die übrigen nach Absatz 1 zu machenden Angaben verlangen.

§ 21. Geltungsdauer und Unternehmensbindung der Fahrerbescheinigung. [1] Die Fahrerbescheinigung wird dem Unternehmen in der Regel für einen Zeitraum von fünf Jahren erteilt. [2] Sie kann auch für einen kürzeren Zeitraum erteilt werden, insbesondere wenn das Fahrpersonal über einen Aufenthaltstitel oder eine Arbeitserlaubnis-EU verfügt, die für einen kürzeren Zeitraum als fünf Jahre befristet ist. [3] Die Fahrerbescheinigung wird nach dem Muster des Anhangs III der Verordnung (EG) Nr. 1072/2009 ausgestellt. [4] Sie enthält eine Seriennummer und eine Ausgabenummer und ist mit einem Trockenprägestempel zu stempeln.

§ 22. Rückgabe der Fahrerbescheinigung. Die Fahrerbescheinigung und ihre beglaubigte Kopie sind unverzüglich an die Ausstellungsbehörde zurückzugeben, wenn die Fahrerbescheinigung nach Artikel 5 Absatz 7 Satz 3 der Verordnung (EG) Nr. 1072/2009 ungültig geworden ist.

§ 23. Änderungsmitteilung und Urkundenänderung. [1] Verändern sich nach Erteilung der Fahrerbescheinigung Umstände, die den nach § 20 Absatz 1 Nummer 1, 2, 4 oder 5 zu machenden Angaben zugrunde liegen, so hat das Unternehmen dies der zuständigen Behörde unverzüglich mitzuteilen und auf Verlangen nachzuweisen. [2] Ist eine Änderung der Fahrerbescheinigung erforderlich, so hat das Unternehmen die Fahrerbescheinigung und ihre beglaubigte Kopie unverzüglich vorzulegen.

§ 24. Überwachung. [1] Im Rahmen der Überwachung nach Artikel 6 Absatz 2 der Verordnung (EG) Nr. 1072/2009 hat das Unternehmen der zuständigen Behörde auf Verlangen Nachweise nach § 20 Absatz 2 Satz 1 vorzulegen. [2] Die Behörde teilt dem Unternehmen das Ergebnis der Überprüfung auf Verlangen schriftlich mit.

8. Abschnitt
Ordnungswidrigkeiten, In- und Außerkrafttreten

§ 25. Ordnungswidrigkeiten. Ordnungswidrig im Sinne des § 19 Absatz 1 Nummer 2 des Güterkraftverkehrsgesetzes handelt, wer vorsätzlich oder fahrlässig

1. entgegen § 2 Satz 1 eine Mitteilung nicht, nicht richtig, nicht vollständig oder nicht rechtzeitig macht oder einen Nachweis nicht, nicht richtig, nicht vollständig oder nicht rechtzeitig erbringt,
2. entgegen § 2 Satz 2 oder § 23 Satz 2 ein dort genanntes Dokument nicht oder nicht rechtzeitig vorlegt,
3. einer vollziehbaren Auflage nach § 4 Absatz 4, § 7 Absatz 3 oder § 10 Absatz 3 zuwiderhandelt,
4. entgegen § 5 Absatz 1 Satz 1 ein Fahrtenberichtheft nicht, nicht richtig oder nicht vollständig führt,
5. entgegen § 5 Absatz 2 eine Durchschrift oder ein Fahrtenberichtheft nicht oder nicht rechtzeitig vorlegt oder eine Fehlanzeige nicht oder nicht rechtzeitig erstattet,
6. entgegen § 7a Nummer 1 eine CEMT-Genehmigung verwendet,
6a. entgegen § 7a Nummer 1a die CEMT-Genehmigung nicht mitführt,
7. entgegen § 7a Nummer 2 nicht dafür sorgt, dass höchstens drei aufeinanderfolgende beladene Fahrten durchgeführt werden,
8. entgegen § 7a Nummer 3 Satz 1 nicht dafür sorgt, dass ein Fahrtenberichtheft mitgeführt wird oder die ausgefüllten Seiten im Fahrtenberichtheft aufbewahrt werden,
9. entgegen § 7a Nummer 3 Satz 2 ein Fahrtenberichtheft nicht oder nicht vollständig mitführt oder nicht oder nicht rechtzeitig aushändigt,
10. entgegen § 11 Absatz 3 eine Drittstaatengenehmigung verwendet,
11. entgegen § 14 Absatz 3 Satz 1, § 15 Absatz 2 Satz 1, § 16 Absatz 2 Satz 1 oder § 17 Absatz 1 Satz 1 oder Absatz 2 Satz 1 nicht dafür sorgt, dass ein dort genanntes Dokument mitgeführt wird,
12. entgegen § 14 Absatz 3 Satz 2, § 15 Absatz 2 Satz 2, § 16 Absatz 2 Satz 2 oder § 17 Absatz 1 Satz 3 oder Absatz 2 Satz 3 ein dort genanntes Dokument nicht mitführt oder nicht oder nicht rechtzeitig aushändigt,
13. entgegen § 18 ein Kraftfahrzeug einsetzt,
14. einer vollziehbaren Anordnung nach § 19 zuwiderhandelt,
15. entgegen § 23 Satz 1 eine Mitteilung nicht, nicht richtig, nicht vollständig oder nicht rechtzeitig macht oder einen Nachweis nicht, nicht richtig, nicht vollständig oder nicht rechtzeitig erbringt oder
16. entgegen § 24 Satz 1 einen Nachweis nicht, nicht richtig, nicht vollständig oder nicht rechtzeitig vorlegt.

§ 26. Inkrafttreten, Außerkrafttreten. ¹Diese Verordnung tritt am Tag nach der Verkündung[1]) in Kraft. ²Gleichzeitig tritt die Verordnung über den grenzüberschreitenden Güterkraftverkehr und den Kabotageverkehr vom 22. Dezember 1998 (BGBl. I S. 3976), die zuletzt durch Artikel 1 der Verordnung vom 5. Mai 2008 (BGBl. I S. 794) geändert worden ist, außer Kraft.

---

[1]) Verkündet am 4.1.2012.

6. Verordnung (EG) Nr. 1071/2009 des Europäischen Parlaments und des Rates vom 21. Oktober 2009 zur Festlegung gemeinsamer Regeln für die Zulassung zum Beruf des Kraftverkehrsunternehmers und zur Aufhebung der Richtlinie 96/26/EG des Rates (Text von Bedeutung für den EWR)

(ABl. Nr. L 300 S. 51)

Celex-Nr. 3 2009 R 1071

geänd. durch Art. 1 ÄndVO (EU) 613/2012 v. 9.7.2012 (ABl. Nr. L 178 S. 6), Art. 1 Abs. 1 Buchst. g) ÄndVO (EU) 517/2013 v. 13 5.2013 (ABl. Nr. L 158 S. 1, 31)

DAS EUROPÄISCHE PARLAMENT UND DER RAT DER EUROPÄISCHEN UNION –
gestützt auf den Vertrag zur Gründung der Europäischen Gemeinschaft, insbesondere auf Artikel 71 Absatz 1[1]),
auf Vorschlag der Kommission,
nach Stellungnahme des Europäischen Wirtschafts- und Sozialausschusses[2]),
nach Stellungnahme des Europäischen Datenschutzbeauftragten[3]),
nach Anhörung des Ausschusses der Regionen,
gemäß dem Verfahren des Artikels 251[4]) des Vertrags[5]),
in Erwägung nachstehender Gründe:

(1) Zur Verwirklichung des Kraftverkehrsbinnenmarkts unter lauteren Wettbewerbsbedingungen ist die einheitliche Anwendung gemeinsamer Regeln für die Zulassung zum Beruf des Güter- und Personenkraftverkehrsunternehmers („Beruf des Kraftverkehrsunternehmers") erforderlich. Diese gemeinsamen Regeln können zu einer besseren Berufsqualifikation der Kraftverkehrsunternehmer, zur Rationalisierung des Marktes, zur qualitativen Verbesserung der Dienstleistungen im Interesse der Kraftverkehrsunternehmer, ihrer Kunden und der gesamten Wirtschaft sowie zur größeren Sicherheit im Straßenverkehr beitragen. Durch sie wird ferner die tatsächliche Inanspruchnahme der Niederlassungsfreiheit der Kraftverkehrsunternehmer gefördert.

(2) In der Richtlinie 96/26/EG des Rates vom 29. April 1996 über den Zugang zum Beruf des Güter- und Personenkraftverkehrsunternehmers im innerstaatlichen und grenzüberschreitenden Verkehr sowie über die gegenseitige Anerkennung der Diplome, Prüfungszeugnisse und sonstigen Befähigungsnachweise für die Beförderung von Gütern und die Beförderung von Personen im Straßenverkehr und über Maßnahmen zur Förderung der tatsächlichen Inanspruchnahme der Niederlassungsfreiheit der betreffenden Verkehrsunternehmer[6] sind die Mindestbedingungen für den Zugang zum Beruf des Verkehrsunternehmers sowie die gegenseitige Anerkennung der hierfür erforderlichen Dokumente festgelegt. Wie die Erfahrung, eine Folgenabschätzung und verschiedene Studien zeigen, wird diese Richtlinie jedoch von den Mitgliedstaaten sehr uneinheitlich angewandt. Diese Unterschiede haben verschiedene negative Auswirkungen, insbesondere Wettbewerbsverfälschung und fehlende Markttransparenz und ein unterschiedliches Maß an Kontrollen sowie die Gefahr, dass Unternehmen, die Mitarbeiter mit geringer fachlicher Eignung beschäftigen, nachlässig

---

[1]) Nunmehr Art. 91 AEUV durch Vertrag von Lissabon v. 13.12.2007 (ABl. Nr. C 306 S. 1).
[2]) **Amtl. Anm.:** ABl. C 151 vom 17.6.2008, S. 16.
[3]) **Amtl. Anm.:** ABl. C 14 vom 19.1.2008, S. 1.
[4]) Nunmehr Art. 294 AEUV durch Vertrag von Lissabon v. 13.12.2007 (ABl. Nr. C 306 S. 1).
[5]) **Amtl. Anm.:** Stellungnahme des Europäischen Parlaments vom 21. Mai 2008 (noch nicht im Amtsblatt veröffentlicht), Gemeinsamer Standpunkt des Rates vom 9. Januar 2009 (ABl. C 62 E vom 17. 3. 2009, S. 1), Standpunkt des Europäischen Parlaments vom 23. April 2009 (noch nicht im Amtsblatt veröffentlicht) und Beschluss des Rates vom 24. September 2009.
[6]) **Amtl. Anm.:** ABl. L 124 vom 23.5.1996, S. 1.

6. Verordnung (EG) Nr. 1071/2009 **Anh. 6**

sind im Hinblick auf die Vorschriften zur Sicherheit im Straßenverkehr und zum Sozialschutz oder diese weniger genau einhalten, was dem Bild der gesamten Branche abträglich sein kann.

(3) Diese Auswirkungen sind umso negativer, als sie das reibungslose Funktionieren des Kraftverkehrsbinnenmarkts beeinträchtigen können, da der Markt des grenzüberschreitenden Güterkraftverkehrs und zu bestimmten Kabotagetätigkeiten Unternehmen aus der gesamten Gemeinschaft zugänglich ist. Einzige Bedingung für diese Unternehmen ist der Besitz einer Gemeinschaftslizenz, die sie erhalten können, wenn sie die Bedingungen für die Zulassung zum Beruf des Kraftverkehrsunternehmers gemäß der Verordnung (EG) Nr. 1072/2009 des Europäischen Parlaments und des Rates vom 21. Oktober 2009 über gemeinsame Regeln für den Zugang zum Markt des grenzüberschreitenden Güterkraftverkehrs[7] und der Verordnung (EG) Nr. 1073/2009 des Europäischen Parlaments und des Rates vom 21. Oktober 2009 über gemeinsame Regeln für den Zugang zum grenzüberschreitenden Personenkraftverkehrsmarkt[8] erfüllen.

(4) Daher ist es erforderlich, die geltenden Vorschriften für die Zulassung zum Beruf des Kraftverkehrsunternehmers zu modernisieren, um deren einheitlichere und wirksamere Anwendung zu gewährleisten. Da die Einhaltung dieser Vorschriften die wichtigste Voraussetzung für den Zugang zum Gemeinschaftsmarkt ist und auf diesem Gebiet das Gemeinschaftsinstrument der Verordnung Anwendung findet, ist eine Verordnung das geeignetste Instrument für die Regelung des Zugangs zum Beruf des Kraftverkehrsunternehmers.

(5) Die Mitgliedstaaten sollten die Möglichkeit haben, die Voraussetzungen für die Zulassung zum Beruf des Kraftverkehrsunternehmers in den in Artikel 299 Absatz 2 des Vertrags[9] genannten Gebieten in äußerster Randlage aufgrund der besonderen Merkmale von und der Zwänge in diesen Gebieten anzupassen. Jedoch sollten die in diesen Gebieten niedergelassenen Unternehmen, die die Voraussetzungen für die Zulassung zum Beruf des Kraftverkehrsunternehmers nur aufgrund dieser Anpassung erfüllen, keine Gemeinschaftslizenz erhalten können. Die Anpassung der Voraussetzungen für die Zulassung zum Beruf des Kraftverkehrsunternehmers sollte nicht bedeuten, dass Unternehmen, die unter Einhaltung aller in dieser Verordnung genannten allgemeinen Voraussetzungen zum Beruf des Kraftverkehrsunternehmers zugelassen worden wären, daran gehindert werden, Beförderungen in den Gebieten äußerster Randlage durchzuführen.

(6) Im Hinblick auf einen lauteren Wettbewerb sollten die gemeinsamen Regeln für die Zulassung zum Beruf des Kraftverkehrsunternehmers so weit wie möglich für alle Unternehmen gelten. Es ist jedoch nicht erforderlich, in den Anwendungsbereich dieser Verordnung Unternehmen einzubeziehen, deren Verkehrstätigkeit sich nur in geringem Maße auf den Verkehrsmarkt auswirkt.

(7) Es sollte dem Niederlassungsmitgliedstaat obliegen, die dauerhafte Einhaltung der Vorschriften in dieser Verordnung durch ein Unternehmen zu überwachen, damit die zuständigen Behörden des Mitgliedstaats gegebenenfalls entscheiden können, die dem Unternehmen erteilten Zulassungen für Tätigkeiten auf dem Markt auszusetzen oder zu entziehen. Für die Einhaltung und zuverlässige Kontrolle der Voraussetzungen für den Zugang zum Beruf des Kraftverkehrsunternehmers ist eine tatsächliche und dauerhafte Niederlassung des Unternehmens erforderlich.

(8) Die natürlichen Personen, die die geforderte Zuverlässigkeit und fachliche Eignung besitzen, sollten klar bestimmt und den zuständigen Behörden benannt werden. Diese Personen („Verkehrsleiter") sollten ihren ständigen Aufenthalt in einem Mitgliedstaat haben und die Verkehrstätigkeiten der Kraftverkehrsunternehmen tatsächlich und dauerhaft leiten. Es sollte deshalb klargestellt werden, unter welchen Bedingungen davon auszugehen ist, dass eine Person die Verkehrstätigkeiten eines Unternehmens tatsächlich und dauerhaft leitet.

---

[7] **Amtl. Anm.:** Siehe Seite 72 dieses Amtsblatts (Anm. d. Red.: ABl. L 300 vom 14.11.2009).
[8] **Amtl. Anm.:** Siehe Seite 88 dieses Amtsblatts (Anm. d. Red.: ABl. L 300 vom 14.11.2009).
[9] Nunmehr Art. 349 und 355 AEUV durch Vertrag von Lissabon v. 13.12.2007 (ABl. Nr. C 306 S. 1).

(9) Hinsichtlich der Zuverlässigkeit des Verkehrsleiters gilt die Anforderung, dass er nicht wegen schwerwiegender Straftaten verurteilt worden sein darf und gegen ihn keine Sanktionen verhängt worden sein dürfen wegen eines schwerwiegenden Verstoßes, insbesondere gegen Gemeinschaftsvorschriften im Bereich des Kraftverkehrs. Eine Verurteilung eines Verkehrsleiters oder eines Kraftverkehrsunternehmens in einem oder mehreren Mitgliedstaaten oder gegen sie verhängte Sanktionen aufgrund schwerster Verstöße gegen Gemeinschaftsvorschriften sollten zur Aberkennung der Zuverlässigkeit führen, sofern die zuständige Behörde sich vergewissert hat, dass vor ihrer endgültigen Entscheidung ein ordnungsgemäß abgeschlossenes und dokumentiertes Ermittlungsverfahren, in dem die wesentlichen Verfahrensrechte eingeräumt waren, stattgefunden hat und angemessene Rechte zur Einlegung von Rechtsbehelfen gewährleistet waren.

(10) Es ist notwendig, dass ein Kraftverkehrsunternehmen über ein Mindestmaß an finanzieller Leistungsfähigkeit verfügt, um die ordnungsgemäße Gründung und Führung des Unternehmens gewährleisten zu können. Eine Bankbürgschaft oder eine Berufshaftpflichtversicherung könnte für die Unternehmen ein einfaches und kostengünstiges Verfahren darstellen, um die finanzielle Leistungsfähigkeit nachzuweisen.

(11) Durch eine hohe Berufsqualifikation kann die gesamtwirtschaftliche Effizienz des Kraftverkehrssektors erhöht werden. Daher sollten Personen, die die Funktion eines Verkehrsleiters ausüben wollen, qualitativ hochwertige berufliche Kenntnisse besitzen. Um eine größere Einheitlichkeit der Prüfungen zu gewährleisten und eine hohe Ausbildungsqualität zu fördern, sollte vorgesehen werden, dass die Mitgliedstaaten nach von ihnen festzulegenden Kriterien Prüfungs- und Ausbildungseinrichtungen zulassen können. Die Verkehrsleiter sollten die nötigen Kenntnisse haben, um sowohl innerstaatliche wie grenzüberschreitende Verkehre zu leiten. Der Umfang der Kenntnisse, die für den Erhalt der Bescheinigung der fachlichen Eignung nachzuweisen sind, und die Prüfungsmodalitäten dürften sich mit dem technischen Fortschritt weiterentwickeln, so dass Vorkehrungen getroffen werden sollten, um sie auf den neuesten Stand zu bringen. Es sollte den Mitgliedstaaten möglich sein, Personen, die eine durchgehende Erfahrung auf dem Gebiet der Verkehrsleitung nachweisen können, von der Prüfung zu befreien.

(12) Ein lauterer Wettbewerb und ein in vollem Umfang vorschriftsmäßiger Kraftverkehr erfordern ein einheitliches Niveau der Überwachung in den Mitgliedstaaten. Den einzelstaatlichen Behörden, die mit der Überwachung der Unternehmen und der Gültigkeit ihrer Zulassungen betraut sind, kommt in dieser Hinsicht eine entscheidende Rolle zu, und es sollte sichergestellt werden, dass sie erforderlichenfalls geeignete Maßnahmen ergreifen, insbesondere indem sie in den schwerwiegendsten Fällen Zulassungen aussetzen oder entziehen, oder Verkehrsleiter, die wiederholt fahrlässig oder vorsätzlich Fehlhandlungen begehen, für ungeeignet erklären. Dem muss eine ordnungsgemäße Prüfung der Maßnahme im Hinblick auf den Grundsatz der Verhältnismäßigkeit vorausgehen. Vor der Ergreifung solcher Sanktionen sollte das betreffende Unternehmen jedoch verwarnt werden, und es sollte ihm eine angemessene Frist eingeräumt werden, um Abhilfe zu schaffen.

(13) Eine besser organisierte Verwaltungszusammenarbeit der Mitgliedstaaten würde die Wirksamkeit der Überwachung der Unternehmen, die in mehreren Mitgliedstaaten tätig sind, erhöhen und wäre geeignet, die Verwaltungskosten in Zukunft zu verringern. Gemeinschaftsweit vernetzte elektronische Unternehmensregister, die den gemeinschaftlichen Regeln für den Schutz personenbezogener Daten Rechnung tragen, sind geeignet, diese Zusammenarbeit zu erleichtern und die mit Kontrollen verbundenen Kosten sowohl für die Unternehmen als auch die Verwaltungen zu verringern. Einzelstaatliche Register bestehen bereits in mehreren Mitgliedstaaten. Infrastrukturen zur Vernetzung zwischen Mitgliedstaaten bestehen ebenfalls bereits. Der systematischere Rückgriff auf elektronische Register könnte daher wesentlich dazu beitragen, die Verwaltungskosten von Kontrollen bei gleichzeitig höherer Wirksamkeit zu senken.

(14) Bestimmte in einzelstaatlichen elektronischen Registern enthaltene Daten über Verstöße und Sanktionen sind personenbezogen. Die Mitgliedstaaten sollten daher die erforderlichen Maßnahmen treffen, damit die Richtlinie 95/46/EG des Europäischen Parlaments und des Rates vom 24. Oktober 1995 zum Schutz natürlicher Personen bei der Verarbeitung

personenbezogener Daten und zum freien Datenverkehr[10] eingehalten wird, insbesondere in Bezug auf die Kontrolle der Verarbeitung dieser personenbezogenen Daten durch Behörden, das Informationsrecht der betroffenen Personen, ihr Auskunftsrecht und ihr Widerspruchsrecht. Für die Zwecke dieser Verordnung erscheint es notwendig, Daten dieser Art mindestens zwei Jahre lang zu speichern, um zu verhindern, dass disqualifizierte Unternehmen sich in anderen Mitgliedstaaten niederlassen.

(15) Um die Transparenz zu verbessern und es den Kunden eines Kraftverkehrsunternehmens zu ermöglichen, zu prüfen, ob dieses Unternehmen im Besitz der entsprechenden Zulassung ist, sollten bestimmte Daten des einzelstaatlichen elektronischen Registers öffentlich zugänglich gemacht werden, sofern die einschlägigen Datenschutzbestimmungen eingehalten werden.

(16) Die stufenweise Vernetzung der einzelstaatlichen elektronischen Register ist wesentliche Voraussetzung für einen schnellen und effizienten Informationsaustausch zwischen Mitgliedstaaten und um zu verhindern, dass die Kraftverkehrsunternehmer versucht sind, schwerwiegende Verstöße in einem anderen Mitgliedstaat als dem Mitgliedstaat ihrer Niederlassung zu begehen oder zu riskieren. Für diese Vernetzung ist die genaue Festlegung eines gemeinsamen Formats der auszutauschenden Daten sowie der technischen Verfahren des Austauschs erforderlich.

(17) Für einen wirksamen Informationsaustausch zwischen den Mitgliedstaaten sollten einzelstaatliche Kontaktstellen benannt und bestimmte gemeinsame Verfahren zumindest hinsichtlich der Frist und der Art der zu übermittelnden Informationen festgelegt werden.

(18) Zur Erleichterung der Inanspruchnahme der Niederlassungsfreiheit sollte die Vorlage entsprechender Unterlagen, die von einer zuständigen Behörde des Mitgliedstaats, in dem der Verkehrsleiter zuvor seinen Wohnsitz hatte, ausgestellt wurden, als ausreichender Nachweis der Zuverlässigkeit für den Zugang zum Beruf des Kraftverkehrsunternehmers im Niederlassungsmitgliedstaat zugelassen werden, sofern die betreffenden Personen in anderen Mitgliedstaaten nicht für ungeeignet zur Ausübung dieses Berufs erklärt wurden.

(19) Hinsichtlich der fachlichen Eignung sollte eine Bescheinigung nach einem einheitlichen Muster, die gemäß dieser Verordnung erteilt wird, als ausreichender Nachweis durch den Niederlassungsmitgliedstaat anerkannt werden, um die Inanspruchnahme der Niederlassungsfreiheit zu erleichtern.

(20) Eine strengere Kontrolle der Durchführung der Bestimmungen dieser Verordnung ist auf Ebene der Gemeinschaft erforderlich. Dies setzt die Übermittlung regelmäßiger, anhand der einzelstaatlichen Register erstellter Berichte an die Kommission über die Zuverlässigkeit, finanzielle Leistungsfähigkeit und fachliche Eignung der Unternehmer des Kraftverkehrssektors voraus.

(21) Die Mitgliedstaaten sollten Sanktionen für Verstöße gegen diese Verordnung vorsehen. Diese Sanktionen sollten wirksam, verhältnismäßig und abschreckend sein.

(22) Da das Ziel dieser Verordnung, nämlich die Modernisierung der Regeln für die Zulassung zum Beruf des Kraftverkehrsunternehmers, um eine einheitlichere und besser vergleichbare Anwendung in den Mitgliedstaaten zu gewährleisten, auf Ebene der Mitgliedstaaten nicht ausreichend verwirklicht werden kann und daher wegen des Umfangs oder der Wirkungen der Maßnahme besser auf Gemeinschaftsebene zu verwirklichen ist, kann die Gemeinschaft im Einklang mit dem in Artikel 5 des Vertrags[11] niedergelegten Subsidiaritätsprinzip tätig werden. Entsprechend dem in demselben Artikel genannten Grundsatz der Verhältnismäßigkeit geht diese Verordnung nicht über das zur Erreichung dieses Ziels erforderliche Maß hinaus.

(23) Die zur Durchführung dieser Verordnung erforderlichen Maßnahmen sollten gemäß dem Beschluss 1999/468/EG des Rates vom 28. Juni 1999 zur Festlegung der Modalitäten für die Ausübung der der Kommission übertragenen Durchführungsbefugnisse[12] erlassen werden.

---

[10] **Amtl. Anm.:** ABl. L 281 vom 23.11.1995, S. 31.
[11] Nunmehr Art. 5 EU-Vertrag durch Vertrag von Lissabon v. 13.12.2007 (ABl. Nr. C 306 S. 1).
[12] **Amtl. Anm.:** ABl. L 184 vom 17.7.1999, S. 23.

(24) Insbesondere sollte die Kommission die Befugnis erhalten, eine Liste der Verstöße nach Kategorie, Art und Schweregrad aufzustellen, die zur Aberkennung der Zuverlässigkeit der Kraftverkehrsunternehmer führen; ferner sollte sie ermächtigt werden, die Anhänge I, II und III dieser Verordnung betreffend die Kenntnisse, die bei der Anerkennung der fachlichen Eignung durch die Mitgliedstaaten zu berücksichtigen sind sowie das Muster der Bescheinigung der fachlichen Eignung an den technischen Fortschritt anzupassen; sie sollte weiter die Befugnis erhalten, eine Liste der Verstöße festzulegen, die zusätzlich zu den in Anhang IV dieser Verordnung aufgeführten Verstößen zur Aberkennung der Zuverlässigkeit führen können. Da es sich hierbei um Maßnahmen von allgemeiner Tragweite handelt, die eine Änderung nicht wesentlicher Bestimmungen der vorliegenden Verordnung, auch durch Ergänzung um neue nicht wesentliche Bestimmungen, bewirken, sind diese Maßnahmen nach dem Regelungsverfahren mit Kontrolle des Artikels 5a des Beschlusses 1999/468/EG zu erlassen.

(25) Die Richtlinie 96/26/EG sollte aufgehoben werden –

HABEN FOLGENDE VERORDNUNG ERLASSEN:

Kapitel I. Allgemeine Bestimmungen

Art. 1. Gegenstand und Anwendungsbereich. (1) Diese Verordnung regelt den Zugang zum Beruf des Kraftverkehrsunternehmers und dessen Ausübung.

(2) ¹Diese Verordnung gilt für alle in der Gemeinschaft niedergelassenen Unternehmen, die den Beruf des Kraftverkehrsunternehmers ausüben. ²Sie gilt ferner für Unternehmen, die beabsichtigen, den Beruf des Kraftverkehrsunternehmers auszuüben. ³Bezugnahmen auf Unternehmen, die den Beruf des Kraftverkehrsunternehmers ausüben, gelten gegebenenfalls auch als Bezugnahmen auf Unternehmen, die beabsichtigen, diesen Beruf auszuüben.

(3) Was die in Artikel 299 Absatz 2 des Vertrags[13] genannten Gebiete anbelangt, so können die betreffenden Mitgliedstaaten die Voraussetzungen für die Ausübung des Berufs des Kraftverkehrsunternehmers insoweit anpassen, als die betreffenden Tätigkeiten vollständig in diesen Gebieten von dort niedergelassenen Unternehmen durchgeführt werden.

(4) Abweichend von Absatz 2 gilt diese Verordnung – sofern im innerstaatlichen Recht nichts anderes bestimmt ist – nicht für

a) Unternehmen, die den Beruf des Güterkraftverkehrsunternehmers ausschließlich mit Kraftfahrzeugen oder Fahrzeugkombinationen ausüben, deren zulässige Gesamtmasse 3,5 t nicht überschreitet. Die Mitgliedstaaten können diese Schwelle jedoch für alle oder einige Kraftverkehrskategorien herabsetzen;

b) Unternehmen, die Beförderungen von Reisenden mit Kraftfahrzeugen ausschließlich zu nichtgewerblichen Zwecken durchführen oder deren Haupttätigkeit nicht die Ausübung des Berufs des Personenkraftverkehrsunternehmers ist;

c) Unternehmen, die den Beruf des Kraftverkehrsunternehmers ausschließlich mit Kraftfahrzeugen mit einer zulässigen Höchstgeschwindigkeit von nicht mehr als 40 km/h ausüben.

(5) Die Mitgliedstaaten können Kraftverkehrsunternehmer, die ausschließlich innerstaatliche Beförderungen durchführen, nur dann ganz oder teilweise von den Bestimmungen dieser Verordnung ausnehmen, wenn sich diese Beförderungen nur geringfügig auf den Kraftverkehrsmarkt auswirken aufgrund

a) der Art der beförderten Ware oder

b) der geringen Entfernungen.

Art. 2. Begriffsbestimmungen. Im Sinne dieser Verordnung bezeichnet der Ausdruck

1. „Beruf des Güterkraftverkehrsunternehmers" die Tätigkeit jedes Unternehmens, das im gewerblichen Verkehr die Güterbeförderung mit Kraftfahrzeugen oder mit Fahrzeugkombinationen ausführt;

---

[13]) Nunmehr Art. 349 und 355 AEUV durch Vertrag von Lissabon v. 13.12.2007 (ABl. Nr. C 306 S. 1).

2. „Beruf des Personenkraftverkehrsunternehmers" die Tätigkeit jedes Unternehmens, das eine der Öffentlichkeit oder bestimmten Benutzergruppen angebotene Personenbeförderung gegen Entgelt der beförderten Person oder des Veranstalters der Beförderung ausführt, und zwar mit Kraftfahrzeugen, welche nach ihrer Bauart und ihrer Ausstattung geeignet und dazu bestimmt sind, einschließlich des Fahrers mehr als neun Personen zu befördern;
3. „Beruf des Kraftverkehrsunternehmers" den Beruf des Personen- oder Güterkraftverkehrsunternehmers;
4. „Unternehmen" entweder jede natürliche Person, jede juristische Person mit oder ohne Erwerbszweck, jede Vereinigung oder jeder Zusammenschluss von Personen ohne Rechtspersönlichkeit und mit oder ohne Erwerbszweck sowie jede amtliche Stelle – unabhängig davon, ob diese über eine eigene Rechtspersönlichkeit verfügt oder von einer Behörde mit Rechtspersönlichkeit abhängt –, die bzw. der die Beförderung von Personen durchführt, oder jede natürliche oder juristische Person, die die Beförderung von Gütern zu gewerblichen Zwecken durchführt;
5. „Verkehrsleiter" eine von einem Unternehmen beschäftigte natürliche Person oder, falls es sich bei diesem Unternehmen um eine natürliche Person handelt, diese Person selbst oder gegebenenfalls eine von diesem Unternehmen vertraglich beauftragte andere natürliche Person, die tatsächlich und dauerhaft die Verkehrstätigkeiten dieses Unternehmens leitet;
6. „Zulassung zum Beruf des Kraftverkehrsunternehmers" eine Verwaltungsentscheidung, durch die einem Unternehmen, das die in dieser Verordnung geregelten Voraussetzungen erfüllt, gestattet wird, den Beruf des Kraftverkehrsunternehmers auszuüben;
7. „zuständige Behörde" eine einzelstaatliche, regionale oder kommunale Behörde in einem Mitgliedstaat, die zum Zwecke der Zulassung zum Beruf des Kraftverkehrsunternehmers prüft, ob ein Unternehmen die in dieser Verordnung geregelten Voraussetzungen erfüllt, und die befugt ist, eine Zulassung zum Beruf des Kraftverkehrsunternehmers zu erteilen, auszusetzen oder zu entziehen;
8. „Niederlassungsmitgliedstaat" den Mitgliedstaat, in dem ein Unternehmen niedergelassen ist, ungeachtet des Umstandes, ob der Verkehrsleiter aus einem anderen Land stammt.

Art. 3. Anforderungen für die Ausübung des Berufs des Kraftverkehrsunternehmers.

(1) Unternehmen, die den Beruf des Kraftverkehrsunternehmers ausüben, müssen:

a) über eine tatsächliche und dauerhafte Niederlassung in einem Mitgliedstaat verfügen;
b) zuverlässig sein;
c) eine angemessene finanzielle Leistungsfähigkeit besitzen und
d) die geforderte fachliche Eignung besitzen.

(2) Die Mitgliedstaaten können beschließen, zusätzliche verhältnismäßige und nicht diskriminierende Anforderungen festzulegen, die die Unternehmen im Hinblick auf die Ausübung des Berufs des Kraftverkehrsunternehmers erfüllen müssen.

Art. 4. Verkehrsleiter. (1) Ein Unternehmen, das den Beruf des Kraftverkehrsunternehmers ausübt, benennt mindestens eine natürliche Person, den Verkehrsleiter, die die Anforderungen nach Artikel 3 Absatz 1 Buchstaben b und d erfüllt und die:

a) die Verkehrstätigkeiten des Unternehmens tatsächlich und dauerhaft leitet,
b) in einer echten Beziehung zu dem Unternehmen steht, beispielsweise als Angestellter, Direktor, Eigentümer oder Anteilseigner, oder die Verwaltungsgeschäfte des Unternehmens führt oder, wenn das Unternehmen eine natürliche Person ist, selbst diese Person ist und
c) ihren ständigen Aufenthalt in der Gemeinschaft hat.

(2) Falls ein Unternehmen die Anforderung der fachlichen Eignung nach Artikel 3 Absatz 1 Buchstabe d nicht erfüllt, kann die zuständige Behörde ihm die Zulassung zum Beruf des Kraftverkehrsunternehmers ohne Benennung eines Verkehrleiters nach Absatz 1 des vorliegenden Artikels unter folgenden Bedingungen erteilen:

a) Das Unternehmen benennt eine natürliche Person mit ständigem Aufenthalt in der Gemeinschaft, die die Anforderungen nach Artikel 3 Absatz 1 Buchstaben b und d erfüllt und vertraglich beauftragt ist, Aufgaben als Verkehrsleiter für das Unternehmen auszuführen;

b) im Vertrag zwischen dem Unternehmen und der unter Buchstabe a genannten Person sind die von diesem tatsächlich und dauerhaft durchzuführenden Aufgaben sowie ihre Verantwortlichkeiten als Verkehrsleiter genau zu regeln. Zu den zu regelnden Aufgaben zählen insbesondere das Instandhaltungsmanagement für die Fahrzeuge, die Prüfung der Beförderungsverträge und -dokumente, die grundlegende Rechnungsführung, die Zuweisung der Ladung oder die Fahrdienste an die Fahrer und Fahrzeuge sowie die Prüfung der Sicherheitsverfahren;

c) in ihrer Eigenschaft als Verkehrsleiter darf die unter Buchstabe a genannte Person die Verkehrstätigkeiten von höchstens vier Unternehmen mit einer Flotte von zusammengenommen höchstens 50 Fahrzeugen leiten. Die Mitgliedstaaten können beschließen, die Zahl von Unternehmen und/oder die Gesamtgröße der Fahrzeugflotte, die diese Person leiten darf, zu verringern und

d) die unter Buchstabe a genannte Person erfüllt die festgelegten Aufgaben ausschließlich im Interesse des Unternehmens, und ihre Verantwortlichkeiten werden unabhängig von anderen Unternehmen wahrgenommen, für die das Unternehmen Beförderungen durchführt.

(3) Die Mitgliedstaaten können entscheiden, dass ein nach Absatz 1 benannter Verkehrsleiter keine zusätzliche Zulassung im Sinne von Absatz 2 oder lediglich eine Zulassung für eine geringere Zahl von Unternehmen oder für eine kleinere Fahrzeugflotte als gemäß Absatz 2 Buchstabe c erhalten darf.

(4) Das Unternehmen meldet der zuständigen Behörde die Person(en), die als Verkehrsleiter benannt wurde(n).

Kapitel II. Voraussetzungen zur Erfüllung der Anforderungen von Artikel 3

Art. 5. Voraussetzungen bezüglich der Anforderung der Niederlassung. Um die Anforderung nach Artikel 3 Absatz 1 Buchstabe a zu erfüllen, muss ein Unternehmen in dem betreffenden Mitgliedstaat

a) über eine Niederlassung in dem genannten Mitgliedstaat verfügen, mit Räumlichkeiten, in denen seine wichtigsten Unternehmensunterlagen aufbewahrt werden, insbesondere seine Buchführungsunterlagen, Personalverwaltungsunterlagen, Dokumente mit den Daten über die Lenk- und Ruhezeiten sowie alle sonstigen Unterlagen, zu denen die zuständige Behörde Zugang haben muss, um die Erfüllung der in dieser Verordnung festgelegten Voraussetzungen überprüfen zu können. Die Mitgliedstaaten können verlangen, dass die Niederlassungen in ihrem Hoheitsgebiet auch andere Unterlagen jederzeit in ihren Räumlichkeiten zur Verfügung halten;

b) nach Erhalt der Zulassung über ein oder mehrere Fahrzeuge verfügen, die sein Eigentum oder aufgrund eines sonstigen Rechts, beispielsweise aufgrund eines Mietkauf- oder Miet- oder Leasingvertrags, in seinem Besitz sind sowie in dem betreffenden Mitgliedstaat zugelassen sind oder auf andere Art und Weise entsprechend den Rechtsvorschriften dieses Mitgliedstaats in Betrieb genommen werden;

c) seine Tätigkeit betreffend die unter Buchstabe b genannten Fahrzeuge tatsächlich und dauerhaft, mittels der erforderlichen verwaltungstechnischen Ausstattung und der angemessenen technischen Ausstattung und Einrichtung, an einer in dem betreffenden Mitgliedstaat gelegenen Betriebsstätte ausüben.

Art. 6. Voraussetzungen bezüglich der Anforderung der Zuverlässigkeit. (1) Vorbehaltlich Absatz 2 des vorliegenden Artikels legen die Mitgliedstaaten fest, welche Voraussetzungen ein Unternehmen und ein Verkehrsleiter erfüllen müssen, damit die Anforderung der Zuverlässigkeit nach Artikel 3 Absatz 1 Buchstabe b erfüllt ist.

[1] Bei der Entscheidung darüber, ob ein Unternehmen diese Anforderung erfüllt hat, berücksichtigen die Mitgliedstaaten das Verhalten des Unternehmens, seiner Verkehrsleiter und gegebenenfalls anderer vom jeweiligen Mitgliedstaat bestimmter maßgeblicher Personen. [2] Jede Be-

6. Verordnung (EG) Nr. 1071/2009
Anh. 6

zugnahme in diesem Artikel auf verhängte Urteile und Sanktionen oder begangene Verstöße schließt die gegen das Unternehmen selbst, seine Verkehrsleiter und gegebenenfalls andere vom jeweiligen Mitgliedstaat bestimmte maßgebliche Personen verhängten Urteile und Sanktionen bzw. die von diesen begangenen Verstöße ein.

Die in Unterabsatz 1 genannten Voraussetzungen umfassen mindestens Folgendes:

a) Die Zuverlässigkeit des Verkehrsleiters oder des Verkehrsunternehmens darf nicht zwingend in Frage gestellt sein, etwa durch Verurteilungen oder Sanktionen aufgrund eines schwerwiegenden Verstoßes gegen geltende einzelstaatliche Vorschriften in folgenden Bereichen:
   i) Handelsrecht,
   ii) Insolvenzrecht,
   iii) Entgelt- und Arbeitsbedingungen der Branche,
   iv) Straßenverkehr,
   v) Berufshaftpflicht,
   vi) Menschen- oder Drogenhandel, und

b) gegen den Verkehrsleiter oder das Verkehrsunternehmen darf in keinem Mitgliedstaat ein Urteil wegen einer schwerwiegenden Straftat oder eine Sanktion verhängt worden sein wegen eines schwerwiegenden Verstoßes gegen Gemeinschaftsvorschriften, insbesondere in folgenden Bereichen:
   i) Lenk- und Ruhezeiten der Fahrer, Arbeitszeit sowie Einbau und Nutzung der Kontrollgeräte,
   ii) höchstzulässiges Gewicht und Abmessungen der Nutzfahrzeuge im grenzüberschreitenden Verkehr,
   iii) Grundqualifikation und Weiterbildung der Fahrer,
   iv) Verkehrstüchtigkeit der Nutzfahrzeuge einschließlich der vorgeschriebenen technischen Überwachung der Kraftfahrzeuge,
   v) Zugang zum Markt des grenzüberschreitenden Güterkraftverkehrs oder gegebenenfalls Zugang zum Markt des grenzüberschreitenden Personenkraftverkehrs,
   vi) Sicherheit beim Transport gefährlicher Güter auf der Straße,
   vii) Einbau und Benutzung von Geschwindigkeitsbegrenzern in bestimmten Fahrzeugklassen,
   viii) Führerscheine,
   ix) Zugang zum Beruf,
   x) Tiertransporte.

(2) Für die Zwecke von Absatz 1 Unterabsatz 3 Buchstabe b gilt Folgendes:

a) Wurde gegen den Verkehrsleiter oder das Verkehrsunternehmen in einem oder mehreren Mitgliedstaaten ein Urteil wegen einer schwerwiegenden Straftat oder eine Sanktion wegen schwerster Verstöße gegen Gemeinschaftsvorschriften gemäß Anhang IV verhängt, so führt die zuständige Behörde des Niederlassungsmitgliedstaats rechtzeitig auf geeignete Art und Weise ein ordnungsgemäß abgeschlossenes Verwaltungsverfahren, gegebenenfalls einschließlich einer Prüfung in den Räumlichkeiten des betreffenden Unternehmens, durch.

In dem Verfahren ist festzustellen, ob in Anbetracht der speziellen Gegebenheiten die Aberkennung der Zuverlässigkeit im konkreten Fall eine unverhältnismäßige Reaktion darstellen würde. Alle Feststellungen sind gebührend zu begründen und zu rechtfertigen.

Würde die Aberkennung der Zuverlässigkeit ihres Erachtens eine unverhältnismäßige Reaktion darstellen, so kann die zuständige Behörde feststellen, dass die Zuverlässigkeit nicht beeinträchtigt ist. In diesem Fall wird die Begründung in das einzelstaatliche Register aufgenommen. Die Zahl solcher Entscheidungen wird in dem in Artikel 26 Absatz 1 genannten Bericht aufgeführt.

Stellt die Aberkennung der Zuverlässigkeit nach Auffassung der zuständigen Behörde keine unverhältnismäßige Reaktion dar, so führt die Verurteilung oder Sanktion zur Aberkennung der Zuverlässigkeit.

b) Die Kommission erstellt eine Liste der Kategorien, Arten und Schweregrade der gegen die Gemeinschaftsvorschriften begangenen schwerwiegenden Verstöße, die neben den in Anhang IV aufgeführten Verstößen zur Aberkennung der Zuverlässigkeit führen können. Die

Mitgliedstaaten tragen den Informationen über solche Verstöße, auch den von anderen Mitgliedstaaten erhaltenen Informationen, Rechnung, wenn sie die Prioritäten für die Kontrollen nach Artikel 12 Absatz 1 festlegen.

Diese Maßnahmen zur Änderung nicht wesentlicher Bestimmungen dieser Verordnung durch Ergänzung, die diese Liste betreffen, werden nach dem in Artikel 25 Absatz 3 genannten Regelungsverfahren mit Kontrolle erlassen.

Zu diesem Zweck handelt die Kommission wie folgt:
i) Sie legt die Kategorien und Arten von Verstößen fest, die am häufigsten festgestellt werden;
ii) sie definiert die Schwere der Verstöße nach der von ihnen ausgehenden Gefahr tödlicher oder schwerer Verletzungen; und
iii) sie setzt die Zahl der Verstöße fest, bei deren Überschreiten wiederholte Verstöße als schwerwiegendere Verstöße eingestuft werden, und zwar unter Berücksichtigung der Zahl der Fahrer, die vom Verkehrsleiter für die Verkehrstätigkeit eingesetzt werden.

(3) Die Anforderung nach Artikel 3 Absatz 1 Buchstabe b gilt so lange als nicht erfüllt, wie eine Rehabilitierungsmaßnahme oder eine andere Maßnahme gleicher Wirkung gemäß den einschlägigen einzelstaatlichen Vorschriften nicht erfolgt ist.

Art. 7. Voraussetzungen bezüglich der Anforderung der finanziellen Leistungsfähigkeit.
(1) ¹Um die Anforderung nach Artikel 3 Absatz 1 Buchstabe c zu erfüllen, muss ein Unternehmen jederzeit in der Lage sein, im Verlauf des Geschäftsjahres seinen finanziellen Verpflichtungen nachzukommen. ²Zu diesem Zweck weist das Unternehmen anhand der von einem Rechnungsprüfer oder einer ordnungsgemäß akkreditierten Person geprüften Jahresabschlüsse nach, dass es jedes Jahr über ein Eigenkapital und Reserven in Höhe von mindestens 9 000 EUR für nur ein genutztes Fahrzeug und 5 000 EUR für jedes weitere genutzte Fahrzeug verfügt.

¹Für die Zwecke dieser Verordnung wird der Wert des Euro in den Landeswährungen der nicht an der dritten Stufe der Wirtschafts- und Währungsunion teilnehmenden Mitgliedstaaten jährlich festgesetzt. ²Dabei werden die am ersten Arbeitstag im Oktober geltenden und im *Amtsblatt der Europäischen Union* veröffentlichten Wechselkurse zugrunde gelegt. ³Sie treten am 1. Januar des darauf folgenden Kalenderjahres in Kraft.

Für die in Unterabsatz 1 genannten Buchungsposten gelten die Definitionen der Vierten Richtlinie 78/660/EWG des Rates vom 25. Juli 1978 aufgrund von Artikel 54 Absatz 3 Buchstabe g des Vertrags über den Jahresabschluss von Gesellschaften bestimmter Rechtsformen[14].

(2) Abweichend von Absatz 1 kann die zuständige Behörde als Nachweis der finanziellen Leistungsfähigkeit eines Unternehmens eine Bescheinigung wie etwa eine Bankbürgschaft oder eine Versicherung, einschließlich einer Berufshaftpflichtversicherung einer oder mehrer Banken oder anderer Finanzinstitute einschließlich von Versicherungsunternehmen, die eine selbstschuldnerische Bürgschaft für das Unternehmen über die in Absatz 1 Unterabsatz 1 genannten Beträge darstellen, gelten lassen oder verlangen.

(3) Bei den in Absatz 1 genannten Jahresabschlüssen bzw. der in Absatz 2 genannten Bürgschaft, die zu überprüfen sind, handelt es sich um jene der wirtschaftlichen Einheit, die im Mitgliedstaat, in der die Zulassung beantragt worden ist, niedergelassen ist und nicht um jene eventueller anderer, in einem anderen Mitgliedstaat niedergelassener Einheiten.

Art. 8. Voraussetzungen bezüglich der Anforderung der fachlichen Eignung. (1) ¹Um die Anforderung nach Artikel 3 Absatz 1 Buchstabe d zu erfüllen, müssen die betreffenden Personen in den in Anhang I Teil I aufgeführten Sachgebieten Kenntnisse besitzen, die dem dort vorgesehenen Niveau entsprechen. ²Diese Kenntnisse werden durch eine obligatorische schriftliche Prüfung und – falls ein Mitgliedstaat dies verfügt – gegebenenfalls durch eine ergänzende mündliche Prüfung nachgewiesen. ³Diese Prüfungen werden gemäß Anhang I Teil II abgenommen. ⁴Zu diesem Zweck können die Mitgliedstaaten beschließen, dass die Prüfung von der Teilnahme an einer Ausbildung abhängig gemacht wird.

---

[14] **Amtl. Anm.:** ABl. L 222 vom 14.8.1978, S. 11.

6. Verordnung (EG) Nr. 1071/2009

(2) Die betreffenden Personen legen die Prüfung in dem Mitgliedstaat, in dem sie ihren gewöhnlichen Aufenthalt haben, oder in dem Mitgliedstaat, in dem sie arbeiten, ab.

„Gewöhnlicher Aufenthalt" bezeichnet den Ort, an dem sich eine Person aufgrund persönlicher Bindungen, die eine enge Verbindung zwischen dieser Person und dem Ort, an dem sie sich aufhält, zeigen, normalerweise, d.h. mindestens an 185 Tagen pro Kalenderjahr, aufhält.

[1] Jedoch gilt als gewöhnlicher Aufenthalt einer Person, deren berufliche Bindungen an einem anderen Ort als dem ihrer persönlichen Bindungen liegen und die daher veranlasst ist, sich abwechselnd an verschiedenen Orten in zwei oder mehr Mitgliedstaaten aufzuhalten, der Ort ihrer persönlichen Bindungen, sofern sie regelmäßig dorthin zurückkehrt. [2] Letzteres ist nicht erforderlich, wenn sich die Person zur Ausführung eines Auftrags von bestimmter Dauer in einem Mitgliedstaat aufhält. [3] Der Universitäts- oder Schulbesuch hat keine Verlegung des gewöhnlichen Aufenthalts zur Folge.

(3) [1] Nur die Behörden oder Stellen, die von einem Mitgliedstaat nach von diesem festgelegten Kriterien hierfür gebührend ermächtigt sind, können die in Absatz 1 genannten schriftlichen und mündlichen Prüfungen abnehmen und bescheinigen. [2] Die Mitgliedstaaten prüfen regelmäßig, ob die Bedingungen, unter denen die Behörden oder Stellen die Prüfungen abnehmen, mit Anhang I konform sind.

(4) [1] Die Mitgliedstaaten können nach von ihnen festgelegten Kriterien die Einrichtungen zulassen, die geeignet sind, den Bewerbern eine qualitativ hochwertige Ausbildung im Hinblick auf die effiziente Vorbereitung auf die Prüfung sowie denjenigen Verkehrsleitern, die es wünschen, eine Weiterbildung zur Auffrischung ihrer Kenntnisse zu bieten. [2] In diesem Fall prüfen die Mitgliedstaaten regelmäßig, ob diese Einrichtungen noch die Kriterien erfüllen, aufgrund deren sie zugelassen wurden.

(5) Die Mitgliedstaaten können eine in zehnjährigen Abständen erfolgende regelmäßige Weiterbildung in den in Anhang I aufgelisteten Sachgebieten fördern, um sicherzustellen, dass Verkehrsleiter über die Entwicklungen auf dem Sektor auf dem Laufenden sind.

(6) Die Mitgliedstaaten können verlangen, dass Personen, die zwar über eine Bescheinigung der fachlichen Eignung verfügen, die jedoch in den letzten fünf Jahren kein Personen- oder Güterkraftverkehrsunternehmen geleitet haben, ihre Kenntnisse auffrischen, um ihr Wissen in Bezug auf die aktuellen Entwicklungen bei den in Anhang I Teil I genannten Rechtsvorschriften auf den neuesten Stand zu bringen.

(7) [1] Ein Mitgliedstaat kann die Inhaber bestimmter Hochschul- oder Fachschulabschlüsse, die in dem jeweiligen Mitgliedstaat erworben wurden, zu diesem Zweck eigens bezeichnet worden sind und Kenntnisse der in der Liste in Anhang I aufgeführten Sachgebiete beinhalten, von den Prüfungen in den von den Abschlüssen abgedeckten Sachgebieten befreien. [2] Die Befreiung gilt nur für die Abschnitte von Teil I von Anhang I, für die der Abschluss alle in der Überschrift jedes Abschnitts aufgeführten Sachgebiete abdeckt.

Ein Mitgliedstaat kann die Inhaber von Bescheinigungen über die fachliche Eignung, die für innerstaatliche Beförderungen in diesem Mitgliedstaat gültig sind, von bestimmten Teilen der Prüfung befreien.

(8) [1] Als Nachweis der fachlichen Eignung wird eine Bescheinigung vorgelegt, die von der in Absatz 3 genannten Behörde oder Stelle ausgestellt worden ist. [2] Diese Bescheinigung darf auf keine andere Person übertragbar sein. [3] Die Bescheinigung wird nach den Sicherheitsmerkmalen und dem Muster der Anhänge II und III erstellt und trägt Dienstsiegel und Unterschrift der bevollmächtigten Behörde oder Stelle, die sie ausgestellt hat.

(9) [1] Die Kommission passt die Anhänge I, II und III an den technischen Fortschritt an. [2] Die Maßnahmen zur Änderung nicht wesentlicher Bestimmungen dieser Verordnung werden nach dem in Artikel 25 Absatz 3 genannten Regelungsverfahren mit Kontrolle erlassen.

(10) Der Erfahrungs- und Informationsaustausch zwischen den Mitgliedstaaten in Ausbildungs-, Prüfungs- und Zulassungsfragen wird von der Kommission – auch durch jede von ihr gegebenenfalls benannte Einrichtung – gefördert und unterstützt.

Art. 9. Prüfungsbefreiung. Die Mitgliedstaaten können beschließen, Personen, die nachweisen können, dass sie in dem Zeitraum von 10 Jahren vor dem 4. Dezember 2009 ohne Unterbrechung ein Personen- oder Güterkraftverkehrsunternehmen in einem oder mehreren Mitgliedstaaten geleitet haben, von der in Artikel 8 Absatz 1 genannten Prüfung zu befreien.

Kapitel III. Zulassung und Überwachung

Art. 10 Zuständige Behörden. (1) [1] Jeder Mitgliedstaat benennt eine oder mehrere Behörden, welche für die ordnungsgemäße Durchführung dieser Verordnung zuständig sind. [2] Die zuständigen Behörden sind befugt,

a) die von den Unternehmen eingereichten Anträge zu prüfen,

b) die Zulassung zum Beruf des Kraftverkehrsunternehmers zu erteilen, auszusetzen oder zu entziehen,

c) eine natürliche Person für ungeeignet zu erklären, als Verkehrsleiter die Verkehrstätigkeit eines Unternehmens zu leiten,

d) die erforderlichen Kontrollen durchzuführen, um zu überprüfen, ob das Unternehmen die Anforderungen nach Artikel 3 erfüllt.

(2) Die zuständigen Behörden veröffentlichen alle gemäß dieser Verordnung zu erfüllenden Voraussetzungen, gegebenenfalls weitere einzelstaatliche Bestimmungen, die von den Antragstellern einzuhaltenden Verfahren und die entsprechenden Erläuterungen.

Art. 11. Einreichung und Registrierung der Anträge. (1) [1] Ein Verkehrsunternehmen, das die Anforderungen nach Artikel 3 erfüllt, erhält auf Antrag die Zulassung zum Beruf des Kraftverkehrsunternehmers. [2] Die zuständige Behörde vergewissert sich, dass das Unternehmen, das einen Antrag einreicht, die Anforderungen nach dem genannten Artikel erfüllt.

(2) Die zuständige Behörde trägt die in Artikel 16 Absatz 2 Unterabsatz 1 Buchstaben a bis d aufgeführten Daten über die von ihr zugelassenen Unternehmen in das in Artikel 16 genannte einzelstaatliche elektronische Register ein.

(3) [1] Die Frist für die Bearbeitung eines Zulassungsantrags durch die zuständige Behörde ist so kurz wie möglich und überschreitet nicht drei Monate ab dem Zeitpunkt, zu dem die zuständige Behörde alle für die Prüfung des Antrags erforderlichen Unterlagen erhalten hat. [2] Die zuständige Behörde kann diese Frist in hinreichend begründeten Fällen um einen weiteren Monat verlängern.

(4) Bis zum 31. Dezember 2012 prüft die zuständige Behörde im Falle von Zweifeln bei der Beurteilung der Zuverlässigkeit eines Unternehmens, ob der bzw. die benannten Verkehrsleiter zum Zeitpunkt der Antragstellung nicht nach Artikel 14 in einem Mitgliedstaat für ungeeignet erklärt wurden, die Verkehrstätigkeit eines Unternehmens zu leiten.

Ab dem 1. Januar 2013 prüft die zuständige Behörde bei der Beurteilung der Zuverlässigkeit eines Unternehmens durch sicheren Direktzugriff auf den einschlägigen Teil der einzelstaatlichen elektronischen Register oder im Wege eines Ersuchens anhand der Daten gemäß Artikel 16 Absatz 2 Buchstabe f, ob der bzw. die benannten Verkehrsleiter zum Zeitpunkt der Antragstellung nicht nach Artikel 14 in einem Mitgliedstaat für ungeeignet erklärt wurden, die Verkehrstätigkeit eines Unternehmens zu leiten.

Die Maßnahmen zur Änderung nicht wesentlicher Bestimmungen dieser Verordnung, die eine Verschiebung der in diesem Absatz genannten Zeitpunkte um maximal drei Jahre betreffen, werden nach dem in Artikel 25 Absatz 3 genannten Regelungsverfahren mit Kontrolle erlassen.

(5) Unternehmen, die über eine Zulassung zum Beruf des Kraftverkehrsunternehmers verfügen, teilen der zuständigen Behörde, die die Zulassung erteilt hat, Änderungen der in Absatz 2 genannten Daten innerhalb einer von dem betreffenden Niederlassungsmitgliedstaat festgelegten Frist von höchstens 28 Tagen mit.

6. Verordnung (EG) Nr. 1071/2009 Anh. 6

Art. 12. Kontrollen. (1) ¹Die zuständigen Behörden wachen darüber, ob die Unternehmen, denen sie die Zulassung zum Beruf des Kraftverkehrsunternehmers erteilt haben, die Anforderungen nach Artikel 3 dauerhaft erfüllen. ²Zu diesem Zweck nehmen die Mitgliedstaaten gezielte Kontrollen von Unternehmen vor, die als Unternehmen mit erhöhtem Risiko eingestuft wurden. ³Hierzu erweitern die Mitgliedstaaten das nach Artikel 9 der Richtlinie 2006/22/EG des Europäischen Parlaments und des Rates vom 15. März 2006 über Mindestbedingungen für die Durchführung der Verordnungen (EWG) Nr. 3820/85 und (EWG) Nr. 3821/85 des Rates über Sozialvorschriften für Tätigkeiten im Kraftverkehr[15)] errichtete Risikoeinstufungssystem auf alle in Artikel 6 dieser Verordnung genannten Verstöße.

(2) Bis zum 31. Dezember 2014 müssen die Mitgliedstaaten die Kontrollen mindestens alle fünf Jahre durchführen, um sich zu vergewissern, dass die Unternehmen alle Anforderungen nach Artikel 3 erfüllen.

Die Maßnahmen zur Änderung nicht wesentlicher Bestimmungen dieser Verordnung, die eine Verschiebung der im ersten Unterabsatz genannten Zeitpunkte betreffen, werden nach dem in Artikel 25 Absatz 3 genannten Regelungsverfahren mit Kontrolle erlassen.

(3) ¹Auf Aufforderung der Kommission in gebührend begründeten Fällen nimmt ein Mitgliedstaat Einzelkontrollen vor, um zu überprüfen, ob ein Unternehmen die Voraussetzungen für die Zulassung zum Beruf des Kraftverkehrsunternehmers weiterhin erfüllt. ²Der Mitgliedstaat teilt der Kommission das Ergebnis dieser Kontrollen sowie gegebenenfalls die ergriffenen Maßnahmen mit, falls festgestellt wird, dass das Unternehmen die Voraussetzungen dieser Verordnung nicht mehr erfüllt.

Art. 13. Verfahren für Aussetzung und Entzug von Zulassungen. (1) ¹Wenn eine zuständige Behörde feststellt, dass das Unternehmen möglicherweise die Anforderungen nach Artikel 3 nicht mehr erfüllt, teilt sie dies dem Unternehmen mit. ²Stellt eine zuständige Behörde fest, dass eine oder mehrere dieser Anforderungen nicht mehr erfüllt sind, so kann sie dem Unternehmen eine Frist folgender Dauer zur Behebung des vorschriftswidrigen Zustands einräumen:

a) höchstens sechs Monate für die Einstellung eines Nachfolgers des Verkehrsleiters, falls der Verkehrsleiter die Anforderungen der Zuverlässigkeit oder der fachlichen Eignung nicht mehr erfüllt, verlängerbar um drei Monate im Fall des Todes oder des gesundheitlich bedingten Ausfalls des Verkehrsleiters;
b) höchstens sechs Monate, falls das Unternehmen zur Behebung des vorschriftswidrigen Zustands nachweisen muss, dass es über eine tatsächliche und dauerhafte Niederlassung verfügt;
c) höchstens sechs Monate, falls die Anforderung der finanziellen Leistungsfähigkeit nicht erfüllt ist, um nachzuweisen, dass diese Anforderung erneut dauerhaft erfüllt sein wird.

(2) Die zuständige Behörde kann Unternehmen, deren Zulassung ausgesetzt oder entzogen wurde, auferlegen, dass ihre Verkehrsleiter die in Artikel 8 Absatz 1 genannte Prüfung bestanden haben müssen, bevor eine Rehabilitierungsmaßnahme erfolgt.

(3) Stellt die zuständige Behörde fest, dass das Unternehmen eine oder mehrere Anforderungen nach Artikel 3 nicht mehr erfüllt, so setzt sie die Zulassung zum Beruf des Kraftverkehrsunternehmers aus oder entzieht sie, und zwar innerhalb der in Absatz 1 genannten Fristen.

Art. 14. Erklärung der Nichteignung des Verkehrsleiters. (1) Wird einem Verkehrsleiter die Zuverlässigkeit nach Artikel 6 aberkannt, so erklärt die zuständige Behörde diesen Verkehrsleiter für ungeeignet, die Verkehrstätigkeiten eines Unternehmens zu leiten.

(2) Sofern und solange keine Rehabilitierungsmaßnahme nach Maßgabe der einschlägigen einzelstaatlichen Vorschriften erfolgt ist, ist die in Artikel 8 Absatz 8 genannte Bescheinigung der fachlichen Eignung des Verkehrsleiters, der für ungeeignet erklärt wurde, in keinem Mitgliedstaat mehr gültig.

Art. 15. Entscheidungen der zuständigen Behörden und Rechtsbehelfe. (1) Nach dieser Verordnung getroffene abschlägige Entscheidungen der zuständigen Behörden der Mitgliedstaaten,

---
[15)] Amtl. Anm.: ABl. L 102 vom 11.4.2006, S. 35.

einschließlich der Ablehnung eines Antrags, sowie die Aussetzung oder der Entzug einer bereits erteilten Zulassung oder die Erklärung der Nichteignung eines Verkehrsleiters sind zu begründen.

¹Bei solchen Entscheidungen werden verfügbare Informationen über die von diesem Unternehmen oder dem Verkehrsleiter begangenen Verstöße, die geeignet sind, die Zuverlässigkeit des Unternehmens zu beeinträchtigen, sowie alle sonstigen Informationen berücksichtigt, über die die zuständige Behörde verfügt. ²In Entscheidungen, durch die eine Zulassung ausgesetzt oder eine Nichteignung erklärt wird, werden die einschlägigen Rehabilitationsmaßnahmen angegeben.

(2) Die Mitgliedstaaten sorgen dafür, dass die betreffenden Unternehmen und Personen die in Absatz 1 genannten Entscheidungen vor mindestens einer unabhängigen, unparteiischen Stelle oder vor Gericht anfechten können.

Kapitel IV. Verwaltungsvereinfachung und -zusammenarbeit

Art. 16. Einzelstaatliche elektronische Register. (1) ¹Zur Durchführung dieser Verordnung, insbesondere der Artikel 11 bis 14 und Artikel 26, führt jeder Mitgliedstaat ein einzelstaatliches elektronisches Register der Kraftverkehrsunternehmen, die von einer von ihm benannten zuständigen Behörde zur Ausübung des Berufs des Kraftverkehrsunternehmers zugelassen wurden. ²Die Verarbeitung der in diesem Register enthaltenen Daten erfolgt unter der Aufsicht der zu diesem Zweck benannten Behörde. ³Die in dem einzelstaatlichen elektronischen Register enthaltenen einschlägigen Daten sind allen zuständigen Behörden dieses Mitgliedstaats zugänglich.

¹Bis zum 31. Dezember 2009 erlässt die Kommission eine Entscheidung über die Mindestanforderungen an die Daten, die in die einzelstaatlichen elektronischen Register vom Zeitpunkt ihrer Einrichtung an einzugeben sind, um den späteren Registerverbund zu erleichtern. ²Sie kann empfehlen, über die in Absatz 2 genannten Daten hinaus auch die amtlichen Fahrzeugkennzeichen zu erfassen.

(2) Die einzelstaatlichen elektronischen Register enthalten mindestens folgende Daten:
a) Name und Rechtsform des Unternehmens;
b) Anschrift der Niederlassung;
c) Namen der Verkehrsleiter, die zur Erfüllung der Voraussetzungen hinsichtlich Zuverlässigkeit und fachlicher Eignung benannt wurden, oder gegebenenfalls Name eines rechtlichen Vertreters;
d) Art der Zulassung, Zahl der erfassten Fahrzeuge und gegebenenfalls laufende Nummer der Gemeinschaftslizenz und der beglaubigten Kopien;
e) Zahl, Kategorie und Art der in Artikel 6 Absatz 1 Buchstabe b genannten schwerwiegenden Verstöße, die in den vorangehenden zwei Jahren zu einer Verurteilung oder einer Sanktion geführt haben;
f) Namen der Personen, die für ungeeignet erklärt wurden, die Verkehrstätigkeiten eines Unternehmens zu leiten, solange die Zuverlässigkeit der betreffenden Person nicht nach Artikel 6 Absatz 3 wiederhergestellt ist, sowie einschlägige Rehabilitationsmaßnahmen.

Für die Zwecke von Buchstabe e haben die Mitgliedstaaten bis 31. Dezember 2015 die Möglichkeit, nur die schwersten in Anhang IV genannten Verstöße in das einzelstaatliche elektronische Register aufzunehmen.

¹Es steht den Mitgliedstaaten frei, die in Unterabsatz 1 Buchstaben e und f genannten Daten in separate Register aufzunehmen. ²In einem solchen Fall sind die einschlägigen Daten allen zuständigen Behörden des betreffenden Mitgliedstaats auf Anfrage oder direkt zugänglich. ³Die gewünschten Informationen werden innerhalb von 30 Arbeitstagen nach Eingang der Anfrage zur Verfügung gestellt. ⁴Im Einklang mit den einschlägigen Datenschutzbestimmungen sind die Daten, auf die in Unterabsatz 1 Buchstaben a bis d Bezug genommen wird, öffentlich zugänglich.

6. Verordnung (EG) Nr. 1071/2009

Auf jeden Fall sind die in Unterabsatz 1 Buchstaben e und f genannten Daten anderen Behörden als den zuständigen Behörden nur zugänglich, wenn diese ordnungsgemäß zu Kontrollen und zur Verhängung von Bußgeldern im Straßenverkehr bevollmächtigt und ihre Beamten vereidigt sind oder einer förmlichen Geheimhaltungspflicht unterliegen.

(3) Die Daten zu einem Unternehmen, dessen Zulassung ausgesetzt oder entzogen wurde, bleiben zwei Jahre nach Ablauf der Aussetzung oder des Entzugs der Lizenz im einzelstaatlichen elektronischen Register gespeichert und werden danach unverzüglich gelöscht.
¹ Die Daten zu einer Person, die für ungeeignet erklärt wurde, den Beruf des Kraftverkehrsunternehmers auszuüben, bleiben solange im einzelstaatlichen elektronischen Register gespeichert, wie die Zuverlässigkeit dieser Person nicht gemäß Artikel 6 Absatz 3 wiederhergestellt ist.
² Nach Durchführung der Rehabilitierungsmaßnahme oder einer anderen Maßnahme gleicher Wirkung werden die Daten unverzüglich gelöscht.
Die in den Unterabsätzen 1 und 2 genannten Daten umfassen die Angabe der Gründe für die Aussetzung oder den Entzug der Zulassung oder der Erklärung der Nichteignung und die jeweilige Dauer.

(4) Die Mitgliedstaaten stellen durch alle erforderlichen Maßnahmen sicher, dass alle Daten des einzelstaatlichen elektronischen Registers, insbesondere die in Absatz 2 Unterabsatz 1 Buchstaben e und f genannten Daten, auf dem aktuellen Stand und sachlich richtig sind.

(5) ¹ Unbeschadet der Absätze 1 und 2 treffen die Mitgliedstaaten alle erforderlichen Maßnahmen, damit die einzelstaatlichen elektronischen Register vernetzt werden und gemeinschaftsweit über die in Artikel 18 genannten einzelstaatlichen Kontaktstellen zugänglich sind.
² Der Zugang über die einzelstaatlichen Kontaktstellen und die Vernetzung sind bis zum 31. Dezember 2012 so zu gestalten, dass eine zuständige Behörde eines jeden Mitgliedstaats das einzelstaatliche elektronische Register aller Mitgliedstaaten abfragen kann.

(6) ¹ Die gemeinsamen Regeln für die Umsetzung des Absatzes 5, wie beispielsweise das Format der ausgetauschten Daten, die technischen Verfahren zur elektronischen Abfrage der einzelstaatlichen elektronischen Register der anderen Mitgliedstaaten und die Förderung der Interoperabilität dieser Register mit anderen einschlägigen Datenbanken, werden von der Kommission nach dem in Artikel 25 Absatz 2 genannten Beratungsverfahren und zum ersten Mal vor dem 31. Dezember 2010 angenommen. ² Diese gemeinsamen Regeln legen fest, welche Behörde für den Zugriff auf die Daten sowie ihre Weiterverwendung und die Aktualisierung der Daten nach einem Zugriff zuständig ist; sie beinhalten zu diesem Zweck Regeln für die Protokollierung und Überwachung der Daten.

(7) Die Maßnahmen zur Änderung nicht wesentlicher Bestimmungen dieser Verordnung, die eine Verschiebung der in den Absätzen 1 und 5 genannten Zeitpunkte betreffen, werden nach dem in Artikel 25 Absatz 3 genannten Regelungsverfahren mit Kontrolle erlassen.

Art. 17. Schutz personenbezogener Daten. Bezüglich der Richtlinie 95/46/EG sorgen die Mitgliedstaaten insbesondere für Folgendes:

a) jede Person wird davon unterrichtet, wenn sie betreffende Daten gespeichert werden oder deren Übermittlung an Dritte beabsichtigt ist. Dabei werden die für die Verarbeitung der Daten verantwortliche Behörde, die Art der verarbeiteten Daten und die Gründe für eine solche Handlung genau angegeben;
b) jede Person hat ein Auskunftsrecht zu den sie betreffenden Daten gegenüber der für die Verarbeitung dieser Daten verantwortlichen Behörde. Dieses Recht gilt frei und ungehindert in angemessenen Abständen ohne unzumutbare Verzögerung oder übermäßige Kosten für den Antragsteller;
c) jede Person, deren Daten unvollständig oder unrichtig sind, hat das Recht auf Berichtigung, Löschung oder Sperrung dieser Daten;
d) jede Person hat das Recht, aus schutzwürdigen und zwingenden Gründen Widerspruch gegen die Verarbeitung der sie betreffenden Daten einzulegen. Im Fall eines berechtigten Widerspruchs kann sich die Verarbeitung nicht mehr auf diese Daten beziehen;
e) Unternehmen halten, falls anwendbar, die einschlägigen Bestimmungen zum Schutz personenbezogener Daten ein.

Art. 18. Verwaltungszusammenarbeit zwischen den Mitgliedstaaten. (1) ¹Die Mitgliedstaaten benennen eine einzelstaatliche Kontaktstelle, die für den Informationsaustausch mit den anderen Mitgliedstaaten über die Anwendung dieser Verordnung zuständig ist. ²Die Mitgliedstaaten übermitteln der Kommission Namen und Anschrift dieser einzelstaatlichen Kontaktstelle bis spätestens 4. Dezember 2011. ³Die Kommission erstellt ein Verzeichnis aller einzelstaatlichen Kontaktstellen und übermittelt es den Mitgliedstaaten.

(2) Die Mitgliedstaaten, die Informationen im Rahmen dieser Verordnung austauschen, nutzen die gemäß Absatz 1 benannten einzelstaatlichen Kontaktstellen.

(3) ¹Die Mitgliedstaaten, die Informationen über die in Artikel 6 Absatz 2 genannten Verstöße oder über Verkehrsleiter austauschen, die für ungeeignet erklärt wurden, halten das Verfahren und die Fristen des Artikels 13 Absatz 1 der Verordnung (EG) Nr. 1072/2009 beziehungsweise des Artikels 23 Absatz 1 der Verordnung (EG) Nr. 1073/2009 ein. ²Ein Mitgliedstaat, der von einem anderen Mitgliedstaat über einen schwerwiegenden Verstoß informiert wird, der zu einer Verurteilung oder einer Sanktion geführt hat, speichert den mitgeteilten Verstoß in seinem einzelstaatlichen elektronischen Register.

Kapitel V. Gegenseitige Anerkennung von Bescheinigungen und anderen Dokumenten

Art. 19. Bescheinigungen und gleichwertige Dokumente über die Zuverlässigkeit. (1) Unbeschadet des Artikels 11 Absatz 4 erkennt der Niederlassungsmitgliedstaat hinsichtlich des Zugangs zum Beruf des Kraftverkehrsunternehmers als ausreichenden Nachweis für die Zuverlässigkeit einen Strafregisterauszug oder, in Ermangelung dessen, ein gleichwertiges Dokument, das von einer hierfür zuständigen Justiz- oder Verwaltungsbehörde des Mitgliedstaats, in dem der Verkehrsleiter oder eine andere relevante Person zuvor seinen bzw. ihren Wohnsitz hatte, ausgestellt wurde.

(2) ¹Bestehen in einem Mitgliedstaat für die eigenen Staatsangehörigen bestimmte Voraussetzungen in Bezug auf die Zuverlässigkeit, deren Nachweis aus den in Absatz 1 genannten Dokumenten nicht hervorgeht, so erkennt dieser Mitgliedstaat als ausreichenden Nachweis für die Staatsangehörigen der anderen Mitgliedstaaten die Bescheinigung einer zuständigen Justiz- oder Verwaltungsbehörde des Mitgliedstaats, in dem der Verkehrsleiter oder eine andere relevante Person zuvor seinen bzw. ihren Wohnsitz hatte, an, mit der die Erfüllung dieser Voraussetzungen bestätigt wird. ²Diese Bescheinigung bezieht sich auf die konkreten Angaben, die im Niederlassungsmitgliedstaat für die Zulassung erheblich sind.

(3) ¹Wird das in Absatz 1 genannte Dokument oder die in Absatz 2 genannte Bescheinigung in dem oder den Mitgliedstaaten, in dem oder denen der Verkehrsleiter oder eine andere relevante Person zuvor seinen bzw. ihren Wohnsitz hatte, nicht erteilt, so kann das Dokument oder die Bescheinigung durch eine eidesstattliche Erklärung oder durch eine förmliche Erklärung ersetzt werden, die der Verkehrsleiter oder eine andere relevante Person vor einer hierfür zuständigen Justiz- oder Verwaltungsbehörde, oder gegebenenfalls bei einem Notar des Mitgliedstaats, in dem der Verkehrsleiter oder eine andere relevante Person zuvor seinen bzw. ihren Wohnsitz hatte, abgegeben hat. ²Die betreffende Behörde bzw. der betreffende Notar stellt eine beglaubigte Bescheinigung dieser eidesstattlichen oder förmlichen Erklärung aus.

(4) ¹Ein in Absatz 1 genanntes Dokument oder eine in Absatz 2 genannte Bescheinigung dürfen bei ihrer Vorlage nicht älter als drei Monate sein. ²Dies gilt auch für eine gemäß Absatz 3 abgegebene Erklärung.

Art. 20. Bescheinigungen bezüglich der finanziellen Leistungsfähigkeit. ¹Bestehen in einem Mitgliedstaat für die eigenen Staatsangehörigen bestimmte Voraussetzungen in Bezug auf die finanzielle Leistungsfähigkeit, die über die Voraussetzungen nach Artikel 7 hinausgehen, so erkennt dieser Mitgliedstaat als ausreichenden Nachweis für die Staatsangehörigen der anderen Mitgliedstaaten die Bescheinigung einer zuständigen Behörde des oder der Mitgliedstaaten, in denen der Verkehrsleiter oder eine andere relevante Person zuvor seinen bzw. ihren Wohnsitz hatte, an, mit der die Erfüllung dieser Voraussetzungen bestätigt wird. ²Diese Bescheinigung bezieht sich auf die konkreten Angaben, die im Niederlassungsmitgliedstaat für die Zulassung erheblich sind.

Art. 21. Bescheinigung der fachlichen Eignung. (1) Die Mitgliedstaaten erkennen als ausreichenden Nachweis der fachlichen Eignung eine Bescheinigung an, die dem Muster der Bescheinigung in Anhang III entspricht und von hierfür ermächtigten Behörden oder Stellen erteilt wird.

(2) ¹Eine vor dem 4. Dezember 2011 zum Nachweis der fachlichen Eignung auf der Grundlage der bis zu diesem Zeitpunkt geltenden Bestimmungen erteilte Bescheinigung wird einer Bescheinigung gleichgestellt, die dem in Anhang III wiedergegebenen Muster entspricht, und werden als Nachweis der fachlichen Eignung in allen Mitgliedstaaten anerkannt. ²Die Mitgliedstaaten können verlangen, dass Inhaber von Bescheinigungen über die fachliche Eignung, die nur für innerstaatliche Beförderungen gültig sind, die gesamte Prüfung oder eine Teilprüfung gemäß Artikel 8 Absatz 1 ablegen.

Kapitel VI. Schlussbestimmungen

Art. 22. Sanktionen. (1) ¹Die Mitgliedstaaten legen die Regeln für Sanktionen bei Verstößen gegen die Bestimmungen dieser Verordnung fest und treffen alle erforderlichen Maßnahmen für deren Anwendung. ²Die vorgesehenen Sanktionen müssen wirksam, verhältnismäßig und abschreckend sein. ³Die Mitgliedstaaten teilen der Kommission diese Vorschriften spätestens 4. Dezember 2011[16)] mit und unterrichten sie unverzüglich über alle sie betreffenden späteren Änderungen. ⁴Die Mitgliedstaaten gewährleisten, dass alle diese Maßnahmen ohne Diskriminierung aufgrund der Staatsangehörigkeit oder des Ortes der Niederlassung des Unternehmens angewandt werden.

(2) Die in Absatz 1 genannten Sanktionen umfassen insbesondere die Aussetzung der Zulassung zum Beruf des Kraftverkehrsunternehmers, den Entzug dieser Zulassung und eine Erklärung der Nichteignung des Verkehrsleiters.

Art. 23. Übergangsbestimmungen. Unternehmen, die vor dem 4. Dezember 2009 bereits die Zulassung zum Beruf des Kraftverkehrsunternehmers erhalten haben, müssen den Bestimmungen dieser Verordnung bis zum 4. Dezember 2011 genügen.

Art. 24. Amtshilfe. ¹Die zuständigen Behörden der Mitgliedstaaten arbeiten eng zusammen und leisten einander bei der Durchführung dieser Verordnung gegenseitig Amtshilfe. ²Sie tauschen Informationen über Verurteilungen und Sanktionen für schwerwiegende Verstöße und andere konkrete Angaben, die Auswirkungen auf die Ausübung des Berufs des Kraftverkehrsunternehmers haben könnten, unter Beachtung der geltenden Bestimmungen zum Schutz personenbezogener Daten aus.

Art. 25. Ausschussverfahren. (1) Die Kommission wird von dem durch Artikel 18 Absatz 1 der Verordnung (EWG) Nr. 3821/85 des Rates vom 20. Dezember 1985 über das Kontrollgerät im Straßenverkehr[17)] eingesetzten Ausschuss unterstützt.

(2) Wird auf diesen Absatz Bezug genommen, so gelten die Artikel 3 und 7 des Beschlusses 1999/468/EG unter Beachtung von dessen Artikel 8.

(3) Wird auf diesen Absatz Bezug genommen, so gelten Artikel 5a Absätze 1 bis 4 und Artikel 7 des Beschlusses 1999/468/EG unter Beachtung von dessen Artikel 8.

Art. 26. Berichterstattung. (1) ¹Die Mitgliedstaaten erstellen alle zwei Jahre einen Bericht über die Tätigkeit der zuständigen Behörden und übermitteln diesen der Kommission. ²Dieser Bericht umfasst

---

[16)] Richtig wohl: „spätestens bis/zum 4. Dezember 2011".
[17)] **Amtl. Anm.:** ABl. L 370 vom 31.12.1985, S. 8.

a) eine Übersicht über den Sektor in Bezug auf Zuverlässigkeit, finanzielle Leistungsfähigkeit und fachliche Eignung,
b) die nach Jahr und Art aufgeschlüsselte Zahl der erteilten, ausgesetzten und entzogenen Zulassungen, die Zahl der Erklärungen der Nichteignung sowie die jeweiligen Gründe, auf welchen diese Entscheidungen basieren,
c) die Zahl der jedes Jahr erteilten Bescheinigungen der fachlichen Eignung,
d) die Kernstatistiken über die einzelstaatlichen elektronischen Register und deren Nutzung durch die zuständigen Behörden und
e) eine Übersicht über den Informationsaustausch mit den anderen Mitgliedstaaten gemäß Artikel 18 Absatz 2, die insbesondere die Zahl der jährlich festgestellten und einem anderen Mitgliedstaat mitgeteilten Verstöße sowie die eingegangenen Antworten sowie die Zahl der jährlich eingegangenen Anfragen und Antworten gemäß Artikel 18 Absatz 3 umfasst.

(2) ¹Auf der Grundlage der in Absatz 1 genannten Berichte übermittelt die Kommission dem Europäischen Parlament und dem Rat alle zwei Jahre einen Bericht über die Ausübung des Berufs des Kraftverkehrsunternehmers. ²Dieser Bericht enthält insbesondere eine Bewertung des Funktionierens des Informationsaustauschs zwischen den Mitgliedstaaten und eine Beurteilung des Funktionierens der einzelstaatlichen elektronischen Register und darin enthaltenen Daten. ³Der Bericht wird gleichzeitig mit dem Bericht gemäß Artikel 17 der Verordnung (EG) Nr. 561/2006 des Europäischen Parlaments und des Rates vom 15. März 2006 zur Harmonisierung bestimmter Sozialvorschriften im Straßenverkehr[18] veröffentlicht.

Art. 27. Liste der zuständigen Behörden. ¹Jeder Mitgliedstaat übermittelt der Kommission bis 4. Dezember 2011 die Liste der zuständigen Behörden, die er für die Zulassung zum Beruf des Kraftverkehrsunternehmers benannt hat, sowie die Liste der zur Abnahme der in Artikel 8 Absatz 1 genannten Prüfungen und Ausstellung der Bescheinigungen ermächtigten Behörden oder Stellen. ²Die konsolidierte Liste dieser Behörden oder Stellen der gesamten Gemeinschaft wird von der Kommission im *Amtsblatt der Europäischen Union* veröffentlicht.

Art. 28. Mitteilung der innerstaatlichen Vorschriften. Die Mitgliedstaaten teilen der Kommission den Wortlaut der innerstaatlichen Rechts- und Verwaltungsvorschriften mit, die sie auf dem unter diese Verordnung fallenden Gebiet erlassen, und zwar spätestens 30 Tage nach dem Tag ihrer Annahme und erstmals bis 4. Dezember 2011.

Art. 29. Aufhebung. Die Richtlinie 96/26/EG wird aufgehoben.

Art. 30. Inkrafttreten. Diese Verordnung tritt am zwanzigsten Tag nach ihrer Veröffentlichung[19] im *Amtsblatt der Europäischen Union* in Kraft.
Sie gilt mit Wirkung vom 4. Dezember 2011.
Diese Verordnung ist in allen ihren Teilen verbindlich und gilt unmittelbar in jedem Mitgliedstaat.

---

[18] **Amtl. Anm.:** ABl. L 102 vom 11.4.2006, S. 1.
[19] Veröffentlicht am 14.11.2009.

Anhang I
[Sachgebietskenntnisse; Prüfung]

I. Liste der in Artikel 8 genannten Sachgebiete

Die Kenntnisse, die für die amtliche Feststellung der fachlichen Eignung durch Mitgliedstaaten für den Güter- bzw. Personenkraftverkehr zu berücksichtigen sind, müssen sich zumindest auf die nachstehend angeführten Sachgebiete erstrecken. Bewerber für die Zulassung zum Beruf des Kraftverkehrsunternehmers müssen das zur Leitung eines Verkehrsunternehmens erforderliche Niveau an Kenntnissen und praktischen Fähigkeiten auf diesen Sachgebieten erreichen. Das Mindestniveau an Kenntnissen im Sinne der folgenden Aufstellung darf nicht unter Stufe 3 der Struktur der Ausbildungsstufen im Anhang der Entscheidung 85/368/EWG des Rates[20] liegen, d.h. dem Niveau, das durch eine Ausbildung erreicht wird, die nach der Pflichtschule entweder durch eine Berufsausbildung und zusätzliche Fachausbildung oder durch eine Sekundarschule oder ähnliche Fachausbildung erworben wird.

A. Bürgerliches Recht

Der Bewerber muss insbesondere im Hinblick auf den Güter- und Personenkraftverkehr

1. die wichtigsten Verträge, die im Kraftverkehrsgewerbe üblich sind, sowie die sich daraus ergebenden Rechte und Pflichten kennen;
2. in der Lage sein, einen rechtsgültigen Beförderungsvertrag, insbesondere betreffend die Beförderungsbedingungen, auszuhandeln;

im Hinblick auf den Güterkraftverkehr

3. eine Reklamation des Auftraggebers über Schäden, die aus Verlusten oder Beschädigungen der Güter während der Beförderung oder durch verspätete Ablieferung entstehen, sowie die Auswirkungen dieser Reklamation auf seine vertragliche Haftung analysieren können;
4. die Regeln des Übereinkommens über den Beförderungsvertrag im internationalen Straßengüterverkehr (CMR) und die sich daraus ergebenden Verpflichtungen kennen;

im Hinblick auf den Personenkraftverkehr

5. eine Reklamation seines Auftraggebers über Schäden, die den Fahrgästen oder deren Gepäck bei einem Unfall während der Beförderung zugefügt werden, oder über Schäden aufgrund von Verspätungen sowie die Auswirkungen dieser Reklamation auf seine vertragliche Haftung analysieren können.

B. Handelsrecht

Der Bewerber muss insbesondere im Hinblick auf den Güter- und Personenkraftverkehr

1. die Bedingungen und Formalitäten für die Ausübung des Berufs und die allgemeinen Kaufmannspflichten (Eintragung, Geschäftsbücher usw.) sowie die Konkursfolgen kennen;
2. ausreichende Kenntnisse der Rechtsformen von Handelsgesellschaften sowie der Vorschriften für die Gründung und Führung dieser Gesellschaften besitzen.

C. Sozialrecht

Der Bewerber muss insbesondere im Hinblick auf den Güter- und Personenkraftverkehr

1. die Aufgabe und die Arbeitsweise der verschiedenen Stellen kennen, die im Kraftverkehrsgewerbe zur Wahrung der Arbeitnehmerinteressen tätig sind (Gewerkschaften, Betriebsräte, Personalvertreter, Arbeitsinspektoren usw.);
2. die Verpflichtungen der Arbeitgeber im Bereich der sozialen Sicherheit kennen;

---

[20] **Amtl. Anm.:** Entscheidung 85/368/EWG des Rates vom 16. Juli 1985 über die Entsprechungen der beruflichen Befähigungsnachweise zwischen Mitgliedstaaten der Europäischen Gemeinschaften (ABl. L 199 vom 31.7.1985, S. 56).

3. die Regeln für Arbeitsverträge der einzelnen Arbeitnehmergruppen von Kraftverkehrsunternehmen kennen (Form der Verträge, Verpflichtungen der Vertragsparteien, Arbeitsbedingungen und -zeiten, bezahlter Jahresurlaub, Arbeitsentgelt, Auflösung des Arbeitsverhältnisses usw.);
4. die Regeln für die Lenk-, Ruhe- und Arbeitszeiten, insbesondere die Bestimmungen der Verordnung (EWG) Nr. 3821/85, der Verordnung (EG) Nr. 561/2006, der Richtlinie 2002/15/EG des Europäischen Parlaments und des Rates[21] und der Richtlinie 2006/22/EG sowie die Maßnahmen zur praktischen Durchführung dieser Verordnungen und Richtlinien kennen und
5. die Regeln für die Grundqualifikation und Weiterbildung der Fahrer kennen, insbesondere jene, die sich aus der Richtlinie 2003/59/EG des Europäischen Parlaments und des Rates[22] ergeben.

D. Steuerrecht

Der Bewerber muss im Hinblick auf den Güter- und Personenkraftverkehr insbesondere die Vorschriften kennen für
1. die Mehrwertsteuer auf Verkehrsleistungen;
2. die Kraftfahrzeugsteuern;
3. die Steuern auf bestimmte Fahrzeuge, die im Güterkraftverkehr verwendet werden, sowie die Maut- und Benutzungsgebühren für bestimmte Verkehrswege;
4. die Einkommensteuern.

E. Kaufmännische und finanzielle Leitung des Unternehmens Güter- und Personenkraftverkehr

Der Bewerber muss insbesondere im Hinblick auf den Güter- und Personenkraftverkehr
1. die rechtlichen und praktischen Bestimmungen für die Verwendung von Schecks, Wechseln, Eigenwechseln, Kreditkarten und anderen Zahlungsmitteln und -verfahren kennen;
2. die verschiedenen Kreditformen (Bankkredite, Dokumentenkredite, Kautionen, Hypotheken, Leasing, Miete, Factoring usw.) sowie die damit verbundenen Kosten und Verpflichtungen kennen;
3. wissen, was eine Bilanz ist und wie sie aufgebaut ist, und sie verstehen können;
4. eine Gewinn- und Verlustrechnung lesen und verstehen können;
5. die Finanz- und Rentabilitätslage des Unternehmens insbesondere aufgrund von Finanzkennziffern analysieren können;
6. ein Budget ausarbeiten können;
7. die Kostenbestandteile seines Unternehmens (fixe Kosten, variable Kosten, Betriebskosten, Abschreibungen usw.) kennen und die Kosten je Fahrzeug, Kilometer, Fahrt oder Tonne berechnen können;
8. einen Stellenplan für das gesamte Personal des Unternehmens und Arbeitspläne usw. aufstellen können;
9. die Grundlagen des Marketings, der Werbung und Öffentlichkeitsarbeit, einschließlich Verkaufsförderung für Verkehrsleistungen, der Erstellung von Kundenkarteien usw. kennen;
10. die im Kraftverkehr üblichen Versicherungen (Haftpflichtversicherung für Personen, Sachen und Gepäck) mit ihrem Versicherungsschutz und ihren Verpflichtungen kennen;
11. die Telematikanwendungen im Straßenverkehr kennen;

im Hinblick auf den Güterkraftverkehr

12. die Regeln für die Ausstellung von Frachtrechnungen für Güterkraftverkehrsleistungen anwenden können sowie die Bedeutung und die Wirkungen der Incoterms kennen;
13. die Rolle, die Aufgaben und gegebenenfalls die rechtliche Stellung der verschiedenen Hilfsgewerbetreibenden des Verkehrs kennen;

---

[21] **Amtl. Anm.:** Richtlinie 2002/15/EG des Europäischen Parlaments und des Rates vom 11. März 2002 zur Regelung der Arbeitszeit von Personen, die Fahrtätigkeiten im Bereich des Straßentransports ausüben (ABl. L 80 vom 23.3.2002, S. 35).

[22] **Amtl. Anm.:** Richtlinie 2003/59/EG des Europäischen Parlaments und des Rates vom 15. Juli 2003 über die Grundqualifikation und Weiterbildung der Fahrer bestimmter Kraftfahrzeuge für den Güter- oder Personenkraftverkehr (ABl. L 226 vom 10.9.2003, S. 4).

6. Verordnung (EG) Nr. 1071/2009 **Anh. 6**

im Hinblick auf den Personenkraftverkehr

14. die Regeln für die Tarife und die Preisbildung im öffentlichen und privaten Personenverkehr anwenden können;
15. die Regeln für die Ausstellung von Rechnungen für Personenkraftverkehrsleistungen anwenden können.

F. Marktzugang

Der Bewerber muss insbesondere im Hinblick auf den Güter- und Personenkraftverkehr

1. die Regelungen für den gewerblichen Straßenverkehr, den Einsatz von Mietfahrzeugen, die Vergabe von Aufträgen an Subunternehmer, insbesondere die Vorschriften für die Ordnung des Gewerbes, den Zugang zum Beruf, die Genehmigungen zum inner- und außergemeinschaftlichen Straßenverkehr sowie über Kontrollen und die Ahndung von Zuwiderhandlungen kennen;
2. die Regelungen für die Gründung eines Kraftverkehrsunternehmens kennen;
3. die erforderlichen Schriftstücke für die Erbringung von Kraftverkehrsleistungen kennen und Kontrollverfahren schaffen können, um sicherzustellen, dass zu jeder Beförderung ordnungsmäßige Schriftstücke insbesondere über das Fahrzeug, den Fahrer, das Beförderungsgut oder das Gepäck sowohl im Fahrzeug mitgeführt als auch im Unternehmen aufbewahrt werden;

im Hinblick auf den Güterkraftverkehr

4. die Regeln für die Ordnung der Güterkraftverkehrsmärkte sowie die Regeln für die Frachtabfertigung und die Logistik kennen;
5. die Formalitäten beim Grenzübergang, die Rolle und die Bedeutung der T-Papiere und der Carnets TIR sowie die sich aus ihrer Benutzung ergebenden Pflichten und Verantwortlichkeiten kennen;

im Hinblick auf den Personenkraftverkehr

6. die Regeln für die Ordnung der Personenkraftverkehrsmärkte kennen;
7. die Regeln für die Einrichtung von Personenkraftverkehrsdiensten kennen und Verkehrspläne aufstellen können.

G. Normen und technische Vorschriften

Der Bewerber muss insbesondere im Hinblick auf den Güter- und Personenkraftverkehr

1. die Regeln für Gewichte und Abmessungen der Fahrzeuge in den Mitgliedstaaten sowie die Verfahren für davon abweichende Beförderungen im Schwer- und Großraumverkehr kennen;
2. je nach Bedarf des Unternehmens die Fahrzeuge und ihre Bauteile (Fahrgestell, Motor, Getriebe, Bremsanlagen usw.) auswählen können;
3. die Formalitäten für die Erteilung der Typgenehmigung bzw. der Betriebserlaubnis, die Zulassung und die technische Überwachung dieser Fahrzeuge kennen;
4. wissen, welche Maßnahmen gegen Lärmbelastung und gegen Luftverschmutzung durch Kraftfahrzeugabgase getroffen werden müssen;
5. Pläne für die regelmäßige Wartung der Fahrzeuge und ihrer Ausrüstung aufstellen können;

im Hinblick auf den Güterkraftverkehr

6. die einzelnen Lademittel und -geräte (Ladebordwand, Container, Paletten usw.) kennen und Anweisungen für das Be- und Entladen (Lastverteilung, Stapelung, Verstauen, Ladungssicherung usw.) geben und entsprechende Verfahren einführen können;
7. die Verfahren des kombinierten Verkehrs Schiene/Straße und des „Ro-Ro"-Verkehrs kennen;
8. Verfahren zur Einhaltung der Regeln für Gefahrgut- und Abfalltransporte durchführen können, die sich insbesondere aus der Richtlinie 2008/68/EG[23] und der Verordnung (EG) Nr. 1013/2006[24] ergeben;

---

[23] **Amtl. Anm.:** Richtlinie 2008/68/EG des Europäischen Parlaments und des Rates vom 24. September 2008 über die Beförderung gefährlicher Güter im Binnenland (ABl. L 260 vom 30.9.2008, S. 13).
[24] **Amtl. Anm.:** Verordnung (EG) Nr. 1013/2006 des Europäischen Parlaments und des Rates vom 14. Juni 2006 über die Verbringung von Abfällen (ABl. L 190 vom 12.7.2006, S. 1).

9. Verfahren zur Einhaltung der Regeln für die Beförderung leicht verderblicher Lebensmittel durchführen können, die sich insbesondere aus dem Übereinkommen über internationale Beförderungen leicht verderblicher Lebensmittel und über die besonderen Beförderungsmittel, die für diese Beförderungen zu verwenden sind (ATP), ergeben;
10. Verfahren zur Einhaltung der Regeln für die Beförderung lebender Tiere durchführen können.

H. Straßenverkehrssicherheit

Der Bewerber muss insbesondere im Hinblick auf den Güter- und Personenkraftverkehr
1. wissen, welche Qualifikationen für das Fahrpersonal erforderlich sind (Führerscheine/Fahrerlaubnisse/Lenkberechtigungen, ärztliche Bescheinigungen, Befähigungszeugnisse usw.);
2. durch Maßnahmen sicherstellen können, dass die Fahrer die Regeln, Verbote und Verkehrsbeschränkungen in den einzelnen Mitgliedstaaten (Geschwindigkeitsbegrenzungen, Vorfahrtsrechte, Halte- und Parkverbote, Benutzung von Scheinwerfern und Leuchten, Straßenverkehrszeichen usw.) einhalten;
3. Anweisungen an die Fahrer zwecks Überprüfung der Einhaltung der Sicherheitsvorschriften für den Zustand der Fahrzeuge, der Ausrüstung und der Ladung sowie für sicherheitsbewusstes Fahren ausarbeiten können;
4. in der Lage sein, Anweisungen für das Verhalten bei Unfällen auszuarbeiten und geeignete Maßnahmen zu ergreifen, um wiederholte Unfälle oder wiederholte schwerere Verkehrsverstöße zu vermeiden;
5. Verfahren für ordnungsgemäße Ladungssicherung durchführen können und die entsprechenden Techniken kennen;
im Hinblick auf den Personenkraftverkehr
6. Grundkenntnisse der Straßengeografie der Mitgliedstaaten haben.

II. Ablauf der Prüfung

1. Die Mitgliedstaaten sehen eine obligatorische schriftliche Prüfung und gegebenenfalls eine ergänzende mündliche Prüfung vor, um nachzuprüfen, ob die Bewerber für die Zulassung zum Beruf des Kraftverkehrsunternehmers ausreichende Kenntnisse auf den in Teil I genannten Sachgebieten besitzen und insbesondere die entsprechenden Instrumente und Techniken beherrschen und zur Erfüllung der vorgesehenen administrativen und organisatorischen Aufgaben in der Lage sind.
    a) Die obligatorische schriftliche Prüfung besteht aus zwei Teilen, und zwar
        i) schriftlichen Fragen, die entweder Multiple-Choice-Fragen (vier Antworten zur Auswahl) oder Fragen mit direkter Antwort oder eine Kombination der beiden Systeme umfassen;
        ii) schriftlichen Übungen/Fallstudien.
    Die Mindestdauer beträgt für jede der beiden Teilprüfungen zwei Stunden.
    b) Wird eine mündliche Prüfung vorgesehen, so können die Mitgliedstaaten die Teilnahme an dieser Prüfung vom Bestehen der schriftlichen Prüfung abhängig machen.
2. Falls die Mitgliedstaaten auch eine mündliche Prüfung vorsehen, müssen sie für jede der drei Teilprüfungen eine Gewichtung der Punkte vornehmen, die nicht unter 25 % und nicht über 40 % der möglichen Gesamtpunktzahl betragen darf.
   Falls die Mitgliedstaaten nur eine schriftliche Prüfung vorsehen, müssen sie für jede Teilprüfung eine Gewichtung der Punkte vornehmen, die nicht weniger als 40 % und nicht mehr als 60 % der möglichen Gesamtpunktzahl betragen darf.
3. Für alle Prüfungen zusammen müssen die Bewerber mindestens 60 % der möglichen Gesamtpunktzahl erreichen, wobei der in jeder Teilprüfung erreichte Punkteanteil nicht unter 50 % der möglichen Punktzahl liegen darf. Die Mitgliedstaaten können für lediglich eine Teilprüfung den erforderlichen Punkteanteil von 50 % auf 40 % senken.

Anhang II
Sicherheitsmerkmale der Bescheinigung der fachlichen Eignung

Die Bescheinigung muss mindestens zwei der folgenden Sicherheitsmerkmale aufweisen:
- ein Hologramm;
- Spezialfasern im Papier, die unter UV-Licht sichtbar werden;
- mindestens eine Mikrodruckzeile (Aufdruck nur unter einem Vergrößerungsglas sichtbar und von Fotokopiergeräten nicht reproduzierbar);
- fühlbare Zeichen, Symbole oder Muster;
- doppelte Nummerierung: Seriennummer und Ausgabenummer;
- Sicherheitsuntergrund mit feinen Guillochenmustern und Irisdruck.

Anhang III
Muster für die Bescheinigung der fachlichen Eignung

Europäische Gemeinschaft

(Farbe: Pantone kräftig beigefarben 467 („stout fawn") oder dieser Farbe so ähnlich wie möglich – Format DIN A4, Zellulosepapier 100 g/m² oder mehr)
(Der Text ist in der (den) Amtssprache(n) oder einer der Amtssprachen des Mitgliedstaats abgefasst, der die Bescheinigung ausstellt)

Nationalitätskennzeichen des Mitgliedstaats[25)]   Bezeichnung der ermächtigten Behörde oder Stelle[26)]

Bescheinigung der fachlichen Eignung für den Güterkraftverkehr/ Personenkraftverkehr[27)]

Nr.
Hiermit wird durch

bescheinigt, dass[28)]

geboren am   in

mit Erfolg die erforderliche Prüfung (Jahr: .... Prüfungstermin: ....)[29)] zur Erlangung der Bescheinigung der fachlichen Eignung für den Güterkraftverkehr/Personenkraftverkehr[30)] gemäß der Verordnung (EG) Nr. 1071/2009 des Europäischen Parlaments und des Rates vom 21. Oktober 2009 zur Festlegung gemeinsamer Regeln für die Zulassung zum Beruf des Kraftverkehrsunternehmers[31)] bestanden hat.

Durch diese Bescheinigung wird der ausreichende Nachweis der fachlichen Eignung gemäß Artikel 21 der Verordnung (EG) Nr. 1071/2009 erbracht.

Ort: Datum: 32

[25)] **Amtl. Anm.:** Nationalitätskennzeichen der Mitgliedstaaten: (B) Belgien, (BG) Bulgarien, (CZ) Tschechische Republik, (DK) Dänemark, (D) Deutschland, (EST) Estland, (GR) Griechenland, (E) Spanien, (F) Frankreich, (HR) Kroatien,(IRL) Irland, (I) Italien, (CY) Zypern, (LV) Lettland, (LT) Litauen, (L) Luxemburg, (H) Ungarn, (M) Malta, (NL) Niederlande, (A) Österreich, (PL) Polen, (P) Portugal, (RO) Rumänien, (SLO) Slowenien, (SK) Slowakei, (FIN) Finnland, (S) Schweden, (UK) Vereinigtes Königreich.
[26)] **Amtl. Anm.:** Behörde oder Stelle, die vom jeweiligen Mitgliedstaat der Europäischen Gemeinschaft zur Ausstellung dieser Bescheinigung vorab benannt wurde.
[27)] **Amtl. Anm.:** Nichtzutreffendes streichen.
[28)] **Amtl. Anm.:** Name, Vorname; Geburtsdatum und -ort.
[29)] **Amtl. Anm.:** Genaue Bezeichnung der Prüfung.
[30)] **Amtl. Anm.:** Nichtzutreffendes streichen.
[31)] **Amtl. Anm.:** ABl. L 300 vom 14.11.2009, S. 51.
[32)] **Amtl. Anm.:** Dienstsiegel und Unterschrift der zugelassenen Behörde oder Stelle, die die Bescheinigung ausstellt.

Anhang IV
Liste der schwersten Verstöße gemäß Artikel 6 Absatz 2 Buchstabe a

1.
    a) Überschreitung der 6-tägigen oder 14-tägigen Höchstlenkzeiten um 25 % oder mehr.
    b) Während der täglichen Arbeitszeit Überschreitung der maximalen Tageslenkzeit um 50 % oder mehr ohne Pause oder ohne ununterbrochene Ruhezeit von mindestens 4,5 Stunden.
2. Fehlender Fahrtenschreiber und/oder fehlender Geschwindigkeitsbegrenzer oder Verwendung einer betrügerischen Vorrichtung, durch die die Aufzeichnungen des Kontrollgeräts und/oder der Geschwindigkeitsbegrenzer verändert werden können, oder Fälschung der Schaublätter oder der vom Fahrtenschreiber und/oder von der Fahrerkarte heruntergeladenen Daten.
3. Fahren ohne gültigen Nachweis der technischen Überwachung, falls ein solches Dokument nach dem Gemeinschaftsrecht vorgeschrieben ist, und/oder sehr schwer wiegende Mängel u. a. an Bremssystem, Lenkanlage, Rädern/Reifen, Federung oder Fahrgestell, die eine solche unmittelbare Gefahr für die Verkehrssicherheit darstellen würden, dass die Stilllegung des Fahrzeugs verfügt wird.
4. Beförderung gefährlicher Güter, deren Beförderung verboten ist oder die mit verbotenen oder nicht zugelassenen Mitteln zur Verwahrung oder ohne entsprechende Gefahrgutkennzeichnung am Fahrzeug befördert werden, von der eine solche Gefahr für Menschenleben und Umwelt ausgeht, dass die Stilllegung des Fahrzeugs verfügt wird.
5. Beförderung von Personen oder Waren ohne gültigen Führerschein oder durch ein Unternehmen, das nicht im Besitz einer gültigen Gemeinschaftslizenz ist.
6. Verwendung einer gefälschten Fahrerkarte, einer Karte eines anderen Fahrers oder einer Karte, die auf der Grundlage falscher Angaben und/oder gefälschter Dokumente erlangt worden ist.
7. Güterbeförderung unter Überschreitung der zulässigen Gesamtmasse um 20 % oder mehr bei Fahrzeugen mit einem zulässigen Gesamtgewicht von mehr als 12 Tonnen und um 25 % oder mehr bei Fahrzeugen mit einem zulässigen Gesamtgewicht von nicht mehr als 12 Tonnen.

7. Verordnung (EG) Nr. 1072/2009 des Europäischen Parlaments und des Rates vom 21. Oktober 2009 über gemeinsame Regeln für den Zugang zum Markt des grenzüberschreitenden Güterkraftverkehrs (Neufassung) (Text von Bedeutung für den EWR)

(ABl. Nr. L 300 S. 72)

Celex-Nr. 3 2009 R 1072

geänd. durch Art. 1 ÄndVO (EU) 612/2012 v. 9.7.2012 (ABl. Nr. L 178 S. 5), Art. 1 Abs. 1 Buchst. g) ÄndVO (EU) 517/2013 v. 13.5.2013 (ABl. Nr. L 158 S. 1)

DAS EUROPÄISCHE PARLAMENT UND DER RAT DER EUROPÄISCHEN UNION –
gestützt auf den Vertrag zur Gründung der Europäischen Gemeinschaft[1], insbesondere auf Artikel 71[2],
auf Vorschlag der Kommission,
nach Stellungnahme des Europäischen Wirtschafts- und Sozialausschusses[3],
nach Anhörung des Ausschusses der Regionen,
gemäß dem Verfahren des Artikels 251[4] des Vertrages[5],
in Erwägung nachstehender Gründe:

(1) Die Verordnung (EWG) Nr. 881/92 des Rates vom 26. März 1992 über den Zugang zum Güterkraftverkehrsmarkt in der Gemeinschaft für Beförderungen aus oder nach einem Mitgliedstaat oder durch einen oder mehrere Mitgliedstaaten[6], die Verordnung (EWG) Nr. 3118/93 des Rates vom 25. Oktober 1993 zur Festlegung der Bedingungen für die Zulassung von Verkehrsunternehmen zum Güterkraftverkehr innerhalb eines Mitgliedstaats, in dem sie nicht ansässig sind[7], und die Richtlinie 2006/94/EG des Europäischen Parlaments und des Rates vom 12. Dezember 2006 über die Aufstellung gemeinsamer Regeln für bestimmte Beförderungen im Güterkraftverkehr[8] sind in wesentlichen Punkten zu ändern. Im Interesse der Klarheit und Vereinfachung empfiehlt es sich, eine Neufassung dieser Rechtsakte vorzunehmen und sie in einer einzigen Verordnung zusammenzufassen.

(2) Zur Schaffung einer gemeinsamen Verkehrspolitik gehört unter anderem die Aufstellung gemeinsamer Regeln für den Marktzugang im grenzüberschreitenden Güterkraftverkehr im Gebiet der Gemeinschaft sowie die Festlegung der Bedingungen für die Zulassung von Verkehrsunternehmern zum Verkehr innerhalb eines Mitgliedstaats, in dem sie nicht ansässig sind. Diese Regeln müssen so gestaltet sein, dass sie zu einem reibungslosen Funktionieren des Binnenmarktes im Verkehr beitragen.

(3) Um einen einheitlichen Rahmen für den grenzüberschreitenden Güterkraftverkehr in der gesamten Gemeinschaft zu gewährleisten, sollte diese Verordnung für alle grenzüberschreitenden Beförderungen innerhalb der Gemeinschaft gelten. Beförderungen von Mitgliedstaaten nach Drittländern werden noch weitgehend durch bilaterale Abkommen zwischen den Mitgliedstaaten und den betreffenden Drittländern geregelt. Diese Verordnung sollte

---
[1] Nunmehr Vertrag über die Arbeitsweise der Europäischen Union durch Vertrag von Lissabon v. 13. 12. 2007 (ABl. Nr. C 306 S. 1).
[2] Nunmehr Art. 91 AEUV durch Vertrag von Lissabon v. 13.12.2007 (ABl. Nr. C 306 S. 1).
[3] **Amtl. Anm.:** ABl. C 204 vom 9.8.2008, S. 31.
[4] Nunmehr Art. 294 AEUV durch Vertrag von Lissabon v. 13.12.2007 (ABl. Nr. C 306 S. 1).
[5] **Amtl. Anm.:** Stellungnahme des Europäischen Parlaments vom 21. Mai 2008 (noch nicht im Amtsblatt veröffentlicht), Gemeinsamer Standpunkt des Rates vom 9. Januar 2009 (ABl. C 62 E vom 17.3.2009, S. 46) und Standpunkt des Europäischen Parlaments vom 23. April 2009 (noch nicht im Amtsblatt veröffentlicht) und Beschluss des Rates vom 24. September 2009.
[6] **Amtl. Anm.:** ABl. L 95 vom 9.4.1992, S. 1.
[7] **Amtl. Anm.:** ABl. L 279 vom 12.11.1993, S. 1.
[8] **Amtl. Anm.:** ABl. L 374 vom 27.12.2006, S. 5.

daher nicht für die in dem Mitgliedstaat der Be- oder Entladung zurückgelegte Wegstrecke gelten, solange die erforderlichen Abkommen zwischen der Gemeinschaft und den betreffenden Drittländern nicht geschlossen wurden. Innerhalb der im Transit durchquerten Mitgliedstaaten sollte diese Verordnung jedoch gelten.

(4) Die Schaffung einer gemeinsamen Verkehrspolitik erfordert die Beseitigung aller Beschränkungen, die mit der Staatsangehörigkeit des Erbringers der einschlägigen Verkehrsdienstleistungen oder damit zusammenhängen, dass dieser in einem anderen Mitgliedstaat niedergelassen ist als dem, in dem die Dienstleistungen erbracht werden sollen.

(5) Damit dies reibungslos und flexibel erreicht werden kann, sollte vor der Anwendung der endgültigen Regelung eine Übergangsregelung für die Kabotage vorgesehen werden, solange die Harmonisierung des Kraftverkehrsmarktes noch nicht abgeschlossen ist.

(6) Die schrittweise Vollendung des Binnenmarktes sollte zur Aufhebung von Zugangsbeschränkungen zu den Inlandsmärkten der Mitgliedstaaten führen. Dabei sollten jedoch die Wirksamkeit der Kontrollen, die Entwicklung der Beschäftigungsbedingungen in der Branche, die Harmonisierung der Vorschriften unter anderem in den Bereichen der Durchsetzung, der Straßenbenutzungsgebühren und die sozialen und sicherheitstechnischen Rechtsvorschriften berücksichtigt werden. Die Kommission sollte die Marktlage sowie die vorstehend genannte Harmonisierung eng überwachen und gegebenenfalls die weitere Öffnung der inländischen Straßenverkehrsmärkte, einschließlich der Kabotage, vorschlagen.

(7) Aufgrund der Richtlinie 2006/94/EG ist eine Reihe von Beförderungen von der Regelung über die Gemeinschaftslizenz und anderen Beförderungsgenehmigungen auszunehmen. Im Rahmen der in der vorliegenden Verordnung vorgesehenen Marktorganisation sollten bestimmte Beförderungen aufgrund ihrer besonderen Eigenart auch in Zukunft von der Regelung über die Gemeinschaftslizenz und anderen Beförderungsgenehmigungen ausgenommen werden.

(8) Gemäß der Richtlinie 2006/94/EG war für die Beförderung von Gütern mit Kraftfahrzeugen mit einem zulässigen Gesamtgewicht zwischen 3,5 und 6 t keine Gemeinschaftslizenz erforderlich. Die Gemeinschaftsvorschriften für den Güterverkehr gelten allerdings in der Regel für Fahrzeuge mit einer zulässigen Gesamtmasse von mehr als 3,5 t. Die Bestimmungen der vorliegenden Verordnung sollten daher mit dem allgemeinen Geltungsbereich der Gemeinschaftsvorschriften im Bereich des Straßenverkehrs in Einklang gebracht werden und lediglich Ausnahmen für Fahrzeuge vorsehen, deren zulässige Gesamtmasse höchstens 3,5 t beträgt.

(9) Voraussetzung für die Ausübung des grenzüberschreitenden Güterkraftverkehrs sollte der Besitz einer Gemeinschaftslizenz sein. Die Verkehrsunternehmer sollten zur Mitführung einer beglaubigten Kopie der Gemeinschaftslizenz in jedem ihrer Fahrzeuge verpflichtet sein, um die wirksame Kontrolle durch Aufsichtsbehörden, insbesondere durch solche außerhalb des Mitgliedstaats, in dem der Verkehrsunternehmer niedergelassen ist, zu erleichtern. Zu diesem Zweck ist es notwendig, detaillierte Spezifikationen für die Gestaltung und andere Merkmale der Gemeinschaftslizenz und der beglaubigten Kopien festzulegen.

(10) Straßenseitige Kontrollen sollten ohne unmittelbare oder mittelbare Diskriminierung aufgrund der Staatsangehörigkeit des Kraftverkehrsunternehmers, des Niederlassungsstaates des Kraftverkehrsunternehmers oder des Zulassungsstaats des Fahrzeugs erfolgen.

(11) Außerdem empfiehlt es sich, die Bedingungen für die Erteilung und den Entzug der Gemeinschaftslizenzen sowie die von ihnen betroffenen Beförderungen, die Geltungsdauer und die Einzelheiten ihrer Verwendung zu bestimmen.

(12) Ferner sollte eine Fahrerbescheinigung eingeführt werden, damit die Mitgliedstaaten wirksam kontrollieren können, ob Fahrer aus Drittländern rechtmäßig beschäftigt bzw. rechtmäßig dem für die Beförderung verantwortlichen Verkehrsunternehmer zur Verfügung gestellt werden.

(13) Verkehrsunternehmer, die Inhaber der Gemeinschaftslizenz gemäß dieser Verordnung sind, sowie Verkehrsunternehmer, die zur Durchführung bestimmter Kategorien grenzüberschreitender Beförderungen berechtigt sind, sollten im Einklang mit dieser Verordnung zeitweilig zur innerstaatlichen Beförderung in einem anderen Mitgliedstaat zugelas-

sen werden, ohne dort über einen Unternehmenssitz oder eine Niederlassung verfügen zu müssen. Werden solche Kabotagebeförderungen durchgeführt, sollten sie den Rechtsvorschriften der Gemeinschaft wie der Verordnung (EG) Nr. 561/2006 des Europäischen Parlaments und des Rates vom 15. März 2006 zur Harmonisierung bestimmter Sozialvorschriften im Straßenverkehr[9] und dem in bestimmten Bereichen geltenden einzelstaatlichen Recht des Aufnahmemitgliedstaats unterliegen.

(14) Es sollten Bestimmungen erlassen werden, damit bei einer ernsten Störung auf dem betreffenden Verkehrsmarkt eingegriffen werden kann. Zu diesem Zweck müssen ein geeignetes Beschlussfassungsverfahren eingeführt und die erforderlichen statistischen Daten gesammelt werden.

(15) Unbeschadet der Bestimmungen des Vertrags über die Niederlassungsfreiheit ist die Kabotagebeförderung die Erbringung von Dienstleistungen durch einen Verkehrsunternehmer in einem Mitgliedstaat, in dem er nicht niedergelassen ist; sie sollte nicht untersagt werden, sofern sie nicht dergestalt durchgeführt wird, dass dadurch eine dauerhafte oder ununterbrochene Tätigkeit in diesem Mitgliedstaat entsteht. Im Hinblick auf die Durchsetzung dieser Forderung sollten die Häufigkeit der Kabotagebeförderungen und der Zeitraum, in dem sie durchgeführt werden können, klarer bestimmt werden. In der Vergangenheit wurden solche innerstaatlichen Beförderungen zeitweilig erlaubt. Praktisch war es aber schwierig festzustellen, welche Dienste erlaubt sind. Daher bedarf es klarer und einfach durchzusetzender Vorschriften.

(16) Diese Verordnung berührt nicht die Bestimmungen über den An- und Abtransport von Gütern über die Straße als Teil eines Transports im Rahmen des kombinierten Verkehrs, die in der Richtlinie 92/106/EWG des Rates vom 7. Dezember 1992 über die Festlegung gemeinsamer Regeln für bestimmte Beförderungen im kombinierten Güterverkehr zwischen Mitgliedstaaten[10] festgelegt sind. Inländische Fahrten innerhalb eines Aufnahmemitgliedstaats, die nicht als Teil eines Transports im Rahmen des kombinierten Güterverkehrs nach der Richtlinie 92/106/EWG durchgeführt werden, fallen unter die Definition von Kabotage und sollten deshalb den Anforderungen dieser Verordnung unterliegen.

(17) Die Richtlinie 96/71/EG des Europäischen Parlaments und des Rates vom 16. Dezember 1996 über die Entsendung von Arbeitnehmern im Rahmen der Erbringung von Dienstleistungen[11] gilt für Verkehrsunternehmer, die Kabotagebeförderungen durchführen.

(18) Um wirksame Kontrollen von Kabotagebeförderungen durchführen zu können, sollten die Vollzugsbehörden des Aufnahmemitgliedstaats zumindest Zugang zu den in den Frachtbriefen enthaltenen Daten und zu den mit dem Kontrollgerät gemäß der Verordnung (EWG) Nr. 3821/85 des Rates vom 20. Dezember 1985 über das Kontrollgerät im Straßenverkehr[12] erfassten Daten haben.

(19) Die Mitgliedstaaten sollten sich im Hinblick auf die ordnungsgemäße Anwendung dieser Verordnung gegenseitig Amtshilfe leisten.

(20) Die Verwaltungsformalitäten sollten so weit wie möglich verringert werden, ohne dabei auf die Kontrollen und Sanktionen zu verzichten, die die ordnungsgemäße Anwendung und wirksame Durchsetzung dieser Verordnung gewährleisten. Zu diesem Zweck sollten die bestehenden Vorschriften über den Entzug der Gemeinschaftslizenz präzisiert und gestärkt werden. Die aktuellen Vorschriften sollten angepasst werden, damit gegen schwerwiegende Verstöße, die in dem Aufnahmemitgliedstaat begangen werden, wirksame Sanktionen verhängt werden können. Die Sanktionen dürfen nicht diskriminierend sein und müssen verhältnismäßig zur Schwere des Verstoßes sein. Es sollte die Möglichkeit vorgesehen werden, einen Rechtsbehelf gegen verhängte Sanktionen einzulegen.

(21) Die Mitgliedstaaten sollten in ihr einzelstaatliches elektronisches Register der Verkehrsunternehmen sämtliche schwerwiegenden Verstöße eintragen, die von Verkehrsunternehmen begangen wurden und zur Verhängung einer Sanktion geführt haben.

---

[9] **Amtl. Anm.:** ABl. L 102 vom 11.4.2006, S. 1.
[10] **Amtl. Anm.:** ABl. L 368 vom 17.12.1992, S. 38.
[11] **Amtl. Anm.:** ABl. L 18 vom 21.1.1997, S. 1.
[12] **Amtl. Anm.:** ABl. L 370 vom 31.12.1985, S. 8.

(22) Um den Informationsaustausch zwischen den einzelstaatlichen Behörden zu erleichtern und zu verstärken, sollten die Mitgliedstaaten die sachdienlichen Informationen über die einzelstaatlichen Kontaktstellen austauschen, die gemäß der Verordnung (EG) Nr. 1071/2009 des Europäischen Parlaments und des Rates vom 21. Oktober 2009 zur Festlegung gemeinsamer Regeln für die Zulassung zum Beruf des Kraftverkehrsunternehmers[13] eingerichtet werden.

(23) Die zur Durchführung dieser Verordnung notwendigen Maßnahmen sollten gemäß dem Beschluss 1999/468/EG des Rates vom 28. Juni 1999 zur Festlegung der Modalitäten für die Ausübung der der Kommission übertragenen Durchführungsbefugnisse[14] erlassen werden.

(24) Insbesondere sollte die Kommission die Befugnis erhalten, die Anhänge I, II und III dieser Verordnung an den technischen Fortschritt anzupassen. Da es sich hierbei um Maßnahmen von allgemeiner Tragweite handelt, die eine Änderung nicht wesentlicher Bestimmungen dieser Verordnung bewirken, sind diese Maßnahmen nach dem Regelungsverfahren mit Kontrolle des Artikels 5a des Beschlusses 1999/468/EG zu erlassen.

(25) Die Mitgliedstaaten sollten die zur Anwendung dieser Verordnung notwendigen Maßnahmen ergreifen, insbesondere in Bezug auf wirksame, verhältnismäßige und abschreckende Sanktionen.

(26) Da das Ziel dieser Verordnung, nämlich einen einheitlichen Rahmen für den grenzüberschreitenden Güterkraftverkehr in der gesamten Gemeinschaft zu gewährleisten, auf Ebene der Mitgliedstaaten nicht ausreichend verwirklicht werden kann und daher wegen ihres Umfangs und ihrer Wirkungen besser auf Gemeinschaftsebene zu verwirklichen ist, kann die Gemeinschaft im Einklang mit dem in Artikel 5[15] des Vertrags niedergelegten Subsidiaritätsprinzip tätig werden. Entsprechend dem in demselben Artikel genannten Grundsatz der Verhältnismäßigkeit geht die vorliegende Verordnung nicht über das zur Erreichung dieses Ziels erforderliche Maß hinaus –

HABEN FOLGENDE VERORDNUNG ERLASSEN:

Kapitel I. Allgemeine Bestimmungen

Art. 1. Anwendungsbereich. (1) Diese Verordnung gilt für den grenzüberschreitenden gewerblichen Güterkraftverkehr auf den im Gebiet der Gemeinschaft zurückgelegten Wegstrecken.

(2) ¹Bei Beförderungen aus einem Mitgliedstaat nach einem Drittland und umgekehrt gilt diese Verordnung für die in den Mitgliedstaaten, die im Transit durchfahren werden, zurückgelegte Wegstrecke. ²Sie gilt nicht für die im Hoheitsgebiet des Mitgliedstaats der Be- oder Entladung zurückgelegte Wegstrecke, solange das hierfür erforderliche Abkommen zwischen der Gemeinschaft und dem betreffenden Drittland nicht geschlossen wurde.

(3) Bis zum Abschluss der Abkommen gemäß Absatz 2 werden folgende Vorschriften von dieser Verordnung nicht berührt:

a) die in bilateralen Abkommen zwischen Mitgliedstaaten und den jeweiligen Drittländern enthaltenen Vorschriften über Beförderungen aus einem Mitgliedstaat nach einem Drittland und umgekehrt;

b) die in bilateralen Abkommen zwischen Mitgliedstaaten enthaltenen Vorschriften über Beförderungen aus einem Mitgliedstaat nach einem Drittland und umgekehrt, die es aufgrund bilateraler Genehmigungen oder einer freizügigen Regelung gestatten, dass Be- oder Entladungen in einem Mitgliedstaat auch von Verkehrsunternehmen durchgeführt werden, die nicht in diesem Mitgliedstaat niedergelassen sind.

(4) Diese Verordnung gilt für den innerstaatlichen Güterkraftverkehr, der von einem gebietsfremden Verkehrsunternehmer gemäß Kapitel III zeitweilig durchgeführt wird.

---

[13] **Amtl. Anm.:** Siehe Seite 51 dieses Amtsblatts (Anm. d. Red.: ABl. L 300 vom 14.11.2009).
[14] **Amtl. Anm.:** ABl. L 184 vom 17.7.1999, S. 23.
[15] Nunmehr Art. 5 EUV durch Vertrag von Lissabon v. 13.12.2007 (ABl. Nr. C 306 S. 1).

(5) Folgende Beförderungen sowie im Zusammenhang damit durchgeführte Leerfahrten bedürfen keiner Gemeinschaftslizenz und sind von jeglichem Erfordernis einer Beförderungsgenehmigung ausgenommen:
a) die Beförderung von Postsendungen im Rahmen des Universaldienstes;
b) die Beförderung von beschädigten oder reparaturbedürftigen Fahrzeugen;
c) die Beförderung von Gütern mit Kraftfahrzeugen, deren zulässige Gesamtmasse, einschließlich der Gesamtmasse der Anhänger, 3,5 t nicht übersteigt;
d) die Beförderung von Gütern mit Kraftfahrzeugen, sofern folgende Voraussetzungen erfüllt sind:
   i) Die beförderten Güter müssen Eigentum des Unternehmens oder von ihm verkauft, gekauft, vermietet, gemietet, erzeugt, gewonnen, bearbeitet oder wieder instand gesetzt worden sein;
   ii) die Beförderung muss der Anlieferung der Güter zum Unternehmen, ihrem Versand ab dem Unternehmen, ihrer Verbringung innerhalb oder – zum Eigengebrauch – außerhalb des Unternehmens dienen;
   iii) die für die Beförderung verwendeten Kraftfahrzeuge müssen von Personal geführt werden, das bei dem Unternehmen beschäftigt ist oder ihm im Rahmen einer vertraglichen Verpflichtung zur Verfügung gestellt wurde;
   iv) die Güter befördernden Fahrzeuge müssen dem Unternehmen gehören oder von ihm auf Abzahlung gekauft oder gemietet sein, wobei sie in letzterem Fall die Voraussetzungen der Richtlinie 2006/1/EG des Europäischen Parlaments und des Rates vom 18. Januar 2006 über die Verwendung von ohne Fahrer gemieteten Fahrzeugen im Güterkraftverkehr[16]) erfüllen müssen; und
   v) diese Beförderung darf nur eine Hilfstätigkeit im Rahmen der gesamten Tätigkeit des Unternehmens darstellen;
e) die Beförderung von Medikamenten, medizinischen Geräten und Ausrüstungen sowie anderen zur Hilfsleistung in dringenden Notfällen (insbesondere bei Naturkatastrophen) bestimmten Gütern.
Unterabsatz 1 Buchstabe d Ziffer iv gilt nicht bei Einsatz eines Ersatzfahrzeugs für die Dauer eines kurzfristigen Ausfalls des sonst verwendeten Kraftfahrzeugs.

(6) Absatz 5 ändert nicht die Bedingungen, von denen die Mitgliedstaaten bei ihren eigenen Staatsangehörigen den Zugang zu den in dem Absatz genannten Tätigkeiten abhängig machen.

Art. 2 Begriffsbestimmungen. Im Sinne dieser Verordnung bezeichnet der Ausdruck
1. „Fahrzeug" ein in einem Mitgliedstaat amtlich zugelassenes Kraftfahrzeug oder eine Fahrzeugkombination, bei der zumindest das Kraftfahrzeug in einem Mitgliedstaat amtlich zugelassen ist, sofern sie ausschließlich für die Güterbeförderung verwendet werden;
2. „grenzüberschreitender Verkehr"
   a) eine beladen zurückgelegte Fahrt eines Fahrzeugs mit oder ohne Transit durch einen oder mehrere Mitgliedstaaten oder ein oder mehrere Drittländer, bei der sich der Ausgangspunkt und der Bestimmungsort in zwei verschiedenen Mitgliedstaaten befinden,
   b) eine beladen zurückgelegte Fahrt eines Fahrzeugs von einem Mitgliedstaat in ein Drittland oder umgekehrt, mit oder ohne Transit durch einen oder mehrere Mitgliedstaaten oder ein oder mehrere Drittländer,
   c) eine beladen zurückgelegte Fahrt eines Fahrzeugs zwischen Drittländern mit Transit durch das Hoheitsgebiet eines oder mehrerer Mitgliedstaaten oder
   d) eine Leerfahrt in Verbindung mit Beförderungen gemäß den Buchstaben a, b und c;
3. „Aufnahmemitgliedstaat" einen Mitgliedstaat, in dem ein Verkehrsunternehmer tätig ist und der ein anderer als sein Niederlassungsmitgliedstaat ist;
4. „gebietsfremder Verkehrsunternehmer" einen Verkehrsunternehmer, der in einem Aufnahmemitgliedstaat tätig ist;
5. „Fahrer" jede Person, die ein Fahrzeug führt, sei es auch nur kurzzeitig, oder in einem Fahrzeug in Wahrnehmung ihrer Aufgaben befördert wird, um es bei Bedarf führen zu können;

---

[16]) **Amtl. Anm.:** ABl. L 33 vom 4.2.2006, S. 82.

6. „Kabotage" gewerblichen innerstaatlichen Verkehr, der im Einklang mit dieser Verordnung zeitweilig in einem Aufnahmemitgliedstaat durchgeführt wird;
7. „schwerwiegender Verstoß gegen Gemeinschaftsvorschriften im Bereich des Straßenverkehrs" einen Verstoß, der zur Aberkennung der Zuverlässigkeit gemäß Artikel 6 Absätze 1 und 2 der Verordnung (EG) Nr. 1071/2009 und/oder zum befristeten oder dauerhaften Entzug einer Gemeinschaftslizenz führen kann.

Kapitel II. Grenzüberschreitender Verkehr

Art. 3. Allgemeiner Grundsatz. Der grenzüberschreitende Verkehr unterliegt einer Gemeinschaftslizenz in Verbindung – sofern der Fahrer Staatsangehöriger eines Drittlandes ist – mit einer Fahrerbescheinigung.

Art. 4. Gemeinschaftslizenz. (1) Die Gemeinschaftslizenz wird von einem Mitgliedstaat gemäß dieser Verordnung jedem gewerblichen Güterkraftverkehrsunternehmer erteilt, der

a) in diesem Mitgliedstaat gemäß den gemeinschaftlichen Rechtsvorschriften und den innerstaatlichen Rechtsvorschriften dieses Mitgliedstaats niedergelassen ist und

b) in dem Niederlassungsmitgliedstaat gemäß den Rechtsvorschriften der Gemeinschaft und den innerstaatlichen Rechtsvorschriften dieses Mitgliedstaats über den Zugang zum Beruf des Verkehrsunternehmers zur Durchführung des grenzüberschreitenden Güterkraftverkehrs berechtigt ist.

(2) Die Gemeinschaftslizenz wird von den zuständigen Behörden des Niederlassungsmitgliedstaats für einen verlängerbaren Zeitraum von bis zu zehn Jahren ausgestellt.

Gemeinschaftslizenzen und beglaubigte Kopien, die vor dem Beginn der Anwendung dieser Verordnung ausgestellt wurden, bleiben bis zum Ablauf ihrer Gültigkeitsdauer gültig.

¹Die Kommission passt die Gültigkeitsdauer der Gemeinschaftslizenz an den technischen Fortschritt an, insbesondere an die einzelstaatlichen elektronischen Register nach Artikel 16 der Verordnung (EG) Nr. 1071/2009. ²Diese Maßnahmen zur Änderung nicht wesentlicher Bestimmungen der vorliegenden Verordnung werden nach dem in Artikel 15 Absatz 2 genannten Regelungsverfahren mit Kontrolle erlassen.

(3) Der Niederlassungsmitgliedstaat stellt dem Inhaber der Gemeinschaftslizenz die Originallizenz aus, die von dem Verkehrsunternehmer aufbewahrt wird, sowie beglaubigte Kopien in einer Anzahl, die der Zahl der Fahrzeuge entspricht, über die der Inhaber der Gemeinschaftslizenz als Eigentümer oder anderweitig verfügt, insbesondere aus Ratenkauf-, Miet- oder Leasingvertrag.

(4) ¹Die Gemeinschaftslizenz und die beglaubigten Kopien entsprechen dem Muster in Anhang II, der auch die Bedingungen für die Verwendung der Gemeinschaftslizenz regelt. ²Sie weisen mindestens zwei der in Anhang I aufgeführten Sicherheitsmerkmale auf.

¹Die Kommission passt Anhang I und II an den technischen Fortschritt an. ²Diese Maßnahmen zur Änderung nicht wesentlicher Bestimmungen dieser Verordnung werden nach dem in Artikel 15 Absatz 2 genannten Regelungsverfahren mit Kontrolle erlassen.

(5) ¹Die Gemeinschaftslizenz und ihre beglaubigten Kopien tragen das Dienstsiegel der ausstellenden Behörde sowie eine Unterschrift und eine Seriennummer. ²Die Seriennummern der Gemeinschaftslizenz und der beglaubigten Kopien werden im einzelstaatlichen elektronischen Register der Kraftverkehrsunternehmen als Teil des Datensatzes zu dem Verkehrsunternehmer gespeichert.

(6) ¹Die Gemeinschaftslizenz wird auf den Namen des Verkehrsunternehmers ausgestellt und ist nicht übertragbar. ²Eine beglaubigte Kopie der Gemeinschaftslizenz wird in jedem Fahrzeug des Verkehrsunternehmers mitgeführt und ist jedem Kontrollberechtigten auf Verlangen vorzuzeigen.

¹Bei Fahrzeugkombinationen wird die beglaubigte Kopie im Kraftfahrzeug mitgeführt. ²Sie gilt für die gesamte Fahrzeugkombination auch dann, wenn der Anhänger oder Sattelanhänger nicht auf den Namen des Lizenzinhabers amtlich zugelassen oder zum Verkehr zugelassen ist oder wenn er in einem anderen Staat amtlich zugelassen oder zum Verkehr zugelassen ist.

7. Verordnung (EG) Nr. 1072/2009 **Anh. 7**

Art. 5. Fahrerbescheinigung. (1) Die Fahrerbescheinigung wird von einem Mitgliedstaat gemäß dieser Verordnung jedem Verkehrsunternehmer ausgestellt, der

a) Inhaber einer Gemeinschaftslizenz ist und der
b) in diesem Mitgliedstaat entweder einen Fahrer, der weder ein Staatsangehöriger eines Mitgliedstaats noch ein langfristig Aufenthaltsberechtigter im Sinne der Richtlinie 2003/109/EG des Rates vom 25. November 2003 betreffend die Rechtsstellung der langfristig aufenthaltsberechtigten Drittstaatsangehörigen[17)] ist, rechtmäßig beschäftigt oder einen Fahrer rechtmäßig einsetzt, der weder ein Staatsangehöriger eines Mitgliedstaats noch ein langfristig Aufenthaltsberechtigter im Sinne der genannten Richtlinie ist und dem Verkehrsunternehmer gemäß den Bestimmungen zur Verfügung gestellt wird, die in diesem Mitgliedstaat für die Beschäftigung und die Berufsausbildung
  i) durch Rechts- und Verwaltungsvorschriften und gegebenenfalls
  ii) durch Tarifverträge nach den in diesem Mitgliedstaat geltenden Vorschriften festgelegt wurden.

(2) ¹Die Fahrerbescheinigung wird von der zuständigen Behörde des Niederlassungsmitgliedstaats des Verkehrsunternehmens auf Antrag des Inhabers der Gemeinschaftslizenz für jeden Fahrer ausgestellt, der weder ein Staatsangehöriger eines Mitgliedstaats noch ein langfristig Aufenthaltsberechtigter im Sinne der Richtlinie 2003/109/EG ist und den der Verkehrsunternehmer rechtmäßig beschäftigt, oder für jeden Fahrer, der weder ein Staatsangehöriger eines Mitgliedstaats noch ein langfristig Aufenthaltsberechtigter im Sinne der genannten Richtlinie ist und der dem Verkehrsunternehmer zur Verfügung gestellt wird. ²Mit der Fahrerbescheinigung wird bestätigt, dass der darin genannte Fahrer unter den in Absatz 1 festgelegten Bedingungen beschäftigt ist.

(3) Die Fahrerbescheinigung entspricht dem Muster in Anhang III. Sie weist mindestens zwei der in Anhang I aufgeführten Sicherheitsmerkmale auf.

(4) ¹Die Kommission passt Anhang III an den technischen Fortschritt an. ²Diese Maßnahmen zur Änderung nicht wesentlicher Bestimmungen dieser Verordnung werden nach dem in Artikel 15 Absatz 2 genannten Regelungsverfahren mit Kontrolle erlassen.

(5) ¹Die Fahrerbescheinigung trägt das Dienstsiegel der ausstellenden Behörde sowie eine Unterschrift und eine Seriennummer. ²Die Seriennummer der Fahrerbescheinigung kann im einzelstaatlichen elektronischen Register der Kraftverkehrsunternehmen als Teil des Datensatzes zu dem Verkehrsunternehmen gespeichert werden, das die Bescheinigung dem darin genannten Fahrer zur Verfügung stellt.

(6) ¹Die Fahrerbescheinigung ist Eigentum des Verkehrsunternehmers, der sie dem darin genannten Fahrer zur Verfügung stellt, wenn dieser Fahrer ein Fahrzeug im Verkehr mit einer dem Verkehrsunternehmer erteilten Gemeinschaftslizenz führt. ²Eine beglaubigte Kopie der von den zuständigen Behörden des Niederlassungsmitgliedstaats des Verkehrsunternehmers ausgestellten Fahrerbescheinigung ist in den Geschäftsräumen des Verkehrsunternehmers aufzubewahren. ³Die Fahrerbescheinigung ist jedem Kontrollberechtigten auf Verlangen vorzuzeigen.

(7) ¹Die Geltungsdauer der Fahrerbescheinigung wird vom ausstellenden Mitgliedstaat festgesetzt; sie beträgt höchstens fünf Jahre. ²Vor dem Beginn der Anwendung dieser Verordnung ausgestellte Fahrerbescheinigungen bleiben bis zum Ablauf ihrer Geltungsdauer gültig.

¹Die Fahrerbescheinigung gilt nur, solange die Bedingungen, unter denen sie ausgestellt wurde, erfüllt sind. ²Die Mitgliedstaaten ergreifen die erforderlichen Maßnahmen, damit der Verkehrsunternehmer sie unverzüglich der ausstellenden Behörde zurückgibt, wenn diese Bedingungen nicht mehr erfüllt sind.

Art. 6. Überprüfung der Bedingungen. (1) Bei Vorlage eines Antrags auf Erteilung einer Gemeinschaftslizenz oder eines Antrags auf Verlängerung der Gemeinschaftslizenz gemäß Artikel 4 Absatz 2 prüfen die zuständigen Behörden des Niederlassungsmitgliedstaats, ob der Verkehrsunternehmer die Voraussetzungen des Artikels 4 Absatz 1 erfüllt bzw. weiterhin erfüllt.

[17)] **Amtl. Anm.:** ABl. L 16 vom 23.1.2004, S. 44.

(2) Die zuständigen Behörden des Niederlassungsmitgliedstaats überprüfen regelmäßig, ob die Bedingungen des Artikels 5 Absatz 1, unter denen eine Fahrerbescheinigung ausgestellt wurde, weiterhin erfüllt sind; hierzu führen sie jedes Jahr Kontrollen in Bezug auf mindestens 20% der in diesem Mitgliedstaat ausgestellten gültigen Fahrerbescheinigungen durch.

Art. 7. Vorenthaltung und Entzug der Gemeinschaftslizenz und Fahrerbescheinigung.
(1) Sind die in Artikel 4 Absatz 1 bzw. Artikel 5 Absatz 1 genannten Voraussetzungen nicht erfüllt, so lehnen die zuständigen Behörden des Niederlassungsmitgliedstaats die Erteilung oder Erneuerung der Gemeinschaftslizenz bzw. die Erteilung der Fahrerbescheinigung durch eine mit Gründen versehene Entscheidung ab.

(2) Die zuständigen Behörden entziehen die Gemeinschaftslizenz bzw. die Fahrerbescheinigung, wenn der Inhaber

a) die Voraussetzungen des Artikels 4 Absatz 1 bzw. Artikel 5 Absatz 1 nicht mehr erfüllt oder
b) zu Tatsachen, die für die Beantragung der Gemeinschaftslizenz bzw. der Fahrerbescheinigung erheblich waren, unrichtige Angaben gemacht hat.

Kapitel III. Kabotage

Art. 8. Allgemeiner Grundsatz. (1) Jeder Verkehrsunternehmer, der Inhaber einer Gemeinschaftslizenz ist und dessen Fahrer, wenn er Staatsangehöriger eines Drittlandes ist, eine Fahrerbescheinigung mit sich führt, ist unter den in diesem Kapitel festgelegten Bedingungen zur Durchführung von Kabotage berechtigt.

(2) ¹Die in Absatz 1 genannten Güterkraftverkehrsunternehmer sind berechtigt, im Anschluss an eine grenzüberschreitende Beförderung aus einem anderen Mitgliedstaat oder einem Drittland in den Aufnahmemitgliedstaat nach Auslieferung der Güter bis zu drei Kabotagebeförderungen mit demselben Fahrzeug oder im Fall von Fahrzeugkombinationen mit dem Kraftfahrzeug desselben Fahrzeugs durchzuführen. ²Bei Kabotagebeförderungen erfolgt die letzte Entladung, bevor der Aufnahmemitgliedstaat verlassen wird, innerhalb von sieben Tagen nach der letzten Entladung der in den Aufnahmemitgliedstaat eingeführten Lieferung.

Innerhalb der Frist gemäß Unterabsatz 1 können die Verkehrsunternehmer einige oder alle der Kabotagebeförderungen, zu denen sie gemäß Unterabsatz 1 berechtigt sind, in jedem Mitgliedstaat unter der Voraussetzung durchführen, dass sie auf eine Kabotagebeförderung je Mitgliedstaat innerhalb von drei Tagen nach der Einfahrt des unbeladenen Fahrzeugs in das Hoheitsgebiet dieses Mitgliedstaats beschränkt sind.

(3) Innerstaatliche Güterkraftverkehrsdienste, die im Aufnahmemitgliedstaat von gebietsfremden Verkehrsunternehmern durchgeführt werden, sind nur dann mit dieser Verordnung vereinbar, wenn der Verkehrsunternehmer eindeutige Belege für die grenzüberschreitende Beförderung in den betreffenden Mitgliedstaat sowie für jede einzelne der durchgeführten Kabotagebeförderungen vorweisen kann.

Die in Unterabsatz 1 genannten Belege müssen für jede Beförderung folgende Angaben enthalten:
a) Name, Anschrift und Unterschrift des Absenders;
b) Name, Anschrift und Unterschrift des Verkehrsunternehmers;
c) Name und Anschrift des Empfängers sowie nach erfolgter Lieferung dessen Unterschrift und das Datum der Lieferung;
d) Ort und Datum der Übernahme der Ware sowie die Lieferadresse;
e) die übliche Beschreibung der Art der Ware und ihrer Verpackung sowie bei Gefahrgütern ihre allgemein anerkannte Beschreibung, die Anzahl der Packstücke sowie deren besondere Zeichen und Nummern;
f) die Bruttomasse der Güter oder eine sonstige Mengenangabe;
g) das amtliche Kennzeichen des Kraftfahrzeugs und des Anhängers.

(4) Es sind keine zusätzlichen Dokumente erforderlich, um nachzuweisen, dass die in diesem Artikel festgelegten Voraussetzungen erfüllt sind.

(5) Jeder Verkehrsunternehmer, der im Niederlassungsmitgliedstaat in Übereinstimmung mit dessen Rechtsvorschriften berechtigt ist, den in Artikel 1 Absatz 5 Buchstaben a, b und c ge-

werblichen Güterkraftverkehr durchzuführen, ist unter den Bedingungen dieses Kapitels berechtigt, die Kabotage der gleichen Art bzw. die Kabotage mit Fahrzeugen der gleichen Kategorie durchzuführen.

(6) Die Zulassung zur Kabotage im Rahmen von Verkehrsleistungen gemäß Artikel 1 Absatz 5 Buchstaben d und e ist keinerlei Beschränkungen unterworfen.

Art. 9. Vorschriften für die Kabotage. (1) Vorbehaltlich der Anwendung der Gemeinschaftsvorschriften unterliegt die Durchführung der Kabotage den Rechts- und Verwaltungsvorschriften des Aufnahmemitgliedstaats im Hinblick auf Folgendes:

a) für den Beförderungsvertrag geltende Bedingungen;
b) Fahrzeuggewichte und -abmessungen;
c) Vorschriften für die Beförderung bestimmter Kategorien von Beförderungsgut, insbesondere gefährlicher Güter, verderblicher Lebensmittel und lebender Tiere;
d) Lenk- und Ruhezeiten;
e) Mehrwertsteuer (MwSt.) auf die Beförderungsdienstleistungen.

Die unter Unterabsatz 1 Buchstabe b genannten Gewichte und Abmessungen dürfen gegebenenfalls die im Niederlassungsmitgliedstaat des Verkehrsunternehmers geltenden Gewichte und Abmessungen, keinesfalls aber die vom Aufnahmemitgliedstaat für den innerstaatlichen Verkehr festgelegten Höchstwerte oder die technischen Merkmale überschreiten, die in den Nachweisen gemäß Artikel 6 Absatz 1 der Richtlinie 96/53/EG des Rates vom 25. Juli 1996 zur Festlegung der höchstzulässigen Abmessungen für bestimmte Straßenfahrzeuge im innerstaatlichen und grenzüberschreitenden Verkehr in der Gemeinschaft sowie zur Festlegung der höchstzulässigen Gewichte im grenzüberschreitenden Verkehr[18)] vermerkt sind.

(2) Die in Absatz 1 genannten Rechts- und Verwaltungsvorschriften werden auf die gebietsfremden Verkehrsunternehmer unter denselben Bedingungen angewandt, wie sie der Aufnahmemitgliedstaat den ansässigen Verkehrsunternehmern auferlegt, damit jede Diskriminierung aufgrund der Staatsangehörigkeit oder des Niederlassungsorts ausgeschlossen wird.

Art. 10. Verfahren bei Schutzmaßnahmen. (1) Im Fall einer ernsten Marktstörung im innerstaatlichen Verkehr innerhalb eines bestimmten geografischen Gebiets, die auf die Kabotage zurückzuführen ist oder durch sie verschärft wird, kann sich jeder Mitgliedstaat an die Kommission wenden, damit Schutzmaßnahmen getroffen werden; der Mitgliedstaat macht der Kommission dabei die erforderlichen Angaben und teilt ihr mit, welche Maßnahmen er gegenüber den in seinem Hoheitsgebiet ansässigen Verkehrsunternehmern zu treffen gedenkt.

(2) Im Sinne des Absatzes 1 bezeichnet der Ausdruck
– „ernste Marktstörung im innerstaatlichen Verkehr innerhalb eines bestimmten geografischen Gebiets" das Auftreten spezifischer Probleme auf diesem Markt, die zu einem möglicherweise anhaltenden deutlichen Angebotsüberhang führen können, der das finanzielle Gleichgewicht und das Überleben zahlreicher Unternehmen im Güterkraftverkehr gefährden könnte;
– „geografisches Gebiet" ein Gebiet, das das gesamte Hoheitsgebiet eines Mitgliedstaats oder einen Teil davon umfasst oder sich auf das gesamte Hoheitsgebiet anderer Mitgliedstaaten oder auf einen Teil davon erstreckt.

(3) Die Kommission prüft den Fall insbesondere anhand der einschlägigen Daten und entscheidet nach Anhörung des Ausschusses nach Artikel 15 Absatz 1 innerhalb eines Monats nach Eingang des Antrags des Mitgliedstaats, ob Schutzmaßnahmen erforderlich sind, und ordnet diese gegebenenfalls an.

Diese Maßnahmen können beinhalten, dass das betreffende geografische Gebiet zeitweilig vom Anwendungsbereich dieser Verordnung ausgenommen wird.

Die gemäß diesem Artikel getroffenen Maßnahmen dürfen höchstens sechs Monate in Kraft bleiben; ihre Geltungsdauer kann unter denselben Geltungsbedingungen einmal verlängert werden.

[18)] **Amtl. Anm.:** ABl. L 235 vom 17.9.1996, S. 59.

Die Kommission teilt den Mitgliedstaaten und dem Rat die gemäß diesem Absatz getroffenen Entscheidungen unverzüglich mit.

(4) ¹Beschließt die Kommission Schutzmaßnahmen, die einen oder mehrere Mitgliedstaaten betreffen, so sind die zuständigen Behörden dieser Mitgliedstaaten gehalten, gegenüber den in ihrem Hoheitsgebiet ansässigen Verkehrsunternehmern Maßnahmen gleicher Wirkung zu ergreifen; sie setzen die Kommission davon in Kenntnis. ²Diese Maßnahmen gelten spätestens ab demselben Zeitpunkt wie die von der Kommission angeordneten Schutzmaßnahmen.

(5) ¹Jeder Mitgliedstaat kann den Rat binnen 30 Tagen nach der Mitteilung mit einem von der Kommission nach Absatz 3 getroffenen Beschluss befassen. ²Der Rat kann mit qualifizierter Mehrheit innerhalb von 30 Tagen ab dem Zeitpunkt, zu dem er von einem Mitgliedstaat befasst wurde, oder, im Fall der Befassung durch mehrere Mitgliedstaaten, ab dem Zeitpunkt der ersten Befassung einen anders lautenden Beschluss fassen.
¹Für den Beschluss des Rates gelten die Geltungsbedingungen nach Absatz 3 Unterabsatz 3.
²Die zuständigen Behörden der betreffenden Mitgliedstaaten sind gehalten, gegenüber den in ihrem Hoheitsgebiet ansässigen Verkehrsunternehmern Maßnahmen gleicher Wirkung zu ergreifen; sie setzen die Kommission hiervon in Kenntnis. ³Beschließt der Rat innerhalb der in Unterabsatz 2 genannten Frist nicht, so wird der Beschluss der Kommission endgültig.

(6) Ist die Kommission der Auffassung, dass die Geltungsdauer der nach Absatz 3 getroffenen Maßnahmen verlängert werden muss, so unterbreitet sie dem Rat einen Vorschlag; der Rat beschließt hierüber mit qualifizierter Mehrheit.

Kapitel IV. Gegenseitige Amtshilfe und Sanktionen

Art. 11. Gegenseitige Amtshilfe. ¹Die Mitgliedstaaten leisten einander Amtshilfe bei der Durchführung und Überwachung dieser Verordnung. ²Sie tauschen Informationen über die gemäß Artikel 18 der Verordnung (EG) Nr. 1071/2009 eingerichteten einzelstaatlichen Kontaktstellen aus.

Art. 12. Ahndung von Verstößen durch den Niederlassungsmitgliedstaat. (1) Bei einem schwerwiegenden Verstoß gegen die Gemeinschaftsvorschriften im Bereich des Straßenverkehrs in einem Mitgliedstaat bzw. bei Feststellung solcher Verstöße in einem Mitgliedstaat treffen die zuständigen Behörden des Niederlassungsmitgliedstaats des Verkehrsunternehmers, der den Verstoß begangen hat, die für diesen Fall geeigneten Maßnahmen, die eine Verwarnung einschließen können, falls diese vom einzelstaatlichen Recht vorgesehen ist, und die unter anderem zur Verhängung der folgenden Verwaltungssanktionen führen können:
a) dem befristeten oder dauerhaften Entzug einiger oder aller beglaubigten Kopien der Gemeinschaftslizenz;
b) dem befristeten oder dauerhaften Entzug der Gemeinschaftslizenz.
Diese Sanktionen können nach der endgültigen Entscheidung in der Angelegenheit bestimmt werden; sie richten sich nach der Schwere des vom Inhaber der Gemeinschaftslizenz begangenen Verstoßes und der Gesamtzahl der beglaubigten Kopien der Lizenz, über die dieser für seinen grenzüberschreitenden Güterkraftverkehr verfügt.

(2) Bei schwerwiegenden Verstößen im Sinne eines Missbrauchs von Fahrerbescheinigungen verhängen die zuständigen Behörden des Niederlassungsmitgliedstaats des Verkehrsunternehmers, der gegen die Bestimmungen verstoßen hat, angemessene Sanktionen, die unter anderem in Folgendem bestehen:
a) Aussetzung der Ausstellung von Fahrerbescheinigungen;
b) Entzug von Fahrerbescheinigungen;
c) zusätzliche Bedingungen für die Ausstellung von Fahrerbescheinigungen, um einen Missbrauch zu verhindern;
d) befristeter oder dauerhafter Entzug einiger oder aller beglaubigten Kopien der Gemeinschaftslizenz;
e) befristeter oder dauerhafter Entzug der Gemeinschaftslizenz.

7. Verordnung (EG) Nr. 1072/2009   Anh. 7

Diese Sanktionen, die nach der endgültigen Entscheidung in der Angelegenheit bestimmt werden können, richten sich nach der Schwere des vom Inhaber der Gemeinschaftslizenz begangenen Verstoßes.

(3) Die zuständigen Behörden des Niederlassungsmitgliedstaats teilen den zuständigen Behörden des Mitgliedstaats, in dessen Hoheitsgebiet der Verstoß festgestellt wurde, so bald wie möglich, spätestens jedoch sechs Wochen nach der endgültigen Entscheidung in der Angelegenheit mit, ob und welche der in den Absätzen 1 und 2 genannten Sanktionen verhängt wurden.

Falls keine Sanktionen verhängt wurden, gibt die zuständige Behörde des Niederlassungsmitgliedstaats die Gründe hierfür an.

(4) Die zuständigen Behörden achten darauf, dass die gegen den betreffenden Verkehrsunternehmer verhängten Sanktionen insgesamt in einem angemessenen Verhältnis zu dem bzw. den zugrunde liegenden Verstößen stehen, und berücksichtigen dabei etwaige Sanktionen, die im Mitgliedstaat, in dessen Hoheitsgebiet die Verstöße festgestellt wurden, verhängt wurden.

(5) [1] Die zuständigen Behörden des Niederlassungsmitgliedstaats des Verkehrsunternehmers können gegen den Verkehrsunternehmer ferner in Anwendung der innerstaatlichen Rechtsvorschriften Verfahren vor einem zuständigen nationalen Gericht einleiten. [2] Sie unterrichten die zuständige Behörde des Aufnahmemitgliedstaats über die zu diesem Zweck getroffenen Entscheidungen.

(6) Die Mitgliedstaaten stellen sicher, dass die Verkehrsunternehmer gegen jede verwaltungsrechtliche Sanktion, die aufgrund dieses Artikels gegen sie verhängt wird, einen Rechtsbehelf einlegen können.

Art. 13. Ahndung von Verstößen durch den Aufnahmemitgliedstaat. (1) Erhalten die zuständigen Behörden eines Mitgliedstaats davon Kenntnis, dass ein gebietsfremder Verkehrsunternehmer einen schwerwiegenden Verstoß gegen diese Verordnung oder gegen Gemeinschaftsvorschriften im Bereich des Straßenverkehrs begangen hat, so übermittelt der Mitgliedstaat, in dessen Hoheitsgebiet der Verstoß festgestellt worden ist, den zuständigen Behörden des Niederlassungsmitgliedstaats des Verkehrsunternehmers so bald wie möglich, spätestens jedoch sechs Wochen nach ihrer endgültigen Entscheidung in der Angelegenheit, die folgenden Informationen:

a) eine Beschreibung des Verstoßes mit Datums- und Zeitangabe;
b) Kategorie, Art und Schwere des Verstoßes;
c) die verhängten und vollzogenen Sanktionen.

Die zuständigen Behörden des Aufnahmemitgliedstaats können die zuständigen Behörden des Niederlassungsmitgliedstaats ersuchen, den Verstoß durch Verwaltungssanktionen gemäß Artikel 12 zu ahnden.

(2) [1] Unbeschadet einer etwaigen strafrechtlichen Verfolgung sind die zuständigen Behörden des Aufnahmemitgliedstaats befugt, gegen einen gebietsfremden Verkehrsunternehmer, der anlässlich einer Kabotage in seinem Hoheitsgebiet gegen diese Verordnung oder gegen nationale oder gemeinschaftliche Vorschriften im Bereich des Straßenverkehrs verstoßen hat, Sanktionen zu verhängen. [2] Diese Sanktionen dürfen keine Diskriminierung beinhalten. [3] Die Sanktionen können insbesondere in einer Verwarnung oder, bei einem schwerwiegenden Verstoß, in einem zeitweiligen Verbot der Kabotage in dem Aufnahmemitgliedstaat, in dem der Verstoß begangen wurde, bestehen.

(3) Die Mitgliedstaaten stellen sicher, dass die Verkehrsunternehmer gegen jede verwaltungsrechtliche Sanktion, die aufgrund dieses Artikels gegen sie verhängt wird, einen Rechtsbehelf einlegen können.

Art. 14. Eintrag in die einzelstaatlichen elektronischen Register. [1] Die Mitgliedstaaten stellen sicher, dass schwerwiegende Verstöße gegen Gemeinschaftsvorschriften im Bereich des Straßenverkehrs durch in ihrem Hoheitsgebiet niedergelassene Verkehrsunternehmer, die in einem Mitgliedstaat zur Verhängung von Sanktionen geführt haben, sowie jeder befristete oder dauerhafte Entzug der Gemeinschaftslizenz oder deren beglaubigter Kopie in das einzelstaatliche elektronische Register der Kraftverkehrsunternehmen eingetragen werden. ²Einträge im Register, die einen befristeten oder dauerhaften Entzug einer Gemeinschaftslizenz betreffen, bleiben zwei Jahre in der Datenbank gespeichert; die Zweijahresfrist wird im Falle eines befristeten Entzugs ab dem Ablauf des Entzugszeitraums oder im Falle eines dauerhaften Entzugs ab dem Zeitpunkt des Entzugs berechnet.

Kapitel V. Durchführung

Art. 15. Ausschussverfahren. (1) Die Kommission wird von dem gemäß Artikel 18 Absatz 1 der Verordnung (EWG) Nr. 3821/85 eingesetzten Ausschuss unterstützt.

(2) Wird auf diesen Absatz Bezug genommen, so gelten Artikel 5a Absätze 1 bis 4 sowie Artikel 7 des Beschlusses 1999/468/EG unter Beachtung von dessen Artikel 8.

Art. 16. Sanktionen. ¹Die Mitgliedstaaten legen die Sanktionen fest, die bei einem Verstoß gegen Bestimmungen dieser Verordnung zu verhängen sind, und treffen alle geeigneten Maßnahmen, um deren Durchsetzung zu gewährleisten. ²Die Sanktionen müssen wirksam, verhältnismäßig und abschreckend sein. ³Die Mitgliedstaaten teilen diese Vorschriften der Kommission spätestens bis zum 4. Dezember 2011 mit und teilen ihr alle sie betreffenden nachfolgenden Änderungen unverzüglich mit.

Die Mitgliedstaaten gewährleisten, dass diese Maßnahmen ohne Diskriminierung aufgrund der Staatsangehörigkeit oder des Niederlassungsorts des Verkehrsunternehmens durchgeführt werden.

Art. 17. Berichterstattung. (1) Die Mitgliedstaaten unterrichten die Kommission alle zwei Jahre von der Anzahl der Verkehrsunternehmer, die am 31. Dezember des vorangegangenen Jahres Inhaber einer Gemeinschaftslizenz waren, und von der Anzahl der beglaubigten Kopien für die zu diesem Zeitpunkt zugelassenen Fahrzeuge.

(2) Die Mitgliedstaaten teilen der Kommission ferner die Anzahl der im Vorjahr ausgestellten Fahrerbescheinigungen mit sowie die Anzahl der Fahrerbescheinigungen, die sich am 31. Dezember des Vorjahres im Umlauf befanden.

(3) ¹Die Kommission erstellt bis Ende 2013 einen Bericht über den Stand des Kraftverkehrsmarkts der Gemeinschaft. ²Der Bericht enthält eine Analyse der Marktlage, einschließlich einer Bewertung der Wirksamkeit der Kontrollen und der Entwicklung der Beschäftigungsbedingungen in der Branche, sowie eine Bewertung darüber, ob die Harmonisierung der Vorschriften unter anderem in den Bereichen Durchsetzung, Straßenbenutzungsgebühren sowie soziale und sicherheitstechnische Rechtsvorschriften soweit fortgeschritten ist, dass die weitere Öffnung der inländischen Straßenverkehrsmärkte, einschließlich der Kabotage, in Betracht gezogen werden könnte.

Kapitel VI. Schlussbestimmungen

Art. 18. Aufhebungen. Die Verordnungen (EWG) Nr. 881/92 und (EWG) Nr. 3118/93 sowie die Richtlinie 2006/94/EG werden aufgehoben.

Verweisungen auf die aufgehobenen Verordnungen und die aufgehobene Richtlinie gelten als Verweisungen auf die vorliegende Verordnung und sind nach Maßgabe der Entsprechungstabelle im Anhang IV zu lesen.

Art. 19. Inkrafttreten. Diese Verordnung tritt am zwanzigsten Tag nach ihrer Veröffentlichung[19)] im *Amtsblatt der Europäischen Union* in Kraft.

Sie gilt ab dem 4. Dezember 2011, mit Ausnahme der Artikel 8 und 9, die am 14. Mai 2010 in Kraft treten.

Diese Verordnung ist in allen ihren Teilen verbindlich und gilt unmittelbar in jedem Mitgliedstaat.

[19)] Veröffentlicht am 14.11.2009.

Anhang I
Sicherheitsmerkmale der Gemeinschaftslizenz und der Fahrerbescheinigung

Die Gemeinschaftslizenz und die Fahrerbescheinigung müssen mindestens zwei der folgenden Sicherheitsmerkmale aufweisen:
– ein Hologramm,
– Spezialfasern im Papier, die unter UV-Licht sichtbar werden,
– mindestens eine Mikrodruckzeile (Aufdruck nur unter einem Vergrößerungsglas sichtbar und von Fotokopiergeräten nicht reproduzierbar),
– fühlbare Zeichen, Symbole oder Muster,
– doppelte Nummerierung: Seriennummer der Gemeinschaftslizenz, ihrer beglaubigten Kopie oder der Fahrerbescheinigungen sowie, in jedem Fall, die Ausgabenummer,
– Sicherheitsuntergrund mit feinen Guillochenmustern und Irisdruck.

Anhang II
Muster für die Gemeinschaftslizenz

EUROPÄISCHE GEMEINSCHAFT

a)
Farbe: Pantone hellblau 290 oder dieser Farbe so ähnlich wie möglich – Format DIN A4,
Zellulosepapier 100 g/m2 oder mehr
(Erste Seite der Lizenz)
(Der Text ist in der (den) Amtssprache(n) oder einer der Amtssprachen des Mitgliedstaats abgefasst,
der die Lizenz ausstellt)

Nationalitäts-kennzeichen[20] des Mitgliedstaats, der die Lizenz ausstellt		Bezeichnung der zuständigen Behörde oder Stelle

LIZENZ Nr.
(oder)
BEGLAUBIGTE KOPIE Nr.
für den grenzüberschreitenden gewerblichen Güterkraftverkehr

Diese Lizenz berechtigt[21]
.
.

auf allen Verkehrsverbindungen für die Wegstrecken im Gebiet der Gemeinschaft zum grenzüberschreitenden gewerblichen Güterkraftverkehr im Sinne der Verordnung (EG) Nr. 1072/2009 des Europäischen Parlaments und des Rates vom 21. Oktober 2009 über gemeinsame Regeln für den Zugang zum Markt des grenzüberschreitenden Güterkraftverkehrs und nach Maßgabe der allgemeinen Bestimmungen dieser Lizenz.

Besondere Bemerkungen:	
.	
Diese Lizenz gilt vom	bis zum
Ausgestellt in	am
.	
	[22]

---

[20] **Amtl. Anm.:** Nationalitätskennzeichen der Mitgliedstaaten: (B) Belgien, (BG) Bulgarien, (CZ) Tschechische Republik, (DK) Dänemark, (D) Deutschland, (EST) Estland, (IRL) Irland, (GR) Griechenland, (E) Spanien, (F) Frankreich, (HR) Kroatien, (IRL) Irland, (I) Italien, (CY) Zypern, (LV) Lettland, (LT) Litauen, (L) Luxemburg, (H) Ungarn, (M) Malta, (NL) Niederlande, (A) Österreich, (PL) Polen, (P) Portugal, (RO) Rumänien, (SLO) Slowenien, (SK) Slowakei, (FIN) Finnland, (S) Schweden, (UK) Vereinigtes Königreich.
[21] **Amtl. Anm.:** Name oder Firma und vollständige Anschrift des Verkehrsunternehmers.
[22] **Amtl. Anm.:** Unterschrift und Dienstsiegel der zuständigen Behörde oder Stelle, die die Lizenz erteilt.

7. Verordnung (EG) Nr. 1072/2009 Anh. 7

(b)
(Zweite Seite der Lizenz)
(Der Text ist in der (den) Amtssprache(n) oder einer der Amtssprachen des Mitgliedstaats abgefasst, der die Lizenz ausstellt)

ALLGEMEINE BESTIMMUNGEN

Diese Lizenz wird gemäß der Verordnung (EG) Nr. 1072/2009 erteilt.

Sie berechtigt auf allen Verkehrsverbindungen für die Wegstrecken im Gebiet der Gemeinschaft, gegebenenfalls unter den in der Lizenz festgelegten Bedingungen, zum grenzüberschreitenden gewerblichen Güterkraftverkehr für Beförderungen
- bei denen sich Ausgangspunkt und Bestimmungsort in zwei verschiedenen Mitgliedstaaten befinden, mit oder ohne Transit durch einen oder mehrere Mitgliedstaaten oder ein oder mehrere Drittländer;
- von einem Mitgliedstaat in ein Drittland oder umgekehrt, mit oder ohne Transit durch einen oder mehrere Mitgliedstaaten oder eines oder mehrere Drittländer;
- zwischen Drittländern mit Transit durch einen oder mehrere Mitgliedstaaten sowie zu Leerfahrten in Verbindung mit diesen Beförderungen.

Bei Beförderungen von einem Mitgliedstaat nach einem Drittland und umgekehrt gilt diese Lizenz für die Wegstrecke im Hoheitsgebiet der Gemeinschaft. In dem Mitgliedstaat, in dem die Be- oder Entladung stattfindet, gilt diese Lizenz erst, nachdem das hierzu erforderliche Abkommen zwischen der Gemeinschaft und dem betreffenden Drittland gemäß der Verordnung (EG) Nr. 1072/2009 geschlossen worden ist.

Die Lizenz ist persönlich und nicht übertragbar.

Sie kann von der zuständigen Behörde des Mitgliedstaats, der sie erteilt hat, insbesondere dann entzogen werden, wenn der Lizenzinhaber
- nicht alle Bedingungen für die Verwendung der Lizenz erfüllt hat;
- zu Tatsachen, die für die Erteilung bzw. Erneuerung der Lizenz erheblich waren, unrichtige Angaben gemacht hat. Das Original der Lizenz ist vom Verkehrsunternehmer aufzubewahren.

Eine beglaubigte Kopie der Lizenz ist im Fahrzeug mitzuführen[23]. Bei Fahrzeugkombinationen ist sie im Kraftfahrzeug mitzuführen. Sie gilt für die gesamte Fahrzeugkombination auch dann, wenn der Anhänger oder Sattelanhänger nicht auf den Namen des Lizenzinhabers amtlich zugelassen oder zum Verkehr zugelassen ist oder wenn er in einem anderen Staat amtlich zugelassen oder zum Verkehr zugelassen ist.

Die Lizenz ist jedem Kontrollberechtigten auf Verlangen vorzuzeigen.

Der Lizenzinhaber ist verpflichtet, im Hoheitsgebiet jedes Mitgliedstaats die im jeweiligen Staat geltenden Rechts- und Verwaltungsvorschriften, insbesondere für Beförderungen und für den Straßenverkehr, einzuhalten.

---

[23] **Amtl. Anm.:** „Fahrzeug" ist ein in einem Mitgliedstaat amtlich zugelassenes Kraftfahrzeug oder eine Fahrzeugkombination, bei der zumindest das Kraftfahrzeug in einem Mitgliedstaat amtlich zugelassen ist, sofern sie ausschließlich für die Güterbeförderung verwendet werden.

Anhang III
Muster für die Fahrerbescheinigung

EUROPÄISCHE GEMEINSCHAFT
(a)
Farbe: Pantone rosa 182 oder dieser Farbe so ähnlich wie möglich – Format DIN A4,
Zellulosepapier 100 g/m2 oder mehr
(Erste Seite der Bescheinigung)
(Der Text ist in der (den) Amtssprache(n) oder einer der Amtssprachen des Mitgliedstaats abgefasst,
der die Bescheinigung ausstellt)

Nationalitäts-kennzeichen[24] des Mitgliedstaats, der die Lizenz ausstellt	Bezeichnung der zuständigen Behörde oder Stelle

FAHRERBESCHEINIGUNG Nr.
für den gewerblichen Güterkraftverkehr im Rahmen der Gemeinschaftslizenz
(Verordnung (EG) Nr. 1072/2009 des Europäischen Parlaments und des Rates vom 21. Oktober 2009
über gemeinsame Regeln für den Zugang zum Markt des grenzüberschreitenden Güterkraftverkehrs)

Hiermit wird bescheinigt, dass angesichts der Unterlagen, die von

.
.   25)

vorgelegt worden sind,

der folgende Fahrer:

Name und Vorname:	
Geburtsdatum und Geburtsort:	Staatsangehörigkeit:
Art und Nummer des Ausweises:	
ausgestellt am	in
Nummer der Fahrerlaubnis	
ausgestellt am	in
Nummer der Sozialversicherung	

gemäß den Rechts- und Verwaltungsvorschriften und gegebenenfalls, je nach den Vorschriften des nachstehend genannten Mitglied Staats, gemäß den Tarifverträgen über die in diesem Mitgliedstaat geltenden Bedingungen für die Beschäftigung und Berufsausbildung von Fahrern beschäftigt wird, um dort Beförderungen im Güterkraftverkehr vorzunehmen:
.   26)

Besondere Bemerkungen:
.

Diese Bescheinigung gilt vom	bis zum
Ausgestellt in	am
.	27)

---

[24] **Amtl. Anm.:** Nationalitätskennzeichen der Mitgliedstaaten: (B) Belgien, (BG) Bulgarien, (CZ) Tschechische Republik, (DK) Dänemark, (D) Deutschland, (EST) Estland, (IRL) Irland, (GR) Griechenland, (E) Spanien, (F) Frankreich, (HR) Kroatien, (IRL) Irland, (I) Italien, (CY) Zypern, (LV) Lettland, (LT) Litauen, (L) Luxemburg, (H) Ungarn, (M) Malta, (NL) Niederlande, (A) Österreich, (PL) Polen, (P) Portugal, (RO) Rumänien, (SLO) Slowenien, (SK) Slowakei, (FIN) Finnland, (S) Schweden, (UK) Vereinigtes Königreich.
[25] **Amtl. Anm.:** Name oder Firma und vollständige Anschrift des Verkehrsunternehmers.
[26] **Amtl. Anm.:** Name des Mitgliedstaats, in dem der Verkehrsunternehmer ansässig ist.
[27] **Amtl. Anm.:** Unterschrift und Dienstsiegel der ausstellenden zuständigen Behörde oder Stelle.

(b)
(Zweite Seite der Bescheinigung)
(Der Text ist in der (den) Amtssprache(n) oder einer der Amtssprachen des Mitgliedstaats abgefasst, der die Bescheinigung ausstellt)

ALLGEMEINE BESTIMMUNGEN

Diese Bescheinigung wird gemäß der Verordnung (EG) Nr. 1072/2009 erteilt.

Es wird bescheinigt, dass der Fahrer, dessen Name auf der Bescheinigung angegeben ist, gemäß den Rechts- und Verwaltungsvorschriften und gegebenenfalls, je nach den Vorschriften des nachstehend genannten Mitgliedstaats, gemäß den Tarifverträgen über die in diesem Mitgliedstaat geltenden Bedingungen für die Beschäftigung und Berufsausbildung von Fahrern beschäftigt wird, um dort Beförderungen im Güterkraftverkehr vorzunehmen.

Die Fahrerbescheinigung ist Eigentum des Verkehrsunternehmers, der sie dem hier genannten Fahrer zur Verfügung stellt, wenn dieser Fahrer ein Fahrzeu[28] mit einer dem Verkehrsunternehmer erteilten Gemeinschaftslizenz führt. Die Fahrerbescheinigung ist nicht übertragbar. Die Fahrerbescheinigung gilt nur, solange die Bedingungen, unter denen sie ausgestellt wurde, weiterhin erfüllt sind; sie ist unverzüglich vom Verkehrsunternehmer an die ausstellende Behörde zurückzugeben, wenn die Bedingungen nicht mehr erfüllt sind.

Sie kann von der zuständigen Behörde des Mitgliedstaats, der sie ausgestellt hat, insbesondere dann entzogen werden, wenn der Lizenzinhaber

– nicht alle Bedingungen für die Verwendung der Bescheinigung erfüllt hat;
– zu Tatsachen, die für die Ausstellung bzw. Erneuerung der Bescheinigung erheblich waren, unrichtige Angaben gemacht hat.

Eine beglaubigte Kopie der Bescheinigung ist vom Verkehrsunternehmer aufzubewahren.

Ein Original der Bescheinigung ist im Fahrzeug mitzuführen und jedem Kontrollberechtigten vom Fahrer auf Verlangen vorzuzeigen.

---

[28] **Amtl. Anm.:** „Fahrzeug" ist ein in einem Mitgliedstaat amtlich zugelassenes Kraftfahrzeug oder eine Fahrzeugkombination, bei der zumindest das Kraftfahrzeug in einem Mitgliedstaat amtlich zugelassen ist, sofern sie ausschließlich für die Güterbeförderung verwendet werden.

Anhang IV
Entsprechungstabelle

Verordnung (EWG) Nr. 881/92	Verordnung (EWG) Nr. 3118/93	Richtlinie 2006/94/EG	Vorliegende Verordnung
Artikel 1 Absatz 1			Artikel 1 Absatz 1
Artikel 1 Absatz 2			Artikel 1 Absatz 2
Artikel 1 Absatz 3			Artikel 1 Absatz 3
Anhang II		Artikel 1 Absätze 1 und 2, Anhang I; Artikel 2	Artikel 1 Absatz 5
		Artikel 2	Artikel 1 Absatz 6
Artikel 2			Artikel 2
Artikel 3 Absatz 1			Artikel 3
Artikel 3 Absatz 2			Artikel 4 Absatz 1
Artikel 3 Absatz 3			Artikel 5 Absatz 1
Artikel 4			
Artikel 5 Absatz 1			Artikel 4 Absatz 2
Artikel 5 Absatz 2			Artikel 4 Absatz 3
Artikel 5 Absatz 3			Artikel 4 Absatz 4
			Artikel 4 Absatz 5
Artikel 5 Absatz 4, Anhang I			Artikel 4 Absatz 6
Artikel 5 Absatz 5			Artikel 4 Absatz 2
Artikel 6 Absatz 1			Artikel 5 Absatz 2
Artikel 6 Absatz 2			Artikel 5 Absatz 2
Artikel 6 Absatz 3			Artikel 5 Absatz 3
Artikel 6 Absatz 4			Artikel 5 Absatz 6
Artikel 6 Absatz 5			Artikel 5 Absatz 7
Artikel 7			Artikel 6
Artikel 8 Absatz 1			Artikel 7 Absatz 1
Artikel 8 Absatz 2			Artikel 7 Absatz 2
Artikel 8 Absatz 3			Artikel 12 Absatz 1
Artikel 8 Absatz 4			Artikel 12 Absatz 2
Artikel 9 Absätze 1 und 2			Artikel 12 Absatz 6
	Artikel 1 Absatz 1		Artikel 8 Absatz 1
	Artikel 1 Absatz 2		Artikel 8 Absatz 5
	Artikel 1 Absätze 3 und 4		Artikel 8 Absatz 6
	Artikel 2		
	Artikel 3		
	Artikel 4		
	Artikel 5		
	Artikel 6 Absatz 1		Artikel 9 Absatz 1
	Artikel 6 Absatz 2		
	Artikel 6 Absatz 3		Artikel 9 Absatz 2
	Artikel 6 Absatz 4		
	Artikel 7		Artikel 10
Artikel 10			Artikel 17 Absatz 1
Artikel 11 Absatz 1	Artikel 8 Absatz 1		Artikel 11
Artikel 11 Absatz 2			Artikel 13 Absatz 1
Artikel 11 Absatz 3			Artikel 12 Absatz 4

Verordnung (EWG) Nr. 881/92	Verordnung (EWG) Nr. 3118/93	Richtlinie 2006/94/EG	Vorliegende Verordnung
Artikel 11a			
	Artikel 8 Absätze 2 und 3		Artikel 13 Absatz 2
	Artikel 8 Absatz 4 Unterabsätze 1 und 3		
	Artikel 8 Absatz 4 Unterabsatz 2		Artikel 12 Absatz 4
	Artikel 8 Absatz 4 Unterabsätze 4 und 5		Artikel 12 Absatz 5
	Artikel 9		Artikel 13 Absatz 3
Artikel 12			Artikel 18
Artikel 13			
Artikel 14	Artikel 10		
	Artikel 11		
Artikel 15	Artikel 12	Artikel 4	Artikel 19
		Artikel 3	
		Artikel 5	
		Anhänge II, III	
Anhang I			Anhang II
Anhang III			Anhang III
	Anhang I		
	Anhang II		
	Anhang III		
	Anhang IV		

8. Allgemeine Deutsche Spediteurbedingungen – ADSp –[1)]

Vom 6. Juli 1998
(BAnz. S. 9891)

geänd. durch ÄndBek Nr. 4/99 v. 13.1.1999 (BAnz. 1999 S. 1082), ÄndBek Nr. 182/2001 v. 19.9.2001 (BAnz. 2001 S. 21130), ÄndBek Nr. 250/2002 v. 17.12.2002 (BAnz. 2003 S. 130)

Präambel

Diese Bedingungen werden zur Anwendung ab dem 1. Januar 1999[2)] empfohlen vom Bundesverband der Deutschen Industrie, Bundesverband des Deutschen Groß- und Außenhandels, Bundesverband Spedition und Logistik, Deutschen Industrie- und Handelstag, Hauptverband des Deutschen Einzelhandels. Diese Empfehlung ist unverbindlich. Es bleibt den Vertragsparteien unbenommen, vom Inhalt dieser Empfehlung abweichende Vereinbarungen zu treffen.

1. Interessenwahrungs- und Sorgfaltspflicht

Spediteur hat das Interesse des Auftraggebers wahrzunehmen und seine Tätigkeit mit der Sorgfalt eines ordentlichen Kaufmannes auszuführen.

2. Anwendungsbereich

2.1 ¹Die ADSp gelten für Verkehrsverträge über alle Arten von Tätigkeiten, gleichgültig, ob sie Speditions-, Fracht-, Lager- oder sonstige üblicherweise zum Speditionsgewerbe gehörende Geschäfte betreffen. ²Hierzu zählen auch speditionsübliche logistische Leistungen, wenn diese mit der Beförderung oder Lagerung von Gütern in Zusammenhang stehen.

2.2 Bei speditionsvertraglichen Tätigkeiten im Sinne der §§ 453 bis 466 HGB schuldet der Spediteur nur den Abschluß der zur Erbringung dieser Leistungen erforderlichen Verträge, soweit zwingende oder AGB-feste Rechtsvorschriften nichts anderes bestimmen.

2.3 Die ADSp gelten nicht für Geschäfte, die ausschließlich zum Gegenstand haben
 – Verpackungsarbeiten,
 – die Beförderung von Umzugsgut oder dessen Lagerung,
 – Kran- oder Montagearbeiten sowie Schwer- oder Großraumtransporte mit Ausnahme der Umschlagstätigkeit des Spediteurs,
 – die Beförderung und Lagerung von abzuschleppenden oder bergenden Gütern.

2.4 ¹Die ADSp finden keine Anwendung auf Verkehrsverträge mit Verbrauchern. ²Verbraucher ist eine natürliche Person, die den Vertrag zu einem Zweck abschließt, der weder ihrer gewerblichen noch ihrer selbständigen beruflichen Tätigkeit zugerechnet werden kann.

[1)] Veröffentlicht als Bekanntmachung des Bundeskartellamts Nr. 59/98 über die Anmeldung einer Neufassung der Empfehlung „Allgemeine Deutsche Spediteurbedingungen (ADSp) idF der Bek. v. 6.7.1998 (BAnz. Nr. 130 S. 9891), zuletzt geänd. durch Bek v. 17.12.2002 (BAnz. 2003 S. 130)" durch den Deutschen Industrie- und Handelstag und weitere Verbände vom 6.7.1998 (BAnz. Nr. 130 S. 9891); beachte hierzu auch die folgende Erklärung des Bundeskartellamts zur letzten ÄndBek (BAnz. 2003 Nr. 3 S. 130):
 „Diese Bekanntmachung enthält keine Entscheidung über die Vereinbarkeit der Empfehlung mit dem Bürgerlichen Gesetzbuch in der ab dem 1. Januar 2002 geltenden Fassung. Die Befugnis, nach diesem Gesetz sowie aufgrund anderer gesetzlicher Vorschriften die gerichtliche Überprüfung zu verlangen, wird durch diese Bekanntmachung nicht eingeschränkt. Die vorstehenden Empfehlungen sind unverbindlich. Zu ihrer Durchsetzung darf kein wirtschaftlicher, gesellschaftlicher oder sonstiger Druck angewendet werden."
 Der Text folgt den Veröffentlichungen im Bundesanzeiger; die konsolidierte Fassung des Bundesverbandes Spedition und Logistik e.V. (BSL) weicht hiervon teilweise ab.
[2)] Die Änderungen durch die Bek. v. 17.12.2002 (BAnz. 2003 S. 130) gelten ab dem 1.1.2003.

8. Allgemeine Deutsche Spediteurbedingungen – ADSp – Anh. 8

2.5 ¹Weichen Handelsbräuche oder gesetzliche Bestimmungen von den ADSp ab, so gehen die ADSp vor, es sei denn, daß die gesetzlichen Bestimmungen zwingend oder AGB-fest sind.
²Bei Verkehrsverträgen über Luft-, See-, Binnenschiffs- oder multimodale Transporte können abweichende Vereinbarungen nach den dafür etwa aufgestellten besonderen Beförderungsbedingungen getroffen werden.

2.6 Der Spediteur ist zur Vereinbarung der üblichen Geschäftsbedingungen Dritter befugt.

2.7 Im Verhältnis zwischen Erst- und Zwischenspediteur gelten die ADSp als Allgemeine Geschäftsbedingungen des Zwischenspediteurs.

3 Auftrag, Übermittlungsfehler, Inhalt, besondere Güterarten

3.1 ¹Aufträge, Weisungen, Erklärungen und Mitteilungen sind formlos gültig. ²Nachträgliche Änderungen sind als solche deutlich kenntlich zu machen.
³Die Beweislast für den Inhalt sowie die richtige und vollständige Übermittlung trägt, wer sich darauf beruft.

3.2 Soweit für Erklärungen die Schriftform verlangt wird, steht ihr die Datenfernübertragung und jede sonst lesbare Form gleich, sofern sie den Aussteller erkennbar macht.

3.3 Der Auftraggeber hat dem Spediteur bei Auftragserteilung mitzuteilen, daß Gegenstand des Verkehrsvertrages sind:
– Gefährliche Güter
– Lebende Tiere und Pflanzen
– Leicht verderbliche Güter
– Besonders wertvolle und diebstahlgefährdete Güter

3.4 Der Auftraggeber hat im Auftrag Adressen, Zeichen, Nummern, Anzahl, Art und Inhalt der Packstücke, Eigenschaften des Gutes im Sinne von Nummer 3.3, den Warenwert für eine Versicherung des Gutes und alle sonstigen erkennbar für die ordnungsgemäße Ausführung des Auftrags erheblichen Umstände anzugeben.

3.5 ¹Bei gefährlichem Gut hat der Auftraggeber bei Auftragserteilung dem Spediteur schriftlich die genaue Art der Gefahr und – soweit erforderlich – die zu ergreifenden Vorsichtsmaßnahmen mitzuteilen. ²Handelt es sich um Gefahrgut im Sinne des Gesetzes über die Beförderung gefährlicher Güter oder um sonstige Güter, für deren Beförderung oder Lagerung besondere gefahrgut-, umgangs- oder abfallrechtliche Vorschriften bestehen, so hat der Auftraggeber alle für die ordnungsgemäße Durchführung des Auftrags erforderlichen Angaben, insbesondere die Klassifizierung nach dem einschlägigen Gefahrgutrecht, mitzuteilen.

3.6 Der Auftraggeber hat den Spediteur bei besonders wertvollen oder diebstahlgefährdeten Gütern (z.B. Geld, Edelmetalle, Schmuck, Uhren, Edelsteine, Kunstgegenstände, Antiquitäten, Scheck-, Kreditkarten, gültige Telefonkarten oder andere Zahlungsmittel, Wertpapiere, Valoren, Dokumente, Spirituosen, Tabakwaren, Unterhaltungselektronik, Telekommunikationsgeräte, EDV-Geräte und -Zubehör) sowie bei Gütern mit einem tatsächlichen Wert von 50 Euro/kg und mehr so rechtzeitig vor Übernahme durch den Spediteur schriftlich zu informieren, daß der Spediteur die Möglichkeit hat, über die Annahme des Gutes zu entscheiden und Maßnahmen für eine sichere und schadenfreie Abwicklung des Auftrags zu treffen.

3.7 Entspricht ein dem Spediteur erteilter Auftrag nicht den in Nummern 3.3 bis 3.6 genannten Bedingungen, so steht es dem Spediteur frei,
– die Annahme des Gutes zu verweigern,
– bereits übernommenes Gut zurückzugeben bzw. zur Abholung bereitzuhalten
– dieses ohne Benachrichtigung des Auftraggebers zu versenden, zu befördern oder einzulagern und eine zusätzliche, angemessene Vergütung zu verlangen, wenn eine sichere und schadenfreie Ausführung des Auftrags mit erhöhten Kosten verbunden ist.

3.8 Der Spediteur ist nicht verpflichtet, die nach Nummern 3.3 bis 3.6 gemachten Angaben nachzuprüfen oder zu ergänzen.

3.9 Der Spediteur ist nicht verpflichtet, die Echtheit der Unterschriften auf irgendwelchen das Gut betreffenden Mitteilungen oder sonstigen Schriftstücken oder die Befugnis der Unterzeichner zu prüfen, es sei denn, daß an der Echtheit oder der Befugnis begründete Zweifel bestehen.

4 Verpackung, Gestellung von Ladehilfs- und Packmitteln, Verwiegung und Untersuchung des Gutes

4.1 ¹ Der dem Spediteur erteilte Auftrag umfaßt mangels Vereinbarung nicht

4.1.1 die Verpackung des Gutes,

4.1.2 die Verwiegung, Untersuchung, Maßnahmen zur Erhaltung oder Besserung des Gutes und seiner Verpackung, es sei denn, dies ist geschäftsüblich,

4.1.3 die Gestellung und den Tausch von Paletten oder sonstigen Ladehilfs- und Packmitteln. ² Werden diese nicht Zug um Zug getauscht, erfolgt eine Abholung nur, wenn ein neuer Auftrag erteilt wird. ³ Dies gilt nicht, wenn der Tausch auf Veranlassung des Spediteurs unterbleibt.

4.2 Die Tätigkeiten nach Nummer 4.1 sind gesondert zu vergüten.

5 Zollamtliche Abwicklung

5.1 Der Auftrag zur Versendung nach einem Bestimmungsort im Ausland schließt den Auftrag zur zollamtlichen Abfertigung ein, wenn ohne sie die Beförderung bis zum Bestimmungsort nicht ausführbar ist.

5.2 Für die zollamtliche Abfertigung kann der Spediteur neben den tatsächlich auflaufenden Kosten eine besondere Vergütung berechnen.

5.3 Der Auftrag, unter Zollverschluß eingehende Sendungen zuzuführen oder frei Haus zu liefern, schließt die Ermächtigung für den Spediteur ein, über die Erledigung der erforderlichen Zollförmlichkeiten und die Auslegung der zollamtlich festgesetzten Abgaben zu entscheiden.

6 Verpackungs- und Kennzeichnungspflichten des Auftraggebers

6.1 Die Packstücke sind vom Auftraggeber deutlich und haltbar mit den für ihre auftragsgemäße Behandlung erforderlichen Kennzeichen zu versehen, wie Adressen, Zeichen, Nummern, Symbolen für Handhabung und Eigenschaften; alte Kennzeichen müssen entfernt oder unkenntlich gemacht sein.

6.2 Darüber hinaus ist der Auftraggeber verpflichtet,

6.2.1 zu einer Sendung gehörende Packstücke als zusammengehörig leicht erkennbar zu kennzeichnen;

6.2.2 Packstücke so herzurichten, daß ein Zugriff auf den Inhalt ohne Hinterlassen äußerlich sichtbarer Spuren nicht möglich ist (Klebeband, Umreifungen oder ähnliches sind nur ausreichend, wenn sie individuell gestaltet oder sonst schwer nachahmbar sind; eine Umwickelung mit Folie nur, wenn diese verschweißt ist);

6.2.3 bei einer im Spediteursammelgutverkehr abzufertigenden Sendung, die aus mehreren Stücken oder Einheiten mit einem Gurtmaß (größter Umfang zuzüglich längste Kante) von weniger als 1 m besteht, diese zu größeren Packstücken zusammenzufassen;

6.2.4 bei einer im Hängeversand abzufertigenden Sendung, die aus mehreren Stücken besteht, diese zu Griffeinheiten in geschlossenen Hüllen zusammenzufassen;

6.2.5 auf Packstücken von mindestens 1000 kg Rohgewicht die durch das Gesetz über die Gewichtsbezeichnung an schweren, auf Schiffen beförderten Frachtstücken vorgeschriebene Gewichtsbezeichnung anzubringen.

6.3 Packstücke sind Einzelstücke oder vom Auftraggeber zur Abwicklung des Auftrags gebildete Einheiten, z.B. Kisten, Gitterboxen, Paletten, Griffeinheiten, geschlossene Ladegefäße, wie gedeckt gebaute oder mit Planen versehene Waggons, Auflieger oder Wechselbrücken, Container, Iglus.

8. Allgemeine Deutsche Spediteurbedingungen – ADSp –   Anh. 8

6.4 Entsprechen die Packstücke nicht den in Nummern 6.1 und 6.2 genannten Bedingungen, findet Nummer 3.7 entsprechende Anwendung.

7. Kontrollpflichten des Spediteurs

7.1 Der Spediteur ist verpflichtet, an Schnittstellen

7.1.1 die Packstücke auf Vollzähligkeit und Identität sowie äußerlich erkennbare Schäden und Unversehrtheit von Plomben und Verschlüssen zu überprüfen und

7.1.2 Unregelmäßigkeiten zu dokumentieren (z.B. in den Begleitpapieren oder durch besondere Benachrichtigung).

7.2 Schnittstelle ist jeder Übergang der Packstücke von einer Rechtsperson auf eine andere sowie die Ablieferung am Ende jeder Beförderungsstrecke.

8. Quittung

8.1 [1] Auf Verlangen des Auftraggebers erteilt der Spediteur eine Empfangsbescheinigung. [2] In der Empfangsbescheinigung bestätigt der Spediteur nur die Anzahl und Art der Packstücke, nicht jedoch deren Inhalt, Wert oder Gewicht. [3] Bei Massengütern, Wagenladungen und dergleichen enthält die Empfangsbescheinigung im Zweifel keine Bestätigung des Rohgewichts oder der anders angegebenen Menge des Gutes.

8.2 [1] Als Ablieferungsnachweis hat der Spediteur vom Empfänger eine Empfangsbescheinigung über die im Auftrag oder in sonstigen Begleitpapieren genannten Packstücke zu verlangen. [2] Weigert sich der Empfänger, die Empfangsbescheinigung zu erteilen, so hat der Spediteur Weisung einzuholen. [3] Ist das Gut beim Empfänger bereits ausgeladen, so ist der Spediteur berechtigt, es wieder an sich zu nehmen.

9. Weisungen

9.1 Eine über das Gut erteilte Weisung bleibt für den Spediteur bis zu einem Widerruf des Auftraggebers maßgebend.

9.2 Mangels ausreichender oder ausführbarer Weisung darf der Spediteur nach seinem pflichtgemäßen Ermessen handeln.

9.3 Ein Auftrag, das Gut zur Verfügung eines Dritten zu halten, kann nicht mehr widerrufen werden, sobald die Verfügung des Dritten beim Spediteur eingegangen ist.

10 Frachtüberweisung, Nachnahme

10.1 Die Mitteilung des Auftraggebers, der Auftrag sei unfrei abzufertigen oder der Auftrag sei für Rechnung des Empfängers oder eines Dritten auszuführen, berührt nicht die Verpflichtung des Auftraggebers gegenüber dem Spediteur, die Vergütung sowie die sonstigen Aufwendungen zu tragen.

10.2 Die Mitteilung nach Nummer 10.1 enthält keine Nachnahmeweisung.

11. Fristen

11.1 Mangels Vereinbarung werden Verlade- und Lieferfristen nicht gewährleistet, ebensowenig eine bestimmte Reihenfolge in der Abfertigung von Gütern gleicher Beförderungsart.

11.2 Unberührt bleibt die gesetzliche Haftung des Spediteurs für eine Überschreitung der Lieferfrist.

12. Hindernisse

12.1 [1] Leistungshindernisse, die nicht dem Risikobereich des Spediteurs zuzurechnen sind, befreien ihn für die Zeit ihrer Dauer von den Verpflichtungen, deren Erfüllung unmöglich geworden ist.
[2] Im Falle der Befreiung nach Satz 1 sind der Spediteur und der Auftraggeber berechtigt, vom Vertrage zurückzutreten, auch wenn der Auftrag schon teilweise ausgeführt worden ist.

³Tritt der Spediteur oder Auftraggeber zurück, so sind dem Spediteur die Kosten zu erstatten, die er für erforderlich halten durfte oder die für den Auftraggeber von Interesse sind.

12.2 Der Spediteur hat nur im Rahmen seiner Sorgfaltspflicht zu prüfen und den Auftraggeber darauf hinzuweisen, ob gesetzliche oder behördliche Hindernisse für die Versendung (z.B. Ein- und Ausfuhrbeschränkungen) vorliegen. ²Soweit der Spediteur jedoch durch öffentliche Bekanntmachungen oder in den Vertragsverhandlungen den Eindruck erweckt hat, über besondere Kenntnisse für bestimmte Arten von Geschäften zu verfügen, hat er vorstehende Prüfungs- und Hinweispflichten entsprechend zu erfüllen.

12.3 ¹Vom Spediteur nicht zu vertretende öffentlich-rechtliche Akte berühren die Rechte des Spediteurs gegenüber dem Auftraggeber nicht; der Auftraggeber haftet dem Spediteur für alle aus solchen Ereignissen entstehenden Folgen. ²Etwaige Ansprüche des Spediteurs gegenüber dem Staat oder einem sonstigen Dritten werden hierdurch nicht berührt.

13. Ablieferung

Die Ablieferung erfolgt mit befreiender Wirkung an jede im Geschäft oder Haushalt des Empfängers anwesende Person; es sei denn, es bestehen begründete Zweifel an deren Empfangsberechtigung.

14. Auskunfts- und Herausgabepflicht des Spediteurs

14.1 Der Spediteur ist verpflichtet, dem Auftraggeber die erforderlichen Nachrichten zu geben, auf Verlangen über den Stand des Geschäftes Auskunft zu geben und nach dessen Ausführung Rechenschaft abzulegen; zur Offenlegung der Kosten ist er jedoch nur verpflichtet, wenn er für Rechnung des Auftraggebers tätig wird.

14.2 Der Spediteur ist verpflichtet, dem Auftraggeber alles, was er zur Ausführung des Geschäfts erhält und was er aus der Geschäftsführung erlangt, herauszugeben.

15. Lagerung

15.1 ¹Die Lagerung erfolgt nach Wahl des Spediteurs in dessen eigenen oder fremden Lagerräumen. ²Lagert der Spediteur bei einem fremden Lagerhalter ein, so hat er dessen Namen und den Lagerort dem Auftraggeber unverzüglich schriftlich bekanntzugeben oder, falls ein Lagerschein ausgestellt ist, auf diesem zu vermerken.

15.2 ¹Dem Auftraggeber steht es frei, die Lagerräume zu besichtigen oder besichtigen zu lassen. ²Einwände oder Beanstandungen gegen die Unterbringung des Gutes oder gegen die Wahl des Lagerraumes muß er unverzüglich vorbringen. ³Macht er von dem Besichtigungsrecht keinen Gebrauch, so begibt er sich aller Einwände gegen die Art und Weise der Unterbringung, soweit die Wahl des Lagerraumes und die Unterbringung unter Wahrung der Sorgfalt eines ordentlichen Spediteurs erfolgt ist.

15.3 Das Betreten des Lagers ist dem Auftraggeber nur in Begleitung des Spediteurs zu dessen Geschäftsstunden erlaubt.

15.4 ¹Nimmt der Auftraggeber Handlungen mit dem Gut vor (z.B. Probeentnahme), so kann der Spediteur verlangen, daß Anzahl, Gewicht und Beschaffenheit des Gutes gemeinsam mit dem Auftraggeber festgestellt wird. ²Kommt der Auftraggeber diesem Verlangen nicht nach, ist die Haftung des Spediteurs für später festgestellte Schäden ausgeschlossen, es sei denn, der Schaden ist nicht auf die vorgenommenen Handlungen mit dem Gut zurückzuführen.

15.5 Der Auftraggeber haftet für alle Schäden, die er, seine Angestellten oder Beauftragten beim Betreten des Lagers oder beim Betreten oder Befahren des Lagergrundstückes dem Spediteur, anderen Einlagerern oder sonstigen Dritten zufügen, es sei denn, daß den Auftraggeber, seine Angestellten oder Beauftragten kein Verschulden trifft.

15.6 Bei Inventurdifferenzen kann der Spediteur bei gleichzeitigen Fehl- und Mehrbeständen desselben Auftraggebers eine wertmäßige Saldierung des Lagerbestandes vornehmen.

8. Allgemeine Deutsche Spediteurbedingungen – ADSp –

15.7 ¹Entstehen dem Spediteur begründete Zweifel, ob seine Ansprüche durch den Wert des Gutes sichergestellt sind, so ist er berechtigt, dem Auftraggeber eine angemessene Frist zu setzen, in der dieser entweder für Sicherstellung der Ansprüche des Spediteurs oder für anderweitige Unterbringung des Gutes Sorge tragen kann. ²Kommt der Auftraggeber diesem Verlangen nicht nach, so ist der Spediteur zur Kündigung ohne Kündigungsfrist berechtigt.

16. Angebote und Vergütung

16.1 ¹Angebote des Spediteurs und Vereinbarungen mit ihm über Preise und Leistungen beziehen sich stets nur auf die namentlich aufgeführten eigenen Leistungen oder Leistungen Dritter und nur auf Gut normalen Umfangs, normalen Gewichts und normaler Beschaffenheit; sie setzen normale unveränderte Beförderungsverhältnisse, ungehinderte Verbindungswege, Möglichkeit unmittelbarer sofortiger Weiterversendung sowie Weitergeltung der bisherigen Frachten, Valutaverhältnisse und Tarife, welche der Vereinbarung zugrunde lagen, voraus;[3] es sei denn, die Veränderungen sind unter Berücksichtigung der Umstände vorhersehbar gewesen. ²Ein Vermerk, wie etwa „zuzüglich der üblichen Nebenspesen", berechtigt den Spediteur, Sondergebühren und Sonderauslagen zusätzlich zu berechnen.

16.2 Alle Angebote des Spediteurs gelten nur bei unverzüglicher Annahme sofortiger Ausführung des betreffenden Auftrages, sofern sich nichts Gegenteiliges aus dem Angebot ergibt, und nur, wenn bei Erteilung des Auftrages auf das Angebot Bezug genommen wird.

16.3 Wird ein Auftrag gekündigt oder entzogen, so stehen dem Spediteur die Ansprüche nach §§ 415, 417 HGB zu.

16.4 Wird ein Nachnahme- oder sonstiger Einziehungsauftrag nachträglich zurückgezogen oder geht der Betrag nicht ein, kann der Spediteur dennoch Provision erheben.

16.5 Lehnt der Empfänger die Annahme einer ihm zugerollten Sendung ab oder ist die Ablieferung aus Gründen, die der Spediteur nicht zu vertreten hat, nicht möglich, so steht dem Spediteur für die Rückbeförderung Rollgeld in gleicher Höhe wie für die Hinbeförderung zu.

17. Aufwendungen des Spediteurs, Freistellungsanspruch

17.1 Der Spediteur hat Anspruch auf Ersatz der Aufwendungen, die er den Umständen nach für erforderlich halten durfte.

17.2 Der Auftrag, ankommendes Gut in Empfang zu nehmen, ermächtigt den Spediteur, verpflichtet ihn aber nicht, auf dem Gut ruhende Frachten, Wertnachnahmen, Zölle, Steuern und sonstige Abgaben sowie Spesen auszulegen.

17.3 ¹Von Frachtforderungen, Havarieeinschüssen oder -beiträgen, Zöllen, Steuern und sonstigen Abgaben, die an den Spediteur, insbesondere als Verfügungsberechtigten oder als Besitzer fremden Gutes gestellt werden, hat der Auftraggeber den Spediteur auf Aufforderung sofort zu befreien, wenn sie der Spediteur nicht zu vertreten hat. ²Der Spediteur ist berechtigt, nach pflichtgemäßem Ermessen die zu seiner Sicherung oder Befreiung geeigneten Maßnahmen zu ergreifen. ³Sofern nicht die Notwendigkeit sofortigen Handelns geboten ist, hat der Spediteur Weisung einzuholen.

17.4 Der Auftraggeber hat den Spediteur in geschäftsüblicher Weise rechtzeitig auf alle öffentlich-rechtlichen, z.B. zollrechtlichen oder Dritten gegenüber bestehenden, z.B. markenrechtlichen Verpflichtungen aufmerksam zu machen, die mit dem Besitz des Gutes verbunden sind, soweit nicht aufgrund des Angebots des Spediteurs davon auszugehen ist, daß diese Verpflichtungen ihm bekannt sind.

18. Rechnungen, fremde Währungen

18.1 Rechnungen des Spediteurs sind sofort zu begleichen.

---

[3] Zeichensetzung amtlich.

18.2 Der Spediteur ist berechtigt, von ausländischen Auftraggebern oder Empfängern nach seiner Wahl Zahlung in ihrer Landeswährung oder in deutscher Währung zu verlangen.

18.3 Schuldet der Spediteur fremde Währung oder legt er fremde Währung aus, so ist er berechtigt, entweder Zahlung in der fremden oder in deutscher Währung zu verlangen. ²Verlangt er deutsche Währung, so erfolgt die Umrechnung zu dem am Tage der Zahlung amtlich festgesetzten Kurs;[4)] es sei denn, daß nachweisbar ein anderer Kurs zu zahlen oder gezahlt worden ist.

19. **Aufrechnung, Zurückbehaltung**

Gegenüber Ansprüchen aus dem Verkehrsvertrag und damit zusammenhängenden außervertraglichen Ansprüchen ist eine Aufrechnung oder Zurückbehaltung nur mit fälligen Gegenansprüchen zulässig, denen ein Einwand nicht entgegensteht.

20. **Pfand- und Zurückbehaltungsrecht**

20.1 ¹Der Spediteur hat wegen aller fälligen und nicht fälligen Forderungen, die ihm aus den in Nummer 2.1 genannten Tätigkeiten an den Auftraggeber zustehen, ein Pfandrecht und ein Zurückbehaltungsrecht an den in seiner Verfügungsgewalt befindlichen Gütern oder sonstigen Werten. ²Das Pfand- und Zurückbehaltungsrecht geht nicht über das gesetzliche Pfand- und Zurückbehaltungsrecht hinaus.

20.2 Der Spediteur darf ein Pfand- oder Zurückbehaltungsrecht wegen Forderungen aus anderen mit dem Auftraggeber abgeschlossenen Verkehrsverträgen nur ausüben, soweit sie unbestritten sind oder wenn die Vermögenslage des Schuldners die Forderung des Spediteurs gefährdet.

20.3 An die Stelle der in § 1234 BGB bestimmten Frist von einem Monat tritt in allen Fällen eine solche von zwei Wochen.

20.4 st der Auftraggeber im Verzug, so kann der Spediteur nach erfolgter Verkaufsandrohung von den in seinem Besitz befindlichen Gütern und Werten eine solche Menge, wie nach seinem pflichtgemäßen Ermessen zur Befriedigung erforderlich ist, freihändig verkaufen.

20.5 Für den Pfand- oder Selbsthilfeverkauf kann der Spediteur in allen Fällen eine Verkaufsprovision vom Nettoerlös in Höhe von ortsüblichen Sätzen berechnen.

21. **Versicherung des Gutes**

21.1 Der Spediteur besorgt die Versicherung des Gutes (z.B. Transport- oder Lagerversicherung) bei einem Versicherer seiner Wahl, wenn der Auftraggeber ihn vor Übergabe der Güter beauftragt.

Kann der Spediteur wegen der Art der zu versichernden Güter oder aus einem anderen Grund keinen Versicherungsschutz eindecken, hat der Spediteur dies dem Auftraggeber unverzüglich mitzuteilen.

21.2 ¹Der Spediteur ist berechtigt, aber nicht verpflichtet, die Versicherung des Gutes zu besorgen, wenn dies im Interesse des Auftraggebers liegt. ²Der Spediteur darf vermuten, dass die Eindeckung einer Versicherung im Interesse des Auftraggebers liegt, insbesondere wenn
– der Spediteur bei einem früheren Verkehrsvertrag eine Versicherung besorgt hat,
– der Auftraggeber im Auftrag einen Warenwert (Nummer 3.4) angegeben hat.
³Die Vermutung des Interesses an der Eindeckung einer Versicherung besteht insbesondere nicht, wenn
– der Auftraggeber die Eindeckung schriftlich untersagt,
– der Auftraggeber ein Spediteur, Frachtführer oder Lagerhalter ist.

21.3 Der Spediteur hat nach pflichtgemäßem Ermessen über Art und Umfang der Versicherung zu entscheiden und sie zu marktüblichen Bedingungen abzuschließen, es sei denn,

---

[4)] Zeichensetzung amtlich.

8. Allgemeine Deutsche Spediteurbedingungen – ADSp – **Anh. 8**

der Auftraggeber erteilt dem Spediteur unter Angabe der Versicherungsnummer und der zu deckenden Gefahren schriftlich eine andere Weisung.

21.4 ¹Ist der Spediteur Versicherungsnehmer und hat er für Rechnung des Auftraggebers gehandelt, ist der Spediteur verpflichtet, auf Verlangen gemäß Ziffer 14.1 Rechnung zu legen. ²In diesem Fall hat der Spediteur die Prämie für jeden einzelnen Verkehrsvertrag auftragsbezogen zu erheben, zu dokumentieren und in voller Höhe ausschließlich für diese Versicherungsdeckung an den Versicherer abzuführen.

21.5 Für die Versicherungsbesorgung, Einziehung des Entschädigungsbetrages und sonstige Tätigkeiten bei Abwicklung von Versicherungsfällen und Havarien steht dem Spediteur eine besondere Vergütung neben dem Ersatz seiner Auslagen zu.

22 Haftung des Spediteurs, Abtretung von Ersatzansprüchen

22.1 ¹Der Spediteur haftet bei all seinen Tätigkeiten (Nummer 2.1) nach den gesetzlichen Vorschriften. ²Es gelten jedoch die folgenden Regelungen, soweit zwingende oder AGB-feste Rechtsvorschriften nichts anderes bestimmen.

22.2 Soweit der Spediteur nur den Abschluß der zur Erbringung der vertraglichen Leistungen erforderlichen Verträge schuldet, haftet er nur für die sorgfältige Auswahl der von ihm beauftragten Dritten.

22.3 In allen Fällen, in denen der Spediteur für Verlust oder Beschädigung des Gutes zu haften hat, hat er Wert- und Kostenersatz entsprechend §§ 429, 430 HGB zu leisten.

22.4 ¹Soweit die §§ 425ff. und 461 Abs. 1 HGB nicht gelten, haftet der Spediteur für Schäden, die entstanden sind aus

22.4.1 – ungenügender Verpackung oder Kennzeichnung des Gutes durch den Auftraggeber oder Dritte,

22.4.2 – vereinbarter oder der Übung entsprechender Aufbewahrung im Freien,

22.4.3 – schwerem Diebstahl oder Raub (§§ 243, 244, 249 StGB),

22.4.4 – höherer Gewalt, Witterungseinflüssen, Schadhaftwerden von Geräten oder Leitungen, Einwirkung anderer Güter, Beschädigung durch Tiere, natürlicher Veränderung des Gutes

nur insoweit, als ihm eine schuldhafte Verursachung des Schadens nachgewiesen wird. ²Konnte ein Schaden aus einem der vorstehend aufgeführten Umstände entstehen, so wird vermutet, daß er aus diesem entstanden ist.

22.5 ¹Hat der Spediteur aus einem Schadenfall Ansprüche gegen einen Dritten, für den er nicht haftet, oder hat der Spediteur gegen einen Dritten seine eigene Haftung übersteigende Ersatzansprüche, so hat er diese Ansprüche dem Auftraggeber auf dessen Verlangen abzutreten;[5] es sei denn, daß der Spediteur aufgrund besonderer Abmachung die Verfolgung der Ansprüche für Rechnung und Gefahr des Auftraggebers übernimmt. ²Der Auftraggeber kann auch verlangen, daß der Spediteur ihm die gesamten Ansprüche gegen den Dritten erfüllungshalber abtritt. ³§ 437 HGB bleibt unberührt. ⁴Soweit die Ansprüche des Auftraggebers vom Spediteur oder aus der Speditionsversicherung befriedigt worden sind, erstreckt sich der Abtretungsanspruch nur auf den die Leistung des Spediteurs bzw. der Versicherung übersteigenden Teil des Anspruchs gegen den Dritten.

23. Haftungsbegrenzungen

23.1 Die Haftung des Spediteurs bei Verlust oder Beschädigung des Gutes (Güterschaden) ist mit Ausnahme der verfügten Lagerung der Höhe nach begrenzt

23.1.1 auf € 5 für jedes Kilogramm des Rohgewichts der Sendung;

23.1.2 bei einem Schaden, der an dem Gut während des Transports mit einem Beförderungsmittel eingetreten ist, abweichend von Nummer 23.1.1 auf den für diese Beförderung

---

[5] Zeichensetzung amtlich.

23.1.3 bei einem Verkehrsvertrag über eine Beförderung mit verschiedenartigen Beförderungsmitteln unter Einschluß einer Seebeförderung, abweichend von Nummer 23.1.1 auf 2 SZR für jedes Kilogramm;

23.1.4 in jedem Schadenfall höchstens auf einen Betrag von € 1 Mio. oder 2 SZR für jedes Kilogramm, je nachdem, welcher Betrag höher ist.

23.2 Sind nur einzelne Packstücke oder Teile der Sendung verloren oder beschädigt worden, berechnet sich die Haftungshöchstsumme nach dem Rohgewicht
– der gesamten Sendung, wenn die gesamte Sendung entwertet ist,
– des entwerteten Teils der Sendung, wenn nur ein Teil der Sendung entwertet ist.

23.3 ¹Die Haftung des Spediteurs für andere als Güterschäden mit Ausnahme von Personenschäden und Sachschäden an Drittgut ist der Höhe nach begrenzt auf das Dreifache des Betrages, der bei Verlust zu zahlen wäre, höchstens auf einen Betrag von 100 000 Euro je Schadensfall. ²Die §§ 431 Abs. 3, 433 HGB bleiben unberührt.

23.4 Die Haftung des Spediteurs ist in jedem Fall, unabhängig davon, wie viele Ansprüche aus einem Schadenereignis erhoben werden, begrenzt auf € 2 Mio. je Schadenereignis oder 2 SZR für jedes Kilogramm der verlorenen und beschädigten Güter, je nachdem, welcher Betrag höher ist, bei mehreren Geschädigten haftet der Spediteur anteilig im Verhältnis ihrer Ansprüche.

23.5 Für die Berechnung des SZR gilt § 431 Abs. 4 HGB.

24 Haftungsbegrenzungen bei verfügter Lagerung

24.1 ¹Die Haftung des Spediteurs bei Verlust oder Beschädigung des Gutes (Güterschaden) ist bei einer verfügten Lagerung begrenzt

24.1.1 auf € 5 für jedes Kilogramm des Rohgewichts der Sendung,

24.1.2 höchstens € 5 000 je Schadenfall; besteht der Schaden eines Auftraggebers in einer Differenz zwischen Soll- und Ist-Bestand des Lagerbestandes (Nummer 15.6), so ist die Haftungshöhe auf € 25 000 begrenzt, unabhängig von der Zahl der für die Inventurdifferenz ursächlichen Schadenfälle. ²In beiden Fällen bleibt Nummer 24.1.1 unberührt.

24.2 Nummer 23.2 gilt entsprechend.

24.3 Die Haftung des Spediteurs für andere als Güterschäden mit Ausnahme von Personenschäden und Sachschäden an Drittgut ist bei einer verfügten Lagerung begrenzt auf € 5 000 je Schadenfall.

24.4 Die Haftung des Spediteurs ist in jedem Fall, unabhängig davon, wie viele Ansprüche aus einem Schadenereignis erhoben werden, auf € 2 Mio. je Schadenereignis begrenzt; bei mehreren Geschädigten haftet der Spediteur anteilig im Verhältnis ihrer Ansprüche.

25. Beweislast

25.1 ¹Der Auftraggeber hat im Schadenfall zu beweisen, daß dem Spediteur ein Gut bestimmter Menge und Beschaffenheit ohne äußerlich erkennbare Schäden (§ 438 HGB) übergeben worden ist. ²Der Spediteur hat zu beweisen, daß er das Gut, wie er es erhalten hat, abgeliefert hat.

25.2 ¹Der Beweis dafür, daß ein Güterschaden während des Transports mit einem Beförderungsmittel (Nummer 23.1.2) eingetreten ist, obliegt demjenigen, der dies behauptet. ²Bei unbekanntem Schadenort hat der Spediteur auf Verlangen des Auftraggebers oder Empfängers den Ablauf der Beförderung anhand einer Schnittstellendokumentation (Nummer 7) darzulegen. ³Es wird vermutet, daß der Schaden auf derjenigen Beförderungsstrecke eingetreten ist, für die der Spediteur eine vorbehaltslose Quittung nicht vorlegt.

25.3 Der Spediteur ist verpflichtet, durch Einholung von Auskünften und Beweismitteln für die Feststellung zu sorgen, wo der geltend gemachte Schaden eingetreten ist.

26 Außervertragliche Ansprüche

Die vorstehenden Haftungsbefreiungen und -beschränkungen gelten entsprechend §§ 434, 436 HGB auch für außervertragliche Ansprüche.

8. Allgemeine Deutsche Spediteurbedingungen – ADSp – **Anh. 8**

27. Qualifiziertes Verschulden

Die vorstehenden Haftungsbefreiungen und -begrenzungen gelten nicht, wenn der Schaden verursacht worden ist

27.1 durch Vorsatz oder grobe Fahrlässigkeit des Spediteurs oder seiner leitenden Angestellten oder durch Verletzung vertragswesentlicher Pflichten, wobei Ersatzansprüche in letzterem Fall begrenzt sind auf den vorhersehbaren, typischen Schaden;

27.2 in den Fällen der §§ 425ff., 461 Abs. 1 HGB durch den Spediteur oder die in §§ 428, 462 HGB genannten Personen vorsätzlich oder leichtfertig und in dem Bewußtsein, daß ein Schaden mit Wahrscheinlichkeit eintreten werde.

28. Schadenanzeige

Für die Anzeige eines Schadens findet § 438 HGB Anwendung.

29. Haftungsversicherung des Spediteurs

29.1 Der Spediteur ist verpflichtet, bei einem Versicherer seiner Wahl eine Haftungsversicherung zu marktüblichen Bedingungen abzuschließen und aufrechtzuerhalten, die seine verkehrsvertragliche Haftung nach den ADSp und nach dem Gesetz im Umfang der Regelhaftungssummen abdeckt.

29.2 Die Vereinbarung einer Höchstersatzleistung je Schadenfall, Schadenereignis und Jahr ist zulässig; ebenso die Vereinbarung einer Schadenbeteiligung des Spediteurs.

29.3 Der Spediteur darf sich gegenüber dem Auftraggeber auf die ADSp nur berufen, wenn er bei Auftragserteilung einen ausreichenden Haftungsversicherungsschutz vorhält.

29.4 Auf Verlangen des Auftraggebers hat der Spediteur diesen Haftungsversicherungsschutz durch eine Bestätigung des Versicherers nachzuweisen.

30. Erfüllungsort, Gerichtsstand, anzuwendendes Recht

30.1 Der Erfüllungsort ist für alle Beteiligten der Ort derjenigen Niederlassung des Spediteurs, an die der Auftrag gerichtet ist.

30.2 Der Gerichtsstand für alle Rechtsstreitigkeiten, die aus dem Auftragsverhältnis oder im Zusammenhang damit entstehen, ist für alle Beteiligten, soweit sie Kaufleute sind, der Ort derjenigen Niederlassung des Spediteurs, an die der Auftrag gerichtet ist; für Ansprüche gegen den Spediteur ist dieser Gerichtsstand ausschließlich.

30.3 Für die Rechtsbeziehungen des Spediteurs zum Auftraggeber oder zu seinen Rechtsnachfolgern gilt deutsches Recht.

9. Logistik-AGB[1]

1. Anwendungsbereich

1.1 Diese Logistik-AGB gelten für alle logistischen (Zusatz-)Leistungen, die nicht von einem Verkehrsvertrag nach Ziffer 2.1 der Allgemeinen Deutschen Spediteurbedingungen (ADSp)[2] – soweit vereinbart – oder von einem Fracht-, Speditions- oder Lagervertrag erfasst werden, jedoch vom Auftragnehmer im wirtschaftlichen Zusammenhang mit einem solchen Vertrag erbracht werden.
Die logistischen Leistungen können Tätigkeiten für den Auftraggeber oder von ihm benannte Dritte sein, wie z.B. die Auftragsannahme (Call-Center), Warenbehandlung, Warenprüfung, Warenaufbereitung, länder- und kundenspezifische Warenanpassung, Montage, Reparatur, Qualitätskontrolle, Preisauszeichnung, Regalservice, Installation oder die Inbetriebnahme von Waren und Gütern oder Tätigkeiten in Bezug auf die Planung, Realisierung, Steuerung oder Kontrolle des Bestell-, Prozess-, Vertriebs-, Retouren-, Entsorgungs-, Verwertungs- und Informationsmanagements.

1.2 Auftraggeber ist die Vertragspartei, die ihren Vertragspartner mit der Durchführung logistischer Leistungen im eigenen oder fremden Interesse beauftragt.

1.3 Auftragnehmer ist die Vertragspartei, die mit der Durchführung logistischer Leistungen beauftragt wird.

1.4 Soweit die ADSp vereinbart sind, gehen die Logistik-AGB vor, wenn sich einzelne Klauseln widersprechen sollten oder ein Sachverhalt nicht einer Vertragsordnung zugeordnet werden kann.

1.5 Die Logistik-AGB finden keine Anwendung auf Verträge mit Verbrauchern.

2. Elektronischer Datenaustausch

2.1 Jede Partei ist berechtigt, Erklärungen und Mitteilungen auch auf elektronischem Wege zu erstellen, zu übermitteln und auszutauschen (elektronischer Datenaustausch), sofern die übermittelnde Partei erkennbar ist. Die übermittelnde Partei trägt die Gefahr für den Verlust und die Richtigkeit der übermittelten Daten.

2.2 Sofern zur Verbindung beider Datensysteme eine gemeinsame EDV-Schnittstelle durch den Auftragnehmer einzurichten ist, erhält dieser die hierfür notwendigen Aufwendungen vom Auftraggeber erstattet. Jede Partei ist zudem verpflichtet, die üblichen Sicherheits- und Kontrollmaßnahmen durchzuführen, um den elektronischen Datenaustausch vor dem Zugriff Dritter zu schützen sowie der Veränderung, dem Verlust oder der Zerstörung elektronisch übermittelter Daten vorzubeugen.

---

[1] Herausgeber:
DSLV – Deutscher Speditions- und Logistikverband e. V.
Weberstraße 77, 53113 Bonn
Telefon 02 28 91 44–0 · Telefax 02 28 91 44–99
info@dslv.spediteure.de
ILRM – Institut für Logistikrecht & Riskmanagement
Hochschule Bremerhaven
27568 Bremerhaven
Telefon 04 71 48 23 523 · Telefax 04 71 48 23 284
info@ilrm.de
© Alle Rechte vorbehalten.
Abdruck, auch auszugsweise, nur unter Hinweis auf DSLV, Bonn und ILRM, Bremerhaven
Der DSLV empfiehlt die Logistik-AGB zur unverbindlichen Verwendung im Geschäftsverkehr. Es bleibt den Vertragspartnern unbenommen, vom Inhalt dieser Empfehlung abweichende Vereinbarungen zu treffen.

[2] **Anhang 8.**

9. Logistik-AGB

2.3 Für den Empfang von Informationen, Erklärungen und Anfragen für die Vertragsabwicklung bestimmt jede Partei eine oder mehrere Kontaktpersonen und teilt Namen und Kontaktadressen der anderen Partei mit. Bestimmt eine Partei keine Kontaktperson, gilt diejenige Person als Kontaktperson, die den Vertrag für die Partei abgeschlossen hat.

2.4 Elektronisch oder digital erstellte Urkunden stehen schriftlichen Urkunden gleich.

3. Vertraulichkeit

3.1 Jede Partei ist verpflichtet, alle nicht öffentlich zugänglichen Daten und Informationen vertraulich zu behandeln und ausschließlich für den vorgesehenen Zweck zu verwenden. Daten und Informationen dürfen nur an Dritte (z. B. Versicherer, Subunternehmer) weitergeleitet werden, die sie im Zusammenhang mit der Erfüllung des Vertrages benötigen. Für die Vertraulichkeit elektronischer Daten und Informationen gelten die gleichen Grundsätze.

3.2 Die Verpflichtung zur Vertraulichkeit gilt nicht für Daten und Informationen, die Dritten, insbesondere Behörden aufgrund gesetzlicher Verpflichtungen bekannt zu machen sind. Hierüber ist die andere Partei unverzüglich zu informieren.

4. Pflichten des Auftraggebers, Schutz des geistigen Eigentums

4.1 Der Auftraggeber, insbesondere wenn er als „Systemführer" das Verfahren bestimmt, in dem der Auftragnehmer eingesetzt wird, ist verpflichtet, die für die Ausführung der logistischen Leistungen notwendigen Gegenstände, Informationen und Rechte zur Verfügung zu stellen und etwaige Mitwirkungshandlungen zu leisten, insbesondere
– (Vor-)Produkte und Materialien zu gestellen,
– den Auftragnehmer über spezifische Besonderheiten der Güter und Verfahren und damit verbundene gesetzliche, behördliche oder berufsgenossenschaftliche Auflagen zu informieren und – soweit erforderlich – dessen Mitarbeiter zu schulen und
– Vorgaben, Verfahrens- und Materialbeschreibungen (Fertigungsanleitungen, Konstruktionen und Pläne) zu entwickeln, zu aktualisieren und deren Einhaltung durch den Auftragnehmer zu überprüfen.

Diese Vorleistungen und die Mitwirkungshandlungen sind rechtzeitig und vollständig zu erbringen. Hierzu zählen auch alle notwendigen Informationen, die für eine optimale Kapazitätsplanung notwendig sind.

4.2 Die nach Ziffer 4.1 übergebenen Unterlagen bleiben das geistige Eigentum des Auftraggebers. Ein Pfand- und Zurückbehaltungsrecht hieran kann vom Auftragnehmer nicht ausgeübt werden.

5. Pflichten des Auftragnehmers

5.1 Der Auftragnehmer ist verpflichtet, seine Leistungen entsprechend den Vorgaben des Auftraggebers nach Ziffer 4 zu erbringen. Er ist berechtigt, aber nicht verpflichtet, diese Vorgaben zu überprüfen.

5.2 Der Auftragnehmer, der logistische Leistungen innerhalb der betrieblichen Organisation des Auftraggebers oder auf dessen Weisung bei einem Dritten ausführt (z. B. Regalservice), erbringt diese Leistungen nach Weisung und auf Gefahr des Auftraggebers.

5.3 Der Auftragsnehmer ist verpflichtet, dem Auftraggeber Einwände oder Unregelmäßigkeiten, die bei der Vertragsausführung entstanden sind, unverzüglich anzuzeigen und diese zu dokumentieren.

6. Leistungshindernisse, höhere Gewalt

6.1 Leistungshindernisse, die nicht dem Risikobereich einer Vertragspartei zuzurechnen sind, befreien die Vertragsparteien für die Dauer der Störung und den Umfang ihrer Wirkung von den Leistungspflichten.

Als Leistungshindernisse gelten Streiks und Aussperrungen, höhere Gewalt, Unruhen, kriegerische oder terroristische Akte, behördliche Maßnahmen sowie sonstige unvorhersehbare, unabwendbare und schwerwiegende Ereignisse.

6.2 Im Falle einer Befreiung nach Ziffer 6.1 ist jede Vertragspartei verpflichtet,
- die andere Partei unverzüglich zu unterrichten und
- die Auswirkungen für die andere Vertragspartei im Rahmen des Zumutbaren so gering wie möglich zu halten.

7. **Vertragsanpassung**

7.1 Vereinbarungen über Preise und Leistungen beziehen sich stets nur auf die namentlich aufgeführten Leistungen und auf ein im Wesentlichen unverändertes Güter-, Auftragsaufkommen oder Mengengerüst. Sie setzen zum einen unveränderte Datenverarbeitungsanforderungen, Qualitätsvereinbarungen und Verfahrensanweisungen und zum anderen unveränderte Energie- und Personalkosten sowie öffentliche Abgaben voraus.

7.2 Ändern sich die in Ziffer 7.1 beschriebenen Bedingungen, können beide Vertragsparteien Verhandlungen über eine Vertragsanpassung mit Wirkung ab dem Ersten des auf das Anpassungsbegehren folgenden Monats verlangen, es sei denn, die Veränderungen waren der Vertragspartei, die die Vertragsanpassung fordert, bei Vertragsabschluss bekannt. Die Vertragsanpassung hat sich an den nachzuweisenden Veränderungen einschließlich den Rationalisierungseffekten zu orientieren.

7.3 Sofern die Vertragsparteien innerhalb eines Zeitraums von einem Monat, nachdem Vertragsanpassung gefordert wurde, keine Einigung erzielen, kann der Vertrag von beiden Parteien unter Einhaltung einer Frist von einem Monat bei einer Laufzeit des Vertrages bis zu einem Jahr bzw. einer Frist von drei Monaten bei einer längeren Laufzeit gekündigt werden. Diese Kündigung kann nur innerhalb eines Monats nach Scheitern der Vertragsanpassung erklärt werden.

8. **Betriebsübergang**

Sofern mit dem Vertrag oder seiner Ausführung ein Betriebsübergang nach § 613a BGB verbunden ist, verpflichten sich die Parteien, die wirtschaftlichen Folgen unter Berücksichtigung der Laufzeit des Vertrages zu regeln.

9. **Aufrechnung, Zurückbehaltung**

Gegenüber Ansprüchen aus einem Vertrag über logistische Leistungen nach Ziffer 1.1 und damit zusammenhängenden außervertraglichen Ansprüchen ist eine Aufrechnung oder Zurückbehaltung nur mit fälligen Gegenansprüchen zulässig, denen ein begründeter Einwand nicht entgegensteht.

10. **Pfand- und Zurückbehaltungsrecht, Eigentumsvorbehalt**

10.1 Der Auftragnehmer hat wegen aller fälligen und nicht fälligen Forderungen, die ihm aus den in Ziffer 1.1 genannten Tätigkeiten gegenüber dem Auftraggeber zustehen, ein Pfandrecht und ein Zurückbehaltungsrecht an den in seiner Verfügungsgewalt befindlichen Gütern oder sonstigen Werten. Das Pfand- und Zurückbehaltungsrecht geht nicht über das gesetzliche Pfand- und Zurückbehaltungsrecht hinaus.

10.2 Der Auftragnehmer darf ein Pfand- oder Zurückbehaltungsrecht wegen Forderungen aus anderen mit dem Auftraggeber abgeschlossenen Verträgen über logistische Leistungen i.S.v. Ziffer 1.1 nur ausüben, soweit sie unbestritten sind oder wenn die Vermögenslage des Auftraggebers die Forderung des Auftragnehmers gefährdet.

10.3 Der Auftraggeber ist berechtigt, die Ausübung des Pfandrechts zu untersagen, wenn er dem Auftragnehmer ein gleichwertiges Sicherungsmittel (z.B. selbstschuldnerische Bankbürgschaft) einräumt.

10.4 Ziffer 4.2 bleibt unberührt.

10.5 Sofern der Auftragnehmer bei der Erbringung logistischer Leistungen nach Ziffer 1.1 auch das Eigentum auf den Auftraggeber zu übertragen hat, so verbleibt das Eigentum beim Auftragnehmer bis zur vollständigen Zahlung.

9. Logistik-AGB

11. Abnahme, Mängel- und Verzugsanzeige

11.1 Soweit eine Abnahme der logistischen Leistung durch den Auftraggeber zu erfolgen hat, kann diese wegen des kooperativen Charakters der logistischen Leistungen durch Ingebrauchnahme, Weiterveräußerung oder Weiterbehandlung des Werkes, Ab- und Auslieferung an den Auftraggeber oder an von ihm benannte Dritte erfolgen. Soweit logistische Leistungen nicht abnahmefähig sind, tritt an die Stelle der Abnahme die Vollendung.

11.2 Der Auftraggeber ist verpflichtet, offensichtliche Mängel dem Auftragnehmer bei Abnahme anzuzeigen. Die Anzeige ist schriftlich oder elektronisch (Ziffer 2) zu erstatten. Zur Wahrung der Frist genügt die rechtzeitige Absendung, sofern die Anzeige den Auftragnehmer erreicht.

11.3 Unterlässt der Auftraggeber die Anzeige, gilt die logistische Leistung als vertragsgemäß, es sei denn der Auftragnehmer hat den Mangel arglistig verschwiegen.

11.4 Ansprüche wegen der Überschreitung von Leistungsfristen erlöschen, wenn der Auftraggeber gegenüber dem Auftragnehmer diese nicht innerhalb von einundzwanzig Tagen nach Leistungserbringung anzeigt.

12. Mängelansprüche des Auftraggebers

12.1 Die Mangelhaftigkeit einer logistischen Leistung bestimmt sich nach dem Inhalt des Vertrages und den gesetzlichen Bestimmungen. Beschaffenheits- oder Haltbarkeitsgarantien werden vom Auftragnehmer nur übernommen, wenn diese im Vertrag im Einzelnen als solche bezeichnet werden.

12.2 Ist die logistische Leistung mangelhaft, hat der Auftraggeber Anspruch auf Nacherfüllung. Das Wahlrecht zwischen Mängelbeseitigung und Neulieferung/Neuleistung steht in jedem Fall dem Auftragnehmer zu. Führt die Nacherfüllung nicht zu dem vertraglich geschuldeten Erfolg, hat der Auftraggeber Anspruch auf eine zweite Nacherfüllung. Weitere Ansprüche auf Nacherfüllung bestehen nicht.

12.3. Schlägt die Nacherfüllung zweimal fehl oder ist eine Nacherfüllung wegen der Art der Leistung nicht möglich, kann der Auftraggeber die ihm zustehenden Minderungs-, Rücktritts- und Schadensersatzrechte sowie Selbstvornahme wie folgt ausüben.

12.3.1 Macht der Auftraggeber Minderung geltend, ist diese auf den Wegfall der vereinbarten Vergütung für die einzelne, mängelbehaftete logistische Leistung begrenzt.

12.3.2 Macht der Auftraggeber das Rücktrittsrecht geltend, gilt dieses nur in Bezug auf die einzelne, mängelbehaftete logistische Leistung. Im Übrigen steht dem Auftraggeber unter den Voraussetzungen der Ziffer 13 anstelle des Rücktrittsrechts das Sonderkündigungsrecht zu.

12.3.3 Schadensersatz statt der Leistung kann der Auftraggeber unter den Voraussetzungen von Ziffer 14 verlangen.

12.3.4 Bei Selbstvornahme ist der Anspruch des Auftraggebers auf Aufwendungsersatz auf einen Betrag bis zu 20.000 Euro begrenzt.

13. Sonderkündigungsrecht

13.1 Wenn eine der Parteien zweimal gegen vertragswesentliche Pflichten verstößt und dies zu einer wesentlichen Betriebsstörung führt, hat die andere Partei das Recht, diesen Vertrag mit angemessener Frist zu kündigen, nachdem sie der vertragsverletzenden Partei schriftlich eine angemessene Frist zur Beseitigung der Pflichtverletzung eingeräumt hat und diese Frist abgelaufen ist, ohne dass die Partei ihren Verpflichtungen nachgekommen ist.

13.2 Das Recht zur außerordentlichen Kündigung aus wichtigem Grund bleibt unberührt.

14. Haftung des Auftragnehmers

14.1 Der Auftragnehmer haftet nur, wenn ihn ein Verschulden an dem von ihm verursachten Schaden trifft. Die hieraus folgende gesetzliche und vertragliche Haftung des Auftragnehmers ist auf den vorhersehbaren, typischen Schaden begrenzt sowie der Höhe nach

14.1.1 auf 20.000 Euro je Schadenfall.

14.1.2 bei mehr als vier Schadenfällen, die die gleiche Ursache (z. B. Montagefehler) haben oder die Herstellung/Lieferung mit dem gleichen Mangel behafteteter Güter betreffen (Serienschaden), auf 100.000 Euro, unabhängig von der Zahl der hierfür ursächlichen Schadensfälle.
Diese Haftungsbegrenzung gilt auch bei Differenzen zwischen Soll- und Ist-Bestand der dem Auftragnehmer übergebenen Güter; diese Differenz ist bei gleichzeitigen Mehr- und Fehlbeständen durch wertmäßige Saldierung zu ermitteln.

14.1.3 für alle Schadenfälle innerhalb eines Jahres auf 500.000 Euro.

14.2 Die vorstehenden Haftungsbefreiungen und Haftungsbeschränkungen gelten auch für außervertragliche Ansprüche gegen den Auftragnehmer, seine Mitarbeiter und sonstigen Erfüllungsgehilfen.

14.3 Die vorstehenden Haftungsbefreiungen und Haftungsbeschränkungen gelten nicht

14.3.1 für die Verletzung des Lebens, des Körpers und der Gesundheit,

14.3.2 soweit gesetzliche Haftungsbestimmungen, wie z. B. das Produkthaftungsgesetz, zwingend anzuwenden sind.

14.4 Die Parteien können gegen Zahlung eines Haftungszuschlags vereinbaren, dass die vorstehenden Haftungshöchstsummen durch andere Beträge ersetzt werden.

15. Qualifiziertes Verschulden

Die vorstehenden Haftungsbefreiungen und Haftungsbeschränkungen gelten nicht

15.1 bei grob fahrlässiger oder vorsätzlicher Verletzung
– wesentlicher Vertragspflichten durch den Auftragnehmer, seine leitenden Angestellten oder Erfüllungsgehilfen,
– sonstiger Pflichten durch den Auftragnehmer oder seine leitenden Angestellten.

15.2 soweit der Auftragnehmer den Schaden arglistig verschwiegen oder eine Garantie für die Beschaffenheit der logistischen Leistung übernommen hat.

16. Freistellungsanspruch des Auftragnehmers

Der Auftraggeber hat den Auftragnehmer und seine Erfüllungsgehilfen von allen Ansprüchen Dritter nach dem Produkthaftungsgesetz und anderer drittschützender Vorschriften freizustellen, es sei denn der Auftragnehmer oder seine Erfüllungsgehilfen haben grob fahrlässig oder vorsätzlich den Anspruch des Dritten herbeigeführt.

17. Verjährung

17.1 Ansprüche aus einem Vertrag nach Ziffer 1.1 verjähren in einem Jahr.

17.2 Die Verjährung beginnt bei allen Ansprüchen mit Ablauf des Tages der Ablieferung, bei werkvertraglichen Leistungen mit Ablauf des Tages der Abnahme nach Ziffer 11.1.

17.3 Die vorstehenden Verjährungsfristen gelten nicht
– in den in Ziffer 15 genannten Fällen,
– bei der Verletzung des Lebens, des Körpers, der Gesundheit oder
– soweit gesetzliche Verjährungsbestimmungen zwingend anzuwenden sind.

18. Haftungsversicherung des Auftragnehmers

18.1 Der Auftragnehmer ist verpflichtet, bei einem Versicherer seiner Wahl eine Haftungsversicherung zu marktüblichen Bedingungen abzuschließen und aufrecht zu erhalten, die seine Haftung im Umfang der in Ziffer 14 genannten Haftungssummen abdeckt.

18.2 Die Vereinbarung einer Höchstsatzleistung je Schadenfall und Jahr ist zulässig; ebenso die Vereinbarung einer Schadenbeteiligung des Auftragnehmers.

18.3 Auf Verlangen des Auftraggebers hat der Auftragnehmer diesen Haftungsversicherungsschutz durch eine Bestätigung des Versicherers nachzuweisen.

9. Logistik-AGB

19. Erfüllungsort, Gerichtsstand, anzuwendendes Recht

19.1 Der Erfüllungsort ist für alle Beteiligten der Ort derjenigen Niederlassung des Auftragnehmers, an die der Auftrag gerichtet ist.

19.2 Der Gerichtsstand für alle Rechtsstreitigkeiten, die aus dem Auftragsverhältnis oder im Zusammenhang damit entstehen, ist für alle Beteiligten, soweit sie Kaufleute sind oder diesen gleichstehen, der Ort derjenigen Niederlassung des Auftragnehmers, an die der Auftrag gerichtet ist; für Ansprüche gegen den Auftragnehmer ist dieser Gerichtsstand ausschließlich.

19.3 Für die Rechtsbeziehungen des Auftragnehmers zum Auftraggeber oder zu seinen Rechtsnachfolgern gilt deutsches Recht unter Ausschluss des UN-Kaufrechts.

20. Schlussbestimmungen

20.1 Bei der Bestimmung der Höhe der vom Auftragnehmer zu erfüllenden Ersatzansprüche sind die wirtschaftlichen Gegebenheiten des Auftragnehmers, Art, Umfang und Dauer der Geschäftsverbindung, etwaige Verursachungs- oder Verschuldensbeiträge des Auftraggebers nach Maßgabe von § 254 BGB und dessen Grad an Überwachung und Herrschaft der angewendeten Verfahren zugunsten des Auftragnehmers zu berücksichtigen. Insbesondere müssen die Ersatzleistungen, Kosten und Aufwendungen, die der Auftragnehmer zu tragen hat, in einem angemessenen Verhältnis zum Erlös des Auftragnehmers aus den Leistungen für den Auftraggeber stehen.

20.2 Stellt ein Vertragspartner seine Zahlungen ein oder wird das Insolvenzverfahren über sein Vermögen oder ein außergerichtliches Vergleichsverfahren beantragt, so ist der Andere berechtigt, für den nicht erfüllten Teil vom Vertrag zurückzutreten.

20.3 Sollte eine Bestimmung der Logistik-AGB und der getroffenen weiteren Vereinbarungen unwirksam sein oder werden, so wird dadurch die Gültigkeit des Vertrages im Übrigen nicht berührt. Die Vertragspartner sind verpflichtet, die unwirksame Bestimmung durch eine ihr im wirtschaftlichen Erfolg möglichst gleichkommende Regelung zu ersetzen.

10. Vertragsbedingungen für den Güterkraftverkehrs-, Speditions- und Logistikunternehmer (VBGL)[1)]

Vom 13. Juni 2013

Präambel
Der Bundesverband Güterkraftverkehr Logistik und Entsorgung (BGL) e.V. empfiehlt den seinen Mitgliedsorganisationen angeschlossenen Güterkraftverkehrs- und Logistikunternehmern die nachstehenden Vertragsbedingungen unverbindlich zur Verwendung im Geschäftsverkehr mit ihren Auftraggebern/Auftragnehmern. Den Adressaten steht es frei, der Empfehlung zu folgen oder andere Allgemeine Geschäftsbedingungen zu verwenden.

§ 1. Geltungsbereich. (1) Diese Bedingungen gelten für Unternehmer, die
– als Frachtführer im gewerblichen Straßengüterverkehr Frachtverträge schließen,
– als Spediteure Speditionsverträge mit Selbsteintritt (§ 458 HGB), zu festen Beförderungskosten (§ 459 HGB) und über Sammelladung (§ 460 HGB) sowie Lagerverträge schließen,
– als Logistikunternehmer Dienstleistungen erbringen, die mit der Beförderung oder Lagerung von Gütern in Zusammenhang stehen, auch insoweit, als sie nicht speditionsüblich sind (z.B. Aufbügeln von Konfektion, Montage von Teilen, Veränderungen des Gutes).

(2) [1] Die Bedingungen finden Anwendung auf Beförderungen im Binnenverkehr und im grenzüberschreitenden Verkehr, soweit ihnen die Regeln der CMR nicht entgegen stehen, sowie im Kabotageverkehr in anderen Mitgliedstaaten der Europäischen Union und des EWR, sofern nicht zwingende Regeln des Aufnahmemitgliedstaats diesen Bedingungen entgegen stehen. [2] Sie finden weiterhin Anwendung im nationalen kombinierten Ladungsverkehr und im multimodalen Verkehr (§§ 452–452d HGB), sofern mindestens eine Teilstrecke im Straßengüterverkehr durchgeführt wird.

(3) [1] Die Bedingungen gelten auch für den Lohnfuhrvertrag nach Maßgabe von § 9 sowie für den Entsorgungsverkehr, dessen Besonderheiten in § 10 geregelt sind. [2] Sie gelten auch für gewerbliche Beförderungen mit Fahrzeugen, die nicht dem Regelungsbereich des GüKG unterliegen.

(4) [1] Diese Bedingungen gelten nicht für Geschäfte, die ausschließlich
1. Verpackungsarbeiten
2. die Beförderung von Umzugsgut oder dessen Lagerung
3. Kran- oder Montagearbeiten sowie die Durchführung von Großraum- oder Schwertransporten, mit Ausnahme solcher Beförderungsleistungen, die mit Dauerausnahmegenehmigungen nach § 46 Abs. 1. Nr. 3 StVO, § 70 Abs. 1 StVZO, oder Dauererlaubnis nach § 29 Abs. 3 StVO durchgeführt werden

betreffen.
[2] Sie gelten weiterhin nicht für Verträge mit Verbrauchern.

I. Frachtgeschäft einschließlich Spedition im Selbsteintritt

[Frachtführer]

Der Unternehmer im Frachtgeschäft sowie im Beförderungsgeschäft bei der Spedition im Selbsteintritt wird nachfolgend in diesem Abschnitt als Frachtführer bezeichnet.

[1)] Siehe bis zum 12.6.2013 die Güterkraftverkehrs-, Speditions- und Logistikunternehmer-VB 2003 v. 27.1.2003.

§ 2. Informationspflichten des Auftraggebers und Fahrzeuggestellung. (1) ¹Der Absender unterrichtet den Frachtführer rechtzeitig vor Durchführung der Beförderung über alle wesentlichen, die Durchführung des Vertrages beeinflussenden Faktoren. ²Hierzu zählen neben Art und Beschaffenheit, Gewicht, Menge sowie einzuhaltenden Terminen auch besondere technische Anforderungen an das Fahrzeug und eventuell erforderliches Zubehör. ³Angaben zum Wert des Gutes hat der Absender dann zu machen, wenn dies für den Ablauf der Beförderung oder für das zu stellende Fahrzeug/Zubehör von Bedeutung ist. ⁴Dasselbe gilt, wenn ein erweiterter Deckungsschutz der Haftpflichtversicherung des Frachtführers erforderlich ist.

(2) ¹Handelt es sich um Güter, die regelmäßig von der marktüblichen Versicherungsdeckung ausgeschlossen sind, wie Edelmetalle, Juwelen, Zahlungsmittel, Valoren, Wertpapiere und Urkunden, so ist dies vom Absender bei der Auftragserteilung schriftlich oder in Textform mitzuteilen. ²Das Gleiche gilt für diebstahlgefährdete oder hochwertige Güter, insbesondere Kunstgegenstände und Antiquitäten, Tabakwaren, Spirituosen, technische Geräte aus dem Bereich EDV/Telekommunikation/Medien. ³Die Verpflichtung des Absenders nach §§ 5, 7 und 16 bleibt hiervon unberührt.

(3) Der Frachtführer verpflichtet sich, entsprechend geeignete Fahrzeuge zu stellen.

§ 3. Übergabe des Gutes. (1) ¹Der Absender hat dem Frachtführer das Beförderungsgut in beförderungssicherem Zustand gemäß § 411 HGB zu übergeben. ²Die erforderlichen und ordnungsgemäß ausgefüllten Begleitpapiere (§§ 410, 413 HGB) sind ebenfalls zu übergeben.

(2) ¹Führt der Frachtführer die Beförderung trotz Nichtvorliegens der Voraussetzungen des Abs. 1 durch, nachdem er den Absender auf die Mängel hingewiesen hat, so trägt der Frachtführer einen entsprechenden Vorbehalt in den Frachtbrief oder das andere Begleitpapier ein. ²Der Absender ist in einem solchen Fall zum Ersatz aller Schäden verpflichtet, die dem Frachtführer durch diese Mängel entstanden sind. ³§ 254 BGB bleibt unberührt.

(3) Eine Überprüfung des äußerlichen Zustandes der Frachtstücke sowie deren Zeichen und Nummern erfolgt durch den Frachtführer, sofern ihm dies möglich und zumutbar ist.

(4) ¹Der Frachtführer ist zur Überprüfung von Stückzahl, Menge oder Gewicht des Beförderungsgutes nur verpflichtet, wenn dies zumutbar, möglich und vereinbart ist. ²Der Absender hat, außer bei geringfügigem Umfang der Überprüfung, für die entstandenen Aufwendungen Ersatz zu leisten.

(5) Wird vom Frachtführer eine schriftliche Bestätigung dieser Angaben gemäß Abs. 3 verlangt, kann dieser eine Überprüfung aber nicht vornehmen, erfolgt die Bestätigung durch den Frachtführer unter Vorbehalt.

(6) Nimmt der Frachtführer ein Gut zur Beförderung an, das äußerlich erkennbare Beschädigungen aufweist, so kann er verlangen, dass der Absender den Zustand des Gutes im Frachtbrief oder in einem anderen Begleitpapier besonders bescheinigt.

§ 4. Frachtbrief/Begleitpapier. (1) ¹Der Frachtvertrag wird in einem Frachtbrief festgehalten, der beidseitig unterzeichnet ist. ²Der Frachtbrief soll die Angaben des § 408 HGB enthalten und kann darüber hinaus weitere Regelungen enthalten. ³Ist aus Gründen der Transportabwicklung die Ausstellung eines Frachtbriefes nicht angezeigt, so kann ein anderes Begleitpapier (wie z.B. Lieferschein, Rollkarte etc.) verwendet werden.

(2) Füllt der Frachtführer auf Verlangen des Absenders den Frachtbrief aus, so haftet der Absender für alle Schäden, die aus den unrichtigen oder unvollständigen Angaben des Absenders entstehen.

(3) Als Frachtbrief nach Abs. 1 gilt auch ein elektronischer Frachtbrief gemäß § 408 Abs. 3 HGB.

§ 5. Verladen und Entladen. (1) ¹Der Absender hat beförderungssicher nach den einschlägigen Rechtsvorschriften und dem Stand der Technik zu verladen, der Empfänger entsprechend zu entladen, nachdem er die Auslieferung an sich verlangt hat. ²Handlungen oder Unterlassungen der Personen, die für den Absender oder Empfänger tätig werden, werden diesen zugerechnet.

³Der Frachtführer ist grundsätzlich verpflichtet, die Betriebssicherheit der Verladung sicherzustellen. ⁴Eine beförderungssichere Verladung durch den Frachtführer erfolgt nur gegen angemessene Vergütung. ⁵Die Entladung durch den Frachtführer ist ebenfalls vergütungspflichtig.

(2) ¹Für das Beladen und das Entladen steht eine dem jeweiligen Vorgang angemessene Zeit (Ladezeit, Entladezeit) zur Verfügung. ²Für Komplettladungen (nicht jedoch bei schüttbaren Massengütern) eines Auftraggebers mit Fahrzeugen/Fahrzeugeinheiten mit 40 t zulässigem Gesamtgewicht beträgt die Be- und Entladezeit (höchstens 1 Beladestelle, höchstens 1 Entladestelle), vorbehaltlich anderweitiger vertraglicher Absprachen, pauschal jeweils maximal 2 Stunden für die Beladung und maximal 2 Stunden für die Entladung. ³Bei Fahrzeugen/Fahrzeugeinheiten mit niedrigerem Gesamtgewicht reduzieren sich diese Zeiten. ⁴Für diese Zeit kann keine besondere Vergütung verlangt werden.

(3) ¹Die Beladezeit beginnt mit dem Zeitpunkt der vereinbarten Bereitstellung des Fahrzeugs. ²Erfolgt die Bereitstellung des Fahrzeugs später als zum vereinbarten Zeitpunkt und ist der Auftraggeber mit der verspäteten Bereitstellung einverstanden, so beginnt die Beladefrist ab dem Zeitpunkt der Bereitstellung.

(4) ¹Die Entladefrist beginnt in dem Moment, in dem der Empfänger die Verfügungsgewalt über das Gut erhält. ²Im Zweifel ist dies der Zeitpunkt, zu dem eine Person, die zur Verfügung über das Gut befugt ist, die für sie bestimmte Ausfertigung des Frachtbriefs oder eines anderen Begleitpapiers erhält.

(5) Wartet der Frachtführer aufgrund vertraglicher Vereinbarung oder aus Gründen, die nicht seinem Risikobereich zuzurechnen sind, über die Belade- oder Entladezeit hinaus, so hat er Anspruch auf eine angemessene Vergütung (Standgeld).

§ 6. Rechte des Frachtführers bei Nichteinhaltung der Be- oder Entladezeit. (1) ¹Ist mit der Beladung nicht begonnen worden, obwohl die Beladezeit bereits abgelaufen ist, oder wird das Gut nicht innerhalb der Ladezeit zur Verfügung gestellt, wenn die Verladung dem Frachtführer obliegt, kann der Frachtführer dem Absender eine angemessene Frist für die Erfüllung setzen. ²Nach erfolglosem Ablauf kann der Frachtführer seine Rechte nach § 417 HGB geltend machen, insbesondere den Vertrag kündigen.

(2) Weigert sich der Absender ernsthaft und endgültig, das Gut zu verladen oder zur Verladung bereitzustellen oder liegen besondere Umstände vor, die es dem Frachtführer unter Abwägung der beiderseitigen Interessen unzumutbar machen das Vertragsverhältnis fortzusetzen, kann der Frachtführer auch gemäß § 417 Abs. 4 HGB fristlos kündigen.

(3) ¹Ist nach Ablauf der Ladezeit die Hälfte oder mehr des Ladegewichts verladen, so wird nach Ablauf der gesetzten Nachfrist die Teilbeförderung gemäß § 416 HGB durchgeführt. ²Ansonsten hat der Frachtführer das Recht zur fristlosen Kündigung wegen Unzumutbarkeit gemäß § 417 Abs. 4 HGB.

(4) ¹Ist mit der Entladung nicht begonnen worden, obwohl die Entladezeit bereits abgelaufen ist, so kann der Frachtführer dies als Verweigerung der Annahme des Gutes betrachten. ²In diesem Fall hat er die Weisung des Absenders einzuholen und zu befolgen. ³§ 419 Absatz 3 und 4 HGB finden entsprechende Anwendung.

§ 6a. Gestellung des Fahrzeugs. (1) ¹Falls der Frachtführer das Fahrzeug nicht oder nicht rechtzeitig zu dem vereinbarten Zeitpunkt bereitstellen kann, so setzt er darüber den Absender unverzüglich in Kenntnis. ²Der Absender teilt dem Frachtführer daraufhin unverzüglich mit, ob er mit einer späteren Gestellung einverstanden ist oder ob er den Frachtvertrag kündigen will.

(2) Ist die nicht oder nicht rechtzeitig erfolgte Bereitstellung des Fahrzeugs durch Fahrlässigkeit des Frachtführers verursacht, hat er dem Absender Ersatz in Höhe des typischerweise zu erwartenden Schadens zu leisten.

(3) Die Haftung wird auf den dreifachen Betrag der Fracht begrenzt.

§ 7. Gefährliches Gut. ¹Der Absender hat bei jedem einzelnen Vertragsschluss schriftlich oder in Textform alle Angaben über die Gefährlichkeit des Gutes und, soweit erforderlich, zu ergreifende Vorsichtsmaßnahmen zu übermitteln. ²Handelt es sich um Gefahrgut im Sinne des ADR/GGVSEB, so sind UN-Nummer, Klasse und Verpackungsgruppe des Gefahrgutes nach dem ADR/GGVSEB in der jeweils gültigen Fassung und die dafür erforderliche Schutzausrüstung anzugeben.

§ 8. Ablieferungsquittung. Nach Ankunft des Gutes an der Ablieferungsstelle ist der Empfänger berechtigt, vom Frachtführer die Ablieferung des Gutes gegen die Erteilung eines schriftlichen oder in Textform gehaltenen Empfangsbekenntnisses (Quittung) sowie gegen die Erfüllung der sonstigen Verpflichtungen aus dem Frachtvertrag zu verlangen.

§ 9. Lohnfuhrvertrag. (1) Der Lohnfuhrvertrag ist abgeschlossen, wenn sich Unternehmer und Auftraggeber darüber einig sind, dass der Unternehmer ein bemanntes Fahrzeug zur Verwendung nach Weisung des Auftraggebers stellt.

(2) ¹Auf den Lohnfuhrvertrag finden die frachtrechtlichen Regelungen dieser Vertragsbedingungen entsprechende Anwendung mit der Maßgabe, dass der Unternehmer nicht für Schäden haftet, die durch den Auftraggeber verursacht worden sind. ²Statt des Frachtbriefes wird beim Lohnfuhrvertrag ein anderer Nachweis verwendet, der insbesondere die Einsatzzeit beinhaltet.

(3) Entsteht dem Unternehmer durch den Auftraggeber ein Schaden, so haftet dieser nach den Bestimmungen des BGB.

§ 10. Abfall- und Entsorgungstransporte. ¹Diese Bedingungen finden auch für Güterbeförderungen im Entsorgungsverkehr (Beförderungen von Abfällen zur Beseitigung oder Verwertung) Anwendung. ²Auftraggeber und Frachtführer verpflichten sich, alle jeweils gültigen öffentlich-rechtlichen Verpflichtungen des Entsorgungsverkehrs zu beachten. ³Der Auftraggeber ist insbesondere verpflichtet, die Abfälle ordnungsgemäß nach den Bestimmungen des Kreislaufwirtschaftsgesetzes sowie den entsprechenden Rechtsverordnungen zu deklarieren und dies dem Frachtführer – spätestens bei Abschluss des Beförderungsvertrages – in Textform mitzuteilen und die abfallrechtlichen Begleitpapiere (z.B. Entsorgungs-/Verwertungsnachweis, Abfallbegleitscheine) zur Verfügung zu stellen. ⁴Der Frachtführer hat die erforderlichen abfallrechtlichen Genehmigungen vorzuhalten. ⁵Werden gefährliche Abfälle transportiert, so ist § 7 dieser Bedingungen zu beachten.

II. Speditions-, Logistik- und Lagergeschäft

[Spediteur]

Der Unternehmer im Speditions-, Logistik- und Lagergeschäft im Sinne von § 1 wird nachfolgend als Spediteur bezeichnet.

§ 11. Interessenwahrungs- und Sorgfaltspflicht. Der Spediteur hat das Interesse des Auftraggebers wahrzunehmen und seine Tätigkeiten mit der Sorgfalt eines ordentlichen Kaufmannes auszuführen.

§ 12. Leistungsumfang. ¹Bei speditionsvertraglichen Tätigkeiten im Sinne der §§ 453–466 HGB schuldet der Spediteur nur den Abschluss der zur Erbringung dieser Leistungen erforderlichen Verträge, soweit zwingende oder AGB-feste Rechtsvorschriften nichts anderes bestimmen.
²Dies gilt auch für speditionsübliche und darüber hinausgehende logistische Leistungen.

§ 13. Vereinbarung besonderer Bedingungen. ¹Der Spediteur ist zur Vereinbarung der üblichen Geschäftsbedingungen Dritter befugt. ²Im Verhältnis zwischen Erst- und Zwischenspediteur gelten die VBGL als Allgemeine Geschäftsbedingungen des Zwischenspediteurs.

§ 14. Auftrag, Übermittlungsfehler, Inhalt, besonders wertvolles oder gefährliches Gut.
(1) ¹Aufträge, Weisungen, Erklärungen und Mitteilungen sind formlos gültig. ²Nachträgliche Änderungen sind als solche deutlich kenntlich zu machen. ³Die Beweislast für den Inhalt sowie die richtige und vollständige Übermittlung trägt, wer sich darauf beruft.

(2) Der Auftraggeber hat dem Spediteur bei Auftragserteilung mitzuteilen, dass Gegenstand des Vertrages
1. Gefährliche Güter
2. Lebende Tiere und Pflanzen
3. Leicht verderbliche Güter
4. Besonders wertvolle Güter

sind.

(3) Der Auftraggeber hat im Auftrag Adressen, Zeichen, Nummern, Anzahl, Art und Inhalt der Packstücke, Eigenschaften des Gutes im Sinne von Absatz 2, den Wert des Gutes und alle sonstigen erkennbar für die ordnungsgemäße Ausführung des Auftrags erheblichen Umstände anzugeben.

(4) ¹Unter besonders wertvollen Gütern werden die in § 2 Abs. 2 genannten Güter verstanden. ²Wenn diese Güter Gegenstand des Vertrages sind, hat der Auftraggeber die Mitteilung gemäß § 14 Abs. 3 schriftlich oder in Textform an den Spediteur zu richten.

(5) ¹Bei gefährlichem Gut hat der Auftraggeber bei jedem einzelnen Auftrag dem Spediteur schriftlich oder in Textform die genaue Art der Gefahr und – soweit erforderlich – die zu ergreifenden Vorsichtsmaßnahmen mitzuteilen. ²Handelt es sich um Gefahrgut im Sinne des ADR/GGVSEB über die Beförderung gefährlicher Güter oder um sonstige Güter, für deren Beförderung oder Lagerung besondere gefahrgut-, umgangs- oder abfallrechtliche Vorschriften bestehen, so hat der Auftraggeber alle für die ordnungsgemäße Durchführung des Auftrags erforderlichen Angaben, insbesondere UN-Nummer, Klasse und Verpackungsgruppe nach dem einschlägigen Gefahrgutrecht, mitzuteilen.

(6) Der Spediteur ist nicht verpflichtet, die nach den Absätzen 2 bis 5 gemachten Angaben nachzuprüfen oder zu ergänzen.

(7) Der Spediteur ist nicht verpflichtet, die Echtheit der Unterschriften auf irgendwelchen das Gut betreffenden Mitteilungen oder sonstigen Schriftstücken oder die Befugnis der Unterzeichner zu prüfen, es sei denn, dass an der Echtheit oder der Befugnis begründete Zweifel bestehen.

§ 15. Zollamtliche Abwicklung. (1) Der Auftrag zur Versendung nach einem Bestimmungsort im Ausland schließt den Auftrag zur zollamtlichen Abfertigung ein, wenn ohne sie die Beförderung bis zum Bestimmungsort nicht ausführbar ist.

(2) Für die zollamtliche Abfertigung kann der Spediteur neben den tatsächlich auflaufenden Kosten eine besondere Vergütung berechnen.

(3) Der Auftrag, unter Zollverschluss eingehende Sendungen zuzuführen oder frei Haus zu liefern, schließt die Ermächtigung für den Spediteur ein, über die Erledigung der erforderlichen Zollförmlichkeiten und die Auslage der zollamtlich festgesetzten Abgaben zu entscheiden.

§ 16. Verpackungs- und Kennzeichnungspflichten des Auftraggebers. (1) Die Packstücke sind vom Auftraggeber deutlich und haltbar mit den für ihre auftragsgemäße Behandlung erforderlichen Kennzeichen zu versehen, wie Adressen, Zeichen, Nummern, Symbolen für Handhabung und Eigenschaften; alte Kennzeichen müssen entfernt oder unkenntlich gemacht sein.

(2) Darüber hinaus ist der Auftraggeber verpflichtet,
1. zu einer Sendung gehörende Packstücke als zusammengehörig leicht erkennbar zu kennzeichnen;
2. Packstücke so herzurichten, dass ein Zugriff auf den Inhalt ohne Hinterlassen äußerlich sichtbarer Spuren nicht möglich ist (Klebeband, Umreifungen oder ähnliches sind nur ausreichend, wenn sie individuell gestaltet oder sonst schwer nachahmbar sind; eine Umwicklung mit Folie nur, wenn diese verschweißt ist);
3. bei einer im Spediteursammelgutverkehr abzufertigenden Sendung, die aus mehreren Stücken oder Einheiten mit einem Gurtmaß (größter Umfang zuzüglich längste Kante) von weniger als 1 m besteht, diese zu größeren Packstücken zusammenzufassen;
4. bei einer im Hängeversand abzufertigenden Sendung, die aus mehreren Stücken besteht, diese zu Griffeinheiten in geschlossenen Hüllen zusammenzufassen;

Vertragsbedingungen (VBGL) **Anh. 10**

5. auf Packstücken von mindestens 1 000 kg Rohgewicht die durch das Gesetz über die Gewichtsbezeichnung an schweren, auf Schiffen beförderten Frachtstücken vorgeschriebene Gewichtsbezeichnung anzubringen.

(3) Packstücke sind Einzelstücke oder vom Auftraggeber zur Abwicklung des Auftrags gebildete Einheiten, z.B. Kisten, Gitterboxen, Paletten, Griffeinheiten, geschlossene Ladegefäße, wie gedeckt gebaute oder mit Planen versehene Waggons, Auflieger oder Wechselbrücken, Container, Iglus.

§ 17. Kontrollpflichten des Spediteurs. (1) Der Spediteur ist verpflichtet, an Schnittstellen

1. die Packstücke auf Vollzähligkeit und Identität sowie äußerlich erkennbare Schäden und Unversehrtheit von Plomben und Verschlüssen zu überprüfen und
2. Unregelmäßigkeiten zu dokumentieren (z.B. in den Begleitpapieren oder durch besondere Benachrichtigung).

(2) Schnittstelle ist jeder Übergang der Packstücke von einer Rechtsperson auf eine andere sowie die Ablieferung am Ende jeder Beförderungsstrecke.

§ 18. Quittung. (1) ¹Auf Verlangen des Auftraggebers erteilt der Spediteur eine Empfangsbescheinigung. ²In der Empfangsbescheinigung bestätigt der Spediteur nur die Anzahl und Art der Packstücke, nicht jedoch deren Inhalt, Wert oder Gewicht. ³Bei Massengütern, Wagenladungen und dergleichen enthält die Empfangsbescheinigung im Zweifel keine Bestätigung des Rohgewichts oder der anders angegebenen Menge des Gutes.

(2) ¹Als Ablieferungsnachweis hat der Spediteur vom Empfänger eine Empfangsbescheinigung über die im Auftrag oder in sonstigen Begleitpapieren genannten Packstücke zu verlangen. ²Weigert sich der Empfänger, die Empfangsbescheinigung zu erteilen, so hat der Spediteur Weisung einzuholen. ³Ist das Gut beim Empfänger bereits ausgeladen, so ist der Spediteur berechtigt, es wieder an sich zu nehmen.

§ 19. Weisungen. (1) Eine über das Gut erteilte Weisung bleibt für den Spediteur bis zu einem Widerruf des Auftraggebers maßgebend, sofern dies nicht dem mutmaßlichen Interesse des Auftraggebers widerspricht.

(2) Mangels ausreichender oder ausführbarer Weisung darf der Spediteur nach seinem pflichtgemäßen Ermessen handeln.

(3) Ein Auftrag, das Gut zur Verfügung eines Dritten zu halten, kann nicht mehr widerrufen werden, sobald die Verfügung des Dritten beim Spediteur eingegangen ist.

§ 20. Frachtüberweisung, Nachnahme. (1) Die Mitteilung des Auftraggebers, der Auftrag sei unfrei abzufertigen oder der Auftrag sei für Rechnung des Empfängers oder eines Dritten auszuführen, berührt nicht die Verpflichtung des Auftraggebers gegenüber dem Spediteur, die Vergütung sowie die sonstigen Aufwendungen zu tragen.

(2) Die Mitteilung nach Abs. 1 enthält keine Nachnahmeweisung.

§ 21. Fristen. Mangels Vereinbarung werden Verlade- und Lieferfristen nicht gewährleistet, ebenso wenig eine bestimmte Reihenfolge in der Abfertigung von Gütern gleicher Beförderungsart.

§ 22. Hindernisse. (1) ¹Leistungshindernisse, die nicht dem Risikobereich des Spediteurs zuzurechnen sind, befreien ihn für die Zeit ihrer Dauer von den Verpflichtungen, deren Erfüllung unmöglich geworden ist. ²Im Falle der Befreiung nach Satz 1 sind der Spediteur und der Auftraggeber berechtigt, vom Vertrag zurückzutreten, auch wenn der Auftrag schon teilweise ausgeführt worden ist. ³Tritt der Spediteur oder Auftraggeber zurück, so sind dem Spediteur die Kosten zu erstatten, die er für erforderlich halten durfte oder die für den Auftraggeber von Interesse sind.

(2) ¹Der Spediteur hat nur im Rahmen seiner Sorgfaltspflicht zu prüfen und den Auftraggeber darauf hinzuweisen, ob gesetzliche oder behördliche Hindernisse für die Versendung (z.B.

Ein- und Ausfuhrbeschränkungen) vorliegen. ²Soweit der Spediteur jedoch durch öffentliche Bekanntmachungen oder in den Vertragsverhandlungen den Eindruck erweckt hat, über besondere Kenntnisse für bestimmte Arten von Geschäften zu verfügen, hat er vorstehende Prüfungs- und Hinweispflichten entsprechend zu erfüllen.

(3) ¹Vom Spediteur nicht zu vertretende öffentlich-rechtliche Akte berühren die Rechte des Spediteurs gegenüber dem Auftraggeber nicht; der Auftraggeber haftet dem Spediteur für alle Folgen aus solchen Ereignissen, die dem Risikobereich des Auftraggebers zuzurechnen sind. ²Etwaige Ansprüche des Spediteurs gegenüber dem Staat oder einem sonstigen Dritten werden hierdurch nicht berührt.

§ 23. Ablieferung. Die Ablieferung erfolgt mit befreiender Wirkung an jede im Geschäft oder Haushalt des Empfängers anwesende Person, es sei denn, es bestehen begründete Zweifel an deren Empfangsberechtigung.

§ 24. Lagerung. (1) ¹Die Lagerung erfolgt nach Wahl des Spediteurs in dessen eigenen oder fremden Lagerräumen. ²Lagert der Spediteur bei einem fremden Lagerhalter ein, so hat er dessen Namen und den Lagerort dem Auftraggeber unverzüglich schriftlich oder in Textform bekannt zu geben oder, falls ein Lagerschein ausgestellt ist, sind diese Angaben dort zu vermerken.

(2) ¹Dem Auftraggeber steht es frei, die Lagerräume zu besichtigen oder besichtigen zu lassen. ²Einwände oder Beanstandungen gegen die Unterbringung des Gutes oder gegen die Wahl des Lagerraumes muss er unverzüglich vorbringen. ³Macht er von dem Besichtigungsrecht keinen Gebrauch, so begibt er sich aller Einwände gegen die Art und Weise der Unterbringung, soweit die Wahl des Lagerraumes und die Unterbringung unter Wahrung der Sorgfalt eines ordentlichen Spediteurs erfolgt ist.

(3) Das Betreten des Lagers ist dem Auftraggeber nur in Begleitung des Spediteurs zu dessen Geschäftsstunden erlaubt.

(4) ¹Nimmt der Auftraggeber Handlungen mit dem Gut vor (z. B. Probeentnahme), so kann der Spediteur verlangen, dass Anzahl, Gewicht und Beschaffenheit des Gutes gemeinsam mit dem Auftraggeber festgestellt werden. ²Kommt der Auftraggeber diesem Verlangen nicht nach, ist die Haftung des Spediteurs für später festgestellte Schäden ausgeschlossen, es sei denn, der Schaden ist nicht auf die vorgenommenen Handlungen mit dem Gut zurückzuführen.

(5) Der Auftraggeber haftet für alle Schäden, die er, seine Angestellten oder Beauftragten beim Betreten des Lagers oder beim Betreten oder Befahren des Lagergrundstückes dem Spediteur, anderen Einlagerern oder sonstigen Dritten zufügen, es sei denn, dass den Auftraggeber, seine Angestellten oder Beauftragten kein Verschulden trifft.

(6) Bei Inventurdifferenzen kann der Spediteur bei gleichzeitigen Fehl- und Mehrbeständen desselben Auftraggebers eine wertmäßige Saldierung des Lagerbestandes vornehmen.

(7) ¹Entstehen dem Spediteur begründete Zweifel, ob seine Ansprüche durch den Wert des Gutes sichergestellt sind, so ist er berechtigt, dem Auftraggeber eine angemessene Frist zu setzen, in der dieser entweder für Sicherstellung der Ansprüche des Spediteurs oder für anderweitige Unterbringung des Gutes Sorge tragen kann. ²Kommt der Auftraggeber diesem Verlangen nicht nach, so ist der Spediteur zur Kündigung ohne Kündigungsfrist berechtigt.

§ 25. Auskunfts- und Herausgabepflicht des Spediteurs. (1) Der Spediteur ist verpflichtet, dem Auftraggeber die erforderlichen Nachrichten zu geben, auf Verlangen über den Stand des Geschäftes Auskunft zu geben und nach dessen Ausführung Rechenschaft abzulegen; zur Offenlegung der Kosten ist er jedoch nur verpflichtet, wenn er für Rechnung des Auftraggebers tätig wird.

(2) Der Spediteur ist verpflichtet, dem Auftraggeber alles, was er zur Ausführung des Geschäfts erhält und was er aus der Geschäftsführung erlangt, herauszugeben.

§ 26. Aufwendungen des Spediteurs, Freistellungsanspruch. (1) Der Spediteur hat Anspruch auf Ersatz der Aufwendungen, die er den Umständen nach für erforderlich halten durfte.

Vertragsbedingungen (VBGL) **Anh. 10**

(2) Der Auftrag, ankommendes Gut in Empfang zu nehmen, ermächtigt den Spediteur, verpflichtet ihn aber nicht, auf dem Gut ruhende Frachten, Wertnachnahmen, Zölle, Steuern und sonstige Abgaben sowie Spesen auszulegen.

(3) [1] Von Frachtforderungen, Havarieeinschüssen oder -beiträgen, Zöllen, Steuern und sonstigen Abgaben, die an den Spediteur insbesondere als Verfügungsberechtigten oder als Besitzer fremden Gutes gestellt werden, hat der Auftraggeber den Spediteur auf Aufforderung sofort zu befreien, wenn sie der Spediteur nicht zu vertreten hat. [2] Der Spediteur ist berechtigt, nach pflichtgemäßem Ermessen die zu seiner Sicherung oder Befreiung geeigneten Maßnahmen zu ergreifen. [3] Sofern nicht die Notwendigkeit sofortigen Handelns geboten ist, hat der Spediteur Weisung einzuholen.

(4) Der Auftraggeber hat den Unternehmer in geschäftsüblicher Weise rechtzeitig auf alle öffentlich-rechtlichen, z.B. zollrechtlichen oder Dritten gegenüber bestehenden, z.B. markenrechtlichen Verpflichtungen aufmerksam zu machen, die mit dem Besitz des Gutes verbunden sind, soweit nicht aufgrund des Angebots des Unternehmers davon auszugehen ist, dass diese Verpflichtungen ihm bekannt sind.

III. Haftung

§ 27. Haftung aus Frachtverträgen. (1) [1] Der Frachtführer haftet für den Schaden, der durch Verlust oder Beschädigung des Gutes in der Zeit von der Übernahme zur Beförderung bis zur Ablieferung entsteht. [2] Die Entschädigung ist auf einen Betrag von 8,33 Sonderziehungsrechten für jedes Kilogramm des Rohgewichts begrenzt. [3] Dies gilt bei Vorliegen eines durchgängigen Frachtvertrages auch für den Schaden, der während einer transportbedingten Zwischenlagerung entsteht.

(2) [1] Wird der Frachtführer vom Ersatzberechtigten als ausführender Frachtführer in Anspruch genommen, so haftet er nach Maßgabe von § 437 HGB. [2] Eine weitergehende Haftung, gleich aus welchem Rechtsgrund, ist ausgeschlossen.

§ 28. Grundsätze der Haftung aus Speditionsverträgen. (1) [1] Der Spediteur haftet bei all seinen Tätigkeiten nach den gesetzlichen Vorschriften. [2] Es gelten jedoch die folgenden Regelungen, soweit zwingende oder AGB-feste Rechtsvorschriften nichts anderes bestimmen.

(2) Soweit der Spediteur nur den Abschluss der zur Erbringung der vertraglichen Leistungen erforderlichen Verträge schuldet, haftet er nur für die sorgfältige Auswahl der von ihm beauftragten Dritten.

(3) In allen Fällen, in denen der Spediteur für Verlust oder Beschädigung des Gutes zu haften hat, hat er Wert- und Kostenersatz entsprechend §§ 429, 430 HGB zu leisten.

(4) [1] Soweit die §§ 425ff und 461 Abs. 1 HGB nicht gelten, haftet der Spediteur für Schäden, die entstanden sind aus

1. ungenügender Verpackung oder Kennzeichnung des Gutes durch den Auftraggeber oder Dritte,
2. vereinbarter oder der Übung entsprechender Aufbewahrung im Freien,
3. schwerem Diebstahl oder Raub (§§ 243, 244, 249 StGB),
4. höherer Gewalt, Witterungseinflüssen, Schadhaftwerden von Geräten oder Leitungen, Einwirkung anderer Güter, Beschädigung durch Tiere, natürlicher Veränderung des Gutes,

nur insoweit, als ihm eine schuldhafte Verursachung des Schadens nachgewiesen wird. [2] Konnte ein Schaden aus einem der vorstehend aufgeführten Umstände entstehen, so wird vermutet, dass er aus diesem entstanden ist.

(5) Hat der Spediteur aus einem Schadenfall Ansprüche gegen einen Dritten, für den er nicht haftet, so hat er diese Ansprüche dem Auftraggeber auf dessen Verlangen abzutreten, es sei denn, dass der Spediteur aufgrund besonderer Abmachung die Verfolgung der Ansprüche für Rechnung und Gefahr des Auftraggebers übernimmt.

§ 28a. Haftung des Auftraggebers. Die Haftung des Auftraggebers im Rahmen des § 414 HGB darf eine Haftungssumme von € 1 Mio. nicht unterschreiten.

§ 29. Beschränkung der Haftung aus Speditionsverträgen. (1) ¹Die Haftung des Spediteurs bei Verlust oder Beschädigung des Gutes (Güterschaden) ist mit Ausnahme der verfügten Lagerung der Höhe nach begrenzt

1. bei einem Speditionsvertrag nach diesen Bedingungen, der die Beförderung mit Kraftfahrzeugen einschließt, durchgängig auf 8,33 SZR für jedes Kilogramm;
2. bei einem Vertrag über eine Beförderung mit verschiedenartigen Beförderungsmitteln unter Einschluss einer Seebeförderung, abweichend von Nr. 1 auf 2 SZR für jedes Kilogramm;

in jedem Schadenfall höchstens auf einen Betrag von € 1 Mio. ²Ungeachtet des vorstehenden Absatzes 1 Nr. 2 haftet der Spediteur bei einer Beförderung mit verschiedenartigen Beförderungsmitteln unter Einschluss einer Seebeförderung nicht, wenn der Schaden durch ein Verhalten bei der Führung oder sonstigen Bedienung des Schiffes oder durch Feuer oder Explosionen an Bord des Schiffes entstanden ist, und die Maßnahme nicht überwiegend im Interesse der Ladung getroffen wurde (§ 512 Abs. 2 Nr. 1 HGB).

(2) Sind nur einzelne Packstücke oder Teile der Sendung verloren oder beschädigt worden, berechnet sich die Haftungshöchstsumme nach dem Rohgewicht

– der gesamten Sendung, wenn die gesamte Sendung entwertet ist,
– des entwerteten Teils der Sendung, wenn nur ein Teil der Sendung entwertet ist.

(3) ¹Die Haftung des Spediteurs für Verspätungsschäden ist der Höhe nach begrenzt auf den dreifachen Betrag des Spediteurentgeltes je Schadenfall. ²§ 431 Abs. 3 HGB bleibt unberührt. ³Für andere als Güterschäden mit Ausnahme von Personenschäden und Sachschäden an Drittgut haftet der Spediteur der Höhe nach begrenzt auf das Dreifache des Betrages, der bei Verlust des Gutes zu zahlen wäre, höchstens auf einen Betrag von € 100.000 je Schadenfall.

(4) Die Haftung des Spediteurs ist, unabhängig davon, wie viele Ansprüche aus einem Schadenereignis erhoben werden, begrenzt auf € 2,5 Mio. je Schadenereignis oder 2 SZR für jedes Kilogramm der verlorenen und beschädigten Güter, je nachdem, welcher Betrag höher ist; bei mehreren Geschädigten haftet der Spediteur anteilig im Verhältnis ihrer Ansprüche.

§ 30. Haftung bei verfügter Lagerung. (1) Die Haftung des Spediteurs bei Verlust oder Beschädigung des Gutes (Güterschaden) ist bei einer verfügten Lagerung begrenzt

1. bei Güterschäden auf € 5 je kg Rohgewicht der Sendung, höchstens € 100.000 je Schadensfall,
2. bei Schäden eines Auftraggebers in einer Differenz zwischen Soll- und Ist-Bestand des Lagerbestandes (§ 24 Abs. 6) auf € 25.000, unabhängig von der Zahl der für die Inventurdifferenz ursächlichen Schadensfälle.

(2) Die Haftung des Spediteurs für andere als Güterschäden mit Ausnahme von Personenschäden und Sachschäden an Drittgut ist bei einer verfügten Lagerung begrenzt auf € 25.000 je Schadenfall.

(3) Die Haftung des Spediteurs ist, unabhängig davon, wie viele Ansprüche aus einem Schadenereignis erhoben werden, auf € 1 Mio. je Schadenereignis begrenzt; bei mehreren Geschädigten haftet der Spediteur anteilig im Verhältnis ihrer Ansprüche.

§ 31. Haftung bei logistischen Dienstleistungen. (1) Für logistische Dienstleistungen, die mit der Beförderung oder Lagerung von Gütern im Zusammenhang stehen, aber nicht speditionsüblich sind (z.B. Aufbügeln von Konfektion, Montage von Teilen, Veränderungen des Gutes), gelten die gesetzlichen Bestimmungen des BGB mit der Maßgabe, dass Schadenersatzansprüche nur geltend gemacht werden können, wenn der Schadensfall vom Auftragnehmer oder seinen Leuten mindestens fahrlässig herbeigeführt worden ist.

(2) Der Auftragnehmer haftet für Güterschäden bis zu einer Höhe von € 1 Mio. je Schadensfall.

(3) Für sonstige Schäden haftet der Auftragnehmer mit einem Betrag von € 20.000 je Schadenfall. Bei mehr als vier Schadenfällen, die die gleiche Ursache (z.B. Montagefehler) haben oder die Herstellung/Lieferung von Gütern betreffen, die mit dem gleichen Mangel behaftet sind (Serienschaden), auf € 100.000, unabhängig von der Zahl der Schadenfälle.

Vertragsbedingungen (VBGL) **Anh. 10**

(4) ¹Die vorstehenden Haftungsbefreiungen und Haftungsbeschränkungen gelten auch für außervertragliche Ansprüche gegen den Auftragnehmer. ²Sie gelten nicht für Personenschäden.

§ 32. Qualifiziertes Verschulden. Die vorstehenden Haftungsbefreiungen und -begrenzungen gelten nicht, wenn der Schaden verursacht worden ist
1. durch Vorsatz oder grobe Fahrlässigkeit des Frachtführers oder Spediteurs oder seiner leitenden Angestellten oder durch Verletzung vertragswesentlicher Pflichten, wobei Ersatzansprüche in letzterem Fall begrenzt sind auf den vorhersehbaren, typischen Schaden;
2. in den Fällen der §§ 425ff, 461 Abs. 1 HGB durch den Frachtführer oder Spediteur oder die in §§ 428, 462 HGB genannten Personen vorsätzlich oder leichtfertig und in dem Bewusstsein, dass ein Schaden mit Wahrscheinlichkeit eintreten werde.

§ 32a. Gesetzliche Haftung. Durch die VBGL wird weder die Haftung des Spediteurs noch die Zurechnung des Verschuldens von Leuten oder sonstigen Dritten abweichend von gesetzlichen Vorschriften wie Art. 25 MÜ, Art. 36 CIM, Art. 20 CMNI oder § 507 HGB zugunsten des Auftraggebers erweitert.

IV. Versicherung

§ 33. Haftpflichtversicherung. Der Frachtführer und der Spediteur im Sinne von § 1 haben sich gegen alle Schäden, für die sie nach diesen Bedingungen und nach dem 4. Abschnitt des Handelsgesetzbuches im Rahmen der Regelhaftungssummen haften, in marktüblichem Umfang zu versichern.

§ 34. Versicherungsbesorgung. (1) ¹Der Spediteur besorgt die Versicherung des Gutes gemäß §§ 454 Abs. 2 und 472 Abs. 1 HGB bei einem Versicherer seiner Wahl nur aufgrund einer schriftlichen oder in Textform gefassten Vereinbarung. ²Der Spediteur hat nach pflichtgemäßem Ermessen über Art und Umfang der Versicherung zu entscheiden und sie zu marktüblichen Bedingungen abzuschließen, es sei denn, der Auftraggeber erteilt schriftliche oder in Textform gehaltene Weisungen über Art und Umfang unter Angabe der Versicherungssumme und der zu deckenden Gefahren.

(2) Kann der Spediteur den verlangten Versicherungsschutz nicht eindecken, so hat er dies dem Auftraggeber unverzüglich mitzuteilen.

V. Sonstige Bestimmungen

[Unternehmer]

Die nachfolgenden Bestimmungen gelten für den Fracht-, Speditions- und Logistikunternehmer (im Folgenden Unternehmer).

§ 35. Nachnahme. (1) Die Vereinbarung einer Nachnahme ist eine gesonderte Dienstleistung, die bei Auftragserteilung oder bei Abruf des Fahrzeuges schriftlich zu treffen oder im Frachtbrief oder einem anderen Begleitpapier zu vermerken ist.

(2) ¹Der Nachnahmebetrag ist beim Empfänger in bar einzuziehen. ²Ist diese Zahlungsweise durch den Empfänger nicht möglich, holt der Unternehmer beim Verfügungsberechtigten eine schriftliche Weisung ein. ³Bis zum Eingang der schriftlichen Weisung wird das Gut dem Empfänger nicht ausgeliefert. ⁴Für die Wartezeit bis zum Eintreffen der Weisung hat der Unternehmer einen Vergütungsanspruch. ⁵Im Übrigen findet § 419 Abs. 3 HGB Anwendung.

§ 36. Pfand- und Zurückbehaltungsrecht. (1) ¹Der Unternehmer hat wegen aller fälligen und nicht fälligen Forderungen, die ihm aus den Tätigkeiten nach diesen Bedingungen an den Auftraggeber zustehen, ein Pfandrecht und ein Zurückbehaltungsrecht an den in seiner Verfügungsgewalt befindlichen Gütern oder sonstigen Werten. ²Das Pfand- und Zurückbehaltungsrecht geht nicht über das gesetzliche Pfand- und Zurückbehaltungsrecht hinaus.

(2) ¹Der Unternehmer darf ein Pfandrecht wegen Forderungen aus anderen mit dem Auftraggeber abgeschlossenen Verträgen nach diesen Bedingungen nur ausüben, soweit sie unbestritten sind. ²Das Zurückbehaltungsrecht kann auch ausgeübt werden, wenn die Vermögenslage des Schuldners die Forderung des Unternehmers gefährdet.

(3) An die Stelle der in § 1234 BGB bestimmten Frist von einem Monat tritt in allen Fällen eine solche von zwei Wochen.

(4) Ist der Auftraggeber im Verzug, so kann der Unternehmer nach erfolgter Verkaufsandrohung von den in seinem Besitz befindlichen Gütern und Werten eine solche Menge, wie nach seinem pflichtgemäßen Ermessen zur Befriedigung erforderlich ist, freihändig verkaufen.

(5) Für den Pfand- oder Selbsthilfeverkauf kann der Unternehmer in allen Fällen eine Verkaufsprovision vom Nettoerlös in Höhe von ortsüblichen Sätzen berechnen.

§ 37. Verpackung, Verwiegung und Untersuchung des Gutes als Sonderleistungen. (1) Der dem Spediteur erteilte Auftrag umfasst mangels Vereinbarung nicht
1. die Verpackung des Gutes,
2. die Verwiegung, Untersuchung, Maßnahmen zur Erhaltung oder Besserung des Gutes und seiner Verpackung, es sei denn, dies ist geschäftsüblich. Die Bestimmung in § 3 Abs. 4 für das Frachtgeschäft bleibt unberührt.

(2) Die Tätigkeiten nach Absatz 1 sind gesondert zu vergüten.

§ 38. Paletten, Ladehilfs- und Packmittel. (1) Die Verpflichtung des Unternehmers aus einem Vertrag nach diesen Bedingungen umfasst keine Gestellung von Ladehilfsmitteln und Packmitteln, insbesondere keine Gestellung von Paletten.

(2) ¹Soll Palettentausch erfolgen, so ist diese Vereinbarung bei Vertragsschluss oder bei Abruf des Fahrzeuges schriftlich zu treffen oder im Frachtbrief oder in einem anderen Begleitpapier zu vermerken oder in einem gesonderten Palettenbegleitschein festzuhalten. ²Der Palettentausch ist eine gesonderte Dienstleistung des Unternehmers, die mit seinem Entgelt nicht abgegolten und besonders zu vergüten ist. ³Dies gilt auch für Zug-um-Zug-Palettentauschregelungen nach Abs. 3.

(3) ¹Der Vertrag über die Beförderung von palettiertem Gut ist mit der Auslieferung beim Empfänger erfüllt. ²Die Rückführung leerer Paletten erfolgt nur, wenn darüber ein gesonderter Beförderungsvertrag abgeschlossen wird. ³Die Sätze 1 und 2 gelten nicht für Zug-um-Zug-Palettentauschregelungen.

(4) Für andere Ladehilfsmittel gelten die Absätze 2 und 3 entsprechend.

§ 39. Verzug, Aufrechnung. (1) ¹Zahlungsverzug tritt ein, ohne dass es einer Mahnung oder sonstigen Voraussetzung bedarf, spätestens 10 Tage nach Zugang der Rechnung oder einer gleichwertigen Zahlungsaufstellung, sofern der Verzug nicht nach Gesetz vorher eingetreten ist. ²Für die Verzugszinsen gilt § 288 BGB.

(2) ¹Ansprüche auf Standgeld, auf weitere Vergütungen und auf Ersatz sonstiger Aufwendungen, die bei der Durchführung eines Vertrages nach diesen Bedingungen entstanden sind, werden vom Unternehmer schriftlich geltend gemacht. ²Für den Verzug dieser Ansprüche gilt Absatz 1 entsprechend.

(3) Mit Ansprüchen aus einem Vertrag nach diesen Bedingungen und damit zusammenhängenden Forderungen aus unerlaubter Handlung und aus ungerechtfertigter Bereicherung darf nur gegen fällige, dem Grunde und der Höhe nach unbestrittene oder rechtskräftig festgestellte Forderungen aufgerechnet werden.

§ 40. Erfüllungsort. ¹Erfüllungsort ist der Sitz des Unternehmers. ²Hat der Unternehmer mehrere Niederlassungen, so ist Erfüllungsort diejenige Niederlassung, an die der Auftrag gerichtet ist.

Vertragsbedingungen (VBGL) **Anh. 10**

§ 41. Gerichtsstand. ¹Gerichtsstand für alle Ansprüche aus einem Vertrag nach diesen Bedingungen ist der Sitz des Unternehmers, soweit der Anspruchsteller und der Anspruchsgegner Kaufmann ist. ²Hat der Unternehmer mehrere Niederlassungen, so ist Gerichtsstand der Ort derjenigen Niederlassung, an die der Auftrag gerichtet ist.

§ 42. Anwendbares Recht. Für alle Verträge nach diesen Bedingungen gilt das Recht der Bundesrepublik Deutschland.

§ 43. Salvatorische Klausel. ¹Bei Unwirksamkeit einzelner Vertragsbestandteile bleibt der Vertrag im Übrigen bestehen. ²Die Vertragsparteien sind in diesem Falle verpflichtet, bezüglich der unwirksamen Teile Regelungen zu treffen, die dem wirtschaftlich gewollten Ergebnis am nächsten kommen.

11. Allgemeine Verwaltungsvorschrift zum Güterkraftverkehrsrecht (GüKVwV)

Vom 9. November 2012
(BAnz AT 16. 11. 2012 B1)

Nach Artikel 84 Absatz 2 des Grundgesetzes erlässt die Bundesregierung folgende allgemeine Verwaltungsvorschrift:

Geltungsbereich

1. Diese Verwaltungsvorschrift gilt für Verwaltungsverfahren auf der Grundlage des Güterkraftverkehrsgesetzes (GüKG), der Verordnung (EG) Nr. 1072/2009 des Europäischen Parlaments und des Rates vom 21. Oktober 2009 über gemeinsame Regeln für den Zugang zum Markt des grenzüberschreitenden Güterkraftverkehrs (ABl. L 300 vom 14. 11. 2009, S. 72) sowie der Verordnung (EG) Nr. 1071/2009 des Europäischen Parlaments und des Rates vom 21. Oktober 2009 zur Festlegung gemeinsamer Regeln für die Zulassung zum Beruf des Kraftverkehrsunternehmers und zur Aufhebung der Richtlinie 96/26/EG des Rates (ABl. L 300 vom 14. 11. 2009, S. 51).

Erlaubnis- und Lizenzerteilungsverfahren

2. Unbeschadet gesellschafts- und gewerberechtlicher Vorschriften über den Sitz eines Unternehmens bestimmt sich die örtliche Zuständigkeit der Behörde im Sinne des § 3 Absatz 7 GüKG nach dem Ort der Niederlassung im güterkraftverkehrsrechtlichen Sinn. Der Ort der Niederlassung ist der Ort, an dem das Unternehmen die Voraussetzungen des Artikels 5 Buchstabe a der Verordnung (EG) Nr. 1071/2009 erfüllt. Für ein Unternehmen kann es im Inland nur eine örtlich zuständige Behörde geben.
3. Der Antrag auf Erteilung einer Erlaubnis oder Lizenz hat der Anlage 1 inhaltlich zu entsprechen.
4. Einem Unternehmer im Sinne von Randnummer 8 darf die Erlaubnis oder Lizenz grundsätzlich erst erteilt werden, wenn die Eintragung in das Handelsregister oder das Genossenschaftsregister nachgewiesen ist.

Anhörungsverfahren

5. Im Rahmen der Durchführung der Anhörung nach § 3 Absatz 5a GüKG im Verfahren auf Erteilung einer Erlaubnis oder Lizenz
   a) nutzen die Behörde und das Bundesamt für Güterverkehr automatisierte Verfahren über Telekommunikationsnetze, insbesondere die Netze von Bund und Ländern sowie ihren Verbund untereinander, für die Übermittlung der für die Aufgabenerfüllung jeweils erforderlichen Informationen;
   b) übermittelt die Behörde den beteiligten Verbänden des Verkehrsgewerbes, der fachlich zuständigen Gewerkschaft und der zuständigen Industrie- und Handelskammer folgende Angaben:
      aa) Name und Rechtsform des Unternehmens,
      bb) Anschrift des Ortes der Niederlassung,
      cc) bezüglich des Antrag stellenden Unternehmers (bei einer Gesellschaft bezüglich der vertretungsberechtigten Organe wie die Gesellschafter und die Geschäftsführer, bei einer Genossenschaft bezüglich des Vorstandes, bei einer Erbengemeinschaft bezüglich der Miterben, bei einem Minderjährigen bezüglich der gesetzlichen Vertreter) und bezüglich der Verkehrsleiter jeweils Vor- und Familienname und Stellung im Unternehmen sowie Geburtsdatum und gegebenenfalls Geburtsnamen sowie
      dd) Anzahl der beantragten Ausfertigungen oder beglaubigten Kopien.

11. Verwaltungsvorschrift GüKV **Anh. 11**

Die Datenübermittlung nach Buchstabe a richtet sich nach den Bestimmungen der Randnummern 39 bis 41.

Die Angaben nach Buchstabe b können in schriftlicher Form, als Durchschrift des Antrags nach Randnummer 3 oder per E-Mail oder Telefax übermittelt werden.

6. Sofern vor der Entscheidung über die Erteilung zusätzlicher Ausfertigungen der Erlaubnis oder zusätzlicher beglaubigter Kopien der Lizenz eine Anhörung nach § 3 Absatz 5a GüKG durchgeführt wird, teilt die Behörde den in Randnummer 5 Buchstabe b genannten Stellen den Namen, die Rechtsform des Unternehmens und die Anschrift des Niederlassungsortes sowie die Anzahl der beantragten Ausfertigungen oder Kopien mit.

7. Bei der Erteilung einer Erlaubnis oder Lizenz soll die Frist zur Stellungnahme in der Regel zwei Wochen nicht überschreiten.

Unternehmer

8. Unternehmer im Sinne des GüKG sind natürliche und juristische Personen sowie rechtsfähige Personenhandels- und Personengesellschaften, die ein Güterkraftverkehrsgewerbe betreiben, insbesondere

    a) eine einzelne natürliche Person,
    b) jeder Miterbe,
    c) eine Gesellschaft bürgerlichen Rechts,
    d) eine offene Handelsgesellschaft,
    e) eine Kommanditgesellschaft oder
    f) eine Kapitalgesellschaft.

    In den Fällen der Buchstaben b und c ist die Erlaubnis oder Lizenz mit den Namen aller Miterben oder Gesellschafter und dem Zusatz „in Erbengemeinschaft" oder „Gesellschaft bürgerlichen Rechts" zu erteilen.

9. Nach dem Recht eines Mitgliedstaates der Europäischen Union bestehende natürliche und juristische Personen sowie rechtsfähige Personenhandels- und Personengesellschaften sind Unternehmer, wenn eine Niederlassung in das Handelsregister oder das Genossenschaftsregister eingetragen ist.

Verkehrsleiter

10. Die tatsächliche und dauerhafte Leitung der Verkehrstätigkeiten des Unternehmens liegt beim Verkehrsleiter. Die Anforderungen an die tatsächliche und dauerhafte Leitung sind immer in Bezug auf die konkrete Unternehmensstruktur zu prüfen. Anhaltspunkte können sein:

    a) Weisungsbefugnis (gegebenenfalls Nachweis von Vollmachten),
    b) eine dem Grad der Verantwortung entsprechende Vergütung,
    c) ausreichende Anwesenheit am Niederlassungsort während der Geschäftszeiten,
    d) Verantwortlichkeit für Verkehrstätigkeiten des Unternehmens.

    Die Aufgaben des Verkehrsleiters müssen aus dem der Tätigkeit zugrunde liegenden Beschäftigungsverhältnis hervorgehen. Dies ist insbesondere der Fall, wenn die Aufgaben in dem der Tätigkeit zugrunde liegenden Vertrag geregelt sind.

11. Verkehrsleiter nach Artikel 4 Absatz 1 der Verordnung (EG) Nr. 1071/2009 – interner Verkehrsleiter – ist entweder der Unternehmer selbst oder eine natürliche Person, die maßgeblich arbeitsvertraglich oder gesellschaftsrechtlich an das Unternehmen gebunden ist.

12. Neben der Benennung eines internen Verkehrsleiters kommt immer auch die Benennung eines Verkehrsleiters nach Artikel 4 Absatz 2 der Verordnung (EG) Nr. 1071/2009 – externer Verkehrsleiter – in Betracht. Externer Verkehrsleiter kann nur eine natürliche Person sein.

    Bei der Prüfung der Zulässigkeit eines externen Verkehrsleiters sind als Maßstäbe insbesondere anzuwenden:

    a) Vorliegen eines Geschäftsbesorgungsvertrages, der den Mindestinhalt nach Artikel 4 Absatz 2 Buchstabe b der Verordnung (EG) Nr. 1071/2009 enthält;

b) etwaige andere Tätigkeiten, die gegen eine tatsächliche und dauerhafte Leitung sprechen (siehe Randnummer 10).

13. Die zahlenmäßige Beschränkung nach Artikel 4 Absatz 2 Buchstabe c der Verordnung (EG) Nr. 1071/2009 gilt auch bei einem Verkehrsleiter, der externer Verkehrsleiter und zugleich fest angestellter (interner) Verkehrsleiter in einem anderen Unternehmen ist. Diese Grundsätze gelten ferner für Verkehrsleiter in verbundenen Unternehmen (Konzern mit mehreren Unternehmen).

14. Ist ein Verkehrsleiter bei mehreren Unternehmen tätig, die im Zuständigkeitsbereich verschiedener Behörden niedergelassen sind, stimmt sich die Behörde, die einen Antrag auf Erteilung einer Erlaubnis oder Lizenz oder auf Erteilung weiterer Ausfertigungen oder beglaubigter Kopien bearbeitet, mit diesen Behörden ab, wenn dies für die Antragsprüfung erforderlich ist.

15. Die Anforderungen an den ständigen Aufenthalt des Verkehrsleiters gelten als erfüllt, wenn die Anforderungen des gewöhnlichen Aufenthalts erfüllt sind (Artikel 8 Absatz 2 der Verordnung (EG) Nr. 1071/2009). Bei Drittstaatsangehörigen ist seitens der Behörde vom Antragsteller ein Nachweis der Aufenthaltsberechtigung des Verkehrsleiters zu verlangen.

Fachliche Eignung

16. Die fachliche Eignung ist nachzuweisen:

    a) bei natürlichen Personen für den Antragsteller,

    b) für einen der vertretungsberechtigten Gesellschafter, wenn eine Gesellschaft den Antrag stellt,

    c) für einen gesetzlichen Vertreter, wenn der Antragsteller eine juristische Person ist oder – bei natürlichen Personen – wenn er geschäftsunfähig oder in der Geschäftsfähigkeit beschränkt ist.

    Wird in einem Unternehmen ein Verkehrsleiter benannt, genügt der Nachweis der fachlichen Eignung für diese Person. Der Nachweis wird durch eine Bescheinigung nach dem Muster des Anhanges III der Verordnung (EG) Nr. 1071/2009 erbracht.

Finanzielle Leistungsfähigkeit, Erteilung weiterer Ausfertigungen/beglaubigter Kopien

17. Die Höhe der nachzuweisenden finanziellen Leistungsfähigkeit wird durch die Zahl der für den Einsatz im gewerblichen Güterkraftverkehr eingesetzten Kraftfahrzeuge bestimmt. Der Nachweis der finanziellen Leistungsfähigkeit gilt insbesondere dann als geführt, wenn der Unternehmer eine Bescheinigung gemäß der Anlage 2 sowie, falls für die Nachweisführung erforderlich, zusätzlich der Anlage 3 vorlegt, aus der sich ergibt, dass der Unternehmer über das notwendige Eigenkapital verfügt. Andere geeignete Nachweise sind nicht ausgeschlossen.

18. Beantragt der Unternehmer nach Erteilung der Erlaubnis oder Lizenz zusätzliche Ausfertigungen oder zusätzliche beglaubigte Kopien und verändert sich der Bestand an Kraftfahrzeugen des Unternehmers erheblich, ist die finanzielle Leistungsfähigkeit grundsätzlich zu überprüfen. Eine erhebliche Veränderung ist in der Regel bei einer Erhöhung des Bestandes entweder um über 50 Prozent oder um mehr als fünf Kraftfahrzeuge seit der letzten Überprüfung der finanziellen Leistungsfähigkeit gegeben.

Insolvenzverfahren

19. Soweit die Voraussetzungen des § 12 der Gewerbeordnung bei einem Unternehmer vorliegen, steht diese Regelung einer Rücknahme oder einem Widerruf der Erlaubnis oder Lizenz – einschließlich der Ausfertigungen und Kopien – wegen fehlender finanzieller Leistungsfähigkeit entgegen. Auch die Folgeerteilung einer Erlaubnis oder Lizenz kann in diesen Fällen nicht wegen fehlender finanzieller Leistungsfähigkeit versagt werden. Für die Erteilung zusätzlicher Ausfertigungen oder Kopien ist demgegenüber der Nachweis der finanziellen Leistungsfähigkeit notwendig.

11. Verwaltungsvorschrift GüKV   Anh. 11

Unterrichtungspflichten

20. Im Falle einer Ersterteilung wird die zuständige Berufsgenossenschaft über den Ausgang des Erteilungsverfahrens bezüglich einer Unternehmensgründung unterrichtet, um eine sich hieraus gegebenenfalls resultierende Beitragspflicht dieses Unternehmens zur gesetzlichen Unfallversicherung prüfen zu können. Die Übermittlung nach Satz 1 an das beim Bundesamt für Güterverkehr geführte Unternehmensregister erfolgt nach Maßgabe der Randnummern 39 und 41.

21. Wurde ein Antrag auf Erteilung einer Erlaubnis oder Lizenz wegen Unzuverlässigkeit abgelehnt und ist die Ablehnung unanfechtbar geworden, so benachrichtigt die Behörde das Bundesamt für Justiz – Registerbehörde – (§ 149 Absatz 2 Satz 1 Nummer 1 Buchstabe a, § 153a Absatz 1 Satz 1 der Gewerbeordnung) nach den Vorschriften der 2. Allgemeinen Verwaltungsvorschrift zur Durchführung des Titels XI – Gewerbezentralregister – der Gewerbeordnung (2. GZRVwV – Ausfüllanleitung).

Urkundenberichtigung und Sitzverlegung

22. Ändert sich nach Erteilung der Erlaubnis oder Lizenz die Rechtsform des Unternehmens im Sinne der Randnummer 8 oder der Gesellschafterbestand einer Personengesellschaft, erfolgt ein neues Erteilungsverfahren.

23. Ändert sich nach Erteilung der Erlaubnis oder Lizenz der Name des Einzelkaufmanns, der juristischen Person oder der Personengesellschaft oder die Anschrift der Niederlassung (Randnummer 2), so ist die Erlaubnis oder Lizenz sowie deren Ausfertigungen oder beglaubigten Kopien unverzüglich zu berichtigen. Das Datum der Erteilung und das Datum zur Gültigkeit bleiben bei der Berichtigung der Urkunde unverändert.

24. Wird der Niederlassungsort (Randnummer 2) eines Unternehmens in den Zuständigkeitsbereich einer anderen Behörde verlegt, übersendet die bisher zuständige Behörde die über den Unternehmer geführten Akten der Behörde des neuen Ortes der Niederlassung. Automatisierte Dateien sind von der bisher zuständigen Behörde unter Beachtung von § 9 des Bundesdatenschutzgesetzes zu übermitteln. Wird hiervon abgesehen, sind die automatisierten Dateien auszudrucken und der Akte beizufügen. Die Dateien nach Satz 3 sind von der aktenübersendenden Behörde nach der Aktenübersendung unverzüglich zu löschen. Die Behörde des neuen Ortes der Niederlassung stellt Zug um Zug gegen Rückgabe der bisherigen Urkunden (Original und Ausfertigungen sowie beglaubigte Kopien) neue Urkunden aus. Die bisherigen Urkunden sind von der Behörde des neuen Ortes der Niederlassung ungültig zu machen und auf Antrag dem Unternehmer zurückzugeben.

25. Die zuständige Behörde des neuen Niederlassungsortes hat die Verlegung der Niederlassung, die Ausstellung neuer Urkunden sowie die Angaben über die für ungültig erklärten Urkunden dem Bundesamt für Güterverkehr gemäß Randnummern 39 und 41 anzuzeigen.

Verlust einer Urkunde (Erlaubnis, Lizenz, Ausfertigung oder beglaubigte Kopie)

26. Dem Unternehmer ist eine Ersatzurkunde zu erteilen, wenn der Verlust glaubhaft gemacht wird. Sie ist als Ersatzurkunde zu bezeichnen. In ihr ist die verlorene Urkunde für ungültig zu erklären. Der Unternehmer ist zu verpflichten, die ungültige Urkunde unverzüglich nach deren Wiederauffinden der Behörde zurückzugeben.

Nachweis des Erbrechts

27. Bei Anträgen nach § 8 Absatz 2 GüKG fordert die Behörde von den Erben die Vorlage eines Erbscheins. Beruht die Erbfolge auf einer Verfügung von Todes wegen, die in einer öffentlichen Urkunde enthalten ist, so genügt es, wenn von den Erben an Stelle des Erbscheins die Verfügung und die Niederschrift über die Eröffnung der Verfügung vorgelegt werden. Erachtet die Behörde die Erbfolge durch diese Urkunde nicht für nachgewiesen, ist nach Satz 1 zu verfahren.

Verfahren der Rücknahme oder des Widerrufs

28. Bei der Anhörung der in § 3 Absatz 5a GüKG genannten Stellen ist den in Randnummer 5 Buchstabe b genannten Stellen und dem Bundesamt für Güterverkehr der Name, die Rechtsform und die Anschrift des Unternehmens (Ort der Niederlassung) zu übermitteln. Soweit vor der Entscheidung über die Rücknahme oder den Widerruf von Ausfertigungen oder von beglaubigten Kopien eine Anhörung nach § 3 Absatz 5a GüKG durchgeführt wird, teilt die Behörde den in Randnummer 5 Buchstabe b genannten Stellen zusätzlich die Anzahl der Ausfertigungen oder beglaubigten Kopien mit, die zurückgenommen oder widerrufen werden sollen. Die Frist zur Stellungnahme soll in der Regel zwei Wochen betragen. Randnummer 5 gilt entsprechend.
29. Wurde die Erlaubnis oder Lizenz wegen Unzuverlässigkeit unanfechtbar oder sofort vollziehbar zurückgenommen oder widerrufen, so teilt die Behörde dies dem Bundesamt für Justiz – Registerbehörde – (§§ 149 ff. Gewerbeordnung) nach den Vorschriften der jeweils geltenden Ausfüllanleitung mit. Eine Mitteilung an das Bundesamt für Justiz – Registerbehörde – ist außerdem in den Fällen des § 149 Absatz 2 Nummer 2, des § 151 Absatz 2 und des § 152 Absatz 1 und Absatz 3 der Gewerbeordnung zu machen.
30. Die Genehmigungen sind nach Unanfechtbarkeit des Rücknahme- oder Widerrufsbescheides oder nach Anordnung der sofortigen Vollziehung dieses Bescheids einzuziehen, ungültig zu machen und auf Antrag dem Unternehmer zurückzugeben.

Untersagung und Wiedergestattung der Führung von Güterkraftverkehrsgeschäften

31. Die Adressaten einer Untersagungsverfügung können nur natürliche Personen sein.
32. Wird einem Unternehmen die Erlaubnis oder Lizenz wegen Unzuverlässigkeit entzogen und ist der Unternehmer gleichzeitig Verkehrsleiter, so ist neben dem Entzug der Genehmigung in der Regel auch die Untersagung der Führung der Güterkraftverkehrsgeschäfte nach § 3 Absatz 5b GüKG auszusprechen. Der Begriff der Führung der Güterkraftverkehrsgeschäfte im Sinne des § 3 Absatz 5b GüKG entspricht dem Begriff der Leitung der Verkehrstätigkeiten des Unternehmens im Sinne des Artikels 4 der Verordnung (EG) Nr. 1071/2009. Bei der Anhörung nach § 3 Absatz 5b GüKG ist dem Bundesamt für Güterverkehr von der Behörde der Name, die Rechtsform und die Anschrift des Unternehmens (Ort der Niederlassung) sowie der Name der Person, gegen die sich die Untersagung richtet, zu übermitteln. Wurde die Untersagungsverfügung unanfechtbar oder sofort vollziehbar, so teilt die Behörde dies dem Bundesamt für Justiz – Registerbehörde – gemäß § 149 Absatz 2 Nummer 1 Buchstabe b der Gewerbeordnung nach den Vorschriften der jeweils geltenden Ausfüllanleitung mit.
33. Hinsichtlich des Verkehrsleiters ist Artikel 14 Absatz 1 der Verordnung (EG) Nr. 1071/2009 zu beachten. Bei Beginn und Abschluss eines Untersagungsverfahrens bezüglich des Verkehrsleiters informiert die zuständige Behörde andere Behörden, in deren Zuständigkeitsbereich der Verkehrsleiter tätig ist, soweit die Information über Beginn und Ende des Untersagungsverfahrens jeweils für deren Aufgabenerfüllung erforderlich ist (Randnummer 15).
34. Die Frage der Unzuverlässigkeit ist nach Artikel 6 der Verordnung (EG) Nr. 1071/2009 in Verbindung mit § 2 der Berufszugangsverordnung für den Güterkraftverkehr (GBZugV) und § 3 Absatz 2 GüKG zu beurteilen. Das Verfahren nach Artikel 6 Absatz 2 der Verordnung (EG) Nr. 1071/2009 kommt nur in Betracht, wenn der Unternehmer oder der Verkehrsleiter selbst Adressat des Strafurteils oder des Bußgeldbescheids ist.
Anhaltspunkte bei der Prüfung der Unzuverlässigkeit können neben der Schwere der Verstöße die Zahl der Verstöße im Verhältnis zur Größe des Fuhrparks und der Zeitraum, in dem Verstöße begangen wurden, sein.
35. Die Wiedergestattung der Führung der Güterkraftverkehrsgeschäfte nach § 3 Absatz 5b GüKG setzt einen Antrag voraus. Die Wiedergestattung bedarf einer Ermessensentscheidung hinsichtlich des Einzelfalls, wobei die Grundsätze des Gewerberechts zu berücksichti-

11. Verwaltungsvorschrift GüKV **Anh. 11**

gen sind. Ausschlaggebend ist eine positive Prognose in Hinblick auf die Zuverlässigkeit. Die Behörde trägt die Begründungslast für das Weiterbestehen der Unzuverlässigkeit.

Die Behörde teilt die Wiedergestattung der Führung der Güterkraftverkehrsgeschäfte nach § 3 Absatz 5b GüKG dem Bundesamt für Justiz – Registerbehörde – gemäß § 149 Absatz 2 Nummer 1 Buchstabe b der Gewerbeordnung nach den Vorschriften der jeweils geltenden Ausfüllanleitung mit.

Fahrerbescheinigung

36. Die Gültigkeitsdauer der Fahrerbescheinigung richtet sich nach der kürzesten Gültigkeitsdauer der in § 20 Absatz 2 der Verordnung über den grenzüberschreitenden Güterkraftverkehr und den Kabotageverkehr (GüKGrKabotageV) genannten Unterlagen. Sie beträgt maximal fünf Jahre.

Eine Fahrerbescheinigung, die nach § 22 GüKGrKabotageV in Verbindung mit Artikel 5 Absatz 7 Satz 3 der Verordnung (EG) Nr. 1072/2009 ungültig geworden ist, wird von der Behörde nach § 52 des Verwaltungsverfahrensgesetzes zurückgefordert. Eine vorherige Rücknahme oder ein Widerruf ist nicht erforderlich.

Mitteilung von Bußgeldentscheidungen

37. Die zuständige Verwaltungsbehörde im Sinne des § 21 Absatz 1 GüKG übermittelt dem Bundesamt für Güterverkehr die in § 16 Absatz 1 Satz 1 GüKG genannten Daten, wenn es sich um ein abgeschlossenes Bußgeldverfahren wegen einer Zuwiderhandlung nach § 19 GüKG handelt, die in einem Unternehmen mit Niederlassung im Inland begangen wurde. Rechtskräftige Bußgeldentscheidungen wegen einer Ordnungswidrigkeit auf Grund des Güterkraftverkehrsgesetzes teilt sie außerdem dem Bundesamt für Justiz – Registerbehörde – (§ 149 Absatz 2 Nummer 3, § 153a Absatz 1 Satz 1 der Gewerbeordnung) nach den Vorschriften der jeweils geltenden Ausfüllanleitung mit, wenn die Geldbuße mehr als 200 Euro beträgt. Ist das Bundesamt zuständige Verwaltungsbehörde im Sinne des § 21 Absatz 2 oder Absatz 3 GüKG, erfolgt die Mitteilung an das Bundesamt für Justiz durch das Bundesamt für Güterverkehr.

Mitteilungen nach Satz 1 sind ausschließlich im automatisierten Verfahren zu übermitteln. Randnummern 39 und 41 gelten hinsichtlich der Übermittlung entsprechend.

38. Enthält eine Entscheidung wegen einer Ordnungswidrigkeit sowohl mitteilungspflichtige als auch nicht mitteilungspflichtige Teile, werden dem Bundesamt in Fällen der Tateinheit (§ 19 des Gesetzes über Ordnungswidrigkeiten – OWiG) nur die mitteilungspflichtigen Taten mit dem Hinweis übermittelt, dass sich die Geldbuße auch auf nicht mitteilungspflichtige Taten bezieht. In Fällen der Tatmehrheit (§ 20 OWiG) sind nur die mitteilungspflichtigen Teile zu übermitteln.

Wird ein Bußgeldbescheid in einem Strafverfahren (§ 86 Absatz 1 und § 102 Absatz 2 OWiG) oder im Wiederaufnahmeverfahren (§ 85 Absatz 1 OWiG) aufgehoben, so wird die Eintragung von der zuständigen Verwaltungsbehörde im Sinne des § 21 Absatz 1 GüKG unverzüglich gelöscht.

Mitteilungen an die Verkehrsunternehmensdatei und Auskünfte aus der Verkehrsunternehmensdatei

39. Die Daten nach § 2 Absatz 1 der Verordnung zur Durchführung der Verkehrsunternehmensdatei nach dem Güterkraftverkehrsgesetz (VUDat-DV) sind von der Behörde im Rahmen von automatisierten Verfahren an die vom Bundesamt für Güterverkehr betriebene Verkehrsunternehmensdatei nach § 15 GüKG zu übermitteln. Die Übermittlung der Daten nach Satz 1 erfolgt unverzüglich (in der Regel arbeitstäglich) durch Datenfernübertragung.

40. Auskünfte aus der Verkehrsunternehmensdatei nach § 3 Absatz 2 und § 5 Absatz 1 VUDat-DV werden vom Bundesamt im Rahmen von automatisierten Verfahren an die auskunftsberechtigten Stellen übermittelt, wenn dies für deren Aufgabenerfüllung im Einzelfall erforderlich ist.

41. Die Datenübermittlung nach den Randnummern 39 bis 40 ist nach den organisatorisch-technischen Leitlinien gemäß § 7 Absatz 1 VUDat-DV durchzuführen.

Die mitteilungspflichtigen und auskunftsberechtigten Stellen beantragen die Teilnahme am Datenübermittlungsverfahren schriftlich beim Bundesamt für Güterverkehr.

Nationale Kontaktstelle, Europäischer Informationsaustausch

42. Mitteilungen und Anfragen nach § 17 GüKG von den zuständigen Landesbehörden an das Bundesamt sowie Mitteilungen nach § 17 GüKG vom Bundesamt für Güterverkehr an die zuständigen Landesbehörden sind im Rahmen von automatisierten Verfahren zu übermitteln. Das Nähere regeln die vom Bundesamt für Güterverkehr mit Zustimmung des Bundesministeriums für Verkehr, Bau und Stadtentwicklung herausgegebenen Durchführungsbestimmungen zur Datenübermittlung.

43. Wurde einer Person wegen einer rechtskräftigen Bußgeldentscheidung oder einer rechtskräftigen strafgerichtlichen Verurteilung wegen eines schwersten Verstoßes im Sinne des Anhangs IV der Verordnung (EG) Nr. 1071/2009 nach § 3 Absatz 5b GüKG oder § 25a des Personenbeförderungsgesetzes die Führung von Kraftverkehrsgeschäften wegen Unzuverlässigkeit bestandskräftig untersagt oder wurde ihr die Führung von Kraftverkehrsgeschäften auf Antrag wiedergestattet, hat die zuständige Landesbehörde dem Bundesamt für den Zweck des § 17 Absatz 5 Satz 1 GüKG folgende Daten zu übermitteln:

a) Familiennamen, Geburtsnamen, Vornamen, Doktorgrad, Geschlecht, Geburtsdatum, -ort, Geburtsstaat, Staatsangehörigkeit sowie Nummer der Bescheinigung der fachlichen Eignung des Betroffenen,

b) die entscheidende Stelle, den Tag der Entscheidung und die Geschäftsnummer oder das Aktenzeichen und

c) den Tag der Unanfechtbarkeit, sofortigen Vollziehbarkeit oder Rechtskraft sowie den Grund der Entscheidung.

Randnummer 41 gilt hinsichtlich der Übermittlung entsprechend.

Hinweise zur Datenspeicherung und -übermittlung

44. Der Unternehmer und der Verkehrsleiter sowie die vertretungsberechtigten Personen sind in geeigneter Weise zu informieren, welche ihrer personenbezogenen Daten gespeichert und verarbeitet werden. Dies gilt auch hinsichtlich der Empfänger oder Kategorien von Empfängern, an die die Daten weitergegeben werden und den Zweck der Speicherung. Im Antragsformular (Anlage 1) sind entsprechende Hinweise aufgenommen. Wird das Antragsformular nicht verwendet, wird empfohlen, dem Antragsteller das als Anlage 4 dieser Verwaltungsvorschrift beigefügte Hinweisblatt auszuhändigen. Die Datenschutzbestimmungen sind auch bei Änderungen zur Kenntnis zu geben.

Überwachung, Risikoeinstufung, Erfassung von Verstößen

45. Zur Überwachung der Kraftverkehrsunternehmen gemäß § 11 GBZugV sind bei den Unternehmen, die als Unternehmen mit erhöhtem Risiko eingestuft werden, gezielte Kontrollen vorzunehmen. Für die Einstufung des Risikos ist das durch die Länder eingeführte Risikoeinstufungssystem maßgeblich.

46. Die zuständigen Behörden speichern die Verstöße nach Artikel 16 Absatz 2 Buchstabe e der Verordnung (EG) Nr. 1071/2009. Sofern diese nicht in einem bundesweiten Register eingetragen werden (insbesondere Gewerbezentralregister), sind diese in die Unternehmensakte aufzunehmen. Die Daten sind im Einzelfall jeweils zwei Jahre nach dem Eintritt der Rechtskraft des Bußgeldbescheides oder der gerichtlichen Entscheidung automatisch zu löschen. Den zuständigen Behörden steht es frei, in welcher Form diese Unternehmensakte geführt wird. Es ist zu gewährleisten, dass die Angaben stets auf dem aktuellen Stand sind, anderen zuständigen Behörden zugänglich gemacht werden können (zum Beispiel bei getrennten Aufsichts- und Genehmigungsbehörden), wenn dies für deren Aufgabenerfüllung jeweils erforderlich ist und für die Risikoeinstufung nach Randnummer 44 verfügbar sind. § 11 der Gewerbeordnung ist zu beachten.

11. Verwaltungsvorschrift GüKV **Anh. 11**

Schlussbestimmungen

47. Bei den Anlagen 1 bis 4 sind drucktechnische und datenverarbeitungsbedingte Abweichungen zulässig.
48. Ab dem 1. Januar 2013 erfolgt die Datenübermittlung zwischen den nach Landesrecht zuständigen Behörden und der nationalen Kontaktstelle ausschließlich im automatisierten Verfahren.
49. Status und Funktionsbezeichnungen in dieser Verwaltungsvorschrift gelten jeweils in männlicher und weiblicher Form.

Inkrafttreten/Außerkrafttreten

[1] Diese Verwaltungsvorschrift tritt am Tag nach ihrer Veröffentlichung in Kraft. [2] Gleichzeitig tritt die Allgemeine Verwaltungsvorschrift zum Güterkraftverkehrsgesetz vom 8. April 2009 (BAnz. S. 1476) außer Kraft.
Der Bundesrat hat zugestimmt.

Anh. 11

Anlage 1
(zu Randnummer 3)

Antrag auf Erteilung einer

☐ **Erlaubnis für den gewerblichen Güterkraftverkehr (§ 3 Absatz 1 GüKG)**

☐ **Gemeinschaftslizenz (Artikel 4 VO (EG) Nr. 1072/2009)**

1 Antragstellendes Unternehmen

Name bzw. Firma und Rechtsform	
(falls im Handelsregister eingetragen) Registergericht	Register-Nr.

1.1 Ort der Niederlassung

Straße und Hausnummer		PLZ und Ort	
Telefon	Telefax		E-Mail

1.2 Ort des Hauptsitzes im handelsrechtlichen Sinne (soweit abweichend von Nr. 1.1)

Straße und Hausnummer		PLZ und Ort	
Telefon	Telefax		E-Mail

1.3 Weitere Niederlassungen

Sind für das Unternehmen weitere Niederlassungen errichtet?

☐ nein   ☐ ja (bitte geben Sie **alle** Niederlassungen in einer Niederlassungsliste an)

2 Antragstellender Unternehmer und Verkehrsleiter

2.1 Angaben über den/die Inhaber, gesetzlichen Vertreter einer Gesellschaft
(geschäftsführender Gesellschafter, Geschäftsführer)

A.

Vorname	Nachname	ggf. abweichender Geburtsname
Doktorgrad	Geschlecht (ankreuzen) ☐ männlich ☐ weiblich	
Geburtstag	Geburtsort	
Geburtstaat	Staatsangehörigkeit	
Anschrift	Stellung im Unternehmen	
Nr. der Bescheinigung der fachlichen Eignung (soweit gleichzeitig Verkehrsleiter)		

11. Verwaltungsvorschrift GüKV

Anh. 11

B.

Vorname	Nachname	ggf. abweichender Geburtsname	
Doktorgrad		Geschlecht (ankreuzen) ☐ männlich ☐ weiblich	
Geburtstag		Geburtsort	
Geburtsstaat		Staatsangehörigkeit	
Anschrift			Stellung im Unternehmen
Nr. der Bescheinigung der fachlichen Eignung (soweit gleichzeitig Verkehrsleiter)			

Bitte bei einer Gesellschaft die weiteren vertretungsberechtigten Organe wie die Gesellschafter und die Geschäftsführer, bei einer Genossenschaft den Vorstand, bei einer Erbengemeinschaft die Miterben, bei einem Minderjährigen die gesetzlichen Vertreter angeben, ggf. in einer ergänzenden Anlage.

2.2 Angaben über den Verkehrsleiter

(diese Angaben sind nur dann zu machen, wenn die Person nicht bereits als Unternehmer unter Nr. 2.1 genannt ist)

Vorname	Nachname	ggf. abweichender Geburtsname
Doktorgrad	Geschlecht (bitte ankreuzen) ☐ männlich ☐ weiblich	
Geburtstag	Geburtsort	
Geburtsstaat	Staatsangehörigkeit	
Anschrift		Stellung im Unternehmen
Nr. der Bescheinigung der fachlichen Eignung		

2.3 Tätigkeit in weiteren Unternehmen

Tätigkeit als Verkehrsleiter in weiteren Unternehmen (bitte ankreuzen)
☐ ja   ☐ nein

3 Anzahl der Fahrzeuge

Anzahl der im gewerblichen Güterkraftverkehr eingesetzten Kraftfahrzeuge, deren zulässige Gesamtmasse einschließlich der Gesamtmasse der Anhänger 3,5 t übersteigt:

4 Anzahl der benötigten Ausfertigungen/beglaubigten Kopien

Anzahl der beantragten Ausfertigungen/beglaubigte Kopien:

5 Bestätigung der Unterschrift

Hiermit wird bestätigt, dass die vorstehenden Angaben richtig sind:

_____   _____
(Ort, Datum)   (Rechtsverbindliche Unterschrift[en])

Hinweise zum Datenschutz:

Die Verwaltungsbehörde ist nach § 15 des Güterkraftverkehrsgesetzes (GüKG) in Verbindung mit Artikel 11 Absatz 2 der Verordnung (EG) Nr. 1071/2009 des europäischen Parlaments und des Rates vom 21. Oktober 2009 zur Festlegung gemeinsamer Regeln für die Zulassung zum Beruf des Kraftverkehrsunternehmers und zur Aufhebung der Richtlinie 96/26/EG des Rates verpflichtet, Angaben über Inhaber von Berechtigungen für den gewerblichen Güterkraftverkehr sowie über die Personen der geschäftsführungs- und vertretungsberechtigten Gesellschafter, der gesetzlichen Vertreter und des Verkehrsleiters in einem Unternehmen des Güterkraftverkehrs einschließlich Angaben über die Bescheinigung der fachlichen Eignung des Verkehrsleiters nach Maßgabe des § 2 Absatz 1 der Verkehrsunternehmensdatei-Durchführungsverordnung (VUDat-DV) in Verbindung mit Artikel 16 Absatz 2 der Verordnung (EG) 1071/2009 an die Verkehrsunternehmensdatei beim Bundesamt für Güterverkehr zu übermitteln.

Es wird darauf hingewiesen, dass die in § 2 Absatz 3 VUDat-DV in Verbindung mit Artikel 16 Absatz 2 der Verordnung (EG) 1071/2009 aufgeführten Informationen im öffentlich zugänglichen Bereich der Verkehrsunternehmensdatei gespeichert und für Jedermann über das Internet unter www.verkehrsunternehmensdatei.de einsehbar sind.

Die Verwaltungsbehörde ist im Falle der Untersagung der Führung von Güterkraftverkehrsgeschäften nach § 17 Absatz 5 Satz 2 GüKG verpflichtet, die Untersagung mit Identifizierungsdaten über die Person des Betroffenen an das Bundesamt für Güterverkehr als nationale Kontaktstelle nach Artikel 18 Absatz 1 der Verordnung (EG) Nr. 1071/2009 zu übermitteln.

Das Bundesamt für Güterverkehr ist als nationale Kontaktstelle nach Maßgabe des § 17 Absatz 5 Satz 1 GüKG verpflichtet, auf Anfrage Auskunft über Personen, denen eine deutsche Behörde die Führung von Güterkraftverkehrsgeschäften untersagt hat an nationale Kontaktstellen anderer Mitgliedstaaten zu erteilen, sofern dies für die Prüfung von Berufszugangsvoraussetzungen erforderlich ist.

Kenntnis genommen:

_____   _____
(Ort, Datum)   (Rechtsverbindliche Unterschrift[en])

Anh. 11

Anlage 2
(zu Randnummer 17)

Eigenkapitalbescheinigung zum Nachweis der finanziellen Leistungsfähigkeit im gewerblichen Güterkraftverkehr

Das Unternehmen

....

....

verfügt am Stichtag .... über folgendes Eigenkapital:

I. Kapital ....

II. Kapitalrücklage ....

III. Gewinnrücklagen: ....

    1. gesetzliche Rücklage ....

    2. satzungsmäßige Rücklagen ....

    3. andere Gewinnrücklagen ....

IV. Gewinnvortrag/Verlustvortrag ....

V. Jahresüberschuss/Jahresfehlbetrag ....

Eigenkapital ....

Auf Grund der vorgelegten Unterlagen wird hiermit das ausgewiesene Eigenkapital bestätigt. Von der Ordnungsmäßigkeit der Unterlagen habe ich mich/haben wir uns überzeugt.

....

(Ort, Datum) (Stempel und Unterschrift einer zur unbeschränkten geschäftsmäßigen Hilfeleistung in Steuersachen genannte Person oder Gesellschaft (§ 3 StBerG) oder des Kreditinstituts)

11. Verwaltungsvorschrift GüKV

Anh. 11

Anlage 3
(zu Randnummer 17)

Zusatzbescheinigung zum Nachweis der finanziellen Leistungsfähigkeit im gewerblichen Güterkraftverkehr

für das Unternehmen ....

....

Dem Eigenkapital, das nach Artikel 7 Absatz 1 der Verordnung (EG) Nr. 1071/2009 anhand von geprüften Jahresabschlüssen nachzuweisen ist, können folgende Beträge hinzugerechnet werden:

1. Nicht realisierte Reserven im
   a) unbeweglichen Anlagevermögen ....
   b) beweglichen Anlagenvermögen ....

   Summe ....

2. Darlehen/Bürgschaften mit Eigenkapitalfunktion
   .... (Person) ....
   .... (Person) ....
   .... (Person) ....

   Summe ....

3. Unbelastetes Privatvermögen des persönlich haftenden Unternehmers
   a) Grundstücke (Verkehrswert)
      .... (Person) ....
      .... (Person) ....
      .... (Person) ....
   b) Bankguthaben
      .... (Person) ....
      .... (Person) ....
      .... (Person) ....
   c) Forderungen (nicht Gesellschafterdarlehen)
      .... (Person) ....
      .... (Person) ....
      .... (Person) ....

d) sonstige Vermögensgegenstände (bitte bezeichnen)

....

....

....   ---

                      Summe   ....

4. Zu Gunsten des Unternehmens beliehene Gegenstände des Privatvermögens der Gesellschafter:

    a) Grundstücke   (Höhe der Beleihung)

    .... (Person)   ....

    .... (Person)   ....

    .... (Person)   ....

    b) Sicherungsübereignungen

    .... (Person)   ....

    .... (Person)   ....

    .... (Person)   ....

    c) Sicherungsabtretungen

    .... (Person)   ....

    .... (Person)   ....

    .... (Person)   ---

                      Summe   ....

Gesamtsumme aus den Positionen 1 bis 4:   ....

Die oben aufgeführten Beträge wurden dem Unterzeichner sowohl dem Grunde nach als auch in der Höhe   ☐ nachgewiesen

(bitte ankreuzen)   ☐ plausibel gemacht. Stichtag ist der ....

....

(Ort, Datum)   (Stempel und Unterschrift einer zur unbeschränkten geschäftsmäßigen Hilfeleistung in Steuersachen genannten Person oder Gesellschaft (§ 3 StBerG) oder des Kreditinstituts)

11. Verwaltungsvorschrift GüKV

Anh. 11

Anlage 4
(zu Randnummer 44)

Hinweise zum Datenschutz:

Die Verwaltungsbehörde ist nach § 15 des Güterkraftverkehrsgesetzes (GüKG) in Verbindung mit Artikel 11 Absatz 2 der Verordnung (EG) Nr. 1071/2009 des europäischen Parlaments und des Rates vom 21. Oktober 2009 zur Festlegung gemeinsamer Regeln für die Zulassung zum Beruf des Kraftverkehrsunternehmers und zur Aufhebung der Richtlinie 96/26/EG des Rates verpflichtet, Angaben über Inhaber von Berechtigungen für den gewerblichen Güterkraftverkehr sowie über die Personen der geschäftsführungs- und vertretungsberechtigten Gesellschafter, der gesetzlichen Vertreter und des Verkehrsleiters in einem Unternehmen des Güterkraftverkehrs einschließlich Angaben über die Bescheinigung der fachlichen Eignung des Verkehrsleiters nach Maßgabe des § 2 Absatz 1 der Verkehrsunternehmensdatei-Durchführungsverordnung (VUDat-DV) in Verbindung mit Artikel 16 Absatz 2 der Verordnung (EG) 1071/2009 an die Verkehrsunternehmensdatei beim Bundesamt für Güterverkehr zu übermitteln.

Es wird darauf hingewiesen, dass die in § 2 Absatz 3 VUDat-DV in Verbindung mit Artikel 16 Absatz 2 der Verordnung (EG) 1071/2009 aufgeführten Informationen im öffentlich zugänglichen Bereich der Verkehrsunternehmensdatei gespeichert und für Jedermann über das Internet unter www.verkehrsunternehmensdatei.de einsehbar sind.

Die Verwaltungsbehörde ist im Falle der Untersagung der Führung von Güterkraftverkehrsgeschäften nach § 17 Absatz 5 Satz 2 GüKG verpflichtet, die Untersagung mit Identifizierungsdaten über die Person des Betroffenen an das Bundesamt für Güterverkehr als nationale Kontaktstelle nach Artikel 18 Absatz 1 der Verordnung (EG) Nr. 1071/2009 zu übermitteln.

Das Bundesamt für Güterverkehr ist als nationale Kontaktstelle nach Maßgabe des § 17 Absatz 5 Satz 1 GüKG verpflichtet, auf Anfrage Auskunft über Personen, denen eine deutsche Behörde die Führung von Güterkraftverkehrsgeschäften untersagt hat an nationale Kontaktstellen anderer Mitgliedstaaten zu erteilen, sofern dies für die Prüfung von Berufszugangsvoraussetzungen erforderlich ist.

Hinweise zum Datenschutz:

Kenntnis genommen:

_____   _____
(Ort, Datum)   (Rechtsverbindliche Unterschrift[en])

Sachverzeichnis

Halbfette Großbuchstaben verweisen auf das jeweilige Kapitel,
magere Ziffern auf die jeweilige Randnummer.

Abdingbarkeit der beiderseitigen Leistungen des Frachtvertrages B 200
Abfalltransporte
– Anzeigepflicht H 583
– Ausnahmen von der Erlaubnispflicht H 609
– Bußgeldbestimmungen H 617
– Erlaubnispflicht H 578, 593
– Fachkundigkeit H 585, 597
– Voraussetzungen nach dem Kreislaufwirtschaftsgesetz H 579
– Weitere wichtige Regelungen H 605
– Zuverlässigkeit H 584
Abfalltransportrecht H 3458
Abgabenpflicht
– Kontrolle durch das BAG H 450
Abgrenzung des Frachtvertrages von anderen Vertragstypen B 186
Abgrenzung Güterfolge- und Vermögensschäden
– Haftungsbegrenzung D 55 ff.
Ablieferung B 414
Ablieferungs- und/oder Beförderungshindernisse
– Frachtführeransprüche (HGB) B 164
Ablieferungshindernisse B 390
Abschluss von Palettenvereinbarungen durch den Fahrer B 950
Abschreibung B 452
Absenderausfertigung B 377
Absenderkündigung (HGB) B 147
Abweichende Vereinbarung B 623 f.
ADSp
– Spediteurbegriff A 47
ADSp-Spediteur Tätigkeitsbereich A 48
„AGB-feste" Normen E 16
AGB-Gestaltung in der Logistik anhand praktischer Beispiele F 142
AGB-Klauseln
– Palettentausch B 544, 577
AGB-Kombinationen F 155
AGB-Quellenangaben in der Transportbranche F 152
Ahndungszuständigkeit des BAG H 537 f.
Aktivklage
– Augenschein I 16
– Behördenakten I 9–10
– Feststellungsklage I 45–46

– Gerichtsakten I 9–10
– Gerichtsstand I 20 ff.
– Gerichtsstand Speditionsfälle I 30
– Gerichtsstandsvereinbarung I 23
– Gewerbeamtsauskunft I 5
– Handelsregisterauskunft I 4
– Havariekommissare I 12
– Klage auf Freistellung I 41
– Leistungsklage I 33–38
– mehrere Beklagte I 25
– negative Feststellungsklage I 33
– Prozessbevollmächtigter Auswahl I 17–18
– Sachverständiger I 15
– Urkunden I 7
– Urkundenklage I 47
– Urkundenklage Nachverfahren I 49
– Zeugen I 11 ff.
Allgemeine Deutsche Spediteur-Bedingungen (ADSp) Stand 1. Januar 2003
– Abgrenzung zu Logistik-AGB C 65
– Ablieferung C 195 ff.
– Ablieferungshindernis C 216
– Ablieferungspflicht C 197
– Abtretungsanspruch C 284
– AGB-fest C 49
– andere Geschäftsbedingungen C 80 ff.
– Angebote C 212
– Angemessenheit der Haftungshöchstsumme C 291 f.
– Annahme C 213
– Anpassung der ~ an das neue Seehandelsrecht C 54
– Anscheinsbeweis C 163
– Ansprüche des Spediteurs gegen Dritte C 280 ff.
– Ansprüche gegen den Versicherer C 268
– Anwendungsbereich C 58 ff.
– Aufbewahrung im Freien C 318
– Aufklärungspflicht C 192
– Auftrag zur Versicherung C 259 f.
– Aufrechnung C 233
– Auftragsumfang C 117 ff.
– Aufwendungsersatz C 217 ff.
– Aufwendungsersatz von Frachten C 219 f.
– Aufwendungserstattungsanspruch C 216
– Auskunftpflicht C 198 ff.

729

Sachverzeichnis

- Auslagen C 231
- äußerlich erkennbare Schäden C 149
- Außervertragliche Ansprüche C 326
- Auswahl der Lagerräume C 202
- Befreiungsanspruch C 221 f.
- Befugnisse des Unterzeichners C 113 ff.
- Begleitungsrecht C 205
- Bereithaltung C 174
- Besichtigungsrecht C 203 f.
- Beweislast C 307 ff.
- Beweislastregeln C 312
- Beweislastverteilung C 333
- Darlegungs- und Beweisobliegenheit C 333
- Dokumentation C 152
- Echtheit der Unterschrift C 113 ff.
- Einwirken anderer Güter, Tiere C 323
- Empfangsbescheinigung C 158 ff.
- Entwicklung C 45 ff.
- Erfüllungsort C 354 ff.
- Erkennbarkeit des Zugriffs C 133
- Ermächtigung zur zollamtlichen Erledigung C 127
- Ermessen C 173
- Fälligkeit C 229
- formlose Erklärung C 85 ff.
- Frachtbrief C 161
- Frachtüberweisung C 175 ff.
- Fremdwährung C 231
- Gefährliche Güter C 92 ff.
- Geltungsvoraussetzungen C 51
- Geräte oder Leistungen C 322
- Gerichtsstand C 354 ff.
- Geschäftsbesorgungscharakter C 200
- Gesonderter Vergütungsanspruch C 126
- Gewichtsbezeichnung C 137
- grobe Fahrlässigkeit C 327 ff.
- Güterschäden C 275 ff., 286
- Haftung bei Luftfrachtspeditionsverträgen C 341 ff.
- Haftung des Auftraggebers C 194, 207
- Haftung für Güterfolge- und Vermögensschäden bei verfügter Lagerung C 303 ff.
- Haftung für Güterschäden bei verfügter Lagerung C 300 ff.
- Haftung für Hilfspersonen und Dritte C 272 ff.
- Haftungshöchstsummen C 285 ff.
- Haftungsversicherung C 347 ff.
- Hängeversand C 136
- Herausgabe des Gutes C 169
- Herausgabepflicht C 198 ff.
- Hindernisse C 190 f.
- Höhere Gewalt C 320
- Informationspflichten des Spediteurs C 227 f.
- inkonnexes Pfandrecht C 244
- Interessenwahrungspflicht C 151, 197, 204, 316
- Internationales Privatrecht C 358
- Kardinalpflichtverletzung C 298
- Kennzeichnung des Gutes C 317 ff.
- Kennzeichnungspflicht des Auftraggebers C 128 ff.
- konnexes Pfandrecht C 244
- Kontrollpflichten des Spediteurs C 146 ff.
- Kostenersatzanspruch C 188 f.
- Kran- und Montagearbeiten C 74
- Kumulschadensbegrenzung C 306
- Kündigung C 214
- Lagerpfandrecht C 210
- Lagerverträge C 201 ff.
- Lebende Tiere C 95
- Legitimation des Empfängers C 197
- Leistungshindernisse, Unmöglichkeit C 184 ff.
- Leistungsverweigerungsrecht C 104
- Lieferfristen C 179 ff.
- Liquiditätsreserven C 233
- Marktüblicher Versicherungsschutz C 348 ff.
- Mitteilungspflicht des Auftraggebers C 91 ff.
- Mitverschulden C 108
- Multimodaler Verkehr C 289 ff.
- Nachnahme C 215
- nachträgliche Änderungen C 78
- natürliche Veränderungen des Gutes C 324
- Obhutshaftung C 276 f.
- öffentlich-rechtliche Akte C 193
- Packstücke C 138 ff.
- Palettentausch C 120 ff.
- Pfandrecht C 168, 177, 241 ff.
- Pflanzen, leicht verderbliche Güter C 95
- Pflicht zur Versicherung C 352
- Pflichten des Spediteurs C 66 ff.
- Probeentnahme C 206
- Prüfungs- und Ergänzungspflicht C 111 f.
- Qualifiziertes Verschulden C 327 ff.
- Quittung C 158 ff.
- Quittungsverweigerung C 168 f.
- Rechnung C 229
- Rechnungslegung C 199
- Rechtsfolge bei Verletzung der Verpackungs- und Kennzeichnungspflicht C 141 ff.
- Rechtzeitige Information C 97
- Regress C 281
- Rollgeld C 216
- Rücktrittsrecht C 187 ff.
- Schäden bei Transporten C 287 f.

Sachverzeichnis

- Schadenanzeige **C** 344 ff.
- Schadenersatz **C** 107 ff.
- Schnittstellenkontrolle **C** 156
- Schriftform von Erklärungen **C** 90
- Schwer-, Großraumtransporte, Abschlepp-, Bergungstätigkeit **C** 75 ff.
- Schwerer Diebstahl, Raub **C** 319
- Sicherung der Spediteuransprüche **C** 210
- Sicherungs- und Befreiungsmaßnahmen **C** 226
- Sorgfaltsmaßstab, Interessenwahrungspflichten **C** 56
- Sorgfaltspflicht **C** 191
- Spediteurbegriff **C** 55
- Spediteurentgelt **C** 178
- speditionsübliche logistische Leistungen **C** 63 ff.
- Stundungsvereinbarung **C** 175
- Umfang der Bescheinigung **C** 159
- Umzugsgut **C** 72 f.
- Ungenügende Verpackung **C** 317 ff.
- Unversehrtheit **C** 148
- Unzulässigkeit der Aufrechnung **C** 235 ff.
- Verbraucher **C** 78 f.
- Verfügte Lagerung **C** 299 ff.
- Vergütung **C** 123, 269
- Verladefristen **C** 183
- Verpackungsarbeiten **C** 71
- Verpackungspflicht des Auftraggebers **C** 128 ff.
- Versicherung des Gutes **C** 256 ff.
- Versicherung ohne Auftrag **C** 261 f.
- Vertragswesentliche Pflichten **C** 325
- Vollzähligkeit **C** 147
- Vorhersehbarer, typischer Schaden **C** 336
- Vorsatz **C** 327 ff.
- Vorteilsausgleichung bei Inventurdifferenzen **C** 208 f.
- Wahl der Versicherung **C** 263 f.
- Wahl der Währung **C** 230
- Weisung **C** 170 ff.
- Wertvolle Güter **C** 96
- Witterungseinflüsse **C** 321
- Zeichen, Nummern **C** 98 ff.
- Zollamtliche Abwicklung **C** 124 ff.
- Zugang **C** 88 ff.
- Zurückbehaltung **C** 233
- Zurückbehaltungsrecht **C** 177, 241 ff., 253 ff.
- Zusammenfassen größerer Packstücke **C** 134 f.

Allgemeine Verwaltungsvorschrift zum Güterkraftverkehrsrecht (GüKVwV) H 49 ff.

Annahmeverweigerung B 367

Ansprüche auf Fracht bei Kündigung, sonstiger Beendigung oder Beschränkung des Frachtvertrages (HGB) **B** 146

Ansprüche vertragsfremder Dritter D 28

Antragsberechtigter
- Gemeinschaftslizenz/nationale Erlaubnis nach § 3 GüKG **H** 189

Anzeigeobliegenheit B 459, 669

Anzeigepflicht B 1126

Anzeigepflicht bei Abfalltransporten H 583

Arbeitsgenehmigung H 415

Arrest
- Zuständigkeit **I** 134

Arrestbefehl
- Gegenmaßnahmen **I** 142
- Vollziehung **I** 140

Arrestgesuch
- Inhalt **I** 137–139

Auf Binnengewässern B 581

Auf der Schiene B 579

Auf der Straße B 578

Auf See B 581

Aufeinanderfolgende Frachtführer A 32; **B** 664 ff.

Aufenthaltsgesetz H 413

Aufenthaltstitel H 413

Aufgaben und Pflichten des HGB-Spediteurs A 40

Aufgabenbereich Verkehrsleiter H 196

Aufrechung B 673

Aufsicht der Verwaltungsbehörden H 510

Auftraggeber
- Verantwortlichkeit des Auftraggebers nach § 7c GüKG **H** 417 f.
- Verantwortung des für den beauftragten Unternehmer **H** 418

Auftragsabwicklung F 48, 72

Aufwendungsersatz
- gesetzlich geregelte Fälle (HGB) **B** 132

Ausführender Frachtführer A 33; **B** 664; **D** 59 ff.
- Haftung **D** 64
- Umfang der Haftung **D** 65

Ausführung der Beförderung D 60

Ausführung von Weisungen
- Frachtführeransprüche (HGB) **B** 163

Auskunftspflicht gegenüber dem BAG
- Ordnungswidrigkeit (§ 19 Abs. 1 GüKG) **H** 518

Auskunftsverweigerungsrecht H 499

Ausländische Arbeitnehmer H 400, 406

Ausländisches Fahrpersonal
- Ordnungswidrigkeit (§ 19 Abs. 1 GüKG) **H** 518

Ausnahmen von der Erlaubnispflicht H 178

731

Sachverzeichnis

Ausnahmen von der Erlaubnispflicht bei Abfalltransporten H 609
Außervertragliche Ansprüche D 27 ff.
Autokranverträge B 1016 ff., 1045 ff.
Autonome Auslegung B 650

BAG
- Ahndungszuständigkeit H 537 f.
- Anhörungsstelle nach § Abs. 5a GüKG H 467
- Aufbau H 486
- Außenstellen H 488 f.
- Ermittlungszuständigkeit H 535 f.
- Kontrollaufgaben H 435 f.
- Kontrollrechte H 491 f.
- Organisation H 485 f.
- Recht zum unmittelbaren Zwang H 501
- Überwachungsaufgaben H 435 ff.

Bareboat-Charter B 1112
Beendigung des Frachtvertrages B 198
Beförderung gefährlicher Güter auf der Straße H 452
Beförderung i. S. d. GüKG H 56
Beförderungen erlaubnispflichtig/erlaubnisfrei
- Abgrenzung H 50

Beförderungshindernisse B 378, 1111
Beförderungspflicht A 14
Beginn der Verjährungsfrist E 7 ff.
Begleitpapiere beim Einsatz nicht von der Kfz-Steuer befreiter Kraftfahrzeuge H 114
Begrenzungen bei Verbrauchern B 560
Behebbare Beförderungshindernisse B 389
Beihilfeverfahren H 474
Bekannter Schadensort B 608 ff.
Benachrichtigungspflicht B 364, 379
Beratungsleistungen im Versicherungswesen G 37
Berechnung der Verjährungsfrist E 10
Berechtigungen nicht übertragbar H 119
Berechtigungen zur Durchführung von gewerblichem Güterkraftverkehr
- Bilaterale Genehmigungen H 174
- Entziehungsverfahren H 64
- Entziehungsvoraussetzungen H 308
- Mitteilungspflicht bei Änderungen H 347
- Wiedererteilungsvoraussetzungen H 301

Berechtigungen zur Durchführung von Güterkraftverkehr H 117
Berufszugangsverordnung für den Güterkraftverkehr (GBZugV) H 42
Beschädigung B 671; D 40
Beschaffung ausreichenden eigenen Versicherungsschutzes F 18

Beschlagnahmerecht H 500
Beschränkte Haftung D 4, 46 ff.
Besondere Haftungsausschlüsse D 24
Besonderheiten von Logistikverträgen F 55
Besorgung der Versendung
- Ausführungsphase C 11 f.
- Kontrollphase C 15
- Planungsphase C 8 f.

Betreiben von gewerblichem Güterverkehr ohne Erlaubnis
- Ordnungswidrigkeit (§ 19 Abs. 1 GüKG) H 518

Betriebshaftpflichtversicherung B 1044
Betriebskontrollanordnung H 502
Beweislast B 615
Beweisurkunde B 651
Bewusste Leichtfertigkeit B 1125, 1133
- Definition D 11

Bilaterale Genehmigungen H 174
- Erteilungsverfahren H 363
- Erteilungsvoraussetzungen H 299

Binnenschiff B 1103
Binnenschiffsfahrtrecht B 1104
BinSchLV B 1108
„Bonner Palettentausch" B 878
Bordero B 214
Bulkware B 419
Bundesministerium für Verkehr, Bau- und Wohnungswesen (BMVBW)
- Verordnungskompetenz H 543 f.

Buß- und Verwarnungsgeldkatalog GüKG H 526
Bußgeld
- bei Verstößen gegen Auftraggeberpflichten H 422 f.
- bei Verstößen gegen Mitführungspflichten H 433

Bußgeldbestimmung nach der GüKGrKabotageVv H 524
Bußgeldbestimmungen
- Abfalltransporte H 617
- Groß- und Schwertransporte H 685
- Tiertransporte H 668

Bußgelddatei (§ 16 Abs. 1 GüKG) H 557
Bußgeldkatalog
- Ladungssicherheit H 462

Bußgeldvorschriften
- GüKG/GüKGrKabotageV H 514 f.

CBRB-Transportbedingungen B 1104
CEMT-Genehmigungen H 164
- Berechtigungen zur Durchführung von gewerblichem Güterkraftverkehr H 164
- Erteilungsvoraussetzungen H 295
- Kontingentierung H 188

Sachverzeichnis

- Ordnungswidrigkeit § 25 GüKGr-KabotageV **H** 524
Charterverträge B 1104, 1112
CIT- Lizenzen H 477
CIT-Transporte H 477
CLNI B 1129
CMNI B 1104
CMNI-Transport B 1115
CMR B 648
- Anwendbarkeit der nationalen Standgeldvorschriften **B** 130
- Aufeinander folgender Frachtführer **A** 32
- Fracht **B** 89
- Geltungsbereich **A** 110
- Gewährhaftung des Frachtführers **A** 115
- Haftungsumfang **A** 124
- Kostenerstattungsansprüche **B** 135
- Wegfall der Haftungsbefreiungen und -begrenzungen **A** 140
- Wertersatzprinzip **A** 124
- Zwingendes Recht **A** 143
CMR-Frachtvertrag
- keine gesetzlichen Kündigungsrechte **B** 154
Containerinhalt B 454

Darlegung- und Beweislast für Kausalität B 543
Deliktsrecht B 664
De-minimis-Beihilfen H 475
Diebstahl D 13
Dienstleister beim Palettentausch B 953
Direktanspruch B 1125
Direktanspruch aus § 437 D 59
Dispache B 1137
Dispacheur B 1137
Dispacheverfahren B 1138
Dokumentations- und Prüfpflichten B 556
Doppellegitimation B 440
Doppellegitimation von Absender und Empfänger D 30
„Doppeltausch" B 504
- Leistungsstörungen **B** 582
- Pflichten der Beteiligten **B** 579
- Pflichten des Auftraggebers **B** 574
- Wertung der Doppeltauschabreden **B** 830
Drittstaatengenehmigung H 524
Drittwiderklage I 80
Drittwirkung B 436

EG-Kabotageverordnung
- Ordnungswidrigkeiten nach § 19 Abs. 3, 4 GüKG **H** 521 f.
Eigener Versicherungsschutz für Frachtführer und Spediteure F 79
Eigentumswechsel bei Paletten B 511, 517

Ein- und Auspacken B 500
„Einfacher Palettentausch" B 506
- Leistungsstörungen **B** 842
- Pflichten der Beteiligten **B** 834
- Wertung der Abreden **B** 846
Einlagerer C 487
- Auskunftsanspruch **C** 510
- Besichtigungsrecht **C** 507
- Herausgabeanspruch **C** 509
- Probeentnahmerecht **C** 507
- Verbraucher **C** 546
- – Haftung **D** 98
- – Verpackungspflicht **C** 514
- Vergütungspflicht **C** 511
- Verpackungspflicht **C** 513
Einlagererhaftung D 98
Einschweißen von Dokumenten
- Ordnungswidrigkeit (§ 19 Abs. 1 GüKG) **H** 518
Einstweilige Verfügung
- Anwendungsbereich **I** 143
- Glaubhaftmachung **I** 147
- Regelungsverfügung **I** 144
- Sicherungsverfügung **I** 144
- Vollstreckung Ausland **I** 148
- Zuständigkeit **I** 146
Empfängerrechte D 31 ff.
Empfängerrechte gegenüber Unterfrachtführer D 32
Empfangsquittung B 443
Entgelt für Be- und Entladetätigkeit B 96
Entgelt für Lademittelhandling B 93
Entladen B 397, 537
Entladung B 444
Entladungspflicht B 419
Entschädigungsabreden beim Palettentausch B 940
Entziehung erteilter Berechtigungen zur Durchführung von gewerblichem Güterkraftverkehr H 364
Entziehungsvoraussetzungen für Berechtigungen zur Durchführung von gewerblichem Güterkraftverkehr H 308
Erforderlicher Standard der Schutzmaßnahmen F 76
Erforderlicher Versicherungsschutz für eingesetzte (Sub-)Unternehmer F 97
Erfüllungsgehilfen D 25 f.
Erhöhte Selbstkosten B 371
Erlaubnis nach § 3 GüKG
- Anzahl der Ausfertigungen **H** 124
- Beschränkungen **H** 107
- Erteilungsvoraussetzungen **H** 121
- Geltungsdauer **H** 122

Sachverzeichnis

Erlaubnis- und Anmeldepflicht für Waffentransporte H 647
Erlaubnisbehörde H 327, 554
Erlaubnisfreiheit für nicht unter das GüKG fallende Beförderungen H 55
Erlaubnispflicht
– bei Abfalltransporten H 593
– Ausnahmen nach § 2 GüKG H 82
– Groß- und Schwertransporte H 669
Erlöschen von Ansprüchen D 44
Ermittlungszuständigkeit des BAG H 535f.
Ersatz sonstiger Kosten D 7
Erteilung und Einziehung der Erlaubnis
– durch das BAG H 544
Erteilungsvoraussetzungen Gemeinschaftslizenz H 184
Erweiterung der Tätigkeitsbereiche der Verkehrsunternehmen A 199
EU-Organentscheidungen H 11
EU-Richtlinien H 12
Europäische Schubbedingungen B 1104
Europäische Übereinkommen ü. d. int. Beförderung gefährlicher Güter (ADR) H 452
Europaletten B 484
– Lebensdauer B 910
– Qualitäten B 474
– Qualitätsklasse „C"
– – Gebrauchsfähigkeit B 478
EU-Verordnungen H 9

Fachkundenachweis H 274
Fachkundigkeit bei Abfalltransporten H 585, 597
Fachliche Eignung
– Anforderungen an den Verkehrsleiter H 272
– Definition H 267
– Gleichwertige Abschlussprüfungen H 282
– Nachweis durch leitende Tätigkeit H 283
Fahrerbescheinigung H 138
– Erteilungsverfahren H 355
– Ordnungswidrigkeiten H 141
– Ordnungswidrigkeiten nach § 19 Abs. 2 GüKG H 416, 520
Fahrerlizenz
– Ausländische Arbeitnehmer H 403
Fahrlässigkeit H 514
Fahrpersonal
– aus Drittstaaten H 400, 406
– Mitführungspflichten beim gewerblichen Güterkraftverkehr (§ 7 GüKG) H 426f.
Fahrtenberichtsheft, Ordnungswidrigkeit § 25 GüKGrKabotageV H 524

Fahrzeug
– Betriebssicherheit B 302–305
– Eignung B 306–308
Fahrzeugbezogener Nachweise
– Ordnungswidrigkeit (§ 19 Abs. 1 GüKG) H 518
Fahrzeugtechnik und CSC (Nr. 3b und m) H 443
Fälligkeit der Fracht B 139
Fautfracht B 149
Fehlerhafte Behandlung von Begleitpapieren D 49
Feuer/Explosion an Bord B 1121
FIATA Bill of Lading B 219
FIATA FCR B 217f.
Finanzielle Leistungsfähigkeit
– Bewertung von Insolvenzen und Vollstreckungsmaßnahmen H 261
– Bewertung von Rückständen an Steuern und Beiträgen H 256
– Definition H 248
– Prüfungskriterien H 251
– Voraussetzungen für die Erteilung weiterer Berechtigungsurkunden H 263
– zu berücksichtigende Fahrzeuge H 255
Fixkosten-Spediteur B 650
Fixkostenspedition A 38
– Abgrenzung zur speditionellen Haftung D 82
– Beweislast, Beweismittel C 27
– Fixkostenvereinbarung, Definition C 19 ff.
– Reichweite der Haftung D 81 ff.
– Reichweite des Verweises auf Frachtrecht C 29 ff.
– Zeitpunkt der Vereinbarung C 24 ff.
Fonds B 1130
Form der Unterrichtung B 490
Fortsetzung der Vertragsbeziehung trotz Kenntnis von Organisationsmängeln D 21
Fracht
– Abgeltung von Nebenleistungen beim Umzugsvertrag B 99
– Abgeltungsbereich B 90, 92
– Abgrenzung Aufwendungen B 242
– „all in" B 91
– Anspruch bei Teilverladung (HGB) B 162
– Ansprüche bei eigener Kündigung des Frachtführers (HGB) B 155
– Ansprüche bei Verspätung/Nichteinhaltung der Art des Transportes (HGB) B 171
– Beweislast B 87
– bei CMR-Beförderungsvertrag B 89
– Definition B 242
– Fälligkeit B 139

Sachverzeichnis

- Frankaturvermerke **B** 244
- ohne Vereinbarung **B** 82
Frachtanspruch B 487 ff.
Frachtansprüche bei Verlust oder Beschädigung des Gutes (HGB) B 169
Frachtbrief B 651
- Anforderungen an Unterzeichnung **B** 226–228
- Äußerlicher Zustand des Gutes **B** 267
- besondere Beweisfunktion **B** 249–254
- Bezeichnung des Gutes **B** 236–237
- Definition **B** 207
- Erschütterung der Vermutung **B** 254, 273
- Form **B** 222
- Haftung für unrichtige Ausstellung **B** 223
- Inhalt **B** 208
- Lieferfrist **B** 230
- Mindestangaben **B** 230
- notify-adress **B** 235
- Quittungsfunktion **B** 257
- Rohgewicht **B** 241
- Sperrfunktion **B** 275–277
- Umladeverbot **B** 230
- Vermutungswirkung, Reichweite **B** 255 ff.
Frachtbriefvorlage B 344
Frachtführer
- Anspruch auf Fracht bei eigener Kündigung (HGB) **B** 155
- Ansprüche auf Fracht bei Kündigung, sonstiger Beendigung oder Beschränkung des Frachtvertrages (HGB) **B** 146
- Ansprüche auf Fracht bei Verlust oder Beschädigung des Gutes (HGB) **B** 169
- Ansprüche bei Ausführung von Weisungen (HGB) **B** 163
- Ansprüche bei Beförderungs- und/oder Ablieferungshindernissen (HGB) **B** 164
- auseinanderfolgender ~ **A** 23
- ausführender ~ **A** 24, 73
- Beförderungspflicht **A** 9
- Definition **A** 8, 12
- Hauptfrachtführer **A** 19
- Samtfrachtführer **A** 22
- Teilfrachtführer **A** 21
- Unterfrachtführer **A** 19
- Versicherungspflicht **A** 74
- Zwischenfrachtführer **A** 20
Frachtführer- Spediteur-, Lagerhalterpfandrecht I 160–163
Frachtführerformen A 27
Frachtführerhaftung B 1119
Frachtführerhaftung national (HGB) A 67
Frachtführer/Spediteur
- Unterscheidung **A** 8
Frachtführer-Versicherungspflicht A 103

Frachtgeschäft – HGB B 8
Frachtnachnahme B 431
Frachtrecht – HGB
- Abweichungen von der Haftungshöhe **B** 24
- AGB – feste Bestimmungen **B** 22
- AGB-Festigkeit **B** 18
- Ausgehandelte abweichende Haftungsklauseln **B** 30
- Bewusstsein der Wahrscheinlichkeit des Schadeneintritts **B** 41
- Geeigneter Hinweis bei Haftungsabweichungen durch AGB **B** 25
- Haftung des ausführenden Frachtführers **A** 102
- Haftung des Unterfrachtführers **B** 60
- Haftungsbegrenzungen für außervertragliche Ansprüche **A** 83
- Haftungsbegrenzungen für Vermögensschäden, die nicht durch Verlust, Beschädigung oder Lieferfristüberschreitung entstanden sind **A** 81
- Haftungskonzept **B** 35
- Haftungskorridor **A** 98
- Haftungsumfang **A** 74
- keine zwingende Haftung **A** 95
- Leichtfertigkeit **A** 88
- Örtlicher Anwendungsbereich **B** 52
- Pflichten des Frachtführers **B** 67
- Qualifiziertes Verschulden **A** 86; **B** 37
- Sachlicher Anwendungsbereich **B** 48
- Transportgut **B** 73
- Transportmittel **B** 70
- Wertersatzprinzip **A** 74
Frachtvertrag
- Abdingbarkeit der beiderseitigen Leistungen **B** 200
- Abgrenzung von anderen Vertragstypen **B** 186
- Auswirkungen auf Eigentümer, der nicht Absender ist **B** 63
- Beendigung **B** 198
- Beteiligte **B** 57
- Definition **B** 15
- Obhut für das Gut **B** 78
- Zustandekommen **B** 56
Frachtvertrag – HGB, Voraussetzungen für eigene Kündigung B 156
Freigestellte Beförderungen A 24
Freistellungsbestimmungen für Kabotagetransporte H 155
Freizügigkeit von Arbeitnehmern H 407
Freizügigkeitsabkommen der EU mit der Schweiz H 411
Fremdversicherung und Direktanspruch G 30 ff.

735

Sachverzeichnis

Gebrauchsfähigkeitskriterien bei Europaletten B 478
Gefahrgut
- Ausnahmegenehmigung B 281
- Kennzeichnung B 290
- Verpackung B 290

Gefahrgutausnahmeverordnung (GGAV) H 452
Gefahrgutverordnung Straße und Eisenbahn – GGVSE H 452
Geldbußen nach § 19 Abs. 5 GüKG H 523
Geltungsdauer der Gemeinschaftslizenz H 159
Gemeinschaftslizenz H 404
- Antragstellung auch am Ort der Niederlassung H 192
- Anzahl der Ausfertigungen H 160
- nach Art. 3, 4 VO (EG) 1071/2009 H 132
- Beschränkungen H 161
- Erteilungsverfahren H 325
- Erteilungsvoraussetzungen H 184
- Geltungsbereich für innerdeutsche Verkehre H 134
- Geltungsbereich für Kabotageverkehre H 136
- Geltungsbereich grenzüberschreitend H 132
- Geltungsdauer H 159
- Verweigerung der Erteilung/Entzug H 163

Gemeinschaftsrecht
- Auswirkungen auf das Güterkraftverkehrsrecht H 7

Genehmigungspflicht
- Kernbrennstofftransporte H 630
- Kriegswaffentransporte H 619
- Transport sonstiger radioaktiver Stoffe H 636

Genormte Paletten B 469
Gerichtsstand B 674
- Forum Shopping I 31
Gesamtschuldner D 63
Geschäftsbedingungen der Verkehrsunternehmen A 216
Geschäftsbesorgung
- Abgrenzung zum Speditionsvertrag C 17
Gesetz gegen illegale Beschäftigung im gewerblichen Güterkraftverkehr H 400 f.
Gesetz über die Beförderung gefährlicher Güter (Gefahrgutbeförderungsgesetz – GGBefG) H 452
Gesetz zur ADR H 452
Gesetzlich geregelte Fälle für Aufwendungsersatz (HGB) B 132
Gesetzlich geregelte Fälle zusätzlich zu zahlenden Entgelts (HGB) B 132

Gesetzlich geregelte Kostenersatzansprüche nach der CMR B 135
Gesetzliche Nebenpflichten (HGB) B 175
Gewahrsamsübernahme B 418
Gewerberechtliche Vorschriften H 1
Gewerblicher Güterkraftverkehr A 2, 19; H 64
Grenzkontrollen H 512
Grenzüberschreitender Güterkraftverkehr
- Ordnungswidrigkeiten nach § 19 Abs. 2 GüKG H 520
Grenzüberschreitender Kabotageverkehr ohne Gemeinschaftslizenz
- Ordnungswidrigkeit (§ 19 Abs. 4 GüKG) H 522
Grenzüberschreitender Verkehr ohne Fahrerbescheinigung
- Ordnungswidrigkeit (§ 19 Abs. 4 GüKG) H 522
Groß- und Schwertransporte
- Ausnahmegenehmigung nach § 70 StVO H 683
- Bußgeldbestimmungen H 685
- Erlaubnispflicht H 669

GüKG
- Abgrenzung erlaubnispflichtiger/erlaubnisfreier Beförderungen H 50
- Anforderungen an das Personal bei Werkverkehr H 76
- Anforderungen an die Beförderung bei Werkverkehr H 74
- Anforderungen an die Güter bei Werkverkehr H 72
- Antragsberechtigung H 189
- Anzahl der Ausfertigungen einer Erlaubnis nach § 3 H 124
- Ausnahmen von der Erlaubnispflicht nach § 2 GüKG H 82
- Beförderung H 56
- Begleitpapiere beim Einsatz nicht von der Kfz-Steuer befreiter Kraftfahrzeuge H 114
- Berechtigungen zur Durchführung von Güterkraftverkehr H 117
- Beschränkungen einer Erlaubnis nach § 3 H 107
- erlaubnisfreie Beförderungen H 55
- Erteilungsvoraussetzungen für eine nationale Erlaubnis nach § 3 H 186, 190
- Erteilungsvoraussetzungen für Erlaubnis nach § 3 GüKG H 121
- Geltungsbereich der Gemeinschaftslizenz grenzüberschreitend H 132
- Geltungsdauer einer Erlaubnis nach § 3 H 122
- gewerberechtliche Vorschriften H 1

Sachverzeichnis

- gewerblicher Güterkraftverkehr H 64
- Güter H 61
- Güterkraftverkehr Definition H 54
- Kraftfahrzeuge H 61
- nationale Erlaubnis H 120
- nationaler Geltungsbereich der Gemeinschaftslizenz H 134
- Nichtübertragbarkeit von Berechtigungen H 119
- Ordnungswidrigkeiten bei Kabotage H 154
- Werkverkehr durch Handelsvertreter, Handelsmakler und Kommissonäre H 78
- Werkverkehr erlaubnisfrei H 66

GüKG vom 1.7.1998 H 25
GüKG-Änderungen seit 1998 H 28
GuKGrKabotageV
- Bußgeldbestimmung H 524

Gut
- Beförderungsfähigkeit B 279–281

Gütekraftverkehr
- Kabotagebeschränkungen H 142

Güter i. S. d. GüKG H 60
Güterbeförderung mit Binnenschiffen H 6
Güterbeförderung mit Kraftfahrzeugen H 3
Güterbeförderung mit Luftfahrzeugen H 5
Güterbeförderung mit Schienenfahrzeugen H 4
Güterfolgeschäden D 47 ff.
Güterkraftverkehr
- Anwendbarkeit deutschen Rechts auf Kabotagebeförderungen H 151
- Definition H 54
- gewerblicher ~ A 13
- Kabotagebeförderung i. S. d. Art. 8 VO (EG) 1072/2009 H 145
- Kabotagebegleitpapiere H 146
- keine doppelte Anrechnung des Eigenkapitals für nationale Erlaubnis und Gemeinschaftslizenz H 263
- Werkverkehr A 14

Güterkraftverkehrsrecht
- allgemein zur eingeschränktes Ermessen der Behörde bei der Zuverlässigkeitsprüfung H 222
- Anforderungen an die fachliche Eignung des Verkehrsleiters H 272
- Anzahl der Ausfertigungen der Gemeinschaftslizenz H 160
- Ausnahmen von der Erlaubnispflicht H 178
- bei der finanziellen Leistungsfähigkeit zu berücksichtigende Fahrzeuge H 255
- Beschränkungen der Gemeinschaftslizenz H 161

- Erfordernis einer Person mit fachlicher Eignung H 267
- EU-Organentscheidungen H 11
- EU-Richtlinien H 12
- EU-Verordnungen H 9
- Fahrerbescheinigung H 138
- gleichwertige Abschlussprüfungen zum Nachweis der fachlichen Eignung H 282
- größerer Ermessensspielraum der Behörde in Fällen des § 2 Abs. 3 Nr. 1–3 GBZugV H 241
- Kriterien der finanziellen Leistungsfähigkeit H 251
- Kriterien für die Zuverlässigkeit H 209
- Nachweis der Fachkunde H 274
- Nachweis der fachlichen Eignung durch leitende Tätigkeit H 283
- Nichterteilung/Entzug der Gemeinschaftslizenz H 163
- Road-Package-Verordnungen H 14
- sonstige zur Unzuverlässigkeit führende Verstöße H 228
- Steuer- und Beitragsrückstände H 256
- Verkehrsleiter H 17
- Versicherungspflicht H 371
- VO (EG) Nr. 1071/2009 H 15
- VO (EG) Nr. 1072/2009 H 19
- Vollstreckungsmaßnahmen gegen das Unternehmen und Insolvenzen H 261
- Voraussetzungen für eine Niederlassung H 290
- Zuverlässigkeitsvoraussetzungen H 193

Güterschäden B 427, 611

Haftbarhaltung B 464
Haftpflichtversicherungsnachweis
- Ordnungswidrigkeit (§ 19 Abs. 1 GüKG) H 518

Haftung
- verschuldensunabhängig (HGB) A 69

Haftung der Leute D 29
Haftung der Logistikdienstleister
- Logistik-AGB A 133 ff.
- Speditionsübliche Logistik A 131
- Speditionsunübliche Logistik A 132

Haftung des Frachtführers D 1 ff.
Haftung des Frachtführers grenzüberschreitend
- CMR-Geltungsbereich A 81 ff.
- Gewährhaftung A 86 ff.
- Haftungsumfang A 91 ff.
- Wegfall der Haftungsbefreiungen und -begrenzungen A 101 ff.

Haftung des Frachtführers national
- Begrenzung der ~ A 58 ff.

Sachverzeichnis

- gleiche Haftung für Beförderung zu Lande, auf Binnengewässern oder mit Luftfahrzeugen **A** 51 ff.
- keine zwingende ~ **A** 68 ff.
- Umfang der ~ **A** 55 ff.
- verschuldensunabhängige ~ **A** 52 ff.
- Wegfall der Haftungsbefreiungen und -begrenzungen **A** 64 ff.
- Wertersatzprinzip **A** 55 ff.

Haftung des Logistikdienstleisters
- Logistik-AGB **A** 185 f.
- speditionsunübliche Logistik **A** 184
- übereinstimmende Willenserklärungen **A** 179
- Zurufgeschäft **A** 186
- Zusatzleistungen **A** 181

Haftung des Spediteurs (ADSp)
- Abdingbarkeit **A** 122, 152
- Haftungsbegrenzungen **A** 123 ff., 167
- Höchstersatzleistung **A** 178
- im Lagerbereich **A** 126, 174
- im Speditionsbereich **A** 125, 171
- Versicherung der Haftung **A** 127, 176
- Voraussetzungen **A** 169

Haftung des Spediteurs (HGB)
- Beschränkte Obhutshaftung **A** 108 ff.
- bei Fixkosten-/Sammelladungsspedition oder Selbsteintritt **A** 111 ff.
- Haftung für Leute/Erfüllungsgehilfen **A** 117 ff.
- Mitverschulden des Versenders **A** 116
- Obhutszeitraum **A** 109
- Verschuldens~ **A** 112 ff.

Haftung für sonstige Vermögensschäden D 53 ff.

Haftung nach ADSp
- AGB-fest **A** 152
- andere Schäden **A** 171
- Gefährdungshaftung **A** 152
- Güterschäden **A** 171
- Haftungsversicherung **A** 177
- Lagerung **A** 174

Haftungsabdingbarkeit (HGB) A 95
Haftungsausschlüsse D 23
Haftungsausschlussgründe B 1120
Haftungsbegrenzungen
- für außervertragliche Ansprüche **A** 83
- gem. § 433 **D** 54
- für Vermögensschäden, die nicht durch Verlust, Beschädigung oder Lieferfristüberschreitung entstanden sind (HGB) **A** 81

Haftungsbeschränkung D 46
Haftungshöchstsumme D 6
Haftungsregelungen des Frachtrechts – HGB B 16

Haftungsrisiken und benötigter Versicherungsschutz A 205
Haftungssumme B 1132
Haftungsumfang (HGB) A 74
Hakenlastversicherung B 1036 ff.
Handelsrechtliche Autokranverträge B 1019 ff., 1029 ff.
- Versicherung **B** 1029 ff.

Hauptformen des Palettentausches B 503
Hauptfrachtvertrag D 61
Hauptzollamt
- Vollstreckungsbehörde **H** 505

Havarie Grosse B 1104, 1135
- Beteiligte **B** 1135
- Regeln der IVR **B** 1138
- Verteilung **B** 1136

Heirats- und/oder Erbgut B 485
Hemmung der Verjährung E 1, 11 f.
- durch Rechtsverfolgung **E** 13

Hemmungstatbestände nach allgemeinem Schuldrecht E 12

HGB
- Ausgenommene Regelungsbereiche **B** 11
- Einheitliche Haftung bei innerdeutschen Transporten **B** 6
- Gestaltung des Frachtrechts **B** 14
- Systematik **B** 7
- Verschuldensunabhängige Frachtführerhaftung **B** 69

HGB-Spediteur A 34
- Aufgaben und Pflichten **A** 40

Hilfswiderklage I 79
Hindernisse B 340
Höchstbetragsänderung B 658
Hubvertrag B 1020

In der Luft B 580
Indossament C 535
Informationspflichten und -rechte nach dem GüKG H 553
Informationspflichten/-rechte durch die Finanzbehörden (§ 3 Abs. 5 Satz 3 GüKG) H 559
Interessendeklaraton und Versicherung G 34
Internationale Übereinkommen über sichere Container (CSC) H 446
Internationales Einheitsrecht
- Vorrang bei grenzüberschreitenden Transporten **B** 54

IVTB B 1104

Juristische Personen
- Haftung **H** 517

Kabotage A 146; **B** 4
- Anzuwendendes Recht **B** 53

Sachverzeichnis

- Definition **A** 103
- Diskriminierungsverbot **H** 153
- Freistellungsbestimmungen **H** 155
- geltendes Recht **A** 104 f.
- Ordnungswidrigkeiten **H** 154

Kabotagebeförderungen
- Anwendbarkeit deutschen Rechts **H** 151
- Definition **H** 145

Kabotagebegleitpapiere H 146
Kabotagebeschränkungen H 142
Kabotageregelungen H 21
Kabotageunternehmer
- Versicherungspflicht nach § 7a GüKG **H** 152

Kabotageverkehr H 404
Kabotageverkehre
- Geltungsbereich der Gemeinschaftslizenz **H** 136

Kausalität des Mitverschuldens D 22
Kernbrennstofftransporte
- Genehmigungspflicht **H** 630
- Straf- und Bußgeldbestimmungen **H** 643

Kölner Abschreibungsschlüssel
- Anwendungsbereich **B** 928

„**Kölner Lademittelbegleitschein" B** 996
„**Kölner Palettentausch" B** 869
Konsensualvertrag B 651
Kontigentierung von CEMT-Genehmigungen H 188
Kontradiktorische Schadenstaxe B 1141
Kontraktlogistik F 70
Korridorlösung A 98
Kostenverordnung für den Güterkraftverkehr (KostenVGüKG) H 48
Kraftfahrzeuge i. S. d. GüKG H 61
Krangestellungsvertrag B 1019
Kranmietvertrag
- Haftung **B** 1024

Kranüberlassungsvertrag B 1045 ff.
Kreislaufwirtschaftsgesetz (KrWG) H 579
Kriegswaffentransporte
- Genehmigungspflicht **H** 619
- Straf- und Bußgeldbestimmungen **H** 628

Kriegswaffentransportrecht H 456
Kroatien H 407
Kühlgut
- mangelhafte Vorkühlung **B** 268

Kündigung des HGB-Frachtvertrages durch den Absender B 147
Kündigungsrecht B 486
Kündigungsvoraussetzungen für den HGB-Frachtführer B 156

Lade- und Löschzeitenverordnung B 1104
Ladefristüberschreitung B 427

Ladehilfsmittel B 419
Lademittelbegleitpapiere B 974
Ladeschein
- Definition **B** 210
- Sperrpapier **B** 212
- Traditionspapier **B** 212
- Wertpapier **B** 212

Ladungseigentümer B 1135
Ladungsfürsorge B 1114
Ladungssicherheit H 460
Lagerhalter C 490
- Anspruch auf Weisungserteilung **C** 518
- Beschädigung **D** 93–96
- Haftungsmaßstab **D** 90
- Pfandrecht **C** 519–523
- Rechtswahrungspflicht bei Empfang des Gutes **C** 525
- Vergütungsanspruch **C** 517
- Verletzung Nebenpflichten **D** 97
- Verlust **D** 92
- Versicherungspflicht **C** 528
- Warnpflicht **C** 527

Lagerhalterpfandrecht
- gutgläubiger Erwerb **C** 493
- konnexe Forderungen **C** 493

Lagerrecht B 10
- Geschichte **C** 481
- internationale Regelungen **C** 482
- Unterlagerhalter **C** 494

Lagerschein C 534
Lagervertrag
- ABK **C** 545
- administrierte Lagerung **C** 505
- ADSp **C** 545
- ALB **C** 545
- allgemeine Geschäftsbedingungen **C** 536
- Auslieferungsberechtigter **C** 496
- Eigentümer **C** 492
- Erfüllungsgehilfen **C** 495
- Form **C** 483–486
- Freizeichnung grobe Fahrlässigkeit **C** 543
- fristlose Kündigung **C** 533
- Haftung verkehrsbedingte Vor- Zwischen und Nachlagerungen **D** 99
- Indossament **C** 496
- internationales Schuldrecht **C** 497–498
- transportbedingte Zwischenlagerungen **C** 502–504
- Transportrechtsreformgesetz **C** 499

Lagervertrag Dauer C 531 f.
Lärm- und Abgashöchstwerten H 463
Lebensmitteltransportrecht H 454
Legitimationswirkung B 346
Leichtfertigkeit (HGB) A 88

739

Sachverzeichnis

Leistungsfreiheit bei grobem Verschulden nach § 81 VVG G 36
Leistungsstörung D 36 ff.
Lieferebene B 552
Lieferfristüberschreitung B 613 f., 671, 1124
Lieferzeitüberschreitung B 426
Liegegeld B 1108
Logistik
- ~AGB A 40
- Begriff der ~ A 49, 64
- Definiton A 64
- ~ Dienstleister A 50, 65
- ~ Geschäft A 50, 65
Logistik-AGB A 51; C 439 ff., 479; F 66
Logistik-AGB Ziffer 17. 1 E 40
Logistikgeschäft
- rechtliche Darstellung A 66
Logistikkonzepte C 367
Logistikorganisation C 384
Logistikvertrag C 390 ff.
- Abbedingung Verjährung BGB-Ansprüche E 63–65
- Abdingbarkeit Verjährungsfristen E 57–59
- gemischter Vertrag E 33
- Gestaltung C 426 ff.
- Haftungshöchstgrenze D 103
- Kontraktlogistik D 101 ff.
- Mängel, Fehler C 426 ff.
- Speditionsunübliche Logistik D 108 f.
- Verjährung Ansprüche Produkthaftungsgesetz E 55
- Verjährung außervertragliche konkurrierende Ansprüche E 48
- Verjährung gem. § 12 ProdHaftG E 72
- Verjährung Lagerleistung E 38
- Verjährung qualifiziertes Verschulden E 39
- Verjährung speditionelle Leistung E 37
- Verjährung Transportleistungen E 36
- Verjährung Werkverträge E 50
- Verjährungsabdingung nach Anspruchsentstehung E 58–62
Luftfrachtvertrag (MÜ) als multimodaler Vertrag B 642

Mahnung E 14
Mahnverfahren I 54
- europäisches I 166
- Widerspruch I 81
Mahnverfahren EU
- geringfügige Forderungen I 167
Mangelnde Beschaffenheit B 542
Markbeobachtung und Statistik H 470
Maßnahmen zur Gefahrenabwehr H 453
Maßnahmen zur Vermeidung von Schäden F 32

Merkblatt Gütegemeinschaft/Qualitätsklassifizierung B 473
Mitführen von Begleitpapieren
- Ordnungswidrigkeit (§ 19 Abs. 1 GüKG) H 518
Mitführen von Berechtigungen
- Ordnungswidrigkeit (§ 19 Abs. 1 GüKG) H 518
Mitführungspflichten beim gewerblichen Güterkraftverkehr (§ 7 GuKG)
- Fahrpersonal H 426
Mitteilungspflicht
- Ordnungswidrigkeit § 25 GüKGrKabotageV H 524
Mitverschulden B 663; D 18 ff.
Moselschifffahrtsgerichtsbarkeit B 1143
Multimodaler Transport A 26
Multimodalvertrag B 586 ff.
Musterklauseln Palettentausch B 867, 887

Nachlagerung B 410
Nachnahme B 431
Nachnahmeähnliche Vereinbarungen D 50
Nachnahmevermerke B 432
Nachweis berücksichtigungsfreier Tage H 566
Nachweis der Zuverlässigkeit H 207
Nachweispflicht
- Ordnungswidrigkeit § 25 GüKGrKabotageV H 524
Nachweispflicht gegenüber dem BAG
- Ordnungswidrigkeit (§ 19 Abs. 1 GüKG) H 518
Nationale Auslegungshilfe zur Zuverlässigkeit H 214
Nationale Erlaubnis
- Erteilungsverfahren H 325
- Erteilungsvoraussetzungen H 186, 190
- nach § 3 GüKG H 120
Nationale Sondererlaubnisse H 576
Nautisches Verschulden B 1121
Nebenpflichten der Vertragspartner (HGB) B 174
Nebenpflichtverletzung
- beförderungsbezogene D 71
Negative Feststellungsklage B 675
Neutrale Paletten B 486
Nichtausführung von Weisungen B 368
Nichtbeachtung von Weisungen D 51 f.
Nichteinziehung der Nachnahme D 50
Nichtvertragsstaaten B 649
Niederlassung gem. Art. 3 VO (EG) 1071/2009 H 290
Notverkauf B 406

Sachverzeichnis

Obhutshaftung B 409, 657; D 67 f.
Obhutszeitraum
– Lagerhalter D 89
Offensichtliche Schäden B 460
Orderlagerschein C 534
Ordnungsgeld nach § 25 GüKGrKabotageV H 525
Ordnungswidrigkeiten durch Auftraggeber nach § 19 Abs. 1a GüKG H 519
Ordnungswidrigkeiten (GüKG) H 514 f.
Ordnungswidrigkeiten nach § 19 Abs. 1 GüKG H 518 f.
Ordnungswidrigkeiten nach § 19 Abs. 2 GüKG H 520
Outcourcing C 370

Paletten
– Definition B 467
– Entsorgung von genormten Paletten B 502
– Interessenlage Absender/Versender B 522
– Interessenlage der Empfänger B 526
– Interessenlage der Verkehrsunternehmen B 524
– Maßnahmen zur Sicherung der Position von Verkehrsunternehmen B 1009
– Neutrale und Systempaletten B 486
– nicht mehr gebrauchsfähig B 499
– Öffentlich-rechtliche Sicherheitsvorschriften B 501
– Sicherheitskriterien B 497
– Tauschfähigkeitskriterien B 491
Palettenarten B 484
Palettenausgleich
– Allgemeine Grundlagen B 509
Palettenkonten B 972
Palettenkontokorrentkonten B 977
Paletten-/Lademittelbegleitpapiere B 994
Palettenpools B 489
Palettenqualitäten B 471
Palettensachdarlehen B 515
Palettenscheine B 562, 980
– GS1-Entwurf B 992
– Gültigkeitsangaben B 992
Palettentausch
– Abreden zum Wertverlust beim Doppeltausch B 923
– AGB-Klauseln B 544, 577
– Anwendungsbereich des Kölner Abschreibungsschlüssels B 928
– Dokumentations- und Prüfpflichten B 556
– Dokumentations-/Herausgabepflicht ohne Tauschabrede B 933
– Einschaltung von Dienstleistern B 953
– Entschädigungsabreden B 940
– Erfassung der Wertverluste B 907

– fehlende gesetzliche Regelungen B 528, 548, 765
– Gemeinsamkeiten der Hauptformen B 566
– Genormte Paletten B 469
– Hauptformen B 503
– Herausgabepflicht bei Palettenscheinen und sonstigen Quittungen B 937
– Individualabreden B 541
– Inhalt der Tauschabreden B 540
– kein Handelsbrauch B 531
– keine Regelung in ADs/VBGL B 532
– Keine Überbürdung des Qualitätsrisikos über AGB B 921
– Lebensdauer von Europaletten B 910
– Maßgeblichkeit der Tauschabreden B 530
– Modelberechnung des Wertverlustes B 912
– Musterklauseln B 867
– Musterklauseln, Praxissituation B 887
– Noch kein geschlossenes rechtliches System B 564
– Palettenkonten B 972
– Palettenkontokorrentkonten B 977
– Pflicht zur Herausgabe erhaltener Paletten B 938
– Pflicht zur Rücklieferung bestimmter Qualitäten B 895
– Pflichten der Beteiligten B 575
– Pflichten der Beteiligten an der Entladestelle B 558
– Qualitätsfragen beim Doppeltausch B 925
– Qualitätsfragen und -abreden B 890
– Rechtsbeziehungen der Beteiligten B 539
– Sonstige AGB-Klauseln B 864
– Vereinbarungen auf der Lieferebene B 552
– Vereinbarungen auf der Transportebene B 555
– Verjährung von Ansprüchen aus Palettenverträgen B 1000
– Verpflichtung zum Tausch nur bei entsprechenden Abreden B 534
– Wertverlust-/Qualitätsrisiko B 917
– Zurückbehaltungsrecht B 998
Palettentausch mit Rückführungsverpflichtung B 507
– Pflichten des Verkehrsunternehmens B 847
– Wertung der Abreden B 852
Palettentausch mit Übernahme des Tauschrisikos B 508, 856
– Leistungsstörungen B 859
– Pflichten des Auftraggebers B 858
– Wertung der Abreden B 863
Passivklage
– Erwiderungsfrist I 70
– grobes Organisationsverschulden I 76
– schriftliches Vorverfahren I 72

741

Sachverzeichnis

Pflanzen B 541
Pflichtverletzung D 37
– Vermögensschäden D 53 ff.
Pflichtwidrigkeit H 515
Präventionsmaßnahmen in der Logistikkette F 122
Protest B 456

Qualifiziertes Verschulden B 1125, 1133; D 9 ff.
Qualifiziertes Verschulden bei Beschädigung des Gutes D 15 ff.
Qualifiziertes Verschulden bei Überschreitung der Lieferfrist D 17
Qualitäten von Paletten B 471
Qualitätsfragen und -abreden bei Paletten B 890

Radioaktive Stoffe
– Transporte
– – Genehmigungspflicht H 636
Raubüberfall D 14
Recherchepflicht D 15 f.
Rechtshängigkeitseinrede B 675
Rechtskrafteinrede B 675
Rechtsvereinheitlichung durch das TRG B 1
Rechtsverfolgungskosten B 464
Rechtsverteidigungskosten B 464
Rechtswahl B 631 ff.
Regress B 463
Rehabilitationsmaßnahmen H 247
Reuefrist B 358
Rheinschifffahrtsgerichtsbarkeit B 1143
Richtlinie 94/55/EG H 561
Richtlinie 95/50 EG über einheitliche Verfahren für die Kontrolle von Gefahrguttransporten H 452
Richtlinie 96/35/EG H 563
Richtlinie 1999/62/EG H 569
Richtlinie 2000/30/EG H 445
Richtlinie 2002/15/EG H 568
Risikoanalyse F 4, 33
Risikobereich B 380, 401
Risikominimierung bei Frachtbörsen F 156
Risikopotentiale für Logistikdienstleister F 10
Risikosphäre B 1111
Riskmanagement
– AGB-Gestaltung in der Logistik anhand praktischer Beispiele F 142
– AGB-Quellenangaben in der Transportbranche F 152
– allgemein F 1
– Auftragsabwicklung F 48, 72

– Beschaffung ausreichenden eigenen Versicherungsschutzes F 18
– Besonderheiten von Logistikverträgen F 55
– Eigener Versicherungsschutz für Frachtführer und Spediteure F 79
– erforderlicher Standard der Schutzmaßnahmen F 76
– erforderlicher Versicherungsschutz für eingesetzte (Sub-)Unternehmer F 97
– Kontraktlogistik F 70
– Logistik-AGB F 66
– Maßnahmen zur Vermeidung von Schäden F 32
– Präventionsmaßnahmen in der Logistikkette F 122
– Risikoanalyse F 4, 33
– Risikominimierung bei Frachtbörsen F 156
– Risikopotentiale für Logistikdienstleister F 10
– Schäden als durchlaufende Posten F 21
– Schadensvermeidung F 16
– Speditionsübliche Leistungen F 61
– Systematik F 3
– unterschiedliche Aufgabenstellung für Frachtführer, Spediteure und Logistikunternehmer F 23
– Verhalten im Schadenfall F 113
– Versicherungsschutzabgleich F 46
– Zuruflogistik F 63
Road-Package-Verordnungen H 14
Rollkarte B 215
Rückbeförderung B 398
Rückgriffsanspruch B 1127
Rücklieferpflicht
– Palettenqualitäten B 895

Sachdarlehen
– Paletten B 515
Sachschaden D 47
Sammelladungsspediteur B 650
Sammelladungsspedition A 39
– Definition C 35
– Haftung D 84
– Reichweite der Verweisung auf Frachtrecht C 36 f.
Sammellagerung C 529
Schäden als durchlaufende Posten F 21
Schadensanzeige und Verjährung nach § 452b HGB B 620
Schadensfeststellungsvertrag B 1141
Schadensminderung B 663
Schadensvermeidung F 16
Schadenteilung D 3, 18 ff.
Schadenverdacht D 41
Schiedsgerichtsbarkeit B 674

Sachverzeichnis

Schiedsklausel B 676
Schiedsverfahren B 676
Schifffahrtsgericht B 1142 f.
Schifffahrtsgerichtsbarkeit B 1140
Schiffsarrest B 1144
Schiffsbauwerke B 1144
Schiffseigentümer B 1135
Schiffsmiete B 1112
Schub/Schleppvertrag B 1106
Schwerste Verstöße gegen Gemeinschaftsrecht H 210
Schwerwiegende Zuwiderhandlungen H 555
Seekonnossement B 1116
Selbsteintritt A 37
– Definition, echter Selbsteintritt C 38 f.
– Haftung D 84
– Rechtsfolge der Verweisung auf Frachtrecht C 41
– unechter Selbsteintritt C 39
Selbsthilfe I 155
– rechtwidrige I 159
Selbstständiges Beweisverfahren
– Augenscheineinnahme I 123
– Fragerecht I 125
– Havariekommissar I 115
– Sachverständigenbeweis I 121
– Zeugenbeweis I 120
– Zulässigkeit I 112–114
– Zuständigkeit I 117
Sicherheitskriterien bei Paletten B 497
Sicherheitsleistung B 391; H 508
– Bankbürgschaft I 83
Silofahrzeug B 423
Sitzgericht B 674
Sondererziehungsrecht D 5
Sonstige Ansprüche des Frachtführers auf zusätzliche Vergütung/Kostenerstattung B 137
Spediteur
– Abfertigungs~ A 46
– ~ nach den ADSp A 36 ff.
– Aufgabenbereich A 32 ff.
– Empfangs~ A 44
– Grenz~ A 47
– ~ nach dem HGB A 25 ff.
– Kraftwagen~ A 43
– Unter~ A 45
– Vollmacht~ A 35
– Zwischen~ A 44
Spediteurbegriff (ADSp) A 47
Spediteurbegriff (HGB) A 34
Spediteurformen A 56
Spedition
– ~ zu festen Kosten/Fixkosten~ A 29

– Sammelladungs~ A 30
– ~ im Selbsteintritt A 28 ff.
Speditionsrecht B 9
Speditionsübergabeschein B 216
Speditionsübliche Leistungen A 49; F 61
Speditionsvertrag
– beförderungsbezogenen Nebenpflichten C 16 ff.
– Definition, Abgrenzung zum Frachtvertrag C 1 f.
– Haftung beim klassischen ~ C 66 ff.
– Haftung für Erfüllungsgehilfen D 77 ff.
– Haftung für nicht beförderungsbezogene Nebenpflicht D 72
– Haftung wg. Verstoß gg. Interessenwahrnehmung C 6 f.
– Interessenwahrnehmungspflicht C 4
– Mitverschulden D 74 ff.
– Obhutshaftung C 67 f.
– Regelverjährung D 32
– Schadensumfang D 73
– Verjährung bei groben Verschulden D 34
– Verletzung beförderungsbezogener Nebenpflicht C 71
– vermutete Verschuldenshaftung C 9 ff.
– Zurechnung von Empfängerverschulden D 75
Spezialfahrzeuge B 423
SRBT 2002 B 1104
Standgeld
– Abdingbarkeit B 123
– Abdingbarkeit durch AGB B 114
– Aktivlegitimation B 120
– Anspruch aufgrund Vereinbarung B 104
– Anspruch gegen den Absender B 102
– Anspruch gegen den Empfänger B 116
– Anspruch ohne vertragliche Vereinbarung B 105
– Anwendbarkeit der nationalen Vorschriften bei grenzüberschreitenden Transporten B 130
– Beweislast B 115
– Höhe B 122
– Höhe des Anspruchs B 112
– Leistungsverweigerung des Frachtführers gegenüber dem Empfänger B 119
– Risikobereich B 106
– Voraussetzungen des Anspruchs gegen den Empfänger B 117
– Wesen B 103
– zu vergütender Zeitraum B 113
Standgeldanspruch des Unterfrachtführers D 35
Straf- und Bußgeldbestimmungen
– Kriegswaffentransporte H 628

Sachverzeichnis

– Transport von radioaktiven Stoffen **H** 643
Streitverkündung
– Bericht über den Sach- und Rechtsstand **I** 99
– Bindungswirkung Folgeprozess **I** 88
– Einzelfälle **I** 110
– Folgeprozess **I** 107–109
– Reaktion auf Streitverkündung **I** 102
– Verjährungshemmung **I** 91 ff.
– weitere Streitverkündung **I** 106
Streitverkündungsgrund I 98
Substanzschaden B 662
Summenhaftungssystem B 1129
Systempaletten B 486

Tanklastzüge B 423
Tauschabreden bei Paletten B 530
Tauschfähigkeitskriterien B 491
TBB B 1104
TechnKontrollV H 445
Teilstrecke
– Güterumschlag **B** 636 ff.
Teilverladung
– Frachtansprüche (HGB) **B** 162
Tiertransporte
– Bußgeldbestimmungen **H** 668
– Tierschutztransportverordnung **H** 663
– VO (EG) 1/2005 **H** 656
– Voraussetzungen **H** 655
Titel EU
– unbestrittene Forderungen **I** 165
Titel EU-Staat
– Nichtüberprüfung **I** 164
Transportbegleitende Papiere
– Aufklärungspflicht **B** 298, 2301
– Obliegenheit zur Mitgabe **B** 293
Transportdurchführung C 360 ff.
Transportebene B 555
Transportrechtsreform 1998 A 189
Transportrechtsreform 2013 (HGB) A 194
Transportversichererregress G 35
TVR-Regeln B 1104

Übernahme B 312 ff.
– beladener Paletten **B** 519
– ~ bei Kühlgut **B** 335 f.
– ~ bei PKW **B** 332–333
– ~ bei schüttbaren, gasförmigen, flüssigen Gütern **B** 334
– ~ bei Umzugsgut **B** 338
– Zeitpunkt **B** 329–337
Überschreitung der Ladefrist D 43
Überschreitung der Lieferfrist D 42
Überwachungspflicht der Verwaltungsbehörde H 350

Übliche Vergütung B 84
Umladung B 411
Umsatzsteuer bei der Berechnung nicht zurückgegebener Paletten B 1006
Umschlag
– Definition **C** 548–550
– isolierter Vertrag **C** 552
– in multimodalem Vertrag **C** 553
– Seestrecke **C** 553
– unimodaler Frachtvertrag **C** 551–552
Umzugsfrachtführer B 474
Umzugsverkehr A 16
– (GüKG) **A** 25
Umzugsvertrag B 465
– Ab- und Aufbaupflicht **B** 498
– Absender **B** 473
– Adressat der Belehrung bei Ablieferung **B** 522
– Anpassung der Möbel **B** 499
– Anwendungsbereich **B** 466 ff.
– Anzuwendende Vorschriften **B** 470
– Ausschluss spezieller Haftungsausschlussgründe **B** 544
– Äußerliche Erkennbarkeit des Schadens **B** 552
– Beförderungsbegleitdokumente **B** 493
– Beförderungsmittel **B** 469
– Beförderungssichere Ver- und Entladung **B** 494
– Behandeln **B** 537
– Belehrung hinsichtlich der Gefahraufklärungspflicht **B** 525
– Belehrungspflichten **B** 504 ff.
– – Belehrung hinsichtlich Versicherungsmöglichkeit **B** 509 ff.
– – Belehrung hinsichtlich weitergehender Haftungsvereinbarung **B** 508
– – Einzelne Haftungsbestimmungen **B** 506
– – Form der Belehrung **B** 513 ff.
– – Haftungsbestimmungen **B** 505
– – Pflicht zum Angebot einer Transportversicherung? **B** 511
– – Zeitpunkt der Belehrung **B** 512
– Büro- und Betriebseinrichtung **B** 485
– Dispositionsbefugnis **B** 569 ff.
– – bei Geltung ausländischen Rechts **B** 576
– – Rechtsfolge **B** 573
– – Verträge, an denen Verbraucher nicht beteiligt sind **B** 574
– – Verträge mit Verbrauchern **B** 570 ff.
– Eigentümer des Umzugsguts **B** 479
– Empfänger **B** 478
– Empfänger der Schadenanzeige **B** 558

Sachverzeichnis

- Erlöschen des Schadenersatzanspruchs
- – nicht fristgemäße Schadenanzeige
- – – unzulängliche Schadenanzeige B 545 f.
- Erlöschen von Schadenersatzansprüchen wegen Güterschäden
- – Sachliche Anwendbarkeit des § 451 f HGB B 546 f.
- Form B 472
- Form der Belehrung bei Ablieferung B 521
- Form der Schadenanzeige B 550
- Frachtbrief B 492
- Frist für Schadenanzeige bei äußerlich erkennbaren Schäden B 551
- Frist für Schadenanzeige bei äußerlich nicht erkennbaren Schäden B 556
- Fristbeginn für Schadenanzeige B 553
- Fristende für Schadenanzeige B 554 f., 555
- Gefahrgut B 489 ff.
- Geschichtliche Entwicklung B 466
- Grenzüberschreitende Transporte B 577 ff.
- Haftung dem Grunde nach B 527 ff.
- Haftung des Absenders B 564 f.
- Haftung des Frachtführers B 527 ff.
- Haftung des Unterfrachtführers B 476
- Haftung des „Verbraucher-"absenders B 566
- Haftung für Verlust und Beschädigung des Gutes B 528
- Haftungshöchstbetrag
- – – Regelhaftung B 530 ff.
- Handelsmöbel B 484
- Hinweispflicht auf Zoll- und sonstige Verwaltungsvorschriften B 526
- Informationspflichten bei Ablieferung B 517
- Inhalt der Information bei Ablieferung B 518 ff.
- Inhalt der Schadenanzeige B 549
- Kausalität bei speziellen Haftungsausschlussgründen B 543
- Kennzeichnung und Verpackung B 488
- Kennzeichnungspflicht B 501
- Konkurrierende Ansprüche B 561
- Konsensualvertrag B 471
- Lebende Tiere B 541
- Lieferfristüberschreitung B 5029
- Mitverschulden B 567
- Multimodaltransport B 583 ff.
- Natürliche Beschaffenheit B 542
- Pflichten des Absenders B 487 ff.
- Pflichten des Frachtführers B 496 ff.
- Qualifiziertes Verschulden B 559
- Raumverhältnisse B 539
- Rechte des Absenders B 486
- Rechte des Frachtführers B 495
- Sonstige Leistungen B 502 ff.
- Sonstige Schadenersatzansprüche B 562 f.
- Speditionsvertrag B 477
- Spezielle Haftungsausschlussgründe B 533 ff.
- Umzugsgut B 480 ff.
- Umzugsgut und Zwischenlagerung B 482
- ungenügende Verpackung oder Kennzeichnung B 535 f.
- Unterfrachtführer B 475
- Unterrichtung über Form- und Frist der Schadenanzeige B 516 ff.
- Ver- und Entladung B 497
- Vereinbarung abweichenden Rechts B 468
- Verpacktes Gut B 538
- Verpackung B 500
- Wegfall der Haftungsbefreiungen B 560
- Zeitpunkt der Belehrung bei Ablieferung B 523

Unbehebbare Beförderungshindernisse B 386

Unbekannt-Vermerk B 454, 653

Unbeschränkte Haftung D 9 ff.

Ungeklärte Verluste D 12

Unmittelbarer Zwang durch das BAG H 501

Unregelmäßige Verwahrung C 530

Unterlassene Wertdeklaration D 19

Unterlassener Hinweis auf die Gefahr eines ungewöhnlich hohen Schadens D 20

Unternehmensdateien H 479

Unternehmer
- Zuverlässigkeit H 194

Unternehmer i. S. d. GüKG H 195

Urkundenklage
- Parteieinvernahme I 84

Urkundenmahnbescheid
- Scheckmahnbescheid I 54

VBGL B 678
- Allgemeines B 678
- Frachtgeschäft B 682 ff.
- Speditions- und Lagergeschäft B 692 ff.

Verbot der Weiterfahrt H 506, 518

Verdeckte Schäden B 462

Verderbliche Ware B 400

Verdienstausfall D 57

Vereinbarte Fracht B 80

Vereinbarte Fracht nach Zahl, Gewicht o. ä. B 81

Vereinbarungen über die Verjährung E 16 f.

Verfolgungsverjährung H 529 f.

Verfügungsrecht B 341, 355

Vergütungen für Verzögerungen nach Beginn der Beförderung und vor Ankunft an der Ablieferungsstelle B 124
- Erheblichkeit der Verzögerung B 125

Sachverzeichnis

Vergütungspflicht des Absenders B 79
Verhalten im Schadenfall F 113
Verjährung B 670, 1127; **E** 1 ff.
– Ansprüche des Frachtführers **E** 3
– Ansprüche gegen den Frachtführer **E** 2
– Bei Ansprüchen aus Palettenverträgen **B** 1000
– Beweislast **E** 15
– ~ für alle gegenseitigen Ansprüche **E** 33
– Logistikvertrag De- und Remontageteil **E** 46
– Logistikvertrag Nebenabreden **E** 45
– ~ für Schadensersatzansprüche bei groben Verschulden **E** 34
– Speditionsvertrag **E** 32
– Verhandlungen **I** 64
– Verzicht auf Einrede **I** 61
Verjährung außervertraglicher Ansprüche E 5
Verjährung nach allgemeinem Schuldrecht E 4
Verjährung von Rückgriffsansprüchen E 9
Verjährungsbeginn H 533
– Logistikvertrag **E** 40–42
Verjährungsfrist E 6 ff.
Verjährungsunterbrechung H 534
Verkehrsarten A 16
Verkehrshaftungsbedingungen G 8 ff.
Verkehrshaftungsversicherung G 3
Verkehrsleiter H 17
– Anforderungen **H** 203
– Aufgabenbereich **H** 196
– extern **H** 202
– Zuverlässigkeit **H** 194
Verkehrsunternehmen
– Analyse der eigenen Tätigkeit **A** 141
– Einteilung **A** 4 f.
– Erweiterung der Tätigkeitsbereiche **A** 140 ff.
– Geschäftsbedingungen **A** 216
– Haftungsrisiken aus der jeweiligen Tätigkeit **A** 143 ff.
– Individualvereinbarungen **A** 149 ff.
– Wahl der Geschäftsbedingungen **A** 149 ff.
Verklarungskosten B 1140
Verklarungsverfahren B 1140, 1142
Verladen B 537
Verladepflicht B 310 ff.
Verladung
– beförderungssichere – **B** 312, 319
– betriebssichere – **B** 315–318
– durch Frachtführer **B** 327 ff.
Verletzung
– Reklamepflicht auf LKW Planen, Verjährung **E** 45

Verlust B 671; **D** 38
Verlustvermutung D 39
Vermögensschäden D 53 ff.
Vermutungswirkung B 654
Verordnung (EG) Nr. 561/2006 H 565
Verordnung (EG) Nr. 1013/2006 H 564
Verordnung (EG) Nr. 1998/200 H 574
Verordnung (EU) 1214/2011 H 477
Verordnung (EU) Nr. 1214/201 H 573
Verordnung (EWG) Nr. 2913/92 H 571
Verordnung über den grenzüberschreitenden Güterkraftverkehr und den Kabotageverkehr (GüKGrKabotageV) H 44
Verordnung über die Kontrollen von Gefahrguttransporten (GGKontrollV H 452
Verpackung
– handelsübliche ~ **B** 283
– ~sobliegenheit **B** 284
– ~spflicht **B** 284
– transportsichere – **B** 282–289
Verpackungsverordnung B 500
Versandliste im EDI-Verfahren
– Empfangsbestätigung **B** 220
Verschuldenshaftung D 52 f.
Verschuldensunabhängige Obhutshaftung D 2
Versichertes Interesse G 6
Versicherung G 1 ff.
– Betriebshaftpflichtversicherung **G** 14, 82
– Deckungssumme **G** 89
– Erfüllungsinteresse **G** 84
– Grobes Organisationsverschulden **G** 89
– Kraftfahrzeughaftpflicht- und **G** 20 ff.
– Kraftfahrzeugkaskoversicherung **G** 20 ff.
– Kühlgutversicherung **G** 28
– Lager-Excedentenversicherung **G** 19
– Lagerversicherung **G** 18
– Logistik-AGB **G** 81
– Produkthaftpflichtversicherung **G** 15
– Risikotransparenz **G** 87
– Rückversicherung **G** 80
– Umwelthaftungsversicherung **G** 16
– Umweltschadensversicherung **G** 17
– Versicherung für Logistikunternehmer **G** 78 ff.
– Versicherungskonzept **G** 92
– Zollversicherung **G** 29
– „Zuruf-Logistik" **G** 85
Versicherungspflicht G 5
– des Frachtführers gem. § 7a GüKG **A** 103
Versicherungspflicht gem. § 7a GüKG H 371
– Ausschluss von Ansprüchen **H** 387

Sachverzeichnis

- Bedeutung der Mindestversicherungssumme für die Leistungspflicht der Versicherer **H** 395
- Geltungsbereich **H** 377
- Mindestversicherungssumme **H** 382
- Regelungsinhalt **H** 375
- Selbstbehalt **H** 386
- Versicherungsbestätigung **H** 392

Versicherungsschutzabgleich F 46
Verspätete Übernahme B 661 f.
Verspätung B 425
- Frachtansprüche (HGB) **B** 171

Verspätungsschäden B 661
Vertragliche Nebenpflichten (HGB) B 177
Vertragsfreiheit bei Großrisiken G 4
Vertragsstaaten B 647
- (CMR) **A** 113

Verwarnung durch das BAG H 538
VO (EG) Nr. 1071/2009 H 15
VO (EG) Nr. 1072/2009 H 19
VO (EG) Nr. 1073/2009 H 24
Vollstreckungsbehörde H 505
Vorbehalt B 452
- Eintragung, Konkretisierung **B** 272
- Unbekannt-Vermerk **B** 273

Vorkühlung B 455
Vorrang des internationalen Einheitsrechts bei grenzüberschreitenden Transporten B 54
Vorsatz H 514
Vorschuss B 342
Vorsorgliche Schutzschrift I 151–154
Vorübergehende Tätigkeit in Deutschland H 414

Waffentransporte
- Bußgeldbestimmungen **H** 654
- Erlaubnis- und Anmeldepflichten **H** 647

Warentransportversicherung G 14 ff.
Wartezeit B 403
Wechsel- und Scheckprozess I 50–53
Weisungen B 340, 379, 1111
Weisungsrecht B 486, 655
Werkverkehr A 2, 20; **H** 440, 518
- Anforderungen an das Personal **H** 76
- Anforderungen an die Beförderung **H** 74
- Anforderungen an die Güter **H** 72
- erlaubnisfrei **H** 66
- durch Handelsvertreter, Handelsmakler und Kommissionäre **H** 78

Werkverkehrsdatei H 482

Wertersatz B 659; **D** 45
Wertersatzprinzip (HGB) A 74
Wertminderung D 8
Wertnachnahme B 431
Widerklage I 78
Widerruf von Genehmigungen
- Ordnungswidrigkeit (§ 19 Abs. 1 GüKG) **H** 518

Wiedererteilungsvoraussetzungen für Berechtigungen zur Durchführung von gewerblichem Güterkraft H 301
Wiedergestattung der Tätigkeit als Güterkraftverkehrsunternehmer H 247
Wirkungserstreckung B 1130

Zahlungspflicht des Absenders D 33
Zahlungspflicht des Empfängers D 34
Zeitcharter B 1112 f.
Zerlegung zum Zwecke des Transports B 499
Zollspediteur C 16
Zug-um-Zug-Tausch B 512
Zumutbarkeit B 361
Zurechnung des Verhaltens Dritter D 25 f.
Zuruf-Logistik C 466; **F** 63
Zusätzliches Entgelt
- gesetzlich geregelte Fälle (HGB) **B** 132

Zustandekommen B 471
Zustellung
- Demnächstigkeit **I** 65

Zuverlässigkeit
- bei Abfalltransporten **H** 584
- allgemein nur eingeschränktes Ermessen der Behörde **H** 222
- Auslegungshilfe **H** 214
- Bewertung fahrlässiger Verstöße **H** 215
- größerer Ermessensspielraum der Behörde in Fällen des § 2 Abs. 3 Nr. 1–3 GBZugV **H** 241
- nur Berücksichtigung von abgeschlossenen Verfahren **H** 211
- sonstige Verstöße, die zur Unzuverlässigkeit führen **H** 228
- Unternehmer **H** 194
- Verkehrsleiter **H** 194
- Voraussetzungen **H** 193

Zuverlässigkeitskriterien H 209
Zuverlässigkeitsnachweis H 207
Zwangsgeld H 503
Zwischenlagerung B 409